遵義叢書

提要 圖録

上

《遵義叢書》編委會 編

國家圖書館出版社
上海古籍出版社

圖書在版編目(CIP)數據

遵義叢書·提要 圖録:全二册/《遵義叢書》編委會編.—北京:國家圖書館出版社,2018.12

ISBN 978-7-5013-6568-5

Ⅰ.①遵… Ⅱ.①遵… Ⅲ.①地方叢書—内容提要—遵義 Ⅳ.①Z122.733

中國版本圖書館 CIP 數據核字 (2018) 第 217656 號

ISBN 978-7-5013-6568-5

9 787501 365685 >

國家圖書館出版社
官方微信

書　　名	遵義叢書·提要 圖録(全二册)
著　　者	《遵義叢書》編委會　編
項目統籌	殷夢霞
責任編輯	張愛芳　靳　諾　黄　静　袁嘯波　杜東嫣　陳瑩瑩
特邀編輯	孫　彦　耿素麗
責任校對	王若舟
封面設計	何　暘

出版發行	國家圖書館出版社(北京市西城區文津街7號 100034) (原書目文獻出版社　北京圖書館出版社) 010-66114536　63802249　nlcpress@nlc.cn(郵購)
網　　址	http://www.nlcpress.com
印　　裝	北京金康利印刷有限公司
版次印次	2018年12月第1版　2018年12月第1次印刷

開　　本	787×1092(毫米)　1/16
印　　張	63.5
書　　號	ISBN 978-7-5013-6568-5
定　　價	498.00圓

《遵義叢書》編纂工作委員會

主　任　陳凌華

副主任　陳代軍　鄭　欣　杜富川　李蓮娜　陳曉靈　譚劍鋒

成　員　趙繼鋒　楊　實　鄭紅濤　周遠德　謝愛臨　鄧　彦
劉紅梅　陳　灼　張顯敏　向海燕　李良福　王　剛
余江平　楊　嵐　徐仲權　蘭遠馳　劉志模　楊　英
吕　平　王仲勇　陳佐明　田景高　伍遠良　江　波
謝勁松　潘代勤

《遵義叢書》編輯部

編纂説明

《遵義叢書》收録古籍四百零四種，凡二百一十册。因卷帙浩繁，爲讀者閲讀、研究之便利計，配以《遵義叢書·提要 圖録》。一册在手，讀者可於較短時間内遍覽《遵義叢書》之概貌。本書亦可爲研究者提供重要之參考。本書所涉内容爲：

一、《遵義叢書·提要 圖録》目録及索引。

二、《遵義叢書·提要 圖録》正文。含提要與圖録兩部分，提要凡三百九十五篇（涵蓋《遵義叢書》全部影印圖書四百零四種三百四十九篇及存目圖書四十八種四十六篇）；圖録收入《遵義叢書》内各書之書影，每種書收一幅至數幅不等，文末載提要撰寫者之姓名。

三、附録。依次爲《遵義叢書》的《前言》、《凡例》、《總目》、《索引》、《後記》。

《遵義叢書》編委會

二〇一八年十月

目録

上册

經部

存目

史部

下册

子部

存目

集部

存目

叢書部

附録

書名拼音索引

D

M

T

Z

經部

周易屬辭十二卷

清蕭光遠撰。蕭光遠（一八〇四—一八八五），字吉堂，號鹿山，遵義北鄉毛石人。幼即嗜學，潛心鑽研。道光五年舉人，選青溪縣教諭，不赴。虚淡寡欲，不騖仕進，先後主講湘川、育才、培英三書院，從學弟子甚衆。事迹詳見《續遵義府志》、《清代貴州名賢像傳》。

光遠喜治經，於《易》尤勤，積十六年之功，十易其稿，成《周易屬辭》十二卷、《通例》五卷、《通説》二卷。其解《易》，不求諸傳注，而求諸本經，不求諸本經之象、數，而求諸字、辭。取全經一千三百三十六字，依《説文》求其故訓，以卦、彖字爲母，爻、翼字爲子，析其偏旁，諧其聲紐，一切從本經比例索解，見六十四卦、三百八十四爻互相關通。《周易屬辭》十二卷即逐爻解析、論説，據《繫

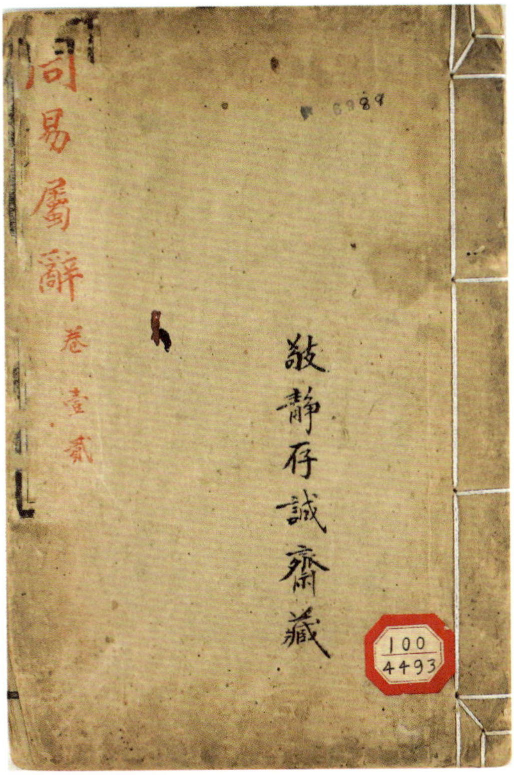

辭》所舉二十二卦、十九爻，準天地數爲《大有圖》，以綱領全《易》。於二十二卦中三陳之履九卦，就《序卦》、《雜卦》次序，以通明夷之藴，與大有相發明。又於十九爻中，以中孚七爻七乘之，應大衍用數，證『大衍章』古本，所以直接七爻。光遠此論，雖逐字求象、逐卦爻字求數、《傳》合二十八宿十二律辰及六書諸説，頗受質疑，但能摒棄舊説，獨創一體，而以一家之言成一家之學，備受鄭珍等人推崇。《周易屬辭》現存版本有二，即清道光二十九年手抄本八卷，清咸豐三年刻本十二卷。楊兆麟編輯《鹿山先生全集》所收《周易屬辭》乃據咸豐三年版重印。

本叢書據貴州省圖書館藏清咸豐三年刻本影印。（劉海濤）

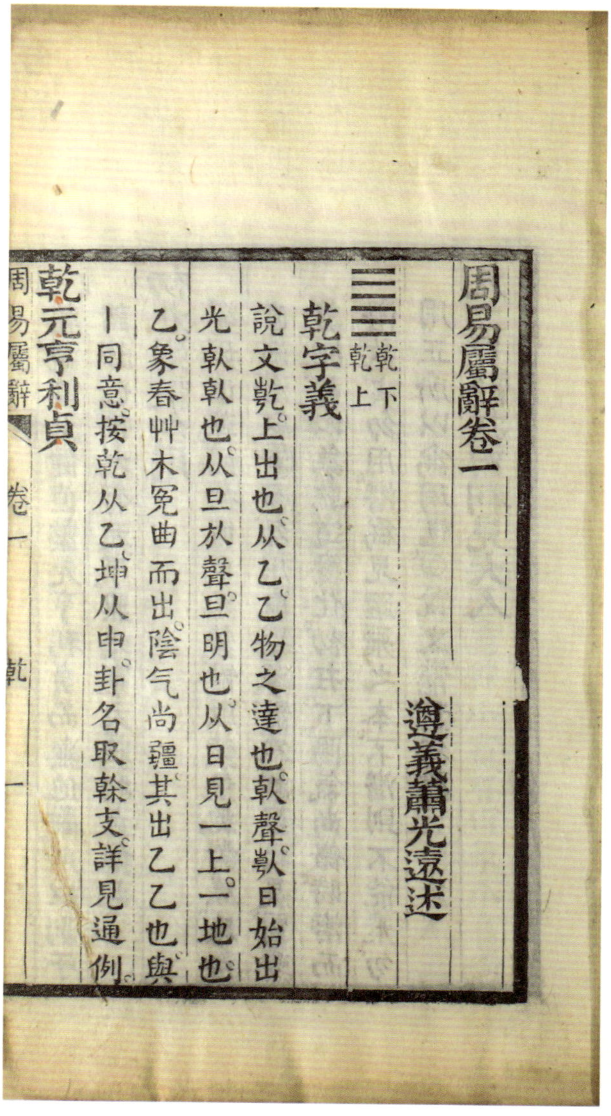
周易屬辭卷一　　遵義蕭光遠述

☰☰ 乾下乾上

乾字義

說文乾上出也从乙乙物之達也倝聲倝日始出光倝倝也从旦㫃聲旦明也从日見一上一地也乙象春艸木冤曲而出陰气尚彊其出乙乙也與丨同意按乾从乙坤从申卦名取榦支詳見通例

乾元亨利貞

周易屬辭　卷一　乾　一

周易屬辭通例五卷

清蕭光遠撰。光遠生平見經部《周易屬辭》提要。

光遠初見象、爻、翼一語而再見，數見，十數見，推測此中必有義例，遂專取經文觀玩，將同句、同字、同旁、同音及不同字分彙抄集，又以全《易》一千三百餘字，據《説文》逐一比勘，漸次推出義例十數條，遂編《易例》、《易注》若干卷。莫友芝謂『舊義新解，時或間雜，不若離之兩美』。光遠乃删節成稿，繼改例、增例，頻增頻改，最後得直卦例，遂逐爻變直爲主。舊稿存者十不過二三，定稿《周易屬辭通例》五卷，首卷論八卦方位、中位卦、初上、錯綜、序卦、直卦數例，三、四卷詳推字例，二卷大有圖與五卷干支星象各彙，則突顯易道範圍天地之特色。而對於卦氣、爻辰、納甲、消息、旁通、飛伏、游歸諸條例，因前人已發，光遠故無復再論。光遠解《易》，自成一家，《通例》則爲理解光遠易學思想之要徑。本書於清咸豐三年刊刻。楊兆麟編輯《鹿山先生全集》

所收《周易屬辭通例》即據咸豐版重印。
本叢書據貴州省圖書館藏清咸豐三年刻本影印。（劉海濤）

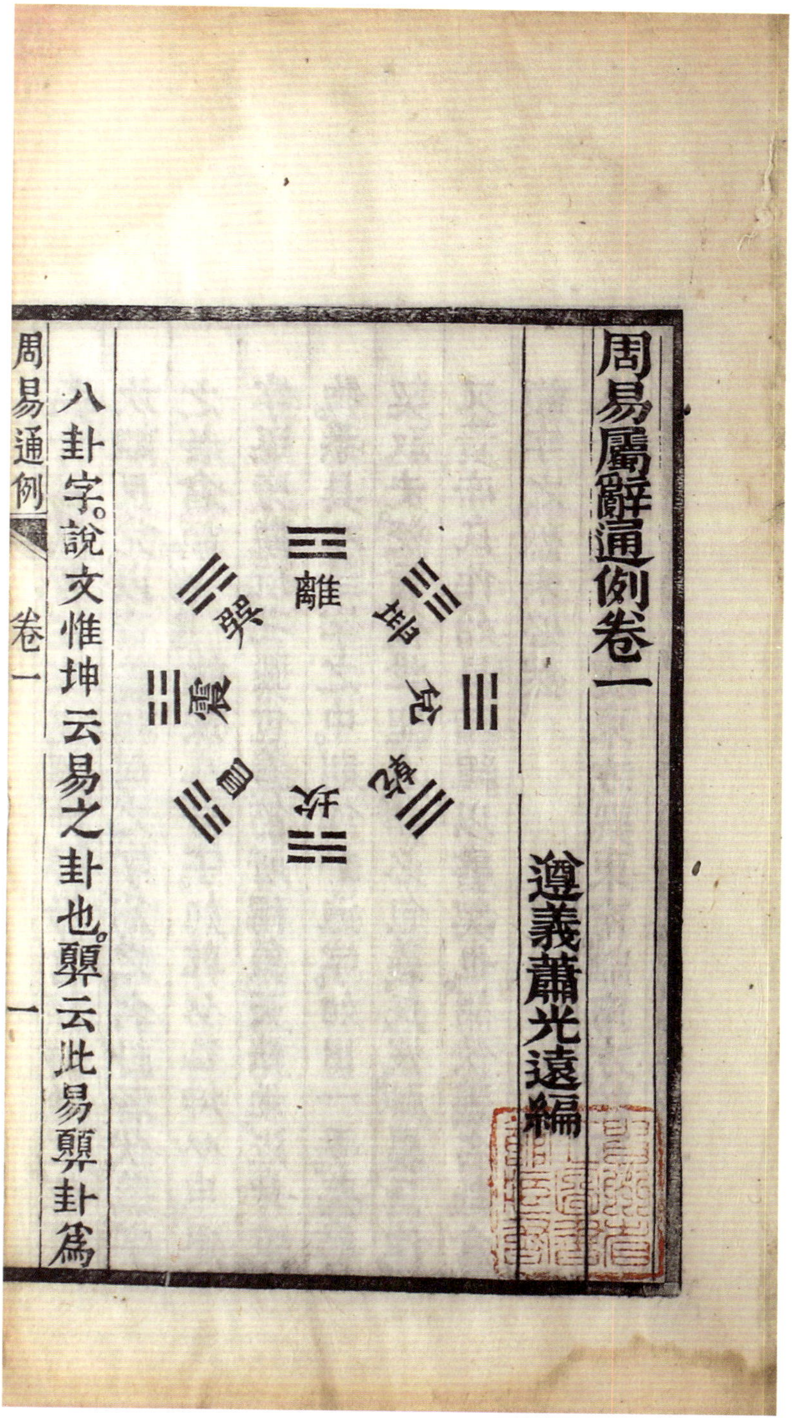
周易屬辭通例卷一
遵義蕭光遠編

乾 兌 離 震 巽 坎 艮 坤

八卦字。說文惟坤云易之卦也。顨云此易顨卦爲

周易通例 卷一 一

周易屬辭通説二卷

清蕭光遠撰。光遠生平見經部《周易屬辭》提要。

光遠編著《周易屬辭》，卷帙浩繁，遂著《周易通説》以分之，又於《通例》中著十數類以分之，故《通説》、《通例》、《屬辭》三編詳略互見。而《通説》即《通例》、《屬辭》之零星而總貫之，故多複前文。全書二十目，略分次序。大概前數條説例以後，取《易》中常用字，觸類比勘，以《證繫辭》皆有例可推。其各條不離卦、爻字數，《易》中確有此例，不厭其詳。《通説》雖最後而作，而定稿最先，可謂光遠易學之綱要。《周易屬辭通説》二卷於清咸豐三年刊刻。楊兆麟編輯《鹿山先生全集》所收《周易屬辭通説》即據咸豐版重印。

本叢書據貴州省圖書館藏清咸豐三年刻本影印。（劉海濤）

周易屬辭通説上卷

遵義蕭光遠著

一 對直初上錯綜中爻

大易六十四卦。卦名雙字。上篇小畜同人大有。噬嗑无妄大畜大過。習坎八卦。下篇大壯明夷家人。歸妹中孚小過既濟未濟八卦。卦名同字。上篇小畜大畜。大有大過同人五卦。下篇大壯小過。家人既濟未濟五卦。例皆相配。而下篇多四卦何也。蓋三十二卦。對三十二卦。對待之體。三十卦對三十卦。中孚再起。流

易字便蒙韻語一卷

清蕭光遠撰。光遠生平見經部《周易屬辭》提要。

是書係光遠取《易》經傳一千三百三十六個不同之字，分原起、天文地理、近取諸身、遠取諸物、卜筮尚占、諧聲偏旁、諧聲取數、制器尚象、通德類情、總結十條，編成韻語。此書簡而賅明，雖爲光遠課童生讀本，但《易》理仍融貫其中，誠如光遠所云『義在便蒙』。《易字便蒙韻語》一卷於清光緒五年刊刻，楊兆麟編輯《鹿山先生全集》所收《易字便蒙韻語》即據原版重印。

本叢書據貴州省圖書館藏清光緒五年刻本影印。（劉海濤）

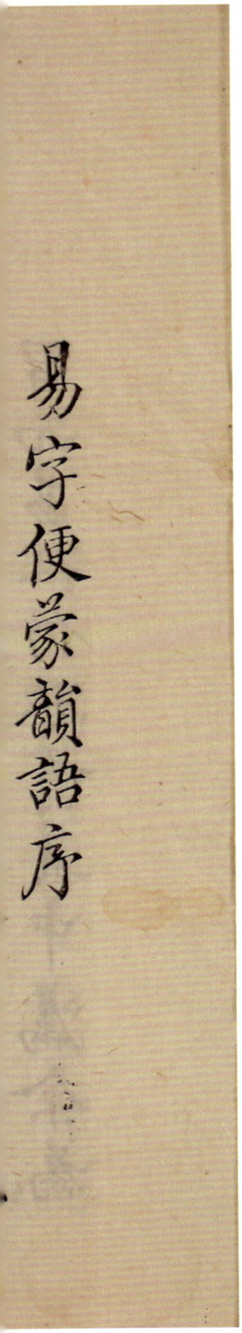

易字便蒙均語

遵義吉堂蕭光遠編

易字第一條 原起

遐稽上世結繩而治草昧經綸盤古巢遂燧人氏一稱遂皇陳邱畫卦曰包羲氏說文陳字註伏羲畫卦之所按詩宛邱即陳地乾坎艮震巽離坤兌絕妙八字重六十四○黃農堯舜下逮殷湯二代稱名連山歸藏帝乙高宗末世紂殃微箕遭遯比干剝傷乾乾君子亹亹文王九三乾乾繫辭作易憂患九卦首履拘係牖里前漢書中山靖王傳文王拘於牖里易道開張公志承考

歸余方試士因延看卷樂數晨夕

見所著周易屬辭通例通說三種

禹貢揀註二卷

清蕭光遠撰。光遠生平見經部《周易屬辭》提要。

此書係光遠以清胡渭《禹貢錐指》爲底本，兼采衆家之説，對《禹貢》一文之注釋。爲方便觀覽，將山名、水名抄録於書前。各州所附《治水總論》及《禹貢集説》亦突顯其『《禹貢》固水利之所資』(《禹貢揀註自序》)之觀點。胡渭《禹貢錐指》爲清代《禹貢》研究集大成之作，但卷帙浩繁。光遠删繁就簡，存其綱要，將《禹貢揀註》視爲讀《禹貢》之濫觴，亦非自美之辭。《禹貢揀註》於同治元年編輯成卷，後屢經修改，由張晴暉抄定，藏篋多年。同治十一年，

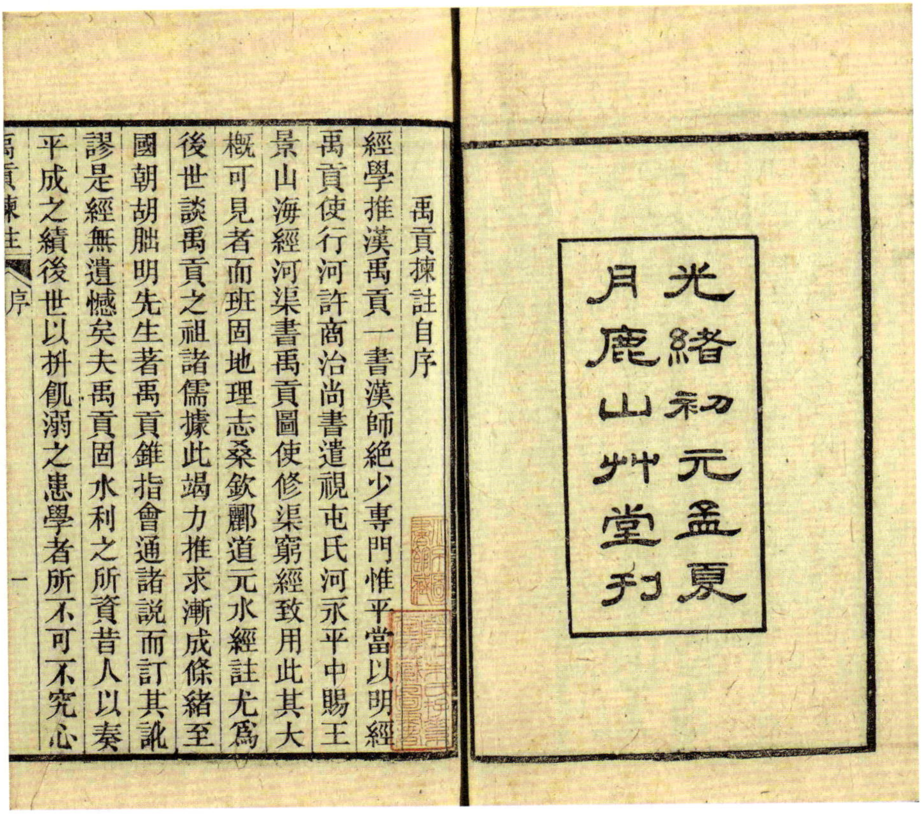

光緒初元孟夏
月鹿山艸堂刊

禹貢揀註自序

經學推漢禹貢一書漢師絶少專門惟平當以明經禹貢使行河許商治尚書遣視屯氏河永平中賜王景山海經河渠書禹貢圖使修渠窮經致用此其大概可見者而班固地理志桑欽酈道元水經註尤爲後世談禹貢之祖諸儒據此竭力推求漸成條緒至國朝胡朏明先生著禹貢錐指會通諸説而訂其訛謬是經無遺憾矣夫禹貢固水利之所資昔人以奏平成之績後世以拯飢溺之患學者所不可不究心

禹貢揀註 序 一

其友李方琳取稿付梓，但今未見此本。今所見《禹貢揀註》二卷，係清光緒元年由鹿山草堂刊刻。楊兆麟編輯《鹿山先生全集》所收《禹貢揀註》即據鹿山草堂版重印。

本叢書據國家圖書館藏清光緒元年鹿山草堂刻本影印。（劉海濤）

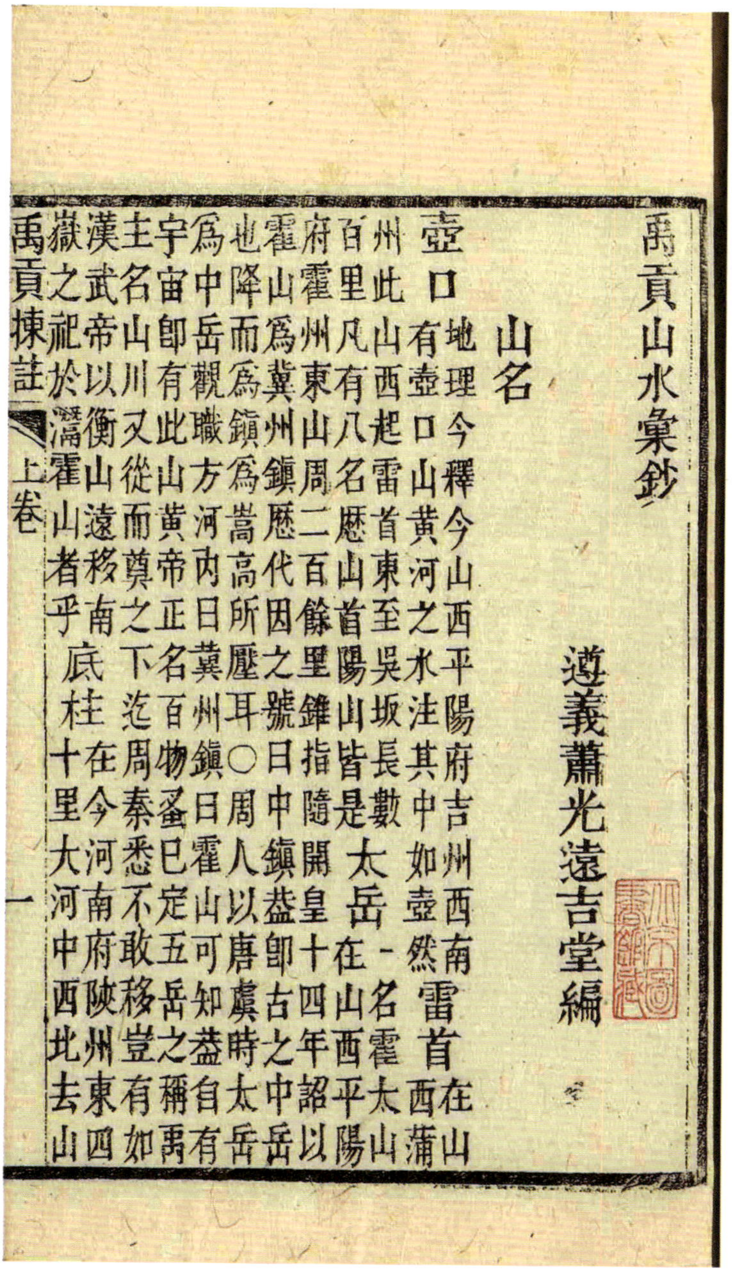

禹貢山水彙鈔

山名　　遵義蕭光遠吉堂編

壺口　地理今釋今山西平陽府吉州西南有壺口山黃河之水注其中如壺然

雷首　在山西蒲州此山西起雷首東至吳坂長數百里凡有八名歷山首陽山皆是

太岳　一名霍太山在山西平陽府霍州東山周二百餘里錐指隋開皇十四年詔以霍山爲冀州鎮歷代因之號日中鎮蓋卽古之中岳也降而爲鎮爲嵩高所壓耳○周人以唐虞時太岳爲中岳觀職方河內日冀州鎮日霍山可知蓋自有宇宙卽有此山黃帝正名百物蚤巳定五岳之稱禹主名山川又從而奠之下迄周秦悉不敢移豈有如漢武帝以衡山遠移南嶽之祀於灊霍山者乎

底柱　在今河南府陝州東四十里大河中西北去山

禹貢揀註　上卷　一

毛詩異同四卷

清蕭光遠撰。光遠生平見經部《周易屬辭》提要。

是書係光遠於課徒閑暇之時，比較《小序》、《毛傳》、《鄭箋》以及朱熹《集傳》四書之異同，會其大意，輯而成編。光遠此舉，意在强調『漢儒詁訓、宋儒義理，不可偏廢』之論，間有評語，對變風、淫詩之論皆有新意。書末附《詩雜説》。《毛詩異同》四卷於清同治六年鹿山草堂刊刻，楊兆麟編輯《鹿山先生全集》所收《毛詩異同》即據同治版重印。

本叢書據遵義市圖書館藏清同治六年鹿山草堂刻本影印。（劉海濤）

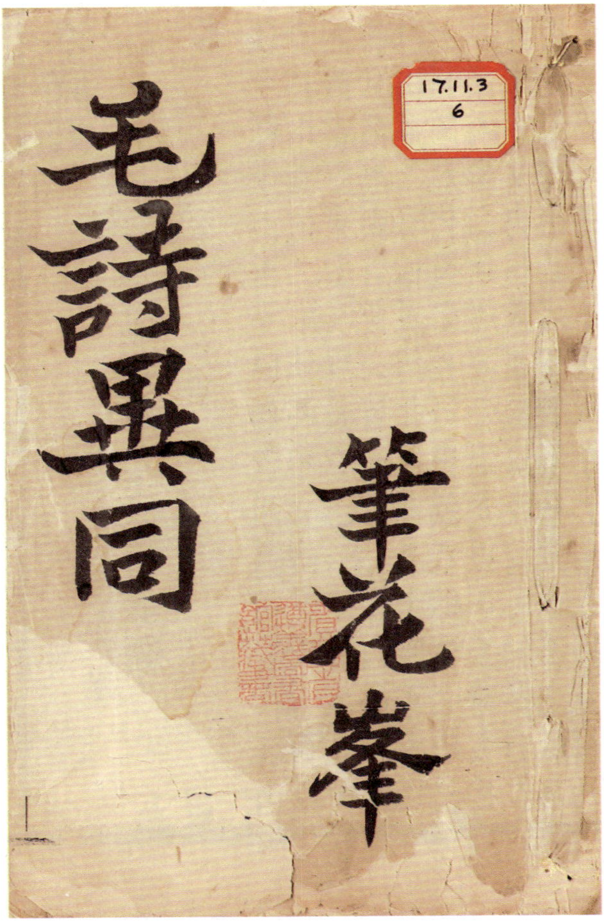

毛詩異同說一

遵義蕭光遠吉堂編

周南十一篇

關雎　葛覃　卷耳

序關雎后妃之德也風之始也所以風天下而正夫婦也故用之鄉人焉用之邦國焉毛傳雎鳩摯而有別夫婦有別則父子親父子親則君臣敬君臣敬則朝廷正朝廷正則王化成○君子好逑句毛傳逑匹也箋云怨耦曰仇言后妃之德和諧則幽閒處深宮

詩義旁通（存卷十九）

清雷廷珍撰。雷廷珍（一八五二—一九〇二），字玉峰，遵義綏陽人。父錦帆爲邑名士。廷珍讀書，以遠大自期，講求經世之學。光緒十四年鄉試獲雋。津門嚴修督學貴州，見其所著《音韻旁通》，大激賞之。光緒二十一年，嚴修設貴州官書局，特聘廷珍主其事，開貴州官印圖書之先例。二十三年，嚴修改省垣學古書院爲貴州經世學堂，復延廷珍爲山長。廷珍興學養士，重訂學規，親任主講。才俊姚華、任可澄、周恭壽等，皆出其門下。復主講興義筆山書院。張之洞總督湖廣，聞其聲名，迭請赴鄂執掌兩湖書院，廷珍乃率二三弟子北上，不意中道遘疾，卒於重慶，年僅四十九歲。廷珍爲學，不主門户，溝通漢宋，彙義理、文章、經濟爲一爐，於西學亦頗有心得，所著有《經義正衡》、《文字正衡》、《時學正衡》、《聲韻旁通》、《經説》諸種。

廷珍於《詩》，頗有造詣，所著《詩義旁通》，惜未付刊刻，僅有抄本，今所存者，僅卷第十九，乃《周頌》中之『清廟之什』、『臣工之什』、『閔予小子之什』。始『清廟』，終『般』，合詩三十一篇。以《詩》序推之，則其全書當作二十卷。今以所存者觀之，其書廣采衆説，而無門户之見，所采擇者除《毛序》、《鄭箋》、《鄭譜》、《毛詩正義》外，於三家《詩》尤加注意，每詩皆引道咸時《詩》學名家陳喬樅《三家詩異説考》，以與《毛

詩義旁通卷第十九

井書堂

綏陽雷廷珍學

周頌第二十六

異文攷云說文繫傳言部訟一曰歌訟錯曰古本毛詩雅頌字多作訟○鄭譜云周頌者周室成功致太平德洽之詩其作在周公攝政成王即位之初頌之言容天子之德光被四表格于上下無不覆幬無不持載此之謂容於是和樂興焉頌聲乃作禮運曰政也者君之所以藏身也是故夫政必本於天殽以降命命降於社之謂殽地降於祖廟之謂仁義降於山川之謂興作降於五祀之謂制度又曰祭帝於郊所以定天位祀社於國所以列地利祖廟所以本仁山川所以儐鬼神五祀所以本事又曰禮行於郊而百神受職焉禮行於社而百貨可極焉禮行於祖廟而孝慈服焉禮行於五祀而正法則焉故自郊社祖廟山川五祀義之修禮之藏也功大如此可不美報乎故人君必潔其牛羊馨其黍稷齊明而薦之歌之舞之所以顯神明昭至德也○魯詩遺說攷云史記平準書贊詩述殷周

詩》互證比勘，必得其是而後可。廷珍精小學，故又屢引經傳古訓、《説文段注》，亦清人由小學以明經之路徑。卷名下題『井書堂』者，蓋雷氏故家宅畔有水晶宫井，水取用不竭，廷珍出生前夕，其祖母張氏夢取水井中，得書萬卷，鄉里以爲美談，故以『井書』名其堂。

此抄本書法娟秀，彌足珍貴，現藏貴州省博物館。本叢書據此本影印。（徐鈺）

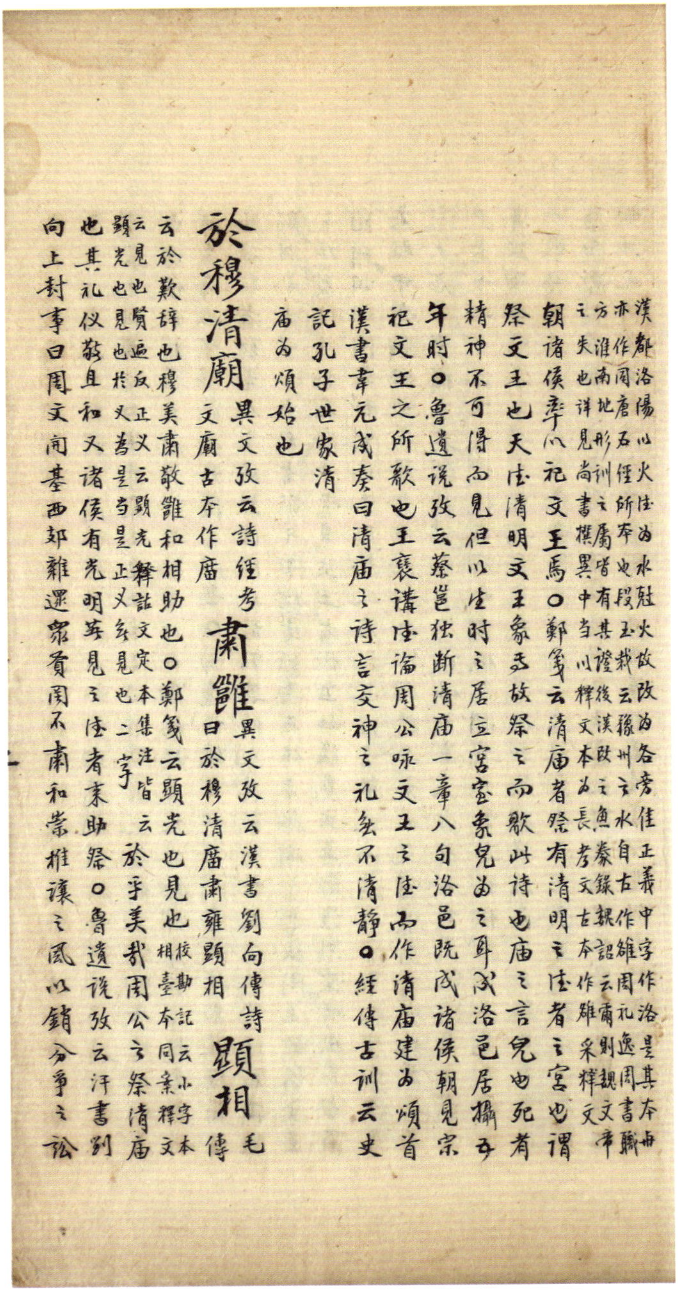
漢都洛陽以火德為水魁火故改為各旁佳正義中字作洛是其本毋亦作周唐名經所本也段玉裁云豫州之水自古作雒周禮逸周書職方淮南地形訓之屬皆有其證後漢改之魚豢錄魏詔云甫則觀文帝之失也詳見尚書撰異中尚以釋文本為長孝文古本作雒采釋文
朝諸侯率以祀文王焉○鄭箋云清廟者祭有清明之德者之宮也謂祭文王也天德清明文王象焉故祭之而歌此詩也廟之言貌也死者精神不可得而見但以生時之居立宮室象貌為之耳成洛邑居攝五年時○魯遺說攷云蔡邕獨斷清廟一章八句洛邑既成諸侯朝見宗祀文王之所歌也王襃講德論周公詠文王之德而作清廟建為頌首漢書韋玄成奏曰清廟之詩言交神之禮無不清靜○經傳古訓云史記孔子世家清廟為頌始也

於穆清廟 異文攷云詩經考文廟古本作庿 肅雝 異文攷云漢書劉向傳詩曰於穆清庿肅雍顯相 顯相 毛傳云於歎辭也穆美肅敬雝和相助也○鄭箋云顯光也見也 校勘記云小字本相臺本同案釋文云見也賢遍反正義云顯光釋詁文定本集注皆云顯光也見也於義為是當是正義系見也二字 於乎美哉周公之祭清廟也其禮儀敬且和又諸侯有光明著見之德者來助祭○魯遺說攷云汗書劉向上封事曰周文開基西郊雜遝衆賢罔不肅和崇推讓之風以銷分爭之訟

輪輿私箋二卷附圖一卷

清鄭珍撰，清鄭知同制圖。鄭珍（一八〇六—一八六四），字子尹，號柴翁，貴州遵義人。道光丁酉舉人，歷任古州廳、鎮遠府、荔波縣儒學訓導。晚清著名學者和詩文大家，著述宏富，經史子集四部俱佳，有『西南巨儒』美譽。代表作有《儀禮私箋》、《巢經巢經説》、《輪輿私箋》、《説文新附考》、《説文逸字》、《巢經巢詩集》、《文集》等，與莫友芝合纂《遵義府志》，獲梁啓超『府志中第一』之評語。

《周禮·冬官》原文已佚，以《考工記》代之。其中關於古代車輿之製作有三章：《輪人》、《輿人》、《輈人》。各章經文注文均較簡略，引發後世學者誤解，歧義頗多。鄭珍就此三章箋釋，詳加考辨，以復現古車制内觀。

古車由三大部件組成，即輪（車輪）、輿（車箱）及輈（車轅）。各部件又由許多小部件組合而成。而各小部件之形制、大小、長短，無明確記載。鄭珍一一考辨，精細推理，得出精細之數據，與鄭玄之注豁然契合，使千年疑竇，一旦豁然而冰釋。

如車外環稱『牙』，對牙之形態及圍圓，經文衹有兩句，鄭玄《注》也簡略。清代著名學者程瑶田認爲牙圍之櫻花切面呈四方形；阮元認爲圓形。與注義不符。鄭珍推算，牙圍呈上寬下窄兩側下端微殺之倒菱形。上底下底及兩斜面合計牙圍正是一尺一寸，與鄭玄之《注》完全吻合。

對其他小部件之推算也如此。鄭知同據此作圖九幀，對形制、大小、長短均標明尺寸，人們可按圖複製出古代之田車及兵車。鄭知同《輪輿圖序》云：『玆編録竟，爰周詳布算，頗盡厥恉。稿中偶有度數尺寸涉筆誤者，并已是正無訛。竊以鄭注之精微，自《賈疏》以來，不得正解，遂如墮雲霧，説者日益支蔓。得此箋，而鄭義瞭若指掌，更不患其制不明。然語繁數複，猶易眩惑心目。如再得圖以實之，使讀者案圖以求其説，似尤簡易省力。遂不自揣爲蛇足，繪輪輿諸圖，敢敬坿之編末，亦取便己嘗披讀焉。』

本書最早刊本爲清同治五年遵義唐氏成都刻本。本叢書據光緒十七年廣雅書局刻《廣雅叢書》本影印。（黄萬機）

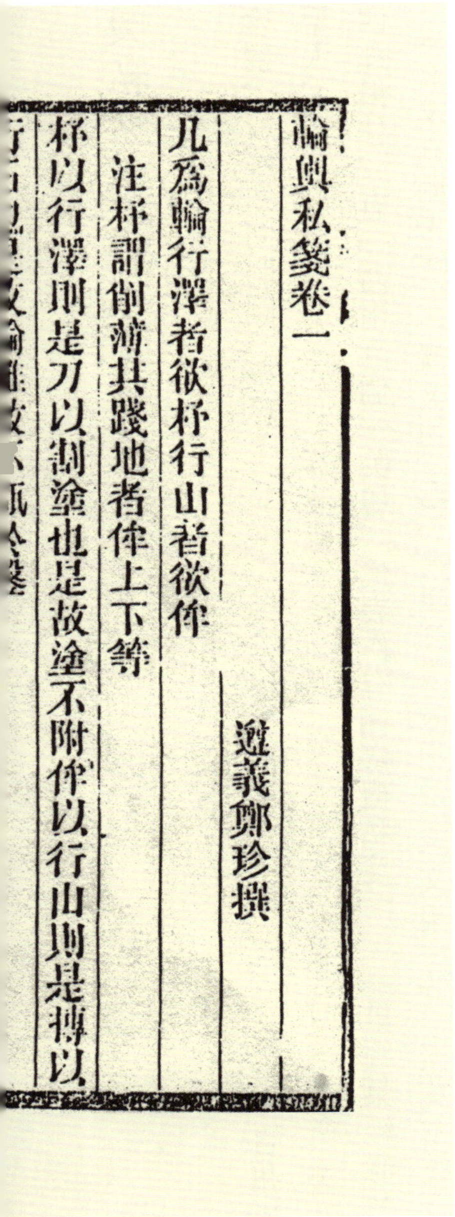
輪輿私箋卷一
遵義鄭珍撰
凡爲輪行澤者欲杼行山者欲侔
注杼謂削薄其踐地者侔上下等
杼以行澤則是刀以割塗也是故塗不附侔以行山則是摶以

所謂行山之輪必牙上下等使不爲石所傷至於行平地
其常也雖亦有行山之時亦有行澤之時亦有行平地而

値泥似澤遇石似山之時然其車之輪斷不專爲行山使
牙上下等亦不專爲行澤使牙如杼然於輪人必有常度
在不杼不侔之間明矣所以必著此節者正以見常度之
不杼不侔也猶之輈人極論大車之轅直無橈乃正以見
輈之不直不橈耳必先明此然後知康成說攷工車制確
不可易後人紛紛改說祇憎多口無益於經

兵車之輪六尺有六寸田車之輪六尺有三寸乘車之輪六尺
有六寸

注此以馬大小爲節也兵車革路也田車木路也乘車玉路
金路象路也兵車乘車駕國馬田車駕田馬

後文輪輿諸事但不著尺寸先出三車輪崇明根數也

鳧氏爲鍾圖說一卷

清鄭珍撰。鄭珍生平見經部《輪輿私箋》提要。

鳧氏爲鍾，出自《周禮·冬官考工記》。鳧氏爲官名，專司鑄造樂器鍾。經文僅二百四十五字，鄭玄注約四百餘字，非常簡略，後人注疏也頗多歧義。鄭珍特著此書，以申明鍾體製作形制。此書卷首云：『鳧氏鍾制，賈《疏》略且不明，宋後至今，諸家說益岐出，讀之皆覺不安。因按經、注申明之，并爲圖焉。』就形體而論，從下而上，對『欒』、『銑』、『于』、『鼓』、『鉦』、『舞』、『甬』、『衡』、『旋』、『幹』等之部位、長短比例，作了明確解說，并作圖示意，一看即明。又對『篆』、『枚』、『隧』等飾品，『甬』、『圍』等之長度比例，分別解說，簡易明晰，辨歷代注家異說，釋千古之疑。對鍾體厚薄與鍾聲清濁之決定性作用，均依經、注。唯對經文『是故

大鍾十分其鼓間，以其一爲之厚；小鍾十分其鉦間，以其一爲之厚』一節，注文有異說。對此，鄭珍作了更細緻之解說：『鼓外、鉦外，鼓間、鉦間之外也。鼓間之方六，其從篆下底於銑徑，銑徑十分，於鼓間之外一旁多二分，故曰鼓外二。鉦間之方六，其從篆下底於鉦徑，鉦徑八分，於鉦間之外一旁多一分，故曰鉦外一。』又查證《說文》，并駁斥賈《疏》之誤。附圖三幀：一爲鍾體各部比例圖，一爲衡徑圖，一爲甬并衡通長比例圖。

此書詳考鍾體、鍾聲及音準、音色關係，爲我國古代製鍾工藝及聲學理論之結晶，對研究戰國時期編鍾具有學術價值。

此書爲高氏資州刻本，初刊於清光緒二十年，民國年間有貴陽文通書局鉛印本、

鳧氏爲鍾圖說

遵義鄭珍

鳧氏鍾制賈疏略且不明宋後至今諸家說益岐出讀之皆覺不安因按經注申明之並爲圖焉

鳧氏爲鍾圖說　一

鍾身圖

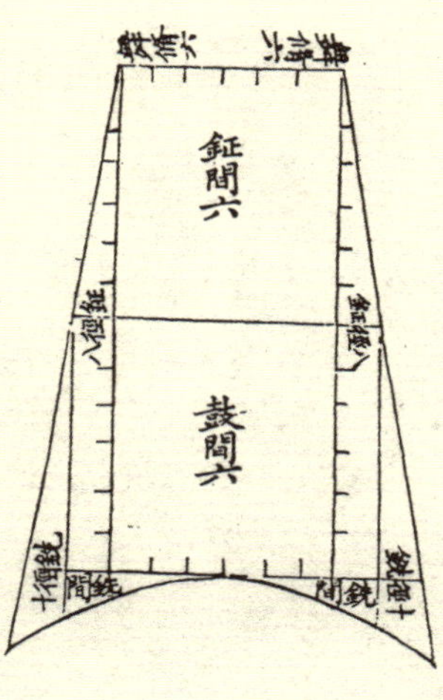

民國二十九年貴州省政府鉛印《巢經巢全集》本。本叢書收録兩種版本，一據清光緒二十年貴筑高氏資州官廨刻本影印，一據遵義市圖書館藏民國二十九年鉛印《巢經巢全集》本影印。（黃萬機）

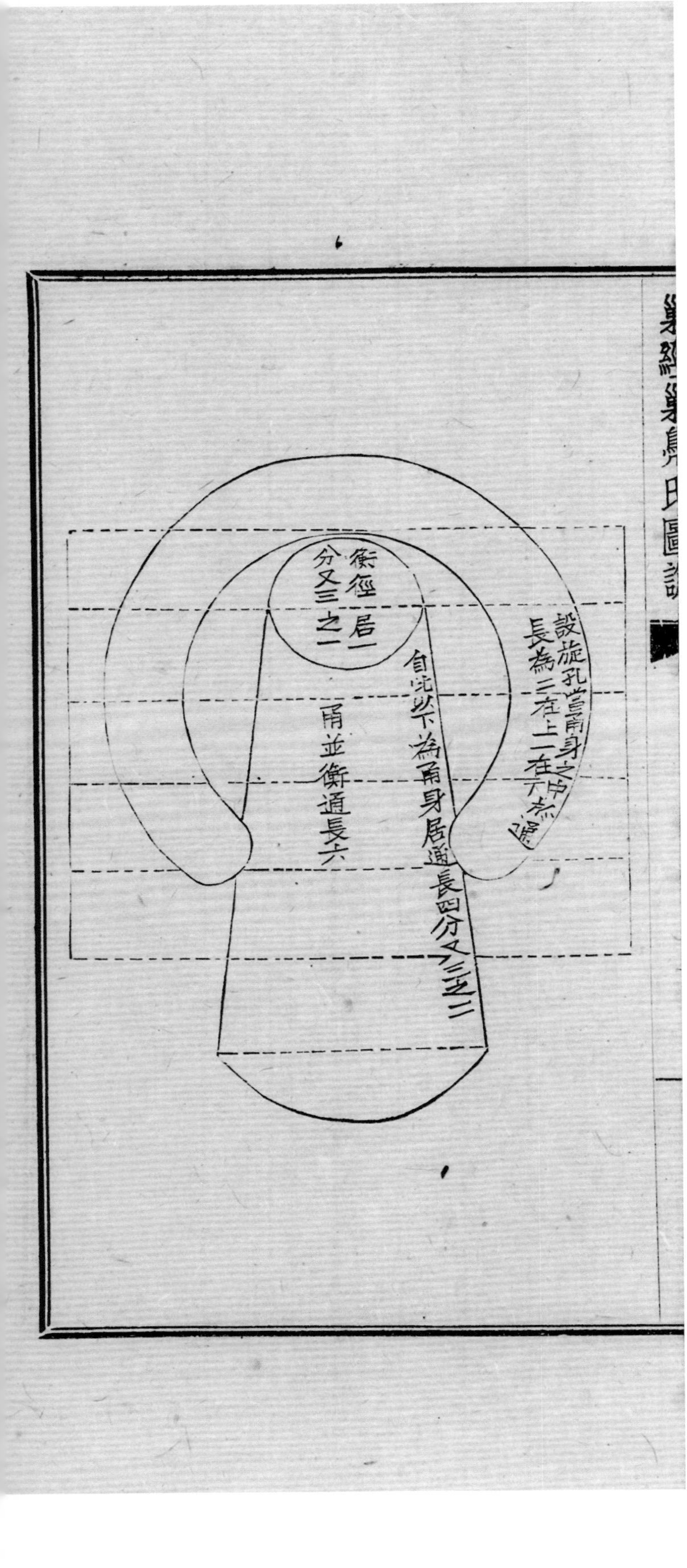

梟氏爲鍾兩欒謂之銑

注故書欒作樂杜子春云當爲欒書亦或爲欒銑鍾口兩角

欒與樂形近寫誤周禮冢人疏引春秋緯大夫墳高八尺樹以欒草欒亦誤作樂因增草頭正與此同欒與攣通廣疋曲枡謂之欒亦以曲名也銑之言先也先前也兩角於全體最在前也鍾之長短廣狹自銑起度故釋諸名由銑起

銑間謂之于于上謂之鼓鼓上謂之鉦鉦上謂之舞

注此四名者鍾體也鄭司農云于鍾脣之上祛也鼓所擊處

于舒于也試言于卽脣橢圓而上褰袪故鍾脣以名鼓鍾體之下半鉦鍾體之上半舞其上覆之頂鉦之言正也以正體又居上半故得鉦名凡脣上皆謂之鼓以當鼓擊而名正擊處爲隧非鼓隧一也舞撫之假借說文撫覆也銑間卽下以鉦徑八爲之之銑間也鍾口内空函一平

鳧氏爲鍾圖説補義一卷

清陳矩撰。陳矩（一八五一—一九三九），字衡山，貴陽人。隨黎庶昌赴日本任大清使館隨員，搜購中國古籍四萬多卷，運回築城，輯印《靈峰草堂叢書》百卷及《中國逸書》百餘種。學術著作及詩文集幾部收入《靈峰草堂集》。人稱『南學鉅子』。

鄭氏《鳧氏爲鍾圖説》初刊於光緒二十年。陳矩在鄭著解説之後，作出八條『補義』。重點在鍾聲方面。如關於『枚之景』，枚，指鍾乳。鄭珍解説云：『乳可以箇計，又凸起，人所摩澤，常有光景，故曰枚曰景。』陳矩認爲『未確』，他引用阮元《鍾枚説》中關於鑄鍾之實驗爲例證，又引呂大臨《考古圖・遲父鍾圖説》，方知鍾乳之長短、鋭鈍，決定鍾聲頻率之高低。景通影，影

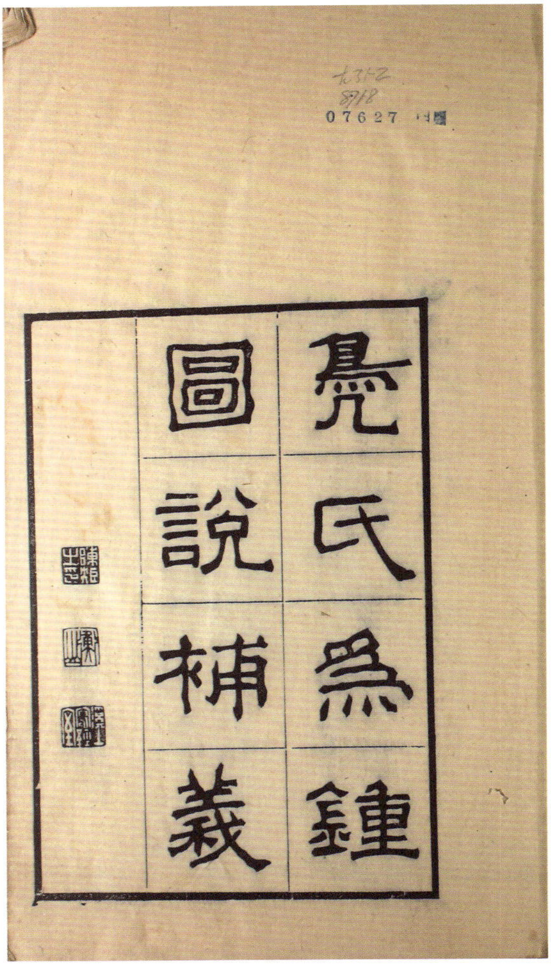

即準。鍾之有影，如琴之有軫，瑟之有柱。古鍾有枚三十六，唐賈公彥《周禮義疏》確定鍾枚七十二，大誤。對『鍾已厚則石』、『已薄則播』、『侈則柞』、『弇則鬱』諸條經、注，陳矩均有『補義』，足補鄭珍解說之缺。其他如『鍾小而長，則其聲舒而遠聞』、『鍾大而短，則其聲疾而短聞』等條，也有『補義』。所引古籍，有《周禮·冬官考工記》、唐代賈公彥《周禮義疏》、宋代呂大臨《考古圖》，尚有宋代陳暘《樂書·九鍾乳》、明代黃佐《樂典》、清代阮元《鍾枚説》以及毛奇齡《經集》等多種。鄭珍原著附圖三幀，陳矩《補義》中增加三幀：《考古圖·遲父鍾圖》、《樂書·鍾制圖》、《樂典·特鍾圖》。

此書輯入《靈峰草堂叢書》，清光緒間刊於錦城（成都）。貴州省圖書館有藏，本叢書據之影印。（黄萬機）

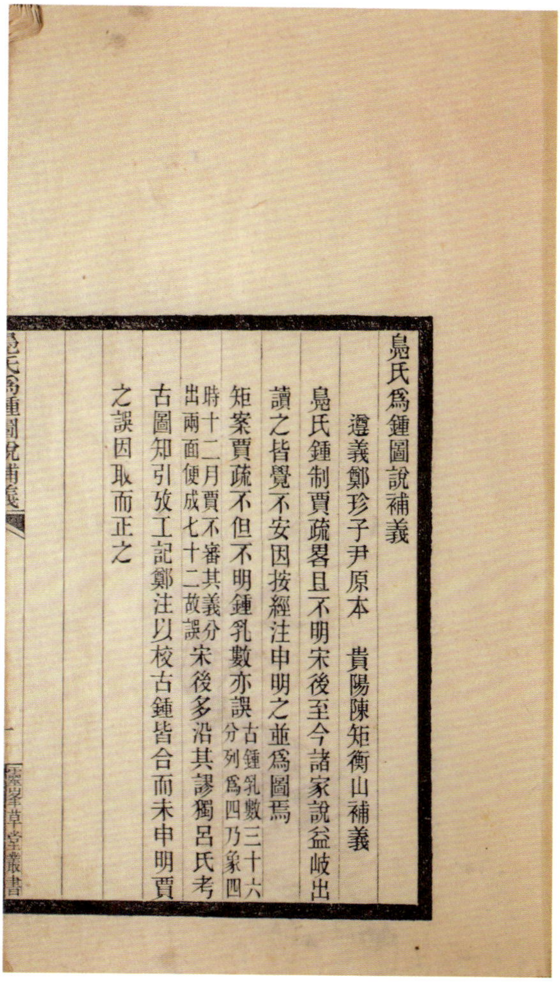
梟氏爲鍾圖説補義

遵義鄭珍子尹原本　貴陽陳矩衡山補義

梟氏鍾制賈疏畧且不明宋後至今諸家說益岐出讀之皆覺不安因按經注申明之並爲圖焉

矩案賈疏不但不明鍾乳數亦誤古鍾乳數三十六分列爲四乃象四時十二月賈不審其義分出兩面便成七十二故誤宋後多沿其謬獨呂氏考古圖知引攷工記鄭注以校古鍾皆合而未申明賈之誤因取而正之

梟氏爲鍾圖説補義　一　靈峯草堂叢書

儀禮私箋不分卷

清鄭珍撰。鄭珍生平見經部《輪輿私箋》提要。

稿本分訂爲三册，一册爲《儀禮私箋》，中有《士昏禮》、《公食大夫禮》、《士喪禮》，約百十葉；第二册爲《喪服私箋》，約一百七十葉，另一小册爲《儀禮私箋》殘葉，僅十四葉。經查驗，殘葉應係《喪服私箋》之脱葉。

與刻本比較，第一册中《士昏禮》爲刻本之卷一與卷二，《公食大夫禮》爲刻本之卷三，《士喪禮》爲刻本之卷八。第二册《喪服私箋》爲刻本之卷四、五、六、七。

手稿先用楷書抄寫，從筆迹判斷，應是鄭知同照乃父之草稿抄清者。大部分篇章有塗改，或祇圈改個別字句，或幾乎整葉删除，另在行間添改。添改筆迹爲行楷，間或爲草體，係鄭珍親自改定，較難辨識。

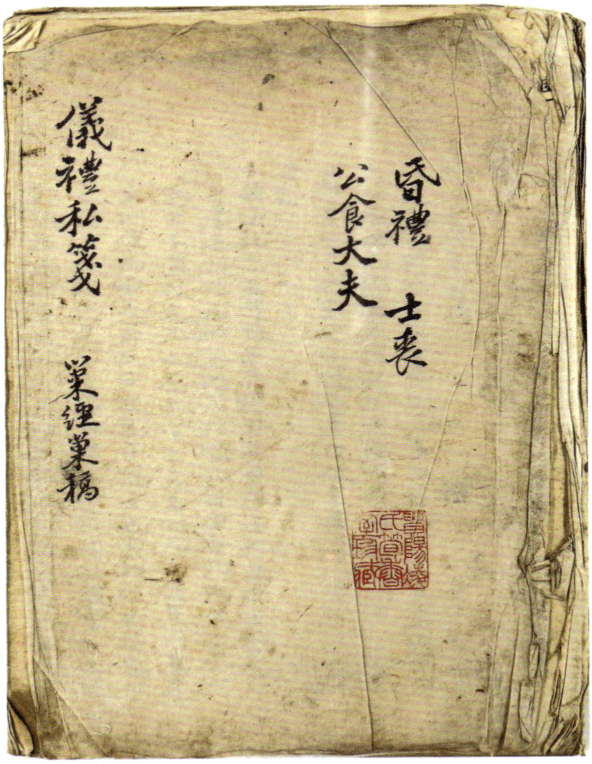

手稿係貴陽凌惕安收藏，後歸貴州省博物館。

手稿并不完整，有一些脱葉，裝訂有錯葉。如《喪服》『子夏傳，鄭氏注』之後，欠缺『斬衰三年章』共七條。《喪服》第二部分（卷五）中有十幾條被裝訂在手稿之末。

與刻印本對照，手稿中脱落一些關鍵文字。如《喪服》篇中，『齊衰三月章』幾條，手稿中缺『三月』二字，『大功九月章』幾條，手稿缺『九月』二字。鄭珍之箋語，刻印本在前頭均加『按』字，手稿則無『按』字。

手稿中改定之文字，與刻印本大體相同，由此推知，此爲鄭珍親自改定之《儀禮私箋》最後一次手稿。付梓之稿本，應爲據此手稿謄清而成。三册稿本均藏貴州省博物館，本叢書據此影印。

（黄萬機）

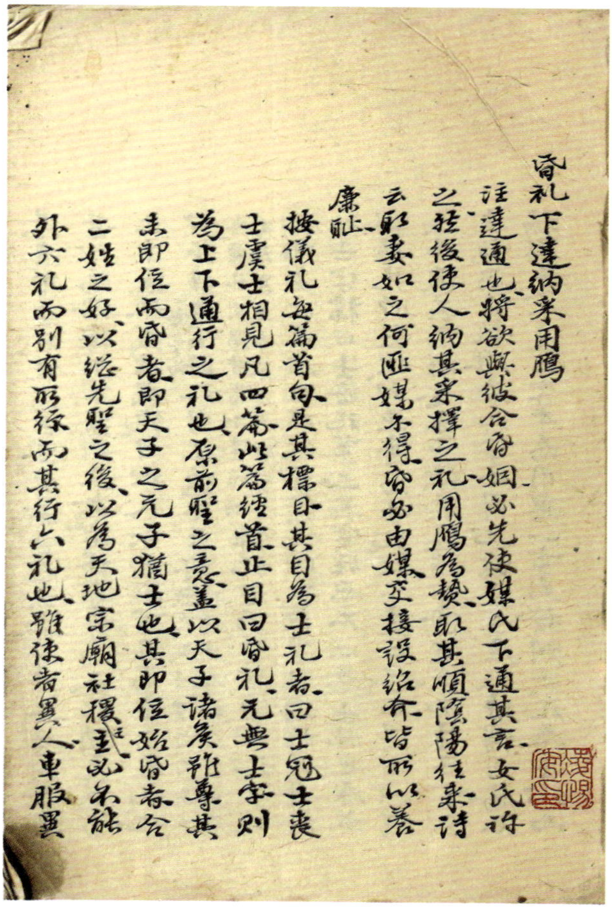
昏礼下達納采用鴈
注達通也將欲與彼合昏姻必先使媒氏下通其言女氏許之乃後使人納其采擇之礼用鴈爲贄取其順陰陽往來詩云取妻如之何匪媒不得昏必由媒交接設紹介皆所以養廉恥
按儀礼每篇首句是其標目其目爲士礼者曰士冠士喪士虞士相見凡四篇此篇經首止目曰昏礼无與士字則爲上下通行之礼也原前聖之意蓋以天子諸侯雖尊其未即位而昏者即天子之元子猶士也其即位始昏者合二姓之好以繼先聖之後以爲天地宗廟社稷主必不能外六礼而別有所緣而其行六礼也雖使者異人車服異

儀禮私箋（存卷七）

清鄭珍撰。鄭珍生平見經部《輪輿私箋》提要。

此本爲《儀禮私箋》第七卷之謄正本。從《殤小功五月章》，至《記・庶子爲後者，爲其外祖父母、從母舅，無服，不爲後，如邦人》章。凡六十六葉，每葉九行，每行二十一字。

字體爲小楷，清麗秀逸，疏朗雋永。與《巢經巢詩鈔》家刻本字體相近，疑爲鄭知同親手謄清。首葉右下鈐有『子尹』篆書朱文印章，應爲鄭珍親自鈐蓋。其下有『凌惕安印』篆體朱印，足證此本曾爲凌氏筍香室收藏。謄正本現藏貴州省博物館，本叢書據此影印。（黄萬機）

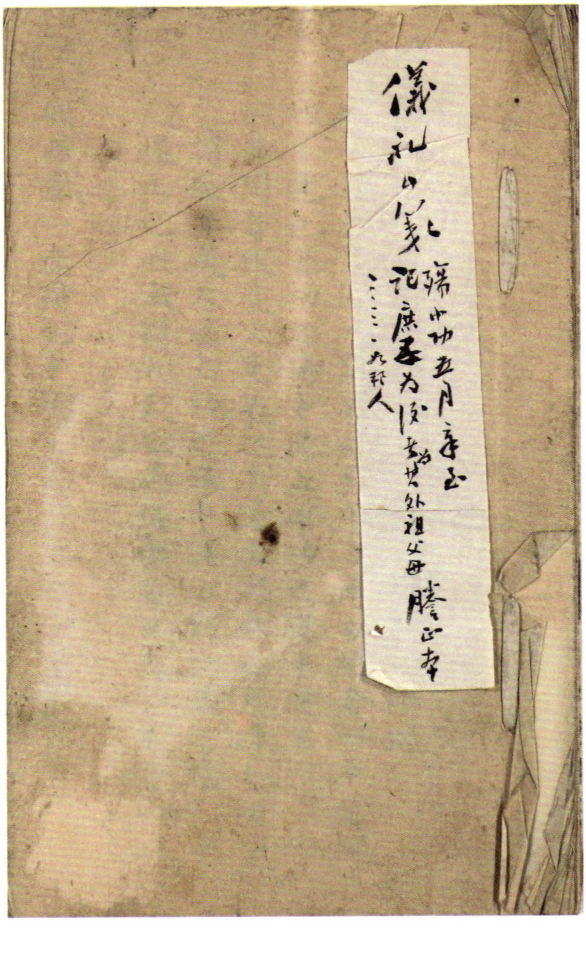

儀禮私箋卷第

遵義鄭珍撰

殤小功章五月 從父昆弟之長殤 傳曰問者曰中殤何以不見也大功之殤中從上小功之殤中從下

注問者據從父昆弟之下殤在緦麻也大功小功皆謂服其成人也大功之殤中從上則齊衰之殤亦中從上也此主謂大夫之爲殤者服也凡不見者以此求之也

緦麻章三月 庶孫之中殤

儀禮私箋八卷

清鄭珍撰。鄭珍生平見經部《輪輿私箋》提要。

《儀禮私箋》八卷，是鄭珍經學研究的主要著作。刻印本有多種：遵義唐氏成都刻本，刊於同治五年；廣雅書局叢書本，刊於光緒十七年；南菁書院叢書本（收入《皇清經解續編》）及江寧重刻本，均刊印於光緒年間。民國年間鉛印有《黔南叢書》本及《巢經巢全集》本。

《儀禮》、《周禮》、《禮記》合稱『三禮』。《儀禮》爲春秋戰國時代部分禮制之彙編，文理艱深，辭簡旨奥，且多脱訛，屬諸經中最難治者。東漢鄭玄作《儀禮注》十七篇，唐賈公彦撰《儀禮義疏》，以鄭注爲指歸。自唐至宋數百年，學者奉爲圭臬。元代敖繼公作《儀禮集説》，始與鄭玄樹敵。清初萬斯大及乾嘉一些學者與敖氏呼應。雖有張爾岐、

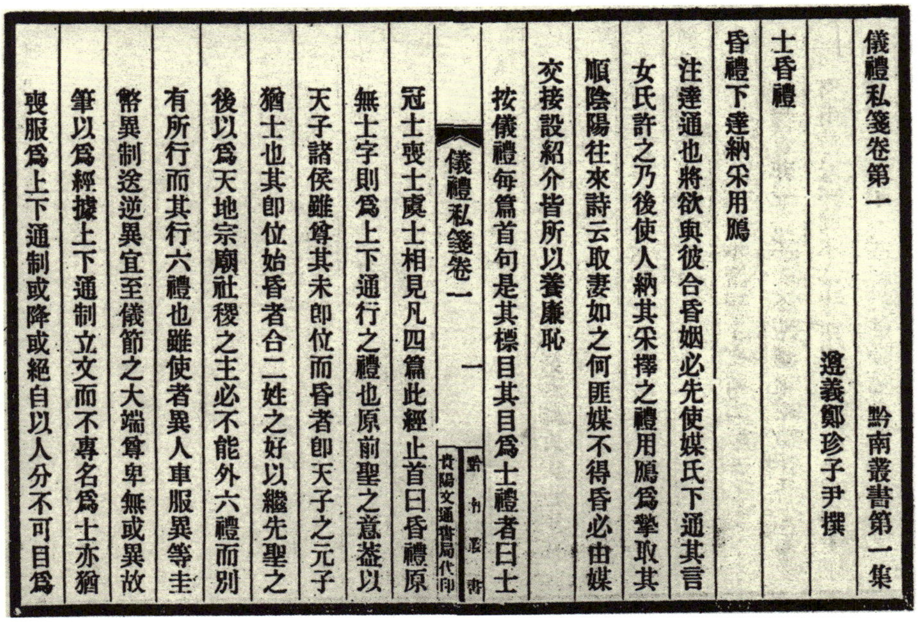
儀禮私箋卷第一　　黔南叢書第一集
遵義鄭珍子尹撰
士昏禮
昏禮下達納采用鴈
注達通也將欲與彼合昏姻必先使媒氏下通其言
女氏許之乃後使人納其采擇之禮用鴈爲摯取其
順陰陽往來詩云取妻如之何匪媒不得昏必由媒
交接設紹介皆所以養廉恥
按儀禮每篇首句是其標目其目爲士禮者曰士
儀禮私箋卷一　一　黔南叢書　貴陽文通書局代印
冠士喪士虞士相見凡四篇此經止首曰昏禮原
無士字則爲上下通行之禮也原前聖之意葢以
天子諸侯雖尊其未即位而昏者即天子之元子
猶士也其即位始昏者合二姓之好以繼先聖之
後以爲天地宗廟社稷之主必不能外六禮而別
有所行而其行六禮也雖使者異人車服異等圭
幣異制送逆異宜至儀節之大端尊卑無或異故
筆以爲經據上下通制立文而不專名爲士亦猶
喪服爲上下通制或降或絶自以人分不可目爲

江永、惠士奇等維護鄭注，也難敵衆口之强詞曲辨。

鄭珍深恐『千古禮宗』將會『淹晦於飾僞亂真之手』，因而挺身挽此『狂瀾』（鄭知同《儀禮私箋後序》）。歷經數十年探討，晚年方操觚撰稿。《後序》云：『先君子自壯歲即通家康成公之學，於古今聚訟之地，必研究康成立説之所以然，窮源導窾，見爲鑿不可易而後已焉。』鄭珍反復研讀、玩味，領悟鄭注精微。曾言：『余之墨守康成，往往一言一事，或思之數日不識所謂者，始亦訝其不合，迨熟玩得之，覺涣然冰釋，切合經恉，都無瑕釁，然後知世之據以詆斥康成者，皆偏駁曲見，惜未登高密之堂，令我公以數語箴膏肓也。』

鄭珍所箋注者僅四篇：《士昏禮》（卷一、卷二）、《公食大夫禮》（卷三）、《喪服》（卷四至卷七）、《士喪禮》（卷八）。共考釋一百零四條。

鄭珍治經，堅持實事求是，不立異、不苟同之原則；不立門户，兼取衆家之長。《儀禮私箋》不惟重點突出，考證精審，且文簡意賅，長於論辯，説服力强。此外，考訂經文之脱字、錯字及衍文，删除後世妄增之經文，訂正錯簡，劃分句讀，并對某些術語如『媒氏』、『報』、『庶婦』、『兄弟』、『昆弟』等，均作出新闡釋，確有不少發明。

本叢書據民國十一年鉛印《黔南叢書》本影印。（黄萬機）

儀禮喪服漢魏六朝注説標記一卷

清鄭珍撰。鄭珍生平見經部《輪輿私箋》提要。

此册爲《儀禮卷第十一・喪服第十二・子夏傳》，楷書抄本，首葉右下批云：『加紅圈點皆是注文。』

《喪服傳》，師師相傳爲孔子弟子子夏作。明代敖繼公對子夏所作《傳》有微詞，鄭珍《儀禮私箋》有辯云：『敖氏謂傳文違背經意者不少，未必皆知禮者所爲。大謬！此《傳》師師相傳爲子夏作，康成於《不杖期章》「大夫之子，爲世父母諸人」條云：「傳主謂女子子，似失之。」於「公妾以及士妾爲其父母」條云：「傳似誤。」唯此兩處意以《傳》疏，要是商確己見，未敢直斥爲失誤也。敖氏於十七篇多臆改鄭説，此且斥及子夏，彼蓋自信其説皆合禮意固宜，即文學大賢亦淺陋而多違背矣。多見其不知量也。』

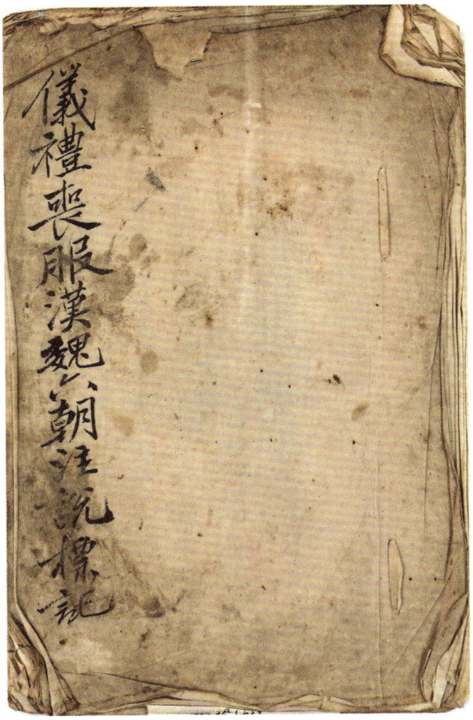

此本行間及書眉上，鄭珍作出許多批注。

所引文字，大都出自《通典》，眉批有『《通典》九十二（或三、四、五、六、七等）第幾葉』字樣。所引注疏者，有『馬』、『陳』、『雷』、『劉智』等，也提及『傅元』、『劉芳』、『孫景寬』、『崔凱』諸人。所有批注，爲鄭珍研究《儀禮·喪服》所作之資料記録，爲撰寫《儀禮私箋》打下扎實基礎。

此部抄本今藏貴州省博物館，本叢書據之影印。

（黃萬機）

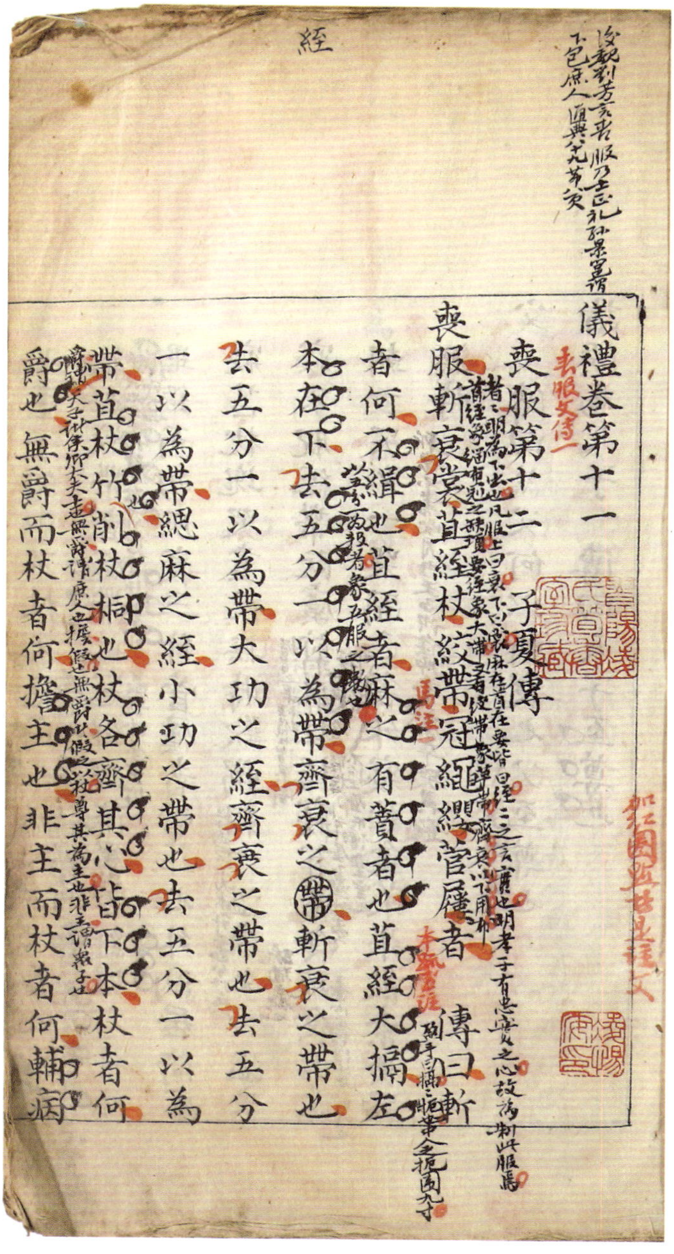
經

儀禮卷第十一

喪服第十一　子夏傳

喪服斬衰裳苴絰杖絞帶冠繩纓菅屨者　傳曰斬者何不緝也苴絰者麻之有蕡者也苴絰大搹左本在下去五分一以為帶齊衰之絰斬衰之帶也去五分一以為帶大功之絰齊衰之帶也去五分一以為帶緦麻之絰小功之帶也去五分一以為帶苴杖竹也削杖桐也杖各齊其心皆下本杖者何爵也無爵而杖者何擔主也非主而杖者何輔病

親屬記二卷

清鄭珍撰。鄭珍生平見經部《輪輿私箋》提要。

此書具稿僅三月，疏漏頗多。經鄭知同、陳矩校補，始臻完善。該書專門考訂内外親族之名稱，爲清代記述倫常綱紀之重要專著。據考，《親屬記》原爲《禮記》百三十一篇之一，出自孔宅壁中，《白虎通義》曾徵引其語，戴德、戴聖二氏删去，此篇從此散佚，僅《爾雅・釋名》、《廣雅・釋親》約具大端。朱子將部分内容輯入《家禮》，意在補經，所搜僅及《爾雅》。鄭珍『意在考禮徵俗，合古今名稱綱羅而殺列之，上自古經，旁及子史稗説、詩文别集，横行斜上，無不貫串，使讀者一見而知名稱所由來。洵宏覽博物之藪也』（陳田《親屬記序》）。

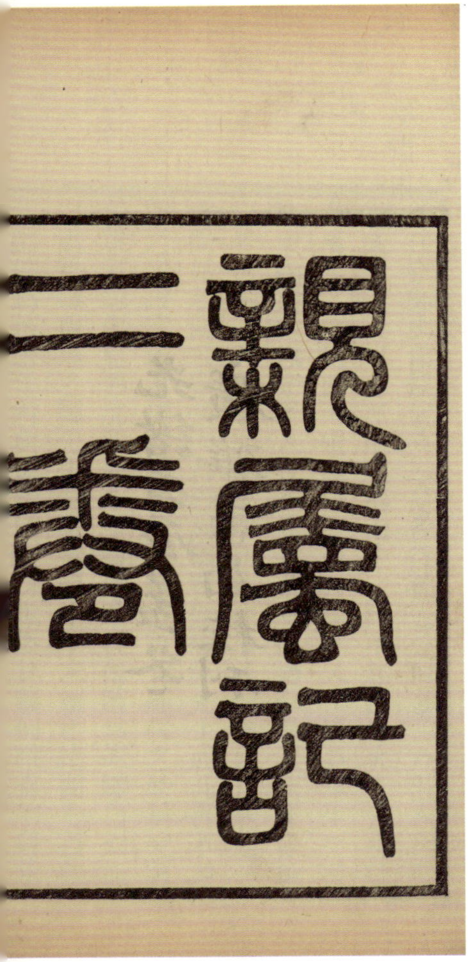

各地風俗習慣不同，方言方音各異，古今變化，同一親屬之稱謂衍化爲多種。鄭氏《親屬記》堪稱紹繼絶學，徵俗正名，學術價值不容低估。

清光緒十三年刻成上卷，

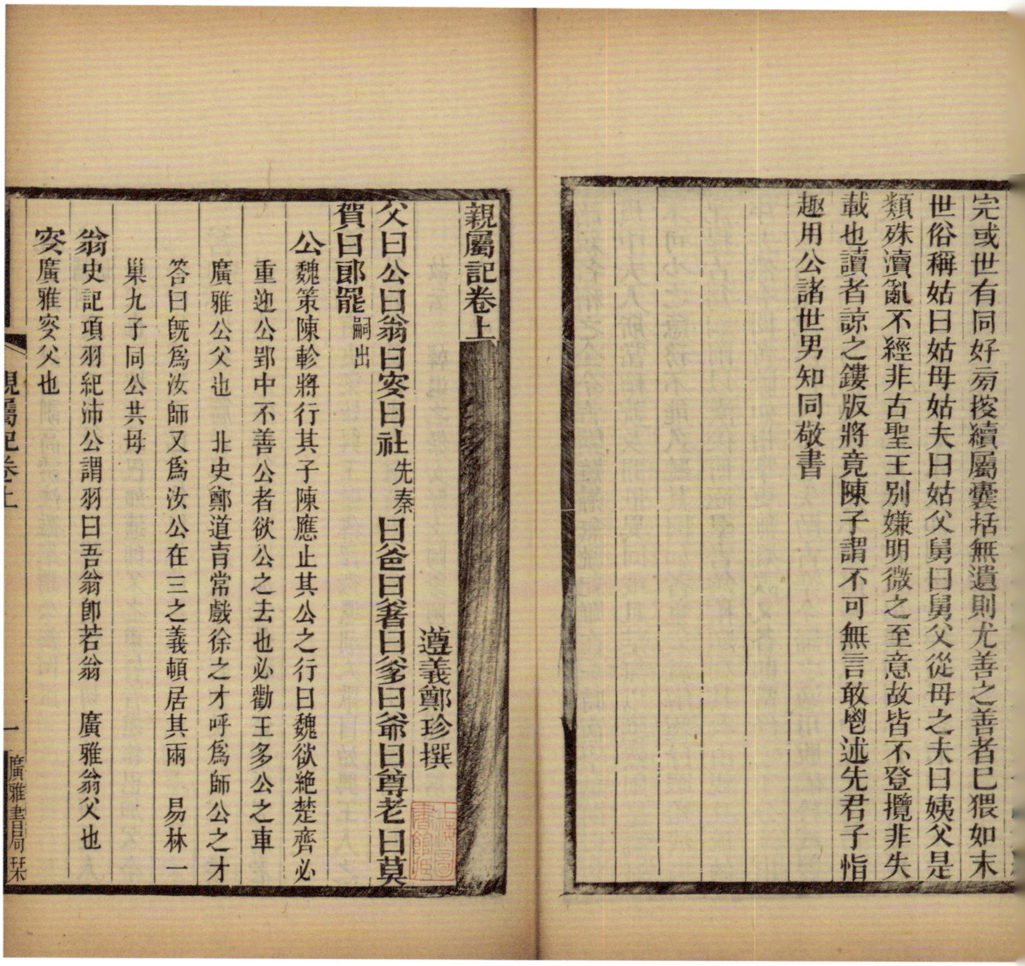

完或世有同好旁搜續屬囊括無遺則尤善之善者已猥如末世俗稱姑曰姑母姑夫曰姑父舅曰舅父從母之夫曰姨父是類殊瀆亂不經非古聖王別嫌明微之至意故皆不登攬非失載也讀者諒之鏤版將竟陳子謂不可無言敢畧述先君子恉趣用公諸世男知同敬書

親屬記卷上　　遵義鄭珍撰

父曰公曰翁曰叟曰社 先秦 曰爸曰奢曰爹曰爺曰尊老曰莫賀曰郎罷 嗣出

公魏策陳軫將行其子陳應止其公之行曰魏欲絶楚齊必重迎公郢中不善公者欲公之去也必勸王多公之車　廣雅公父也　北史鄭道昚常戲徐之才呼爲師公之才答曰既爲汝師又爲汝公在三之義頓居其兩　易林一巢九子同公共母

翁史記項羽紀沛公謂羽曰吾翁卽若翁　廣雅翁父也

叜廣雅叜父也

親屬記卷上　一　廣雅書局栞

下卷書稿被焚。鄭知同將上卷書稿携往廣東，編爲上下卷，刻入《廣雅叢書》。陳矩從日本歸黔，整理下卷手稿，交趙愷，合原刻《廣雅叢書》本，分上下卷，輯入《巢經巢全集》，鉛印於一九四〇年。

本叢書據上海圖書館藏清光緒十八年廣雅書局刻本影印，中國社會科學院圖書館亦藏是本。（黃萬機）

夏小正疏義校録一卷

清鄭知同校録。鄭知同（一八三一—一八九〇），貴州遵義人，字伯更，號漱芳齋主人。晚清文字學家、書法家。鄭珍哲嗣，諸生。晚年張之洞聘爲廣雅書局總纂。精小學，著作豐贍。

《夏小正》爲中國現存最早之物候專著，最早之科技文獻，出自先秦。原爲《大戴禮記》第四十七篇。

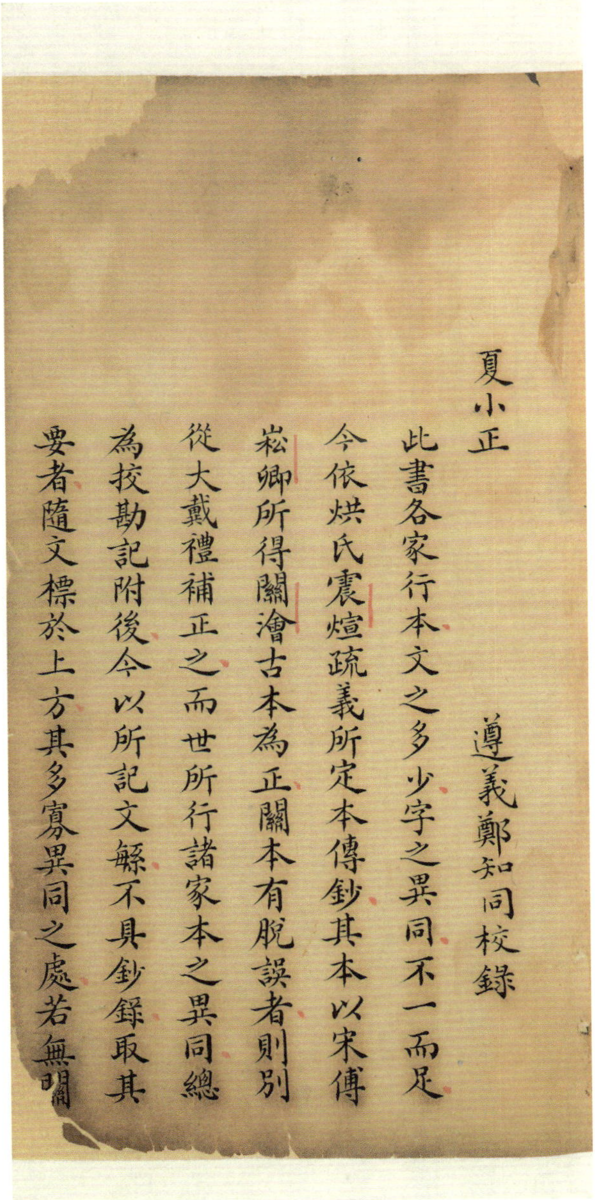
夏小正　遵義鄭知同校録
此書各家行本文之多少字之異同不一而足今依洪氏震煊疏義所定本傳鈔其本以宋傅崧卿所得關澮古本爲正關本有脱誤者則別從大戴禮補正之而世所行諸家本之異同總爲校勘記附後今以所記文緐不具鈔録取其要者隨文標於上方其多寡異同之處若無關

宋代傅崧卿將當時所藏之兩個版本文稿彙集而著爲《夏小正》單行本，而經文與傳文相混，未説明何者爲經，何者爲傳。《夏小正疏義》爲清浙江洪震煊著。鄭知同有感於『此書各家行本，文之多少，字之異同，不一而足』，故依『洪氏震煊疏義所定本傳鈔，其本以宋傅崧卿所得關澮古本爲正。關本有脱誤者，則别從《大戴禮》補正之。而世所行諸家本之異同，總爲校勘記附後』。所記之文『不具抄録，取其要者，隨文標於上方』。

本叢書據貴州省圖書館藏抄本影印。（龍先緒）

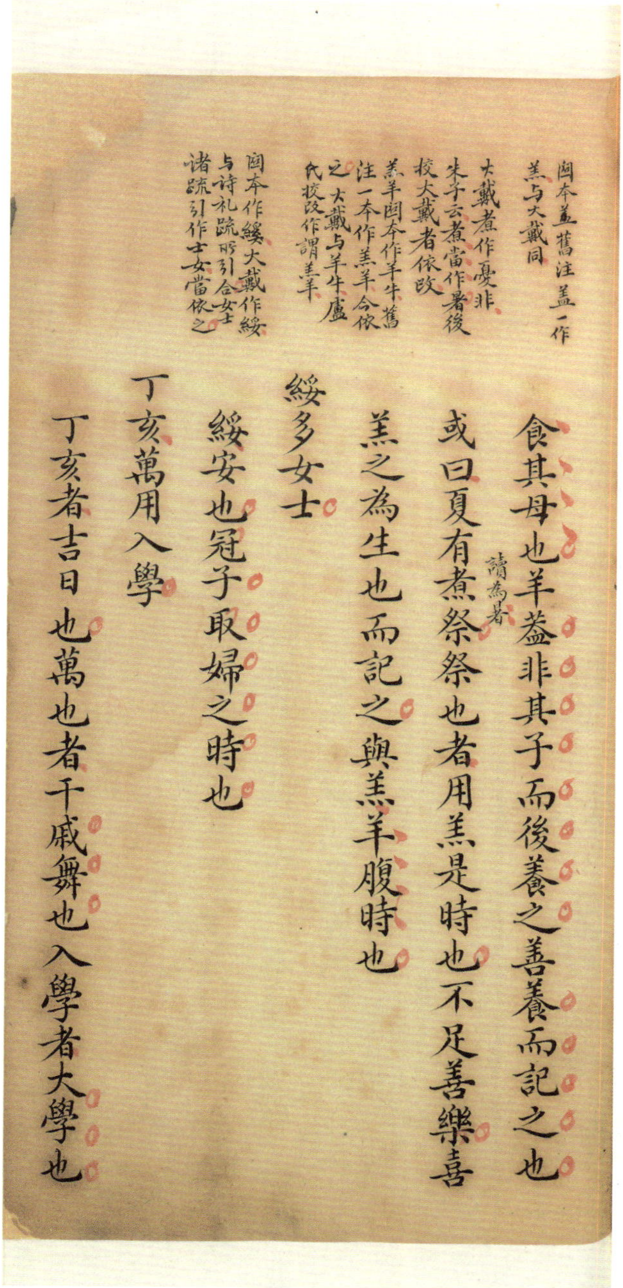
閩本蓋舊注蓋一作羔与大戴同
大戴煮作憂非朱子云煮當作者後校大戴者依改
羔羊閩本作羊牛舊注一本作羔羊今依之大戴与羊牛盧氏校改作謂羔羊
閩本作綏大戴作綏与詩礼疏所引合女士諸疏引作士女當依之

食其母也羊蓋非其子而後養之善養而記之也
或曰夏有煮祭（讀為者）祭也者用羔是時也不足善樂喜
羔之為生也而記之與羔羊腹時也
綏多女士
綏安也冠子取婦之時也
丁亥萬用入學
丁亥者吉日也萬也者干戚舞也入學者大學也

春秋左傳杜注校勘記一卷

清黎庶昌撰。黎庶昌（一八三七—一八九七），清末散文家、外交家。字蒓齋、蓴齋，貴州遵義人。廩貢生。初從學於鄭珍，後爲曾國藩僚屬。歷任駐英、法、德、日（西班牙）四國參贊，又爲出使日本大臣，官至川東兵備道。論文推衍曾國藩之説，尊崇桐城派。著有《拙尊園叢稿》等著述十多種，編有《續古文辭類纂》，輯刻有《古逸叢書》。

晉代杜預《春秋左傳經傳集解》博取漢魏注家之長，薈萃舊説，以成一家之言，對後世研究《左傳》頗有影響。黎氏出使日本期間，聞日府藏有初唐寫本《左傳》，多方求借，始得寓目。閲讀時，凡遇與今本相異處，則筆之簡端。光緒十七年任川東道時，命其子尹驄之内兄周楚白摘其可供勘正者訂爲一卷，取名《春

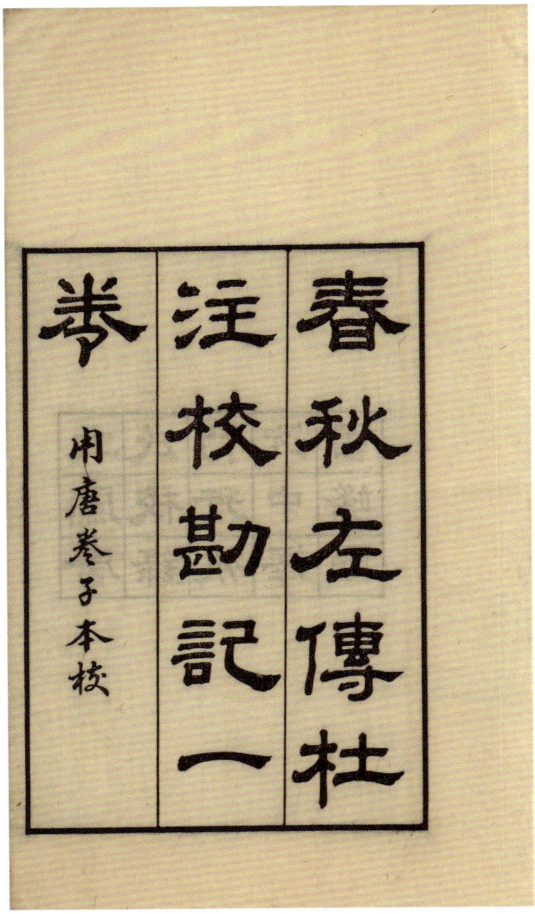
春秋左傳杜注校勘記一卷

用唐卷子本校

秋左傳杜注校勘記》。光緒二十年冬寄陳矩，刊入《靈峰草堂叢書》。陳矩跋語云：『今此書校録，乃據初唐寫本，下距北宋三四百年，距南宋、元五六百年，論古本莫古於此，且爲人人必讀之經，阮儀徵《十三經》所未及見者，其寶貴更當何如！』此書黎氏校勘杜注序四處，隱公四十五處，桓公三十一處，莊公十九處，閔公三處，僖公六十二處，文公十處，宣公二十八處，成公二十八處，襄公四十處，昭公一百七十五處，定公十六處，哀公二十九處。共計四百九十處。爲黎氏重要校勘學專著。

本叢書采用之清光緒大關唐氏《怡蘭堂叢書》本，藏上海圖書館。（龍先緒）

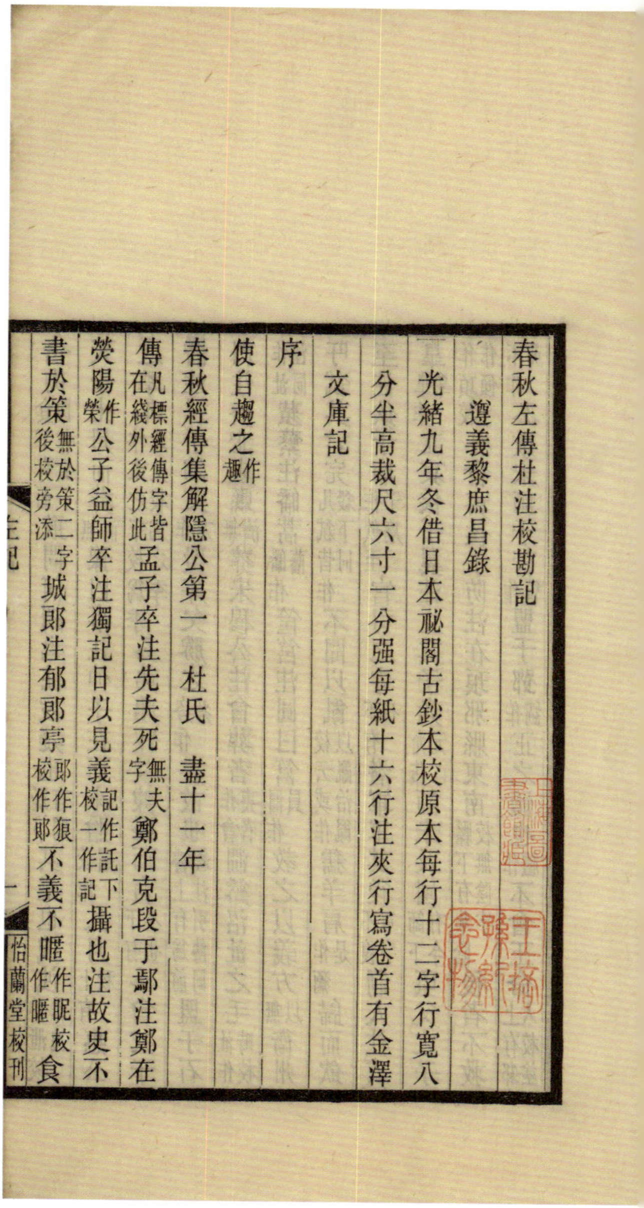
春秋左傳杜注校勘記

遵義黎庶昌録

光緒九年冬借日本祕閣古鈔本校原本每行十二字行寬八分半高裁尺六寸一分強每紙十六行注夾行寫卷首有金澤文庫記

序

使自趨之趣作

春秋經傳集解隱公第一 杜氏 盡十一年

傳凡標經傳字皆在綫外後倣此 孟子卒注先夫死無夫字 鄭伯克段于鄢注鄭在滎陽滎作榮 公子益師卒注獨記日以見義記作託下校一作記 攝也注故史不書於策無於字策後校旁添二字 城郎注郁郎亭郎作狠郎校作郎 不義不暱暱作昵校作暱 食

怡蘭堂校刊

十先生中庸集解二卷附録一卷

清莫友芝輯校。莫友芝（一八一一—一八七一），字子偲，自號郘亭，又號紫泉、眲叟，貴州獨山人。道光十一年舉人。晚清宋詩派代表作家。與鄭珍齊名，合稱『鄭莫』。晚年游幕江南十年，曾奉曾國藩、李鴻章之命，尋訪劫火後文匯、文宗兩閣《四庫全書》及其他古籍。其著述淹貫四部，有十餘種，數十百卷，《唐寫本説文木部箋異》、《郘亭知見傳本書目》、《黔詩紀略》、《郘亭詩鈔》尤廣爲人知。爲集文學、文字學、音韻學、訓詁學、版本目録學、書法篆刻於一身之晚清通儒。

南宋石𡼏在乾道八至九年間編定之《十先生中庸集

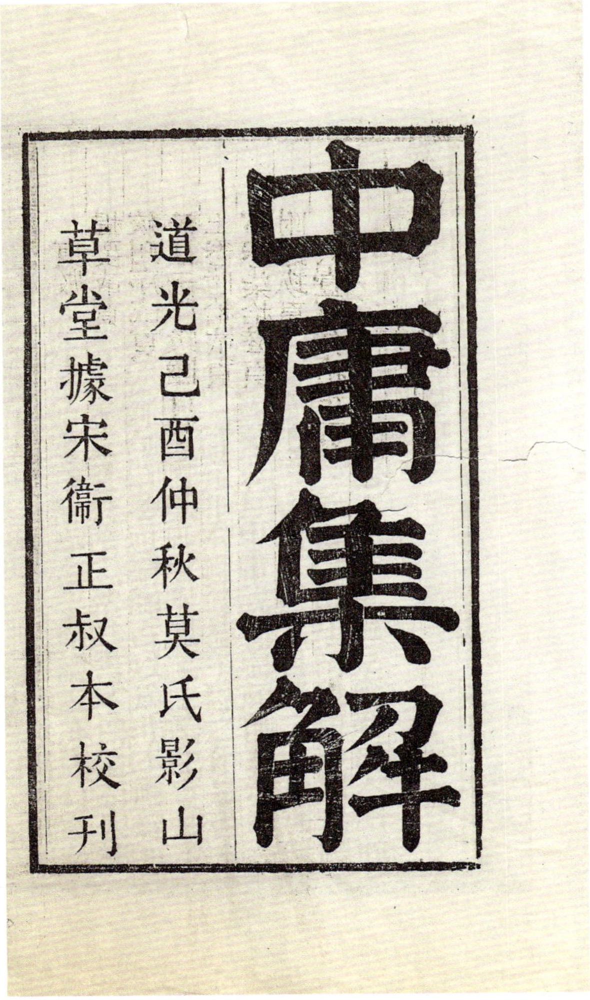

解》，開理學家爲《中庸》一書正本正義之先聲。書成，朱熹爲之序，『復取石氏書，删其繁亂，名以《輯略》』，而石氏《中庸集解》遂晦而不顯，唯散見於宋人衛湜《禮記集説》中。

清道光二十八年，莫友芝爲教授次子莫彝孫學習《禮記》，檢閲衛書，發現十家之説俱在，遂用心輯出，并於次年在影山草堂刊佈以行。

莫氏所輯刻影山草堂本《十先生中庸集解》，其成就不僅表現爲從《禮記集説》中輯出《中庸集解》佚文而已，且取《中庸輯略》及真德秀《中庸集編》、趙順孫《中庸纂疏》等書，爲之校補考訂。如莫友芝校對發現，真氏《中庸集編》所引《輯略》多出今本四十三條。此等佚文，莫氏均以夾行校注形式記録在其輯刻本注文中。此外，莫氏刻本《十先生中庸集解》卷首附載《欽定四庫全書總目提要》、《欽定四庫全書簡明目録》、《中庸集解目録》（即十先生姓名字號簡歷）、朱熹《中庸集解序》、《書徽州婺源縣中庸集解板本校後》、張栻《桂林刻中庸集解跋》；卷末附録載朱熹《知南康軍石君墓誌銘》與『宋以來著録論説石氏書及《輯略》者』，計有《宋史·藝文志》、陳振孫《直齋書録解題》、趙希弁《讀書附志》、衛湜《禮記集説》、黄震《黄氏日鈔》、趙順孫《中庸纂疏》、王應麟《玉海》、馬端臨《文獻通考》、詹道傳《中庸纂箋》、趙悳《中庸箋義》、景星《中庸集説啓蒙》、《明一統志》、謝鐸《赤城續志》、唐順之《中庸輯略序》、朱彝尊《經義考》等十餘家，

十先生中庸集解卷上　　宋新昌石𡼖子重編

中庸

程子曰中之理至矣獨陰不生獨陽不生偏則爲禽獸爲夷狄中則爲人中則不偏常則不易惟中不足以盡之故曰中庸明道　又曰天地之化雖廓然無窮然而陰陽之度日月寒暑晝夜之變莫不有常此道之所以爲中庸伊川　又曰中者只是不偏偏則不是中庸只是常猶言中者是大中也庸者是定理也定理者天下不易之理也是經也孟子只言反經中在其間伊川　又曰中庸之言放之則彌滿遺書無彌滿字六合卷之則退藏於密明道　又曰中庸始言一理中散爲萬事末復合爲一理明道　又曰中庸之書是孔門傳授成於子思傳於孟子其書雖是雜記

文獻資料相當齊備。

故此，莫友芝輯刻之《中庸集解》一書，因飽含文獻資料與學術考證内容，而遠超一般輯佚成果，其有功於石氏《集解》、朱子《輯略》，乃至《中庸》一書，誠莫大焉。

本叢書據清道光二十九年影山草堂刻本影印。（張劍）

論語稽二十卷附孔子世家稽一卷

清宦懋庸撰。宦懋庸（一八四二—一八九二），字伯銘，號莘齋，別號碧山野史，貴州遵義董公寺人。幼苦心向學，時值離亂，未就鄉試，僅選得國子監生員。先後游幕江浙三十年，與浙江一帶學者名流交游。貴州人莫祥芝任上海知縣，聘宦佐其幕，管理鹽務。其人學識淵博，著述宏富。著作刊行者有《莘齋文集》、《莘齋詩集》、《莘齋詩餘》、《播變紀略》、《論語稽》、《寠藪室主人試帖》等。未刊稿有《六書略平議》、《説文疑證編》、《兩論蠡測》、《寠藪室備忘録》、《讀史記稗言》、《讀前漢書私記》、《紀程》、《制藝》等。

《論語》爲儒家學派經典著作之一，由孔子弟子及其再傳弟子編輯而成，以語録體及對話體爲主，記録孔子及其弟子言行，集中體現孔子政治主張、倫理思想、道德觀念及教

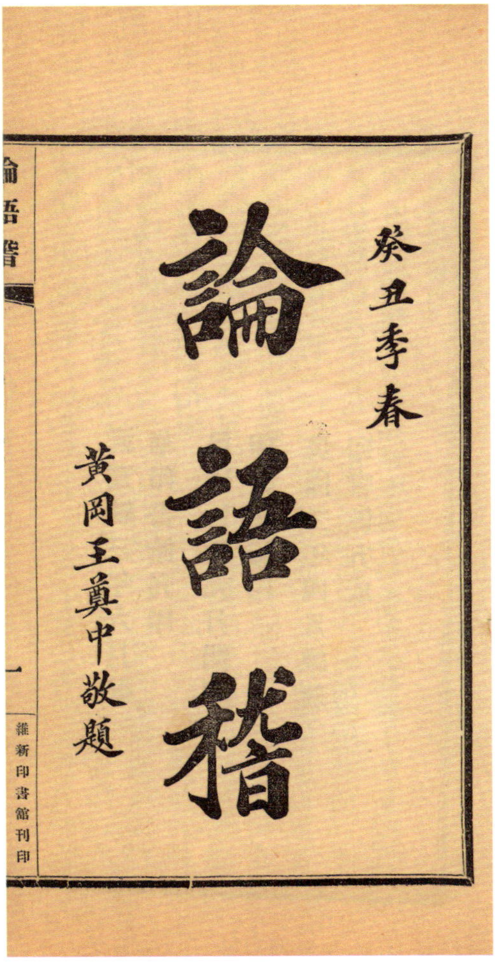

育原則等，爲四書五經之首。共二十篇，即學而、爲政、八佾、里仁、公冶、雍也、述而、泰伯、子罕、鄉黨、先進、顔淵、子路、憲問、衛靈公、季氏、陽貨、微子、子張、堯曰。

《論語稽》爲宦懋庸解釋孔子《論語》中相關語録或史事之著作，爲自孔子《論語》問世以來歷代學人注釋、解釋、考證其内容之若干專門研究之一，也爲治孔學必備之重要參考文獻。宦懋庸之若干觀點，多爲後世研究者引用。

書末附《孔子世家稽》一卷。

本叢書據國家圖書館藏民國鉛印本影印。（王任索）

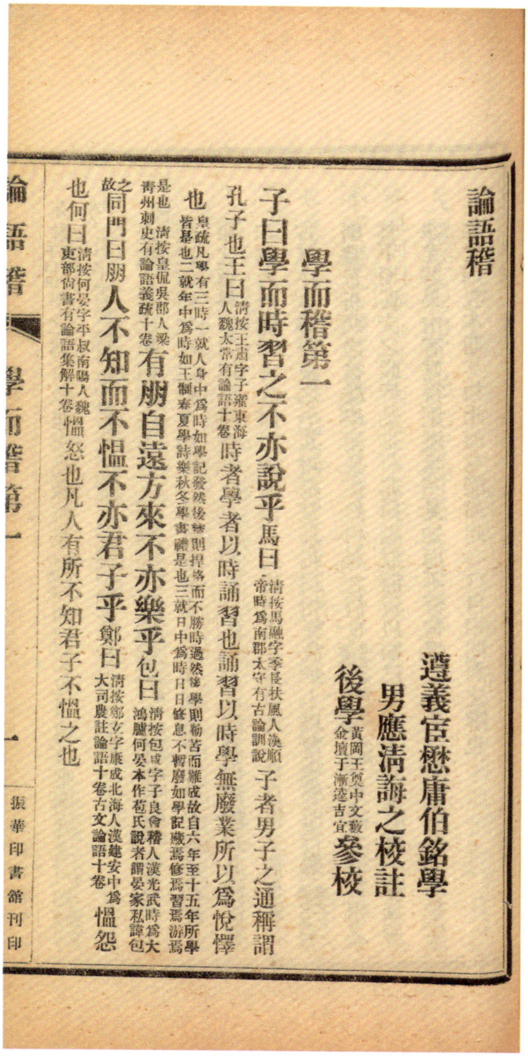

論語稽

遵義宦懋庸伯銘學

男應清誨之校註

後學黃岡王貫中文藪 金壇于漸逵吉宣參校

學而稽第一

子曰學而時習之不亦說乎馬曰清按馬融字季長扶風人漢順帝時爲南郡太守有古論訓說子者男子之通稱謂孔子也王曰清按王肅字子雍東海人魏太常有論語十卷時者學者以時誦習也誦習以時學無廢業所以爲悅懌也皇疏凡學有三時一就人身中爲時如學記發然後禁則扞格而不勝時過然後學則勤苦而難成故自六年至十五年所學皆是也二就年中爲時如王制春夏學詩樂秋冬學書禮是也三就日中爲時日日修息不暫廢如學記藏焉修焉習焉游焉是也清按皇侃吳郡人梁青州刺史有論語義疏十卷有朋自遠方來不亦樂乎包曰清按包咸字子良會稽人漢光武時爲大鴻臚何晏本作苞氏說者謂晏家私諱包之故同門曰朋人不知而不慍不亦君子乎鄭曰清按鄭玄字康成北海人漢建安中爲大司農註論語十卷古文論語十卷慍怨也何曰清按何晏字平叔南陽人魏吏部尚書有論語集解十卷慍怒也凡人有所不知君子不慍之也

論語稽 學而稽第一 一

振華印書館刊印

巢經巢經説一卷

清鄭珍撰。鄭珍生平見經部《輪輿私箋》提要。

《巢經巢經説》（以下簡稱《經説》）收録經學研究文章十九篇。内容涉及『十三經』中十一部經典。有對經文之箋釋，補正脱衍；有校刊版本，辨别真僞；也有人物年齒之考證。此書頗受學界推重。晚清著名學者李慈銘評云：『子尹《經説》雖衹一卷，而精密貫串，尤多杰見。其長在善讀經文與注文，不爲唐以後釋經正義所惑，所以能補經之不備。是舉一經而全經之體例俱得要領，益見經文與注文之周密無間，而舊讀之憑私臆牽合，灼然可知其誤。子尹苦心深識，乃成此創獲之見解。自言反復推尋六年，始得自備其説，實經學之功臣。學者遇此等疑義，稱説之餘，涣然冰釋，自勝于看其他書也。』（見《越縵堂讀書記》）

《經説》一書，有清咸豐四年家刻本、《南菁書院叢書》本（收入《皇清經解續編》）、花近樓《遵義鄭徵君遺著》本、貴陽文通書局鉛印本、貴州省政府《巢經巢全集》本。

本叢書據上海圖書館藏清咸豐四年家刻本影印。（黄萬機）

巢經巢集卷第一

遵義鄭珍子尹

經說

補正爾雅釋親宗族

爾雅之釋宗族舍人孫李本久亾今所傳惟郭景純本然注略邢疏復一不詳余三復斯篇文蓋多所譌脫即近日邵氏晉涵正義郝氏懿行義疏雖攷證綦詳而於此亦未之疑及也按儀禮喪服小功章稱從祖祖父母從祖父母從祖昆弟凡三世緦麻章稱族曾祖父母族祖父母族父母族昆弟凡四世是祖之親兄弟與其子若孫稱皆冠以從

鄭學録四卷

清鄭珍撰。鄭珍生平見經部《輪輿私箋》提要。

此書初名《康成傳注年譜書目弟子目》，爲研究東漢經學大師鄭玄（字康成）生平事迹與學術活動之專著，徵引古籍頗廣，考訂精審。

《傳注》以《後漢書·鄭玄傳》爲綱，廣搜群籍作注，詳加考核，每條下均加按語以辨真僞，内容翔實。鄭玄博通今文經和古文經，融匯兩大派以注『六經』，集兩漢經學之大成，奠定儒家經典權威地位。其著述宏富，鄭珍考訂五十八種，惜大部分佚失。鄭珍對鄭玄著作箋釋，引證多書，明其原委。如關於《論語注》箋釋，引證陸氏《經典釋文》，由此而上推古《論》、魯《論》原貌，下窺何晏本與今本異同，闡述《論語》歷代傳承、箋注情況，堪稱《論語》學之一篇專論。

鄭玄弟子上千人，有姓名可考者數十人。其中不少爲當時通儒或名宦。除《鄭志》所載者外，又考證出韓益正、甄子然、郗慮等人。在《華陽國志》中，查找出劉備曾拜鄭玄爲師，『每見，啓告治亂之道』。

《鄭學録》稿本經黄彭年訂正，由唐炯出資，於清同治四年刻印於四川綏定府（今四川達州地）。鄭知同參與版本校勘，後將版片運回遵義，今存遵義市圖書館。此書第三卷《鄭學書目》被姚慰祖輯入《晉石厂叢書》，刻印於光緒九年粵東藩署。民國二十九年貴州省政府印行《巢經巢全集》，所收《鄭學録》即用同治原刊版刷印。本叢書據《巢經巢全集》本影印。（黄萬機）

鄭學錄卷第一

遵義鄭珍撰

傳注

鄭元字康成北海高密人也

續漢書郡國志北海國十八城高密侯國青州刺史部

八世祖崇哀帝時爲尚書僕射

前漢書鄭崇傳崇字子游本高密大族世與王家相嫁娶祖父以訾徙平陵父賓明法令爲御史事貢公名公直崇少爲郡文學史至丞相大車屬弟立與高

鄭學錄　卷一　一　男知同校

經義正衡叙録二卷

清雷廷珍撰。雷廷珍生平見經部《詩義旁通》提要。

雷廷珍所著之書多未刊刻，生前付梓者，唯《時學正衡》、《經義正衡叙録》二種，清光緒二十八年於貴陽開雕，然次年廷珍即卒於赴鄂道中，故以『雷氏遺書』名。《經義正衡叙録》分上下兩篇，以爲孔孟之學『以詩書禮樂爲本業，以忠信明誠爲初基，以克己復禮爲内功，以經綸天下爲外用，以自强不息爲達化，其造詣則智仁聖神極其量，其師承則堯舜禹湯文武肇其傳，而其大義微言莫不畢著於《易》、《書》、《禮》、《詩》、《春秋》』，乃分經義之學爲小學、士學、賢學、聖學，『分以别其分際，合以識其統宗』，精粗有等，次序井然，當世學者言其談論政術，持歷史進化之説，通乎西海之政治原理。

本叢書據遵義市圖書館藏本影印。（徐鈺）

經義正衡叙錄

井書堂正衡之二

綏陽雷廷珍學

天者人所共覩也盲瞽者不能覩累於己也戴盆坐井者不全覩累於物也據極精遠鏡以視之昭昭者什百千萬於目力得其術也地者人所共履也癱瘓者不能曳踵限於體也無舟車者不能遠遊限於境也有鐵路輪舟以濟之環地球三十三日而一周亦得其術也易書禮詩春秋

爾雅犍爲文學注一卷

漢郭舍人撰。按，郭舍人又作『舍人』。據清道光《遵義府志》卷三十三考證，《爾雅》注者爲『犍爲文學卒史臣舍人』，『舍人』爲其姓名。『文學、卒史，皆百石』，『當時四百石下自除國中，則文學必犍爲人可知。犍爲初治鱉，其即鱉人或他縣人，不可考矣』。漢代犍爲郡之鱉縣，包有今遵義市中心城區及綏陽、桐梓諸縣地域。考證中并謂『南中若莫先師，斷推文學鼻祖』，

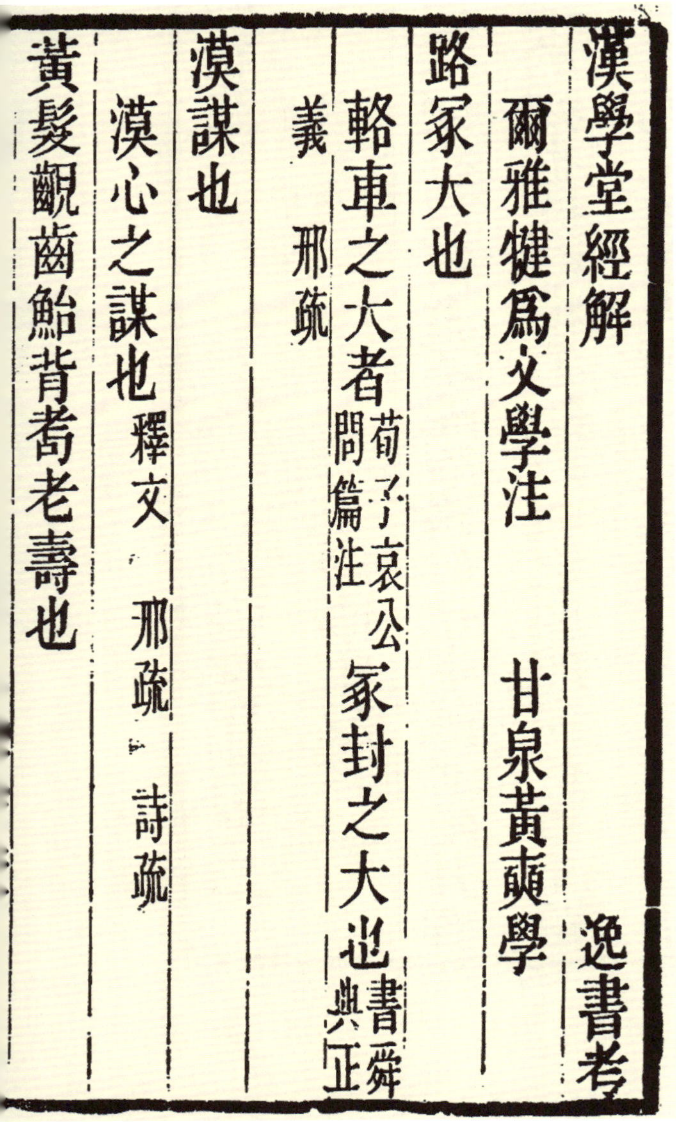
漢學堂經解　逸書考

爾雅犍爲文學注　甘泉黃奭學

路家大也

輅車之大者荀子哀公問篇注　冢封之大也書舜典正義　邢疏

漢謀也

漢心之謀也釋文　邢疏　詩疏

黃髮齯齒鮐背耇老壽也

故將舍人列《人物傳》之首。

《爾雅》爲中國最早解釋詞義之專著。史載舍人曾撰《爾雅注》三卷，但在隋代已亡佚。清人輯佚之《爾雅注》有余蕭客本、臧庸本、王謨本、黄奭本、馬國翰本、揚州女士葉心蘭本以及趙曉峰本等。《爾雅犍爲文學注》被學界稱爲漢儒釋經之始，其注保存《爾雅》之初義，雖吉光片羽，但前輩多據以證注家之誤，亦可見其專精之至。

本書爲清道光黄奭輯佚本，據《漢學堂叢書》本影印。本叢書另收三個輯佚本，一爲清光緒

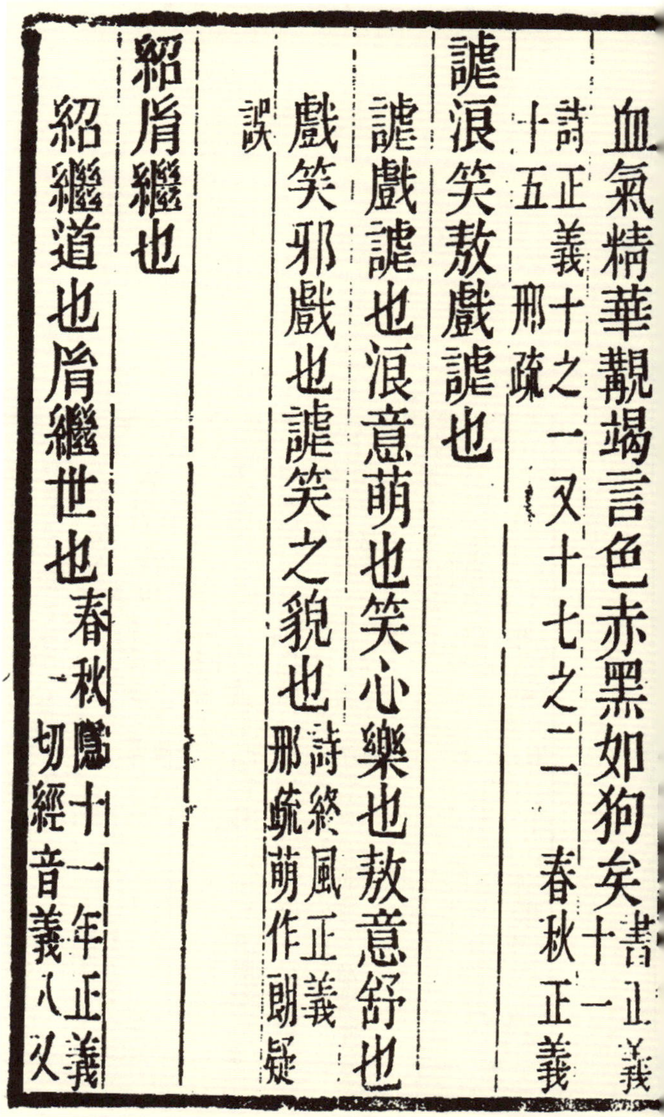
血氣精華覯竭言色赤黑如狗矣書十一正義
詩正義十之一又十七之二　春秋正義
十五　邢疏
謔浪笑敖戲謔也
謔戲謔也浪意萌也笑心樂也敖意舒也
戲笑邪戲也謔笑之貌也詩終風正義
邢疏萌作朗疑
誤
紹胥繼也
紹繼道也胥繼世也春秋隱十一年正義
一切經音義八又

馬國翰輯《爾雅犍爲文學注》，清嫏嬛館刻《玉函山房輯佚書》本；二爲清王仁俊輯十三經漢注稿本中之《爾雅舍人注》（藏上海圖書館）；三爲清趙旭輯《犍爲文學爾雅注稽存》抄本（另有提要）。（劉海濤）

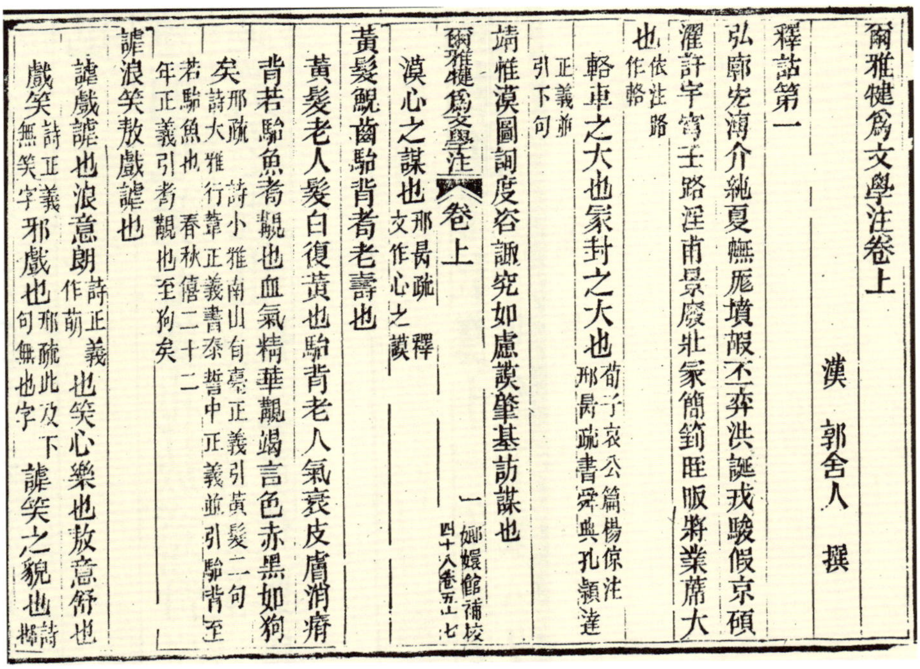
爾雅犍爲文學注卷上

漢 郭舍人 撰

釋詁第一

弘廓宏溥介純夏幠厖墳嘏丕奕洪誕戎駿假京碩濯訏宇穹壬路淫甫景廢壯冢簡箌昄將業席大也依注路作輅

輅車之大也冢封之大也荀子哀公篇楊倞注邢昺疏書舜典孔穎達正義並引下句

靖惟漠圖詢度咨諏究如慮謨肇基訪謀也

爾雅犍爲文學注卷上 一 嫏嬛館補校 四十八卷五上七

漠心之謀也邢昺疏釋文作心之謨

黃髮齯齒鮐背耇老壽也

黃髮老人髮白復黃也鮐背老人氣衰皮膚消瘠背若鮐魚耇觀也血氣精華觀竭言色赤黑如狗矣邢疏詩小雅南山有臺正義引黃髮二句詩大雅行葦正義書泰誓中正義並引鮐背至若鮐魚也春秋僖二十二年正義引耇觀也至狗矣

謔浪笑敖戲謔也

謔戲謔也浪意朗詩正義作萠也笑心樂也敖意舒也戲笑詩正義無笑字邪戲也邢疏此及下句無也字謔笑之貌也詩擲

爾雅舍人注

漢　郭舍人撰

釋宮

東西牆謂之序

東西堂敘尊卑處也逸王篇

犍爲文學爾雅注稽存一卷

清趙旭輯。趙旭（一八一二—一八六六），字石知，號曉峰。貴州桐梓城關人。清道光諸生。童年隨祖父宦齊魯，稍長游學吴楚，後以軍功署荔波訓導，兼都匀府學教授。同治五年春，水族苗族農民軍攻縣城，趙旭受重傷，倉皇中落水身亡。工詩文。與鄭珍、莫友芝友誼深厚，時相唱和。著有《播川全集》五十多卷，其中《播川詩鈔》六卷，輯有《桐笙》十卷，《蜀碧補遺》六卷。

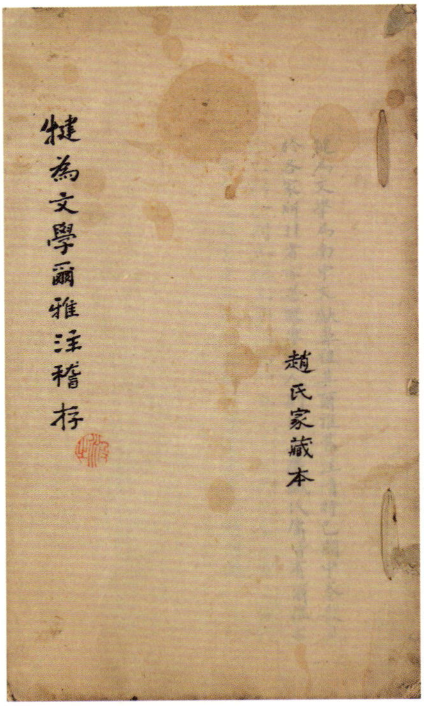

《爾雅》爲一部解釋詞義之專著，漢代爲《爾雅》作注之第一人即犍爲文學卒史，名舍人。此後注家有樊光、李巡、孫炎、郭璞等人。而今流傳者爲晉代郭璞之注。據鄭珍考證，舍人爲西漢犍爲郡文學卒史。犍爲郡治初在鄨縣，即今遵義一帶。舍人曾作《爾雅注》三卷，流傳至唐宋佚失。但其他學者常引舍人之注解，標明『舍人曰』，其注義與古義接近。舍人《爾雅注》輯佚本清代有二十多種，影響大者有吴縣余蕭客本、寶應劉玉麐本、江蘇武進臧庸本、

江西金谿王謨本、山東歷城馬國翰本、揚州女士葉心蘭本等。各人所輯得者，或數十條，或百數十條。趙旭所輯有兩百餘條。惜僅以稿本留存，未刊刻行世。趙旭題識云：『犍爲文學爲南中文獻鼻祖，其《爾雅》舊注，隋時已闕中卷，散見於各家所引者亦甚寥寥。近人劉氏玉麐、臧氏庸皆有《爾雅》古注之輯。余則專輯文學注爲一卷，蓋景行鄉先哲之意云爾。計二百有九條。書少，無從增益。祈博學者更廣之。』

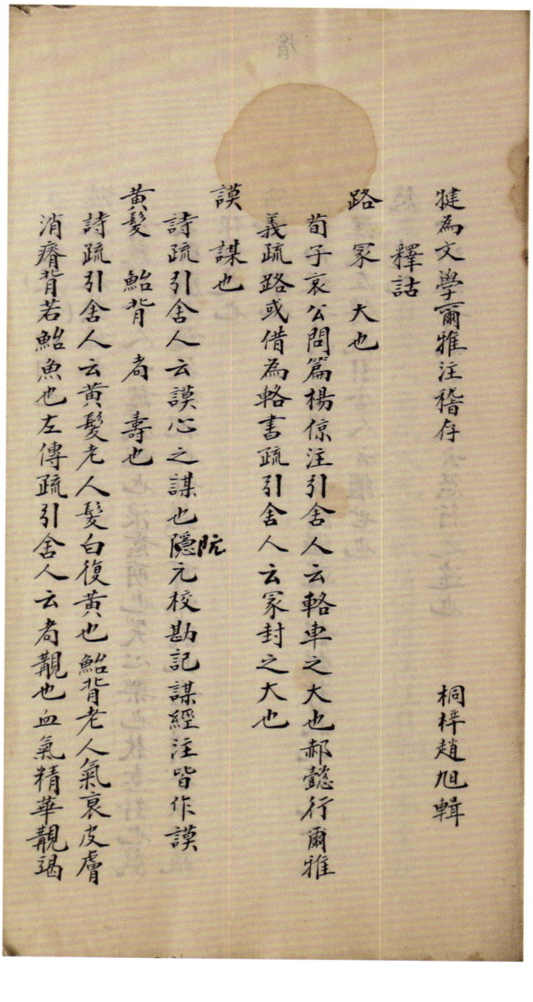
犍爲文學爾雅注稽存　桐梓趙旭輯

釋詁

路　冢　大也

荀子哀公問篇楊倞注引舍人云輅車之大也郝懿行爾雅義疏路或借爲輅書疏引舍人云冢封之大也

謨　謀也

詩疏引舍人云謨心之謀也阮元校勘記謀經注皆作謨

黃髮　鮐背　耇　壽也

詩疏引舍人云黃髮老人髮白復黃也鮐背老人氣衰皮膚消瘠背若鮐魚也左傳疏引舍人云耇覯也血氣精華覯竭

《爾雅》被列爲十三經之一，爲儒家學者必讀之經典。而首注此經者竟是出生於西南山鄉之學者舍人。清代朱彝尊《經義考》稱之爲漢儒釋經之始。

現存《犍爲文學爾雅注稽存》姚元恢抄本爲趙氏家藏本，現存貴州省博物館，本叢書據之影印。（黃萬機）

急就章考異一卷

清莊世驥撰，清鄭知同訂補。莊世驥，生卒年不詳，松江府青浦人，清咸豐辛亥科舉人。鄭知同生平見經部《夏小正疏義校録》提要。

《急就章》，西漢元帝時命黄門令史游爲兒童識字而作，按姓名、服飾、飲食、器物、人體、鳥獸、草木等分類别韻，爲三言、四言、七言韻語，共三十四章，一千三百九十四字。唐代以後，爲《千字文》、《百家姓》、《三字經》所取代。《急就章》注本有唐代顔師古注及宋代王應麟補注。清光緒十四年，張之洞創辦廣雅書局，刊近儒著述，繆荃孫獻莊世驥《急就章考異》稿本。鄭知同認爲其『標舉諸本，文或不備，解釋亦每鶻突，且至闕如，似原未畢功者然，加以傳鈔倒亂訛脱，字體復誕漫不經，往往不可卒讀，竊甚惜之，遂不嫌專輒，力爲訂補，寖增及半，庶幾繕完』。

本叢書據上海圖書館藏清光緒十七年廣雅書局刻本影印。（龍先緒）

急就章攷異 篇內所列正文以紹聖三年勒石本爲據

青浦莊世驥撰

急就奇觚昔課僮子今人皓首未究厥恉歷代臨摹不無亥豕覈其異同歸於壹是

弟一

分別部居不襍廁

王應麟玉海本襍作離　案作襍者是不襍廁卽分別部居之義許叔重說文敘云分別部居不相雜廁雜襍同字

勉力務之必有憙

顔師古本黃魯直本憙作喜　案說文喜樂也憙說也音誼俱同

説文新附考三卷

清鄭珍撰，爲原稿，清程恩澤批校。鄭珍生平見經部《輪輿私箋》提要。

清道光初，安徽歙縣人程恩澤出任貴州學政，遴選鄭珍爲拔貢生，又招其入湖南學政幕，借游幕以游學，傳授漢學門徑及詩文作法。兩年後鄭珍返黔，潛心攻習文字學，歷時六七年，寫成《説文新附考》書稿，於道光十四年冬上北京，呈請程先生教示。程先生看後，在稿本上用紅筆或墨筆批注。

鄭珍對恩師批注反復研讀，除幾例外，大都采用師説，其子知同又加按語充分闡釋。如『譜』，鄭珍引畢秋帆説：『《説文》無「譜」字，蓋古止用「表」也。』程批云：『畢説不甚確。』在刻印本中，鄭珍删去以往之注釋，衹保留十餘字，而知同加大段按語予以闡述。又如『睒』，鄭珍注釋認爲『徐説是也』。程先生作大改動。刻印本中依程氏之説，改爲『徐説非是』。再如『梔』，鄭珍認爲『桅即梔本字』。程眉批云：『《説文》本有「梔」字，各本誤篆作「桅」，非也。《韻會》所據本可證。』鄭珍接受師説，改寫注釋，云：『今《説文》「桅」字即「梔」篆之誤。大徐不察，乃別附此文。《韻會》所引小徐本「梔」篆不誤。段氏注《説文》已據改正。』其餘對可删之處，程氏批注『可删』。對解説精粹者，常加贊語，如『潺湲』二字之解説，程批『持論明通』。對欠通處，批『此論尚未協』。

當時程先生總評此稿：水平超越鈕匪石（樹玉）同名之作。十幾年後，鄭珍重新整理此稿。稿末云：『辛亥十二月，用朱墨删改過。上方或朱寫，或墨寫，今凡在首旁印小紅圈者，皆春海師書，當條朱墨圈，皆師筆。』此稿與光緒四年刻本《說文新附考》（六卷）差異甚大，可資參校。

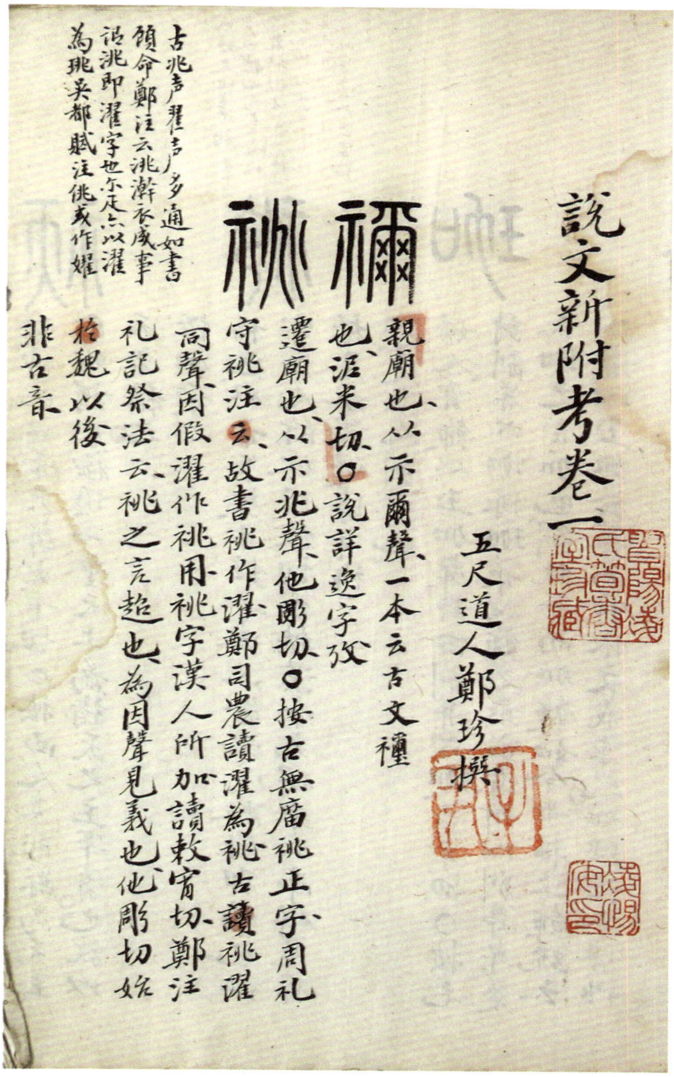
說文新附考卷一

五尺道人鄭珍撰

禰　親廟也从示爾聲一本云古文種也泥米切○說詳逸字攷

祧　遷廟也从示兆聲他彫切○按古無廟祧正字周禮守祧注云故書祧作濯鄭司農讀濯為祧古讀祧濯同聲因假濯作祧用祧字漢人所加讀敕宵切鄭注禮記祭法云祧之言超也為因聲見義也他彫切始於魏以後非古音

古兆声翟声多通如書顧命鄭注云洮澣衣成事說洮即濯字也尔疋以濯為珧吳都賦注佻或作嬥

此手稿曾爲貴陽凌惕安筍香室收藏，現藏貴州省博物館，首葉『五尺道人鄭珍撰』上鈐『子尹』印章。本叢書據此影印。（黃萬機）

説文新附考六卷

清鄭珍撰。鄭珍生平見經部《輪輿私箋》提要。

宋初徐鉉重訂《説文解字》後，奉詔集漢後通行之字爲《説文》新附字附於卷末。後世或將新附字視爲《説文》中字，産生『迷舊章，亂後學』之流弊；或一概視爲俗字而不屑道。段玉裁《説文解字注》則全部刪除。鄭珍對新附四百零二字逐一勘訂，分别考證各字産生之原委，首次出現之時代；或《説文》原本就有而後失落之逸字；或《説文》所失收之先秦古文；或《説文》拒收之方言及怪異名物之字。其餘大部分爲兩漢至隋唐間孳生之文字。根據該文字最初出現之典籍或碑刻，從而判斷其産生時代。其中漢代字較多，漢後、魏後、晉後、六朝、隋代、唐初所增者較少。

清代考訂《説文》新附字之學者，有錢大昭、毛際盛、王筠、鈕樹玉等家，鄭知同在蜀中得見鈕樹玉刊行之《説文新附考》一書，與乃翁書稿比較，發現鈕著舛誤之處不少，接受張之洞建議，將鈕氏錯謬者附注於乃翁書稿各

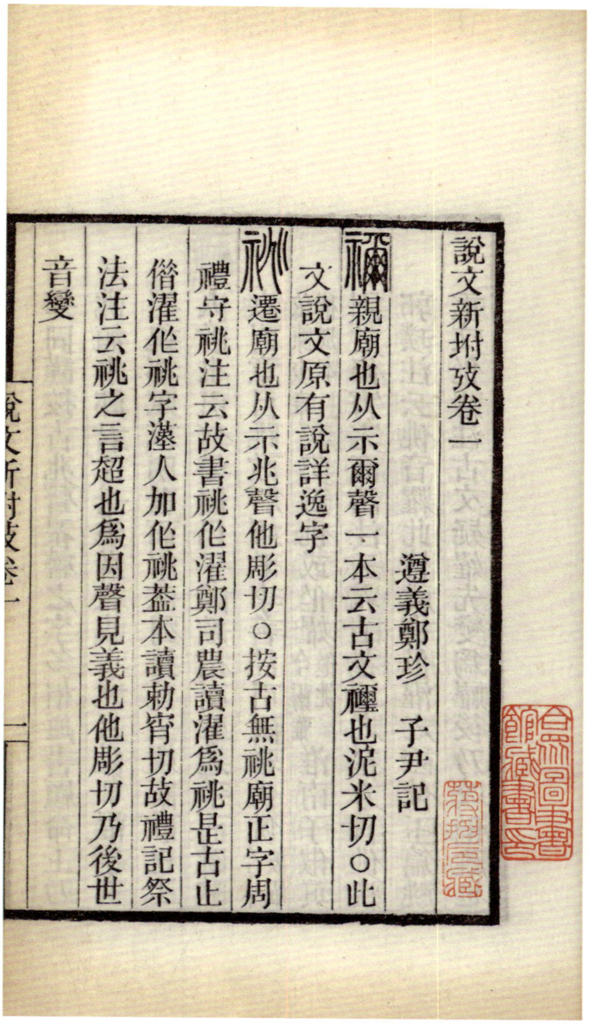

說文新坿攷卷一

遵義鄭珍　子尹記

禰　親廟也从示爾聲一本云古文䄅也泥米切○此文說文原有說詳遈字

祧　遷廟也从示兆聲他彫切○按古無祧廟正字周禮守祧注云故書祧作濯鄭司農讀濯爲祧是古止借濯作祧字遂人加作祧蓋本讀勑宵切故禮記祭法注云祧之言超也爲因聲見義也他彫切乃後世音變

條之後，并加辨析，更見鄭珍考證之精確。經張之洞推薦，由川東道員姚覲元納入《咫進齋叢書》，於光緒四年刊刻於重慶。姚覲元之叙評價云：『見其於文字正俗，歷歷指數其遞變所由，雖曠絎連篇，而逐字窮原竟委，引據切洽，第服其縷悉條貫，絶無支蔓贅辭；且其間闡發文字誼例大耑，抉摘近儒師心矯飾之弊，尤爲中綮，蓋不僅爲考附作也。』

鄭珍《説文新附考》，學界公認爲在同類著作中學術水平最高。現當代出版之《辭源》、《漢語大字典》等工具書，注釋有關古字，均引用鄭氏之説，注明『參見鄭珍《説文新附考》』，足證其在學術上之權威地位。

本叢書采用上海圖書館藏清光緒四年刻本影印。（黄萬機）

說文逸字二卷附録一卷

清鄭珍撰。鄭珍生平見經部《輪輿私箋》提要。

宋初，徐鉉奉詔重訂《說文解字》，已非許氏原貌。有不少逸字未能盡補。所謂『逸字』是指經典相承，偏旁所從，及注義、序例中之字，而不見於部中者。徐鉉曾補十九文，段玉裁補三十六文，桂馥、王筠、王煦、張行孚等各曾補數十文或百餘文，均非專著，且僅就《說文》本書互勘而補。鄭氏《說文逸字》搜求範圍頗廣，爲清代搜録逸字之首部專著。

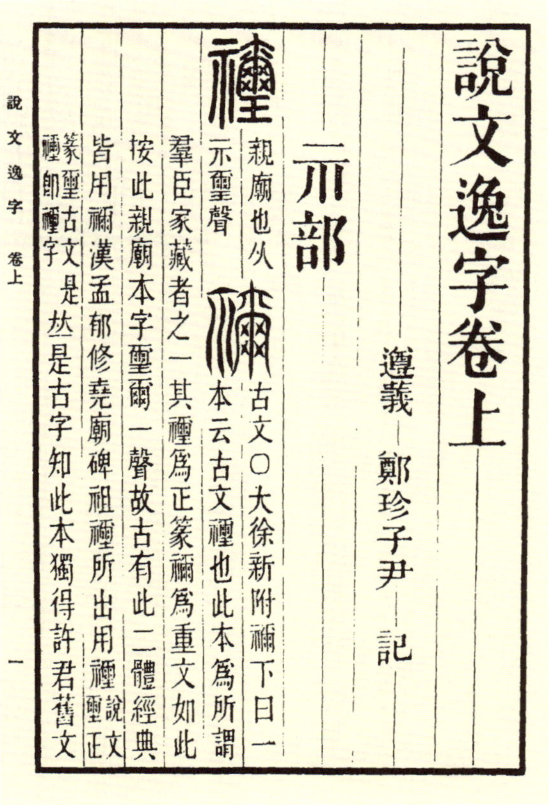

說文逸字卷上

遵義　鄭珍子尹　記

示部

禋 親廟也从示垔聲 禰 古文○大徐新附禰下曰一本云古文禋也此本爲所謂羣臣家藏者之一其禋爲正篆禰爲重文如此按此親廟本字垔爾一聲故古有此二體經典皆用禰漢孟郁修堯廟碑祖禋所出用禋說文禋正篆垔古文是𡔈是古字知此本獨得許君舊文禋即禋字

說文逸字　卷上　一

鄭珍花三十多年工夫，瀏覽條記，分别審録，得一百六十五文，每字繫以解說討論。凡有《說文解字》本書寫誤之旁，《說文解字繫傳》（徐鍇撰）竄衍之字，徐鉉誤增之文，諸書所引他籍冒許書者，因訛改而與今本不應者，今本訛改而與所引不應者，今行《韻譜》闌入俗書者，不苟一字溷入。命其子知同逐一解說，成附録一卷。知同依據本書偏旁、大

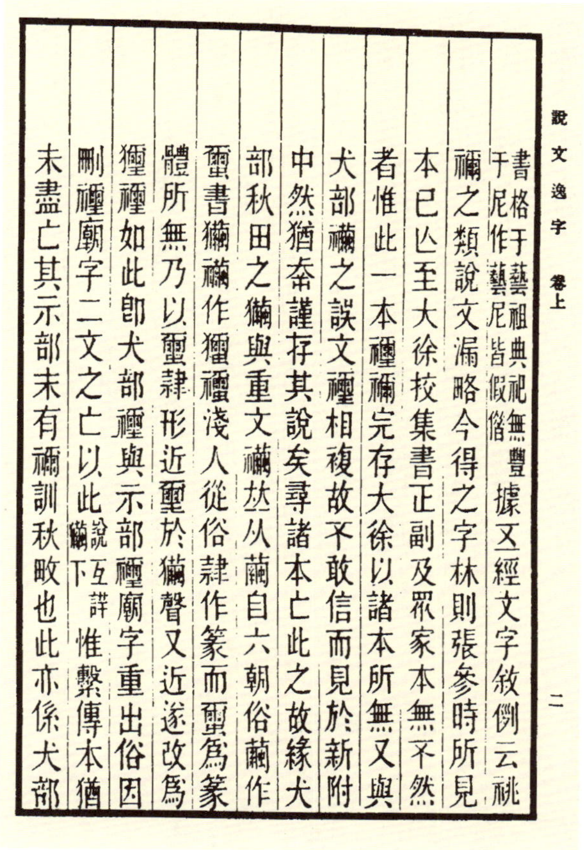
説文逸字 卷上 二

書格于藝祖典祀無豐于尼作藝尼皆假借據又經文字敘例云祧禰之類說文漏略今得之字林則張參時所見本已亾至大徐校集書正副及眾家本無不然者惟此一本禋禰完存大徐以諸本所無又與犬部禰之誤文禋相複故不敢信而見於新附中然猶奈謹存其說矣尋諸本亡此之故緣犬部秋田之獮與重文禰𤇾从繭自六朝俗繭作璽書獮禰作獯禋淺人從俗隸作篆而璽爲篆體所無乃以璽隸形近璽於獮聲又近遂改爲獯禋如此即犬部禋與示部禋廟字重出俗因刪禋廟字二文之亡以此說互詳獮下惟繫傳本猶未盡亡其示部末有禰訓秋畋也此亦係犬部

徐所增，以及《説文解字繫傳》、《五經文字》等二十九部著作，凡涉及《説文解字》，録得二百九十二文，闡明并非真正《説文》之逸字，以免人譏其遺漏。另有諸字，照推論應爲《説文》逸字，而今本中篆、籀均脱，無明按據補，故不録此類文字，足見鄭氏治學之嚴謹。

鄭珍注解引書數十種，既從《説文》内部求證，亦利用他書自外部求證，時而兩種方法兼及之。學界公認，鄭氏《説文逸字》爲迄今逸字研究中成就最高之一部專著。新編《辭源》、《漢語大字典》等工具書，對有關逸字之解説，均引鄭氏研究成果，注明『參見鄭珍《説文逸字》』，足見其權威性。

本叢書據清咸豐八年刻本影印。（黄萬機）

說文逸字辨證二卷

清李楨撰。李楨，字佐周，善化（今湖南長沙）人，生卒年不詳。《說文逸字辨證》刊刻於光緒十一年。李楨《自叙》云：『甲申（光緒十年）夏，余始得見遵義鄭君《說文逸字》上下卷，反覆研審，竊以爲所補輯多違許指，似未深究許君所以棄取之意也。閒就愚管所及爲辨說，箋之上方，繼加搜討，益以左證。凡辨正文重文六十有五，不忍捐棄，更寫定，條附鄭說後，授之剞劂氏。』李氏認爲，《說文》與《字林》在唐代已被文士合爲一書來誦習；李陽冰纂《字統》，已將《說文解字》

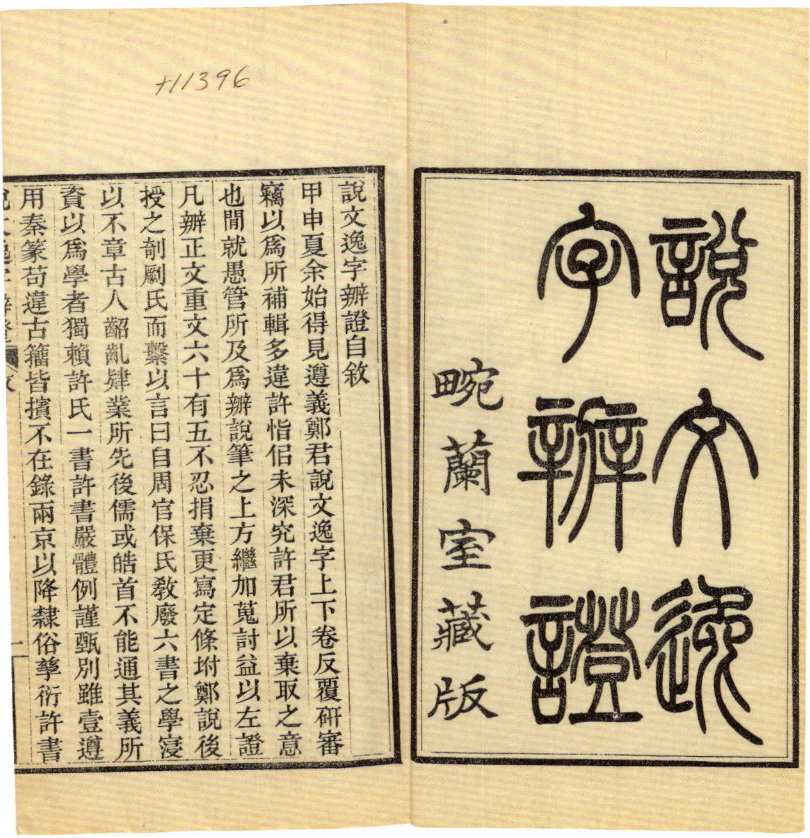
說文逸字辨證
晥蘭室藏版

說文逸字辨證自敘
甲申夏余始得見遵義鄭君說文逸字上下卷反覆研審竊以爲所補輯多違許恉佀未深究許君所以棄取之意也閒就愚管所及爲辨說箋之上方繼加蒐討益以左證凡辨正文重文六十有五不忍捐棄更寫定條坿鄭說後授之剞劂氏而繫以言曰自周官保氏教廢六書之學寖以不章古八韶亂肄業所先後儒或皓首不能通其義所資以爲學者獨賴許氏一書許書嚴體例謹甄別雖壹遵用秦篆苟違古籀皆擯不在錄兩京以降隸俗孳衍許書

十四篇擴展爲三十卷，正字與俗體已混雜，難以辨析；又『因隸造篆』，致使弊端更多。

李楨在卷首解說中稱『古篆通謂之文，已語則謙言字也』，鄭珍著作衹能稱《說文逸文》，不能稱《說文逸字》。

對某些逸字之辨析，李氏舉出反證。如『詔』字，段玉裁認爲是秦漢字，『秦以前無「詔」字』。鄭珍謂：『經典「詔」俱訓告，則其字不始於秦。至秦，惟天子稱「詔」。』李楨認爲，《說文》所有之字盡收入《玉篇》，而黎庶昌在日本搜得《玉篇》卷子本，出於唐代，應是顧野王原《玉篇》舊貌。而『詔』字引孔安國、《爾雅》等解說，不引《說文》，由此推斷《說文》無『詔』字。《漢語大字典》：『詔，《說文》：「詔，告也。從言，從召，召亦聲。」』顯然依照鄭珍論斷。

尚有多字，李楨均有按語反駁鄭氏之說，并非全無道理，值得引起重視。所引諸家論述，爲學界深入研究《說文逸字》提供寶貴資料。

本叢書據國家圖書館藏清光緒十一年刻本影印。（黃萬機）

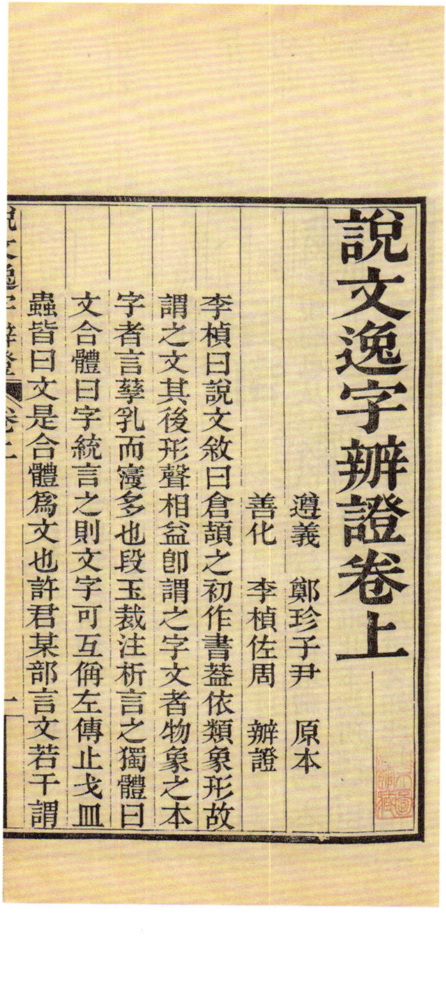
說文逸字辨證卷上

遵義　鄭珍子尹　原本

善化　李楨佐周　辨證

李楨曰說文敘曰倉頡之初作書蓋依類象形故謂之文其後形聲相益卽謂之字文者物象之本字者言孳乳而寖多也段玉裁注析言之獨體曰文合體曰字統言之則文字可互偁左傳止戈皿蟲皆曰文是合體爲文也許君某部言文若干謂

唐寫本說文解字木部箋異一卷

清莫友芝撰。莫友芝生平見經部《十先生中庸集解》提要。

唐寫本《説文解字木部》殘卷爲清同治初年在安慶現世之古佚書，後爲莫友芝所得。卷中『旦』、『栝』、『恒』、『桓』等字缺筆，經宋人米友仁、清人莫友芝、劉毓崧等考定爲中唐寫本，雖僅存一百八十八字，却具有重要文獻價值。故此，莫友芝撰寫序跋，撰爲《箋異》，予以表曝。

莫氏《箋異》詳注二徐本及歷代字書、韻書、類書、古注用字與唐寫本之差異，并於部分單字下辨析異文之優劣，足見唐本價值；亦有與清人段玉裁、盧見曾等考訂《説文》補苴糾正之處闇合者，更可佐證清代文字學之成就。

該書撰成後，曾國藩出資刊刻，是爲清同治三年安慶行營刻本，此版存在初印本及後印本，文字小有修訂。後印本嗣後又彙入《影山草堂六種》，故所謂『莫氏

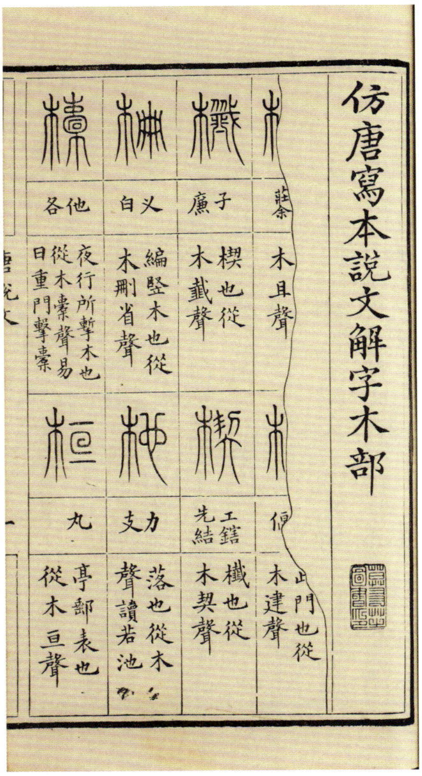
仿唐寫本說文解字木部

木且聲

子 廡

楔也從木截聲

乂 白

編竪木也從木刪省聲

他 各

夜行所擊木也從木橐聲易日重門擊橐

止門也從木建聲

工鍇 先結

櫼也從木契聲

力 支

落也從木聲讀若池

丸

亭郵表也從木亘聲

影山草堂刻本』實即安慶行營所刻之版。光緒十年，長洲張炳翔將此書刻入《許學叢書》第一集，是爲《許學叢書》本。民國二十五年，貴陽文通書局刻印《黔南叢書別集》，以安慶刊本之後印本爲底本翻刻。刻本之外，該書尚有多部稿本存世。

本叢書收録《唐寫本説文解字木部箋異》爲同治三年刻本，采用貴州省博物館藏本影印；《説文解字木部唐寫本校異》，爲國家圖書館藏稿本，審之，有初稿、二稿兩種，均殘，内容與刻本《唐寫本説文解字木部箋異》略有差異。兩本同觀，可窺見莫氏著述不斷修訂成熟之過程。

（張燕嬰）

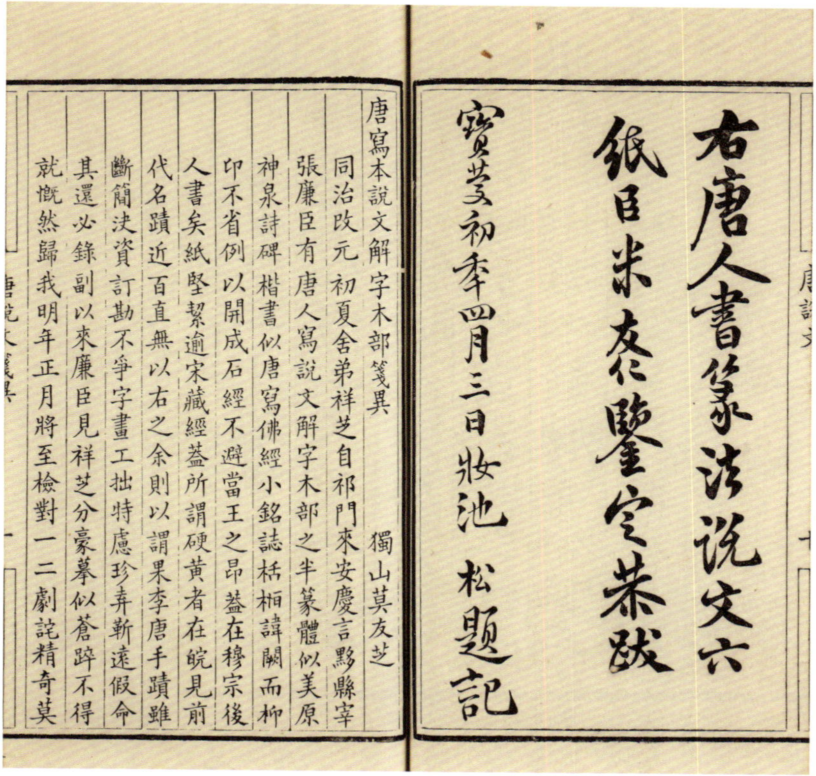
右唐人書篆法説文六紙臣米友仁鑒定恭跋

唐寫本説文解字木部箋異　獨山莫友芝

同治改元初夏舍弟祥芝自祁門來安慶言黟縣宰張廉臣有唐人寫説文解字木部之半篆體似美原神泉詩碑楷書似唐寫佛經小銘誌栝栢諱闕而柳印不省例以開成石經不避當王之昂蓋在穆宗後人書矣紙堅絜逾宋藏經蓋所謂硬黄者在皖見前代名蹟近百直無以右之余則以謂果李唐手蹟雖斷簡決資訂勘不爭字畫工拙特慮珍弆靳遠假命其還必錄副以來廉臣見祥芝分豪搴似蒼辟不得就慨然歸我明年正月將至檢對一二劇説精奇莫

兩叚前叚廣一尺一寸弱自榁至築二十文後叚廣七寸八分櫌至梧十四文中爛失者鉛櫸二文弟三紙廣一尺九寸八分匾至椯三十六文弟四紙際至繁三十六文弟五紙傺至栓三十六文弟六紙蘗至楬三十六文廣竝與弟三紙同以推弟二紙若不斷爛亦合容三十六文廣亦同後四紙可因見唐經紙尺度其行格式篆畫如右

此格篆文	此格篆文	
此格音紐 一二三不等	此格音紐	
此格說解二行三四行 八行五行六七 多寡爲準	此格說解並同上	

右如此行式凡存九十有四行

張廉卿有唐人寫說文解字，僅第六篇木部下半百八
十八文，書蹟皆能品，篆體似裕明子美原神泉詩碑，楷
書似唐寫佛經及小銘誌，栝栢闕筆，及适之嫌，而柳卬
不闕，例以開成石經不諱當王之昂，蓋同文宗時人書
矣。紙堅絜，逾宋藏經，蓋所謂硬黃者。在皖見前代名蹟
百數，直無以右之。余則以謂果李唐手蹟，雖殘帙，猶
勝兩徐本，殊不爭字畫工拙，特慮珍弃不肯遠假，命
還必錄副以來。廉卿見祥芝分豪摹似，卒不易就，
知余所取在書蹟外，懼其仍不免烏焉別淮，且謂歸我
勝其自藏，慨然持贈。明年正月，祥芝攜至，檢對一二，劇
說精奇。莫春寒雨浹旬，不能出門，乃取孫祁傳刻大小
徐宋本手自讐勘，餘摘同異，綜覈可否，計足補正鉉鍇
合數十件。前輩見戴侗六書故引鼂記許書唐本，雖剌
謬處，寶猶璆璧。近人獲孟蜀石經殘拓，什襲過宋槧元
鈔，矧此古帙秘文，絕無副墨，直當海內經籍傳本冠，何
僅僅壓皖中名蹟耶。廉卿名仁法，陝西郃陽人，權縣令撫綏
鄖縣，以燈俾閱，用世燮五閱四，摩挲珍詒，黯然念循好。

說文淺說一卷

清鄭知同撰。鄭知同生平見經部《夏小正疏義校録》提要。

該書闡釋『六書』準則，爲初學者之入門書，將象形分爲六類，指事一類，會意六類，形聲二類，轉注、假借不分類。論述有獨到見解。胡樸安《中國文字學史》有專節評論云：『按鄭氏之論，合體象形，其名未安，當爲象形兼意。蓋象形兼聲亦合體也，象形字有重形，此説甚新。』『轉注與自來説轉注者又不同矣。』評價極當。

本叢書收録底本有二：一爲浙江圖書館藏清光緒刻本，題『說文

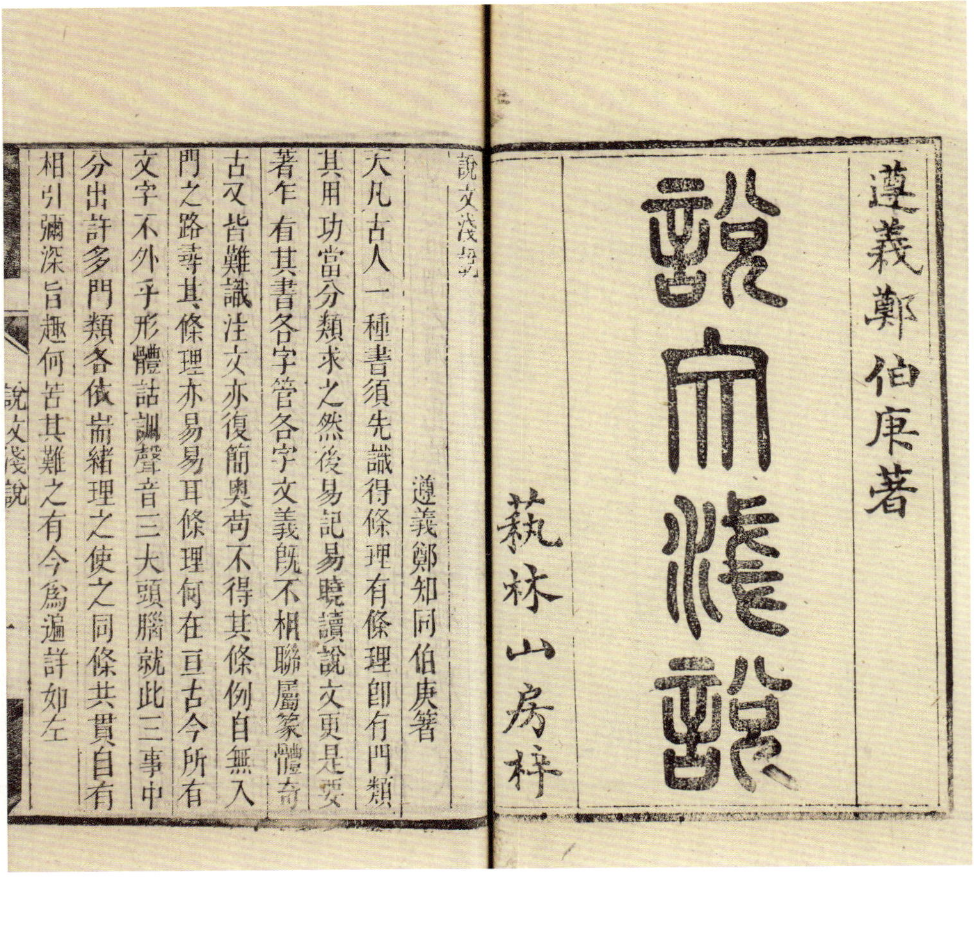
遵義鄭伯庚著

說文淺說

蓺林山房梓

說文淺說

遵義鄭知同伯庚箸

大凡古人一種書須先識得條理有條理即有門類其用功當分類求之然後易記易曉讀說文更是要著作有其書各字管各字文義既不相聯屬篆體奇古又皆難識注文亦復簡奧苟不得其條例自無入門之路尋其條理亦易易耳條理何在亘古今所有文字不外乎形體詁訓聲音三大頭腦就此三事中分出許多門類各依耑緒理之使之同條共貫自有相引彌深旨趣何苦其難之有今爲遍詳如左

淺說』；二爲貴州省博物館藏民國二十三年遵義趙氏仿望山堂刻本，題『六書淺說』。（龍先緒）

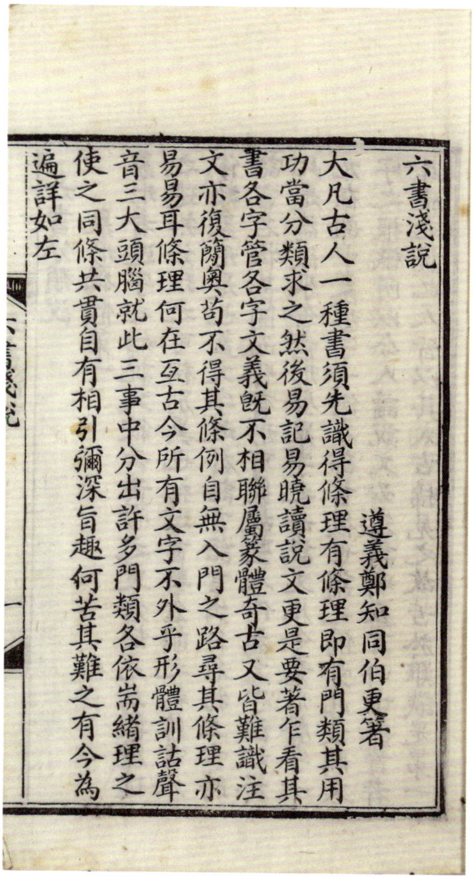

六書淺說

遵義鄭知同伯更箸

大凡古人一種書須先識得條理有條理即有門類其用功當分類求之然後易記易曉讀說文更是要著乍看其書各字管各字文義既不相聯屬篆體奇古又皆難識注文亦復簡奧苟不得其條例自無入門之路尋其條理亦易易耳條理何在亙古今所有文字不外乎形體訓詁聲音三大頭腦就此三事中分出許多門類各依耑緒理之使之同條共貫自有相引彌深旨趣何苦其難之有今為遍詳如左

仿望山堂刻本

六書淺說

甲戌春遵義趙氏鋟板

説文訛字一卷

清鄭知同撰。鄭知同生平見經部《夏小正疏義校録》提要。

《説文訛字》即後人錯誤收入許慎《説文解字》中之字。作者指出五十部首中七十二字爲訛字，如『古文「莊」』，段氏云「莊」爲上諱，許本不書，今書之者，後人補也。此古文亦恐後人所加，且其形本非「莊」字，當是

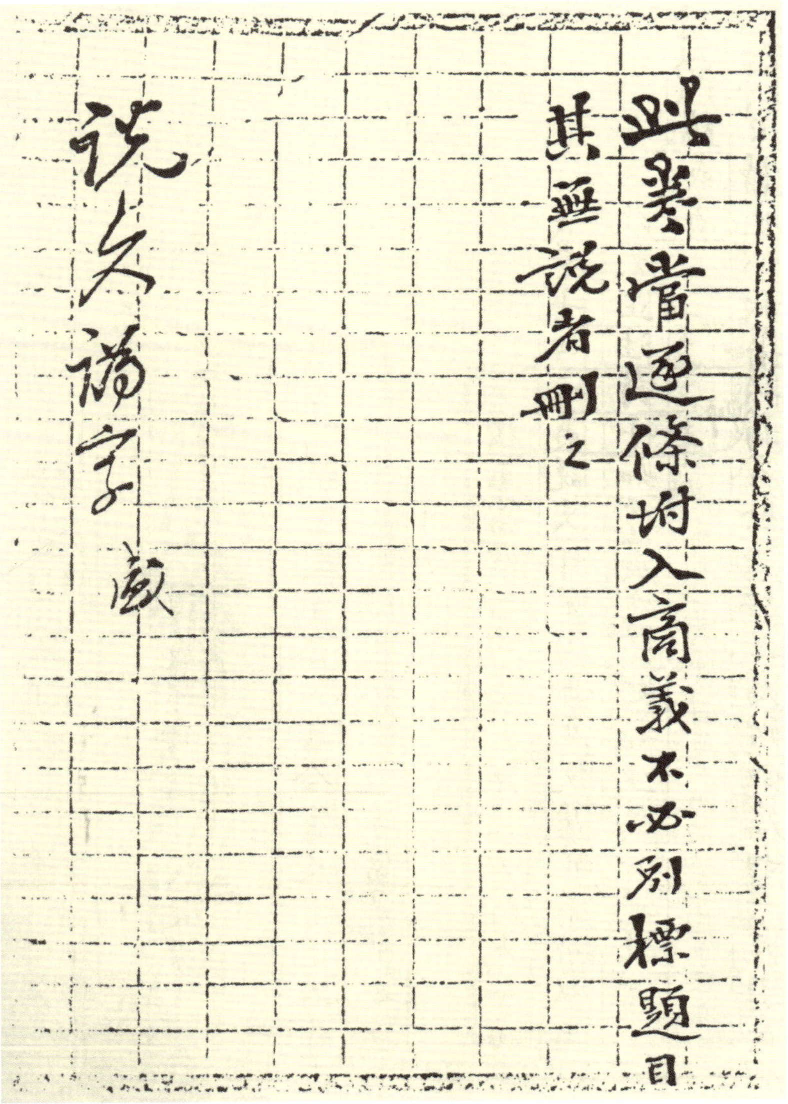

「奘」之訛』，等等。最後附補段氏四字，正段氏十九字，均一一爲之詳悉説明。

本叢書據抄本影印。（龍先緒）

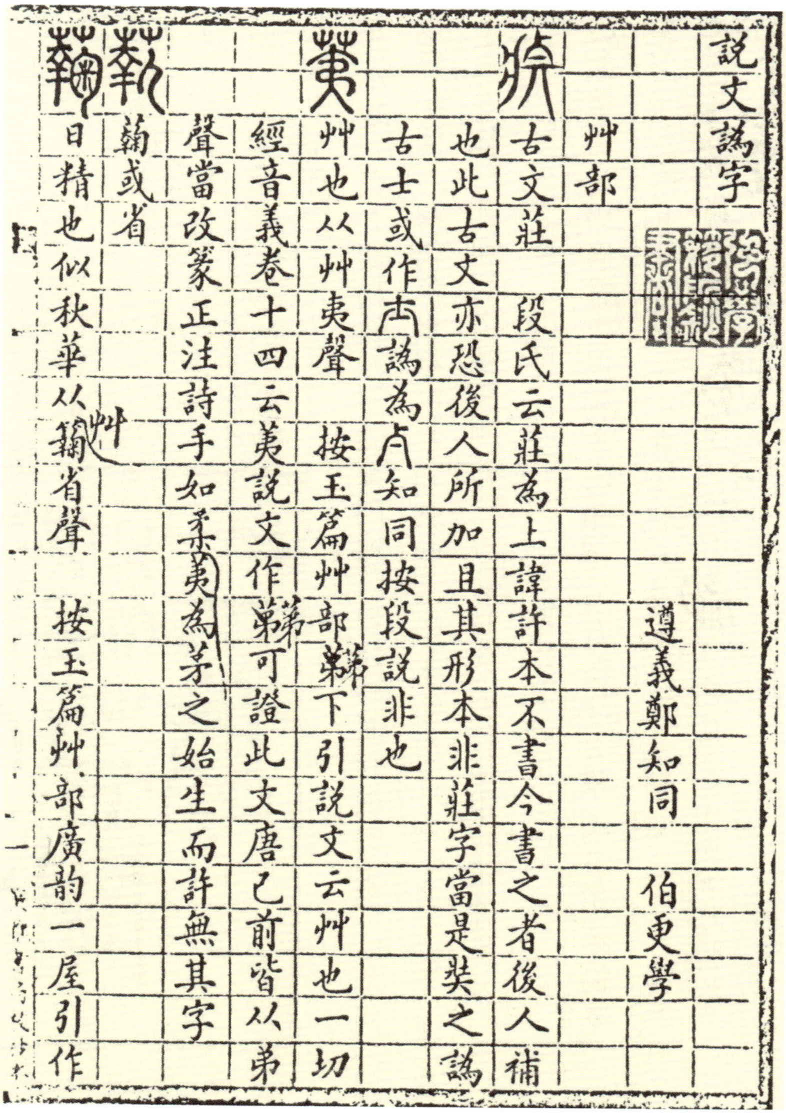
説文譌字

遵義鄭知同　伯更學

艸部

古文莊　段氏云莊爲上諱許本不書今書之者後人補也此古文亦恐後人所加且其形本非莊字當是奘之譌古士或作[illegible]譌爲[illegible]知同按段説非也

艸也从艸夷聲　按玉篇艸部苐下引説文云艸也一切經音義卷十四云荑説文作苐可證此文唐已前皆从弟聲當改篆正注詩手如柔荑爲茅之始生而許無其字

蘜或省

日精也似秋華从艸𥻆省聲　按玉篇艸部廣韵一屋引作

說文本經答問二卷

清鄭知同撰。鄭知同生平見經部《夏小正疏義校録》提要。

本書以二十六條自問自答形式，反復辨明許氏《說文解字》本字即古文，非秦小篆。周宣王時，太史籀作大篆十五篇，乃從古文基礎上整理而出，多數爲金文。秦李斯作小篆，與大篆相較，形體筆劃均已省簡。而六朝以來，已不明《說文》本字即爲古文，誤以爲小篆。清代孫星衍已察知其非，惜未暢發此義。段玉裁竟沿襲舊說，直把《說文》本字定爲秦篆。鄭知同從多個側面與不同層次進行糾正。黎庶昌云：『伯更一一疏糾其誤，每立一義，堅卓宏通，匪惟善讀許書，實段氏之諍臣也已。』

本叢書據貴州省圖書館藏清光緒廣雅書局刻本影印。另有浙江大學圖書館藏稿本，一併收録影印。稿本題名《述許》，前面部分《古籀答問》後刻入《廣雅叢書》，稱《說文本經答問》；後面部分《象形注例解》未刊。稿本天頭有眉批，多葉文字見少許脱落。

（龍先緒）

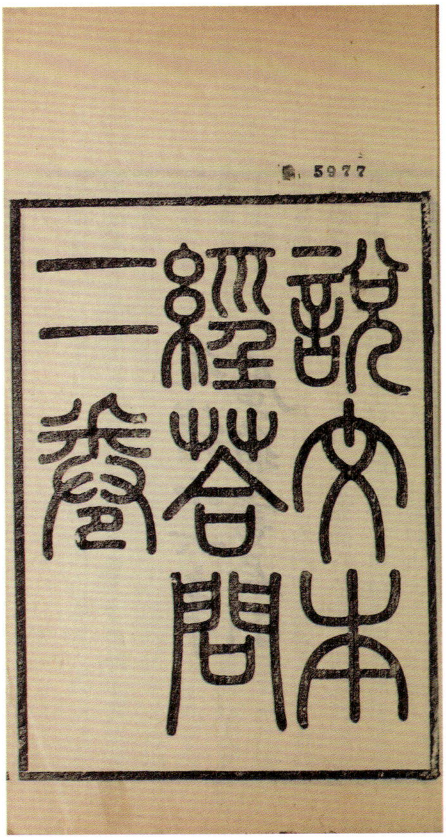

說文本經答問卷上

遵義鄭知同撰

問許君作說文其列字有篆文有古文有籀文恆以篆文居先古文籀文次之時有以篆文附後者凡爲四類段氏玉裁作注暢發其例於一之古文弌字下云許書法後王遵漢制以小篆爲質而兼錄古文籀文所謂今敘篆文合以古籀也小篆之於古籀或仍之或省改之仍者十之八九省改者十之一二而已仍則小篆皆古籀故不更出古籀省改則小篆非古籀故更出之於許敘李斯等作倉頡三篇皆取史籀大篆或頗省改所謂小篆下云取史籀大篆或頗省改者言大篆則古文在其中大篆旣改古文小

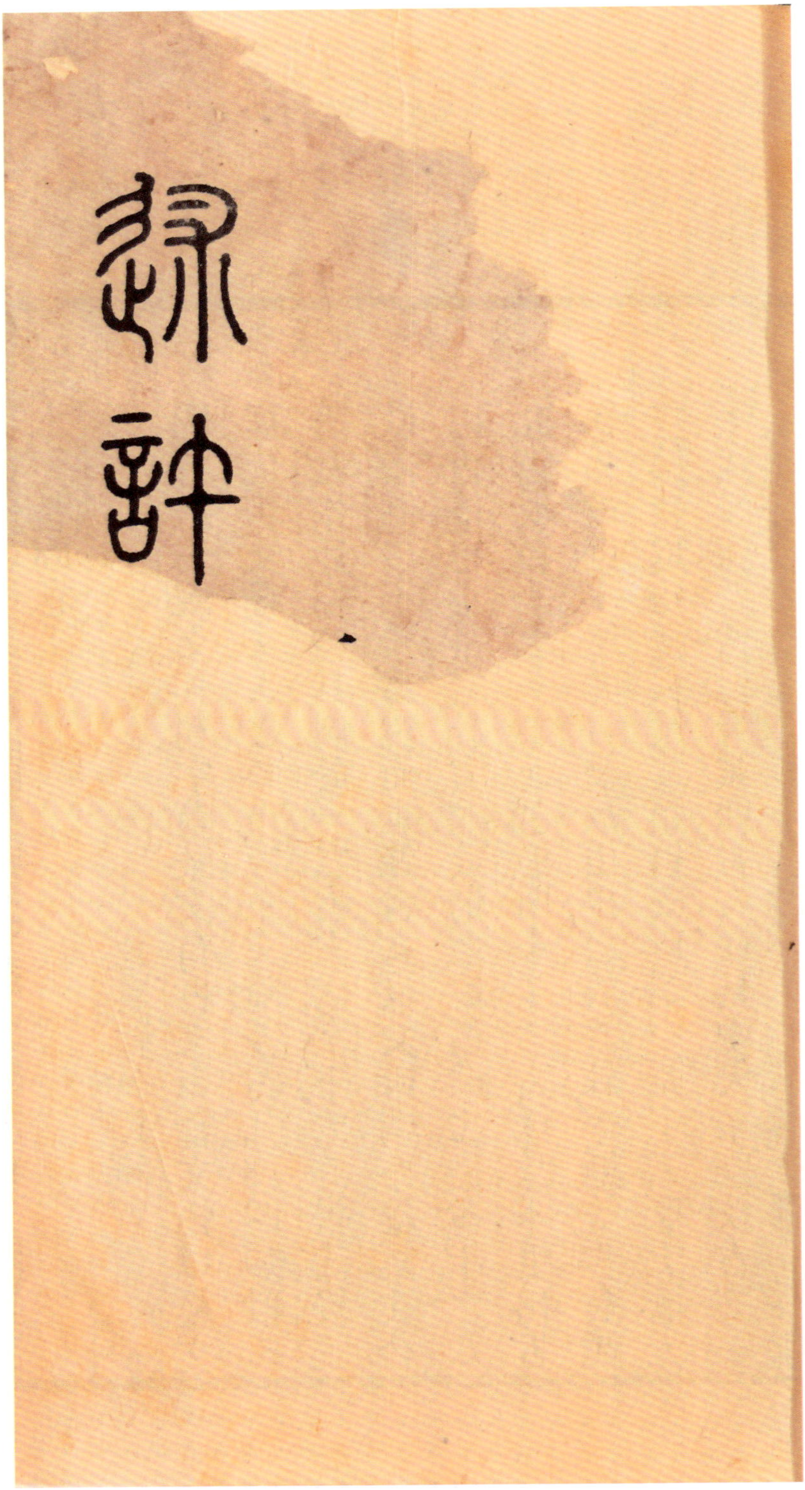

遵義 鄭知同 伯更學

十[illegible]荅問

問許君作說文其列字有篆文有古文有籀文恒以篆文居先古籀文次之時有以篆文附後者凡為四類段氏作注暢發其例於一之古文弌字下云許君書法後王尊漢制以小篆為質而兼錄古文籀文所謂今敘篆文合以古籀也小篆之於古籀或仍之或省改之仍者十之八九省改者十之一二而已仍則小篆

他山字學二卷

明錢邦芑撰。錢邦芑（一六〇〇—一六七三），字開少，原籍浙江嘉善（今嘉興），徙居丹徒（今江蘇鎮江）。出家後法名大錯。明末著名學者。明亡，先後供職於南明隆武、永曆朝廷。因不願受孫可望挾制，隱居貴州餘慶縣蒲村，將所居處之小山命名爲『他山』，退隱此地，歷時八年。

錢邦芑一生著述頗豐，其專著有《甲申紀變録》、《甲申忠佞紀事》、《他山易詩》、《讀高士傳》、《古樂府》、《十言堂詩文集》、《詩話》、《焦書》、《隨筆》；另有《他山字學》等學術著作；主纂及與他人合纂志書有《永州府志》、《寶慶府志》、《浯溪志》、《九嶷山志》、《鷄足山志》、《靖江縣志》等。

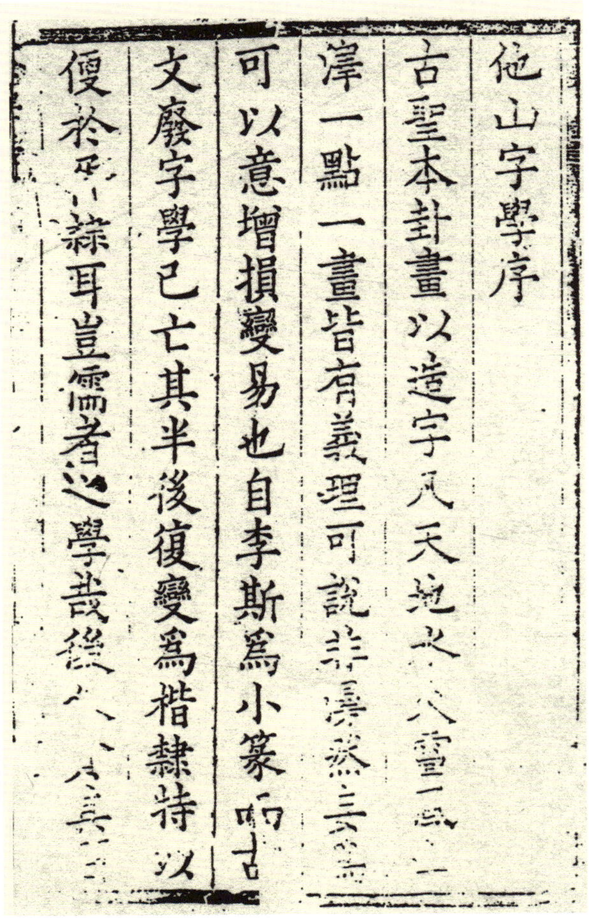
他山字學序
古聖本卦畫以造字凡天地之[illegible]八靈一[illegible]
渾一點一畫皆有義理可說非[illegible]
可以意增損變易也自李斯爲小篆而古
文廢字學已亡其半後復變爲楷隸特以
便於[illegible]隸耳豈儒者之學哉從[illegible]

《他山字學》爲常用字辨正字音、字形之普及讀物，分上、下二卷。卷前有康熙十一年自序，云編撰此書意在『病今之學者俗字日多，古學日荒，又恐字學之浩繁，而初學不能遍識也。因選日用切要之字，辨其音畫，分爲二卷，以詔初學，庶幾一見瞭然』。該書上卷論述六書及字音、字形演變常識，并列舉《誤寫字體辨》、《古今字辨》。下卷以《誤讀字音辨》、《假借圈發字音》、《畫同音異舊不旁發諸字考》、《音義俱同而書畫各異諸字考》、《音義俱異而可通用諸字考》、《訛習已久難改字音考》、《一字數音考》、《分毫字辨》、《三字相似》、《四字相似》、《五字相似》、《六字相似》、《七字相似》、《十二字相似》、《梅誕生運筆法》等條目作歸納，列舉出易讀錯、寫錯之字。

本叢書據清乾隆刻本影印。

（朱純潔）

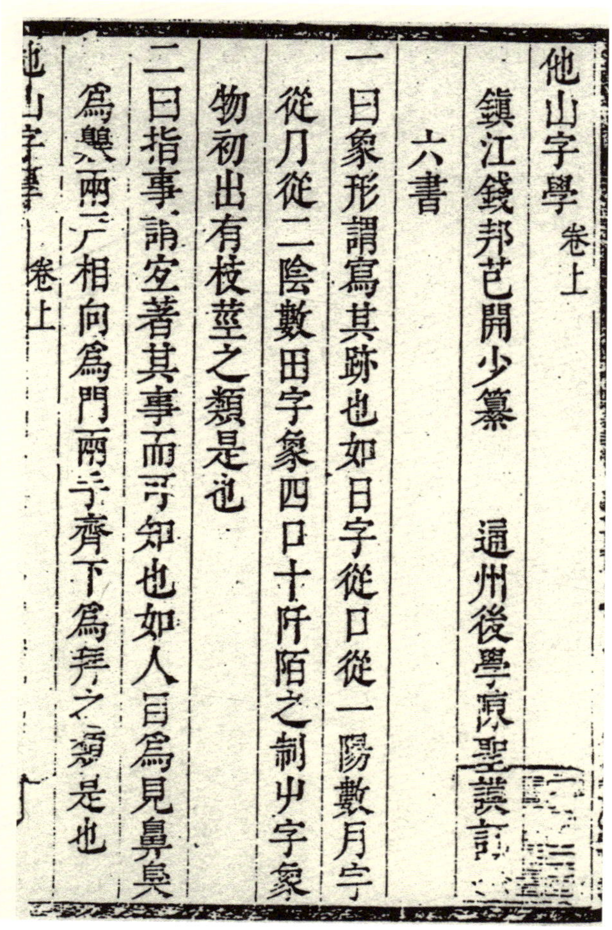
他山字學　卷上

鎮江錢邦芑開少纂　通州後學寅聖謨訂

六書

一曰象形謂寫其跡也如日字從口從一陽數月字從刀從二陰數田字象四口十阡陌之制屮字象物初出有枝莖之類是也

二曰指事謂定著其事而可知也如人目爲見鼻臭爲㒷兩ㄏ相向爲門兩手齊下爲弄之類是也

他山字學　卷上

汗簡箋正七卷書目一卷

清鄭珍撰。鄭珍生平見經部《輪輿私箋》提要。

《汗簡》一書，鄭知同《汗簡箋正序》云：『郭氏《汗簡》，世不深考，漫爲所掩。自宋已還，咸稱新附爲《説文》，與許君正文比并，已自誣惑，而《汗簡》尤若真古册書之遺，眴其奇侅者，至推爲遭秦所劫，盡在於斯，而反命許書爲小篆，何其倒也！』

《汗簡》流傳，造成文字研究和使用方面混亂。鄭珍潛探數十年，推本詳證，以揭真贋所由來，寫成《汗簡箋正》一書。其中書目箋正一卷，對《汗簡》所采古籍、碑刻、彝器銘文七十一家分别考訂，有重要學術價值（胡樸安《中國文字學史》全文抄録）。正文七卷，以許慎標舉『六書』

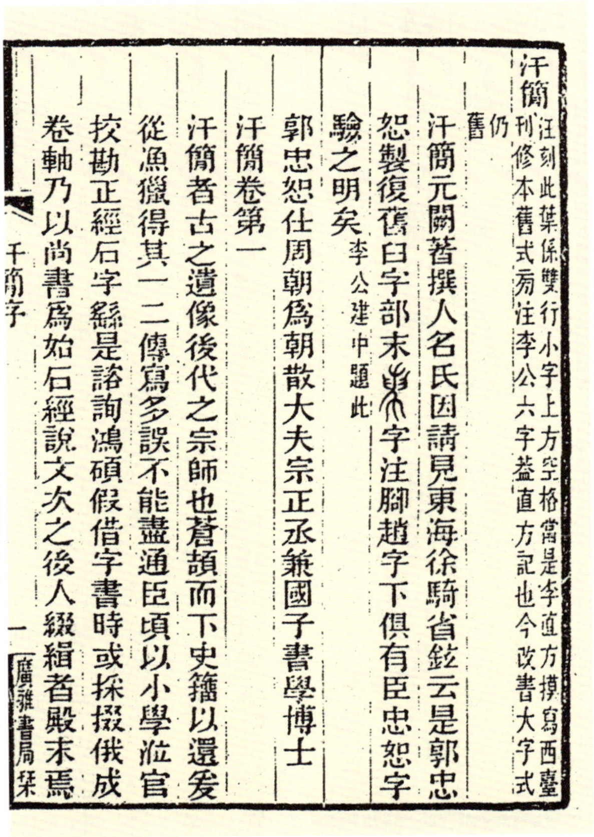
汗簡 汪刻此葉係雙行小字上方空格當是李直方摸寫西臺刊修本舊式旁注李公六字葢直方記也今改書大字式仍舊
汗簡元闕著撰人名氏因請見東海徐騎省鉉云是郭忠恕製復舊曰字部末[illegible]字注腳趙字下俱有臣忠恕字驗之明矣 李公建中題此
郭忠恕仕周朝爲朝散大夫宗正丞兼國子書學博士
汗簡卷第一
汗簡者古之遺像後代之宗師也蒼頡而下史籀以還爰從漁獵得其一二傳寫多誤不能盡通臣頃以小學涖官校勘正經石字繇是諮詢鴻碩假借字書時或採掇俄成卷軸乃以尚書爲始石經説文次之後人綴緝者殿末焉
汗簡字 一 廣雅書局栞

原則爲準的，逐字加以考釋。箋正文字涉及各個方面：一、糾正誤釋楷字；二、辨《汗簡》加筆、省筆，不符合六書原則；三、辨《汗簡》移篆、更篆以造古文；四、辨《汗簡》改俗字爲古文，或臆造古文；五、辨《汗簡》中有《説文解字》逸字；六、矯正《説文解字》今、古本中錯字；七、辨識出一些真古文，十分寶貴。

近數十年來，戰國時期竹簡、帛書不斷出土，人們發現《汗簡》中一些奇字，與戰國文字頗有相合之處，非後人臆造。因春秋戰國時期，各邦國相對獨立，各出政令，使用文字互有差異，無統一規範。鄭珍用漢代『六書』原則去衡量該類文字，自然難以符合規範。儘管如此，鄭珍《箋正》不少精到考證，對古文字研究仍有不少啓示。

此書光緒十五年廣雅書局首刊於廣州，輯入《廣雅叢書》。本叢書據廣雅書局刻本影印。（黄萬機）

汗簡卷上之一弟一
周朝散大夫宗正丞兼國子書學博士郭忠恕撰
遵義鄭珍箋正
一　凡一之屬皆从一
一後部首形與說文同者不復箋有異乃明之
一薛季宣所注古文尚書一作此郭氏所采尚書即據此本後例稱薛本其文合郭氏所載者例注同字有不同則加箋考凡此僞本所用奇古字細檢覈之大半以說文三字石經爲主而別采它書以足之此形出說文古文一如此後凡屬說文古字郭氏或采說文或取尚書石經及它家例先注古字以定其體郭氏書例不取說文籀體惟別載它書間有與籀合者亦例
汗簡箋正卷一　一　廣雅書局栞

鄭子尹轉注説一卷

清鄭珍撰。鄭珍生平見經部《輪輿私箋》提要。

轉注爲『六書』造字法之一。關於『轉注』，歷代解説不一，有數十家之説。清代曹仁虎薈萃諸家之説，爲之一一攻辨，撰寫《轉注古意考》，頗稱詳洽。然曹氏自立一説，依舊不能遍推開去，衹適用於『老』部數字。戴震、段玉裁諸家又立新説，以《説文解字》注中『考訓老也，

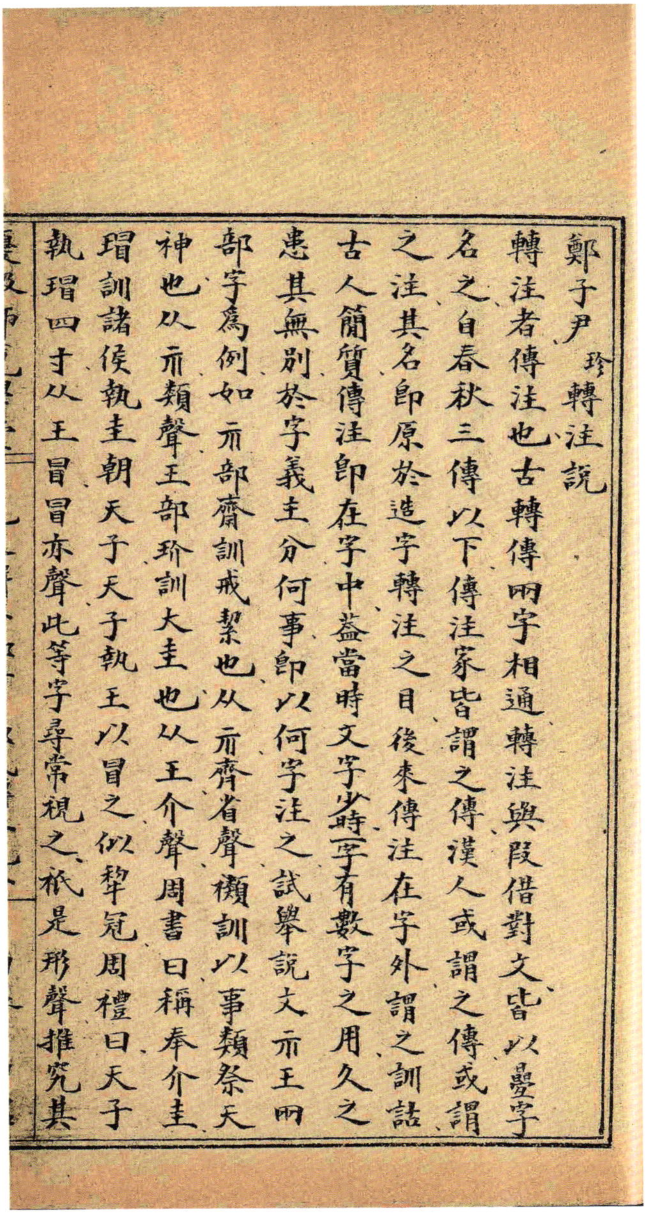
鄭子尹 珍 轉注説
轉注者傳注也古轉傳兩字相通轉注與叚借對文皆以疊字名之自春秋三傳以下傳注家皆謂之傳漢人或謂之傳或謂之注其名卽原於造字轉注之目後來傳注在字外謂之訓詁古人簡質傳注卽在字中葢當時文字尚寡字有數字之用久之患其無别於字義主分何事卽以何字注之試舉説文示王兩部字爲例如示部齋訓戒絜也从示齊省聲禷訓以事類祭天神也从示類聲王部玠訓大圭也从王介聲周書曰稱奉介圭瑁訓諸侯執圭朝天子天子執玉以冒之似犂冠周禮曰天子執瑁四寸从王冒冒亦聲此等字尋常視之衹是形聲推究其

老訓考也』之類爲轉注，又重入『互訓』窠臼，與造字無關。

鄭珍撰《轉注説》一文，云：『轉注者，傳注也。古「轉」、「傳」兩字相通。』『後來傳注在字外，謂之訓詁。古人簡質，傳注即在字中。』轉注字與形聲字相近而有別。形聲字以形旁爲主，一形可造若干字，但各取聲旁注之，如『球、琳、琅、玕』等。轉注大相別，字以聲旁爲主，一字分爲若干用，但各以形旁注之。如『齊』字，用作齊戒，即注之以示，作『齋』；用作齊盛，注之以皿，作『齍』；翦齊、調齊，注之以刀，作『劑』；齊疾，注之以火，作『齌』。以上諸字，在《説文》中均分别列於各部，如示、皿、刀、火等部。

鄭氏《轉注説》，受到學界一致好評。京師大學堂分科大學教授蔣黼後記云：『轉注之説，古今言人人殊，自宋以來，尤支離牽合，惟戴（東原）、段（懋堂）二家則以互訓爲轉注，較諸家爲通達。然此乃轉相訓詁，非造字之本，故不得不立爲「四體二用」之説（指事、象形、形聲、會意四者，字之體也；轉注、假借二者，字之用也），則仍不免支離矣。蒙意惟遵義鄭氏以加形聲字之偏旁，仍與本字同義者爲轉注，最爲精當也。』

此書輯入優級師範學堂教科書内，宣統年間餉豫石印館石印出版。本叢書據國家圖書館藏本影印。（黄萬機）

經典文字考異補正不分卷

清鄭知同撰。鄭知同生平見經部《夏小正疏義校録》提要。

《經典文字考異》，清錢大昕撰，分日、月、風、雨、示、土、山、石、厂、穴、玉、金、水、火、黄、白、黑、玄、自、邑、田、鹵、人、口、目、葉、面、髟、齒、𦣝、心、手、又、癶、肉、血、毛、足、女、子、老、大、言、辵、彳、行、見、立、攵、力、尸、申、長、疒、歺、艸、木、竹、禾、米、麥、衣、糸、巾、㫃、食、酉、广、門、户、宀、車、耒、弓、矢、刀、瓦、皿、网、曰、革、皮、角、韋、牛、羊、馬、犬、豕、豸、鹿、虎、鳥、隹、羽、魚、虫、

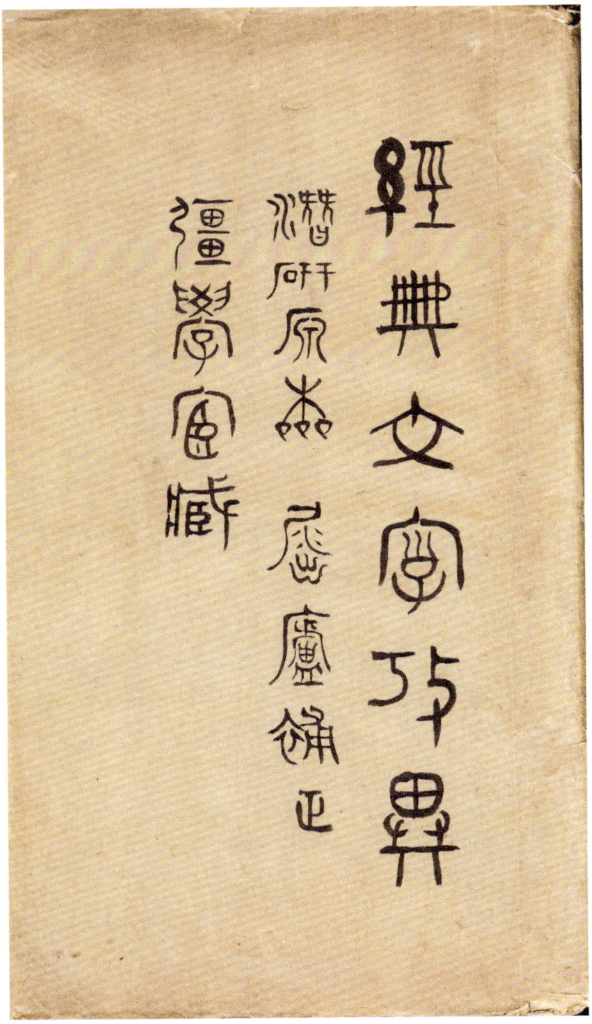

蚰、黽、貝、鼠、雜部共一百零二部。鄭知同補正，僅存日部至艸部，計五十六部。其方式在錢氏原文上塗改補正。補者，增補其内容；正者，糾錯爲正。如錢氏原文：『塗：《易》、《書》、《詩》、《禮記》、《孟子》即「涂」字。』知同補正爲：『塗：《易》、《書》、《詩》、《禮記》、《左傳》、《孟子》、《爾雅》、《説文》注中并作「涂」，《考工記》經、塗等字同。』兩相對照，鄭知同對錢氏原著該條補充四部著作，説明補正内容較原著豐富。

本叢書據南京圖書館藏稿本影印。（龍先緒）

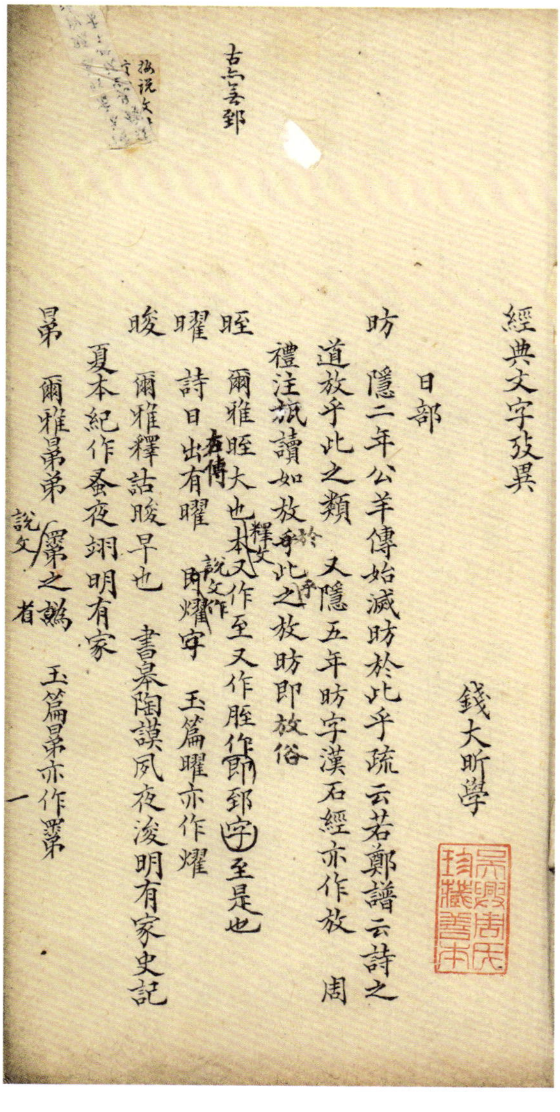
經典文字攷異　錢大昕學

日部

昉　隱二年公羊傳始滅昉於此乎疏云若鄭譜云詩之道放乎此之類　又隱五年昉字漢石經亦作放　周禮注瓬讀如放乎此之放昉即放俗

晊　爾雅晊大也　本又作至又作胵作郅字至是也

曜　詩日出有曜　玉篇曜亦作燿

晙　爾雅釋詁晙早也　書皋陶謨夙夜浚明有家史記夏本紀作蚤夜翊明有家

悟蒙篇詁訓三卷

清趙彝憑撰。趙彝憑（一八三三—一八九八），字思永，號席餘，貴州桐梓城關人。趙旭之子。紹繼家學，工詩能文，尤好兵書。清咸同之際，曾入川軍將領劉鶴年幕襄贊軍務，以軍功保同知銜。後返鄉襄辦河工數年，被牽連入獄三年，没田産賠帑而歸。光緒甲午乙未間，應縣令何宗輪聘編纂縣志，成書三十卷，未得核準刊板，手稿保存家中。著有《玩易山人詩鈔》、《詩苑》、《文苑》、《如汝所説》、《醫書》、《悟蒙篇》等。

《悟蒙章》，北魏陸暐撰，又稱《三言千字文》。清代時俗啓蒙讀物，多采用梁代周興嗣《千字文》。趙彝憑認爲周氏《千字文》未免過少，且詞義淺薄，繼讀五經，茫無所得。於是以陸暐《悟蒙章》爲基礎，改寫成《悟蒙篇》：『用三字句法，分門别類，列其篆，切其音，詳其製，釋其義，圖其形，庶讀一字而得一字之用。』（趙彝憑《悟蒙篇自序》）《凡例》云：『本書共一千零八字，三字一句，兩句一注；分爲二十一類，後附以圖。』又云：『字有正音正義，而本書用旁音旁義者，則先詳正音正義。本書所用，以「又」字别之。如止用正音正義，則不詳旁音旁義；又必數訓而義方備者，乃兼載之。』此外，《説文解字》未收而時俗常用之字，亦予收録。讀音方面，古聲與切音不合者，讀古書時依古聲，讀今文則取今聲。

此書分爲三卷，各卷分列不同事類，如天文、地理、氣象、君臣政教、父子人倫、五穀菜蔬、飲食衣飾、城垣樓臺、禮樂教化、醫藥、宗教、六畜鳥獸、花木昆蟲等。對各種物象均有解説，俾蒙童讀後獲得諸多切近生活之知識，明白爲人處世之事理。書末有趙從樂（彝憑長子）題識一篇，談及其家大人撰寫此書緣由云：『自維幼穉，涉獵浮淺。今蒙授此，當率諸弟辨其文，審其音，詳其義，玩其圖。趨向既端，得益無盡，庶幾稍慰盛懷焉。』

此書抄寫工整。楷字之下列篆書，再加詁訓、釋義。惜未見圖。原稿本由趙正之寄送貴州省方志局，未退還。今藏貴州省博物館，本叢書據此影印。

（黃萬機）

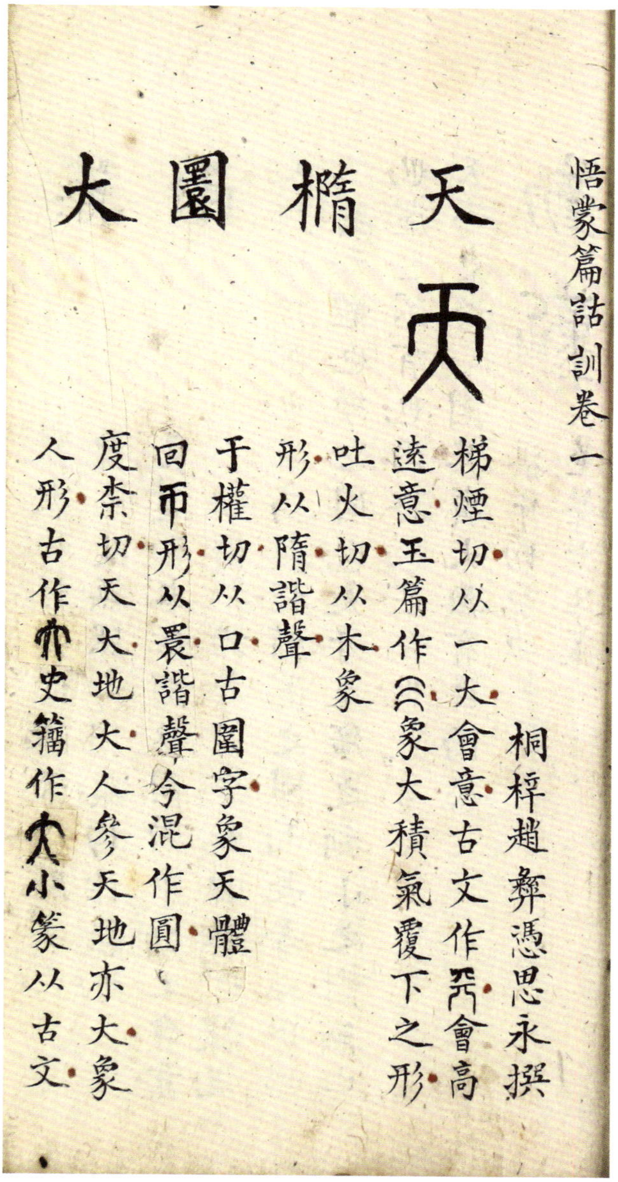

悟蒙篇詁訓卷一

桐梓趙彝憑思永撰

天 梯煙切从一大會意古文作會高遠意玉篇作象大積氣覆下之形

楷 吐火切从木象形从隋諧聲

圜 于權切从口古圜字象天體回帀形从瞏諧聲今混作圓

大 度柰切天大地大人參天地亦大象人形古作史籀作小篆从古文

文字旁通（存卷末）

清雷廷珍撰。雷廷珍生平見經部《詩義旁通》提要。

《説文》之學，至有清而大顯，乾嘉以降，名家輩出。廷珍於許學盛極而衰，幾無剩義之時，復能有所述作。《文字旁通》專釋許慎之《説文解字叙》，附於其所著《文字旁通》之後。其書全録許氏原文，以雙行小字注釋於每句之下。首録前賢顧炎武、段玉裁、王筠之説，

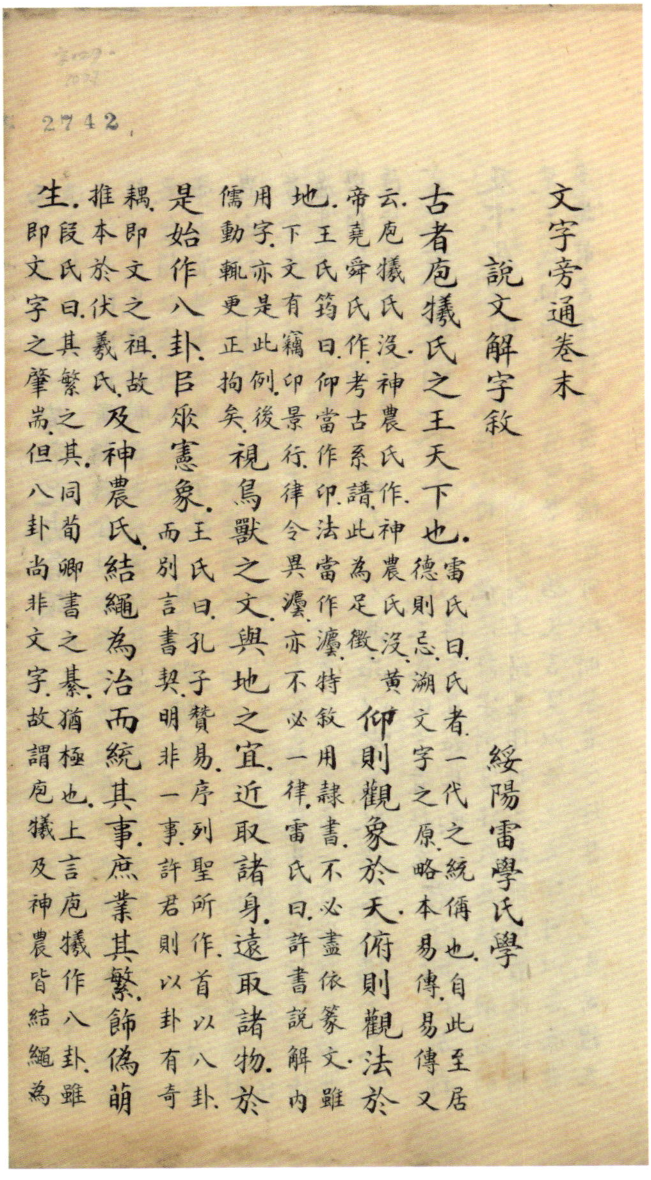

文字旁通卷末

說文解字敘　綏陽雷學氏學

古者庖犧氏之王天下也雷氏曰氏者一代之統偁也自此至居德則忌湖文字之原略本易傳易傳又云庖犧氏沒神農氏作神農氏沒黃帝堯舜氏作考古系譜此為足徵仰則觀象於天俯則觀法於地王氏筠曰仰當作卬法當作灋特敘用隸書不必盡依篆文雖下文有竊卬景行律令異灋亦不必一律雷氏曰許書說解內用字亦是此例後儒動輒更正拘矣視鳥獸之文與地之宜近取諸身遠取諸物於是始作八卦㠯垂憲象王氏曰孔子贊易序列聖所作首以八卦而別言書契明非一事許君則以卦有奇耦即文之祖故推本於伏羲氏及神農氏結繩為治而統其事庶業其繁飾偽萌生段氏曰其繁之其同荀卿書之綦猶極也上言庖犧作八卦雖即文字之肇耑但八卦尚非文字故謂庖犧及神農皆結繩為

時發己見，則以『雷氏曰』别之，所論不乏創見。如論文字之今古云：『文字原流，《藝文志》與許君此叙，叙述惟詳，特許君主張古學，較之班氏尤變本加厲：籀書則曰異於古文，六經則曰書以古文，今文則曰秦施役隸。莫辨孔壁之真僞，附會張蒼以獻書。鼎彝託郡國之山川，《孝經》受衛宏之秘傳。古學壁壘，旗鼓一新，雖有鑒於今學之陋，而實成乎古學之誣，援責備賢者之例，許君固不得辭其咎也。』實事求是，非墨守膠執者比。

此書未刊，現存抄本一册，現藏貴州省圖書館。本叢書據此影印。（徐鈺）

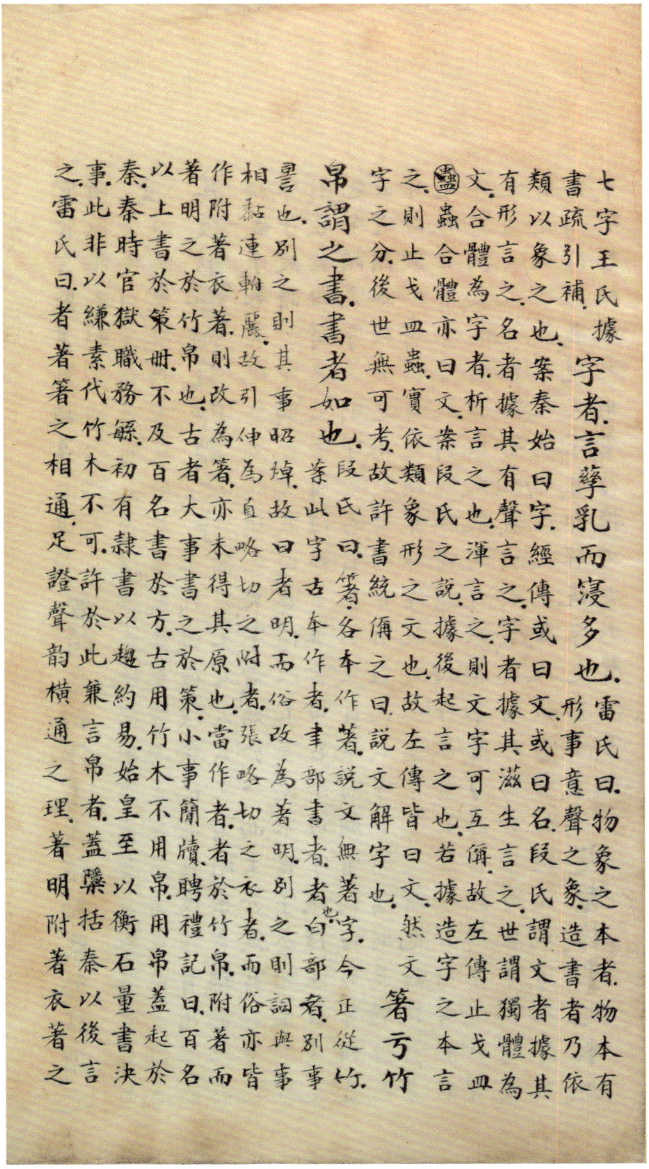
七字王氏據
字者言孳乳而寖多也雷氏曰物象之本者物本有
書疏引補形事意聲之象造書者乃依
類以象之也案秦始曰字經傳或曰文或曰名段氏謂文者據其
有形言之名者據其有聲言之字者據其滋生言之世謂獨體為
文合體為字者析言之也渾言之則文字可互偁故左傳止戈皿
蠱蟲合體亦曰文案段氏之說據後起言之也若據造字之本言
之則止戈皿蟲實依類象形之文也故左傳皆曰文然文
字之分後世無可考故許書統偁之曰說文解字也箸亏竹
帛謂之書書者如也段氏曰箸各本作著說文無著字今正從竹
案此字古本作者聿部書者者白部者別事
詞也別之則其事昭焯故曰者明而俗改為著明別之則詞與事
相黏連軸麗故引伸為自略切之附者張略切之衣者而俗亦皆
作附著衣著則改為箸亦未得其原也當作者者於竹帛附著而
著明之於竹帛也古者大事書之於策小事簡牘聘禮記曰百名
以上書於策册不及百名書於方古用竹木不用帛用帛蓋起於
秦秦時官獄職務繇初有隸書以趨約易始皇至以衡石量書決
事此非以縑素代竹木不可許於此兼言帛者蓋檃括秦以後言
之雷氏曰者著箸之相通足證聲韵横通之理著明附著衣著之

文字述聞六卷首一卷(選抄)

趙怡述。趙怡(一八五二—一九一四),字幼漁,别號漢鄨生。貴州遵義人,廷璜長子。清光緒十五年舉人,二十年進士。幼年由母親鄭淑昭教讀,常赴望山堂親聆外祖父鄭子尹謦欬,又受教於子尹門人李鎮,得聞鄭氏之學。曾任四川新津知縣。晚年寓居成都,創辦客籍學堂。學術著作有《文字述聞》、《轉注新考》。工詩文,善書畫,著有《漢鄨生詩集》八卷、《後集》二卷。

趙怡之母鄭淑昭,乃經師巨儒鄭珍之女。自幼隨父攻習《説文》、《玉篇》諸書,精通文

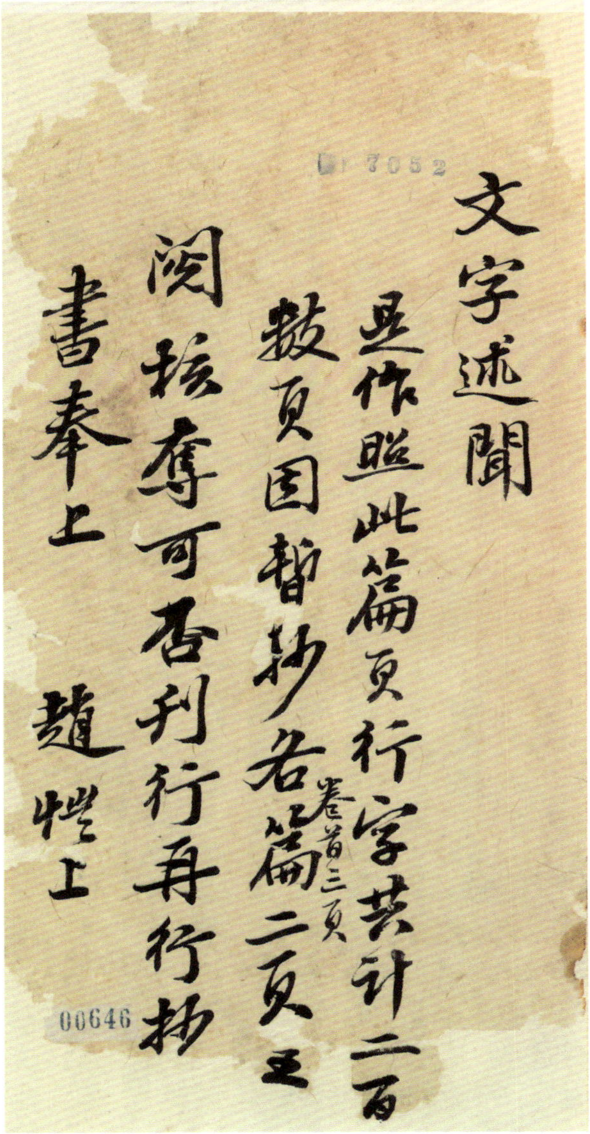

字學。後將鄭氏之學傳授於趙怡、趙懿諸昆仲。趙怡據母親所述，筆之於書，題名《文字述聞》。

全稿分六卷。卷一形體篇上，卷二形體篇下，卷三訓義篇，卷四聲讀篇，卷五碑隸篇，卷六雜俎篇。現存此抄稿僅十五葉。除卷首全文抄録外，其餘每卷祇抄録前三葉。抄寫之目的，爲交出版單位作審核之用。書稿首葉有趙愷一則説明：『《文字述聞》，是作照此篇葉行字，共計二百數葉。因暫抄卷首三葉，各篇二葉，□閲核奪可否刊行，再行抄書奉上。趙愷上。』此抄本爲行楷，筆致嫻熟，應爲趙愷抄録。

此抄本現存貴州省圖書館，本叢書據此影印。（黄萬機）

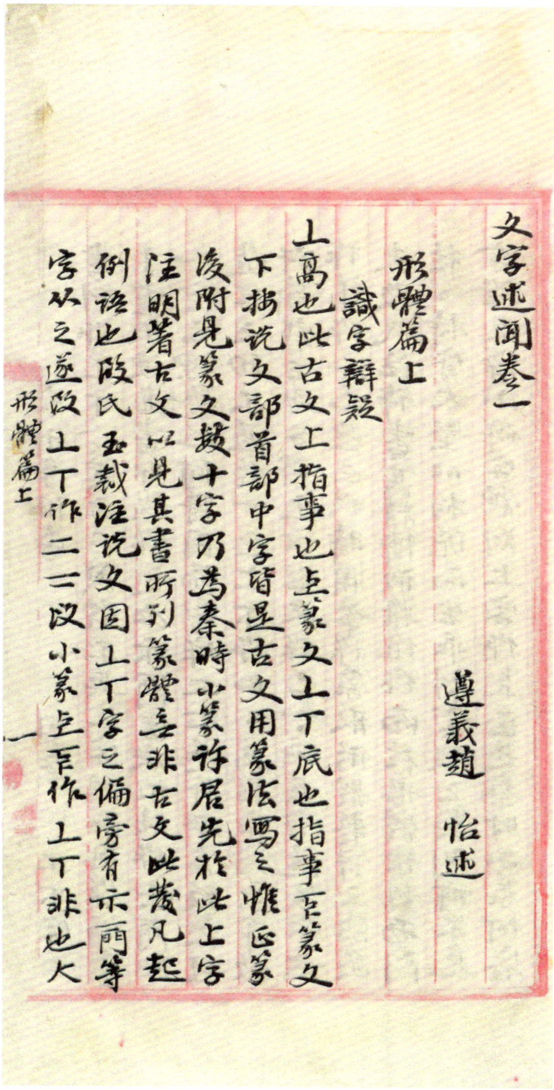
文字述聞卷一
遵義趙怡述
形體篇上
識字辯疑
丄高也此古文丄指事也𠄞篆文丄丅底也指事𠄟篆文
下指説文部首部中字皆是古文用篆法寫之惟𠄞𠄟篆
後附是篆文録十字乃爲秦時小篆許居先於此上字
注明著古文以見其書所列篆體無非古文此發凡起
例語也段氏玉裁注説文因丄丅字之偏旁有示㒳等
字从之遂改丄丅作二一段小篆𠄞𠄟作上下非也大
形體篇上 一

鈔鄭樵通志六書略平議十卷

清宧懋庸撰。宧懋庸生平見經部《論語稽》提要。

『六書』爲中國文字學中專門内容，即東漢許慎所言之指事、象形、形聲、會意、轉注、假借六種造字方法及原則。鄭樵《六書略》首創六書分類之學，不僅將六書分別舉例，且細加區分，又有所謂『形兼聲』、『形兼意』之類，竟增至十二類，以文字牽就六書。而宧懋庸《鈔鄭樵通志六書略平議》（以下簡稱《平議》），則爲詮釋鄭樵《六書略》之著述，對《六書略》追根溯源，以察其來龍去脉，并求取是非曲直。宧懋庸叙云：『爰取其書，依字列解，

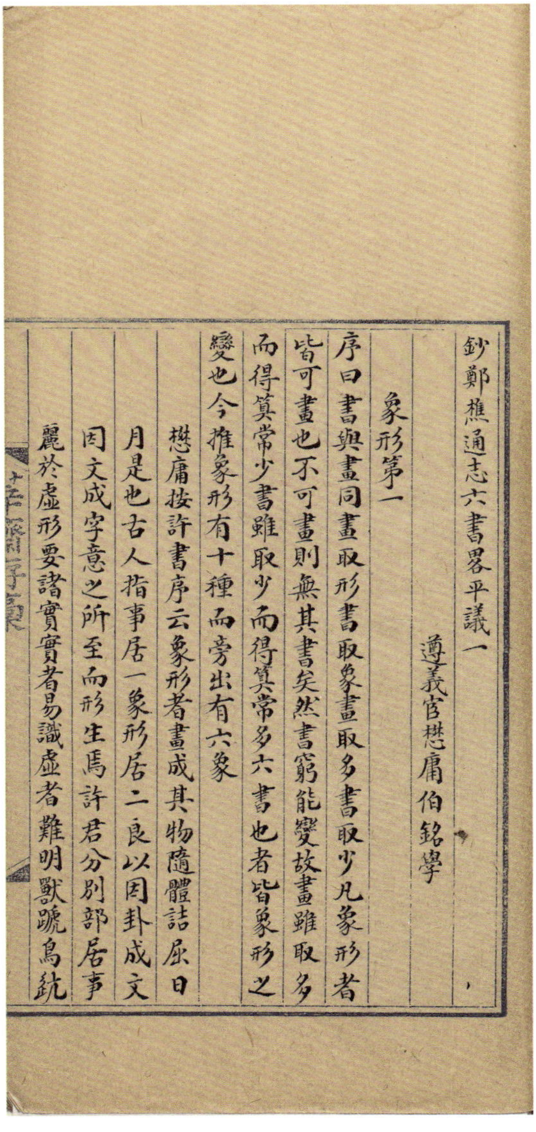
鈔鄭樵通志六書畧平議一　遵義宧懋庸伯銘學

象形第一

序曰書與畫同畫取形書取象畫取多書取少凡象形者皆可畫也不可畫則無其書矣然書窮能變故畫雖取多而得筭常少書雖取少而得筭常多六書也者皆象形之變也今推象形有十種而旁出有六象

懋庸按許書序云象形者畫成其物隨體詰屈日月是也古人指事居一象形居二良以因卦成文因文成字意之所至而形生焉許君分別部居事麗於虛形要諸實實者易識虛者難明獸號鳥跡

證以《説文》；《説文》所無，别徵群籍。』『是是非非，每參鄙見，於許、鄭兩合者，不復議焉。大例取足達意而已。』基本表明平議之思想，將《六書略》置於客觀位置，予以公正評價。

《平議》原稿本八册，編爲十部分。其撰述方法，按《六書略》原文，一一逐條例説平議。如『仕』字，鄭樵云：『上吏切，《説文》學也。』宧懋庸解曰：『學也，從人從士。』再如『墨』字，鄭樵云：『密北切，《説文》書墨也。』宧懋庸解曰：『書墨也，從土從黑，黑亦聲。』如此等等。是書之前七部分按『六書』順序展開平議；後三部分則另列專篇：一、『借協音不借義』等，解釋在『六書』外之字，如『荷』、『茹』、『鮮』等；二、起一成文圖、因文成象圖、古今殊文圖等，論證因一、因文及古今異文而成文字者；三、『檢字』，按『六書』列出各類字若干，如『凡象形類計六百八』字，六種約二千八百八十餘字。

有論者認爲，《平議》一書，絶大程度爲宧氏闡述對文字造形及使用之見解，讀者不僅從中可看出其廣聞博識之文字學功底，也可見其治學之嚴謹踏實及在研究方法上之更新。

本叢書據國家圖書館藏稿本影印。（王任索）

續千字文一卷

清龔璁撰。龔璁，生卒年不詳，貴州遵義人。清嘉慶二十二年進士。道光十年任山東武城知縣，關心文教，注重生産，政聲甚佳。歸田後，布衣竹笠，往來溪山之間。著有《留春山房詩鈔》、《留春山房古詩鈔初集》、《留春山房古詩鈔二集》、《續千字文》等。

南朝梁周興嗣選取王羲之書法作品中不重複之一千個字，編爲四言韻語，叙述有關自然、社會、歷史、倫理、教育等方面知識，名《千字文》，以作蒙學課本。《千字文》隋代開始流行。宋、元、明、清各代，有多種改編或續編本。龔璁之《續千字文》即爲清代有一定影響之續編本。

《續千字文》仿《千字文》體例，仍爲四言韻語，二百五十句，内容則較側重社會與自然方面。收入民國木活字排印本《藜照廬叢書》。

本叢書據浙江圖書館藏《藜照廬叢書》本影印。（曾祥銑）

龔璁續千字文

亶聰哲后　總握乾綱　佑隆昊宰　眷協穹蒼

鴻謨丕顯　駿烈宏昌　堯襟巍煥　舜抱汪洋

軼姒踰殷　纘羲紹燧　一統權恢　十全勳萃

鼇柱奠區　龜爻洩祕　蓂萐呈祥　醴芝兆瑞

韻學源流一卷

清莫友芝撰。莫友芝生平見經部《十先生中庸集解》提要。

該書爲一部簡明扼要之音韻學史著作，最早將音韻學區分爲古韻、今韻與反切三方面來闡述。書中主要内容引自《四庫全書總目》、戴震《聲韻考》等，多係直録成説而貫穿以總結、過渡性文字。羅常培校點該書時稱：『自李登首創《聲類》，吕静踵作《韻集》，韻學之興，垂一千六百餘年，流别所衍，支葉繁滋，源委不明，何以深察條貫、辨章然否？清人推迹韻學沿革之作，前乎莫氏者，有萬斯同《聲韻源流考》及潘咸《音韻源流》二書。萬書匡廓粗具，罣漏弘多；潘書憑臆杜撰，難資典要。莫氏此書，理明事簡，弗尚煩紆，博贍或弗逮萬，而糾纏瞀亂之譏，庶幾可免。』

關於《韻學源流》之作者，山東大學殷孟倫於一九六三年首次提出質疑，認爲本書可能祇是清末一位粗通音韻之老先生之學堂講義。一九八八年，陳振寰又根據北京圖書館（今中國國家圖書館）藏抄本推測，作者疑爲莫友芝之父莫與儔。而該書實有稿本存世，今藏臺灣『國家圖書館』，其首葉首行低二格題『韻學源流』，其下未署作者，但鈐有『莫氏子偲』朱文方印，末葉鈐『莫印友芝』白文方印。根據稿本字迹及莫友芝鈐印習慣，可證該書作者爲莫友芝無疑。

民國初年，劉師培於蜀中得趙幼愚校抄本，民國七年康寶忠始據以印行。民國十二年，楊恩元於貴陽文通書局再次刊印此書，訂正初刻本中訛誤。

本叢書收録莫友芝手稿本和貴州省圖書館藏民國十二年貴陽文通書局鉛印本兩種。（張燕嬰）

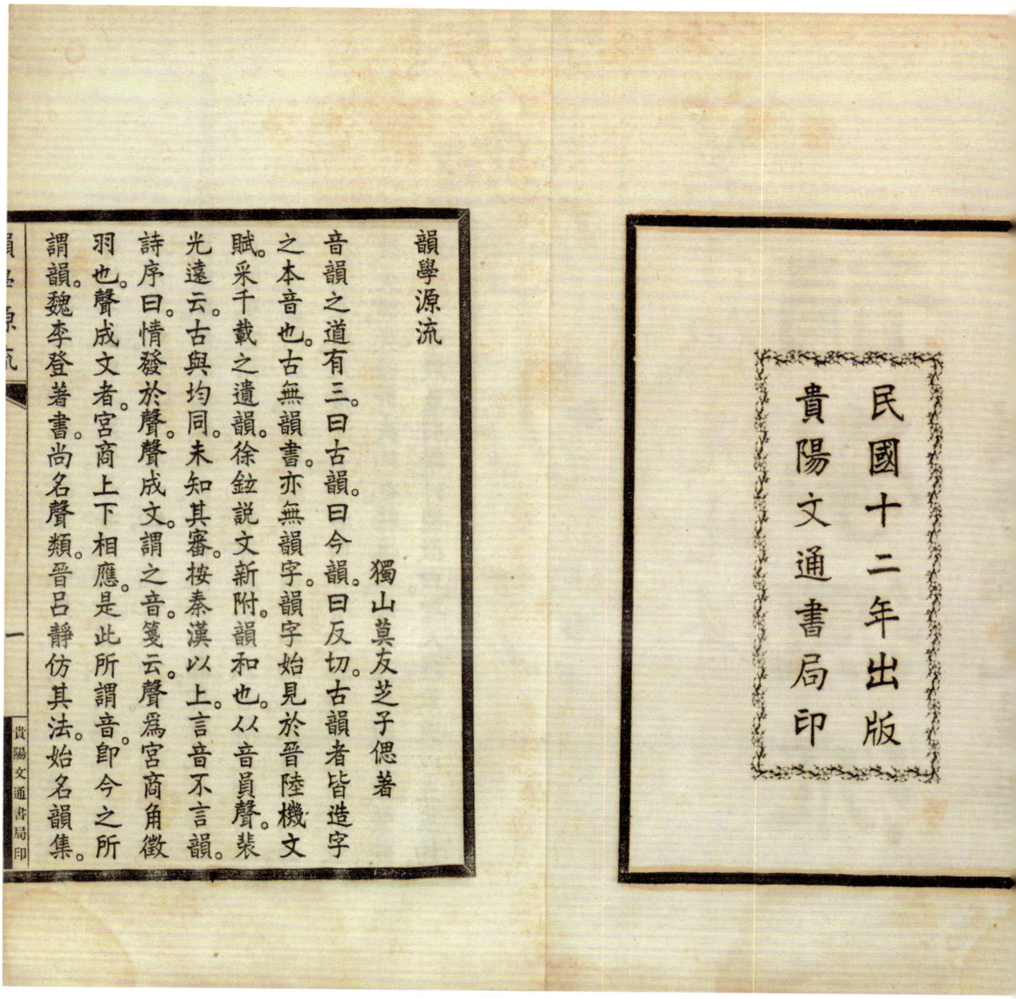
民國十二年出版
貴陽文通書局印

韻學源流

獨山莫友芝子偲著

音韻之道有三。曰古韻。曰今韻。曰反切。古韻者皆造字之本音也。古無韻書。亦無韻字。韻字始見於晉陸機文賦。采千載之遺韻。徐鉉説文新附。韻和也。从音員聲。裴光遠云。古與均同。未知其審。按秦漢以上。言音不言韻。詩序曰情發於聲。聲成文。謂之音。箋云。聲爲宮商角徵羽也。聲成文者。宮商上下相應。是此所謂音。即今之所謂韻。魏李登著書。尚名聲類。晉呂靜仿其法。始名韻集。

韻學源流　一

貴陽文通書局印

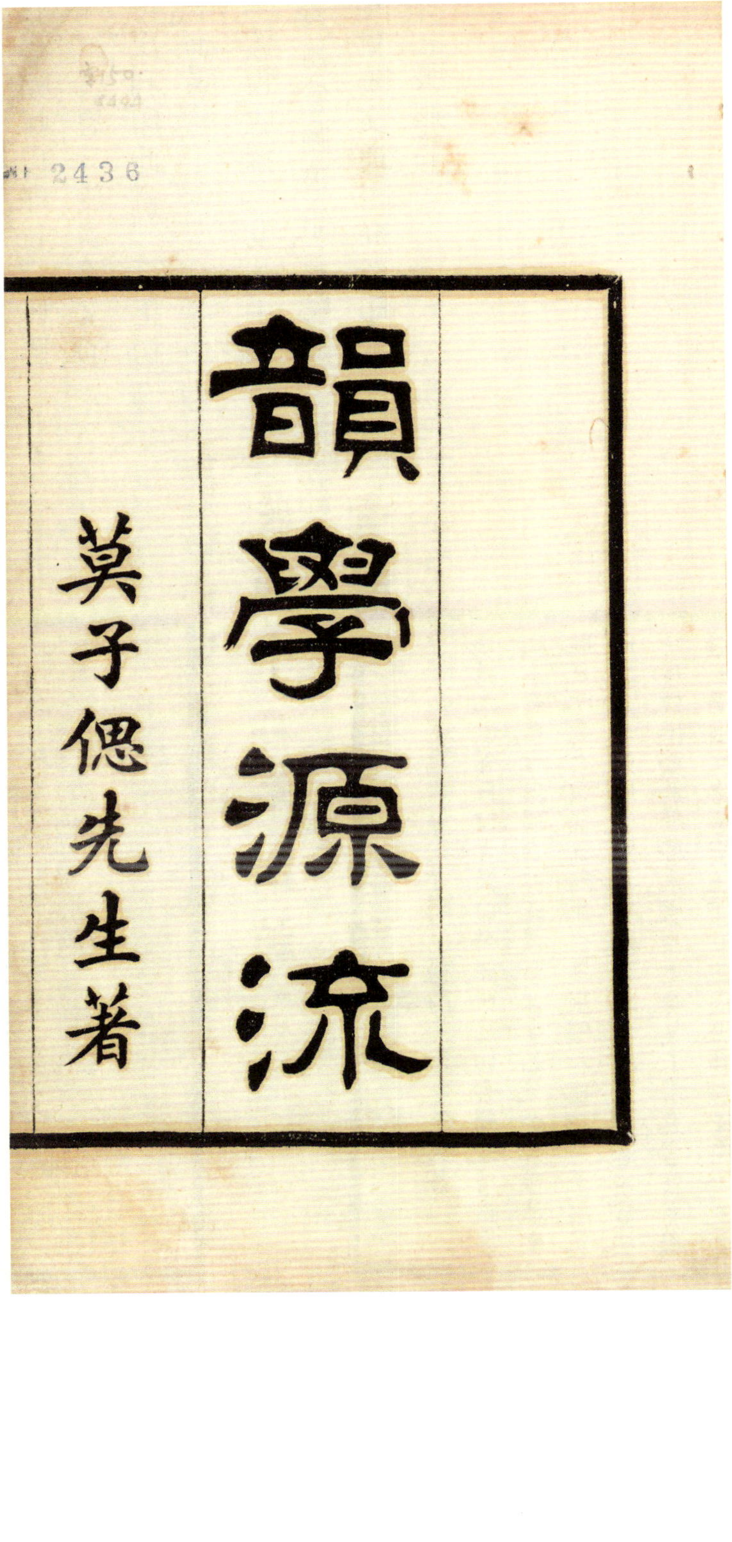

韻學源流

莫子偲先生著

韻學源流

音韻之道有三曰古韻曰今韻曰反切古韻者皆造字之本也古無韻書亦無韻字韻字始見于陸機文賦采千載之遺說文新附韻和也从音員聲裴光遠云古与均同未知其審秦漢以上言音不言韻魏李登著書尚名聲類呂靜仿其始名韻集而韻字出于晉之一徵蓋古唯用均文選成公綏賦音均不恒曲無定制李善注均古韻字引鶡冠子曰五聲同均然其可喜一也裴說當本于[illegible]後漢書律曆志云凡音聲[illegible]禮務在和韻益則加則減半和韻即和均也宋書律志云後漢至魏尺度漸長於古四分有餘杜夔依為律呂故致失韻失韻即失均也楊慎曰善注傳毅舞賦繁飲簇魏文帝牋竝引樂汁圖徵曰聖人往天以立五均均當六律調五聲之均也晉灼子虛賦注曰今

宋本廣韻校札一卷

清黎庶昌撰。黎庶昌生平見經部《春秋左傳杜注校勘記》提要。

黎氏出使日本，得隨員楊守敬協助，獲國内久已散佚之唐宋古籍二十六種，計二百卷，彙刻成《古逸叢書》。始於光緒八年，成於光緒十年。刻印之精，超邁前古，一時海内震動。黎氏對《古逸叢書》中諸種古籍考訂，寫成《古逸叢書叙目》一卷。分别叙述其版本源流，卷子本抄寫字體之美劣，槧本之精粗，内容與今本之差異，中土亡佚情況追溯等。於『覆宋本重修廣韻五卷』寫道：『此即張氏士俊澤存堂所出之本，宋諱

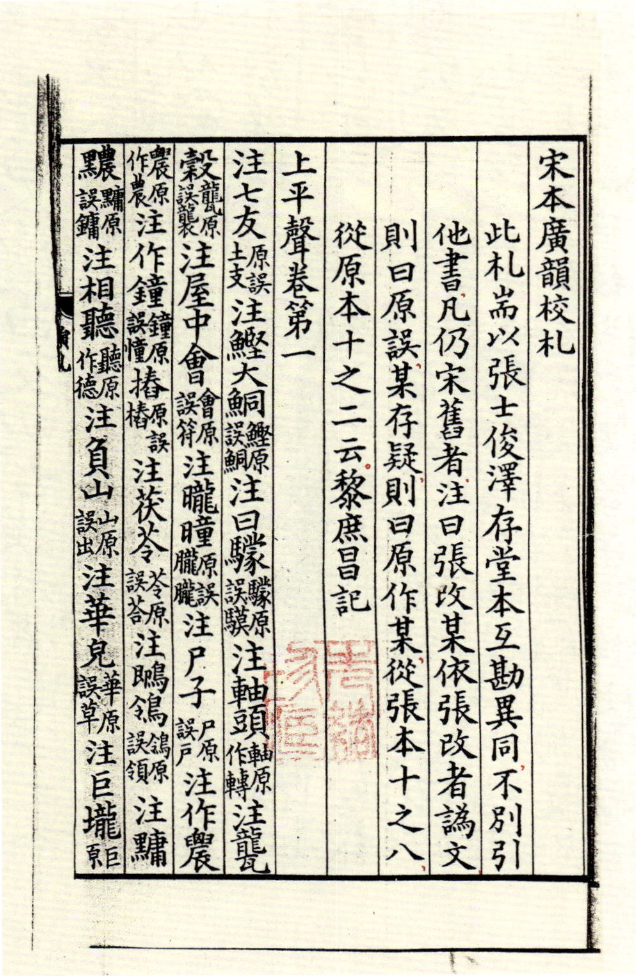
宋本廣韻校札
此札耑以張士俊澤存堂本互勘異同不別引他書凡仍宋舊者注曰張改某依張改者謫文則曰原誤某存疑則曰原作某從張本十之八從原本十之二云黎庶昌記
上平聲卷第一
注七友原誤土支 注鰹大鮦鰹原誤鮦 注曰騣騣原誤騻 注軸頭軸原作轉 注⿱龍瓦
轂⿱龍瓦原誤⿱龍衣 注屋中會會原誤答 注曨曈曨原誤朧 注尸子尸原誤戶 注作農
農原作農 注作鐘鐘原誤憧 椿原誤椿 注茯苓苓原誤苔 注鴟鴒鴒原誤領 注⿰黑庸
⿰黑農⿰黑庸原誤鏞 注相聽聽原作德 注負山山原誤出 注華皃華原誤草 注巨壠巨京

闕至「桓」字，則徽宗時槧也。日本町久成所藏，亦假用西法影照付刻。張氏雖名影宋，而據《玉篇》、《集韻》改字頗多，顧千里曾以無札記爲憾，又行款部位間有移易字畫，俱一一排勻，故明秀異常，而遜其一種樸拙之氣。今用張刻校其異同，別爲札記附後。』《宋本廣韻校札》序云：『此札耑以張士俊澤存堂本互勘異同，不別引他書。凡仍宋舊者，注曰張改某；依張改者，訛文則曰原誤某，存疑則曰原作某。從張本十之八，從原本十之二云。』共校勘約千處。此爲黎庶昌二種校勘學專著之一。

本叢書采用之清刻本，爲遵義戴麗所藏。（龍先緒）

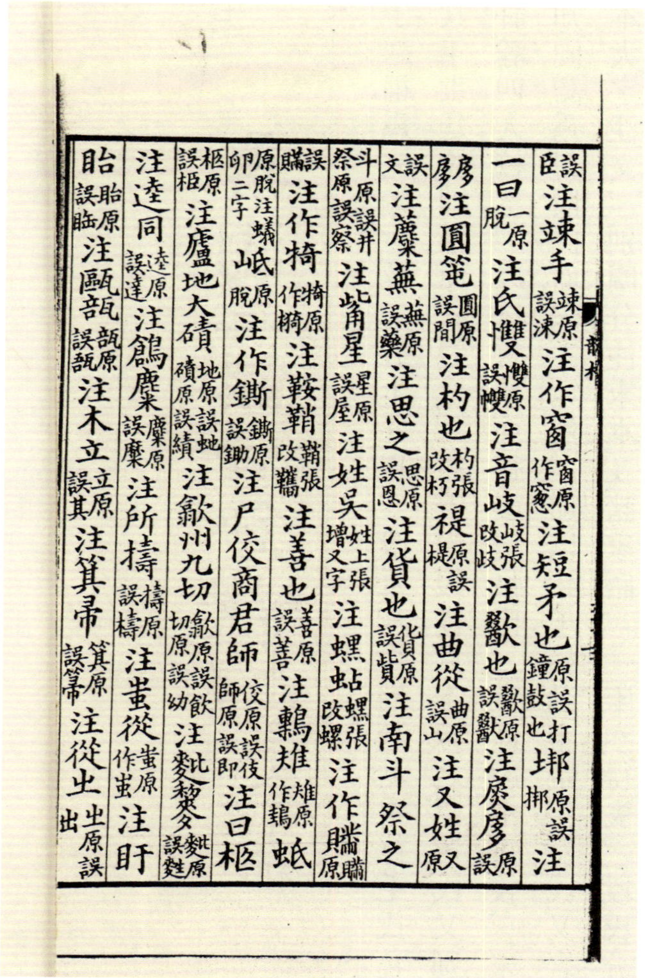
誤臣 注竦手 竦原誤涑 注作窗 窗原作窻 注短矛也 原誤打鐘鼓也 挪 挪原誤挪 注
一曰 一原脫 注氏慺 慺原誤慺 注音岐 岐張改岐 注歠也 歠原誤歠 注㢆㢆 原誤
㢆㢆 注圓笓 圓原誤閒 注杓也 杓張改杓 禔 禔原誤褆 注曲從 曲原誤山 注又姓 又原
誤文 注蘗蕪 蕪原誤蘗 注思之 思原誤恩 注貨也 貨原誤貲 注南斗祭之
斗原誤井 祭原誤察 注觜星 星原誤屋 注姓吳 姓上張增又字 注螺蛅 螺張改螺 注作䝠 䝠原
誤䝠 注作椅 椅原作椅 注鞍鞘 鞘張改韉 注善也 善原誤善 注鶽雉 雉原作鶽 蚳
原脫注蟻卵二字 岻 岻原脫 注作斵 斵原誤鋤 注尸佼商君師 佼原誤伎 師原誤即 注曰樞
樞原誤樞 注盧地大磧 地原誤地 磧原誤績 注歙州九切 歙原誤飲 切原誤幼 注𧿹𪗋 𧿹原誤𧿹
注逵同 逵原誤達 注鴰麋 麋原誤麋 注所檮 檮原誤檮 注蚩從 蚩原作蚩 注盱
眙 眙原誤瞴 注甌瓿 瓿原誤瓿 注木立 立原誤其 注箕帚 箕原誤箒 注從屮 屮原誤出

集韻正誤合鈔十卷

清鄭知同輯。鄭知同生平見經部《夏小正疏義校録》提要。

《集韻》爲宋代丁度等奉敕修定之一部官修韻書，共十卷，平聲四卷，上聲、去聲、入聲各二卷，二百零六韻，五萬三千五百二十五字。清代毛扆藏有明季汲古閣家藏影宋本，康熙四十五年曹寅刻於揚州，未精校；嘉慶十九年，顧廣圻重予繕補爲完編。乾隆五十九年，段玉裁得周漪塘重修毛氏舊宋本，以校曹本而正其脱誤，其年袁廷檮即依原式録之。鈕玉樹復從袁本録之。黄氏又别見凌樹屏、吕賢基、吕錦文、許瀚四人校本，凌氏首校而得多，吕氏二世即凌本重校，未署名，黄氏移寫時莫能别。鄭知同認爲得段氏而宋本宛然，加以諸子精勤審定，黄氏又合纂衆長，便抽字草就，先標曹本大字注文，别圈分注宋本及諸家語，『宋本得失，段氏分

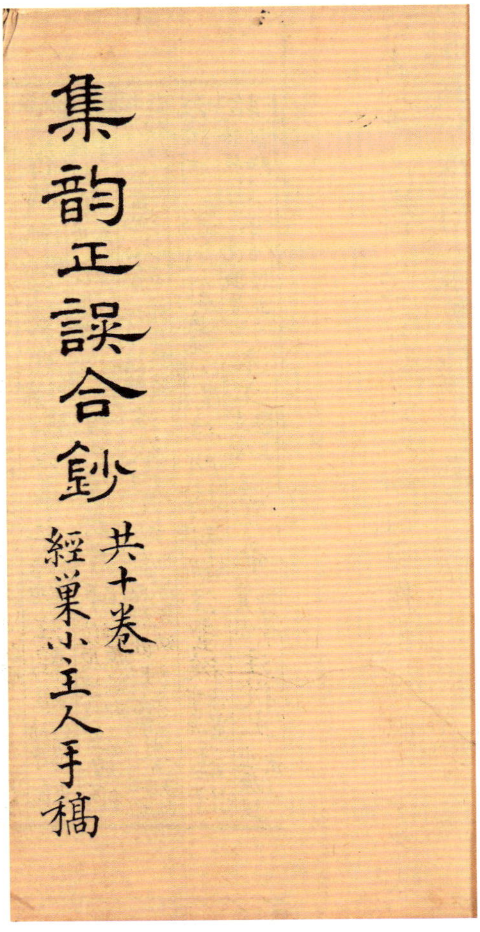

兩例出之。玆則一云某字宋作某，然後定其是非』。是書首葉鈐有『葉氏德輝鑒藏』印，說明曾爲近代藏書家葉德輝收藏。

本叢書據浙江大學圖書館藏稿本影印。（龍先緒）

集韻正誤合鈔卷之一　　鄭知同輯

一東 已下上平聲

埬 山埬地名○吕云山埬廣韵作上湅 湅 具俗謂悪氣所傷為湅病○具宋作吳是 觳 ○段云疑是[illegible]

冡 說文突前也徐鍇曰冃重覆也犯冃而見是突前也○宋冡作冡冃作冃非 𩬆 𧿹 尒足覞𩬆𧿹離也○注𧿹字鈕改苐 蟊 洪範曰圛曰蟊○段云出周禮注 隊 自名○自宋作白是 懞 惺懞恵皃○宋恵上有了字是 㚇 鶮鵙醜○段云鵙當作鶪 㧐 㧐摵○摵宋作摵是 虹 蝸 籀作蝸○鈕云蝸係蝸之誤

灯 說文奔也引詩卬灯于諶○宋灯作烘卬作卬是 柊 齊人謂樵為柊楑○段云樵當作椎

崇 或書作宻○宻宋作宊是 蟲 ○宋作蟲後凡作虫皆然 融 融 ○籀不省○不宋作文非

存目

春秋三傳異同考一卷

清鄭珍撰。鄭珍生平見經部《輪輿私箋》提要。

《春秋三傳》指闡釋儒家經典《春秋》之三部著作：《春秋左氏傳》、《春秋公羊傳》、《春秋穀梁傳》。《春秋》爲編年體之春秋時代簡史，相傳爲孔子整理編訂。但因文字簡短，先後出現闡釋《春秋》經文之著作，即此《三傳》，爲研究秦漢間儒家思想之重要資料。鄭珍畢生精研儒家經典，博采衆長而治學嚴謹，對於闡釋《春秋》三部著作之内容、文字、史實、義理，認真對比研究考證，一一筆記，用功特深。但《春秋三傳異同考》之作，在民國年間趙愷編訂之《巢經巢全集》及近年黄萬機主編之《鄭珍全集》中均未提及，鄭珍哲嗣鄭知同所撰《子尹府君行述》也僅提到未成之《先秦古書讀》一種，未知是否與此書稿有關。

此書爲抄本，收藏於貴州省博物館。因正逢貴州省博物館搬遷新址，未能借出作影印底本，故此存目。（謝尊修）

孔詁一卷

清黎庶昌撰。黎庶昌生平見經部《春秋左傳杜注校勘記》提要。

此爲黎庶昌唯一『以今言釋古言』之訓詁學專著，惜未刊行。黎氏精讀儒家經典，於『孔氏之書』用功特勤。對包括西漢孔安國《古文尚書》（後代學者考證爲僞作）、唐代孔穎達《五經正義》等書中詞義進行詮釋，有助於古籍閱讀。黎庶昌曾爲日本學者所著《儒學本論》一書作序，贊賞其闡明孔孟學術之宗旨，可見其對孔門儒家著作研讀之重視。

《孔詁》未刊稿，見於《黎氏家集總目》，標爲二卷。《中國古籍總目》著録有《孔詁》書稿一卷，收藏於四川省圖書館。因正逢四川省圖書館搬遷新址，未能借出作影印底本，故此存目。（謝尊修）

説文考異補三十卷

清姚文田、嚴可均撰，清鄭知同校訂，清王仁俊補。鄭知同生平見經部《夏小正疏義校録》提要。

此抄稿八册，清乾隆時期著名學者姚文田、嚴可均共輯有《群書引説文疏證》十五卷。此係滿紙塗乙之草稿。光緒初年姚文田孫姚覲元任川東道員，將其稿帶入四川，交由寫官録出清本，取名《説文考異》。因張之洞推薦，交由鄭知同校訂，鄭知同增補甚多，同時另著《説文正異》二卷。鄭知同完成對該書之校訂，未及謄清即去世，稿本由廣雅書局提調王秉恩録副本，書名仍曰《説文考異》。張之洞又命其弟子王仁俊抄録并補，取名《説文考異補》，共三十卷，裝訂成八册。鄭知同原增補稿本不知去向。姚覲元手中清本即爲今國家圖書館所藏善本姚文田《説文考異》十五卷。嚴可均持有之《群書引説文疏證》，後來演變成《説文校議》十五卷。《清儒學案》卷一百六十九云鄭知同『平生撰述，斯爲巨編』。

抄本今存北京大學圖書館。（龍先緒）

史部

漢書彙鈔二卷

清蕭光遠著。蕭光遠生平見經部《周易屬辭》提要。

光遠平生喜讀《漢書》、《後漢書》，謂『漢代近古，其經術、吏治、忠孝、廉節大端，多有可觀感者』，遂分帝鄉、遺老、氏族、名字、狀貌、孝廉、補孝廉類、禮服、察廉、賢良方正有道茂才、明經文學博士、補經學類、家法、師誼、寮誼、黄老刑名律令、圖讖、陰德、盜賊、處亂、齒録二十一類，分類彙抄，并間附己意，如論孝廉云『漢家廟謚自惠帝以下，皆稱孝，尤見孝治天下之意，豈但荀爽所云火德已哉』；『國以簡賢爲務，賢以孝行爲先』。論刑名云『刑名之學，治弱國可以强，治强國可以亡，秦其明效炯鑒也』。論律令云『夫律令，期合古，亦取便令，故與時偕行。善用之……律令皆道德也；不善用之……律令實刑名也』。論陰德云『兵刑者，治世之大端；仁孝者，生人之大本』。如此之言，亦可見光遠所輯録，皆爲修身治世之用。有清同治間刊本。楊兆麟編輯《鹿山先生全集》時收入。

本叢書據貴州省圖書館藏清同治刻本影印。（劉海濤）

漢書彙鈔卷上

遵義蕭光遠編

彙鈔一 帝鄉

高帝起豐沛而蕭何曹參樊噲夏侯嬰王陵周勃任敖周昌盧綰皆豐沛人光武起南陽而鄧禹吳漢賈復岑彭朱祜馬武劉隆馬成陳俊杜茂任光（雲臺將）李通卓茂（附雲臺）來歙鄧晨趙熹樊宏陰識皆南陽人雖其地處親近易手任用有如張良郭伋所云者（張良曰陛下起布衣為天子而所封皆蕭曹故人郭伋言選補衆職當簡天下賢俊不宜專用南陽人）然開

國語箋一卷

清鄭知同箋注。鄭知同生平見經部《夏小正疏義校録》提要。

本書作者選録三國時韋昭所注《國語》加以箋語。凡周語七條、魯語三條、齊語三條、晉語十九條、鄭語三條、楚語十條、吴語九條、越語五條，間能糾其謬誤，引證極博，時出新意。個別條目，僅有抄録，未作箋注，或爲一部未完書稿。

本叢書據國家圖書館藏抄本影印。（龍先緒）

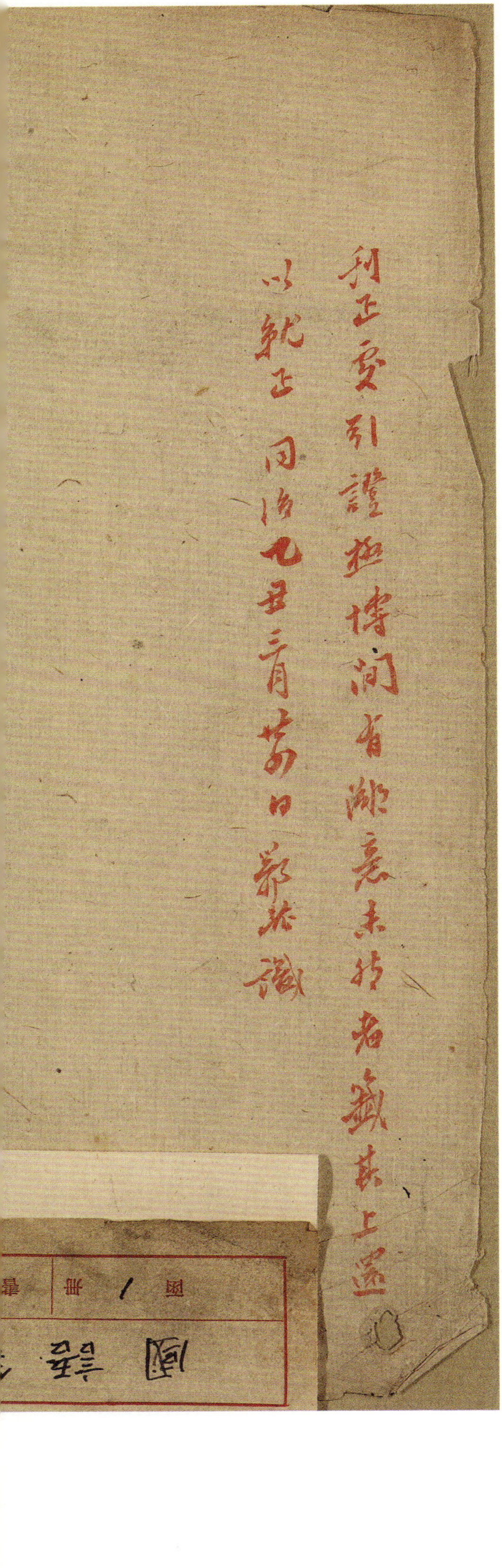

國語箋

遵義鄭知同 伯更

財求 以下周語

阜其財求韋注云阜大也大其財求不障蔽也不解求義知同按語與下利其器用對文器用兩事財求亦兩事非尋求之謂求亦財也說文云賕以財枉法相謝也一曰載質也以財枉法如後世之贓史記滑稽列傳云受賕枉法許義所本載質謂載其貲貨往求於人如後世苞苴之禮此賕之本義引申其義為凡財之通偁廣韵訓賕為財賄是也求即賕省文

平播碑一卷

明陶望齡撰。望齡字周望，號石簣，會稽人。萬曆十七年進士，官終國子監祭酒，人稱歇庵先生，謚文簡。工詩文，學宗陽明，著有《解莊》十二卷、《歇庵集》二十卷、《水天閣集》十三卷。

此文乃應李化龍之請而作，以略記其平播之功，勒石於遵義桃源洞李化龍生祠之内，故時見溢美之詞。其所據者，僅化龍之奏報，不能如親歷戎行者所作文之親切可信。於平播因由及戰事始末載之無誤，亦能鋪叙得當，又其身列朝班，爲舊史官，熟知掌故，於朝廷議論知之詳悉，亦能補他文所不逮。此文今存於《水天閣集》卷六，清《（道光）遵義府志·藝文志》録之，題名爲《西南平播記》，注明沿『舊《四川志》』。

本叢書據國家圖書館所藏清抄本影印。（徐鈺）

平播碑　　太史陶望齡譔

皇明奄宅方夏象寄所隸極于西南賧夔濮落烏蠻白夷荒忽
公靡前世所弗役莫不筮使纓馭咸在職貢維播州古之郡
縣楊氏以唐之季蒙亂固險世長厥地顯襲朝號內相君長
區裂版章以淪夷裔歷宋暨元羈縻弗絕雖
聖人繼起洗濯腥穢包併荒遠猶取其貌恭因而建置蓋仍往
宜今苟便民俗而已至今
皇帝御宇神武英斷威德醲浹仁風既宣義殺時舉遂乃誅夏
戡倭撫強獷植單弱參伐順建旬始隕銷維播孽應龍怙其
督嚚湮滅彝紀禍芽帷牆以條以蔓天極姻黨遂延毗黎七
姓五司盡其薅耡咸仰天搶地而呼曰吾君乎匪覆匪載胡
遠獨遺天子曰嗟播人予子予可弗問令吏召應龍置對逋
佚抵嫚未竟厥理用反戈于白石疆吏來言狀是當誅討

平播碑一卷

明蹇達撰。達字汝循，别號理庵，重慶人。嘉靖四十一年進士，歷官潁上令、大理寺卿、户兵二部左侍郎，數任薊遼總督，終兵部尚書。萬曆三十六年卒，追贈少保。達久掌兵東北，以禦後金，故清修《明史》，高宗特去其傳。生平見明李維楨《大泌山房集》卷一百十三《太子太保兵部尚書蹇公行狀》。

萬曆二十一年至三十年，達回鄉守制，在籍聽勘，又渝、播接壤，故楊應龍作亂始末，皆所親見。而應龍屠綦江、圍重慶，達佐文武城守，登陴勞軍，可謂親歷其事者，故所撰記，非道聽塗説者可比也。文中詳述八路大軍之部署，與主帥李化龍之運籌措置，於平播戰事亦載之頗詳，其文亦行筆紆徐，雅潔可誦，銘詞則文采翩翩，洵佳作也。清道光間鄭珍、莫友芝修《遵義府志》之《藝文志》，全載此文，題名《西南平播記》，注明沿『舊《四川志》』。

本叢書據國家圖書館所藏清抄本影印。（徐鈺）

在南徼矣西人我公是瞻

平播碑　　　　蜀人蹇達撰

皇帝聖神文武輯寧宇內華夏蠻貊罔不率俾哱賊據寧夏島夷犯朝鮮先後勘定即東虜突闖遼左今少保大司馬長垣李公適以中丞撫遼督大將追勦斬首五百餘級以奇捷聞自此諸邊雜虜咋舌寒心無敢內訌獨播賊楊應龍憑險聚黨輙縱部夷虔劉我邊此直指趙公以疏聞
上一再聽督府撫諸臣相機撫處舞干敷德不欲遽勤兵也賊愈恣叛逆飛練之役敢格殺我戰士且及材官矣給諫張公疏聞
上宵衣西顧謂公故撫遼破虜奏膚功特允廷推起公於家以少司馬兼大中丞總督四川湖廣貴州軍務公以己亥六月并道入成都賊再屠綦江城叅將房嘉寵故遊擊張良賢死

平播全書十五卷

明李化龍撰。李化龍（一五五四—一六一二，一説爲一五五四—一六二四），字于田，直隸大名府長垣縣（今屬河南省）人。萬曆二年進士，歷任河南府嵩縣知縣、南京工部屯田司主事、都察院右僉都御史、兵部右侍郎、兵部尚書加少保，官終戎政尚書。萬曆二十七年總督湖廣、四川、貴州三省軍務，兼撫四川，爲平播總督。《平播全書》（以下簡稱《全書》）即平播期間公務文書之彙集。著有《場居策》、《田居稿》、《河上稿》及《治河奏疏》等，并行於世。

《全書》共十五卷，六十餘萬字。前五卷爲受命之日到平定播亂之各種奏疏；

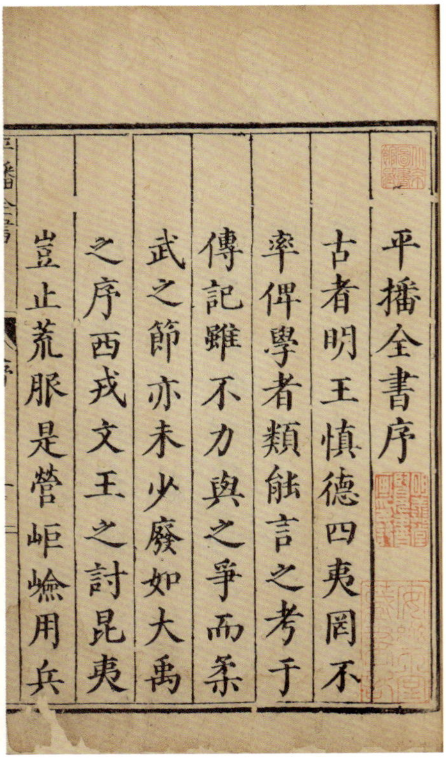
平播全書序
古者明王慎德四夷罔不率俾學者類能言之考于傳記雖不力與之爭而柔武之節亦未少廢如大禹之序西戎文王之討昆夷豈止荒服是營岠嶮用兵

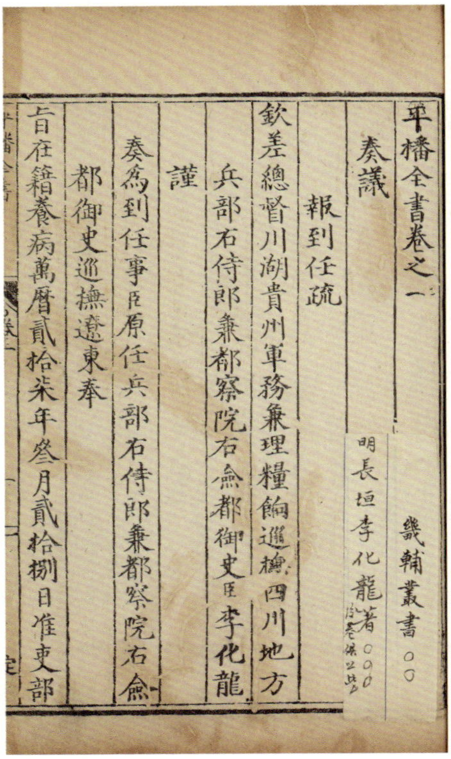
平播全書卷之一
畿輔叢書

明長垣李化龍著

奏議

報到任疏

欽差總督川湖貴州軍務兼理糧餉巡撫四川地方兵部右侍郎兼都察院右僉都御史臣李化龍

謹

奏爲到任事臣原任兵部右侍郎兼都察院右僉都御史巡撫遼東奉

旨在籍養病萬曆貳拾柒年叁月貳拾捌日准吏部

第六卷爲善後事宜奏議；第七卷爲咨文；第八至第十一卷爲牌票，即對下屬之命令、規定等；第十二至第十四卷爲書劄，即以信函促使加緊辦理各項公事，或詢問有關事項；第十五卷爲一百八十二則批示、評語及祭文三篇。反映了李氏以八省（貴州、雲南、廣西、浙江、湖廣、河南、山東、陝西）二十餘萬大軍，激戰一百一十四日，平定播州之情況。亂既平，又上書建議將原播州地析分爲二，置遵義、平越二軍民府，分屬四川、貴州，朝廷從之。改變了四川、貴州行政區域格局，《全書》中《播州善後事宜疏》、《黔省善後事宜疏》等篇章即詳叙其事。

《全書》爲李化龍交與時任四川等處承宣布政使司右參政王嘉謨編定，原文輯録，不加評述，故其所録、所述較能客觀叙述平播之役全過程及後之諸事，史料價值較高。王嘉謨後序云：『西南用兵數役，皆有典籍可考，未有若斯之赫赫絶群者！』可見其記録平播始末之詳。《四庫全書總目》則云：『平播一役，自出師至滅賊，凡百有十四日，成功頗速。……其出師次第，雖載其大綱，而情形曲折，則不及此書之詳具。録存其目，亦足資參考也。』説明該書之歷史價值。

本書有明萬曆刻本。清光緒五年，京師王氏謙德堂重刻，後收入《畿輔叢書》二編中。民國間，商務印書館又將之收入《叢書集成初編》。又有清光緒十三年刻本，貴州省圖書館藏。

本叢書據國家圖書館藏明萬曆刻本影印，缺卷則以清光緒《畿輔叢書》本補配。（王任索）

黔中平播始末二卷

明郭子章撰。子章（一五四三—一六一八），字相奎，號青螺，又號蠙衣生，江西泰和人。明隆慶五年進士，除爲福建建寧府推官。萬曆十年，遷廣東潮州府知府。十四年，督學四川。纍遷至浙江參政、山西按察使、湖廣右布政使、福建左布政使。萬曆二十七年，以右副都御史巡撫貴州，次年與督臣李化龍等共平播州。

郭子章著述宏富，主要作品有《黔記》、《黔草》、《名馬記》、《聖門人物志》、《郡縣釋名》、《黔類》、《易解》、《粤草》、《蜀草》、《楚草》、《閩草》、《浙草》、《晉草》、《留草》、《傳草》等。

《黔中平播始末》録於《傳草》，作於萬曆四十二年，其寫作初衷爲還原歷史真實，斥責粉飾誇張之談。播平之後，郭子章即有寫作記載平播戰事之想，因公事繁忙及丁父母憂之故，竟未能成篇。『平播一事，未有紀述。每一念之，如溺者談水，焚者談火，稍捉筆，輒中輟，然終不可已』（見《黔中平播始末上》，下同）。其間，有李化龍《平播全書》、楊寅秋《臨皋文集》等相繼問世，然而各有缺憾，未能盡如人意。直到『乙卯嘉平釋經，聞一二武弁無識，倩坊間措大作平話，類《水滸傳》，左袒逆龍；又或倩文士作《平播録》，飾張己功，浮誇没實』。郭子章爲澄清史實，『乃以諸奏疏稍加銓次，效古人作《通鑑紀事本末》，名曰《黔中平播始末》』。《黔中平播始末》包括上、下兩部分，上部主要記述平播之緣起及經過，下部主要記述平播後之善後事宜。對研究播州歷史具有重要史料價值。

本叢書據明萬曆刻本影印。（宋游）

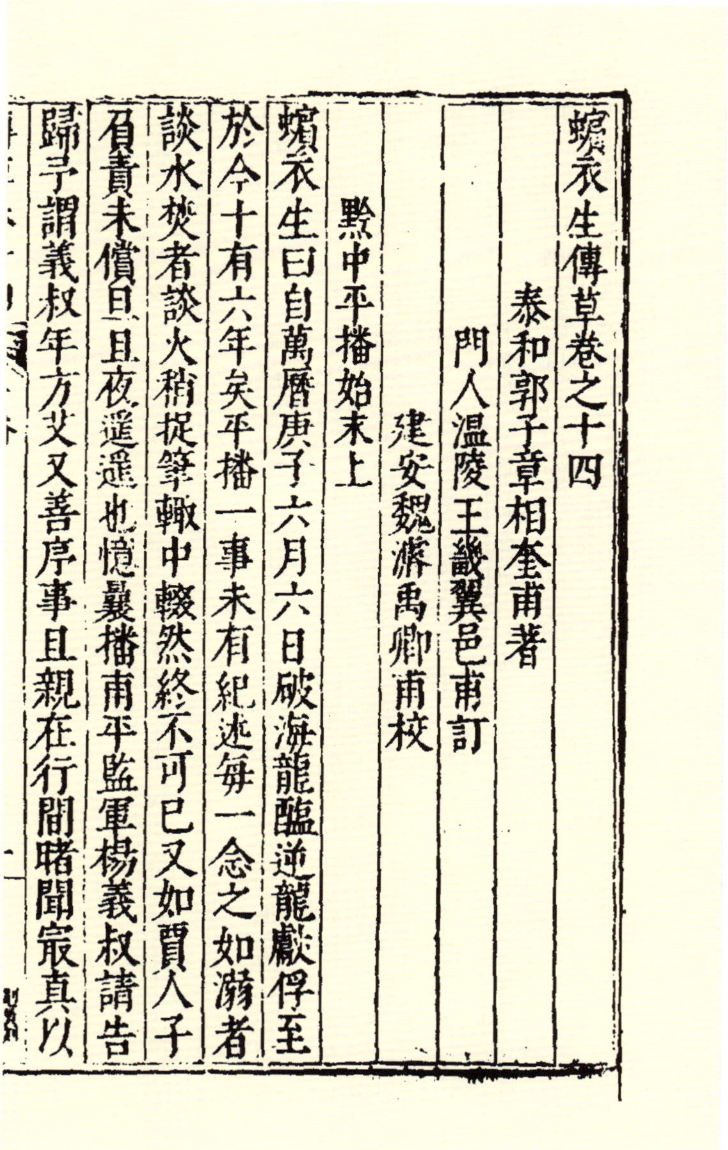

蠙衣生傳草卷之十四

泰和郭子章相奎甫著

門人温陵王鐖翼邑甫訂

建安魏濬禹卿甫校

黔中平播始末上

蠙衣生曰自萬曆庚子六月六日破海龍囤逆龍𢧐俘至於今十有六年矣平播一事未有紀述每一念之如瀠者談水焚者談火稍捉筆輒中輟然終不可已又如賈人子負責未償旦且夜逞遥也憶曩播甫平監軍楊義叔請告歸予謂義叔年方艾又善序事且親在行間睹聞最真以

苗功始末一卷

《苗功始末》録自《蠙衣生傳草》卷之七，明郭子章撰。郭子章生平見史部《黔中平播始末》提要。

《苗功始末》作於萬曆四十二年，記叙萬曆三十年冬，平定播州楊應龍之亂後，播州叛軍餘黨吴洪復作亂諸事宜。三十三年，山苗、路苗反叛，縱横於平越、新添、龍里、銅仁之間，郭子章出兵再次平叛，可謂平播戰争之延續。郭子章客觀認識到叛軍與苗民乃生活所迫，不得不反：『自征播以來，糧餉欠缺，軍兵困苦，兼以征播各兵不能歸籍者，身無所依，竄入各寨，潛探消息，與苗、仲倣脚，串同勾引，日益猖狂。』本書還提到播州、貴州土司參與征伐之事，對研究播州歷史具有重要史料價值。

本叢書據明萬曆刻本《蠙衣生傳草》卷之七影印。（宋滸）

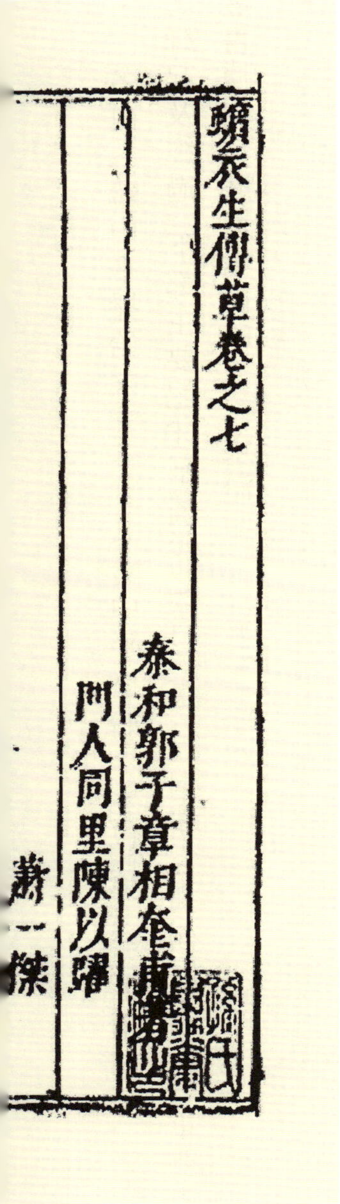
蠙衣生傳草卷之七
泰和郭子章相奎甫著
門人同里陳以躍

萬曆孫大祚校

苗功始末

萬曆二十八年庚子夏六月六日黔合蜀楚三省平播州

[illegible]

逆龍二十九年辛丑春三月黔合楚師協勦皮林招降九股自討西南一隅役無再舉矣三十年冬十有一月播州逆黨吳洪連結偽民楊所俊盧文政盧里受譚里保羅志王金叢等復叛報至蜀黔震駭十有二月四日章令宣慰安疆臣潰把王宗舜督兵斬吳洪擒譚里保等來獻章令同監御史三才合疏畧曰元惡吳洪在七姓中最號兇頑實啓播釁播平歸鄉保有室家幸矣不思悔禍乃以爭土細故揷血稱兵叛合餘燼蟻結兇徒横逞逆謀幾釀大患既以爭長相殺投戈四潰與其逆黨曳突出奔宣慰安疆臣一舉而擒從惡朱光等再舉而斬元兇吳洪始斷長秋

蠙衣生黔草二十一卷

明郭子章撰。郭子章生平見史部《黔中平播始末》提要。

《黔草》原二十一卷，後有補刻，卷八後補入四卷，卷九、卷十後分別補入一卷，實際共二十七卷。成書於明萬曆辛丑秋九月，豐城徐獻和與貴定丘禾實爲之序，予以很高評價。丘禾實曰：『郭中丞車轍馬迹幾遍天下，而文因之。笥中草各以地名，而《黔草》最後成。《黔草》中詩文纔十一，而奏疏、公移十九。』可見奏疏與公文爲《黔草》主要構成形式。公文主要内容涉及平播前後諸多方面狀況，部分詩文也與平播相關，具有重要史料價值。本叢書據明萬曆刻本影印。（宋滸）

蠙衣生黔草卷之一

泰和郭子章相奎甫著
友人楊寅秋義叔甫校

奏疏

交代恭謝　天恩疏

謹　奏爲恭謝　天恩事臣原任福建左布政使萬曆二十七年四月初十日准吏部咨爲缺官事該本部等衙門會推題奉　聖旨郭子章陞都察院右副都御史巡撫貴州兼督理湖北川東等處地方軍務寫勑與他欽此欽遵備咨到臣臣即望　闕叩頭謝　恩訖臣自去年　覲還

平播條議機宜　平播覆議機宜一卷

明楊寅秋撰。楊寅秋，字義叔，號臨臯，廬陵人。明代賢相楊士奇之孫。嘉靖五年進士，官至廣西左江兵備道副使。曾爲貴州參議。在征伐楊應龍時，爲左監軍。平定播州後，以病致仕。其所撰《臨臯文集》中《平播條議機宜》等篇，被認爲於邊略多有裨益。

《臨臯文集》卷一含奏疏、序、記三部分；卷二含傳、墓誌銘、行狀、贊、書五部分；卷三爲書；卷四爲雜著。三、四兩卷，多收録其關於平播之書信、文章。楊寅秋爲平播之戰八路大軍中之黔軍一路，在總兵李應祥統領下，由興隆進入播州，

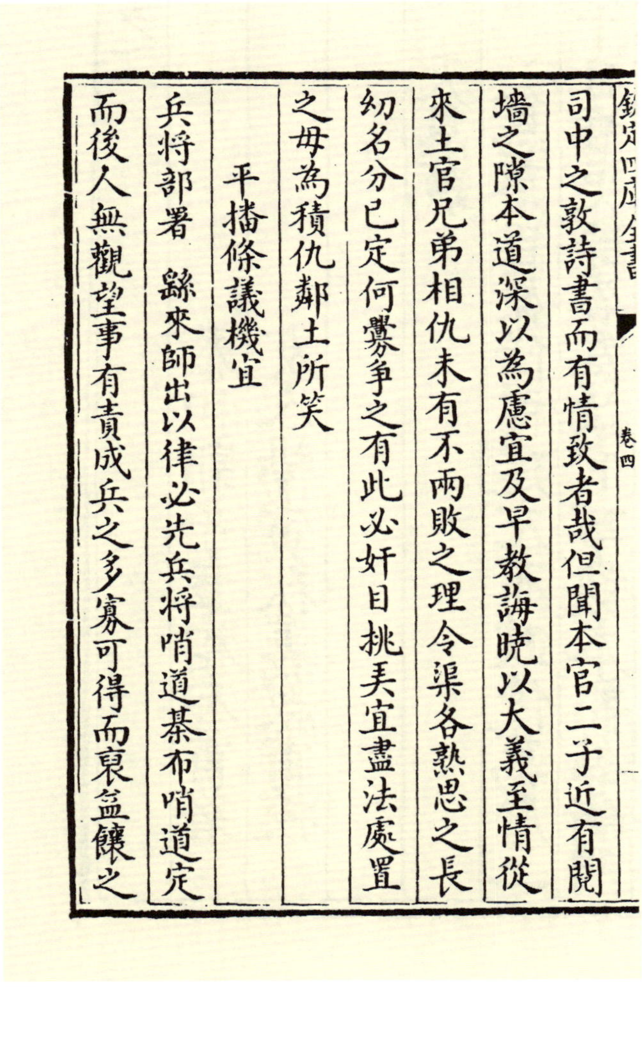
欽定四庫全書　卷四

司中之敦詩書而有情致者哉但聞本官二子近有鬩墻之隙本道深以為慮宜及早教誨曉以大義至情從來土官兄弟相仇未有不兩敗之理令渠各熟思之長幼名分已定何釁爭之有此必奸目挑弄宜盡法處置之毋為積仇鄰土所笑

平播條議機宜

兵將部署　繇來師出以律必先兵將哨道綦布哨道定而後人無覬望事有責成兵之多寡可得而衷益饟之

因而對平播之黔軍活動記述較詳，爲研究播州史提供豐富之第一手資料。

清乾隆時纂修《四庫全書》，收入《臨臯文集》四卷，本叢書影印其卷四之《平播條議機宜》、《平播覆議機宜》兩篇。（宋澼）

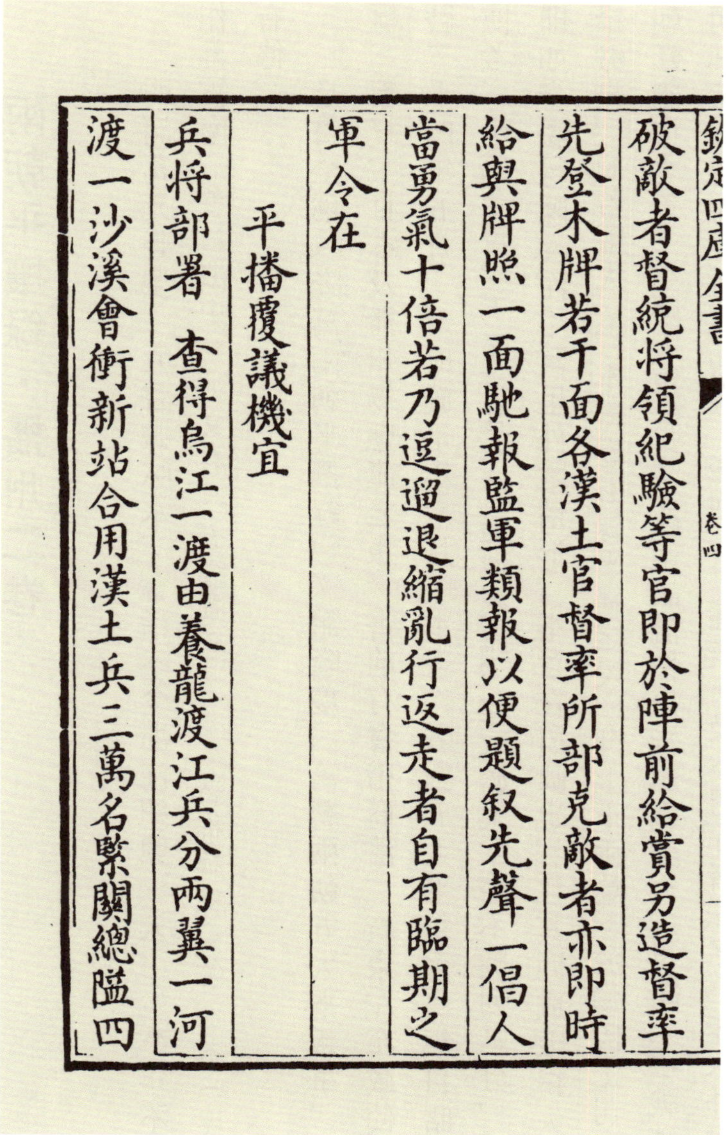

欽定四庫全書　卷四

破敵者督統將領紀驗等官即於陣前給賞另造督率先登木牌若干面各漢土官督率所部克敵者亦即時給與牌照一面馳報監軍類報以便題叙先聲一倡人當勇氣十倍若乃逗遛退縮亂行返走者自有臨期之軍令在

平播覆議機宜

兵將部署　查得烏江一渡由養龍渡江兵分兩翼一河渡一沙溪會衝新站合用漢土兵三萬名緊關總監四

兩朝平攘録·播州二卷

明諸葛元聲撰。元聲號味水，會稽（今浙江紹興）人，生卒年不詳，諸生。萬曆間嘗作幕雲南，著《滇史》，又有《五經闡蘊》、《詩雅詞林》等，《（民國）新纂雲南通志》有傳。

是書全稱《隆萬兩朝平攘録》，記隆慶、萬曆兩朝五大平叛事，即順義王俺答汗、都蠻、寧夏、日本及播州楊應龍之叛。書前有會稽商濬、廣東左布政使王泮二序，一作於萬曆三十四年五月，一成於是年六月。本書作者對五大平叛多身經目睹，時方平定，即廣搜博考，輯成全書，王序言其『於疆域源流，攻取始末，靡不臚列區分，纖鉅畢載，一攬是書，即如身履行陳，而千萬里外之情形，不啻在眉睫也，且其間成敗得失，機緒變易，加以參錯劈畫，洞若觀火』，本書卷五録平播之役，分上下兩篇，於楊氏土司叛亡始末、土官糾紛、朝廷剿撫之争、八路大軍戰績、改土設流情形皆記載詳實。每路大軍戰績之末，繫以『總評』，明其機宜得失、行軍功過。後附《平播贊》及本書作者托名『味水外史』之總論。

該書明萬曆三十四年商濬初刻，國家圖書館、中央民族大學圖書館有藏，清修《四庫全書》，入《史部·雜史類存目》。本叢書即據明萬曆三十四年刻本影印。（徐鈺）

兩朝平攘録卷之五

會稽 諸葛元聲 輯

商濬 校

播上

播自唐虞爲三苗地。古来叛服不常。秦屬夜郎且蘭二郡。漢屬牂牁。州名播。始於唐也。宋時爲樂源遵義其地自漢武經營西南夷。始奉約束。唐貞元以前。多處遷客。故劉禹錫出貶播州。柳宗元請以柳易播。人謂播非人所居。貶人多不生還。彼時風氣猶未開。傳

平楊應龍一卷

清谷應泰撰。谷應泰（一六二〇—一六九〇），字賡虞，别號霖蒼，直隸豐潤（今河北唐山）人。順治四年進士，歷官户部主事、員外郎、提督浙江學政僉事。本書輯録《明史紀事本末》卷六十四《平楊應龍》一文而成。按《明史紀事本末》八十卷，即其編於浙江任内，仿《通鑑紀事本末》之例，纂輯明代典章事迹，每目爲一卷。應泰編此書時，《明史》尚未刊定，雖偶有『沿野史傳聞之誤』（《四庫全書總目》），然取材頗備，有出《明史》之外者，非拾人唾餘者可比，又其饒史才，幕中多能士，集衆長以成完本，故《四庫全書總目》言其書『排比纂次，詳略得中，首尾秩然，於一代事實，極爲淹貫。每篇後各附論斷，皆仿《晉書》之體，以駢偶行文。而遣詞抑揚，隸事親切，尤爲曲折詳盡』。

《平楊應龍》囊括平播原委始末，不虚美，不隱惡，於楊應龍之反叛，亦能平情而論。文末論李化龍平播之功曰：『重慶之會，登壇誓師；海龍之圍，克期并到。兵法曰「兵貴有謀」，又曰「以多算勝」，固先定其規模，非漫嘗於一擊也。』論應龍之亡則言：『若應龍者，倔强偏陲，不知漢大，宗嗣蕩滅，取世戮笑，尤足爲憑險負固之戒。』

本叢書據《四庫全書薈要》本影印。（徐鈺）

欽定四庫全書薈要卷八千八百七十六

明史紀事本末卷六十四

浙江提學僉事谷應泰編

平楊應龍

神宗萬歷十七年四川播州宣慰司使楊應龍反按播州夜郎且蘭地漢屬牂牁郡唐貞觀初分牂牁北界置郎州領六縣已改播州乾符三年南詔陷播太原楊端應募決策馳白錦出奇兵定之授武畧將軍值唐亂留

萬曆三大征考・播州一卷

明茅瑞徵撰。茅瑞徵，字伯符，號苕上愚公、澹泊居士、清遠居士，生卒年不詳，浙江歸安人。萬曆間進士，歷任泗水縣、黄岡縣知縣，兵部職方司主事，南京光禄寺卿，後解職歸家，專心著述。除著有《萬曆三大征考》一書外，還有《皇明象胥録》、《東夷考略》、《澹泊齋集》、《虞書箋》、《禹貢匯疏》等。

《萬曆三大征考》共分『哱氏』、『播州』、『倭上』、『倭下』四部分，采用紀事本末體。記述萬曆二十年至二十八年間，明朝廷三次大規模用兵經過，并附有當時地圖。應是作者根據公文奏報，雜以見聞而寫成，篇幅不多，但記事翔實，條

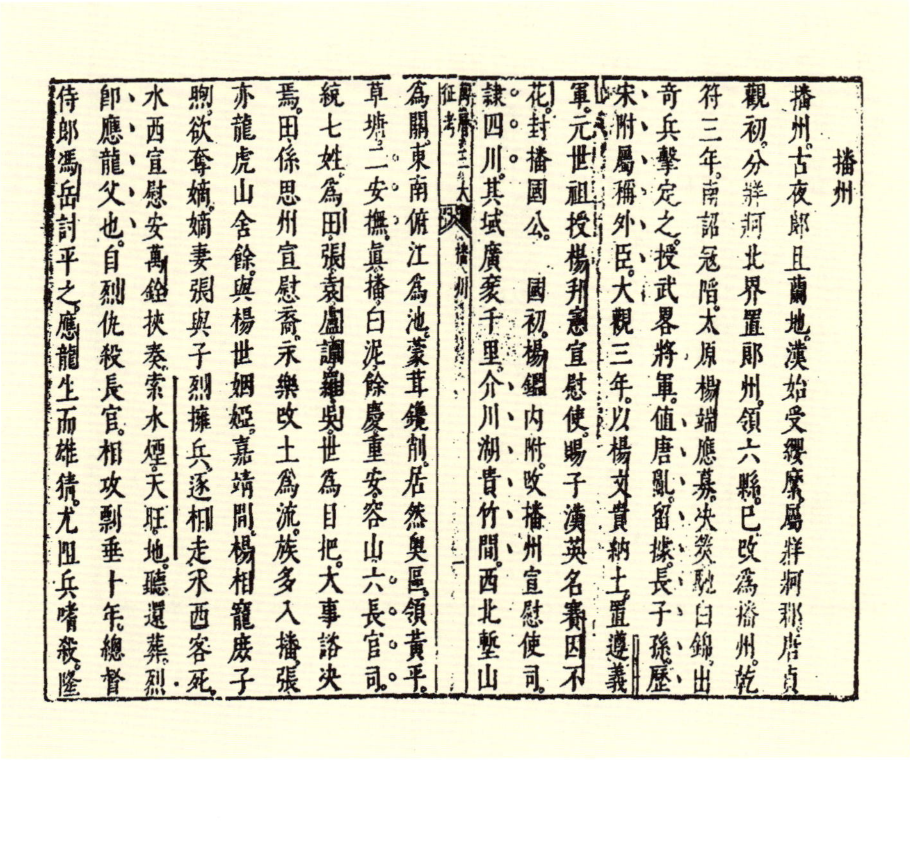
播州
播州。古夜郎且蘭地。漢始受羈縻。屬牂牁郡。唐貞觀初。分牂牁北界置郎州。領六縣。已改爲播州。乾符三年。南詔寇陷。太原楊端應募。決策馳白錦。出奇兵擊定之。授武畧將軍。值唐亂。留據。長子孫歷宋附屬稱外臣。大觀三年。以楊文貴納土。置遵義軍。元世祖授楊邦憲宣慰使。賜子漢英名賽因不花。封播國公。國初。楊鏗內附。改播州宣慰使司。隸四川。其域廣袤千里。介川湖貴竹間。西北塹山
萬曆三大征考 播州 一
爲關。東南俯江爲池。蒙茸饒削。居然奧區。領黃平草塘二安撫。眞播。白泥。餘慶。重安。容山。六長官司。統七姓。爲田。張。袁。盧。譚。羅。吳。世爲目把。大事諮決焉。田係思州宣慰裔。永樂改土爲流。族多入播。張亦龍虎山舍餘。與楊世姻婭。嘉靖間。楊相寵庶子煦。欲奪嫡。嫡妻張與子烈擁兵逐相。走水西。客死。水西宣慰安萬銓挾奏索水煙天旺地。聽還葬。烈即應龍父也。自烈佐殺長官。相攻剽垂十年。總督侍郎馮岳討平之。應龍生而雄猜。尤狃兵嗜殺。隆

理清楚，語言簡潔，爲研究明萬曆間重大軍事行動之重要參考資料。本書收録之『播州』篇，約占全書四分之一，總圖一幅，前有題圖語約一百字，叙播州地理沿革，正文分正考、續考兩部分，正考叙播州地理位置、楊氏入播，世襲播州宣慰使位之始末，及萬曆二十五年楊應龍起兵叛亂，李化龍率軍平定播州諸事。續考則叙大軍平播後朝廷分劃播州地區，分屬四川、貴州，并改建各縣，及封賞有功將領李化龍、郭子章等官位爵位事。

《萬曆三大征考》有明天啓元年刻本，國家圖書館等單位有藏。另有清抄本，藏國家圖書館。

本叢書據明天啓刻本及國家圖書館藏清抄本影印，僅保留播州部分。

（王任索）

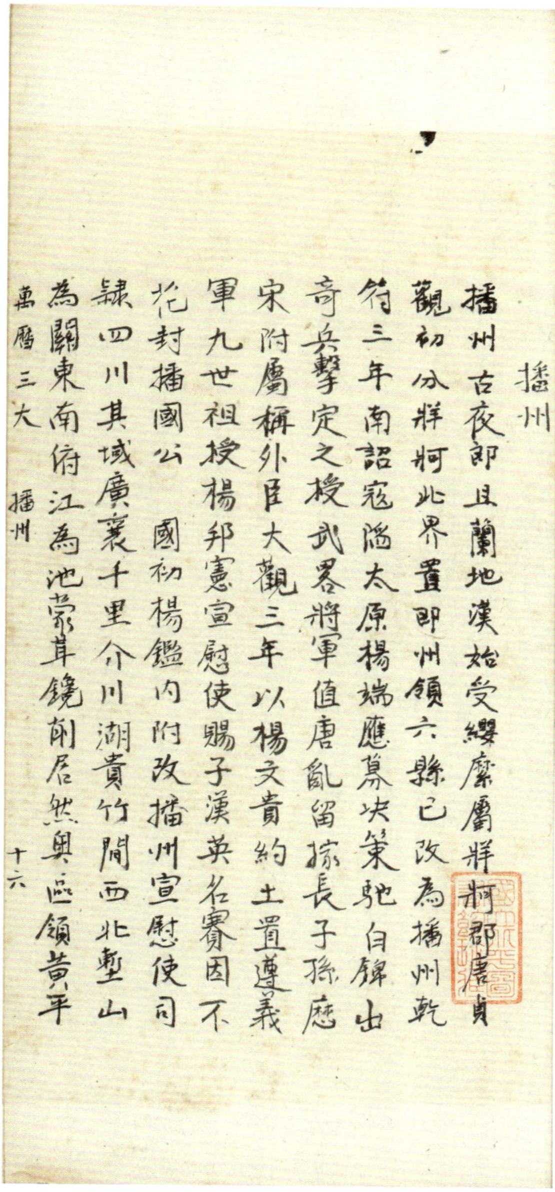
播州

播州古夜郎且蘭地漢始受羈縻屬牂牁郡唐貞觀初分牂牁北界置郎州領六縣已改為播州乾符三年南詔寇播太原楊端應募决策馳白錦出奇兵擊定之授武畧將軍值唐亂留據長子孫歷宋附屬稱外臣大觀三年以楊文貴約土置遵義軍九世祖授楊邦憲宣慰使賜子漢英名賽因不花封播國公　國初楊鏗内附改播州宣慰使司隸四川其域廣袤千里介川湖貴竹間西北塹山為關東南倚江為池帶茸鏡前居然奥區領黄平

萬曆三大　播州　十六

平播日録一卷

明高折枝撰。高折枝，生卒年不詳，河南固始人。萬曆二十三年進士，以重慶推官監紀討播，身先行陣，鼓勵士卒，自播發難以迄蕩平。

平定播州楊應龍，爲明萬曆年間三大戰役之一，公私記録者甚多，尤以總督李化龍之《平播全書》十五卷，黔撫郭子章之《平播始末》二卷，叙述較爲詳盡。然李、郭之書，皆載公私文移，詳於用兵方略，若求逐日録事，以求行軍用兵之詳，則有此《平播日録》之存。書不分卷，亦不標著者名諱，然書中數言『不佞折枝監南川兵』、『不佞折枝督馬總鎮兵』，查李化龍《平播全書》内《叙功疏》，有重慶推官高折枝，核以《疏》内南川路戰功一節，若合符節，則必此人無疑。因親歷戰事，故其所録詳實親切，洞悉諸路大軍之得失，若劉鋌之因罰怠戰，永、合兩路之觀望綦江，皆記之甚詳，而尤推南川路軍戰功之不易。故李化龍於《叙功疏》内評折枝之功曰：『盤錯雄本，神明朗識。當機科敵，握勝算捷於轉丸；仗鉞臨戎，殲逆酋易於拉朽。』

本叢書據國家圖書館藏清抄本影印。（徐鈺）

黍將統之先是三里屬上林之循業撫安古城久爲賊巢今
改爲龍哈㘆咳矣其下增建二堡而請自楊渡水爲界盡墾
爲屯給南丹衛道通慶遠賓州而使思恩三里皆聯絡不絶
巍然一大觀也

平播日録

國家承平久宇内習於逸豫不識刀劍弧矢爲何海上一警幾
罷天下幸而天奪關酋東事得以結局而楊酋之難且於是
時大發宇内實凜凜焉無言西南乃大兵既臨若發蒙振落
不踰時八百年逋寇就平拓地千餘里蓋自
祖宗累熙重洽以來武功無烈於是役者非
宗廟社稷靈佑曷克臻此事屬不朽其顛末不可不備載以俟
史氏採擇按酋遂萌自歲己丑寵妾田氏殺妻張母子始
酋淫横常事耳中國何必治之即治之又何爲奄奄不決噫
其故難言矣其後愈治愈横至甲午歲有白石口之事于是
中外談酋色變意必不可制一切務矯前人是故乙未之撫
任酋桀驁我皆包荒而酋益謂中國易與包藏益叵測湖之
西川之南貴之北始無日不若酋長奸詬侮識者太息然未

蜀事紀略一卷

明朱燮元撰。朱燮元（一五六六—一六三八），原名懋賞，字懋和，號恒嶽、沖嶽、石芝，明山陰（今浙江紹興）人。萬曆二十年進士，歷任大理寺評事、蘇州知府、陝西按察使、四川巡撫等職。後以平定奢崇明、安邦彦功進少保，加少傅兼太子太傅，後加少師、左柱國；初謚襄毅，後改謚忠定。著述除《蜀事紀略》一卷外，還有《督蜀疏草》十二卷、《督黔疏草》十二卷及詩文集《恒嶽遺稿》。

清康熙五十八年，朱人龍在編印其曾祖朱燮元《督蜀疏草》時，囑其族弟朱世衛先將《蜀事紀略》一卷付梓，後收入《朱少師奏疏鈔》，列於《蜀中疏草》後。本書前有朱燮元自序，記述其在平定奢、安時十二件大事之梗概，中有《逆賊奢寅父子造叛殺占重慶略節》、《五路大戰入永取藺略節》、《三復遵義略節》等。其自序作於天啓四年，曰：『前事之不忘，

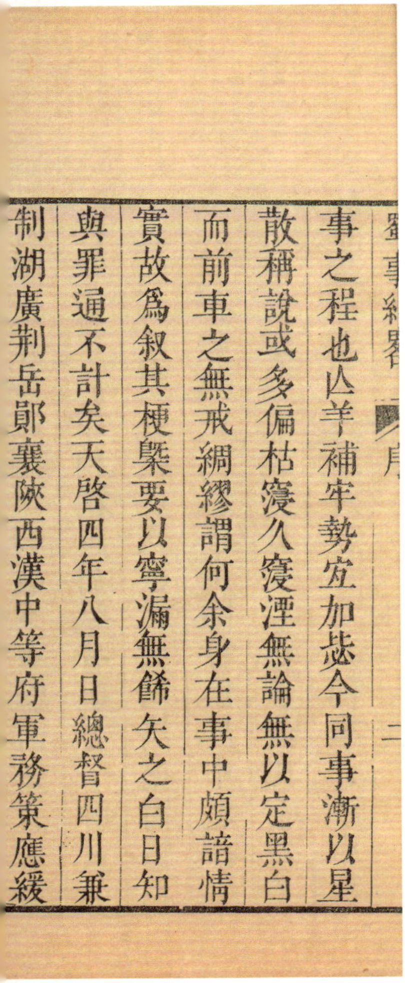
蜀事紀畧 序 二
事之程也亾羊補牢勢宜加毖今同事漸以星
散稱説或多偏枯寖久寖湮無論無以定黑白
而前車之無戒綢繆謂何余身在事中頗諳情
實故爲叙其梗槩要以寧漏無餙矢之白日知
與罪逼不計矣天啓四年八月日總督四川兼
制湖廣荊岳鄖襄陝西漢中等府軍務策應緩

後事之程也，亡羊補牢，勢宜加毖。……余身在事中，頗諳情實，故爲叙其梗概，要以寧漏無飾，矢之白日，知與罪通不計矣。』略叙本書之寫作目的。

《蜀事紀略》所述朱燮元征戰史事，爲多數記載平定奢、安事件史料中所無，又爲朱燮元自撰，可稱研究西南地區戰爭史之第一手資料。

本叢書據國家圖書館藏清刻本影印。（王任索）

宣撫司世守其土自其子祿肇累傳至萬曆初年蜀方征都都苗宣撫奢效忠有戰功禮遇優厚遂雄長于諸司效忠死子奢從周襲無嗣效忠妾奢世續代理世續固水西安氏欲傳印于安前督撫聚垣喬公聲大義而疏聞令川貴叅將周敦吉舉出崇明以傍枝承襲其宣撫司印匿入鎮雄用兵連年始追獲崇明自以微賤突起謬爲恭敬人皆狎之凡有徵調惟所驅使舊例土司

蜀事紀略　一

恢復建武叙南六縣瀘納合江等處畧節

賊既走晝夜不停資簡等處得水牌者俱斷橋挖坑四出截殺婦女鞍馬隨路拋棄被戮者數萬道爲之梗二逆在資縣道中抜生荳充饑至內江望烟起處搶得一餐瀘河無船奪民居卧牀而渡一登江南岈便自放膽崇明徑歸永寧逆寅屯茜草壩以待後至收得萬餘人先是正月間何若海設計傳偽檄於諸苗云正月十八日已破成都且輦金帛購之二月初旬水西遂起兵犯黔諸苗以水西爲領袖相率蠭起共造偽銀印送若海獨

蜀事紀畧　十四

蜀中廣記・遵義道一卷

明曹學佺撰。曹學佺（一五七四—一六四七），字能始，號澤雁，又號石倉居士、西峰居士，福建侯官（治今福州）人，萬曆二十三年進士，任四川右參政，升按察使，以撰《野史紀略》忤權閹魏忠賢，被劾削職。崇禎初，起廣西按察司副使，不就，家居二十年。南明唐王時，授禮部尚書。清兵入閩，自縊殉節。事迹見《明史・文苑傳》。

本書成於其任四川按察使時，爲目凡十二，曰名勝、邊防、通釋、人物、方物、仙、釋、遊宦、風俗、著作、詩話、畫苑，搜討宏富。《四庫全書總目》謂其『蓋援據既博，則精粗畢括，同異兼陳，亦事勢所必至，要之不害其

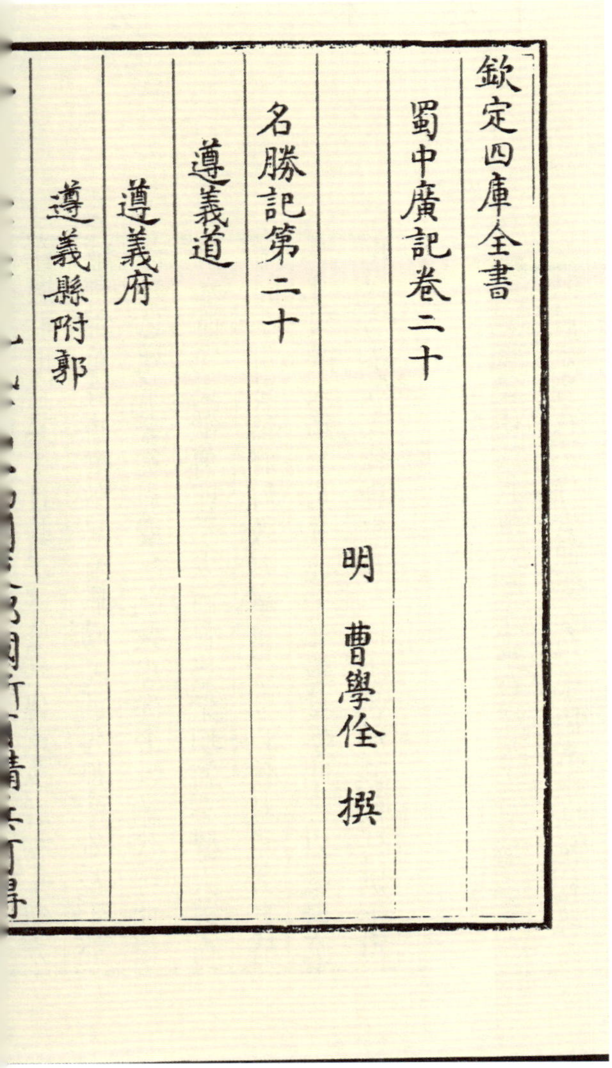
欽定四庫全書
蜀中廣記卷二十
明 曹學佺 撰
名勝記第二十
遵義道
遵義府
遵義縣附郭

大體，談蜀中掌故者，終以《全蜀藝文志》及是書爲取材之淵藪也』。其中關涉遵義者亦甚多，本叢書所收乃《蜀中廣記》卷二十《名勝記》中『遵義道』一卷，載遵義府轄遵義縣、桐梓縣、仁懷縣、真安州、綏陽縣之建制沿革、山川城池、名勝古迹諸事，徵引所及，舉凡正史、雜史、方志、地志、詩文集等，皆囊括於一編。清道光年間鄭珍、莫友芝纂《遵義府志》，即多所取材。

本叢書據清乾隆《文淵閣四庫全書》本影印。（徐鈺）

吏夜郎傍小邑皆貪漢繒帛以為漢道險終不能有也
廼且聽蒙約還報乃以為犍為郡發巴蜀卒治道自僰
道指牂柯江司馬相如又往諭意皆不聽命數反叛及
南越反上使馳義侯同犍為發南夷兵且蘭君乃反殺
使者會越已破引兵誅且蘭遂平南夷　唐書云天下
山河之象在乎兩戒南戒自岷山迤邐及北地上郡西

蠻司合誌十五卷

清毛奇齡撰。毛奇齡（一六二三—一七一六），字大可，又名甡，號西河，學者稱西河先生，浙江蕭山（今屬杭州）人。明末諸生。南明時曾參與抗清。康熙十八年以廩監生召試博學鴻詞，授翰林院檢討，充國史館纂修、會試同考官。二十四年返鄉，遂不復出，一意學問。著述甚多，身後由門下弟子輯爲《西河合集》，分經集、史集、文集、雜著四類，共四百九十三卷，爲《四庫全書》收録者逾四十部，《清史稿》有傳。毛氏嘗於國史館纂修《明史·土司傳》所餘史料纂成《蠻司合誌》十五卷，記録明代一十六朝二百七十餘年間土司地區『沿革向背，大征大役，或得或失，稍見史乘者』，凡湖廣一卷、貴州二卷、四川四卷、雲南四卷、兩廣四卷，於轄内土司之始末源流、制度人物、風土地理記之甚詳。其卷一前有綜述一篇，略論『蠻司』之名義、緣起、沿革，謂土司之設，『初不過借朝廷之名器，用相羈縻，而等威所至，折箠惟命，所謂以虛名收實利者，强犺之縶維，生駒之羈靮，如此而已。然而以蠻治蠻，即以蠻攻蠻』，期朝廷『知其性與習，則不宜喜功生事，而知其勢與力，則勢可以爲我用，而力不可以使之自用』。卷四至七載四川土司，首概述巴蜀土司之設置，繼以分録，後擇其關係重大之土司長官專述之，其中卷四後半與卷五前半載播州楊氏土司之狀況，卷七之前半則專叙楊應龍叛亡之史事，足爲讀《明史·土司傳》之參證。是書有康熙年間《西河合集》本。清修《四庫全書》，入《史部·地理類存目》，《續修四庫全書》收入史部地理類。

本叢書據清康熙刻《西河合集》本影印。（徐鈺）

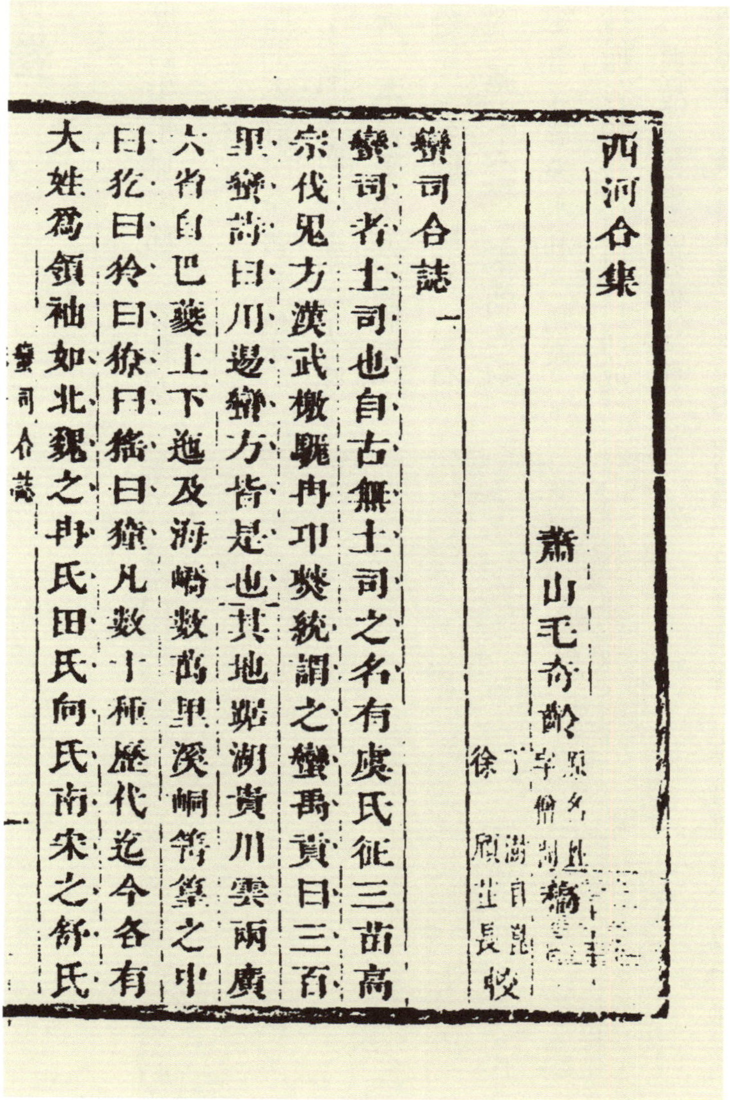

西河合集

蕭山毛奇齡原名甡字僧開撰

丁湖自崑 徐劂芷長 校

蠻司合誌一

蠻司者土司也自古無土司之名有虞氏征三苗高宗伐鬼方漢武檄駹冉邛僰統謂之蠻禹貢曰三百里蠻詩曰川遏蠻方皆是也其地踞湖貴川雲兩廣六省自巴夔上下延及海嶠數萬里溪峒箐篁之中曰犵曰狑曰獠曰猺曰獞凡數十種歷代迄今各有大姓為領袖如北魏之冉氏田氏向氏南宋之舒氏

蠻司合誌 一

牂柯故事不分卷

清黎庶昌編撰。黎庶昌生平見經部《春秋左傳杜注校勘記》提要。

《牂柯故事》編撰時間不詳。全書爲稿本，未分卷，僅封面列標題。多隨手而録，錯綜夾雜，天頭、夾縫多有補録之處。本書采用方志體例，設建置、水道考、考證、雜記、名勝、險要、金石、祠廟、冢墓、古迹、宦績、歷史人物、本朝人物、人物瑣記、歷史列女、紀事、農桑水利、物産、苗蠻種類、土司二十類。抄撮各類著述、史書而成。取名『故事』，乃取掌故、典故、舊事、先例之義。

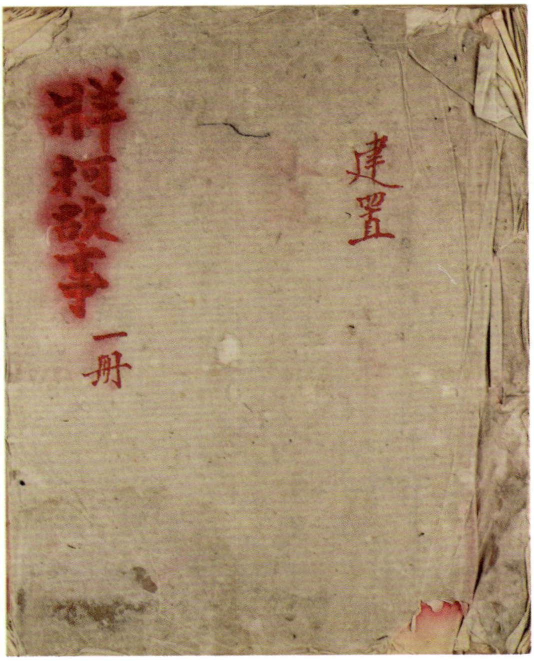

閻興邦康熙《貴州通志序》談貴州修志之難，列爲『星野難齊、典籍難稽、政治難詳、風俗難同、户版難查』五難。鑒此，黎庶昌收録則事無巨細，儘量録入，爲考證地方歷史、地理提供詳實材料。建置卷收録從春秋《管子·小匡》到清代顧祖禹《讀史方輿紀要》等歷朝史籍及地理學著作中有關貴州疆域内行政區劃變更之記述，多者數萬言，少則寥寥數行，

有助於考證貴州行政區域建置，堪稱貴州區域行政建置之資料總集與百科全書。

貴州地處邊鄙，開發較晚，正史記載粗略，且山高谷深，交通不便，文人難以實地踏勘，大多爲道聽途説，記載不詳不確。而考縣域及治所之地，水道記載無疑爲重要途徑。由此，

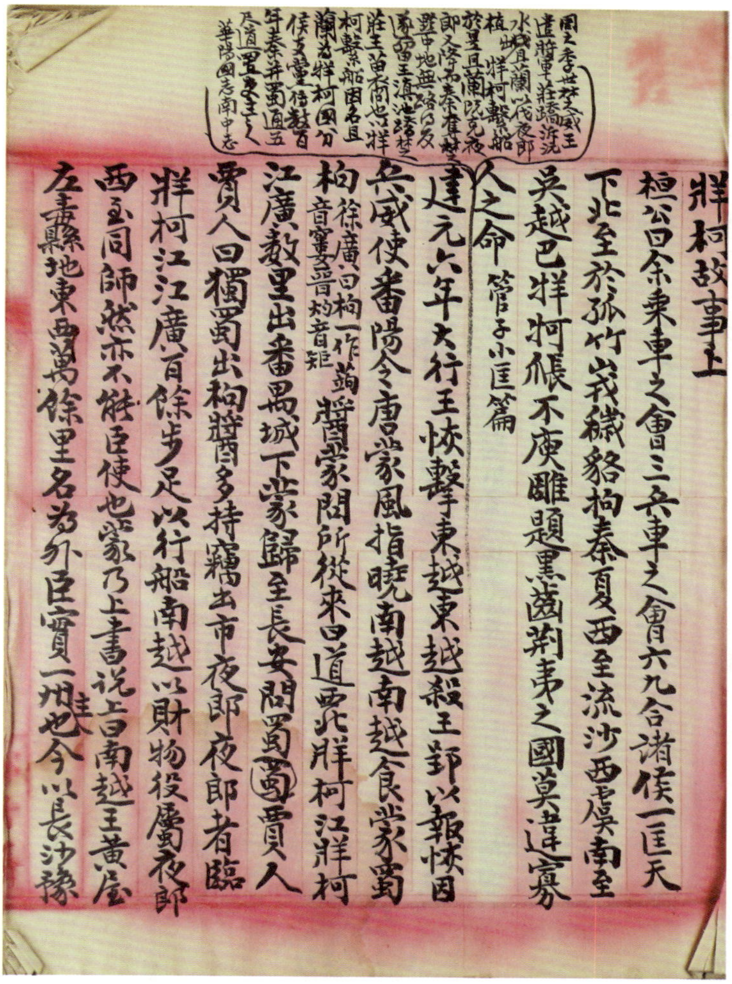

牂柯故事上

桓公曰余乘車之會三兵車之會六九合諸侯一匡天下北至於孤竹山戎穢貉拘秦夏西至流沙西虞南至吳越巴牂牱䍧不庾雕題黑齒荆夷之國莫違寡人之命 管子小匡篇

建元六年大行王恢擊東越東越殺王郢以報恢因兵威使番陽令唐蒙風指曉南越南越食蒙蜀枸醬（徐廣曰枸一作蒟 音窶 晉灼音矩）蒙問所從來曰道西北牂柯江牂柯江廣數里出番禺城下蒙歸至長安問蜀賈人賈人曰獨蜀出枸醬多持竊出市夜郎夜郎者臨牂柯江江廣百餘步足以行船南越以財物役屬夜郎西至同師然亦不能臣使也蒙乃上書説上曰南越王黃屋左纛地東西萬餘里名爲外臣實一州主也今以長沙豫

黎庶昌專列一卷《水道考》，收録酈道元《水經注》、晏斯盛《黔中水道考》、《水道提綱》、洪亮吉《貴州水道考》、汪士鐸《書洪北江貴州水道考後》、陳澧《漢書地理志水道圖説》、《遵義府志》、《大清一統志》諸書有關貴州水道内容，以備考證。

此稿本現藏貴州省博物館特藏部，本叢書即據此本影印。（黎鐸）

播變紀略一卷

清宦懋庸撰。宦懋庸生平見經部《論語稽》提要。

《播變紀略》按年編次，記述咸同年間貴州遵義、湄潭、桐梓、思南等地各民族農民起義事，起自咸豐元年，止於同治五年。如實叙述了起義戰事，并以事外人身份表達了自己對起義者的看法。其後序云在此十二年中，遵義『死於賊，死於兵，死於力役、敲撲、疾疫、餓莩者，蓋紀之不勝紀也』；『余年始十二，避賊於鄉，鄉雖遠，時有賊往來，習見之，不殺不掠，强取人一錢，輒斬以徇。而官至，則隨在搔擾，故民狎賊而畏官』。對起義者的評價，可謂十分客觀。

《播變紀略》一卷，僅有光緒二十年川東道署刻本，貴州省圖書館、遵義圖書館等有藏。

本叢書據遵義市圖書館藏光緒刻本影印。（王任索）

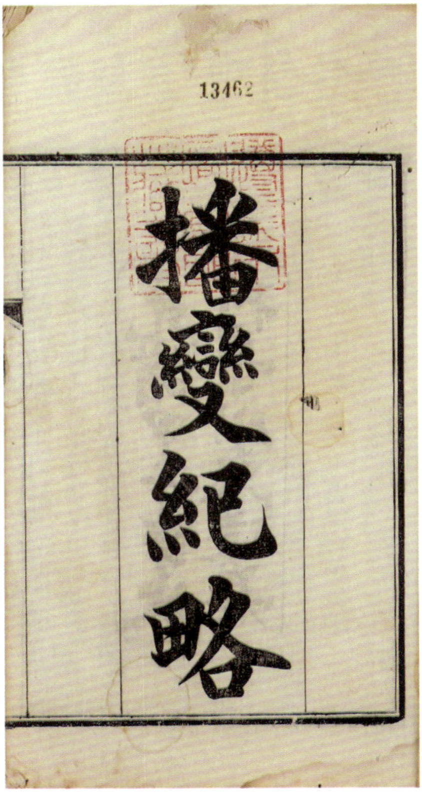

光緒甲午季秋
刊于川東道署

播變紀略

碧山野史編年

粵稽遵義三代以上爲鬻國漢爲犍爲郡唐爲播州宋更遵義軍明萬歴間始設流官初隸川省國朝雍正五年乃割而隸黔其間禍亂紛更幾不可更僕數府志記載詳矣自康熙二十年逆藩平復至道光三十年凡百六十載有奇皆太平盛世民安其居無撞擾奔竄之苦泰極否生運際下元遂極今變不有人橐筆於紅燐白骨間後之史官何所資爲掌故哉爰取所耳聞目覩者筆於篇闕

南園紀事三卷

清申紹伯、申伯符撰。申紹伯（？—一八八三），字南屏，號南園，貴州婺川縣城人，清道光二十九年舉人，未仕。申伯符曾任民國貴州省江口縣政府科長。

《南園紀事》共三卷，卷一成稿於清咸同年間，爲申紹伯撰寫。卷二、三爲申紹伯之孫申伯符增訂纂輯，成稿於民國。凡七萬五千餘字。卷一分天文門、地理門、營建門，詳述婺川之地理沿革、山川形勝、風土人情。卷二分忠義、孝友、貞節、人物，或詳或略，介紹婺川各類人物。卷三分城圖説明、縣圖説明、文苑、雜俎，其中文苑部分，所收婺川文人雅士及流官詩文辭賦較完備。本書記載史事較詳實，爲研究婺川歷史及地域文化之重要參考資料。

本書手稿，藏婺川縣城王慶華書迷書店，本叢書即據之影印。（王明析）

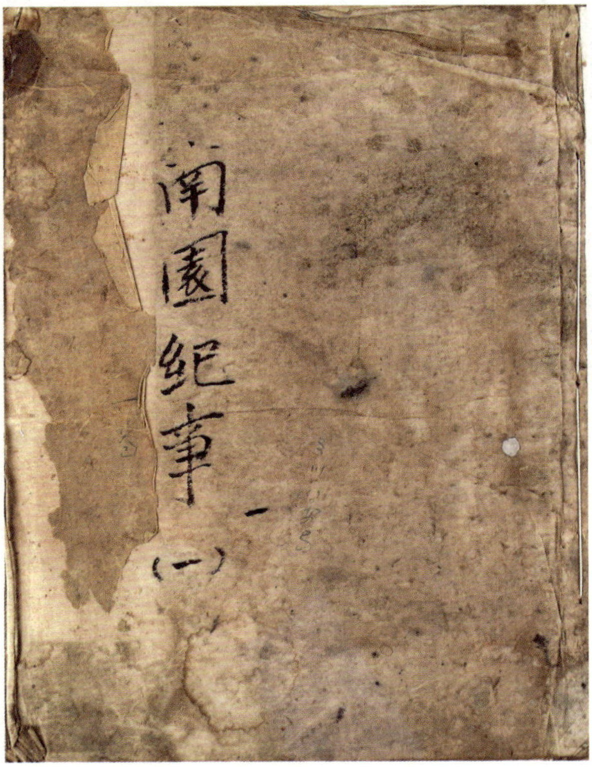

天文門

星野

周禮保章氏掌天星以星土辨九州之地所封之域皆有分星以觀妖祥

思南在春秋戰國時為巫黔中地屬楚表分星則翼軫之餘漢置牂

牁郡屬益州表分星則參井之餘逮隋初置牂牁縣兼置牂州大業

言牂牁地名見辭海八八〇頁

初改州為牂牁郡方輿紀要定為在思南府西境唐招慰使冉安昌以

務州當牂牁要路請置務州地本毗連廣輿記本史記及漢書定貴州

為參井分野劉志祖之省志以思南在漢本武陵郡地應隸荊州則

劃為翼軫之餘夫星一度二千九百餘里詎有截然界至可劃哉

甘石家言歧其說徒滋聚訟亦觀其通焉可矣志星野

史記嘴觿參益州東井輿鬼雍州翼軫荊州

漢書秦地東井輿鬼分野楚地翼軫分野

援黔録十二卷

清唐炯撰。唐炯（一八二九—一九〇九），字鄂生，貴州遵義人，生於清道光九年，唐樹義子，道光二十九年舉人。歷任四川南溪知縣、綿州知州、綏定府知府。同治五年，奉命率師援黔，獲賞二品頂戴和『法克精阿巴圖魯』稱號。後回川復任。光緒三年，協助四川總督丁寶楨辦理鹽政。遂與遵義人華聯輝共同策劃推行『官運商銷法』，成效顯著，光緒八年，任雲南布政使，改革弊政，不久，任巡撫。時法國侵占北寧、太原兩城，坐守城不力被捕下獄。十二年出獄，督辦雲南礦務，發展采銅業，計十八年間，除向國家輸送銅材外，還緩解了雲南本省財力和人民生活困難。三十二年，辭官回籍。三十四年，得賞太子太保銜。宣統元年，病逝於貴陽家中。撰有《丁文誠公年譜》、《先君子行述》、《成山老人自撰年譜》等。

《援黔録》記清同治七年至九年唐炯由四川領兵至貴州援助貴州當局進剿太平天國石達開部及貴州號軍事。共十二卷。上諭一

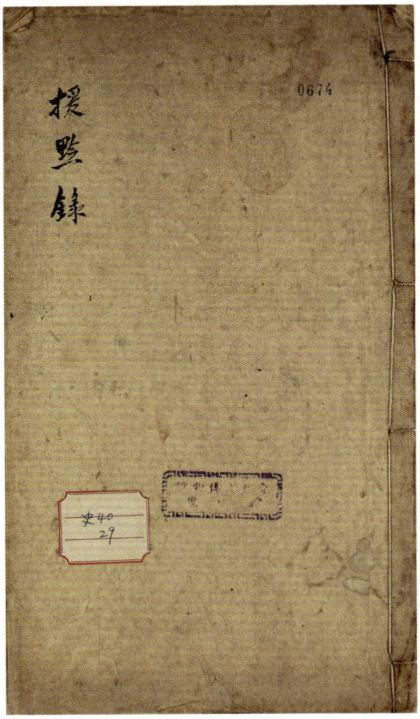

卷，收上諭四十五件，内容爲朝廷給當時各省援黔將領之批示，反映了當時清廷的政策。稟由四卷，爲該録中内容最多者，爲唐炯接到批示後的回覆，涉及糧餉、軍火、安營紮寨、進兵駐防、分兵援助、獎勵褒揚、招撫安定等。書二卷，爲唐炯在此期間致上司同僚之書信，均涉及在黔戰事。議一卷，爲唐炯對戰事提出之建議，僅兩篇。事宜一卷，亦衹兩篇，是唐炯就貴州戰事致上司之善後建議及進兵策略。移一卷，爲唐炯致各省援軍、地方官員信件。札一卷，爲唐炯致所屬各文武官員、地方團練之指示。示一卷，爲唐炯告諭軍民之告示，共六通。上述内容，以稟由四卷最爲重要，爲研究咸同間貴州各族人民起義之重要史料。

《援黔録》十二卷，由唐炯子唐堅彙編刊印。有清刻本。本叢書據貴州省圖書館藏本影印。

（王任索）

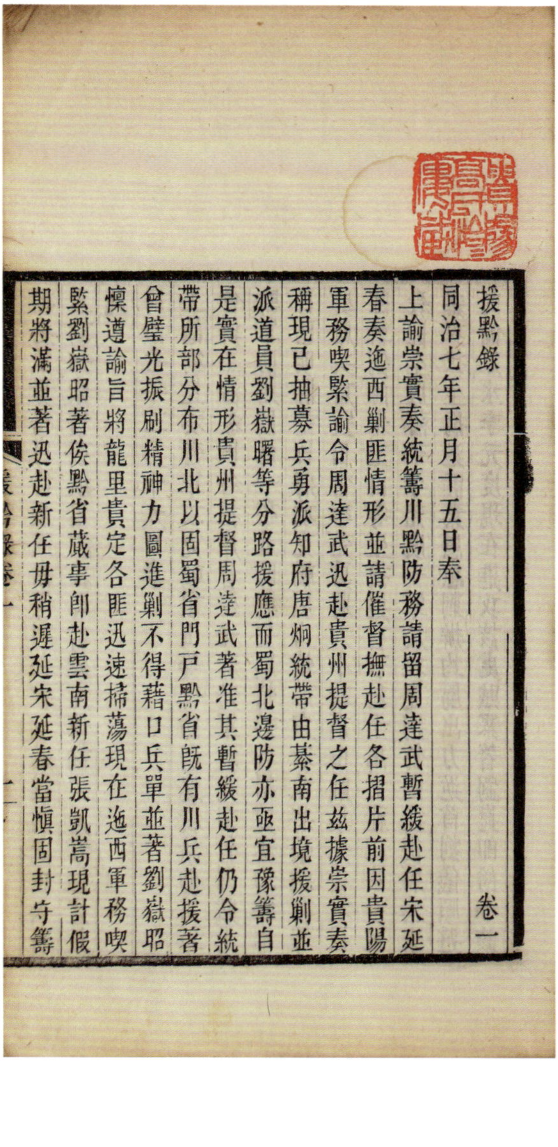
援黔録　卷一
同治七年正月十五日奉
上諭崇實奏統籌川黔防務請留周達武暫緩赴任宋延
春奏遄西剿匪情形並請催督撫赴任各摺片前因貴陽
軍務喫緊諭令周達武迅赴貴州提督之任茲據崇實奏
稱現已抽募兵勇派知府唐炯統帶由綦南出境援剿並
派道員劉嶽曙等分路援應而蜀北邊防亦亟宜豫籌自
是實在情形貴州提督周達武著准其暫緩赴任仍令統
帶所部分布川北以固蜀省門戶黔省既有川兵赴援著
曾璧光振刷精神力圖進剿不得藉口兵單並著劉嶽昭
懍遵諭旨將龍里貴定各匪迅速掃蕩現在遄西軍務喫
緊劉嶽昭著俟黔省蕆事即赴雲南新任張凱嵩現請假
期將滿並著迅赴新任毋稍遲延宋延春當慎固封守籌

牂牁館紀二卷

周沆編。周沆（一八七四—一九五七），字季貞，號遁叟，貴州遵義人。清光緒二十一年進士，歷任户部主事陝西司行走，雲南浪穹（今洱源）、蒙自、文山等縣知縣，澄江知府，辛亥革命後任雲南大漢軍政府外交司司長。民國時先後任海南瓊崖道尹、漢中道尹等職。民國十五年任貴州駐京代表。民國二十年底任教於北平師範大學。抗戰勝利後，任北平第四公路局顧問，又改任雲南第八公路局顧問。一九四九年遵義解放前夕，周沆與牟琳、張肇奎等成立遵義維持會，任副會長，維持秩序，迎接解放軍入城。解放後，爲遵義市政協特邀代表。一九五五年，被貴州省人民政府聘爲貴州省文史研究館館員。有《滿洲國水道源流考略》、《汨羅吊靈均》、《讀窮碑釋岣嶁》、《（光緒）浪穹縣志》、《中華民國省區縣名歌括》、《牂牁館紀》、《印山草堂

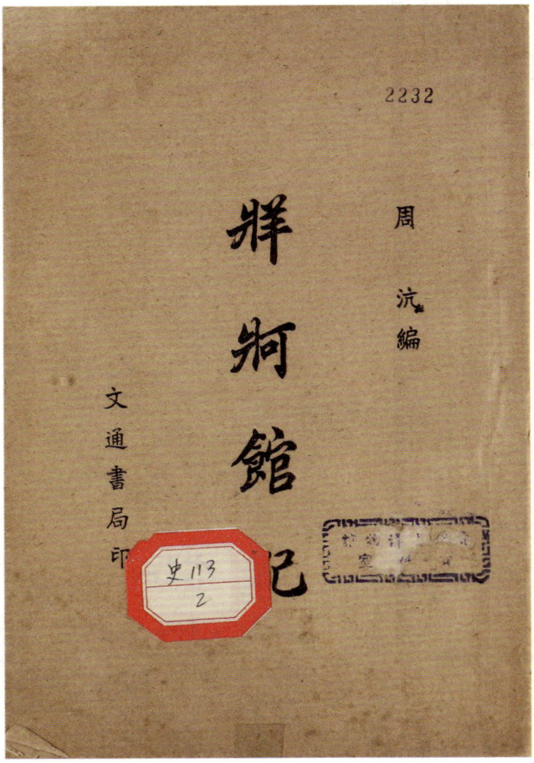

劫餘吟草》等著述。

《牂牁館紀》一册二卷，四萬餘字。於民國三十一年開始編撰，三十三年完稿，三十五年油印出版。三十七年，在貴州工商界知名人士華問渠資助下，又由貴陽文通書局鉛印出版。

是書彙集貴州各個時期在北京修建會館之歷史文獻資料，前有貴州安順楊恩元《牂牁紀事序》、周沆《牂牁館紀刊行記》、《牂牁館紀油印記》。次爲《牂牁館紀卷首》，有貴陽邢端《牂牁館紀序》、周沆《概略》，均作於民國三十三年，簡

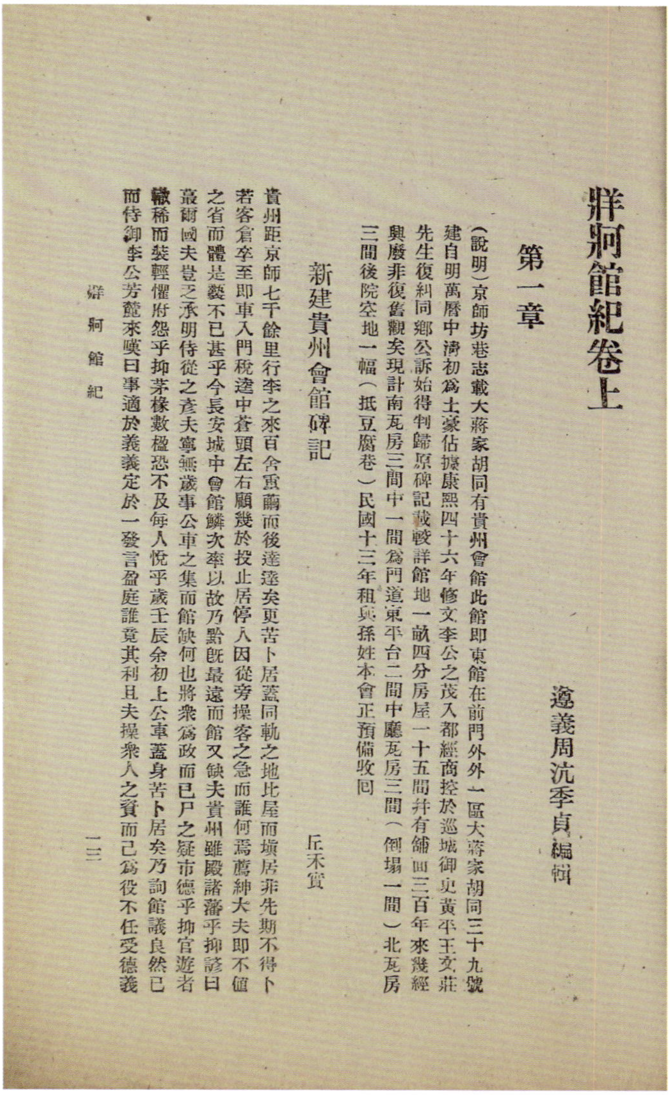

牂牁館紀卷上

遵義周沆季貞編輯

第一章

（說明）京師坊巷志載大蔣家胡同有貴州會館此館即東館在前門外外一區大蔣家胡同三十九號建自明萬曆中清初爲土豪佔據康熙四十六年修文李公之茂入都經商控於巡城御史黄平王文莊先生復糾同鄉公訴始得判歸原碑記載較詳館地一畝四分房屋一十五間并有舖面三百年來幾經興廢非復舊觀矣現計南瓦房三間中一間爲門道東平台二間中廳瓦房三間（倒塌一間）北瓦房三間後院空地一幅（抵豆腐巷）民國十三年租與孫姓本會正預備收回

新建貴州會館碑記

丘禾實

貴州距京師七千餘里行李之來百舍重繭而後達達矣更苦卜居蓋同軌之地比屋而墳居非先期不得卜若客倉卒至即車入門稅途中蒼頭左右顧幾於投止居停人因從旁操客之急而誰何焉薦紳大夫即不値之省而體是褻不已甚乎今長安城中會館鱗次率以故乃黔既最遠而館又缺夫貴州雖殿諸藩乎抑諺曰裹爾國夫豈乏承明侍從之彥夫寧無歲事公車之集而館缺何也將衆爲政而已尸之疑市德乎抑官遊者轍稀而裝輕懼府怨乎抑茅椽數楹恐不及每人悅乎歲壬辰余初上公車蓋身苦卜居矣乃詢館議良然已而侍御李公芳麓來嘆曰事適於義義定於一發言盈庭誰竟其利且夫操衆人之資而己爲役不任受德義

牂牁館紀　一三

述貴州在京建立會館之歷史起因及發展。再次即該書目録，正文計十四章。第一章叙大蔣家胡同貴州會館，第二至第六章叙櫻桃斜街貴州會館（包括老館、新館），第七章叙棉花七條胡同貴州會館，第八章叙南横街貴州會館。本書最大特點爲各章之碑記及題名述略，前者可知所建各時期會館之歷史沿革、房産建築等，後者則可知當時與會館有密切聯繫之各位鄉賢，是研究貴州歷史人物之參考資料。另外，書中收録明代丘禾實之碑記，較爲珍貴。該碑記原載丘禾實《循陔園文集》，曾爲清代禁書，世間罕見傳本，王梡在康熙年間撰寫《重修貴州東館碑記》時亦未見到，二百餘年後纔被鄉賢紫江朱啓鈐搜得，得以補進周沆《牂牁館紀》，可見鄉賢前輩維護鄉邦文獻之功。

本叢書據貴州省博物館藏民國三十七年鉛印本影印。（王任索）

播酋楊應龍傳一卷

明瞿九思撰。九思字睿夫，湖北黄梅人，嘉靖進士，萬曆年間翰林院待詔。通過訪求六科紀事、實録邸報等資料，撰成《萬曆武功録》。凡十四卷，記載萬曆年間戰事，涉及北直隸、南直隸、山東、山西、河南、陝西、寧夏、浙江、江西、湖廣、福建、廣東、廣西、安南、四川、貴州、雲南及周邊鄰國緬甸等地區。其卷五《播酋楊應龍傳》則詳叙萬曆間楊應龍反叛之始末。

《播酋楊應龍傳》計上、中、下三部分。上卷叙入播楊氏唐至宋元歷代繼位者概況，中卷叙明代楊氏歷代繼位者及楊應龍反叛前之情況，下卷叙楊應龍反叛及平播之情況。

本書有萬曆四十年刻本，清代被列入禁毁書目。國家圖書館有藏。本叢書據明刻本影印。（宋澣）

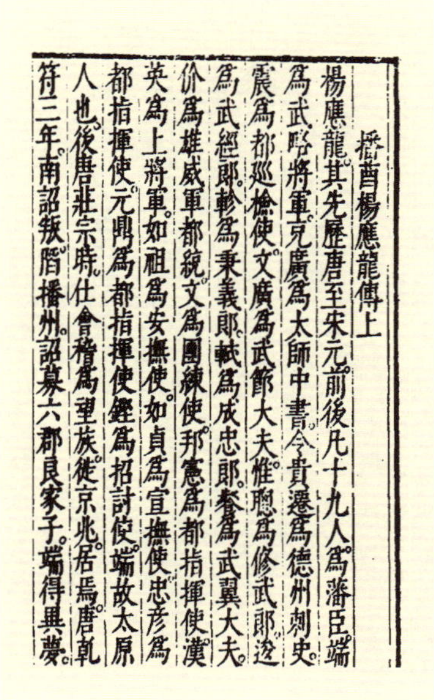

播酋楊應龍傳上

楊應龍其先歷唐至宋元前後凡十九人爲藩臣端爲武略將軍兄廣爲太師中書令貴遷爲德州刺史震爲都巡檢使文廣爲武節大夫惟聰爲修武郎選爲武經郎軫爲秉義郎軾爲成忠郎粲爲武翼大夫价爲雄威軍都統文爲團練使邦憲爲都指揮使漢英爲上將軍如祖爲安撫使如貞爲宣撫使忠彦爲都指揮使元鼎爲都指揮使鏗爲招討使端故太原人也後唐莊宗時仕會稽爲望族徙京兆居焉唐乾符三年南詔叛陷播州詔募六郡良家子端得異夢

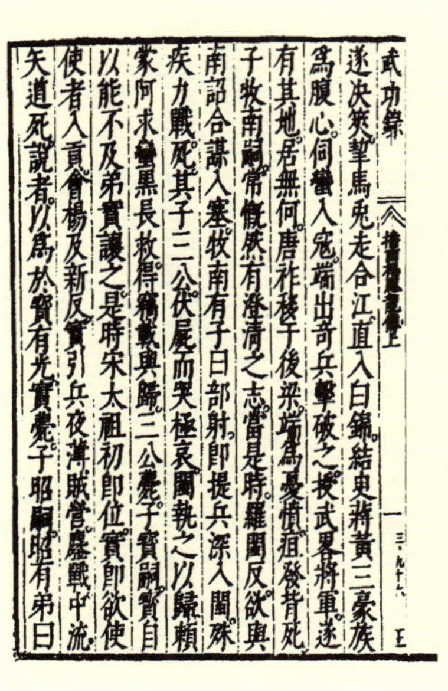

武功録　《播酋楊應龍傳上

遂決筴挈馬兒走合江直入白錦結典將黄三豪族爲腹心伺隙入寇端出奇兵擊破之授武畧將軍遂有其地居無何唐祚移于後梁端爲憂憤疽發背死子牧南嗣常慨然有澄清之志當是時羅閩反欲與南詔合謀入塞牧南有子曰部射即提兵深入閩殊疾力戰死其子三公伏屍而哭極哀閩執之以歸賴家阿求蠻黑長救得竊載與歸三公養子實嗣實自以能不及弟實讓之是時宋太祖初即位實即欲使使者入貢會楊及新反實引兵夜薄賊營鏖戰中流矢道死說者以爲於實有光實養子昭嗣昭有弟曰

川主五神合傳一卷

清陳懷仁、向時鳴撰。陳懷仁，生卒年不詳，字含元，號心齋，晚號識箴居士。貴州遵義人，乾隆五十一年舉人，選授四川酉陽州州同，任十年，年六十八卒於任上。著有《心齋文集》、《心齋隨筆》等。向時鳴，四川銅梁人，生平不詳。

《川主五神合傳》包括陳懷仁撰《川主三神合傳》與向時鳴撰《江神李公從祀序》。前者開篇即點明傳主：『爲民禦菑捍患，除害興利，功德昭著簡册，歷朝顯應崇封，永享禋祀於川黔間者，廟一而實三神焉：秦之蜀郡太守李公，公之子二郎，隋之嘉州太守趙公是也。』李公即李冰，趙公爲趙昱。傳中詳叙李冰父子之家世及治水之歷程與功績。後者傳主爲忠州太守李鴻漸及助其擒斬水怪、除却水患之異人海山使者。篇中交代：『鴻漸，瑯琊人，冰之裔孫，

世代不可考。』傳文内容亦主要爲治水之過程與業績。

全書尚有序、跋六篇，加之上述傳、序，篇目依次爲：向時鳴寫於光緒十一年之《川主五神合傳序》，萬邑向京城《新鐫川主五神合傳原序》，漢平韋葆初《川主五神合傳序》，陳懷仁《川主五神合傳》，陳懷仁同科舉人李騰華寫於嘉慶二十二年之《跋三神合傳後》，涪州知州吴庭輝寫於道光七年之跋，鳴鶴書院張克鎮七言古詩《題三神合傳後并頌心齋司馬德政》，向時鳴《江神李公從祀序》。

據序、跋所述，《川主五神合傳》與《江神李公從祀序》分別成稿於嘉慶、光緒年間。《川主三神合傳》道光年間已刊刻，今此本未見，僅見光緒刻本。本叢書據國家圖書館藏清光緒刻本影印。（曾祥銑）

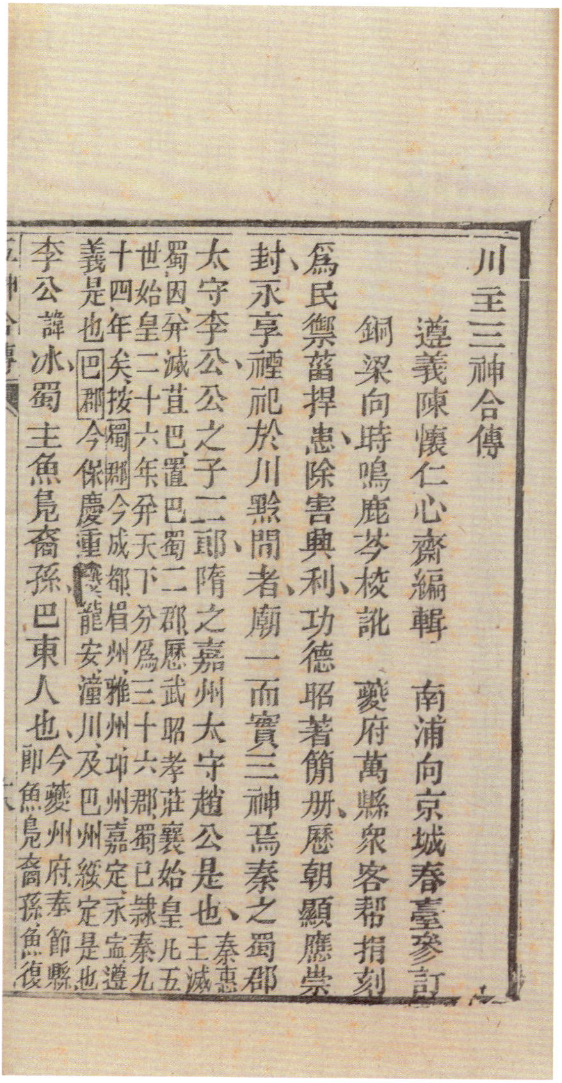
川主三神合傳
遵義陳懷仁心齋編輯　南浦向京城春臺參訂
銅梁向時鳴鹿芩校訛　夔府萬縣衆客帮捐刻
爲民禦菑捍患除害興利功德昭著簡册歷朝顯應崇
封永享禋祀於川黔間者廟一而實三神焉秦之蜀郡
太守李公公之子二郎隋之嘉州太守趙公是也秦惠王滅
蜀因并滅苴巴置巴蜀二郡歷武昭孝莊襄始皇凡五
世始皇二十六年并天下分爲三十六郡蜀巴隸秦九
十四年矣按蜀郡今成都眉州雅州邛州嘉定永寍遵
義是也巴郡今保慶重慶夔龍安潼川及巴州綏定是也
李公諱冰蜀主魚鳧裔孫巴東人也今夔州府奉節縣卽魚鳧裔孫魚復

何騰蛟傳一卷附何公忠烈傳編年紀略一卷

清莫繩孫輯。莫繩孫（一八四四—一九一九），字仲武，號省皻，貴州獨山人，莫友芝次子。清末藏書家。曾以捐納獲知府銜，用爲兩淮鹽掣同知，光緒十二年隨劉瑞芬出使英、俄兩國，任三等參贊官，歸國後以江蘇知府保升道員二品頂戴，久未得實缺，光緒二十年因觸怒劉坤一被革職，光緒二十八年始開復原官，長期游宦江南，老病而卒。莫繩孫跟隨莫友芝最久，莫友芝著述多由其整理而成。

該抄本二十五葉，朱絲欄，半葉十二行，行二十三字，左右雙邊。其中『傳』五紙又三行，摘自《明史稿·何騰蛟傳》，後二十葉則爲『何公忠烈傳編年紀略』，係抄録何騰蛟裔孫所撰之《何忠烈傳編年紀略》一卷，末有莫繩孫跋語：『先君子於咸豐年間編纂是書，搜得忠誠公裔孫所撰《編年紀略》一卷，時以其文詞多陋，欲旁采異同，别爲《年譜》以行，經營未就。今刊刻斯編，公傳稿本又佚去，因句江寧汪先生梅岑補成之。忠誠事迹已見《明史》，故傳衹從略，而其軼事遺聞則《紀略》頗詳，雖詞語未盡馴雅，今仍其舊附録於後云。繩孫謹識。』又有小字附後云：『繹《紀略》無撰人名，惟丁亥六月事中，「保武岡者亦在此」之句下，有原按「劉承允於崇禎時」云云，或係忠誠公裔名原者所撰歟？』其中又有夾條，似爲此跋之改寫本：『先君子於咸豐間編纂是書，既爲公傳，又搜得公裔孫撰公《編年紀

皇明方書 壬辰年

李瑤南疆繹史摭遺本傳云：良玉部下有異議，騰蛟乃以劍自隨，曰社稷安危

明史何騰蛟傳 藁

何騰蛟，字雲從，貴州黎平人。天啟元年舉於鄉。崇禎中，授南陽知縣。地四達，賊出沒其間，數被挫去。已，從巡撫陳必謙破賊安皋山，斬首四百餘級，又討平土寇。益知名，遷兵部主事，進員外郎，出為懷來兵備僉事，調口北道。才諝精敏，所在見稱。遭母憂，巡撫劉永祚薦其賢，乞奪情任事。騰蛟不可，固辭歸。服除，起淮徐兵備僉事。討平土寇，部內晏然。十六年冬，拜右僉都御史，代王聚奎巡撫湖廣。時湖北地盡失，止存武昌，屯左良玉大軍。軍橫甚，騰蛟與良玉交歡，得相安。明年春，遣將惠登相、毛憲文復德安、隨州。五月，福王立，詔至，良玉駐漢陽，其部下有異議，不欲開讀。騰蛟曰：社稷安危，係此一舉，倘不奉詔，吾以死殉之。抵良玉所，而良玉已聽正紀盧鼎言

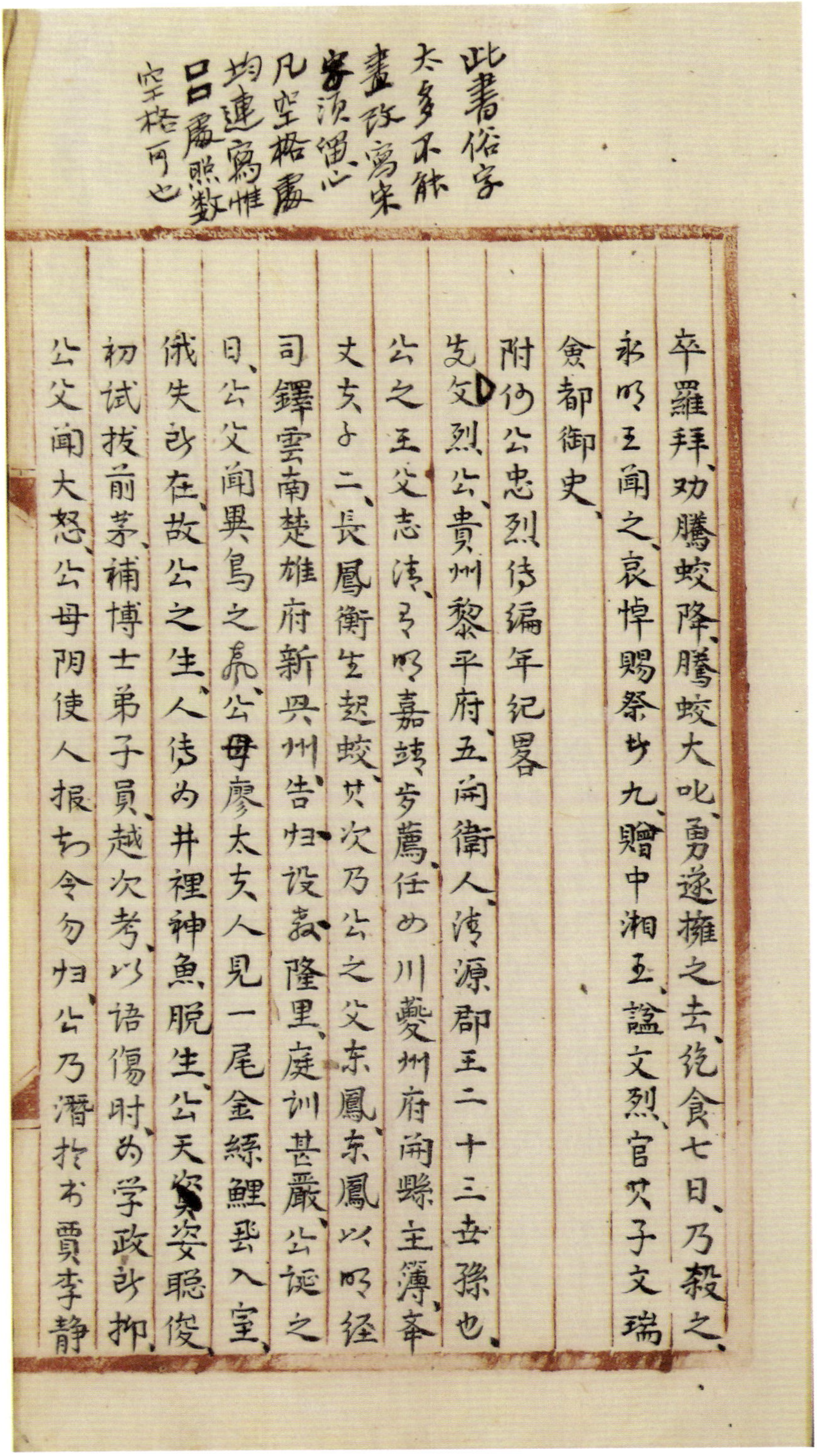
此書俗字
太多不能
盡改寫朱
字須留心
凡空格處
均連寫惟
呂處照数
空格可也

卒羅拜、劝騰蛟降、騰蛟大叱、勇遂擁之去、絶食七日、乃殺之、
永明王闻之、哀悼、赐祭廿九、贈中湘王、謚文烈、官其子文瑞
僉都御史、

附何公忠烈傳编年紀畧
先文烈公、貴州黎平府五開衛人、淸源郡王二十三世孫也、
公之王父志淸、弓明嘉靖歲薦、任四川夔州府開縣主簿、本
丈夫子二、長鳳衛生起蛟、其次乃公之父東鳳、東鳳以明經
司鐸雲南楚雄府新興州、告归、設教隆里、庭訓甚嚴、公誕之
日、公父闻異鳥之鳴、公母廖太夫人見一尾金綵鯉曳入室、
俄失所在、故公之生、人傳為井裡神魚脫生、公天資英姿聰俊
初試拔前茅、補博士弟子員、越次考、以語傷时、為学政所抑、
公父闻大怒、公母陰使人报知、令勿归、公乃潛於府貢李靜

略》一卷，以其文詞多陋，欲旁采異同，别爲《年譜》以行，經營未就。今刊斯編，公傳稿本又以甲寅之亂佚去，雖已丐梅岑先生補作，亦仍以先君原撰所遺之尾幅「《明史》以何雲從云云」至後三葉附録之，張應詔所作《何文烈公論》并刊之，以存其舊。同治十二年長夏莫繩孫謹記。』跋中『編纂是書』、『刊刻斯編』、『今刊斯編』當指《黔詩紀略》，可知因莫友芝所撰《黔詩紀略·何騰蛟小傳》稿本佚去，莫繩孫嘗請汪梅岑補就。而此册爲繩孫抄録《明史稿·何騰蛟傳》及何氏後人所撰《何公忠烈傳編年紀略》而成。今存刻本《黔詩紀略·何騰蛟傳》小字部分，有『《史》云』、『《編年紀略》云』諸條，所引文字，皆與此册文字相同。可知此册實爲請人寫傳時抄録的歷史材料。

該本藏上海圖書館，然其著録爲莫友芝稿本，似不妥，實爲莫繩孫抄。本叢書據此影印。

（張劍）

黄母左淑人家傳一卷

清莫友芝撰。莫友芝生平見經部《十先生中庸集解》提要。

該本函套題『先太淑人家傳，男彭年謹藏』，内封面題『先太淑人家傳，莫君手稿，彭年敬藏』。黄彭年，字子壽，道光二十五年進士，翰林院編修，歷官至湖北布政使，主纂《畿輔通志》。父輔辰曾爲陝西鳳邠道道員，母左氏有賢行。正文共四葉，係莫友芝所撰黄母傳記手稿。首葉首行題『黄母左淑人家傳』，次行下署『獨山莫友芝撰』；右下角有『黄氏家藏』印。文字偶有改易，亦貼有數條浮簽，上注修改意見，不知誰人所爲。按國家圖書館另藏清刊本

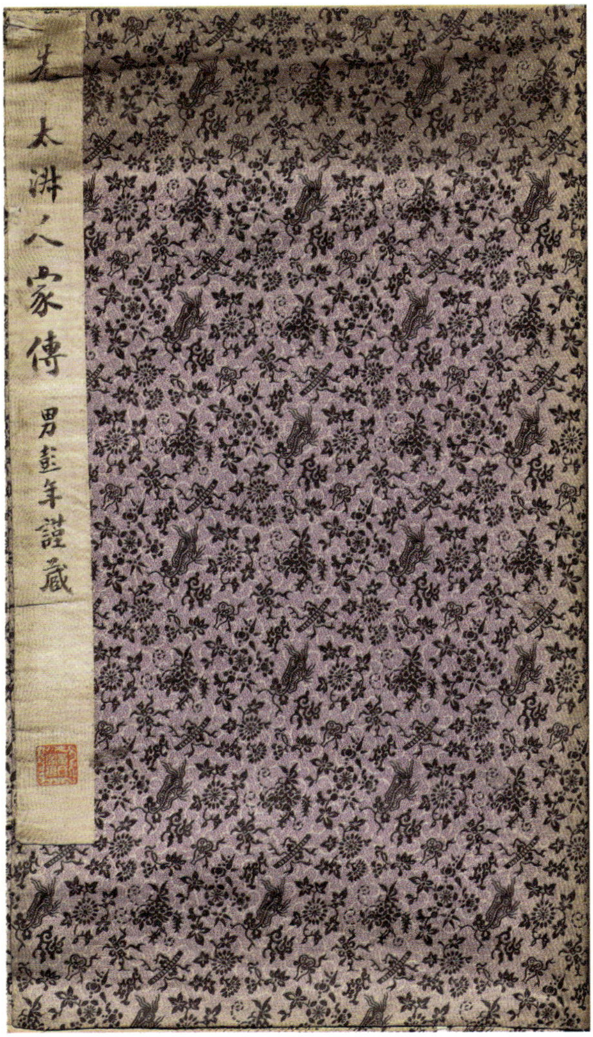

黄彭年輯《賢母録》，中亦載有莫友芝《黄母左淑人家傳》，文字微有差異，末段文字差異較大。然凡稿本浮簽所寫意見，刊本皆已改正，故刊本當爲後出。

本叢書據國家圖書館藏本影印。（張劍）

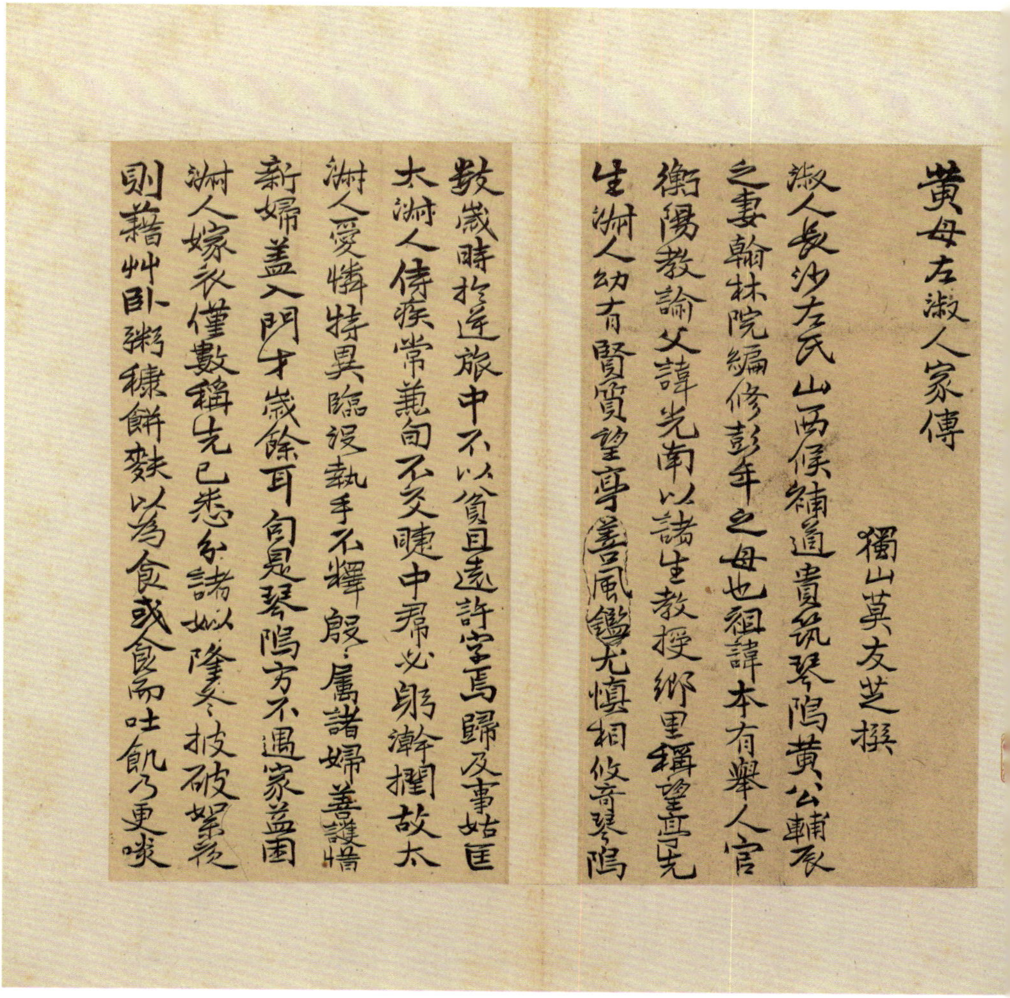

黄母左淑人家傳

獨山莫友芝撰

淑人長沙左氏山西候補道貴筑琴隝黄公輔辰之妻翰林院編修彭年之母也祖諱本有舉人官衡陽教諭父諱光南以諸生教授鄉里稱望亭先生淑人幼有賢質望亭善風鑑尤慎相攸竒琴隝數歲時於逆旅中不以貧且遠許字焉歸及事姑匡太淑人侍疾常兼旬不交睫中夜必躬滌牏故太淑人愛憐特異臨殁執手不釋殷殷屬諸婦善護惜新婦蓋入門才歲餘耳自是琴隝方不遇家益困淑人嫁衣僅數稱先已悉分諸姒隆冬披破絮夜則藉草卧粥糠餅麩以爲食或食而吐飢乃更啖

華盛頓全傳八卷

清黎汝謙、蔡國昭譯。黎汝謙（一八五七—一九〇九），字受蓀，貴州遵義人。『幼嗜讀，八九歲，即刻苦逾成人。日晡課畢，群兒相聚嬉戲，强之不去；即食息，必父母再三强，乃止。』西南巨儒鄭珍嘗奇之，曰：『他日承吾志者，其此子乎！』中光緒元年舉人，八年調充日本神户領事官，十三年再爲横濱領事官。歸國，保知府分發廣東，任財務提調等職。『官粤十年，鬱鬱不得志，終罣吏議，歸寓築垣，而窮困亦甚。又不慊於後妻，益憒懟，顧耽内典，自謂晚年頗有心得。老僧了明，與莫逆交，居古寺，日必三四往。醉則横卧通衢，市人莫識也；其家求得之，乃扶以歸。將死前數月，涕泣求老僧剃度，了明漫頷之。未幾，死於古寺』，『汝謙於學，不主門户，而泛覽强記

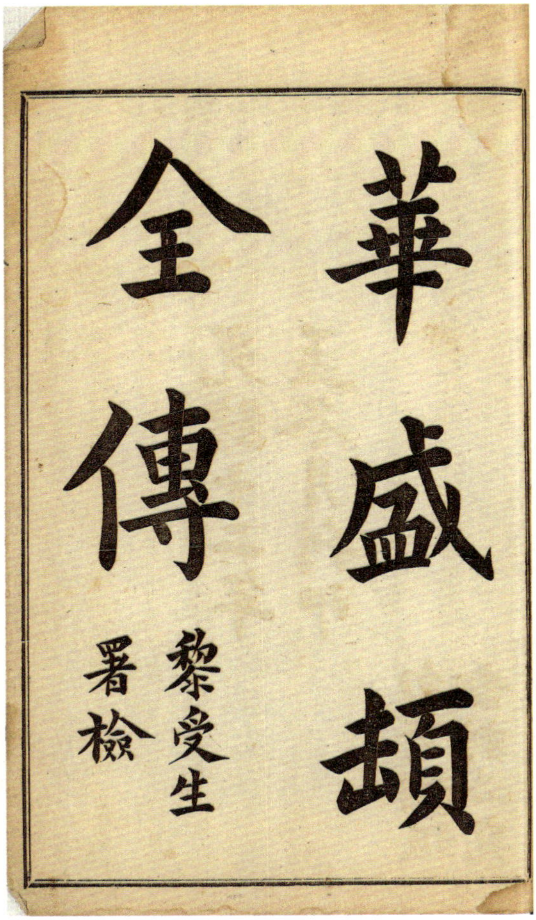

無所歸。於文詣力遜庶昌，而氣息自然質厚。詩出入蘇、黄、元、白，而能自辟蹊徑。著有《夷牢溪廬文鈔》五卷，《詩集》八卷。中年與莫庭芝纂《續黔詩紀略》數十卷，貴陽陳田爲刻於京師。在日本嘗譯《華盛頓傳》數十萬言。皆爲世所稱頌』。蔡國昭，清光緒年間駐日本神户領事館譯官。

據本書序，黎汝謙素聞『華盛頓名，而苦無以考其生平事蹟，遍求諸書肆，迄未之得』。光緒八年六月，黎汝謙任日本神户領事，『乃命譯官蔡君國昭購得近代合衆國學士耳汾・華盛頓所撰《佐治・華盛頓全傳》』，由蔡國昭翻譯，黎汝謙對其『文意之闇晦不明，詞語之俚俗不馴，文理之顛倒淆亂者』，『爲疏通潤色，條理而整齊之，凡五次

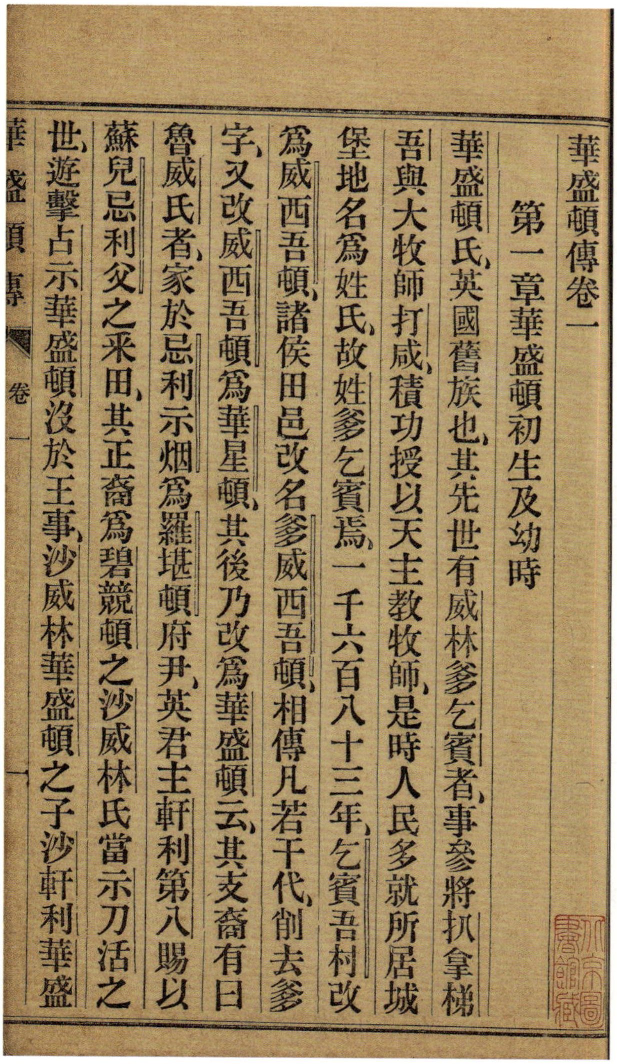
華盛頓傳卷一

第一章華盛頓初生及幼時

華盛頓氏、英國舊族也、其先世有威林爹乞賓者、事參將扒拿梯吾與大牧師打咸積功授以天主教牧師、是時人民多就所居城堡地名爲姓氏、故姓爹乞賓焉、一千六百八十三年、乞賓吾村改爲威西吾頓、諸侯田邑改名爹威西吾頓、相傳凡若干代、削去爹字、又改威西吾頓爲華星頓、其後乃改爲華盛頓云、其支裔有曰魯威氏者、家於忌利示烟爲羅堪頓府尹、英君主軒利第八賜以蘇兒忌利父之采田、其正裔爲碧競頓之沙威林氏當示刀活之世、遊擊占示華盛頓沒於王事、沙威林華盛頓之子沙軒利華盛

華盛頓傳　卷一　一

校正而後成書』，經三年而成。對譯本之選擇，黎汝謙在凡例中説：『華盛頓傳，作者夥矣。然卷帙繁重者動盈尺，艱於翻譯。其簡略者又僅具梗概。惟此本詳略得中，西人咸稱爲善本，故取而譯之。』『是書雖華盛頓一生事蹟，而美利堅全國開創事實與夫用兵、徵餉、制度、人物之大致，無不備具。故閱是書，則美國未闢以前、既闢以後數十年中之事，皆瞭如指掌，則謂之美國開國史略亦可。』同時在序中，黎汝謙也提出翻譯之原則和標準：『譯書之難，甚於自作。譬如傳影寫真，必原書之口吻、精神毫髮畢肖，始可以無憾。苟其事同，而神吻之輕重抑揚，或不盡似，抑未爲善也。』此譯著爲中國最早系統介紹華盛頓之著作，使國人瞭解這位美利堅合衆國奠基人對發展經濟、建設民主法制及鞏固聯邦基礎等所作之貢獻，開啓民智。

該書最初連載於《時務報》，清光緒十二年鉛印成書，題曰『華盛頓全傳』。

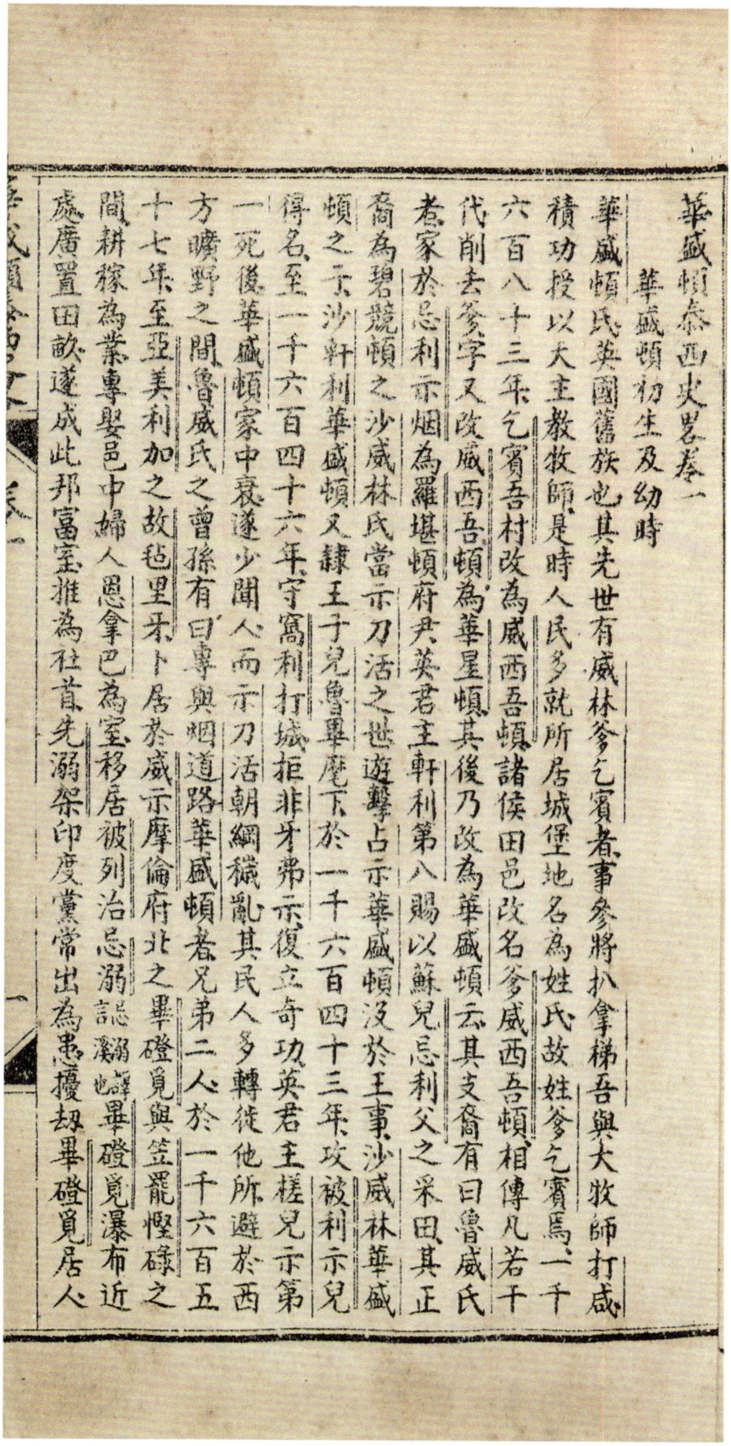
華盛頓泰西史畧卷一

華盛頓初生及幼時

華盛頓氏英國舊族也其先世有威林爹乞賓者事參將扒拿梯吾與大牧師打威積功授以天主教牧師是時人民多就所居城堡地名為姓氏故姓爹乞賓焉一千六百八十三年乞賓吾村改為威西吾頓諸侯田邑改名爹威西吾頓相傳凡若干代削去爹字又改威西吾頓為華星頓其後乃改為華盛頓云其支裔有曰魯威氏者家於忌利亦烟為羅堪頓府尹英君主軒利第八賜以蘇兒忌利父之釆田其正裔為碧競頓之沙威林氏當亦刀活之世遊擊占亦華盛頓沒於王事沙威林華盛頓之子沙軒利華盛頓又隸王子兒魯畢麾下於一千六百四十三年攻被利亦兒得名至一千六百四十六年守窩利打城拒非牙弗亦復立奇功英君主槎兒亦第一死後華盛頓家中衰遂少聞人而亦刀活朝綱紊亂其民人多轉徙他所避於西方曠野之間魯威氏之曾孫有曰專與烟道路華盛頓者兄弟二人於一千六百五十七年至亞美利加之故毡里釆卜居於威亦摩倫府北之畢磴覓與笠羅慳碌之間耕稼為業專娶邑中婦人恩拿巴為室移居被列治忌溺（忌溺譯言溪也）畢磴覓瀑布近處廣置田畝遂成此邦富室推為社首先溺架印度黨常出為患擾刼畢磴覓居人

今藏國家圖書館。後由新學會於光緒二十三年出版石印本，題『華盛頓泰西史略』。該館還藏有清光緒抄本十二册。本叢書影印之底本，一爲國家圖書館藏鉛印本，一爲貴州省圖書館藏石印本。（黎鐸）

皇清敕授文林郎莫公猶人府君行狀一卷

清莫友芝撰。莫友芝生平見經部《十先生中庸集解》提要。

《皇清敕授文林郎莫公猶人府君行狀》一册，刻本，封面雖題簽如此，然首葉題作『清故授文林郎翰林院庶吉士四川鹽源縣知縣貴州遵義府教授顯考莫公行狀』，後附《清故例授孺人顯妣莫母李孺人行狀》，分別爲莫友芝父莫與儔（字猶人）及其母李氏之行狀事迹。

莫與儔行狀後署『孤子希芝等謹狀』，希芝爲莫與儔長子，故如此署名，然撰行狀者實爲莫友芝。中國臺灣藏莫友芝《莫貞定先生稟稿跋》云：『洎道光辛丑府君見背，友芝撰次《行狀》，僅據希、秀兩兄口述，都未及此兩事。』可知行狀係莫友芝據希芝、秀芝口述，又綜合其他文獻而成。文末述莫

與儔子孫情況，當爲莫氏後人增改，如莫友芝揀選知縣事已入同治年間，而《行狀》及之。李孺人行狀署名即爲『哀子友芝等』。行狀記事詳實，對於研治莫氏家族頗有參考價值。

本叢書據遵義市圖書館藏清刻本影印。（張劍）

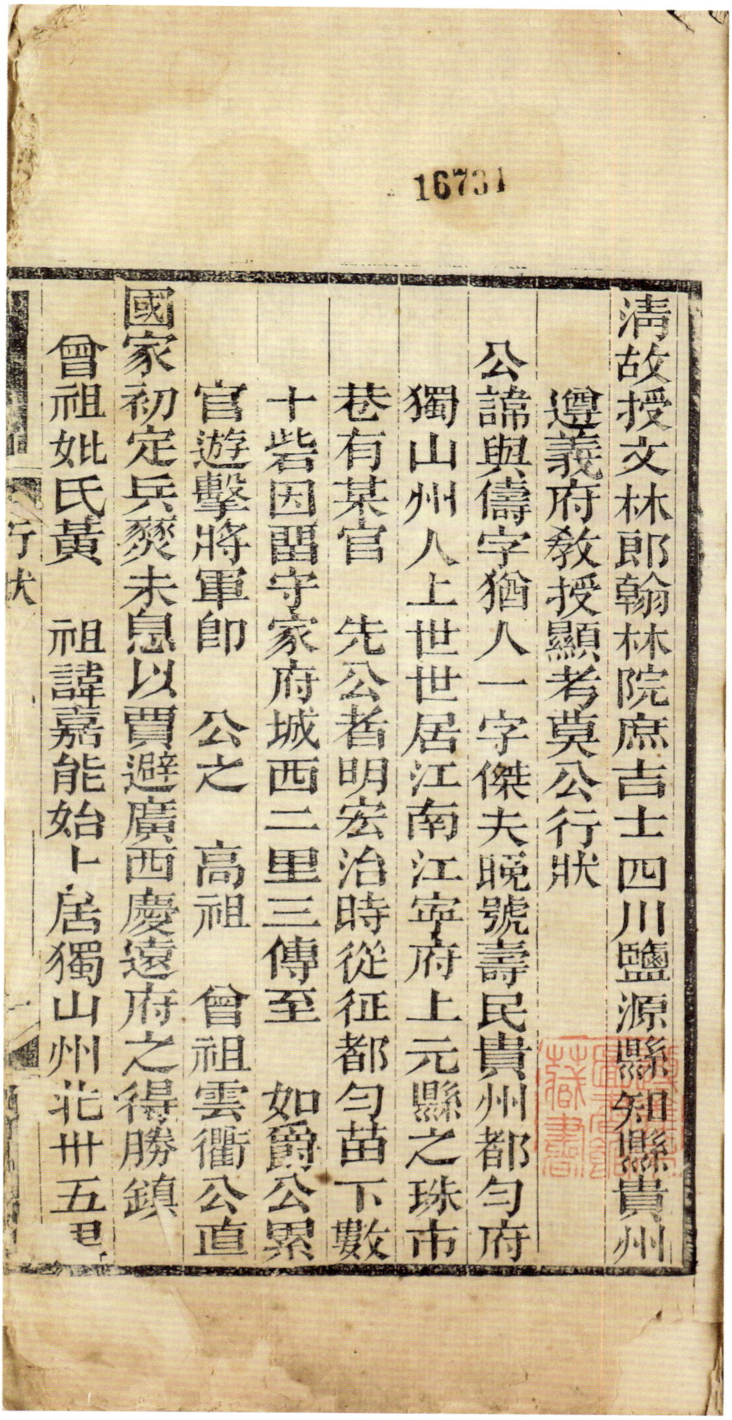

敕授文林郎徵君顯考子尹府君行述一卷

清鄭知同撰。鄭知同生平見經部《夏小正疏義校録》提要。《行述》全面記述乃翁鄭珍（字子尹）平生行迹，論述其學術道路、治學宗旨、學術成就及詩文、書畫創作，爲研究鄭珍之珍貴資料。

鄭珍自幼聰慧勤勉，學在舅家，發『所藏書數千卷，縱觀古今，殫心四部，目過日數萬言』。弱冠選拔貢，隨恩師程恩澤入湖南學政幕，得探漢學門徑，也習詩文作法。又拜莫與儔爲師，得聞乾嘉大師治學家法。

自創巢經巢書室，廣集藏書。先洞悉文字，根以窮經。『文字自《説文》、《玉篇》而外，該古今異文；經自注疏以下，極各家解義，罔不究心。不立門户，一一爲折衷持平，獨深「三禮」。』

生平治學，彙漢宋爲一藪。曾對知同言：『專德性而不道問學，此元、明以來陸、王末流高談性理，坐入空疏之弊；明於形下之器而不明形上之道，此近世學者矜名考據，規規物事，陷溺滯重之弊，其失一也。程、朱未始不精許、鄭之學，許、鄭亦未始不明程、朱之理，奈何岐視爲殊途！偏執之害，後學所當深戒！』小學、經學著作二十多種，僅十多種刊行。以餘力爲詩文。其詩『風骨則力追盛唐。蚤年胎息眉山，終模韓以規杜』，『作

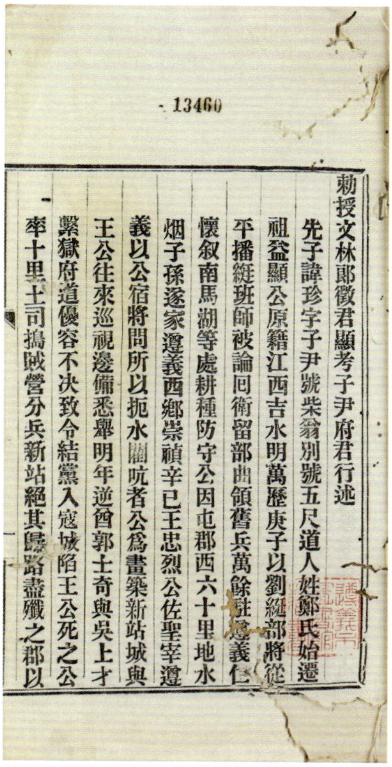
13460

勅授文林郎徵君顯考子尹府君行述

先子諱珍字子尹號柴翁别號五尺道人姓鄭氏始遷祖益顯公原籍江西吉水明萬歷庚子以劉綎部將從平播綎班師被論回衛留部曲領舊兵萬餘駐遵義任懷叙南馬湖等處耕種防守公因屯郡西六十里地水烟子孫遂家遵義西鄉崇禎辛巳王忠烈公佐聖宰遵義以公宿將問所以扼水關吭者公爲畫築新站城與王公往來巡視邊備悉舉明年逆酋郭士奇與吳上才繫獄府道優容不决致令結黨入寇城陷王公死之公率十里土司擣賊營分兵新站絶其歸路盡殲之郡以

文純白古健，變化曲折，不預局度，任其機軸，操縱自如，比成，乃罔不應矩』。所著《巢經巢詩鈔》、《巢經巢文集》，在晚清文壇有巨大影響，被視爲『清詩冠冕』。所纂《遵義府志》，名望尤高，『好古之士，欲考鏡南中，争求是書，比之《華陽國志》』。

子尹先生才冠當世而境遇不佳。《行述》云：『先子抱不世之才，生當晚季，僻處偏隅，暫位卑官，羈身貧窶，文章志業，半得之憂虞艱阻之境……然荼蘗備嘗，以糲食鶉衣終世，垂白厄窮尤甚，重足悲矣！』

此文約五千言，鄭知同録存於《屈廬文稿》中。其甥趙怡抄得，於宣統元年以鉛印單行本發行，此本遵義市圖書館、貴州省博物館有藏。本叢書據遵義市圖書館藏本影印。

（黄萬機）

華之鴻行述一卷

華永源、華懷仁撰。作者二人皆清末民初黔中商業巨子華之鴻之嗣。民國二十三年，之鴻歿於貴陽。此本爲華之鴻之子所述其父生平事迹。華之鴻（一八七一—一九三四），字延儀，祖籍江西臨川，清康熙間遷至貴州遵義，定居城南之團溪，咸、同時，號軍起義，又舉家遷至貴陽。其父華聯輝於光緒初助川督丁寶楨整理鹽務，總理其事。其子之鴻少年力學，由副貢生選授仁懷廳儒學訓導，在職六年，光緒二十八年丁母憂回省，遂不復出，恢弘家業，積爲巨富。一生急公好義，於災荒賑濟、先賢祠廟修葺祭祀諸事常提倡襄助。時值清廷廢科舉，興學校，即斥巨資，先後創設通省公立中學堂、遵義兩等小學

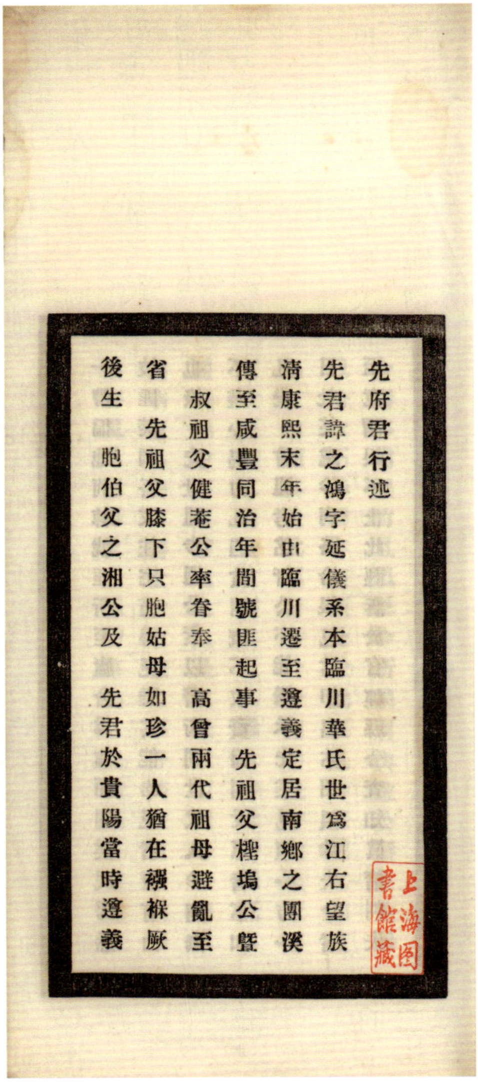
先府君行述
先君諱之鴻字延儀系本臨川華氏世爲江右望族
清康熙末年始由臨川遷至遵義定居南鄉之團溪
傳至咸豐同治年間號匪起事先祖父槐塢公暨
叔祖父健菴公率眷奉高曾兩代祖母避亂至
省先祖父膝下只胞姑母如珍一人猶在襁褓厥
後生胞伯父之湘公及先君於貴陽當時遵義

堂、遵義中學堂、息烽小學堂。辛亥革命後，由諮議局議員被推爲貴州財政部副部長，兼官錢局總理，後錢局改爲銀行，仍任總理之職。滇軍來黔，政府改組，任財政司司長，兼理銀行，於民國初年貴州金融之穩定，貢獻特多。後專力從商，思以實業報國。與任可澄等創辦《黔報》、《貴州公報》，所創建之文通書局，爲國内七大書局之一。又出資六十餘萬元，由日本購進機器，建永豐造紙廠。其時軍閥混戰，横徵暴斂，商業維艱，永豐紙廠爲軍隊所占，文通書局遭受火災，鹽業亦被迫停歇，其『振興實業，以濟民生』之理想終歸破滅。晚年究心佛典，鬱鬱而終，享年六十有四。本書前有延儀遺影一幀，任可澄爲序。

本叢書據上海圖書館藏民國鉛印本影印。（徐鈺）

皇清誥授奉直大夫陜西洛川縣知縣夏公墓誌銘一卷

清莫友芝撰。莫友芝生平見經部《十先生中庸集解》提要。

該本係莫友芝爲其岳父夏鴻時所撰墓誌銘，後單獨刷印而成。已收入《郘亭遺文》卷七，題作『外舅夏輔堂先生墓誌銘』。檢兩本字句幾無差異，唯此刻本文末多『婿獨山莫友芝謹撰。光緒十一年乙酉十月朔日，翰林院庶吉士、江蘇常鎮通海兵備道、重赴鹿鳴宴瓊林宴、恩賞頭品頂戴、姻年侄貴筑周項謹書，時年九十歲』數語，此當爲莫氏後人光緒年間求周項單獨書此墓誌銘，刷印行世。

本叢書影印之清光緒刻本，藏上海圖書館。（張劍）

皇清誥授奉直大夫陝西洛川縣知縣夏公墓
誌銘
咸豐壬子春自遵義走麻哈會外姑氏葬於是外
舅夏公年八十五矣語友芝曰余知石泉適
歲豐蜀黍斗錢弍百而上兩歲南山州縣水旱
災斗錢千七八百民間償舊貸悉準穀加五息

莫猶人先生墓表一卷

清曾國藩撰文，莫繩孫雙鈎。曾國藩（一八一一—一八七二），字伯涵，號滌生，湖南湘鄉白楊坪（今屬雙峰）人。道光十八年進士，咸豐二年奉命辦湖南團練，三年創辦湘軍水師，四年署湖北巡撫，十年署兩江總督，加兵部尚書銜，督辦江南軍務，節制蘇、皖、贛、浙四省軍務，十一年攻占安慶。同治三年攻陷天京，加太子太保銜，賜一等侯爵。次年奉命督辦直隸、山東、河南三省軍務，負責剿捻。五年奉命回兩江總督本任。七年調直隸總督，九年調兩江總督，十一年二月卒於任，謚文正。有《曾文正公全集》。莫友芝與曾國藩同歲，早年相識於京城，後入曾幕府。二人之交往，可從曾氏挽莫友芝聯語中略見一斑：『京華一見便傾心，當年虎市橋頭，書肆訂交，早欽宿學；江表十年常聚首，今日莫愁湖上，酒樽和淚，來吊詩人。』莫繩孫生平見史部《何騰蛟傳》提要。

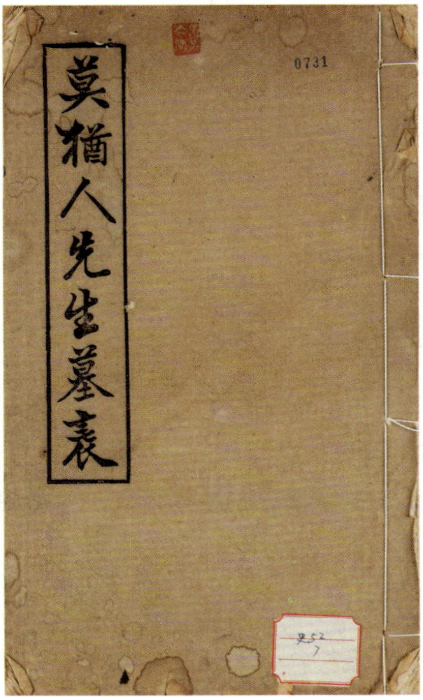

此卷係曾國藩應莫友芝之請，爲其父所書墓表文，由莫友芝子莫繩孫雙鈎後刷印傳世。

後有莫友芝跋，詳叙其原委云：『右先君子表墓文一卷，咸豐己未，使相湘鄉公開幕建昌，友芝自京師奏記乞撰者。明年出都門，即擬還故山，鑱碣墓道，乃流轉皖鄂間。辛酉秋，謁東流幕府，謝湘鄉公。楚軍遂收安慶，相從而東。大兒彝孫輩遽將家纍避白號亂，踉蹡來依。同治甲子，江南平，又從客秣陵。湘鄉公憫其驟不得歸上石，乙丑冬於彭城幕府手書此卷，使先刊木以傳。越丁卯夏，第九弟祥芝調令江寧，始督小兒繩孫雙鈎刊成。當湘鄉公撰文時，距先君子没已十有九年；又六年，爲之書；又二年，乃刊此卷。南中道猶通塞靡定，它日擎奉以入青田之石，以慰先靈，又不知更幾年。西望泫然，驚心何極！秋七月癸酉，第五男友芝謹識。』

本叢書影印之清同治七年莫氏刻本，藏貴州省博物館。（張劍）

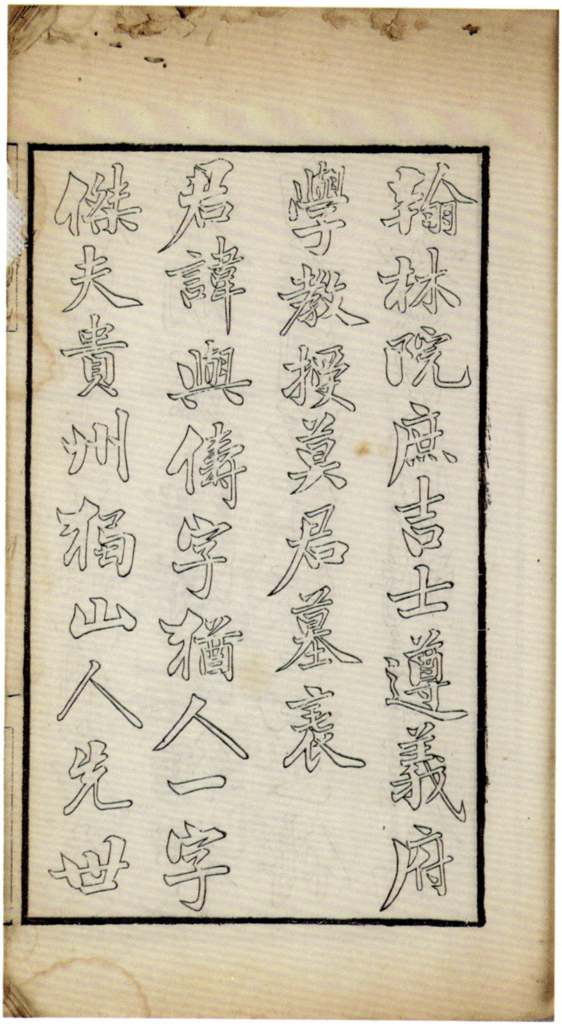
翰林院庶吉士遵義府
學教授莫君墓表
君諱與儔字猶人一字
傑夫貴州獨山人先世

長山公自書年譜一卷

清黎安理撰。安理（一七五一—一八一九），字履泰，號静圃，晚自號非非子，貴州遵義人。乾隆四十四年舉人，嘉慶十三年大挑二等，選黎平府永從縣訓導，後官至山東長山縣知縣，在官四年，以足疾致仕歸。繼祖母夏悍妒甚，甫十歲，即躬勞役。『母夙嬰痼疾，成童後，即講求方書，盡力調治，因延年四十餘，壽近七十始没。祖父性古强，奉四十年，雅得歡心，没後營葬，髮至爲白。夏之死以怪病，事之五十年，至此已亦老，尚侍疾數十晝夜無惰色』。孝行卓著，入《清史稿・孝友傳》。

安理幼遭繼祖母難，艱苦備嘗。手

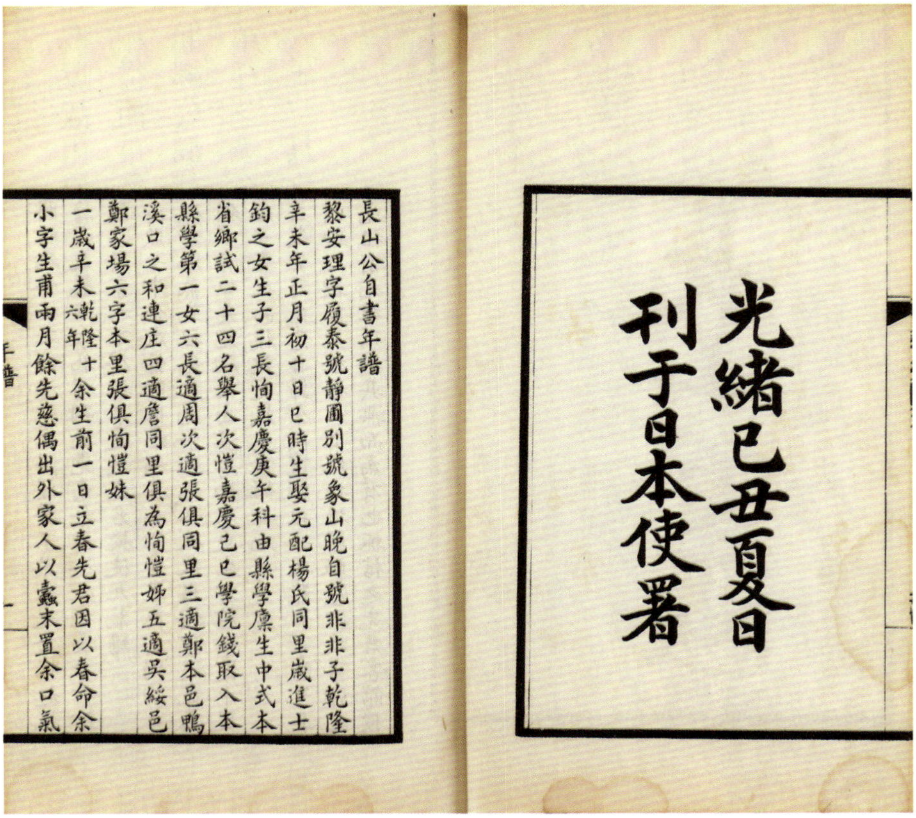

光緒己丑夏日
刊于日本使署

長山公自書年譜
黎安理字履泰號静圃別號象山晚自號非非子乾隆
辛未年正月初十日巳時生娶元配楊氏同里歲進士
鈞之女生子三長恂嘉慶庚午科由縣學廩生中式本
省鄉試二十四名舉人次愷嘉慶己巳學院錢取入本
縣學第一女六長適周次適張俱同里三適鄭本邑鴨
溪口之和連庄四適詹同里俱爲恂愷姊五適吳綏邑
鄭家塲六字本里張俱恂愷妹
一歲辛未乾隆十六年 余生前一日立春先君因以春命余
小字生甫兩月餘先慈偶出外家人以蠹末置余口氣

書行實云：『先慈居嘗謂：「我母子生平涉歷憂患，可作一部書以勸世。」至今猶憶其言，然不敢縷述傳之於人，以揚家門不韙。又不忍没我母之罹患難，俾後世子孫無所法戒云。』年譜自一歲始，六十一歲止，記一生坎坷際遇。薛福成《書黎静圃先生年譜後》云：『先生幼遭不造，備歷險艱，日夜奮智焦神，以劬於躬而養於家、孝於親，盻盻然如恐不給，若儒、若農、若商、若醫，先生以一身兼涉其涯而不常厥業，藉博旨甘滫瀡之資，雖僅免隕越，而勃谿之聲，死喪之威，疾病之憂，又叢迫焉。先生順受不驚，苦心經營，調護無形，遂紓家難而慰親心。』『大抵窮苦幽愁，天所以磨礪善人之具，而勤慤孝謹，亦人所以敬迓天休之源。由今以觀先生所以處憂患者無遺憾，而天之所以報先生者有由來矣。』

光緒十五年，黎庶昌刻此書於日本使署，輯入《黎氏家集》。貴州省圖書館、貴州省博物館、遵義市圖書館有藏本。本叢書據遵義市圖書館藏本影印。

（黎鐸）

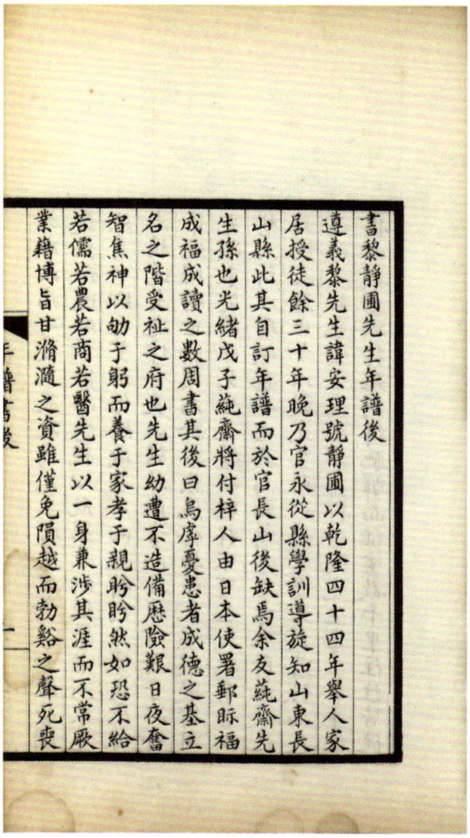
書黎静圃先生年譜後
遵義黎先生諱安理號静圃以乾隆四十四年舉人家居授徒餘三十年晚乃官永從縣學訓導旋知山東長山縣此其自訂年譜而於官長山後缺焉余友蒓齋先生孫也光緒戊子蒓齋將付梓人由日本使署郵眎福成福成讀之數周書其後曰烏虖憂患者成德之基立名之階受祉之府也先生幼遭不造備歷險艱日夜奮智焦神以劬于躬而養于家孝于親盻盻然如恐不給若儒若農若商若醫先生以一身兼涉其涯而不常厥業藉博旨甘滫瀡之資雖僅免隕越而勃谿之聲死喪

曾文正公年譜十二卷

清黎庶昌撰，李瀚章審訂。黎庶昌生平見經部《春秋左傳杜注校勘記》提要。李瀚章（一八二一—一八九九），字筱泉，一作小泉，晚年自號鈍叟，謚勤恪，合肥東鄉（今安徽合肥瑶海區磨店鄉）人。李鴻章長兄。官兩廣總督，賞太子少保銜。

此年譜凡十二卷，詳細記録曾國藩從嘉慶十六年至同治十一年之生平事迹。黎庶昌同治元年上書，被清廷賞識，發往曾國藩大營，與曾氏朝夕相處達六年之久，且爲『曾門四弟子』之一，對曾氏身世、事迹、學識、操守均瞭如指掌，其記録真實詳盡，爲曾國藩生平、思想研究提供了翔實材料。爲衆多曾氏年譜中較爲詳盡之一種。

此年譜完稿於清同治十三年，光緒二年夏，由傳忠書局刊行，貴州圖書館有藏。本叢書即據此本影印。（黎鐸）

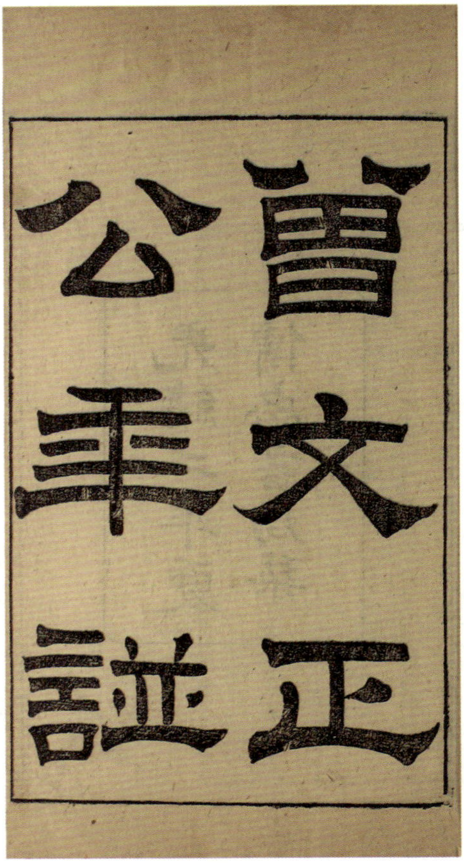

長沙楊仲蕃刻字

曾文正公年譜卷一

公諱國藩字伯涵號滌生湖南湘鄉人曾氏祖籍衡陽
國初有孟學公者始遷湘鄉荷塘都之大界里再傳至元吉
公族姓漸多貲産漸殖遂爲湘鄉人元吉公之仲子曰輔
臣公者公之高祖也　曾祖諱竟希
誥贈光祿大夫　妣彭氏
誥贈一品夫人　祖諱玉屛字星岡
誥封中憲大夫累贈光祿大夫　妣王氏
誥封恭人累贈一品夫人　考諱麟書字竹亭湘鄉縣學生員
誥封中憲大夫累封光祿大夫　妣江氏

丁文誠公年譜一卷

清唐炯撰。唐炯生平見史部《援黔録》提要。

《丁文誠公年譜》記嘉慶二十五年丁寶楨出生至光緒十二年逝世間事，記録丁寶楨在山東平剿捻軍，斬殺太監安德海，治理黄河，整治四川吏治，重修都江堰，改革鹽政，創辦機器局等政績，爲研究丁寶楨主要事迹之重要參考史料。譜主丁寶楨，字稚璜，貴州平遠州牛場（今織金縣牛場鎮）人。咸豐三年進士，歷任編修，湖南岳陽知府、長沙知府，山東按察使、布政使、巡撫，四川總督，時人號爲清代『中興名臣』。

本年譜光緒二十七年初刻於四川岳池，民國十二年貴陽文通書局有鉛印本。本叢書據貴州省圖書館藏光緒刻本影印。（黎鐸）

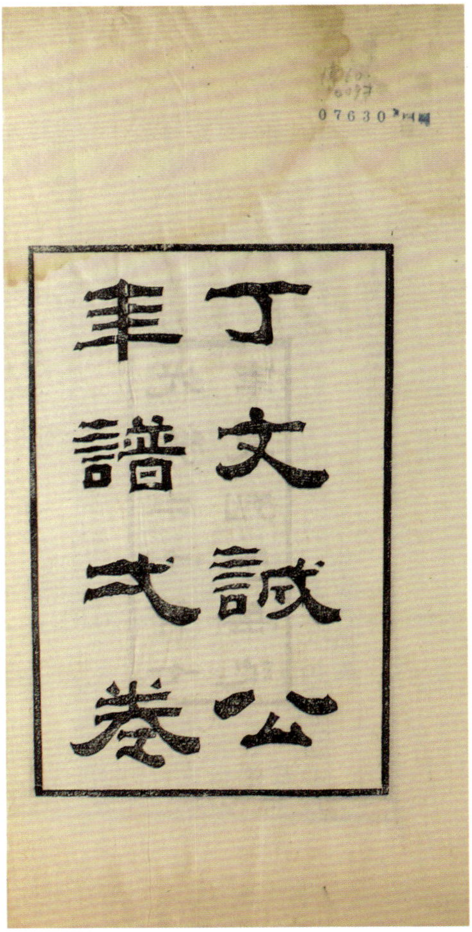

丁文誠公年譜

故吏唐炯譔

公諱寶楨字稺璜次居三魏夫人出先世自江西徙居平遠州之牛場曾祖考公俊庠生　誥贈光祿大夫四川總督妣李一品夫人祖考必榮四川昭化縣知縣　誥贈光祿大夫四川總督妣黃一品夫人考世棻鎮遠府訓導　誥贈光祿大夫四川總督祀鄉賢妣諶魏一品夫人

嘉慶二十五年庚辰

四月二十八日辰時公生於平遠州牛場鄉老屋

道光元年辛巳

二歲

成山老人自撰年譜六卷附録一卷

清唐炯撰，唐我圻補。唐炯生平見史部《援黔録》提要。唐我圻（一八五一—？），字恭石，貴州遵義人。唐炯子。光緒二十四年進士，歷任四川遂寧、大邑、大足、長樂知縣，酉陽知州。著有《養真齋詩稿》、《養真齋詩續稿》。

《自撰年譜》撰寫時間，譜前自題爲光緒十年，時唐炯因越南事繫獄，聽從其子輩言，在獄中撰成草稿。光緒三十年夏，唐炯已七十六歲高齡，且在病中，又取出草稿，『刪削整理，寫爲六卷，藏於家，以示子孫』。其自撰年譜，所記時限，僅到光緒十二年，之後近二十年事，則由其子唐我圻補撰，并附於其後。

《自撰年譜》内容豐富，其中重大事件包括唐炯參與鎮壓雲南藍朝柱、藍朝鼎起義（見該年譜第一、三卷咸豐九年至同治二年），進剿太平天國石達開部及貴州號軍（見該年譜第四卷同治七年至九年），在四川協助丁寶楨辦理鹽政（見該

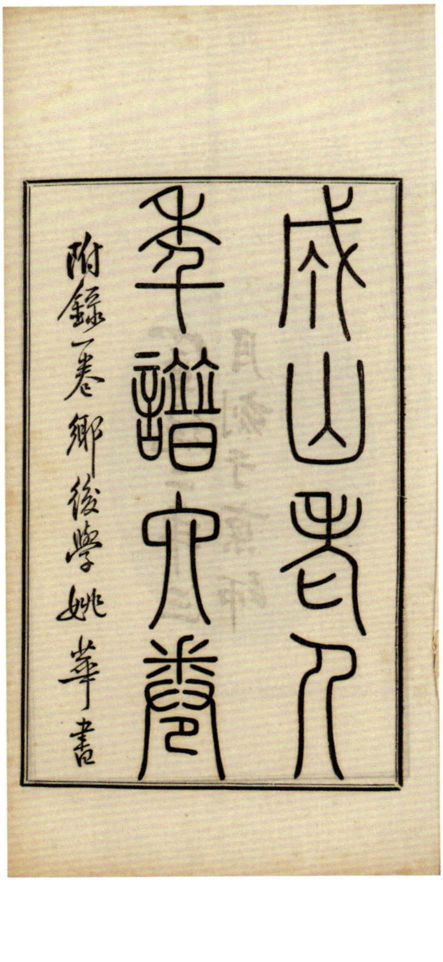

年譜第五卷光緒三年），在雲南參與越南戰事和創辦銅礦等（見該年譜第六卷光緒八年至十年），資料詳實，可佐正史研究之用。該年譜六卷後之附録，由其子唐我圻補記唐炯在光緒十三年至三十四年間事，其中辦銅礦事『端緒繁複，傳聞易訛』，若『聽其闕略』，則『世益莫詳』，故叙述甚詳。

該譜於宣統二年初刻於京師。後經唐我圻重新校勘，於民國七年由貴陽文通書局鉛印出版。本叢書據上海圖書館藏宣統刻本影印。

（王任索）

成山老人八十歲像

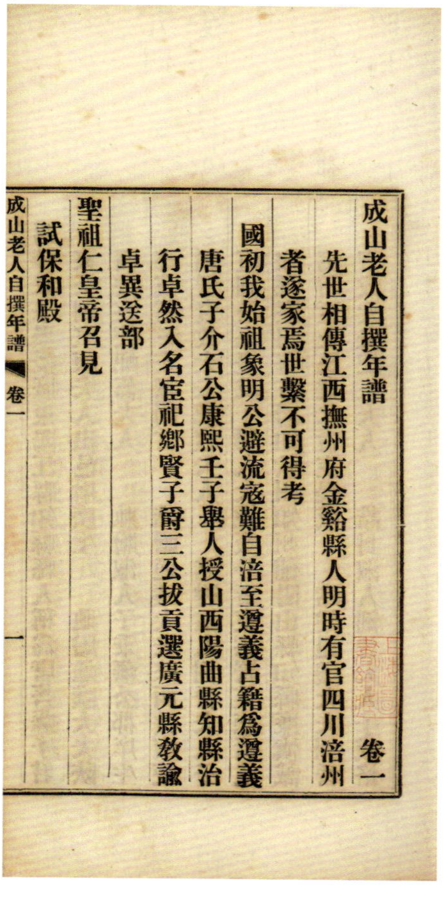
成山老人自撰年譜　卷一

先世相傳江西撫州府金谿縣人明時有官四川涪州
者遂家焉世繫不可得考
國初我始祖象明公避流寇難自涪至遵義占籍爲遵義
唐氏子介石公康熙壬子舉人授山西陽曲縣知縣治
行卓然入名宦祀鄉賢子爵三公拔貢選廣元縣教諭
卓異送部
聖祖仁皇帝召見
試保和殿

成山老人自撰年譜　卷一　一

鄭子尹先生年譜一卷

趙愷編訂。趙愷（一八六九—一九四二），字迺康，自號牂北生，貴州遵義人。清末貢生。從學於鄭知同，長期執教於遵義縣城中學，琢育一批英才。精心整理鄭氏文獻，輯印《巢經巢遺詩》，編訂《巢經巢全集》，總纂《續遵義府志》，自著有《近泉居雜記》、《平水舊聞》、《趙迺康詩文集》、《劍山廬雜話》、《讀説文解字》等。

趙愷曾拜鄭知同爲師，叔母鄭淑昭爲鄭珍長女。從兄趙怡、趙懿是鄭珍外孫。故趙氏一門，多受鄭學沾溉。當鄭氏子孫處於衰微之時，趙愷竭力予以維護，對鄭珍著述之搜求不遺餘力。

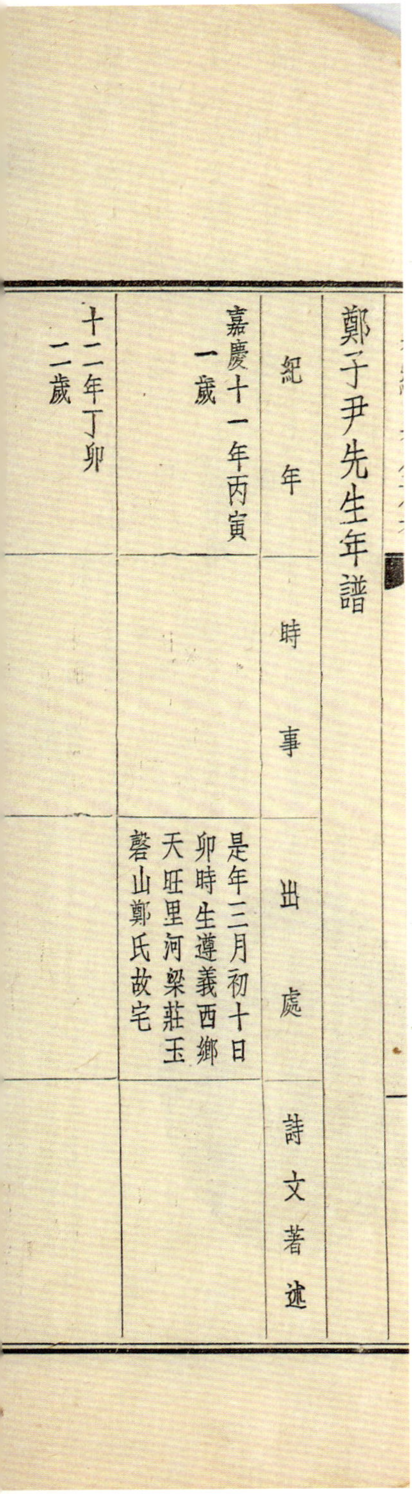

鄭子尹先生年譜

紀年	時事	出處	詩文著述
嘉慶十一年丙寅 一歲		是年三月初十日卯時生遵義西鄉天旺里河梁莊玉磬山鄭氏故宅	
十二年丁卯 二歲			

十四年己巳 四歲		
十五年庚午 五歲	黎雪樓恂舉鄉試	
十六年辛未 六歲	是年五月初三日午時莫友芝子偲徵君生	
十七年壬申 七歲		
十八年癸酉 八歲		
十九年甲戌 九歲		

貴州印刷所承印

鄭子尹即鄭珍，字子尹，其主要著作，家刻本有《巢經巢詩鈔》、《經説》、《説文逸字》、《播雅》等，官刻本有《遵義府志》、《樗繭譜》等；其他遺著如《説文新附考》、《輪輿私箋》、《儀禮私箋》、《汗簡箋正》、《巢經巢詩鈔後集》、《巢經巢文集》等，多爲鄭氏未曾刊印之詩詞，爲編寫《鄭子尹先生年譜》積纍了可靠資料。後奉命編纂《巢經巢全集》，便著手編此《年譜》。

趙愷從兄趙怡於宣統元年印製《鄭子尹府君行述》，其後記中提及『編外祖徵君年譜』之事。可惜趙怡於民國三年辭世，《年譜》未能編成。趙愷編寫《鄭子尹先生年譜》，并刻印發表，也即完成從兄遺願。

《年譜》分四個欄目：首欄『紀年』，次欄『時事』，三欄『出處』，四欄『詩文著述』。『紀年』記帝王年號、干支及傳主年歲。『時事』記與傳主相關之人物及時局要聞。『出處』記傳主行歷。『詩文著述』記重要著作寫作與刊刻情況。各欄目分年記録。以次欄、三欄内容最豐富。全譜以表格形式編印，令讀者一目瞭然。

譜前有《鄭氏世系》：自入黔始祖鄭益顯起，至鄭珍凡八世，延及其子知同，其孫師惠、師方、師萬與曾孫鄭昌。

民國二十九年貴州省政府鉛印《巢經巢全集》，卷首收録趙愷所編《鄭子尹先生年譜》，

《譜》末有一則按語云：『先生《年譜》，乃向讀先生詩時所記，以便考查，固未識其大者，止以置諸詩集。今裒集全書，移列卷首，惟嫌翦陋，未能籠罩，乃鷃雀之飛，衹集藩籬，其他冥濛之躡足，則望而却步。閱者當不以卑淺責也，則幸甚。趙愷謹注。』

民國鉛印本《巢經巢全集》，遵義市圖書館有藏。本叢書即據此影印。（黄萬機）

鄭子尹先生年譜六卷

凌惕安撰。凌惕安（一八九〇—一九五〇），名鍾樞，字惕安，貴州貴陽人。民國六年隨黄齊生至日本留學，歷任貴陽達德學校教員，貴州文獻徵輯館編輯、編委會副主任，省參議會參議員。著述宏富，除《鄭子尹先生年譜》外，還編著有《清代貴州名賢傳》、《咸同貴州軍事史》、《柴翁書畫集錦》、《黎蒓齋先生年譜》、《黔故掇拾》、《滇遊草》、《笥香室日記》、《笥香室牂牁故事》等。

凌惕安在民國二十七年前已完成該年譜編纂，并在貴州文獻徵輯館館刊《貴州文獻季刊》（後改爲《貴州文獻彙刊》）創刊號及二、三、四期上陸續刊載，内容祇涉及鄭珍三十六歲前之事迹。後商務印書館刊印該書之全本，分八卷，民國三十四年四月出版，收入《北平圖書館西南文獻叢刊》第二種，北京師範大學圖書館、貴州省圖書館有藏，《上海圖書館館藏年譜目》著録。鉛印本直行排印，按年月日分排，僅作句逗標點。

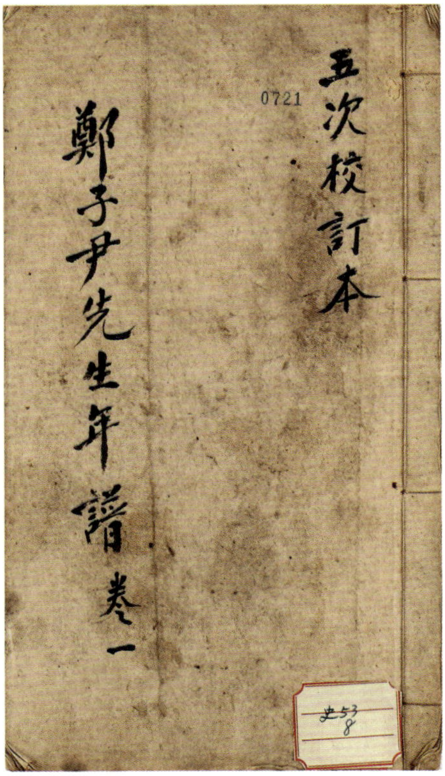

《鄭子尹先生年譜》共六卷，收録鄭珍詩最多，且每一首都全詩録入，自二十四歲至五十九歲，基本每年皆有，多數均與其生平事迹有關。譜中除引用鄭珍著作外，還引用數十種文獻，故該譜可以參考之資料衆多，不僅限於研究鄭珍一人。

《鄭子尹先生年譜》有稿本一部，著録爲六册，藏貴州省博物館。本叢書據貴州省博物館藏稿本影印。（王任索）

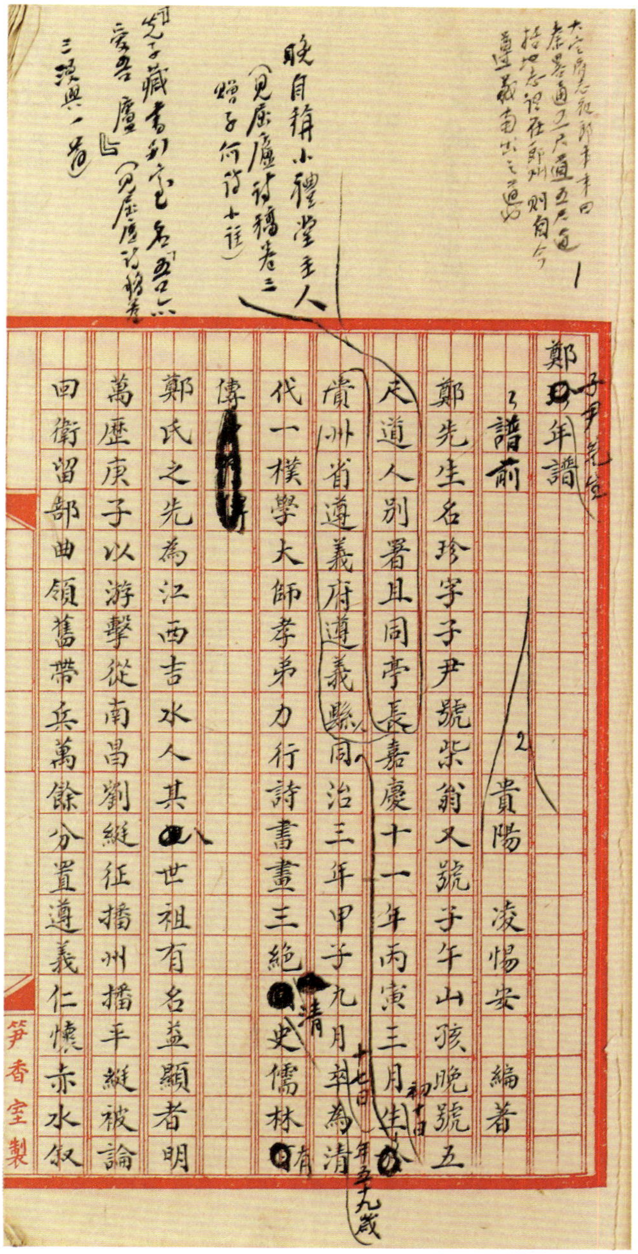
鄭子尹先生年譜

譜前

貴陽 凌惕安 編著

鄭先生名珍字子尹號柴翁又號子午山孩晚號五尺道人別署且同亭長嘉慶十一年丙寅三月生貴州省遵義府遵義縣同治三年甲子九月卒爲清代一樸學大師孝弟力行詩書畫三絕史儒林傳

鄭氏之先爲江西吉水人其世祖有名益顯者明萬歷庚子以游擊從南昌劉綎征播州播平綎被論回衛留部曲領舊帶兵萬餘分置遵義仁懷赤水敘

笋香室製

鄭子尹先生年譜不分卷

吴道安撰。吴道安（一九〇二—一九七二），名德遠，字道安，號稻庵，以字行，貴州鎮遠人。一九二七年北京大學中國文學系畢業，歷任中學教員，大學教授，貴州省政府秘書長，貴州省參議員、副議長，國民政府立法委員，貴陽市人民政府委員，貴陽市政協副主席。學有根底，善詩文，精書法，尤以行書爲最，有『貴陽一支筆』之譽。除《鄭子尹先生年譜》外，尚有《論衡校釋》、《貴州型的社會》、《貴州政局演變史》、《中國當代史講義》等著作傳世。

《鄭子尹先生年譜》記事起自清嘉慶十一年鄭珍於遵義西鄉出生，終於同治三年。是貴州現存三部鄭子尹年譜中篇幅最少者，叙事較爲簡略，但記叙與鄭珍同時代之貴州人及遊宦、遊歷貴州之外省人之生平、著述資料較多，亦記叙鄭珍著作之撰寫及

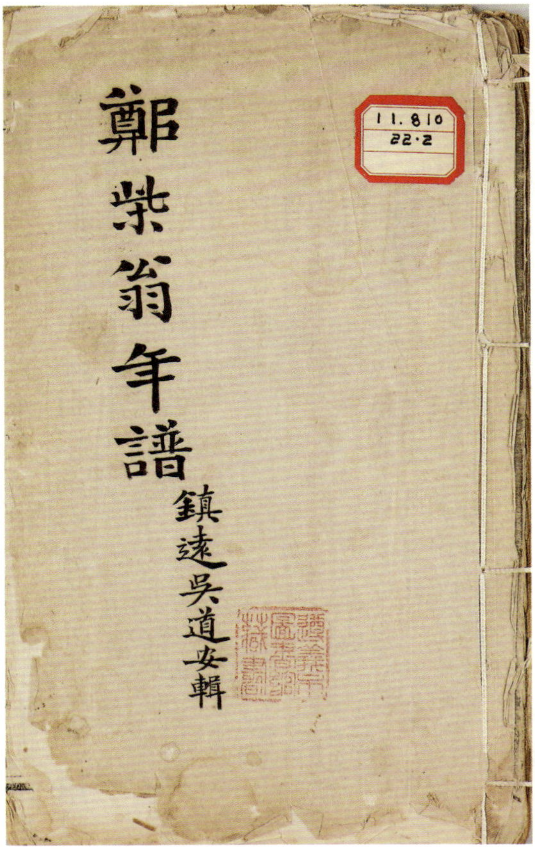

刊行情况，均可供研究鄭珍者參考。該譜後附有鄭子尹先生年表、鄭子尹先生所著書一覽表、鄭知同先生所著書一覽表、莫子偲先生所著書一覽表及《郎潛紀聞》等書對鄭珍之評介。

《鄭子尹先生年譜》，應爲吴道安在北京大學時纂成初稿，民國十七年曾先刊於上海《競渡》雜志（未刊完）；續刊於貴州《改進日報》（見《鄭子尹先生年譜》自序）。另有吴道

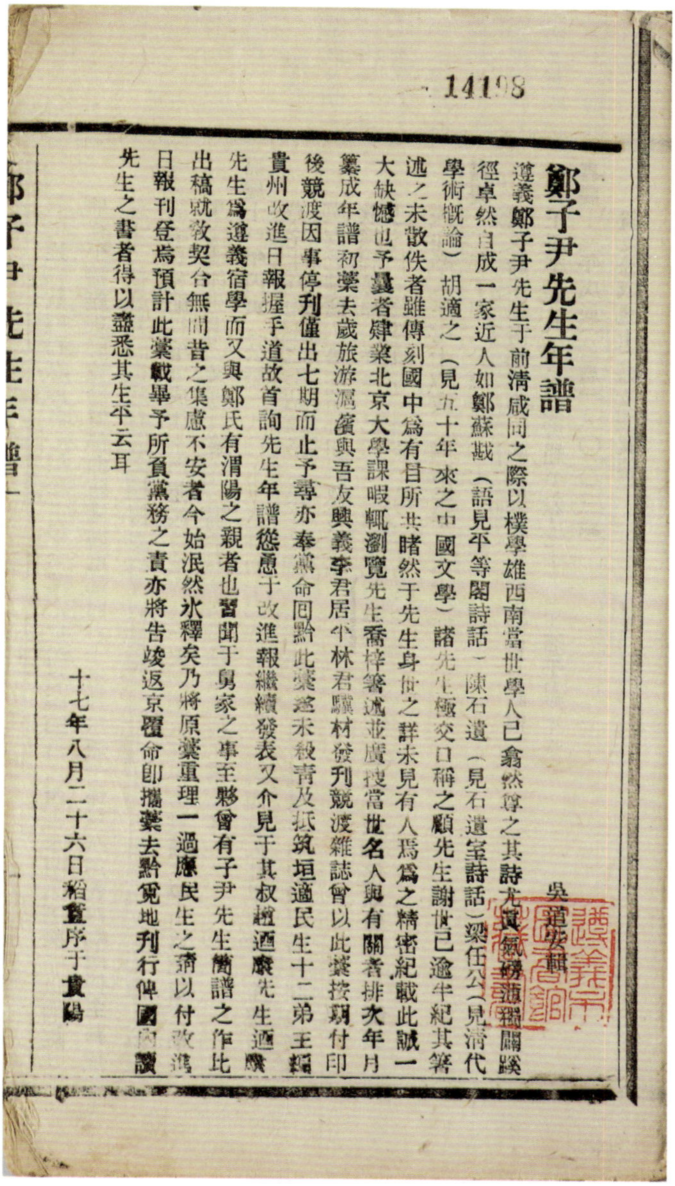

鄭子尹先生年譜

吳道安輯

遵義鄭子尹先生于前清咸同之際以樸學雄西南當世學人已翕然尊之其詩尤負氣磅礴獨闢蹊徑卓然自成一家近人如鄭蘇戡（語見平等閣詩話）陳石遺（見石遺室詩話）梁任公（見清代學術概論）胡適之（見五十年來之中國文學）諸先生極交口稱之顧先生謝世已逾半紀其箸述之未散佚者雖傳刻國中爲有目所共睹然于先生身世之詳未見有人焉爲之精密紀載此誠一大缺憾也予曩者肄業北京大學課暇輒瀏覽先生喬梓箸述並廣搜當世名人與有關者排次年月纂成年譜初藁去歲旅游滬濱與吾友興義李君居平林君贊材發刊競渡雜誌曾以此藁按期付印後競渡因事停刊僅出七期而止予尋亦奉黨命回黔此藁遂未殺青及抵筑垣適民生十二弟主編貴州改進日報握手道故首詢先生年譜慫恿于改進報繼續發表又介見于其叔趙適廬先生適廬先生爲遵義宿學而又與鄭氏有渭陽之親者也習聞于舅家之事至夥曾有子尹先生簡譜之作比出稿就教契合無間昔之集慮不安者今始泯然冰釋矣乃將原藁重理一過應民生之請以付改進日報刊登爲預計此藁畢予所負黨務之責亦將告竣返京覆命即攜藁去黔覓地刊行俾國內讀先生之書者得以盡悉其生平云耳

十七年八月二十六日稻蓀序于貴陽

安手稿本一卷、民國鉛印本一卷和徐儆昌謄録手抄本一卷。貴州人民出版社曾據徐儆昌手抄本點校，收入《續黔南叢書》中。本叢書據遵義市圖書館藏民國鉛印本影印。

（王任索）

獨山莫貞定先生年譜一卷

萬大章撰。萬大章（一八八七—一九七九），字仿韓，號明尹樓主，貴州獨山縣人。出生於書香門第，自幼熟讀四書五經，後入新式中學都匀中學讀書，畢業於貴州省立師範學校。先後在獨山、貴陽、興義、麻江等地任教。後從政，以任麻江縣長爲終職。公務之餘，潛心研究地方文史，參與民國《貴州通志》、《都匀縣志》編撰及校勘《獨山州志》、《獨山縣志》，撰寫《八幸叢談》等歷史研究、考證文章，以《尹珍學歷考》著稱貴州學術界。一九五四年被聘爲貴州省文史研究館館員，歷任縣、州、省政協委員，撰寫文史資料十餘萬字。其所撰《莫貞定先生年譜》（以下簡稱《莫譜》），於民國二十八年由莫氏後人刊刻印行，爲唯一版本，書名由貴陽王延直題簽，省内相關圖書館博物館有藏。

《莫譜》主要根據莫氏後人提供之莫與儔《行狀》等資料撰寫，叙述莫與儔『備嘗艱苦與應變、交友諸細節，最有裨學者修養』。該譜起自清乾隆二十八年莫與儔

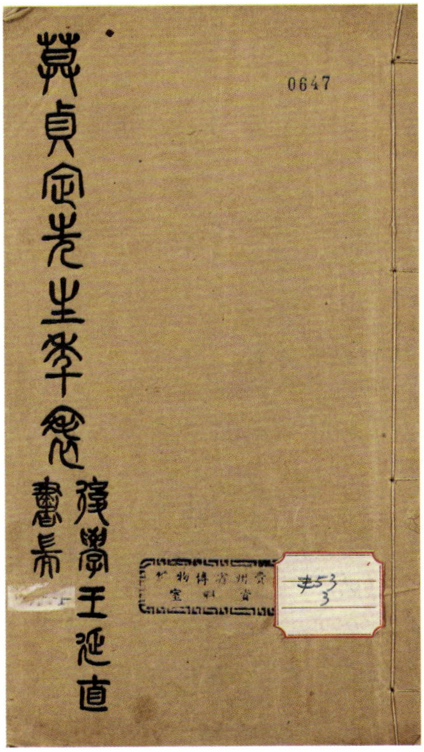

出生，終於道光二十一年莫與儔逝世。十四歲前數條，記獨山地區諸實事；後諸年所記，内容主要有莫氏家族中事、本州内人文事、莫與儔出仕後事、歸鄉後書院授徒事等。該譜有三個特點：一爲叙述莫氏事迹集中在二十五歲至六十歲間，故篇幅較少；二爲行文多數引自《行狀》及時人著述等資料；三爲文中記述多爲莫與儔諸子及門人鄭珍、黎庶昌等事。

該譜爲地方保存了鄉邦文獻和與譜主同時代一些人物之經歷、生平、成就，爲後人提供較爲詳盡之研究資料。

本叢書據貴州省博物館藏民國莫氏鉛印本影印。（王任索）

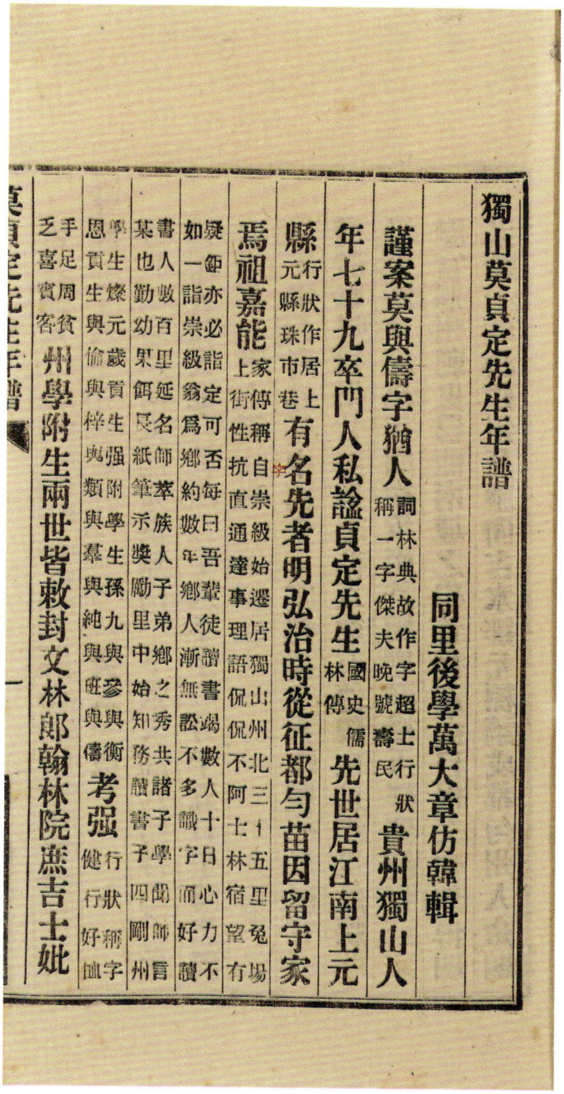
獨山莫貞定先生年譜

同里後學萬大章仿韓輯

謹案莫與儔字猶人詞林典故作字超士行狀稱一字傑夫晚號壽民貴州獨山人年七十九卒門人私謚貞定先生國史儒林傳先世居江南上元縣行狀作居上元縣珠市巷有名先者明弘治時從征都勻苗因留守家爲祖嘉能家傳稱自崇級始遷居獨山州北三十五里兔場上街性抗直通達事理語侃侃不阿士林宿望有疑鄉亦必詣定可否每曰吾輩徒讀書竭數人十日心力不如一詣崇級翁爲鄉約數年鄉人漸無訟不多識字而好讀書人數百里延名師萃族人子弟鄉之秀共諸子學聞師言某也勤幼累餌以紙筆示獎勵里中始知務讀書子四剛州學生燦元歲貢生強附學生孫九與參與衡恩貢生與倫與梓與類與羣與純與蜓與儔考强行狀稱字健行好卹手足周貧乏喜賓客州學附生兩世皆敕封文林郎翰林院庶吉士妣

莫貞定先生年譜　一

黎蓴齋先生年譜二卷

凌惕安撰。凌惕安生平見史部《鄭子尹先生年譜》提要。

此年譜爲未定稿本，塗改之處甚多。撰於民國二十八年。前有序，述其撰譜緣由曰：『惕安悲其志遇已非一日，邇來託迹空山，感念國事，不知涕之何從，既無術以寫幽憂，因從事於先生年譜之纂輯，蓋所謂既痛逝者，行自念也。』譜分二卷，卷一爲黎氏家族世系，詳收黎庶昌前黎氏歷代家傳、行狀、墓誌、墓表，多源於黎庶昌撰《遵義沙灘黎氏家譜》，甚或直接剪貼原書。卷二爲正譜，記述較詳，多録存黎庶昌著作、手稿及親友著述，保存資料較多，惜未完稿。稿本藏貴州省博物館，本叢書據之影印。（黎鐸）

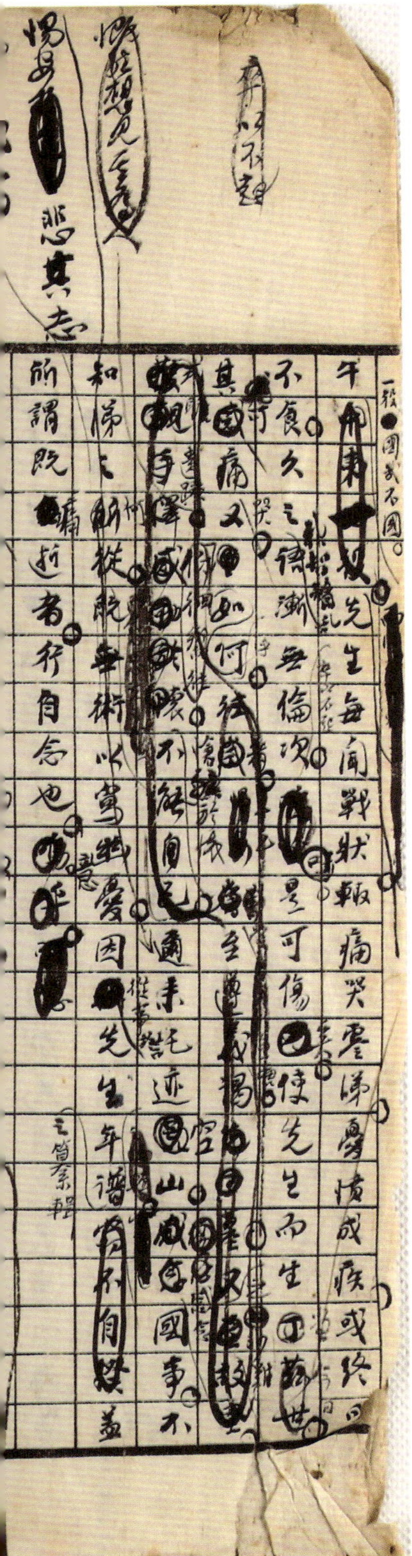

黎蓴齋先生年譜卷一

貴陽 淩惕安 編著

先生姓黎名庶昌字蓴齋貴州省遵義府遵義縣人道光十七年一八三七[illegible]五日生光緒二十三年一八九七丁酉十二月二十日卒生卒均在遵義東鄉沙灘老屋先生為清代古文名家有續古文辭類纂[illegible]兩度持節日本不辱使命復收羅唐宋逸編古籍刻古逸叢書二十六種刻印之精冥過前古一時中外震動是先生於吾國外交界文化界皆占重要之位置焉

黎氏世系先生嘗自述曰

清代貴州名賢像傳第一集

劉統之先生年譜一卷

聶樹楷撰。聶樹楷（一八六四—一九四二），字尊吾，一字得庵，生於婺川縣城，晚居貴陽寓所罄園，號罄園居士。光緒二十年中舉，參與公車上書。擔任地方政府主官，頗有政聲，後升任貴州省公署督軍兼省長劉顯世秘書。省城『民九事變』後，脱離政壇，專事著述。曾參與分纂《貴州通志》，著有《罄園詩賸》、《罄園文賸》、《罄園詞賸》、《罄園詩鐘選》等詩文。劉統之（一八四一—一九一〇），祖籍湖南，後落籍貴州興義。

《劉統之先生年譜》一卷，約六千八百字。内容主要爲兩部分。其一，記載劉統之率地方團練武裝堵截剿殺太平天國石達開部及滇黔各地民變武裝之事。其二，記載劉統之主政地方事務之宦績，如禁煙，興辦實業，發展地方教育等，是貴州力主向海外派遣留學生之大力宣導者。聶樹楷民國初年曾任興義高等小學堂（前身即劉統之首創之筆山

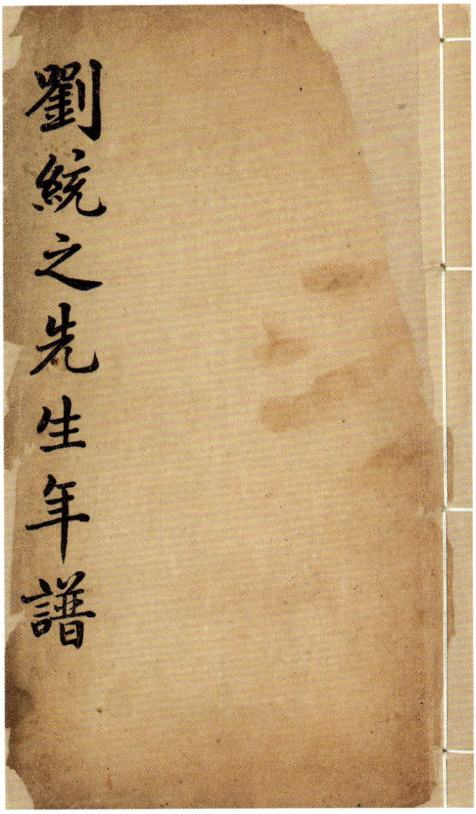

書院）教員、堂長，後爲劉統之之子貴州省省長劉顯世秘書，與劉氏淵源頗深。

本叢書據上海圖書館藏民國鉛印本影印。（王明析）

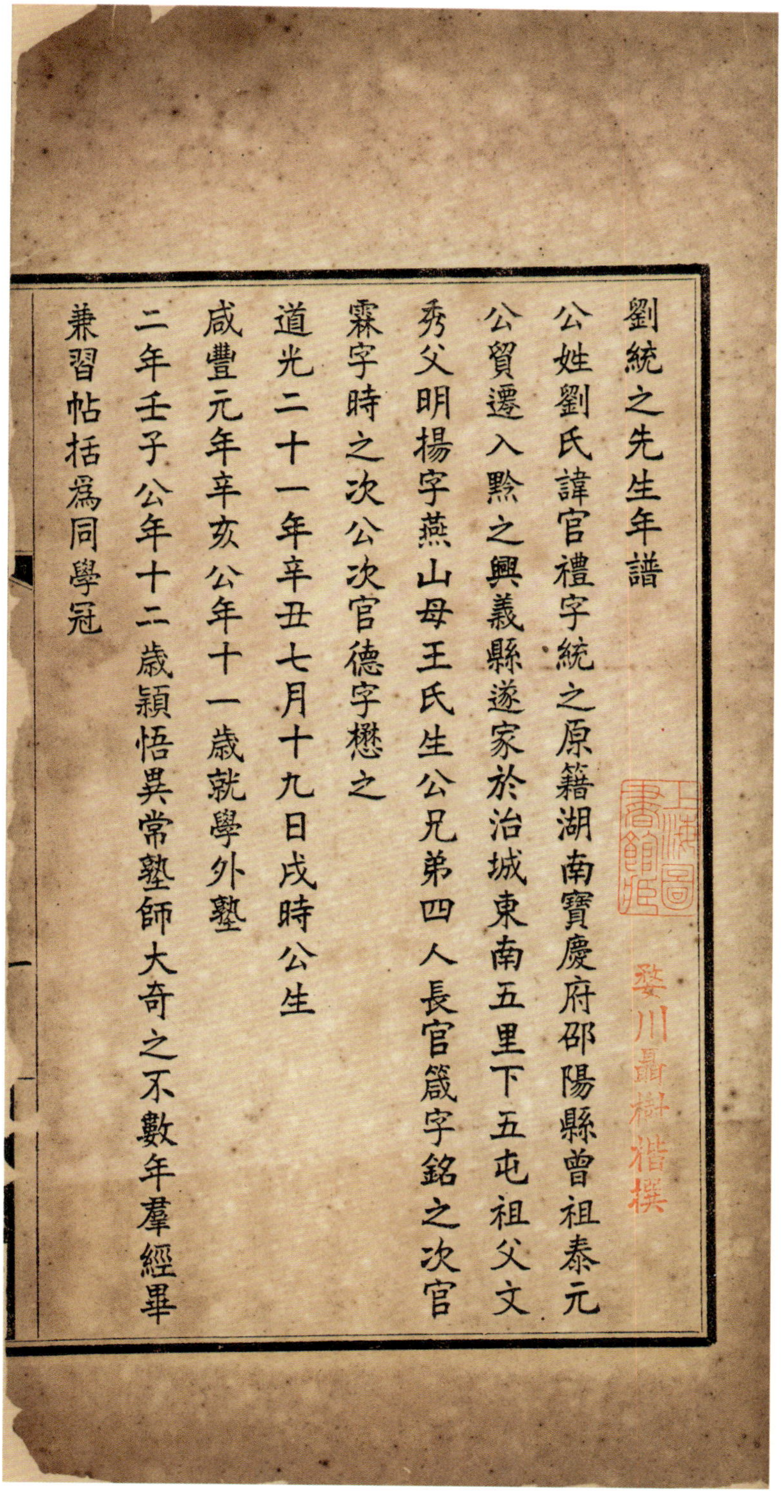

劉統之先生年譜

婺川聶樹楷撰

公姓劉氏諱官禮字統之原籍湖南寶慶府邵陽縣曾祖泰元公貿遷入黔之興義縣遂家於治城東南五里下五屯祖父文秀父明揚字燕山母王氏生公兄弟四人長官箴字銘之次官霖字時之次公次官德字懋之

道光二十一年辛丑七月十九日戌時公生

咸豐元年辛亥公年十一歲就學外塾

二年壬子公年十二歲穎悟異常塾師大奇之不數年羣經畢兼習帖括爲同學冠

鄭莫黎三先生事實徵輯不分卷

趙愷輯。趙愷生平見史部《鄭子尹先生年譜》提要。

民國二十五年，貴州省政府民政廳廳長曹經沅下令保護鄭珍、莫友芝、黎庶昌三先生墓，并規定每年農曆三月初十日（鄭珍生日）由地方官前往致祭。次年，遵義地區行政督察專員兼縣長劉千俊親往致祭，禮儀周備。劉千俊與駐遵義軍長郝夢麟又捐資在子午山建祭堂，置祭田。爲表彰三先生亮節高風，劉千俊特請趙愷輯録三先生事實，以便後人景仰。

此輯分别收録三先生傳記、墓誌、圖像、詩文序、贊銘、祭文等，彙編成册。

《鄭先生事實》除從《國史傳》、《續遵義府志》、詩文集中選録外，并抄寫兩件以往未刊之文章：一爲姚大榮《擬請都察院代奏請將故儒鄭珍從祀鄉賢呈文》，此呈文寫於清末，未及上報即遇辛亥革命；二爲趙愷《保護子午山始末》，對鄭氏後嗣之悲慘際遇有詳細記載，史料價值甚高。

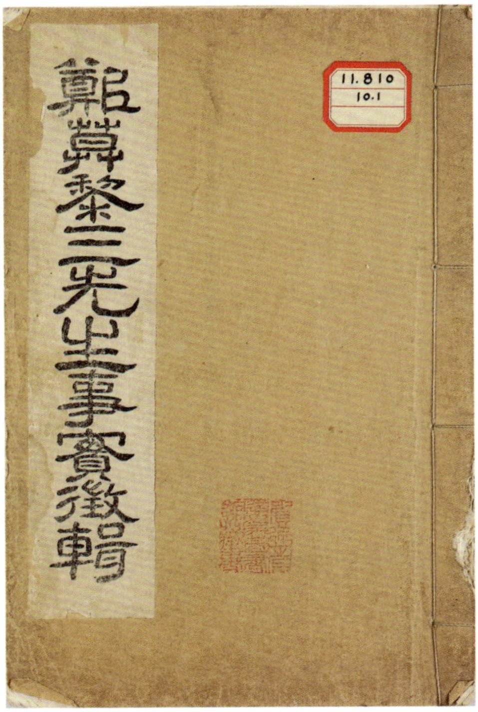

鄭莫黎三先生事實徵輯弁言

海内君子稱鄭莫黎三先生久矣滂鄭先生子尹黎先生蓴齋遵義人也莫先生子偲乃獨山而寄居遵義且弁其父貞定先生墓皆在縣東之青田山而與鄭先生之子午山黎先生之漁塘皆沿樂安江左右岸不五里間固宰木相望也惟向稱黎者乃其諸兄令稼以謚尊齋先生世論尤協焉是故山川靈秀之所發越俾三先生生長讀書樂道其間今又名墓相望是三先生之名永不可離而焜燿是邦也惟莫黎兩先生墓其後裔皆能守護鄭先生之後差零落不克自振故自來保護子午山之舉 恒皆得與聞之去年民政廳廳長曾君繼衛有保護三先生墳墓併祭掃之令定以每年鄭先生生日（舊曆三月初十日）由地方官親往致祭適本區行政督察專員兼縣長劉君靜盦下車伊始景仰同深時生日已過於後月補行之既至禮儀周備感及胝底於是遍田於子午之山於近居旨旨之侵犯者為約以禁止之於廬墓之脩理未竣者為謀欲助以補葺之

《莫先生事實》中，國史本傳、墓誌銘、詩序、别傳等大都刊刻，未刊者以莫祥芝所寫《清授文林郎先兄郘亭先生行述》爲難得資料。《黎先生事實》中，僅選録《續遵義府志》人物傳，黎汝謙《誥授資政大夫出使大臣四川川東道黎公家傳》、《祭蓴齋叔父文》及鄭珍《送黎蓴齋庶昌表弟之武昌序》等文章，未録及國史本傳。

三先生事實中，每人有畫像一幀，但未注明畫像人姓名。每像有《像贊》一篇，出自趙愷之手。鄭先生畫像之後，有曹經沅題《柴翁先生畫像》七律一首。

此書版本有二：一爲民國石印本，正文用毛筆小楷書寫，字迹清秀，被誤認爲抄本。此本目録及弁言之下鈐有『楊國麟』、『楊閣臣章』、『梅花草堂』等章。書末有『楊氏藏書』章。推知出於楊國麟書室。現藏於遵義市圖書館。另一部爲民國鉛印本，内容與石印本相同，畫像也與石印本同，曹經沅詩之字體亦同。石印本《弁言》之末，標明『丁丑二月遵義趙愷謹識』，説明石印本約印製於民國二十六年。本叢書據遵義市圖書館藏上述兩種底本影印。

（黄萬機）

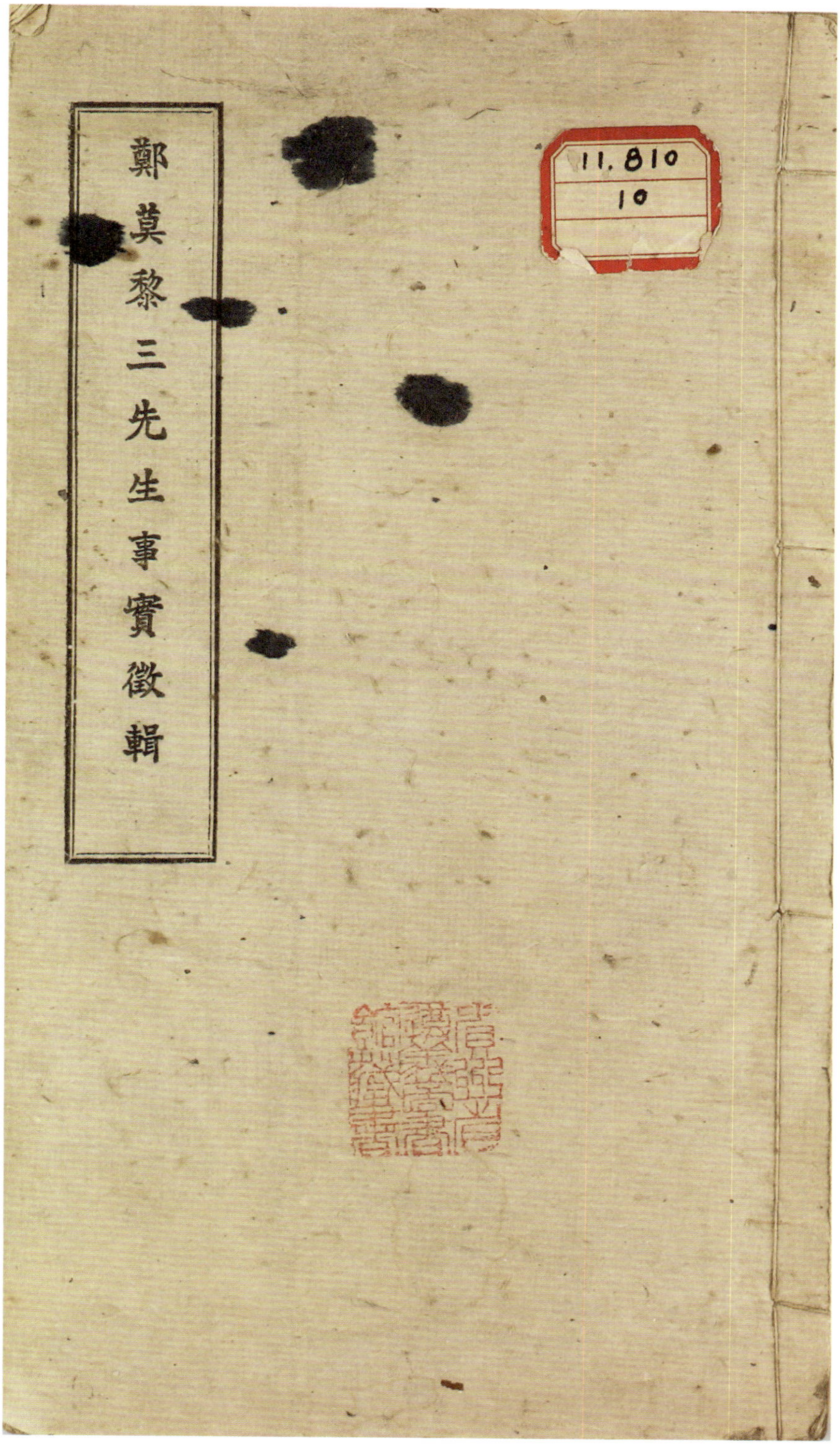
鄭莫黎三先生事實徵輯

尹道真先生暨配祀諸先賢事略一卷

佚名氏撰。本書收録尹公祠内供奉人物之小傳，計有尹珍、鄭珍、洪亮吉、雷廷珍、田秋、孫應鰲、陳法、馬廷錫、莫友芝、黎庶昌、李渭、申祐、艾茂、胡長新、黎培敬等十五人。

尹珍，字道真，東漢時期教育家，爲貴州省文化先驅之一。後人在省城貴陽扶風山建有尹道真祠，并逐漸添加鄉賢牌位作爲配祀。

本叢書據貴州省圖書館藏民國鉛印本影印。（龍先緒）

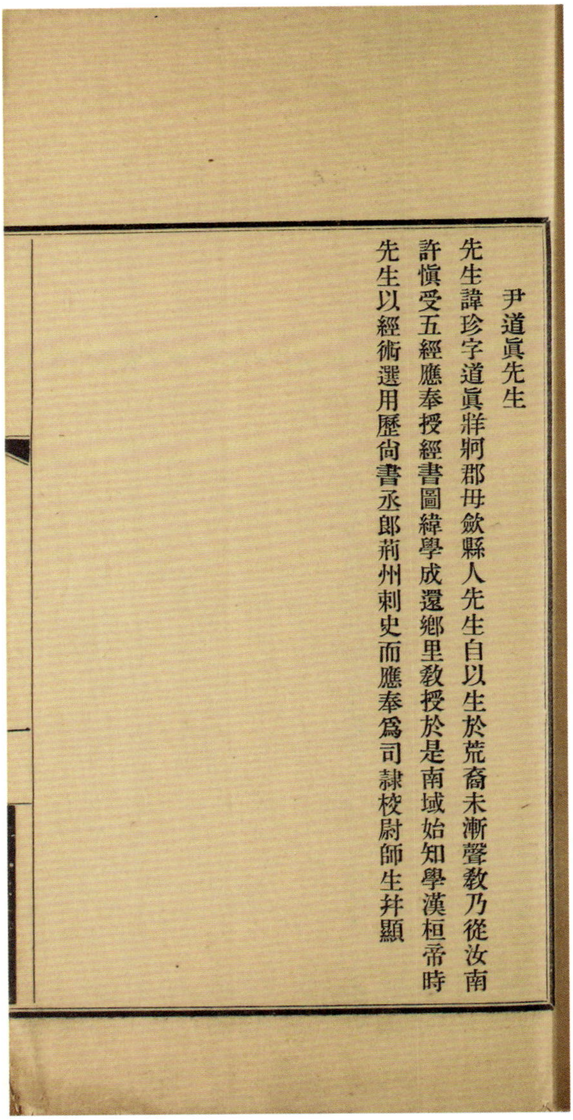
尹道眞先生
先生諱珍字道眞牂牁郡毋斂縣人先生自以生於荒裔未漸聲教乃從汝南
許愼受五經應奉授經書圖緯學成還鄉里教授於是南域始知學漢桓帝時
先生以經術選用歷尚書丞郎荊州刺史而應奉爲司隸校尉師生幷顯

附祀

尹公祠諸先賢事略列后

鄭子尹先生

先生諱珍字子尹晚號柴翁姓鄭氏遵義人道光五年選拔貢生受知於歙縣程侍郎恩澤益進求諸聲音文字之原與古宮室冠服車輿之制方是時海內崇尚考据名曰漢學從者波靡先生師承其說實是求事不立異不苟同卽已洞知諸儒之弊治經宗漢析理尊宋久之經術益大涵肆莫可憚詰十七年丁酉舉於鄉甲辰大挑二等凡三爲校官最後補荔波縣訓導未幾棄官歸同治二年癸亥經大臣密荐有詔赴江蘇以知縣補用之命未行而口疾作遂於次年九月十七日終於家春秋五十有九先生之學鴻肆而核辯經術所不能盡者益播爲詩古文辭以昌大之著有儀禮私箋八卷輪輿私箋二卷說文逸字二卷說文新附考六卷汗簡箋正八卷鄭學錄四卷巢經巢經說一卷巢經巢

蹇氏忠勤録一卷

蹇詵輯，黄彭年等撰。蹇詵（一八三五—一八九三），字子振、振士，號醒庵，貴州省遵義縣人，李蹇臣第三子。有才幹，初無意仕進，主持家政，後以兄功受例保同知，受四川省總督丁寶楨賞識，於清光緒年間任越雋廳、馬邊廳、江北廳同知。光緒十九年卒於四川江北廳任所。爲官能體察民情，爲民興利，教民紡織，又修孔廟，增學額，有循吏風。好詩文，著有《蹇氏忠勤録》、《齊民録》、《蒙養閨訓》、《集古録》、《醒庵詩鈔》、《醒庵家訓》等。能繪畫，尤喜畫山水。

黄彭年（一八二四—一八九〇），字子壽，號

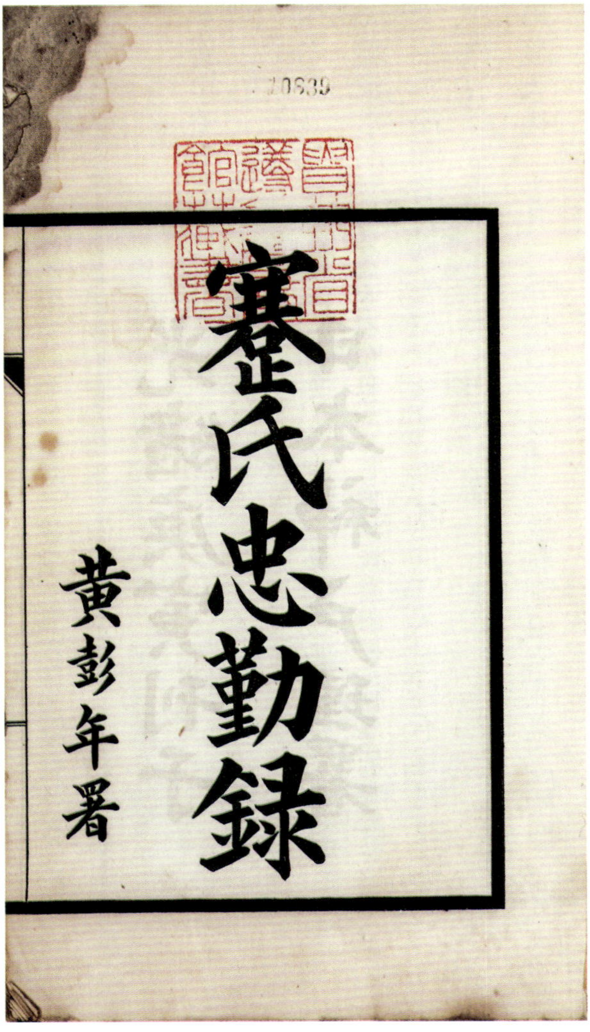

陶樓，晚號更生，貴筑縣（今貴州貴陽）人，清代官吏、學者。道光二十五年進士，授編修。同治元年入駱秉章四川幕府，鎮壓石達開軍，官至湖北布政使。嘗掌教關中書院、保定蓮池書院。又應李鴻章聘修《畿輔通志》。官至江蘇布政使。他知識淵博，閲歷極廣，著述較多，所纂修《畿輔通志》三百卷，考訂精詳，洵屬一流。地輿學專著有《東三省邊防考略》、《金沙江考略》、《歷代關隘津梁考存》、《銅運考略》等，有較高學術價值。詩文有《陶樓詩文集》、《紫泥日記》等。史學著作《二十一史提要》、《楓林黄氏家乘》。書畫有《達摩圖》立軸，貴州省博物館藏有一幅墨筆《壽佛圖》。著有文集《選將論》。

李蹇臣第三子蹇詵將與其兩兄長蹇謌、蹇誾相關之傳、墓表、家狀、上諭、國史館列傳、奏疏、詳文、公禀、墓誌、行略等彙輯成集，是爲《蹇氏忠勤録》。該集收輯黎庶燾撰《蹇謌傳》，黄彭年撰《蹇謌墓表》，蹇詵撰《家狀》，黎培敬擬寫《上諭》、黎培敬和吴棠分别擬寫爲蹇誾請功之奏疏三則，遵義縣知縣擬寫請爲蹇誾立傳詳文，彭山紳、茂州紳耆請爲蹇誾建立專祠之禀文，趙廷璜撰寫之《蹇誾墓誌銘》，黎庶昌光緒十三年撰寫之《蹇誾墓表》，蹇詵撰寫之《蹇誾行畧》，并轉録國史館列傳『蹇誾』條目。

蹇謌（一八二三—一八五五），字一士，貴州遵義人。道光舉人，選充教職。咸豐四年，助官軍鎮壓桐梓楊龍喜起義，以功保知縣加同知銜，次年戰死，年僅三十二歲。追贈道銜，世襲雲騎尉，准建專祠。蹇謌能詩工畫，其著述多毁於兵燹，僅詩集《秦晉遊草》刊行於世，鄭珍爲之作序。

蹇誾（一八二八—一八七三），字子和。清咸豐五年，由廪生襄佐戎幕，參與鎮壓太平天國起義，由知縣到四川布政使僅十一年時間，同治十二年病逝於重慶。著有《權彭平播援黔日記》六卷，《净庵雜著》二卷。

該本封面題：維伯珍閲。牌記：光緒庚寅刊於日本神户理署。

本叢書據遵義市圖書館藏清光緒十六年日本神户理署鉛印本影印。（朱純潔）

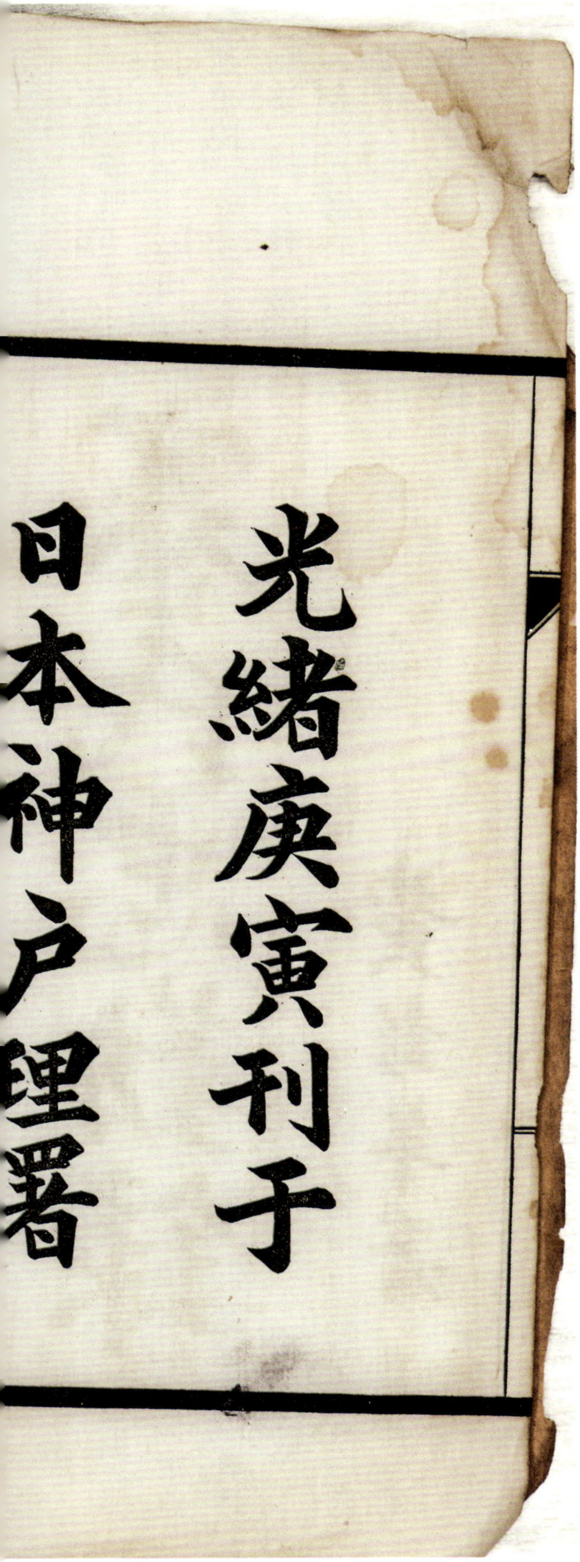

黎庶燾一士蹇君傳

君諱謌字一士遵義縣人明尙書忠定公義之裔今婺川縣教諭蹇臣公長子也君祖母唐夢神綳一嬰至而君生幼有殊稟厚重不佻比長喜讀史鑑諸經世書年十六補縣學弟子員中道光丙午鄉試舉人屢蹶於禮部以癸丑大挑得教職明年君還自京師適桐梓教匪楊龍喜作亂長驅出婁山關逼遵義太守朱公右曾要擊敗還賊遂以八月十六日圍城營郭外雷台山是時黔中治平久民老死不見兵革初遭寇亂衆洶洶欲潰獨君力言賊可擊於是人心稍定久之官兵漸集而賊亦日附城鄉聲息不通君首策郡東石盤頭爲

唐樹義日記不分卷

清唐樹義撰。唐樹義（一七九三—一八五四），字子方，貴州遵義人。嘉慶二十一年中舉，道光六年起任湖北天門、監利、江夏等縣知縣，繼升漢陽府同知、甘肅鞏昌府知府、蘭州道道員、陝西按察使、湖北布政使并代理巡撫。因與新任官員不合，道光二十九年以病爲由辭職。在貴陽客居三年後，咸豐三年奉命赴湖北參與攻打太平軍，十二月以二品頂戴補授按察使，專辦軍務。不久，留下遺書，命其子離去之次日，即正月二十三日，投江殉職。爲官多年，多德政，於鄉邦文化事業，亦多有資助。著有《夢硯齋遺稿》、《唐樹義日記》。

據《貴州古舊文獻提要目録》，《唐樹義日記》爲道光二十一年八月十七日至咸豐四年正月二十二日（即投江前一日）約十四年間之日記，其間偶有中斷，包括《北征記行》（二册）、《征西寧番》（一册）、《楚北旬宣録》（五册）、《歸田録》（六册）、《待歸草堂》（三册）等，共計十七册。

收入本叢書者僅爲『征西寧番』期間之一册，其餘未能獲見。開篇點明出征緣由：『西寧野番連年滋擾，逼近内地，沿邊百姓不堪荼毒。』日記起於道光二十三年二月二十二日，止於同年七月初十，主要記述作者隨軍期間撫理糧務之情況。

本叢書據貴州省博物館藏稿本影印。（曾祥銑）

道光二十三年二月廿二日總督大司馬長白富公以西寧野番連年滋擾，逼近內地，沿邊多難，不堪其毒，由於歷任尚姑息所致，必得大加創懲，乃擬請派甘標督及西寧撫標軍營衆兵二千分三路進勦，以樹義赴自西寧守辦兵撫理糧餉，定期於三月十一自蘭啟行，至本之地苦寒，方春積冰仍未消，雪深草枯，將士馬畜皆難深入，擬以春季到湟籌畫，常置夏初進兵，招為乘時故也

郘亭日記一卷

清莫友芝撰。莫友芝生平見經部《十先生中庸集解》提要。

該日記爲稿本一册，係莫友芝手書，現藏國家圖書館。起自清咸豐十年十二月二十三日壬午，終於咸豐十一年九月三十日乙卯，缺咸豐十一年正月一日至五月二十八日（按：所缺日記現藏中國臺灣『國家圖書館』）。中有與曾國藩等人之交往記録，可補史闕，如咸豐十一年九月初四記云：『食後見滌帥，共悼歎胡宫保之亡，滌公謂：「吾方致左季高書，有三語評此老曰：赤心以任國事，小心以處友朋，苦心以護諸將。」良然。』短短數十字，涉及曾國藩、胡林翼、左宗棠等人，極有史料價值。該册前有『长乐郑振鐸西諦藏书』印，係經鄭振鐸收藏。

本叢書據稿本影印。（張劍）

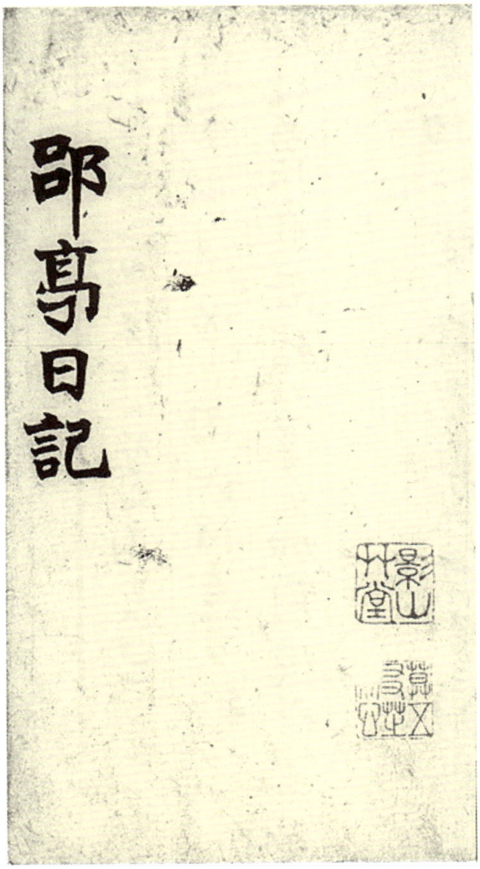

咸豐十年十二月二十三日壬午朝食後發懷寧縣廣
村行十五里至石牌宿携繩兒同闓錫三晋泉同小
舟霽復陰道濘不易進
二十四日癸未飯後雇小舟泝溪順風西南行三十里登岸
宿江家店順風隨洲路二里許經涔以四輪牛車運
行李過馬宗愚文照孝廉方正孫蓮青寶翊秀才舟
同泊洲渠留晚飯同宿
二十五日甲申立春陰雇西石舟泝大江上三十里泊
吉陽鎮東流縣地順風
二十六日乙酉陰順風泝行六十里至華陽鎮口登岸訪
閩海晴烽彩丞還舟冒雨泝溝路十五里至吉水鎮
泊向晚與錫三及繩兒登岸宿市人家大雨徹曉

郘亭日記一卷

清莫友芝撰。莫友芝生平見經部《十先生中庸集解》提要。

該日記爲朱絲欄稿本，分上下兩册。上册約二十葉，下册約二十三葉，每半葉十二行，行約二十至二十三四字不等，注文小字雙行。記咸豐十一年正月初一至五月二十八日事。時莫氏欲往祁門訪曾國藩，先過太湖謁胡林翼，道路未暢，胡遂留之幕中襄贊筆墨。後又往武昌撫署多桂園，校胡林翼《讀史兵略》。日記即記此一時期見聞，頗具史料價值。

本叢書據稿本影印。（張劍）

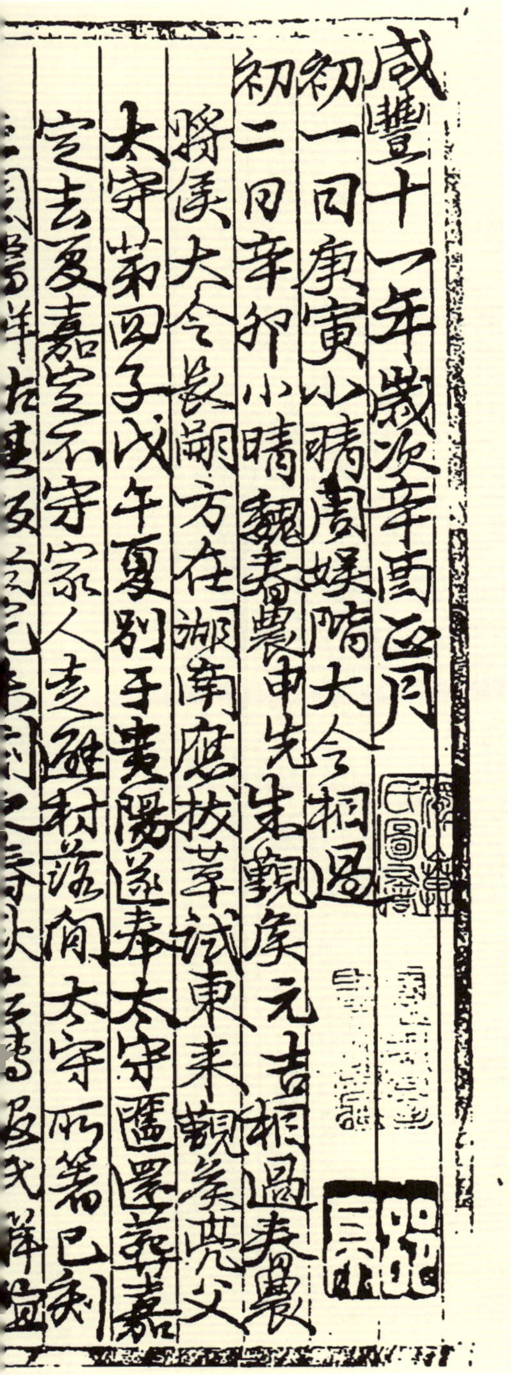
咸豐十一年歲次辛酉正月
初一日庚寅小晴
初二日辛卯小晴

初三日[illegible]陰，晚有微雨。[illegible]

初四日癸巳，食後飛雪數點，午晴。[illegible]
設善徵弟遣人至，云在石牌度歲，其間紳士留住一、二日，初五[illegible]當至。

初五日晴，甲午。到石牌，介侶石牌至，言子書、徵弟[illegible]
[illegible]一日。

初六日陰寒，微霰。食後善徵弟至，晚大雪，夜作書復陶[illegible]
庶甫、錦揚、逸裕、燮甫[illegible]乃不失書生氣，雜職之僅
見者，特處其不協官場耳。

初七日丙申，晨起雪積五六寸，程羲曰飛絲，二更乃止，
深一尺矣。作人日詩二首。

初八日丁酉，晴。作山家書寄魯弟[illegible]
望江人回，值雪。

郘亭日記不分卷

清莫友芝撰。莫友芝生平見經部《十先生中庸集解》提要。

該日記爲稿本二册，係莫友芝手書。半葉十行，行十三字左右。上册約八十葉，記同治五年五月廿九至同治六年十二月初七事，後列有丙寅六月至滬以來所收書目，約二百餘種，末附治疝氣藥方兩種。下册約四十四葉，記同治七年正月初一至九月二十八日事，後又雜抄所收書目數十種。多爲訪友尋書之見聞，具有一定史料價值。

本叢書據稿本影印。（張劍）

同治五年五月將爲江南諸郡遊續完採訪
兩閣全書公幹兼查核各儒學名
書院官書兵後有無存留適鎮江
輪船至彝兒請附乘先至滬
初四日癸亥晴黃少崑方伯索爲馮晉知白齋
墨刻作題跋爲書一紙張嘯山學博以
校刊史記與周縵雲侍御爭所據本
屬爲書申繇之太平明之王柯凌三本皆
可據唯閩王某二爲之附校乃善耳龍
若三邀家以其善船今乘至下關泊訪

蘭亭居士日記不分卷

清唐炯撰。唐炯生平見史部《援黔録》提要。

咸豐五年，唐炯自漢陽奉其父唐樹義遺骸返貴陽安葬。次年，『四月，營葬畢。時黔事日壞，欲爲避地計，乃以五月朔自家行，而蜀而秦。十一月至京師，報捐知縣，分發四川試用』（唐炯《成山老人自撰年譜》）。咸豐七年赴四川。

《蘭亭居士日記》爲唐炯於咸豐六至七年由黔赴川之日記，分上下兩册，上册由咸豐六年四月二十四日至九月二十八日，下册由咸豐六年九月二十九日至咸豐七年二月初七日。清寶硯齋抄本，藏清華大學圖書館，本叢書據此影印。

（曾祥銑）

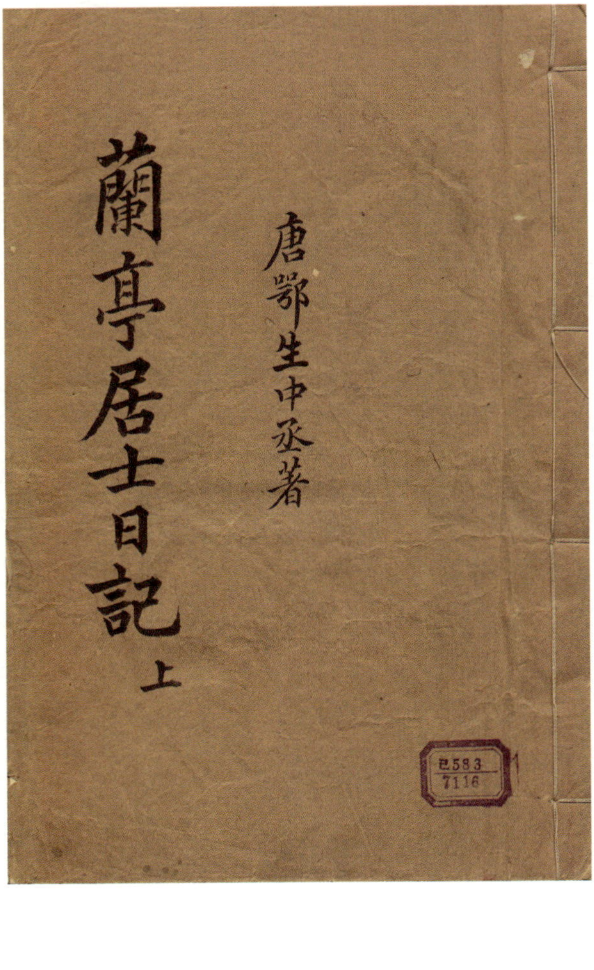

蘭亭居士將作四方之游以四月念四日赴成山告於大父　先君伯兄仲兄之墓召鄉人飲酒半父老子弟舉杯相勸四方多難行將何之孰若留以保我鄉里乎余辭以家計艱難父老復進曰姑少留吾曹醵金以相資余謝不敢當已而又言余曰父老子弟不各有父母妻子乎地方多故以備不虞不大勝資我耶父老子弟咸太息再拜去蓋余自計分不如人而當塗又非可共濟者急而求我緩則以勢相加淩余安能朝夕奔走伺候顏色耶與其異時決裂不若早自為計故思急求一官或得盡室而行不與若輩共命也

廿五日自成山歸家料簡行李晚黃子壽來言前從事已鄉徐

蹇念恒日記一卷

清蹇念恒撰。蹇念恒（一八五六—一九二〇），字仲常，貴州遵義人。蹇誾次子，短篇小説家、散文家、詩人蹇先艾之父，其妻爲翰林院編修、江蘇布政使黄彭年（貴陽人）之女黄淑昭。生於清咸豐六年，卒於民國九年。光緒十五年曾赴日本。光緒二十年中舉，光緒二十八年補四川越雋知縣，後遷任涪陵、松潘知縣。最後一任知縣任上，正值辛亥革命，某夜，當地少數民族群衆包圍縣城，火燒縣署，蹇携家小逃至成都，從此棄官歸里。著

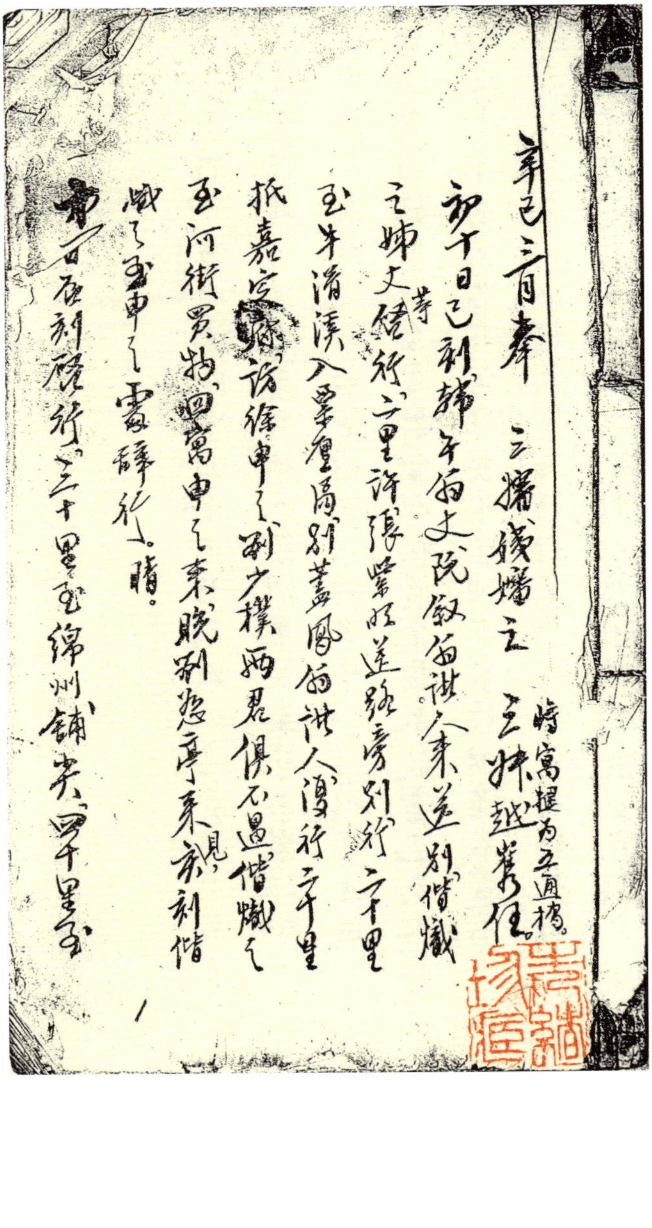

述有《歸田雜著》、《仲常詩稿》、《仲常日記》、《痛僕吟》等。

遵義市圖書館所藏《蹇念恒日記》稿本複印本一册，九十六葉，録蹇氏辛巳年（清光緒七年）三月至丙戌年（清光緒十二年）十二月日記。本叢書據此影印。（朱純潔）

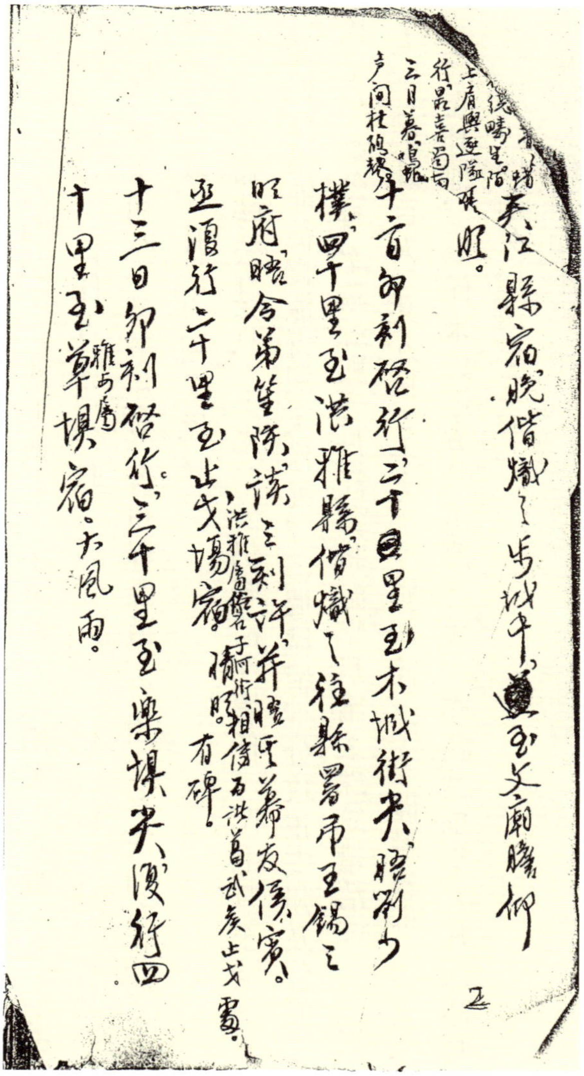
夾江縣宿，晚偕熾之步城中，遊至文廟瞻仰……

十二日卯刻啓行，二十里至木城街尖，晤劉少樸，四十里至洪雅縣，偕熾之往縣署，吊王錫之明府，晤令弟筌陔，談之刻許，并晤王幕友侯、黄。亟須行二十里至止戈壩宿（洪雅屬，管子衙所相傳為洪翁武侯止戈處，有碑）。

十三日卯刻啓行，三十里至樂壩尖，復行四十里至草壩宿（雅安屬）。大風雨。

遵義平匪日記一卷

空六居士撰。撰者生平不詳。

清宣統二年浙江錢塘(今杭州)人汪康年輯《振綺堂叢書初集》，收《獨山平匪記》、《遵義平匪日記》、《苗變紀事》及《南溪韓公年譜》，編爲《韓南溪四種》，是爲京師泉唐汪氏綫裝本，白紙原裝六册全。本叢書收録其中之《遵義平匪日記》。日記所記，爲咸豐四年韓超平楊龍喜事。韓超(一八四二—一八七八)，字寓仲，號南溪，直隸(今河北)昌黎縣人。道光十四年，中鄉試副貢，曾任直隸州判職。道光二十二年以軍功揀發貴州，任三角坉州同。後歷任獨山知州、懷遠知縣、黎平知府、貴州糧儲道、貴州按察使加布政使銜，賜『武勇巴圖魯』稱號，授二品頂戴，升任貴州巡撫。

《遵義平匪日記序》云：『予隨韓公赴省，上憲飭公仍履清江署任。閏七月至清。八月十六日，接到巡撫飛檄，知桐梓縣匪徒楊龍喜糾衆作亂，占據城垣，分攻正安州及仁懷、綏陽、安南、普安等縣。仁懷復失。飭公身率親練與署丹江參將游擊烏爾滚珠統帶清江、鎮遠、台拱、丹江四營兵八百五十人，合親練百人，共九百五十人，往剿桐梓，中途聞遵義郡城緊急，又連接該郡文移敦請救援，遂先赴郡，以保未失地方。川滇之兵，亦陸續畢集，凡八閲月而事平。予逐日紀載，彙成一編，以備久而遺忘云爾。』

本叢書據貴州省博物館藏清宣統鉛印本影印。(王任索)

遵義平匪日記

空六居士撰

楊應龍之裔楊龍喜居桐梓之九壩場性狡桀見天下多故武備廢弛陰蓄異志豢養健兒操習兵械聞獨山變起遂於甲寅八月舉事先據桐城次陷仁懷安南普安各縣城分兵駐守煽脅日衆分黨攻圍綏陽正安自以大股精銳攻圍遵城紮營雷台山及大因保距城僅數里城外丁字口鳳朝關一帶十里大街民房亦皆爲賊所據欲攻取遵城以窺貴陽先是遵義文武敗績於婁山關狼狽奔回賊乘勢逐北直造城下陶令（履誠）等率衆出城接仗官軍大敗陶令與遊擊某同時陣亡自此賊燄益張官軍不敢復出人心震恐岌岌可虞

韓公（超）奉調與烏遊擊統帶四營兵丁赴桐因遵義告急改赴遵義八月二十六日行至團溪水與烏遊擊及各營弁兵會合先因各營奉文在先韓公奉文在後是以於八月十八日自清江起程李千總率清營於十七日起程韓公函約烏遊擊與各營務於中途相候會齊前進並以此意囑李弁面致烏不肯候獨率四營而前比至團溪水聞前路賊沮懼而繞行聞亦有賊復走他途如是者三卒無可行處各弁謂

勘處播州事情疏一卷

明何喬新撰。何喬新（一四二七—一五〇二），字廷秀，號椒丘，又號天苗，江西廣昌盱江鎮人。景泰五年進士，初授南京禮部主事，歷任刑部主事、廣東司郎中、河南按察使、湖廣右布政使、右副都御史，山西巡撫兼提督紫荆、雁門、居庸三關要塞，左副都御史、刑部尚書，贈太子太保，謚文肅。何喬新對哲學、文學、史學皆有研究，藏書達三萬多卷，皆手自校勘。著述有《椒丘文集》四十四卷，收入《四庫全書》集部别集類；《周禮集注》七卷，《策府群玉》三卷，皆存目於《四庫全書總目》，輯有《百將傳續篇》、《勳賢琬琰録》、《宋元史臆見》、《文苑群玉》、《唐律群玉》等。其《勘處播州事情疏》收入明人沈節甫《紀録彙編》第五十一卷。

《勘處播州事情疏》，計約二萬一千四百餘字，對於大臣之奏章而言，可算長篇大文。全文後有校正、對讀、覆訂等官員，也可看出作者對此奏章之重視。該奏章主要内容是明廷任命何喬新與錦衣衛指揮劉

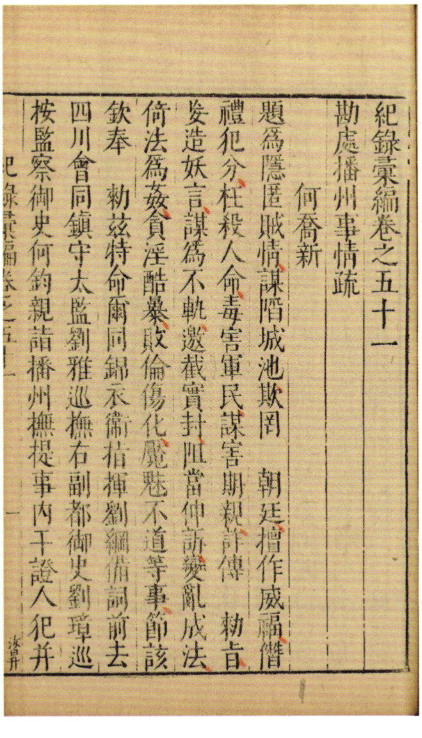
紀録彙編卷之五十一
勘處播州事情疏
何喬新
題爲隱匿賍情謀陷城池欺罔　朝廷擅作威福僭禮犯分枉殺人命毒害軍民謀害期親許傳　勅旨妄造妖言謀爲不軌邀截實封阻當伸訴變亂成法倚法爲姦貪淫酷暴敗倫傷化魘魅不道等事節該欽奉　勑茲特命爾同錦衣衛指揮劉綱備詞前去四川會同鎮守太監劉雅巡撫右副都御史劉璋巡按監察御史何鈞親詣播州撫提事内干證人犯并
紀録彙編卷之五十一　一

綱、太監劉雅、巡撫右副都御史劉璋、巡按監察御史何鈞一同前往四川播州（時播州屬四川布政使司），勘察播州自宣慰使楊愛、宣撫楊友、都指揮楊綱、參政謝士元、副使翟庭蕙及以下土官土吏等人『隱匿賊情，謀陷城池，欺罔朝廷，擅作威福，僭禮犯分，枉殺人命，毒害軍民，謀害期親，詐傳敕旨，妄造妖言，謀爲不軌，邀截實封，阻當伸訴，變亂成法，倚法爲奸，貪淫酷暴，敗倫傷化，魘魅不道等事』，以及由何喬新在勘察後撰寫的對每項事情的調查、處理意見。該奏章前面爲皇帝發出或批示的諭旨及都察院的請示等，之後即何喬新上奏的自景泰、天順至成化年間播州各種狀況，并涉及對播州歷史的叙述，以及所調查楊愛、楊友起隙，下屬貪贓枉法等案件情況，全部奏章内容已不是單純之處理犯罪意見，除瞭解何喬新等人處理播州楊友、楊愛起隙之來龍去脉外，可説是一篇播州數十年之情況彙報，可作爲研究明中葉播州歷史之重要參考材料。

本叢書影印之底本有二：上海圖書館藏明萬曆刻本，貴州省博物館藏清抄本。

（王任索）

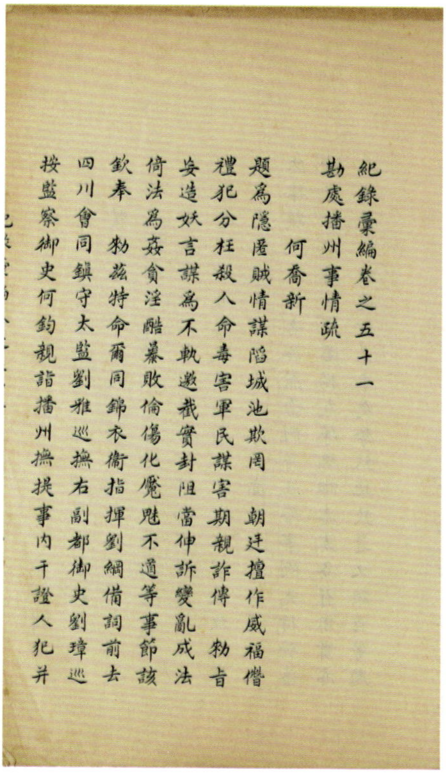
紀録彙編卷之五十一
勘處播州事情疏
何喬新
題爲隱匿賊情謀陷城池欺罔朝廷擅作威福僭
禮犯分枉殺人命毒害軍民謀害期親詐傳敕旨
妄造妖言謀爲不軌邀截實封阻當伸訴變亂成法
倚法爲姦貪淫酷暴敗倫傷化魘魅不道等事節該
欽奉敕茲特命爾同錦衣衛指揮劉綱備詞前去
四川會同鎮守太監劉雅巡撫右副都御史劉璋巡
按監察御史何鈞親詣播州撫捵事内干證人犯并

川貴總督王議處播州地界疏略一卷

明王象乾撰。王象乾（一五四六—一六三〇），字子廓，號霽宇，山東新城（今桓臺）人。明隆慶五年進士。官至兵部尚書。

萬曆二十九年，即平播次年，王象乾以川貴總督兼四川巡撫繼李化龍經理播地善後事宜。《川貴總督王議處播州地界疏略》（以下簡稱《疏略》）即爲處理播地與水西土司地界之建議。《疏略》包括萬曆三十年九月二十六日及十二月十二日之兩份奏疏。

前者開篇即表明支持李化龍《播州善後事宜疏》中『正疆域』一款之主張：『今既改土爲流，自當清查疆域，永杜争端。原係播州者，歸我級（應爲版）圖，原係水西者，歸之奢安，勒石立界，永爲遵守。』陳述水西此前侵占播州部分土地這一清查結果之後，闡釋了應盡數歸還之五條理由：『一曰祖宗之舊制必不可紊』、『二曰朝廷之威令必不可褻』、『三曰土夷之心必不可啓』、『四曰新府之藩籬必不可撤』、『五曰錢糧之公費必不可缺』。

王象乾之建議受到反對者之指責，兵部亦批復『務行朝廷柔遠安民德意』，不同意收回水西安疆臣所占之地。十二月十二日奏疏中，王象乾再申己見：『諸臣之所以責臣者，大率謂臣督令疆臣退地，恐致啓釁招尤，疆臣征播有功，不應伏與索地。』『竊謂疆界不明，争端常在，功罪不定，議論煩興，即欲柔遠安民以仰付皇上之盛心，不能也。』疏中列舉若干事例駁斥『疆臣征播有功』，指出名爲參與征播，實爲衛護楊應龍。反復强調若不收復侵地，將『德與威兩失』。後於天啓年間果然發生奢安之亂。

本叢書據國家圖書館藏抄本影印。（曾祥銑）

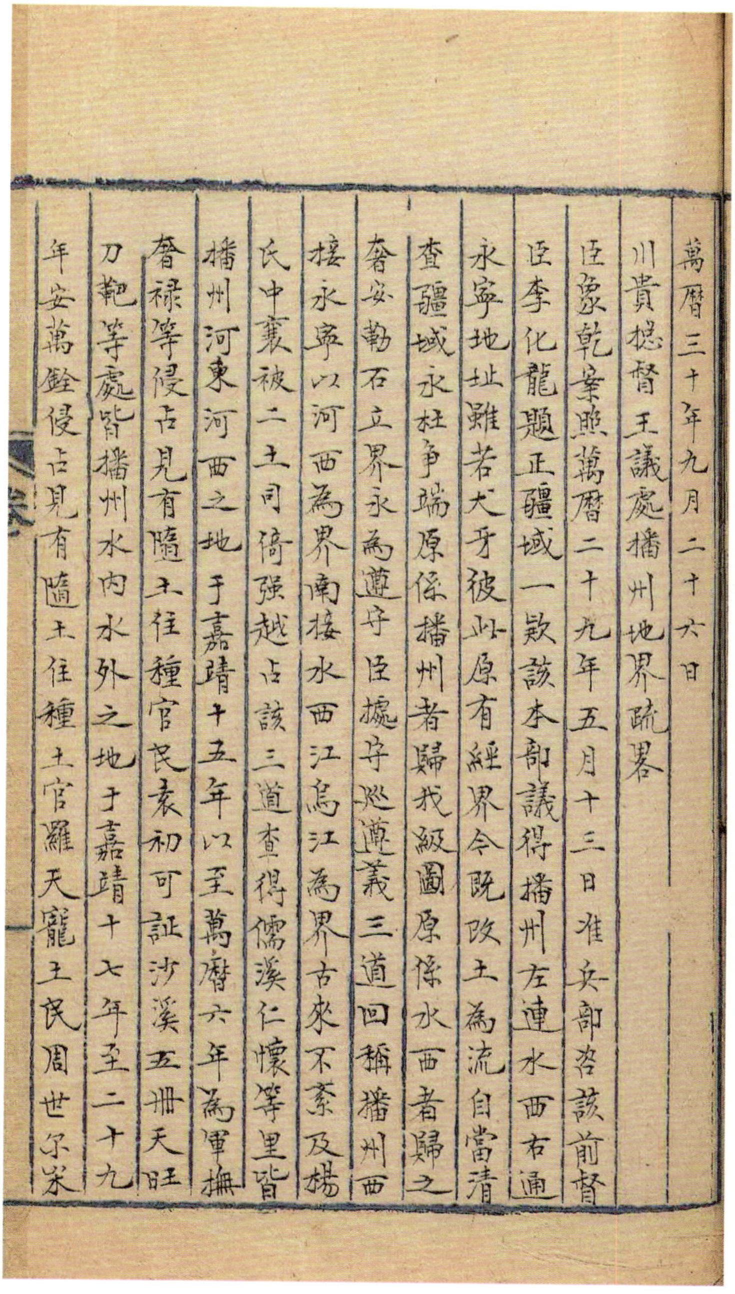

萬曆三十年九月二十六日

川貴總督王議處播州地界疏略

臣象乾案照萬曆二十九年五月十三日准兵部咨該前督臣李化龍題正疆域一欵該本部議得播州左連水西右通永寧地址雖若犬牙彼此原有經界今既改土爲流自當清查疆域永杜爭端原係播州者歸我版圖原係水西者歸之奢安勒石立界永爲遵守臣據守巡遵義三道回稱播州西接永寧以河西爲界南接水西江烏江爲界古來不紊及楊氏中衰被二土司倚强越占該三道查得儒溪仁懷等里皆播州河東河西之地于嘉靖十五年以至萬曆六年爲軍撫奢祿等侵占見有隨土住種官民袁初可証沙溪五冊天旺刀靶等處皆播州水内水外之地于嘉靖十七年至二十九年安萬銓侵占見有隨土住種土官羅天龍土民周世尔采

少師朱襄毅公督蜀疏草十二卷

明朱燮元撰。朱燮元生平見史部《蜀事紀略》提要。

天啓元年九月，永寧土司奢崇明及子寅舉兵反明，占重慶，攻合江，攻瀘州，陷遵義，連下川中四十餘州縣，進圍成都。時燮元爲四川布政使，將離任而蜀王舉薦，受命戡亂，解蓉城之圍，復四十餘州縣。天啓三年五月，四川明軍及石柱秦良玉土司兵攻破藺州，崇明父子遁入水西，與上年呼應反明之土官安邦彦合，兵勢復振，黔撫王三善戰歿。崇禎元年，朝廷復命燮元以兵部尚書督雲貴湖廣軍務兼撫貴州，二年八月，永寧之戰大敗奢安聯軍。亂平，撫綏川黔邊地及相鄰土司；經略水西，沿烏江中上游建城池三十六座，修郵亭，建倉庫，行軍屯，修驛道一千六百餘里，加强了水西等地與外界聯繫，促進了貴州之發展。崇禎十一年卒於任。

燮元於平奢後即自撰《蜀事紀略》一卷，以十二件事概述平奢經過；又將督蜀、督黔疏草數百道鏤板，擬刊行，值明清鼎

革，毁於兵燹。清康熙後期，曾孫人龍從弟世衛處抄得《督蜀疏草》原本，依年月編次，列十二卷，刻鏤將竣而復毁於火。人龍重刻至三卷未竟，子源星（燮元玄孫）繼竟其志，於清康熙五十九年七月刻畢。浙江巡撫采進，編入《四庫全書》。

全書十二卷，收載朱燮元天啓二年二月至天啓五年九月親撰奏章一百八十九道，前有四川等處承宣布政使司左布政使林宰、四川等處提刑按察司提督學政布政司右參議兼僉事來復兩序，後爲督蜀期間上奏平奢戰事及相關軍政活動奏章，是研究晚明歷史之重要文獻資料。

本叢書據上海圖書館藏清康熙五十九年刻本影印。

（劉一鳴）

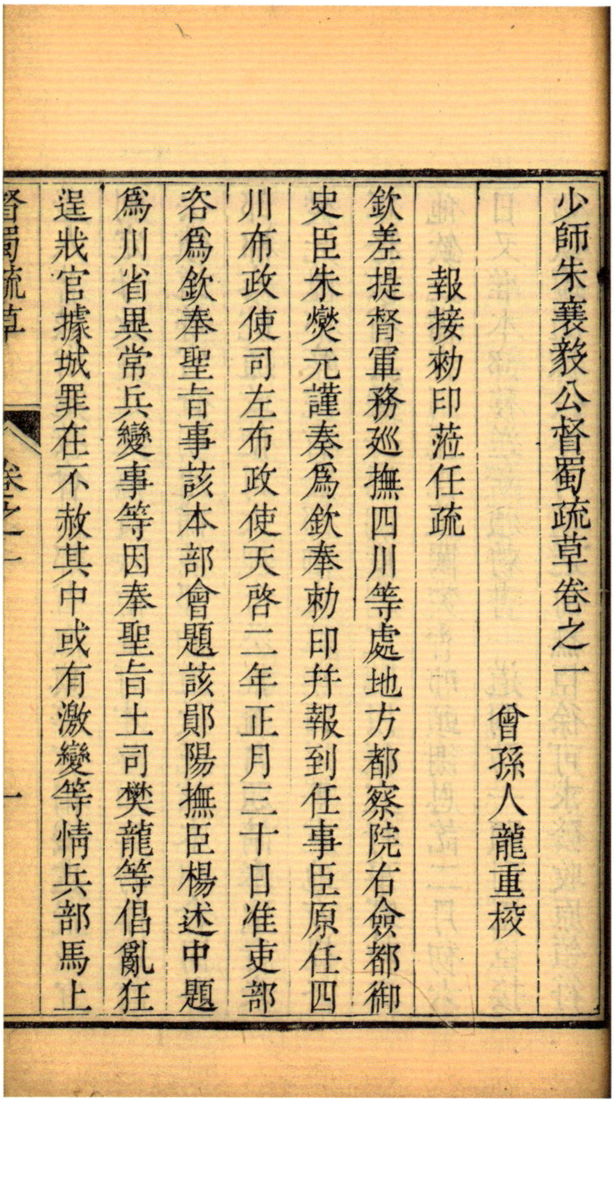
少師朱襄毅公督蜀疏草卷之一

曾孫人龍重校

報接勑印蒞任疏

欽差提督軍務巡撫四川等處地方都察院右僉都御史臣朱燮元謹奏爲欽奉勑印并報到任事臣原任四川布政使司左布政使天啓二年正月三十日准吏部咨爲欽奉聖旨事該本部會題該鄖陽撫臣楊述中題爲川省異常兵變事等因奉聖旨土司樊龍等倡亂狂逞戕官據城罪在不赦其中或有激變等情兵部馬上

督蜀疏草　卷之一　一

少師朱襄毅公督黔疏草十二卷

明朱燮元撰。朱燮元生平見史部《蜀事紀略》提要。

清康熙五十五年，朱燮元曾孫朱世衛原藏有《督蜀疏草》，後又從劉宗周後人處獲得《督黔疏草》。其兄朱人龍將《督蜀疏草》和《督黔疏草》各分爲十二卷刊刻，版初成，因刻工不慎，造成火災而毁。康熙五十九年，其玄孫朱源星組織重刻。《督蜀疏草》收入《四庫全書存目叢書》、《續修四庫全書》，《督黔疏草》未收入。

《督黔疏草》十二卷，共收入明崇禎二年四月初三日至十年八月十六日朱燮元任欽差，總督貴州、四川、湖廣、雲南、廣西軍務，兼督糧餉，巡撫貴州、湖北、湖南、川東偏沅等處地方少保、兵部尚書兼都察院右都御史期間，平奢安土司、邊鄰土司之亂及黔省改土歸流、清理疆界、恢復生産等一百三十道奏疏，是瞭解和研究黔、川、滇、桂歷史發展之重要文獻資料，具有重要史料價值及學術價值。

本叢書據上海圖書館藏清康熙五十九年刻本影印。（劉一鳴）

少師朱襄毅公督黔疏草卷之一

曾孫人龍重校

入黔報代疏

欽差總督貴州四川湖廣雲南廣西軍務兼督糧餉巡撫貴州湖北湖南川東偏沅等處地方少保兵部尚書兼都察院右都御史臣朱燮元謹奏爲入黔受代恭謝天恩事崇禎元年九月十一日臣守制在籍接得浙江按察司咨奉吏部咨爲缺官事該本部等衙門會題奉聖旨是朱燮元起兵部尚書兼都察院右都御史總督

朱少師奏疏鈔八卷

明朱燮元撰。朱燮元生平見史部《蜀事紀略》提要。

朱燮元五世孫源星將朱燮元督蜀、督黔疏草整理分刻爲各十二卷，共二十四卷。以版留家塾，另抄一百三十餘疏合《蜀事紀略》編成八卷，并在林宰、來復兩序後增入倪元璐撰《恒嶽朱公行狀》及劉宗周撰《恒嶽朱公墓誌銘》，刊印爲《朱少師奏疏鈔》。是書卷一爲《蜀事紀略》，前有朱燮元自序，後爲記川省平定奢崇明、安邦彦叛亂十二件事之梗概。卷二、三、四、五爲撫蜀、督蜀疏，收載平奢崇明反叛及善後之系列奏章。卷六、七、八爲督黔疏，收載平定貴州安邦彦反叛及平定後處置水西安氏和關聯之滇東、桂北等大小土司之奏章。該書爲研究明末西南歷史之重要文獻資料。

《四庫全書存目》收録《朱少師奏疏鈔》八卷，有提要。

本叢書據清雍正十一年刻本影印。（劉一鳴）

朱少師奏疏鈔卷一

蜀事紀畧

蜀三面濵苗用武之地也泰寧日久軍政徒空籍藩惟是二三幺麽狎為前驅漸狎漸驕漸不可問養癰而潰勢所固然知者見於未萌業已殺官殺士擅治兵相攻罔兩窮奇豈其屬厭而當事者百無一備不便開端蜀又甚厭兵即播州之役猶謂貪功建南鵰剿久格不賞若言奢氏父子反誰其信者醞釀至於今日草菅數百萬灰燼數千里川四巴三幾成鳥有實洪荒以來未有

黎蒓齋先生手稿一卷

清黎庶昌撰，祝生録。黎庶昌生平見經部《春秋左傳杜注校勘記》提要。

此清抄本收録黎庶昌同治元年《上穆宗皇帝書》及清廷有關此上書事件前後之全部文件，爲事件原貌之完整呈現。計有：同治元年七月二十八日求言詔，黎庶昌《上穆宗毅皇帝書》，都察院左都御史載齡奏聞請旨摺，九月初十日上諭，黎庶昌《上穆宗毅皇帝第二書》，載齡遵旨代奏摺，十月初八日上諭，黎庶昌辭官疏，十月十八日上諭，陝西道監察御史吕序程『爲以言用人，應請俟試行有效，然後擢用，以重名器而杜倖進』摺，同治元年十月二十一日兵部寄曾國藩火票，十月二十八日上諭，同治五年九月二十四日黎庶昌禀呈曾國藩請假回鄉丁憂片，同治六年二月十二日報明丁憂到籍日期申文，曾國藩任直隸總督奏黎庶昌仍留江蘇片。有朱筆標點。該書

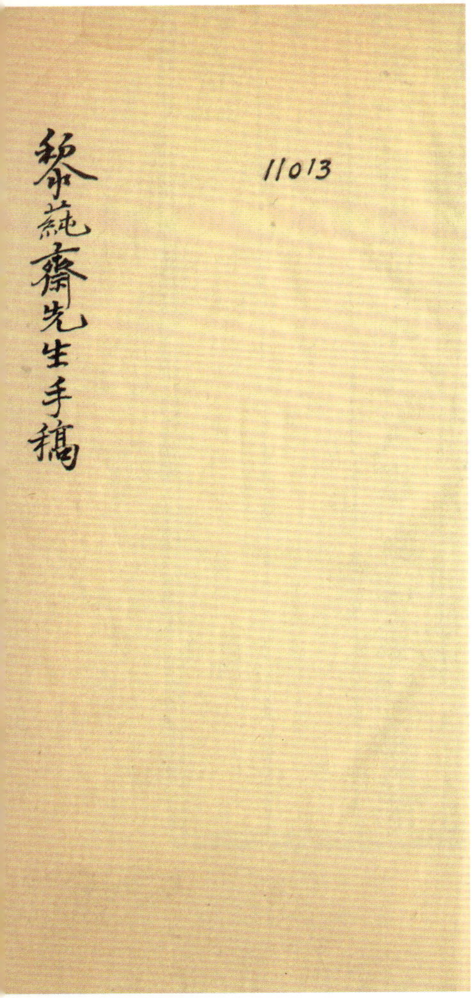

稿三十九葉下、四十葉上中縫有『十月初八燈下録，祝生』字樣。祝生，名黎汝華，黎兆普第四子，字茂甫，號祝生，黎庶昌從侄。首葉有朱啓鈐『紫江朱氏存素堂所藏圖書』印。書名『手稿』應爲『奏稿』之誤。現藏國家圖書館，本叢書據以影印。

（黎鐸）

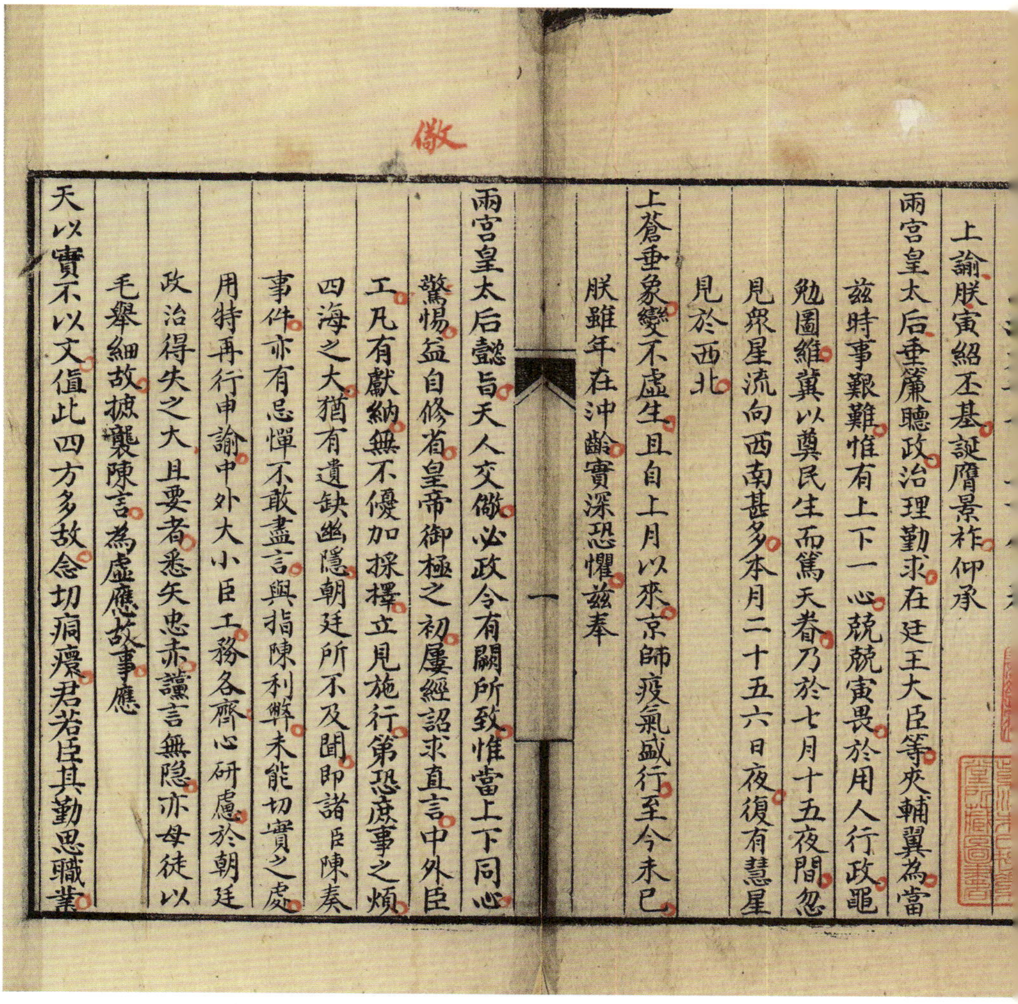

上諭朕寅紹丕基誕膺景祚仰承
兩宮皇太后垂簾聽政治理勤求在廷王大臣等夾輔翼為當
茲時事艱難惟有上下一心兢兢寅畏於用人行政罔
勉圖維冀以奠民生而篤天眷乃於七月十五夜間忽
見衆星流向西南甚多本月二十五六日夜復有慧星
見於西北
上蒼垂象變不虛生且自上月以來京師疫氣盛行至今未已
朕雖年在沖齡實深恐懼茲奉
兩宮皇太后懿旨天人交儆必政令有闕所致惟當上下同心
警惕益自修省皇帝御極之初屢經詔求直言中外臣
工凡有獻納無不優加採擇立見施行第恐庶事之煩
四海之大猶有遺缺幽隱朝廷所不及聞即諸臣陳奏
事件亦有忌憚不敢盡言與指陳利弊未能切實之處
用特再行申諭中外大小臣工務各齊心研慮於朝廷
政治得失之大且要者悉矢忠赤讜言無隱亦毋徒以
毛舉細故摭襲陳言為虛應故事應
天以實不以文值此四方多故念切痌瘝君若臣其勤思職業

黎蒓齋星史文稿一卷

清黎庶昌撰。黎庶昌生平見經部《春秋左傳杜注校勘記》提要。

此爲清抄本，雜抄黎庶昌之上書、奏摺、論學、遊歷西洋記、尺牘、墓誌銘等。其中，著名的《上穆宗毅皇帝書》（附上諭），乃黎氏初出茅廬之作，痛陳天下之弊，并提出挽救之道，得清廷青睞，特賞知縣，發曾國藩大營委用。光緒十年五月二十四日奏摺建言急練水師、及早興建鐵路、整修街道、優禮各國公使、保護商務等。《奉使倫敦記》、《卜來敦記》、《巴黎大賽會紀略》則記録黎氏赴英、法任外交官時之見聞。

本叢書據上海圖書館藏清抄本影印。（黎鐸）

治道

廩貢生臣黎庶昌謹稽首頓首惶恐上言

皇帝陛下臣愚伏讀七月二十八日星變
詔書勤求中外直言特開忌諱冀聆幽隱遺闕仰見
皇上寅畏
天命勵精圖治之至意臣竊幸
詔書一下必有直臣烈士披瀝肝膽昌言讜論侃侃諤諤指陳
利害以聳動
天聽為一代除積弊為萬世開太平為國家固根本為生人振
氣節上以回
天變下以盡人事乃涉月踰旬而王公宰相無有言者督撫大吏

光緒八年黎任文稿簿不分卷

清黎汝謙輯。黎汝謙生平見史部《華盛頓全傳》提要。

光緒八年六月，清廷駐日本神户領事馬建常因胞兄病重，請假回國省視，清廷駐日本欽差大臣黎庶昌即委任黎汝謙代理神户領事。黎汝謙於光緒八年六月二十八日到任，即照會兵庫縣森剛、神户始審裁判長赤堀、神户裁判所檢事吉田、神阪税關長穎川、大阪府知事建野、代理大阪裁判長津村、大阪控訴裁判長清岡、大阪裁判檢事長今井及法、英、德、美、丹麦、檀香山、卑兒漸署神户領事，告知『本日起，所有本署事件概歸本領事管理』。從六月二十八日始，至同年十二月十六日止，文稿簿共録存與神户各地方機構及各國領事間之照會八十五通，內容多涉及在日經商之中國僑民與日本或其他各國僑民之經濟糾紛案件，爲不可多得之瞭解清末領事館工作性質及交涉情況之資料。

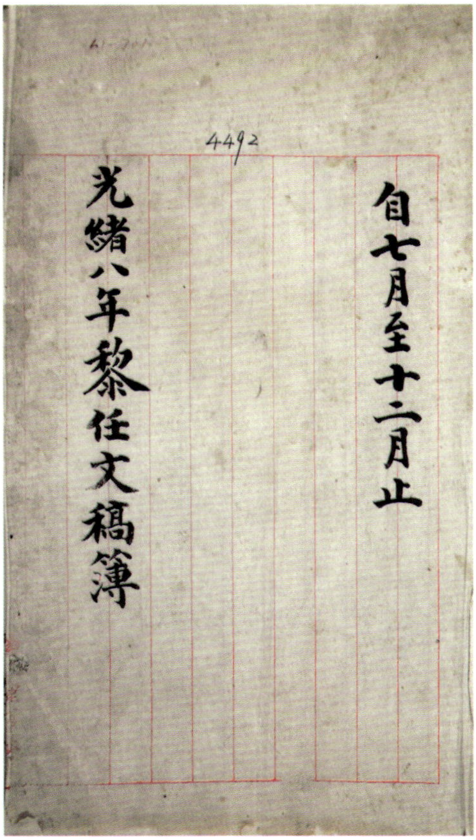

是書封面題『光緒八年黎任文稿簿』，附題『自七月至十二月止』，稿本，無收藏印，現藏貴州省圖書館。本叢書即據此原稿影印。（黎鐸）

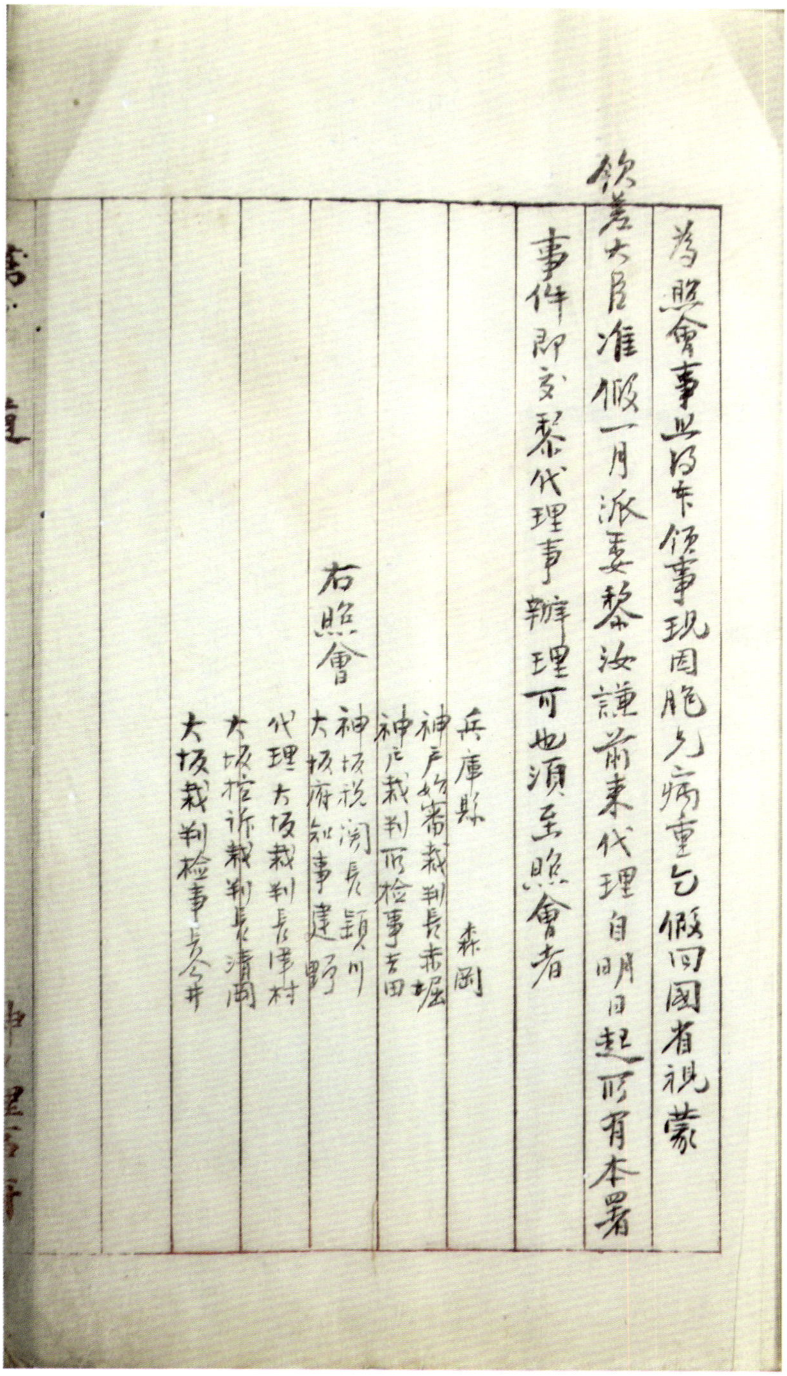
為照會事照得本領事現因胞兄病重乞假回國省視蒙
欽差大臣准假一月派委黎汝謙前來代理自明日起所有本署
事件即交黎代理事辦理可也須至照會者

右照會
兵庫縣 森岡
神戶始審裁判長赤堀
神戶裁判所檢事吉田
神戶税關長顕川
大坂府知事建野
代理大坂裁判長津村
大坂控訴裁判長清岡
大坂裁判檢事長今井

表貞彙言一卷

該本係旌表貞女李氏之題聯詩文彙輯，輯者不詳。

李氏，女，湄潭縣永興場人，父、兄早逝，唯與母、弟相依爲命，及笄，適楊姓。迎親之日，適逢匪亂，夫家慘遭屠戮，無一人幸存。人勸其改嫁，不爲所動，以養母育弟爲務，不畏辛勞，守貞如一，爲時人所敬，皆呼曰『李貞姑』，年七十餘乃逝。獲朝廷恩准，得以建坊。其弟不負姊望，授國子監太學生。爲表彰貞女，諸名公贈送對聯、詩文、序記若干，輯爲此册。

該書凡四十葉，封面題『表貞彙言』，前爲有關請旌的官方文書。以下依次爲思南廪生杜廷煇《表貞彙言小序》，湄潭知

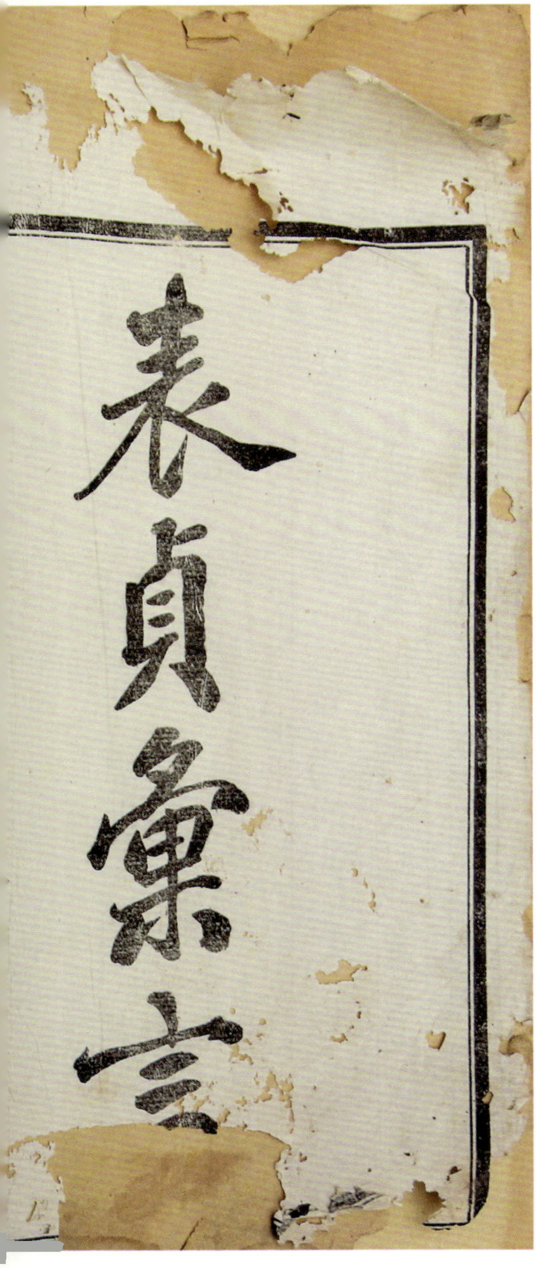

縣王人文等撰『坊題』七副，婺川知縣鄒瑞俊等撰『坊聯』六副，詩二首，文有乙丑恩科舉人揀選知縣思南嚴寅亮所撰『坊記』、湄潭舉人周永年撰『坊序』、癸丑科舉人揀選知縣廖襲華撰《李貞姑六十壽文》、署理普安知縣儲先登撰《贈李貞姑七秩壽叙》、思南附生杜衡撰《賀建坊屏序》、貴陽府學教授歐陽曙撰《贈貞姑序》、己酉科歲進士候選州判歐陽端撰《贈李貞姑叙》、知龍泉縣事賜進士出身楚北詹愷撰《李貞姑殉難記》諸篇。是書對於瞭解晚清黔北之社會狀況，有一定史料價值。

該書爲清宣統抄本，藏綏陽博雅苑，本叢書據此影印。（張嘉林）

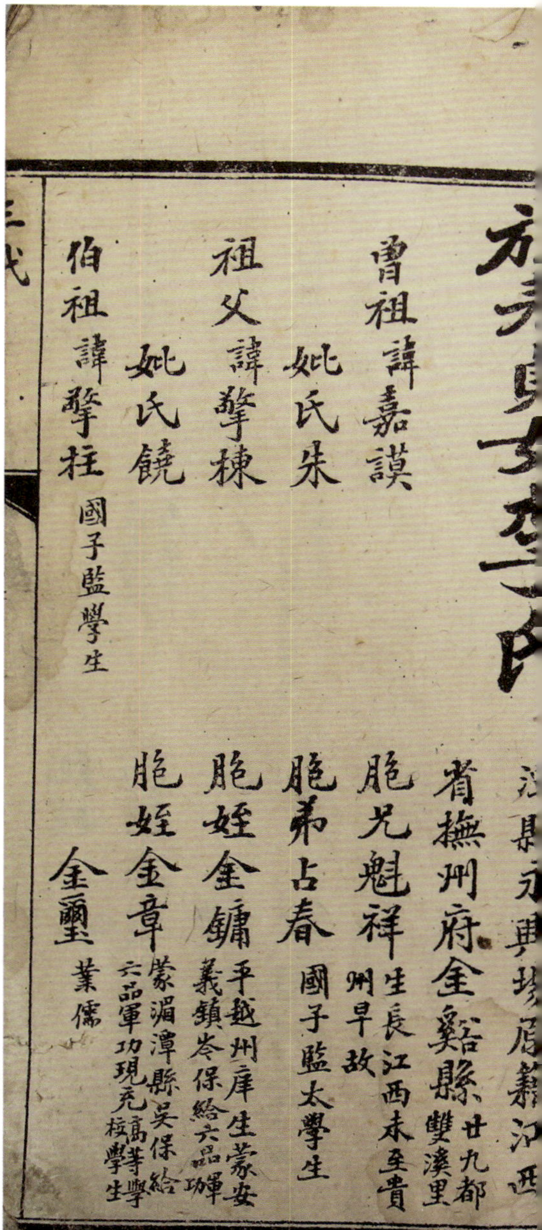
曾祖諱嘉謨
妣氏朱
祖父諱肇棟
妣氏饒
伯祖諱肇柱 國子監學生
省撫州府金谿縣廿九都雙溪里
胞兄魁祥 生長江西未至貴州早故
胞弟占春 國子監太學生
胞姪金鏞 平越州庠生蒙安義鎮岑保給六品功牌
胞姪金章 蒙湄潭縣吳保給六品軍功現充高等學校學生
金璽 業儒

餘慶縣光緒拾貳年地丁耗羨徵信册一卷

清曾汝材編。曾汝材（生卒年不詳），四川人，光緒十六年任天柱縣知縣。

是本照列户部所頒章程十條，其内容主要爲：（一）徵收照例截限；（二）申送底本酌定限期；（三）刷印工本應作正開銷；（四）册到司道應認真查核；（五）刷印款册應認真核對；（六）發給府廳州縣衛册數葉數應印明；（七）發册限期應行酌定；（八）分散查閲應令民共見；（九）侵欺官吏應按律治罪；（十）收到錢糧必給串票。

户部所頒章程十條之後，即爲徵信册正文。完整題名爲『貴州餘慶縣應徵地丁耗羨銀總數民欠未完散數徵信册』，内容分『應徵銀總數』及『民欠散數』兩類，均一一列有詳細數目。

按照户部徵信册應印明葉數之要求，是書開篇亦注有『本册連護葉共計肆拾肆葉』之字樣。唯書末尚有手抄稿兩張，顯係後來粘貼，不在原有册葉統計數字之内。

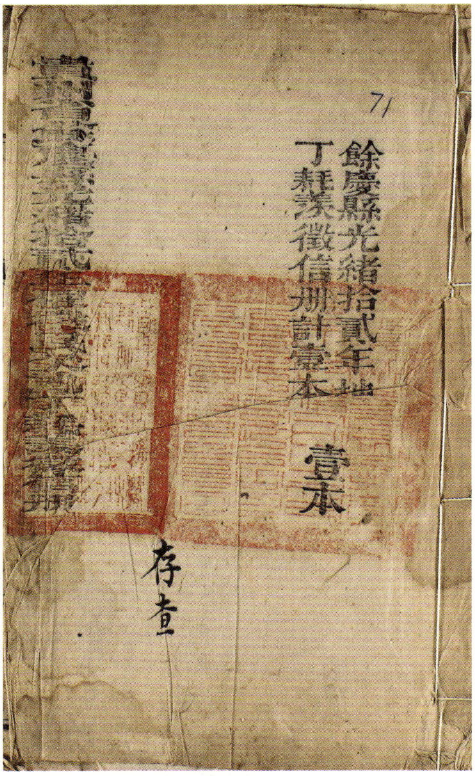

內容一爲表列乾隆四十二年、五十五年、六十年包括貴州在内之部分省份錢糧蠲免或普免情况；再即擬製清同治十三年校刊户部則例蠲恤表，頗疑出於民國以後人之手筆。

本叢書據貴州省圖書館所藏清光緒刻本影印。（張新民）

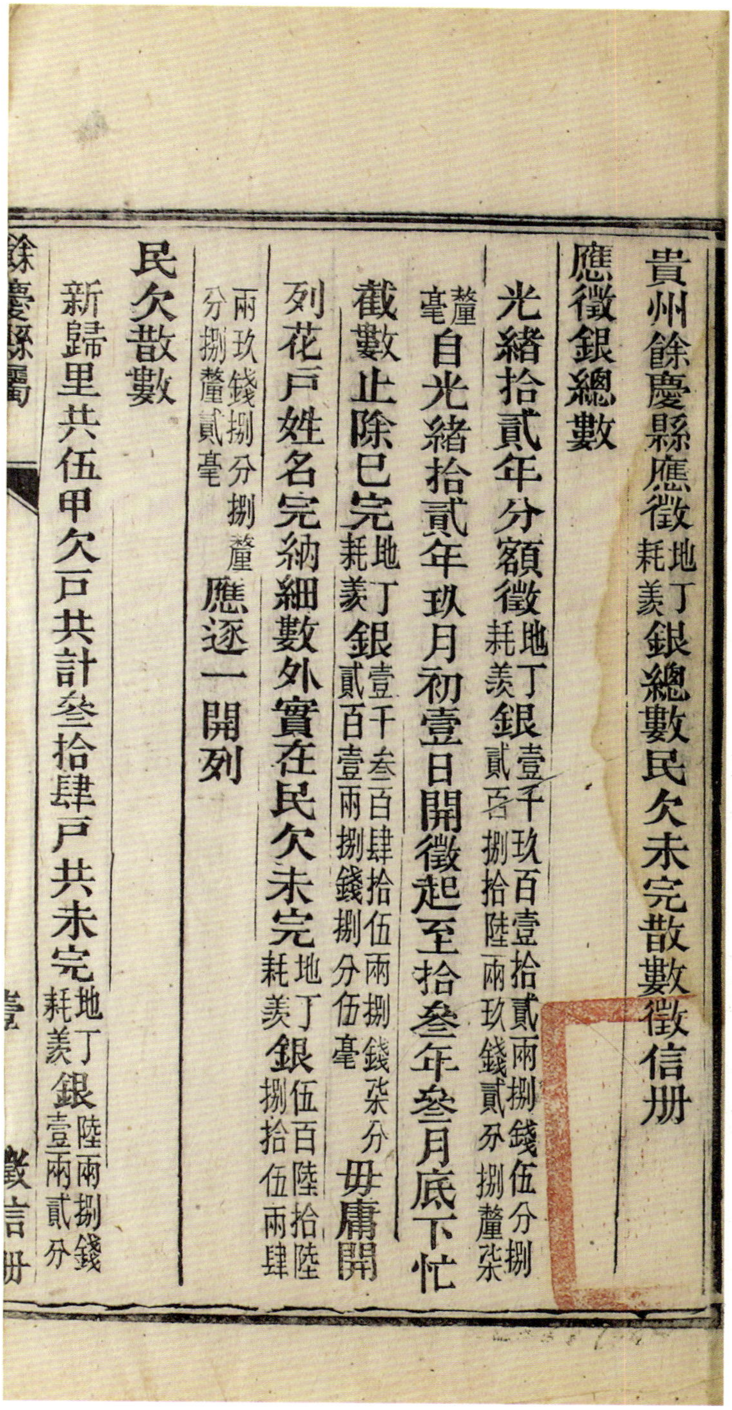
貴州餘慶縣應徵地丁耗羨銀總數民欠未完散數徵信册

應徵銀總數

光緒拾貳年分額徵地丁耗羨銀壹千玖百壹拾貳兩捌錢伍分捌釐 貳百捌拾陸兩玖錢貳分捌釐柒毫自光緒拾貳年玖月初壹日開徵起至拾叁年叁月底下忙截數止除已完地丁耗羨銀壹千叁百肆拾伍兩捌錢柒分 貳百壹兩捌錢捌分伍毫毋庸開列花戶姓名完納細數外實在民欠未完地丁耗羨銀伍百陸拾陸兩玖錢捌分捌釐 捌拾伍兩肆分捌釐貳毫應逐一開列

民欠散數

新歸里共伍甲欠戶共計叁拾肆戶共未完地丁耗羨銀陸兩捌錢 壹兩貳分

餘慶縣屬　壹　徵信册

（道光）遵義府志四十八卷

清平翰等修，清鄭珍、莫友芝纂。平翰，字越峰，山陰（今浙江紹興）人。監生，道光十六年十一月至十九年三月官遵義知府。鄭珍生平見經部《輪輿私箋》提要。莫友芝生平見經部《十先生中庸集解》提要。

據卷前諸序，是志經始於道光十八年，由知府平翰聘鄭珍屬稿，莫友芝佐助，『議之始，蓋茫然無刺手處，留心一年，乃始知有孫《志》、陳《志》及各州縣草志，而搜得之』（賀長齡序）。次年三月，平翰以温水事調署松桃廳，張鍈踵之。八月，張鍈旋調任興義府，黄樂之以給事中繼任，『乃悉發荒碑仆碣及各家所遺舊記事狀，知不可復有得，乃始具稿』（賀長齡序），態度極爲嚴謹。前後費時三年，大部分時間用於搜訪調查，撰稿不過數月間事而已。

全志共四十八卷，分三十三目，八十餘萬字。首有賀長齡、鍾裕、

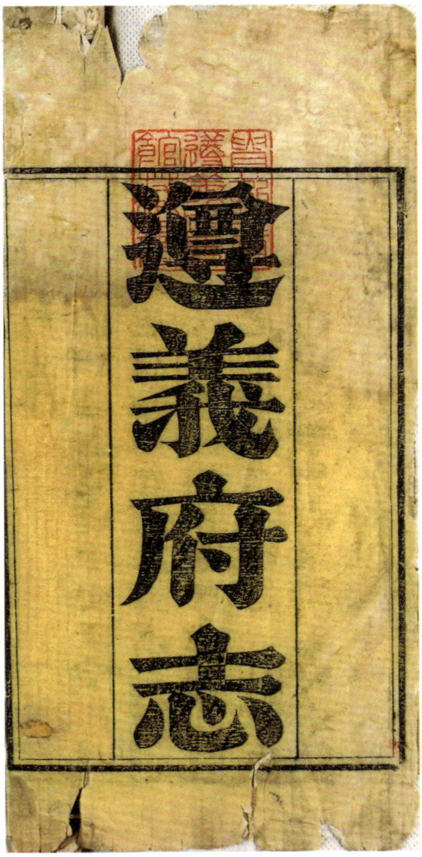

李象鵾、李鈞、周廷授、黄樂之、平翰序及纂輯銜名，徵引書目，總目，鄭珍識語，實自爲一卷。次爲志，依序爲圖説、星野一卷，建置一卷，疆域（形勝附）一卷，山川一卷，水道考一卷，城池（街坊、村場附）一卷，公署一卷，壇廟（寺觀附）一卷，關梁一卷，古迹（冢墓附）一卷，金石一卷，户口一卷，賦税（關榷、雜税、經費、積貯附）二卷，蠲恤（養濟院、養育堂、漏澤園附）一卷，農桑一卷，物産一卷，木政一卷，坑冶一卷，風俗一卷，祥異一卷，學校三卷，典禮一卷，兵防（驛遞馬政附）一卷，職官二卷，宦績二卷，土官一卷，選舉一卷，人物（列傳、列女傳、寓賢、方伎）六卷，年紀（周秦至清）三卷，藝文（詔敕、奏疏、露布、記、序、碑記、文、檄、教、論、難、考、辨、書後、墓誌銘、賦、頌、銘、詩）五卷，雜記一卷，舊志叙録一卷。志前均冠有序引，撮述内容要旨，有似叙録，篇中又多附按語，考證前人舊説，多有發明。述事止於道光二十一年。

據其『徵引書目』，即可知甄采之書甚多，合以其徵引而列名其中者，達四百餘種，舉凡經、史、子、集、醫、農之類，無論官修私撰，野史稗乘，凡有裨於地方掌故者，均無不兼收旁考。又搜羅大量罕見碑文墓銘，檔册圖籍，遂使地方舊典，多賴此得以保存，誠可謂『古今文獻，搜羅精密，好古之士欲考鏡南中，争求是書，比之《華陽國志》』（《清史稿》本傳）。故書成之後，衆口交譽。梁啓超贊許爲天下『府志中第一』（《中國近三百年學術史·方志學》）。

鄭、莫二氏乃樸學大家，故其所修纂之志乘，遂多用治經之方法治史，以考據手段深研地方掌故，廣涉地理沿革、水道圖經、史事人物、農桑物産諸多内容，而皆一一『導源究委，實事求是，然苟舊説不安，雖在班《志》、桑《經》，亦力正傳本之誤，糾作者之失』（黄樂之《序》）。考證既精，發明亦多。如《建置》、《疆域》、《水道考》諸篇，即博取載籍，精心參互，條綱件按，粹語時出。比觀全省志書篇目體例，是志之卷十一《金石》、卷十六《農桑》、卷十八《木政》、卷十九《坑冶》，均爲前志所無，首開增創之風者。《農桑》、《物産》兩志，均涉及地方農業經濟生産發展情況，反映纂志者之實學關懷，非徒以名物訓詁沾沾自喜也。《木政》、《坑冶》兩志，分記采木課礦，而纂修者之民生關懷，亦暗藏於字裏行間。除明物述地外，是書亦詳於載人記事。今檢《人物》、《年紀》（按：總目作『紀事』），篇幅既重，記載亦詳。二者一編年，一列傳，錯綜排比，配合詮次，非特保存地方史迹，亦有相互發明之妙。

前賢稱道斯編，以爲源流洞若，門目燦然，精煉而無秕，周密而罔遺（鍾裕《序》），但仔細檢核，仍偶有不足。鄭珍《桐埜》序云：『予昔之輯郡志，閲三年乃成，力亦勤矣，而物産不采《茶經》，祠廟不摭《賓退録》，楊氏事不載《清容集》，則目之未遍也；鼓樓隘之水誤指爲渭河，樂安江混叙其源處，則足之未周也；其他舛漏類若是；至於今，在他邦，博洽者固無暇勘及此，即本郡人或亦未之詳也，然余固深悔之。』（《巢經巢文集》

遵義府志卷一

圖說

周官職方氏掌天下之圖土訓掌道地圖而大司徒以天下土地之圖周知九州地域廣輪之數圖學之於地理自古益尤要矣故方志昔皆稱圖經近世之作頗失本意塗飾名勝標榻羣景直似以其書爲風月魚鳥設者顧不悖歟

國初胡氏禹貢錐指顧氏方輿紀要其爲圖並計里開方深契古法而錐指之虛空鳥道尤獨得心解焉今遵義地界黔蜀之交其疆域自西南而南而東南而

卷四）莫友芝亦因地理遺采邵亭一地，遂以『邵亭』爲號，視爲終生教訓，均可見治學態度之謙虚嚴謹，而考據實證之不可馬虎草率。

是書《清史稿・藝文志》、《八千卷樓書目》、《販書偶記》、《中國地方志綜録》著録。道光二十一年録板後，板存遵義，不斷重印，流傳較廣，影響亦大。光緒十八年楊熙瑞知遵義府，『《圖説》、《水道》、《農桑》之類，板皆散佚，急覓舊本抄出，屬校官黎君攜省補刊之』（楊熙瑞《跋》）。民國二十三年，《志》板損失四分之一（詹燦湘《續遵義府志序》），故民國二十六年遵義專員劉千俊重印時又有補版。今流傳者均爲道光二十一年刻本及光緒十八年、民國二十六年補刻本。光緒十八年補刻本附有楊熙瑞補刻跋，叙其補刻經過。又《國立北平圖書館方志目録》既載道光二十一年刻本，復著録『《遵義府志》』，又一部，十册，光緒十八年修，録本，末附楊熙瑞修録跋』。《中國地方志綜録》亦載光緒十八年刻本，或即本之於此。考光緒間《遵義府志》并未重修，楊熙瑞《跋》亦未述及其重修事，則《國立北平圖書館方志目録》稱『光緒十八年修』，不免誤之太甚。《綜録》著録爲『光緒十八年刻本』，亦嫌未安，當作光緒十八年補刻本爲是。今據遵義市圖書館所藏道光二十一年刻本影印。（張新民）

（民國）續遵義府志三十五卷

周恭壽修，趙愷、楊恩元纂。周恭壽，號銘久，貴州麻江縣人，光緒二十五年舉人，民國二年至七年任遵義縣知事，後調任貴州教育廳長、省府委員、省諮議局議員、副議長等職，又曾主纂民國《麻江縣志》。趙愷生平見史部《鄭子尹先生年譜》提要。楊恩元，字覃生，貴州安順人，光緒二十一年進士，官禮部主事，民國時先後任《貴州通志》分纂、總纂，貴州文獻徵輯館專任編審、副館長，文獻委員會副主任，著有《三不惑齋詩文集》、《并隴紀程》、《萬里鴻泥集》、《鄉居蔬菜詞録》。

據卷首序，民國二年，周恭壽任遵義縣知事，延請楊兆麟等人續修，斷至清季爲止。事尚未竟，而兆麟卒（見民國《貴州通志·人物志·楊兆麟

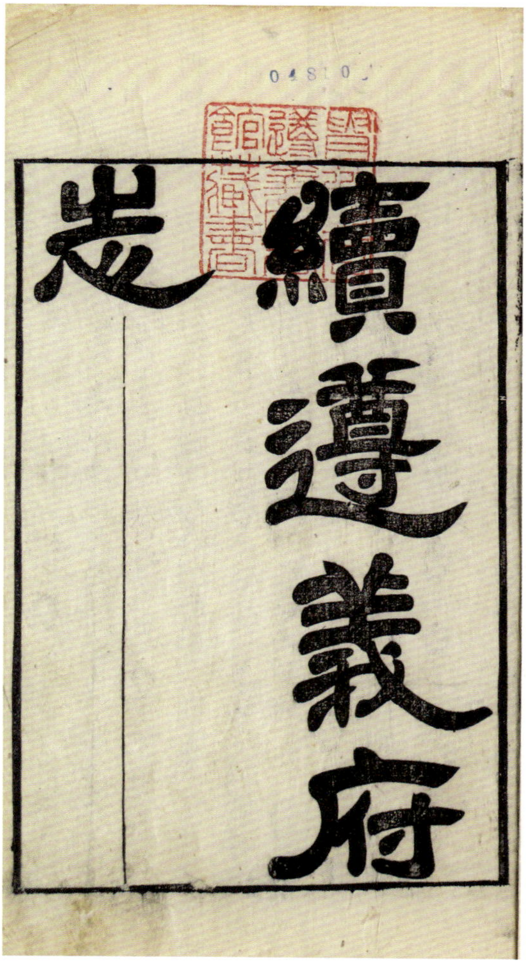

傳》），以後地方多故，幾經變更，歷年十餘，初稿甫集。民國十五年，時值周西成入主黔政，周恭壽出任教育廳長，乃敕恭壽清釐舊稿，報送省政，復延司炳奎、趙愷、楊恩元重新纂輯，恭壽則自任督理之職。惜不久周西成與李燊内哄戰死，政局猝變，主事乏人，遂又中輟。民國十八年冬，遵義縣知事金章仍聘趙愷、楊恩元繼續纂輯，修飾潤色，期底於成。民國十九年冬復議設審刊處，審刊分書，前後屢經周折，人事亦多更迭，而至民國二十五年八月，全書乃得梓竣。

是志三十五卷，分二十五綱，共九十餘萬字，與鄭珍、莫友芝前志一樣，涉及内容亦頗爲繁富。首有詹燦湘序、續修銜名、目録及趙愷識語。次爲志，計圖説一

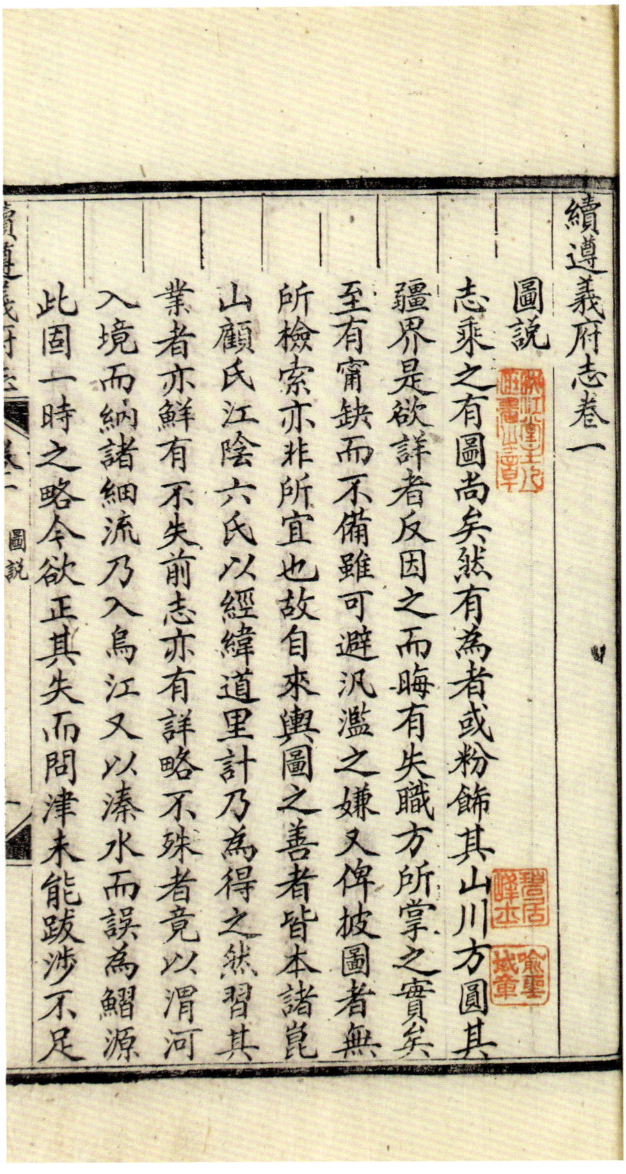
續遵義府志卷一

圖説

志乘之有圖尚矣然有爲者或粉飾其山川方圓其疆界是欲詳者反因之而晦有失職方所掌之實矣至有甯缺而不備雖可避汎濫之嫌又俾披圖者無所檢索亦非所宜也故自來輿圖之善者皆本諸崑山顧氏江陰六氏以經緯道里計乃爲得之然習其業者亦鮮有不失前志亦有詳略不殊者竟以渭河入境而納諸細流乃入烏江又以溱水而誤爲鰼源此固一時之略今欲正其失而問津未能跋涉不足

續遵義府志　卷一　圖説

卷，城池一卷，公署一卷，壇廟一卷，山川一卷，關梁一卷，古迹一卷，户口一卷，賦税一卷，蠲恤一卷，農桑一卷，物産一卷，祥異一卷，學校二卷，兵防一卷，職官一卷，宦績一卷，選舉一卷，列傳七卷，年紀三卷，礦産一卷，宗教一卷，法制一卷，藝文三卷，雜記一卷。每志前均冠有序引，撮述梗概，篇中又多有按語，時出精見。

全書體例，概依鄭珍道光《府志》，而略有變改，以冀完善。述事上承鄭《志》，起道光二十二年，下迄宣統三年。《宦績》、《列傳》等志，則以生年爲斷，凡民國改元後生存者，概不録。《山川》、《關梁》、《古迹》等，其有定者，前志雖已述及，是書又作增補，訂訛糾謬之處頗多，則當取前後兩書比觀參校，或可折衷一是。

是書既上續鄭《志》，故其記載最詳者，仍爲道光二十二年迄宣統三年凡七十年間史實。通觀全書，誠可謂搜羅廣泛，史料詳實，不失爲民國方志佳品。雖精審略遜於前志，然『入民國後，續成府志者，惟遵義一郡』（李獨清《幽心夢影録》卷四），仍可相互輝映矣。

目載民國《貴州通志·藝文志》、《中國地方志綜録》，今國内多數圖書館均有庋藏，版本僅民國二十五年刻本一種，板片至今仍保存完好。本叢書據遵義市圖書館所藏原刻本影印。（張新民）

（民國）遵義新志不分卷

張其昀主編。張其昀，浙江大學史地研究所教授，一九八五年病故於臺灣，年八十五歲。著有《中華五千年史》、《中華民國史綱》、《中華歷代大教育家史略》、《中國軍事史略》、《中國政治思想與制度史論集》等。

卷首有張其昀民國三十七年三月《引言》，謂浙江大學史地研究所因避日寇，從桂林北遷至遵義。『留遵義凡七年。在此期間，本所各組導師及研究生致力於遵義之實地考察，舉凡地質、地形、氣候、土壤、人口、聚落、土地利用、産業、交通、民族、史蹟諸項，均作詳盡之研究，記録頗豐，兹特彙爲一書，名曰「遵義新志」，計十一章，都十七萬言，附地圖二十二幅。』知是志乃集衆人之專長，分工合作，而有此一項科研成果。參加者除主編張其昀外，又有劉之遠、束家鑫等十一人，均按章節分任執筆。其中《土壤》一章係函約中央地質調查所熊毅執筆（第六章《序》）。書成，於民國三十七年由浙江大學自行鉛印

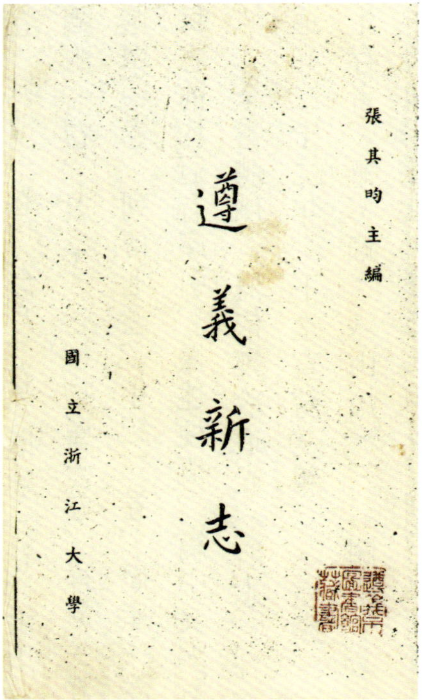

發行。

全書共十一章，十七萬字。章次依序爲第一章地質，第二章氣候，第三章地形（上），第四章地形（下），第五章相對地勢，第六章土壤，第七章土地利用，第八章産業與資源，第九章聚落，第十章區域地理，第十一章歷史地理。

編撰是書者，多爲熟悉現代科學研究方法之學者，與舊有方志殊爲不同，即所謂『中國過去之方志，意在保存桑梓文獻，故其記載偏重於地方史料，此次本所編纂之《遵義新志》，大都爲地學著作，特重地圖之表現』。第五章相對地勢之研究，第七章土地利用圖繪製，皆爲中國首創性工作，反映中國社會之現代性轉型，即在方志修纂上亦有反映。

本叢書據遵義市圖書館藏民國三十七年浙江大學鉛印本影印。今浙江、貴州及南京大學圖書館均有庋藏。（張新民）

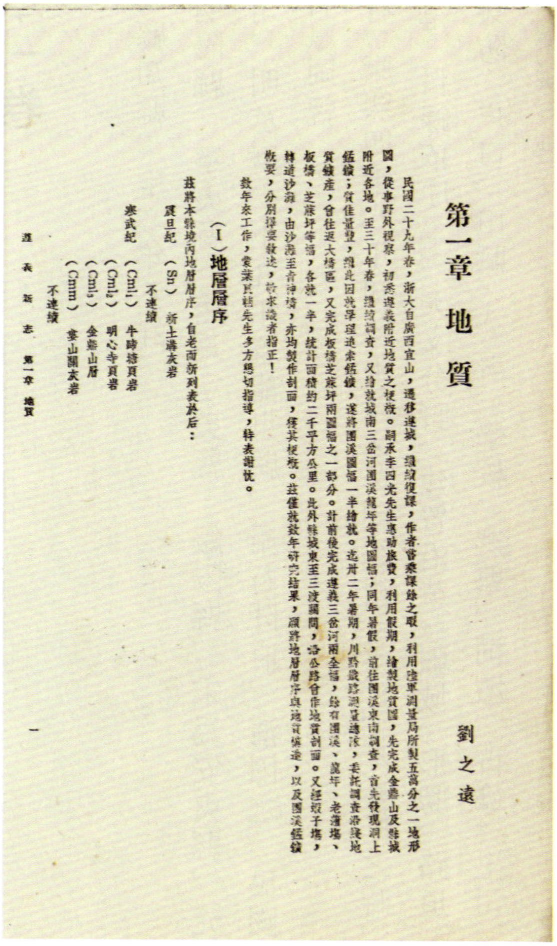

第一章　地　質

劉之遠

民國二十九年春，浙大自廣西宜山，遷移遵城，續續復課，作者曾乘課餘之暇，利用陸軍測量局所製五萬分之一地形圖，從事野外視察，初悉遵義附近地質之梗概。嗣承李四光先生惠助旅費，利用假期，繪製地質圖，先完成金鼎山及縣城附近各地。至三十年春，繼續調查，又繪就城南三岔河團溪龍坪等地圖幅；同年暑假，前往團溪東南調查，首先發現洞上錳礦；質佳量豐，爰此因兼帶注意錳礦，遂將團溪圖幅一半繪就。迨卅二年暑期，川黔鐵路測量遵涪，委託調查沿線地質礦產，曾往返大橋區，又完成板橋芝蔴坪兩圖幅之一部分。計前後完成遵義三岔河兩全幅，餘有團溪、龍坪、老蒲場、板橋、芝蔴坪等幅，各就一半，統計面積約二千平方公里。此外縣境東至三渡關間，與公路合作地質剖面。又經沿子塘，轉道沙灘，由沙灘至青神壩，亦均製作剖面，得其梗概。茲僅就數年研究結果，彙將地層層序與地質構造，以及團溪錳礦概要，分別詳要敘述，敬求讀者指正！

數年來工作，蒙葉良輔先生多方懇切指導，特表謝忱。

（I）地層層序

茲將本縣境內地層層序，自老而新列表於后：

震旦紀　（Sn）　新土溝灰岩

不連續

寒武紀　（Cml_1）　牛蹄塘頁岩

（Cml_2）　明心寺頁岩

（Cml_3）　金鼎山層

（Cmm）　婁山關灰岩

不連續

遵義新志　第一章　地質　一

（康熙）龍泉縣志草一卷

清張其文纂修。張其文，龍泉縣知縣，生卒年不詳。

龍泉縣，即今鳳岡縣。隋爲明陽縣、寧夷縣，唐爲寧夷縣、綏陽縣，宋爲安夷縣，元置大保龍泉長官司、龍泉坪長官司，明萬曆二十九年置龍泉縣，屬石阡府，清因之。民國二年更名鳳泉縣，民國十九年改名鳳岡縣。

《志》僅一册，開卷次行下方有『康熙四十八年知縣張其文草創編輯』一行，是纂修之時，尚無前志可因，事同初創，亦爲難得。目録依序爲：天文分野、建置沿革、疆域、形勝、路道、山川、橋梁、風俗、城池、郵鋪、兵防、户口、田賦、公署、學校、選舉、祠壇、古迹、土司、名宦、鄉賢、孝義、烈女、寺觀、藥屬、藝文。

全書記載，既無邑志可憑，遂多摘康熙《貴州通志》，殊少徵采，失之簡略。如《風俗》所載，僅『淳龐樸茂，不離古習，服食喪婚，悉效華風』一句，幾同不記；《藝文》僅《龍泉記》一篇、閻光黼龍泉八景詩及許延邵二首、宛大椿一首。唯《户口》、《田賦》兩門，載有丁賦數字，《土司》一門，備述土目姓氏，兼及改流時間。關涉地方掌

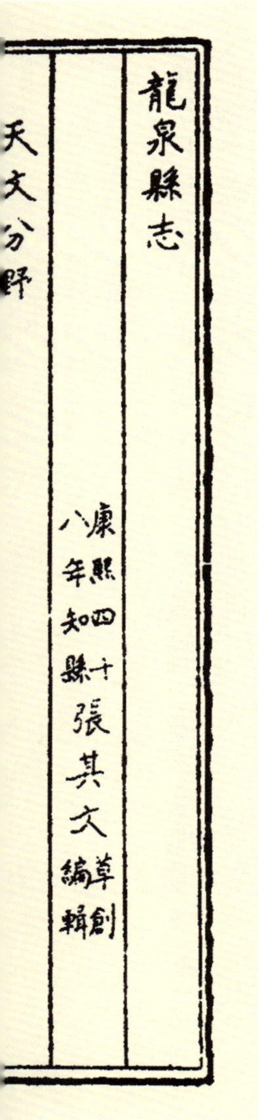
龍泉縣志
康熙四十八年知縣張其文草創編輯
天文分野

故，或稍可資取。

原刻本僅見遵義市圖書館庋藏，浙江圖書館另藏有傳抄本，錯訛極多。一九六五年二月，貴州省圖書館據浙江圖書館傳抄本複製油印，又據曹申吉康熙《貴州通志》及衛既齊康熙《貴州通志》校改部分錯訛文字，凡校改之字，均列爲附録，列於書尾，甚便讀者。本叢書據遵義市圖書館所藏油印本影印。（張新民）

夜郎而有石阡石阡而有龍泉其占驗之繫於軫翼者幾何矣姑述以俟知者

建置沿革

龍泉漢唐以前荒遠難考宋為珍州地元為太保龍泉長官司隸思南宣撫司明改屬思南宣慰司永樂十一年改隸石阡屬萬曆二十九年平播後郭子章題請改土設流因號龍泉長官司為龍泉縣隸府皇清因之編户二里

疆域

東至安化縣界三十里西至湄潭縣界三十里南至餘慶縣界三里北至婺川〔三〕縣界五十里

形勝

（咸豐）荔波縣志一卷

清鄭珍撰。鄭珍生平見經部《輪輿私箋》提要。

荔波縣，隋以前與獨山同爲毋斂縣，唐爲環州，宋爲靖南寨、荔波州，元爲荔波縣、荔波州，明洪武十七年復置荔波縣，清因之，隸都匀府；今荔波縣。

清道光時，李國材纂有《荔波縣志引》二十卷，已佚，今存者以此稿爲早。

咸豐五年二月，鄭珍任荔波縣訓導，時值兵戈擾攘之際，而僻處落寞，仍視爲桃源，遂專心致志，撰成是稿。唯稿成後未能付梓，長期湮没無聞，以致光緒元年知縣蘇忠廷纂修縣志，搜索遺逸，竟無片語道及。民國時貴陽凌惕安整理鄉賢文獻，忽搜得鄭氏手稿，乃發表於民國三十八年元月第五期《貴州文獻彙刊》，遂得以公諸世人。

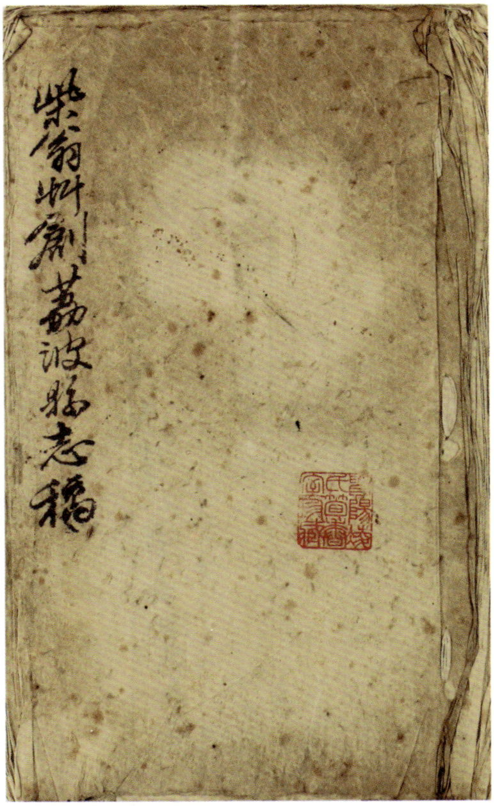

全稿約二萬言，無總目，凡二十四門，部類齊備，惟標目闕脱者有五，或原稿未畢役。其有目可徵者，依序爲沿革、建置表、山川、學校、學額、書院、關隘、津梁、古跡、徵賦、

存積、氣候、災祥、選舉、行伍、職官、節婦。另有雷忌、土司、大事、藝文諸篇，原稿未標目。各篇述事概止於咸豐三年，恰爲鄭珍官荔波訓導之前二年。

遵義禹門黎培仁於二十世紀八十年代初發現此稿之散葉數紙，觀其內容，知有『城池』、『宦績』兩目，文字雖不多，然尚完整。《夷俗》一篇，多涉苗瑶禮俗，然有殘損。此本原爲凌惕安筍香室藏書，今藏貴州省博物館。本叢書據之影印。（張新民）

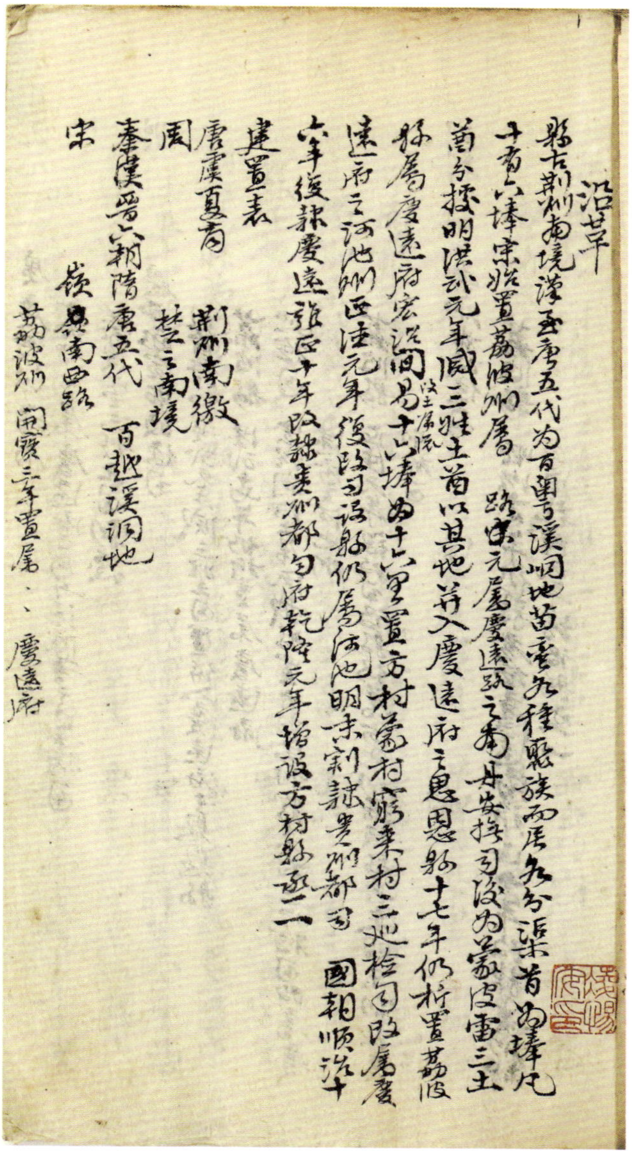
沿革
縣古荆州南境漢至唐五代爲百蠻溪峒地苗蠻九種聚族而居各分渠首爲捧凡十有八捧宋始置荔波州屬　路宋元屬慶遠路之南丹安撫司後爲蒙皮雷三土酋分授明洪武元年感三姓土酋以其地并入慶遠府之思恩縣十七年仍析置荔波縣屬慶遠府宏治間（改土設流）易十八捧爲十八里置方村蒙村窮來村三巡檢司改屬慶遠府之河池州正德元年復改司設縣仍屬河池明末剿隸貴州都司　國朝順治十六年復隸慶遠雍正十年改隸貴州都勻府乾隆元年增設方村縣丞一
建置表
唐虞夏商　荆州南徼
周　楚之南境
秦漢晉六朝隋唐五代　百越溪洞地
宋　撫水州南西路
荔波州　開寶三年置屬　　慶遠府

（康熙）湄潭縣志三卷

清楊玉柱纂修。玉柱，字石臣。其里貫當以清史館抄本所言『甘肅階州，湄潭知縣』爲是，具體到任時間亦以作者《湄陽辨》中所言『壬戌（康熙二十一年）』爲準，卸任則似在康熙二十六年，以升湖廣黄州同知去職。

湄潭縣，隋之都上縣，唐爲夷州、都上縣、綏陽縣，宋爲安夷縣，元爲錫樂平等處、容山等處，隸播州宣慰司，明洪武中，置容山長官司，仍隸播州宣慰司，萬曆二十九年平播後，改縣曰湄潭，屬平越軍民府，清沿之，民國初屬黔中道，今屬遵義市。

據每卷前所題『貴州平越軍民府湄潭縣知縣楊玉柱重修』，知此前尚有初纂，且爲楊氏所據，惜未見著録。

此志始纂於康熙二十三年，前後費時三年，康熙二十六年乃得付梓。

全志共三卷，有目無綱。目次爲卷一縣圖、星野、沿革、建置、碑記、形勝、城池方向、河道源流、内河小水源流、外河小水源流、水陸道里遠近、名山勝境、先賢古迹、村寨、户口、田畝、租賦、額外租賦、徭役、縣治、公館、學校、學宫、職官、鎮兵、舉人、歲貢、拔貢、選貢、哨、關隘、場市、惠政、寺觀；卷二風俗、月令、囤洞、節烈、孝義、隱逸、土産、災異、紀兵、平播州頌序、藝文藏書記、縣治記、縣治序、請裁協夫詳文、禁革協夫碑文、

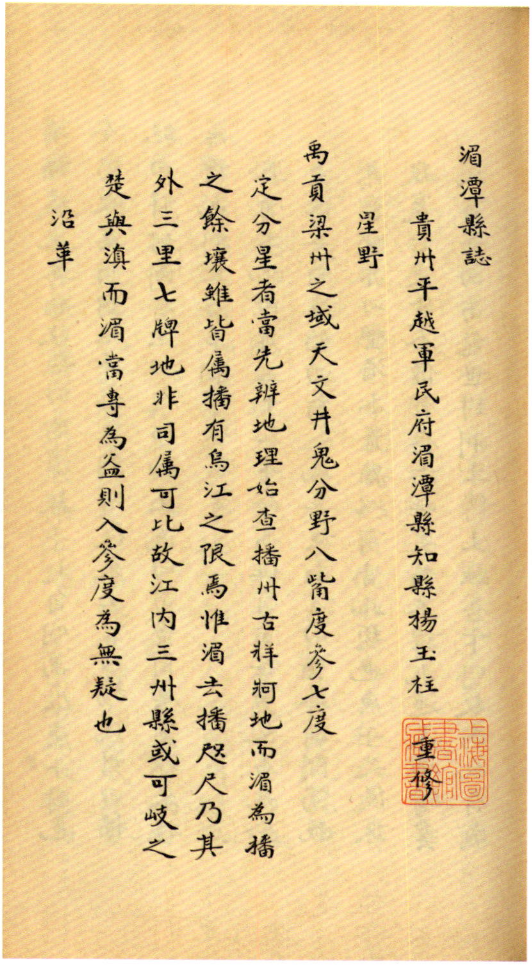

湄陽辯、懸繩堡記、西來庵記、柏楊壩琴洲記、湄水橋偕樂序；卷三革弊條議、革弊文告、詩文。

以上凌亂羅列，無所謂體例，内容甚簡略，惟户口、田畝、租賦、徭役諸志，開載數目，或可見户口盛衰，察田畝多寡，識賦徭輕重，知政務良窳。

目載《故宫方志目録續編》、《中國地方志綜録》，抄本分藏故宫博物院、上海圖書館，湖北圖書館、南京大學圖書館等。原抄本卷一及卷二末均題『康熙二十六年丁卯孟春梓』一行，則原書或有刻本行世，惜今已不傳。一九六四年八月，貴州省圖書館以湖北圖書館抄本複製油印，并參校南京大學圖書館藏本及光緒《湄潭縣志》引録文字，多有校正，并補足多處缺葉、缺圖、缺字，書後附有『校字表』及『疑字表』，可參閲。

本叢書據上海圖書館藏抄本影印。（張新民）

（光緒）湄潭縣志八卷首一卷

清吴宗周修，歐陽曙纂。吴宗周，字紹伯，雲南昆明人，舉人，光緒二十三年官湄潭知縣。歐陽曙，字廣文，湄潭縣永興人，光緒元年舉人，曾官鎮遠府訓導，著有《紀事微言》一書。是書『所有條目序例，悉遵乾隆《貴州通志》，作依樣之胡卢』。全書凡八卷，首有吴宗周、歐陽曙序，吴宗周修志批示，修輯銜名，目録，凡例，附有畢忠吉康熙《湄潭縣志序》及康熙《湄潭縣志》修輯銜名。次爲志，『列爲綱者八，用統衆目，以類相從，庶有條不紊』。依序爲卷一天文志：星野、氣候、祥異；卷二地理志：輿圖（附八景圖）、建置、疆域、形勝、山川、關梁、場市、風俗、古迹（附古樹）、丘墓；卷三營建志：城池、公署、學校、書院、義學、公田、壇廟（附寺觀）；卷四食貨志：户口、田賦、蠲恤、積貯、農桑、物産；

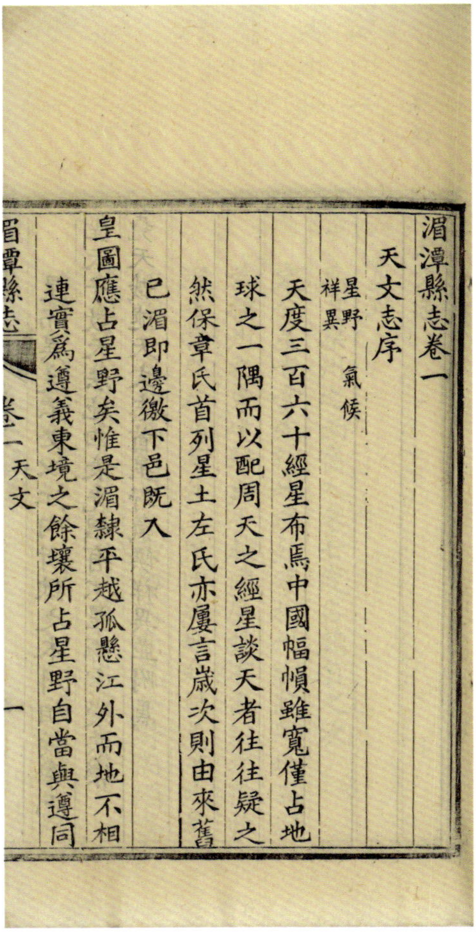
湄潭縣志卷一
天文志序
星野 氣候
祥異
天度三百六十經星布焉中國幅幀雖寬僅占地
球之一隅而以配周天之經星談天者往往疑之
然保章氏首列星土左氏亦屢言歲次則由來舊
已湄即邊徼下邑既入
皇圖應占星野矣惟是湄隸平越孤懸江外而地不相
連實爲遵義東境之餘壤所占星野自當與遵同
湄潭縣志 卷一 天文 一

卷五秩官志：官制、職官、名宦；卷六武備志：兵制、師旅志考、年表、營砦；卷七人物志：選舉、鄉賢、宦績、孝義、忠烈（附陣亡）、列女、流寓、仙釋、方技；卷八藝文志：諭、誥、議、頌、論、辯、序、記、文、傳（附啓）、碑記、詩、賦、雜記、補遺。

取材除引康熙舊志外，多摘取乾隆《貴州通志》、道光《遵義府志》兩書成文，又據檔案譜牒，調查尋訪，增補較多史實，而尤以康熙二十六年以後大事爲詳，較諸舊志，體例尚可而内容差詳。

卷二内之《風俗》，積纍大量地方知識，甚有裨於農事活動。卷五《秩官》除據楊《志》補入《通志》所遺外，又『搜遺文，訪故老』，『遍訪黎獻於所及知，續記於後』，雖仍有失考，然補苴甚多，較之前志，已大體完備。卷六特立《武備》一志，爲涉及地方武備之專篇。又立《師旅考》一目，專記自明迄清之兵事，其中涉及明萬曆年間平播，以及清咸豐年間劉義順號軍起義諸多大事。篇中又載《湄潭縣歷代治亂年表》，頗便比對檢閲史事發生年代。

本書刊於光緒二十五年，惟卷一《祥異》、卷五《武備》後均題有『光緒三十一年增補』字樣，叙及光緒二十六年至三十一年事，則知後來又有補刊。

本叢書據貴州省博物館藏原刻本影印，卷首、卷一、卷二原缺，據上海圖書館藏本補配。

（張新民）

（康熙）餘慶縣志八卷

清蔣深纂修。蔣深，字樹穀，號繡穀，又號蘇齋，長洲（今江蘇吴縣）人。監生。官武英殿纂修，康熙五十二年出知餘慶縣，除此志外，康熙六十一年調知思州府時，尚纂有《思州府志》八卷。

餘慶縣，唐由白泥、餘慶兩土司管轄，元置餘慶等處、賽壩埡黎焦溪等處、白泥等處，至正二十年改餘慶等處爲餘慶州，白泥等處爲白泥州；明洪武十七年置餘慶長官司、白泥長官司，屬播州宣慰司，萬曆二十九年平播後，合兩司，設爲餘慶縣，屬平越軍民府，清因之，今屬遵義市。

是書首有序文、凡例、目録、圖説、縣説。次爲志，凡八卷，首區域，次建設，次版籍，次典秩，次職官，次人物，次風土，最後殿以藝文。清初以前餘慶山川人物，當推是書爲第一。人物史迹向來生不立傳，鑒於當地風教初開，人才未興，故是書一改成例，凡孝義、流寓、隱逸、列女諸目，均廣搜博采，儘量增補，概不以死者爲限。餘慶一地之文獻，歷來少見人搜考，幸得是書而成帙，

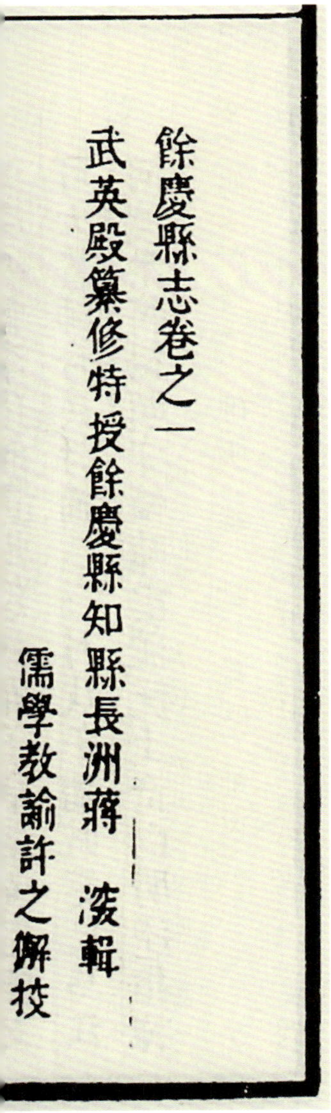
餘慶縣志卷之一
武英殿纂修特授餘慶縣知縣長洲蔣　深　輯
儒學教諭許之獬　校

山川人文，從此得以潤色，雖略嫌過濫，然存史施教之功，誠乃大矣。

是書見武作成《清史稿藝文志補編》、民國《貴州通志·藝文志》著録。本叢書據清康熙刻本影印。（張新民）

之一幅歸於黔省縣屬田土人民又交錯於黃平甕安湄潭施秉石阡之間凡山川之阨塞村寨之

繁賾務必分明詳載故其區域之應志者分六條目焉

星野

觜觿參益州（漢書天文志）

禹貢梁州之域天文井鬼分野入觜一度參七度（府志）

黔古無分野談者以爲益州是以有觜參之說以其近梁州是以有井鬼之說萬曆庚子狠星入束井占者以爲滅播之象旣而果應此豈非占在參

（光緒）餘慶縣志不分卷

清湯鑒盤增補。湯鑒盤，生平不詳。

是志據康熙《餘慶縣志》摘抄。個别篇目略有增補，述及康熙以後事，如《典秩志》『學校』門載有光緒二年、光緒十三年、同治十年事，《人物志》補有乾隆、雍正、道光、咸豐、光緒五朝題名，《風土志》『災祥』門補有『光緒三十一年乙巳四月初日水圮』一條。知是蔣深、許之獬康熙時所纂，湯鑒盤略有增補，許學遜手録。湯鑒盤增補時間當在光緒三十年前不久，可能據蔣深康熙志原本眉批，許學遜抄録時移入正文，故增補者僅寥寥數條。是書《貴州省圖書館館藏貴州地方志目録》著録爲『光緒《餘慶縣志》』（見《貴州地方志通訊》一九八一年第四期第二十六葉），今從之。

卷首無總目，各篇次第凌亂，標目亦不清。今據正文擬目如次：區域志，

分星野、沿革、八景名勝等門；建設志，分城池、關隘（郵傳附）兩門；版籍志，分户口、田土、租賦、解支、積貯等門；典秩志，分學校、學政、學田、武統（兵防附）、書籍、土司等門；人物志，分孝義、選舉、流寓、鄉耆、塚墓、養濟院、壇遺（按此三門應入建設志）等門；風土志，分氣候、歲時、風俗、方言、苗蠻、災祥等門；藝文志。據民國《貴州通志·藝文志》『康熙《餘慶縣志》』條按語，蔣深康熙志原本《典秩志》後尚有《職官志》一門，此志未予移録。又各志或有序引，篇中間有『論曰』，據王沛恒原本序『每篇首尾皆崇論弘議』（見民國《貴州通志·藝文志》），亦當出自蔣深之手，或偶有漏抄。

本叢書據貴州省圖書館藏抄本影印。（張新民）

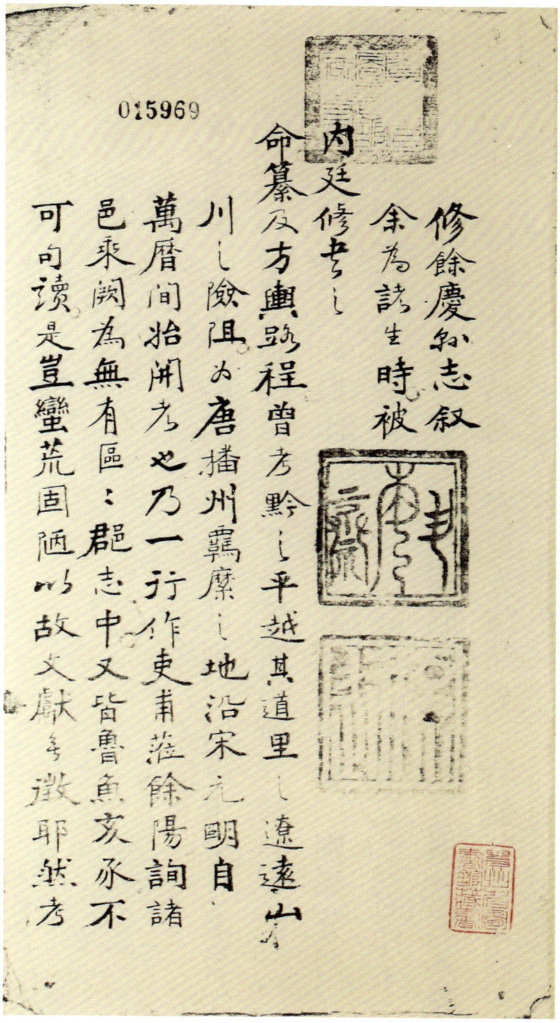

（民國）餘慶縣志四卷

汪紫穉等纂。汪紫穉，餘慶縣人，縣文獻會委員長。

據卷前諸序及凡例，是志當纂於民國十六年。稿成後，『將赴刻，因事未果，繼後頻年多故，未暇續編』。民國二十三年秋，王天生到縣長任後，『爰糾集地方縉紳人士』，籌集資金，以楊玉潤爲校訂，『原稿入省，覓書局撮印，去後製訂漢裝四册，别類分門，有條不紊』。民國二十五年，陳銘典接任，『時逢其會，竭力贊助，俾告厥成』，爲石印本。

主修者今人多題陳銘典。按陳氏贊助印畢，成一簣之功，不能謂爲主修。據卷二《職官志》，民國十五年十月至十七年三月，任縣長者爲湖南寶慶人陳鼎丹，時值縣志纂修，必定參預其事，然去任而未予題名。主纂者除汪紫穉外，尚有李光斗、毛肇顯，均係餘慶縣人。

是志依『（民國）續修貴州通志草例』，分一十九門，書名由陳銘典題簽，牌記題『民國二十五年丙子冬月校印』。首爲陳銘典、王天生、楊玉潤序及凡例、縣全境圖。次爲志，依序爲輿地志，分山川、河道兩目；建置志，分沿革、城池、公署、公所、村寨、場市、驛傳、關津、郵局、電局等目；前事志；秩祀志，分上祀、中祀、群祀（附寺觀）等目；食貨志，分户口、田賦、關鳌、經費、蠲恤、積貯等目；職官志，分官制、文職官表、武職官表等目；

學校志，分學宮、學制、學額、書院、義學、學堂等目；選舉志，分制科、文進士表、武進士表、文舉人表、武舉人表、拔貢表、副貢表、恩貢表、歲貢表、孝廉方正等目；武備志，分兵制、團防、保甲、警察等目；風土志，分氣候、風俗、方言、方物等目；經業志，分農業、桑業、工業、商業、林業、礦業等目（按：是篇正文與目録不符，此據正文擬目）；宦迹志；鄉賢志，分德行、政事、文學、忠義、制兵死事名氏表、貞孝、賢明等目；藝文志；古迹志；耆壽志；土司考（苗蠻附）；雜志。每志均冠有序引，以括本篇大旨。其中前事志、食貨志、武備志、風土志爲汪紫穉所纂，輿地志、職官志、宦迹志、鄉賢志、古迹志、耆壽志、土司志爲毛肇顯所纂，建置志、秩祀志、學校志、選舉志、經業志、列女

山川

翠屏山　在城東北二里列嶂如屏峰巒作翠
舊志八景翠屏晚照山在縣之東列嶂如屏每當天色晴霽夕陽西下時返景流空石壁草
花皆成霞彩山麓牧唱樵歌迤邐歸來殊為可聽
翠巒山　在城東南三里突起一峰棱艳一嶺有路最險山頂有玄武廟山下則新村橋之
水繞焉一名翠蘿因以上多古樹四時蒼翠如綠蘿附木故名舊志
中華山　在縣南十里山高約五六里山頭望黃平施秉等處瞭若指掌上多茂林密樹時
虎嘯猿啼山下碧水環流前峯古剎六月凝寒每至雨久山中起霧即晴土人以此卜晴焉
據舊志八景兩峯晴雨即中華夢義兩山也中華山在縣治南峰巒高聳密樹陰森萬壑雲
霾山容幽黯每逢雨久若有一片晴嵐冉冉浮空而上雲將霽色天開土人以此卜晴夢義
山在縣治北高峯特聳頂有懸崖屹立萬仞每逢天旱若山頂石覆片雲則澍雨立至土人
於此卜雨諺云南山霧晴北山霧雨即此
玉笏山　在縣西八里萬峯矗起形如朝笏上有羅公廟舊志玉笏朝天為八景之冠
夢義山　在縣北五里高峯特聳山頂懸岩壁立土人相傳曾有仙人修煉於上每晴欠生

志、藝文志爲李光斗所纂。凡無門類可歸，而事實可稽者，則一概列入雜志，亦有裨查考。

作者自謂『天地人物災祥治亂，皆以民十六時間爲止，故内中如貞女節婦，尚有現年若干歲之記載』，唯《職官志》中《文職官表》補有民國十六年以後迄十八年三名縣長題名，是一例外。取材主要依據蔣深康熙舊志，或輾轉取自光緒抄補之本。其餘如《遵義府志》、《甕安志》、《黔南識略》、《明史稿》，亦多有采及。至於檔册譜牒，則係采訪所獲。

此志《中國地方志綜録》漏録，貴州省博物館、圖書館均有庋藏。本叢書據貴州省博物館藏民國二十五年石印本影印。（張新民）

（乾隆）綏陽志不分卷

清陳世盛修，清傅維澍、田見龍纂。陳世盛，澄海（今廣東澄海縣）人，監生，乾隆二十三年至二十四年官綏陽知縣，二十五年轉正安知州。傅維澍，綏陽縣人，貢生。田見龍，綏陽縣人，諸生。

綏陽，隋之義泉縣，唐義州、義泉縣，宋綏陽縣，明萬曆二十九年平播後仍置綏陽縣，清沿之，今綏陽縣。

明萬曆年間詹淑纂有《綏陽輿圖志》，清初已不傳；康熙時鄭松齡復又續纂；雍正十二年，唐椿得鄭松齡殘稿，欲修未全，僅『續稿數篇』。乾隆二十三年十月，陳世盛『任綏陽知縣』，『時朝命修方輿志』，『故到任之日，即覓縣志，書吏茫然無以應，旋集通邑紳士采輯前令殘稿，設

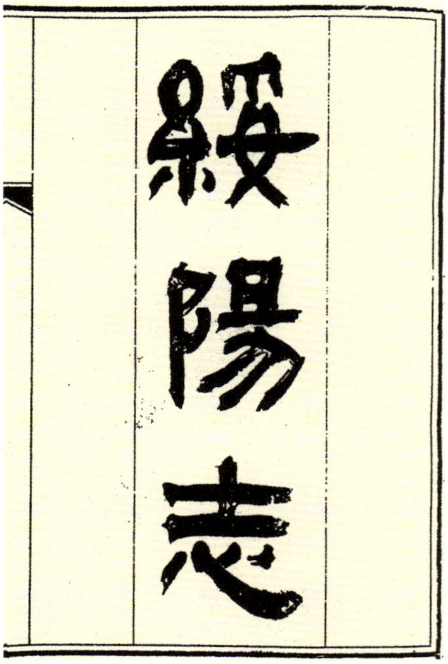
綏陽志

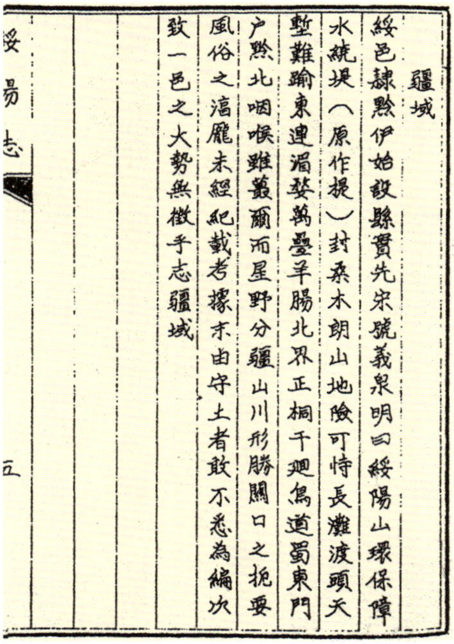
疆域

綏邑隸黔伊始設縣實先宋號義泉明曰綏陽山環保障水繞堤（原作提）封桑木朗山地險可恃長灘渡頭天塹難踰東連湄婺芶壘平陽北界正桐千迴鳥道蜀東門户黔北咽喉雖叢爾而星野分疆山川形勝關口之扼要風俗之湻龐未經紀載考據末由守土者敢不悉為編次致一邑之大勢無徵乎志疆域

綏陽志 五

立公局，囑以各盡所長，共助厥事，務期詳搜博采，稽實核真，删繁補缺，彙集成帙』（陳世盛《綏陽縣志序》），未至一年，即修纂成篇。今詹《志》早佚，鄭《志》亦亡，是書獨存，乃綏陽最早之縣志。

原稿纂成後未刊行，流傳之抄本卷帙，傅維澍《序》謂『八册』，《遵義府志》、民國《綏陽縣志》俱言『八卷』，考今存抄本僅止一册，又不分卷，且有民國《綏陽縣志》所引而此抄本無者，則今存抄本亦有殘佚，與民國修志時所見非爲同本。志目據陳世盛《序》，原書有方輿、建置、典祀、官職、食貨、選舉、人物、藝文等門。今存抄本志目次序紊亂，貴州省圖書館複製時據内容性質整理爲疆域（沿革、道里、山川、勝迹），建置（城池、官署、學校、祠廟、古迹、丘墓），官制（知縣、宦績），賦役（條糧、積貯），選举（進士、舉人、拔貢），人物（文治、忠貞、孝義、流寓、高行、仙釋、節烈、鄉賢、武功），藝文（社學規條、利民條約、記、傳、銘、詩、詞、賦）等目。其中山川、進士兩目，原抄本無目有文，係貴州省圖書館複製時補入。

抄本今僅國家圖書館庋藏。一九六四年八月貴州省圖書館據抄本複製油印，複製時除重編目録外，又據《遵義府志》卷四十八補入序文末『傅維澍』題名，據民國《綏陽縣志》補題《藝文志》所載各文缺録撰人，校訂部分錯訛文字。本叢書據貴州省圖書館所藏油印本影印。（張新民）

（民國）綏陽縣志九卷

胡仁修，李培枝纂。胡仁，字壽良，貴州貞豐人，民國十四年三月任綏陽縣長。李培枝，字坤歸，綏陽縣人，宣統元年拔貢，除主纂此志外，又曾參與《續遵義府志》之會辦工作。

據卷前諸序及《恢復志局稟》，民國十四年，胡仁蒞任，會議之頃，即囑李君爲之總纂，并以王道隆、丁永恩及李煥榜共助厥事。民國十六年春，始修纂成書，於民國十七年鉛印。

全志共八卷，又附録一卷，卷前有周西成、胡仁、李煥榜序及纂修名單，目録，凡例，綏陽縣圖，綏陽城及街道廟宇公署圖，八景圖，附陳世盛舊志序。

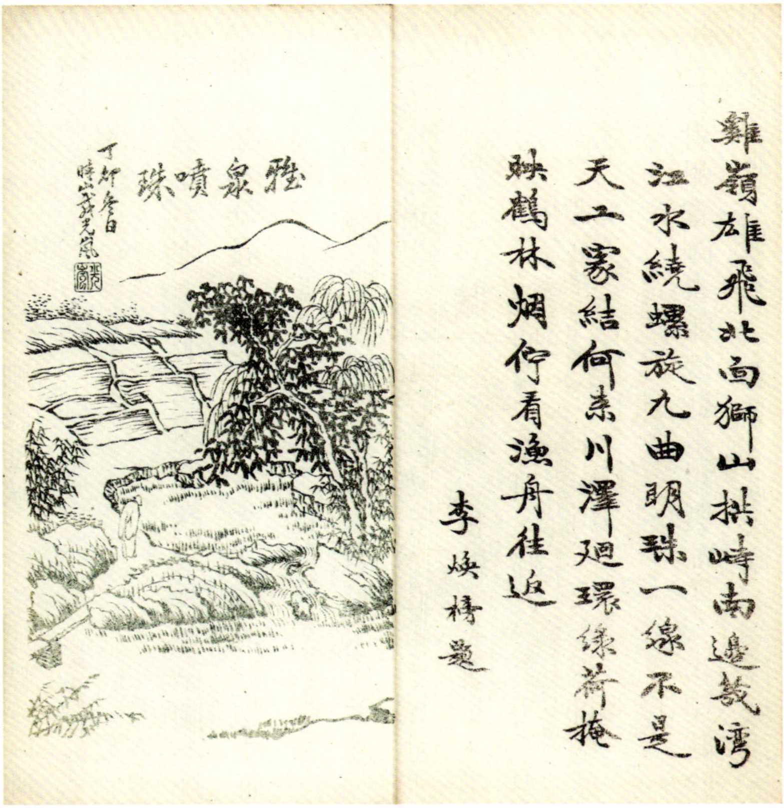

次爲志，體例『仿乾隆《貴州通志》，列八綱以統衆目』。依序爲地理志：輿圖，建置，疆域，形勝，山川，關梁，古迹，内八景，外八景，丘墓，金石，風俗，祥異，場市；營建志：城池，公署，公所，壇廟，寺觀，公田，學校，學考，典禮，書院，義學，學校，紀略，志略（按：目録次序混亂，此據正文臚列）；職官志：官職，秩官，宦績；食貨志：户口，田賦，蠲恤，積儲，農業，物産；選舉志：科貢，議會；人物志：列傳，孝友，行義，忠節（附陣亡），流寓，方技，耆壽，節孝，貞烈，義婢；武備志：兵制，兵事，營呰；藝文志：諭，疏，序，記，文，傳，銘，墓誌，詩。附大事表一卷。每志均冠有序引，以見本篇要旨。如：

卷一之《風俗》，分述婚姻禮俗，喪祭禮俗，年節禮俗，節序，苗風，人民特徵，習俗崇尚，一般觀念，經濟狀况，文化程度。涉及既多，記載較詳。

卷二之《公田》，將學田『稟詞詳文及碑記章則，搜集備載，以資考核』，并附有《民國變賣公田各表》。《學校》分載清代及民國情况，列有開辦時間，載有勸學所長梁炳章《綏陽縣立第一兩級小學紀略》一文。由清而民國，學制大變，風氣轉移，皆關涉社會轉型，讀是篇者或可窺知一二。

卷四之《食貨志》，户口據『有册可考者，按年編例，借資考證』，除清代户口數外，又附民國户口；田賦『照志乘所載，紀年歷叙，借資參考』，有《遇閏之年增解閏銀》、《綏陽丁糧徵收規額》、《綏陽縣秋米徵收規額》、《現在實徵丁糧總額并徵收規則》等。

均實用之文，足資稽考。

卷七之《兵事》，分述『姚黄之亂』、『楊龍喜之亂』、『號匪之亂』、『吴元彪之亂』（按：附有捻軍）、『岳春山之亂』，另附『軍事紀略』、『民國兵事』、『股匪攻城事略』、『金二區匪擾事略』。均分段類叙，詳述始末，凡事實相關，然又不在境内者，則一概作爲按語低一格排列，以便區别。各事又『加列年月，惟彼此重複』，體例雖有不合，輯存事實可觀。

卷八之《藝文志》，載有『咸豐四年桐匪肇亂奏疏』，亦可一併比對參看。

卷九之《大事表》，『上斷自隋置縣之年，下截至民國十有六載縣志脱稿之日。事之可依年而考者，編年紀之，其日月難稽，事體雖大，闕而不書，恐失真也……表中所紀，且足與《地理》、《營建》、《食貨》、《秩官》、《選舉》、《武備》、《人物》、《藝文》諸志相經緯也』。而卷一之《祥異》載地震及其他自然災害，卷五之《議會》爲清末地方立憲派活動之概述。凡此種種，錯綜交織，均爲實徵必用之篇，有裨揭示地方完整變化圖景。

刊本僅民國十七年鉛印本一種，見民國《貴州通志·藝文志》『附録民國縣志』、《中國地方志綜録》著録。北京、上海、南京、貴州等地圖書館皮藏。本叢書據遵義市圖書館藏本影印。（張新民）

綏陽縣志卷一地理上

地理志序

綏之設縣原創始於有明以前沿革不同殊貴參稽惟東連正北接桐西南則與遵為鄰於諸邑中風氣較爲淳厚然山川之靈秀關河之通達雖覺遠遜中州而前賢遺蹟猶有存焉者蓋僅自平播後觀之三百餘年文化之進步有加無已近復歐風東漸蜀黔接壤開則必先綏實有之顧我士民應識封守之義焉耳志地理

貴陽文通書局代印

(嘉慶)仁懷縣草志不分卷

清禺坡纂輯。禺坡生平不詳。

仁懷縣，宋大觀三年置，尋廢；明萬曆二十九年平播後復置；清雍正十三年移縣治於亭子壩；民國因之。

仁懷縣志首纂於明萬曆年間，此爲第二次續纂。

全志二册，不分卷，書名題『仁懷縣草志』，題下有『禺坡纂輯』四字，無序跋。志前有仁懷縣圖兩幅。志目爲沿革、疆域、形勝、山川、城池、場市、公署、壇廟、寺觀、學校、書院、義學、關隘、津梁、丘墓、物産、户口、賦税、廉俸、風俗、苗夷、祥異、職官、宦績、選舉、藝文，凡二十六篇。

是志流傳極少，清代僅鄭(珍)、莫(友芝)二氏獲見，并有所考證。今存抄本與鄭、莫二氏所見已多有不同：(一)鄭、莫所見名《仁懷縣志稿》，今本題『仁懷縣草志』，雖題義接近，但文字仍有差異；(二)鄭、莫所見爲六册，今本二册，可見今本已有殘缺，不能視爲全帙；(三)鄭、莫所見『每目發端，喜作迂膚之論，顳頇冗長，多無歸宿』，今本各目均無序引，亦無議論，可見已有删削；(四)鄭、莫所見『無撰人姓名，惟考論數篇各題下有「禺坡」二字』，今本於『禺坡』下又增『纂輯』二字。

篇中各目俱過分簡略，當以《風俗》、《苗夷》兩志稍可讀。《風俗》引《華陽國志》載民風『喜佩刀劍，斯固剛勁之風也，至安、楊雄據，益尚武，以千里之地，爲兵者三萬人』。又記清代情形：『近約文教，此風已戢；然尚有以竹弩守門，以畲刀自衛者。』然覆核《華陽國志》，似無上述文字，則文中所云安、楊，或即水西之安氏、播州之楊氏乎？

《苗夷》分述仲家、紅苗、六額子、土人、馬鞍苗諸少數民族，其中紅苗在雍正間『剿滅幾絶，今仁懷多紅苗』。六額子『在大定與仁懷毗連者，或時有往來』。土人主要分佈在大

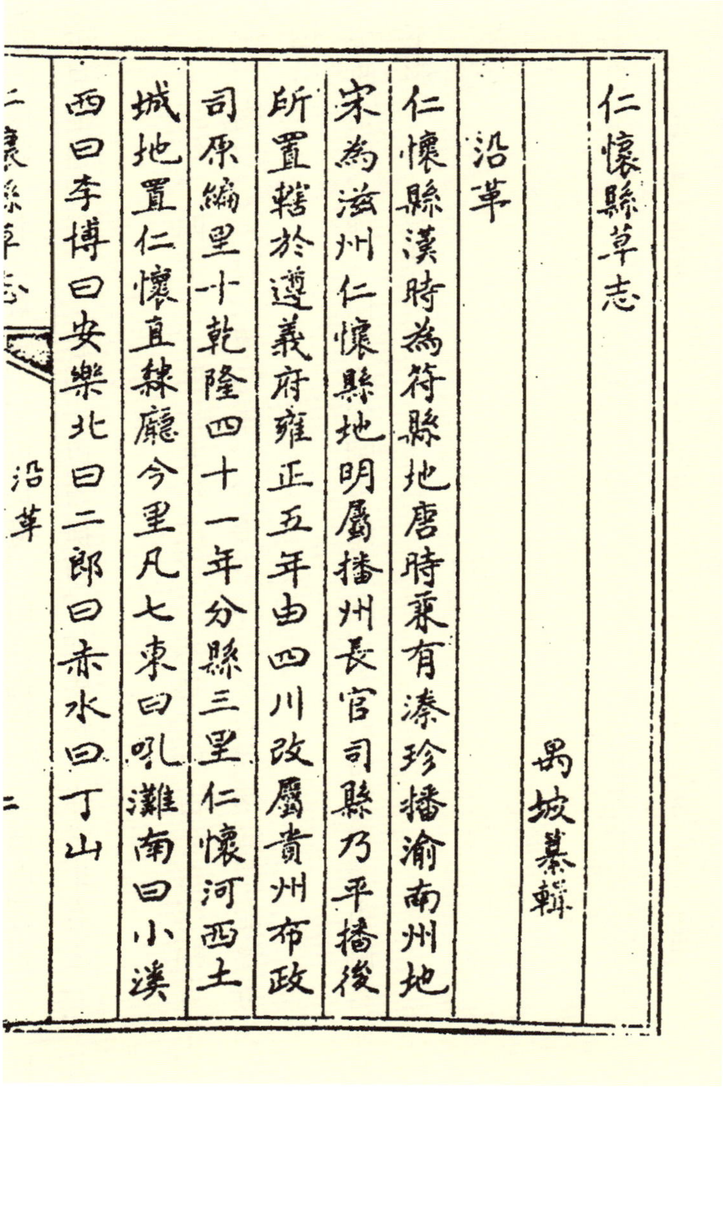

仁懷縣草志

禺坡纂輯

沿革

仁懷縣漢時爲符縣地唐時兼有溱珍播渝南州地宋爲滋州仁懷縣地明屬播州長官司縣乃平播後所置轄於遵義府雍正五年由四川改屬貴州布政司原編里十乾隆四十一年分縣三里仁懷河西土城地置仁懷直隸廳今里凡七東曰吼灘南曰小溪西曰李博曰安樂北曰二郎曰赤水曰丁山

仁懷縣草志　沿革　二

定，仁懷亦有，『在大定者曰猓玀，本曰盧鹿，深目長身，白齒鉤鼻，或曰即羅鬼』，應即今之彝族先民。馬鞍苗少見他書記載，是志稱『以布擁腹，如馬鞍，赤水里有之』，其族屬歸類，尚有待詳考。

是書《户口》有乾隆二十三年、四十年、四十九年數字；《藝文》占全書篇幅近半，有于芳柱《設仁懷廳事宜》、陶淑李《設仁懷縣議》、程正坤《重修仁懷縣學記》等文，或可考地方建置及學校變遷沿革。

《中國地方志綜録》失收是書，抄本僅貴州省圖書館庋藏，本叢書據遵義市圖書館藏清嘉慶二十一年抄本複製本影印。（張新民）

（道光）仁懷直隸廳志二十卷

清陳熙晉纂修。陳熙晉（一七九一—一八五一），字西橋，浙江義烏人，嘉慶二十三年舉人，道光二十年二月任仁懷直隸廳同知。

仁懷直隸廳，宋代之安溪縣，明萬曆二十九年置仁懷縣，清雍正八年移通判駐此，置仁懷廳，乾隆四十一年改仁懷直隸廳同知，轄三里，宣統元年改名赤水廳，民國三年一月改置爲赤水縣。今爲赤水市。

是志修纂之前，當地尚有楊拱乾隆《仁懷廳志稿》，早佚，僅存一序而已。其他如《仁懷縣草志》，亦未爲是志修纂者獲見。

全書凡二十卷，首有陳

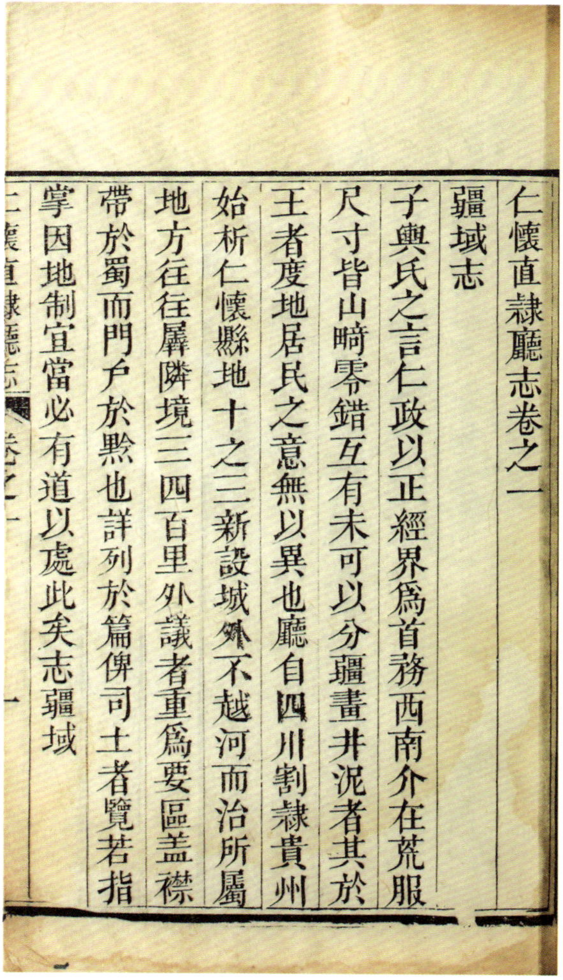

仁懷直隸廳志卷之一

疆域志

子輿氏之言仁政以正經界爲首務西南介在荒服尺寸皆山畸零錯互有未可以分疆畫井泥者其於王者度地居民之意無以異也廳自四川割隸貴州始析仁懷縣地十之三新設城外不越河而治所屬地方往往犀隣境三四百里外議者重爲要區盖襟帶於蜀而門户於黔也詳列於篇俾司土者覽若指掌因地制宜當必有道以處此矣志疆域

仁懷直隸廳志　卷之一　一

熙晉道光二十年序、目録、修志姓氏、凡例、輿圖。次爲志，依序爲疆域志二卷，營建志一卷，會計志一卷，學校志一卷，祠祀志一卷，兵制志一卷，職官志一卷，選舉志一卷，政績志一卷，人物志三卷，風俗志一卷，物産志一卷，祥異志一卷，邊防志一卷，藝文志三卷。志前均冠有序引，撮述全篇要旨。

是書『大約取材黔志者十之二，蜀志者十之三，得之案牘、采之紳耆者十之五六，但有關於斯土者，悉爲登載』（《凡例》）。唯出處概未注明，難免不感遺憾。《疆域志》分建置、清改直隸同知本末、星野、氣候、幅員、形勢、山水、古迹等目。雍正五年，仁懷『自蜀隸黔，自縣析爲廳，自遵義府通判升爲直隸同知』，凡未改設以前之建置，稱謂均從其舊。《山水》一目，叙述較詳盡，并多有考辨。卷四《會計志》因『昔宋李常有《元祐會計録》，册籍所存，胥徒所掌』，遂仿之而立此名。分户口、田賦、經費、積貯、兵糈、課税、蠲恤等目。《風俗志》分士習、農事、工匠、商賈、女工、婚禮、喪禮、歲時等目。反映商品經濟發展之後，社會風氣亦隨之有所變化轉移。《物産志》凡本境所有，凡目驗所及，無論飛潛動静，概備書之。又載陳熙晉《百穀説》、《荔枝説》、《烏柏説》、《釋魚》等，皆爲實用之文，不失爲農學經驗之總結。《藝文志》篇幅最重，收羅較富，其中吴培之《赤水考》，陳熙晉之《竹昆王考》、《符關辨》、《辨仁懷爲漢符縣地》，均關涉地方史地考辨之專文，雖未必皆精當無疵，仍明顯承襲乾嘉學風。

本書刻於道光年間。目載《清史稿藝文志補編》、民國《貴州通志·藝文志》、《中國地方志綜録》，唯《綜録》著録作『八卷』，疑誤。是書刊行後不久，即遭兵燹，『板毀於火，書亦散佚鮮存』。光緒二十七年仁懷直隸廳同知謝庭佐已『覓舊志不得』，而『未睹陳君之《志》』（《增修仁懷廳志序》），可見延至清末，便已搜尋不易。原刻本今中國科學院，上海、貴州等圖書館均有庋藏。貴州省圖書館藏本卷十七、十八已有殘缺，係抄配補足，本叢書據此影印。（張新民）

（光緒）增修仁懷廳志八卷首一卷

清崇俊修，清王椿纂，清王培森校補。崇俊，字志齋，滿洲正藍旗文治佑領下人，同治十年進士，光緒十七年十一月任仁懷廳同知。王椿，仁懷廳人，同治六年舉人，官四川通判，署金堂縣知縣。王培森，仁懷廳人，同治六年優貢，候選訓導。

光緒二十年崇俊到任，於光緒二十一年孟秋纂成是志。因缺乏經費，未能付梓。光緒二十三年七月，張正煃任廳同知，校讎補遺。延至光緒二十八年，知仁懷直隸廳事謝廷佐始籌足款項，刊印傳播。

全書共八卷又首一卷。首卷爲謝廷佐光緒二十八年序，

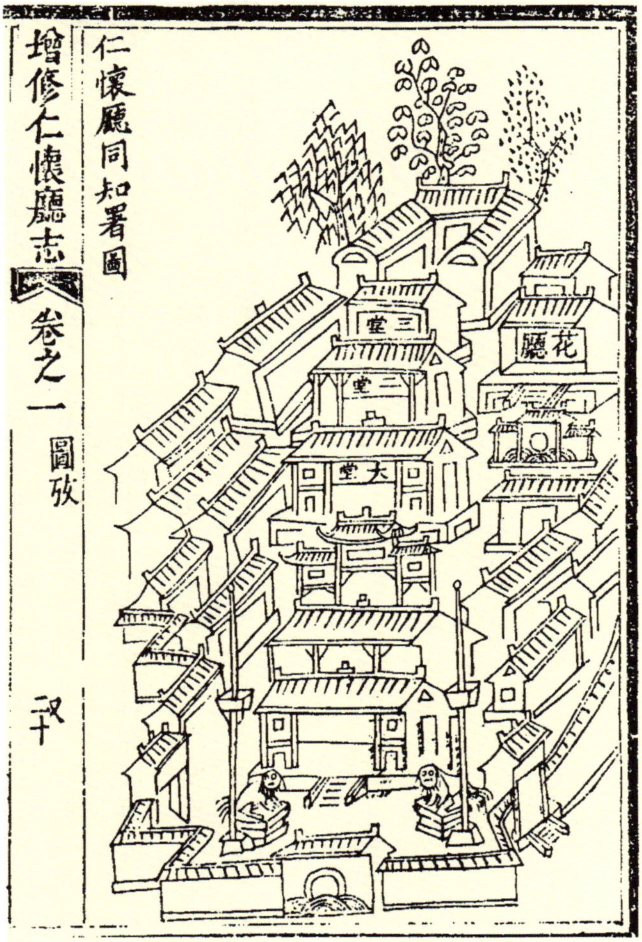

崇俊光緒二十一年序，目録，凡例，星宿圖，參宿圖，修志名單，引證書目，輿圖，城池圖，附有陳熙晉及楊拱舊志序，陳志修志姓氏。次爲志，志目正文與目録略有出入，兹據正文列目如次：卷一建置、星野、幅員、形勢、山志、水志、渡口、橋梁；卷二古迹、城垣、官署、廟宇（近城附入）、祀典、祭田、鄉鎮、户口、田賦；卷三學校、兵制、職官、選舉、職銜；卷四政績、河工（各官名）、團規、税課、關口、鹽政、木政、鐲政、經費、普濟、育嬰、倉穀；卷五人物、貞節、陣亡、殉難、仙佛、人瑞；卷六邊防、風俗、方言、月令、集考、農事、祥異、塚墓；卷七藝文；卷八藝文、地産。

是志纂修時，距陳熙晉前志尚近。故『發凡起例，序類述事，皆本舊志』（謝廷佐《序》）。核其内容，則『原志删除增改者十之四，添補者十之三，存原志者十之三』（《凡例》）。增補者主要爲道光二十一年以後近六十年史事。

志中於山水形勢、疆域建置、關津古迹記載較詳，并多考證。

咸豐年間，楊龍喜領導之黔北農民起義，先攻占桐梓縣城，復又圍攻遵義府城，波及當地二十多個府州廳縣。是書卷六《邊防》增補較多道光二十一年以後史料，反映起義跌宕起伏經過。卷五《人物》較諸舊志，記載更爲詳實，亦多有起義史料，似可折衷比觀核對。《農事》備述農家田間生産經驗，文字充滿鄉間民衆氣息。《祥異》載自然災害，涉及地震、水災、冰雹諸多情況，反映生態環境緩慢變遷進程，亦長時段觀察必用之史料。

目載民國《貴州通志・藝文志》、《中國地方志綜録》，刊本僅光緒二十八年刻本一種，北京、上海、貴州等地圖書館皮藏。本叢書據遵義市圖書館所藏原刻本影印。（張新民）

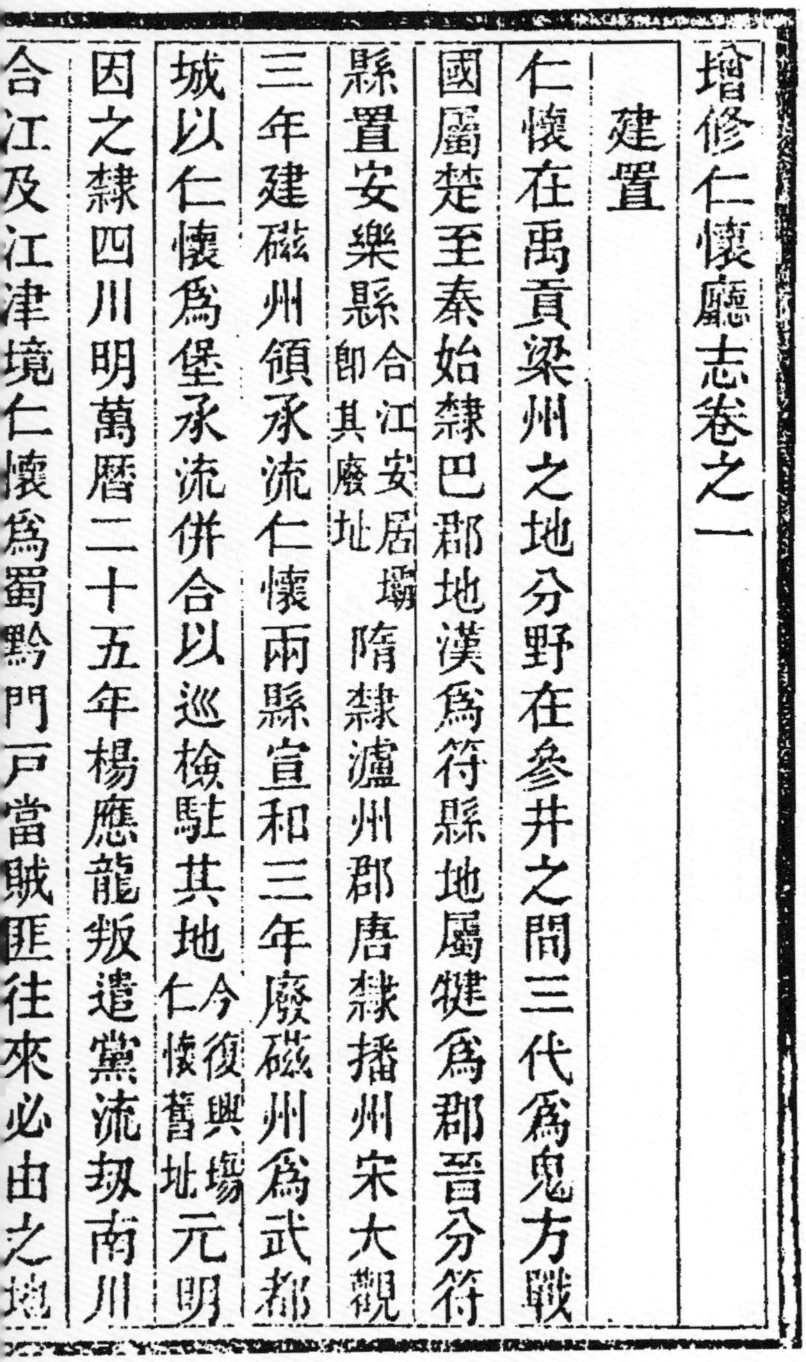

增修仁懷廳志卷之一

建置

仁懷在禹貢梁州之地分野在參井之間三代爲鬼方戰國屬楚至秦始隸巴郡地漢爲符縣地屬犍爲郡晉分符縣置安樂縣（合江安居壩即其廢址）隋隸瀘州郡唐隸播州宋大觀三年建磁州領承流仁懷兩縣宣和三年廢磁州爲武都城以仁懷爲堡承流併合以巡檢駐其地（今復興場仁懷舊址）元明因之隸四川明萬曆二十五年楊應龍叛遣黨流劫南川合江及江津境仁懷爲蜀黔門戶當賊匪往來必由之地

大年三按徐知縣曹一和始建縣城於留元壩離舊治三
十里置仁懷縣轄仁懷河西土城二郎小溪丁山吼灘赤
水安樂禮博十里屬遵義府仍隸四川
本
朝雍正五年改撥貴州九年移縣治於生芥之亭子壩以
遵義府通判分駐留元垻爲廳乾隆三年撥仁懷河西土
城三里地方歸通判管轄定爲中缺乾隆四十一年改爲
直隸同知兼衝繁難三要缺隸糧儲道
按唐天文志云參井鶉鳥之次也盡巴郡之地仁懷居
巴郡極邊凡巴郡所屬皆得以巴郡地稱之非謂巴郡
即仁懷也按方隅紀要孝武建元六年犍爲郡置鳖縣

（嘉慶）正安州志四卷

清趙宜霖修，陶有容纂。趙宜霖，字輝堂，江西南豐人，嘉慶十四年七月任正安知州，十八年六月卸任赴滇買銅，十九年四月回任，旋調任貞豐州。陶有容，字兩峰，錢塘（今浙江杭州）人，生員。

正安州，唐之洋川縣、三溪縣，宋爲西高州，元爲珍州思寧等處、真州，明爲真州長官司、真安州，清雍正二年改名正安州，民國三年一月改置爲正安縣。

正安一地志書之修纂源流，據《遵義府志》卷四十八《舊志叙録》，明代已有纂修，清知州袁治首纂於乾隆三十八年，均已不傳。嘉慶十四年秋，趙宜霖到正安知州任後，即有意修纂州志，遂糾集同志共修，稿成，於嘉慶二十三年付梓。是志乃現存最早一部。

全志共四卷，卷次依序爲：卷一星野、占驗、氣候、輿圖、圖説、建置、疆域、道路、場市、鹽店、苗蠻、形勝、山川、關梁、津渡、渡田、橋梁、河渠、井源、祥異；卷二郵傳、風俗、古迹、墳墓、真安八景、正安八景、城垣、公署、學校、書院、壇廟、寺觀、户口、田賦、税課、經費、積貯；卷三物産、土宜、蠶桑、職官、名宦、兵防、師旅、選舉、鄉賢、祠祀、孝義、節烈、隱逸、流寓、仙釋；卷四土司（按：目録未載，據正文補）、奏疏、碑誌、記序、教説、詩文。每志前均有序引，以見全篇要旨，篇中又多附有按語，皆據事而發論。

正安州志卷二

召陵趙遵律鑒定　南豐趙宜霦編輯

星野

昔者禹使大章步自東極至於西極使竪亥步自北極至於南極以定九州分野周禮保章氏以星土驗九州之地所封之域皆有分星所以辨方正位也正安越在荒□未入馮相氏之掌

是書之取材，『以前知州袁治舊記爲本，摘録《通志》，采檔卷及目前事實增成之』（《遵義府志》卷四十八）。袁《志》今已亡佚，賴此《志》尚有部分資料保存，或可考前後源流。卷一《場市》，記各地場市名稱及其位置，可瞭解地域經濟貿易活動情況。《苗蠻》乃引《漢書》及省志成説，寥寥數條，未能實地采風。卷二《風俗》，可知當地江西、湖廣移民已多，其中不乏商賈，已形成城鄉二元結構，雖自然經濟仍占主導地位，但市場亦開始活躍，而風氣亦逐漸由樸轉澆。卷四《土司》，記明洪武四年，土司總管鄭瑚歸附中央王朝，延至清初乃改土歸流。纂者謂『檔册無稽，省志不載，今以袁治舊記附於篇』，袁《志》既佚，資料固然珍貴，然一味胥鈔，實見其無識。與此類似，《奏疏》諸篇，亦多録自乾隆《貴州通志》，唯碑記係搜訪所獲，有裨瞭解地方實情。至於卷一《占驗》以星象附會人事，徒占篇幅；卷二拼凑八景，塗飾名勝。

是志見《清史稿藝文志補編》、《中國地方志綜録》著録。今原刻僅上海徐家匯天主堂藏書樓（今屬上海圖書館）及旅大市圖書館（今大連市圖書館）有藏，一九六四年六月貴州省圖書館據旅大市圖書館藏嘉慶二十三年刻本複製油印，本叢書據此影印。（張新民）

（咸豐）正安新志四卷

清朱百谷修，清周理、段炳然纂。朱百谷，號淵少，江蘇寶應人，舉人，咸豐五年八月任正安知州。撰有《太學坊表》八卷，有刊本流傳。周理，貴筑（今貴州貴陽）人，舉人，咸豐七年四月任正安學正。段炳然，貴州安順人，舉人，咸豐三年任正安訓導。

朱百谷咸豐五年到任後，即與二三同志，采摭舊簡，損減補充，纂成是志。咸豐七年已修竣刊畢，八年有補版。

是志爲四卷，列八志，共五十三目，依序爲天文志一：星野，占驗，氣候，祥異；地輿志二：輿圖，疆域，山川，道路，關津，河渠，形勝（八景），井源；建修志三：建置，城垣，學校（書院），公署，壇廟，郵傳，場市，橋梁，

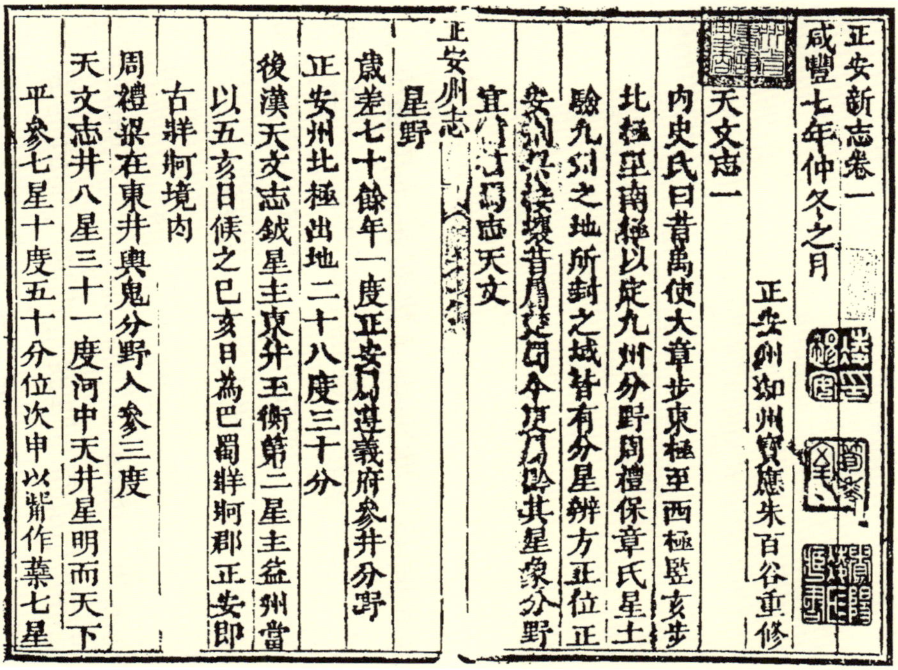

正安新志卷一
咸豐七年仲冬之月　正安州知州寶應朱百谷重修
天文志一
内史氏曰昔禹使大章步東極至西極豎亥步
北極至南極以定九州分野周禮保章氏星土
驗九州之地所封之域皆有分星辨方正位正
安州[illegible]境昔屬[illegible]今[illegible]其星象分野
宜[illegible]志天文
正安州志
星野
歲差七十餘年一度正安州遵義府參井分野
正安州北極出地二十八度三十分
後漢天文志鉞星主東井玉衡第二星主益州當
以五亥日候之巳亥日爲巴蜀牂牁郡正安即
古牂牁境内
周禮保在東井輿鬼分野入參三度
天文志井八星三十一度河中天井星明而天下
平參七星十度五十分位次申以觜作蕤七星

古迹（廬墓）；政事志四：選舉，田賦，税課，經費，倉儲，户口，師旅，鹽務；藝文志五：奏疏，碑記，序跋，教説，詩什；人事志六：職官，兵防，名宦，鄉賢，昭忠，隱逸，流寓，土司；物産志七：果穀，草木，禽獸，蠶繭，土産；風俗志八：孝義，篤行，節烈，耆壽，義舉，苗蠻。每志前均有小序，概述全篇要旨。

纂者僅據趙宜霦嘉慶《志》胥鈔，殊少補苴裁剪，内容失之簡略，且多疏漏。唯沙中淘金，個别零星史料可用。如《政事志》『户口』載有原額户口數及嘉慶十九年止户口數。

是志流傳極少，『逮同治乙丑（四年）毁於兵，板籍俱灰』（彭焯《續修正安州志由》），搜訪更難。民國《貴州通志·藝文志》竟謂已佚，《中國地方志綜録》亦失載。今僅見貴州省圖書館藏有原刻一部，已有部分漫漶。本叢書據此刻本影印。（張新民）

（光緒）續修正安州志十卷

清彭焯修，清楊德明、嚴宗六纂。彭焯，號闇穀，善化（今湖南長沙）人，舉人，同治十三年六月補正安知州。楊德明，字懋昭，正安州人，選用訓導。嚴宗六，字子誠，正安州思里鄉村壩人。庠生，州判，撰有《太極圖論》、《四書識注》、《左傳類編》、《摘韻辨訛》，均未見梓行。

是書屬清代正安第四次續修州志，據卷前諸序與《續修正安州志由》，光緒元年春，黔省擬纂通志，『爲此札飭各屬所有府、廳、州、縣皆須設局，延紳采訪』，至光緒三年春，始籌貲付刊。

全志共十卷。卷前有劉福田、彭焯、陸茂椿序，及正安州圖考，樂源八景圖，續修姓氏，凡例，上諭，附有纂修舊志姓氏。次爲志，

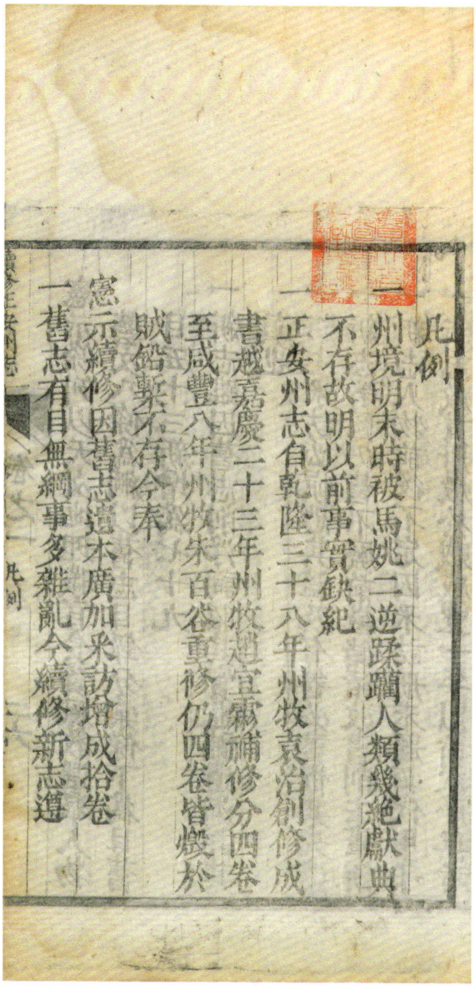

凡例

一州境明末時被馬姚二逆蹂躪人類幾絶獻典不存故明以前事實缺紀

一正安州志自乾隆三十八年州牧袁治創修成書越嘉慶二十三年州牧趙宜霖補修分四卷至咸豐八年州牧朱百谷重修仍四卷皆燬於賊鉛槧不存今奉

憲示續修因舊志遺本廣加采訪增成拾卷

一舊志有目無綱事多雜亂今續修新志遵

依序爲天文志（星野、占驗、氣候、祥異），計一卷；地理志（輿圖、疆域、建置、城垣、公署、壇廟、井源、十六景、郵傳、關津、前賢、廬墓、寺觀、場市、山川、形勝、古迹、道路、橋梁），計二卷；職官志（秩官、兵防、名宦附祠祀、師旅、正安州軍務、客師），計一卷；食貨志（物産、倉儲、鹽務、田賦、税課、經費、户口），計一卷；風教志（學校、書院、膏火田業、義塾、賓興、德教），計一卷；選舉志（科甲、五貢、仕宦、世職、武科、軍功），計一卷；人物志（封典、鄉賢、

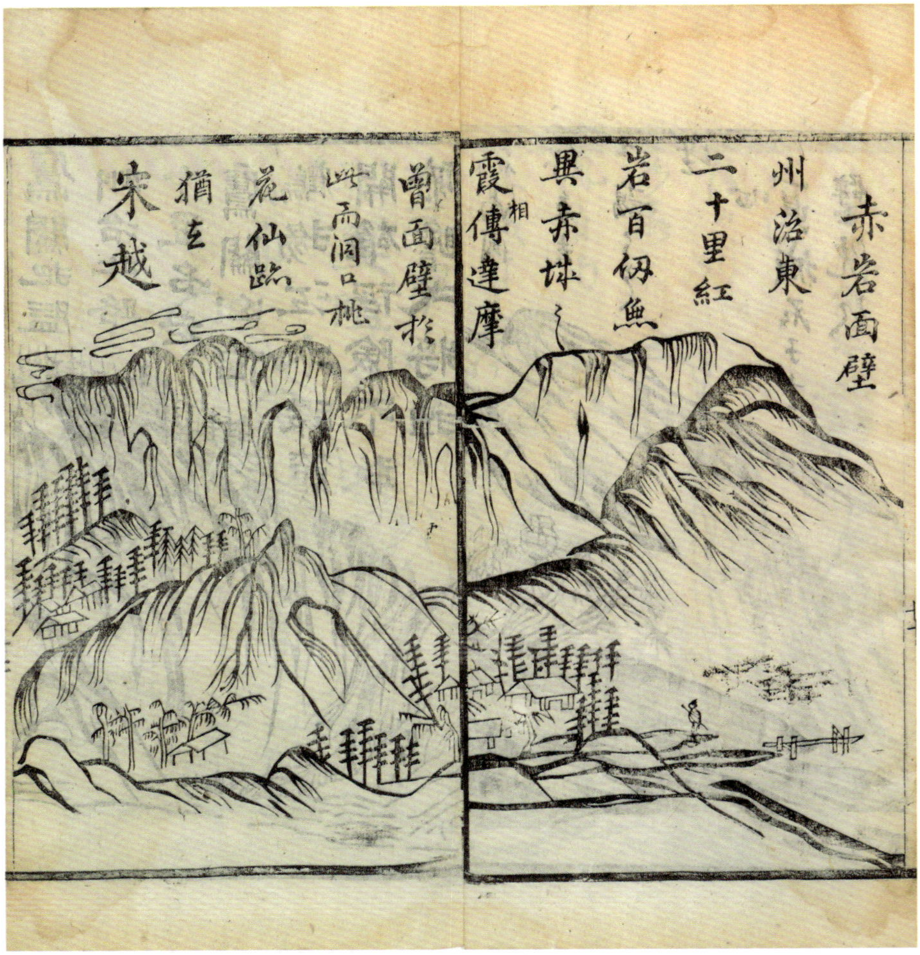

孝烈士、烈士、烈婦、孝烈婦、烈女、昭忠、友義、隱逸、孝子、孝婦、節孝、賢婦、篤行、異能、耆壽、仙釋、土司、義僕），計二卷；藝文志（奏疏、傳、游記、課示、觀風、教説、序跋、碑文、墓誌、詩什），計二卷。叙事止於光緒三年，每志前均有序引，引文注明出處。

體例以八志爲綱，以舊志目録分彙條下，爲目五十三，新增爲七十九。材料多録舊志，注重清代史實，唯祗知胥鈔，失之剪裁。

趙宜霖舊志叙事止於嘉慶二十三年，此志增補之事可觀者，如卷四『正安州軍務始末』述咸豐四年迄光緒元年正安用兵崖略；卷五《食貨志》記清末地方繭絲業又有發展，『商賈輻輳，通於各省』，婦女『浴繭絲，共勤紡織』。或多有脱離農業生産者，專以從事繭絲紡織爲業，即所謂『逐末商賈，游川、湖，權子母以起家者，十之一二』（卷六），反映地方市場經濟已逐漸趨於活躍。

目載《清史稿藝文志補編》、民國《貴州通志·藝文志》、《中國地方志綜録》。版本僅光緒三年刻本一種，藏北京、上海、貴州等地圖書館。本叢書據貴州省圖書館所藏原刻本影印。（張新民）

（光緒）桐梓縣志三十卷（存二十七卷）

清何宗輪修，清趙彝憑纂。何宗輪，字鐵琴，湖南善化人，光緒十六年七月官桐梓知縣，凡十二載。趙彝憑生平見經部《悟蒙篇詁訓》提要。

桐梓縣，唐之夜郎縣、榮德縣；宋爲播川縣、鼎山縣；元爲鼎山縣、播川縣；明洪武六年以縣地析置播川、桐梓、松坎三驛，萬曆二十九年改桐梓驛，置桐梓縣，隸四川；清雍正五年改隸貴州。

桐梓縣志創修於明萬曆年間，清康熙二十五年賈國櫄、雍正九年邱仲眀、咸豐時趙旭復有續纂，惜俱散佚。光緒二十一年，『都人士用陳當事開局采訪』，知縣何宗輪乃聘地方名士趙彝憑主纂，前後三載，纂成三十卷，總三十萬言。惜未剞劂，幸抄本尚存，然缺卷二十四、二十九、三十。

體例依序爲卷一圖説暑度，卷二至五紀年，卷六山，卷七水（津梁附），卷八城堡（場市附）、公署，卷九祠祀，卷十户口、賦税、關榷、鳌金、捐輸、經費、積存、養濟院，卷十一風俗，卷十二學校、武備，卷十三職官，卷十四宦績，卷十五選舉，卷十六至十九人物（忠節、孝友、政事、文學、行義、壽考、藝術、列女、流寓、方外），卷二十至二十二物産（穀、蔬、貨、果、花、草、木、竹、羽、毛、鳞介、蟲），卷二十三至二十八藝文（文、詩），卷二十九古迹，卷三十雜記。

《遵義府志》采摭賅博，叙事周密，其載疆域地理，即以爲地有分更，現在廣袤之數，可計里而悉，故考證既精，述之亦詳。是書以爲《府志》記載雖詳，然未能實地踏勘核對，難免不有差錯，故采摭其説雖多，補充訂正處亦不少，皆得力於足經目見，有補苴罅漏之功。

桐梓一地之風俗，《遵義府志》載之亦詳，唯其變化無恒，古今差異甚大，故

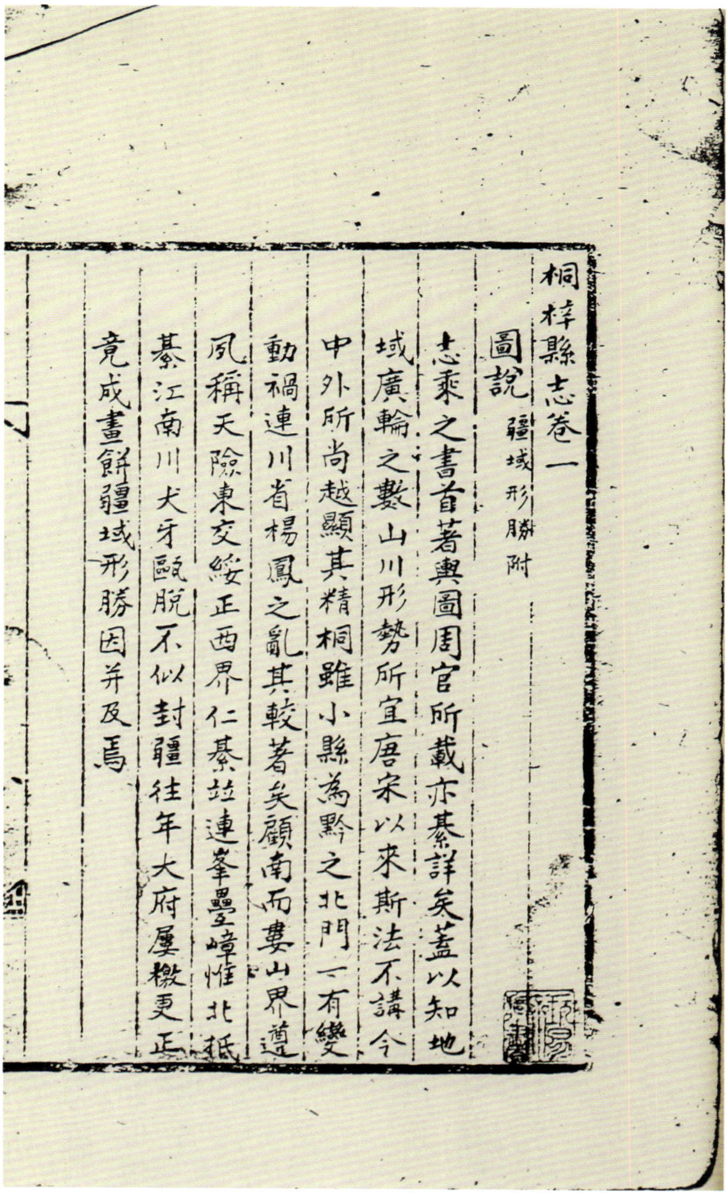
桐梓縣志卷一

圖說 疆域形勝附

志乘之書首著輿圖周官所載亦綦詳矣蓋以知地域廣輪之數山川形勢所宜唐宋以來斯法不講今中外所尚越顯其精桐雖小縣爲黔之北門一有變動禍連川省楊鳳之亂其較著矣顧南而婁山界遵夙稱天險東交綏正西界仁綦竝連峯疊嶂惟北抵綦江南川犬牙甌脫不似封疆往年大府屢檄更正竟成畫餅疆域形勝因并及焉

是書凡記風俗，均逐一證按，頗得《周禮》小行人適四方，集禮俗爲一書之遺意。農桑一門，亦爲府志所重，取與典禮合觀，是書以爲地處偏僻，大有甚深富教微意，誠乃深中肯綮之論。又以爲失載桐梓一地，有違郡志叙事限斷。其他如祥異之天文，學校之品節，亦有類似情况，遂多有調整，另作補充，俾其完善。至於物産種類，是書所載甚多，雖時見通有物名，然亦可考地方特産，較之《遵義府志》，補入内容不少。

書中記人載事，雖仍以揚善爲主，然若有穢迹，亦不刻意諱言，洵爲難得。收録詩文，各按體類排比布局，以便觀覽。一方掌故文獻，多得以保存，亦足資考鏡。

是書纂成後未刊。民國《桐梓縣志》所以纂成，實主要依據是書。書稿自民國以後，即長期湮没，今幸睹抄本，核其内容，知乃趙氏家藏本流出者，即篇前所冠『纂輯趙彛憑遺像』一幀，亦爲其後人所加，頗有失而復得之感，本叢書據此抄本影印。（張新民）

（民國）桐梓縣志四十九卷

李世祚修，猶海龍、侯樹濤等纂。李世祚，四川叙永縣人，民國十五年元月任桐梓縣長。猶海龍，字鏡涵，桐梓縣人，清光緒十九年舉人，曾任湖南芷江縣縣長。侯樹濤，字滄帆，桐梓縣人，貢生，曾任綏陽縣縣長。

民國十七年六月李世祚任縣長後，即聘猶海龍、侯樹濤、趙元雋專司纂輯，以熊逸濱、余炳章總理局務，設局纂修。計起民國十七年七月，迄民國十八年十二月。初稿告蒇後，民國十九年春，由趙元雋携稿至省，交楊恩元『披覽一周，若體例，若綱目，分合裁益，筆削謹嚴，語病文疵，悉予删剔，由二十二本核存二十本』，於是年刊印出版。

全志共四十九卷，凡二十册，五十餘萬言。首有毛光翔、王家烈、猶國才、黄道彬、李世祚、楊芝光、熊逸濱、馬空凡、趙元雋九序及猶海龍修志緣起、銜名、目録、凡例。次爲志，約爲十大綱，附以文徵、雜記，應載事項，各以類相從。門類分别爲：天文志，包括卷一星野、晷度、氣候、祥異四門；輿地志，包括卷二輿圖，卷三建置、疆域（形勝附），卷四城垣、衙署、局所，卷五壇廟（寺觀附），卷六山川，卷七關津（橋梁附）、井堰，卷八場市、砦硐、古迹（金石、廬墓附）十二門；秩官志，包括卷九職官，卷十名宦，卷十一土官（苗蠻附）三門；軍務志，包括卷十二兵防（驛遞附），卷十三至十五軍事、團防三門；食貨志，包括卷十六户口、賦税（經費附），卷十七至二十物産、倉儲、蠲恤（養濟附）五門；實業志，包括卷二十一農業，卷二十二林業，卷二十三蠶業，卷二十四工業、商業、礦業六門；交通志，包括卷二十五路政，卷二十六河工，卷二十七電報（電話附）、電燈、郵政五門；文教志，包括卷二十八學校（教育經費附），卷二十九至三十典禮，卷三十一風俗三門；選舉志，包括卷三十二舉貢，卷三十三畢業，卷三十四薦辟、議會四門；人物志，包括卷三十五宦迹，卷三十六文苑，卷三十七至三十八忠烈、孝友，卷三十九行義，卷四十烈女，卷四十一耆壽，卷四十二流寓、方技九門；文徵集，包括卷四十三詔敕、奏疏，卷四十四記序，卷

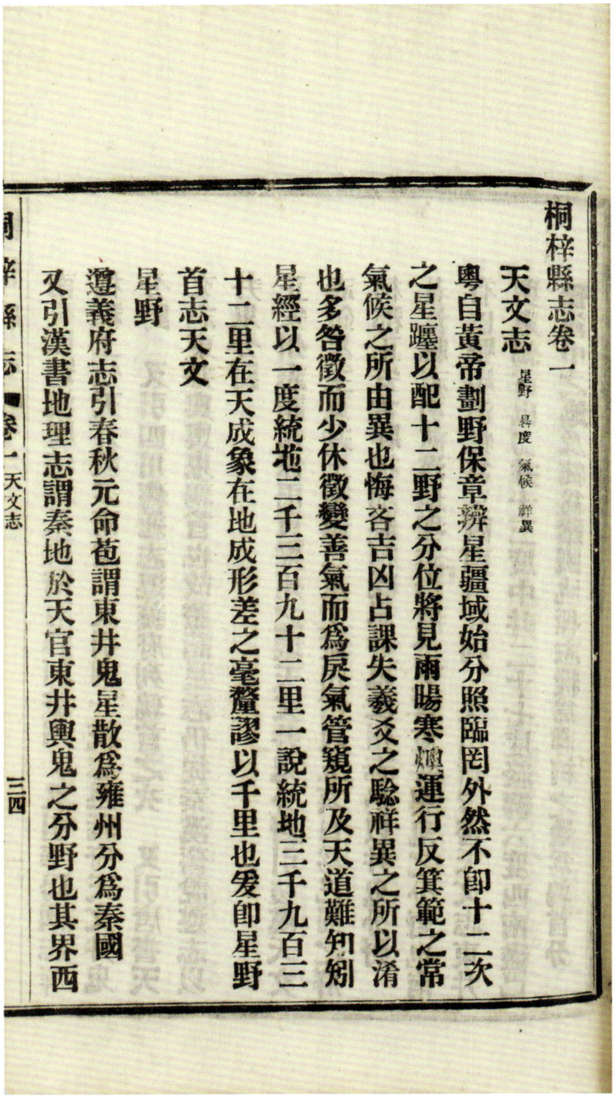
桐梓縣志卷一

天文志　星野　晷度　氣候　祥異

粤自黄帝劃野保章辨星疆域始分照臨罔外然不即十二次之星躔以配十二野之分位將見雨暘寒燠運行反箕範之常氣候之所由異也悔吝吉凶占課失義爻之驗祥異之所以淆也多咎徵而少休徵變善氣而爲戾氣管窺所及天道難知矧星經以一度統地二千三百九十二里一説統地三千九百三十二里在天成象在地成形差之毫釐謬以千里也爰即星野首志天文

星野

遵義府志引春秋元命苞謂東井鬼星散爲雍州分爲秦國又引漢書地理志謂秦地於天官東井輿鬼之分野也其界西

桐梓縣志　卷一　天文志　三四

四十五文檄、教諭、雜考、辨跋、頌説、銘賦，卷四十六至四十八詩十門；僅卷四十九雜記一門。每志均冠有序引，撮述本篇要旨。

是書述山川地理、疆域沿革，較之黔省同時先後所修之縣志，似更詳備。《秩官志》略古而詳今，述明萬曆以後事最詳，其中《土官》一門，利用地近易訪之方便，多『據父老之傳聞及鄉里之遺跡』，乃實地搜訪所獲，頗得其原委大概。《軍務志》『軍事』門，以編年體記唐虞迄民國十八年十月軍政大事，其中多有明清兩代農民起義及政府用兵彈壓史實。《食貨志》『就方志之可考，事實之有據者，分匯搜輯』。《實業志》反映近代地方社會經濟變動，《工業》記自然經濟既未瓦解，資本市場早已萌芽。《文教志》收録近代教育資料，《文徵》多載政教之文。

是志見民國《貴州通志·藝文志》『附録民國縣志』、《中國地方志綜録》、《北京圖書館方志目録》著録，刊本流傳較廣，本叢書據遵義市圖書館所藏民國十九年黔南鉛石印刷局鉛印本影印。（張新民）

（民國）桐梓縣概況不分卷

孔福民編修。孔福民，山東曲阜人，先後任桐梓及遵義縣縣長。

本書民國二十七年編成，共八章，無序跋，章前僅有總目及桐梓縣圖。章次依序爲第一章沿革；第二章自然環境；第三章社會狀況，分社會習尚及人民一般生活情形、古迹、機關團體三節；第四章施政一覽，分縣府概況、區保實況、警衛力量、社訓、禁煙、救濟及衛生、倉儲、財政、教育、合作、土地陳報、司法、政令實施之困難十三節；第五章地方經濟，分農業及農村生活、工業、商業、礦業、林業、畜牧、金融機關及流通情形、借貸利息及私人押當八節；第六章交通；第七章黨務一瞥，分沿革及組織，黨員數量及品質、經費及工作、所屬民衆團體四節；第八章縣城展望，分基本原則、政治建設、軍事建設、經濟建設、文化建設五節。各章篇幅多寡不一，第一章僅一葉，第二章二葉，四、六兩章分量最重，占全書逾半。節中往往又分若干子目，如第四章第一節縣府概況，又分：（一）縣府組織，（二）人事管理，（三）公文管理，（四）區政督導，其中第二條人事管理，又分：（甲）先用原則，（乙）職員待遇，（丙）職員訓練，（丁）工作督促，以下還有分目，甚爲繁瑣。

是書編於國民政府統治貴州初期，凡涉政事，多粉飾美化，然亦時或揭露時弊，反映百姓生活真實。故作史料利用，字裏行間，尚可考見社會經濟狀況，瞭解文化變遷史迹。

中央政府缺乏權威，地方官員爲所欲爲，防範措施鬆弛，積弊不可謂不嚴重，社會經濟分配不均，必然導致百姓生活困苦。『農民終歲勤勞，尚難求一飽』。

第四章第九節《教育》，分記學校教育、社會教育、教育經費、識字人數，詳載學校、班級、學生數目，列有《各級學校簡況統計表》。此爲地方教育之重要史料。

第五章《地方經濟》，分別列有《桐梓縣糧食調查統計表》、《桐梓縣工業調查表》、《桐梓商業概况調查表》、《桐梓縣礦産調查表》，以輔文字叙述之不足，可考經濟發展一般實情。

原稿編成後未刊。一九六六年八月，貴州省圖書館據平壩縣檔案館藏油印本複製，凡明顯之錯訛文字，均出校勘記校改。本叢書即據此本影印。（張新民）

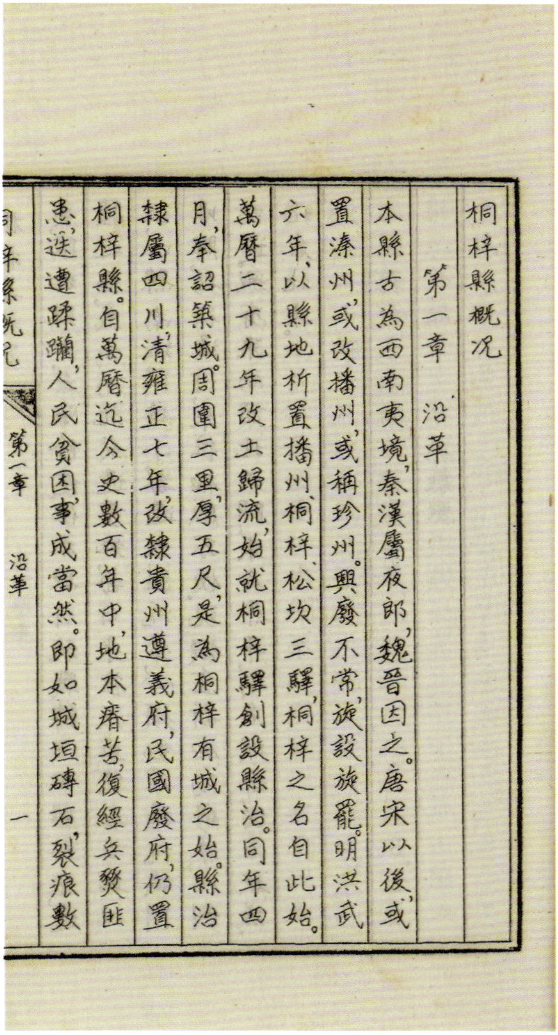
桐梓縣概况

第一章 沿革

本縣古為西南夷境，秦漢屬夜郎，魏晉因之。唐宋以後，或置溱州，或改播州，或稱珍州，興廢不常，旋設旋罷。明洪武六年，以縣地析置播州桐梓、松坎三驛，桐梓之名自此始。萬曆二十九年改土歸流，始就桐梓驛創設縣治。同年四月，奉詔築城，周圍三里，厚五尺，是為桐梓有城之始。縣治隸屬四川，清雍正七年，改隸貴州遵義府，民國廢府，仍置桐梓縣。自萬曆迄今，史數百年中，地本瘠苦，復經兵燹，匪患迭遭，蹂躪，人民貧困，事成當然。即如城垣磚石，裂痕數

桐梓縣概况 第一章 沿革 一

（嘉靖）思南府志八卷

明洪价修，鍾添纂，田秋删補。洪价，字月峰，新安（今安徽休寧）人，蔭生，嘉靖十四年至十七年官思南知府，乃繼前任知府李文敏之後。重修文廟，并以地方鄉賢入祀。鍾添，字主節，湖北鄖西人，舉人，明嘉靖十一年官銅仁府儒學教授，并建文昌祠於啓聖祠之後。田秋，字汝力，號西麓，銅仁府水德司（今思南）人，明正德九年進士，授福建延平府推官，復任河間府推官，升吏科左給事中，轉户科都給事中。

明代思南府之疆域，據萬曆《貴州通志》卷十六，其東抵銅仁府（三百九十里），西抵四川播州宣慰司界（四百里），南抵石阡府界（一百四十里），北抵四川彭水縣界（六百五十里），東南抵銅仁府界（一百五十里），東北抵四川西陽宣撫司界（二百里），西南抵石阡府界（二百六十里），西北抵四川重慶府界（四百里）。元代當爲思州宣慰司，隸湖廣行省；洪武四年改隸四川行省，永樂十一年廢思南宣慰司，置思南府，隸貴州布政司，領安化縣（今思南）、婺川縣（今婺川）、印江縣（今印江）及府北沿河佑溪長官司（今沿河）、府東

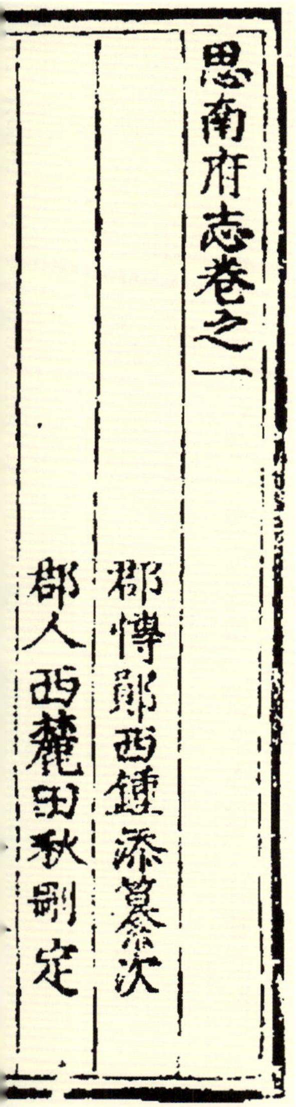

北朗溪蠻夷長官司；清沿之；民國三年廢府，於治所設縣。

今存之明代《思南府志》，僅此一部。嘉靖十三年議修府志，脱稿於十五年春，次年春刊畢。述事則延至嘉靖二十九年，則梓行之後，又增有個別版葉。

全志八卷，首有田汝成、田秋所撰之序，汝成之序撰成於嘉靖十六年，田秋之序較其早一年，時尚在禮科左給事中任上，并兼經筵

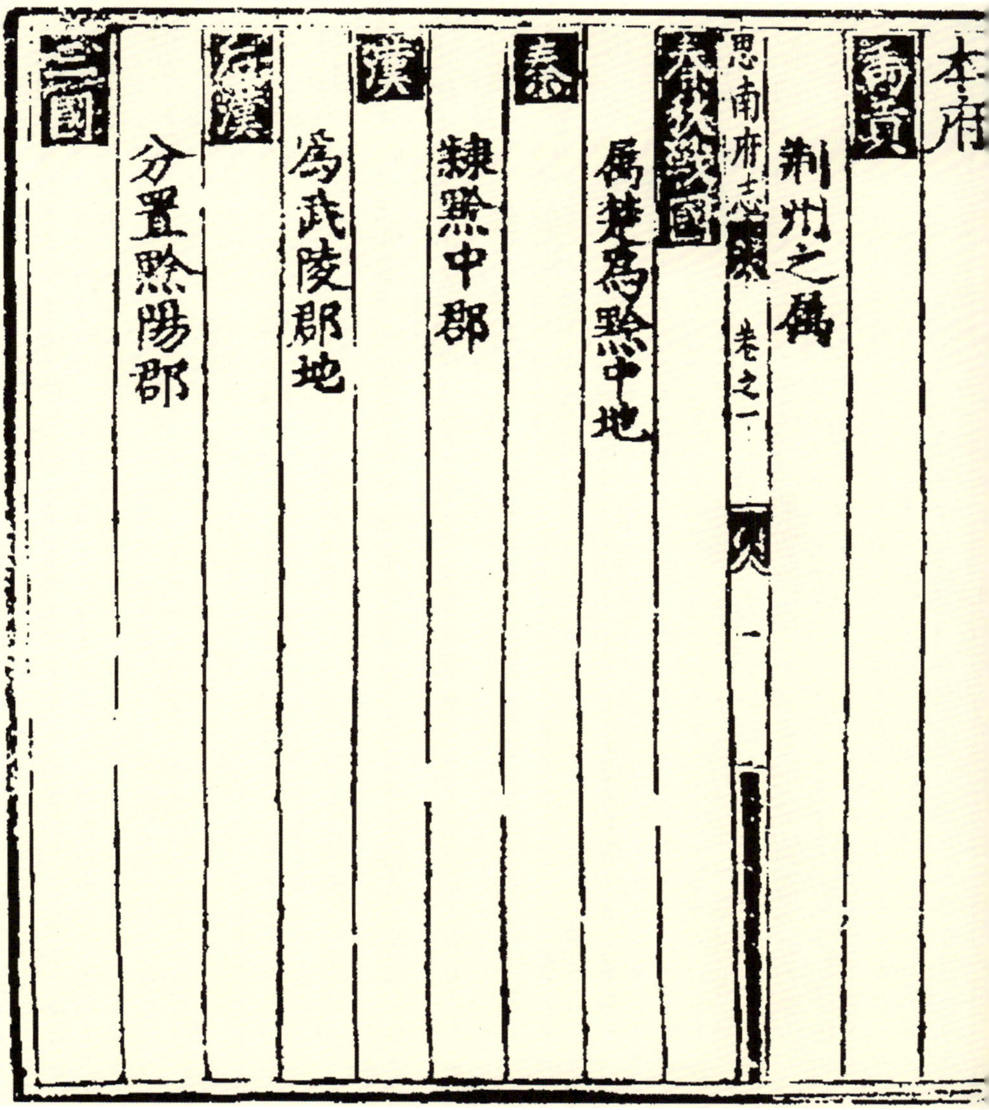
本府
禹貢 荊州之域
思南府志 卷之一
春秋戰國 屬楚爲黔中地
秦 隸黔中郡
漢 爲武陵郡地
後漢 分置黔陽郡
三國

講席。次爲圖形，計有兵備道署圖一、府境圖一、府署圖一、儒學圖一、司署圖四、縣署圖二，實自爲一卷。卷後有洪价、張烈、鍾添跋。志則依卷排序，一志一卷。分别爲：地理志、建置志、田賦志、祠祀志、官師志、人物志、拾遺志（祥異附），誥敕志。

篇中載思南地理、建置沿革較詳。《地理志》述及沿革、郡志、星野、疆域、形勝、山川、井泉、里圖、古迹、丘墓、風俗。《建置志》述及府署、學校、屬治、公署、城郭、倉庫、坊牌、鋪舍、關隘、亭院、樓閣、橋渡。思南田氏乃明代貴州四大土司之一，時有諺語云『思播田楊，兩廣岑黄』（卷七《拾遺志》），可見其勢力之大。永樂十一年始罷宣慰司，設思南府，隸貴州布政使司，同於内地郡治。《地理志》載宋紹興三十六年于觀所撰之《田祐恭墓誌銘》，當爲考察田氏興衰升降之重要依據。篇中又載『處山箐者，芟林火之，因佈種，謂之刀耕火種』，反映山區因地制宜，輪番火耕種植之情况。《田賦志》記載廪禄、貢賦、户口、差役，列有詳細數目，可研究土司與明中央政府、土司與流官之間之複雜互動關係。弘治以後，大批川民流入思南，不斷拓殖開發，經濟結構開始轉變，社會關係亦日趨複雜，而矛盾與衝突亦加劇。

卷三中《土産》記載穀品作物，名目繁多。卷七中《祥異附》載嘉靖八年，有一鄉寨池塘，因久旱，忽火焰騰出，火色微白，當爲天然氣。足證其地質結構，必有油氣資源之蓄藏。又記弘治年間，暮溪先後兩次發現銅鐘，爲明代以前重要遺物，製造工藝已極精緻複雜。

考當地『上接烏江，下通蜀楚，舟楫往來，商賈鱗集』，郡産如硃砂、水銀、綿蠟等，『皆中州所重者，商人獲利，故多趨焉』（卷一《地理志》）。則銅鐘極有可能來自内地，主要靠烏江水道運入。又載府南四十餘里處，有仡佬族懸棺葬。而仡佬之有懸棺習俗，文獻記載或以此爲最早。

是志見《千頃堂書目》、《明史·藝文志》、郭子章《黔記·藝文志》著録，流傳極少。康熙三十年劉謙吉修府志時，即謂舊板飄散。道光重修《思南府續志》，凡例亦云隻字無存。今原刻尚幸存於天一閣，目載《天一閣書目》、《天一閣見存書目》、《天一閣藏明代地方志考録》、《中國地方志綜録》、《稀見地方志提要》。本叢書據一九六二年上海古籍書店出版《天一閣藏明代方志選刊》所收明嘉靖刻本影印。（張新民）

（道光）思南府續志十二卷

清夏修恕等修，蕭琯、何廷熙纂。夏修恕，字渾初，江西新建人，嘉慶七年進士，授翰林院檢討，充鄉會試同考官，擢至給事中，曾任湖南、山西等地按察，因陽曲縣令一案，降三級，遂乞假歸。道光十九年任思南府知府。蕭琯，字玉初，安化（今貴州德江）人，嘉慶六年官江西新城縣知縣，曾參與修纂道光《貴陽府志》、道光《松桃廳志》，另撰有《十笏齋詩集》。何廷熙，字敬堂，思南郡人，道光十五年舉人。

統合自明迄清兩代，是書乃第五次續修之志。道光十九年，何廷熙首倡修志，得署安化知縣楊巨源與知府夏修恕許可，次年二月付梓。

志共十二卷。卷首有賀長齡、周作楫序，凡例，目録及修纂名單。正文分九門，依序爲天文門（星野、氣候、祥異），地理門（輿圖、建置、疆域、形勝、山川、風俗、古迹〔丘墓附〕），營建門（城池、公署、壇廟、關梁、郵遞、寺觀），食貨門（圖甲、户口、人丁、田賦、課程〔税課附〕、經費、積貯、物産），秩官門（官制、職官、名宦、土司、學校、試院、書院〔義學附〕），武備門（兵制、操防），人物門（選舉、薦辟、武弁、貤蔭、鄉賢、忠烈、孝義、宦迹、列女、隱逸、耆壽、流寓、方技），藝文門（聖謨、原志藝文、補遺、續增藝文、傳、志、序、記、雜體、詩賦、續增詩賦、摭遺）。每目均有序引，撮述本篇要旨。

纂修是書之時，舊志或已亡佚，或非全帙，唯劉謙吉康熙三十年之本尚屬完書，遂『據劉《志》爲祖本，附以百五十年事實』，又準乾隆《貴州通志》體例，兼據劉《志》而稍有變通。劉《志》今已不傳，賴是志保存十之八九。

《地理門》首尾相銜，叙次井然，又以丘墓附古迹，或資考證，或志景行。其中疆域記各縣墟市及場期，風俗分記農業、手工業、商業、飲食、衣服、婚禮、喪禮、祭禮。時『民無衣帛，冬不加綿，道路之間，婦不輕出，出則擎蓋障面以行』（卷二之《風俗》引《舊志》），於當時當地百姓貧困生活可見一斑。

《食貨門》以昔圖爲綱，甲爲目，

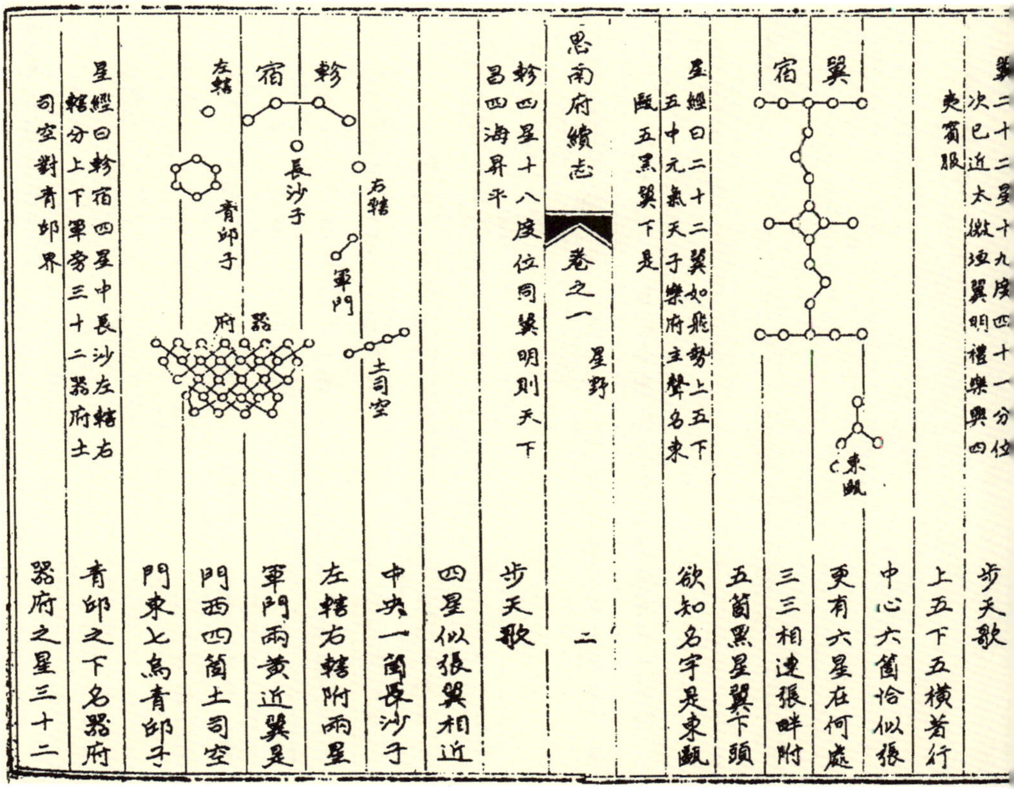
翼二十二星十九度四十一分位次巳近太微垣翼明禮樂興四夷賓服

步天歌

上五下五橫著行　中心六箇恰似張　更有六星在何處　三三相連張畔附　五箇黑星翼下頭　欲知名字是東甌

星經曰二十二翼如飛勢上五下五中元氣天子樂府主蠻名東甌五黑翼下是

思南府續志　卷之一　星野　二

軫四星十八度位同翼明則天下昌四海昇平

步天歌

四星似張翼相近　中央一箇長沙子　左轄右轄附兩星　軍門兩黃近翼是　門西四箇土司空　門東七烏青邱子　青邱之下名器府　器府之星三十二

星經曰軫宿四星中長沙左轄右轄分上下軍旁三十二器府土司空對青邱界

專列圖甲一目，頗具特色。又載康熙三十年、乾隆六年、道光十年户口數，而人丁、田賦、課程、經費、積貯之數亦一一詳明。篇末稱『思南山不盡童，水不盡奴，惟土性瘠薄，鮮膏腴，以故雜糧與稻并重，至蔬果之屬，均足供食』，對思南山水物産，作出總結。

《秩官門》以爲明代改土設府，建官實繁，故分類列目，記之極詳。而昔日化外之地，經有明一代長期經營，亦與内地郡縣毫無區别。與之相應者，則爲科考登第者日多，人才之彬彬興盛。

《清史稿藝文志補編》、民國《貴州通志·藝文志》、《中國地方志綜録》皆收録是書。除道光二十一年刻本外，又有傳抄本，分藏北京、天津、上海、

思南府續志卷之一

天文門

星野

周禮保章氏掌天星以星土辨九州之地所封之域皆有分星以觀妖祥思南在春秋戰國時為巫黔中地屬楚表分星則翼軫之餘漢置牂牁郡屬益州表分星則參井之餘逮隋初置牂牁縣兼置牂州大業初改州為牂牁郡方輿紀要定為在思南府西境唐招慰使冉安昌以婺州當牂牁要路請置婺州地本昆連廣輿記本史記及漢書定貴州為參井分野劉志祖之省志以思南在漢本武陵郡地應隸荊州則劃為翼軫之餘夫星一度二千九百餘里詎有截然界至可劃哉甘石家言岐其説徒滋聚訟亦觀其通焉可矣志星野

思南府續志 卷之一 星野 一

四川、貴州等地圖書館。其中貴州省圖書館所藏原刻已殘缺，卷一、卷七、卷十一均係抄配，卷三係油印補配。一九六六年元月，貴州省圖書館又據四川圖書館館藏刻本複製油印，校補個別訛脱文字，書末附有校勘記。書雖晚出，足資參考。本叢書據遵義市圖書館藏道光二十一年刻本之複製油印本影印。（張新民）

（光緒）都濡備乘二卷

清楊宗瀛纂輯。楊宗瀛，號望洲，江蘇無錫人，舉人，光緒二十八年任婺川知縣。

都濡，即今務川自治縣。隋開皇十九年置務川縣，唐貞觀二十年置都濡縣，宋政和七年改務川縣，元至元間改『務』爲『婺』，屬思州安撫司，明屬思南宣慰司，清、民國沿爲婺川縣，一九五九年改務川縣，一九八六年改爲務川仡佬族苗族自治縣。

本書分上下兩卷。開卷首行題『都濡備乘』，次行題『清無錫楊宗瀛纂輯』。卷末有民國二十五年孟秋婺川聶樹楷《跋》。此稿光緒二十八年便已搜集資料，撰成時間必在其稍後不久。

據聶《跋》，楊氏嘗爲地方官，因關於婺川地區之方志甚少，故欲修志，然衹成『師旅』及人物傳記數篇，即受代離去，遂彙抄爲上下二卷，題爲『都濡備乘』。

全書於師旅之事記載最詳。材料則多係采訪所獲。如白蓮教首領劉義順領導之號軍起義，歷時十三年，席捲黔北廣大地區，是

書繫事編年，詳載其不同時期之活動，一一具體而明白。其中如劉義順之里貫，今通行之説法均爲湖南寶慶人，是書明載爲『四川涪州荷葉坪人』。又述義順姓氏面貌：或曰姓郭，『與興同縣劉甲合開鐵廠，遂冒其姓。長身大頭，連鬢鬚，下垂及腹，聲大如雷』。叙述生動，宛如其人在前，不失爲第一手史料，乃有意用世之作。

是書纂成後，未曾梓行。一九三八年貴陽文通書局據聶樹楷所藏原抄本鉛印，收入《黔南叢書》第五集第三册。貴州省圖書館復藏有民國年間凌惕安手録傳抄本兩册，不分卷，除書名題作『婺川備乘』且無《跋》外，内容文字悉與《黔南叢書》本同。本叢書據遵義市圖書館所藏民國二十七年貴陽文通書局鉛印之《黔南叢書》本影印。

（張新民）

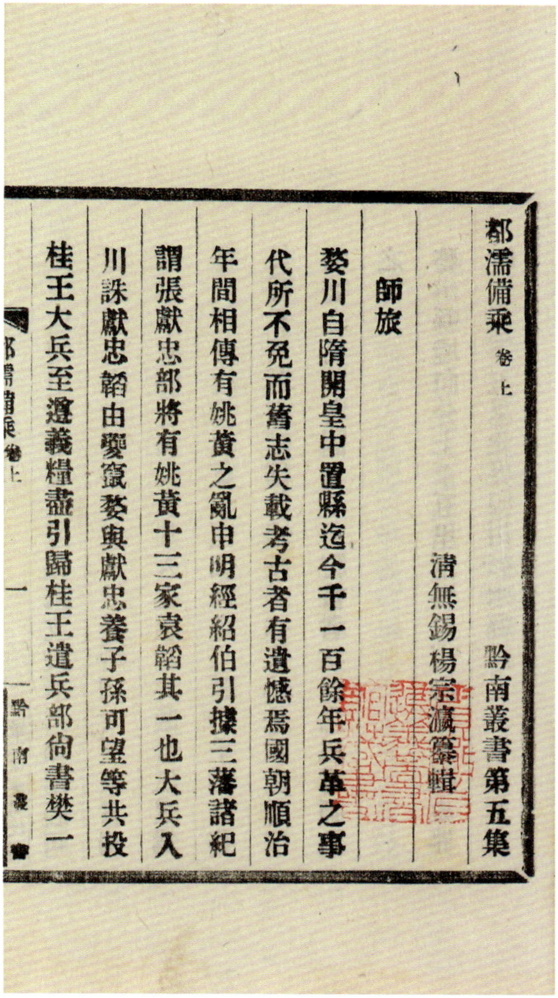
都濡備乘　卷上　黔南叢書第五集

清無錫楊宗濂纂輯

師旅

婺川自隋開皇中置縣迄今千一百餘年兵革之事代所不免而舊志失載考古者有遺憾焉國朝順治年間相傳有姚黄之亂中明經紹伯引據三藩諸紀謂張獻忠部將有姚黄十三家袁韜其一也大兵入川誅獻忠韜由夔竄婺與獻忠養子孫可望等共投桂王大兵至遵義糧盡引歸桂王遺兵部尚書樊一

都濡備乘　卷上　一　黔南叢書

（民國）婺川縣備志存十一卷

婺川縣修志局於民國十一年彙輯。内容多注明『婺川册報』，收入民國《貴州通志》中，與民國十年纂修之《南籠續志》類似，均爲『省中續修通志，飭縣查聞』（宋紹錫《南籠續志序》），遂依例采訪，册報省續修通志局，同時彙輯成編，一舉兩得，乃有是書。

全志今存十一卷，無序跋，卷前有婺川縣圖一幅。卷次爲：卷一建置，卷二關隘，卷三橋梁，卷四兵事，卷五書院、義學、學堂，卷六宦迹，卷七節婦，卷八金石，卷九土司，卷十經業，卷十一災異。除《經業》述及民國事，餘皆止於清末。如《兵事》即止於光緒二十五年秋，《宦迹》則止於宣統三年。

以上卷帙雖多，内容殊簡。卷一《建置》僅半葉，所載不過婺川縣署及倉廒兩條。其餘如卷二《關隘》、卷三《橋梁》、卷五《書院》均僅一葉半，寥寥數語，語焉不詳。

卷四《兵事》占全書篇幅近半，所記起咸豐四年，迄光緒二十五年秋，逐年記載用兵大事，考其内容，多係摘取光緒《都濡備乘》而成，然亦簡而能要，又補同治六年至光緒二十五年史實，或可與《都濡備乘》參校互補。

卷十《經業》分述工業、礦業、商業。直至民國初年，婺川工商業發展仍十分遲緩。工業『所産皮紙、白合粉二物頗佳，暢銷外屬，然業此者甚少，不過略獲微利』。商業因『無水道以通舟楫』，與内地交往十分有限，『運入者有布匹、綢緞、鹽、糖、雜貨、藥材，運出者爲黄絲、五棓子、猪毛、牛羊皮山獸之皮、水銀、硃砂、油蠟、花漆』，無一機器産品。受制於地緣區位，缺少外部資本刺激，社會經濟發展仍較遲緩。礦業記鐵、水銀等開采地，涉及開采情况。其中『門股丫水溝中，相傳産銅，未經開采』，或可提供開發綫索。

原稿未刊，一九六五年十月貴州省圖書館據上海圖書館及貴州省圖書館藏抄本複製油

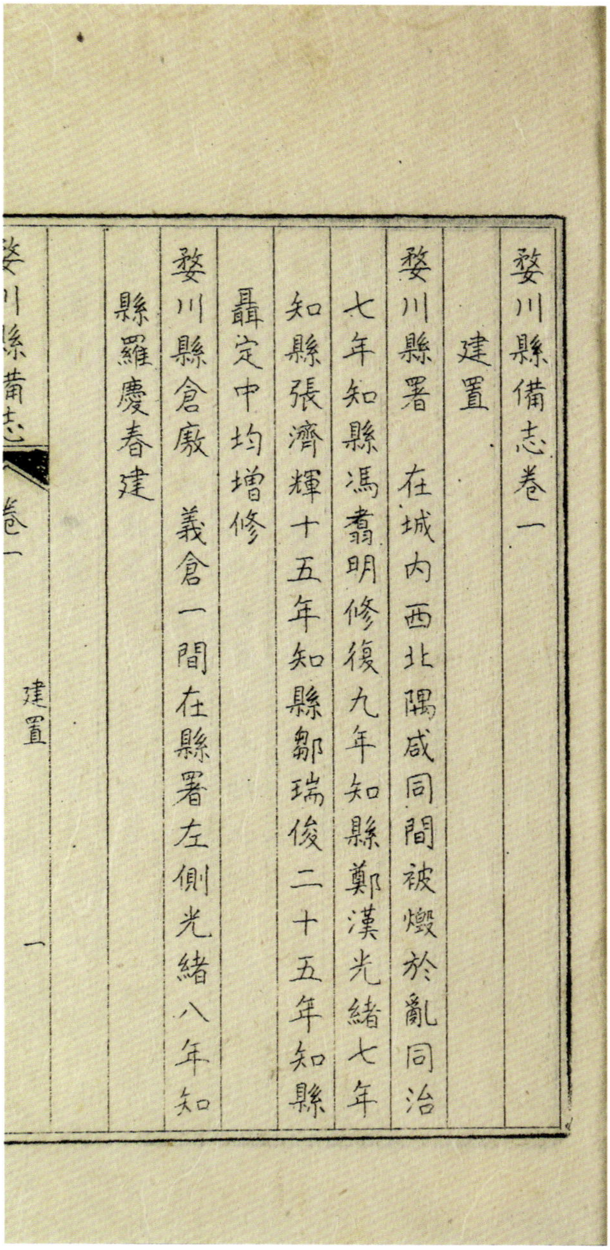

婺川縣備志卷一

建置

婺川縣署　在城内西北隅咸同間被燬於亂同治七年知縣馮翥明修復九年知縣鄭漢光緒七年知縣張濟輝十五年知縣鄒瑞俊二十五年知縣聶定中均增修

婺川縣倉廒　義倉一間在縣署左側光緒八年知縣羅慶春建

婺川縣備志　卷一　建置　一

印，校改訛字，附有校勘記。又《中國地方志綜録》載上海徐家匯天主堂藏書樓尚有抄本一部，叙事止於光緒二十六年，存『兵事』、『災異』二門，遂著録爲『光緒婺川縣備志』。今人多沿之，亦以爲乃『清光緒年間修』『纂修人與全書編例均無可考』（陳光貽《稀見地方志提要》卷十五『婺川縣備志』條）。此本今藏上海圖書館。考其内容，則全同本書之『兵事』、『災異』二類，實本書之殘卷。

本叢書收録二種，分別據貴州省圖書館藏複製油印本和上海圖書館藏抄本影印。

（張新民）

婺川縣兵事

咸豐甲寅四年秋，郡陸用康遣千總劉常昌率營兵武生項希康等團勇出子木坳之平碉，擊桐梓號賊

堡三餘財

乙卯五年夏四月，陸令調團首申光佃、申炳系率勇排巖入邑境，官兵協桐梓號賊楊隆喜於芝麻由

新場黄都坝出境

秋，貢生周秀泰率團兵攻猪潭號賊，陣亡吳大刀於石谷房之槐花地大竹園，敗之，號賊斬其首送縣

丙辰六年正月，署縣令阮文藻（江西人進士）因苗號仁寨人柯倫纔據鵝鴉溪作亂反號，外委姜仲元由后城

逃過松溪生員孫文鴻，斬姜外委首，函送柯，送獲偽封將軍，至是令千總劉常昌討之，文鴻敗

逃誅其家

麻布塘（下五里）地，叛逆冉楊二私造旗幟槍礮，山羊頂坝地（上五里），反賊白大滿、小滿等通謀總山坡生員覃元

貞擒之送縣正法

丁巳七年冬十二月，孩和團賊帥楊二因賊首劉又順（当时贼中称劉祖二老）仍恭言邑陷，思南帥率其党來據天羊寺

（同治）上江兩縣志二十九卷

清莫祥芝、甘紹盤合纂。莫祥芝（一八二七—一八八九），字善徵，號九莖，又號拙髯，貴州獨山人。莫與儔第九子，莫友芝少弟。附生，嘗入曾國藩湘軍，代理休寧知縣，歷官六合知縣、江寧知縣、高郵知州、上元通判、太倉直隸州知州。一生以治行卓著，曾自題書齋云：『不生事，不畏事，能了事。』時人以『風骨遒勁』許之。修是志時，莫氏適在上元知縣任上。曾爲鄉人黎庶燾哀刻《椒園詩鈔》七卷、《雪鴻詞》二卷，并捐資刊印鄭珍《儀禮私箋》、《輪輿私箋》。

甘紹盤，字愚亭，安徽桐城人，監生，同治十三年在江寧縣任上時，曾立頤壽堂以養老，設甘棠文塾以課孤童（詳見光緒《金陵通紀》卷四）。光緒元年署崇明縣事，則以廉静治民。是志即他與莫祥芝合力編成者，時仍在江寧縣知縣任上。

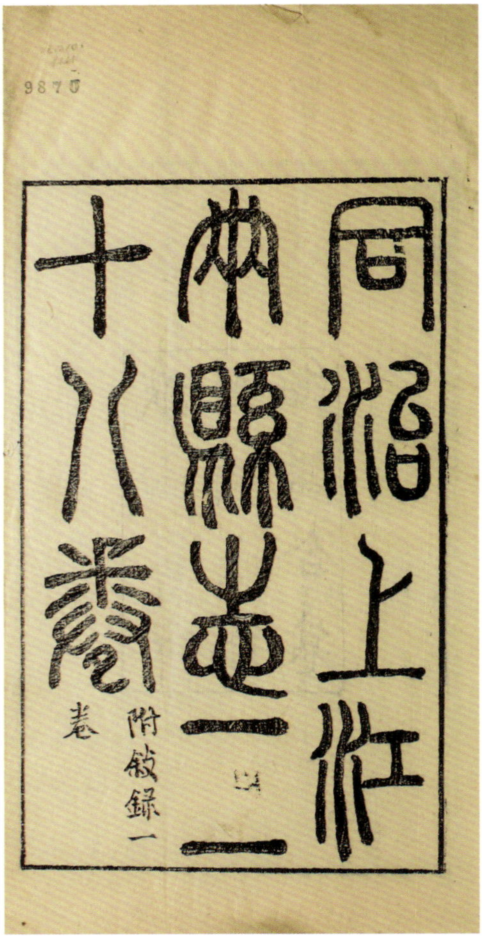

莫、甘二人既通力合作，共修上元、江寧兩縣之志，遂廣延名家劉壽曾、張鑄、汪士鐸、何延慶、秦際唐、甘元焕、陳作霖、方培容等，均按其個人專長，依據舊志，采摭新録，分任各門編纂之職。

是書所謂『上江』，乃指上元、江寧兩縣。蓋江寧爲省城附郭，與上元同城，非特地方廣闊，犬牙相錯，交互一體，即軍民亦多雜處，無明確分界，甲乙互連。故分而述之，則事少文煩，贅疣雜遝，見一隅而觀窺全域；合而載之，則事增文省，簡括明瞭，舉其大而不遺其細。尤其金陵乃東南之都會，兩縣志合纂爲一書，亦寓有領袖全省之微意。

是書首列『天章』，録康熙以下歷代帝王詩文，爲一卷。次則或記或考，或譜或録，或圖或説，錯綜諸體，取長補短，合爲一編。其中記爲一，即大事記；考有十，即山考、水考、城廂考、田賦考、食貨考、學校考、兵考、祠祀考、建置考、藝文考；譜有八，即秩官譜、科貢譜、列女譜、古今人譜、古迹譜、咸豐三年以來兵事譜、忠義譜、貞烈譜；録有六，即名宦録、鄉賢録、忠義孝悌録、耆舊録、方技録、方外録；圖説、摭佚兩目，則各爲一卷；叙録實爲全書之總綱，商例則爲各篇之凡例，雖各自列目，實同爲一卷。篇中又多附小字補注，凡正文不能詳，或其他異説，足廣見聞，能資考證者，皆可於注中見之。全書采捃既富，徵引亦廣，熔鑄剪裁，如出一手，誠乃鄉邦之佳構，志林之精品。

作者考山叙水，載坊列廂，既能明示大要，又多詳述原委，詳彼略此，交叉互見，綱目并舉，秩次井然。

《學校考》述地方興學源流，用意則在人才之連袂振起，而尤希冀重樹師教，風勵士習，天下從此濟濟多士，國家亦得以除弊興利。

《名宦録》表彰循吏，重其遺愛，自長吏以迄簿尉，凡事迹可考者，悉録入篇中。篇首冠有序，篇末又附有論。記載宦迹，以記功揚善爲主，興養立教，以時爲用，其意可謂深也。

《學校考》既已力言『學』之重要，《食貨考》則突出『强』之急迫：洋務運動之興起，自强呼聲震激朝野，志乘修纂亦有反映，實已構成主流思潮。作者既認爲『今時之務在於自强』，『自强』則離不開『富民』，『富民』必有裨於『自强』。

通觀全書，無論『譜』、『録』，均以人物爲主，所占比重極大。此志雖重視地理，亦詳於人物，可謂善於折衷，遂成一大特色。

是書有清同治十三年刻本、光緒二年重校印本。本叢書據貴州省圖書館所藏清同治十三年原刻本影印。（張新民）

同治上江兩縣志卷首

天章謹按同治三年以來無處茲據呂志恭錄別無他本欲謹再較也御製詩文集假借

聖祖仁皇帝御製

詩

金陵舊紫禁城懷古

秣陵舊是圖王地此日鸞旂列隊過一代規模成往蹟千秋興廢逐流波宮牆斷缺迷青瑣野水灣環剩玉河治理艱勤重殷鑒斜陽衰草繫情多

燕子磯夜泊

巍峩一片江頭石千載人傳燕子磯疑有黿鼉藏窟宅時聞鐘磬

（光緒）名山縣志十五卷

清周振瓊等督修，趙怡、趙懿纂輯。周振瓊，時分巡四川建昌兵備道，生卒年及籍貫皆不詳。趙怡，生平見經部《文字述聞》提要。係著名學者、詩人鄭珍之外孫，鄭知同之婿，趙廷璜長子。趙懿（一八五四—一八九六），字淵叔，又字悔予。貴州遵義人。趙廷璜次子。光緒二年舉人，任四川名山縣知縣，卒於任所。詩文書畫俱佳，著作宏富。除纂輯《名山縣志》外，有《延江生詩集》、《延江生詞》、《夢悔樓詞》、《支易》、《榕軒茗談》、《南農録》、《蜀江灘石記》、《江行十日記》、《名畫經眼録》、《觀海録》、《北征日記》、《詞微》等十餘種。

《名山縣志》爲趙懿任名山縣知縣時邀請其胞兄趙怡共同纂輯而成。名山縣（今屬雅安市）位於四川省中部，以産『蒙頂茶』聞名。但歷史上認爲此地山川迫隘，土瘠民貧。歷任官員多但求無過，以受代爲幸，無人過問當地之山川形勝、風土民情、歷史文化之記述。趙懿到任時，該縣已歷經數十年社會動亂，民生凋敝，『近編户籍民數較咸豐末年略減十之三四』（見該書雅州知府崔志道叙）。趙懿輕騎簡從，深入民間，『數月之後，庶政略舉』（同上）。康熙年間所修縣志，久已不存，一百七十餘年來無有續修者，

故趙懿決心創修縣志。遂不憚勞瘁，廣收資料，『凡荒村僻壤，皆親歷履勘』（見雅州知府熊紹璜叙）。安排訓導、典史爲督采，本縣文士九人爲采訪，親與其兄纂輯審定，歷經二年，成縣志十五卷，計三十四目。涵蓋山川方域、風俗物産、田賦兵防、歷史文化、典章人物等縣情。

此志被認爲係關注民瘼之地方官員『以邑宰修邑志』，『身親其事，手訂其書』（見崔志道叙），創修與編纂一體之成果，在方志著作中亦屬難得一見。

本叢書據遵義市圖書館藏光緒十八年名山縣署刻本影印。（謝尊修）

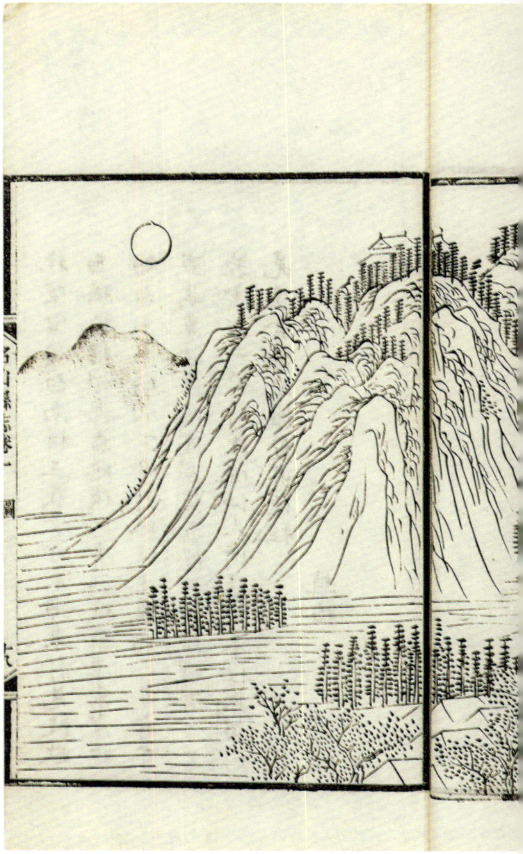

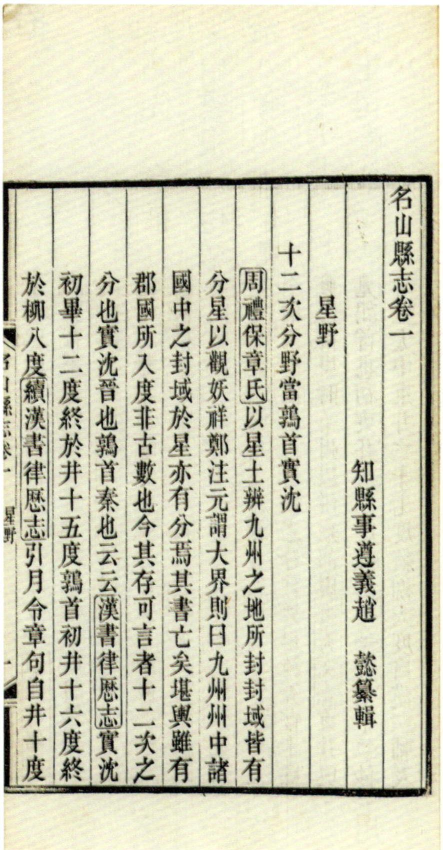

名山縣志卷一

知縣事遵義趙　懿纂輯

星野

十二次分野當鶉首實沈

周禮保章氏以星土辨九州之地所封封域皆有分星以觀妖祥鄭注元謂大界則曰九州州中諸國中之封域於星亦有分焉其書亡矣堪輿雖有郡國所入度非古數也今其存可言者十二次之分也實沈晉也鶉首秦也云云漢書律歷志實沈初畢十二度終於井十五度鶉首初井十六度終於柳八度續漢書律歷志引月令章句自井十度

名山縣志卷一　星野　一

（光緒）平遠州續志八卷

清黄紹先修，申雲根、諶顯模纂。黄紹先，會稽（今浙江紹興）人，監生。光緒十三年起至二十八年三次任貴州平遠州知州。申雲根，生卒年不詳，字石渠，貴州婺川縣（今遵義市務川仡佬族苗族自治縣）人。同治八年舉人，曾官四川知縣。諶顯模，字德波，貴州平遠州（今織金縣）人。咸豐五年舉人，曾官貴州餘慶縣教諭。

平遠州在明代爲貴州宣慰司水西安氏土司轄地。清康熙年間置府，後改爲州。平遠州從康熙、乾隆到道光年間曾六次修志，此後近四十年未曾續修。光緒十三年，黄紹先受任知州，次年即延請申雲根、諶顯模二人爲總纂，在前志資料之基礎上，增删編纂。章炳然等十二

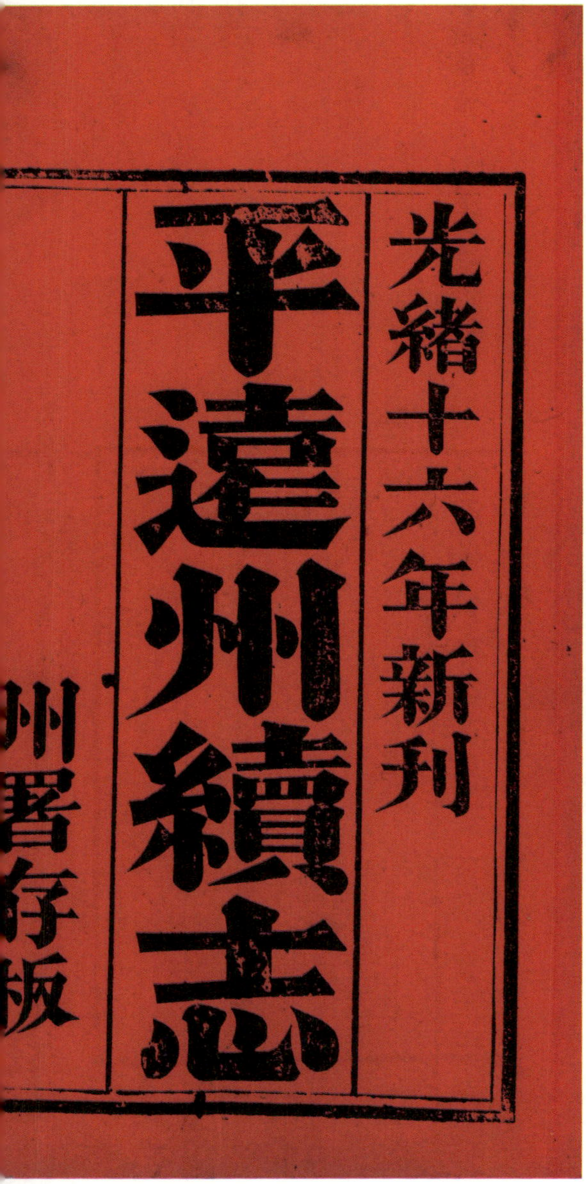

人爲分修，傳作書等二十三人爲采訪。校對四人，繕寫九人，校刊六人，承辦首事五人，於光緒十六年刊刻成書。

其體例仿照先已成書之《永寧州志》及《貴州通志》，計八卷并卷首一卷，包括宸翰、天文、地理、職官、食貨、風教、選舉、人物、藝文九類。内容着重增補從道光二十九年至光緒十六年四十年間之地方史實。其《大事考》則記載從蜀漢建興三年至清光緒十六年計一千六百六十六年間之重大史實。《藝文》卷所録文章，有咸同農民起義史料，也有反映農耕及社會生活情況之文獻。

本叢書據上海圖書館所藏光緒十六年州署刻本影印。（謝尊修）

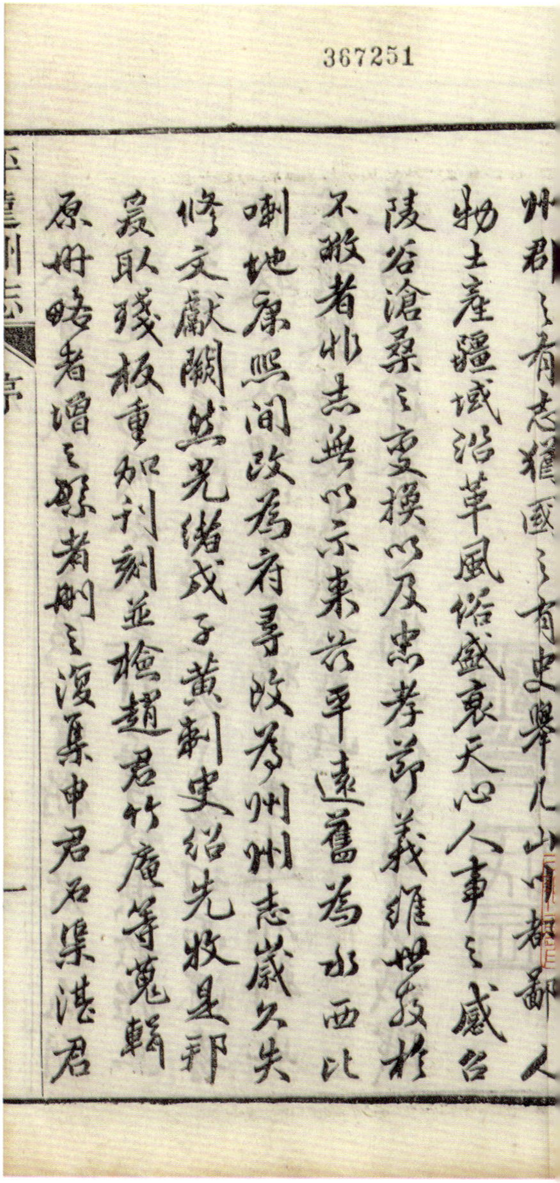
367251
州郡之有志猶國之有史舉凡山川都鄙人
物土產疆域沿革風俗盛衰天心人事之感召
陵谷滄桑之變換以及忠孝節義維世敎於
不敝者非志無以示來兹平遠舊爲水西比
喇地康熙間改爲府尋改爲州州志歲久失
脩文獻闕然光緒戊子黃刺史紹先牧是邦
蒐取殘板重加刊刻並檢趙君竹唐等蒐輯
原册略者增之繁者删之復集申君石渠湛君
平遠州志　序　一

(光緒)浪穹縣志略十三卷

周沆纂輯。周沆生平見史部《牂牁館紀》提要。

清光緒二十八年，周沆受任雲南浪穹縣令。上任之初，欲尋求地方志乘以瞭解縣情，但發現已整六十年未修縣志，感到其『民情俗尚、土宜人物及學校、田賦、水利諸大端損益攸殊，因革互異』(見其自序)，因而與當地人士商議重修縣志，得到熱烈贊成。同時又感『款無出，時不待』之難，周沆帶頭捐銀百兩，地方人士響應贊助，做到不請款、不攤派、不擾民。公推縣令親自纂輯。周沆認爲也是職責所在，慨然承擔。在督修水利等公務之暇，『取邑諸生采訪所及，删繁就簡，削僞存真，弗諛弗誣』，奮筆七月而成稿，於次年刻印成書。

《(光緒)浪穹縣志略》共分十三卷，分設十一門，四十一類，字數較前志多『十之五』。書名加『略』字，實爲謙虚。觀其編纂名録，『采訪』即達二十三人，『纂輯』之外，并有『參閲』、『總校』、『分校』九人。全志體例完善，并非草率之作。其中對山川、村屯、物産、土官、種人(民族)、風俗、教堂等之記述，尤能突出地方特色。

本叢書據貴州省圖書館藏光緒二十九年刻本影印。(謝尊修)

浪穹縣志畧卷一

知縣周　沆纂輯

天文志

分野

周天三百六十度包大地而外若盡以中國當之謬矣即謂以氣分不以形分說似可通究亦惝怳無據然志乘有分野一門故事相沿未可遽刪也舊志所載頗有折衷可備推測仍謹列焉志分野

舊志井宿分度當五諸侯之一

夫星壤之說難於考信折衷於古不若測驗於今之

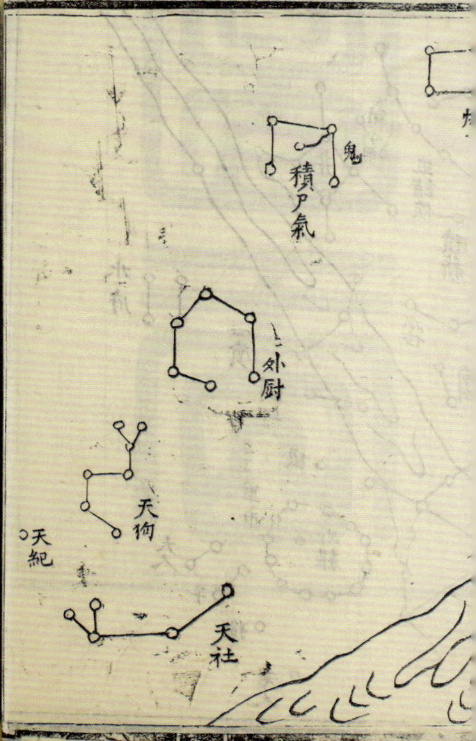

全黔國故頌二十卷

黎庶昌編纂。黎庶昌生平見經部《春秋左傳杜注校勘記》提要。

黎庶昌鑒於貴州史料匱缺，名賢不彰，『雖有豐功偉略，奇節至行』，『數十年後煙消雲散，姓名遂與草木同腐』，『欲總集事實，爲異時國史張本』。乃搜集貴州從漢迄清之名人資料，仿方志人物傳體例逐一分述，加上附録，共一百三十五人。分名臣、忠義、循吏、儒林、文苑、孝友、貨殖、方技、列女、土司、奸臣十一類。『頌』爲黎庶昌以賦體形式對每人立身行事及功業德行、學術、文學成就所作之概略評述，因係稿本，僅二十人有頌。編撰時間約爲清光緒十一年至光緒十六年間。

《全黔國故頌》收羅宏富。如何騰蛟，在南明時撑持時局，爲永曆帝肱股大臣。因清初頗涉忌諱，記載不詳。黎庶昌全文收録何琮《何忠誠公編年紀略》及胡長新勘誤按語，徐鼒《小腆紀年》、《小腆紀傳》，錢謙益《哭瞿稼軒留守相公詩》注，鄧顯鶴《沅湘耆舊集》按語及《祀何忠誠公於湘潭流水橋議》，莫友芝《黔詩紀略傳》，張垣、董瑞生、馮甦、向日葵、陳文政所撰傳，倪知化、江見龍祭文，吴光廷祠記，胡林翼《重修何中湘王墓碑記》，韋業祥《忠誠何公墓表》，彭應珠《重修忠誠何公墓記》，鄭珍、黎兆勳詩等。并附録何騰蛟與江見龍、倪知化小劄，《大埠橋口吟》一律，將有關何騰蛟文獻收羅殆盡，

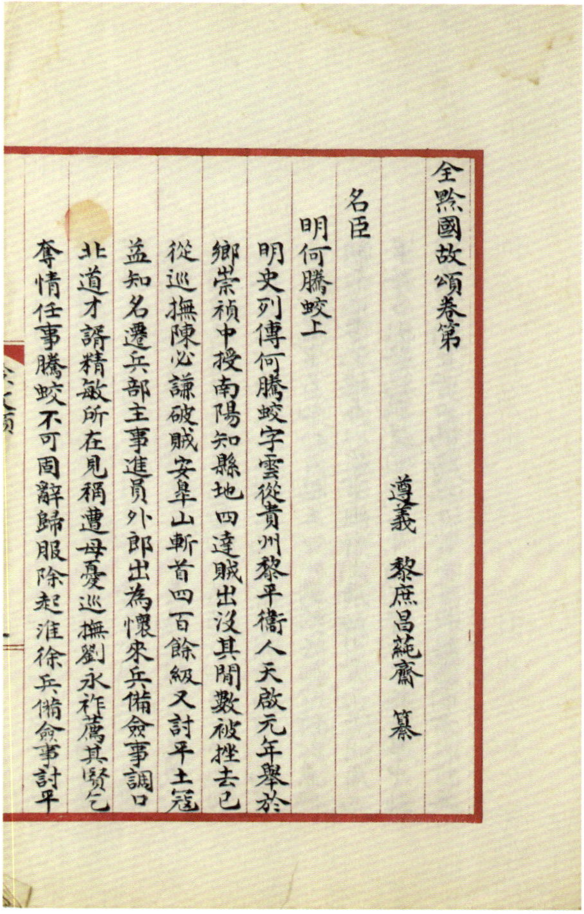
全黔國故頌卷第

遵義　黎庶昌純齋　纂

名臣

明何騰蛟上

明史列傳何騰蛟字雲從貴州黎平衛人天啟元年舉於鄉崇禎中授南陽知縣地四達賊出沒其間數被挫去已從巡撫陳必謙破賊安皐山斬首四百餘級又討平土寇益知名遷兵部主事進員外郎出為懷來兵備僉事調口北道才諝精敏所在見稱遭母憂巡撫劉永祚薦其賢乞奪情任事騰蛟不可固辭歸服除起淮徐兵備僉事討平

爲研究何騰蛟提供詳實史料。他如黎安理《長山公手書年譜》、王文雄《王壯節公年譜》、王士俊《犀川制軍自訂年譜》，均爲珍貴史料。

人物選擇上，黎庶昌雖『持例稍嚴』，却選取部分名不見經傳之小人物。如翟翔時，官位不高，但長期監貴山書院，善於培養人才；王天真、許氏八女、楊璉之等才女，其作品流傳不廣，因黎庶昌之收録得以幸存。全書爲稿本，在修撰《貴州通志》時，部分被采入。稿本原書分爲二十卷，每册輯封上有編號，爲五至二十三（名臣傳之『何騰蛟』分上下兩册，皆編爲『五』），則似有缺卷。現藏貴州省博物館。本叢書據此稿本之分册分爲二十卷，加以影印。筆者又據稿本整理爲二十三卷，收入上海古籍出版社版《黎庶昌全集》中。（黎鐸）

滿洲國水道源流考略八卷

周沆輯。周沆生平見史部《牂牁館紀》提要。

《滿洲國水道源流考略》共八卷十萬餘字，首爲周沆自序一篇，説明編撰該書之原委；次爲本書凡例十條，説明編撰該書之體例及注意事項；再次爲本書引用書目，有《漢書》、《資治通鑑》等正史，有《通典》等政書，有元、明、清《一統志》及《盛京通志》等東北各省府州縣志書，有《竹書紀年》等雜史，有近代東北各地概覽等，有近代報刊及《大清一統圖》、《奉天省圖》等，總數達一百五十餘種，其中圖十一種；再次爲本書目録（目次）；再次爲《滿洲國水道圖》；再次即正文。正文按卷分叙上述各主要河流及其若干支流，範圍涉及今東北三省全境、内蒙古自治區、河北省及今蒙古共和國部分地區。先叙該河流（及各支流）之名稱，包括歷代古稱、别稱、滿語稱、俄語稱；再叙該河流（及各支流）之源頭、流向；三則簡要叙述河流經過之縣區歷史沿革。而在卷八之最後，有《海岸》一則，叙當時滿洲國所屬黄海、渤海之海岸及沿綫之港口要塞，如旅順要塞等。該書認爲：『區域縱有變更，河山斷然不改，而尤以水道爲主要。水者，地之脈絡也。』所叙河流，細至最小，使今東北全境河流一覽無遺，具有極其重要之參考價值，爲研究東北地理及歷史沿革之重要文獻。

該書於民國二十二年初完稿，二十六年由新京東亞印書局鉛印出版。本叢書據貴州省圖書館藏本影印。（王任索）

滿洲國水道源流考畧卷一

播州周　流編輯

黑龍江

黑龍江即古黑水（山海經西望幽都之山浴水出焉）（郭璞注浴水即黑水）黑水之名始此**一名完水**（北史烏洛侯國西北有完水東北流合於難水）**又名室建河**（舊唐書室韋傳）**室建河**（新唐書室韋傳）**烏桓水**（太平寰宇記）流按烏桓亦作烏丸國名漢初東胡爲匈奴冒頓所滅遺衆退保烏桓山因以爲號**至金始稱爲黑龍江**（金史勿吉傳黑水部唐置黑水府有黑龍江所謂白山黑水是也）**又謂之石里很元史作撒合兒兀魯清築黑龍江城**（康熙二十三年築黑龍江城置黑龍江將軍副都統駐之）**置黑龍江省**（光緒三十三年置黑龍江省設黑龍江巡撫）**爲滿洲國與蘇俄分界之水**（咸豐八年中國與俄羅斯所訂璦琿條約黑龍江左岸由額爾古訥河至松花江

滿洲編年紀要不分卷

周沆編。周沆生平見史部《牂牁館紀》提要。

《滿洲編年紀要》八萬餘字，采録《皇清開國方略》、《清實録》、《東華録》、《宣統政紀》、《清史稿》及私家筆記内容，編輯成清前、清代及民國之東北地區（包括今遼寧、吉林、黑龍江三省以及民國年間所設之熱河省）大事紀年表。内容涉及政治、軍事、經濟、文化、外交及中日、中俄關係等。撰者自謂：『是編以區域爲經，時代爲緯，按年紀事，有則必書，無則從略。』

書前有凡例十三條，説明編撰之原則、

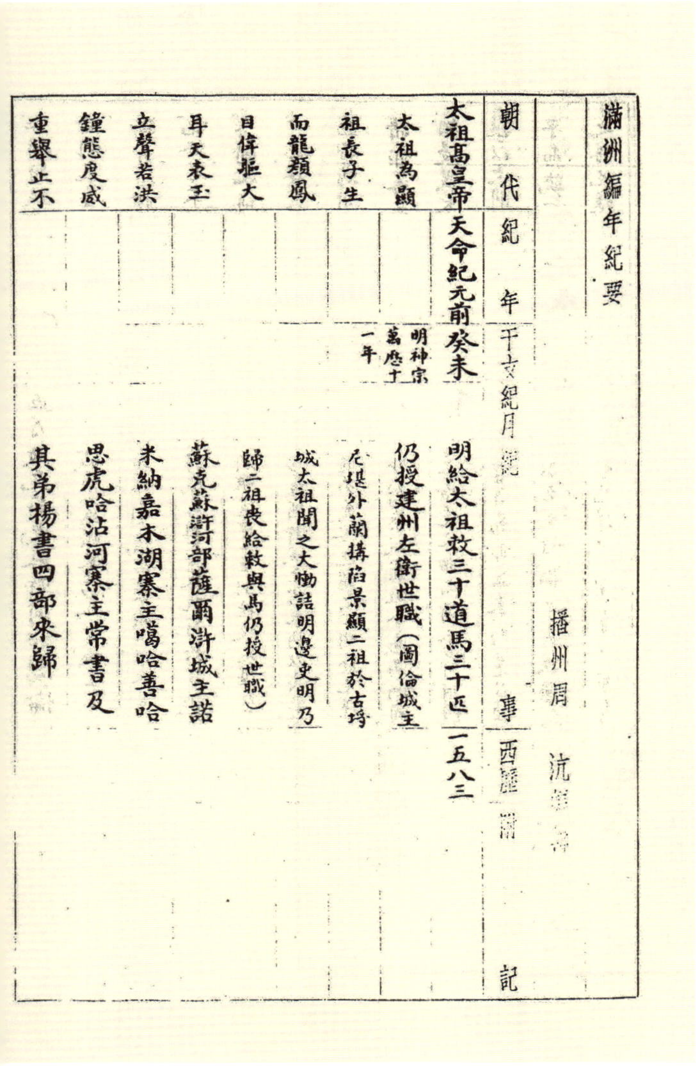
滿洲編年紀要
播州周沆
朝代紀年 干支紀月 事記 西曆
太祖高皇帝天命紀元前癸未 明給太祖敕三十道馬三十匹 一五八三
太祖爲顯 明神宗萬曆十一年 仍授建州左衛世職（圖倫城主
祖長子生 尼堪外蘭搆陷景顯二祖於古埒
而龍顏鳳 城太祖聞之大慟詰明邊吏明乃
目偉軀大 歸二祖喪給敕與馬仍授世職）
耳天表玉 蘇克蘇滸河部薩爾滸城主諾
立聲若洪 米納嘉木湖寨主噶哈善哈
鐘態度威 思虎哈沾河寨主常書及
重舉止不 其弟揚書四部來歸

區域、時間上下限、材料取捨及格式等；後爲《開國述要》一篇，記叙滿族之開創歷史及所處地理環境、族群遷移等；正文爲表格式記叙，分爲朝代、紀年、干支、紀事、西曆、附記六項内容，其中紀年爲各朝皇帝紀年，如康熙元年；紀事爲東北地區大事，附記爲國内其他地區大事。紀年始於明萬曆十一年，止於民國二十年；紀事以『明給太祖敕三十道、馬三十匹，仍授建州左衛世職』始，止於民國二十年『九月十八日軍佔領瀋陽北大營』；附記始於明崇禎元年『闖（闖王李自成）獻（張獻忠）之起因及其僭竊』，止於『辛亥（清宣統三年）孫中山就任民國臨時大總統』。當以紀事及附記兩項内容最爲重要，極具史料價值。

《滿洲編年紀要》於民國二十三年完稿，未刊印，本叢書據稿本影印。（王任索）

回黔紀程一卷

清黎恂撰。黎恂（一七八五—一八六三），字雪樓，一字迪九，晚號拙叟，貴州遵義人。清嘉慶十五年舉人，十九年進士。以知縣用，分發浙江桐鄉縣。在桐鄉以『不擾』爲施政準則，閒暇到學宫爲諸生講論詩文。曾三次任浙江鄉試同考官。於道光元年丁父憂回沙灘。在家鄉十四年，遍讀經史子集。道光十四年夏入京候選，分發雲南，先後任平夷、新平、大姚知縣，署雲州、霑益等知州，升東川府巧家廳同知，咸豐元年稱病返黔。雪樓嚴於律己，『生平不苟言笑，立不跛倚，坐必端，行齊如流，老無媵侍，暑無袒裼，非䜩不科頭，非疾不晏起』，『望其色，聽其言，觀其行動，粹然君子儒也』，『積學數十年，出經入史，靡籍不究』。自桐鄉歸里，所餘薪俸購圖書數十箱。以詩學啓迪後進，作《千家詩注》，使童稚『知一古人，曉一古事，知一托興攄懷之所在』，『引其靈悟而鼓舞其幼志』，『誘之入於高明宏達之途』。鄭珍、莫友芝、黎庶昌皆受業門下，培養了大批卓異人才，爲遵義沙灘文化之奠基人。治學『經則以宋五子爲準，參以漢魏諸儒；史則一折衷於《綱目》；自論詩宗少陵、眉山，而自屈、宋至朱、王，無不含咀也；於文尚韓、歐陽，而自荀、莊至方、姚，無不權度也』。著述繁富，刊刻者有《蛉石齋詩鈔》四卷，《千家詩注》二卷，《運銅紀程》二卷，《赴銓紀程》一卷，《回黔紀程》一卷，《大姚縣志》十五卷。未刊者尚有《蛉石齋詩文集》、

《北上紀程》、《讀史記要》、《四書纂義》、《農談》等。

清嘉慶二十四年十一月十三日，恂父安理卒。黎恂於嘉慶二十五年十一月初一日自桐鄉知縣任歸家丁憂，二十六年二月十五日始抵家。從浙江桐鄉至貴州遵義，水陸途程四千五百里，行百有十五日。此稿又名《回黔日記》，爲沿途所記。稿爲凌惕安抄本。凌惕安語云：『其考證之精確，文字之流暢，在先生特緒餘耳。』

本叢書影印之抄本，藏貴州省圖書館。（黎鐸）

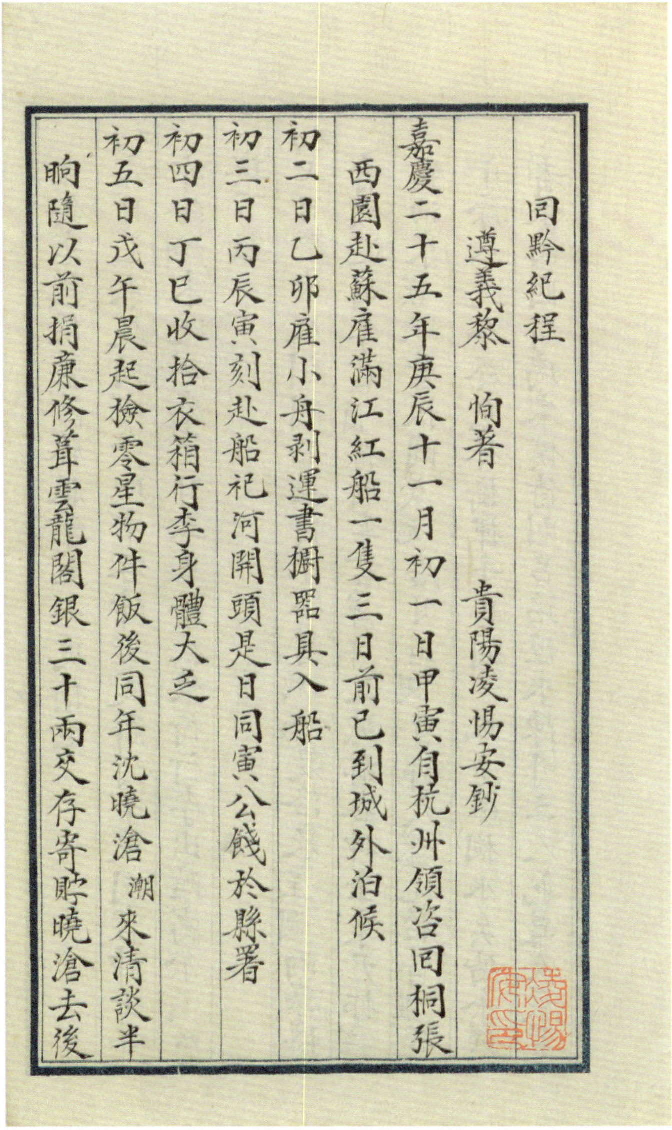

回黔紀程

遵義黎　恂著　貴陽凌惕安鈔

嘉慶二十五年庚辰十一月初一日甲寅自杭州領咨回桐張西園赴蘇雇滿江紅船一隻三日前已到城外泊候

初二日乙卯雇小舟剝運書櫥器具入船

初三日丙辰寅刻赴船祀河開頭是日同寅公餞於縣署

初四日丁巳收拾衣箱行李身體大乏

初五日戊午晨起撿零星物件飯後同年沈曉滄潮來清談半晌隨以前捐廉修葺雲龍閣銀三十兩交存寄貯曉滄去後

京運紀程不分卷

清黎恂撰。黎恂生平見史部《回黔紀程》提要。

《京運紀程》又名《運銅紀程》。

清道光二十年，黎恂被委任從雲南經四川押送一批生銅赴京師。從二月領命，即在省城昆明守候，五、六兩月辦理領文等事宜，七月中旬雇覓夫馬，七月二十日始起行。八月十六日抵瀘州，至九月十八日兑銅完畢，共兑銅正耗餘銅一百一十萬四千四百五十觔，全幫計有大船八隻，中船十四隻，兵牌船一隻，划船三隻，小划舡二十二隻，共用人夫九百六十名。十月初二日從瀘州起行，沿途山路崎嶇，水程洶涌，艱苦備嘗，二十一年八月十五日抵通州。二十二年七月初十回到昆明。歷時兩年，水陸行程一萬里，歷府境四十五處，歷廳、州、縣境一百四十五處。全程記述詳盡。

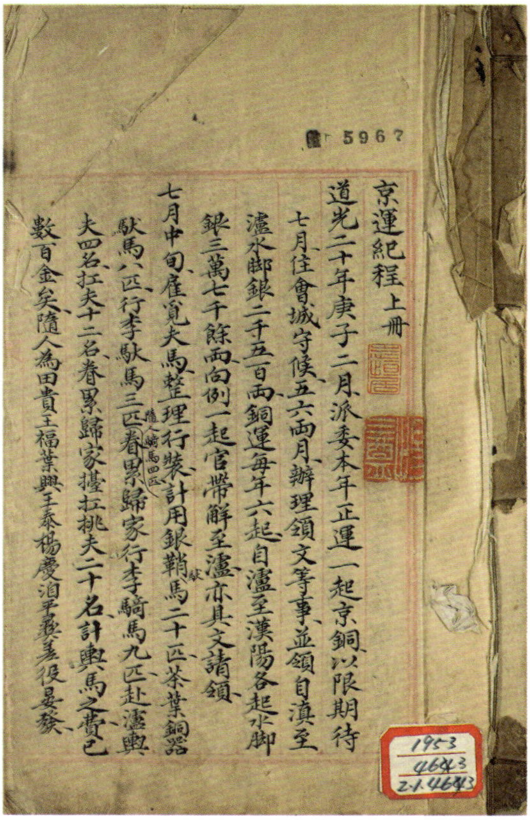
5967

京運紀程 上冊

道光二十年庚子二月派委本年正運一起京銅以限期待
七月往會城守候五六兩月辦理領文等事並領自滇至
瀘水脚銀二千五百兩銅運每年六起自瀘至漢陽各起水脚
銀三萬七千餘兩向例一起官帶解至瀘亦具文請領
七月中旬雇覓夫馬整理行裝計用銀鞍馬二十匹茶葉銅器
馱馬八匹行李馱馬三匹（隨人騎馬四匹）眷累歸家行李騎馬九匹赴瀘輿
夫四名扛夫十二名眷累歸家擡扛挑夫二十名計輿馬之費已
數百金矣隨人為田貴王福葉興王泰楊慶洎平最善役最發

本叢書影印有兩種：一爲黎恂手稿，題『京運紀程』；一爲民國凌惕安抄本，題『運銅紀程』。均藏貴州省圖書館。（黎鐸）

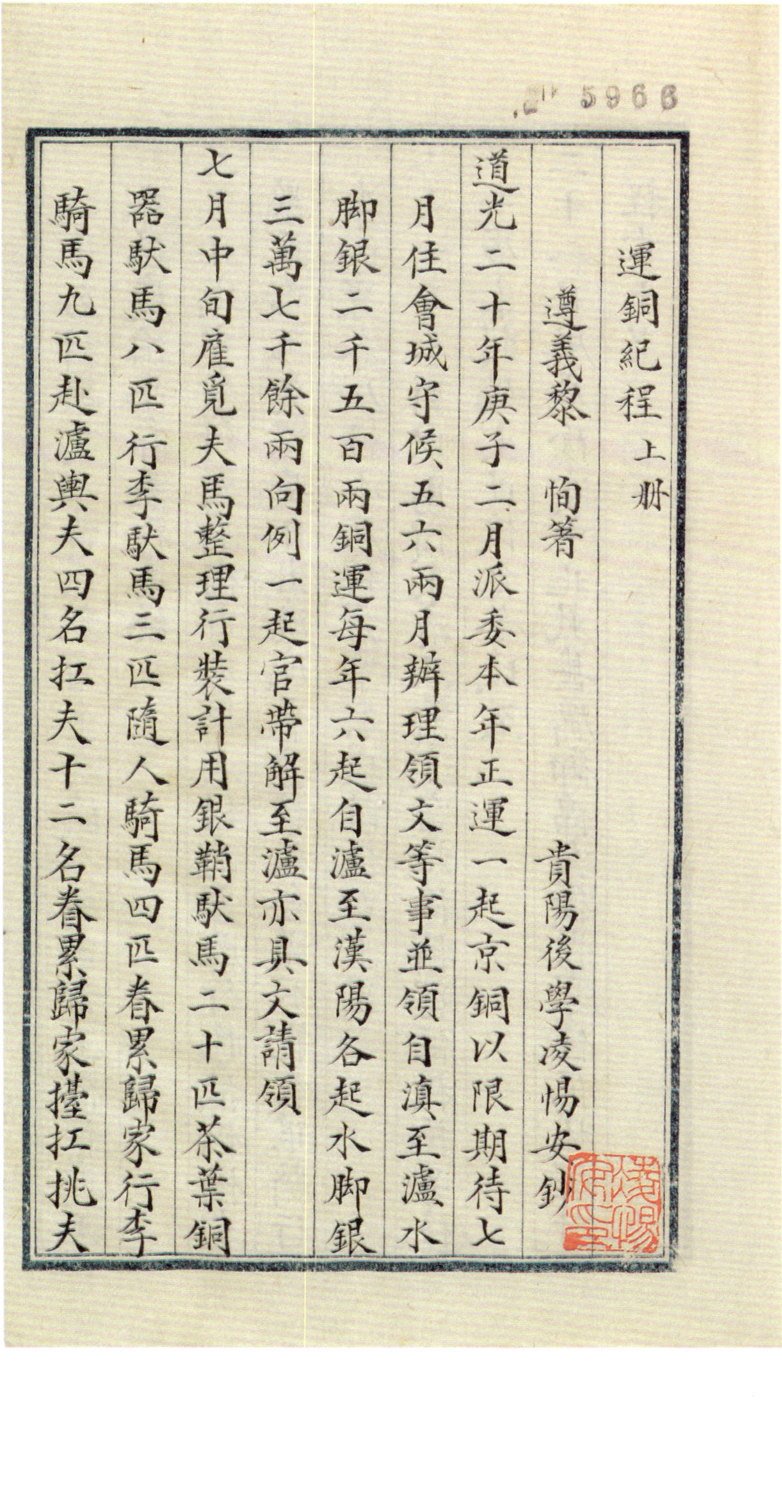

運銅紀程上册

遵義黎　恂著

貴陽後學凌惕安鈔

道光二十年庚子二月派委本年正運一起京銅以限期待七月任會城守候五六兩月辦理領文等事并領自滇至瀘水脚銀二千五百兩銅運每年六起自瀘至漢陽各起水脚銀三萬七千餘兩向例一起官帶解至瀘亦具文請領

七月中旬雇覓夫馬整理行裝計用銀鞘馱馬二十匹茶葉銅器馱馬八匹行李馱馬三匹隨人騎馬四匹眷累歸家行李騎馬九匹赴瀘輿夫四名扛夫十二名眷累歸家擡扛挑夫

赴銓紀程一卷

清黎恂撰。黎恂生平見史部《回黔紀程》提要。

清嘉慶二十五年，黎恂自桐鄉知縣任歸家丁父憂，次年復丁母憂。及釋服，年甫强壯，念兩親俱逝，無以爲榮，澹然有守墓終焉之志，遂引疾家居。然而食指日增，家啚不給，終於道光十四年四月二十日起病，赴部銓揀，八月二十七日抵京。此卷即歷時四月途次所作筆記。此稿爲凌惕安抄，卷末有凌惕安跋。

抄本藏貴州省圖書館，本叢書據此影印。（黎鐸）

赴銓紀程

遵義黎　恂著　　貴陽後學凌惕安鈔

道光十四年甲午四月二十日乙卯自家起程家人姊弟子姪甥等送余於門攜幼子兆淳偕行舊僕呂銘隨侍宿鄭場妹氏吳宅時旭初妹倩已赴平越廣文任計程三十里

二十一日丙辰巳刻至茅坡場為族人所留遂宿於店計程二十五里

二十二日丁巳與族人別天氣清涼多風宿桐子堡計程六十里

丁亥入都紀程二卷

清黎庶昌撰。黎庶昌生平見經部《春秋左傳杜注校勘記》提要。

光緒十三年三月二十六日至七月十日，黎庶昌丁母憂畢，釋服入都，爲考察西北地理之利及四川、陝西、山西、河北民生、風情，特取蜀道行，經重慶、成都、西安，過洪洞、榆次、保定，赴天津，再轉北京，行程萬餘里。羅文彬曾評黎庶昌云：『其言多經世意，主實用。』治學以『經世致用』爲宗，以推動社會進步、有利國計民生爲旨。以日記體詳載由黔入都之所見、所聞、所感、所思。凡行程道里、停宿村鎮、山光風物、古迹名勝、沿革考核，有關國計民生者，無不備載。於物産、植被、關塞、戰場尤爲留心。憑其淵博學識及實地考察，糾正《讀史方輿紀要》、《水經注》、《蜀輶日記》、《漢書・地理志》諸古籍之誤。爲資料翔實、考訂精審之人文地理學專著。初刊於光緒十四年，輯入《黎氏家集》，爲日本使署活字版本。

本叢書分別據遵義市圖書館藏清光緒戊子活字版及甲午川東道署刻本影印，上海圖書館藏民國十八年貴陽文通書局鉛印本。另貴州省圖書館、貴州省博物館有藏。（黎鐸）

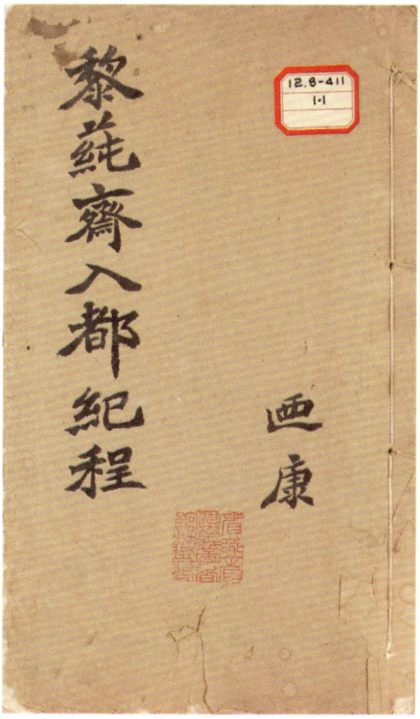

戊子冬日用
活字版排印

丁亥入都紀程卷上

遵義 黎庶昌 蒓齋

光緒十三年丁亥三月廿六日余服闋入都銷差擬由蜀道行走連日內外親友送行者紛集酬應頗忙是日巳刻挈同蕭君雲菴瓊爲余經理細務自家啓行十五里上張飛隴劉敬亭漢英孝廉攜酒至此餞送飲數杯而別過賈家壩磊石溪十五里團澤口宿其店卽熊子清渭拔貢家延余晚飯子清蓋咸豐中與余同時應小試者回首三十餘年矣先一日接潘中丞霨檄二月二十二日已將余啓程日期附片具奏幷鈔稿行知是日晴

紀程卷上 一

光緒甲午秋日
刊于川東道署

丁亥入都紀程卷上

遵義 黎庶昌 蒓齋

光緒十三年丁亥三月廿六日余服闋入都銷差擬由蜀道行走連日內外親友送行者紛集酬應頗忙是日巳刻挈同蕭君雲菴瓊爲余經理細務自家啓行十五里上張飛隴劉敬亭漢英孝廉攜酒至此餞送飲數杯而別過賈家壩磊石溪十五里團澤口宿其店卽熊子清渭拔貢家延余晚飯子清蓋咸豐中與余同時應小試者回首三十餘年矣先一日接潘中丞霨檄二月二十二日已將余啓程日期附片具奏幷鈔稿行知是日晴

紀程卷上 一

奉使英倫記一卷

清黎庶昌著。黎庶昌生平見經部《春秋左傳杜注校勘記》提要。

光緒二年十月，黎氏隨郭嵩燾出使英國任三等參贊，年底到達倫敦。嗣後又任駐法、德、日（西班牙）使館參贊，光緒七年回國。黎駐西歐四國時之見聞録，後來編成《西洋雜志》八卷。《奉使英倫記》共收文四篇，第一篇《計程》，記録從上海啓程經新加坡、錫蘭、雅定、紅海、蘇以士、磯布洛陀，出大西洋，折而北行至英國南部登陸，十二月初抵倫敦，總共五十一天，凡行三萬一千七百一十四里。沿途之風光、史迹及感受均有記載。第一篇在《西洋雜志》卷八《與李勉觀察書》中亦寫到，僅幾百字，較簡約；在《拙尊園叢稿》卷五中標題爲《奉使倫敦記》，文字有增添。第二篇《由倫敦至柏林路程紀略》、第三篇《英國進出款大數》在黎氏其他著作中亦

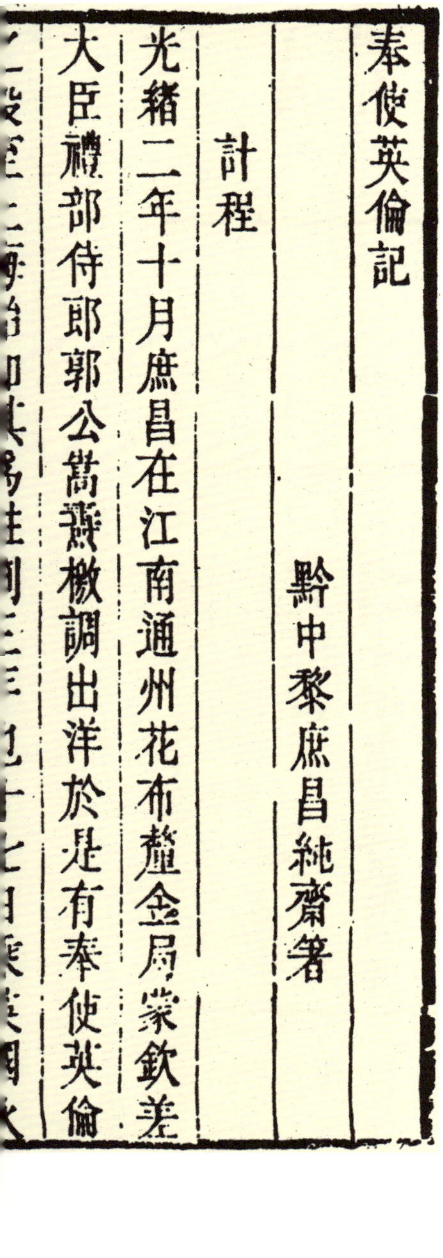
奉使英倫記
黔中黎庶昌純齋著
計程
光緒二年十月庶昌在江南通州花布釐金局蒙欽差
大臣禮部侍郎郭公嵩燾檄調出洋於是有奉使英倫

未引用。第四篇《耶蘇復生日之前》，在《西洋雜志》卷五中作《耶蘇復生日》，文字亦有增删改動。

本叢書據清光緒刻《振綺堂叢書》本影印。（龍先緒）

境地福建以東台灣障之西人謂其海爲中國海海嘗有大風又多暗礁船人以爲戒又自香港指南行約四千三百一十里可六日程而得新加坡從甬中過安南隱約可辨新加坡爲亞細亞斗入海中處最近赤道以閩經索之相距二百四十里迤西爲馬剌甲對峙者蘇門答臘別自一島不相聯屬舟行或可望見其地炎熱卑溼有春夏而無秋冬山中奇花異卉冬至前後號爲繁盛往游粵黄埔人胡璇澤園圃皆西式有池沼而無亭台畜養虎豹熊猨袋鼠鸞鳥鸚鵡之屬甚衆胡君固富人英俄兩國皆假以取民之職而郭欲於此建設領事以之充當者也又自新加坡折而西北行約一千一百四十三里可兩日程而得檳榔嶼洋語轉爲碧瀾凡

西洋雜志四卷

清黎庶昌撰。黎庶昌生平見經部《春秋左傳杜注校勘記》提要。

光緒二年，黎氏爲駐英三等參贊，隨同欽差大臣郭嵩燾、副使劉鴻錫等出使英國，十二月八日抵達倫敦。光緒三年十月，赴柏林任駐德國三等參贊。光緒四年四月初，郭嵩燾兼任駐法公使，調黎氏任駐法國參贊。六月赴倫敦參觀英國海軍大檢閱，參觀烏里製炮廠。光緒五年三四月間，參加開鑿巴拿馬運河籌備會。七八月間，游歷法、比、意、奧、德諸國。十二月，奉駐美、日（西班牙）、秘國公使陳蘭彬之命，出任駐西班牙二等參贊。光緒六年，游歷西班牙南境。光緒七年春，由馬德里

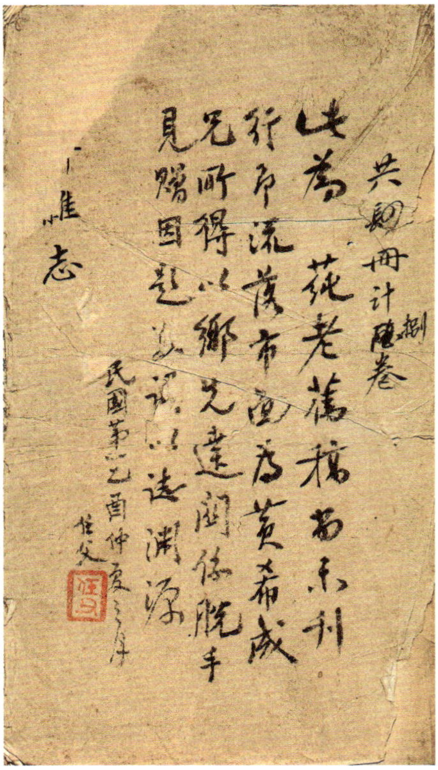

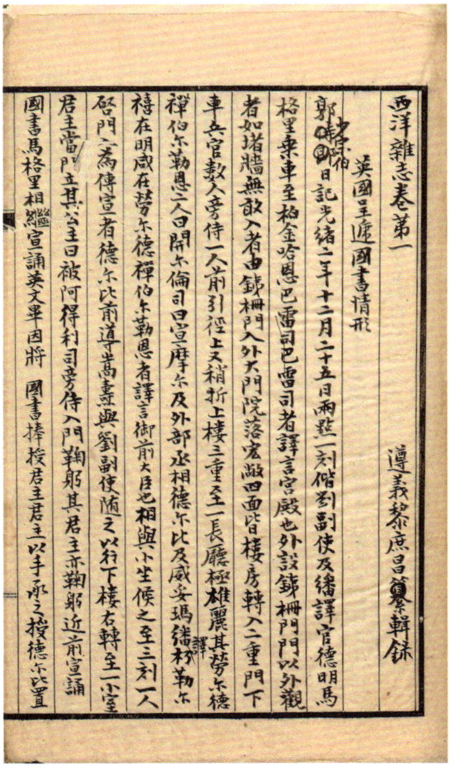
西洋雜志卷第一　　遵義黎庶昌纂輯

英國呈遞國書情形

郭[illegible]日記光緒二年十二月二十五日兩點一刻偕劉副使及繙譯官德明馬格里乘車至柏金哈恩巴雷司巴雷司者譯言宮殿也外設鐵柵門以外觀者如堵牆無敢入者由鐵柵門入外大門院落宏敞四面皆樓房轉入二重門下車兵官數人旁侍一人前引徑上又稍折上樓三重至一長廳極雄麗其勞尔德禪伯尔勒恩二人曰開尔倫司曰宣摩尔及外部丞相德尔比及威妥瑪繙譯杉勒尔禧在明咸在勞尔德禪伯尔勒恩者譯言御前大臣也相與小坐候之至三刻一人啓門入爲傳宣者德尔比前導嵩燾與劉副使隨之以行下樓右轉至一小室君主當門立其公主曰被阿得利司旁侍入門鞠躬其君主亦鞠躬近前宣誦國書馬格里相繼宣誦英文畢因將 國書捧授君主君主以手承之授德尔比置

西洋雜志卷一

遵義黎庶昌

英國呈遞　國書情形

郭少宗伯日記光緒二年十二月二十五日兩點一刻偕劉副使繙譯官德明馬格里乘車至柏金哈恩巴雷司巴雷司者譯言宮殿也外設鐵柵門門以外觀者如堵牆無敢入者由鐵柵門入外大門院落宏敞四面皆樓房轉入二重門下車兵官數人旁侍一人前引徑上又稍折上樓三重至一長廳極雄麗其勞爾德禪伯爾勒恩二人曰開爾倫斯曰宣摩爾及外部丞相德爾比及威妥瑪繙譯朽勒爾禧在明咸在勞爾德禪伯爾勒恩者譯言御前大

赴巴黎，便道游歷法國西境。夏，再次游歷英、法，并及荷蘭、比利時、瑞士、德國等，參觀船廠、炮廠、煤礦、鋼鐵廠、紡織廠多處。七月初由馬賽港登上輪船啓程返國。黎氏駐歐五載，游歷西歐十國，對西歐各國政治、經濟、文化教育及民俗風情廣泛考察，寫成《西洋雜志》八卷。一至六卷以黎氏本人雜記爲主，參考摘録中國駐歐使館其他成員著述，如郭嵩燾《日記》，劉鴻錫《日爾曼記事》、《英軺私記》，陳蘭彬《節略》，錢德培《歐遊隨筆》，曾紀澤《日記》，羅豐禄《與友人書》，李監督《日記》等，共計一百二十七篇，描述西歐各國奇異鮮麗之社會生活風俗。上自國

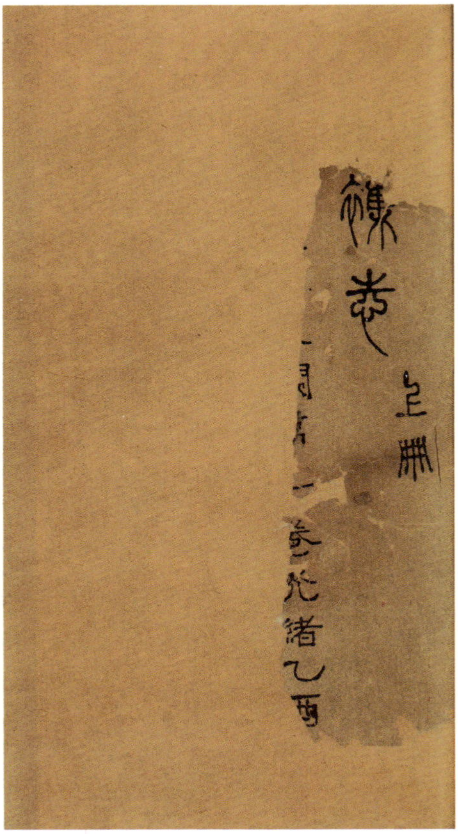

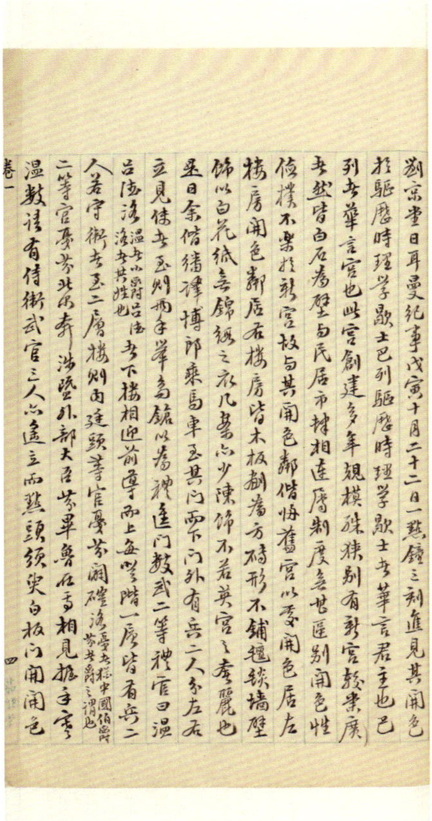

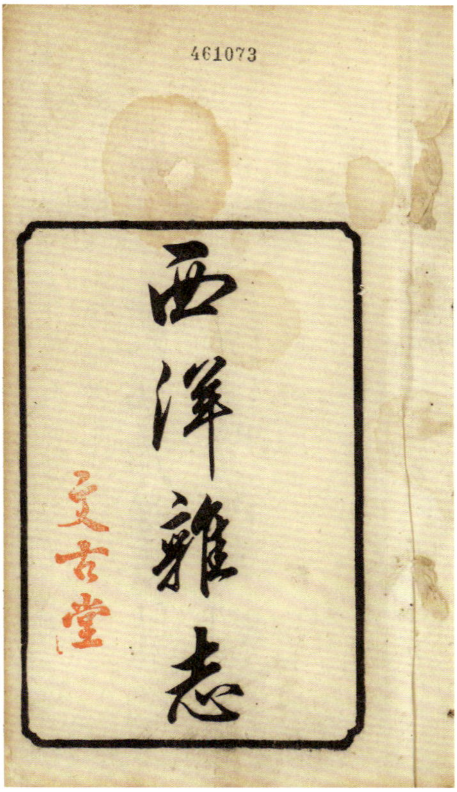
461073

西洋雜志

文古堂

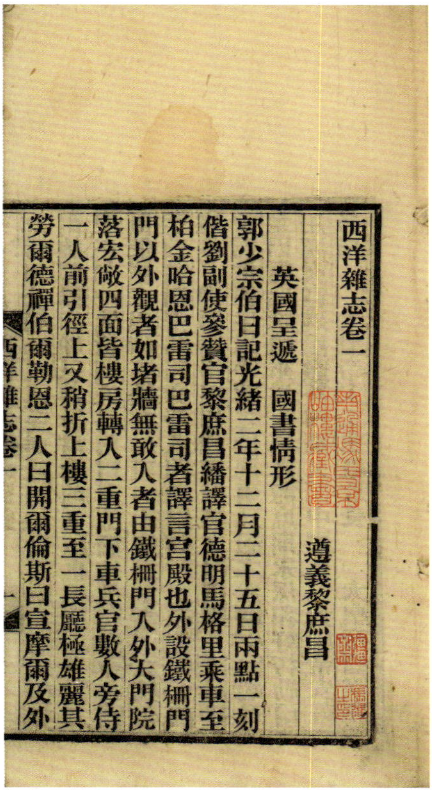
西洋雜志卷一　　遵義黎庶昌

英國呈遞國書情形

郭少宗伯日記光緒二年十二月二十五日兩點一刻偕劉副使參贊官黎庶昌繙譯官德明馬格里乘車至柏金哈恩巴雷司巴雷司者譯言宮殿也外設鐵柵門門以外觀者如堵牆無敢入者由鐵柵門入外大門院落宏敞四面皆樓房轉入二重門下車兵官數人旁侍一人前引徑上又稍折上樓三重至一長廳極雄麗其勞爾德禪伯爾勒恩二人曰開爾倫斯曰宣摩爾及外

西洋雜志卷一

會開會盛況、總統宴會、王室婚喪之禮、閲兵大典；下至工廠生産、商業景况、學童考課、名勝古迹、鬥牛賽馬、賭場景觀、節日風情、燈會、畫展、游藝等。叙事狀物細緻入微，操觚運筆清新活潑。七、八兩卷爲西洋游記、中俄邊界地理考略與友人書信。游記對沿途所經之城鎮風光、名勝、特産、相距里程，均有記載，具有濃郁的人文地理色彩。

此爲稿本，據四川省圖書館藏本影印。另收謄清本、莫繩孫抄本、清光緒二十六年黎氏刻本，分别據四川省圖書館、國家圖書館、上海圖書館藏本影印。

（龍先緒）

海行録一卷

清黎庶昌撰。黎庶昌生平見經部《春秋左傳杜注校勘記》提要。

首葉第一行題『海行録』，無著者署名，石印，無牌記，出版年不詳。由三部分構成：一爲電報局委員葉秉良函，共二封，内容爲葉氏回復黎庶昌所詢上海至英、法船票價格。二爲《黎監督訓洋學堂諸生教》。黎庶昌於清光緒十八年任四川川東兵備道兼重慶海關監督，爲培養西南地區洋務人才，蒞任即創辦川東洋務學堂，選拔穎秀之士二十人，習中文、英文、算學等科，待學有所成，從中選拔十二人赴英國倫敦留學。文爲黎庶昌對赴英留學生之訓導，從乘船、在英禮節、衣食住行、所選學科等一一交待。三爲《黎監督奉使倫敦記》，收黎氏光緒二年撰《奉使倫敦記》。

本叢書據綏陽博雅苑藏清光緒石印本影印。（黎鐸）

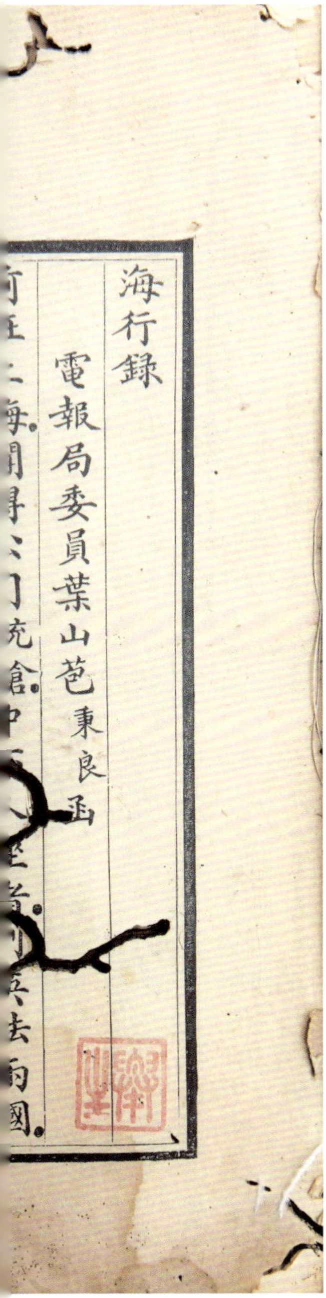

此刻磅金又貴。則船價又要加算也。

第二函

泰西人以女為貴。故皆上等艙。如華人則男女皆等倫。公司統艙亦潔淨異常。如夫婦兩人坐統艙。則每人照前者仙靈大約三百五六十兩。（兩字當是個字之誤。）或男則統艙。女則中艙。則每女一位須六百多兩。但出洋者必須不吃水旱烟。因洋人見華人吃烟無時。又惡吐痰。（宜多帶小手巾。并香粉之類。）甚為不合也。

黎監督訓洋學堂諸生教

查仙靈即小洋錢。五個小仙靈作為大洋錢[illegible]。三

日本維新政治彙篇十二卷

清劉慶汾編譯。劉慶汾（一八五四—一九二九），字子貞，貴州遵義縣三岔周家田人。清末佾生。爲遵義沙灘黎庶諴女婿。畢業於日本士官學校。光緒十一年至十八年任中國駐日本使館翻譯。回國後任蘇州知府、福建興泉永兵備道、厦門道、川東道道臺。光緒二十四年，與康有爲、江標等人被朝廷特旨任命爲總理衙門章京，積極推行新政，爲戊戌變法之活躍分子。曾創建厦門中學堂、毓英中學，鼓勵民間興辦企業，舉辦中國最早之商品展銷會厦門商品交易會。曾奉旨辦天津製幣廠，督修京漢鐵路。著有詩詞集，譯著有《日本國事集覽》、《日本海陸軍制》、《日本維新政治彙篇》等。民國十八年病逝於天津法租界。

《日本維新政治彙篇》，計十二卷，專輯日本明治維新以來之政治制度，行政沿革，海軍、陸軍及各省之行政章程。所輯文

獻資料，上起皇室，下迄府縣，歷時五年而編成。光緒二十八年刻印於四川成都。本叢書據貴州省圖書館藏光緒刻本影印。（謝尊修）

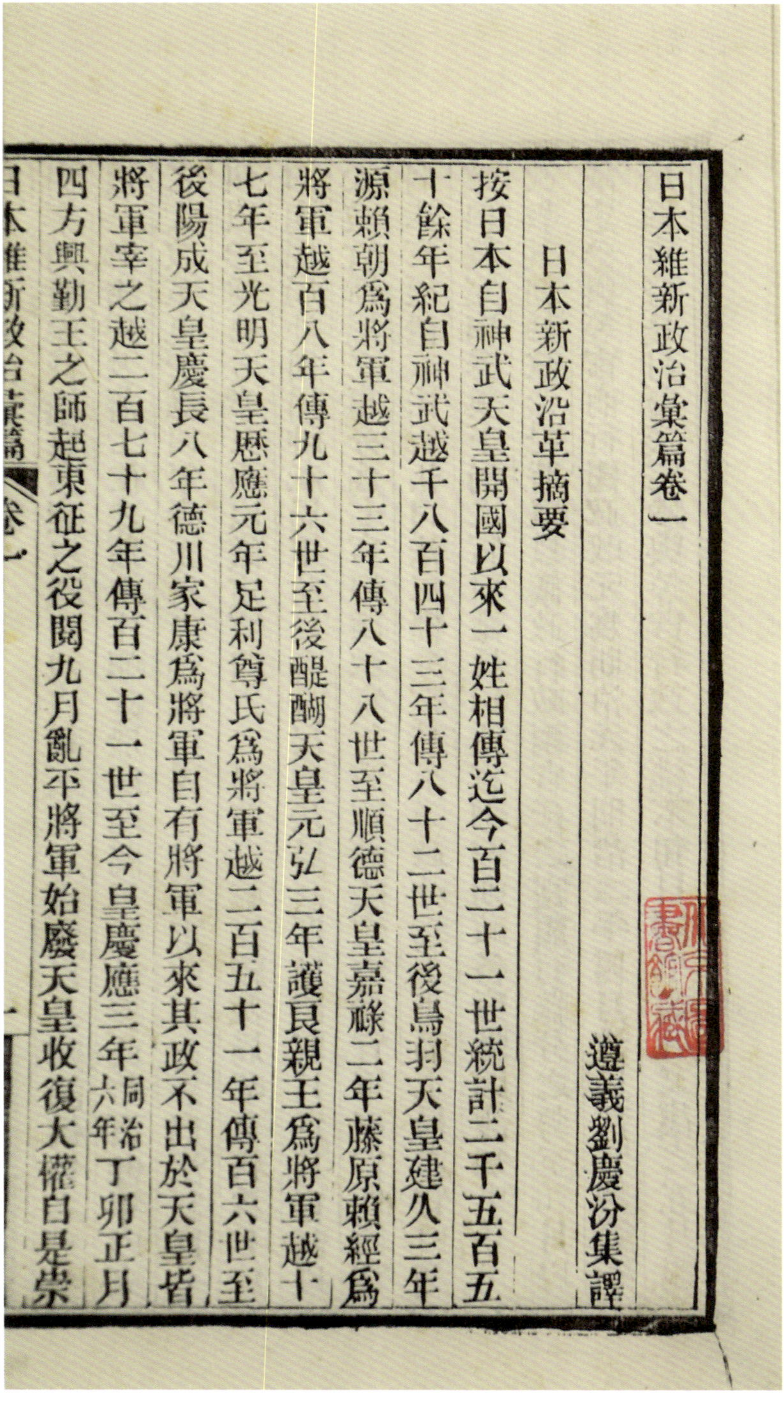

日本維新政治彙篇卷一

日本新政沿革摘要　　遵義劉慶汾集譯

按日本自神武天皇開國以來一姓相傳迄今百二十一世統計二千五百五十餘年紀自神武越千八百四十三年傳八十二世至後鳥羽天皇建久三年源頼朝爲將軍越三十三年傳八十八世至順德天皇嘉祿二年藤原頼經爲將軍越百八年傳九十六世至後醍醐天皇元弘三年護良親王爲將軍越十七年至光明天皇歷應元年足利尊氏爲將軍越二百五十一年傳百六世至後陽成天皇慶長八年德川家康爲將軍自有將軍以來其政不出於天皇皆將軍宰之越二百七十九年傳百二十一世至今皇慶應三年同治六年丁卯正月四方興勤王之師起東征之役閱九月亂平將軍始廢天皇收復大權自是崇

日本維新政治彙篇　卷一

子午山紀游册一卷

趙愷、豐子愷、李瑜編。趙愷生平見史部《鄭子尹先生年譜》提要。

民國三十年正月初七，遵義學者趙愷（字迺康）偕浙大教授豐子愷、李瑜、馮勵青、羅展以及禹門人胡獻之等，同游大儒鄭珍故里子午山，瞻仰鄭珍、莫友芝、黎庶昌三先生舊居和墓道，游覽大悲閣、禹門寺、黎欽使（庶昌）第等建築，觀賞沙灘各個風物景觀，有感而賦詩作文，或揮毫作畫。又搜録此前遵義詩人牟琳、喻聖域，外地詩人盧濯清、徐森之紀游詩作，合編爲《子午山紀游册》。

册中輯有趙愷所撰鄭珍、莫友芝、黎庶昌傳記三篇，《辛巳人日往謁鄭莫黎三先生墓記》一文；又有紀游詩二十六首，詞兩闋。册首有王焕鑣《序》，末有李瑜《跋》。穿插其間有豐子愷所繪十三幅畫。

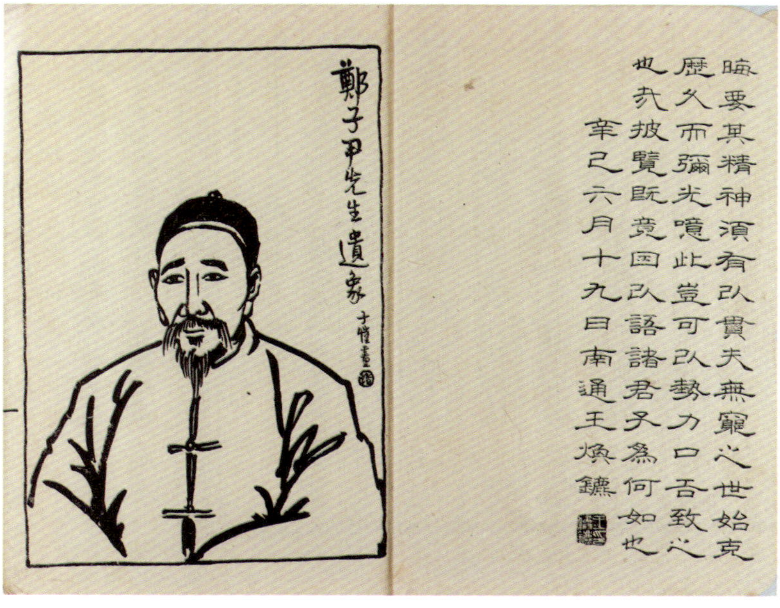

趙愷《記》對此次游覽作了詳細記述。前後五天：初七日乘勘路公車，行至車水，便道至羅石臺胡獻之家住宿。次日游禹門寺、子午山諸景觀，晚宿黎欽使第，與黎庶昌侄輩、孫輩暢叙。第三日游江北小山，訪夷牢亭故址。由洪水壩返胡宅。第四日游巖孔山，至長木堰節孝寺。豐子愷繪佛像一幀，李瑜附題一詩。次日由羅石臺返城。

所録諸詩，馮勵青《子午山謁鄭子尹先生墓》、《謁莫子偲先生墓》、《夜宿黎星使蒓齋故宅》、《禹門寺》、《清晨偕子愷先生坐禹門寺叢林》，李瑜《子午山十二韻》、《青田山放歌》、《歸飲沙灘黎氏》、《禹門寺》，趙愷《清乘橋》、《人日陪豐子愷、李子瑾、馮勵青、羅巴山諸君子訪胡獻之君，同謁鄭莫黎三先生墓，既歸，作此酬之》等，均清新可誦。豐子愷爲鄭莫黎三先生所作遺像、墓道寫真圖，以及《鄭墓原狀想像圖》、《禹門寺》、《清乘橋》諸作，簡練逼真。

此册民國三十一年遵義孤兒所石印。本叢書據此影印。

（黄萬機）

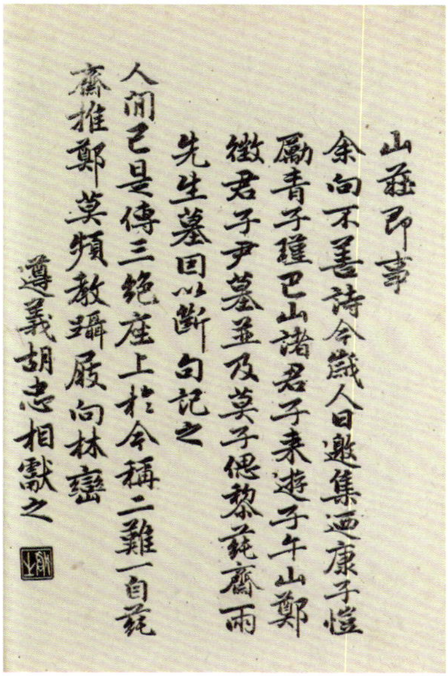

蜀游紀程一卷

黎邁撰。黎邁（一八八二—一九五二），字仲蘇，貴州遵義人。邑庠生，留學日本東京帝國大學學兵工，光緒三十三年考驗，奬給舉人。歸國後經梁啓超推薦任四川兵工廠副經理，因趙爾巽下臺而受阻。於是北上京華，先後在北洋政府財務部、中國銀行任要職。民國二十四年後，舉家遷居唐山，遁蹤啓新洋灰公司爲秘書，隱姓埋名，研治佛學，題其居曰『工隱廬』。抗日戰争時期，日僞誘以高官厚禄，持節不從。

光緒三十四年，黎邁赴任四川兵工廠。九月十九日，從天津起程入蜀，取道漢口宜昌，溯峽江，於十月十九日抵萬縣，行程一千一百餘里，費時三十日。逐日記載途中所見所聞，於宜昌至萬縣水程記載尤詳，『志之於此，以供友人行峽江之參考可也』。中有《秭歸舟中感賦一首》、《夔府舟中口占》二詩。稿本前有黎邁一九二八年丁卯小序，自謂『類日記，志一日人事、行過程途，無文采，無考據，無議論，無識見，循行數墨，稚子可爲，而復塗鴉滿紙，倉皇直率，於旅館寒燈，孤篷短案，

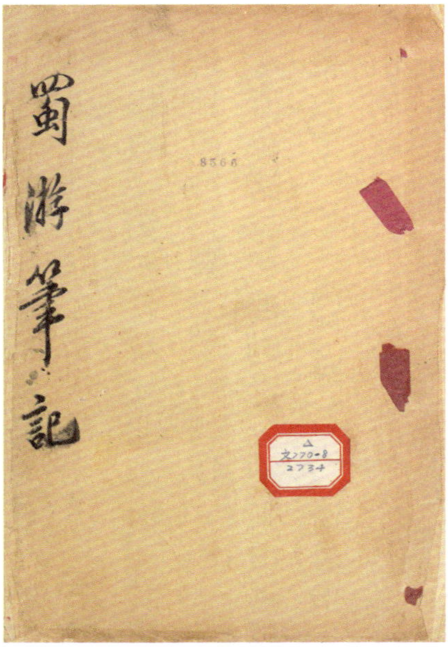

擁衾吮筆，一若十二小時經過之事，將於五分鐘間了之，便可夢裏還鄉矣，烏得有快人心目之佳記也哉！亦所以志雪泥鴻爪、萍梗浮蹤已耳』。序稱《入蜀紀程》，但稿本封面署『蜀游筆記』，扉葉署『蜀游紀程』，鈐『紫江朱氏存素堂所藏圖書』印。本書應爲上、下兩册，此爲上册。尚有由萬縣至成都日記，惜散佚。卷末有『時在光緒戊申十月十九夜。黎冥惜并志』。後抄柳永詞二首及自作詩三首。最末葉爲從宜昌至萬縣經費小計。

本叢書影印之稿本，現存國家圖書館。（黎鐸）

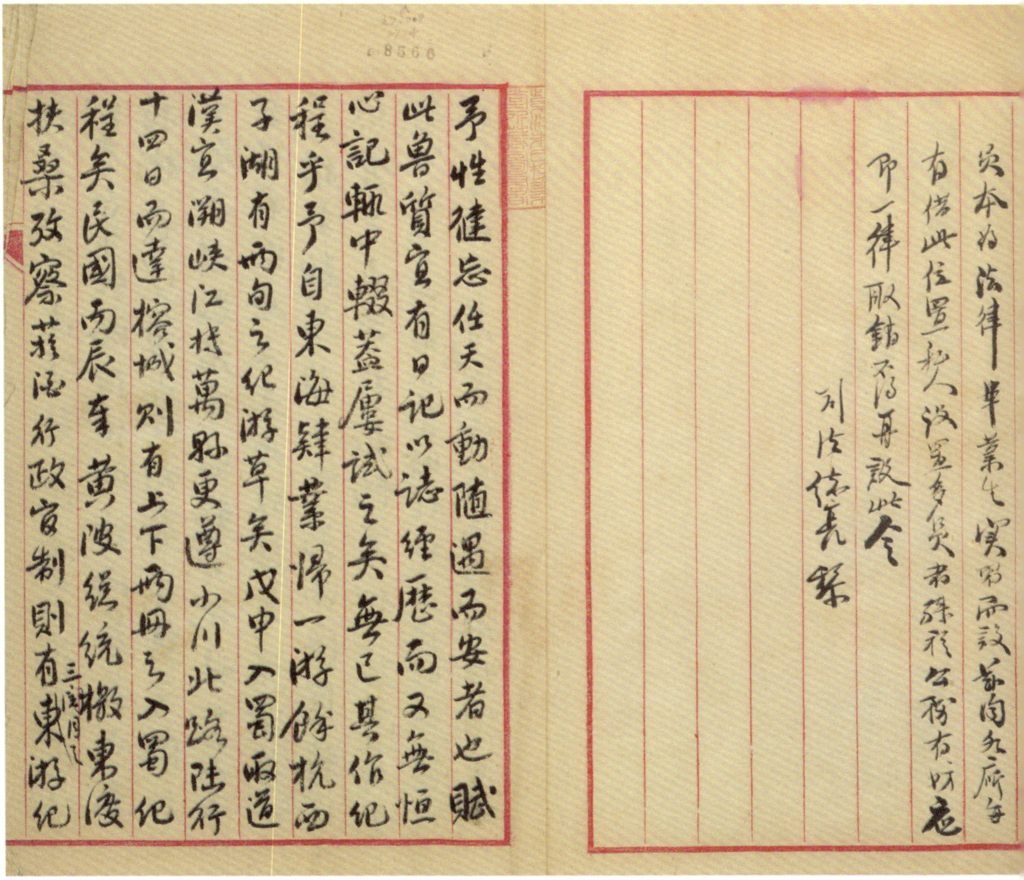
予性健忘，任天而動，隨遇而安者也。賦此魯質，宜有日記以誌經歷，而又無恒心，記輒中輟，蓋屢試之矣。無已，其作紀程乎？予自東海肄業歸，一游餘杭西子湖，有兩句之紀游草矣。戊申入蜀，取道漢宜，溯峽江，抵萬縣，更遵小川北路陸行十四日而達榕城，則有上下兩冊之入蜀紀程矣。民國丙辰年，[illegible]扶桑，攷察莊院行政官制，則有東游紀

遵義夷牢溪謁墓記一卷

凌惕安撰。凌惕安生平見史部《鄭子尹先生年譜》提要。

夷牢溪又名夷牢水、斤竹溪、樂安江，爲烏江支流。『清三儒』鄭珍、莫友芝、黎庶昌三先生墓即位於遵義樂安江畔。是書爲拜謁三先生墓而作，分《弁言》、《吾黔漢宋學之源淵》、《鄭莫黎三先生事略》、《夷牢溪上之奇迹》、《年祭之參加》、《祭墓之經過及名迹之欣賞》、《歸途及此行所得詩》諸目，附録專員公署祭文三篇。《弁言》叙拜謁之因由：三月初十，爲鄭珍誕辰之日。民國二十六年是日，遵義專員公署遵省府教令，組織前往沙灘拜謁鄭珍并莫友芝、黎庶昌。撰者隨貴州省文獻徵輯室同仁會同行署官員、遵義士紳等參與此行，前後計六日。撰寫是書，旨在將鄭莫黎三先生對於學術之貢獻及其生平事略作簡要之記述，以彰顯此行之意義。

本叢書據貴州省圖書館藏民國鉛印本影印。（張嘉林）

遵義夷牢溪謁墓記

淩惕安

(一)弁言

民國二十六年四月二十日即陰曆三月初十爲遵義鄭子尹先生誕辰貴州第五區行政專員公署遵省府教令將於是日前往城東八十里夷牢溪上子午山子尹先生墓前致祭同日並祭莫郘亭黎蒓齋兩先生本省文獻徵輯館決議參加余因偕楊副館長覃生棨編採曉蓮及從者二人於十八日乘車首途當日抵遵次日會同專署代表地方紳耆乘輿抵城東七十里之羅

宦蜀紀略三卷附房湖鴻跡一卷

劉端棻撰。劉端棻（一八五八—？），字遂棠，晚號拙叟，貴州遵義人。生於咸豐八年，童年失怙，弱冠遊庠，七應舉子試不就。暇則綜觀古今人世得失，默察人情真僞，知非修身篤學無以明體達用。光緒二十年領鄉薦，光緒二十八年任安順府郎岱廳學正，并至湖北考察學務；光緒三十三年以知縣用，分發四川，後任省城習藝所坐辦，宣統元年任廣漢知州，三年春任金堂知縣，至三年十一月返回遵義。著有《宦蜀紀略》一書。

《宦蜀紀略》一册，分上、中、下三卷，約四萬二千餘字，由貴陽文通書局代印，時間應在民國十年。前有原遵義知府江西南城連培型、遵義楊兆麟、貴陽陳矩三篇序及劉端棻自撰記一篇。是書體裁爲劄記體，記叙劉端棻任職四川省城及廣漢、金堂時所經歷之事。『兹編所述，皆紀其生平宦績及叙遭逢之變』（見連培型序），『多臨民與物之事，其所述雜悲愉歡戚之情，而民間之情僞，仕路之得失，簿書期會之繁賾，與夫持己之嚴，事上之謹，

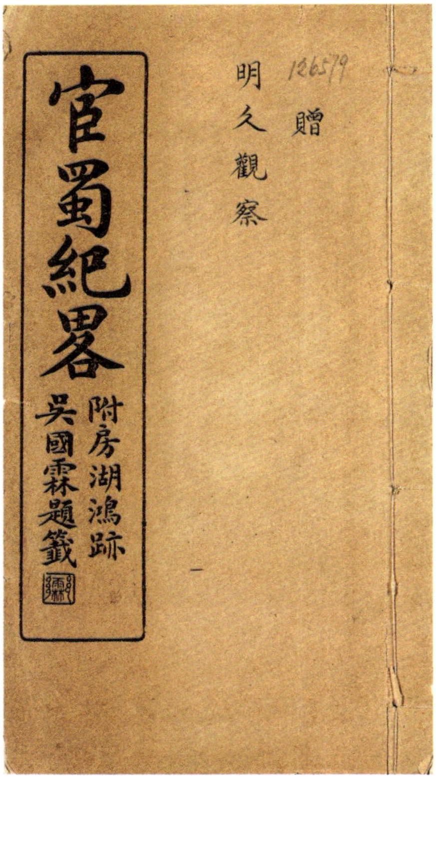

悉彙而録焉』（見遵義楊兆麟序）。是書卷上記光緒三十四年正月至宣統元年七月間事，卷中記宣統元年八月至宣統三年正月二十日間事，卷下記宣統三年正月二十一日至十一月七日間事。

《宧蜀紀略》版本僅一種，即民國十年文通書局鉛印本。本叢書據國家圖書館藏本影印。

（王任索）

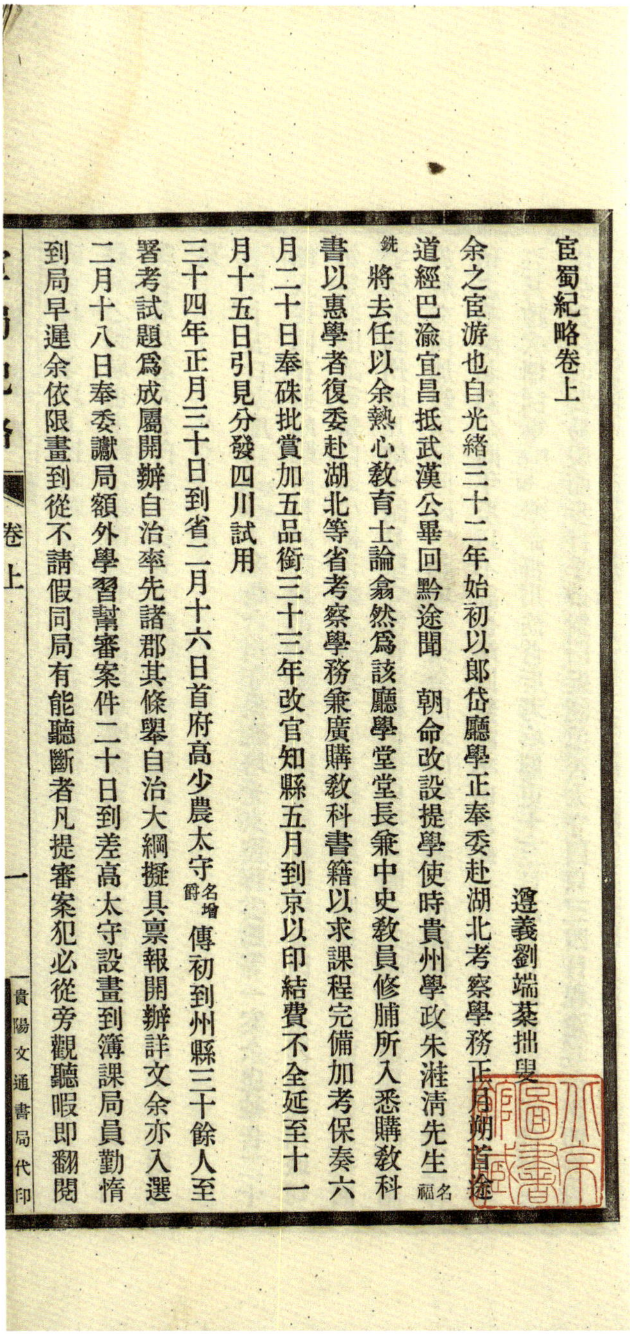
宧蜀紀略卷上

遵義劉端棻拙叟

余之宧游也自光緒三十二年始初以郎岱廳學正奉委赴湖北考察學務正月朔首途道經巴渝宜昌抵武漢公畢回黔途聞　朝命改設提學使時貴州學政朱湝清先生名福銑將去任以余熱心教育士論翕然爲該廳學堂堂長兼中史教員修脯所入悉購教科書以惠學者復委赴湖北等省考察學務兼廣購教科書籍以求課程完備加考保奏六月二十日奉硃批賞加五品銜三十三年改官知縣五月到京以印結費不全延至十一月十五日引見分發四川試用

三十四年正月三十日到省二月十六日首府高少農太守名增爵傳初到州縣三十餘人至署考試題爲成屬開辦自治率先諸郡其條舉自治大綱擬具稟報開辦詳文余亦入選二月十八日奉委讞局額外學習幫審案件二十日到差高太守設畫到簿課局員勤惰到局早遲余依限畫到從不請假同局有能聽斷者凡提審案犯必從旁觀聽暇即翻閱

宧蜀紀略　卷上　一

貴陽文通書局代印

巢經巢金石筆識不分卷

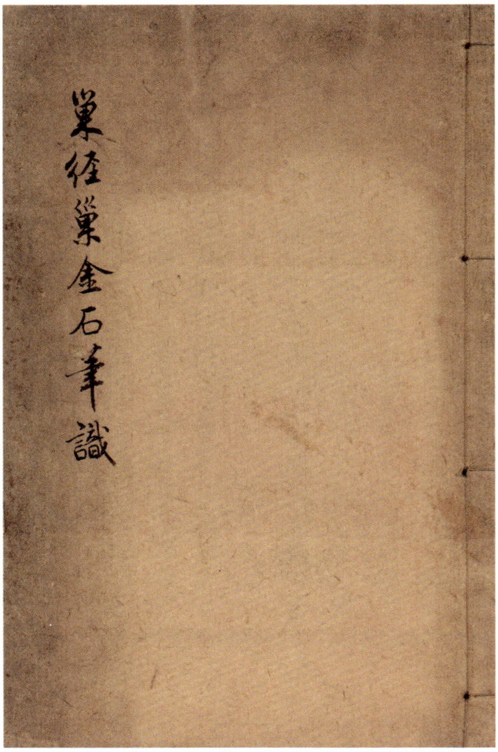

題清鄭珍撰，張宗祥抄。鄭珍生平見經部《輪輿私箋》提要。張宗祥（一八八二—一九六五），海寧硤石人，光緒舉人。擅長古籍校勘，亦善書畫。曾任浙江圖書館館長，西泠印社第三任社長。

此抄本載歷代金石碑刻考釋六十九條，其中不乏著名及稀見碑刻。如秦泰山刻石，漢《曹全碑》，南朝梁《瘞鶴銘》，北魏《石門銘》，隋《龍藏寺碑》，唐顔真卿所書碑，宋《元祐黨籍碑》，元代回文銅鏡銘等。其中四十八條見於莫友芝《宋元舊本書經眼録》，《方正學楷書千字文》、《文待詔手書赤壁賦跋》兩條見於鄭珍《巢經巢文集》，《周辛鼓殘字》爲翁方綱文，餘十八條待考。

稿中大部分條文皆非鄭珍所撰，抄本却以《巢經巢金石筆識》爲名，且於正稿首葉署名『遵義　鄭珍　子尹』，名實不符。稿末云：『同治辛未秋八月録草稿畢鄭珍記』，此尤爲荒唐：『同治辛未』係同治十年，而鄭珍早已於同治三年九月辭世。

條文所涉内容及抄本之變異，皆有一定研究價值，本叢書仍予以收録。《中國古籍總目》載『巢經巢金石筆識　不分卷　清鄭珍撰　抄本　南京』，署『鄭珍撰』顯然不妥。本叢書據南京圖書館藏抄本影印。（曾祥銑）

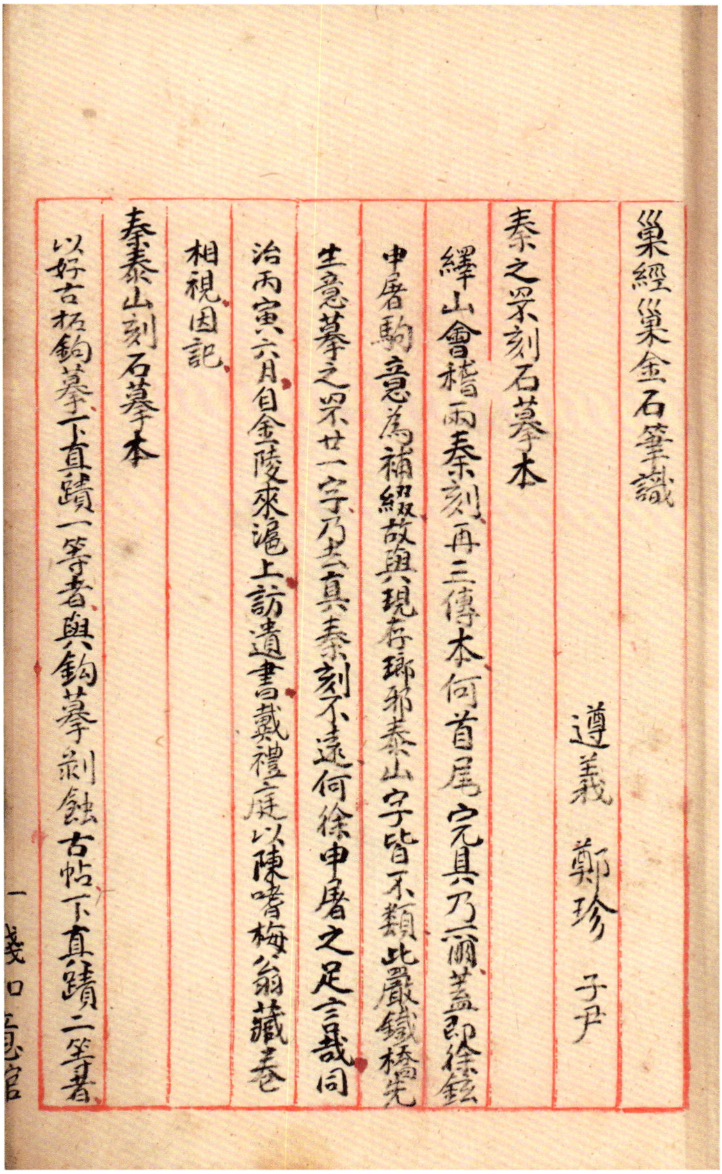
巢經巢金石筆識

遵義　鄭珍　子尹

秦之罘刻石摹本

繹山會稽兩秦刻再三傳本何首尾完具乃爾蓋即徐鉉申屠駉意爲補綴故與現存瑯邪泰山字皆不類此嚴鐵橋先生意摹之罘廿一字乃真秦刻不遠何徐申屠之足言哉同治丙寅六月自金陵來滬上訪遺書戴禮庭以陳嗜梅翁藏卷相視因記

秦泰山刻石摹本

以好古拓鈎摹下真蹟一等者與鈎摹剝蝕古帖下真蹟二等者

金石影一卷

清莫友芝輯。莫友芝生平見經部《十先生中庸集解》提要。

該書係莫友芝所藏朱墨拓本，拓印皆甚精美。前爲莫友芝描摹唐顔真卿《李玄靖碑》殘石、抄録《求放心齋銘》以及金石書畫類書目二十六種，後依次爲墨拓『商且乙角』，乃酒器。次爲漢日光鏡二，其一銘云『見日之光，長毋相忘』，另一鏡無銘，朱拓。再次爲漢日月鏡，漢四乳鏡，漢長貴富鏡，又

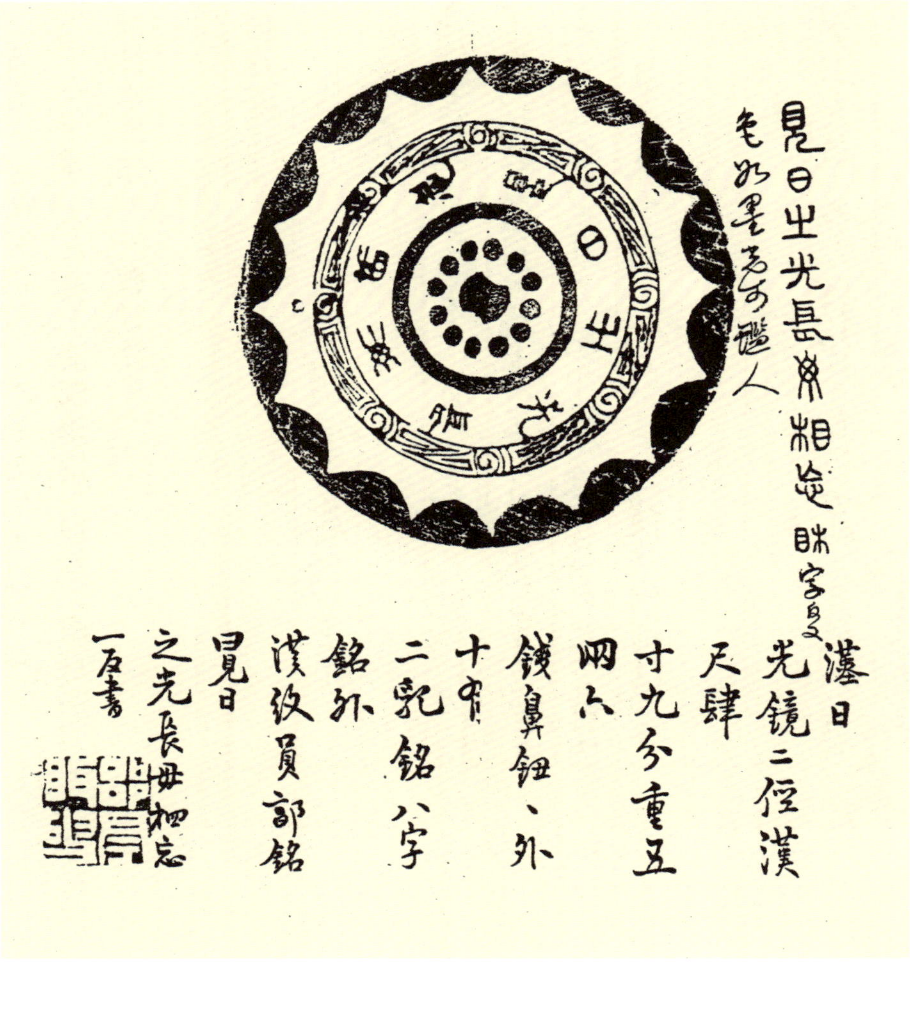

漢四乳鏡，或有銘文，或無銘文，皆朱拓。又有仙人鏡、玄武二墨拓，瓦當拓片四幅，建昭三年製銅雁足鐙，齊東王銘澄泥硯，皆墨拓。最後爲墨拓秦戈，銘文『廿九年』。

本叢書據抄本影印。

（張劍）

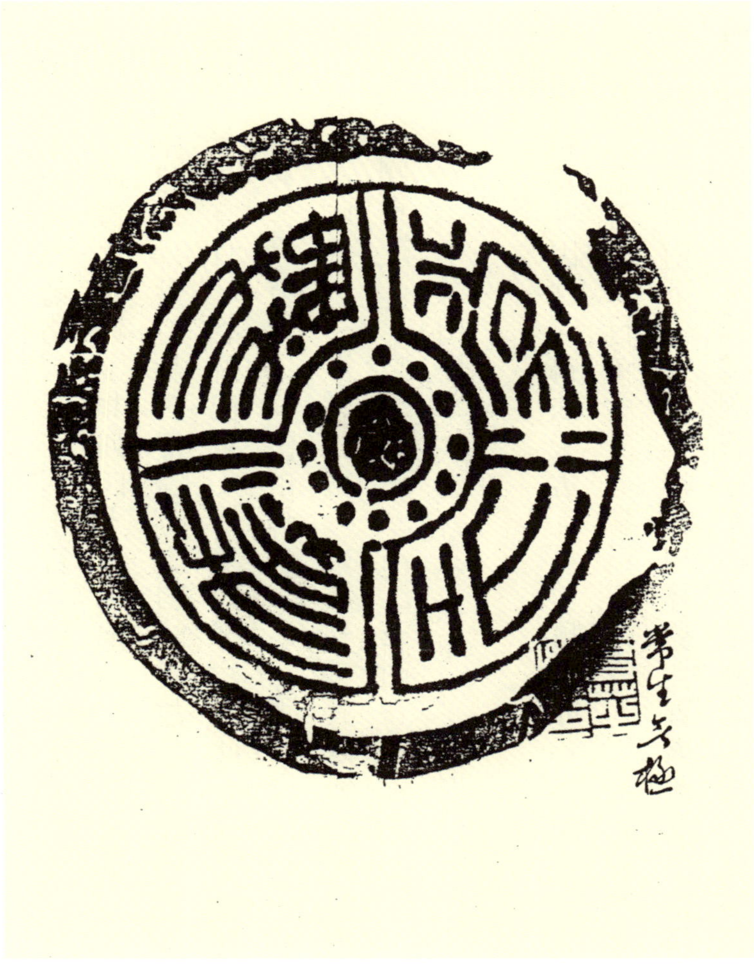

郘亭校碑記一卷

清莫友芝撰。莫友芝生平見經部《十先生中庸集解》提要。

此書共計五十九葉，正文前四十六葉版面爲藍格，每半葉十行，版框爲單邊粗綫，雙魚尾，其餘皆爲白紙手抄。首葉爲莫友芝所書之目録，共列四十二種碑志，字迹潦草，且與正文所述大多不符，疑爲未及校正之草目。扉葉有隸書浮簽，文曰『晉故使持節都督青徐諸軍征東將軍軍司關中侯劉韜墓志，無年月日，季卿氏藏』，莫氏旁注『此石在偃師武氏』，浮簽上鈐『季卿』印，正葉鈐有『莫友芝圖書印』、『影山艸堂』、『郘亭寓公』、『紫泉莫友芝印』、『漱雪書畫』五印，除『季卿』、『漱雪書畫』未詳外，其餘皆爲莫友芝名字齋號印，書中亦多見友芝『獨山莫氏圖書』、『郘亭』、『子偲』諸印。書末鈐印八，除『北京圖書館藏』，尚有『郘亭』、『子偲』、『景山中堂』、『莫彝孫印』、『伯㔶圖書』、『省攲』、『樊彬』七印。

文中所述之碑志，或抄録原文，或臨寫。因抄寫書法優劣互見，風格亦各不同，當非莫氏一人所抄。是書未注年月，然據莫氏金石著録行跡所考，當爲清咸豐十年至同治九年計十年間所作，蓋因莫氏會試屢試不第，後即南下，先後輾轉於胡林翼、曾國藩及丁日昌幕中，訪書、編校碑目，其時子繩孫隨侍左右，常爲父親謄録文稿，推測此中當有繩孫代

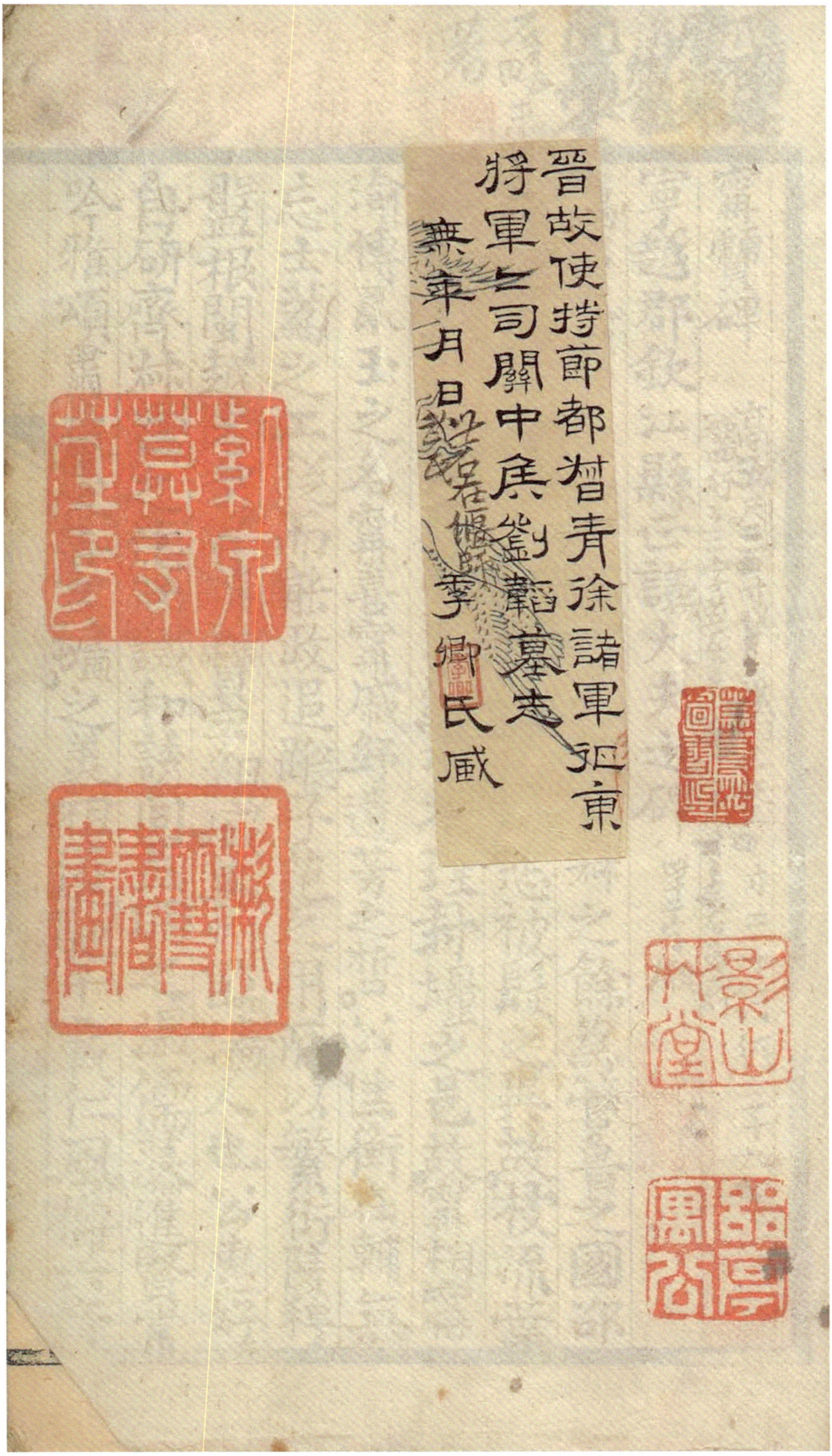
晉故使持節都督青徐諸軍征東將軍之司關中侯劉韜墓志
無年月日
李卿氏臧

勞之作。

從莫友芝對碑版的叙目提要中，可見其作爲文獻學家之學養與功夫。如首篇關於《寧贙碑》，首載其尺寸形制，正文抄録碑文，眉批先指出其爲隋碑，在廣東欽州（今屬廣西），繼以翁方綱《粤東金石略》、阮元《廣東通志・金石略》二書未著此碑，以顯其文獻價值，再引《資治通鑑・隋紀二》以證云：『（隋文帝）開皇十七年，令狐熙爲桂州總管，華夷感化，俚帥寧猛力，在陳世已據南海，隋因而撫之，拜安州刺史。猛力恃險驕倨，未嘗參謁，熙諭以恩信，猛力感之，詣府請謁，不敢爲非。熙奏改安州爲欽州。《通鑑》：欽州今屬廉州府。大業元年，劉方平交州，經略林邑，遣欽州刺史寧長真等以步騎萬餘出

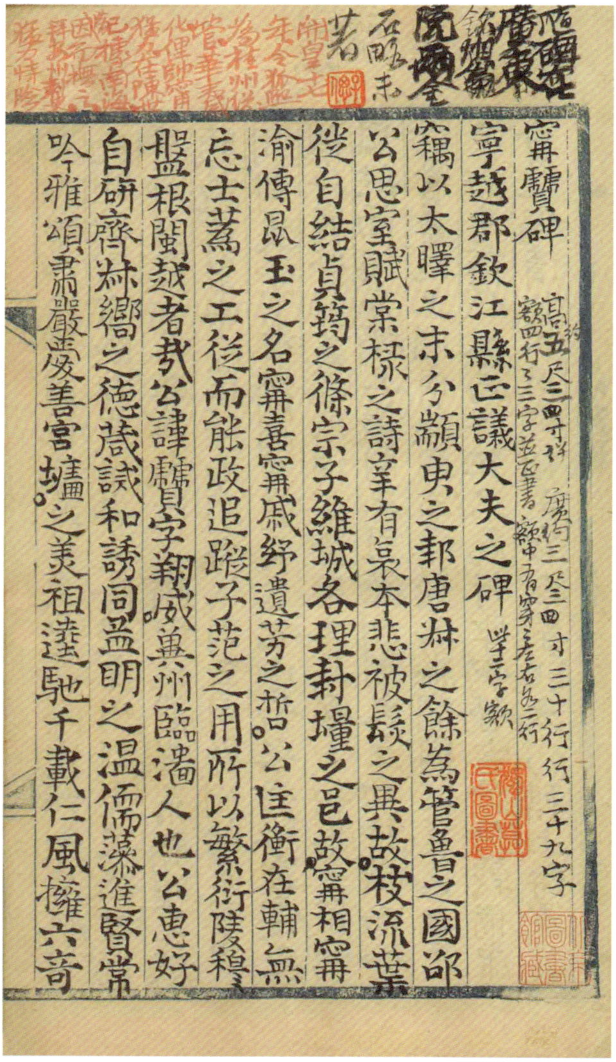
寧贙碑
寧越郡欽江縣正議大夫之碑
竊以太曎之末分顓頊之邦唐堯之餘爲管魯之國郤
公思室賦棠棣之詩宰有梟本悲被髮之異故枝流葉
從自結貞筠之條宗子維城各理封壃之邑故寧相寧
渝傳泉玉之名寧嘉寧戚紓遺芳之哲公侄衡在輔無
忘士蒸之工從而能政追蹤子范之用所以繁衍陵穆
盤根閩越者哉公諱贙字翔威冀州臨淄人也公惠好
自研齊梁鄉之德藏誠和誘同盈明之温儒藻進賢常
吟雅頌肅嚴處善宫墉之美祖達馳千載仁風擁六奇

越裳，四月，方平林邑，刊石紀功而還。』

其餘所列諸碑，多有簡批於葉眉，或叙形制，或考年月，或正異文，或補闕字。閲之可以想見碑刻遺貌。諸人臨寫之碑，大抵忠於原貌，有則實録，殘則描痕，無則留白，不以己意妄測，足見治學之嚴謹。

晚清碑學興盛，訪碑之風盛行，莫友芝所述多引證時人文獻，并申己意，以求獨出新見。莫氏此稿罕見，所述皆爲親見，故對於地方史志或書學史料，都有很高文獻價值。

國家圖書館藏莫友芝校碑稿本，綫裝一册，不分卷，本無題名，此作『郘亭校碑記』，當據其内容而加。本叢書據此影印。（吴鵬）

紅崖古刻釋文一卷

清莫友芝撰。莫友芝生平見經部《十先生中庸集解》提要。

紅崖古刻，又名紅巖碑、紅崖天書，位於貴州省安順市關嶺布依族苗族自治縣斷橋鄉龍爪村東南曬甲山西側石壁，今爲貴州省重點文物保護單位，其上文字似隸似篆，内容及年代歷來衆説不一。道光二十九年，湖南名士鄒漢勛應安順知府常恩之邀主撰《安順府志》，省併紅崖古刻之字爲二十五字，并撰釋文以傳。莫友芝曾令人抄録鄒之釋文，并作跋語，今藏浙江圖書館，并裱爲手卷。後粘一紙，首行書『紅崖古刻歌并叙』，然僅有叙而未見其詩，叙云：『崖削立貴州永寧州東北境，刻其端，凡四十許字，參錯不均，大者踰徑尺，小或五六寸，字所占高可七八尺，廣三其高。縱横無正行，縱約置三四字，横不可計。石赤而字青，晚晴日射，乃畢露，望若圖五嶽形，若鐘鼎糾結銘劃，若雜寫物象。其土人習稱曰孔明碑。嘉慶間，武威張介侯令貴州，撰《續黔書》，始指爲高宗伐（鬼）方紀功之刻。道光末，陽湖吕堯仙開府，與守刺者謀崖下爲十尋架閣，以施氈拓，費不貲，又地高多霧雨，常十日不得一

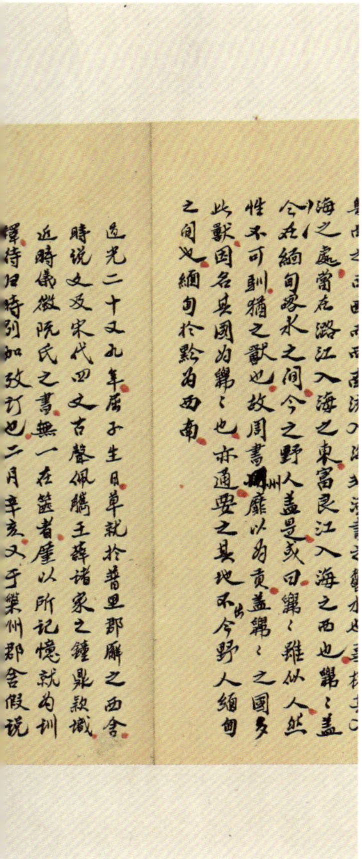

紙，故堯仙爲縮本以行。尋新化鄒叔績撰《安順志》，輒省併其字爲二十五，著釋文，以伸伐鬼方之説，其詞甚辨。自是，其府州又依釋爲别刻，如所省併，仍字大小比密之以就篇幅供索者，以故行本大字百無一真，尚不如堯仙所臨猶存仿佛也。』該序較《邵亭遺詩》所收庚申十年四月所撰《紅崖古刻歌有序》之序大爲簡略，當係其初稿。

該紙前有『莫氏子偲』、『友芝私印』兩朱文印；後有莫友芝曾孫女莫韞華跋：『右先曾祖徵君公咸豐庚申手書之稿。宣統庚戌曾孫女珠妹謹誌。』下鈐『莫氏韞華』朱文印；又鈐『浙江圖書館珍藏書畫』朱文印。本叢書即據此本影印。（張劍）

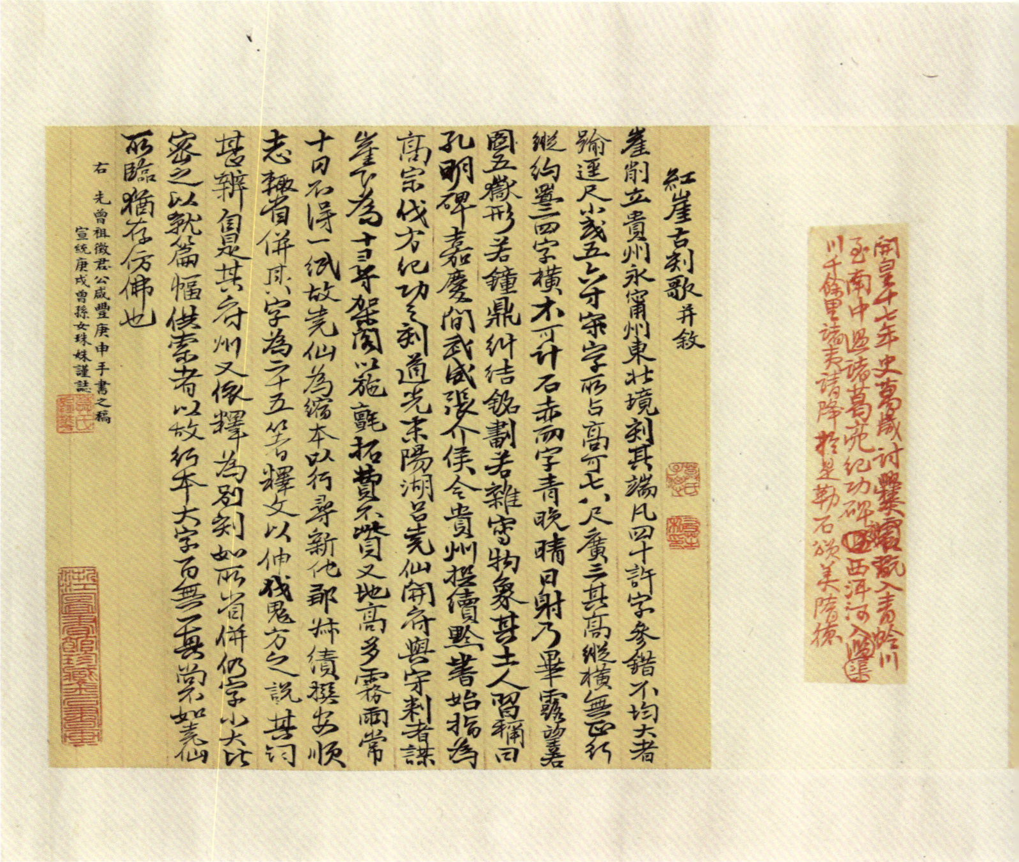
紅崖古刻歌并敘
崖削立貴州永寧州東壯境刻其端凡四十許字參錯不均大者
踰逕尺小或五六寸字所占高可七八尺廣三其高縱橫無正行
縱約略三四字橫不可計石赤而字青暎精日射乃畢露諦審
圖五嶽形若鍾鼎彝器結銘劃若雜寫物象其土人習稱曰
孔明碑嘉慶間武威張介侯令貴州撰續黔書始指為
高宗伐鬼方紀功之刻道光末陽湖呂堯仙開府興義守剌者謀
崖下為吉寺架閣以施氈拓費不貲又地高多霧雨常
十日不得一紙故堯仙為縮本以行尋新化鄒叔績撰安順
志輒省併其字為二十五箸釋文以伸伐鬼方之說其詞
甚辨自是其府州又依釋為別刻如所省併仍字小大比
密之以就篇幅供索者以故行本大字百無一真尚不如堯仙
所臨猶存仿佛也
右先曾祖徵君公咸豐庚申手書之稿
宣統庚戌曾孫女珠妹謹誌

銅井文房專録一卷

莫棠撰。莫棠（一八六五—一九二九），字楚生，貴州獨山人。莫友芝之侄，莫祥芝之子，係清末民初著名藏書家，曾任韶州、瓊州知府，辛亥革命後隱居蘇州光福鎮銅井山下，銅井文房爲其齋號。

《銅井文房專録》爲莫棠著録自藏古磚情況之專著，有兩種抄本傳世，一藏蘇州圖書館，一藏上海圖書館。該書以行草抄録，正文首葉鈐有『景岫樓』及『馮雄印』兩方印章，末有馮雄跋云：『戊子五月，從吴君重暉借得此書稿本，請劉君文蔚迻録一册。越兩月，携至上海，送合衆圖書館收藏，頗望有好古之士見而刻梓以傳也。南通馮雄識。』每葉框欄左側印有『南通馮氏影岫樓寫本』字樣。由此可見，此本一九四八年由劉文蔚據吴重暉所藏稿本録副，屬於馮雄影岫樓抄本之一種。

該本共著録古磚一百塊，其中漢磚十九塊，三國吴磚三十四塊，晉磚十三塊，南朝宋磚一塊，齊磚六塊，梁磚十四塊，陳磚三塊，隋磚三塊，宋磚六塊，元磚一塊，既是研究歷代古磚與磚文之重要資料，亦體現莫棠金石研究興趣與成績，具有獨特文獻學價值。

本叢書據上海圖書館藏民國南通馮氏影岫樓抄本影印。（方笑一）

銅井文房專録

漢

元將專

武帝第四改元

永平專

永平紀元凡數見惟漢明帝有六年光緒中宜春所出楊星吾廣文以贈黎尊齋先生者

中平畫專 凡九

郘亭知見傳本書目十六卷

清莫友芝撰。莫友芝生平見經部《十先生中庸集解》提要。

本叢書所收國家圖書館藏莫繩孫抄本《郘亭知見傳本書目》，係該書之首次整理本。清同治十年莫友芝辭世，其子莫繩孫守禮期間，開始對莫友芝標注於《欽定四庫全書簡明目録》上的文字進行謄寫整理，定名爲《郘亭知見傳本書目》，原擬分爲十卷，後改爲十六卷，并作識語附於目録後。傅熹年先生《〈郘亭知見傳本書目〉原稿本及主要傳本簡介》一文有較詳實之考述：『原稿本，爲莫友芝逝世後其子莫繩孫編輯成書之清稿。烏絲欄，每半葉十行，行二十一字，黑口，四周雙闌，版心刊有「文選」、「通鑑索隱」字様，當係利用書稿紙抄成。全書原分十卷，爲經部三卷、史部三卷、子部一卷、集部三卷。後挖改卷第，重編爲十六卷，分裝四册，每册封面有墨書標題

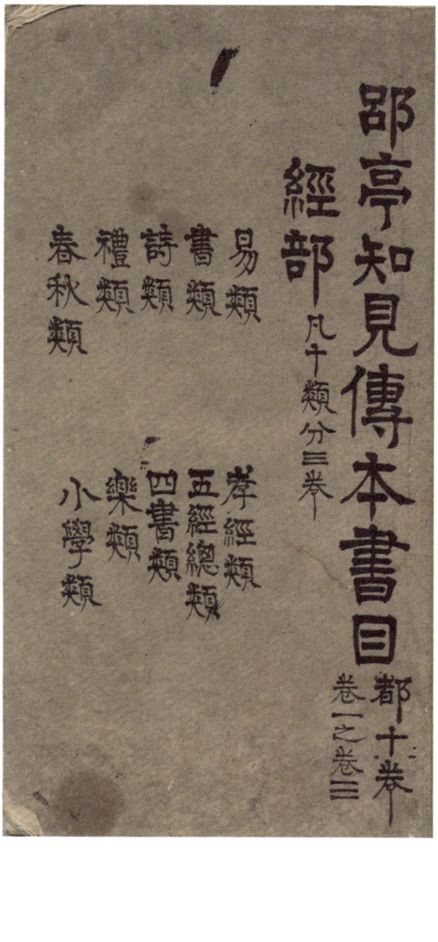

及分部目録，均莫繩孫手書。本書首葉爲總目，次莫繩孫識語，次正文。總目、識語及正文首二葉爲莫繩孫手書，其餘爲抄胥所録，卷中有朱筆校改處，亦莫繩孫手迹。稿本前原有壬戌歲（一九二二年）葉德輝手跋，其時稿本存莫棠處。莫棠去世後，遺書於一九二七年至一九二八年間散出，此稿爲潘承弼先生收得，卷後有戊寅歲（一九三八年）潘氏手跋。五十年代此稿本入藏於北京圖書館，余曾就館中借校，僅見潘氏跋，葉跋已佚。』

此段描述大致精當，然亦有可補正或商榷者：一是莫友芝標注《欽定四庫全書簡明目録》原本，仍藏上海圖書館，稱莫繩孫整理本爲原稿本似

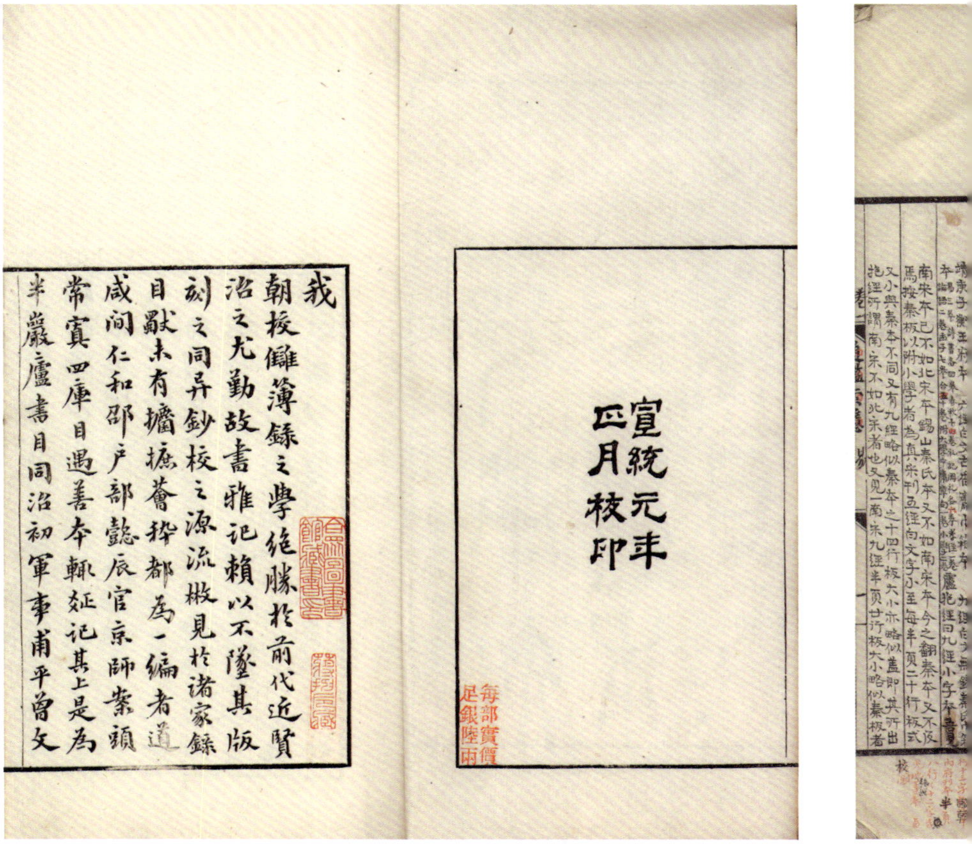

有不妥，宜稱抄本。二是該本有單、雙行之分，行雖皆二十一字，然雙行低兩格寫，實際行十九字。三是該本版心作『文選』字樣時爲黑口，版心作『通鑑索隱』字樣時則爲白口。四是觀字迹該本恐非抄胥所録，而是莫繩孫自録。五是國家圖書館今藏該本確已無葉跋，但書末潘跋後尚有題詩，附文失録。

本叢書還收有上海圖書館藏清宣統元年鉛印本《郘亭知見傳本書目》及遵義市圖書館藏《郘亭知見傳本書目》，後者爲宣統三年適園主人吴興張石銘排印於上海，每半葉十二行，每行三十四字，細黑口，四周雙欄。卷首前總目，後接卷一正文。莫繩孫識語在卷十六之後。卷中書眉上用小字排印前人眉批，內有少量張氏批注，該本流傳甚廣。（張劍）

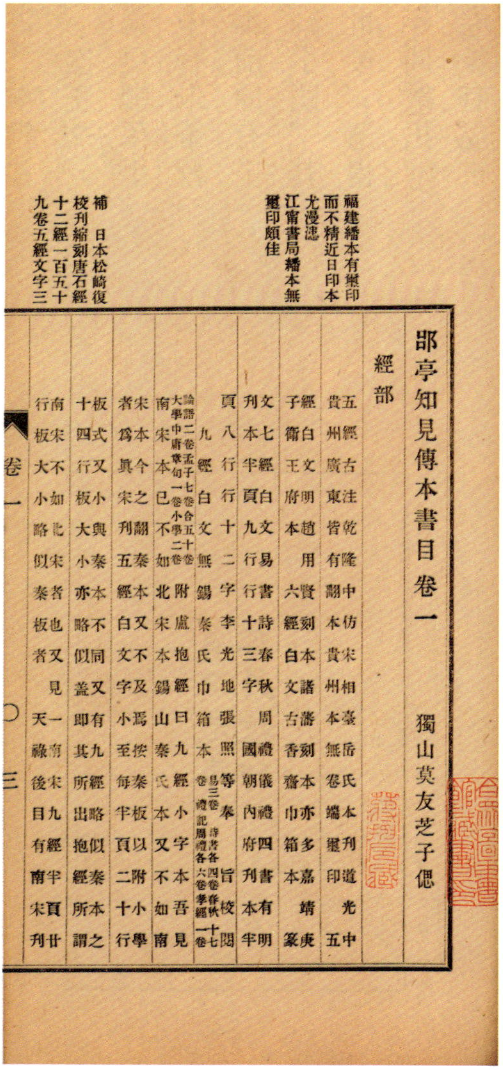
福建繙本有璽印而不精近日印本尤漫漶江甯書局繙本無璽印頗佳

補　日本松崎復校刊縮刻唐石經十二經一百五十九卷五經文字三

郘亭知見傳本書目卷一　獨山莫友芝子偲

經部

五經古注乾隆中仿宋相臺岳氏本刊道光中貴州廣東皆有翻本貴州本無卷端璽印五經白文明趙用賢刻本諸藩刻本亦多嘉靖庚子衞王府本六經白文古香齋巾箱本篆文七經白文易書詩春秋周禮儀禮四書有明刋本半頁九行行十三字國朝內府刋本半頁八行行十二字李光地張照等奉旨校閱九經白文無錫秦氏巾箱本易三卷詩書各四卷禮記周禮各六卷春秋十七卷孝經一卷論語二卷孟子七卷合五十卷大學中庸章句一卷小學二十卷附盧抱經曰九經小字本吾見南宋本已不如北宋本錫山秦氏本又不如南宋本今之翻秦本又不及焉按秦板以附小學者爲眞宋之刋五經白文字小至每半頁二十行板式又小與秦本不同又有九經略似秦本之十四行板大小亦略似蓋即其所出抱經所謂南宋不如北宋者也又見一宥宋九經半頁廿行板大小略似秦板者天祿後目有南宋刋

卷一　〇三

福建繙有璽印而不精近日印本尤漫漶江甯書局繙本無璽印頗佳戊戌在京見廠市各書肆俱有廠刊本五經價十金一部而印本漫漶據說爲道光間所印也

郘亭知見傳本書目卷一

獨山莫友芝子偲

經部

五經古注乾隆中仿宋相臺岳氏本刊道光中貴州廣東皆有翻本貴州本無卷端璽印　五經白文明趙用賢刻本諸藩刻本亦多嘉靖庚子衞王府本　六經白文古香齋巾箱本　篆文七經白文易書詩春秋周禮儀禮四書有明刊本半頁九行行十三字　國朝內府刊本半頁八行行十二字李光地張照等奉　旨校閲　九經白文無錫秦氏巾箱本（周易三卷詩書各四卷春秋十七卷禮記周禮各六卷孝經一卷論語二卷孟子七卷合五十卷附大學中庸章句一卷小學二卷）盧抱經曰九經小字本吾見南宋本已不如北宋本錫山秦氏本又不如南宋本今之翻秦本又不及焉按秦板以附小學者爲眞宋刊五經白文字小至每半頁二十行板式又小與秦本不同又有九經略似秦本之十四行板大小亦略似盖郎其所出抱經所謂南宋不如北宋者也又見一南宋九經半頁二十行板大小略似秦板者　天祿後目有南宋刊巾箱

影山艸堂書目不分卷

清莫友芝、莫繩孫兩代藏書目録，莫繩孫編。莫繩孫生平見史部《何騰蛟傳》提要。

《影山艸堂書目》稿本二册，原封面分别題『影山草堂書目　上册』、『影山艸堂書目　下册』，内葉魚尾上印有『乾隆四年校刊』字樣，係用舊稿紙抄成，魚尾下以毛筆填箱號。上册卷首記：『此册但以箱記號，别有分類目録。』惜分類目録不知流落何處。上册從壹號至陸拾號，下册自陸拾壹號起，至一百陸拾肆號止。其中第四號中《四書朱子異同雜辨》上有眉批『癸酉十二月馬雨翁借』，按馬恩溥（字雨農）清同治十三年已卒，故此癸酉當爲同治十二年；十二號中《漢隸字源》上有眉批『洪琴翁壬申十二月初六，又借去』，按壬申當爲同治十一年；十三號中《子略》上有眉批『蒯禮卿借，丁丑九月』，按丁丑當爲光緒三年；十五號中《昭代名人尺牘續集》廿四册後注『宣統辛亥陽湖陶氏石印，在外』；六十三號中《慶元黨禁》後注『六叔抄』；九十四號中《夢硯齋遺稿》四册上有眉批『黎姑丈借』，《慕耕堂詩鈔》下有眉批『黎茮丈取去』；一百零一號有簽條，云『百零一號箱，壬子十一月初二日查未見』，按壬子爲民國初年；一百一十五號中『硃印《復古篇》』下批『丙午六月檢送羅申田』，按丙午當爲光緒三十二年；一百一十六號中『皮（紙）局本《史記》』下有批『戊申查少《史記》十六本，不知小農等置何處，須檢歸』，按戊申當爲光緒三十四年；

一百五十二號中『《五禮通考》、《讀禮通考》十六函，百二十八册』上有眉批『九叔攜去』；書末有『甲辰九月十七日查』字樣，按甲辰當爲光緒三十年。莫友芝卒於同治十年，可見此書目爲其子莫繩孫所編，時間在民國初年之前。此目當爲莫友芝、莫繩孫父子兩代藏書，粗略計之，書目收書近三千種。

本叢書據國家圖書館藏本影印。（張劍）

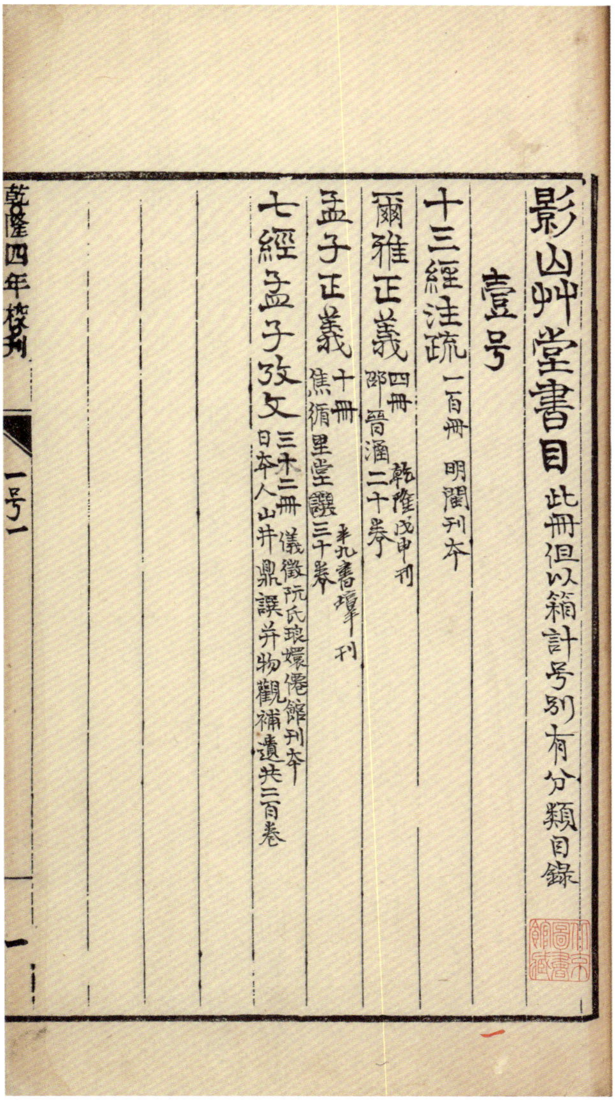

影山艸堂書目 此冊但以箱計号別有分類目錄

壹号

十三經注疏 一百冊 明閩刊本

爾雅正義 四冊 邵晉涵 二十卷 乾隆戊申刊

孟子正義 十冊 焦循里堂譔 三十卷 半九書塾刊

七經孟子攷文 三十二冊 儀徵阮氏琅嬛僊館刊本 日本人山井鼎譔并物觀補遺共二百卷

乾隆四年校刊 一号一

郘亭行篋書目

清莫繩孫編。莫繩孫生平見史部《何騰蛟傳》提要。

《郘亭行篋書目》稿本二册。該稿卷首題『郘亭行篋書目』，下注『但以書箱計號，未盡分類』，上册爲一至六十號，下册爲六十一至一百五十五號。所録基本類同於國家圖書館藏《影山草堂書目》，而較工整有序，末葉眉批云：『壬子十月廿三查，共百五十四箱，又百五十五號，楠木廿四史箱一屏。』壬子爲民國元年。此書目當爲莫繩孫在《影山草堂書目》基礎上之過録整理本，過録時間在民國初年。

本叢書據國家圖書館藏本影印。（張劍）

郘亭行篋書目 但以書箱計號未盡分類

一號

十三經注疏一百册 明閩刊本

爾雅正義邵晉涵二十卷 四册 乾隆戊申刊

孟子正義焦循里堂三十卷 半九書壇刊

七經孟子攷文日本山井鼎撰竝物觀補遺共二百卷 三十二册 儀徵阮氏琅環仙館刊本

一號

持静齋藏書記要二卷

清莫友芝撰。莫友芝生平見經部《十先生中庸集解》提要。

『持静齋』係清末要員丁日昌之藏書樓。丁於清同治六年任江蘇布政使，次年升任江蘇巡撫。同治六年秋末，莫友芝始受命爲丁日昌整理藏書，經兩個多月，將丁氏三百多匣藏書清理一過，時僅能記録各書書名、著者和版本情况。次年夏秋又對書目作分類，直到同治八年春纔又據《四庫全書簡明目録》對丁氏藏書目録之體例作進一步修訂：《四庫全書》收録者多據《簡明目録》加注，《四庫》未收或時代晚於《四庫》成書時間之各書也分别予以標示。此成果即《持静齋書目》之初稿。莫氏於同治七年八月二日又致信丁日昌：『《持静齋書目》，自六月中旬考證次叙，其單部及零星之件，都有頭緒，約費四十日整功。唯叢書十餘種，尚未件分。其編例大致依《四庫全書總目》，

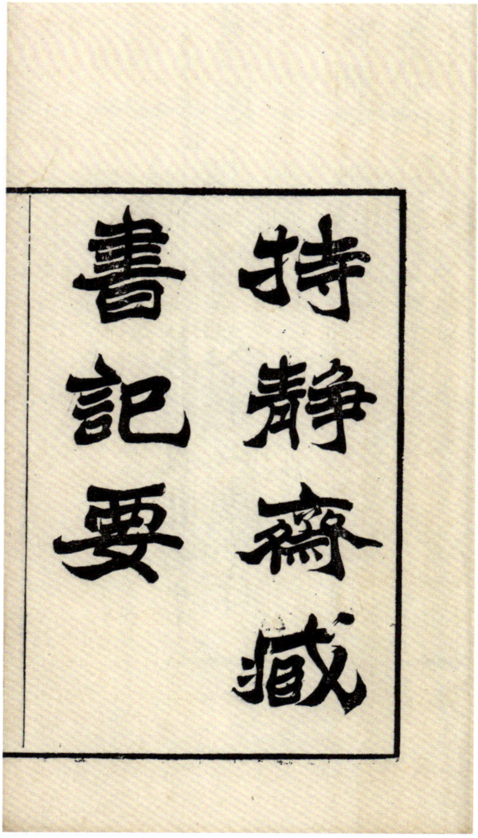

每類各依時代；每部下，其收入《四庫提要》者，但以《四庫》著録、《四庫存目》分注；中有宋元舊本及舊抄善本，則於分注下疏記數語以明之；其《四庫》未收者，但分注刊寫字；其中有未傳秘本，則各係以解題。俟全目脱稿後，更於其中將有解題、有疏説者，别録出爲册，使一備一精，各自爲編，而此目乃完也。』莫氏所撰目録有『一備一精』兩種，備者即《持静齋書目》初稿，精者則爲《持静齋藏書記要》。

《記要》序云：『同治丁卯秋末，友芝浙游還，及吴門，禹生中丞命爲檢理持静齋藏書，三百有若干匣，散記其撰述人代，卷帙刊鈔。踰兩月，

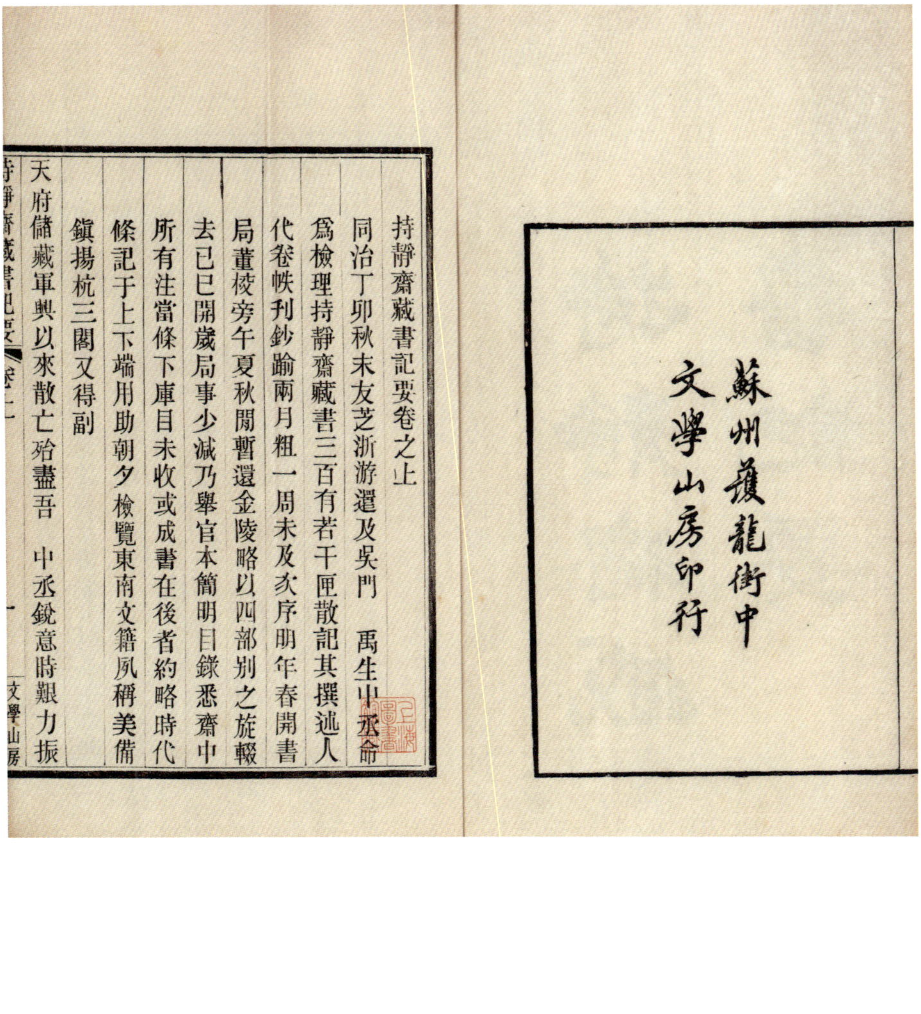
蘇州護龍街中
文學山房印行

持静齋藏書記要卷之上
同治丁卯秋末友芝浙游還及吴門　禹生中丞命
爲檢理持静齋藏書三百有若干匣散記其撰述人
代卷帙刊鈔踰兩月粗一周未及次序明年春開書
局董校旁午夏秋閒暫還金陵略以四部别之旋輟
去已巳開歲局事少減乃舉官本簡明目録悉齋中
所有注當條下庫目未收或成書在後者約略時代
條記于上下端用助朝夕檢覽東南文籍夙稱美備
鎮揚杭三閣又得副
天府儲藏軍興以來散亡殆盡吾　中丞鋭意時艱力振
持静齋藏書記要　卷上　一
文學山房

粗一周，未及次序。明年春，開書局，董校旁午。夏秋間，暫還金陵，略以四部别之，旋輟去。己巳開歲，局事少減，乃舉官本《簡明目録》，悉齋中所有，注當條下；《庫目》未收，或成書在後者，約略時代，條記于上下端，用助朝夕檢覽。東南文籍，夙稱美備，鎮、揚、杭三閣，又得副天府儲藏。軍興以來，散亡殆盡。吾中丞鋭意時艱，力振頹弊，而敷政餘閒，即典册不去手。計十年蒐集，除複重，可十萬卷。其中宋元善刻及舊鈔大部小編、單秘無行本者，且居十之三四。於虖，富哉！猶自以爲未備，不欲泛濫編録。因舉傳本希見，指述大略，爲《記要》二卷存之，以諗好古之士。二月庚午，獨山莫友芝。』知同治八年二月左右，《持静齋藏書記要》已經編成。

《記要》按版本類别排次。卷上分别著録宋刊、元刊、明刊及近刊佚書，卷下著録抄本。每書并撰解題，或鑒賞版刻、考訂源流，或提要内容、考辨作者，并對《四庫全書》未收之書，皆注明『存目』或『未收』，頗具參考價值。

《持静齋藏書記要》版本主要有：同治年間丁氏自刻之《持静齋書目》四卷《續增書目》一卷附《記要》二卷本，民國十三年蘇州文學山房活字本。本叢書據上海圖書館所藏蘇州文學山房活字本影印。（張劍）

宋元舊本書經眼録不分卷

清莫友芝撰。莫友芝生平見經部《十先生中庸集解》提要。

莫友芝手稿《宋元舊本書經眼録》無編排次序，隨見輒録，且數量較少（約八十一葉，其中第九葉至第十八葉過録郁泰峰所藏宋元版書目，末三十四葉過録瞿氏恬裕齋藏書目録，他葉方爲莫氏所録宋元本和舊抄、稿本，以及幾種明刊本），莫氏逝後，其子莫繩孫於同治癸酉開始增大規模，并按照一定凡例整理。本叢書所收國家圖書館藏莫繩孫抄本《宋元舊本書經眼録》，即首次整理本。該本三卷，附一卷，共二册，一百四十一葉，内容基本與刻本正文三卷及附録卷一相同，前有莫繩孫序云：『右宋、金、元、明槧本暨舊鈔本、稿本書凡百卅三種，悉同治乙丑迄己巳五歲中先君游蘇浙所見者，或解題，

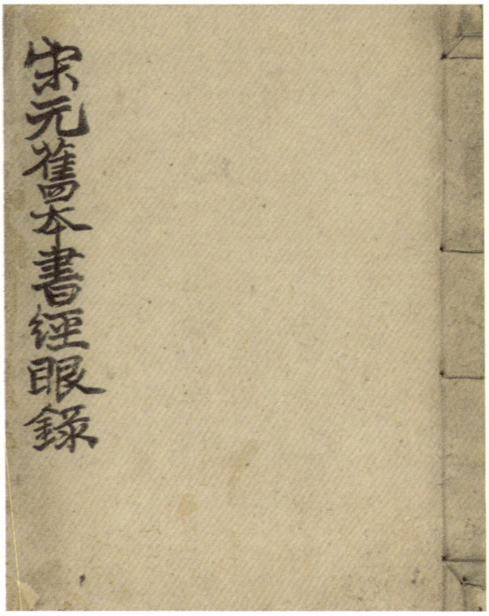

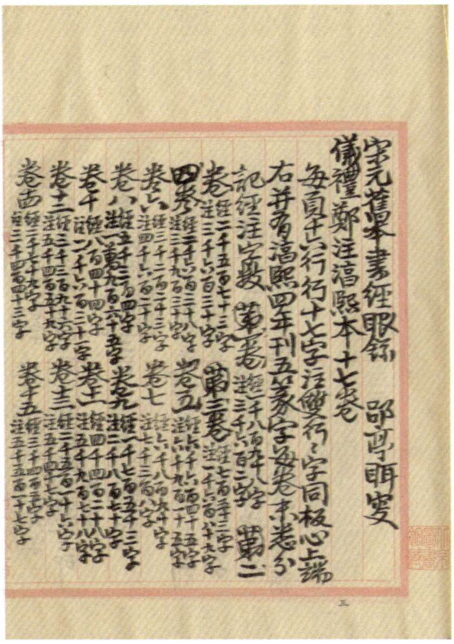

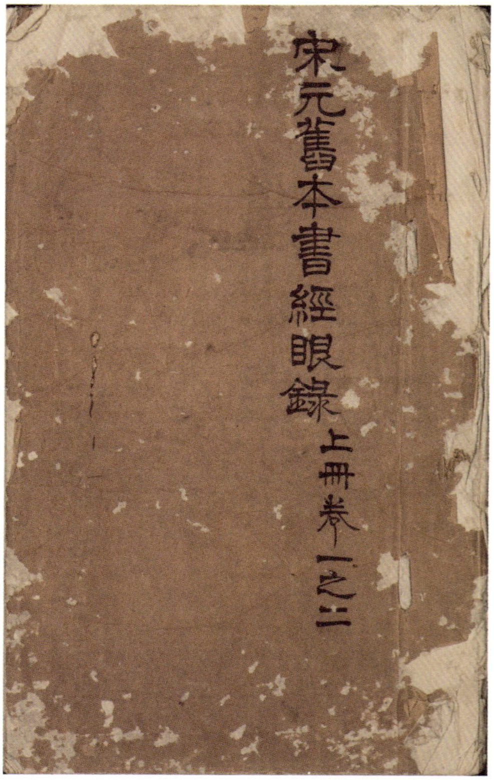

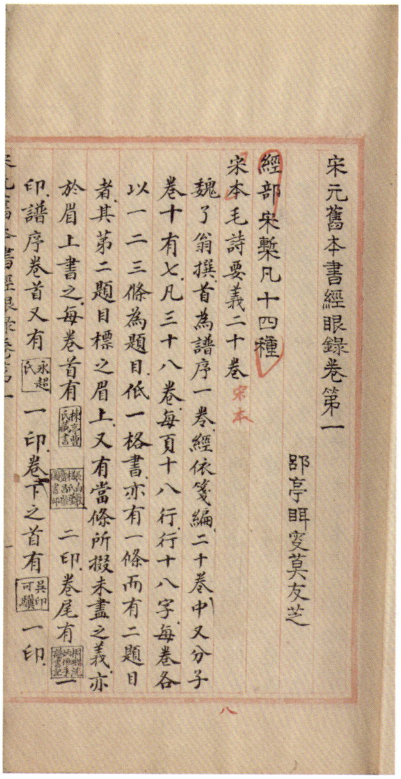
宋元舊本書經眼録卷第一
郘亭眲叟莫友芝
經部宋槧凡十四種
宋本毛詩要義二十卷 宋本
魏了翁撰首為譜序一卷經依箋編二十卷中又分子
卷十有七凡三十八卷每頁十八行行十八字每卷各
以一二三條為題目低一格書亦有一條而有二題目
者其第二題目標之眉上又有當條所擬未盡之義亦
於眉上書之每卷首有　二印卷尾有　一
印譜序卷首又有　一印卷下之首有　一印

或考其本善劣，或僅記每葉行字數目，或并録其序跋及經藏家跋語印記，皆經眼時隨筆志之，以備檢察，非有意撰述，故體例詳略時有出入，亦未及類次，罕覯者偶於目上作圓圈别之。今年春，姑丈黎蓴齋先生來金陵，謂足備目録家之一，亟欲攜去吴門壽梓。繩孫約依《天禄琳琅書目》例，謹類次之，釐爲三卷，其附録一卷，則鈔輯先君行篋書面筆識也。先君目録書尚有考訂金石若干則，《知見傳本書目》若干卷，待編次繕清稿續寄云。同治十二年癸酉閏六月既望，第二男繩孫謹記於江寧旅舍。』

本叢書另收遵義市圖書館藏同治莫繩孫刻本《宋元舊本書經眼録》三卷附録二卷，半葉十行，行二十字。刻本序云：

『右宋、金、元、明槧本暨舊鈔本、稿本書凡百三十種，悉同治乙丑迄己巳數歲中先君客游所見者。或解題，或考其槧鈔善劣，或僅記每葉行字數目，或并録其序跋及經藏家跋語印記，皆經眼時隨筆志之，以備循覽。今年春，姑夫黎蒪齋先生自吳門來金陵，謂足備目録家之一，亟欲壽梓。繩孫謹次爲三卷，更集他書衣及碑帖題語，爲二卷附焉。吾家影山草堂僻在黔南，舊藏粗備，尤多先人手澤，遭亂後散佚略盡，不可復得，今卷中僅存一二先君少時所校也，念之泫然。同治癸酉七月丁未朔，第二男繩孫謹志於江寧旅舍。』

與抄本序相比，時間相差半月，但皆署同治癸酉（同治十二年），然該書刻成面世時間并不在該年。光緒元年十二月十五日莫繩孫致黎庶昌信云：『月之初六，乞假回寧度歲，先君書録稿再呈閲，因未

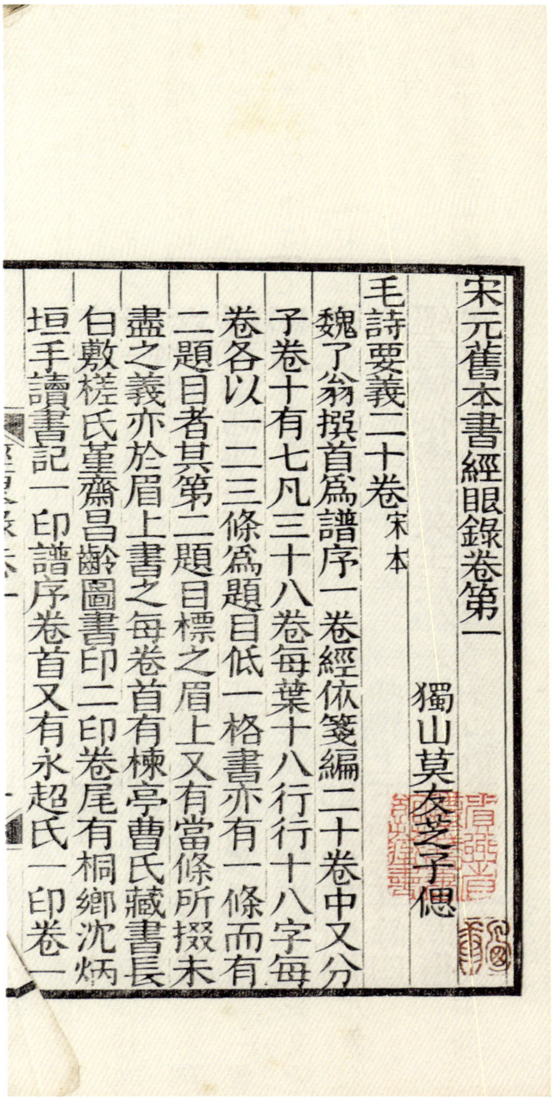
宋元舊本書經眼録卷第一
獨山莫友芝子偲
毛詩要義二十卷宋本
魏了翁撮首爲譜序一卷經依箋編二十卷中又分子卷十有七凡三十八卷每葉十八行行十八字每卷各以一二三條爲題目低一格書亦有一條而有二題目者其第二題目標之眉上又有當條所掇未盡之義亦於眉上書之每卷首有棟亭曹氏藏書長白敷槎氏堇齋昌齡圖書印二印卷尾有桐鄉沈炳垣手讀書記一印譜序卷首又有永超氏一印卷一

及來揚，恐更稽遲，現已將劉、唐諸君校處更正（現在《遺詩》已畢工），欲令人寫樣趁刻工付梓，合《附録》共五卷，約計七萬字上下，蒙姑丈允給刻資，若有便，祈賜寄也。』此處明言《郘亭遺詩》已刻就畢工，而《宋元舊本書經眼録》也已編成，準備付梓，并請黎庶昌寄刻資。光緒二年莫繩孫書劄摘要云：丙子六月廿日『支貳拾千貳百三十文，《經眼録》帳』。十二月廿九日，又『支五千文』。光緒三年二月初七莫繩孫寄黄彭年信：『尊撰《畿輔通志》將次告成，適有吴仲遠兄轉餉之便，寄上已刊之《黔詩紀略》、《説文木部箋異》、《詩鈔》、《遺詩》、《宋元舊本書經眼録》各六部。』由此可知《宋元舊本書經眼録》當刻成於光緒二年。

本叢書除收録《宋元舊本書經眼録》稿本外，另收録莫繩孫抄本和清光緒刻本兩種。

（張劍）

拙尊園存書目不分卷

清黎庶昌撰。黎庶昌生平見經部《春秋左傳杜注校勘記》提要。

該書目分經部、子部、史部、集部、叢書類及附録，約三千零四十六種。書目前注明『凡紅圈係記書之要緊與否，凡緑圈係記刻本之善否』。部分天頭有眉批。從内容記載看，應爲光緒十年至十三年作者在家丁憂期間抄録。由叢書類收其光緒十年輯印之《古逸叢書》，而光緒十五年刊印之《黎氏家集》未收可證。

本叢書據國家圖書館藏稿本影印。（龍先緒）

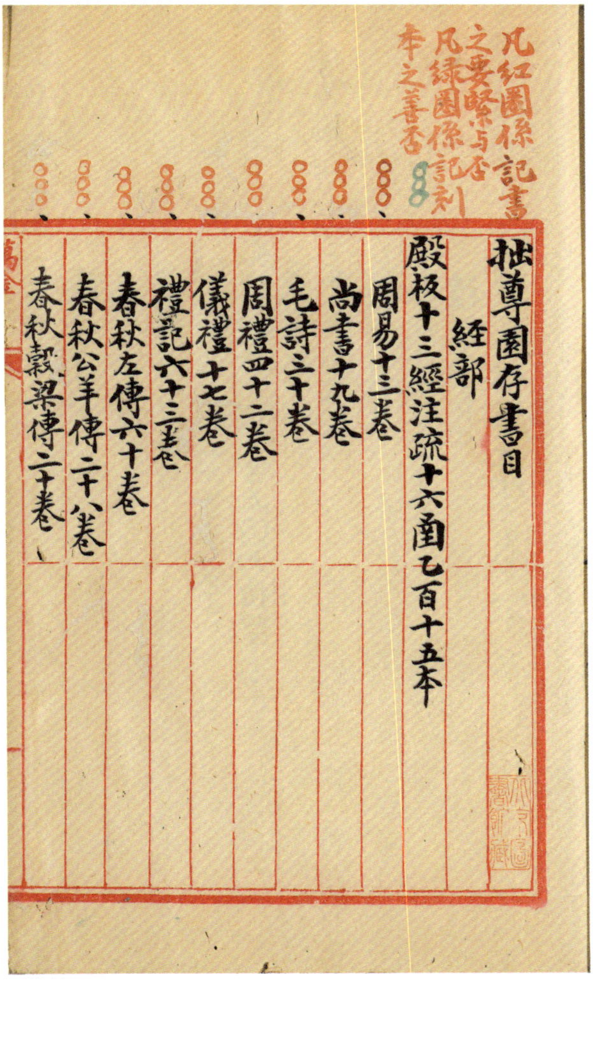
凡紅圈係記書之要緊与否
凡緑圈係記刻本之善否
拙尊園存書目
經部
殿板十三經注疏十六函乙百十五本
周易十三卷
尚書十九卷
毛詩二十卷
周禮四十二卷
儀禮十七卷
禮記六十三卷
春秋左傳六十卷
春秋公羊傳二十八卷
春秋穀梁傳二十卷

黎蒓齋星使近刻古逸叢書目一卷

清黎庶昌撰，陶濬宣抄。陶濬宣（一八四九—一九一五），字心雲，浙江紹興人，光緒舉人，晚清書畫家、教育家。

此抄本記録黎庶昌所刻《古逸叢書》二十六種書之版本來源、内容、價值、刊刻狀況，部分天頭有孫詒讓案語。卷末有『會稽陶心雲同年録寄，并校一過，詒讓記』。首葉有孫詒讓『經微室』藏書印。孫詒讓（一八四八—一九〇八），清代經學家、文字學家。浙江瑞安人。同治舉人。官刑部主事。

抄本現藏浙江大學圖書館，本叢書據此影印。（黎鐸）

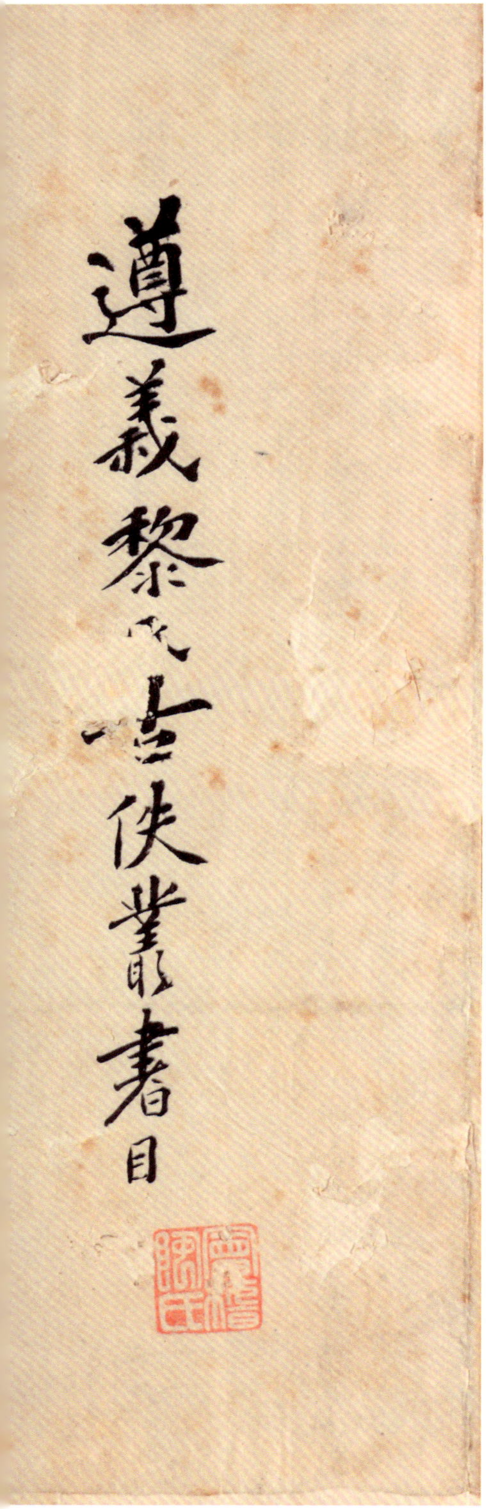

黎蒓齋星使近刻古逸叢書目

影宋蜀大字本爾雅 刻成

此書係日本人繙宋本今從繙本影寫得存蜀本面目

影宋紹熙本穀梁傳 刻成

此書與揚州汪氏問禮堂公羊傳同為建安余仁仲家塾之本即萬卷堂本也極精

覆元至正本易程傳 將刊竣

通行程傳祇四卷此則為六卷與東都事畧直齋

巢經巢藏書目一卷

清鄭知同撰。鄭知同生平見經部《夏小正疏義校録》提要。

本書内容：一、巢經巢黑漆木箱内所藏畫二十四軸，均古代名人畫；二、先府君手迹，大紅皮箱共四堆，一百五十二種；小紅皮箱，不可示人寶藏書畫三十一種；三、書目三十八號，計三百五十四部；四、丙寅游蜀隨行書目，計二十四部；五、皮箱内書并家稿三十七種；六、皮箱内書畫器物十一件。葉昌熾《藏書紀事詩》收古今藏書家五六百家，黔省僅録巢經巢、影山草堂二家。巢經巢同治元年毁於兵火，此書目乃被焚之後所存者，可略窺巢經巢藏書之一斑。是書卷首鈐『凌惕安印』，可知曾爲凌惕安收藏。

本叢書據貴州省博物館藏稿本影印。（龍先緒）

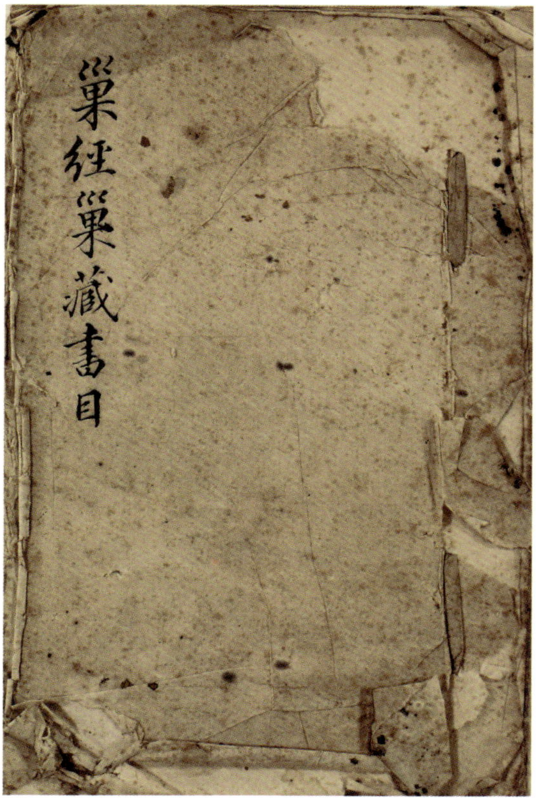

巢經巢黑漆木箱內所藏書畫

王叔明山水一軸　經巢寶藏　趙文敏青山遊驄圖一軸　寶繪

正學子雲山圖一卷　董文敏松雨圖一卷

董文敏書右丞積雨空林詩大字書一卷　改在西紙包

馬和之古木秋花圖一卷　不真，其筆墨古雅，元明間人作

郭河陽七賢過關圖一卷　董文敏扁舟出泊圖

唐白虎風林古洞圖　文福祿壽喜圖　僞筆

沈石田春山畫舫圖　惲南田古松圖

南田青水桃花圖　薛素素宮車圖

古泉書録解題三卷

清黎尹驄撰。黎尹驄（一八七二—？），字班孫。黎庶昌之子，卒年不詳。『性博雅嗜古，不喜爲科舉之學，搜藏漢玉古印、金石碑版、鐘鼎彝器、書畫極富，尤喜蓄古泉。嘗舉其所收者，爲《古泉經眼圖考》一書。』（戴錫之《序》）

有鑒於唐、宋、元、明以來，雖撰録泉譜者代不乏人，但書多不傳，傳者復不完美。咸豐間李佐賢《古泉匯》、張崇懿《錢志新編》雖收羅古泉宏富，然於古泉著作僅在卷首附録寥寥數條。『竊歎古泉著述，獨無目録專書』，『爰舉兩譜所收者，復又旁采史傳、府志、書目、詩文等書，元元本本，綴拾重編。自晉迄今』（《自序》）。收書一百一十五種，七百五十一卷，釐爲三卷。每種載其書名及卷數，作者籍貫，生平事迹及出處，刊刻流傳情況，內容特點，以及後人評價等。江翰評曰：『一一評騭其得失，持論頗爲精審。』戴評爲『其

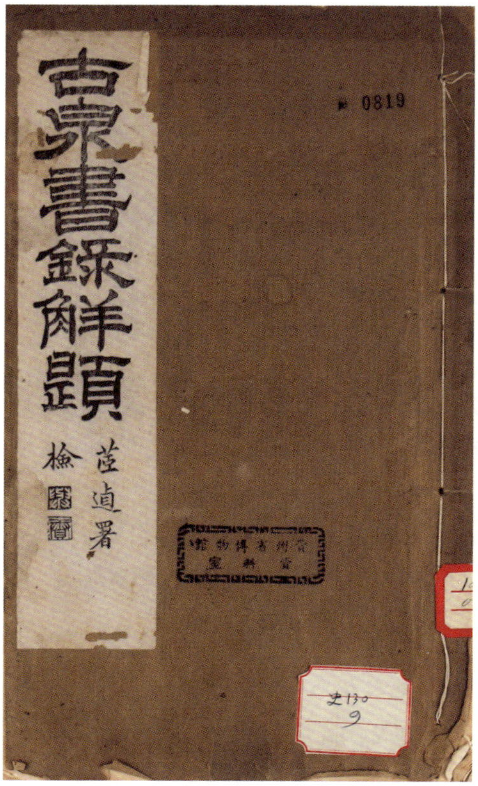

書體例閎整，考據賅洽，持論亦多名通。雖小有遺漏，不足病其宏旨。誠譜録家必不可少之書，爲著述中别開生面』。是書刊於光緒二十一年。

貴州省圖書館藏本曾爲淩惕安笥香室舊藏。本叢書據此影印。（黎鐸）

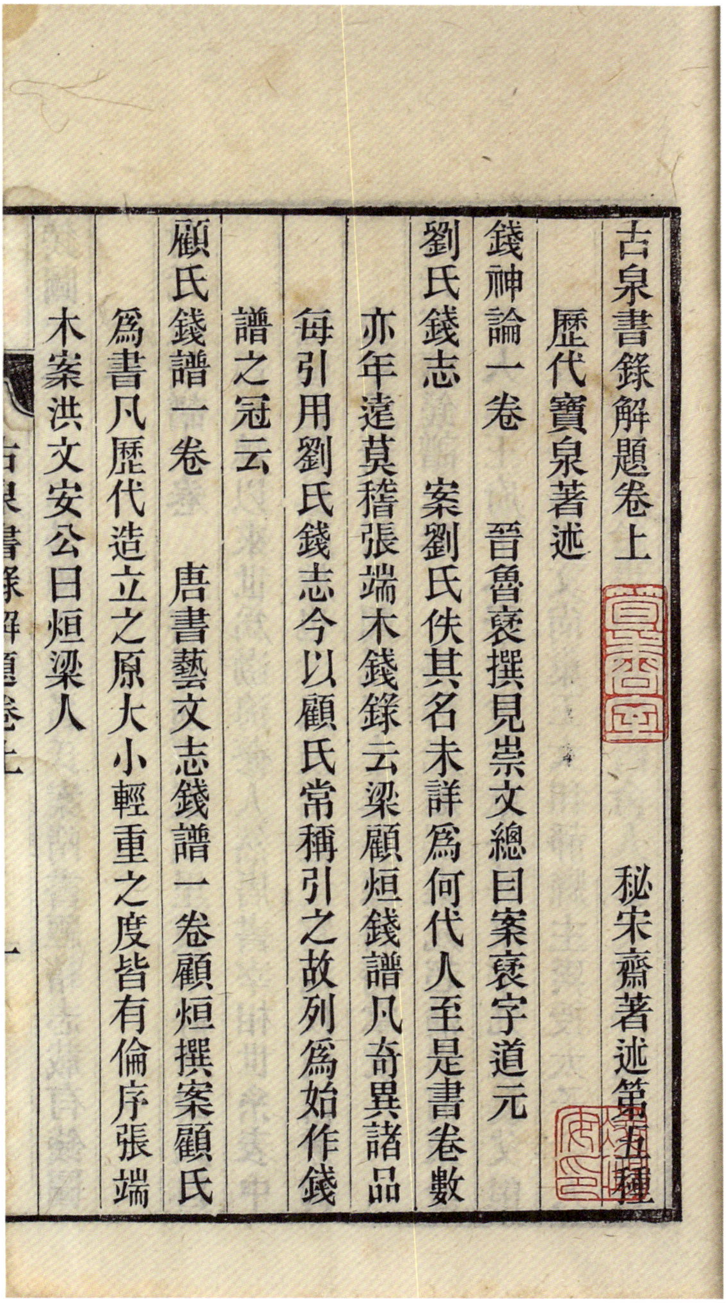

古泉書錄解題卷上　秘宋齋著述第五種

歷代寶泉著述

錢神論一卷　晉魯褒撰見崇文總目案褒字道元

劉氏錢志　案劉氏佚其名未詳爲何代人至是書卷數亦年遠莫稽張端木錢錄云梁顧烜錢譜凡奇異諸品每引用劉氏錢志今以顧氏常稱引之故列爲始作錢譜之冠云

顧氏錢譜一卷　唐書藝文志錢譜一卷顧烜撰案顧氏爲書凡歷代造立之原大小輕重之度皆有倫序張端木案洪文安公曰烜梁人

銅井文房書目後編（存一卷）

莫棠撰。莫棠生平見史部《銅井文房專録》提要。

該本封面題『銅井文房書目後編，卅年四月二日鈔，據王雪澂藏本』，知爲民國三十年過録王秉恩（字雪澂）抄本。正文首葉首行題『銅井文房書目後編之上』，但全書未見『之下』。稿紙下魚尾印有『合衆圖書館』五字。按，合衆圖書館係民國時期葉景葵、張元濟等人在上海創立的私立圖書館，建國後併入新成立的上海圖書館。此本不知何人所抄。正文計十四葉，半葉十三行，每行大致記書一種，唯第十葉第十行『白蓮集二册，舊鈔本；羅昭諫集二册，明刊本』與第十一行『河東集三册，舊鈔本；吕純陽渾成集二册，舊抄本』，係各記書二種，全書約著録圖書三百六十餘種，按經史子集順序排列，當爲莫棠部分藏書目録。

本叢書據上海圖書館藏民國三十年抄本影印。（張劍）

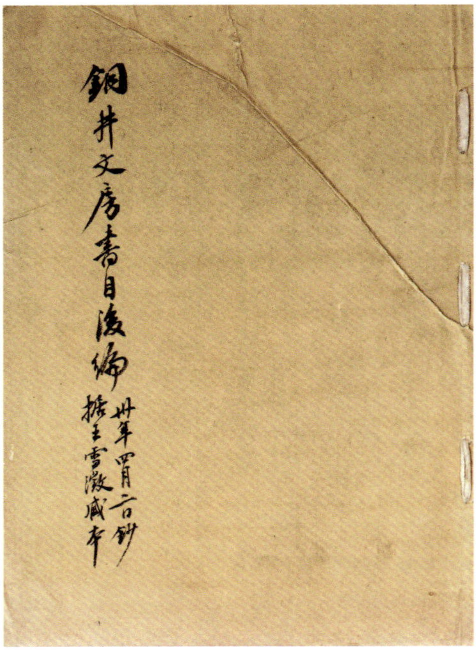

銅井文房書目後編之上

舊本　鈔本

周易注疏五冊　明九行本

周易集解八冊　明朱睦㮮聚樂堂本

周易程朱傳義六冊　明安正堂本

横渠易説二冊　明刊本

易纂言三冊　明萬厤刊本

周易像象述五冊　舊鈔本

周易啟蒙意見三冊　明正德刊本

儀禮十二冊　明嘉靖仿宋本

禮記二十冊　明嘉靖仿宋本　二種即明徐氏仿相台本之二

尚書注疏十冊　明萬厤監本　徐刻凡三種此缺周禮

詩經疑問一冊　舊鈔本

韓詩外傳六冊　明刊本

存目

歷代紀元匯考不分卷

清萬斯同撰，清鄭知同考補。鄭知同生平見經部《夏小正疏義校録》提要。

《歷代紀元匯考》，始唐帝堯元載甲辰，迄明崇禎十七年甲申，以年爲經，以歷朝紀元爲緯，共四千零一年。『自陶唐氏即用甲子，逐年整列，以唐虞夏商無多事實，變爲總括之體。一代大書某某帝王，下注凡若干年，并標舉其事之大者，此省其所可省也，其十二諸侯遞立爲君之年及戰國時諸國之變滅，萬氏或誤或略』。姚伯昂爲之增删：『商以前四代統書世系爲一例。周以降，正統爲綱，附以十諸侯及後世僭僞割據諸姓爲一例。』『而漢以後事，亦間加悉。此增其所可增也。』袁開第得姚氏本，唐末下接朱梁一葉殘缺，鄭知同考補卒成完璧，并以萬氏本校姚本。

本書爲清同治十年貴州銅仁刻本，貴州師範大學圖書館、貴州省博物館均有收藏。本叢書據收録原則存目。（龍先緒）

（乾隆）平湖縣志十二卷

清王恒修，清張誠等纂。王恒（一七三六—一七九三），字久也，一字咸齋，貴州遵義縣樂安里龍坑（今新舟鎮龍淵村）人。乾隆三十年舉人，七應禮部試不售，大挑一等，分發浙江，補慶元令，乾隆五十年任平湖縣令，五十五年升任江蘇海門直隸同知，補授嘉興知府，未赴任，卒於揚州。張誠，生平不詳。

王恒到任浙江平湖縣（今嘉興市代管之平湖市），得知縣志始修於明嘉靖年間，明代有二次修纂，清代有三次修纂。其前任張力行曾有修訂稿，但已時過十年，當補充内容甚多。因而延請地方名士，設局編纂。王恒本人在政務之暇，時時相與商榷釐正，編訂爲志八、傳二、表二，凡十二卷。歷時三年而書成。平湖鄰接上海，瀕臨杭州灣，有『金平湖』之稱。王恒主修之縣志，注重記述地利豐耗，海防守備，人材盛衰，民風美惡。希望後來者通過志書能『取以謹禮恤民，節財養士』（見自序）。時人評論此書編纂『直筆公心』，『詳明博雅』，『辨而不華，質而不俚』（見沈初序）。王恒在其自序中表述其方志觀念，提出鑒戒云：『後代之爲志者，往往詳近略遠，飾僞傳訛，甚至昵親而絀疏，以好惡爲褒貶。』由於如此，則可能因『一事虚而百事可疑，一人濫則同列蒙詬，後人不以傳信而以傳疑，不以爲榮而以爲辱，此關於世道人心者，豈淺顯哉！』

此志乾隆刻本，中科院文獻情報中心、上海圖書館均有收藏。（謝尊修）

癸丑出山録一卷

清唐樹義撰。唐樹義生平見史部《唐樹義日記》提要。

癸丑爲清咸豐三年。此年三月二十五日，告病在家之唐樹義，接『唐樹義着即前往湖北，幫辦一切撫輯事宜』之上諭（唐樹義《奉詔出山疏》），隨即由貴陽起程，於『五月二十一日行抵湖北省城』（唐樹義《恭報到湖北日期疏》），參與清軍對付太平天國起義之軍事行動。次年，即咸豐四年正月二十三日，投水殉職。據《中國古籍總目》，《癸丑出山録》即爲唐樹義咸豐三至四年之日記，清抄本，存吉林省圖書館。

又，據《貴州古舊文獻提要目録》載，《唐樹義日記》稿本中有『寫一八五三年至一八五四年正月二十二日（死前一日）』之『《待歸草堂》三册』，此稿本未得見，不知《癸丑出山録》之抄本是否出自此稿本。（曾祥銑）

（道光）大姚縣志十六卷

清黎恂修，清劉榮黼纂輯。黎恂生平見史部《回黔紀程》提要。劉榮黼生平不詳。

黎恂於嘉慶十九年成進士後，即步入政壇，分發浙江，任桐鄉縣知縣。年方二十九歲。在任五年，因丁父憂返鄉。復於道光十四年入京候選，被揀發雲南，先後在平夷、新平、大姚、姚州、巧家廳等地任知縣、知州、同知，凡十六年。其間於道光二十二年任大姚縣（今屬楚雄彝族自治州大姚縣）知縣。任職期間，針對當時社會動亂情況，積極修繕城牆，辦理團練，整頓保甲制度，令社會秩序得以相對安寧，受到雲貴總督林則徐賞識。同時，注重縣志編纂。聘請本縣文士劉榮黼輯稿，黎恂親手點定。於道光二十五年刻印成書。

該志書重視地方特色事物之記述。如大姚縣之陸棲脊椎動物，該志書記載有五十四種，按現代分類原則，屬於二十六目四十七科，而後修之《（光緒）續修白鹽井志》僅記有四十九種十八目。關注民生情況之記述，如卷四載：嘉慶二十年『大饑，斗米三兩，饑者食草根、樹皮、土粉』。記彝族傳統火把節民俗緣由，『謂之燒霉氣』。卷七記載『蠻子』情况特細：『居高山陡壁，上下如飛，男女皆衣麻布長衣，以麻布裹腿，帶刀闢山地，種乾糧。善擲石，投數丈外，發無不中，標槍勁弩尤爲鋒厲。此種向來所無，近年土著民人自江外招來種地，前後教正里山中已數百家。』今人據此考證，係由貴州遷來之苗族同胞。又對當地歷史文物、風景名勝記述也簡明翔實。如記該縣形狀奇特之磬錘塔空心磚塔云：白塔磚有字曰『唐尉遲敬德監造』。認爲『與昆明東西寺塔磚字同』，乃唐天寶年間中央王朝與邊疆民族關係良好時期吐蕃所建。

《大姚縣志》有道光二十五年刻本，國家圖書館、上海圖書館均有藏本。（謝尊修）

書高母李太夫人事略後一卷

清蕭光遠撰。蕭光遠生平見經部《周易屬辭》提要。

高母李太夫人係四川雲陽縣令高以莊（字秀東）之妻。李氏端莊賢淑，孝親睦鄰，樂善好施。適逢動亂，勉其夫公而忘私、除暴安良。其夫高秀東、其子高培穀皆爲百姓稱道之賢官。其子高培蕃從學於蕭光遠，蕭光遠另寫有《書高母李宜人閫狀》一文，收入其《鹿山雜著續編》。

《書高母李太夫人事略後》一卷爲清同治五年刻本，上海圖書館有藏。（曾祥銑）

秦漢瓦當文次册不分卷

清程敦撰，清鄭珍録。程敦，字彝齋，安徽歙縣人，金石學家。鄭珍生平見經部《輪輿私箋》提要。

程敦所撰之《秦漢瓦當文字》刻印於乾隆五十二年，五十九年續刻。書中有圖有釋文。釋文中多有『敦記』、『敦按』、『敦斷』字樣，考證甚多。并提及同時之瓦當收藏者『俞太學』、『趙文學』、『錢別駕』、『申明府』四君。其中『錢別駕』疑指金匱人錢泳。錢泳，字梅溪，官府經歷，工八法，尤精隸古。所著《履園金石目》、《履園叢話》二書中有《秦漢瓦當》之記述。鄭珍手録此書，描録瓦當圖五十八幅，録考釋文字四十篇。記述該瓦當之收藏者、出土地址，考訂瓦當所屬之宮殿、館閣、府署或園囿。引證之古籍除《史記》、《漢書》、《長安志》外，尚有《三輔黄圖》、《秦漢瓦圖記》等。

瓦當，即筒瓦之頭，陶製筒瓦頂端下垂之特定部分，作用爲保護簷頭。瓦當上常刻有文字或花紋。瓦當文多刻吉祥語，或與專用建築相關文字。字體多爲篆隸，或作鳥獸紋。曾有巨富之家專用瓦當，如『千金宜富貴』瓦當，出自興平縣北黄麓山下。敦君考訂，此爲茂陵巨富袁廣漢宅第之瓦。據《西京雜記》載，袁氏藏鏹巨萬，家僮九百人，在北芒岩築園，東西四里，南北三里。此册最後一幅爲『八風壽存』當，考證乃王莽改未央宮爲壽存室，建八風臺所用之瓦。

此册封面題爲『次册』，可見另有首册，未知所藏。此册爲長卷，收藏於綏陽縣博雅苑。

（黄萬機）

金石録顔碑目一卷

清莫友芝撰。莫友芝生平見經部《十先生中庸集解》提要。

《金石録》爲宋代趙明誠所撰，著録其所藏金石拓本二千種，上起三代，下及隋唐五代，共三十卷，爲金石學之重要代表著作。莫友芝從該書中録出《顔碑》，編目爲一卷。『顔碑』指唐代書法家顔真卿之作，其書法端莊雄偉、氣勢開張、遒勁鬱勃，開創新風格，人稱『顔體』，與柳公權并稱『顔柳』，書風被稱爲『顔筋柳骨』。顔真卿所書碑刻甚多，著名者如《多寶塔碑》、《麻姑山仙壇記》、《李玄靖碑》、《顔家廟》等，書迹尚有《祭侄文稿》、《自書告身帖》等。

莫友芝精於書法，在晚清書壇自標一格，享譽東南，爲晚清書風革新代表人物之一。從其於《金石録》中梳理出『顔碑』之舉，可窺見其對於書學淵源與書風韻致研究之功、用力之勤。

據《中國古籍總目》，《金石録顔碑目》手稿一卷，收藏於南京博物院。因未獲底本，故此存目。（謝尊修）

應訪碑目不分卷

清莫友芝撰。莫友芝生平見經部《十先生中庸集解》提要。

莫友芝一生重視訪求歷代碑刻。一因各種碑刻中存有豐富之歷史、地理及人文信息，二因各類碑刻又爲書法藝術之大觀。莫友芝二十八歲受遵義知府委托，與鄭珍共同編纂《遵義府志》時，即以兩年多時間遍訪荒碑仆碣，以充實文史資料。直到『知不可復有得』（鄭珍語），始着手撰稿。此後數十年，一直傾心訪求碑刻。僅漢碑篆額收集即達百餘通。晚年足迹遍及揚州、鎮江、蘇州、南京一帶，於搜尋古籍同時，重視金石碑刻之搜求，將所得撰成《金石筆識》一卷，附刻於其版本目録學重要著作《宋元舊本書經眼録》一書之後。同治九年曾親往句容（今屬江蘇鎮江市）山中搜尋多種南朝梁碑刻，監督拓印，并撰《梁石記》一卷。莫氏詩集中保存有多首有關碑刻之作。平時注意從文獻及民間瞭解碑刻情况，每有發現，均異常欣喜。《應訪碑目》即爲其手記。

據《中國古籍總目》，莫友芝《應訪碑目》手稿一卷，收藏於南京博物院。因未獲底本，故此存目。（謝尊修）

莫友芝書目不分卷

清莫友芝撰輯。莫友芝生平見經部《十先生中庸集解》提要。

該本共一函二册，均係莫友芝手稿。一册爲莫友芝雜抄各家書目，封面題《近刻叢書書目》，内文朱欄，半葉十行，凡正文四十八葉，其中前四十三葉擇抄《粤雅堂叢書目録》、《别下齋叢書》、《拜經堂叢書》、《詞學叢書》、《武英殿聚珍版書》、《守山閣叢書》、《士禮居叢書》、《日本甘雨亭叢書》、《海山仙館叢書》、《王船山遺書》（同治四年湘鄉曾氏刊）、《平津館叢書》、《藤花亭十種》等目録；後空白多頁，末五頁則爲《文宗閣四庫全書裝函清册有目未刻》目録，比較湖州沈氏刊《欽定四庫簡明目録》與杭州刊本《欽定四庫簡明目録》之異同及對《四庫全書》、《四庫全書存目》種數與卷數之統計。

另一册封面題《舊本未見書經眼録》，正文凡四十頁（末三頁係該册之目録，觀筆迹，當爲莫友芝之子莫繩孫謄寫），朱欄，半頁十二行，下魚尾字爲『大成號製』。此書係莫友芝對四十八種舊刊善本和寫本抄本之叙録，中以宋元刊本爲主，起於元末明初刊本《周易本義大字注本》，終於影宋抄本《新定元豐九域志》十卷，中多批抹塗改，間有眉批。如《元槧書傳輯録纂疏》叙録之眉批：『此識（按：指董真卿附識）查《通志堂》本已刊，即删去。』《宋本舊書集注》叙録之眉批：『《音考》字形稍狹而活，蓋本書係用舊本翻雕所附《音考》，則當在用以取士時，稱淳熙本則未確。』查此本所收四十八種均爲刊本《宋元舊本書經眼録》收録，蓋與國家圖書館藏手稿本《宋元舊本書經眼録》同爲刊本前之底稿。該稿本藏北京大學圖書館。（張劍）

陽明先生遺像題跋一卷

《陽明先生遺像題跋》一卷爲王陽明遺像之像贊題跋輯録。贊跋者有莫友芝等二十九人。此爲清末石印本，一册。最前有王陽明遺像一幅，由莫友芝手書篆書『王陽明先生遺像』，何紹基題『陽明先生遺像册』書簽。題寫像贊者有門生王畿、鄒守益、錢德洪，侄子正思，山陰張岱。題寫跋語者有袁枚、謝啓昆、熊牧、許祖武、秦瀛、顧宗泰、賀長齡、唐鑒、吴振棫、翁同書、羅繞典、喬用遷、周作楫、胡家玉、朱樹、周際華、陳炳極、鄭珍、鄭知同、莫友芝、莫庭芝、黄輔辰、潘霨、史念祖等。署題跋年月爲清嘉慶、道光、咸豐，最晚爲光緒十五年所題。

王陽明（一四七二—一五二九）爲明代哲學家、教育家，名守仁，世稱陽明先生。餘姚（今屬浙江）人。曾被貶爲貴州龍場驛丞。遺像繪製者不詳。此册原爲陽明先生裔孫王蘭陔所藏。

後攜至貴州，存按察使唐鑒處，唐鑒調官，留與巡撫賀長齡。清道光二十四年，賀長齡將其藏於扶風山寺陽明洞中，令僧人世守。因而有遵義鄭珍父子、莫友芝兄弟及其他黔人題跋。據《貴州古舊文獻提要目録》載，此本現藏貴州省博物館。因逢館址搬遷，未能借出複製，故此存目。（謝尊修）

莫郘亭行狀一卷

清莫祥芝撰。莫祥芝生平見史部《（同治）上江兩縣志》提要。

莫祥芝爲莫與儔第九子，小其五兄友芝（郘亭）十六歲，父母去世後，由五兄撫育教養成人，兄弟手足情深。此行狀爲清同治刻本，一卷，收藏於上海圖書館。此本因過於破損，不能用於影印，故此存目。（謝尊修）

成山廬主人自撰年譜不分卷

清唐炯撰。唐炯生平見史部《援黔録》提要。

上海圖書館藏有此年譜之清宣統年間印本，本叢書已影印。據《中國古籍總目》所載，此稿本不分卷，收藏於北京大學圖書館。因未能借出複製，故此存目。（謝尊修）

高公秀東高母李太夫人合葬墓表一卷

清唐炯撰。唐炯生平見史部《援黔録》提要。

高秀東，名以莊，以字行，貴陽人。弱冠補弟子員，旋食餼。咸豐初年，時值農民起義，以辦團練有功，咸豐七年選授黔西學博。後調貴州省城貴陽，協助守城有功，授四川雲陽知縣。隨四川綿州知州唐炯解綿州之圍後到任。任上，兩度組織民衆護城，免遭戰火；除暴安良，去狡蠹胥吏，案無停牘；重葺雲安書院，開倉救濟災民，置醫藥局爲貧民治療，深受百姓歡迎。其妻李氏，孝親睦鄰，樂善好施，勉其夫奉公爲民。

《高公秀東高母李太夫人合葬墓表》爲清同治刻本，因未獲底本，故存目。（曾祥銑）

四川官運鹽案類編九十卷首一卷

清唐炯等輯。唐炯生平見史部《援黔録》提要。

此書九十卷，首一卷。彙集自清光緒三年至二十七年間四川鹽務之公文要件。遵義人唐炯最初爲協助四川總督丁寶楨改革鹽務，於光緒七年編輯成《四川官運鹽案類編》二十八卷，自謂：以『俾後某知所法守，且以著任事之不易』。後經八次續編，皆依照首任總辦唐炯義類。至第七續，已擴展到八十卷。光緒二十八年，華國英再續十卷，故總計爲九十卷。卷首爲諭旨，然後分别爲：奏稿八卷、部咨十一卷、局詳三十卷、院劄六卷、局劄十六卷、局稿五卷、院示五卷、局示六卷、章程三卷。

此書爲清光緒刻本。國家圖書館、上海圖書館、貴州省圖書館均有收藏。依據本叢書收録原則，此書列爲存目。（謝尊修）

雲南礦務案牘類編十六卷首一卷

清唐炯輯。唐炯生平見史部《援黔録》提要。

清光緒年間，唐炯在雲南省任職近二十年，其所經歷最主要之大事一爲抗法援越，一爲辦理雲南礦務，因而輯成《雲南礦務案牘類編》一書。是書凡十六卷首一卷，爲保存較爲完備之文獻，於研究晚清時期雲南礦業發展有重要參考價值。

是書爲抄本，藏北京師範大學圖書館。該圖書館二〇一一年出版之《北京師範大學圖書館藏稿抄本叢刊》收録此本。依據本叢書收録原則，此書列爲存目。（張嘉林）

（光緒）續雲南通志稿二百卷

清唐炯等纂修。唐炯生平見史部《援黔録》提要。

《續雲南通志稿》『綜合兩志，重事編排，參酌體例，不襲一家。歷三年汗青甫竟，總目十三，子目八十七，凡二百卷』（光緒年間雲貴總督魏光濤《奏進表》，下同）。『兩志』，一指雍正七年雲貴廣西總督鄂爾泰纂修、道光六年雲貴總督阮元『復加增輯』之稿本；一指光緒八年由雲貴總督岑毓英啓動，『甫成於光緒二十年』之續修稿本。

前稿『半類册簿，殊乖體例，故阮元增輯時僅酌定篇端凡例，餘皆雜出衆手，尚待裁擇』；後稿『不惟事多據傳聞，不足信，而凡屬政典如洋務、鹽礦、裁兵諸大政，竟付缺略』。

光緒二十二年，雲貴總督嵩蕃、雲貴巡撫黄槐森『遂議改修，屬督辦礦務臣唐炯總司勘定』。

國家圖書館、上海圖書館藏有清光緒二十六年刻本。依據本叢書收録原則，此書列爲存目。（曾祥銑）

（光緒）青浦縣志三十卷首二卷末一卷

清黎庶昌、陳其元等主修，清沈誠濤、熊其英、邱式金等主纂。黎庶昌生平見經部《春秋左傳杜注校勘記》提要。其他人士生平不詳。

同治十年，黎庶昌由位於太湖之濱之江蘇吴江縣知縣改調青浦（今上海市青浦區）知縣。青浦地處上海西部，鄰接江、浙兩省，處於黄浦江上游，瀕臨淀山湖，魚米之鄉，人文薈萃。黎庶昌出身遵義沙灘文化世家，重視文教，下車伊始，關注地方史志。得知上年已着手縣志編纂，乃勇擔主修之職，籌集經費，聘任主纂，制訂規章。但次年冬，黎庶昌即卸任返回蘇州家中。此部從同治年間着手編纂之《青浦縣志》，至光緒三年始修成，光緒五年刻竣，前後歷時九年。全志設疆域、建置、山川、田賦、學校、兵防、名跡、職官、藝文、雜記共三十卷、七十六目，另有卷首二卷、卷末一卷，裝訂成一十二册。

黎庶昌任内雖未能完成此志編纂，但有創修之功。故本叢書作爲存目。《青浦縣志》有光緒尊經閣刻本，國家圖書館、上海圖書館均有藏本。依據本叢書收録原則，此書列爲存目。（謝尊修）

（光緒）通州直隸州志十六卷首一卷末一卷

清梁悦馨、莫祥芝修，清季念詒、沈煌纂。莫祥芝生平見《（同治）上江兩縣志》提要。其他人士生平不詳。

莫祥芝爲道光年間遵義府學教授莫與儔之第九子，祖籍貴州獨山而成長於貴州遵義。其諸兄多以文學與學術知名於世，唯莫祥芝以幹濟之才受人推許。曾在江蘇多地作州縣官二十餘年。歷任六合、高郵、上元、江寧、上海等縣知縣，通州、太倉直隸州知州。在署理江蘇通州直隸州（今南通市境）知州之初，當地人士將前任知州梁悦馨主修、季念詒等主纂，歷時數年已大體完成之《州志》稿呈其審閲，莫祥芝得知主纂者『無姻故牽連』，本『求徵信於異日，非取悦於一時』之編纂態度，見其稿較爲客觀公正，審定稱善，即安排刻印，於光緒二年成書。此志書距前次修志已一百二十餘年，記述内容較前志增加近一倍。當時江蘇省擬編纂通志，要求各府州郡縣修纂當地志書以供采納。但『各郡邑往往以費絀遷延，而通州獨先蕆事』（見該志《林序》）。

全志計十六卷，另有首末各一卷。首卷爲地圖十二幅，末卷爲雜記。其『纂修職名』爲：

主修：補用府通州直隸州知州　梁悦馨

升用直隸州江寧縣知縣署通州直隸州知州　莫祥芝

總纂：季念詒、沈煌。總校：王廷楨等四人。分纂：孫廷珪等八人。分校：徐宗祥等十人。另有采訪多人。

《通州直隸州志》有光緒刻本，國家圖書館、上海圖書館均有藏本。依據本叢書收録原則，此書列爲存目。（謝尊修）

銅井文房書跋一卷

清莫棠撰，陳乃乾輯。莫棠生平見史部《銅井文房專録》提要。陳乃乾（一八九六—一九七一），浙江海寧鹽官人。藏書家、版本目録學家、出版家。

莫棠爲莫祥芝第三子，早年宦游粤中十餘年，晚年家居蘇州，與名流往還，雅好收録黔人著作。因其父歷任江蘇多地州縣官員達二十餘年，歿後安葬於蘇州光福鎮銅井山，故莫棠自號其書齋爲『銅井文房』，其書跋文録即以『銅井文房』冠名。

據《中國古籍總目》所載，《銅井文房書跋》爲海寧陳氏慎初室稿本，收藏於國家圖書館。因未覓得底本，故存目備查。（謝尊修）

播事紀略一卷

胡樹聲撰。胡樹聲（一八七四—一九四五），字榮皆，號聽秋，貴州遵義人。生於清末，屢試不第，轉以教書爲業。宣統元年受聘爲遵義中學堂附設高等小學堂教員，宣統三年任遵義中學堂教員，後任中學測繪部執事。因兼擅書畫，長期從事美術教學。著述除《播事紀略》外，尚有《夢警軒詩稿》四十二卷，存詩五千四百餘首。均未刊行。

《播事紀略》稿本一册，記述遵義從辛亥革命推翻清政權之日（宣統三年九月十九日）起至民國二十年五月期間遵義地方所發生之政治、軍事、經濟、社會及自然災害等大事。此稿收藏於貴州省博物館。因逢館舍搬遷，未能借出複製，故此存目。（謝尊修）

黎庶昌日本手劄不分卷

清黎庶昌手書。黎庶昌生平見經部《春秋左傳杜注校勘記》提要。

黎庶昌曾於光緒七年及光緒十三年兩度受任出使駐日本大臣。駐日期間，通過各種外事活動及民間交往，結識衆多日本朝野人士。尤其在春秋佳節，常約請文人學士舉行文酒之會，擴大交流，加深友誼。黎庶昌以其道德文章與謙虚誠摯之品格，贏得鄰邦人士敬重，互相常有手劄往來。當時日本人士中多有雖不通漢語卻通曉中文書寫者，能通過中文書寫直接同黎庶昌交流，稱爲『手談』。黎庶昌致日本友人之手劄多通，一直爲日本人士所珍藏。此件爲黎氏與日本人士中村義通信之複印件。（謝尊修）

黎汝謙批校吾學編六十九卷

《吾學編》明鄭曉撰，清黎汝謙朱筆批校。鄭曉（一四九九—一五六六），海鹽縣（今屬浙江）人。嘉靖二年進士。授職方主事。歷官吏部考功郎中、兵部右侍郎、南京禮部尚書、右都御史、刑部尚書。《明史》修纂總裁張廷玉評價云：『鄭曉諳悉掌故，博洽多聞，兼資文武，所在著效，亦不愧名臣。』著述有《鄭端簡公文集》等多種。其中《吾學編》被清代列爲禁書。其著述及藏書多種流散海外，今藏美國國會圖書館。

黎汝謙生平見史部《華盛頓全傳》提要。

《吾學編》爲記載明洪武至正德一百五十餘年間史事之紀傳體本朝史。仿照歷代正史體裁而略有變通，含記、傳、表、述、考，共十四篇。包括《皇明大政記》、《皇明遜國記》、《同姓、異姓諸侯表傳》、《直文淵閣諸臣表》、《兩京典銓表》、《皇明名臣記》、《皇明遜國臣記》、《皇明四夷考》（記明與各國關係）、《皇明北虜考》（述明與蒙古關係）。另有《天文述》、《地理述》、《三禮述》、《百官述》等。全書叙事原委畢具，取材宏富，考核精詳。

生於晚清之黎汝謙，在《吾學編》早被清廷列爲禁書情况下，仍然敢於仔細閲讀并用朱筆批校，留下個人心得與見解，實爲難得。

據《中國古籍總目》，此書爲明嘉靖海鹽刻本，計六十九卷，分訂二册，黎汝謙批校本收藏於貴州省圖書館。本叢書以此存目。（謝尊修）

夢硯齋日記不分卷

清唐樹義撰。唐樹義生平見史部《唐樹義日記》提要。

此爲唐樹義自清道光二十一年至咸豐四年正月十四期間（間或有中斷）之日記稿本，計十七册。除記述當日天氣與日常生活外，還包括：一、《北征日記》二册，主要記述北上進京路程地名及所見所聞；二、道光二十三年日記，記述其於剿辦『西寧番』時撫理糧務情況；三、《楚北旬宣録》日記五册，主要記述其由陝西至北京途中見聞、晉見道光皇帝時之對話及官場瑣事，并對接任湖北布政使時湖北水災記述甚詳；四、《歸田録》日記六册，記述太平軍活動及告老還鄉後之生活；五、《待歸草堂日記》三册，記述太平軍在江西、湖北等地活動、路綫、人數、武器、服裝、戰術以及失敗原因等甚詳。日記一直記到逝前一日。

據《貴州古舊文獻提要目録》載，此日記手稿收藏於貴州省博物館。因逢館址搬遷，未能借出複製，故此存目。（謝尊修）

遵義叢書

提要 圖録

下

《遵義叢書》編委會 編

國家圖書館出版社
上海古籍出版社

子部

教餘教子録一卷

清黎愷撰。黎愷（一七八八—一八四二），字子元，號雨耕，晚號石頭山人，貴州遵義人。道光五年舉人，十五年大挑二等，十七年署大定府學教授，二十年署印江縣教諭，選貴陽府開州訓導。著有《近溪山房詩鈔》三卷，《石頭山人詞鈔》一卷，《教餘教子録》一卷。

黎愷『性和平，義所在介然不稍苟』。任職開州訓導時，自謂其所擬《教子録》因由：『竊嘆學識疏淺，無以造就士林，惟是以立品敦行爲多士勸。』『須

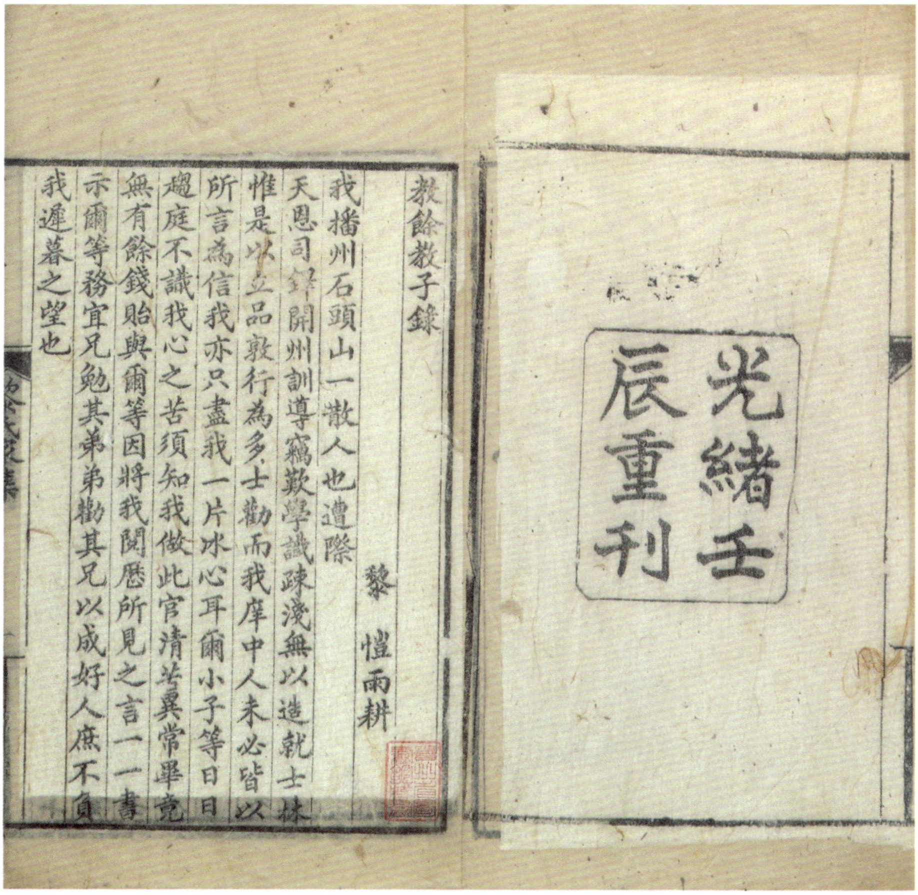
光緒壬辰重刊

教餘教子録

黎　愷雨耕

我播州石頭山一散人也遭際天恩司鐸開州訓導竊歎學識疎淺無以造就士林惟是以立品敦行為多士勸而我庠中人未必皆以所言為信我亦只盡我一片冰心耳爾小子等日日趨庭不識我心之苦須知我做此官清苦異常畢竟無有餘錢貽與爾等因將我閱歷所見之言一一書示爾等務宜兄勉其弟弟勸其兄以成好人庶不負我遲暮之望也

知我做此官，清苦異常，畢竟無有餘錢貽與爾等，因將我閲歷所見之言一一書示，爾等務宜兄勉其弟，弟勸其兄，以成好人，庶不負我遲暮之望也。』希子弟能善繼其志。全書共三十三條，從立身行世、讀書治學到衣食住行，無不諄諄教誨。可視爲遺囑，亦可視爲家訓。光緒十八年其孫尹聰覆刻，卷末有黎尹聰跋。

本叢書采用清光緒十八年重刊本影印，藏貴州省圖書館。（黎鐸）

母教録一卷

清鄭珍撰。鄭珍生平見經部《輪輿私箋》提要。

鄭母辭世後，鄭珍丙舍『讀禮』期間，回憶母氏平日教誨懿言，慕其口吻，記録六十八條，定名《母教録》，於道光二十年刊刻以贈親友，是爲家刻本。語言通俗，聲口音容宛然，反映鄭母勤勞賢淑之德操，持家教子嚴謹有方，情感真摯動人。鄭母黎氏，出身文化世家，熟讀保傅之教諸古籍，深諳教子義方；性和善，憫貧弱，睦近鄰，受人敬重。處世持重，有主見，不盲從。曾説：『婦人在家從父，出嫁從

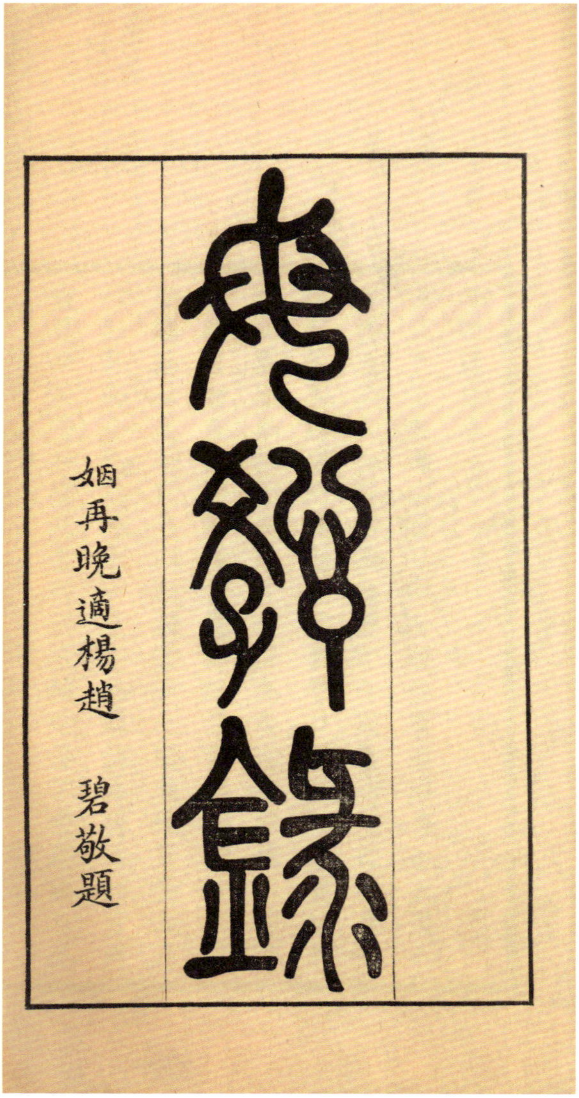

母教録

母曰、壞事總不可做過一次、人未做壞事時、儘明知道不好、不惟不做、還得勸人、若做了一次、便覺得如此也不妨、往後越做得有味、直以爲好事了、已是不孝不弟不仁不義、他還說出許多道理、許多緣故來、竟是合該如此底、故凡一切壞事、只拏定主見、寧忍耐著、莫去試手、語云、一回是徒弟、二回是師傅、爲善容易回頭、爲惡能回頭者、十未見其一也、

珍幼自館歸、母命種陌豆、有餘力、母曰、盍讀書、以無讀

夫，夫死從子，此是不易正理。若遇變，須是自家作主，從，便誤了一生。』鄭氏故里在西鄉天旺里（今鴨溪鎮一帶），鄉風不良，鄭母擔心兒輩受影響，便勸説丈夫賣掉園廬田産，毅然遷往沙灘，依外家黎氏，方使鄭珍得以成才。家刻本中有鄭珍《自叙》一篇，末附莫友芝《鄭母黎孺人墓誌銘》。清國史館據此爲『鄭文清妻黎』作傳，後輯入《清史稿·列女傳》。傳云：『遵義人，事祖姑及姑能得其歡心。貧，令長子珍就傅，諸子力田，教督之甚肅。珍録平生所訓誡爲《母教録》。嘗曰：「婦人舍言、容、工，無所謂德。言祇柔聲下氣，容祇衣飾整潔，工則鍼黹、紡績、酒漿、菹醢，終身不能盡。」又曰：「人雖貧，禮不可不富；禮不富，是謂真貧。」珍，《儒林》有傳。』

此書之版本，趙愷跋云：『望山堂原刻，黄白號之亂，板燬於火。世平後，此書之流傳者已如麟角鳳喙，僅落人間，欲求一識，幾不可得矣！昔先叔妣鄭宜人遺言：家書《母教録》語語珠玉，兒女子等不可不讀。而愷嘗抱未見之恨，求之舊家橱中有年，弗克如志。忽於鄉中人家獲示秘藏，如覩景星慶雲之快。乃假鈔而歸之。因令諸女子各寫一通，以時檢閱。』後搜得鄭珍《自叙》并莫友芝《鄭母黎孺人墓誌銘》，交其甥楊元楨謀劃印刷。此本所録爲六十五條，印行於民國九年。今貴州省圖書館、遵義市圖書館等藏有此書。本叢書據國家圖書館藏趙愷刻本及遵義市圖書館藏《巢經巢全集》本影印。（黄萬機）

母教錄自序

公父文伯之母曰君子能勞後世有繼斯言也天道人事盡之矣夫惟能勞而後能言勞歷觀古賢母如崔元暐家善果諸傳所載世隔千載聲口宛然々柔燮短何非此義固知捧帕而悲今古同焉矣珍母黎孺人實具壼德自幼至老艱險備嘗磨淬既深事理斯洞珍無我母將無以至今日恩斯勤斯鬻子之閔斯惟身受者乃心知耳而今已矣母子一生遂此永訣涕念往訓皆與古賢母同符共揆在當時聽慣視常漫不警勵致身爲孔孟之罪人母之不肖子今日欲再聞半言亦邈不可得矣天乎痛哉爰就苫次摹吻而書到今凡得六十八條仿李昌武杜師益談錄例錄成一卷匪獨備久或遺忘亦以見珍之爲罪人爲不肖者非母之不善教使然也庚子八月男珍謹序

貴州印刷所承印

守拙齋訓語一卷

清李蹇臣撰。李蹇臣（一七九八—一八六九），初名棲鳳，字儀軒，貴州遵義人。本姓蹇，祖上過繼給李氏。本人兩姓并用，其子孫皆復蹇姓。道光五年舉人，選授婺川縣教諭，因功保國子監學政銜。著有《守拙齋詩鈔》二卷、《守拙齋雜著》一卷。晚服膺宋五子心性之學。

《守拙齋訓語》所録乃咸豐九年至同治七年蹇臣寫給次子蹇誾之七十九封書信。作者告誡其子『當官以清、慎、勤爲先』，『家中不因爾作官而有官氣，爾亦不得因作官而逞官威』等，表現出作者之思想境界。

此書爲清同治年間刻本，本叢書據貴州省圖書館藏本影印。（龍先緒）

守拙齋訓語

日來想已到川矣委署補缺都難逆料總須講究存心做人事上接下務存忠恕不可薄人爲不足逞己之有餘此最取怨之道有暇仍當讀書或間作五七言可以增長識見涵養性情愼勿隨波逐流染奔競之習也己未九月初八日

接閲來稟知已於廿二日安抵省門慰甚初入仕途凡事都宜盡誠盡禮蓋惟誠可以動人惟禮可以服人此二字乃立身之本至日用之費務有節制奢與吝皆非

時學正衡一卷

清雷廷珍撰。雷廷珍生平見經部《詩義旁通》提要。

《時學正衡》撰成於光緒二十四年七月，其時正值甲午以後，『中外多故，時局日艱，朝廷亟下變通學校之詔，行省亦多學會學報之設，天下士群起而談時務、議時政，而廷珍方與二三同人日談經術，且擬有《經義正衡》之纂，人多目爲迂闊，乃撰《時學正衡》，爲主客以明其説焉』。其論爲學之綱領有八，曰識時、明倫、立身、煉心、習業、理家、和族、愛國，詳論政學高等肄業之條例有十，曰原學、端本、探源、辨體、考文、徵事、數典、通義、煉才、游藝，皆能綱舉目張，體用兼備，非食古不化者可比。

該書爲《雷氏遺書》之一種，現藏遵義市圖書館。本叢書據此影印。（徐鈺）

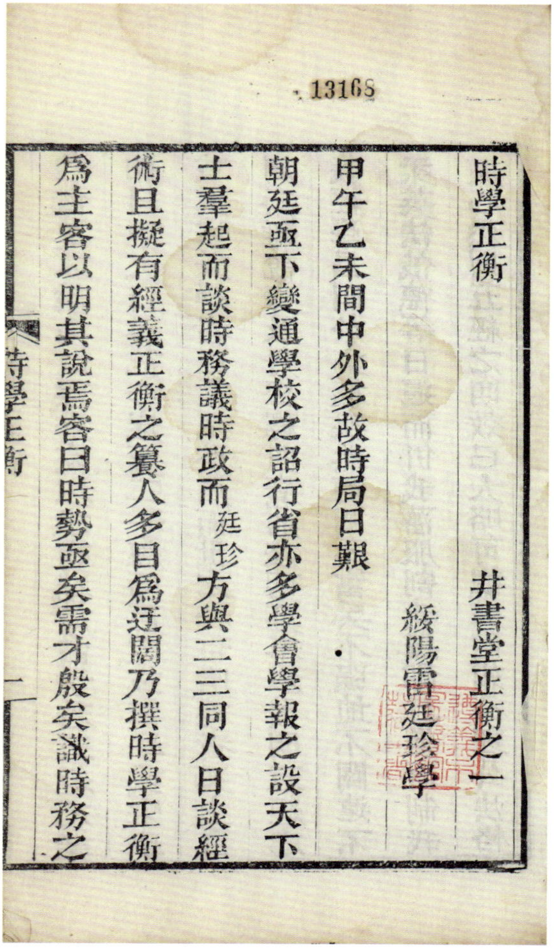

時學正衡　井書堂正衡之一
綏陽雷廷珍學
甲午乙未間中外多故時局日艱
朝廷亟下變通學校之詔行省亦多學會學報之設天下
士羣起而談時務議時政而廷珍方與二三同人日談經
術且擬有經義正衡之纂人多目爲迂闊乃撰時學正衡
爲主客以明其説焉客曰時勢亟矣需才殷矣識時務之
時學正衡　一

五經之衡時中之衡先聖不可作誰其正之誰其正之曰
井書堂識先志云爾
祖妣張性嗜書嘗夜夢居室忽成巨井有簡篇自中浮出取貼滿室井中猶纍纍而上　先考錦帆府君繼其志而嗜書益篤甲子乙丑邑困於兵其感懷有云國計民生事事攢水深火熱賴誰安聞來讀罷龜山操且把虞書仔細看可以見其志矣後因兵燹流離失所見背時猶以好自讀書爲訓時同治乙丑廷珍年十一歲厥後　妣氏鄭守兩世之遺訓艱難撫孤委外事於舅氏而自任家事節衣縮食縱令購讀惟教廷珍以讀書學好人而他無所責廷珍之廿餘年鑽研於經籍之中而未嘗役志於他者承先人之志也

光緒二十四年秋七月綏陽雷廷珍記

守拙齋遺訓一卷

楊兆麟撰。楊兆麟（一八七八—一九一九），原名錫謨，字次典，貴州遵義人。清光緒十七年舉人。二十一年赴京會試，參加公車上書。二十九年再次應考，獲一甲三名進士（探花），授翰林院編修。光緒三十二年入日本早稻田大學，獲法學博士。歸國後任嘉興知府，宣統三年賞二品銜，賜記名提學使，資政大夫。

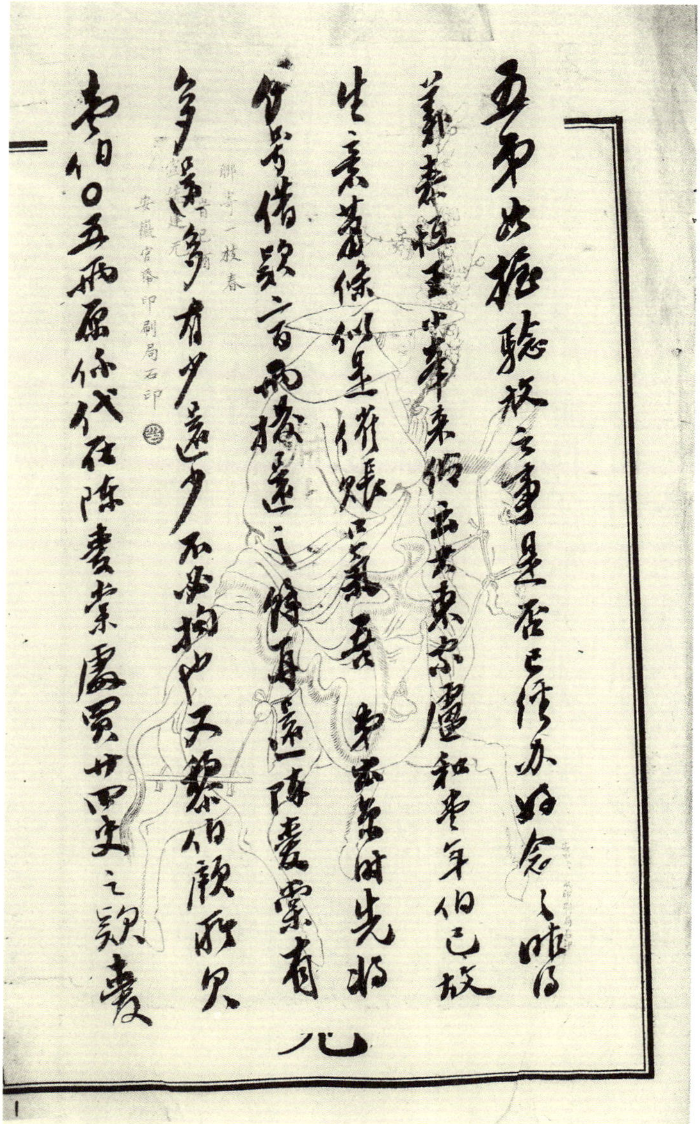

民國六年選爲非常國會議員。曾創修《續遵義府志》，任總纂。卒於廣州。遺著有《楊次典文集》、《楊兆麟詩文雜稿》。

該書計收書信六十通，其中致五弟十四通、致六弟十二通、致其子楊桐十通、致夫人并兩弟十二通、致地方軍政要員四通，個別爲殘簡。大致作於清宣統二年、民國五至七年。民國十一年裝訂成册。書信反映出清末民初西南、兩廣軍政與社會狀況，以及士人於社會大動蕩時代之艱難處境，具有一定史料價值。

該書爲稿本，藏遵義市圖書館，本叢書據此影印。

（龍先緒）

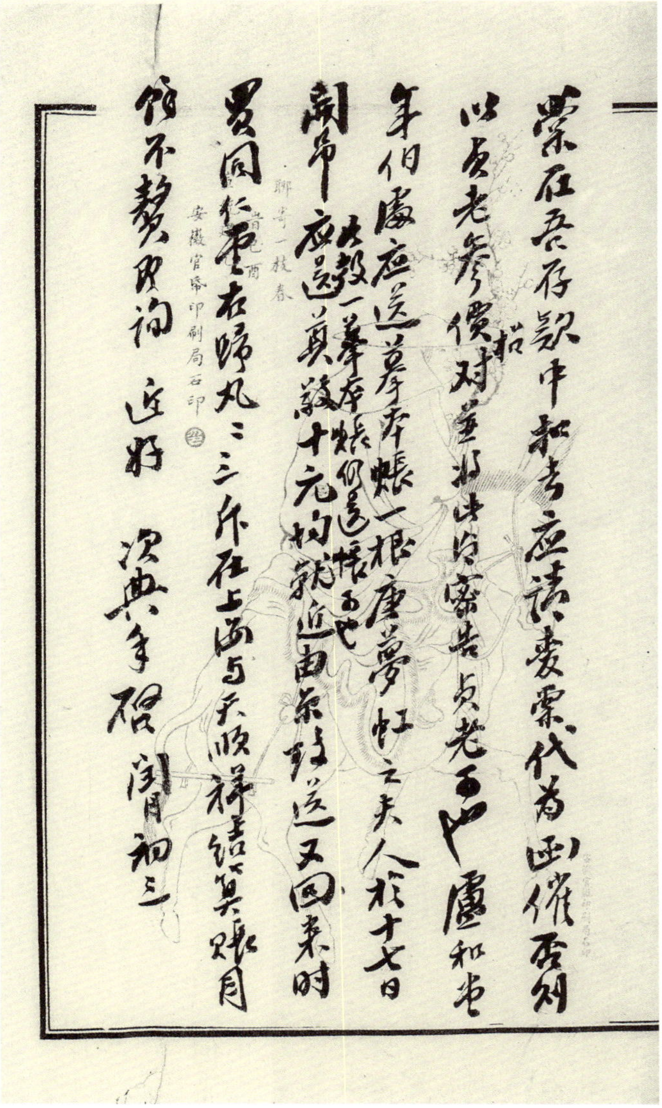

蒙養集古録一卷

清蹇詵撰。蹇詵生平見史部《蹇氏忠勤録》提要。

是書乃作者有感於當時教蒙童『將以取科名富貴而已』，於『何者爲立身行己、何者爲修己治人』皆茫然不解而作。取朱熹等古人切於蒙養諸書八種：《朱子白鹿洞書院揭示》、《朱子論定程董學則》、《朱子童蒙須知》、《方正學幼儀雜箴》、《朱子讀書法》、《程畏齋讀書分年日程》、《唐翼修父師善誘法》、《陸

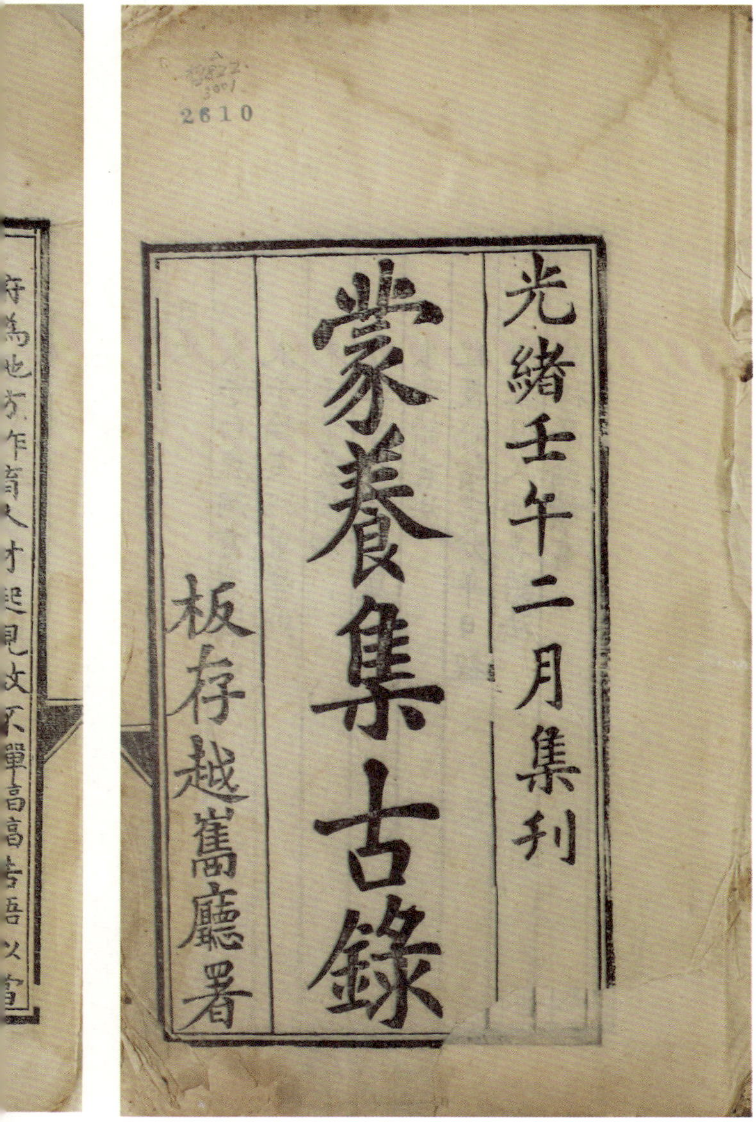

桴亭論讀書》，發諸塾師，中間多爲子弟講究根本，俾蒙養就正，循此而爲入德之門，使實至名歸，『將來達則爲名臣，窮必不失爲謹飭之士』。

本叢書據貴州省圖書館藏清光緒八年刻本影印。

（龍先緒）

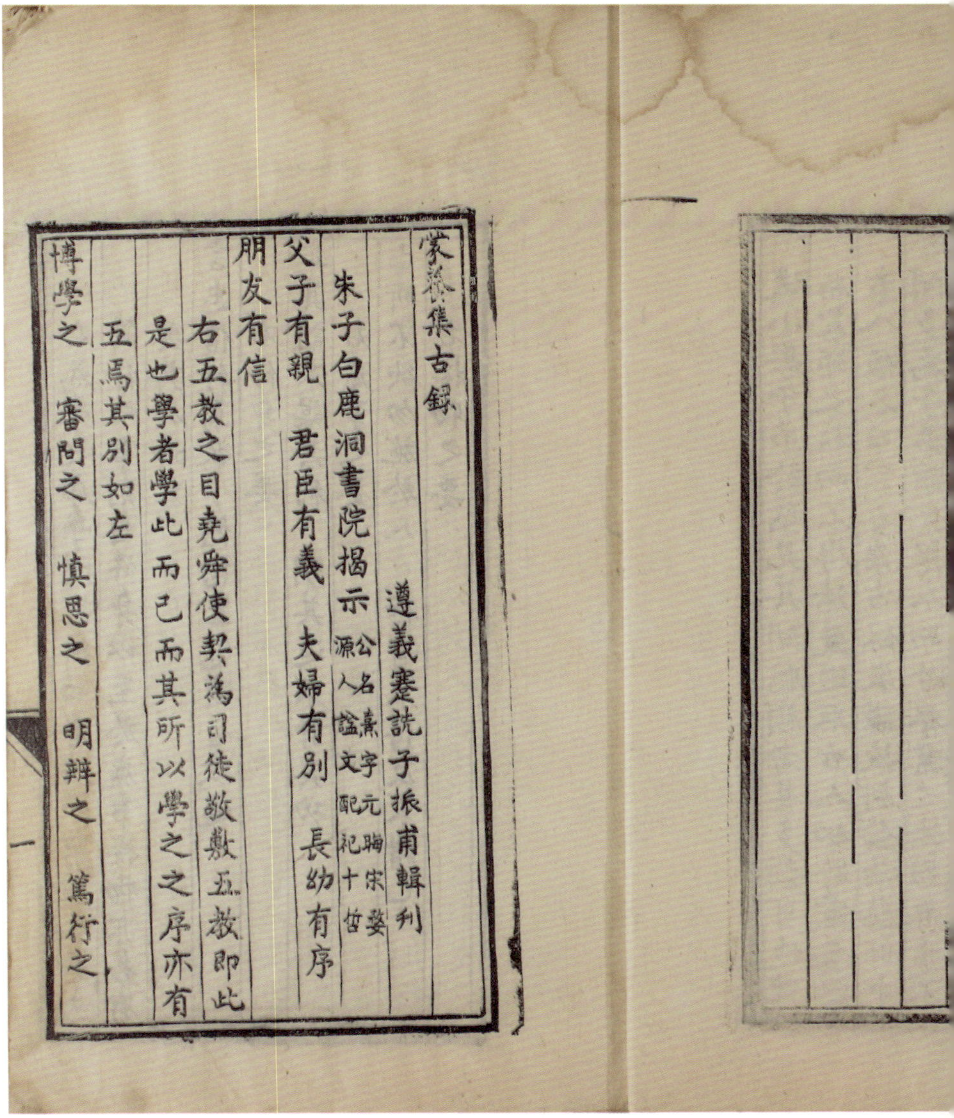
蒙養集古録

遵義蹇詵子振甫輯刊

朱子白鹿洞書院揭示 公名熹字元晦宋婺源人謚文配祀十哲

父子有親　君臣有義　夫婦有別　長幼有序

朋友有信

右五教之目堯舜使契爲司徒敬敷五教即此是也學者學此而已而其所以學之之序亦有五焉其別如左

博學之　審問之　慎思之　明辨之　篤行之

醒閨編一卷

清廖免驕撰。廖免驕（一七八四—？），原名繼泰，貴州仁懷直隸廳河西里插臘溝（今赤水市大同鎮境内）人。生於乾隆四十九年，卒年七十餘歲。據清光緒《增修仁懷廳志》人物卷載：『廖繼泰，號免驕，河西里監生。通經史，知醫道。平生好善，以良方壽世，以苦口勸人。作《勸孝歌》、《戒淫歌》、《忍氣歌》、《醒閨編》、《公門報》諸書，遠近流傳。』廖氏家族在當地頗有名望，民謠云：『九支劉

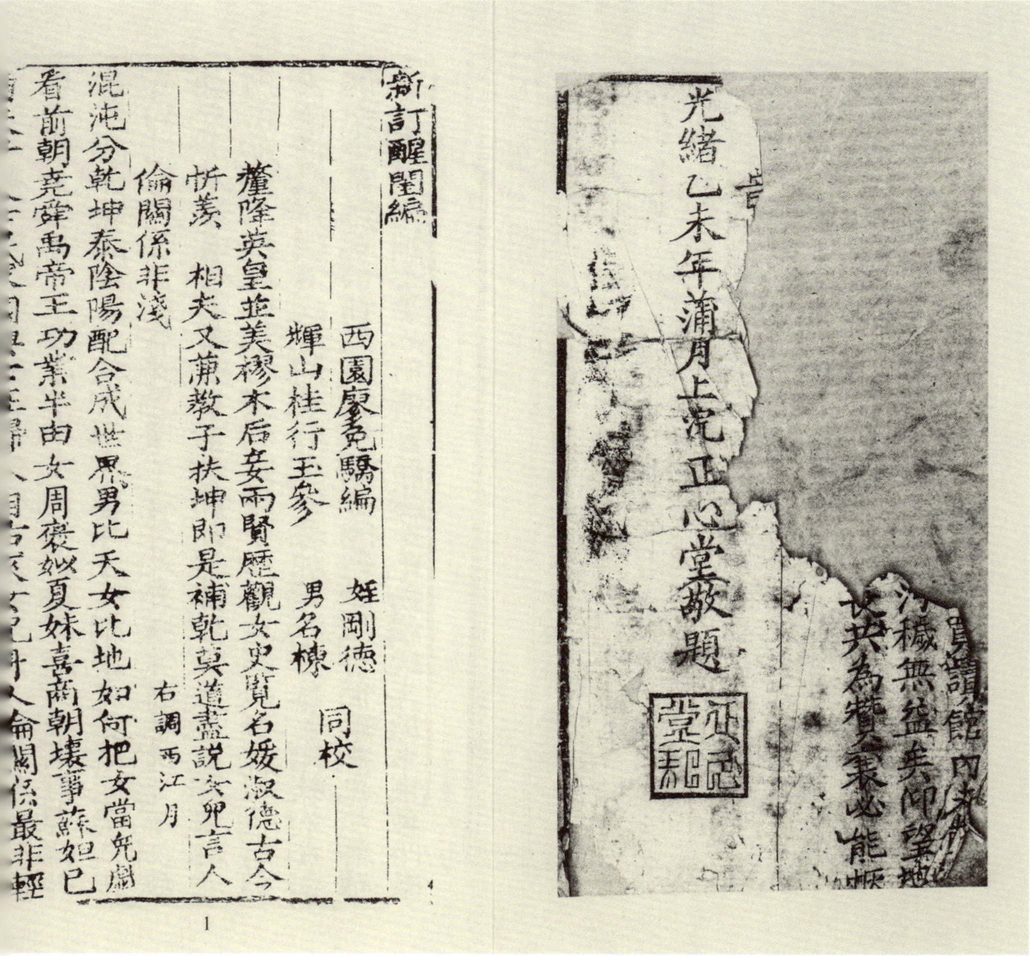
光緒乙未年蒲月上浣正心堂敬題

正心堂記

新訂醒閨編

西園廖免驕編　姪剛德　同校
輝山桂行玉參　男名棟

羲隆英皇並美穆木后妾兩賢歷觀女史覓名媛淑德古今折羨　相夫又兼教子扶坤即是補乾莫道盡說女兒言人倫關係非淺　右調西江月

混沌分乾坤泰陰陽配合成世界男比天女比地如何把女當兒戲看前朝堯舜禹帝王功業半由女周褒姒夏妹喜商朝壞事蘇妲已……人倫關係最非輕

1

三十六郎公』，廖繼泰爲其首。至今二百餘年，當地不少老人提起廖家，還能吟誦幾句其詩作。黃趙，不如插臘溝一個廖。』廖繼泰一家堂兄弟三十六人，均爲飽學之士，鄉人稱『廖家

《醒閨編》爲勸化、教育閨閣中人之韻文，爲針對女性道德修養之普及性讀物。語言通俗易懂，考事真實，通篇用『三、三、七字』句式，偶句押韻，讀之朗朗上口，易學易記。如：『第一件，孝父母，父母深恩最難數。』該書對女性從出生、成長，到出嫁、持家、爲人處世之道，關於孝敬父母、公婆，敬重丈夫，和睦妯娌，教育兒女，善待媳婦，禮待賓客，乃至成爲老年後之心態與生活安排等，均有涉及。文中并舉出不少正反兩方面的生動事例，言説做人道理，如『第七件，爲後娘』一篇，舉出惡毒後娘要將丈夫前妻之子殺害，勾結端公來家裝神弄鬼，要以此子之頭來『敬神』。幸好老師到場制止，并揭發報官。其他篇中還有虐待兒媳、奴婢，溺女嬰等事例，讓人警醒。

此書於清嘉慶年間刻板印行後，曾流傳到湖北、湖南等地，在民間頗有影響。赤水市檔案館及民間有藏。本叢書據赤水楊群一藏清嘉慶刻本影印。（楊群一）

橡繭詩一卷

清程恩澤、吳榮光撰。程恩澤（一七八五—一八三七），字雲芬，號春海，安徽歙縣人。嘉慶十六年進士，授翰林院編修，道光三年至五年任貴州學政。著有《國策地名考》、《程侍郎遺集》等。吳榮光（一七七三—一八四三），字殿垣，一字伯榮，號荷屋，晚號石雲山人，廣東南海人。嘉慶四年進士，道光三年至五年任貴州布政使。著有《荷屋集》等。

道光四年，貴州省級官員以遵義因柞繭致富爲例，發文詠詩，勸民植橡養蠶。貴州按察使宋如林移文曰：『十三府州，惟遵義務蠶功，亦惟遵義稱富厚，是蠶絲之利不可不講也。山蠶所良者橡樹，橡子即青㭎子』，『地

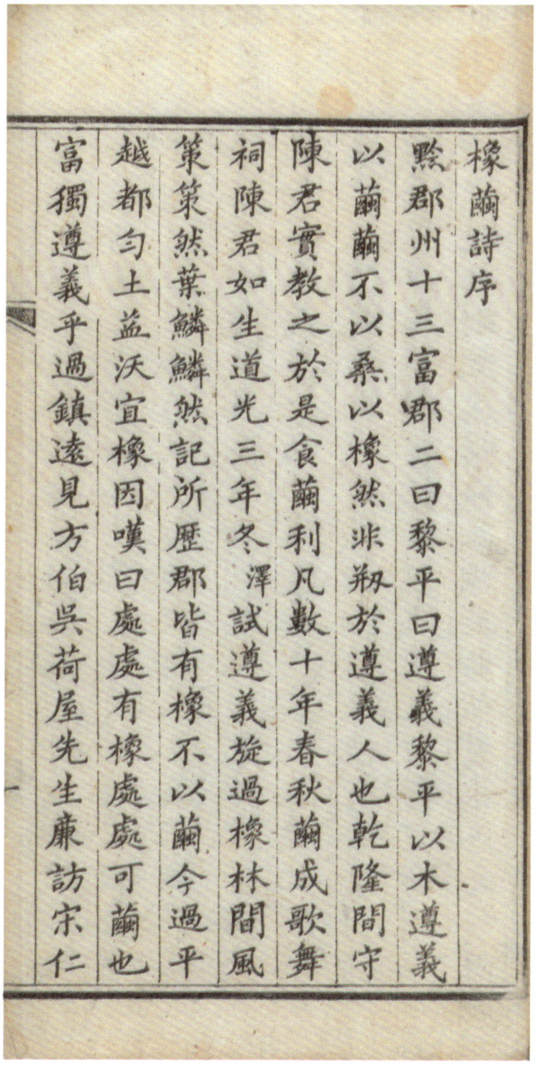
橡繭詩序
黔郡州十三富郡二曰黎平曰遵義黎平以木遵義
以繭繭不以桑以橡然非剏於遵義人也乾隆間守
陳君實教之於是食繭利凡數十年春秋繭成歌舞
祠陳君如生道光三年冬澤試遵義旋過橡林間風
策策然葉鱗鱗然記所歷郡皆有橡不以繭今過平
越都匀土益沃宜橡因嘆曰處處有橡處處可繭也
富獨遵義乎過鎮遠見方伯吳荷屋先生廉訪宋仁

利可收，民生可裕，全在司牧者爲之勸導耳』。《橡繭詩》收入程恩澤《橡繭十詠》、《橡繭歌》，吳榮光《和春海學使橡繭歌》。《橡繭十詠》包括十首五言古詩：《種樹》、《窖繭》、《春放》、《秋收蠶》、《驅蠹》、《移枝》、《煮繭》、《上機》、《利無算》、《永不稅》。《橡繭歌》爲七言長詩，内容詠及種樹、養蠶、繅絲之全過程以及養蠶之好處。《和春海學使橡繭歌》亦爲十首，詩題與《橡繭十詠》同。詩集前有程恩澤《橡繭詩序》，後有金延恩《書橡繭詩跋後》。金延恩乃安徽歙縣人，爲吳榮光弟子、程恩澤内兄及幕賓。

本叢書據國家圖書館藏清道光刻本影印。（曾燕玲）

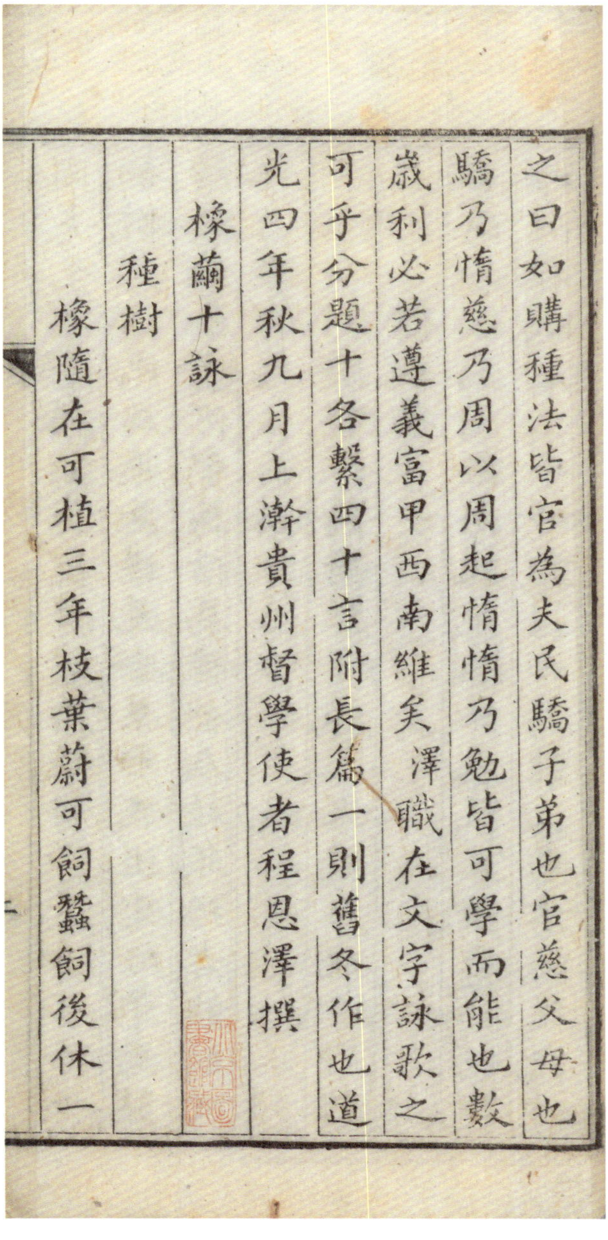
之曰如購種法皆官為夫民驕子弟也官慈父母也驕乃惰慈乃周以周起惰惰乃勉皆可學而能也數歲利必若遵義富甲西南維矣澤職在文字詠歌之可乎分題十各繫四十言附長篇一則舊冬作也道光四年秋九月上澣貴州督學使者程恩澤撰

橡繭十詠

種樹

橡隨在可植三年枝葉蔚可飼蠶飼後休一

樗繭譜一卷

清鄭珍撰，莫友芝注。鄭珍生平見經部《輪輿私箋》提要，莫友芝生平見經部《十先生中庸集解》提要。

清乾隆初期，遵義知府陳玉璽從山東引來山蠶飼養及繅絲織綢之法，百餘年間，遵義山鄉處處有槲林，飼養山蠶，城鄉織綢之聲不絶於耳，成爲全省首善之區。鄭珍總結飼養技術與織綢規程，寫成《樗繭譜》，經莫友芝作注，内容更加明白曉暢，有實用價值。刻印後，四川、河南、上海等地

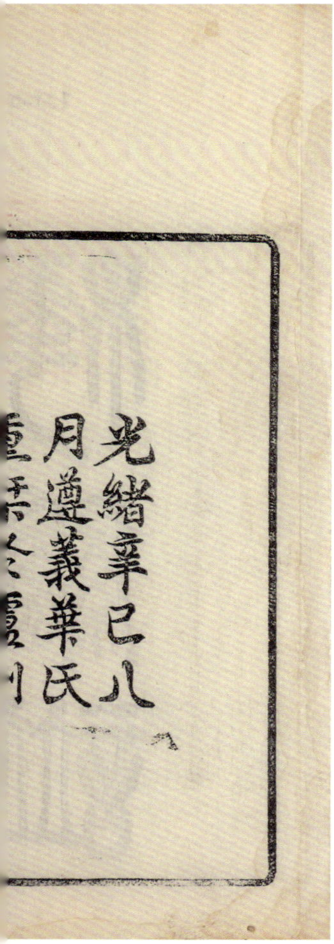

均翻印推廣。山蠶飼養，各環節技術要求極嚴。如烘種、蛾媾、蛾卵、辨筐、上樹、蠶忌、防病、防害、蠶眠等，稍有差失，前功盡棄。春蠶、秋蠶，時令不同，方法各别。繅絲織綢更需技術。絲之品質不同，織出之綢也各有名目。《譜》中對繅車、織機等器械工具之製作、操作技術，均有詳明介紹。莫友芝《樗繭譜・書後》中談及山蠶飼養爲遵義帶來經濟繁榮、文教興盛之景象云：『遵義自有槲繭來，寡者日以衆，貧者日以富；數十萬户罔不含哺鼓腹，怡然於槲陰絲灶之間。而其秀者亦得所憑藉，以優游乎文林義府，争閑雅都麗，以與吴越齊秦人士相軒輊。』

後世一些農學、林學及昆蟲學專家均關注《樗繭譜》一書。如吴其濬《植物名實圖考長編》收録此書，王毓瑚《中國農學書録》、鄒樹文《中國昆蟲學史》、于鐸主編之《中國林業技術史料初步研究》均詳細介紹此書。

此書初刻於清道光十七年，時任遵義知府平翰作叙。本叢書據遵義市圖書館藏清光緒七年重刻本影印。（黄萬機）

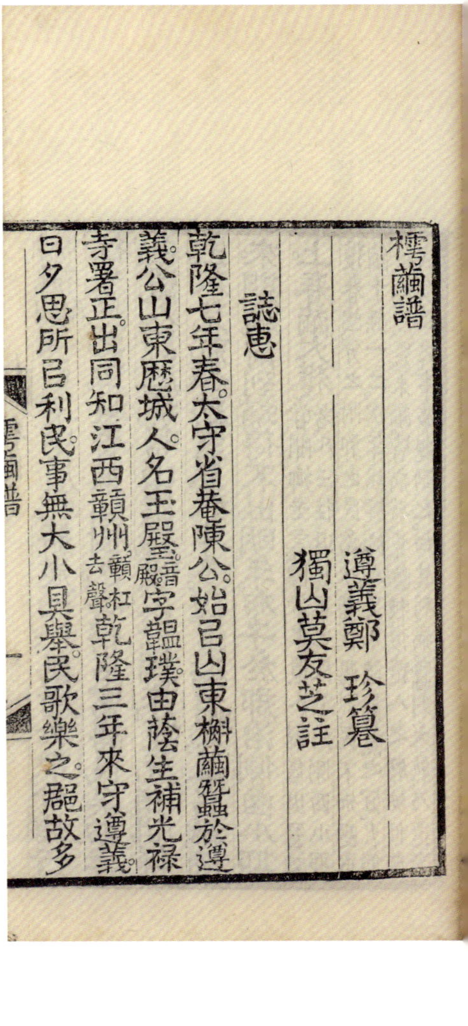
樗繭譜

遵義鄭　珍纂

獨山莫友芝註

誌惠

乾隆七年春。太守省菴陳公。始以山東槲繭蠶於遵義。公山東歷城人。名玉𡾊音殿字韞璞由蔭生補光禄寺署正。出同知江西贛州贛杠去聲乾隆三年來守遵義。日夕思所以利民。事無大小具舉。民歌樂之。𦘕故多

山蠶圖説一卷

夏與賡編撰。夏與賡，生卒年不詳，貴州遵義人。清光緒三十年任四川符陽縣令。任職期間，見民衆生計艱難，而自然條件又適合養蠶，故編成此書。

此書首先從進行山蠶養殖時如何選擇放養山蠶樹之品種、所在山林之位置、樹幹之大小等介紹入手，隨後對如何選擇上好之蠶繭，進行烘種、配種、雌蛾産卵、幼蟲上樹，收繭、晾繭、蠶繭存放

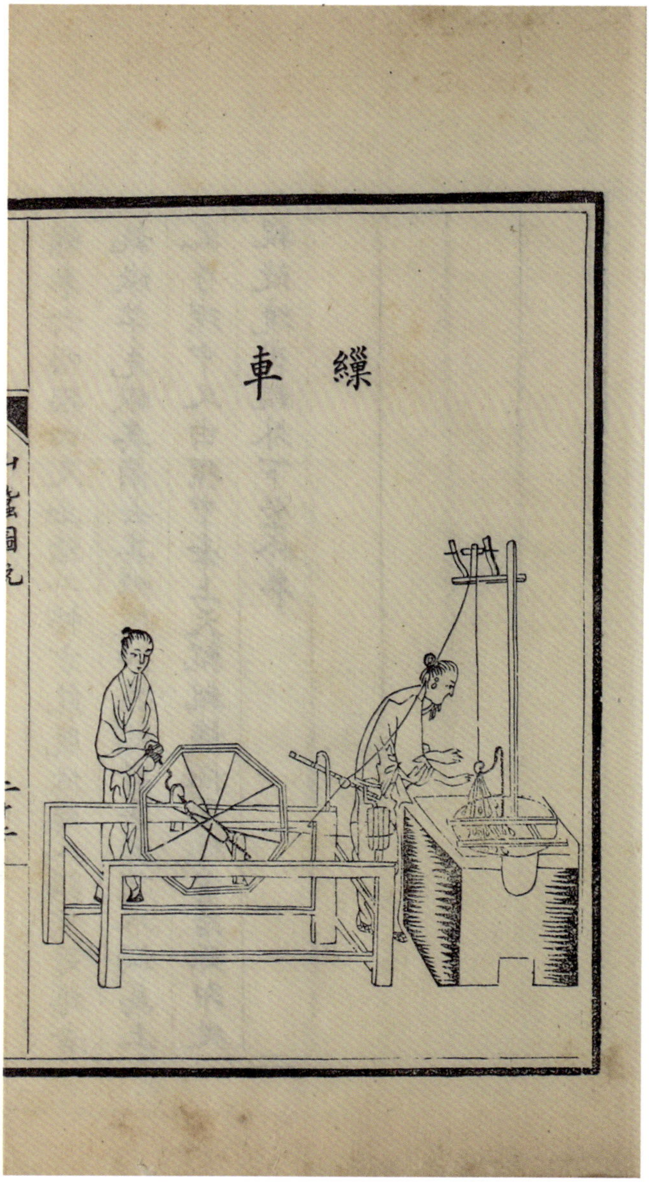

等逐一進行介紹。蠶繭豐收後，又詳細介紹山蠶繭如何繅絲、湯繭之具體操作方法。同時對養殖山蠶及絲織所用之各種機具，如背籃、蠶筐、蠶刷、蠶刀、蠶剪、響笴、沙撮、機竿、排套、繭篼、鍋馬、繅車、絲車、牽架、梳架、茅刷、織機之設計圖并具體製作及使用進行説明。《山蠶圖説》爲一本實用山蠶養殖技術指導之鄉土用書。

此書於光緒三十二年由合江農務局刻印。本叢書據貴州省圖書館藏本影印。

（曾燕玲）

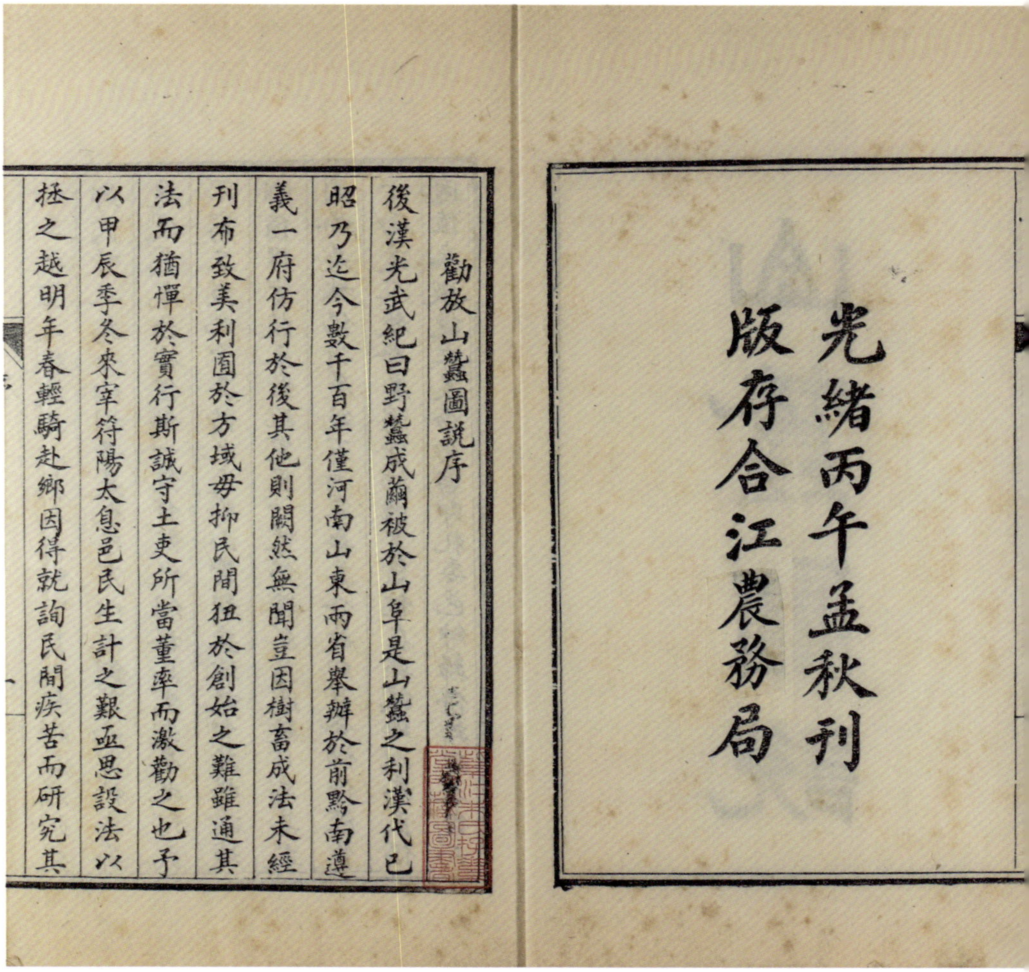
光緒丙午孟秋刊
版存合江農務局

勸放山蠶圖説序

後漢光武紀曰野蠶成繭被於山阜是山蠶之利漢代已昭乃迄今數千百年僅河南山東兩省舉辦於前黔南遵義一府仿行於後其他則闕然無聞豈因樹畜成法未經刊布致美利囿於方域毋抑民間狃於創始之難雖通其法而猶憚於實行斯誠守土吏所當董率而激勸之也予以甲辰季冬來宰符陽太息邑民生計之艱亟思設法以拯之越明年春輕騎赴鄉因得就詢民間疾苦而研究其

山蠶講習所講義一卷

清余銑編輯。余銑，生卒年不詳，貴州遵義人。光緒二十七年舉人。宣統三年，遵義舉辦山蠶講習所，此書即爲該所講義。

此書包括總論、烘種類、養蠶類、繅絲類、織綢類、染色類六章，第四章第十六節及第五章、第六章已佚。第一章總論，介紹如何留種、選種，烘房間之關係與作用，烘房内部構造、大小、注意事項，翻篼方法及注意事項，如何辨認蠶繭形態、穿繭方法、穿繭用綫要求、每串繭數、如何挂種、穿種挂種之異同。第二章烘種類，介紹烘烤時期、對火候掌握，信蛾、齊盤、提蛾方法，筐之製作法、辨别筐之好壞與適用性，辨别蛾、分火、配蛾方法、撲卵方法、烘筐方法、温差把控、辨認繭之好壞，候蠶介紹蠶蛹將破之特徵、售種、辨僞、養秋蠶方法。第三章養蠶類，介紹相山、辨樹、辨土、窖栗、分秧、移栽，如何打理桑樹林，桑樹火芽、二芽、三芽形態及用處，清除林中雜草與荆棘，搭居守篷，出蠶、提蛾、靠筐，養幼蠶對於枝、葉及環境之要求，驅鳥之兩種方法，剪枝、移筐、插墩、立幛，進場、初眠、眠起、候眠、審變、察祥、二眠、捉蠶、三眠、辨蠶、分辨原病及病因，蠶厄、蠶忌，機竿、排套、蠶銃套鳥工具，大眠、壯膘、退膘、吐絲、結繭、候繭、摘繭、剥繭、繭病，晾繭、炕繭之法；蠶之分類地位、蠶之變態、蠶之構造，并附以圖示；蠶毛及紋、蠶眼及足；

蠶卵結構，附有圖示；脱皮，蠶之外部内部構造，并附以圖示。第四章繅絲類，介紹煮繭、繅辨、繅忌、繅具、繭性、堿力、用水、辨絲、繅序、繅别、湯繭、套絲、毛繭等。爲一本内容全面、圖文并茂、實用性强之柞蠶養殖教材。

本叢書據貴州省博物館所藏清宣統年間遵義藝徒堂石印本影印。

（曾燕玲）

傷寒論新淺註六卷附録一卷

宦應清纂輯。宦應清（一八六一——一九二九），字夢蓮，號誨之，別號屏鳳莊舊主，又號漢上消閒社主，貴州遵義人。清光緒貢生。有《漢上消閒社主詩餘》、《漢上消閒社主文鈔》、《本草便讀》等各種著述十餘種，編輯《漢上消閒社集》十二卷、《屏鳳山莊箕裘集》十九卷。宦應清曾隨其父宦懋庸居住上海，求學於『上海製造局廣方言館』英文專業，精通英語。後任職於漢口江漢關，於光緒三十三年在武漢創辦《公論新報》，爲遵義最早民間辦報之人。宦在漢口之住宅取名爲『屏鳳寄廬』、『夢蓮寄廬』。自營有《公論新報》、《中

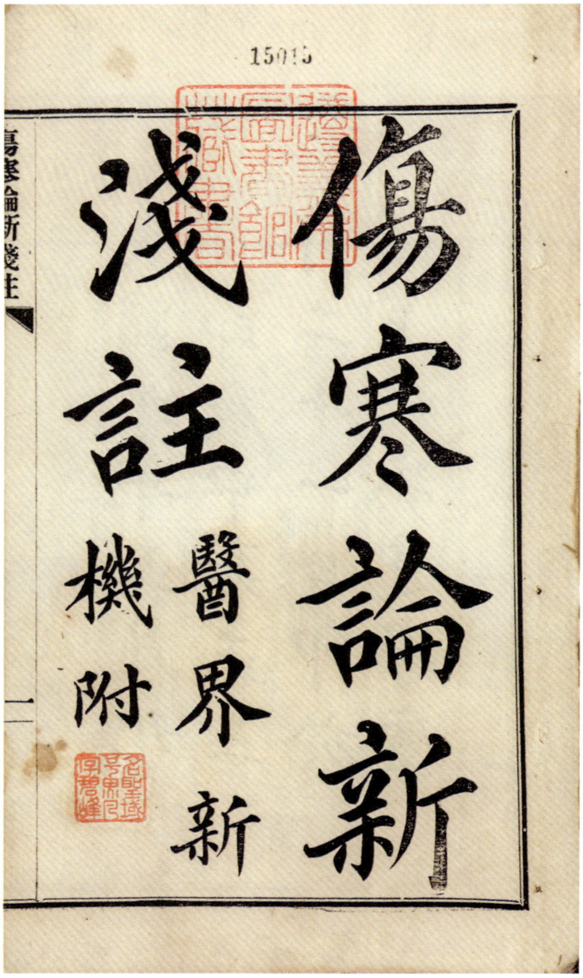

西日報》等多種報刊。在辛亥革命武昌起義爆發之前，將自營之《中西日報》交參加武昌起義之四子宦澤民（即宦邦游，中國同盟會會員，時爲日本早稻田大學學生），整體移交與武昌起義指揮部，改名《大漢報》，支持辛亥革命。清光緒年間，宦還曾創立匯聚武漢三鎮學者名流之社團——漢上消閒社，吟詩作賦，進行學術交流。

《傷寒論新淺註》六卷，附録一卷。卷前有喻界凡（聖域）題記一則、鈐印三枚。有民國九年楊奐敬（聞川）、汪元淇（左泉）序及作者自序。

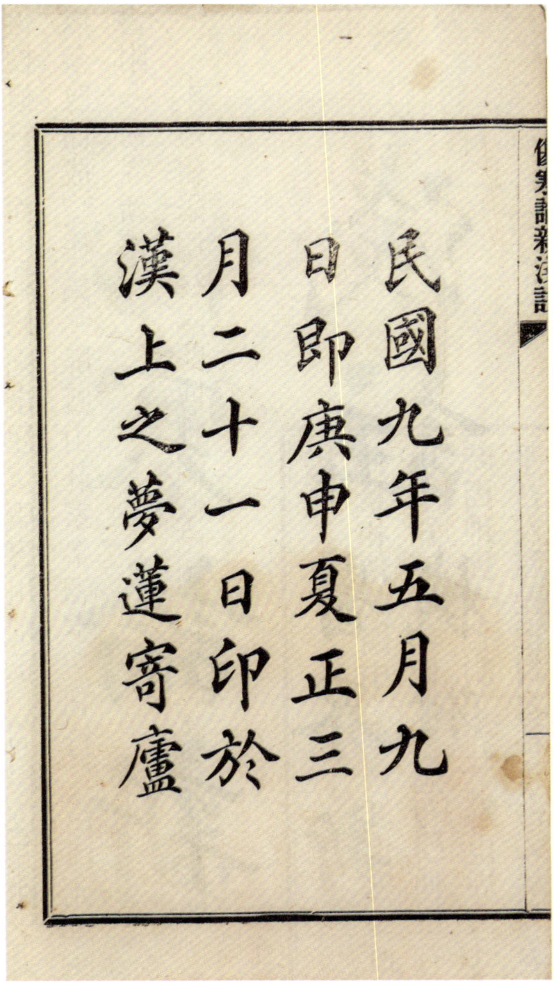

汪序陳述纂集該書之因由：『上承其本生曾祖簡堂公之家學，下鑒於兩孺子之誤於醫藥以死。』《自序》感於醫家之書『文辭古奥，意旨深秘，東鱗西爪，矯如游龍，就其迹而求之，往往見首不能見尾，惝恍迷離，神妙莫測』，在與漢上名醫汪元淇、楊奐敬之交往中『略

得梗概』，而以陳修園淺注、唐容川補正、周揚俊三注之《傷寒論淺註補正》爲底本，加以參改而成，作爲『屏鳳山莊家塾讀本』刊行。由汪元淇鑒定，其子宦成、宦鄉參校。原書附《醫界新機》。

本叢書采用綏陽縣博雅園藏民國九年武漢鉛印本影印。（朱純潔）

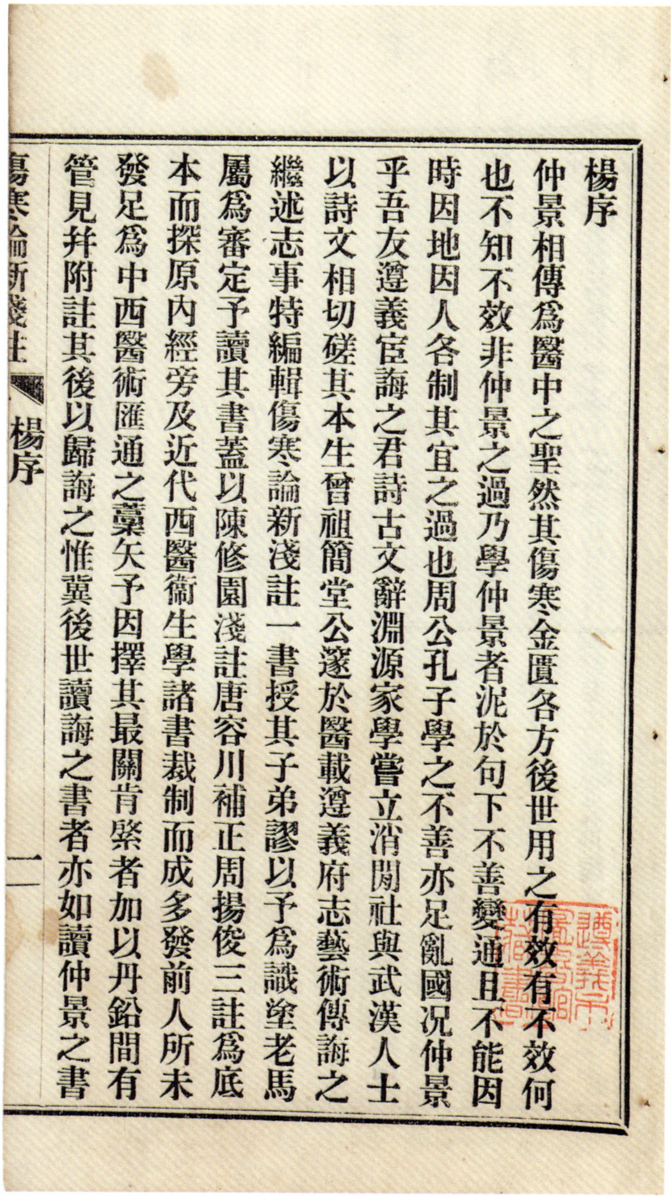
楊序

仲景相傳爲醫中之聖然其傷寒金匱各方後世用之有效有不效何也不知不效非仲景之過乃學仲景者泥於句下不善變通且不能因時因地因人各制其宜之過也周公孔子學之不善亦足亂國況仲景乎吾友遵義宦誨之君詩古文辭淵源家學嘗立消閑社與武漢人士以詩文相切磋其本生曾祖簡堂公邃於醫載遵義府志藝術傳誨之繼述志事特編輯傷寒論新淺註一書授其子弟謬以予爲識塗老馬屬爲審定予讀其書蓋以陳修園淺註唐容川補正周揚俊三註爲底本而探原内經旁及近代西醫衛生學諸書裁制而成多發前人所未發足爲中西醫術匯通之嚆矢予因擇其最關肯綮者加以丹鉛間有管見幷附註其後以歸誨之惟冀後世讀誨之書者亦如讀仲景之書

傷寒論新淺註 楊序 二

本草便讀十卷

宦應清撰。宦應清生平見子部《傷寒論新淺註》提要。

《本草便讀》在清代流傳較廣之汪昂《本草備要》（載藥四百六十種）及吳儀洛《本草從新》（載藥七百二十種）基礎上，參考明人李時珍《本草綱目》（載藥一千八百九十二種）及時人丁福保《化學實驗新本草》等，用韻文编成，爲屏鳳山莊家塾讀本之一。一九二四年在漢口鉛印。書前載冉劍虹、王念中兩序及著者自序，卷首有叙例十則、藥性總義一篇，并目録。卷一載草部上七十五味，卷二載草部下一百五十二味，卷三載木部八十九味，卷四載果部三十四味，卷五

載穀部六十味，卷六載菜部五十七味，卷七載金石水火土部九十味，卷八載禽獸部六十四味，卷九載鱗介蟲部九十味，卷十載人部十四味。全書共列藥物七百二十五味，歸納爲六百一十九條，後附勘誤九十一條。此書爲遵義醫家開中西醫結合研究中藥先河之作，便於記誦理解。

本叢書據遵義市圖書館藏民國十三年排印本影印。（劉一鳴）

本草便讀

民國第一甲子立夏日印於漢上之屏鳳寄廬

本草爲三墳之一爲醫林最早之著作即爲中國最古之國粹然漢書藝文志載黃帝內外經五十五篇而無本草之名漢人重考據倘有是書何以絕不搜集仲景一代大醫上承神農黃帝岐伯正傳其傷寒論自序亦祇云撰用素問九卷八十一難胎臚藥錄亦未言及本草則漢以前無本草之名可斷言也夷考本草原文古樸簡奧肅括宏深爲博物之始祖開理化之先河以醫論得其一句半句以啓化機即可開無限法門而生理學病理學方劑學均可從此悟出决非後世所可假托大抵上古未著文字師承口授東漢末名手類纂成書陶貞白謂爲仲景元化所記不爲無見殆猶禮記之成於漢儒而與孔子子思之言並傳也由是觀之是本草原於神農成於漢末自漢迄今其沿革可分三期一由簡入繁時期本草原本祇上中下三卷序錄一卷合四卷其藥合三百六十五種晉魏間吳普李當之增爲五百九十五種梁陶貞白增爲七百三十種唐顯慶中增爲八百四十四種又另撰藥圖二十五卷圖經七卷宋開寶嘉佑元佑大觀時一再纂集修正增爲一千八十二種至一千五百一十八種又合本草圖經爲一書明李時珍集歷代大成引據古今醫家書目凡二百七十

大生集成五卷

清王承謨撰。王承謨，字繩武，貴州遵義人。清代醫家。生卒年不詳。自少時即因病而留心醫學。精研各科，尤以兒科爲精。著《大生集成》，有刻本行世。

光緒十六年，該書由王承謨門人曹宗榮校字，刊印三百八十部奉送親友及鄉人。係中醫關於生育、婦産、嬰幼兒疾病防治之普及性讀物。全書共五卷，卷一爲小兒脉訣説，生育學説及男女不孕不育症施治方藥。卷二爲胎教總論、淺説、孕期飲食宜忌，難産七因，保産驗方及孕婦居處

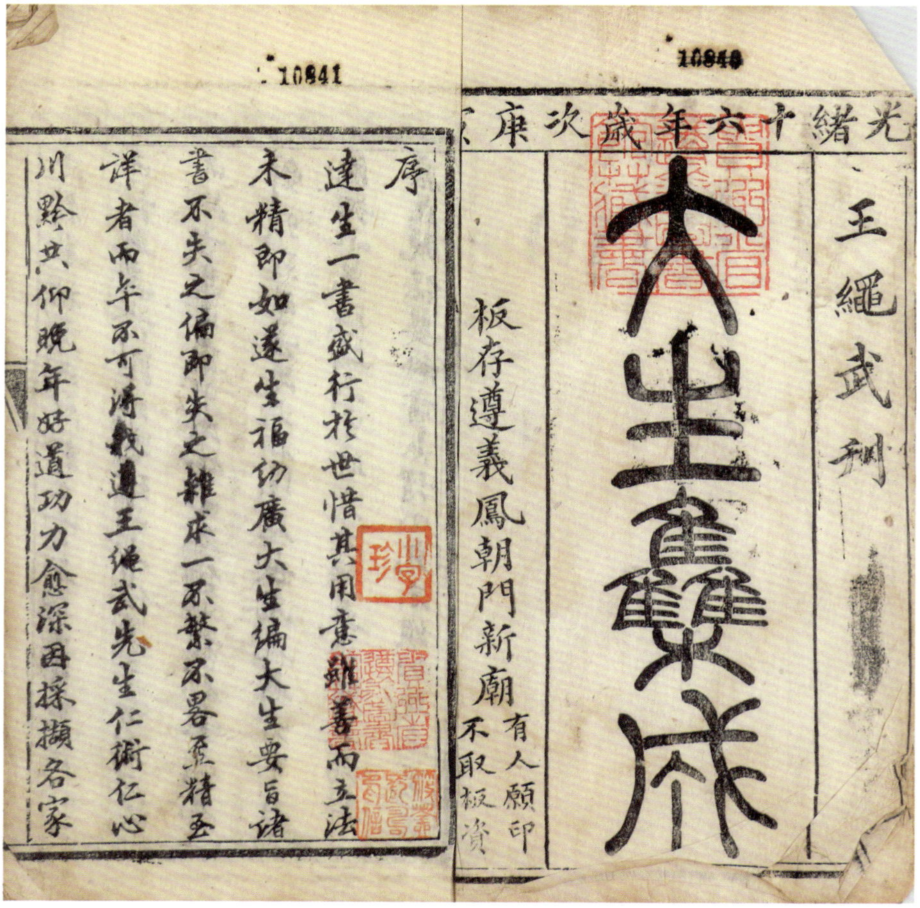

宜忌。卷三爲孕婦臨産宜忌及産中産後各種異常情况與病症之治療方劑。卷四爲兒科診察要點、嬰幼兒護理及常見病症治療。卷五爲兒科疹疾、眼病、脱陽及瘡瘍雜症診療方藥。書前有遵義文士劉應甲、晉炘二人之序。劉序稱此書：『論症則有理有條，其立方則不今而不古，其用藥則不倚而不偏。』縱觀全書，不足之處爲：對中醫陰陽表裏寒熱虛實八綱辨證及理、法、方、藥系統闡述不够，易使人臨症依葫蘆畫瓢時，對『大實有羸狀，至虛有盛候』，或『真寒假熱，真熱假寒』者誤投方藥，造成危害。

本叢書據遵義市圖書館藏清光緒十六年刻本影印。

（劉一鳴）

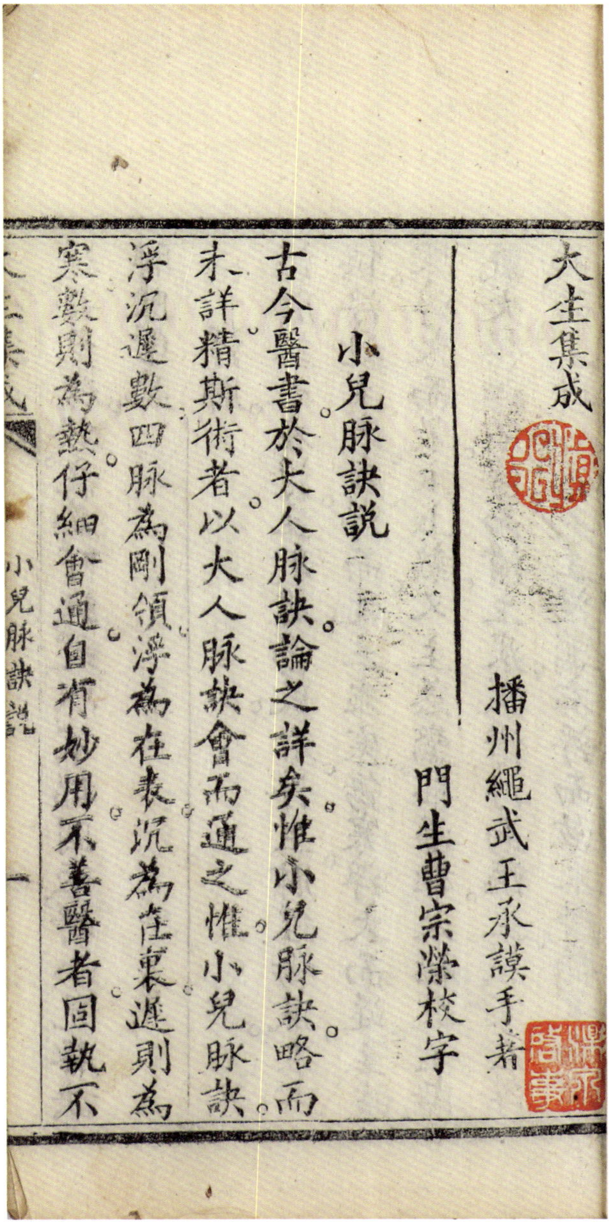
大生集成

播州繩武王承謨手著

門生曹宗濚校字

小兒脉訣說

古今醫書於大人脉訣論之詳矣惟小兒脉訣略而未詳精斯術者以大人脉訣會而通之惟小兒脉訣浮沉遲數四脉爲剛領浮爲在表沉爲在裏遲則爲寒數則爲熱仔細會通自有妙用不善醫者固執不

大生集成　小兒脉訣說　一

新刻全像音詮征播奏捷傳通俗演義六卷

作者真實姓名不詳，僅有每卷卷首署『清虛居吉贍仙客考正，巫峽岩道聽野史紀略，棲真齋名衢逸狂演義，凌雲閣鎮宇儒生音詮』。據書前九一居主人《刻征播奏捷傳引》及第九十九回《玄真子自叙》等，知作者又號玄真子。該書刻於明萬曆三十一年，係迄今爲止最早以征討播州楊應龍叛亂爲主題之長篇小説。此書國内早已失傳，清《四庫全書》未曾著録。《中國古籍總目》載，該書之明萬曆三十一年佳麗書林刻本，收藏於日本京都大學。

該書按禮、樂、射、御、書、數分爲六集六卷，一百回。版心題『征播奏

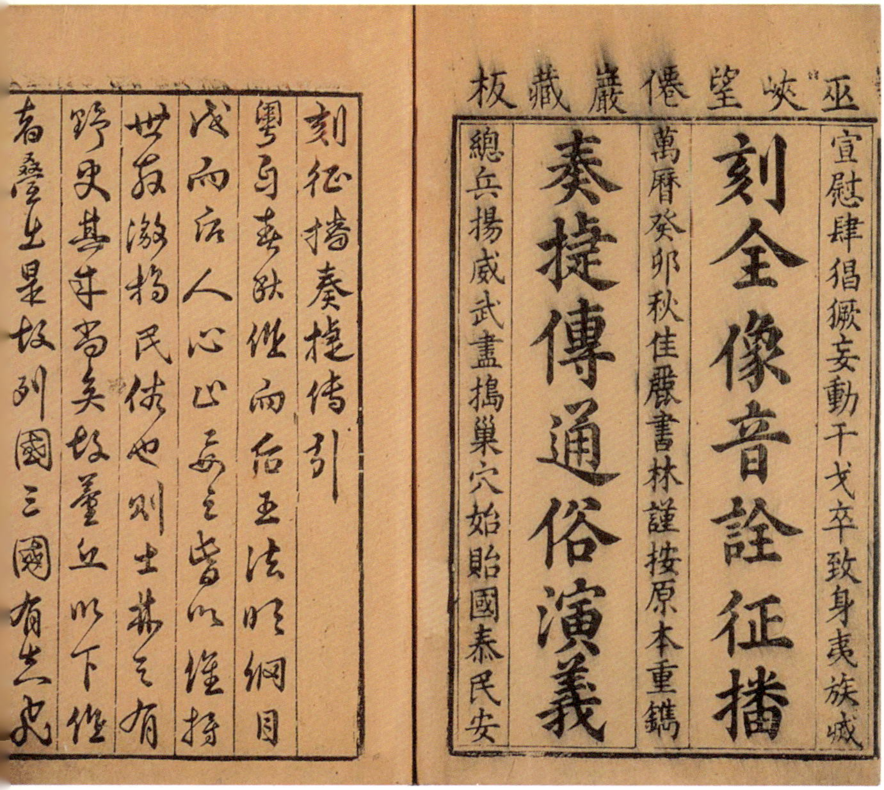
巫峽望僊巖藏板
宣慰肆倡獗妄動干戈卒致身夷族滅
刻全像音詮征播
萬曆癸卯秋佳麗書林謹按原本重鐫
奏捷傳通俗演義
總兵揚威武畫擒巢穴始貽國泰民安

刻征播奏捷傳引

捷傳』字樣。書前《凡例》分別爲：播州方輿總覽、播州軍民宣慰司、播州楊應龍建設關名、播州楊應龍建置囤名、播州楊應龍設立所名、播州楊應龍家屬名目、播州楊應龍部將姓氏、播州所出土産名目、附協征楊應龍宣慰司名、調征楊應龍官兵名目。

《四庫全書總目》卷五十四雜史類存目《平播始末》載：『萬曆間，播州宣慰使楊應龍叛，子章方巡撫貴州，被命與李化龍同討平之。』『子章亦嘗有《黔記》，頗載其事，晚年退休家居，聞一二武弁造作《平話》，左袒化龍，飾張功績，多乖事實，乃仿紀事本末之例，以諸奏疏稍加詮次，復爲此書，以辨其誣。』按《征播奏捷傳》作者詳於戰陣而略於帷幄，與『以

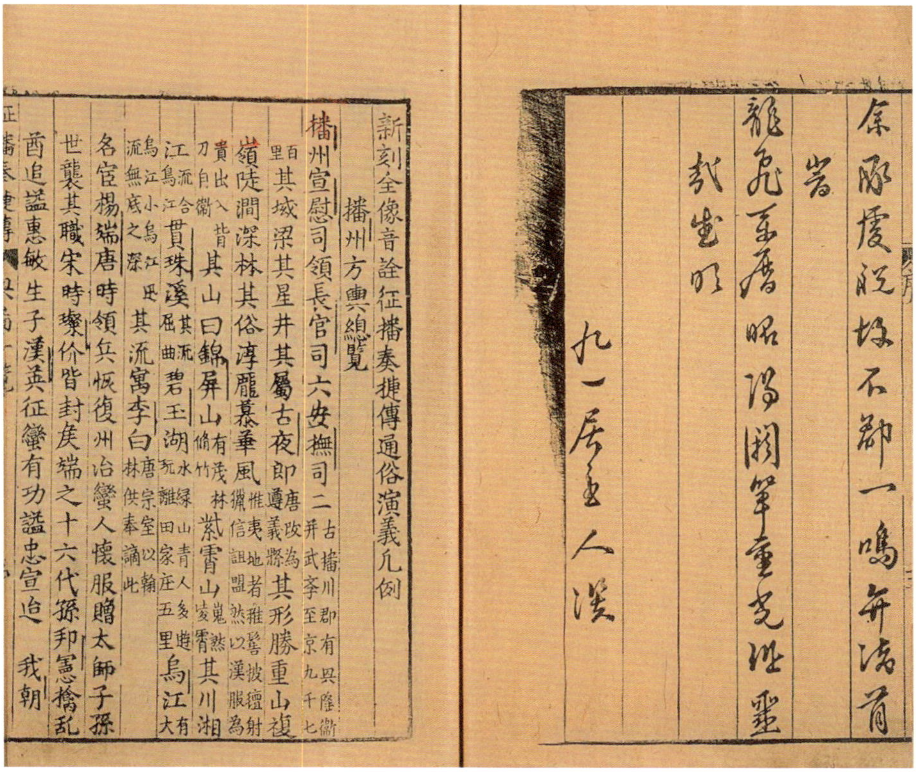
新刻全像音詮征播奏捷傳通俗演義凡例

播州方輿總覽

播州宣慰司領長官司六安撫司二古播川郡有興隆衛幷武亭至京九千七百里其域梁其星井其屬古夜郎唐改為遵義縣其形勝重山複嶺陡澗深林其俗淳龐慕華風惟夷地者雅髻披氈射獵信詛盟然以漢服為貴出入背刀自衛其山曰錦屏山有茂林脩竹紫霄山嵬然凌霄其川湘江流合烏江貫珠溪其流屈曲碧玉湖水綠山青人多遊玩離田家庄五里烏江大有烏江小烏江流無底之深其流寓李白唐宗室以翰林供奉謫此名宦楊端唐時領兵恢復州治蠻人懷服贈太師子孫世襲其職宋時數价皆封侯端之十六代孫邦憲擒乱酋追謚惠敏生子漢英征蠻有功謚忠宣追 我朝

諸奏疏稍加詮次』不符，該書以武將陳璘爲平播之役統帥，於李化龍、郭子章二人均很少提及，其中贊頌郭氏之語比李氏稍多，不存在『左袒化龍』之説，可知并非郭子章『辨誣』之作。

該書内封欄上署『巫峽望僊巖藏板』，中有小字署『萬曆癸卯秋』。平播事在萬曆二十八年，而萬曆癸卯即萬曆三十一年。此書各卷目下有『遵依原板刊行』字樣，説明在此之前有原版，而卷首九一居主人所撰《刻征播奏捷傳引》末署『時龍飛萬曆昭陽閼單重光作噩哉生明』，昭陽閼單即萬曆癸卯，此書《末記》亦署『癸卯冬』，則知此書實爲原本。

該書以征播過程中之各級邸報、邸抄及塘報等官方文件爲素材創作而成，并刊印於平播後之第三年，具有極强時效性，并開章回小説演義歷史到以章回小説演義時事之先河。

本叢書據播州劉永書提供之明萬曆刻本影印。（劉永書）

夢餘筆談一卷

清黎安理撰。黎安理生平見史部《長山公自書年譜》提要。

安理以平生親歷之奇情幻夢與耳目所及之奇聞怪事，筆之於書，成《蟒化龍》、《石佛洞》、《登空樓》、《人仙居》、《育賢館》、《大士齋》、《禹門蛇》、《青城墓》、《朱衣人》、《皮林山》、《石頭寺》、《遵城水》、《洞中人》、《鄒氏子》共十四篇，輯爲《夢餘筆談》一卷。所録多怪誕奇聞、夢寐應驗、因果報應之事。書前有莫與儔序及自序，後有鄭珍跋。自序云：『余今年五十有餘，回思少壯時，忽忽若昨日事。』莫氏序云：『夫人心之積弊，莊

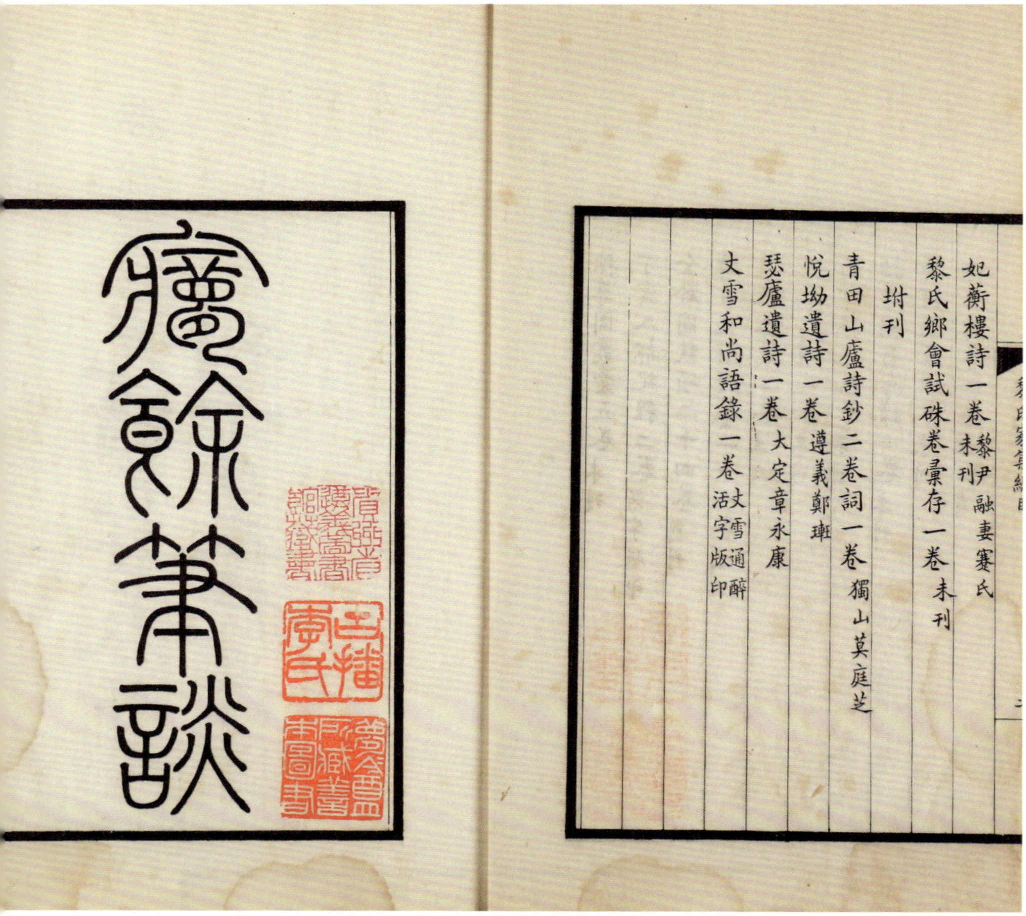
寱餘筆談

妃蘅樓詩一卷 黎尹融妻蹇氏 未刊
黎氏鄉會試硃卷彙存一卷 未刊
坿刊
青田山廬詩鈔二卷詞一卷 獨山莫庭芝
悅坳遺詩一卷 遵義鄭珽
瑟廬遺詩一卷 大定章永康
丈雪和尚語錄一卷 丈雪通醉 活字版印

言之不入，或嬉笑而解焉；專言之不喻，或旁推而悟焉。筆談之作，其亦有經、傳警世之意乎？』此書爲貴州清代十部僅存小說之一。

道光二十一年鄭珍初刻是書於遵義府署，初刻版印本已不存。光緒十四、十五年，黎庶昌重刻於日本使署，輯入《黎氏家集》。

本叢書采用《黎氏家集》本影印，藏遵義市圖書館。貴州省圖書館、貴州省博物館亦有藏。

（黎鐸）

如汝所説六卷

清趙彝憑撰。趙彝憑生平見經部《悟蒙篇詁訓》提要。

此稿爲地方性異聞怪事之筆記，或稱『雜記』，類《齊諧記》、《述異志》，或《閱微草堂筆記》等筆記小説者，但缺乏生動故事情節，也絶少人物描寫。其中記述狐鬼之事，多爲作惡之物，不能與《聊齋志異》中之狐仙、善鬼相比。

所記之事，大都是聽聞，寫明某某所言，出自某地，也有時間，頗類實録。如記馬生角、巨蚌殼中有羅漢像與珍珠，言之鑿鑿。寫鬼怪故事，頗爲離奇。如綏陽楊子和，率練卒夜

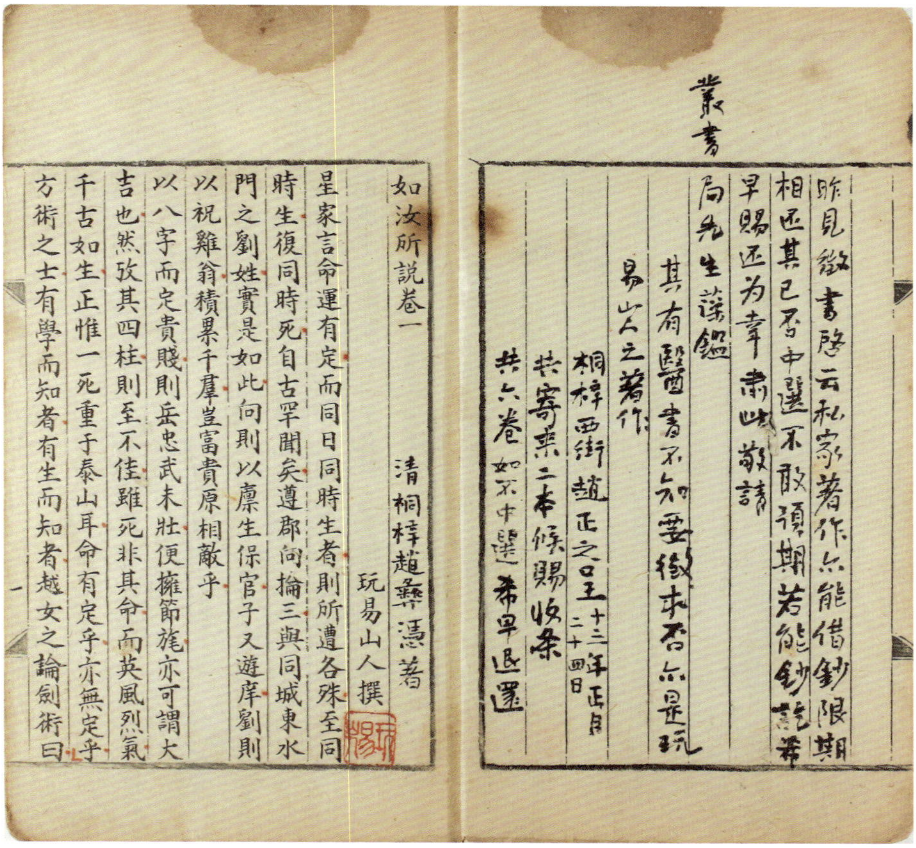
叢書

昨見徵書啓云私家著作亦能借鈔限期相还其已否中選不敢預期若能鈔訖并早賜还为幸肅此敬請

局先生讌鑑

其有醫書不知要徵求否亦足玩

易山人之著作

桐梓西街趙正之呈 十二年正月二十四日

共寄來二本候賜收条

共六卷 如不中選希早退還

如汝所說卷一

清桐梓趙彝憑著

玩易山人撰

星家言命運有定而同日同時生者則所遭各殊至同時生復同時死自古罕聞矣遵郡向掄三與同城東水門之劉姓實是如此向則以廪生保官子又遊庠劉則以祝雞翁積累千犀豈富貴原相敵乎

以八字而定貴賤則岳忠武未壯便擁節旄亦可謂大吉也然攷其四柱則至不佳雖死非其命而英風烈氣千古如生正惟一死重于泰山耳命有定乎亦無定乎

方術之士有學而知者有生而知者越女之論劍術曰

行。人困馬乏，獨自領僕前去探路，至一户人家，兩少婦正爲母守靈，得美酒招待。楊讓僕人領練卒前來就飲。練卒前往，一無所見，反刺傷楊子和頸部。天明遍訪遠近，此處實無人家。而楊心中仍挂念美婦。書中又談及『飛鐘』、『鬼語』、『甲馬傳書』、『獵户除狐妖』等怪異事。黔北一帶常傳『小神子』故事，常作惡戲弄人家，也有扶助弱小之舉。也談及龍塘中『犀牛』與馬交媾而生五足馬駒。其他如楊子和遇癩僧（蟾蜍精），宋家龍塘有異物，與楊氏婦合而生人首蝮身異物，入龍塘而逝等。皆怪誕不經。山洞中多硝，有多則寫尋硝奇事。如一人尋硝落洞底，摸索前行許久，忽見一天地，有誦經老人，用石臼中露水飼之，不饑，後隨老人騎蟒飛出，至家，已七年矣。又記有不少因果報應之事，懲罰不孝不義之徒。如記桐梓縣城劉屠夫，楊鳳起事失敗後，該屠夫縛送一位義軍『學士』，得賞頂戴花翎，宰豬慶賀，發現豬腳變成女人弓腳，另一豬首變人首。聽樂鼓之聲，以爲官兵到來，前去迎接，却是舒光富回桐梓之農軍，當場將其腦袋砸碎。

作者秉持正義，善惡分明，所記雖怪異，却含有揚善懲惡勸世之意。亦有過分俚俗，不堪入目者，如婦人孕蛇、雄狗姦婦等。

筆記共六卷，分裝兩册。以蠅頭小楷謄清（五、六卷略帶行書體）。原藏趙氏後人趙正之處，民國年間『徵書』，挂號寄與貴州省通志局。書稿今存貴州省圖書館。本叢書據此影印。（黄萬機）

鄭柴翁先生詩卷一卷

清鄭珍撰。鄭珍生平見經部《輪輿私箋》提要。

民國二十九年冬，朱桂辛（啓鈐）在北京廠肆故紙簏中收得于鍾岳（一八二九—一八六五，字伯英，清咸豐十一年兼署遵義、桐梓、綏陽三縣）遺著手稿及函劄多種，中有鄭珍六首詩稿，乃當年鄭珍親手寫贈于伯英者。六首詩分寫爲四篇。首篇詩題爲《承示歌行一篇見贈，意奇語闢。所謂『久矣此妙聲，不聞蓬萊宮』者也，然稱道過盛，區區實無一語能當之。日暮精疲，又知不克勉至，於是率賦長句，奉達鄙懷》。此爲七古長篇（按：趙愷已收入《巢經巢詩鈔後集》卷五，改題名爲《贈于伯英（鍾岳）大令》）。篇末題：『謹上伯英太守先生嚴削，部民鄭珍拜稿。』另有幾句修改于詩之批語。第二篇寫《憶午山》、《思禹門》、《家餉至》三詩。篇末題：『近作三首奉伯英觀察先生暇削，晚生鄭珍謹上。』（按：《家餉至》收入《後集》卷五）。第三篇寫《借啓秀書院，粗整腐弊，移家新來感賦》及《送弟妹挈家還里》兩詩，篇末題：『紀事小詩并奉伯英父臺先生粲改，珍上。』（按：此兩詩已收入《後集》卷五，文字略有差異）。第四篇《閏八紀事百韻》，篇末題：『鄭珍未定草。』（按：此詩已收入《後集》卷五，僅九十八韻。與此稿文字有差異，可資校勘。）以上四篇，筆致與《鄭子尹行書》相近，可斷定爲鄭氏真迹。

另一紙詩三首：《郘亭五兄屬題李斯泰山石刻十殘字拓本，即次郘亭韻》二首、《郘亭屬題前明巡撫楊公（文驄）山水》。字體與上四篇迥異，未題作者名。篇末有朱氏題識，云：『柴翁詩卷，得之於伯英太守家，此一箋則爲太守所作，附裝卷次。朱啓鈐謹識，時年八十有二。』旁鈐『朱啓鈐印』白文章。

此長篇之後又有三幅長文題識：首幅爲傅增湘題，長達五百餘字，正楷帶行，體近平原。鈐『傅增湘』等

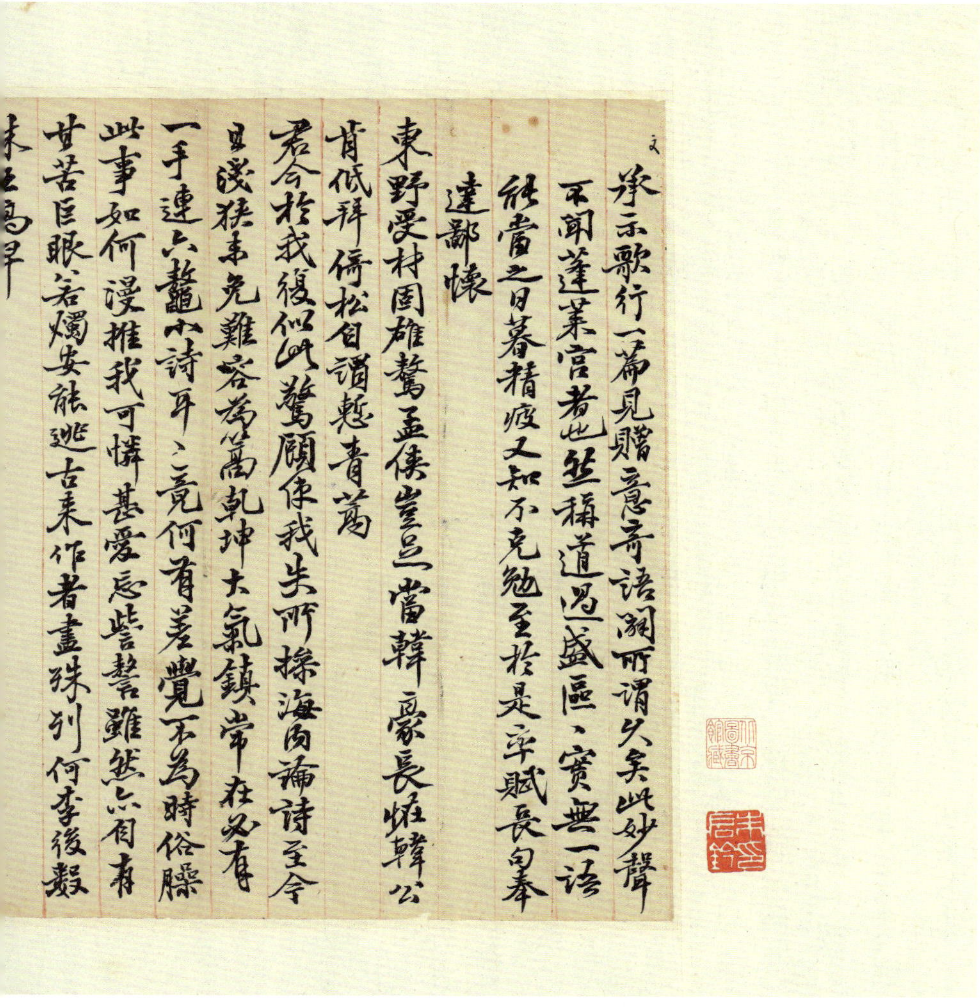

三印。次幅爲邢端題識，長四百餘字。鈐有『邢端長壽』、『思適齋』印。第三幅爲章士釗題七律一首，題款『庚寅夏爲蠖公社長兄題，長沙章士釗』，下鈐『章士釗』、『行嚴』兩印。

此長卷由朱啓鈐裝裱，卷端有許寶蘅篆書『鄭柴翁先生詩卷』，有極高文史價值與書藝價值，藏國家圖書館。本叢書據此影印。

（黃萬機）

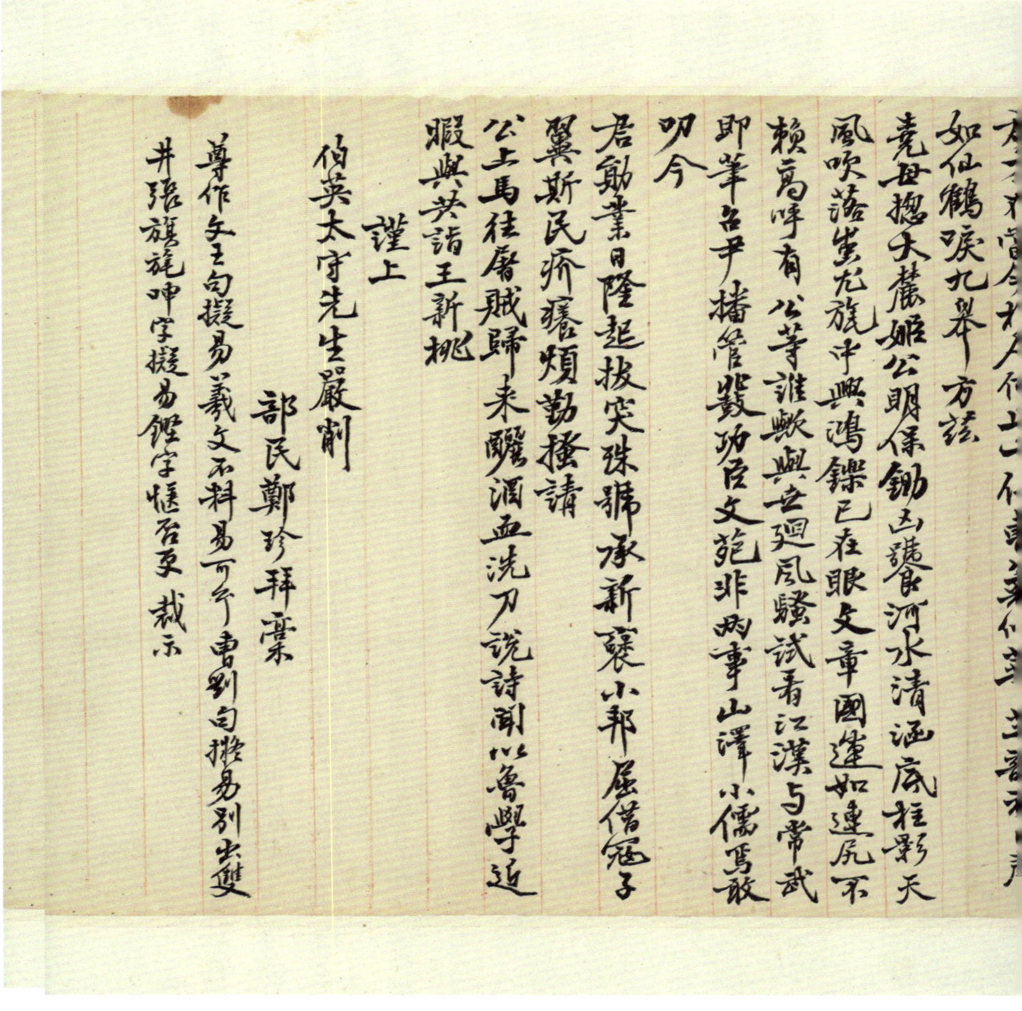
如仙鶴唳九皋方茲
堯母擁大麓姬公明保錫山饕河水清涵底柱影天
風吹落黃龍旗中興鴻鑠已在眼文章國運如連尻不
賴高呼有公等誰歟與共迴風騷試看江漢與常武
即筆名尹播管鬣功臣文苑非兩事山澤小儒焉敢
叨今
君勛業日隆超拔突殊鼎承新寵小邦屢借寇子
翼斯民疥癘頻勤搔請
公上馬往屠賊歸來釃酒血洗刀說詩劇以魯學近
暇與共詰王新概
謹上
伯英太守先生嚴削
部民鄭珍拜稟
尊作文王句擬易義文不料易可弓書別句擬易別出變
并張旗旐呻字擬易鏗字恐否更 裁示

鄭子尹行書不分卷

清鄭珍書。鄭珍生平見經部《輪輿私箋》提要。

此册收藏鄭子尹行書册葉兩種。前一種四十八葉，抄録杜甫夔州諸詩。後數葉記述寫字緣由及作書心得，如云：『老夫衰矣，恐子侄異時思我有不見手迹之恨，此寫杜工部夔州諸詩，當以付内侄同壽藏之。』同壽爲黎汝謙小名。又云：『吾極不善書，然能知書之利病。大抵此事是心畫，其體之正，氣之大，風格之渾樸，神味之雋永，一一皆由心出，毫釐不可勉爲。所謂學，袛學其規矩法度耳。要書好，根本總在讀書做人，多讀幾卷書，做得幾分人，即不學帖，亦必有暗合古人處，何況加以學力。吾無望矣，爾曹有志，勿謂此言爲

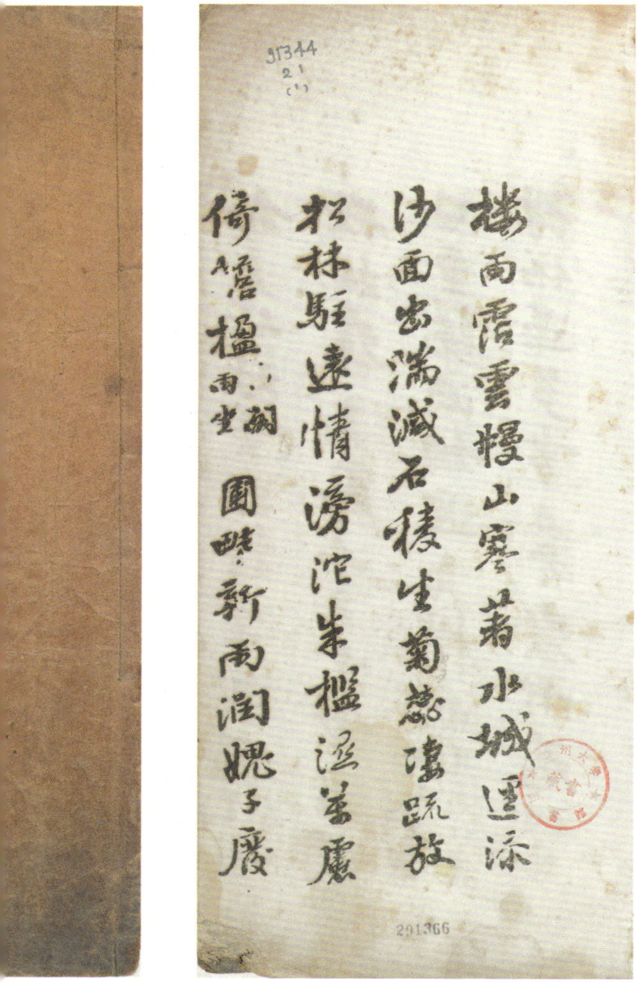

迂闊也。』此册葉寫於清同治二年正月。次年秋，子尹便歸道山。

後一種十八葉，抄録王羲之《筆勢論》。前二葉論述臨帖之心得：『元（玄）宰少時學北海，又學米襄陽，二家盤旋最深，故得李十之二三，得米十之五六。生平雖無所不臨，而得力則在此。故以董學董，終不似董。』按：董其昌，字玄宰，晚明書畫大師。北海，即唐代李邕，曾任北海太守，書法大家。米芾，號襄陽漫士，宋代書畫大家。董其昌臨習李、

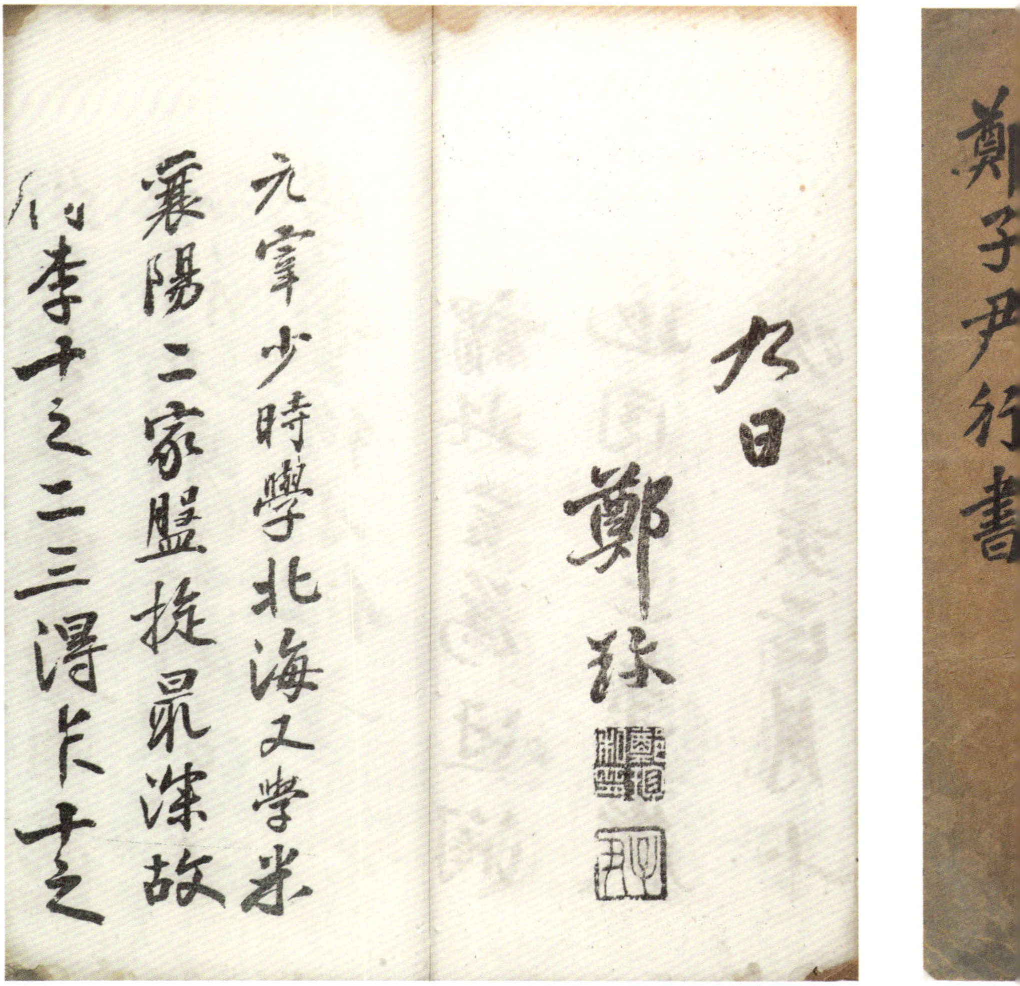

米二人書帖，各有所得。鄭珍對古帖雖無所不臨，唯對董氏之心得體悟頗深，認爲不可單臨一家，受其拘限。

兩册書法作品，可見鄭氏行書頓挫起伏、蕭散勁健、出入米氏而有變化，自成一家面目。

後一册葉寫於咸豐九年，交付『阿騰』（黎汝弼）收藏。末尾有黎汝謙題識。略云：『此鄭子尹先生

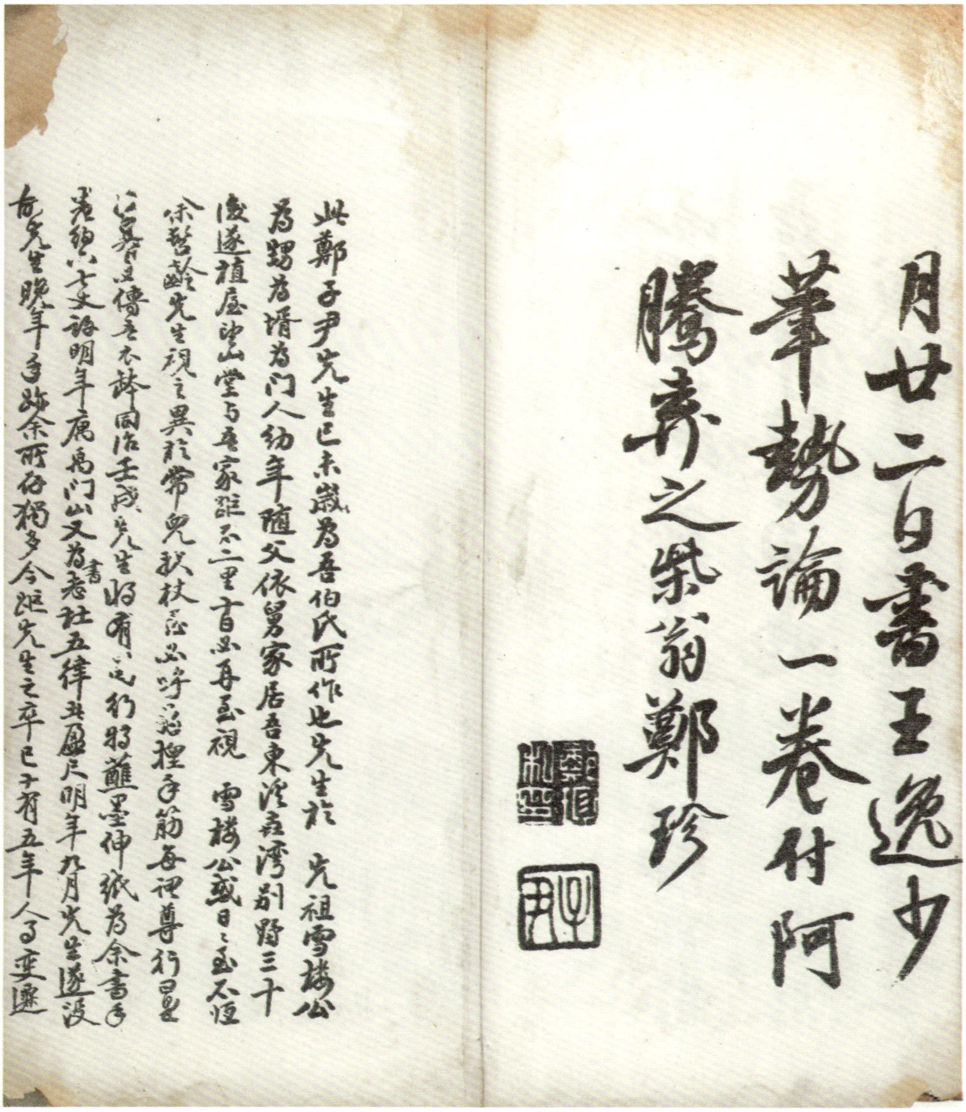

己未歲爲吾伯氏所作也』，『同治壬戌，先生將有蜀行，特蘸墨伸紙，爲余書手卷約六七丈許。明年寓禹門山，又爲書老杜五律者盈尺。明年九月，先生遂没。故先生晚年手迹，余所存獨多。今距先生之卒已十有五年，人事變遷，棲遲靡定，先生手跡亦零落殆盡』。由此可知此題識寫於光緒四年秋。

此部行書册葉原迹下落不明。現藏於貴州大學圖書館者係民國年間影印本，本叢書即采用此本影印。（黄萬機）

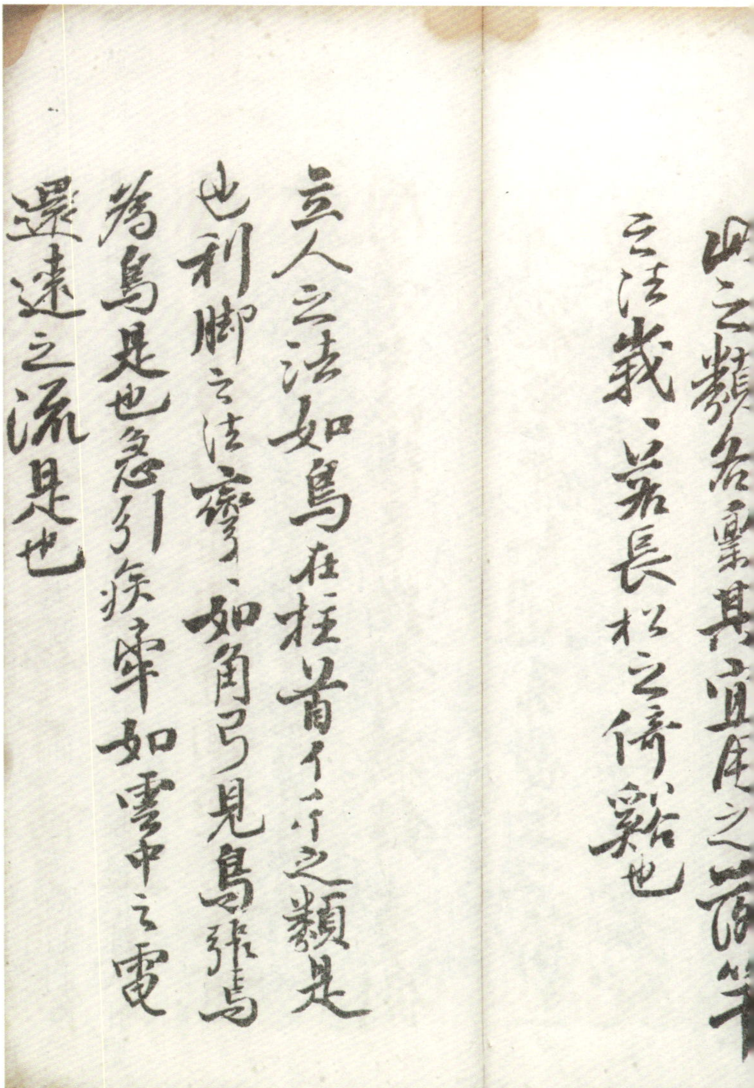

莫友芝先生雜鈔手蹟一卷

清莫友芝手書。莫友芝生平見經部《十先生中庸集解》提要。

此稿本三十葉，内容雜駁，既有莫友芝撮抄晉高嵩、明孫可望等人事迹，又節抄有《抱朴子・仙藥篇》内容，葉數最多者爲書目雜抄。另有莫友芝集聯若干篇及自作七言古絶詩草稿二首。集聯絶大多數見於清刊本雙魚罍齋録《莫友芝集聯》，而二首詩稿諸刊本、稿本、抄本皆未之見，雖爲草稿，亦足可貴。詩云：『白日炎蒸宵快雨，曉氣清涼入肝腑。溯流早約秦淮舟，一帆已通姑熟浦。』『兩孫輟課催我遊，指麾野趣何所求。一雨興味正不淺，使我逸氣横滄州。』

該稿本藏貴州省圖書館，本叢書據此影印。（張劍）

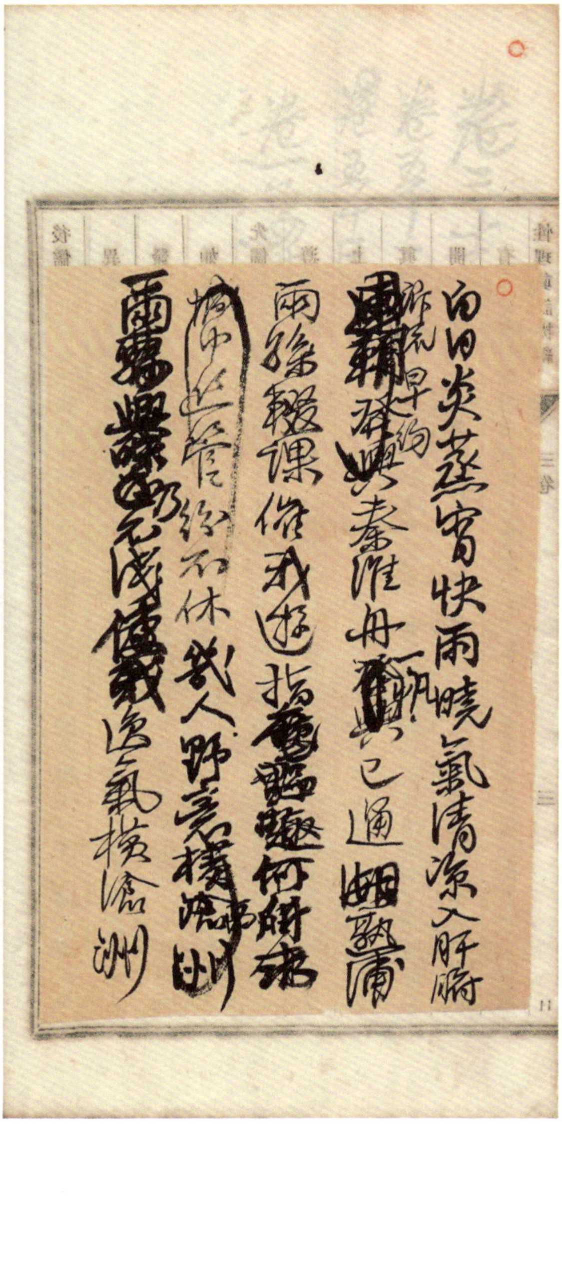

題孫公和鐵琴拓本

營窟幽興年高人鐵作琴（古遺）高山流水寄遐心鄉鄰愚魂竟難說

擘津天籟縈迴字（依稀）想像蘇門鸞鳳音

池上以篆文天籟孫登文公和方印，池上以篆文明項元汴珍藏

又墨林印文子京自明時項氏因之天籟閣所由名也

嘉慶七年鐵冶齋制命以贈吳蘇圖相國，之方為漕帥，今

惟存吳氏，至逢卿得其拓本屬題

莫郘亭先生墨蹟一卷

清莫友芝書。莫友芝生平見經部《十先生中庸集解》提要。

該本係清末石印本，三十葉。封面題『莫郘亭先生墨蹟全册』，首葉鈐朱文『紫江朱氏存素堂所藏圖書』印，知原爲朱啓鈐藏書。

全書係莫友芝書法集，以楷書爲主，兼有篆書。楷書計：自書詩作《紅崖古刻歌并序》、《樓葉郘》、《彰德晤景劍泉提學使試畢留飲》、《不能渡河還宿王祿營有懷王晉侯周稺園》、《甘藷歌》；書韓愈詩文《奉和虢州劉給事使君三堂新題二十一詠》、《後漢三賢贊》、《五箴并序》；節録《孔子家語》及諸葛亮《誡子書》中之語。篆書計：《老子》『穀神不

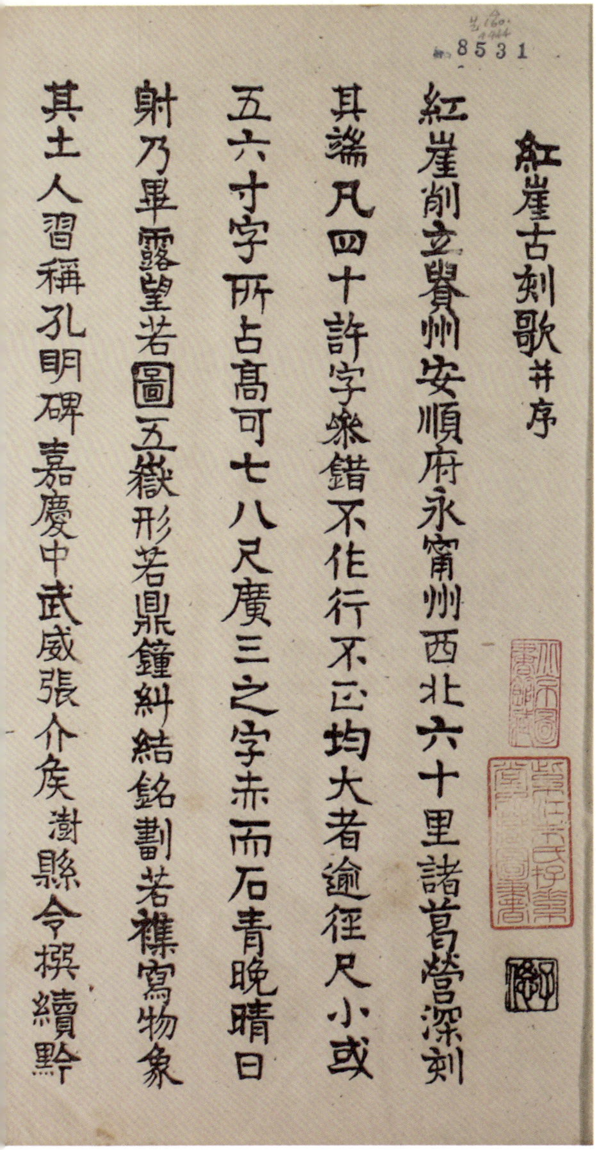
8531

紅崖古刻歌并序

紅崖削立貲州安順府永寧州西北六十里諸葛營深刻其端凡四十許字參錯不作行不正均大者逾徑尺小或五六寸字所占高可七八尺廣三之字赤而石青晚晴日射乃畢露望若圖五嶽形若鼎鐘糾結銘劃若襍寫物象其土人習稱孔明碑嘉慶中武威張介侯澍縣令撰續黔

死』、『天長地久』、『上善若水』三章；《老子》『以正治國』、『其政悶悶』、『治人事天』三章；『文章有神，日月與炳；天人合發，江海咸歸』一聯。落款多有書寫日期，如《奉和虢州劉給事使君三堂新題二十一詠》後有莫跋：『明日己酉，課書韓詩，得六紙，并付繩兒藏之。郘亭眲叟。』知此六葉書於清道光二十八年歲末。而篆書《老子》『以正治國』章等三章，後跋云：『同治辛未八月下澣引《道德經》語，伯容郡公老兄察政，郘亭眲叟莫友芝。』知其作於同治十年。

觀此冊既可賞莫氏書法之美，又可推考其生平行實，頗有價值。

本叢書據貴州省圖書館所藏清末石印本影印。（張劍）

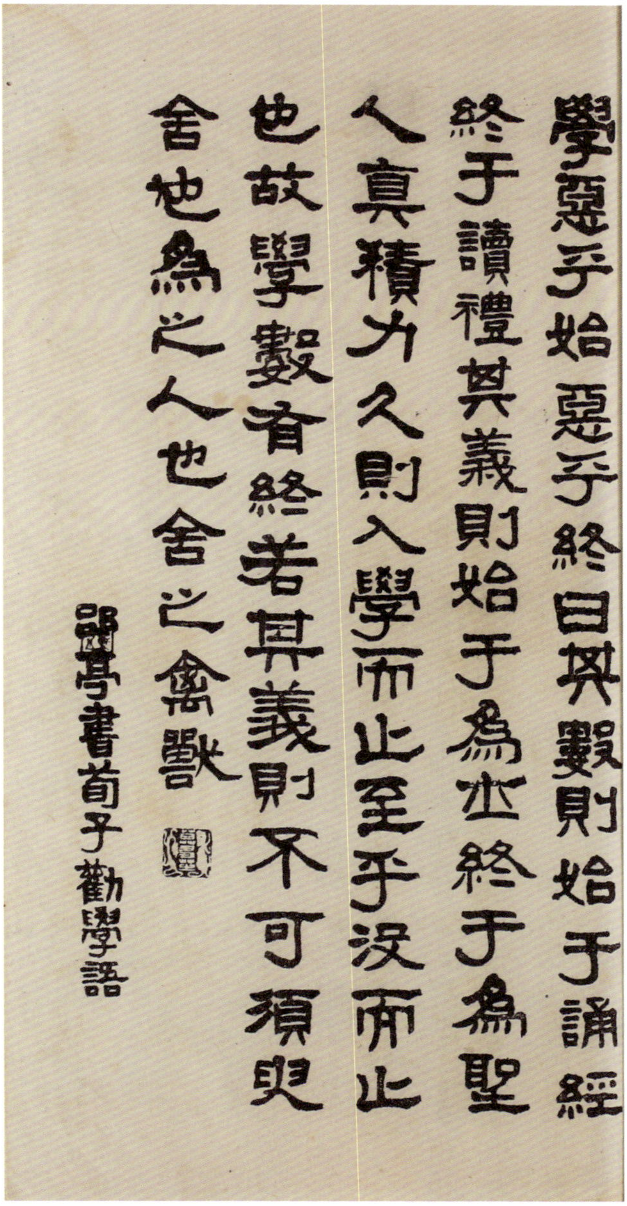

書畫經眼録不分卷

清莫友芝撰。莫友芝生平見經部《十先生中庸集解》提要。

此本有三册本與四册本。

四册本係紅格抄本，無鈐印。謄寫工整，且貼有許多浮簽，告知排印時需注意之諸多事項。第一册有五葉總目録，包括莫友芝經眼書畫叙録四卷目録及莫繩孫經眼書畫叙録二卷目録，四卷目録與二卷目録之間有繩孫序。

第一册正文凡六十葉，包括卷一、卷二，首起『吳曹弗興山水横卷』，終至『宋拓顔魯公書《李含光碑》』。第二册正文凡六十三葉，包括卷三、卷四，首起『元趙文敏書《天冠山詩》横卷』，終至『吳冠英繪《姚石甫都轉譚藝圖》横卷』。共收莫友芝經眼之書畫叙録四卷六十種，每卷首葉均題作『書畫經眼録卷某 獨山莫友芝子偲』字樣。第三册附録兩卷，係莫繩孫經眼書畫叙録，前又重列附卷目録兩葉，正文凡七十三葉，起於『唐人寫佛經一卷册葉』，終於『張懷白繪《李申耆蕭子滂諸君同舟圖》横卷』，然該篇無正文，唯有眉批『下接另册』。兩卷卷首分别題作『書畫經眼録附録卷上』、『書畫經眼録附録卷下』。第四册共十葉，僅録『張懷白繪《李申耆蕭子滂諸君同舟圖》横卷』内容，係第三册末尾眉批所題『下接另册』者，實應與第三册合爲一册。共有莫繩孫經眼書畫叙録

書畫經眼錄

卷一目錄

獨山莫友芝子偲

書畫經眼録卷一

獨山莫友芝子偲

吴曹弗興山水橫卷

絹本高一尺一寸二分長二丈六尺五寸强下筆如飈發雨驟而氣韻森厚神明逼人樹法水紋乃時作篆籀意思真神物也

卷首有政和小璽及嘉興吴鎮仲圭書畫印王蒙印大癡石田等四印

東吴曹弗興繪

右署款篆書六字卷末有宋御府寶繪小璽又有

三十種。

該本莫繩孫序云：『右東吳曹弗興以下書畫數十種，蓋先徵君自咸豐乙卯客貴陽已後，及京都、江南所記，或閱諸藏家，或覯之市肆，或已加跋語，復繼以詩歌，或略評騭其善劣，亦有未及品論者。獲觀時有從容卒暫之别，第隨筆録記備檢覽，謂不足成書，故未删定。兵燹後，秘笈琅函益多燬失，吉光片羽，流落人間，真鑒好古之士，争相珍弆，僉謂此雖卷帙無多，而吴、唐、蜀、宋名蹟，賴是編以傳者實夥，應亟付梓人，用公同好。爰謹録爲四卷，更就所見别録爲二卷，敬附於後。』可知此爲莫氏父子兩代人所見書畫叙録，在書畫收藏品鑒與文獻學上均具有獨特價值。

現存《書畫經眼録》稿本、抄本，所見有四種，按編訂時間順次爲：藏於中國社會科學院文學研究所之《郘亭書畫經眼録》，稿本，兩册；藏於中國臺灣之《郘亭書畫經眼録》，殘抄本，一册；藏於中國國家圖書館之《書畫經眼録》，抄本，三册、四册各一種。其中四册抄本《書畫經眼録》，係莫繩孫準備付梓前之定本。本叢書影印所用即爲三册本與四册本。（張劍）

雙鉤四種

清方安人、莫繩孫鉤臨。方安人（一八四三—一八六七），莫友芝長子彝孫妻，姓方氏，名字不詳，『安人』爲六品官妻之封號。方氏爲桐城人，姚濬昌表妹，清同治二年嫁莫友芝長子莫彝孫，育有一女莫慶。莫繩孫生平見史部《何騰蛟傳》提要。

此書封面題『雙鉤四種同册：秦會稽石刻、漢劉熊碑、漢婁壽碑、漢戚伯著碑』。鈐朱文『莫印友芝』、白文『郘亭眲叟』印。其中《秦會稽石刻》及其跋文，係莫友芝長媳

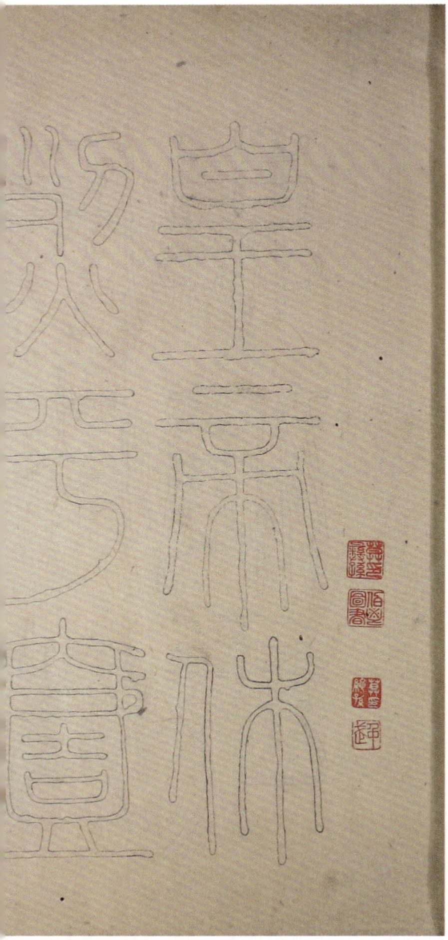

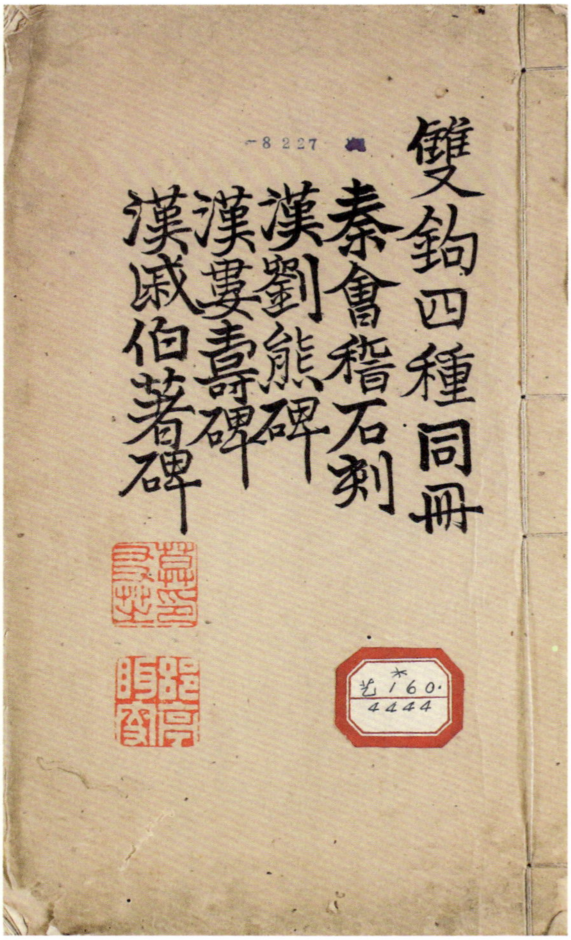

方氏（莫彝孫妻）所鈎摹臨寫，後有莫繩孫二跋：『此同治乙丑丙寅間先嫂方安人鈎摹者，丁卯夏檢閱。嫂氏歿又七年。癸酉長至，金陵寓舍檢及是卷，記之以示侄曹。莫繩孫。』『右七跋亦先嫂方安人手摹者，同治癸酉立夏莫繩孫識。』其餘三碑及跋則係莫繩孫鈎摹臨寫，後有繩孫自跋：『右漢戚伯著碑，咸豐庚申繩孫在京都鈎摹者，同治丙寅始并會稽、劉熊、婁壽三刻合裝一册，中秋三山旅舍記。』鈐『莫繩孫印』白文、『仲武』朱文印。

該本藏貴州省圖書館，本叢書據此影印。

（張劍）

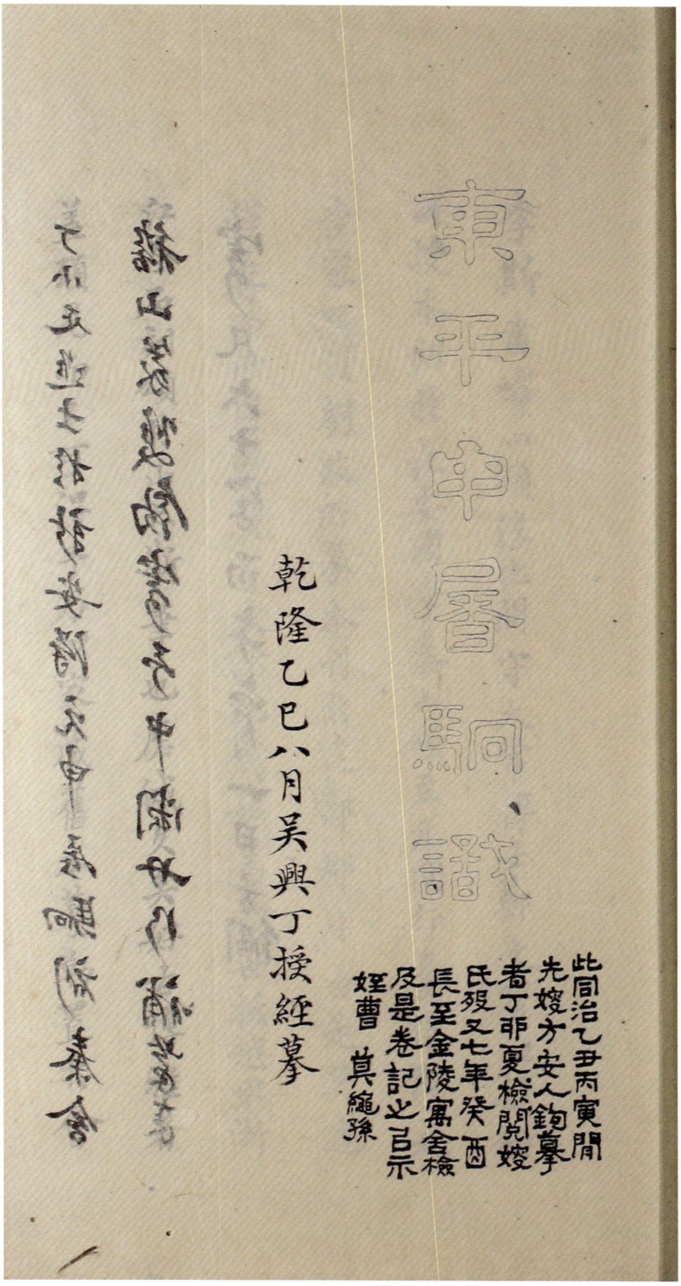

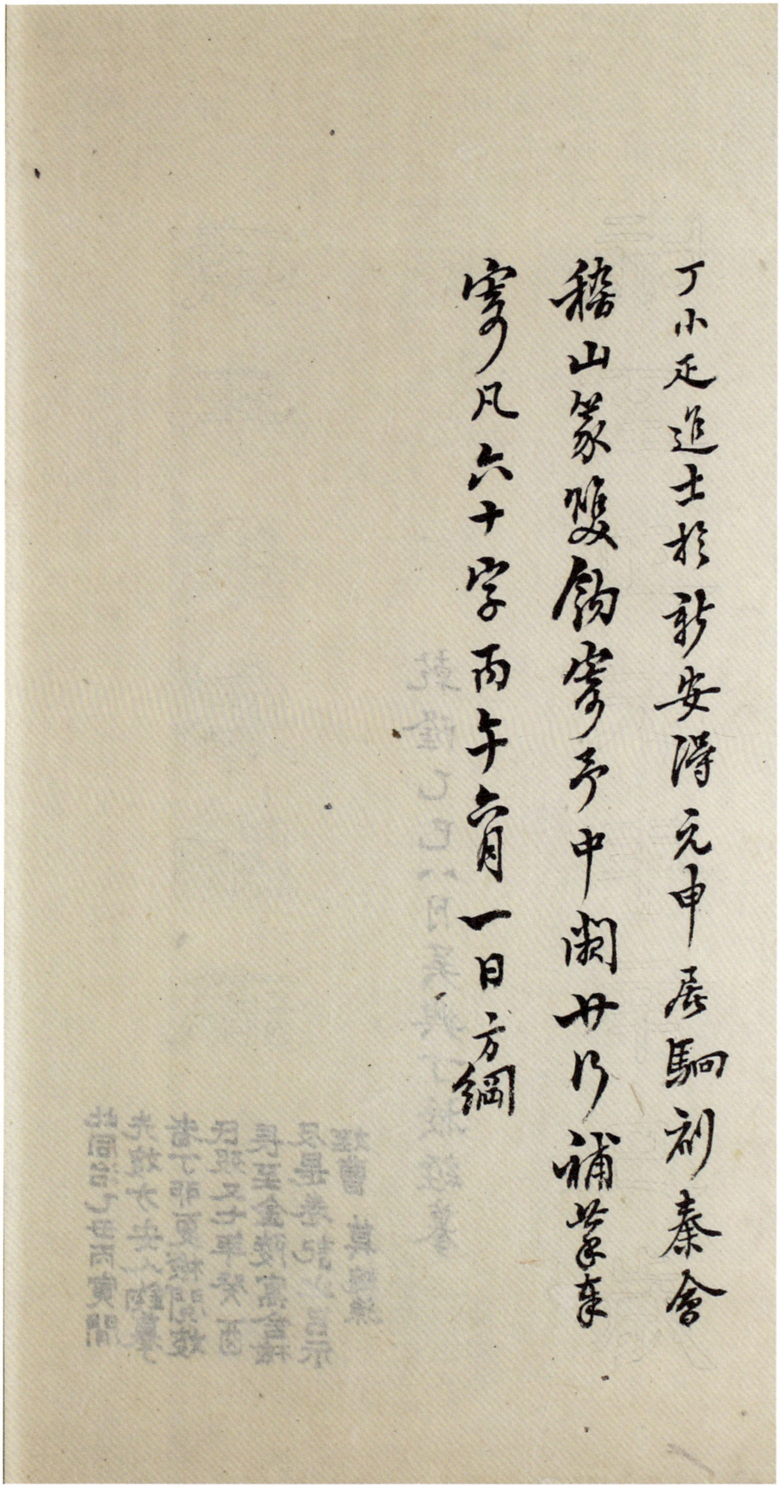
丁小疋進士於新安得元申屠駉初秦會
稽山篆雙鈎寄予中闕廿乃補篆本
寄回凡六十字丙午六月一日方綱

乾隆丙午長至後三日從趙晉齋借得毘陵莊恰圖摹本會稽山碑影摹六十字以補丁小疋雙鈎本所闕佚其申屠氏跋莊本所無不能補也恰圖多賢小疋所稱莊尊者小疋與余書訪求經年而始得之喜而識之以歸小疋朱文藻

右七跋亦先嫂方安人手摹者同治癸酉立夏莫繩孫識

宋播州楊氏女崑崙策馬圖題詞一卷

陳矩編，陳清繪圖。陳矩（一八五一—一九三九），字衡山，貴州貴筑縣（今貴陽）人。出身書香門第，其兄陳燦、陳田皆清末名士。清光緒十四年以監生考取實録館謄録，後隨遵義黎庶昌出使日本整理文案。回國後，歷任四川臺州、石泉、三合等縣知縣，後任成都知府。辛亥革命後，署理犍爲縣徵收局長，一度代理縣事。民國三年回貴陽，歷任國學講習所所長、貴州圖書館館長、貴州通志局編纂等。陳矩在四川天全任上，搜得奇石多枚，編成《天全石譜》、《天全石録》。於日本搜得日本國金石遺文四千餘種，編成《日本金石書》，又尋得各種遺書百餘卷、宋元槧本

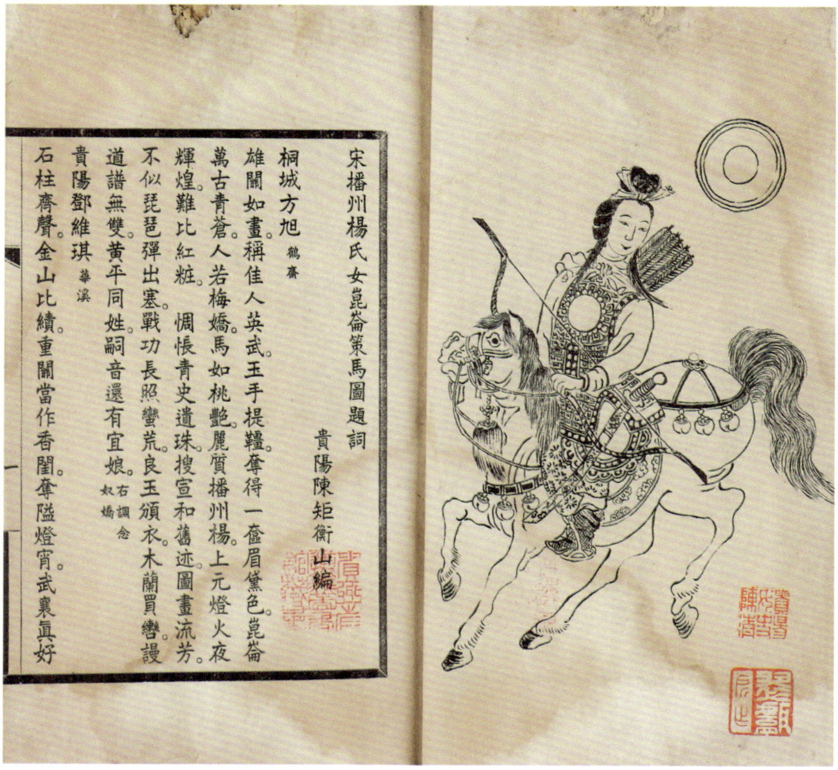
宋播州楊氏女崑崙策馬圖題詞

貴陽陳矩衡山編

桐城方旭 鶴齋

雄關如畫。稱佳人英武。玉手提韁。奪得一奩眉黛色。崑崙萬古青蒼。人若梅嬌。馬如桃艷。麗質播州楊。上元燈火夜輝煌。難比紅粧。　惆悵青史遺珠。搜宣和舊迹。圖畫流芳。不似琵琶彈出塞。戰功長照蠻荒。良玉須衣。木蘭買轡。謾道譜無雙。黄平同姓。嗣音還有宜娘。右調念奴嬌

貴陽鄧維琪 華溪

石柱齊聲。金山比績。重闈當作香閨。奪隘燈宵。武裹眞好

二百餘卷、名人著述未刊行者五百餘卷，影印爲《靈峰草堂叢書》百卷及《中國逸書百種志》。其學問文章享有盛譽，時稱『南學鉅子』。著述宏富。并編纂《貴州通志·金石志稿》、《都匀縣志》。陳清，字佩彤，陳矩長女，生活於清同治、光緒年間。善繪畫，工書法，尤精山水、花卉，師法宋人，清麗不俗。其畫有《宋播州楊氏女崑崙策馬圖》、《春豔江州圖》傳世。其父陳矩所刊碑帖，多由其雙鈎上石。劉幼覃刻《碣石頌》等碑，亦據陳清舊鈎本。

陳矩纂修《（民國）貴州通志》時，檢獲《（道光）黄平州志》關於播州楊氏女宜娘之記述，又從元代翰林侍講學士袁桷《清容集》之記述中推斷出宋代宣和畫院待詔黄宗道曾繪有《播州楊氏奪崑崙關圖》，後該圖爲元代魯國大長公主珍愛但遺失。播州楊氏女奪崑崙關之事迹當與狄青崑崙關之役相提并論，『當時必盛稱其事』，陳矩由此感慨『黔中閨秀知武略者《通志》僅見黄平宜娘一人』，遂收入《（民國）貴州通志·列女志》。其時恰民國十年九月望日夜，皓月當空，吐華如輪，陳感於楊宜娘之事迹湮没七百餘年後復彰於世，遂命其女陳清據袁詩描繪楊宜娘之風采，即此《宋播州楊氏女崑崙策馬圖》，『以紀瑞應』。

卷内收録清末方旭題詞《念奴嬌·雄關如畫》、清末鄧維琪題詞《慶春澤·石柱齊聲》，以贊譽楊宜娘之史迹及陳矩收録之舉。該圖右下方鈐朱文印『貴陽女史陳清』、白文『翠龕』加朱文『所作』印。卷末鈐白文印『陳榘』。

本叢書據遵義市圖書館藏民國石印本影印。（朱純潔）

柴翁書畫集錦一卷

清鄭珍作，凌惕安編選。鄭珍生平見經部《輪輿私箋》提要。

此集輯印鄭子尹書法作品十七幀，繪畫四幅。用當時最先進之珂羅版印製，甚精美。卷末有聶樹楷志喜詩一首，李宣龔跋一篇；卷前有凌惕安題識一文。詩文中談及當時貴州省民政廳廳長曹纕蘅（名經沅）對鄭珍敬慕，爲其置祭田、修祀事、設守冢人、植梅花諸事，并囑凌氏搜求鄭珍書畫真迹。閩縣李宣龔願揭付印。凌文引述鄭知同、陳田、王秉恩等對鄭珍書畫之評論。

鄭知同《顯考子尹府君行述》云：『先子書祖平原，時仿歐、褚。畫宗思白，間摹文、沈。』可知鄭珍書法宗法顏真卿，又臨習歐陽詢、褚遂良。畫則以董其昌爲宗法，間或規摹文徵明、沈周。

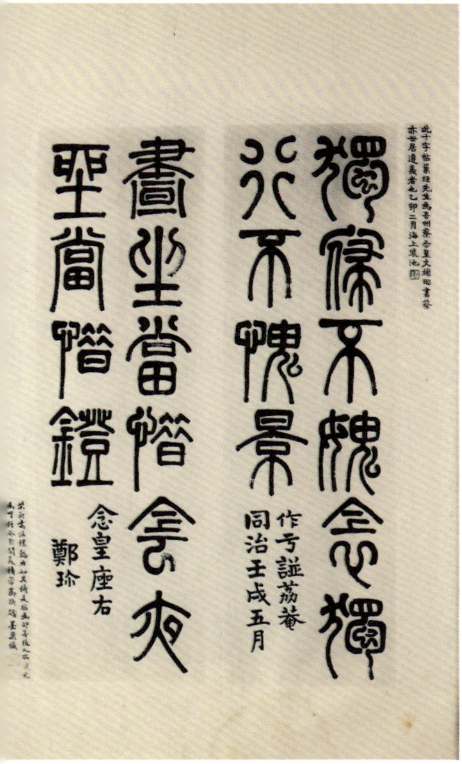

鄭珍書法四體皆工。楷書融會顏、歐，參以鍾（繇）、王（羲之），楷中融隸，別具一格。如《集錦》中《黎太孺人墓表》碑拓，端嚴勁健，近於顏平原。《歸田賦》

則在歐、褚之間，時見蘇長公韻致。行書則出顏真卿《争座位帖》，又兼習米襄陽。《集錦》中行書作品多幅，大都行筆自如，瀟灑自然，韻味十足。隸書則出於《禮器碑》、《曹全碑》，兼采漢諸名碑刻。《集錦》中《唐公碑陰記》拓本、《於鑠王師》立軸、《唐鄂生單騎撫賊歌》等，均爲佳作。篆書師法李斯、李陽冰、鄧石如，自成一格。王秉恩評云：『先生篆書奇偉雄肆，罕與倫比。』《集錦》中《五雜組》長卷、《獨寢畫坐》聯，剛勁渾樸，堪與石如并駕。

鄭珍作畫雖摹習前人，但不受古法束縛，對元代黄公望畫風頗爲嚮往，堅持『師造化』創作道路。追求意境，不求形似；逸筆草草，蕭散淡遠，韻味無盡。陳田評云：『余嘗論次當代詩人，才學兼全，一人而已。篆法遠紹冰、斯，從容合矩，國朝錢（坫）鄧（石如）以下，未見其儔。興趣所至，間亦點染山水，蒼樸蕭散，超絶時史。經學大師兼長三絶，古有子瞻，今則先生。』將鄭珍與蘇東坡并論，足見景仰之情。

本叢書據貴州省博物館藏民國珂羅版印本影印。（黄萬機）

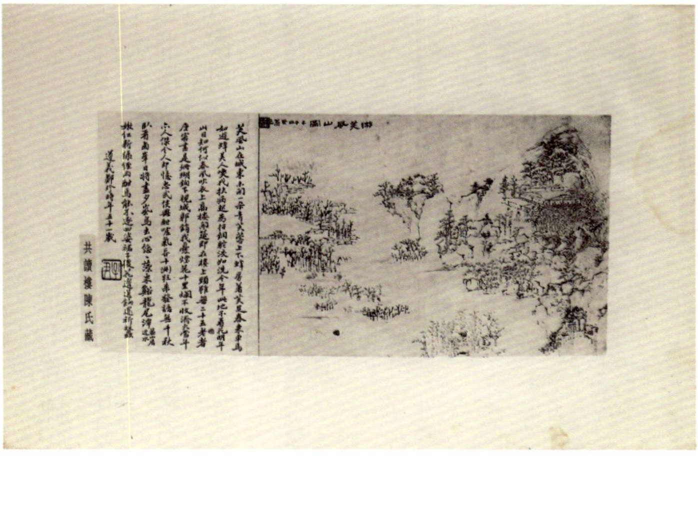

邵亭印存一卷

清莫友芝鎸印。莫友芝生平見經部《十先生中庸集解》提要。

《邵亭印存》係鈐印本，近人吴載和輯。

該本後有吴載和跋云：『獨山莫邵亭徵君，爲姑丈伯恒先生王父。博學多文，兼工篆隸，餘事尤善治印。其所用印章皆出自製，都二十餘方。先生世守原石，勿敢失墜。余嘗請觀其印文款識，縱横遒逸，酷似所書。而使刀如筆，純任自然，實非僅於體格間規橅秦漢者所可幾及。徵君名重藝林，獨治印之精，知者頗鮮。爰向假拓，以饗同好，并告嗜徵君書者，知毫翰外更有可寶者在。攄懷舊之蓄念，發思古之幽情，當世必有同此嚮往者。時距徵君捐館蓋逾一甲子矣。癸酉十月吴載和識。』據此可知，吴載和從莫友芝之孫莫經農（字伯恒，吴之姑丈）處乞得莫友芝用印二十餘

方，於民國二十二年拓成此譜，此爲《郘亭印存》初鈐之時。

《郘亭印存》存世數量不少，序跋與鈐印有多寡之分，所收之印順次也不盡一致。此蓋因鈐印時間及條件不同，故有所差異。如華東師範大學圖書館所藏《郘亭印存》僅鈐印二十三方。貴州省博物館藏本共收印章三十一方，是今見存世《郘亭印存》中鈐印最多之本，但所收序跋較少，僅有趙叔孺、吳徵、黃賓虹三序及吳載和跋語，不及他本有多至七序（吳待秋、黃賓虹、李尹桑、王福庵、宣哲、陳延韡、秦曼卿）一跋（吳載和）者。

本叢書據貴州省博物館藏本影印。（張劍）

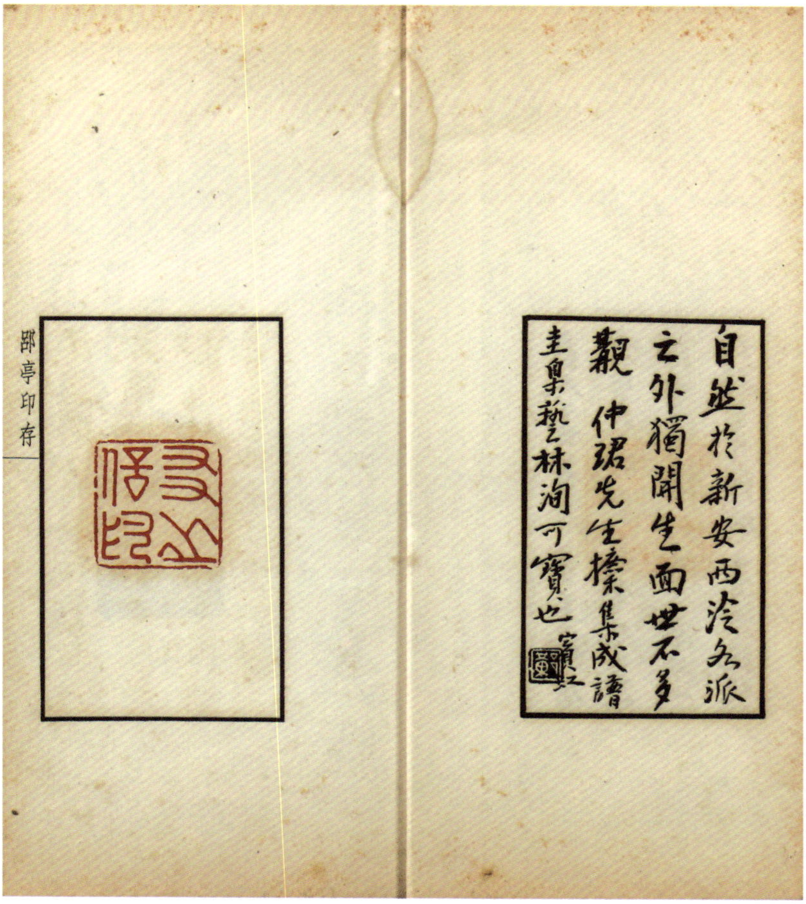

省𣪏室集印（存一卷）

清莫繩孫輯。莫繩孫生平見史部《何騰蛟傳》提要。

該本封面有莫繩孫所題兩行篆書：『文何鐵筆』、『省𣪏室集印上册』，下鈐『莫繩孫』白文印。莫繩孫號省𣪏子，文何指明代著名篆刻家文彭、何震。觀此，該書當爲兩册，上册爲莫繩孫所集文彭印譜，下册當爲莫繩孫所集何震印譜，然國家圖書館藏本僅存上册。

上册正文約七十葉，版心上欄皆印有『香亭印譜』，下欄皆印有『聽雨山房』字樣，原係出版商所售空白譜箋，供人鈐印之用。莫繩孫從其他

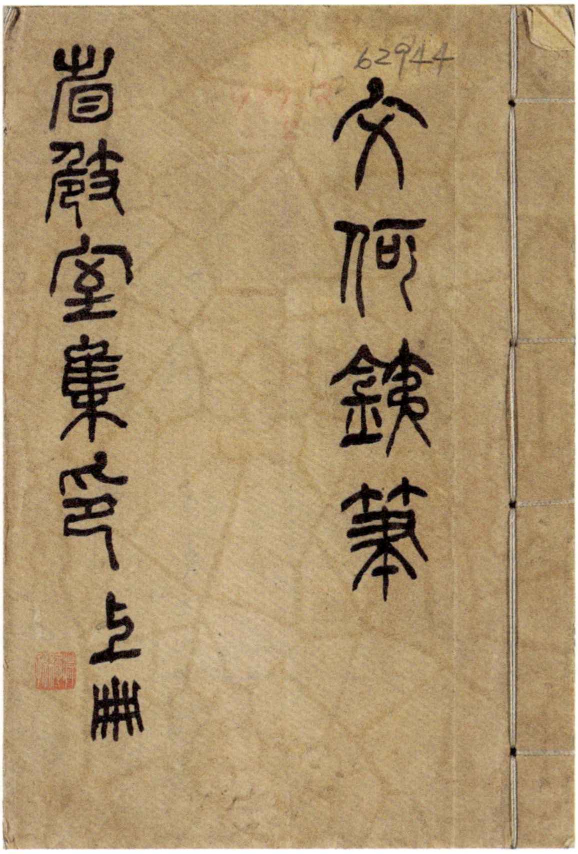

印譜中裁剪文彭篆刻，然後粘貼於此印譜之上，其中亦有少數幾方爲鈐印，如『長歌醉菊花』白文、『水流雲在』白文等，然未知此數方鈐印果出文彭之手否，存疑。

國家圖書館據版心著録書名爲《香亭印譜》，誤。

此書爲剪貼兼鈐印本，今藏國家圖書館，本叢書所收即此本。（張劍）

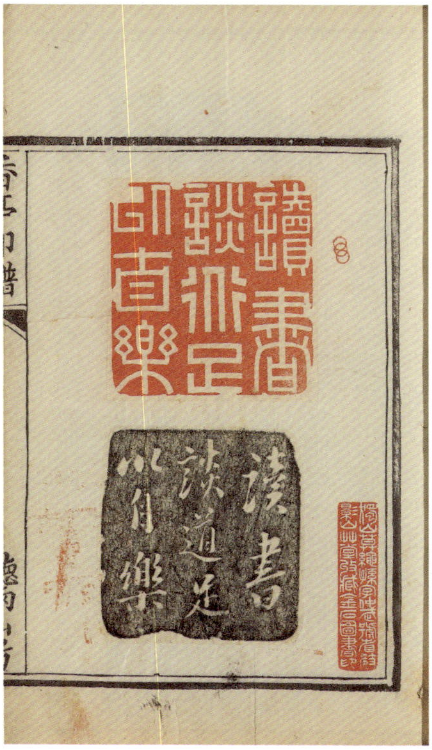

錦江禪燈二十卷目録一卷

明丈雪通醉編。丈雪通醉（一六一〇—一六九五），俗姓李，乳名和尚，生於明萬曆三十八年。父李梅，母姚氏，四川内江人，耕織爲業，生活貧苦。爲避荒，至時屬四川之遵義府桐梓縣蘆溪里，生丈雪。丈雪自幼輒好趺坐，五歲出家。復入鄉學，習儒業。後游方參學，得天童悟鍵錘、破山明衣鉢，爲臨濟三十二世正宗。寂於康熙三十四年，世壽八十六歲。曾在遵義禹門寺開法十餘年，首開黔北破山臨濟法派。

康熙十九年，《錦江禪燈》於成都昭覺寺首刊，因戰亂頻仍，兼蜀地閉塞，流傳不廣，故現今此本蹤迹難覓。康熙三十二年於浙西嘉興府楞嚴寺重刊，收入《嘉興大藏經》

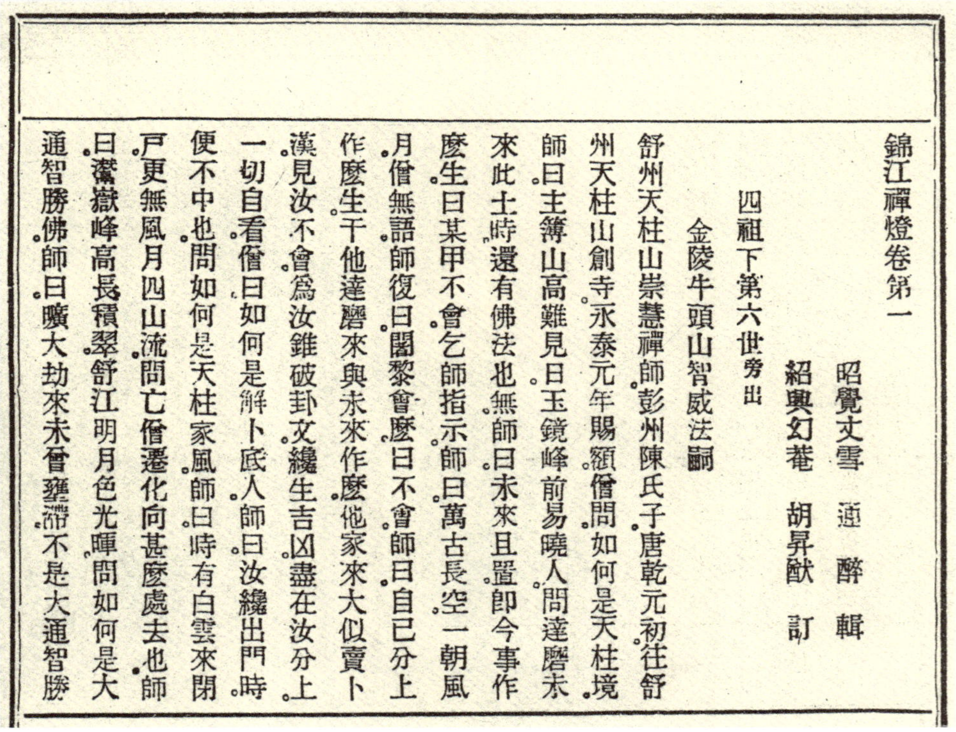
錦江禪燈卷第一
昭覺丈雪　通　醉　輯
紹興幻菴　胡昇猷　訂
四祖下第六世旁出
金陵牛頭山智威法嗣
舒州天柱山崇慧禪師。彭州陳氏子。唐乾元初。往舒
州天柱山創寺。永泰元年賜額。僧問。如何是天柱境。
師曰。主簿山高難見。曰。玉鏡峰前易曉人。問。達磨未
來此土時。還有佛法也無。師曰。未來且置。即今事作
麼生。曰。某甲不會。乞師指示。師曰。萬古長空。一朝風
月。僧無語。師復曰。闍黎會麼。曰。不會。師曰。自己分上
作麼生。干他達磨來與未來作麼。他家來大似賣卜
漢。見汝不會。爲汝錐破卦文。纔生吉凶。盡在汝分上。
一切自看。僧曰。如何是解卜底人。師曰。汝纔出門時
便不中也。問。如何是天柱家風。師曰。時有白雲來閉
戶。更無風月四山流。問。亡僧遷化向甚麼處去也。師
曰。灊嶽峰高長積翠。舒江明月色光暉。問。如何是大
通智勝佛。師曰。曠大劫來未曾壅滯。不是大通智勝

中。書首分别有康熙二十五年四川按察使胡昇猷、二十六年四川昭覺寺住持徹綱、二十七年四川大聖大慈寺住持覺聆、三十二年丈雪同門聖可德玉之序，以及康熙十一年丈雪《題辭》及《古今采摭》（引書目録）、《辯訛》、《校訛篇》（對《佛祖統紀·西土二十四祖紀》等之辨正）、《凡例》等，書末有荆楚弘山崇慧寺徹耷之後跋。今《卍續藏經》第一百四十五册、《禪宗全書》第二十八册中皆有載。丈雪廣搜歷代諸家史傳、語録，依《指月録》等之體例，將歷代各宗融爲一源，而不别分五家七宗枝末派系，唯於卷目之下標明大鑒下第幾世。丈雪花費二十年時間，輯成此書，在當時爲絶無僅有之大事。内容主要收録蜀地出身而弘揚宗乘於異地之諸師，或外籍入蜀而建法幢於蜀地説法之歷代諸禪德之源流、行實、機緣、頌古、法語，以及護法宰相、居士及神僧、高僧之機緣語句，共計收録近千人。其中，卷一至卷十五收録初祖至大鑒下第四十世諸師八百三十五人；卷十六至卷二十收録高僧、神僧一百五十六人。丈雪編撰《錦江禪燈》時，蜀亂初平，資料散佚，彼得此失，無所考者亦多，難免挂一漏萬，實乃一家之言，但開創之功甚巨。該書屬於西南地區之禪宗燈録，爲研究川、滇、黔、渝地區禪宗史者必讀之書。《錦江禪燈》記録之數十位在貴州弘法傳道之禪宗大師，與丈雪關係密切，或爲丈雪同門師兄弟，因此，書中對諸法嗣之言語行迹，記録比較真實可信，對研究明末清初貴州禪宗佛教，具有極高價值。

本叢書據清乾隆刻本影印。（王路平）

昭覺丈雪醉禪師語録一卷

丈雪通醉述，嗣法門人徹綱等編。丈雪通醉生平見子部《錦江禪燈》提要。

是書有三種版本。收入《嘉興大藏經》（臺灣新文豐版）第二十七册中之《昭覺丈雪醉禪師語録》爲十卷本，卷一收住成都府白牛山雪居寺語録、住遵義府禹門禪院語録、住陝西漢中府静明寺語録；卷二收住浙江嘉興府青蓮禪院語録、再住漢中府静明寺語録；卷三收住保寧府草堂寺語録、住順慶府毗盧山鶴乘寺語録；卷四

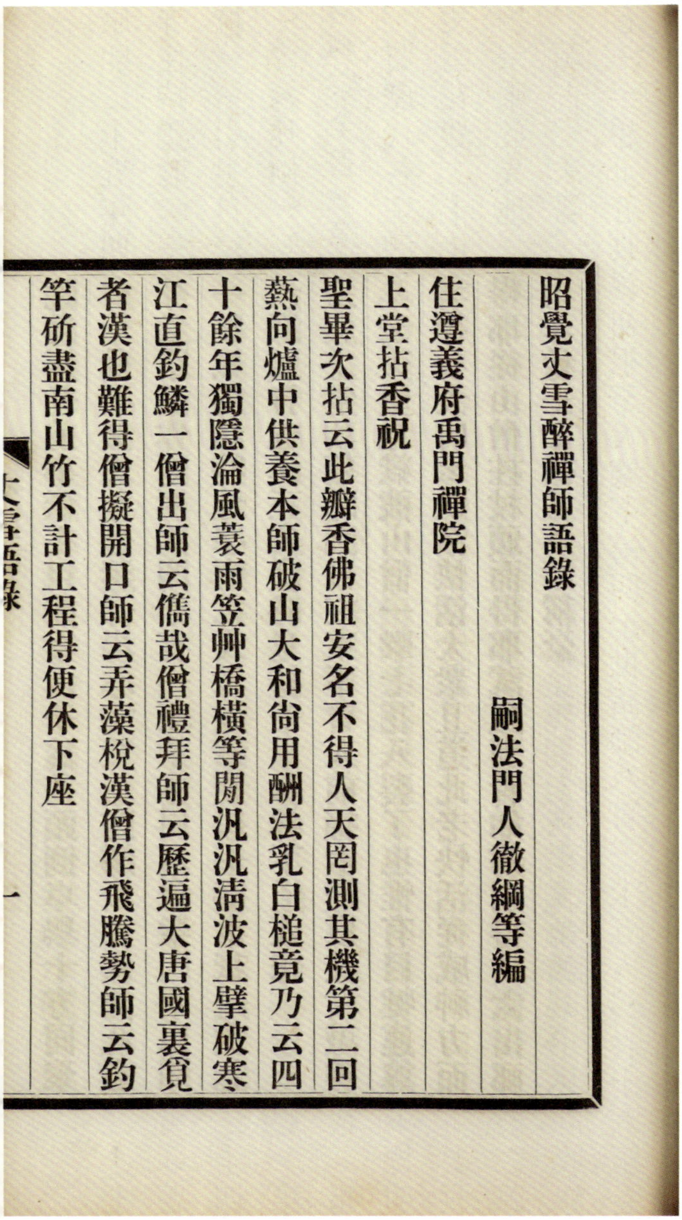
昭覺丈雪醉禪師語錄
嗣法門人徹綱等編
住遵義府禹門禪院
上堂拈香祝
聖畢次拈云此瓣香佛祖安名不得人天罔測其機第一回爇向爐中供養本師破山大和尚用酬法乳白槌竟乃云四十餘年獨隱淪風蓑雨笠艸橋橫等閑汎汎濤波上擘破寒江直釣鱗一僧出師云儁哉僧禮拜師云歷遍大唐國裏覓者漢也難得僧擬開口師云弄藻梲漢僧作飛騰勢師云釣竿斫盡南山竹不計工程得便休下座

收住成都府昭覺寺語録；卷五收問答機緣、勘辨機緣、廣録；卷六收頌古、贊、分燈；卷七收法語、佛事；卷八收書翰、行實；卷九至卷十收偈語。四川成都文殊院保存者爲十二卷本，無印刷年代。十二卷本還保存有卷十一《廣録上》及卷十二《廣録下》，以及附《紀年録并塔銘》。此外，尚有清末駐日公使黎庶昌在日本友人中村正直家借得《昭覺全録》，將其住禹門及有關者數十條摘出，收入《黎氏家集》中，光緒十五年於使署刊行。該本已由今人王燕玉、劉泳唐點校出版，收録於《黔靈叢書》之五《續黔僧語録》中。成都文殊院藏本内容豐富，結構完整，在三種版本中最爲全面。

本叢書據遵義市圖書館藏清光緒十五年日本使署刻本影印。

（王路平）

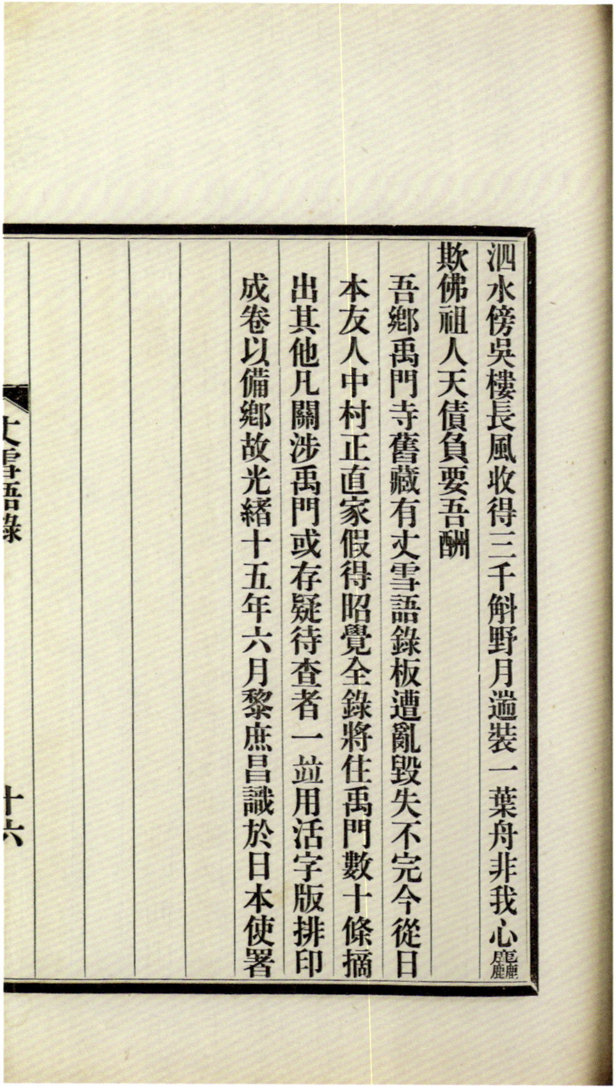

泗水傍吳樓長風收得三千斛野月遡裝一葉舟非我心麤
欺佛祖人天債負要吾酬
吾鄉禹門寺舊藏有丈雪語錄板遭亂毁失不完今從日
本友人中村正直家假得昭覺全錄將住禹門數十條摘
出其他凡關涉禹門或存疑待查者一並用活字版排印
成卷以備鄉故光緒十五年六月黎庶昌識於日本使署

丈雪語錄　十六

語嵩和尚語録十二卷

明語嵩傳裔述，門人佛海等編，語嵩傳裔（一六一一—一六六六），别號西山，重慶府巴縣來鳳鄉人，俗姓宋。自幼父母雙亡，由祖母養育成人，青少年時在鄉務農，二十三歲時，祖母病逝，遂就地出家。苦行三載後，參破山海明弟子破雪璽，取得正式僧人資格。六年後，破雪寂，參破山海明又一弟子長破杲，成爲臨濟禪宗第三十三世傳人。爲避明末戰亂，曾『隱真安州鐵村坪（今道真自治縣境内）深谷中』（錢邦芑《語嵩和尚塔銘》）。南明永曆四年（清順治七年）春，前往夜郎（今桐梓縣夜郎鎮）大士閣開堂説法。後至敷勇衛（今修文縣扎佐鎮）、牟尼山報國寺（今貴陽威西門附近）等處説法，『宗風大振，從者如雲，相國文安之、總督范鑛、宗伯程源咸咨訪焉』（出處同前）。南明永曆七年（清順治十年）

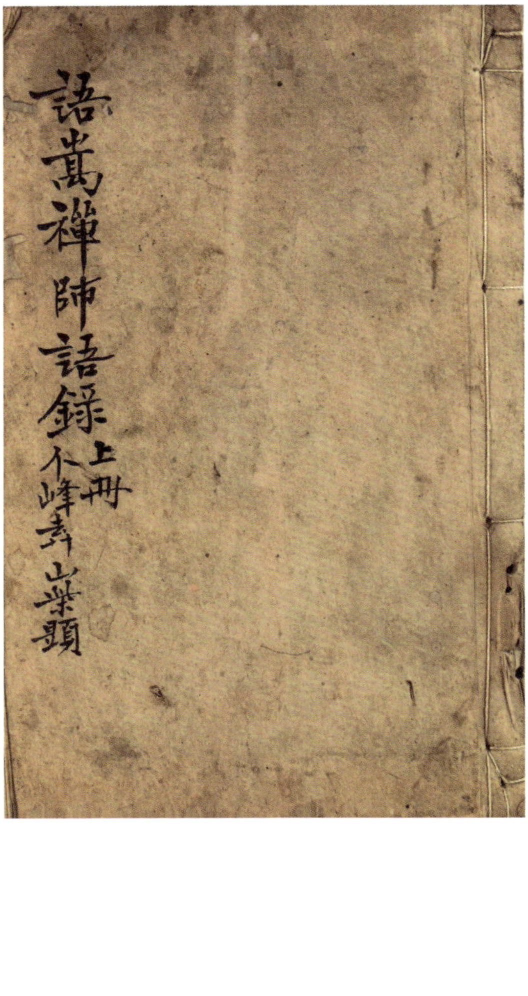

帶弟子數人去息烽西山開闢八座寺院。南明永曆十四年（清順治十七年）離黔，去湘、川、蘇、浙等地。清康熙五年於寧波天童山坐化，靈骨歸葬息烽西山鳳凰池右，并建塔供奉，錢邦芑撰《語嵩和尚塔銘》，并刻之於碑。

《語嵩和尚語録》由語嵩門人佛宗、佛海、佛定、佛鏡、佛燈、佛柱、佛正、佛門、佛智、超定等十人編次。全書計十二卷。卷一爲『上堂一』，卷二爲『上堂二』，卷三爲『上堂三』、『小參』，卷四爲『開示上』、『開示下』，卷五爲『機緣上』，卷六爲『機緣下』，卷七爲『法語』、『書問上』，卷八爲『書問下』、『法語續集』，卷九爲『參禪偈一百首』，卷十爲『頌古』、『離偈上』，卷十一爲『離偈中』、『聯芳偈』，卷十二爲『離偈下』、『真讃』、『雜著』、『佛事』。

本叢書據貴州省博物館藏清順治刻本影印。

（曾祥銑）

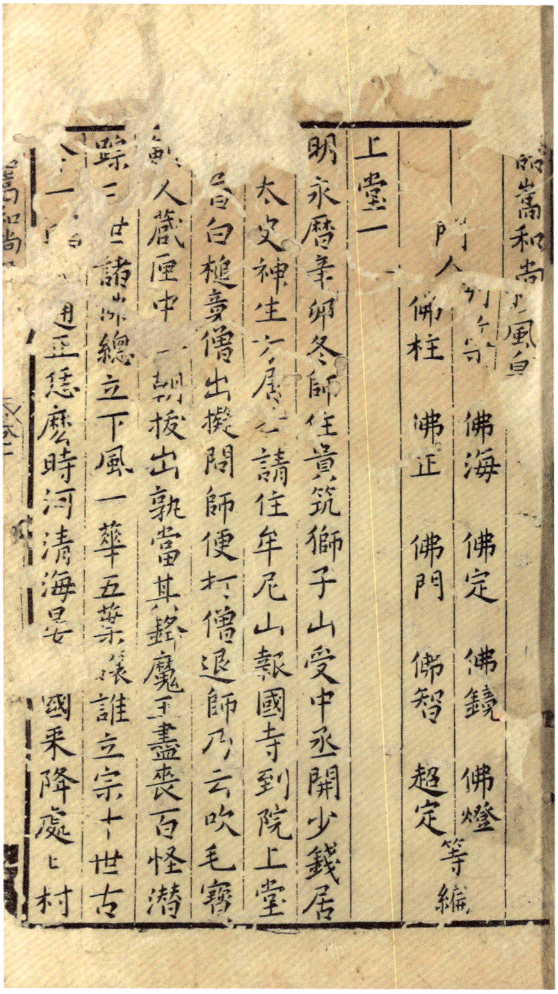
佛海 佛定 佛鏡 佛燈
佛柱 佛正 佛門 佛智 超定 等編
上堂一
明永曆辛卯冬師住貴筑獅子山受中丞開少錢居
太史神生方居士請住牟尼山報國寺到院上堂
白槌竟僧出擬問師便打僧退師乃云吹毛寶
人藏匣中一朝拔出孰當其鋒魔王盡喪百怪潛
諸佛總立下風一華五葉誰立宗十世古
恁麽時河清海晏 國釆降處

維皇御極尊經□卷（存八卷）

曾蟾光輯。曾蟾光（一八五〇—一九一八），名憲章，號蟾光，又號六一山人，貴州仁懷直隸廳河西里一碗水（今赤水市大同鎮寶源場）人。據《赤水縣志》載，清同治光緒年間，曾蟾光集道、釋、儒三教要旨，編成《太華經》十部，藉去四川各地度化

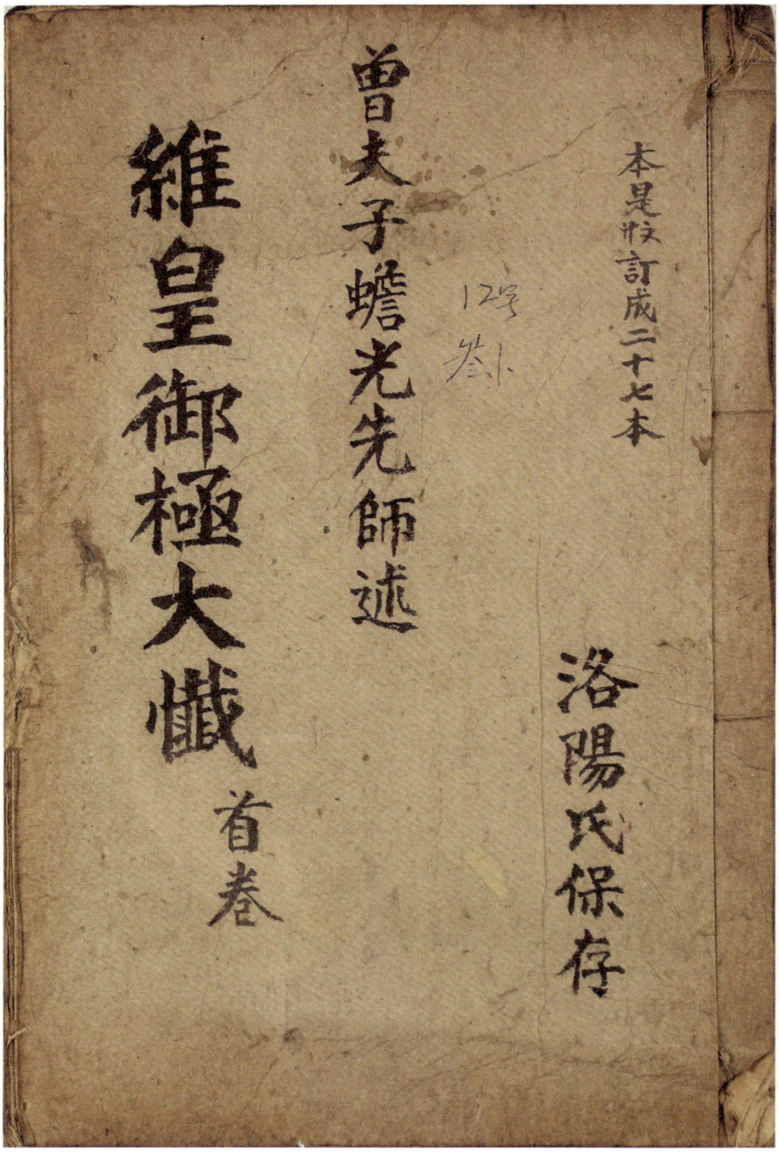

文昌大洞玉
經符籙全書

當今皇帝萬歲　陛下

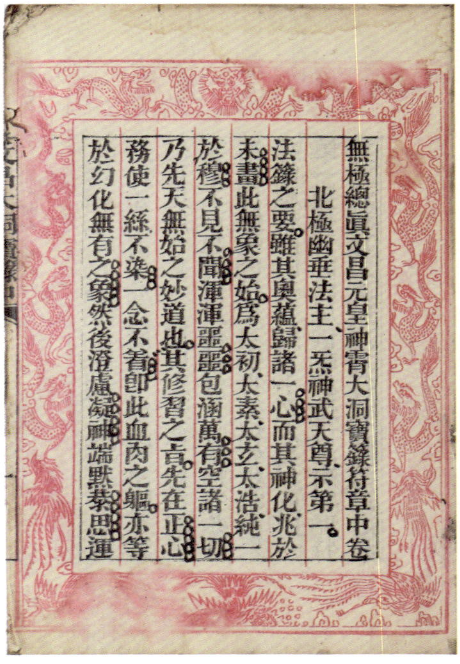
無極總眞文昌元皇神霄大洞寶籙符章中卷
北極幽垂法主一炁神武天尊示第一
法籙之要雖其奧蘊歸諸一心而其神化兆於
未畫此無象之始爲太初太素太玄太浩純一
於穆不見不聞渾渾噩噩包涵萬有空諸一切
乃先天無始之妙道也其修習之旨先在正心
務使一絲不染一念不着卽此血肉之軀亦等
於幻化無有之象然後澄慮凝神端默恭思運

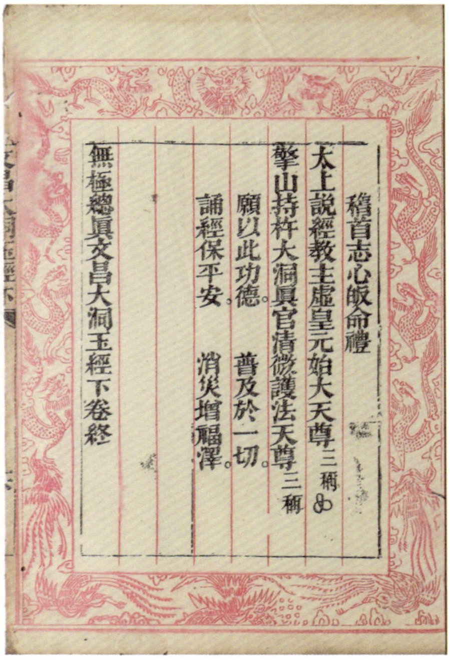
稽首志心皈命禮
太上說經教主虛皇元始大天尊三稱
擎山持杵大洞眞官清微護法天尊三稱
願以此功德　普及於一切
誦經保平安　消災增福澤
無極總眞文昌大洞玉經下卷終

結緣之便，呈四川總督丁寶楨代奏，獲准刊行。此後川民慕曾蟾光之名，遷居大同寶源一帶者達七十餘户，并信奉其教。曾蟾光乘勢在寶源聖燈山集徒設壇，名崇聖壇。主要活動爲舉辦正月上元會、七月中元會及十月秋報會；内容爲祈雨、求晴、收妖、降乩、傳道。曾蟾光去世後，其弟子繼任掌壇師，直至一九五〇年解散。

據當地傳説，曾蟾光衹習半年私塾，全憑自學，編著經書達三百八十多部（卷）。今在民間流傳者尚有六十多卷。所有經書印製精美，全用『九龍五鳳』圖案作邊框套紅。該書凡六種：《維皇御極尊經》、《文昌大洞玉經》、《文昌大洞寶錄》、《九皇丹經》、《玄祖奠定皇經》、《雷祖玉樞經》。撰述多爲七言句式，内容涉及忠君愛國、父慈子孝、節儉善行、和睦團結、耕讀爲本、誠信無欺、勸誡不染嫖賭洋煙等，亦有預測未來等文字。

本叢書據赤水市寶源村蔡廷忠所藏清光緒刻本影印。（黄亨清）

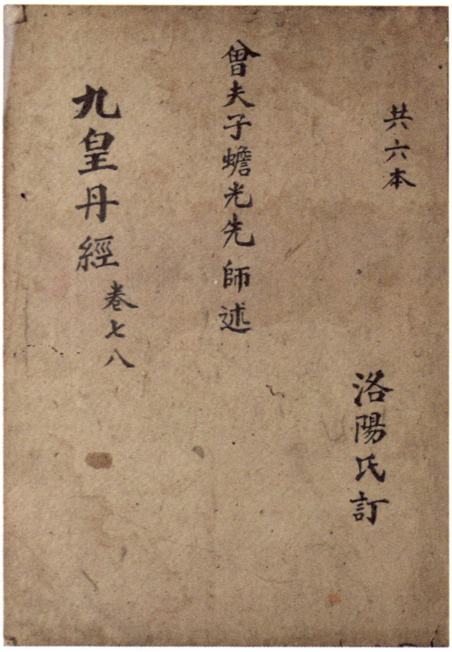
共六本
洛陽氏訂
曾夫子蟾光先師述
九皇丹經
卷七八

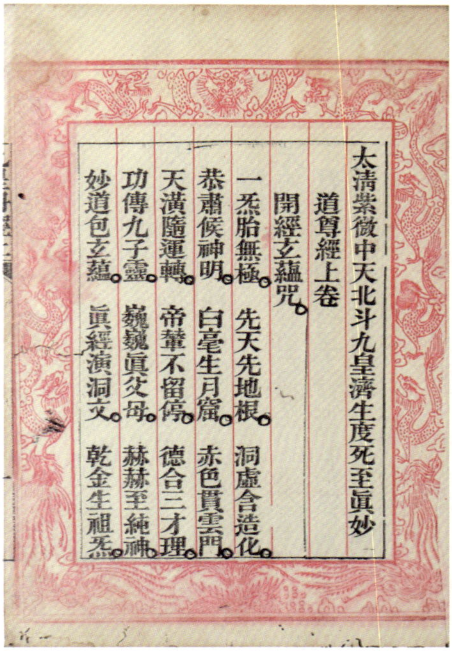
太清紫微中天北斗九皇濟生度死至眞妙
道尊經上卷
開經玄蘊咒
一炁胎無極　先天先地根　洞虛含造化
恭肅候神明　白毫生月窟　赤色貫雲門
天潢隨運轉　帝輦不留停　德合三才理
功傳九子靈　巍巍眞父母　赫赫至純神
妙道包玄蘊　眞經演洞文　乾金生祖炁

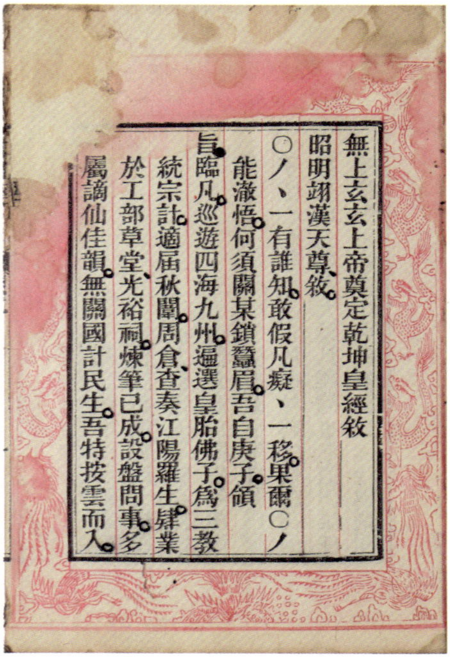
無上玄玄上帝奠定乾坤皇經敘
昭明翊漢天尊敘
○ノ丶一有誰知敢假凡癡丶一移果爾○ノ
能澈悟何須關某鎖蠶眉吾自庚子領
旨臨凡巡遊四海九州遍選皇胎佛子爲三教
統宗計適屆秋闈周倉查奏江陽羅生肄業
於工部草堂光裕祠煉筆已成設盤問事多
屬謫仙佳韻無關國計民生吾特按雲而入

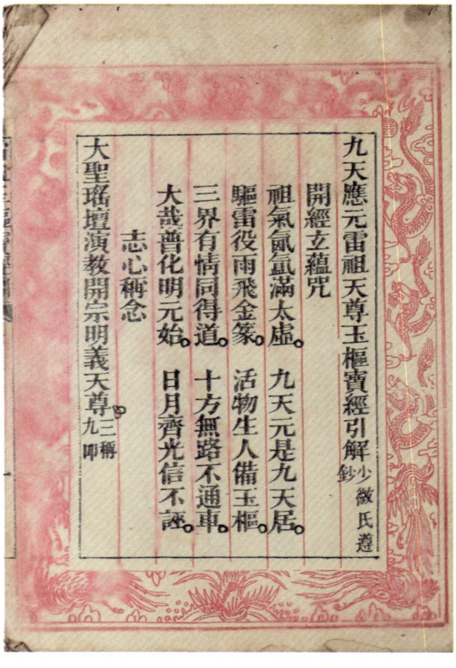
九天應元雷祖天尊玉樞寶經引解 少微氏遵鈔
開經玄蘊咒
祖氣氤氲滿太虛　九天元是九天居
驅雷役雨飛金篆　活物生人備玉樞
三界有情同得道　十方無路不通車
大哉普化明元始　日月齊光信不誣
志心稱念
大聖瑤壇演教開宗明義天尊 三稱九叩

萬世福源□卷（存卷一、卷四、卷九）

王寅亮編。王寅亮（一八六一—一九二五），號鎮道子，今貴州省道真仡佬族苗族自治縣忠信鎮人。歲貢生。曾任民國正安縣議長、貴州省議員。屬縣内『文壇』（民間儒教）代表性人物。

該本彙集《御車孝顯》、《孝分真假》、《孝義改榜》、《巧計化母》、《不孝變豬》、《節孝雙輝》六篇勸善故事，撰者於清宣統三年編輯倡刻。其前有王寅亮撰序及《臨鸞式訓》、《玉祖寶誥》、《玉祖寶訓》。編者宗旨，即如序文中所説：『亮慚薄福，頓悟心源，欲以正人心、息邪説、講禍福、化頑梗者，緝爲善本一書，出而勸世。』此木刻本，三册，一百九十二葉。漢文，楷體，豎書。正文每半葉九行，行二十一字。皮紙，綫裝。四周單邊欄，白口，版口有篇名、葉碼、魚尾等。署有『雷仁安』、『劉宗武印』。首葉脱，末葉殘，部分字迹油污。書寫、刻印精工，内容基本完整。對研究仡佬族民間文學、民間藝術、民間教育、民間信仰及民間儒教之傳播、教化，均有較高價值。其『節孝雙輝』以王寅亮家事爲題材，涉及地域多方史料。二十世紀八十年代道真縣民族事務委員會搜集，一九九七年牛皮紙加封，題作『孝節雙輝』。

該本藏貴州省道真仡佬族苗族自治縣民族展覽館，本叢書據此影印。（冉文玉）

雙金釧

大器由來是晚成莫因小怨壞良心誣為盜逼退婚他年難得跪轅門○湖北孝感縣有常浩然者乃遇春六代玄孫其祖在漢陽府做官因在屬縣落業浩然為人正直端方曾中武魁狀元在京為官與刑部侍郎常惠然同寓惠然亦遇春之後二人同宗極其相好如同親生浩然四旬無子又見仕途險薄宦豎弄權各分黨類正直難容遂辭官回到家鄉其妻孟氏常勸他買妾延嗣浩然曰賢妻之言差矣常言道兒女前世修種子隔

天律皇經註解十卷

王寅亮編。王寅亮生平見子部《萬世福源》提要。

此書爲清宣統三年至民國七年省内『文壇』（民間儒教）借扶乩以請神代言、宣示教義之文獻集輯。凡十卷十册，前八卷分別以『孝』、『弟』、『忠』、『信』、『禮』、『義』、『廉』、『恥』命名。各部又分經文與注文兩部分。後二卷爲《訓俗》、《寶訓》。孝部對『謀殺父母、不遵父母遺訓』等三十九條『不孝』罪狀，及其相應之二十一種果報『律條』予以注解，以傳達『萬善之根，惟孝乃立』之人倫理念。弟部對『弟殺兄、兄殺弟、狎侮老成、欺壓鄉黨』等三十四種『不弟』罪狀，及其相應之二十種果報『律條』予以注解，以傳達『孝首百行，弟分其半』之理念。忠部對『謀危社稷、私通敵國、貪贓枉法、置造妖術』等六十六種

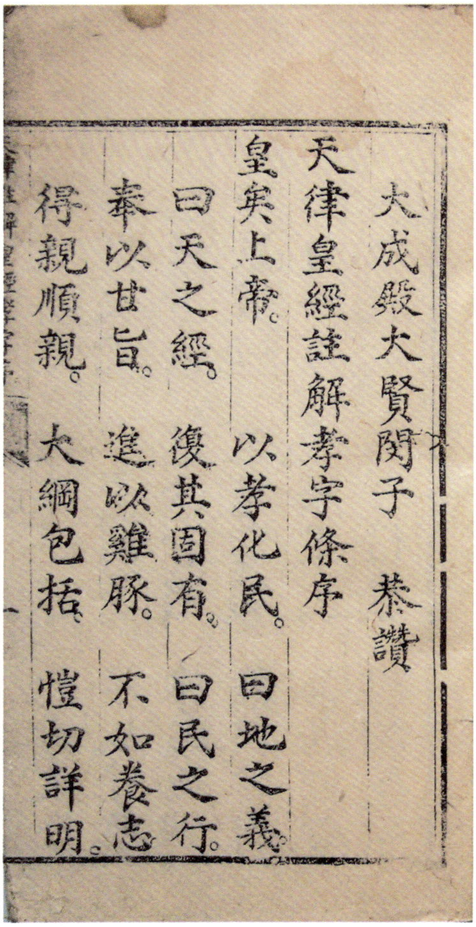
大成殿大賢閔子　恭讃
天律皇經註解孝字條序
皇矣上帝。以孝化民。曰地之義。
曰天之經。復其固有。曰民之行。
奉以甘旨。進以雞豚。不如養志
得親順親。大綱包括。愷切詳明。

『不忠』罪狀，及其相應之二十五種果報『律條』予以注解，以傳達『食其祿者忠其事，勿徒志乎功名；正其誼者全其謀，并可忘乎生死』之理念。信部對『誘人犯法、唆人争鬥』等三十九種『不信』罪狀，及其相應之十九種果報『律條』予以注解，以傳達『天地之生機，非信不立；人心之實理，非信不存』之理念。禮部對『怨天恨地、呵風罵雨、妄呼神諱、誹謗正教』等八十種『無禮』罪狀，及其相應之二十九種果報『律條』予以注解，以傳達『人心善動，禮爲之閑；惟恭惟敬，藹然秩然』之禮儀觀。義部對『妻殺夫、製蠱毒、見色生淫、沿山布網』等三十九種『無義』罪狀，及其相應之二十三種果報『律條』予以注解，以傳達『義之所在，勇而必爲；義之所非，堅而能守』之理念。廉部對『受賄埋冤、假公濟私』等四十四種『喪廉』罪狀，及其相應之十五種果報『律條』予以注解，以傳達『聖賢崇高之品，首重清廉』之廉潔觀。恥部對『翁納媳、父奸女、畫春宫、作淫書』等四十七種『無恥』罪狀，及其相應之十二種果報『律條』予以注解，以傳達『慎獨之功，因恥而極；自修之道，由恥而全』之理念。後二卷分别借神演教以訓世化俗，借神垂訓以表執事功過。此書對研究仡佬族民間宗教信仰、文化教育，尤其民間儒教之傳播與影響等，有一定價值。

該書爲木刻本，漢文楷體，毛邊紙，綫裝，寫刻印精工。二十世紀八十年代道真自治縣民族事務委員會汪泉恩搜集，并以牛皮紙加封。本叢書據道真自治縣民族展覽館藏本影印。

（冉文玉）

三教太極真宗秘旨七十二卷（陽齋 陽醮 陰齋 符箓 餘科）

清韓明善主編。韓明善，生卒年不詳，號通真，貴州湄潭縣高臺人。科舉不遂，轉而習道，勸人從善。清同治二年正月，韓明善帶領鄉人爲玉帝祝壽，受啓迪，由此立『收緣』祭祀壇。設壇祭祀之餘，悉心收集各地經書，藏於高臺湯泥壩（今訛爲陶泥壩）文昌閣。光緒二年，編著成套，定名爲《三教太極真宗秘旨》。其時，巧遇麻哈州（今麻江縣）文人范懋修，苦留之，以完成編書大業。邀請表弟湄邑庠生熊煥章專門筆録科儀。光緒五年完稿，次年刻版完成，随即印刷出版。

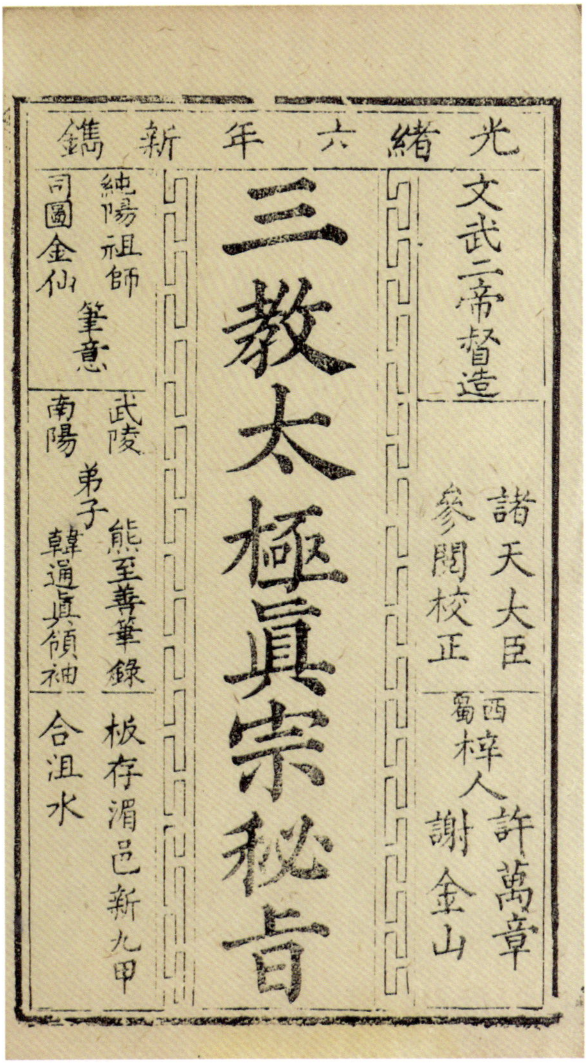
光緒六年新鐫
文武二帝督造
諸天大臣參閲校正
西蜀梓人許萬章 謝金山
三教太極眞宗秘旨
純陽祖師 同圖金仙 筆意
武陵熊至尊筆録
南陽弟子韓通眞領袖
板存湄邑新九甲
合沮水

此書爲集儒、釋、道三種不同科儀爲一體

之教派用書。全書七十二卷，七十二册。分陽醮、陽齋、陰齋、符箓、餘科等系列，成爲一部祭祀專用之百科全書。

《陽齋》爲對生人進行消災祈福、許願、驅邪之規範法事科儀，程式有設壇、參灶、迎師接駕、朝參、告宿等。

《陽醮》分别將豎幡、開壇、參灶、迎師接駕、朝參、告宿等儀式，進行詳細表述。寫明迎儒釋道各路神靈寶駕規矩，敬獻香、花、燈、水、果、茶、食、寶、珠、衣，鳴金、擊鼓、奏樂、起絲竹，四十八叩首之禮儀規範。陽醮科儀主要爲祈求三教神靈及王母到人間驅除瘟疫，祈求玄帝、炎帝伏魔驅瘟。

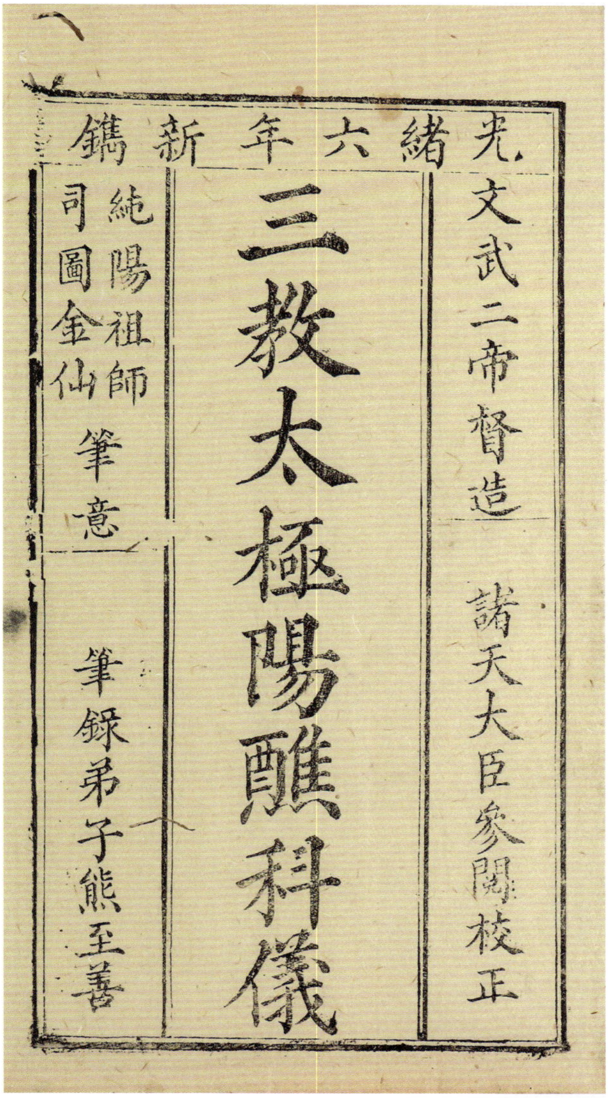
光緒六年新鐫
文武二帝督造
諸天大臣參閱校正
三教太極陽醮科儀
純陽祖師
司圖金仙
筆意
筆録弟子熊至善

《陰齋》爲超度亡靈之各種科儀程式，分別表述豎幡、開壇、參灶、迎師接駕、朝參、告宿等儀式。陰齋科儀主要爲祈求三教神靈爲亡者超度。

《符箓文式》，主要介紹做齋時設壇佈陣之式樣，陰齋陽醮之文書規格，各種咒符之式樣。

《餘科》卷一爲收授弟子之一系列程式，卷二爲超度師傅之法事科儀，卷三爲超度游魂之科儀，卷四爲對在世之人事先進行之齋事，卷五爲開庫、清宅之法事，卷六爲弟子學業已滿後出師之科儀。

該書雕版存於高臺湯泥壩文昌閣，二十世紀五十年代全部被焚燒，當年印刷之書僅有高臺鎮村民蔡亮强完整收藏。本叢書據此影印。（張憲忠）

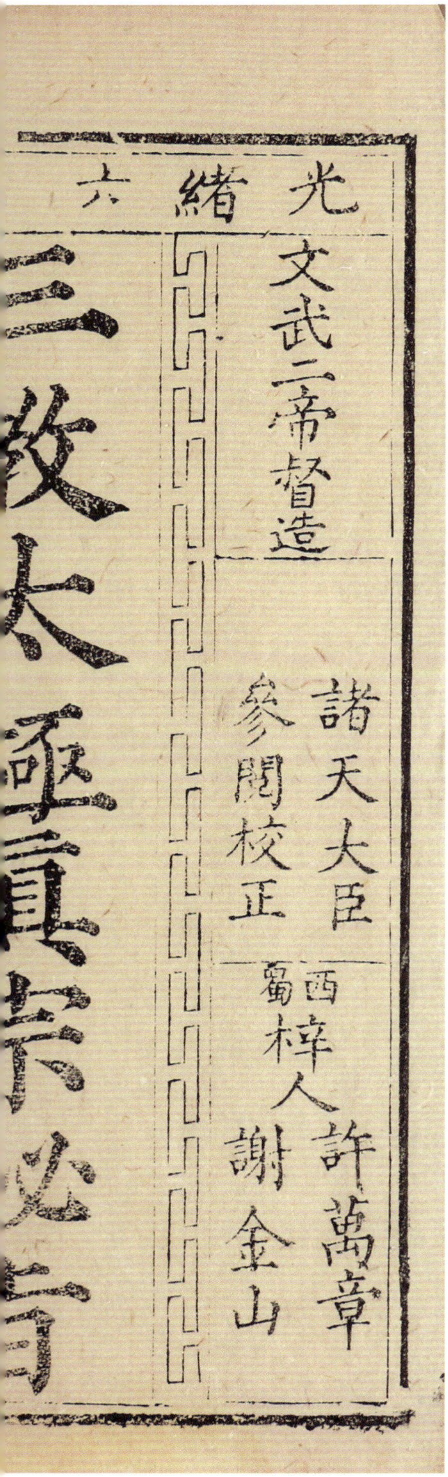

光緒六年新鐫

文武二帝督造

諸天大臣參閱校正

太極餘科符篆文式

純陽祖師筆意

司圖金仙

筆錄弟子熊至善

鐫

司圖金仙

筆意

南陽

弟子

韓通真領袖

合沮水

寒山表稿一卷

母重光撰。母重光（一八八七—一九四一），字正煊，别號寒山居士，貴州仁懷李博里雲安大竹壩（今屬五馬鎮）人。貴州法政學堂畢業，曾任赤水河分縣縣長、黔軍周西成部一等咨議官。中年歸隱鄉里，潛心儒佛道，力持儒教，常居懷南蓮花山、白果寺等寺觀，活動遍及赤水河中上游。中晚年撰寫大量青詞。

《寒山表稿》爲受信人齋戒祭神所撰表文，計有七聖表二道、彌勒表一道、慈航壽表一道、灶王壽表一道并附施戒文、地母表一道、七聖却病文、七聖救劫表一道。另爲『道觀餘墨』，有三月朔日課表附禳火文、送子娘娘壽表、惜生文及又三月朔旦課表等。爲瞭解民國年間赤水河流域民俗與宗教文化之重要文獻資料。

《寒山表稿》係未刊手稿，爲著者曾孫母先炯保存。本叢書據此手稿影印。（劉一鳴）

目錄

七聖表二道　十月朔　冬月朔　臘月朔

玉皇勸表一道　慈航壽表一道

司灶王光壽表一道　施戒文

地母表一道　七聖却病文

七聖救劫表一道　臘月廿二日上

具劫入境小民李志誠係四川遂寧縣唐壩小地名

李家下壩人氏生於乙卯年六月十六日寅時父

名李福興行二母親鄭氏茲世蒙王教母師威

[illegible]此年小民甘心樂意願[illegible]

母重光表稿一卷

母重光撰。母重光生平見子部《寒山表稿》提要。

是册爲著者手書原件，未刊稿。由『慈航古佛壽悃』、『母難表』、『下元表』、『蕭仙國禮壽表』、『牛王壽表』、『陳肖二佛祝文』等篇組成，乃信人求拜神祇於蓮花山寺廟之禱告文書。爲研究仁懷民俗文化及宗教活動之重要文獻。

該書爲著者曾孫母先炯收藏，本叢書據此影印。（劉一鳴）

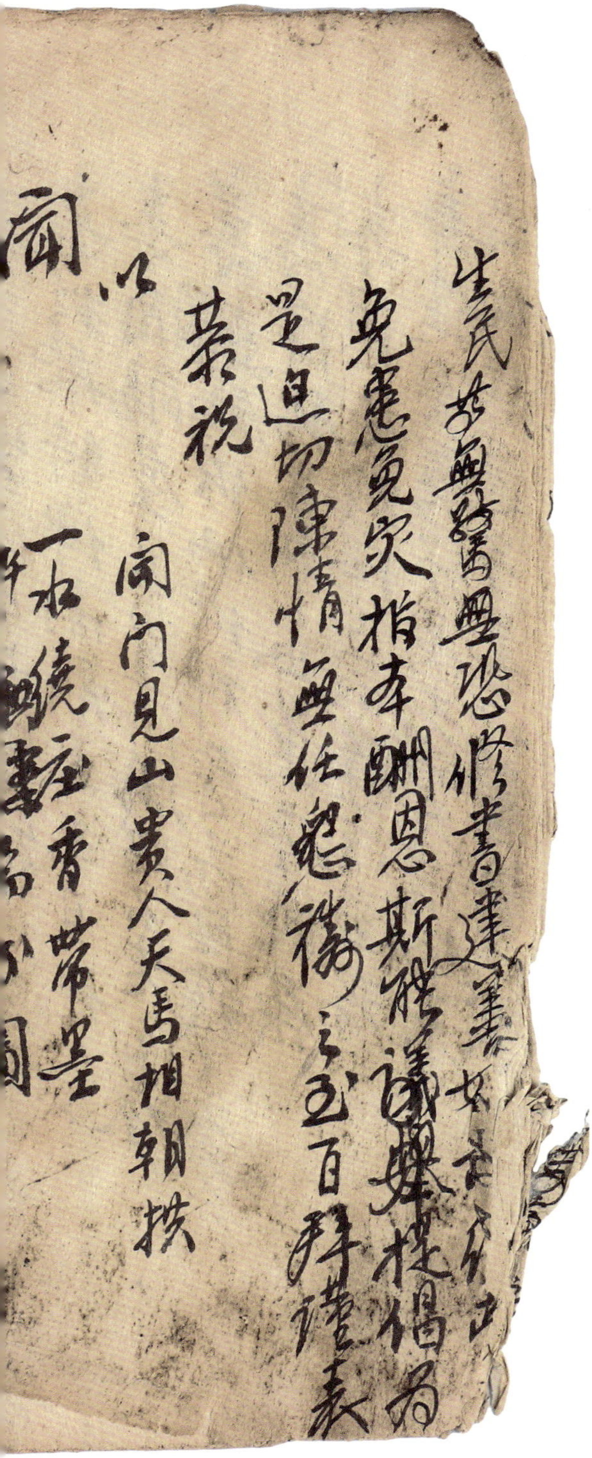

下元表

恭維

洞陰大帝，功高平地，德媲天。相二帝而屬山嶽之家，宣贊無始之功。

八年於外。現九辰而安億兆，三過而不入

其門。文德誕敷，永□於帝，□□□□德廣。

運。承天維禀聖禮，以彰盛典而啟四方祀正基。

惟大壽祇承於帝。國治根而有十二冊，寰宇欽

曆數。群孫延厥躬。當年大會塗山，玉帛來朝

萬國。此日宏開壽域，兕觥稱慶也三寶。

想乎下元府，鬼闕闈開，而龍飛鳳舞。

洞陰殿上，寶旒礪而虎拜鳧趨，鐵板銅琶。

普渡壇課一卷

母重光撰。母重光生平見子部《寒山表稿》提要。

《普渡壇課》爲母重光在仁懷縣魯班場窩蕩白果壩白果寺設儒壇所撰表文。此壇名善復初壇，從農曆四月十六開壇到六月初九撤壇安位，計有課程表示、土祇申（敬土地菩薩）、申通念、斗母表（敬女媧菩薩）、觀音迎駕文、西池王母表統餞祭文、三聖迎駕文、昭烈表、三清表、達摩表（即天盤教主表）、文殊表、普賢表、佛祖迎駕表、觀音古佛得道勝會慶祝文。該表文爲瞭解儒教初壇祭祀程式之重要文獻資料，可作研究清末民初當地儒壇之重要文獻。

此手稿爲著者後裔母先炯收藏，本叢書據此影印。（劉一鳴）

天盤教主表　晚　施戒

初八　戊申

忠戌不進表　慶龍華　講报恩

初九

圓蘭送聖表　撤壇安位文　謝土

慈雲普濟六卷（存卷二）

母重光修訂，卞德元發刊。母重光生平見子部《寒山表稿》提要。卞德元（一八五二—一九二七），字心培，仁懷縣生界壩人。光緒二十年歲貢。

《慈雲普濟》爲民间宗教類書，糅儒佛道爲一體，假托神聖以教化世人。該書共六卷，此爲全書卷之二，其他各卷已佚。該卷爲『詔諭』，爲儒教設壇降神扶乩所得書寫符號之譯文記録，闡述神道醒諭世人之理。計有己亥重陽前一日降崖究下寨『昭明捷報』，戊戌年七月降杠家寨『聖帝諭文』，己亥八

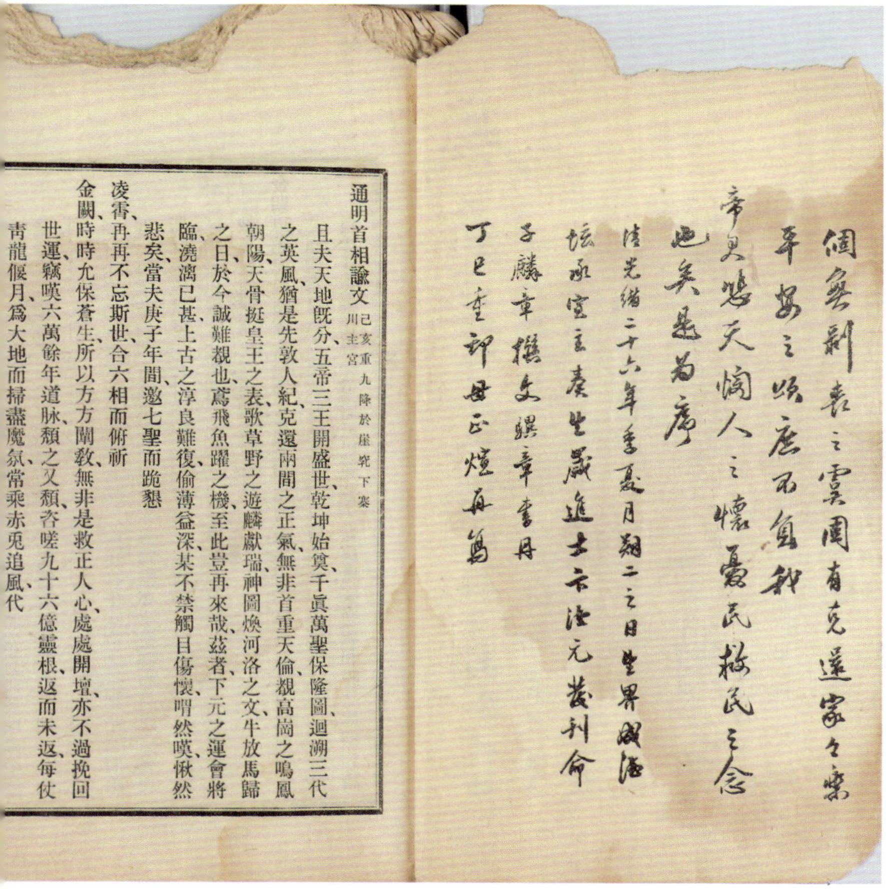
通明首相諭文 己亥重九降於崖究下寨川主宮

且夫天地既分、五帝三王開盛世、乾坤始奠、千眞萬聖保隆圖、迴溯三代之英風、猶是先敦人紀、克還兩間之正氣、無非首重天倫、覩高崗之鳴鳳朝陽、天骨挺皇王之表、歌草野之遊麟獻瑞、神圖煥河洛之文、牛放馬歸之日、於今誠難覩也、鳶飛魚躍之機、至此豈再來哉、兹者、下元之運會將臨、澆漓已甚、上古之淳良難復、偷薄益深、某不禁觸目傷懷、喟然嘆、愀然悲矣、當夫庚子年間、邀七聖而跪懇
凌霄、再再不忘斯世、合六相而俯祈
金闕、時時允保蒼生、所以方方闡教、無非是救正人心、處處開壇、亦不過挽回世運、竊嘆六萬餘年道脉、頽之又頽、杳嗟九十六億靈根、返而未返、每仗
青龍偃月、爲大地而掃蕩魔氛、常乘赤兎追風、代

月二十六日降仁懷水塘鄉姚子卿宅『昭明聖詔』，戊戌六月降明德壇『關聖詔文』、『諭文』，己亥六月降遵義香山寺『昭明聖詔』、『聖帝諭文』，丙辰三月降善體壇『聖帝諭文』，庚子年七月十八日降仁懷黄金樹同義壇『中天詔文』、『昭明詔文』，己亥秋降同善壇『聖帝諭文』，庚子六月降仁懷生界萬壽宫『中天詔諭』、『蓋天古佛詔文』、『通明首相詔文』、『關聖帝君詔文』，丙辰冬月降仁懷生界村蘆稿溝『銀闕至尊諭文』、『中天教主詔文』，壬子秋報會降仁懷茅臺中華嘴『蓋天古佛諭文』，癸丑六月降仁懷生界蓮花山『銀闕大帝諭文』，甲寅正月降仁懷五馬大羅垻周家祠堂『中天至尊諭文』，甲寅六月降仁懷五馬雲安大竹垻『伏魔大帝關諭』，甲寅九月降仁懷生界蓮花山『中天教主諭文』，甲寅秋重降蓮花山『漢壽亭侯諭文』，己卯十月降仁懷五馬雲安大竹垻『通明首相諭文』，乙卯冬降生界蓮花山『大漢關壯繆王諭』，乙卯冬月十九降石崇山『關聖大帝諭文』，丙辰正月十九降蓮花山『昭明翊漢天尊關諭』，共二十七則。

此書爲研究民間教壇活動之重要文獻。清光緒二十六年仁懷生界貢生卞德元發刊，子麟章撰文，民國六年貴陽文通書局印行。本叢書據劉一鳴藏本影印。（劉一鳴）

寒山墨漬一卷

毋重光撰。毋重光生平見子部《寒山表稿》提要。

是書收毋重光隱居懷南蓮花山陳氏廟期間開展宗教活動所撰表文，爲未刊手稿，共三輯。第一輯爲《動盪天閽》，計有『七聖表附十月十五月課表』、『七聖表』附『十月廿六超薦陳漢清表』、『上帝表』附『群真申』、『諸天表』附『城隍疏』、『十王表』、『觀音表』、『文公表』。第二輯爲《孝思維則》，爲陳氏於家廟開展祭祀活動之系列文章，中有陳蕪庵祭父文等。第三輯爲《應柒文稿》，爲替陳自芬按儒教範式超度亡父陳開宗做道場所撰文書，禱告神祇，超度亡靈而福佑生者。全書係信仰儒釋道三教合流之『儒壇』信士提供活動藍本，爲研究民國時期地方宗教文化、民俗文化，尤其川黔邊流行之『儒壇』，提供重要文獻資料。

此手稿爲陳自芬收藏。本叢書據仁懷劉一鳴提供之稿本影印。（劉一鳴）

告廟文

宸霄上院七聖二帝君儒典宗師　聖前

永鎮遷山漢室忠良姜老千歲　麾下

恭維

七聖帝君天經地緯。綱維宇宙共肩承。帝道皇猷。

制乾坤同壽權。夾輔

一 凌霄啟政宏理密補闡世運之力任栽培。凡屬靈根

紫府在展。昊天格字品。盡術遊提。峻德巍巍。洪恩浩[illegible]。

以辛信勤忘形願明[illegible]萬禧。身家幅[illegible]訓三旬忽一

瑤池返本回元經三册

張雲久編。張雲久，生卒年不詳，名廷慧，字德猷，號雲久，道號仙元，仁懷縣安羅里六甲闆頭臺魚塘（今喜頭鎮中心村）人。

張雲久約生於清末。善詩文，尊儒教，入福全寺，充壇主。著有經懺多部。本叢書收録三部，皆以韻體寫就。首册封面題『返本回元經』，卷首題『無上玄元無極先天瑤池返本回元度世真經』，九章三卷，闡發『未有物先有道』、『有道即有物』、『道無形物有形，有形之物，必載無形之道』等哲理。教化世人要愛其物，尊其道。倚物崇道，

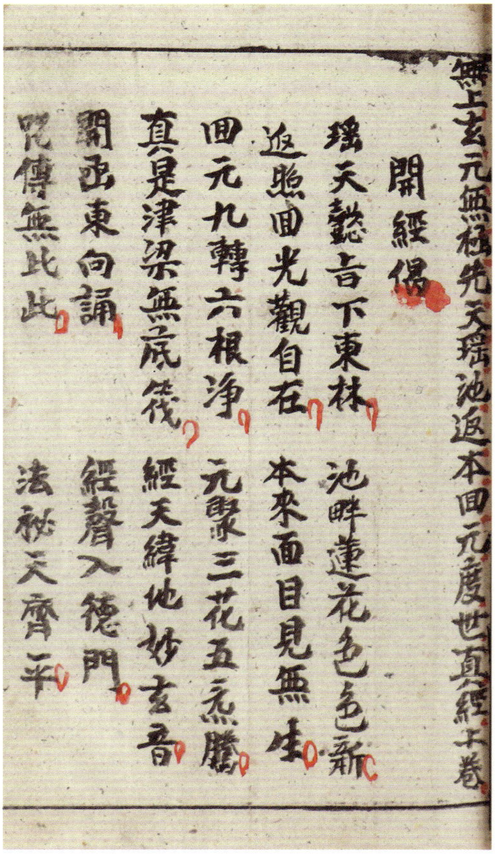
無上玄元無極先天瑤池返本回元度世真經上卷
開經偈
瑤天懿音下東林　池畔蓮花色色新
返照回光觀自在　本來面目見無生
回元九轉六根淨　元象三花五炁朧
真是津梁無底筏　經天緯地妙玄音
開函東向誦　經聲入德門
咒傳無比此　法秘天齊平

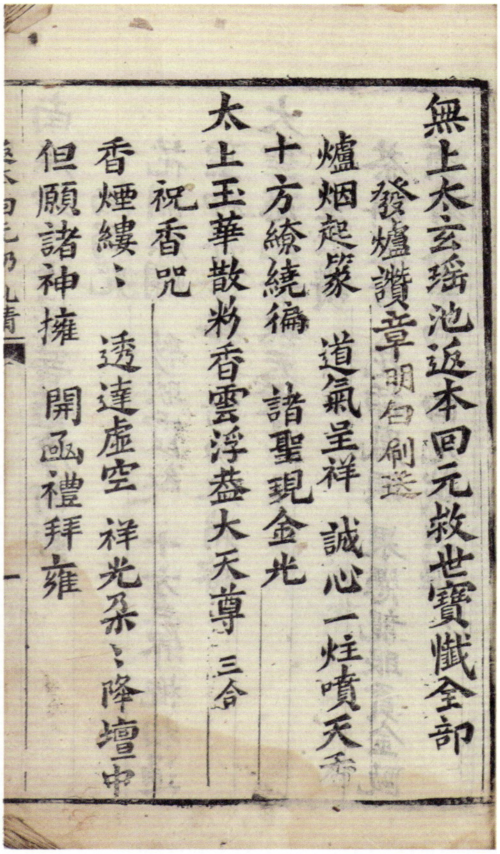
無上太玄瑤池返本回元救世寶懺全部
發爐讚章 明白俐送
爐烟起篆　道氣呈祥　誠心一炷噴天香
十方繚繞徧　諸聖現金光
太上玉華散粉香雲浮蓋大天尊 三合
祝香咒
香煙縷縷　透達虛空　祥光朶朶降壇中
但願諸神擁　開函禮拜雍

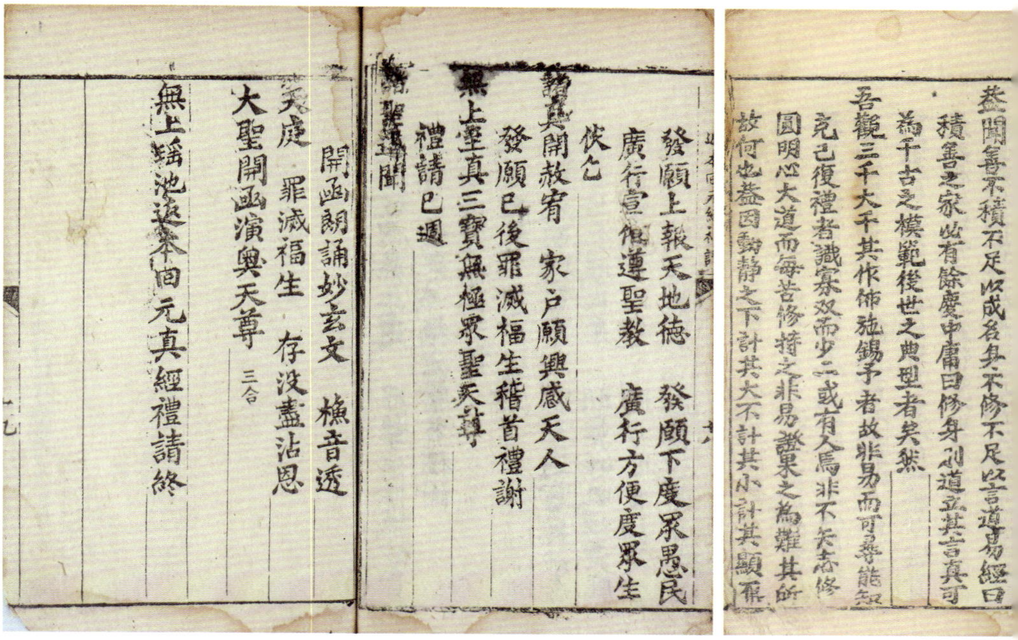
蓋聞善不積不足以成名身不修不足以言道易經曰
積善之家必有餘慶中庸曰修身則道立其言真可
為千古之模範後世之典型者矣然
吾觀三千大千其作佈施錫予者故非易而可尋能知
克己復禮者識寡寡而少二或有人焉非不矢志修
圓明心大道而每苦修持之非易證果之為難其所
故何也蓋因動靜之下計其大不計其小計其顯不

發願上報天地德　發願下度衆愚民
廣行宣化遵聖教　廣行方便度衆生
伏乞
諸真開赦宥　家户願興感天人
發願已後罪滅福生稽首禮謝
無上至真三寶無極衆聖天尊
禮請已週

開函朗誦妙玄文　梵音透
天庭　罪滅福生　存没盡沾恩
大聖開函演興天尊　三合
無上瑶池返本回元真經禮請終

失物而道之無所倚。誘導世人愛惜自然，愛惜人身。次册不分卷，封面題『返本回元寶懺全部』，首葉題『無上太玄瑶池返本回元救世寶懺全部』，爲設壇祭祀天地神靈之讚語、咒語，及禮請之述語。再册首葉題『瑶池返本回元經懺全部』，不分卷。次葉載本書檢閱編修、校正、刊刻等人員名單，其《總叙》言撰述此經之因由，旨在普渡衆生、消災彌禍、證果修真。

此經書於民國年間刻印面世，刻本現存仁懷穆仕華處。本叢書據此影印。（穆升凡）

存目

丈雪老人耆耇篇三卷

明丈雪通醉撰。丈雪通醉生平見子部《錦江禪燈》提要。

《丈雪老人耆耇篇》主要體裁爲法語開示、要語論説、寺院碑記、書序題跋等。共三卷。第一卷由丈雪禪師侍者常匡録，第二卷由侍者常熾録，第三卷未標録者之名。有清康熙刻本。第一、二卷内容與《昭覺丈雪通醉禪師語録》卷第十一《廣録上》之《法語》、《記》相同；第三卷與《昭覺丈雪通醉禪師語録》卷第十二《廣録下》相同。此篇有清康熙刻本，據《中國古籍總目》，四川省博物館有收藏。因逢館址搬遷，未能借出複製，故此存目。

（曾祥銑）

拙尊園畫存録一卷

清黎庶昌撰。黎庶昌生平見經部《春秋左傳杜注校勘記》提要。

黎庶昌對其書齋（拙尊園）所藏書籍與繪畫，均作過整理，編成《拙尊園存書目》、《拙尊園畫存録》，均爲未刊稿。《拙尊園畫存録》見於《黎氏家集總目》記載，黄萬機著《黎庶昌評傳》中列入已佚書稿。但據《中國古籍總目》記載，《拙尊園畫存録》書稿一卷，收藏於四川省圖書館。因逢四川省圖書館搬遷新址，未能借出作影印底本，故此存目。

（謝尊修）

名宦墨蹟一卷

此稿本爲注重文獻收藏者所輯録。輯録者姓名不詳。其間收有遵義黎庶昌手古迹。黎庶昌生平見經部《春秋左傳杜注校勘記》提要。

黎庶昌在清末曾任駐歐洲四國使館參贊，兩度擔任駐日本公使，歸國後任川東兵備道，被稱爲清末貴州『睁眼看世界』之第一人，故被列入『名宦』而收藏其墨蹟。

黎氏并未以書法名家，但視其手迹，屬於嚴謹端莊、明麗挺秀一路，從無隨意潦草之筆墨。所謂字如其人。

據《貴州古舊文獻提要目録》，此稿本收藏於貴州省圖書館。因未獲底本，故此存目。

（謝尊修）

先徵君郘亭公墨寶不分卷

此件爲晚清學者、詩人、書法家莫友芝（郘亭）之子莫繩孫輯存其父之手迹。莫友芝生平見經部《十先生中庸集解》提要，莫繩孫生平見史部《何騰蛟傳》提要。

莫繩孫所輯存墨寶，共三夾。第一夾實際爲莫繩孫所書諸葛亮《誡子》、《誡外甥書》；第二夾爲莫友芝臨摹魏孝文帝《吊比干文》；第三夾爲莫友芝書《感春》詩四首、《奉和虢州劉給事使君三堂新題二十一詠》。莫友芝書法，四體皆工，尤精篆隸。陳雲君《中國書法史論》一書中認爲何紹基、莫友芝等屬於晚清『書法藝術求變初期書法求變卓然大家』，『他們以學問淵博、功力雄厚爲本，在書法藝術求變時期發揮了很大作用』。莫友芝書法作品廣泛流傳於川黔湘鄂及金陵蘇揚一帶，多處名勝古迹、旅游勝地留有其楹聯字迹。其書法作品在清末即有《莫郘亭先生墨蹟》石印本印製流行。其書劄被輯入《近代名人書劄》。近年出版之《篆隸書法大字典》及日本人士編輯出版之《清人篆隸字匯》，均録有莫友芝書法獨字多體，供作範本。

據《貴州古舊文獻提要目録》，此稿本收藏於貴州省圖書館。因未獲底本，故此存目。

（謝尊修）

集部

梅柳詩合刻一卷

明錢邦芑撰。錢邦芑生平見經部《他山字學》提要。

《梅柳詩合刻》（下稱《合刻》）含《梅花》及《秋柳》兩部分。兩者各有著者自撰之小序，言其吟詠之由來及旨意。

《梅花》有詩一百首，其序云：『兹梅也者，賦性幽貞，天姿雅潔，傲霜雪而獨笑，友松竹而争妍。幽谷先芳，回孤陽於一綫；寒英破臘，引百卉而齊開。』『余也時當歲晏，道值陽消。偶屬意於詠歌，非敢託名花知己；即興情於摇落，亦徒爲澤畔行吟。但求命旨擒詞，毋得罪於風雅；比物起興，或有當

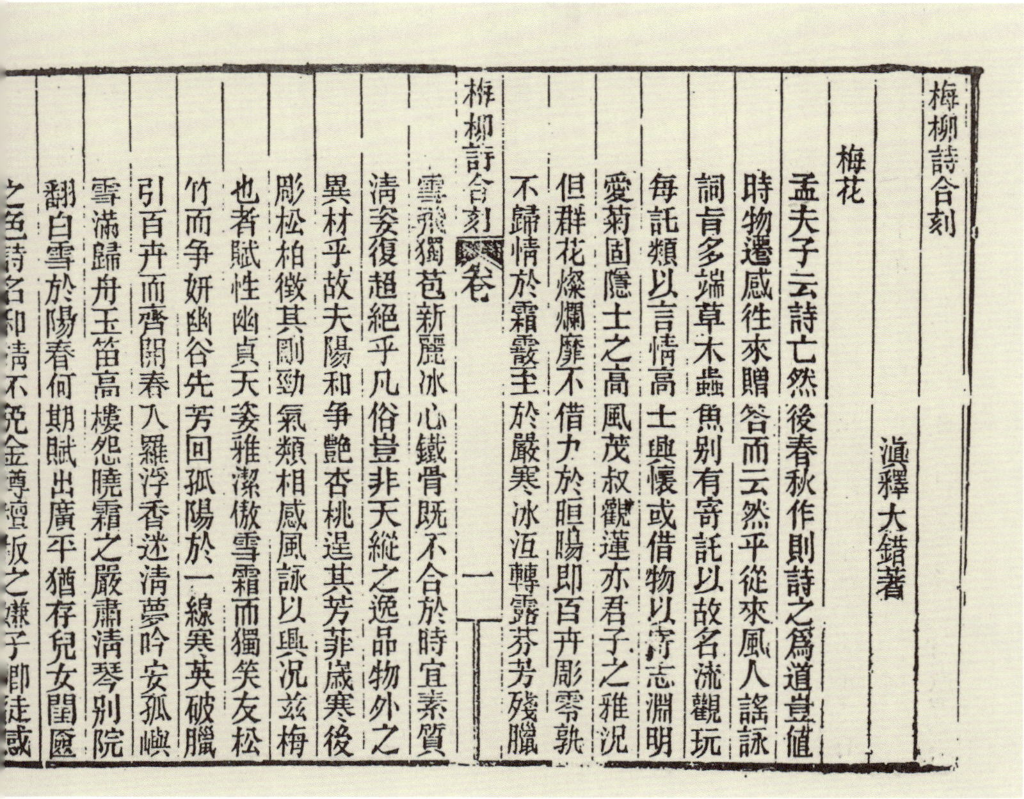
梅柳詩合刻

滇釋大錯著

梅花

孟夫子云詩亡然後春秋作則詩之爲道豈僅
時物遷感往來贈答而云然乎從來風人謠詠
詞旨多端草木蟲魚别有寄託以故名流觀玩
每託類以言情高士與懷或借物以寄志淵明
愛菊固隱士之高風茂叔觀蓮亦君子之雅况
但群花燦爛靡不借力於暄暘即百卉彫零孰
不歸情於霜霰至於嚴寒冰沍轉露芬芳殘臘

梅柳詩合刻　卷　一

雪飛獨苞新麗冰心鐵骨既不合於時宜素質
清姿復超絶乎凡俗豈非天縱之逸品物外之
異材乎故夫陽和争艷杏桃逞其芳菲歲寒後
彫松柏徵其剛勁氣類相感風詠以興况兹梅
也者賦性幽貞天姿雅潔傲雪霜而獨笑友松
竹而争妍幽谷先芳回孤陽於一線寒英破臘
引百卉而齊開春入羅浮香迷清夢吟安孤嶼
雪滿歸舟玉笛高樓怨曉霜之嚴肅清琴别院
翻白雪於陽春何期賦出廣平猶存兒女閨匳
之色詩名和靖不免金尊檀板之嫌予卿徒感

於美刺云爾。』

《秋柳》有詩四十首，其序云：『歲庚辰，讀書驥渚之江峰閣。閣宏敞，可四望，前有高柳數株，霏微掩映，翠色依人，及乎秋深，風霜欲下，枝葉漸彫，回念春陽，可勝淒惻。嗟乎！時多變易，物有榮枯。春華方盛，芳菲之態堪憐；秋露將零，慘淡之容欲絶。』『余也悲年華之冉冉，感弱質之依依，爰寫短章，用伸哀思。』

此《梅柳詩合刻》爲民國刻本。另國家圖書館尚藏《梅花百詠》清抄本一卷。《梅花百詠》後附《落梅詩》四章，《詠紅梅》八章，《秋柳》十九章，亦影印納入本叢書。（曾祥銑）

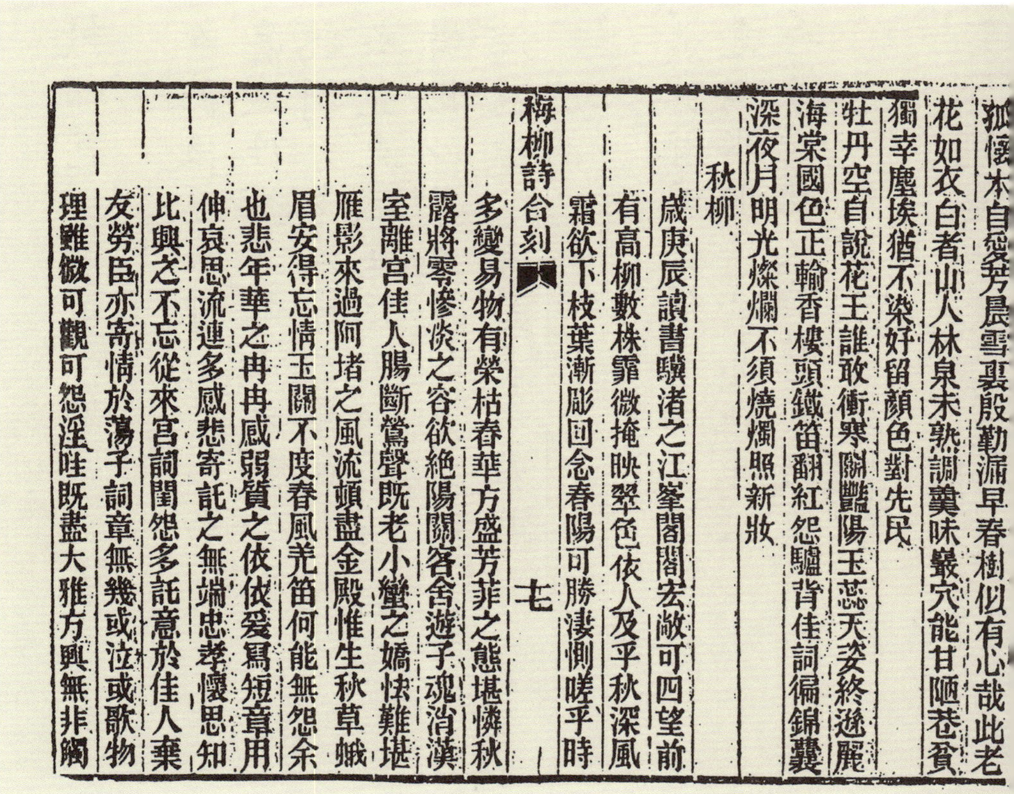
孤懷本自發芳晨雪裏殷勤漏早春樹似有心哉此老
花如衣白者山人林泉未熟調羹味巖穴能甘陋巷貧
獨幸塵埃猶不染好留顏色對先民
牡丹空自說花王誰敢衝寒鬬豔陽玉蕊天姿終遜麗
海棠國色正輸香樓頭鐵笛翻紅怨驛背佳詞徧錦囊
深夜月明光燦爛不須燒燭照新妝

秋柳

歲庚辰讀書驥渚之江峯閣閣宏敞可四望前
有高柳數株霏微掩映翠色依人及乎秋深風
霜欲下枝葉漸彫回念春陽可勝淒惻嗟乎時

梅柳詩合刻　七

多變易物有榮枯春華方盛芳菲之態堪憐秋
露將零慘淡之容欲絶陽關客舍遊子魂消漢
室離宮佳人腸斷鶯聲既老小蠻之嬌怯難堪
雁影來過阿堵之風流頓盡金殿惟生秋草蛾
眉安得忘情玉關不度春風羌笛何能無怨余
也悲年華之冉冉感弱質之依依爰寫短章用
伸哀思流連多感悲寄託之無端忠孝懷思知
比興之不忘從來宮詞閨怨多託意於佳人棄
友勞臣亦寄情於蕩子詞章無幾或泣或歌物
理雖微可觀可怨淫哇既盡大雅方興無非觸

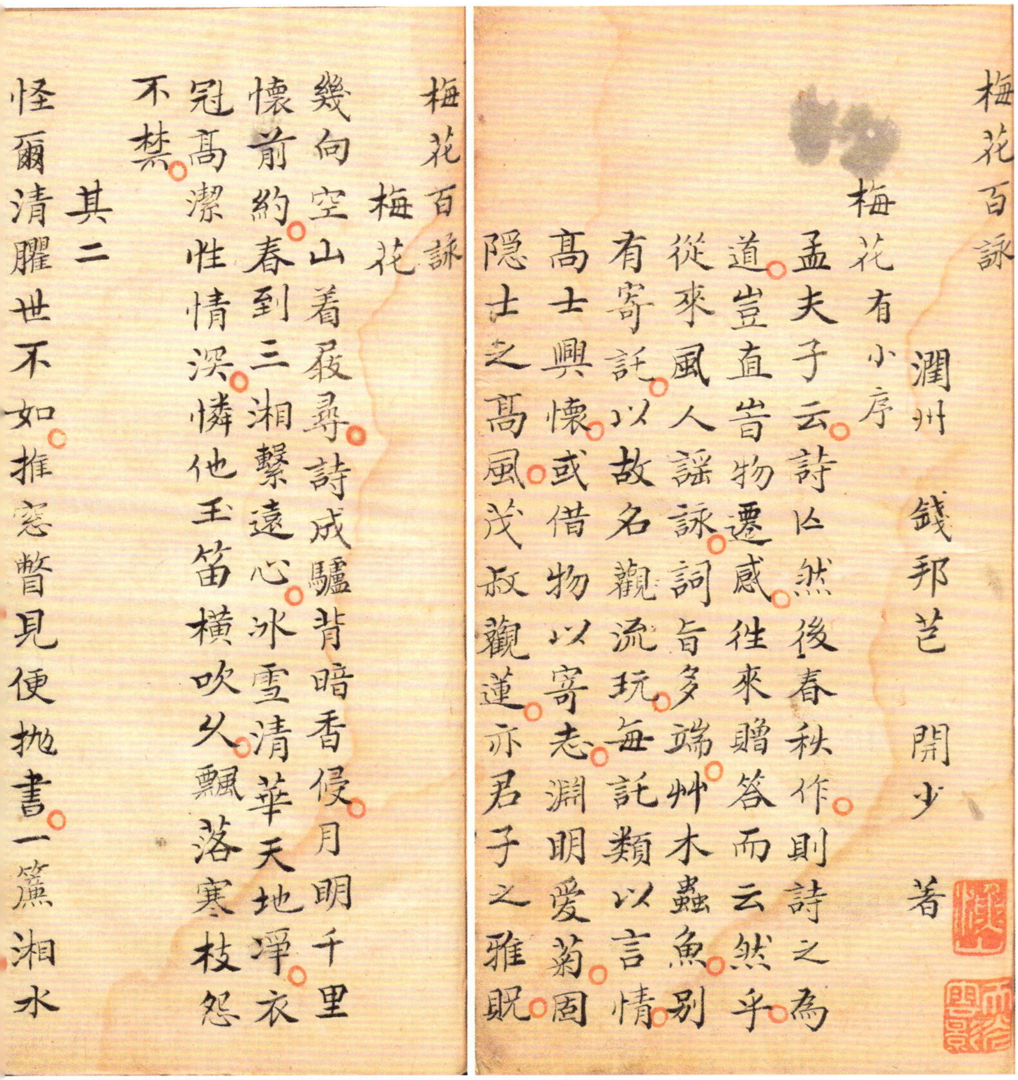
梅花百詠
潤州　錢邦芑　開少　著
梅花有小序
孟夫子云詩亡然後春秋作則詩之為
道豈直旹物遷感往來贈答而云然乎
從來風人謡詠詞旨多端艸木蟲魚別
有寄託以故名觀流玩每託類以言情
高士興懷或借物以寄志淵明愛菊固
隱士之高風茂叔觀蓮亦君子之雅既
梅花百詠
梅花
幾向空山着屐尋詩成驢背暗香侵月明千里
懷前約春到三湘繫遠心冰雪清華天地淨衣
冠高潔性情深憐他玉笛横吹久飄落寒枝怨
不禁
其二
怪爾清臞世不如推窓暫見便拋書一簾湘水

大錯和尚遺集四卷

明錢邦芑撰，清趙聯元輯。錢邦芑生平見經部《他山字學》提要。趙聯元（一八二九—一九一四），字尚選，雲南劍川名士，白族人。諸生。赴鄉試落第，遂絶意科場，以課徒爲業，終身設館教學。同治七年，曾率族人與回民起義軍戰於劍川，受傷而逃，隱居鶴慶眠龍洞。後歸里，致力於搜集鄉邦文獻。曾購書二萬餘卷，以半數贈劍川金華書院。室名拙修庵，人稱拙庵先生。著有《拙修庵讀書記》、《金華書院藏書目録》、《向湖村趙氏族譜》，另輯有《麗郡詩徵》、《麗郡文徵》。其子趙藩爲清末民初著名政治家、學者、詩人、書法家。

《大錯和尚遺集》四卷，收入民國三年雲南圖書館刻《雲南叢書二編》。卷前有趙聯元所纂《大錯和尚傳》。趙聯元所録錢邦芑之詩文爲四卷：前二卷録詩凡八十二首，附録錢馭少詩二首（錢馭少，即錢邦寅，錢邦芑幼弟）、錢點（錢邦芑侄）《昜庵集》遺稿（按：莫友芝編纂《黔詩紀略》時，從中選刊三十八首，趙聯元從《黔詩紀略》中全文轉録，故曰『遺稿附刊』）；後二卷録文二十三篇。

本叢書據上海圖書館藏民國三年刻《雲南叢書》本影印。（陳忠禄）

大錯和尚傳　　趙聯元纂

大錯和尚故明右僉都御史巡撫雲南冉徒錢邦芑也邦芑字開少隆武朝以選貢中書上書召對授監察御史劾陳謙持兩端上置謙於法尋遣邦芑巡按四川兼提學邦芑甫行而閩疆陷隆武及於難永歷立於肇慶邦芑於時聯絡川中諸將戰守數有功疏報全川略定文武升擢有差邦芑晉右僉都御史先是湖廣巡撫堵胤錫之招安李錦高一功也請封疏久持不下邦芑疏言方今國家新造兵勢單弱高李諸賊擁三十萬衆於楚中若不以高爵招之彼必不肯爲我用全楚非我有

大錯和尚遺集卷一　雲南叢書二編集部之□

明丹徒錢邦芑開少稿

清劍川趙聯元拙庵輯

詩

蒲村歸田二首

平生寡世情賦性躭閒逸塵網一羈絆舉步成隘窒沈思本無味忽忽如有失一朝決去就曠然深自得理我荷葉衣拂我笋皮笠逍遥田畝間昂首看雲色百物適自然欣彼歸飛翼

春至雨露滋百草俱萌茁荷鉏周田塍土膏解枯澀汨

昭覺丈雪禪師青松集一卷附里中行

明丈雪通醉撰。丈雪通醉生平見子部《錦江禪燈》提要。

《青松集》爲丈雪通醉侍者常熾録，載文十七篇，詩三十五首。前有門人徹聞寫於康熙十八年之《青松集序》，時丈雪通醉七十歲。《序》中云：『本師老人』，『迄今年臻古稀，欲收都市之招牌，恨未遂意。閑暇游青松下，坐頑石上，不獨爲法幢披肝瀝膽。至於弄郢匠斧斤，向人鼻隼間削去影子，演百步穿楊，呈中的之手，往往與士大夫醻醋處，莫不仰其玄采』。後附丈雪老人像一幅，并有白衣道人懋賞之《像贊》。

《里中行》爲丈雪通醉嗣法門人徹雲録，載詩九十七首，文三篇，後附丈雪之《先考妣遺行記》。前有混沌道人古鑿七竅甫、徹雲之序各一篇，皆寫於清康熙十三年。徹雲《序》云：『吾師以望七之齡，退休逸老，偶於甲寅夏，有漢安掃塔之行，觸境逢厚，輒成一律，信口信筆，不覺成篇。』主要内容爲答友唱和、勸勉後學、思幽懷古等。甲寅爲清康熙十三年，丈雪通醉嗣法門人徹綱等所編《昭覺丈雪醉禪師紀年録》載：該年『師六十五歲』，『逆兵過閬，清師亦至，相持六閱月，師甚爲地方憂之。因是避漢安』。

據上述《紀年録》載，《里中行》刊於清康熙十四年，當在附於《青松集》之前，已另有刊本。

本叢書據國家圖書館藏清刻本影印。（曾祥銑）

昭覺丈雪禪師青松集

侍者常熾錄

什邡重建羅漢寺記

禪宗一脉傳佛心髓震旦禍胎始於達磨受般若多羅懸讖曰金雞解銜一粒粟供養什邡羅漢僧即讓和尚托神於金州馬祖亦誕於什邡也於唐中宗景龍二年巳酉示生削染於羅漢寺諱道一族業編箕而爺舍老媼稱爲馬簸箕之子自讓和尚印可之後闡化江右有一口吸盡西江水振大機顯大用七事隨身用劒刃上事鍾秀支那無一匪從出廐神駒蹄

貞定先生遺文一卷附壽民詩鈔

清莫與儔撰。莫與儔（一七六三—一八四一），字猶人，號傑夫、壽民，貴州獨山兔場人。清嘉慶四年進士，改翰林院庶吉士，曾任四川洪雅縣知縣，易鹽源縣知縣，民皆稱便。後請改教職，授遵義府學教授，卒後門人私謚『貞定先生』。莫與儔爲晚清大儒莫友芝之父，精小學，擅詩文，然所著詩文雜稿多散佚，後經莫友芝整理成集，存有稿本、精抄本、刻本等不同版本。

稿本封面由莫友芝題寫『貞定先生文詩拾遺』，此本一卷，藏上海圖書館；精抄本封面題『貞定先生遺文』，凡四卷，係在稿本基礎上再次整理，藏中國社會科學院文學研究所善本室；刻本題作『貞定先生遺集』，由莫繩孫刻於光緒年間。

稿本首葉鈐有『銅井文房尊臧先著』、『上海圖書館臧』、『莫棠楚生之印』等印，首行題『貞定先生遺文』，收考、記、家傳、贊、序等各種文體數十篇，其中考以遵義地理、山川、制度爲主，頗見乾嘉樸學功夫；文後又有詩，題作『壽民詩鈔』，收莫與儔各題詩作三十餘首，個别詩篇有目無詩者，如《題王蘭上文學惠〈竹里館圖〉》、《平大夫惠扇》等，或係殘篇，如《送魯念莪大令壽崧歸長沙》。篇末附鄭珍《祭貞定先生文》、《漢三賢祠記》及杜旭《莫猶人老史由蜀令改選吾播校授過貴陽學齋連夕暢談於其行詩以紀之》；

又有萬丙照、黄樂之、舒其潞三人挽聯。觀筆迹皆爲莫友芝手録，内容亦多於精抄本及刻本，彌足珍貴。

本叢書據上海圖書館藏稿本影印。（張劍）

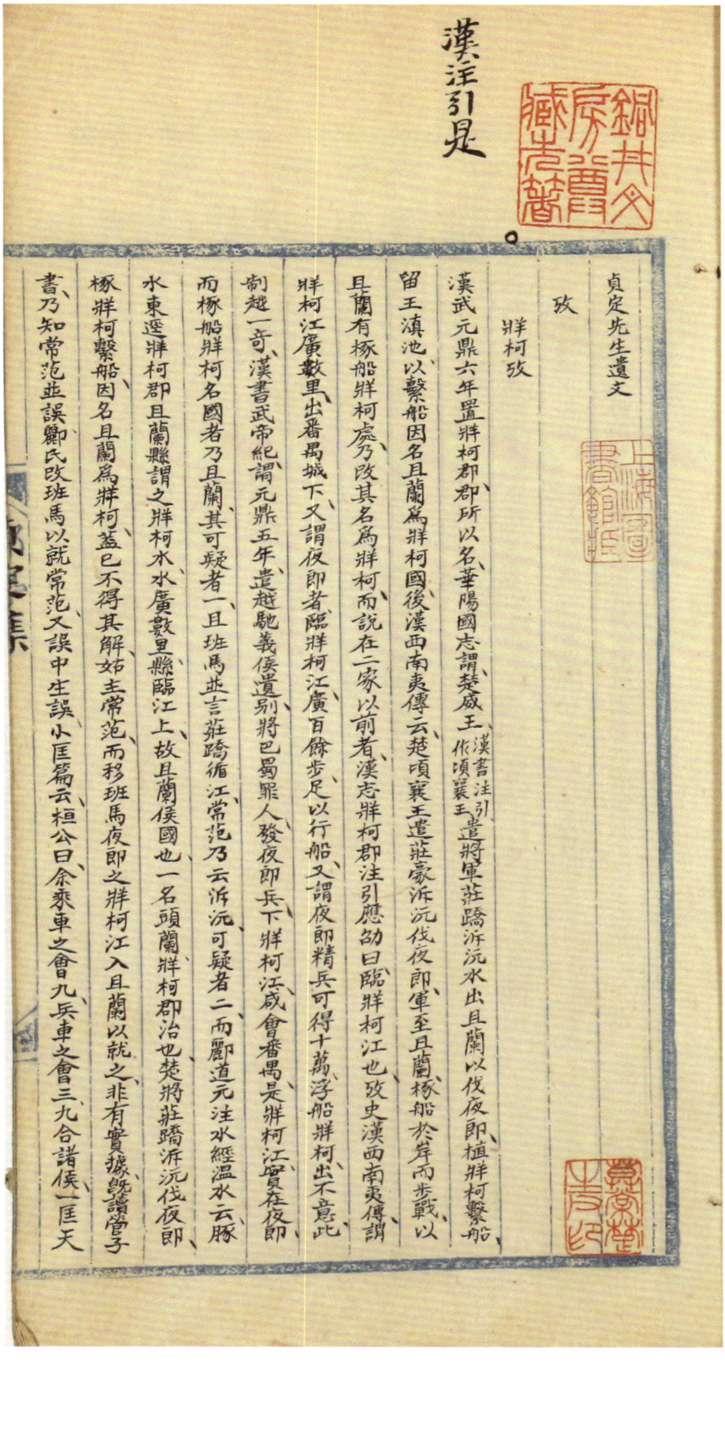
貞定先生遺文
攷
牂柯攷
漢武元鼎六年置牂柯郡郡所以名華陽國志謂楚威王漢書注引作頃襄王遣將軍莊蹻泝沅水出且蘭以伐夜郎植牂柯繫船
留王滇池以繫船因名且蘭爲牂柯國後漢西南夷傳云楚頃襄王遣莊豪泝沅伐夜郎軍至且蘭椓船於岸而步戰以
且蘭有椓船牂柯處乃改其名爲牂柯而說在二家以前者漢志牂柯郡注引應劭曰臨牂柯江也攷史漢西南夷傳謂
牂柯江廣數里出番禺城下又謂夜郎者臨牂柯江廣百餘步足以行船又謂夜郎精兵可得十萬浮船牂柯出不意此
制越一奇漢書武帝紀謂元鼎五年遣越馳義侯遺別將巴蜀罪人發夜郎兵下牂柯江咸會番禺是牂柯江實在夜郎
而椓船牂柯名國者乃且蘭其可疑者一且班馬並言莊蹻循江常璩乃云泝沅可疑者二而酈道元注水經温水云豚
水東逕牂柯郡且蘭縣謂之牂柯水水廣數里縣臨江上故且蘭侯國也一名頭蘭牂柯郡治也楚將莊蹻泝沅伐夜郎
椓牂柯繫船因名且蘭爲牂柯蓋已不得其解姑主常璩而移班馬夜郎之牂柯江入且蘭以就之非有實據旣讀管子
書乃知常璩並誤酈氏改班馬以就常璩又誤中生誤小匡篇云桓公曰余乘車之會九兵車之會三九合諸侯一匡天

題扇賜友芝

賜爾泥金扇清風生鼓篋好讀十年書還報泥金帖

題畫

竹披如耳尾如松妙合非關巧匠工尺幅暫羈千里足恐教一去馬群空

辛酉四月自庶常改外冬入蜀不數日即奉派上院對本口占以博同人一笑

天上圖書冊府開憶曾簪筆到蓬萊黃麻不硯承明草對本教隨制府來

茂州署西園三月尾始見桃花一枝 壬戌

蠻州風動日鳴條三月山城雪未消多謝東君憐寂寞衙齋催放一枝桃

冷板櫈 壬戌夏

人喜趨炎我喜涼如焚兩股適相當休嗤此坐如冰冷不敢先生坐講堂

學墻下新植牡丹已開

看花懶向洛陽街冷砌荒凉信手栽也自天香藏不得一枝先傍雨前開

貞定先生遺集四卷

清莫與儔撰。莫與儔生平見集部《貞定先生遺文》提要。

此《貞定先生遺集》四卷，係莫與儔詩文别集，由莫友芝整理，莫繩孫刻於清光緒年間。前有曾國藩所撰《翰林院庶吉士遵義府學教授莫君墓表》，後附鄭珍所撰《祭貞定先生文》及《漢三賢祠記》。前三卷爲文，多遵義地理或制度源流考證，頗有學術價值；第四卷爲詩，收詩二十餘篇，可見貞定先生性情。

該本内容較稿本及精抄本有所删落，如《送平越峰太守翰左遷松桃郡丞四首》、《學書不成偶得數句》、《喜友芝舉子》、《庚寅秋八月廿八日迎京差口占》、《題扇賜友芝》、《題畫》、《冷板櫈》、《菊影》、《戊戌除夕》等詩，稿本、精抄本皆有而刻本皆無；然《招楊竹坡胡理軒林幹圃徐聘亭諸友賞牡丹》一首，刻本有而稿本和精抄本皆無，可相互參證。

刻本有單刻本、合刻本之分，單刻即遵義市圖書館藏本，合刻見《莫氏四種》、《影山草堂六種》本，藏地頗夥。本叢書據遵義市圖書館藏刻本影印。（張劍）

仁宗親政大興朱文正儀徵阮文達以巨儒爲會試總
裁是科進士如姚文田秋農王引之伯申張惠言臯聞
郝懿行蘭臯皆以樸學播聞中外科目得人可云極盛
君於是時寂寂無所知名及君出而爲吏恩信行於異
域退而教授儒術興於偏陬校其所得與夫同年生之
炳炳者孰爲多寡未易遽定也余爲表章一二士之孤
行而憂無和者可自壯也湘鄉曾國藩表

牂牁攷

漢武元鼎六年置牂牁郡郡所以名華陽國志謂楚威王（漢書注引作頃襄王）遣將軍莊蹻泝沅水出且蘭以伐夜郎植牂牁繫船留王滇池以繫船因名且蘭爲牂柯國後漢西南夷傳云楚頃襄王遣莊豪泝沅伐夜郎軍至且蘭椓船於岸而步戰以且蘭有椓船牂牁處乃改其名爲牂柯而說在二家以前者漢志牂柯郡注引應劭曰臨牂柯江也攷史漢西南夷傳謂牂柯江廣數里出番禺城下又謂夜郎者臨牂柯江廣百餘步足以行船又謂

郘亭稟稿一卷

該本係清莫友芝所録其父莫與儔公文奏稿。莫與儔生平見集部《貞定先生遺文》提要。

該本以藍格稿紙抄録，半葉九行，行二十字左右，版心雙魚尾相向，金鑲玉包角，六孔綫裝。計十四葉，前九葉録莫與儔稟稿五篇，然莫友芝跋但云『稟稿三篇』，係其嘉慶八年四川鹽源知縣任上稟藩憲及本府者，後鈐『郘亭寓公』、『影山艸堂』白文印。第十葉爲咸豐八年十月二日鄭珍之跋。第十一至十二葉爲莫與儔之母致莫與儔家書，後復有咸豐八年十月二日鄭珍跋。末兩葉則爲莫友芝跋，後鈐『其名曰友』朱文印及『郘亭』白文印。

本叢書據抄本影印。（張劍）

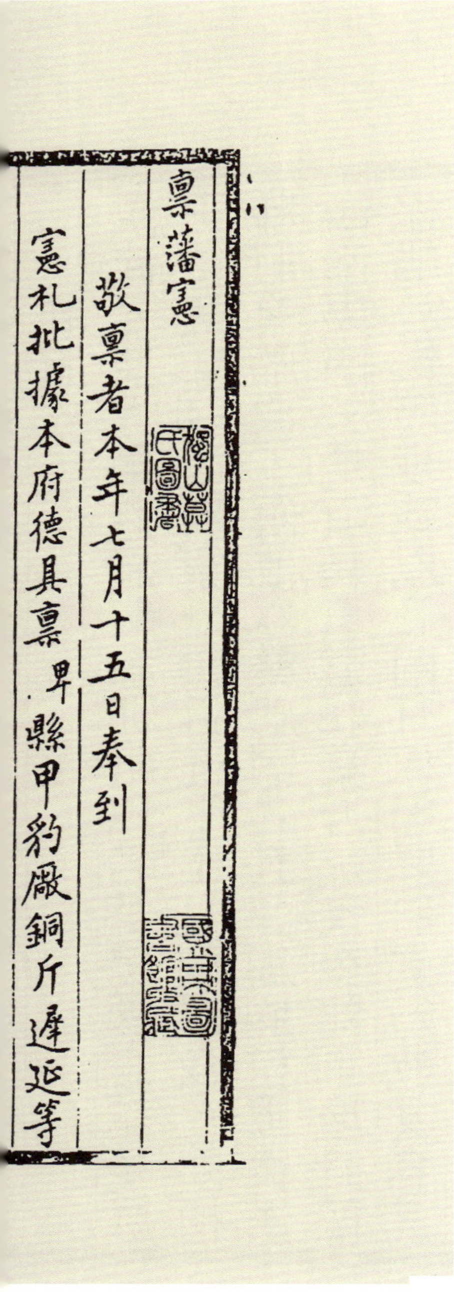
稟藩憲
敬稟者本年七月十五日奉到
憲札批據本府德具稟畢縣甲豹厰銅斤遲延等

空荒廢廠已消滅惟甲子夸廠銅斤先係開敗隨
採豹子溝為甲子夸子廠自開採之初原屬大旺
向係委員專管迨自乾隆卅四五年以後即漸短
絀至四十六及五十等年益形衰敗廠員僨收
僨報賠償維艱即蒙
督部堂李　題咨核減改歸鹽源縣兼管辦理
在案　卑職　于去歲九月十二日到任十月初一日
接管起即查歷前任內月報銅斤與廠報煎獲
銅數大相懸殊當經親詣各廠逐一確查詎緣該
廠既旺已衰老山礌硐久經開空無硔砂少丁星散
爐戶之人實係硐深窩遠硔砂細微礌多凝結

治國如治家然山之產鉛銅猶雞豚之生子也夷漢之分猶僮隷之與子姓也雞豚久畜必少生或遂不生殺之而更畜可也僮隷與子姓訟不必子姓直斷之以理皆服矣今之為國者必欲雞豚至死生子而子姓決不可曲于僮隷也悲夫銅鉛之產病猶在官若雲南之回回貴州之苗類蜂屯蟻集破郡屠邑至今數年斯民塗炭極矣而禍猶未已原其始實皆伸子姓抑僮隷致之讀

猶人先生處分夷地請銷敗廠三稟稿感喟世道益增浩

格致編二卷

清李寶堂撰。李寶堂，生卒年不詳，字森齋，嘉慶十五年遵義府歲貢生。森齋生而質訥，未冠爲諸生，家雖貧，然高自期許，不屑爲晚近士，與從兄寶棣俱以學行著，時稱『二李』。森齋博涉百家，而歸於六經，尤邃於《易》。其爲學反對專工詞章以弋科名，而應取性命源頭，一一歸之日用，故其生前著述不傳，且散失嚴重。森齋卒後，其學生將《格致》未定草及同人所存之篇章彙爲一册，粗分章節，釐爲《格致編》二卷。此編雖不足以見森齋學術全貌，但從其所涉及易學、古史、醫理、方術等處，亦可窺見其學術之大端、績學之勤勉。《格致編》於清咸豐十年刊刻，楊兆麟編輯《鹿山先生全集》時將《格致編》納入其中，爲據原版重印。

本叢書據貴州省圖書館藏清光緒刻《鹿山先生全集》本影印。

（劉海濤）

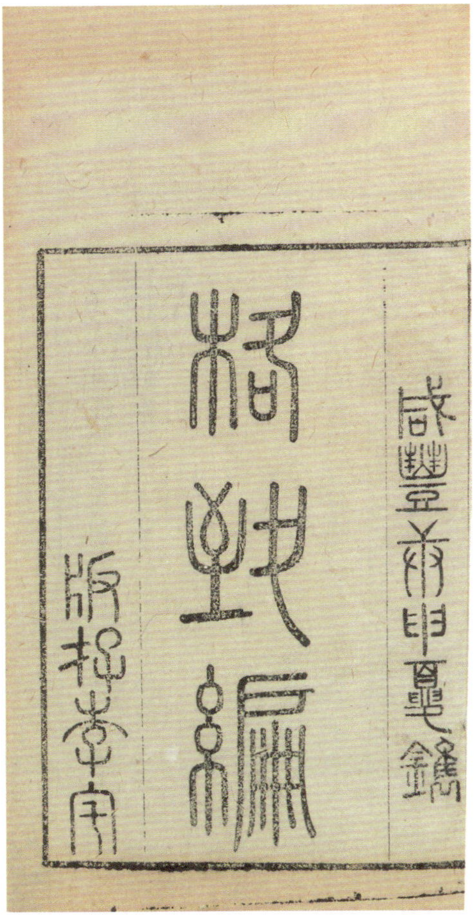

格致編上卷

遵義李森齋先生著　　受業諸子校

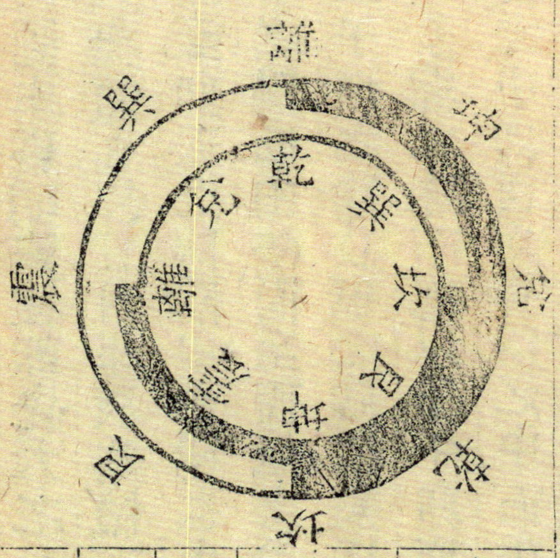

羲文先後天二卦

乾隆庚戌菊月以

二卦合而一之

留春山房集古詩鈔初集二卷二集三卷三集三卷四集二卷

清龔璁撰。龔璁生平見經部《續千字文》提要。

《留春山房集古詩鈔》含初集二卷、二集三卷、三集三卷、四集二卷，計十卷。『集中專集三唐人句居多，亦有兼集宋金元明句者，隨手抄録，未及區分，故以集古統之。』（本書凡例）集前有許乃普等人之序六篇、題詩一篇，顧元凱之《叙》亦以集句成駢體文。集前尚有龔璁自識一則，言其集古詩創作之起始及時機。許乃普《叙》云：『集句詩者，借古人言語抒自己性靈，不增不減，若即若離，偶然得之，其妙有不可思議者，謂非極才人之能事乎？吾同年友龔玉亭刺史，循吏也，東人望之如慈父母，所著《留春山房詩鈔》咸集古人句爲之，而一若玉亭之自爲也。』

本叢書據上海圖書館藏清道光刻本影印。（曾祥銑）

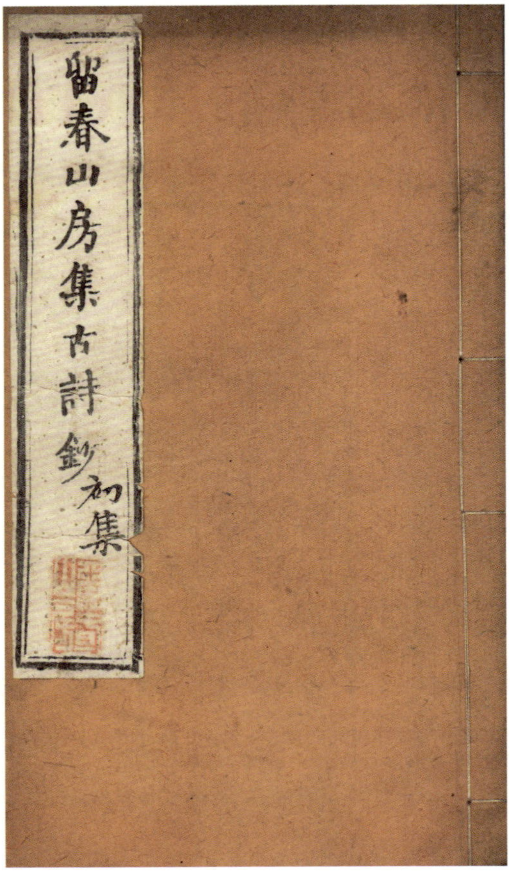

留春山房集古詩鈔初集

卷一

黔南遵義龔　璁玉亭

春江花月夜

春路逶迤花柳前汀洲無浪復無烟酒後留君待明月明月相隨何處眠江上何人復吹笛雲帆春水將何適一曲悲歌酒一尊不惜光輝讓流月江悠悠風浩浩酒徒歷歷坐洲島人生得意須盡歡百壺且試開懷抱江水江花豈終極春來春去苦自馳年年只是人空老却憶年年人醉時主人有酒歡今夕夜久月寒珠露滴檻

蛉石齋詩鈔四卷

清黎恂撰。黎恂生平見史部《回黔紀程》提要。

《蛉石齋詩鈔》卷前有道光二十五年劉榮黼序，稱其詩『波瀾壯闊，雅健清深』。卷末有鄭知同跋。鄭珍稱其『於古今詩尤所長，早年落筆千言，縱横自恣；後出入唐、宋，不主一家。以前貴州詩人，未能或之先也』（《誥授奉政大夫雲南東川府巧家廳同知舅氏雪樓黎先生行狀》）。

該書有同治四年家刻本，光緒十五年黎庶昌輯入《黎氏家集》，刊於日本使署。貴州省圖書館、貴州省博物館、遵義市圖書館均藏。本叢書據遵義市圖書館藏本影印。（黎鐸）

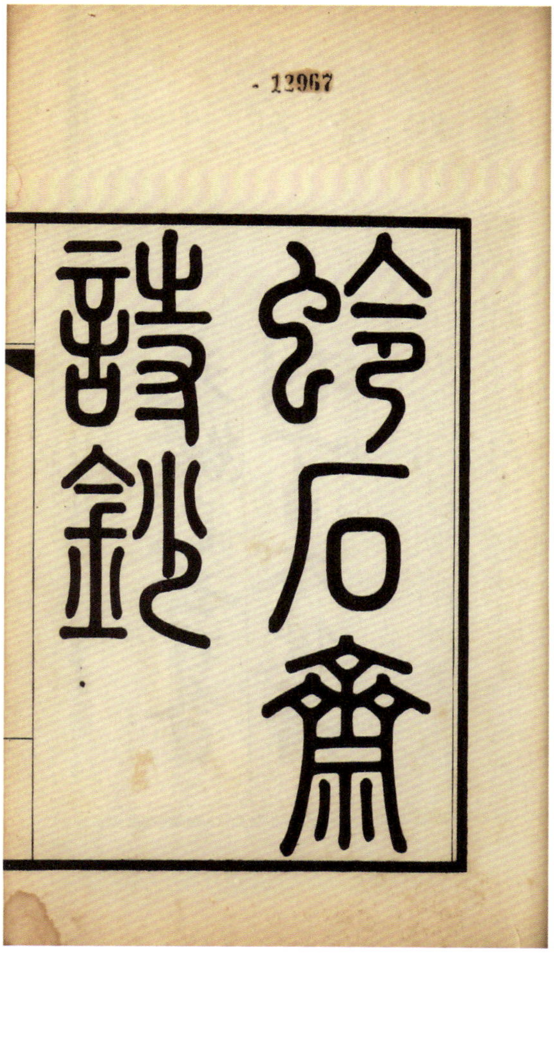

蛉石齋詩鈔卷弟一

遵義　黎恂　雪樓

齋中詠懷

古人不可作迺以其書傳文章壽萬世日月懸中天後儒闡厥藴紛綸注與箋浩如煙海中猥欲勤鑽研飲河類鼷鼠雖飽亦涓涓便腹五經笥吾慙邊孝先

讀書固貴多尤當領其要精華既采擷糟粕直須埽曼衍彌支離心力枉消耗搖搖無終薄翻似風中纛窮經實荒經甘為識者誚因念百家言置之可勿道

宣子稱好學茅茨常不完元亮善屬文簞瓢有餘歡士

石頭山人遺稿一卷

清黎愷撰。黎愷生平見子部《教餘教子録》提要。

本書爲黎愷第四子黎庶昌就其遺稿重爲釐次，按年編定，并更名爲『石頭山人詩鈔』，付梓時定其名爲『石頭山人遺稿』。卷前有曾國藩撰《遵義黎君墓志銘》、鄭珍《播雅》傳評及作者《自序》，卷末附黎庶昌《題記》。全書存詩一百一十餘首，時間起嘉慶十九年，迄道光二十二年。其詩記其『所游之地，所處之境，所行之事』（《自序》）。多記游感懷之作，長篇較少，短制爲多，寫景之作清麗淡雅，時有佳句。鄭珍《播雅》評其詩『清微雅潔，品骨俱勝』。

清光緒十四年黎庶昌輯入《黎氏家集》，有日本使署刻本。貴州省圖書館、貴州省博物館、遵義市圖書館均存藏。本叢書據遵義市圖書館藏本影印。（黎鐸）

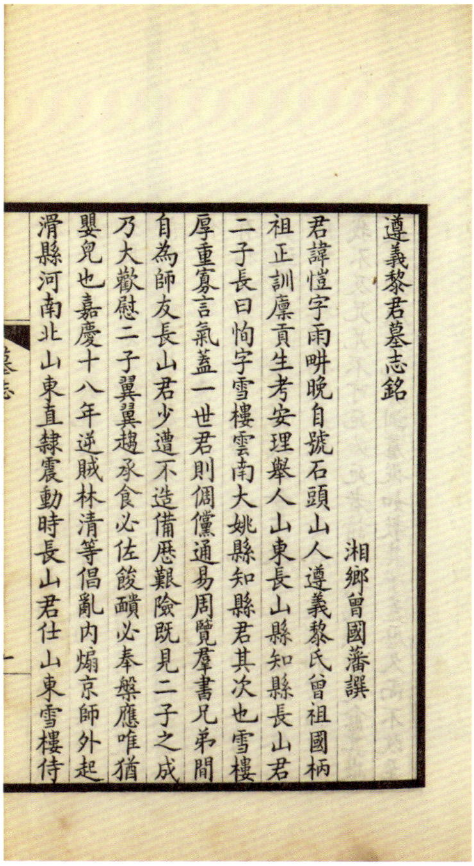

遵義黎君墓志銘

湘鄉曾國藩撰

君諱愷字雨畊晚自號石頭山人遵義黎氏曾祖國柄祖正訓廩貢生考安理舉人山東長山縣知縣長山君二子長曰恂字雪樓雲南大姚縣知縣君其次也雪樓厚重寡言氣蓋一世君則倜儻通易周覽羣書兄弟間自為師友長山君少遭不造備歷艱險既見二子之成乃大歡慰二子翼翼趨承食必佐餕饋必奉槃匜唯猶嬰兒也嘉慶十八年逆賊林清等倡亂內煽京師外起滑縣河南北山東直隸震動時長山君仕山東雪樓侍

石頭山人遺稿

遵義黎愷雨畊

甲戌

青石關

險塞趨長白無殊蜀道難亂峯雲起疊一綫路紆盤怪石馬頭擁疲車人面攔齊關誇十二自昔果雄觀

入長山官署有序

嘉慶癸酉秋滑縣賊李文成作亂道阻不通時大人宰長山雪樓兄隨侍官所鄉里傳言長山不守愷奉母命往省至長山父兄幸無恙悲喜

守拙齋詩鈔二卷

清李蹇臣撰。李蹇臣生平見子部《守拙齋訓語》提要。

《守拙齋詩鈔》二卷，載詩百餘首，量雖不多，但内容較爲豐富。卷前有清同治三年黄輔辰序，稱其詩『質而不俚，實而不滯，迫而不促』。凡關心民生疾苦之情愫、對自身困境之達觀、與友人唱和之感言，以及民間風情，於蹇臣筆端皆有傾注。

本叢書據遵義市圖書館藏清同治三年刻本影印。（朱純潔）

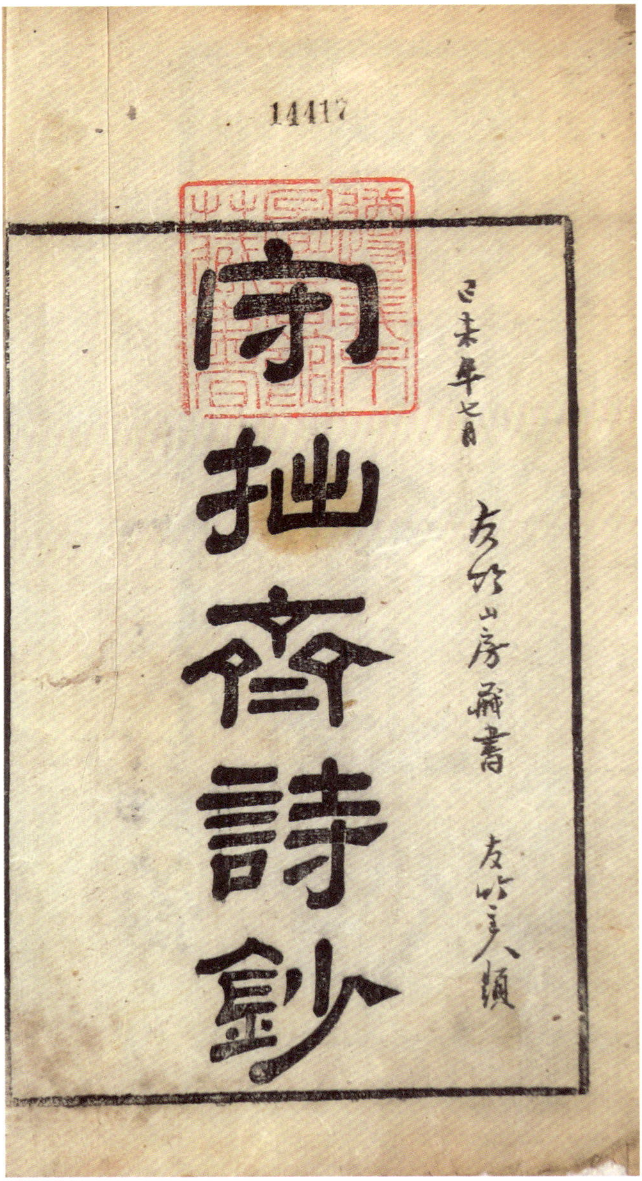

守拙齋詩鈔卷一

遵義李蹇臣儀軒

田家即事

室自何年築。周垣帶薜蘿。風醇谿勃少。露積盎藏多。雞犬安晨夜。牛羊任寢訛。甕頭新釀熟。酣醉發清歌。

南將軍廟

英光浩氣總常存。一指全將叛逆吞。回首賀蘭千古恨。杜鵑聲裏又黃昏。

次韻和平樾峯翰太守懷鄭子尹珍莫子偲友芝

夢硯齋遺稿八卷

清唐樹義撰。唐樹義生平見史部《唐樹義日記》提要。

《遺稿》卷首爲貴陽黄輔辰同治四年三月所作序一篇，次爲總目録，再次爲湖北監利王柏心序一篇，再次爲各卷内容。卷一爲奏疏八篇，卷二爲公牘八篇，卷三爲書牘三十篇，卷四爲遺誡十二篇，卷五爲雜文十六篇，卷六爲古近體詩一百五十七首，卷七爲詞十九闋，卷八首爲其長子唐焯《稺芙詩》十六首（附鄭珍《播雅敘傳》），次爲華陽劉瑞璋後序一篇，再次爲遵義蕭光遠同治四年五月《書夢硯齋遺稿後》跋一篇。該《遺稿》八卷，當以卷一之奏疏爲重，可知唐樹義在湖北任職和殉節事，并可結合參閲黄輔辰、王柏心序及後唐炯撰寫之《校勘先君奏稿後記》，貴陽黄彭年《唐子方先生奏稿序》，浙江錢塘陳墉《唐廉訪行狀奏稿序》。卷二卷三，多收録作者『在官之言』，爲在湖北、甘肅、陝西任職時撰寫。公牘諸篇，體現唐樹義勤於執政，爲地方竭盡能事，正如黄彭年所云：『先生精於吏事，所至爲民興利除害，規模久遠，不急一時之效尤，留意於救荒。蓋至誠惻怛，見義勇爲，故遺愛在民，去後見思。』書牘中十八篇《致張中丞書》『言兵事尤詳』。卷四遺誡，由唐炯編成，是唐炯專爲其父辯冤而作，載唐樹義絶命詞二章。時任各級官吏如黄彭年等人，也爲唐樹義辯冤，認爲唐炯此舉是爲其父『明節』，故該卷後附録鄭珍《書子方唐公遺誡後》、黄彭年《書唐子方先生遺誡後》、江蘇吴郡顧復初《書故湖北按察使唐公遺誡後》、湖南新化鄧瑶《書唐子方先生殉節前與子書後》。卷五爲雜文，多爲同鄉同僚所撰寫行述、墓誌、家傳、詩序，并述資助出版印刷《播雅》、《黔詩紀略》等事，故黄彭年曰：『先生以政事節義著聞，而酷嗜文字，先哲遺編、友朋撰著，刊佈闡揚，稱道不倦。』卷六、卷七，收録作者詩詞。黄彭年云：『所録猶先生之意，於此見先生真率簡易，所以能成大節而不使後人作一曲筆也。』鄭珍編《播

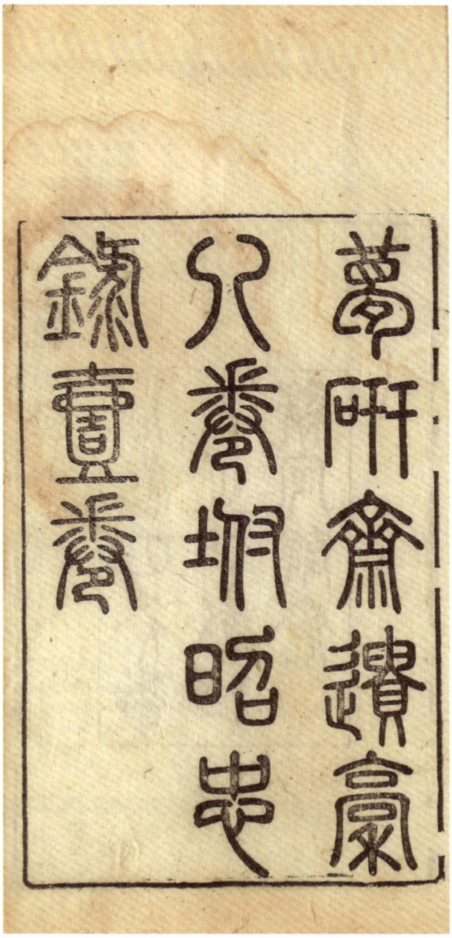

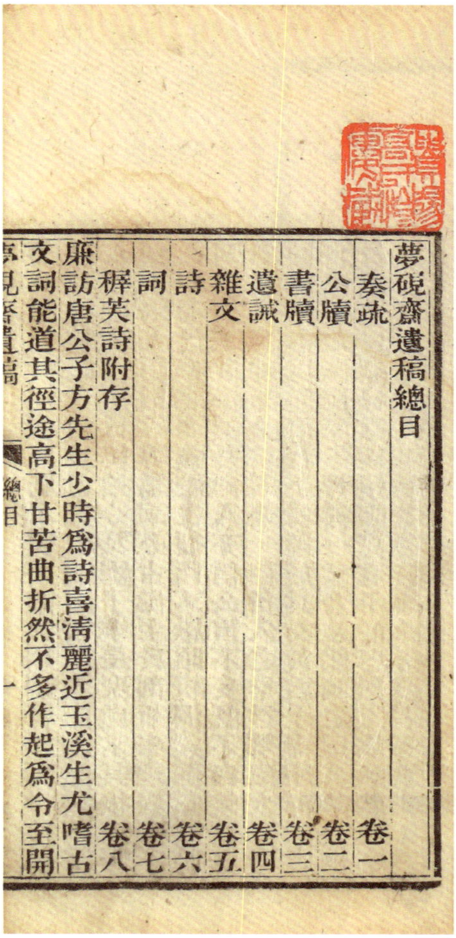
夢硯齋遺稿總目

廉訪唐公子方先生少時爲詩喜清麗近玉溪生尤嗜古文詞能道其徑途高下甘苦曲折然不多作起爲令至開

夢硯齋遺稿　總目　一

雅》，收唐樹義詩七十一首，并撰序傳，卷末附《播雅序傳》。

《夢硯齋遺稿》八卷四册（附王柏心等撰《昭忠録》一卷），清同治四年綏定郡齋刻本，由其子唐炯編訂，爲現存唯一版本，貴州省圖書館、貴州省博物館、貴州師範大學圖書館有藏，曾收入《捻軍文獻二百七十三種彙編》。另《夢硯齋詞》一卷，於民國間由任可澄等輯入《黔南叢書》第四集，有民國二十五年貴陽文通書局排印本。本叢書影印之《夢硯齋遺稿》，爲貴州省博物館藏清同治四年刻本；影印之《夢硯齋詞》，爲遵義市圖書館藏民國排印《黔南叢書》本。

（王任索）

夢硯齋詞　黔南叢書第四集

清遵義唐樹義著

賀新郎　途次送孝長赴春官試兼訊京師山左諸同人

此地一爲別算明年杏花香裏剛剛三月我去賀蘭山較遠記取看花時節也把酒替君忻悅更倩小鬟絲管奏一聲聲唱賀新郎闋遥賀汝蓬山客　論交廿載眞膠漆訴離情百千萬緒待如何說惟有一言臨別贈眠食好爲珍攝重前期更須努力看竹雪中應訪戴念同岑尚有維摩詰敦舊雨文字結

鹿山襍著二卷

清蕭光遠撰。蕭光遠生平見經部《周易屬辭》提要。

光遠傾心於經學，於雜論、古文，則視爲餘事，故其所作，未刻意保存，散佚頗多。《鹿山雜著》、《鹿山雜著續編》即是從兒輩抄存之文章中選擇有關事理之文編輯而成，從中亦可見光遠之爲人。光遠明經修行，學問根柢六經，醇而不肆，教人必宗洛、閩；而其爲人宅心仁厚，無偏激之言。故發而爲文，不求格調、字句之工，而皆以聖人立言之旨爲依歸，實大聲宏；言之切切，不做虚妄之論。《鹿山雜著》二卷成書於清同治三年，收文三十五篇，附《六十述懷》詩一首。卷首有作者自題弁言，説明爲自『授讀治生』以來四十年間所作古文。本叢書另收《鹿山雜著續編》成書於同治十年。此二書均成書於作者生前。楊兆麟編輯《鹿山先生全集》所收《鹿山雜著》、《鹿山雜著續編》皆據原版重印。

本叢書收録之《鹿山雜著》，據貴州省博物館藏清同治三年刻本影印；《鹿山雜著續編》，據貴州省圖書館藏清光緒刻《鹿山先生全集》本影印。

（劉海濤）

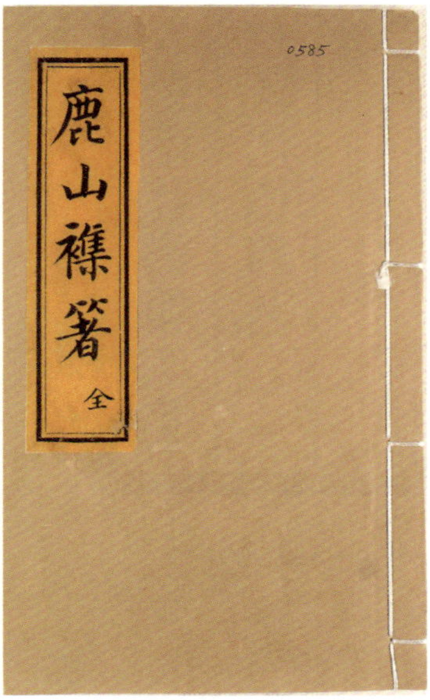

鹿山褋著上

遵義蕭光遠吉堂稿

九州

伏羲畫八卦顓頊分九州巳州配之卦雍當乾冀當坎兖當艮青當震徐當巽揚當離荆當坤梁當兑豫居中禹貢所紀由冀州帝都而兖青徐揚荆豫梁雍其序固于八卦方位無差也其名爾雅疏李巡説多强椎引釋名云取荆山之名爲荆取兖水之義爲兖太康地記云揚州漸太陽位天氣奮揚履正含文故

鹿山詩鈔四卷

清蕭光遠撰。蕭光遠生平見經部《周易屬辭》提要。

是書共收録詩歌六十餘首（其中一首僅存題目）。光遠生性沉篤寡欲，畢生潛心易學，有『經師』之稱。其詩雖數量不多，但《甘薯》、《苦筍》、《刺梨》等描摹地方物産體物傳神，曲盡其妙；《鹿山堂成有感》、《六十遺懷》、《七十遺懷》等抒寫超世情懷，不落言筌；《三孫種牛痘》、《不藥》描寫生活小事，情趣盎然；《乙卯紀苗變》、《紀亂》組詩記録戰爭慘烈、生民流離，堪稱詩史。光遠之詩從其學養中化成，

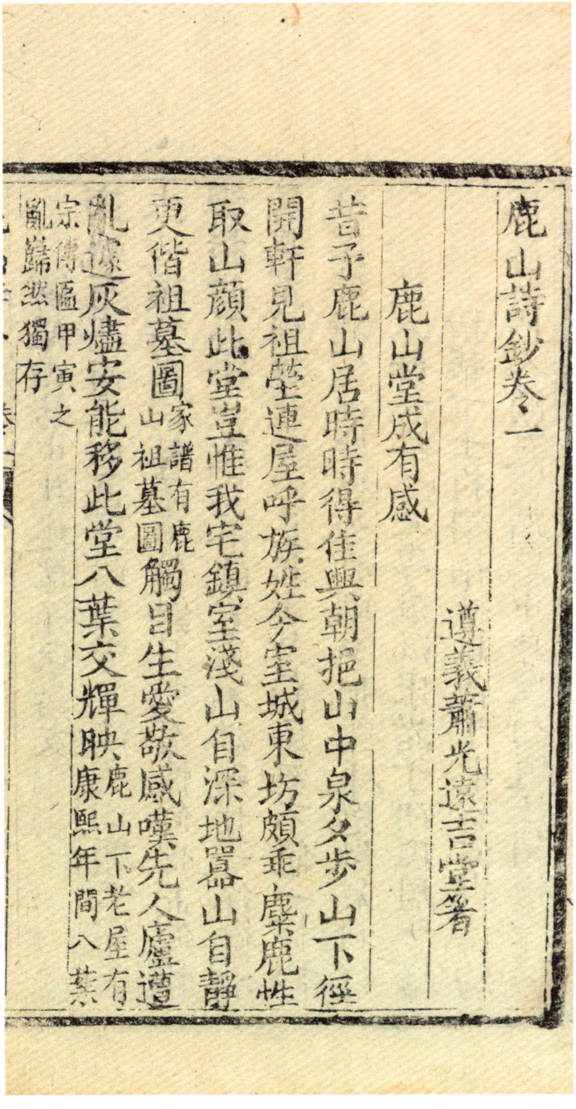
鹿山詩鈔卷一
遵義蕭光遠吉堂著
鹿山堂成有感
昔予鹿山居時時得佳興朝挹山中泉夕步山下徑開軒見祖塋連屋呼族姓今宅城東坊頗乖麋鹿性取山顏此堂豈惟我宅鎮室淺山自深地囂山自靜更偕祖墓圖家譜有鹿山祖墓圖觸目生愛敬感嘆先人廬遺亂遭灰燼安能移此堂八葉交輝映鹿山下老屋有康熙年間八葉宗傳匾甲寅之亂巋然獨存

用典豐富而不粘滯，語言雅正而不艱澀，而氣骨直追昌黎，故鄭珍曾以『韓氣』『杜話』加以褒揚。《鹿山詩鈔》四卷收入《鹿山詩文稿》(《詩鈔》四卷，《雜著》二卷，《續編》一卷），爲清同治三年刻本，楊兆麟編輯《鹿山先生全集》所收《鹿山詩鈔》據原版重印。

本叢書據貴州省圖書館藏清光緒刻《鹿山先生全集》本影印。（劉海濤）

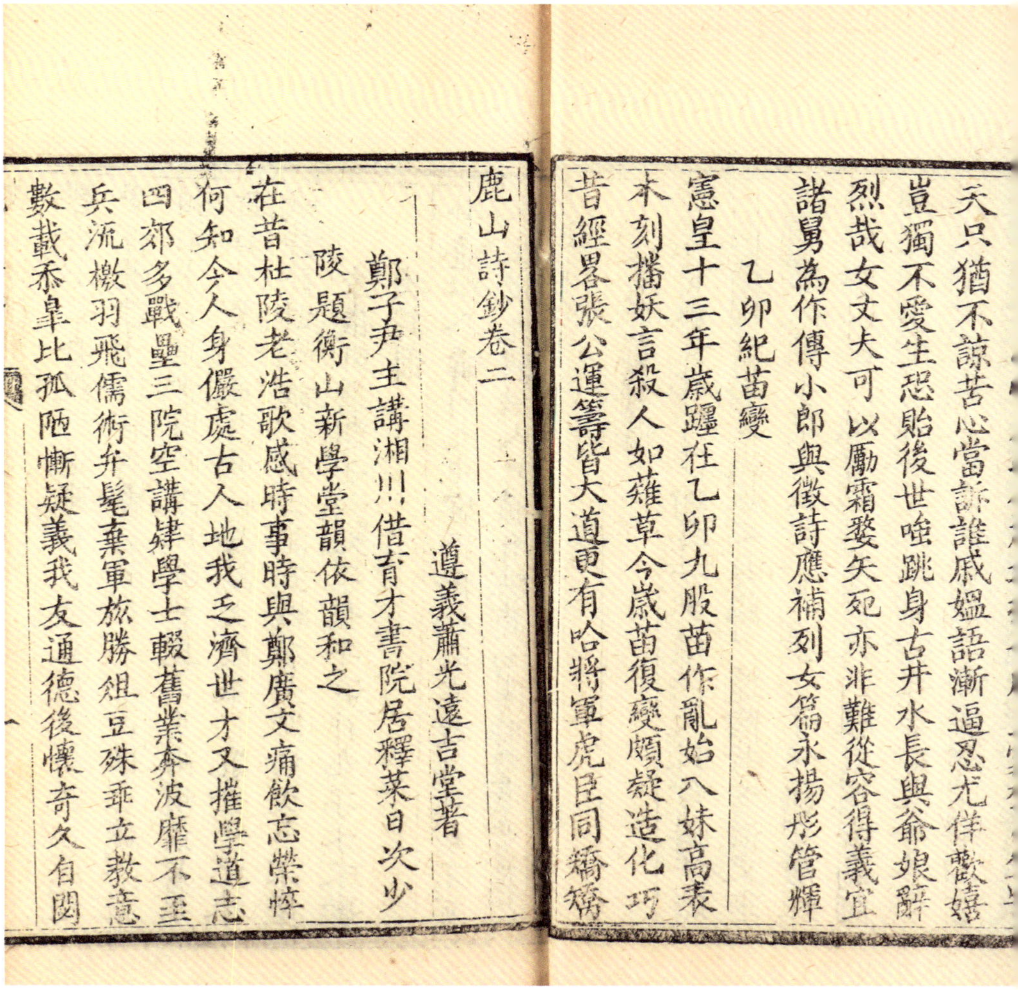

天只猶不諒苦心當訴誰戚媼語漸逼忍尤佯歡嬉
豈獨不愛生恐貽後世嗤跳身古井水長與翁娘辭
烈哉女丈夫可以勵霜婺矢死亦非難從容得義宜
諸舅為作傳小郎與徵詩應補列女篇永揚彤管煇

乙卯紀苗變

憲皇十三年歲躔在乙卯九股苗作亂始入妹高表
本刻播妖言殺人如薙草今歲苗復變頗疑造化巧
昔經畧張公運籌皆大道更有哈將軍虎臣同驕矯

鹿山詩鈔卷二

遵義蕭光遠吉堂著

鄭子尹主講湘川借育才書院居釋菜日次少
陵題衡山新學堂韻依韻和之

在昔杜陵老浩歌感時事時與鄭廣文痛飲忘榮悴
何知今人身儼處古人地我乏濟世才又擁學道志
四郊多戰壘三院空講肄學士輟舊業奔波靡不至
兵流擻羽飛儒術弁髦棄軍旅勝俎豆殊乖立教意
數載忝皐比孤陋慚疑義我友通德後懷奇久自閟

侍雪堂詩鈔六卷

清黎兆勳撰。黎兆勳（一八〇四—一八六四），字伯庸，號樹軒，一號檬村，晚又稱磵門居士，貴州遵義人。九歲能詩，二十四歲以古學第一補縣學生員，專力於詩詞創作，不喜帖括。十試於鄉而不售，黎恂乃援永昌軍例報捐教職，道光二十九年署理石阡府學教授，三年後補黎平府開泰縣訓導，後以防苗民功選授湖北鶴峰州州判，至武昌，胡林翼留署藩照磨兼鹽庫大使，同治元年調補隨州州判。性豪邁好義。與鄭珍共研席八年，又與莫友芝交，三人最莫逆。禮部尚書潘祖蔭評曰：『鄭、莫、黎三君，皆黔之通人也。』著有《侍雪堂詩鈔》、《葑煙亭詞》；輯有《黎平詩系》，收録明清兩代黎平府屬詩人之詩。又嘗與莫庭芝輯《黔詩紀略》，未蔵事。

黎兆勳一生作詩千數百首，晚年删削存四百首，編爲《侍雪堂詩鈔》八卷，有同治四年秋敦復堂刻本，附録和詩、紀事、傳記等。光緒十五年，黎庶昌在日本使署刊刻《黎氏家集》，重編爲六卷，删除原附録，增黎庶燾撰《從兄伯庸黎府君行狀》、黎庶昌《從兄伯庸先生墓表》、龔昌運序、黎兆祺後序。黎兆勳少有詩才，但一生科場不利，沉淪下僚。故爲詩譏訕笑歌，肝膽豁露，多不平之鳴。作品多感時傷懷之作，其言多悲憫時艱，重在抒寫性情，風格雄奇奔放與瑰麗清新兼而有之，在黎氏諸詩家中堪稱弁冕。

《侍雪堂詩鈔》除收入光緒刻本《黎氏家集》外，民國時貴陽文通書局還輯入《黔南叢書》第四集。本叢書據遵義市圖書館藏《黎氏家集》本影印。（黎鐸）

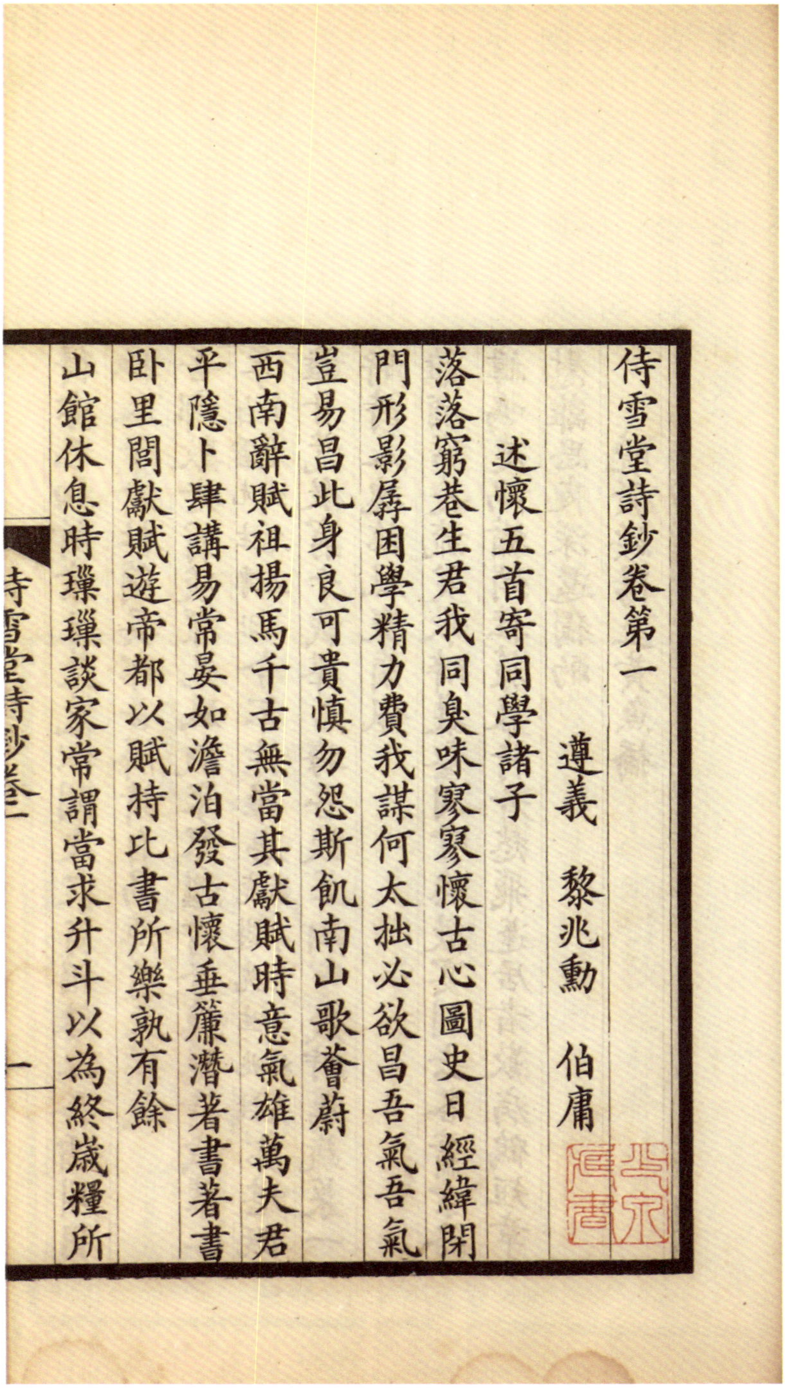
侍雪堂詩鈔卷第一

遵義　黎兆勳　伯庸

述懷五首寄同學諸子

落落窮巷生君我同臭味寥寥懷古心圖史日經緯閉門形影孱困學精力費我謀何太拙必欲昌吾氣吾氣豈易昌此身良可貴慎勿怨斯飢南山歌薈蔚

西南辭賦祖揚馬千古無當其獻賦時意氣雄萬夫君平隱卜肆講易常晏如澹泊發古懷垂簾潛著書著書卧里閭獻賦遊帝都以賦持比書所樂孰有餘

山館休息時璅璅談家常謂當求升斗以為終歲糧所

侍雪堂詩鈔卷一　一

葑煙亭詞二卷

清黎兆勳撰。黎兆勳生平見集部《侍雪堂詩鈔》提要。

黎兆勳與鄭珍、莫友芝同時學詞，早年學辛棄疾、劉克莊，晚年學周邦彦、姜白石。創作上『日鍛月鍊，不盡善不已』。詞作造詣『駸駸軼南渡而上汴京，即兼工之子尹已瞠其後』。『宜其幽窅綿邈，使人意消，爲之不已，於長水、烏絲、珂雪間參一坐，豈不可哉！』『吾黔自君采、滋大，破詩之荒，漁篁、鹿游、白雲、端雲諸老繼之大昌，獨未有爲開先倚聲者。今使伯庸挾其所爲，掉臂海内歌場酒隊間，諒未肯遽作三舍避，則他日後

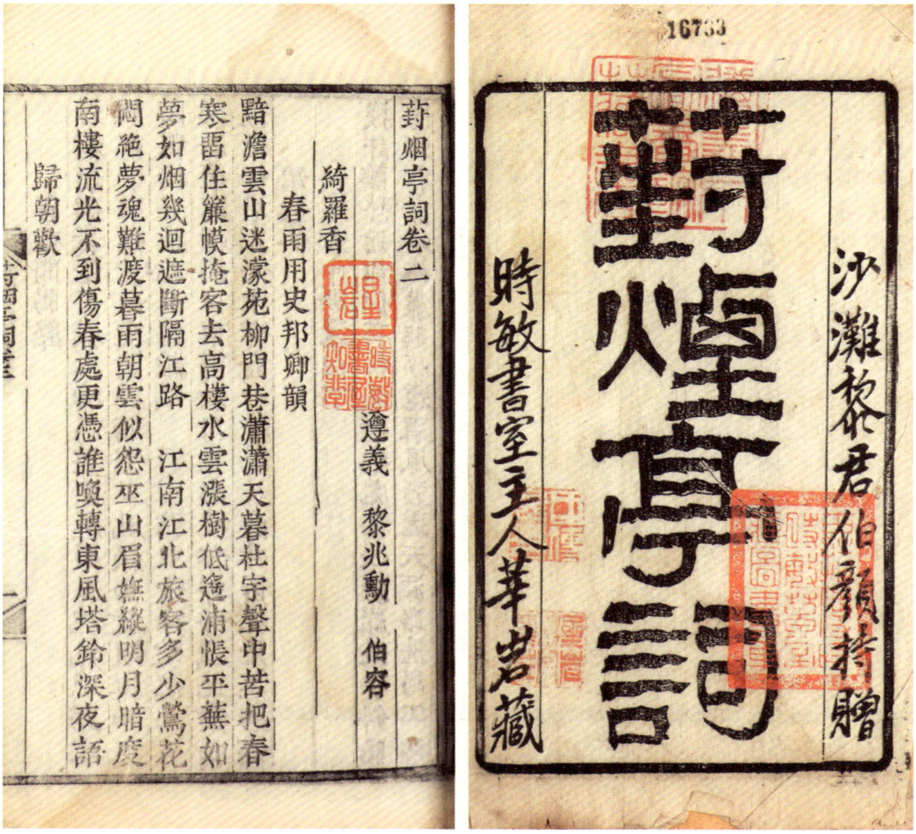
16733
沙灘黎君伯顏持贈
葑煙亭詞
時敏書室主人華岩藏

葑烟亭詞卷二
遵義 黎兆勳 伯容
綺羅香
春雨用史邦卿韻
黯澹雲山迷濛苑柳門巷瀟瀟天暮杜宇聲中苦把春寒留住簾幙掩容去高樓水雲漲樹低遙浦悵平蕪如夢如烟幾迴遮斷隔江路　江南江北旅客多少驚花鬮絶夢魂難渡暮雨朝雲似怨巫山眉嫵縱明月暗度南樓流光不到傷春處更憑誰唤轉東風塔鈴深夜語
歸朝歡

進數南中樂章別子，必將曰伯庸先生。』（以上引文見莫友芝《葑煙亭詞序》）咸豐中，黎兆勳任職武昌，『久客無憀，每值事情感觸，實有不能盡遏者，長牋短紙，時抒所懷』（黎兆勳自序），遂作是詞。《葑煙亭詞》存詞一百四十餘闋，題材雖不甚廣，而感情豐富，憂國憂民、懷才不遇、鄉情離愁、河山瑰偉、田園旖旎均呈於筆下。

是書有三種底本：道光本、同治本及光緒本。道光本即道光二十六年初刻本，存詞三卷；同治本爲同治初年刊黎氏家刻本，二卷，遵義市圖書館有藏；光緒本爲光緒十五年黎庶昌在日本使署刊刻之《黎氏家集》本，附於《侍雪堂詩鈔》後。光緒本貴州省圖書館、遵義市圖書館皆有藏，是本前有莫友芝序及自序。嚴迪昌選其詞二十二首入《近代詞鈔》，《清詞選》、《宋元明清詞選》中也選有兆勳詞。民國時貴陽文通書局輯入《黔南叢書》第四集。

本叢書據遵義市圖書館藏清同治刻本、光緒《黎氏家集》本影印。

（黎鐸）

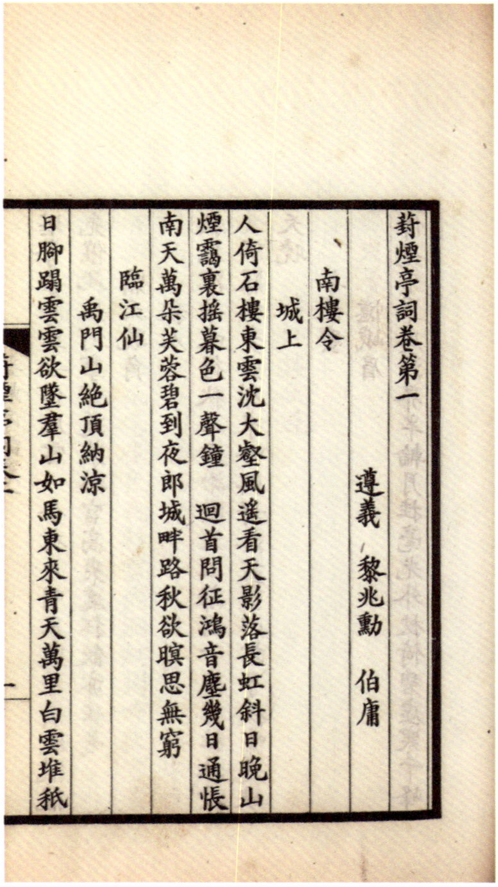
葑煙亭詞卷第一　　遵義黎兆勳伯庸

南樓令

城上

人倚石樓東雲沈大壑風遥看天影落長虹斜日晚山煙靄裏搖暮色一聲鐘　迴首問征鴻音塵幾日通悵南天萬朵芙蓉碧到夜郎城畔路秋欲暝思無窮

臨江仙

禹門山絕頂納涼

日腳蹋雲雲欲墜羣山如馬東來青天萬里白雲堆秖

鄭珍莫友芝詩詞一卷

清鄭珍、莫友芝撰。鄭珍生平見經部《輪輿私箋》提要，莫友芝生平見經部《十先生中庸集解》提要。

該本爲抄稿，非鄭、莫二人手迹，未注明抄寫人。

所抄有鄭珍詩作十七首，詞兩闋，文一篇。其中詩有《吉堂昨約偕往飲舊李氏恰好園，以雨甚未同也。見其所作三詩，次韻和之》三首、《大軍尾賊至蜀境，還頓郡城而去，賀吉堂兄》三首、《寄阿妹六首》（按：與『拙翁』所抄《巢經巢集外詩》所録後四首文字略有差異）、《寄湘佩》五首（第四首末題款：『二月十四日，子尹兄書於札坐燈下，時初雨過，鐘聲方來。』第五首末題款：『自辛卯後，湘佩歲不一歸，歸必我在家，我必寫數詩與之，以湘佩能重

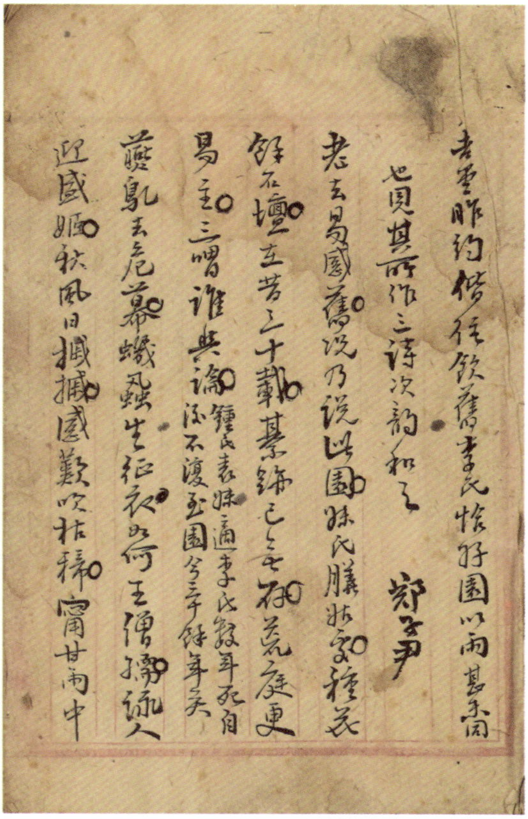
吉堂昨約偕往飲舊李氏恰好園以雨甚未同
也見其所作三詩次韻和之　鄭子尹

我筆墨也。近來懶作亦懶寫，别後至貴陽，寫此寄之。道光丁酉七月廿七，五尺道人』）。所抄鄭珍詞兩闋，無詞牌名，從内容判别，應是《蝶戀花》和《浣溪沙》。題款云：『三年不見阿妹，庚子九月杪，擬作海龍囤之游，因過妹家。秋雨蕭蕭，游興爲阻，仍歸郡。今年爲棘人，不作詩，書舊年作詞二首，付湘佩存之。五尺道人。』按：兩詞已刻印入集。

鄭珍文一篇，無題名，末尾題款云：『道光辛丑八月廿二，余登海龍囤。昨日，由白雲頂而下，過妹家，留一日。將去，燈下對酒，憶荒茅絶頂中有一鬚髯丈夫，落落拓拓，仰天而嘘，未知是我非我，因書一篇，付小妹存之。子午山孩。』此文以《游海龍囤後書記》之名輯入《巢經巢文集》卷三。

此稿抄録莫友芝詩有《海龍囤歌》一首，《山蠶詞》四首，《筆花峰》七古長篇一首，《播州竹枝詞》四首。以上數詩，已輯入《莫友芝詩文集·郘亭詩補卷四》。又《送某太守》五首，已刊印莫詩集中無載。不知是否莫氏之作，待考。

本叢書據貴州省博物館藏抄本影印。

（黄萬機）

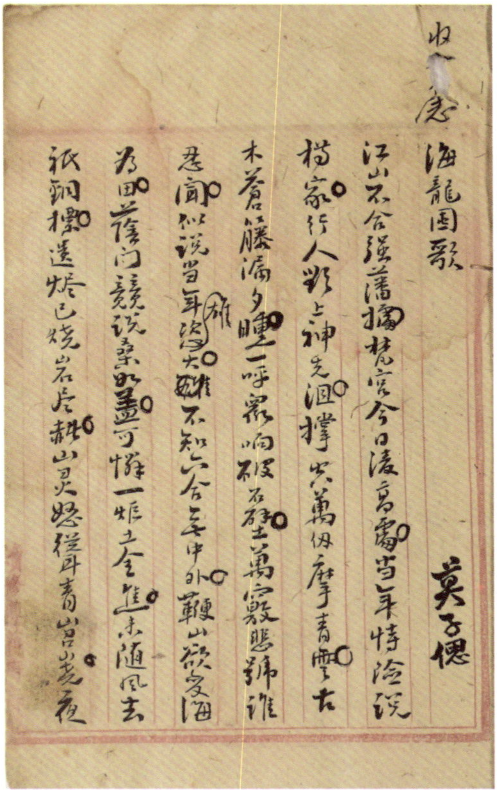
海龍囤歌

莫子偲

巢經巢遺文五卷詩鈔後集四卷

清鄭珍撰。鄭珍生平見經部《輪輿私箋》提要。

此爲《巢經巢遺文》、《巢經巢詩鈔後集》合刊本。前有黎庶昌《巢經巢遺文叙》及高培穀《叙》；《巢經巢詩後集》有趙懿《跋》。由此判斷，此爲光緒二十年由高培穀出資刊刻於四川資州衙署者，世稱『高本』或

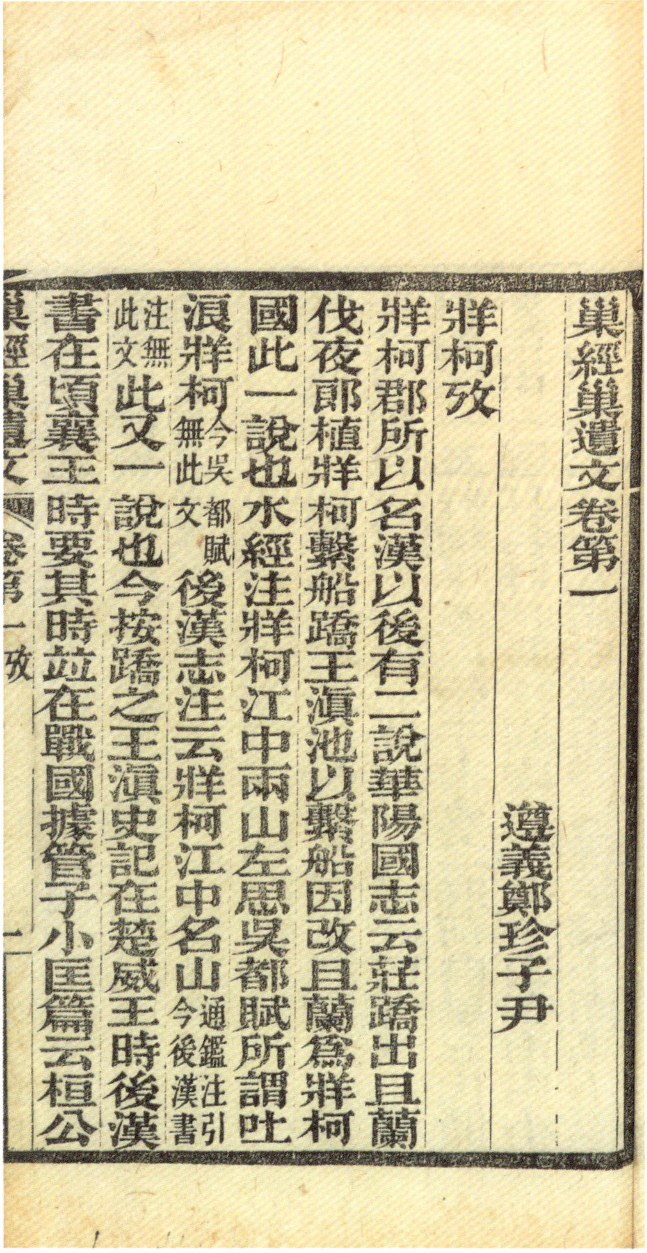
巢經巢遺文卷第一
遵義鄭珍子尹
牂柯攷
牂柯郡所以名漢以後有二說華陽國志云莊蹻出且蘭伐夜郎植牂柯繫船蹻王滇池以繫船因改且蘭爲牂柯國此一說也水經注牂柯江中兩山左思吳都賦所謂吐浪牂柯（今吳都賦無此文）後漢志注云牂柯江中名山（通鑑注引今後漢書注無此文）此又一說也今按蹻之王滇史記在楚威王時後漢書在頃襄王時要其時並在戰國據管子小匡篇云桓公
巢經巢遺文 卷第一 攷 一

『資州刻本』。

黎《叙》歷述鄭珍著作刊刻情况，并謂遺稿中『尚有《考工皃氏圖説》一卷、《巢經巢文集》五卷、《詩集續鈔》無傳本』，而資州刺史、貴筑高君培穀願任剞劂之責。

高《叙》中云：『去年得其巢經巢遺文數十篇，編爲五卷，校刻之。其文守韓柳家法，謹嚴峭潔，不落宋以後體勢。知經生家讀書既多，根柢槃深，即其議論之文，亦非常人所能規仿。』

趙懿《跋》中談及《巢經巢詩鈔後集》編校情况：詩稿由黎汝謙從陳夔龍家抄得，并釐定次序。從日本寄回川東道署黎蒓齋處。蒓齋將詩稿寄給趙懿，令其校訂。趙懿發現黎汝謙所編次者『仍多參差』，於是『更爲分卷，按年編目』。但散佚者尚多，『壬、癸兩年之詩存者僅十餘首，庚申以後概付飄零』。《跋》中歷述鄭珍晚年行歷，『以俟將來搜補及箋譜者得有所依據云爾』。

另，黎汝謙有《題巢經巢詩鈔》一文，記述鄭珍壬子後詩集二册丢失情况，後在京師陳筱石處得見《後集》抄本，匆匆一閲。旋隨使日本，特請陳氏抄録，後轉寄其叔黎蒓齋，由高怡樓刊刻。此文原載高氏初刻本，而此印本未録。

此刻本存貴州大學圖書館，本叢書據此影印。（黄萬機）

巢經巢文集六卷

清鄭珍撰。鄭珍生平見經部《輪輿私箋》提要。

此部文集非單行本。貴筑陳夔龍花近樓於民國四年刊印《遵義鄭徵君遺著》二十四卷，前三册爲《巢經巢文集》六卷。《文集》首卷爲《經説》，二至六卷依高氏資州刻本《巢經巢遺文》五卷，最後補一篇《祭貞定先生文》，黎庶昌、高培穀兩叙照舊，另加陳夔龍序。

陳《序》中對鄭珍學術與詩文成就評價云：『徵君既墨守家學以治經，所爲文章，實能貫串考據、義理、詞章而一之。於忠孝節烈尤

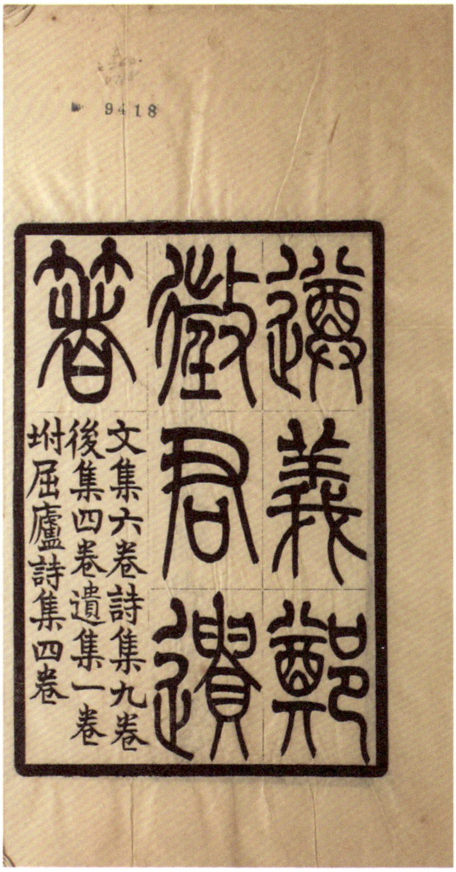

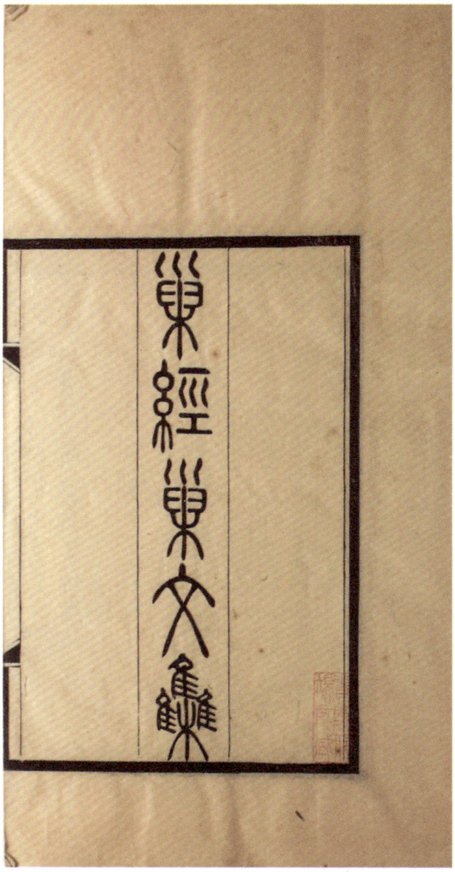

睠睠焉。又所爲詩，奥衍淵懿，黝然深秀，屹然爲道咸間一大宗。近人爲詩，多祧唐而禰宋，號爲步武黄陳，實則《巢經》一集，乃枕中鴻寶也。』又云：『徵君遭際多艱，困阨憂虞，仍不沫其事親孝敬之誠。讀其詩文者，使人孝悌慈諒之心、尊君親上之義，油然勃然，不能自已。所謂詩以導性情，禮以飭倫紀，有功於世教者甚大。』

二十世紀八十年代，北京中國書店曾據原版重新刷印。

本叢書據貴州省圖書館藏民國四年刻本影印。

（黄萬機）

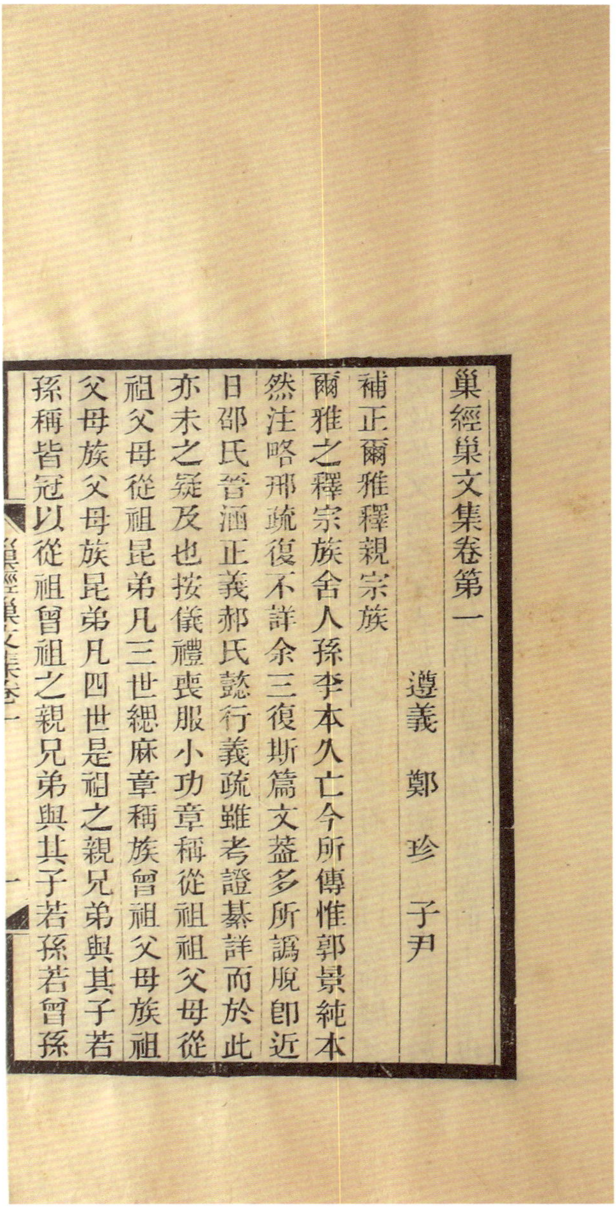
巢經巢文集卷第一

遵義 鄭珍 子尹

補正爾雅釋親宗族

爾雅之釋宗族舍人孫李本久亡今所傳惟郭景純本然注略邢疏復不詳余三復斯篇文益多所譌脫即近日邵氏晉涵正義郝氏懿行義疏雖考證綦詳而於此亦未之疑及也按儀禮喪服小功章稱從祖祖父母從祖父母從祖昆弟凡三世緦麻章稱族曾祖父母族祖父母族父母族昆弟凡四世是祖之親兄弟與其子若孫稱皆冠以從祖曾祖之親兄弟與其子若孫若曾孫

巢經巢文集卷一　一

巢經巢遺文五卷

清鄭珍撰。鄭珍生平見經部《輪輿私箋》提要。

此文集初刊於光緒二十年，由時任四川省資州知州高培穀出資刊印。卷首有黎庶昌、高培穀各寫《巢經巢遺文叙》一篇。

黎《叙》歷數鄭氏著作刊刻情況，唯有《遺文》、《遺詩》尚待刊行。而今『資州刺史、貴筑高君培穀』，『復任剞劂，而先生之書始克告全』。黎氏評云：『奇書之在世，譬猶金珠美玉藴蓄於山淵，必有精光上屬霄漢，歷

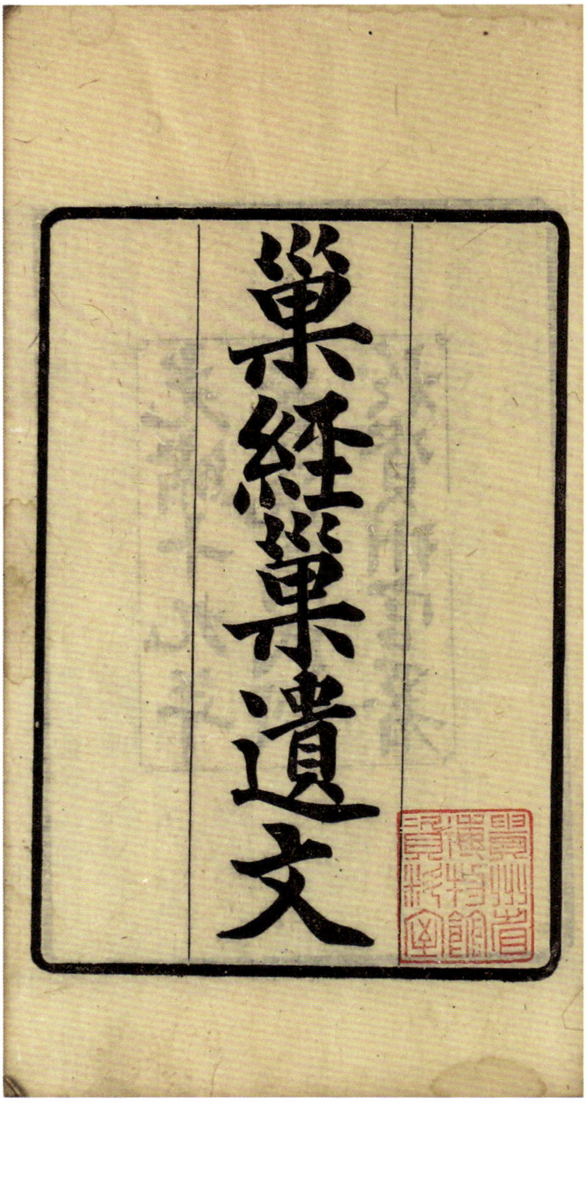

久而不可磨滅。今先生遺書播行海內，聞者鄉風，士大夫轉相移刻，其犂然有當於人心。不待智者而知已。然卒成此一簣之功，使無放失者，高君也。』

高《叙》對鄭氏文章風格、内容作出了總體評價，如云：『遵義鄭子尹先生研精經史，穿穴深邃，具有心得。乾嘉以來東南諸鉅子，無以過之。』又云：『其文守韓柳家法，嚴謹峭潔，不落宋以後體勢。知經生家讀書既多，根柢槃深；即其議論之文，亦非常人所能規仿。中間於地理、水利，辨析明瞭，關係一省輿地之學。蓋自貴州入版圖以來，未有人考證精確，豁若發蒙如今日者也，豈獨先生一家之學哉！』

此書分五卷，凡一百三十四篇。體式衆多，有考、問答、説、書、序、題識、記、跋、書後、傳、行狀、墓表、墓誌銘、祭文、銘、贊、雜著等。内容廣泛，有對貴州歷史地理之考證，有探討學術之書劄、序跋，有各式人物傳記，也有寫景、叙事之記游散文。鄭氏散文不受桐城派義法束縛，不固守某種法度。爲文『純白古健，變化曲折，不預設局度，任其機軸，操縱自如。比成，乃無不應矩』（鄭知同《子尹府君行述》）。鄭珍善於博采衆家之長，而對韓、柳、蘇、歸（有光）諸家汲取尤多。韓文之奇崛，柳文之沉毅，蘇文之橫肆，歸文之淡雅，均有所采擷，從而鑄成個人醇厚峭麗之藝術風格。一些散文被選入多部散文總集，膾炙人口。

高氏資州刻本現存貴州省博物館，本叢書據此影印。（黄萬機）

巢經巢遺文卷第二

遵義鄭珍子尹

上程春海先生書

某再拜謹奉書程侍郎先生別五六年窮處萬山之中不與宦遊者相接以故先生出處行事都無自聞唯去年在友人所卒繙一他人詩知有石湖潭西之遊而已伏惟勛德日隆動靜禔福某賤受至愚不通曉世務然頗樂讀書此先生所素見至今生二十九年矣居此邦鮮師友劘切任性不知所裁邑之夫咸竊詫為怪物怪不怪固不屑與

巢經巢詩鈔九卷

清鄭珍撰。鄭珍生平見經部《輪輿私箋》提要。

《詩鈔》由鄭珍親自編選，按年編次。內容起清道光六年丙戌，迄咸豐元年辛亥，乃作者二十一歲至四十六歲之詩作，凡四百九十二首。咸豐二年在鄭氏望山堂刊版印製。書板由鄭知同書寫，一律純正小楷，波磔分明，清俊秀逸，有較高書藝價值。此書版片留存至今，保藏於遵義市圖書館。一九四〇年印製《巢經巢全集》時，《詩鈔》九卷即用該套書版印刷。

《巢經巢詩鈔》有莫友芝、翁同書、王柏心所撰三篇《序》。莫《序》中談及二人三十年交往情誼，論述鄭子尹學術研究及詩文創作之成就。對子尹學問才力異常佩服，『戲謂曰：論吾子平生著述，經訓第一，文筆第二，歌詩第三；而惟詩爲易見才，將恐他日流傳，轉壓兩端耳。

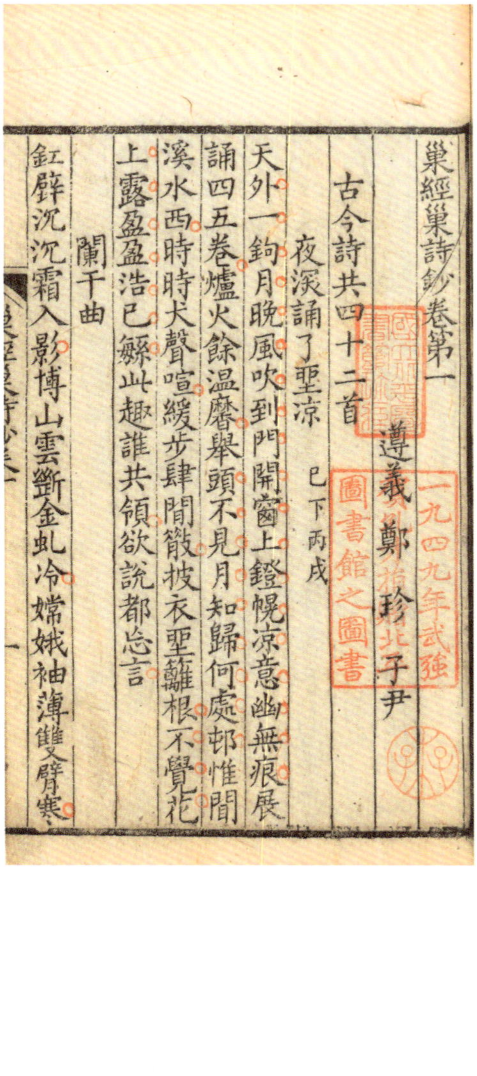
巢經巢詩鈔卷第一
遵義鄭珍子尹
古今詩共四十二首　已下丙戌
夜深誦了亞涼
天外一鉤月晚風吹到門開窗上鐙幌凉意幽無痕展誦四五卷爐火餘溫磬舉頭不見月知歸何處郎惟聞溪水西時時犬聲喧緩步肆閒徵披衣亞籬根不覺花上露盈盈浩已縣此趣誰共領欲說都忘言
闌干曲
釭辟沉沉霜入影博山雲斷金虬冷嫦娥袖薄雙臂寒

子尹固漫頜之而不肯以詩人自居』。翁《序》論及程侍郎與鄭子尹之師生情誼及詩文師承淵源，認爲在衆多程門弟子中，能爲侍郎之文者，遵義鄭子尹一人而已。所爲文章『古澀奥衍』、『真氣流貫』，『及讀其《母教録》即又悱惻沉摯，似震川《先妣事略》、《項脊軒記》諸篇。羊質善變，幾無以測吾子尹也』。又認爲『古近體詩簡穆深厚，時見才氣，亦有風致；其在詩派，於蘇、黄爲近』。王《序》稱許鄭子尹爲詩『善範其志』，『至其爲詩，則削凡刷猥，探詣奥賾，滃靈思於赤水之淵，而拔雋骨於埃壒之表。不規規肖仿古人，自無不與之合』。

此詩集流布頗廣，備受時流讚譽。『同光體』詩家尊奉之爲『宗祖』，轉捩一代詩風。

本叢書據國家圖書館藏鄭知同寫刻本影印。另，貴州省圖書館藏清光緒刻本，名《巢經巢詩集》，二册九卷，本叢書一并影印。（黄萬機）

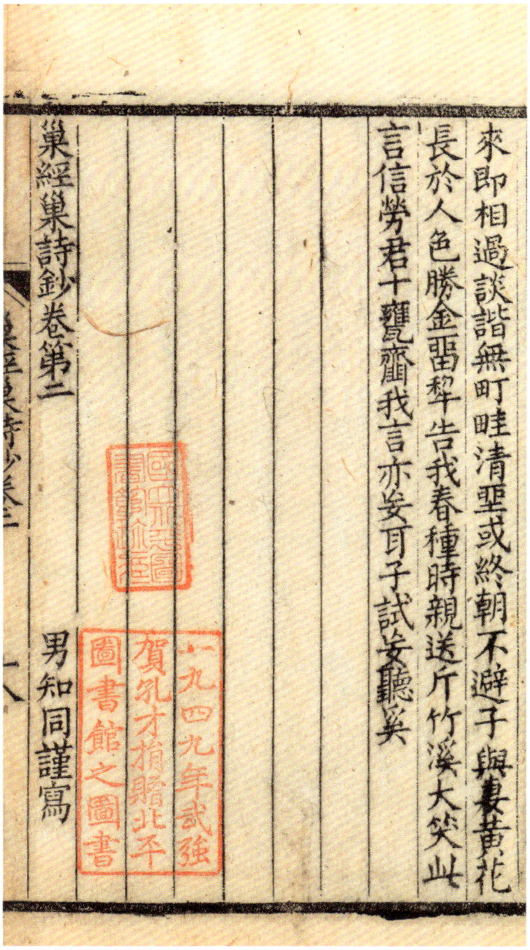
來即相過談諧無町畦清聖或終朝不避子與妻黄花
長於人色勝金罍犂告我春種時親送斤竹溪大笑此
言信勞君十甕齏我言亦妄耳子試妄聽奚

巢經巢詩鈔卷第二　男知同謹寫

巢經巢詩集九卷詩後集四卷

清鄭珍撰。鄭珍生平見經部《輪輿私箋》提要。

清光緒二十年，資州刺史貴筑高培穀刊刻《遵義鄭徵君遺著》於四川衙署。是書録文集六卷、詩集九卷、後集四卷、遺集一卷，附屈盧詩集四卷。

詩集封面題『巢經巢詩集』，凡二册九卷，録古今詩四百九十二首。卷首載獨山莫友芝、監利王柏心、常熟翁同書序各一。莫《序》云：『論吾子平生著述，經訓第一，文筆第二，歌詩第三。而惟詩

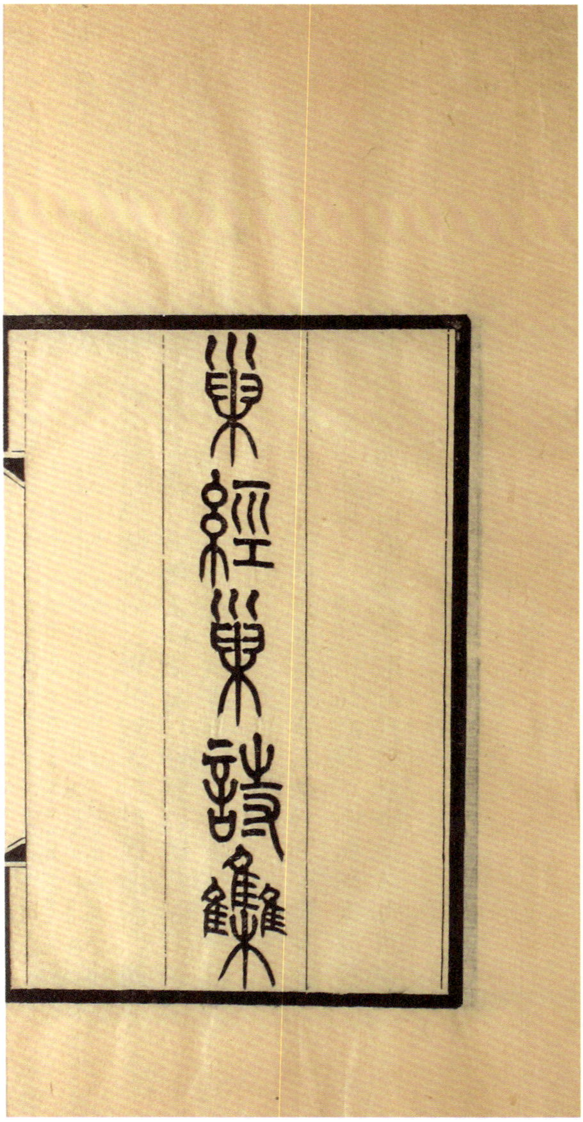

爲易見才，將恐他日流傳，轉壓兩端耳。』王《序》云：『余未識子尹，讀子尹詩，悲愉喜慍，如見子尹焉。進而求之，則藹然者仁義也，秩然者禮度也，較然者忠信廉潔也。其宗主又不離六經。甚矣！子尹能範其志，非若他人沾沾情辭聲貌可以僞爲者也。』翁《序》云：『子尹也，古近體詩簡穆深厚，時見才氣，亦有風致；其在詩派，於蘇、黄爲近。』讀此三序，可知子尹詩之影響及成就。

《詩後集》有光緒羊城刻本，卷首有黎汝謙《巢經巢詩鈔後集引》，談及書稿源流：鄭子尹先生自壬子至甲子十三年詩作，由先生手録爲二册，未分卷目，汝謙曾見過。後被某公携往軍中，遺失其一。二十年後，汝謙客寓北京，在同年友陳筱石（夔龍）家見到鄭先生《後集》抄本，未及抄録。癸

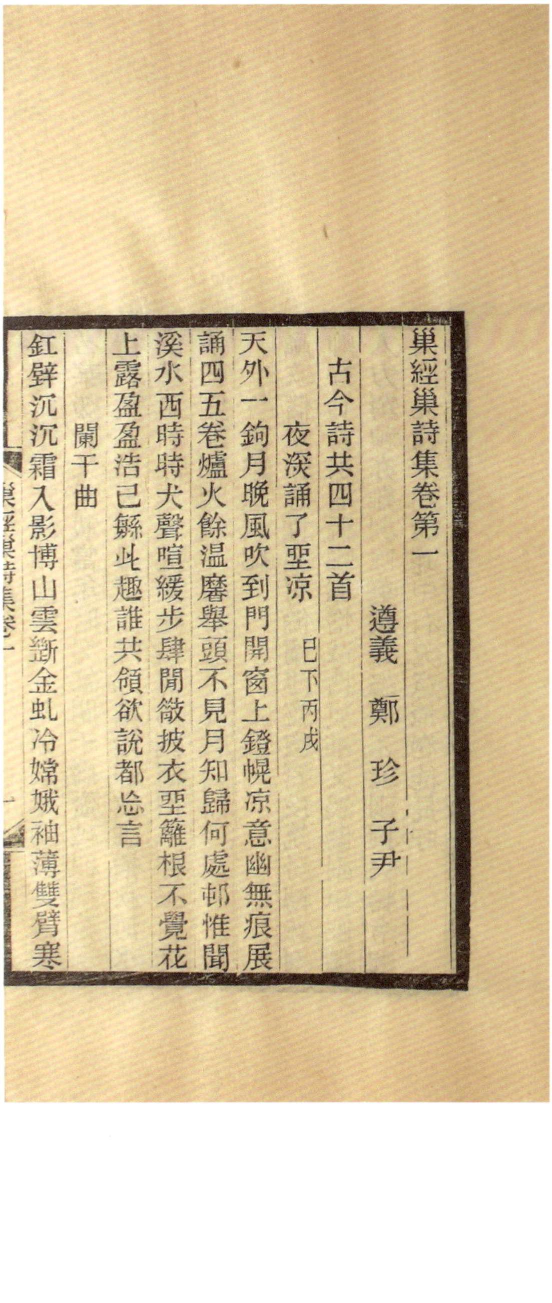
巢經巢詩集卷第一

遵義 鄭珍 子尹

古今詩共四十二首

夜深誦了堊涼 已下丙戌

天外一鉤月晚風吹到門開窗上鐙幌凉意幽無痕展誦四五卷爐火餘温馨舉頭不見月知歸何處邨惟聞溪水西時時犬聲喧緩步肆閒徼披衣堊籬根不覺花上露盈盈浩已繇此趣誰共領欲説都忘言

闌干曲

釭辟沉沉霜入影博山雲斷金虬冷嫦娥袖薄雙臂寒

巳（光緒十九年）汝謙隨使日本，乞筱石抄録郵寄。見此稿前後年歲顛倒混亂，重爲編訂，釐爲四卷。叔黎蒓齋觀察從川東來函，稱資州牧高怡樓方刻鄭先生文集，樂於刻其遺詩。因將書稿抄録寄往。

黎蒓齋將《巢經巢遺詩》書稿交付鄭珍外孫趙懿，令其校訂。趙懿更爲分卷，按年編目，發現壬子、癸丑（咸豐二年、三年）兩年之詩衹存十餘首，而庚申（咸豐十年）以後概付飄零。趙懿特寫《巢經巢詩鈔後集跋》，記述鄭子尹壬子以後行歷，以待將來搜補佚失之詩，供箋譜者參稽。

高氏所刊《巢經巢詩後集》分卷：卷一録壬子、癸丑、甲寅三年詩作六十六首，卷二録乙卯全年詩作六十二首，卷三録丙辰初春至初冬詩作七十五首，卷四録丙辰初冬至庚申、辛酉詩作五十九首。共二百六十二首（按：其中卷四《晚望衆香山》爲玉屏田榕所作，鄭珍抄録，被誤入集中）。

對鄭珍晚年詩作，黎汝謙《引》中評價云：『或謂先生之詩，精光亮采，俱在盛年，四十以後精力衰減，似韓、杜晚年之作，枯禿不豐。人生學力，與年進退，雖古昔賢哲所不能逃也。然吾觀先生晚歲之詩，質而不俚，淡而彌真，有老杜晚年景界。』此論恰切。

本叢書據國家圖書館藏民國四年刻《遵義鄭徵君遺著》本影印。（黄萬機）

重刻鄭子尹先生巢經巢詩集書後

咸豐乙卯春先生補荔波縣訓導過方村時自明已入學執弟子禮見面試詩文蒙許可即知有巢經巢詩集五月送考宿舍間與先君把酒論文夜深始罷命磨墨題二絕次日侍先生赴郡應試鮑穆堂督學取自明高等皆先生之教也試甫畢苗匪亂急謀歸而荔波狆匪亦亂自明扶老挈幼避之先生佐縣令蔣嘉穀辦軍事蔣勦賊遇害先生旋省縣城陷從此道梗書斷自明家被賊燬廢學從戎游保知縣需次廣西光緒丁亥張孝達制軍督兩廣調自明來東差遣遇先生長子知同在

巢經巢詩集書後　一

巢經巢詩鈔九卷後集四卷

清鄭珍撰。鄭珍生平見經部《輪輿私箋》提要。

鄭珍《巢經巢詩鈔》之刊本，最早爲鄭知同手書上版之咸豐二年望山堂家刻本，亦稱鄭知同寫刻本。四册九卷，存詩四百九十二首（據卷前目録）。光緒間，黎汝謙刊刻《巢經巢詩鈔》於五羊城（今廣州），是爲黎氏刻本。與家刻本相較，該本仍以四册裝訂，封題『巢經巢詩鈔全集』，亦照録家刻本之牌記：『巢經巢詩鈔，起道光丙戌至咸豐辛亥，鈔存詩合四百九十首。受業胡長新校畢題記。壬子夏五。』然同中有異：前二册爲《巢經巢詩鈔》九卷，存詩四百九十一首（較家刻本少一首）；後二册《巢經巢詩鈔後集》四卷，爲家刻本所無。

《後集》存詩二百六十二首，牌記題『光緒廿三年丁酉冬遵義黎氏刊於五羊城』，卷前載黎汝謙《引》，可知《後集》之由來：『先生四十以前之詩八卷，咸豐壬子已自刻於子午山。壬子以後迄先生之殁十三年中共爲詩二册，依月編年，未分卷目，皆先生所手録者。昔年余曾及見之，後聞先生哲嗣知同因言某公携往軍中，遺失其一，聞者深爲太息。……庚寅歲，久客京師，乃於同年友陳君筱石座上見先生後集抄本，匆匆一閲，未及抄録以去。癸巳春，余從使日本，乃乞筱石抄副郵寄，謀鋟諸梓，而前後年歲顛倒，淆亂而不可讀，乃僅按先生所歷年歲重爲編訂，釐爲四卷。』

此本據上海圖書館所藏清光緒二十三年黎氏五羊城刻本影印。（張嘉林）

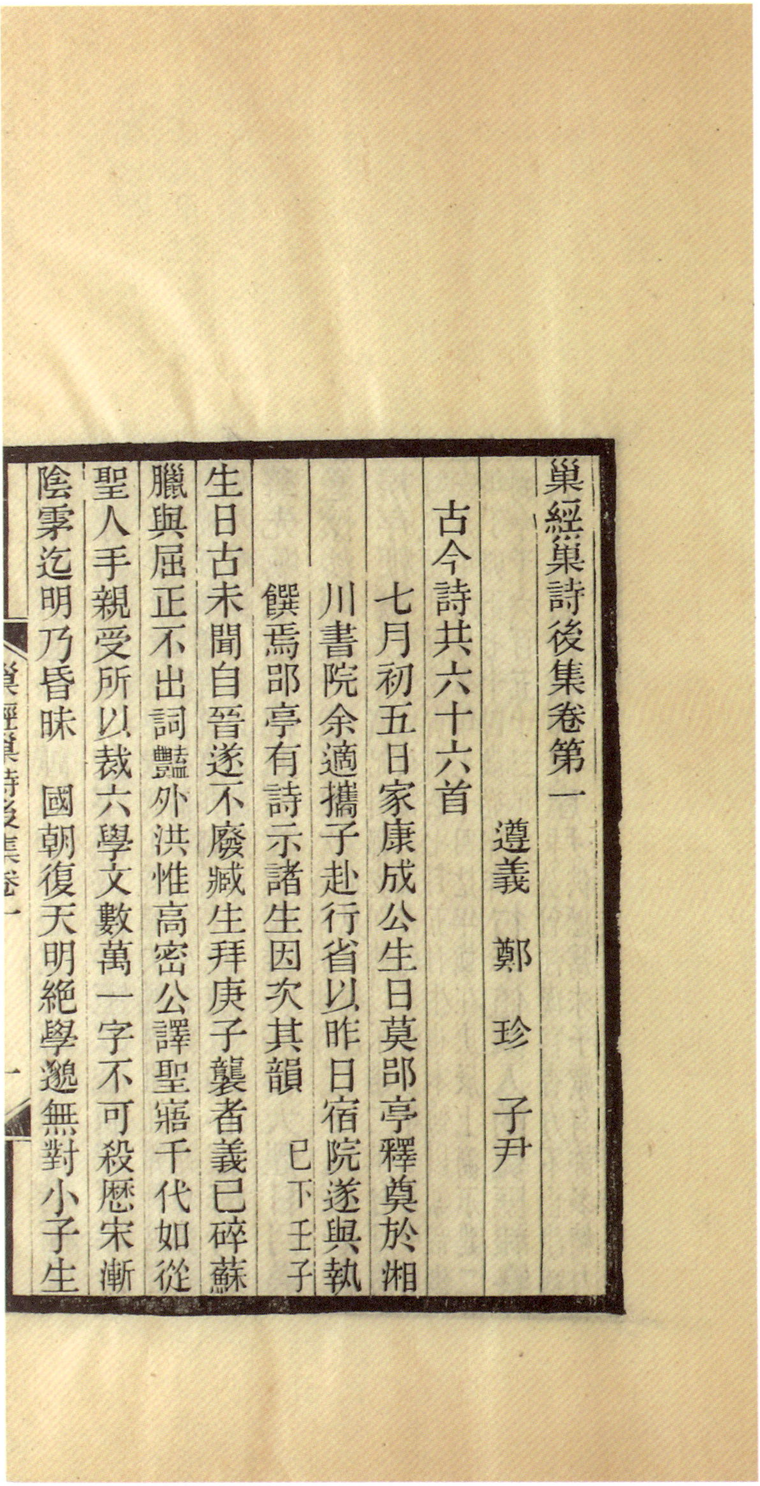

巢經巢詩後集卷第一

遵義 鄭珍 子尹

古今詩共六十六首

七月初五日家康成公生日莫郘亭釋奠於湘川書院余適攜子赴行省以昨日宿院遂與執饌焉郘亭有詩示諸生因次其韻 已下壬子

生日古未聞自晉遂不廢臧生拜庚子襲者義已碎蘇臘與屈正不出詞豔外洪惟高密公譯聖寤千代如從聖人手親受所以裁六學文數萬一字不可殺歷宋漸陰霿迄明乃昏昧 國朝復天明絕學邈無對小子生

靈鑒余後死侗

題周漁璜先生西崦春耕圖圖爲禹鴻臚康熙戊子以坡公野桃含笑竹籬短溪柳自搖沙水清詩意作陳奕禧題額

南明江頭秋稼黃遊子倦游憶山堂沙水竹籬忽在眼苑遇先生西崦旁先生豈是荷鉏者蔡癸九家曾手把寫作識字耕田夫東屯下潠同瀟灑　國朝全盛不覯兵玉堂人物無愁聲釣師田父各寄意轉見當時風雅情百餘年來難再得空展此圖坐太息九疑三湘寇紛紛日夕望下飛將軍起向先生借簑笠明朝更墢南山

雲

黎壽農兆熙表弟下殺設祭雪樓舅氏和岐亭韻作詩因寬其意

百愁不一樂老味如苦汁奪手失癡弟使我眥常溼達觀忽慰意目瞑萬事得天傾不知憂日既不知急兒女供縮錢親串獻魚鴨胡事歌猗來醯雞自求羃生無益於世思之頸先赤誓買果下駒從以天下白青絲提玉壺林間醉拋幘公猶未忘情逢禱詠當泣我吟哀杏詩徒疚月明缺人生天地間孰非遠行客不如美酒食彭宣日來集

其際門忝通德大謹執子孫禮立北聽眾喙每惜極盛餘標新轉增怪對筵牢匪共隔半室改隘顯守有離合何論肅毓輩沈果堂說士昏禮夫婦異俎孔顨軒說宮室自棟隔半前爲堂後爲室皆謂申鄭義以破唐宋儒者說實非鄭旨若程易疇諸人多以勝鄭爲事矣兢兢祖述心望海寄遙酹先嚀敢鹵莽終畝須糞曬獨憐孱懦嬰大懼日月邁遙懷沙邸堰一逝絕聲欬公卒於沙邸堰見水經注二十八庚辰覽揆存梗概太平廣記引鄭玄別傳以永建二年七月戊寅生據後漢書順帝紀永建二年七月甲戌朔當五日得戊寅則公七月五日生也本傳以獻帝建安五年六月卒年七十四是年歲在庚辰上溯永建二年丁卯正七十四歲從卒年到今千六百五十三年矣　行李值故人酌奠匪報賽敢辦漢宮香敬仰碑產拜公曾注漢宮香方不止注劉洪歷爲朱子歎有許多精力

也公墓在高密縣西北劉宗山唐史承節碑謂之礪阜山水經注謂之碑產山蹋屩棄東家珠玉幾人載吾衰願子倩塗轍慎行戒公卿有嘉穀識味在后畝各飽書帶露勿負此釋菜

書周漁璜先生桐野書屋圖後圖康熙戊子作

貴州數詩家有明推雪鴻　國朝二百年吾首桐野翁雪鴻宦不達桐野壽未豐天欲文西南大筆授兩公謝詩春空雲周詩花林虹吾以兩公較尤多桐野雄傳本少概見僅存埋蠹叢陳選數十首陳伯璣選明人詩錄謝君采作七十四首惜哉何隘胸歸愚拾傳鈔又復爲目窮吳滋大中蕃選復去十八首沈歸愚選別裁集錄公詩僅題淵明北窗赤壁阻風等數首窺斑固識豹執爪豈見

巢經巢詩鈔

起道光丙戌至咸豐辛亥鈔存

詩合四百九十首受業胡長新校

畢題記壬子夏五

确緣溪千年豐不償苦足得十大盆安能盡碓力碓成殊養閒苦心顧爲此亦覺笑旁觀世事那計盡感慨繫斯篇

早起

昧爽更底逼安卧良獨難怕待來年想仍將去日看孤心時入靜瘦骨早驚寒有福慙諸弟紅窗自睡鼾

巢經巢詩鈔卷第一

黎汝謙校字

黎汝恒參校

重訂巢經巢詩鈔後編四卷

清鄭珍撰，姚大榮考訂。鄭珍生平見經部《輪輿私箋》提要。姚大榮（一八六〇—一九三九），字儷恒，號芷豐，貴州安順人。光緒七年中舉，次年成進士，任内閣中書十餘年，後任起居注主事、刑部主事兼學部圖書局行走，又歷任法律學堂主講、大理院推事，以道員補用。民國年間任評議院秘書長。著述頗豐，有《惜道味齋集》、《馬閣老洗冤録》、《墨緣彙觀撰人考》等。

此稿本用方格紙謄録，純正小楷，極爲清晰。每葉九行，每行二十字。卷首有姚氏《重訂巢經巢詩鈔後編序》。《序》中提到『蜀刻』、『滇刻』。『蜀刻』指《巢經巢詩鈔後集》四卷，光緒二十年貴筑高氏刻於四川資州。『滇刻』指《巢經巢遺稿》，光緒三十年唐炯刻於雲南

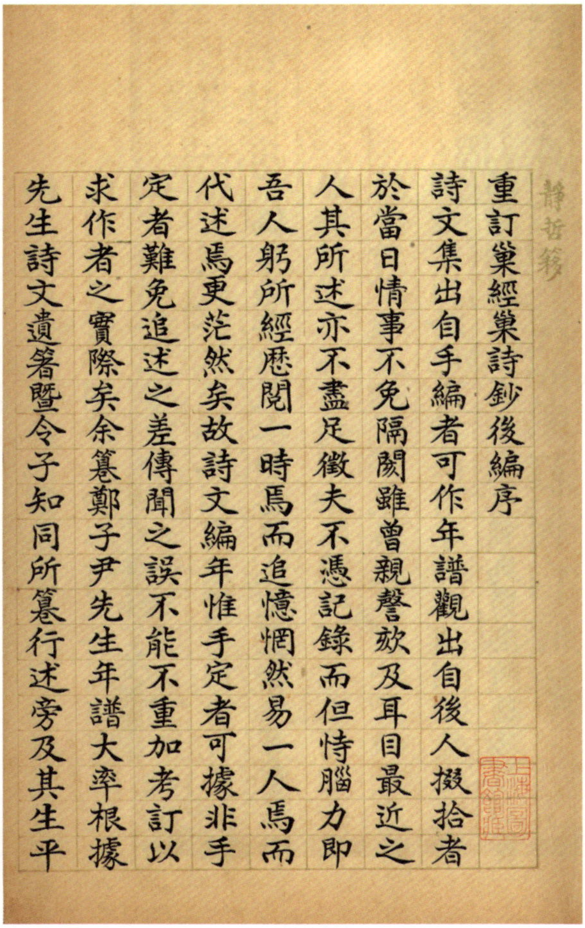
重訂巢經巢詩鈔後編序
詩文集出自手編者可作年譜觀出自後人掇拾者於當日情事不免隔閡雖曾親謦欬及耳目最近之人其所述亦不盡足徵夫不憑記錄而但恃腦力即吾人躬所經歷閲一時焉而追憶惘然易一人焉而代述焉更茫然矣故詩文編年惟手定者可據非手定者難免追述之差傳聞之誤不能不重加考訂以求作者之實際矣余篹鄭子尹先生年譜大率根據先生詩文遺箸暨令子知同所篹行述旁及其生平

礦務局。蜀本收詩二百六十二首，其中四十二首爲滇本所無。滇本收詩二百九十九首，其中八十七首爲蜀本所無。陳夔龍花近樓刻本依據蜀本另加《巢經巢遺詩》一卷，凡五十一首。

姚大榮在編撰《鄭子尹先生年譜》時，查閱大量相關資料，對蜀本、滇本之編次有不同看法，覺其陵雜無序，於是重予訂正，編爲四卷，別編目録。卷第一自壬子至甲寅，古今詩共六十四首；卷第二乙卯，古今詩共六十首；卷第三自丙辰至□□；卷第四自己未冬至庚申。對編次有差異者，姚氏在各詩之末加案語辯白，并注明出自何本，何本所無。對某些詩題或詩句，也加案語解釋，補充一些史實。

此稿本藏於上海圖書館，未曾刊刻。本叢書據此影印。

（黄萬機）

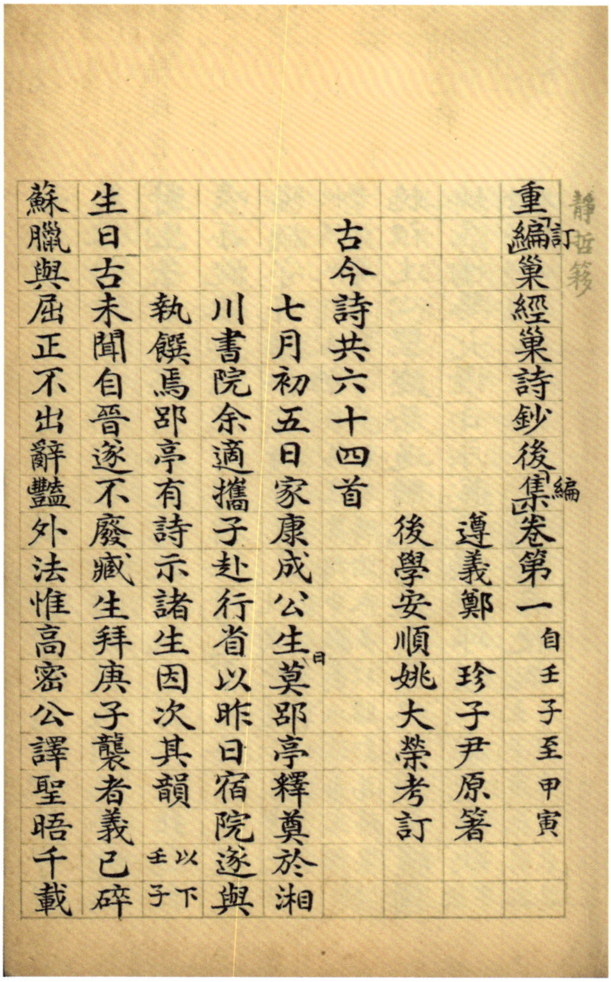
重編訂巢經巢詩鈔後集編卷第一　自壬子至甲寅
遵義鄭珍子尹原箸
後學安順姚大榮考訂
古今詩共六十四首
七月初五日家康成公生日奠邵亭釋奠於湘川書院余適攜子赴行省以昨日宿院遂與執饌焉邵亭有詩示諸生因次其韻　以下壬子
生日古未聞自晉遂不廢臧生拜庾子襲者義已碎蘇臘與屈正不出辭豔外法惟高密公譯聖晤千載

巢經巢詩鈔後集六卷外集一卷

清鄭珍撰。鄭珍生平見經部《輪輿私箋》提要。

趙愷將蜀刻（高本）與滇刻（唐本）合併，去其重複，外加《遺詩》，重訂編年，釐爲六卷，新搜得者輯爲《外集》，於民國十八年由貴陽文通書局鉛印發行。卷末有趙愷《巢經巢遺詩跋》。

趙愷《跋》中談及高本、唐本、《遺詩》及合編情況云：『先生之詩，望山堂自刻本至辛亥止。壬子至甲子歸道山以前之作，皆所謂遺詩也。然至爲紛亂。光緒二十年，黎蒓齋觀察屬高君刻於資州，共二百六十二首。先從兄延江爲校字，稱壬、癸兩年之詩僅存十餘首，庚申以後概付飄零。黎受生先生《序》謂曾見遺稿，爲某公携至軍中遺失，讀者無不同深慨嘆，已謂先生遺詩，舉高本爲晨星僅存矣。厥後唐鄂生宫保與先生情義棐篤，莫逾金石，舉遺詩鉛印於貴陽，共二百九十九首。因取以校高本，溢出三

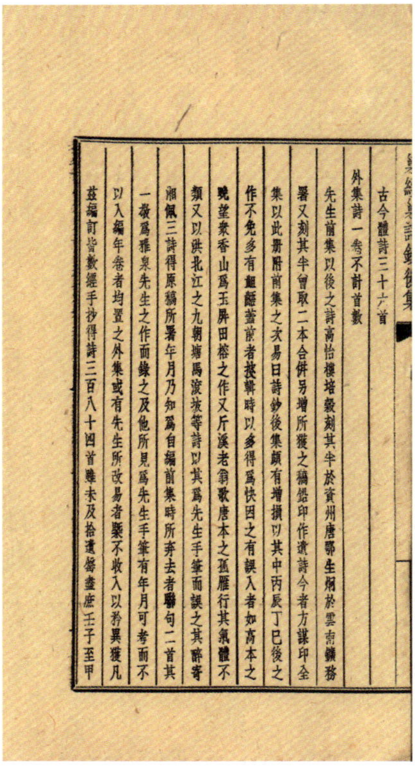
巢經巢詩鈔後集
古今體詩三十六首
外集詩一卷不計首數
先生前集以後之詩高怡樸培穀刻其半於資州唐鄂生炯於雲南鏤務署又刻其半曾取二本合併另增所獲之稿鉛印作遺詩今者方謀印全集以此册附前集之次易曰詩鈔後集頗有增損以其中丙辰丁巳後之作不免多有龃龉蓋前者接辭時以多得爲快因之有誤入者如高本之晚望衆香山爲玉屏田榕之作又斤溪老翁歌唐本之孤雁行其氣體不類又以洪北江之九朝塘馬渡坡等詩以其爲先生手筆而誤之其辭寄湘佩三詩得原稿所署年月乃知爲自編前集時所弃去者聯句一二首其一發爲雅泉先生之作而錄之及他所見爲先生手筆有年月可考而不以入編年卷者均置之外集或有先生所改易者槩不收入以矜異獲凡茲編訂皆數經手抄得詩三百八十四首雖未及拾遺蓋庶壬子至甲

之一。高本詩多庚申以前爲唐本所無者四十二首，唐本多庚申以後爲高本所無者得八十五首，重複者二百一十四首。讀之喜極，莫可名狀。向者高刻本先人皆居鄭門下，先叔又其婿也。嘗指某某詩爲錯置年次。又嘗聞諸先輩談其逸事，故於望山掌故稍有知聞。嘗以兩刻詩不能合併爲恨。因取删其重複，釐其先後，復增先從兄怡所抄示莫棠爲陳本印作《遺詩》，并新有獲者，共得詩三百八十四首。於是十三年之著作，庶幾少有遺軼矣。』

杜運樞（字叔機）《跋》言與趙民生（名宗充）校勘詩稿情況。趙愷將各刻本合編稿本，交給其侄趙宗充校字。宗充邀其摯友杜運樞共同校改。二人挑燈對坐，『余讀，至脱誤處，則民生塗改句乙；民生讀，余執筆亦如之。誦聲琅琅，至夜午始息。如是者有日』。趙氏一家幾代人，爲鄭珍著作之刊刻不遺餘力。

另有十四首詩抄自胡子何家及鄭珍墨稿，又附詞八闋，定名爲『巢經巢詩鈔外集』。

本叢書據上海圖書館藏民國趙愷鉛印《巢經巢全集》本影印。（黃萬機）

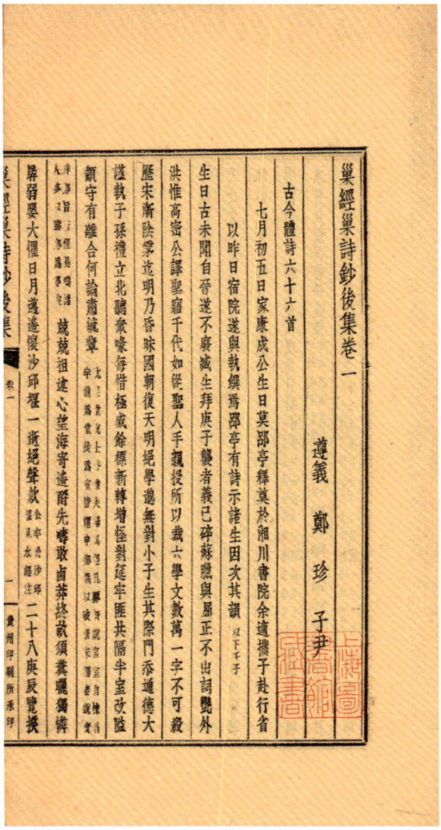
巢經巢詩鈔後集卷一
遵義　鄭　珍　子尹
古今體詩六十六首
七月初五日家康成公生日莫郘亭釋奠於湘川書院余適攜子赴行省
以昨日宿院遂與執鐉焉郘亭有詩示諸生因次其韻 以下壬子
生日古未聞自晉遂不廢臧生拜庚子襲者義已碎蘇鱗與屈正不出詞豔外
洪惟高密公譯聖寤千代如從聖人手親授所以裁六學文數萬一字不可殺
歷宋漸陵夷迄明乃昏昧國朝復天明絕學邈無對小子生其際門忝通德大
謹執子孫禮立北聽衆喙每惜極威餘標新轉增怪對延牢匪共隔半室改隘
顧守有離合何論肅誠聲
兢兢祖述心望海寄遙酹先嗜敢鹵莽終啟須糞蠅獨儔
屏弱嬰大懼日月邁遙懷沙邱堰一逝絕聲欬 二十八庚辰覽揆
巢經巢詩鈔後集　卷一　一
貴州印刷所承印

巢經巢遺詩一卷附録一卷

清鄭珍撰。鄭珍生平見經部《輪輿私箋》提要。

此本封面題『巢經巢遺集』，卷端題『巢經巢遺詩』。遺詩爲遵義趙怡所輯，古今詩共六十四首。爲鄭珍晚年所作，皆刊本所無。詩後《附録》載昆明陳榮昌《跋》、獨山莫棠《跋》，另録文七篇：《國史儒林傳》、黎庶昌《揀發江蘇知縣鄭子尹先生行狀》、《鄭徵君墓表》、陳

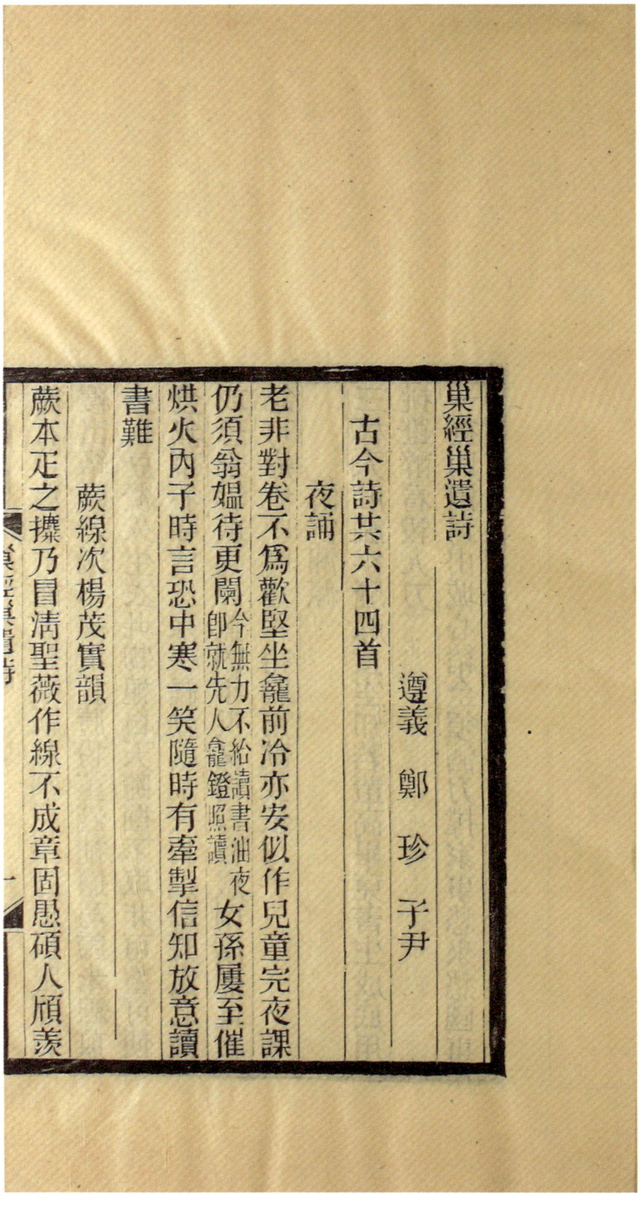
巢經巢遺詩

古今詩共六十四首　遵義 鄭 珍 子尹

夜誦

老非對卷不爲歡堅坐龕前冷亦安似作兒童完夜課仍須翁媼待更闌（今無力不給讀書油夜即就先人龕鐙照讀）女孫屢至催烘火丙子時言恐中寒一笑隨時有牽掣信知放意讀書難

蕨線次楊茂實韻

蕨本芝之擽乃冒清聖薇作線不成章固愚碩人頎羨

巢經巢遺詩　一

田《黔詩紀略後编·鄭徵君傳證》、鄭知同《敕授文林郎徵君顯考子尹府君行述》、蕭光遠《鄭子尹徵君誄》、王秉恩《遵義鄭徵君遺著書後》。莫棠《跋》叙其刊刻之因由云：『先生《巢經巢詩》，先刻於家，出自手定，而先生子伯更書以授梓者也。光緒中，貴筑高氏復刊後集四卷本，自黎受生汝謙、幼漁爲予言：同治初，先生既没，同郡唐鄂生中丞烱方治兵於重安江，寓書伯更，覓先生晚年遺稿，伯更遂以手稿本付之。嗣中丞托某氏仍還伯更，某行至甕安，舍於逆旅，失之，遂不可蹤迹。久之，貴陽陳筱石制府忽得一傳抄本，受生因從録副，上其叔父川東道蒓齋先生，聳恿高氏刻之，而屬幼漁弟悔予任校勘。時幼漁方走京師，迨還蜀，而已刊成。見其中編次頗亂，最晚歲詩亦絶少，乃知制府所得本雖出於原稿，已爲人竄易次第，且有脱逸矣。趙氏兄弟固同爲先生外孫，而悔予齒少，不若幼漁之猶及侍先生，悉聞外家事，并曾見原本，而能證流傳本之訛闕也。此數十首，壬戌至甲子先生捐館歲之作。幼漁於原本既失後，在望山堂字簏中得其手寫零篇綴録，記當日均在集中者。』

本叢書影印之《巢經巢遺詩》，爲從民國四年貴陽花近樓刻本《遵義鄭徵君遺著》中摘出，藏貴州省圖書館。國家圖書館亦有此藏本。（張嘉林）

巢經巢逸詩一卷

清鄭珍撰。鄭珍生平見經部《輪輿私箋》提要。

鄭子尹自選詩《巢經巢詩鈔》九卷，清咸豐元年刻於望山堂。此外壬子至甲子十三年之『遺詩』，先有高氏資州刻本，定名『巢經巢詩鈔後集』，分四卷，刻於光緒二十年。隨後有黎汝謙五羊城刻本，依高氏刊本，刻於光緒二十三年，世稱『粵本』。

光緒三十年，唐炯刻於雲南礦務署，定名『巢經巢遺稿』，詩歌較高本多約三分之一。世稱『唐本』或『滇本』。

民國三年，陳夔龍花近樓刻印當時已知之鄭子尹全部詩文，取高本照刻《巢經巢詩鈔後集》四卷，另補莫棠（從趙怡處獲得）提供五十一首，題名《巢經巢遺詩》一卷。唐本流傳不廣，陳、莫、趙等則未曾見到。

民國年間，詩人盧前赴成都任成都大學教授，在雙流劉鑑泉家見唐炯所

刊《巢經巢遺稿》，發現其第三卷末及第四卷中詩作，均爲高本、陳本等所無者。因從劉氏處假以東歸，於民國二十一年五月鐫刻於金陵飲虹簃，題名『巢經巢逸詩』，由瑞彭題箋。後有盧前《記》一篇。盧前（一九〇五—一九五一），原名盧冀野，詩人。畢業於南京東南大學國文系。歷任成都大學、國立中央大學、四川大學教授。主編《草書月刊》，又任通志館館長。出版詩集《春園》、《綠簾》、《時代新聲》等。

本叢書據貴州省圖書館藏民國金陵盧氏刻本影印。（黃萬機）

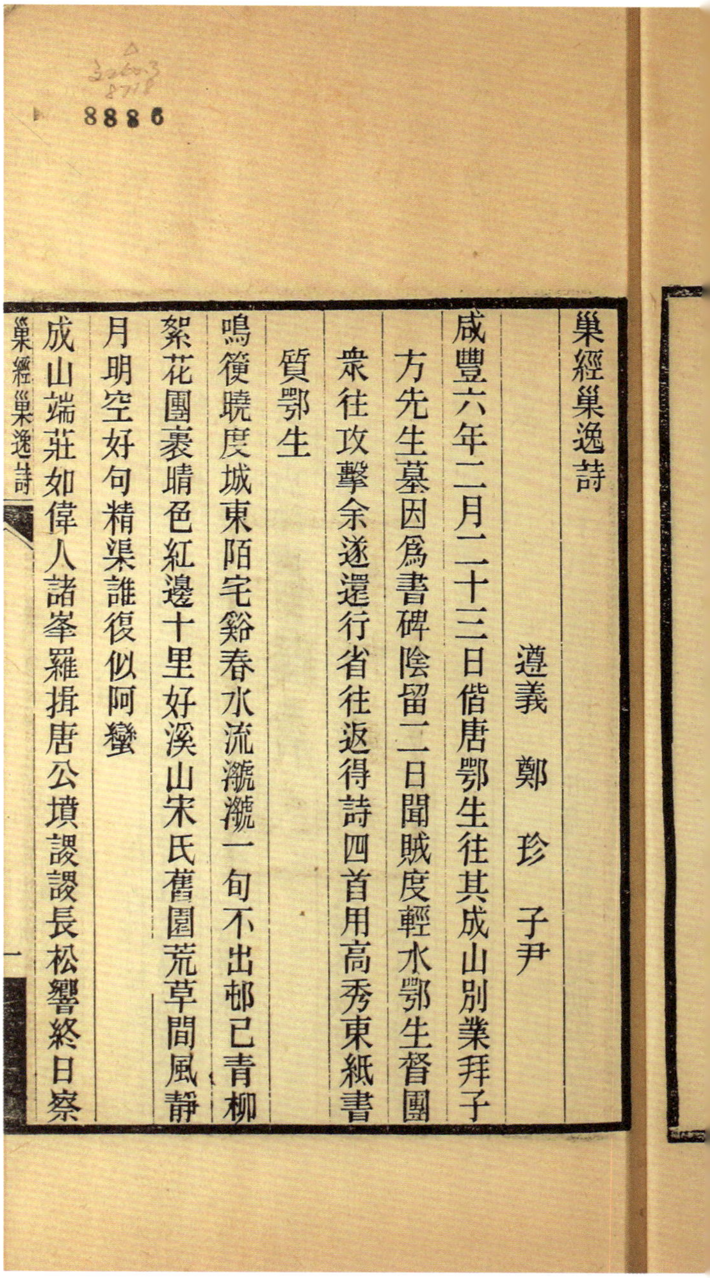

巢經巢逸詩

遵義　鄭珍　子尹

咸豐六年二月二十三日偕唐鄂生往其成山別業拜子方先生墓因爲書碑陰留二日聞賊度輕水鄂生督團衆往攻擊余遂還行省往返得詩四首用高秀東紙書質鄂生

鳴簑曉度城東陌宅谿春水流瀧瀧一旬不出郭已青柳絮花團褭晴色紅邊十里好溪山宋氏舊園荒草間風靜月明空好句精渠誰復似阿蠻

成山端莊如偉人諸峯羅揖唐公墳謖謖長松響終日祭

巢經巢逸詩　一

巢經巢集外詩一卷詩餘一卷

清鄭珍撰。鄭珍生平見經部《輪輿私箋》提要。

此稿爲鄭珍詩詞抄本，凡十六葉。一、二葉詩爲：《題郘亭藏泰山遺字（咸豐乙卯）》、《題傅虎生畫山水四首》。末注：『此亦先生咸豐間作，并上篇均從墨本録。』以往未刊刻。三、四葉《寄湘佩阿妹》四首。（按：此四首與《鄭珍莫友芝詩詞》中《寄湘佩》後四首相同，無『二月十四……』題款，也無第五首及題款。）

五至八葉：《吉堂老兄示所作鹿山詩草奉題寄意》七古一首，《蕭吉堂兄孟冬朔七爲覽揆之日，守程朱教謝客，其明日乃招余飲，禮也，書鄙句携往酢之》四首。末注：『拙翁手抄，戊午六月十七日。』（按：此五詩已收入《巢經巢詩鈔後集》。）九至十一葉：《吉堂昨約偕往飲舊李氏恰好園，以雨甚未同也。見其所作三詩，次韻和之》三首，《大軍尾賊至蜀境，還頓郡城而去，賀吉堂兄》三首。（按：以上六詩，與《鄭珍莫友芝詩詞》所抄相同。以往刊刻本未收。）

十二、十三葉：《寄湘佩阿妹六首》，録後四首。第四首之末有注：『札坐燈下，書寄湘佩阿妹，時雨初過，鐘聲方來。』此後補録『待我歸時爾已歸』一首，未録題款。

十四至十六葉：抄詞數闋，有《蝶戀花》、《浣溪沙》、《法駕引》四闋。末尾有題款，云：

『湘佩小妹持扇索書大作，屬必作好語。老兄於世倦矣，將我舊句點竄，作《法駕導引》四章，亦欲令他日蓬頭放歌於市，茫茫世界，知我爲誰乎？「雪映」句不合古調，拗一板即得矣！』抄者末注曰：『經巢舊刊有詞本，今遵義板已燬，印本亦遍尋不得。茲從扇頭録得數闋付寄。楚文。』以上六闋詞已收入《巢經巢詩鈔外集》。不知『楚文』爲誰。所稱『舊刊有詞本』，此事不確。鄭珍輯有《經巢䜊語》一卷，莫友芝作《序》，但未刊。稿本已佚，或疑鄭珍不願其傳世而自毁詞稿。

此抄件現藏上海圖書館，本叢書據此影印。（黄萬機）

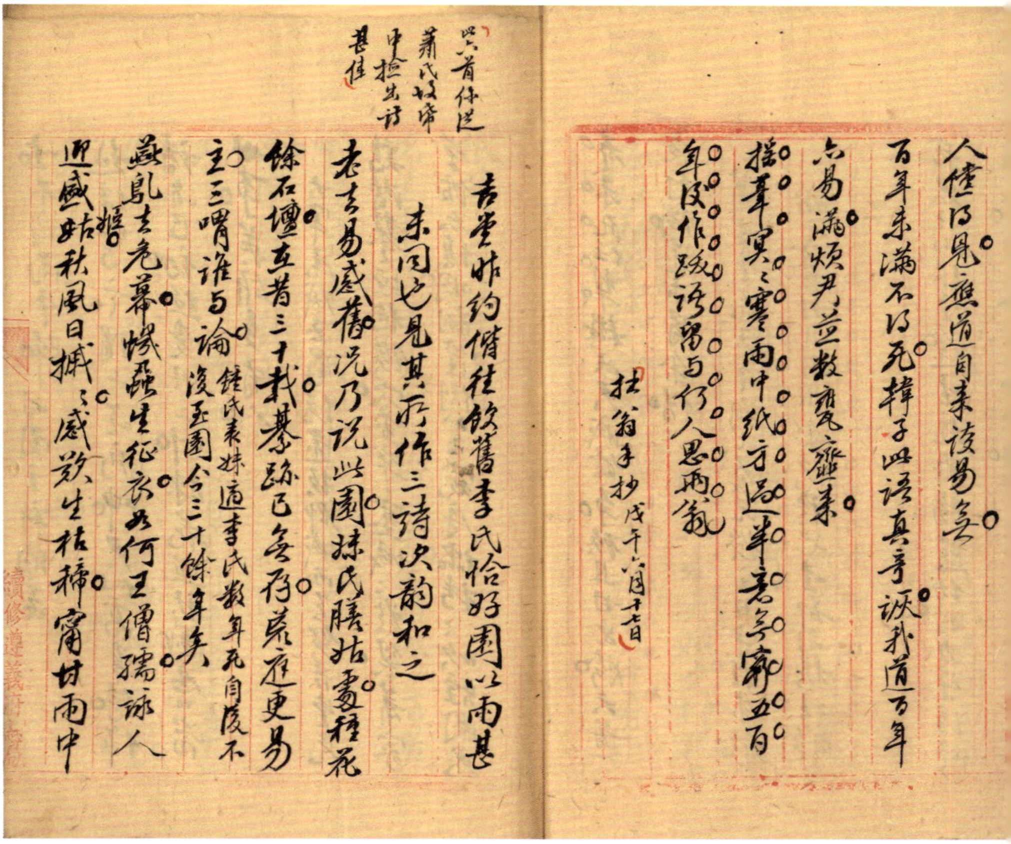

巢經巢詩不分卷

清鄭珍撰，閔孝同抄。鄭珍生平見經部《輪輿私箋》提要。閔孝同，字舜伯，江西九江人。民國著名書法家。

該本一册。封面題：『乙亥年　巢經巢詩　孝同客青島。』下鈐『先賢閔子之後』印。卷端題『巢經巢詩　九江閔孝同摘鈔』，鈐『閔孝同』、『九江閔孝同藏』等四印。所抄爲鄭珍《巢經巢前集》與《後集》中部分詩作，自《阿卯晬日作》始，迄於《晨登梅屺獨吟因成長句》。凡四十六首，其中四十一首爲前集中詩，五首屬後集。句間見朱筆圈點。卷末鈐『金陵大學圖書館章』印。

抄本藏南京大學圖書館，本叢書據此影印。（張嘉林）

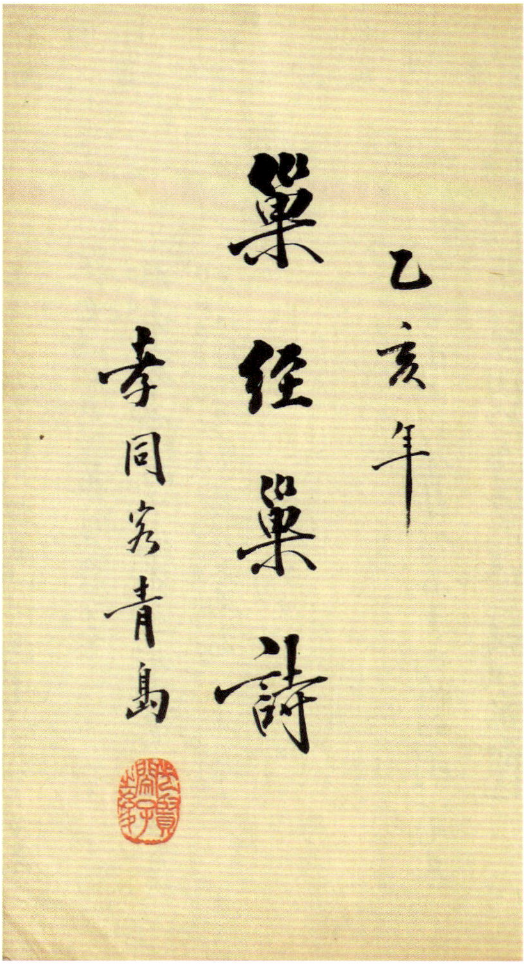

巢经巢詩

九江閔孝同摘鈔

遵義鄭子尹珍著

阿那晬日作

貧人養兒女，其苦安可言。計日喜存活，及歲能無歡。我非無大男，天不與我孫。踰年幸舉汝，吾道方艱難。萬卷不能炊，一錢丐人艱。汝顧生健食，飢啼可勝憐。論升買市米，歸已亭午閒。待飽化為乳，乃及供汝餐。

悦坳遺詩不分卷

清鄭珏撰。鄭珏（一八〇九—一八七八），字子行，鄭珍仲弟。讀書略通大義，家貧，力耕自食。終身布衣，淡泊自守，終老林泉。爲人正直，平日好與人排難解紛。嗜釣，常在樂安江畔持竿而坐。受父兄濡染，喜好吟詠。每有興感，即謳歌命筆，其詩純任天籟，不事雕琢，風韻清麗自然，有楊萬里『誠齋體』之風。

鄭子行對表弟黎庶昌尤爲關愛，鼓勵他走出貴州，北上應試。臨行，贈詩二首，詩中有『孤往行吟當自慎，一鳴聲聞定驚人』之句。兩年後，黎庶昌上『萬言書』，得賞知縣，消息傳來，子行大喜賦詩：『烽煙滿地盡戈兵，羨爾書生達帝京。放膽快陳天下事，有鳴先令世人驚。得書伯仲心皆慰，有志男兒事竟成。從此黔南推第一，老夫拭目記勳名。』後庶昌任外交官赴西歐，子行有懷念表弟之詩多首，真摯動人。二十多年

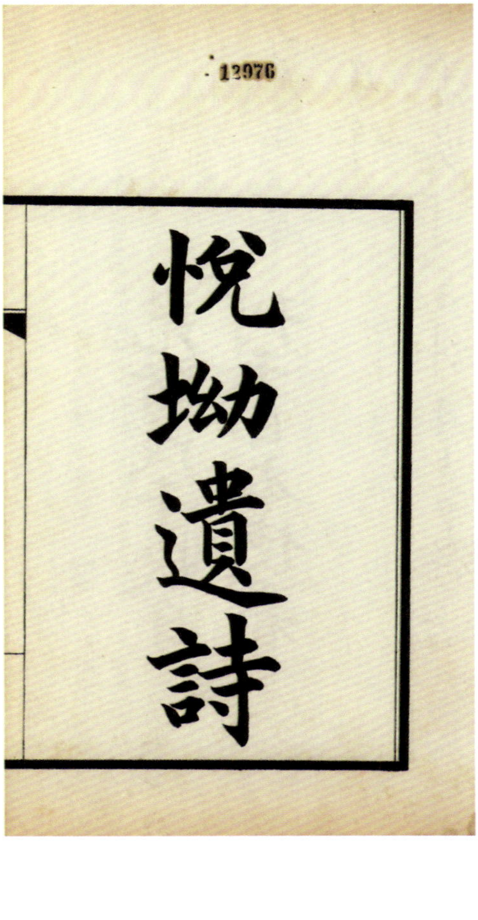

後，庶昌從日本歸來，子行離世已七年。庶昌從其家中搜得詩稿，携往日本東京清國使署，附刻於《黎氏家集》中，刊刻時間爲光緒十四年秋日。詩集前有莫庭芝《清故處士鄭君子行墓誌銘》、黎庶昌《鄭兩山人傳》及鄭子行《自序》。收詩一百七十一首。其中描繪咸、同之際社會動亂之詩作，有史料價值。

詩卷末有黎庶昌《題識》，談及子行生平及中表兄弟深厚情誼，評其詩云：『君讀書雖不多，其詩純任天籟，頗近嚴羽别材之説，異夫世之雕章琢句以爲工者。蓋亦「擊壤」、「誠齋」之支與流裔也。』

本叢書據遵義市圖書館藏日本使署所刊《黎氏家集》本影印。

（黄萬機）

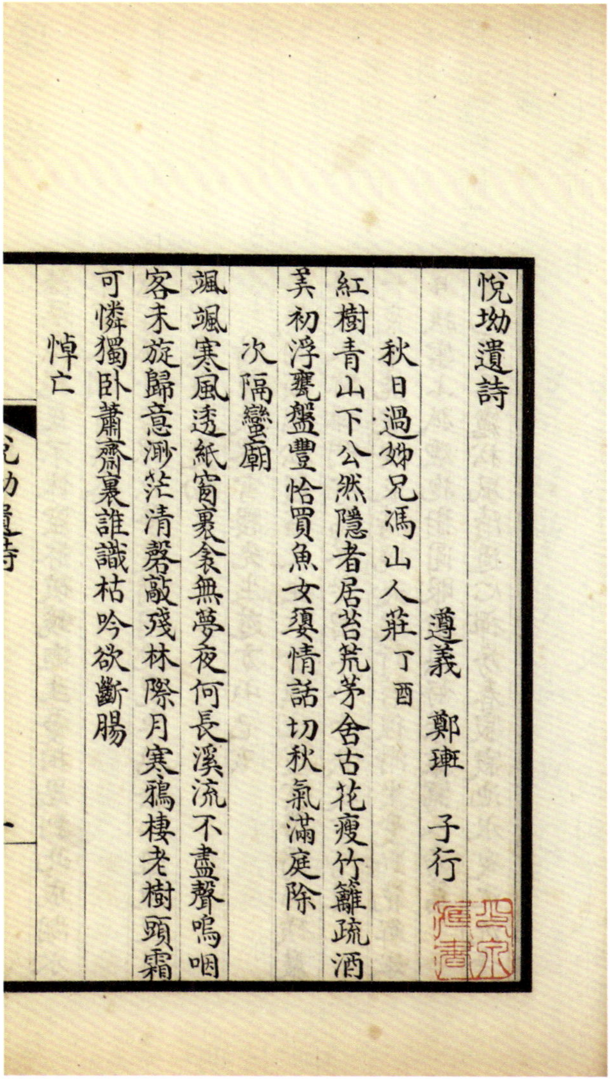
悦坳遺詩

秋日過妙兄馮山人莊 丁酉

遵義 鄭琿 子行

紅樹青山下公然隱者居苔荒茅舍古花瘦竹籬疏酒美初浮甕盤豐恰買魚女嬃情話切秋氣滿庭除

次隔巒廟

颯颯寒風透紙窗衾無夢夜何長溪流不盡聲嗚咽客未旋歸意渺茫清磬敲殘林際月寒鴉棲老樹頭霜可憐獨卧蕭齋裏誰識枯吟欲斷腸

悼亡

影山艸堂學吟稾一卷

清莫友芝撰。莫友芝生平見經部《十先生中庸集解》提要。

影山草堂爲莫友芝（郘亭）書齋名。此集扉葉有莫友芝於清咸豐五年手書題記，言明此集爲家中『子弟輩』所録存之作，包括有『辛丑（按即道光二十一年，莫友芝時年三十歲）以上十餘歲少作稿』。首葉首行書『郘亭外集』四字。共録古近體詩六十七首，其中多數詩作注明分别爲甲辰、乙巳、丙午年（按即道光二十四年至二十六年，莫氏三十三至三十五歲）所作。最末一首題爲《豐樂橋落成用坡公兩橋詩韻》。遵義豐樂橋落成於咸豐元年，莫友芝時年四十歲。

可見此集詩作爲莫友芝四十歲前所作詩。其中存有青少年時期之作，故其自題集名謙稱爲『學吟稿』。本集作品均爲《郘亭詩鈔》前後集未録之作，頗顯珍貴。集内多有寫景、抒情、記人、紀事之佳作，亦有憂國憂民之語。如《睡中聞邊將大破英夷，悉奪歸昔和議所斥予千萬以上，雖

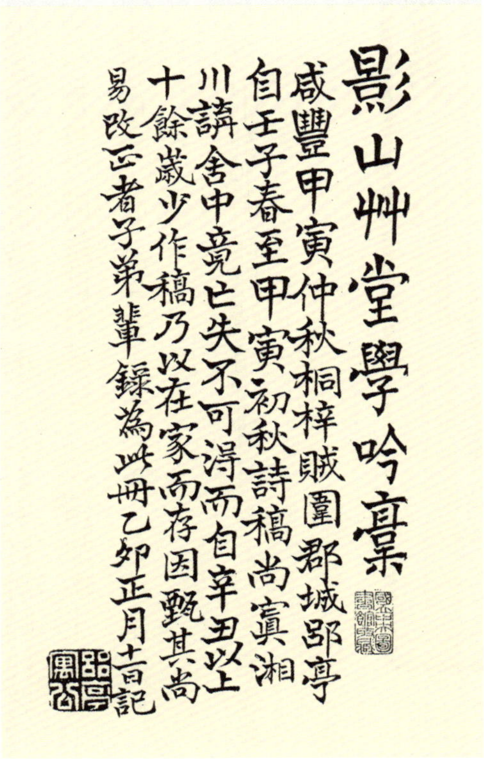
影山艸堂學吟稾
咸豐甲寅仲秋桐梓賊圍郡城郘亭自壬子春至甲寅初秋詩稿尚寘湘川講舍中竟亡失不可得而自辛丑以上十餘歲少作稿乃以在家而存因甄其尚易改正者子弟輩録爲此册乙卯正月十一日記

夢，亦可喜也》，此爲鴉片戰爭之後所作。又如雪天所作詩，言對雪不多飲酒，也憎恨『上瑞輝簾幃』，『但要黃棉襖子裹殘臘，頓使萬國貧子無寒姿』（《疊龜字韻答柏容子尹》）。此與杜甫『安得廣廈千萬間，大庇天下寒士俱歡顔』情懷差似。

首葉鈐有『獨山莫氏圖書』印。本叢書據抄本影印。

（謝尊修）

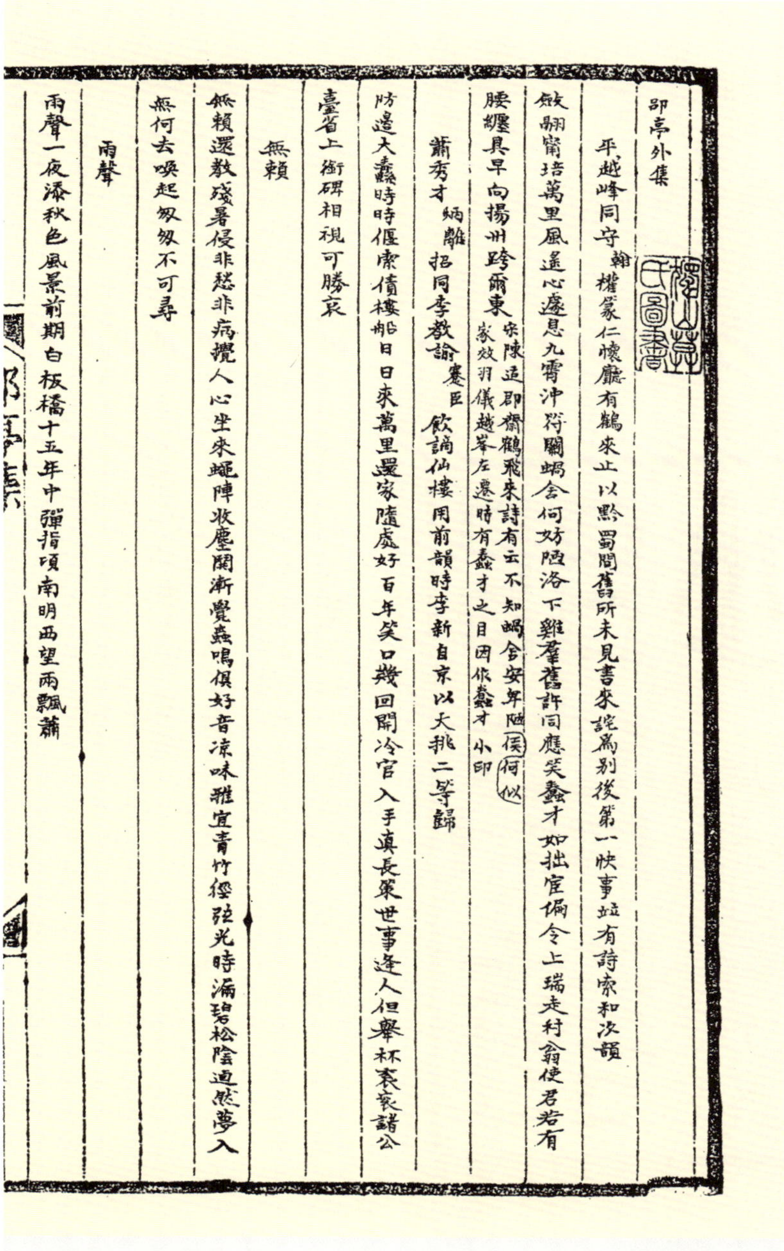
郘亭外集

平越峰同守（翰）權篆仁懷廳有鶴來止以黔蜀間舊所未見書來詫爲别後第一快事並有詩索和次韻

斂翮甯培萬里風遥心邊息九霄沖符闢蝸舍何妨陋洛下雞羣舊許同應笑蠢才如拙宦偏令上瑞走村翁使君若有腰纏具早向揚州跨爾東（宋陳造郡齋鶴飛來詩有云不知蝸舍安年陋何似侯家效羽儀越峯左遷時有蠢才之目因作蠢才小印）

蕭秀才（炳離）招同李教諭（蹇臣）飲詠仙樓用前韻時李新自京以大挑二等歸

防邊大蠢時時偃慮債樓船日日來萬里還家隨處好百年笑口幾回開冷官入手眞長策世事逢人但舉杯衮衮諸公臺省上銜碑相視可勝哀

無賴

無賴還教殘暑侵非愁非病攪人心坐來蠅陣收塵闃漸覺蟲鳴俱好音涼味雅宜青竹簟弦光時漏碧松陰適然夢入無何去喚起匆匆不可尋

雨聲

雨聲一夜添秋色風景前期白板橋十五年中彈指頃南明西望雨飄蕭

郘亭詩鈔六卷

清莫友芝撰。莫友芝生平見經部《十先生中庸集解》提要。

莫友芝三十四歲之前詩歌，多收録於抄本《影山草堂學吟稿》中。而自清道光二十四年其三十三歲始，至咸豐元年其四十歲止之八年詩作，則由自己編輯；其六弟庭芝，七弟瑶芝，九弟祥芝，長子彝孫，侄大猷、遠猷，門人胡長新、鍾憲章、張其詔、姜傳燦、左世澤、杜雲木校字，於咸豐二年刊印於遵義湘川講舍。該本六卷，收詩四百餘首，由鄭珍審定并作序，鄭序云：『其制境之耿狷，求志之專精，用心之謹細，非似古人之苦行力學者歟？其形於聲、發於言而爲詩，即不學東野、後山，

欲不似之不得也。雖然，孟於韓、陳於蘇，猶賴之去纆，僅一染耳。子偲方强仕，學日宏日邃靡底極，余惡知今之東野、後山者，不旋化爲退之、子瞻者邪？』精確指出此期莫氏詩歌風格近於孟郊、陳師道，并期望其未來能近於韓愈、蘇軾，可謂知己之言。

該書咸豐二年初印本僅有鄭珍之序，之後莫友芝又分别請黄統與翁同書作序。後來莫友芝游幕江南，莫彝孫携家眷及《郘亭詩鈔》六卷版片千里來依，中途觸石舟斷，版散惡浪中，盡力鈎撈，僅獲三分之一。到達江南後，即請補刊所亡，以印本翻雕，遂有同治五年江寧三山客舍補版本。此補刊本除增入黄統、翁同書之序外，對詩歌文字僅做微調，如卷一《莌升弟生日，余以館絆休歸，徐松階維棟過飲》『且免考功呵李昴』，補刊本改作『未礙到臺遲谷儉』；卷二《高梘除夕》『爆竹翻震雷，對面遽相失』後，補刊本删去『猶疑師山影，正傍湘流峷』兩句等。

補刊本較爲易得，而咸豐二年原刻本較爲少見，本叢書影印即爲貴州省圖書館所藏咸豐二年刻本。（張劍）

詩飼吳王夢裏看

高梘除夕

歲除盡勞人作客翻苦逸散策梅花林薰香薝蔔室揮杯勸羈鴻隱几送落日怡軒忽在眼年色照蓬蓽呼鐙話兒女餞歲環弟姪爆竹翻震雷對面遽相失猶疑師山影正傍湘流崒昂昂家園松矬矬官亭橘人情難彊同客思焉得說

郘亭詩鈔卷第二

受業鍾憲章

弟瑤芝同校

郘亭詩鈔卷第三

獨山　莫友芝　子偲

留別外舅夏輔堂先生五首

長貧將遠客積歲還相守婚媾邈參辰思來但回首脫身營一見撫事嗟歎久向來提抱中次弟各迎婦諸孫解揖讓半出昔別後歲月不相饒那不驚老醜翁姑還番番齯齒粲盈口屢嗔辦飯遲乾蓄爲我取童心忽猶昔縱噉不住手相看且慰意羈恨亦何有

遠嫁闕歸甯見婿如見女情話無宵晨拉雜信傾吐雞鳴不許睡恐我遂卻去翁姑誠康彊自今幾回聚殘年

郘亭詩鈔不分卷

清莫友芝撰。莫友芝生平見經部《十先生中庸集解》提要。

該本係莫友芝手稿，一册，九十葉（含兩葉浮簽）。首葉首行題『郘亭詩鈔』，下注『己未五月以後作』。首篇詩爲《憶廬詩爲章子和永康吉士作》，末篇詩爲《臘月望就金眉生雨飲和其前夕作》，係刻本《郘亭遺詩》卷五、卷六、卷七之底本，字句微有異同，可資校勘；且比刻本多出十八首詩，計《題畫四首》、《夢中閲〈花橋記〉新院本，題數絶句，醒猶憶其一》、《送郭筠仙嵩燾供奉急還湘陰》（二首）、《送景鑑泉其濬中兄提學河南》、《梁園店步月》、《彰德晤景劍泉學使試畢留飲》、《我登》、《五日夜風雨》、《自反一首示舍弟》、《長林鋪

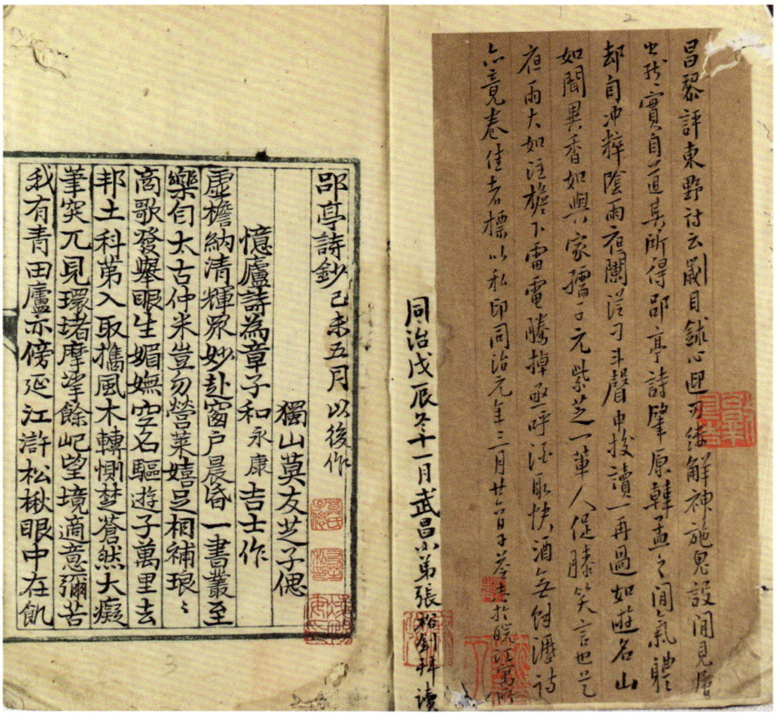
郘亭詩鈔己未五月以後作
獨山莫友芝子偲
憶廬詩爲章子和永康吉士作
同治戊辰冬十一月武昌小弟張裕釗拜讀

逢故人留宿》、《胡詠芝宫保挽詩（之五）》、《戲柬眉生》、《贈金眉生安清都轉》、《和答金眉生》。但亦有刻本有而此稿本無者，如《趙州度歲憶諸弟用息凡韻示繩兒》、《息凡將之天津口占送之》、《宿獨樹寄芙衣》、《南陽道中》等。

該本曾經莫友芝多位友朋題跋或批注。扉葉所粘浮簽上有徐子苓（懿甫）跋：『昌黎評東野詩云：「劌目鉥心，迎刃縷解，神施鬼設，間見層出。」然實自道其所得。郘亭詩肇原韓、孟之間，氣體却自沖粹。陰雨夜闌，從刁斗聲中校讀一再過，如游名山，如聞異香，如與家孺子、元紫芝一輩人促膝笑言也。是夜雨大如注，檐下雷電騰掉，亟呼酒取快，酒無餘瀝，詩亦竟卷。佳者標以私印。同治元年三月廿六日。子苓志於皖江寓所。』徐氏跋語前鈐白文方印『敦艮吉』，跋語後鈐白文方印『静』。检稿本鈐蓋『静』字印者六十餘首，当皆係徐氏所鈐。徐跋左側有張裕釗（廉卿）跋：『同治戊辰冬十一月武昌小弟張裕釗拜讀。』跋語後鈐朱文方印『廉卿』。《胡詠芝宫保挽詩（之五）》上有李榕眉批：『去末章尤壯闊。申甫。』又有高心夔眉批：『末首宜存，後四句當改。伯足。』批注最多者爲吴熙載（原名廷揚），計十餘條，然其意見多未被采納，如《絶粒引爲王秋嵐昀母陳孺人作》，吴尾批：『起似未得勢，慈韻似弱，收二句意重而詞似未愜。廷。』莫友芝反批曰：『此評太無當。』

此本係名人手稿，且又有多位名人題跋批注，故價值頗高，二〇〇九年入選《國家珍貴古籍名録》。現藏貴州省博物館，本叢書據此影印。（張劍）

郘亭詩鈔一卷

清莫友芝撰。莫友芝生平見經部《十先生中庸集解》提要。

此本計十三葉，首葉鈐印有『獨山莫氏圖書』、『郘亭』、『长乐郑振铎西谛藏书』等印；末葉有『莫印友芝』、『子偲』、『莫五』、『省餃』、『莫印經農』、『長樂鄭氏臧書之印』等印；版心印有『郘亭詩鈔』。詩稿大多收入《郘亭遺詩》卷五、卷六中，凡三十餘首，但也有數首爲《郘亭詩鈔》和《郘亭遺詩》失收，如《元夕和金重穀菴徵君》、《杏軒圖爲馬》、《有柏者舟四章》、《正定旅夢見馴鷹胎生，以爲雛鳳也》，其中《絶粒引爲王秋嵐孝廉昀母陳孺人作》雖已收入《郘亭遺詩》卷五，但此本該篇後所附之《代擬絶粒篇》却漏收。詩作塗抹圈改，係底稿，均爲清咸豐九年、十年兩年間所作。該本第五葉附有章永康五律《述懷奉柬郘亭丈三首》，亦有輯佚價值。

該本藏國家圖書館，本叢書據此影印。（張劍）

開歲四日息凡將天津之行口占絕句為別即口
占送之

旅邸下榻意殷勤對雪談詩度夜分寥落黃花影月
天津橋畔獨思君

元作　　陳鍾祥

當時何日返征車歲月新增感慨華殘雪斷消春漸
近就中難別是梅花

賦孟柳橋傳鑄州判即題其柳橋雨後花溪草堂[其歸隱圖][後有]
窮圖

判官好游復耽隱峻骨蒼松氣秋隼早收藏罰在匣笥

郘亭遺文八卷

清莫友芝撰。莫友芝生平見經部《十先生中庸集解》提要。

此本首葉鈐有『筍香室』、『凌惕安印』、『貴州省博物館資料室』三印。卷一、卷二爲書序，卷三爲書跋，卷四爲書跋兼送行序，卷五爲書答，卷六爲說、記，卷七、卷八爲墓、表、碑、傳。其中多爲序、跋、說、論等學術考據文章，即使在山水游記

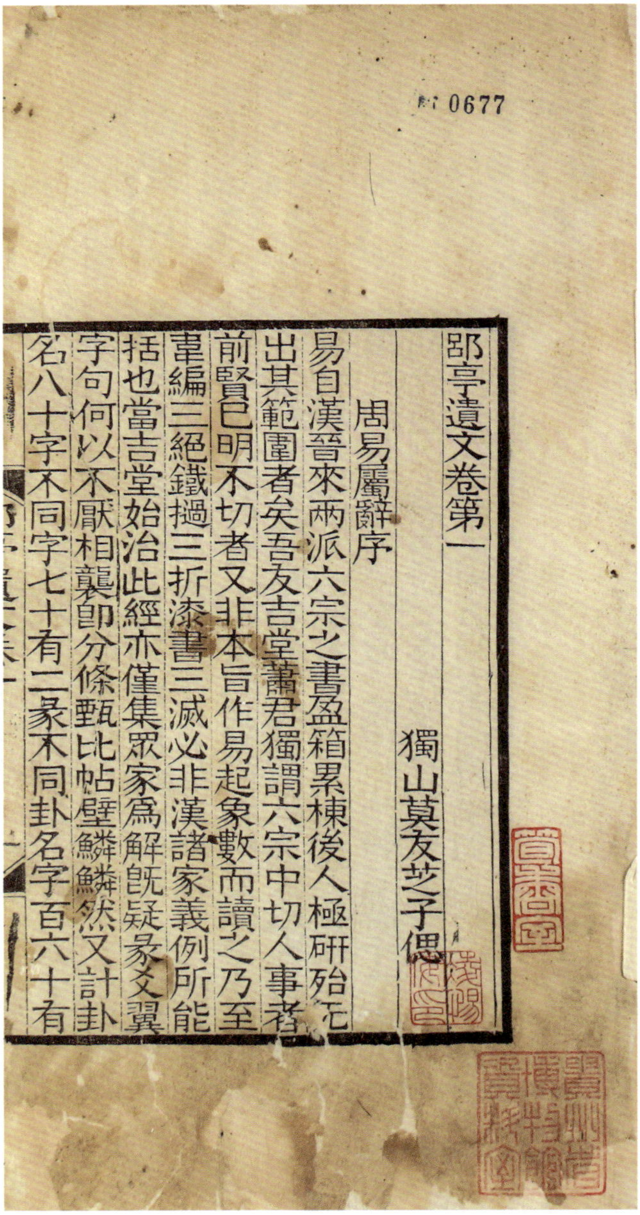

郘亭遺文卷第一

周易屬辭序　獨山莫友芝子偲

易自漢晉來兩派六宗之書盈箱累棟後人極研殆无出其範圍者矣吾友吉堂蕭君獨謂六宗中切人事者前賢已明不切者又非本旨作易起象數而讀之乃至韋編三絕鐵撾三折漆書三滅必非漢諸家義例所能括也當吉堂始治此經亦僅集衆家爲解既疑彖文翼字句何以不厭相襲卽分條甄比帖壁鱗鱗然又計卦名八十字不同字七十有二彖不同卦名字百六十有

中，亦常雜以論學，如卷六《桃谿遊歸記》、《魚梁江源流記》，皆以考證山嶽溝瀆之建制沿革爲主，頗能展現莫氏學者面目。亦有如《影山草堂本末》類情景并茂之文。

《郘亭遺文》八卷，乃其子莫繩孫刻於清光緒元年之莫氏文章選輯，并非莫氏文章全貌；莫友芝另有《郘亭雜文燹餘録》二卷，并有不少單篇之文散見於海內外各種著述。

本叢書據貴州省博物館藏莫繩孫光緒刻本影印。（張劍）

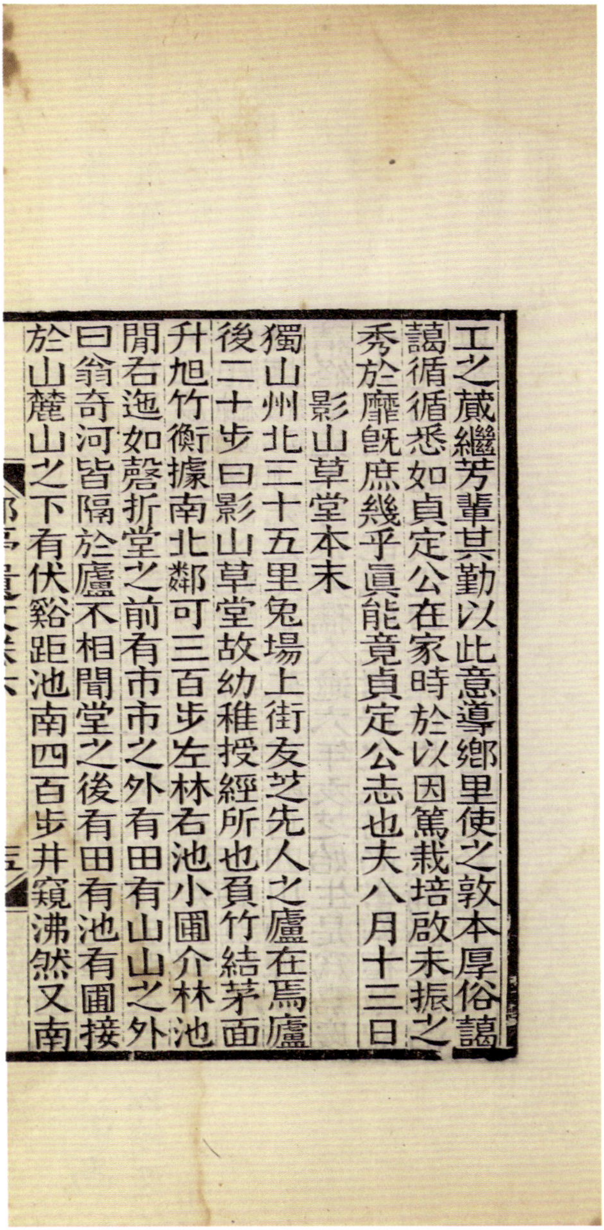
工之蔵繼芳輩其勤以此意導鄉里使之敦本厚俗藹藹循循恐如貞定公在家時於以因篤栽培啟未振之秀於靡旣庶幾乎眞能竟貞定公志也夫八月十三日

影山草堂本末

獨山州北三十五里兔場上街友芝先人之廬在焉廬後二十步曰影山草堂故幼稚授經所也負竹結茅面升旭竹衡據南北鄰可三百步左林右池小圃介林池閒右迤如磬折堂之前有市市之外有田有山山之外曰翁奇河皆隔於廬不相閒堂之後有田有池有圃接於山麓山之下有伏谿距池南四百步井竇沸然又南

郘亭雜文叕餘録一卷

清莫友芝撰，莫繩孫抄。莫友芝生平見經部《十先生中庸集解》提要。莫繩孫生平見史部《何騰蛟傳》提要。

該書係莫繩孫所抄莫友芝文。該抄本以藍格稿紙抄寫，每半葉十二行，行四十六字左右，注文小字雙行，白口，上魚尾下方印有『郘亭集』三字。

是書共兩册，各有題識。第一册十三葉，題識云：『咸豐甲寅八月，命門人輩搜家篋尚有别稿者，録爲此册，略具十之二三，以待改正云爾。乙卯人日題。』第二册二十八葉，題識云：『咸豐甲寅八月，桐梓賊起，匆匆入郡城助守禦，郘亭文籍在湘川講舍者并未

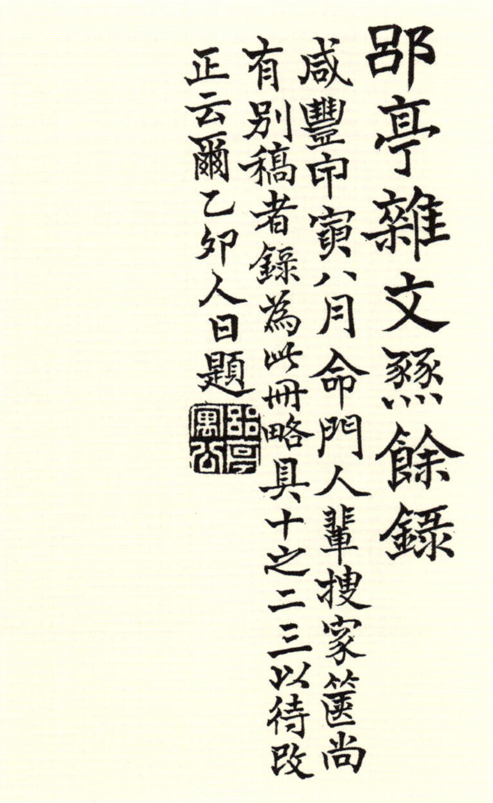

郘亭雜文叕餘録

咸豐甲寅八月命門人輩搜家篋尚有别稿者録爲此册略具十之二三以待改正云爾乙卯人日題

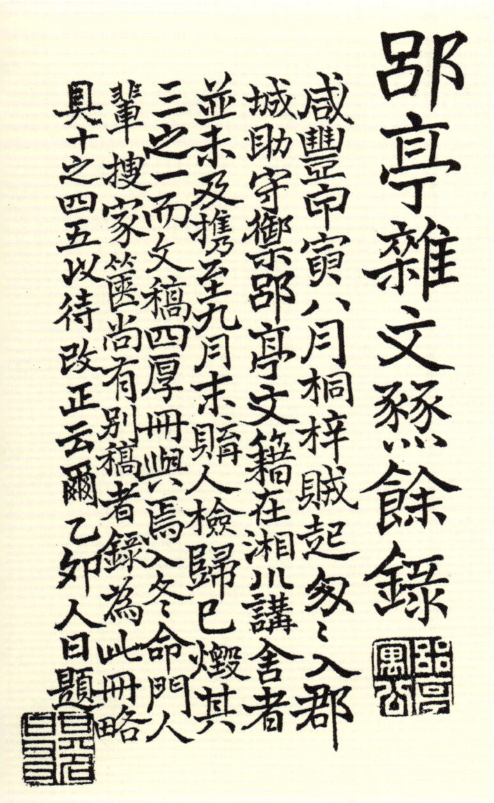

郘亭雜文叕餘録

咸豐甲寅八月桐梓賊起匆匆入郡城助守禦郘亭文籍在湘川講舍者並未及携至九月末歸則人檢歸已燬其三之一而文稿四厚册與焉入冬命門人輩搜家篋尚有别稿者録爲此册略具十之四五以待改正云爾乙卯人日題

及携。至九月末，購人檢歸，已燬其三之一，而文稿四厚册與焉。入冬，命門人輩搜家篋，尚有别稿者，録爲此册，略具十之四五，以待改正云爾。乙卯人日題。』此兩册所抄之文，多有未選入《郘亭遺文》者，如《甲辰家規》、《鄭知同字説》等，彌足珍貴。

本叢書據抄本影印。

（張劍）

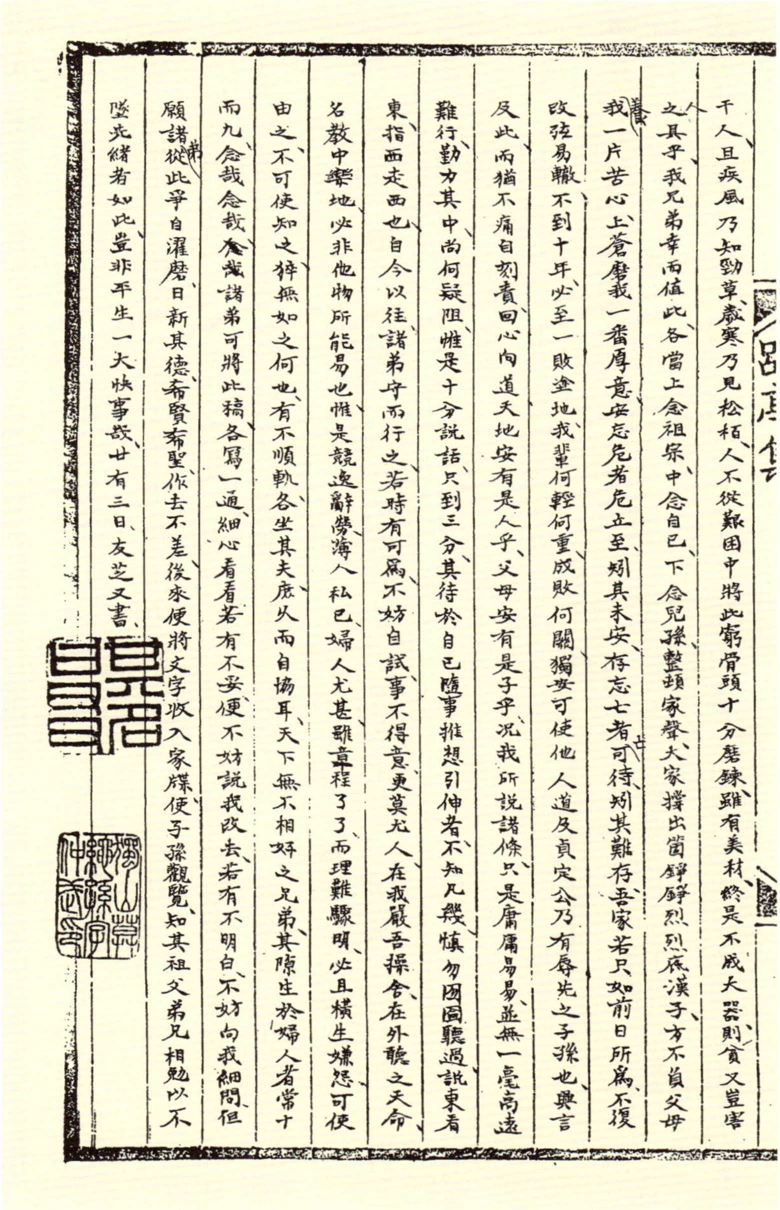
千人且疾風乃知勁草歲寒乃見松栢人不從艱困中將此窮骨頭十分磨鍊雖有美材終是不成大器則貧又豈害
之具乎我兄弟幸而值此各當上念祖宗中念自己下念兒孫整頓家聲大家攢出筋錚錚烈烈底漢子方不負父母
我一片苦心上蒼厚我一番厚意安忘危者危立至慮其未安存忘亡者可待慮其難存吾家若只如前日所爲不復
改弦易轍不到十年必至一敗塗地我輩何輕何重成敗何關獨安可使他人道及貞定公乃有辱先之子孫也興言
及此而猶不痛自刻責回心向道天地安有是人乎父母安有是子乎況我所說諸條只是庸庸易易並無一毫高遠
難行勤力其中尚何疑阻惟是十分說話只到三分其待於自己隨事推想引伸者不知凡幾慎勿囫圇聽過説東看
東指西走西也自今以往諸弟守而行之若時有可爲不妨自試事不得意更莫尤人在我嚴吾操舍在外聽之天命
名教中樂地必非他物所能易也惟是競逸辭勞溺人私己婦人尤甚雖章程了了而理難驟明必且橫生嫌怨可使
由之不可使知之猝無如之何也有不順軌各坐其夫庶以而自協耳天下無不相好之兄弟其隙生於婦人者常十
而九念哉念哉念哉諸弟可將此稿各寫一通細心看看若有不妥便不妨說我改去若有不明白不妨向我細問但
願諸從此爭自濯磨日新其德希賢希聖作去不差後來便將文字收入家牒使子孫觀覽知其祖父弟兄相勉以不
墜先緒者如此豈非平生一大快事哉廿有三日友芝又書

郘亭遺詩八卷

清莫友芝撰。莫友芝生平見經部《十先生中庸集解》提要。

莫友芝咸豐二年以後所作詩，基本收於此八卷之中，該本對於研究莫氏晚年詩風，具有重要學術價值。曾經點定莫詩之汪士鐸有《莫郘亭遺詩跋》云：『子偲詩如秋霄警鶴，漢苑鳴蜩，風露凄清，知爲不食人間煙火者。又如五丁開山，斧險鑿崖，絶無一寸平土，真可藥袁、蔣之性靈，起鍾、譚之廢疾。至其正書草隸，皆本此意，樸茂古質，令人哂羲之俗書趁姿媚也。顧其存稿謙撝矜慎，纍委校字，謝不敢當。今讀遺編，泫然涕出，亦謂知我者唯君也。』『樸茂古質』衹是莫氏此期詩風之描述，其實由於咸同年間戰亂連連，莫氏詩歌之現實感有所增强，有些詩篇近於老杜，再加上其學養深厚，故成爲晚清學人詩代表之一。陳衍《石遺室詩話》云：『鄭、莫并稱，而子偲學人之詩，長於考證，與子尹有迥不相同者，如《蘆酒詩》

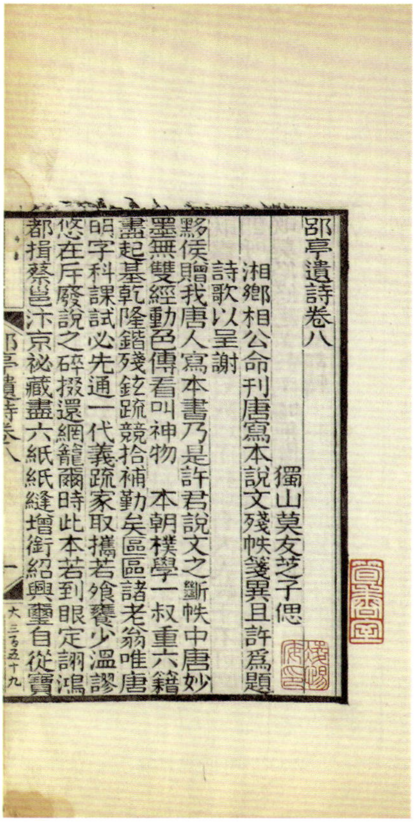
郘亭遺詩卷八

獨山莫友芝子偲

湘鄉相公命刊唐寫本説文殘帙箋異且許爲題詩歌以呈謝

黟侯贈我唐人寫本書乃是許君説文之斷帙中唐妙墨無雙經動色傳看叫神物　本朝樸學一叔重六籍盡起基乾隆錯殘銍蹠競拾補勤矣區區諸老翁唯唐眀字科課試必先通一代義疏家取攜若飧饔少溫謬悠在斥廢説之碎掇還網龍爾時此本若到眼定詡鴻都揖蔡邕汴京祕藏盡六紙紙縫增銜紹興璽自從寶

郘亭遺詩卷八　一

大三三五十九

後記一二千言，《遵亂紀事》廿餘首，《哭杜杏東》亦有記千百言附後，皆有注，可稱詩史。』洵爲有識之見。

《郘亭遺詩》八卷最初刻本爲清光緒元年莫繩孫所刻，其序云：『右先君子遺詩八卷，凡五百四十六首。其第一卷，咸豐壬子迄甲寅秋三年中所作，謹拾散片手稿抄集者，以桐梓土賊之亂，遺失殊多。第二暨第八卷，亦因散稿集録，間有缺佚。第三卷至第七卷，咸豐丙辰迄同治壬戌七年之作，則據成帙手稿繕刻，較爲完備。先君存稿不欲繁。壬子而上八年之詩，既經鄭子尹先生珍删次爲六卷刊行，猶有意更爲裁汰。繩孫今請江寧汪梅岑士鐸、遵義黎蒓齋庶昌兩先生點定遺詩，咸謂集非自定，宜一切仍之，僅各以意去一二也。光緒初元冬十月甲子，第二男繩孫謹志於江寧旅舍。』參與《郘亭遺詩》校字者有徐士怡（棣友）、賀緒蕃（幼承）、趙崧（筱容）、賈鴻佑（康民）、繆祐孫（柚城）。

清光緒元年刻本流布較廣，本叢書据貴州省博物館所藏此刻本影印。

（張劍）

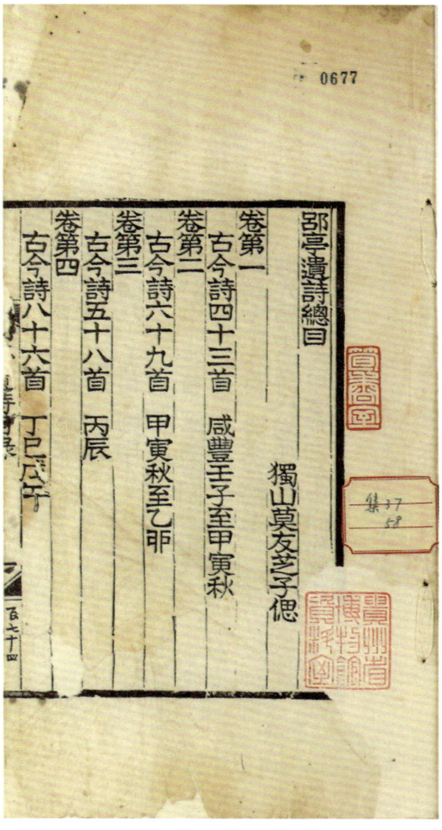
郘亭遺詩總目

獨山莫友芝子偲

卷第一
古今詩四十三首　咸豐壬子至甲寅秋
卷第二
古今詩六十九首　甲寅秋至乙卯
卷第三
古今詩五十八首　丙辰
卷第四
古今詩八十六首　丁巳戊午

莫友芝先生存真集一卷

清莫友芝撰。莫友芝生平見經部《十先生中庸集解》提要。

該稿本封面題『莫友芝先生存真集手稿　三篇』，然實收文四篇：《刑科右給事中見義陳君墓誌銘》、《承德郎兑峰陸公表》、《葑煙亭詞草序》、《學宮圖考序》。《刑科右給事中見義陳君墓誌銘》前鈐『子偲』朱文印，後鈐『郘亭』白文印，墓主爲陳尚象（字心易，號見義）；《承德郎兑峰陸公表》下鈐『獨山莫氏圖書』朱文印，表主爲陸天衢（字時亨，號兑峰）；然此兩篇均見於鄒元標

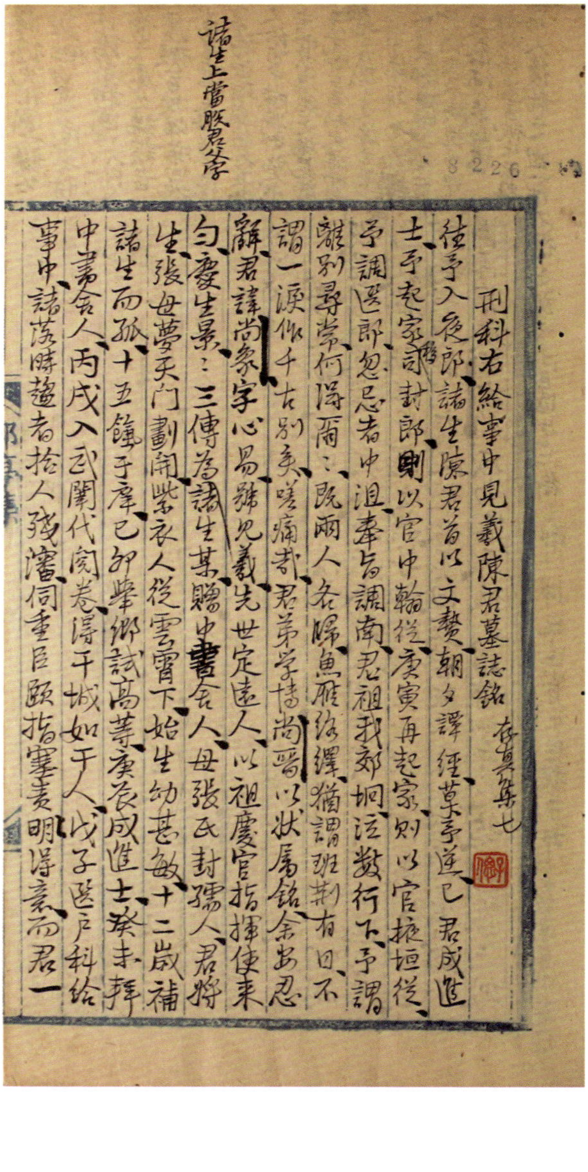

《存真集》中，作者自非莫友芝。後兩篇方是莫氏手稿。《葑煙亭詞草序》下鈐『影山艸堂』朱文印，係爲貴州遵義黎兆勳《葑煙亭詞》所作序文，收入刊本《郘亭遺文》卷二中，但該文刪改圈點之處甚多，足資校勘；而《學宮圖考序》則是道光二十三年莫氏代遵義縣知事甘雨施所作序文，《郘亭遺文》卷一雖收有此文，但一來頗有異文可供參考，二來刊本中僅言『代』，未言『代』誰而作，幸有此文存世，方知是代甘雨施而作。

該稿本藏貴州省圖書館，本叢書據此影印。（張劍）

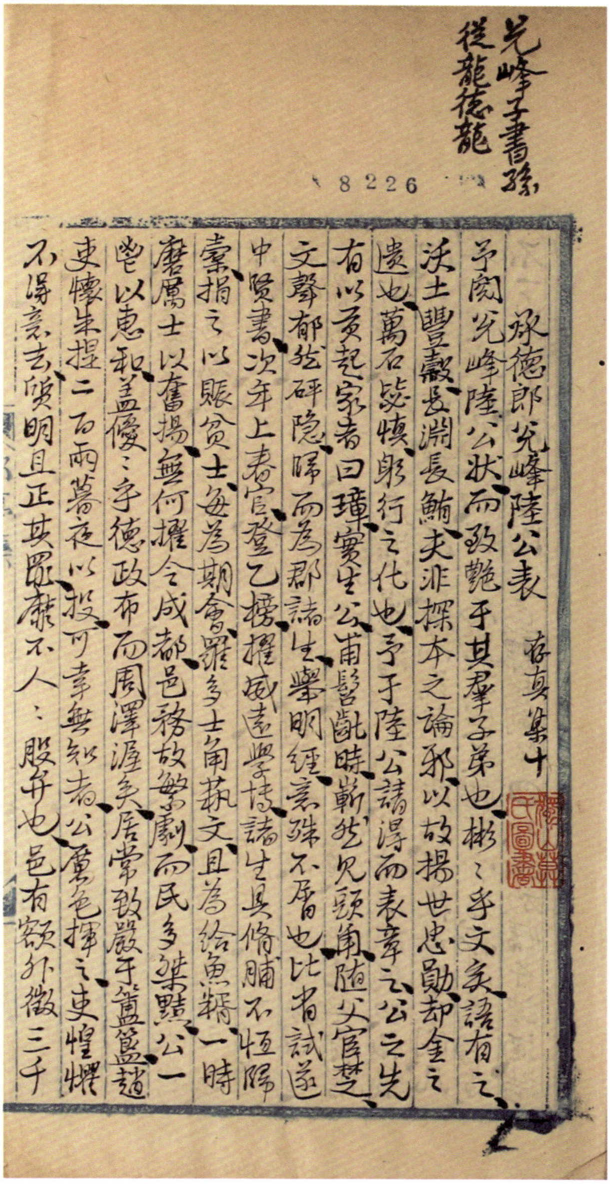
光峰子書孫從龍德龍
8226

承德郎光峰陸公表　存真集十

予閱光峰陸公狀而致艷乎其羣子弟也彬彬乎文矣語有之沃土豐穀長淵長鮪夫非探本之論邪以故揚世忠勛卻金之遺也萬石謹慎躬行之化也予于陸公請得而表章之公之先有以文起家者曰瑋實生公甫髫齔時嶄然見頭角隨父官楚之文聲郁然研隱歸而爲郡諸生舉明經意殊不屑也比省試落中賢書次年上春官登乙榜擢遠學博諸生具脩脯不恆歸橐捐之以賑貧士每爲期會羅多士角藝文且爲給魚犒一時磨厲士以奮揚無何擢令咸寧邑務故繁劇而民多桀黠公一邑以惠和益優優乎德政布而周澤渥矣居常致嚴于簠簋趙吏懷朱提二百兩暮夜以投曰幸無知者公厲色揮之吏惶懼不得意去質明且正其罪廉不人人服我也邑有額外徵三千

莫友芝詩文雜稿一卷

清莫友芝撰。莫友芝生平見經部《十先生中庸集解》提要。

該稿本係莫友芝手書。正文共七葉，前六葉雜録明代貴州先賢蔣杰、傅爾元、李時華及宦黔四川人王珣等人傳記，圈點删改之處甚多，乃《黔詩紀略》部分底稿。後一葉爲莫氏自作詩稿，共兩首，爲《辰溪道中》、《懷化曉發》，已見刊本《郘亭遺詩》卷一，字句基本相同。卷端及書内有『莫友芝圖書印』、『莫氏子偲』、『影山艸堂』朱文印及『友芝私印』白文印。

該稿本藏貴州省圖書館，本叢書據此影印。（張劍）

蔣杰萬十六

楷舉萬歷十三年鄉試官知縣

蔣南雄杰　一首

杰字美若，並安衛人，其先自蘇州吳江來爲衛官。美若舉萬歷十六年鄉試，十七年成進士，出守南雄，風流儒雅，有時疏歸，流寓荆州，放情山水，以琴書自娛，雖屢空晏如也。詩文清雅，書法效顏真卿，與董米稱四大家。錢牧齋序黄鬱白社詩草云：辛卯需次銓人，與姑蘇王遵考、天台蔡璋含、新安洪平叔、黔中蔣美若、溪荆張以登五君子，以臭味相徵，遂爲清言社，采芳擷勝，擊缽飛觴，六合内外流

影山詞二卷外集一卷

清莫友芝撰。莫友芝生平見經部《十先生中庸集解》提要。

該本爲莫友芝手稿，收莫友芝詞二卷、外集一卷，共一百四十餘闋（含墨筆删落者及重出者），係今見所有莫友芝詞抄本、刻本、鉛印本之祖本，彌足珍貴。凌惕安《黔南叢書》本《影山詞》（民國二十五年貴陽文通書局鉛印本）即據此整理排印，凌跋云：『今春試向邗江訪求先生文，孫經農始以

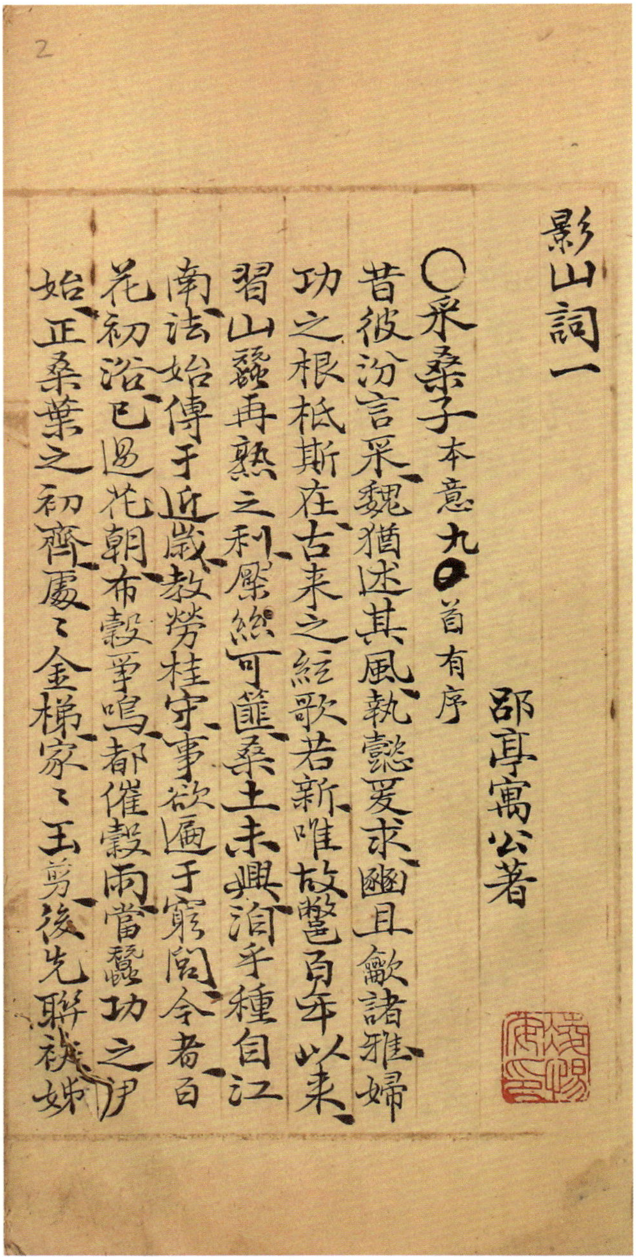

影山詞一
邵亭寓公著
○采桑子 本意 九〇首 有序
昔彼汾言采魏猶述其風執懿筐求豳且歠諸雅婦
功之根柢斯在古來之絃歌若新唯故蠶百年以來
習山蠶再熟之利縻然可籠桑土未興洎手種自江
南法始傳于近歲教勞桂守事欲𠌶于窮閻今者白
花初浴已過花朝布穀爭鳴都催穀雨當蠶功之伊
始正桑葉之初齊處處金梯家家玉剪後先聯袂娣

原稿本寄示。并謂近代詞宗朱彊村祖謀曾擊節歎賞，亟抄副本去，擬序而刊之，未果，而彊村遽逝，是誠遺憾。囑將此本刊行，以饜海内之望。展閲之下，見其中朱墨斑斕，密批濃抹，多係柏容手筆，有乙而復存、存而復塗者；亦有豫空字句，幾經鑽研乃復譜入，前後字墨不類者。當日諧律之專精，誠可嘆服。』

今檢手稿本，知凌跋不虚。其上批抹勾删甚多，墨筆圈去者多爲他本所無；天頭尤多朱批，亦有少量尾批，有三處批語後署名『柏容』，對比筆迹，知他處批語亦多係黎兆勳所批。批語内容較爲豐富，有校釋字句者，如《水調歌頭·鎮遠旅夜》『何事逐同歲』上有墨筆眉批：『《傅子》：漢武令郡國舉孝廉，末世合素帛，乃有釋親而恤同歲。云同登之歲，記於素帛，垂之後胤，取此意。』有評騭詞作本身優劣者，如《念奴嬌》（仰車長卧）有朱筆眉批：『可不必存。』《慶春宫》（纔説今番）朱筆眉批：『稍改瘦老便是。』朱筆尾批：『必存之作。』有評論詞作風格者，如《鵲橋仙》（青山一簇）後朱筆尾批：『氣味極類竹垞。』點出莫詞與朱彝尊等浙西詩派之密切關係，對於瞭解莫詞皆不無裨益。

該本今藏貴州省博物館，曾經重新裝裱，然不慎裁掉兩闋詞，是爲小憾。本叢書據此影印。（張劍）

影山艸堂學吟稾三卷

清莫友芝撰。莫友芝生平見《十先生中庸集解》提要。

《影山艸堂學吟稿》三卷爲抄本，與録莫氏詞作三卷之《影山詞》同爲一體，後人將詩作與詞作分别裝訂爲兩册。扉葉有莫友芝於清咸豐五年手書題記，言明此集爲家中『子弟輩』所録存之作，包括有『十餘歲少作稿』。抄本三卷共録詞八十一題，一百二十四闋。其中標明有創作時間者爲癸卯、甲辰年（即道光二十三、二十四年，莫氏三十二、三十三歲）所作。卷末附詩二十二首。

此集所録詩詞，止於『庚戌』，即道光三十年，可知爲莫友芝四十歲前之作。其中有十七闋詞爲後來編輯刻印之《影山詞》所未録，所録者排列順序也不同；二十二首古近體詩也爲兩年後其自編之《郘亭詩鈔》所未録。

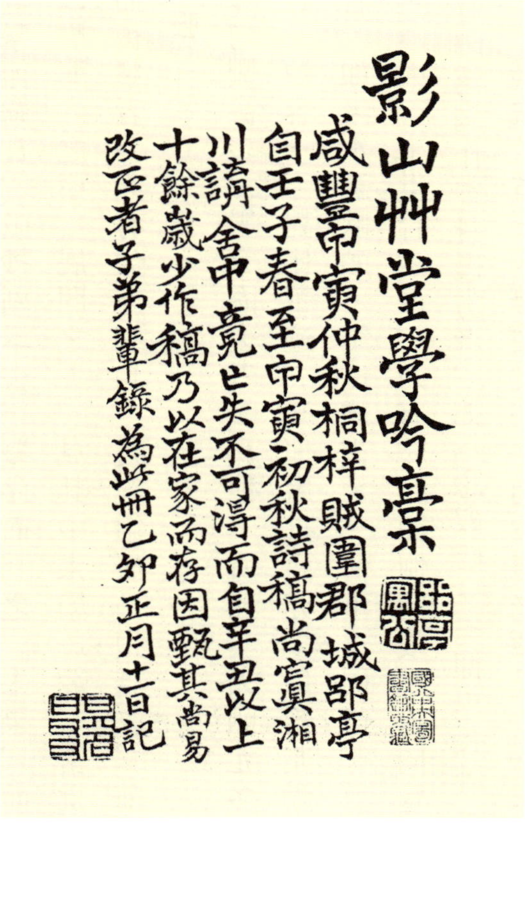
影山艸堂學吟稾
咸豐甲寅仲秋桐梓賊圍郡城郘亭
自壬子春至甲寅初秋詩稿尚寘湘
川講舍中竟已失不可得而自辛丑以上
十餘歲少作稿乃以在家而存因甄其尚易
改正者子弟輩録爲此册乙卯正月十一日記

因此，本抄稿頗顯珍貴。詩詞内容廣泛，包括詠物抒情、感時紀事、酬唱贈答之詩。未刊詩詞中，不乏意象獨特、寄托良深、感情細膩、語言雋永之篇，亦有關注國計時政之作。如最末一首題爲《庚戌冬讀邸抄二首》，按此年正逢太平天國起義。『借米』一首，道盡文人酸楚境況。抄稿使用印有『郘亭集』之十二行朱欄專用稿紙；每卷正文之前，署有『郘亭睻翁』四字，下鈐『子偲』篆書朱文印，卷末則鈐『其名曰友』篆書朱文印及『郘亭』篆書白文印。可見作者本人對此抄本之珍重。

本叢書據抄本影印。另南京圖書館藏《影山詞》三卷抄本，由朱孝臧校并跋，亦收入本叢書。

（謝尊修）

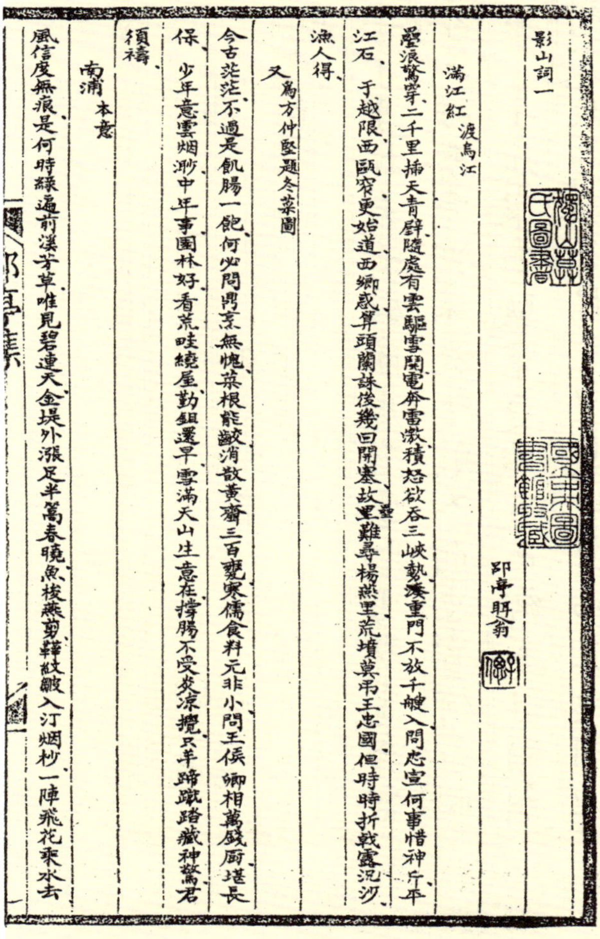
影山詞一
郘亭睻翁
滿江紅 渡烏江
疊浪驚穿二千里插天青壁隨處有雲驅雪閧電奔雷激積怒欲吞三峽勢湊重門不放千艘入問忠宣何事惜神斤平
江石 千越限西甌窮更始道西鄉感算頭蘭誅後幾回開塞故里難尋楊燕里荒墳莫吊王忠國但時時折戟露泥沙
漁人得
又 爲方仲堅題冬菜圖
今古茫茫不過是飢腸一飽何必問嘐京無愧菜根能皎消散黃齋三百甕寒儒食料元非小問王侯卿相萬錢廚堪長
保 少年意雲烟渺中年事園林好看荒畦繞屋勤鉏還早雪滿天山生意在撐腸不受炎涼攪只半蹄蹴踏藏神驚君
須禱
南浦 本意
風信度無痕是何時綠遍前溪芳草唯見碧連天金堤外漲足半篙春曉魚梭燕翦韓紋皺入汀烟杪一陣飛花乘水去

於

影山詞一

邵亭眲翁

滿江紅 渡烏江

疊浪驚穿二千里插天青壁隨處有雲驅雪鬬雷奔雷激積怒欲吞三峽勢重門不放千艘入問忠宣何事惜神斤平江石　于越限西甌窄更始道西鄉惑算頭蘭誅後幾回開塞故壘難尋楊燕里荒墳莫弔王忠國但時時折戟露沉沙漁人得

又 為方仲堅題冬菜圖

今古茫茫不過是飢腸一飽何必問鼎烹無愧菜根能

帆影銜山南浦上無限荻花楓葉　紅橋歸路晚弓月
初三一寸眉彎半霄揭苦憶水邊樓笑撚銀毫和螺子
泥人輕抹聽夜鼠牀頭齧殘膏渾不為搜腸玉川茶渴

又

紫溪前約算蠟梅須破誰料黃花未曾過正薄簾霜重
怯殺單栖辭却了持底今番醉我　然脂勞瞑寫錯落
蠻牋別後新詞恁般影鳳帖幾時看花骨生生怪腕底
竊來嬉左待檢取歸裝潤豪資算千里鵝毛橘錢雙裹

菩薩蠻

輕容半幅秋湘色斑斑添上花枝客作帶繫郎腰是儂

郘亭函札稿一卷

清莫友芝等撰輯。莫友芝生平見經部《十先生中庸集解》提要。

該本計二十二葉，所收内容頗蕪雜，其中莫友芝書信僅兩札，一爲『致王少鶴廷尉』，下注『癸亥五月』；一爲『寄唐鄂生太守』，下注『癸亥臘月』。字迹間有塗改，當係書函底稿或抄存留底者。其他内容雜抄曾國藩《季弟事恒墓誌銘》、曾國荃《祭事恒季弟文》，《玉茗堂集》古今詩六首、朱逢甲《追贈道銜前開泰縣知縣陶君傳》、《鎮遠游擊保公傳》等。

本叢書據抄本影印。（張劍）

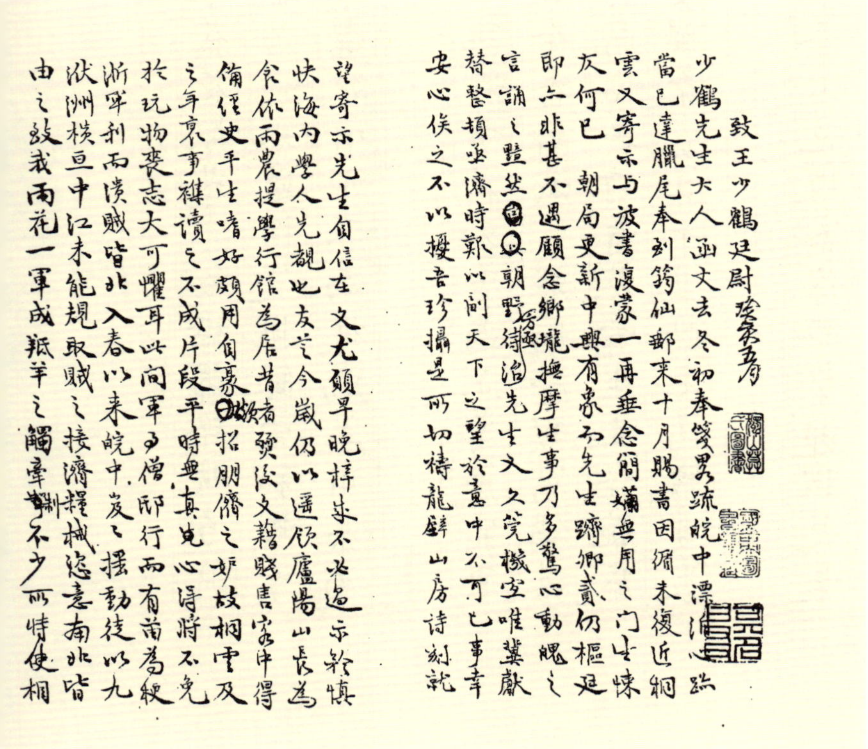
致王少鶴廷尉 癸亥五月
少鶴先生大人函丈去冬初奉箋累跡皖中漂泊[illegible]
當已達臘尾奉到筠仙都來十月賜書因循未復近絧
雲又寄示與汝書復蒙一再垂念簡牘無用之門生悚
友何已 朝局更新中興有象而先生躋卿貳仍樞廷
即亦非甚不遇顧念鄉瓏撫摩生事乃多驚心動魄之
言誦之豔羨[illegible]朝野[illegible]追先生文久究機空唯冀獻
替磬頓亟濟時艱以副天下之望於意中亦可已事幸
安心俟之不以擾吾珍攝是所切禱龍壁山房詩刻就
望寄示先生自信在文尤願早晚梓出不必過示矜慎
快海內學人先覩也友芝今歲仍以遙領廬陽山長為
食依兩農提學行館為居昔者發沒文籍賤售家中得
備經史平生嗜好頗用自豪[illegible]招朋儕之妒故桐雲及
之年來事襍讀之不成片段平時無真見心得將不免
於玩物喪志大可懼耳此間軍多僧邸行而有苗為梗
浙軍利而潰賊皆北入春以來皖中岌岌搖動徒以九
洑洲核亘中江未能規取賊之接濟糧械總患南北皆
由之啟哉兩花一軍成敗[illegible]不少所恃使相

郘亭雜稿一卷

清莫友芝、莫繩孫撰。莫友芝生平見經部《十先生中庸集解》提要；莫繩孫生平見史部《何騰蛟傳》提要。

該册封面題『郘亭雜稿』，分四部分，後三部分係莫繩孫手稿。第一部分係友芝手稿，藍絲欄，共八葉，每半葉十一行，行字不等，雙魚尾，版心印『郘亭集』三字，録莫友芝祖父莫强（健行公）以下族衆十餘人資料；第二部分朱格，共二十九葉，雜録歷代莫氏資料；第三部分朱絲欄，録莫氏歷代名賢及列女，共六葉。第四部分朱絲欄，共三葉，録明郎瑛《七修類稿》卷四十一有關元代『莫月鼎』之資料。此蓋友芝父子欲修家乘而未成之底稿。

該本首葉鈐有『國立中央圖書館收藏』朱文印，今藏南京圖書館，本叢書據此影印。

（張劍）

唐大中五年辛未狀元莫宣卿，字仲節，廣南封州開建人。

宋政和中狀元烏程人莫儔。又宋狀元莫子純，浙東路紹興府人。

獨山莫氏明初由金陵珠市巷遷居貴州。光绪廿三年，獨山莫棠字部州部人莫　敘又明時其先人亦遷自金陵之珠璣巷，自是同族，非市字誤助璣字誤耳，當每改。

孫星衍、洪瑩校唐林寶撰元和姓纂卷。莫，漢富人莫氏，見游俠傳。大曆中比部員外郎莫藏用。按通志莫氏為幕氏。又幕，風俗通，舜祖幕之孫以王父字為氏，見左傳。案左傳昭公八年，楚滅陳，晉平公以問史趙，對曰：自幕至于瞽瞍無違命。杜預、鄭眾皆曰幕舜之先。賈逵曰幕舜後虞思。裴駰陳世家注以國語賈義為長。

宋丁度集韻入聲十。莫茻，末各切，亦姓，古作茻，文三十。又幕，說文帷在上曰幕，覆食案亦曰幕，又姓。又鄚，說文涿郡縣。

董本驥姓氏解紛卷十藥韻。莫，鉅鹿族姓。諸楚莫敖之後。漢書貨殖傳有富人莫氏，晉書有莫原，唐書有莫宣卿、莫藏用，宋史有莫儔、莫之用。又姓，出代北匈奴部族。又後魏莫那婁氏改姓莫。北史魏有莫含、莫雲是也。又鄚，河間族姓。考古有鄚國，即河間之鄚縣，後因氏。

經籍纂詁。莫，國策楚策莫敖子華，漢書古今人表作鄚敖子華。

宋司馬光類篇六下。鄚，末各切，說文涿郡縣，文一。

青田山廬詩鈔二卷詞鈔一卷

清莫庭芝撰。莫庭芝，字芷升，别號青田山人，莫友芝六弟。幼承庭訓，治群經及詩詞古文。道光二十九年拔貢，歷任安順府學教授、思南府學教授，晚年寓居貴陽，爲學古書院山長。有《青田山廬詩鈔》、《詞鈔》。并與貴陽陳田、遵義黎汝謙合作完成《黔詩紀略後編》。

詩鈔卷上《雜感七首寄胡子何長新》下注『已下甲辰』，知該卷起於道光二十四年甲辰；卷下《渌水曲次王元長韻》下注『已下戊午』，末篇爲《癸酉元旦》，知該卷起於咸豐八年戊午，終於同治十二年癸酉。此蓋莫庭芝道光二十四年至同治十二年間之詩選。後有黎庶燾（號篠庭）咸豐十年庚申跋，又有光緒元年胡長新跋，均對莫庭芝性情詩風有所評價。其中黎庶燾跋云：『己未冬，余避寇居影山，得與君樂道其生平，君因出十數年所爲詩，俾余論定。』胡長新跋云：『其詩起甲辰，迄癸酉，凡三十年之作，舊有黎君

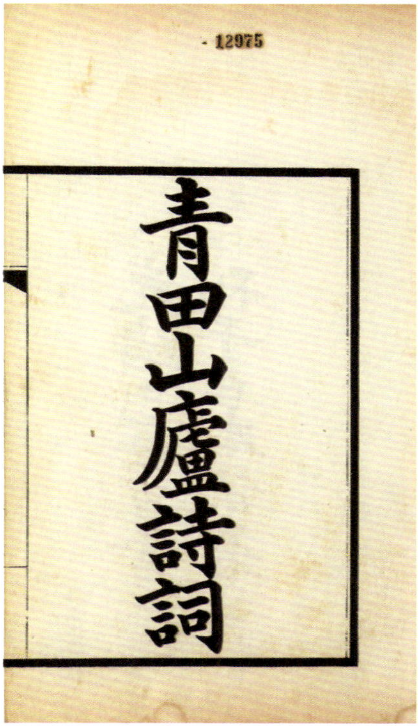

篠庭選本，兹并原稿攟至，披讀之餘，其拄頤撚髭、鉥心鏤腎之狀，歷歷在目，而卷中丹黄塗抹，皆子尹、郘亭、伯庸三先生及唐鄂生觀察手筆，嚴芟痛改，一字一句，不少假借。篠庭所選，大半本諸公論定者。』『甲戌冬，于役貴陽，適黎介亭先生自滇歸，爰舉芷升詩請其選訂，合前後諸本，共入選二百餘篇，約汰去十之七八，然後芷升詩棄膚存液，犂然有當於心。』知莫庭芝詩於咸豐十年經黎庶燾選編，光緒元年又由黎兆祺（號介亭）重選，即爲此本。

該本後接《青田山廬詞鈔》一卷，收莫庭芝詞五十餘首，有光緒元年曾煒跋。卷末又附莫庭芝撰《清故處士鄭君子行墓誌銘》及胡長新光緒元年跋。

本叢書之影印，爲遵義市圖書館藏光緒十五年黎庶昌日本使署刻《黎氏家集》本。

（張劍）

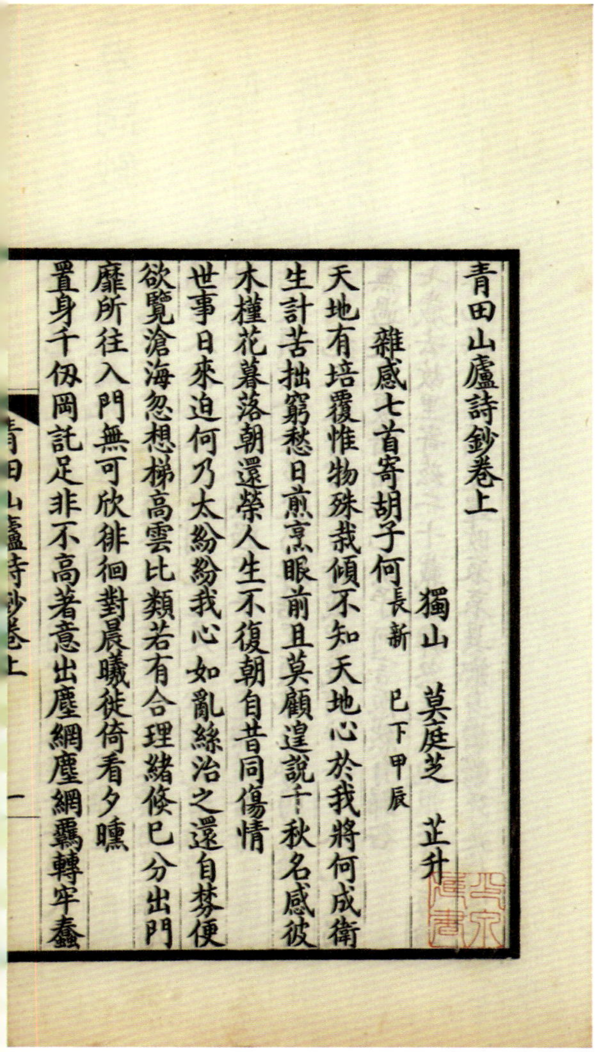
青田山廬詩鈔卷上
獨山　莫庭芝　芷升
雜感七首寄胡子何長新　已下甲辰
天地有培覆惟物殊栽傾不知天地心於我將何成衛
生計苦拙窮愁日煎烹眼前且莫顧遑説千秋名感彼
木槿花暮落朝還榮人生不復朝自昔同傷情
世事日來迫何乃太紛紛我心如亂絲治之還自棼便
欲覽滄海忽想梯高雲比類若有合理緒倏已分出門
靡所往入門無可欣徘徊對晨曦徙倚看夕曛
置身千仞岡託足非不高著意出塵網塵網羈轉牢蠢
青田山廬詩鈔卷上　一

二銘窗文稿不分卷

清張昭撰。張昭，字曉巖，遵義綏陽人，生卒年不詳。清道光二十四年甲辰科舉人，咸豐三年癸丑科進士，歷任延慶、寧河、宛平知縣，以辦永定河工得力，候補知府。昭負經濟才，廉直不阿，所至以愛民造士爲務，事關民生休戚，無不毅然爲之，嚴禁頹俗，民風丕變，尤敏於折獄，摘奸發伏，判決如流，時有『神君』之號。早歲肄業省垣貴山書院，同學會文，輒冠其曹，爲巡撫賀長齡所賞拔。

二銘窗詩文，爲其咸豐十年卸宛平縣篆，於京邸候補時取舊作彙編而成，五册，不分卷，附以童課、舉業、課藝諸目，鄉、會二試之作，計文二百有奇，試卷課藝悉用原評，童課舉業

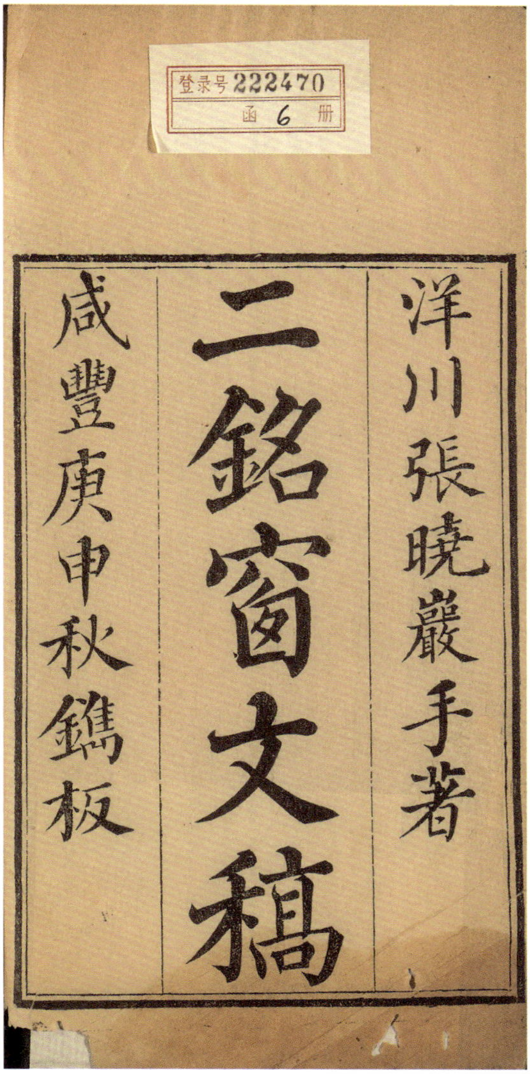

學習會墨及月課課子諸作，則評語多出自其叔父敬亭之手。卷前有萬青藜序，稱其文『洋洋灑灑，多者或千數百言，而皆如其意之所欲出，其謹嚴者則動合矩度，油油然經籍之光』。後有同邑丁世楨跋。世楨乃昭貴山書院同學，亦中同科舉人。

此稿初刻於咸豐十年，現藏於國家圖書館，本叢書據此影印。（徐鈺）

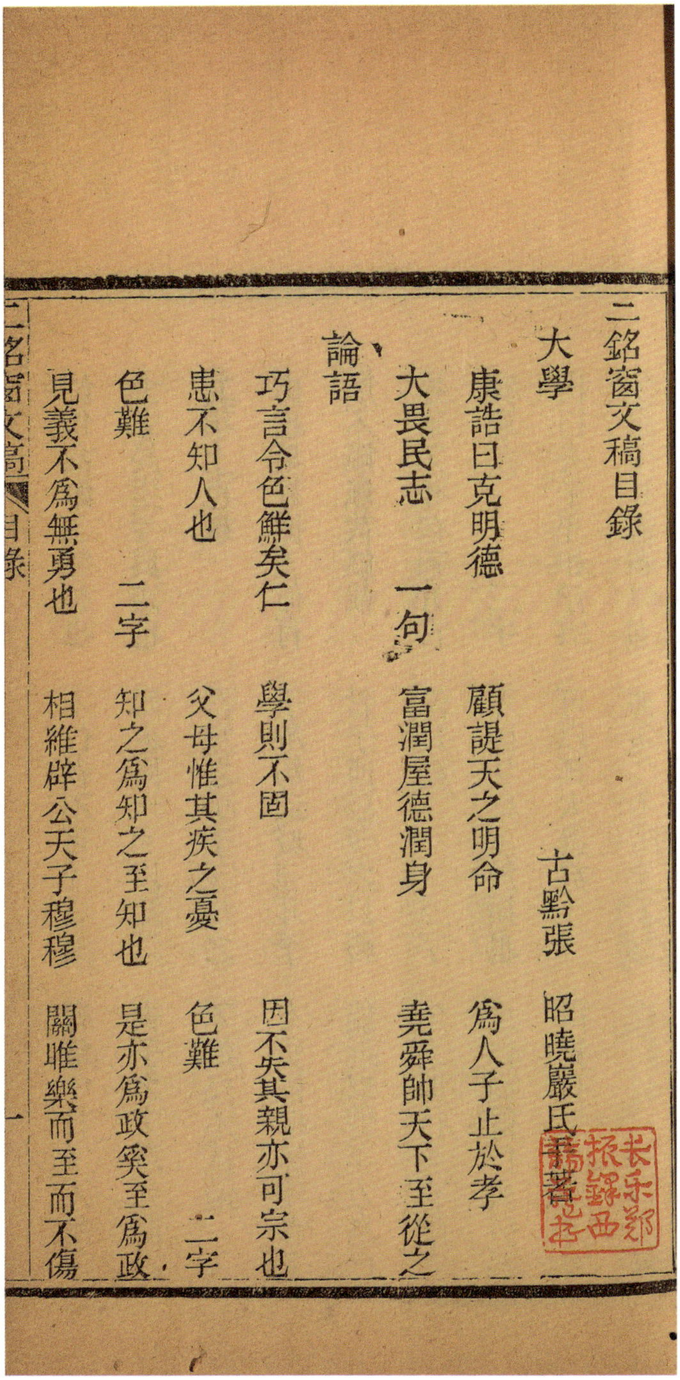
二銘窗文稿目錄

大學　古黔張昭曉巖氏著

康誥曰克明德　顧諟天之明命　爲人子止於孝

大畏民志　一句　富潤屋德潤身　堯舜帥天下至從之

論語

巧言令色鮮矣仁　學則不固　因不失其親亦可宗也

患不知人也　父母惟其疾之憂　色難　二字

色難　二字　知之爲知之至知也　是亦爲政奚至爲政

見義不爲無勇也　相維辟公天子穆穆　關雎樂而至而不傷

二銘窗文稿　目録　一

讀禮消閒録一卷

清張昭撰。張昭生平見集部《二銘窗文稿》提要。

張昭以制藝鳴當時，此書以時文爲大宗。其《自序》言，本書所録乃同治二年至四年間作，其間昭先後遭父母之喪，然因前所任宛平、寧河縣令政務交代未清，不能起咨回籍守制，『祇得就近在京中讀《禮》，兼督兒課』，并聚親朋在京習舉子業者數人，『就小兒課題按日作文』，代爲改削，其有未洽心者，則自撰一篇以爲楷範，并會試擬墨，得文若干篇，附以其所作父母哀啓、祭文，及史論數篇。居喪讀《禮》，課兒作文，故書名《讀禮消閒録》。本書不分卷，列《大學》、《兩論》、《中庸》、《三孟》，附擬會墨諸目，

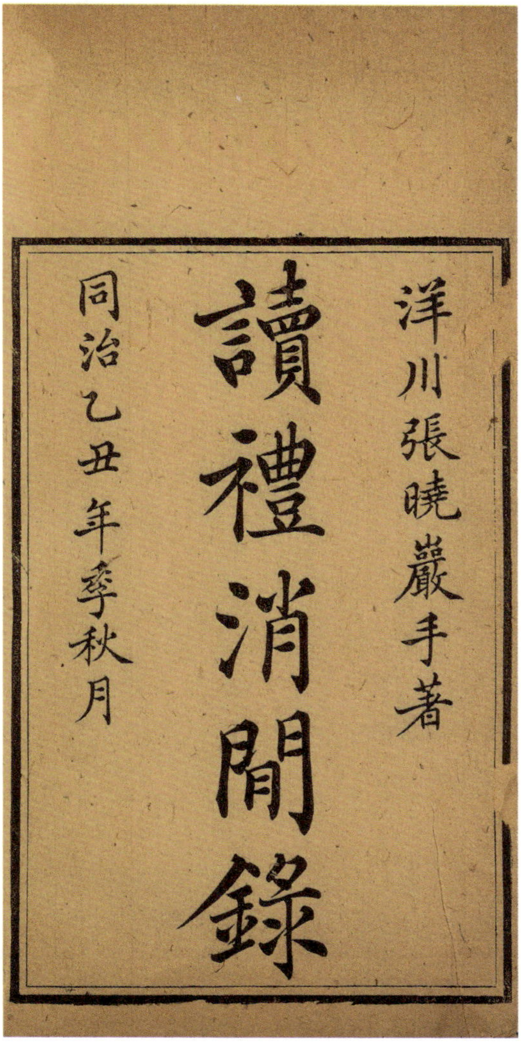
洋川張曉巖手著

讀禮消閒録

同治乙丑年季秋月

共收文三十五篇。書内諸文，皆濃圈密點，行間、文末皆有評語，出其弟子羅國銓手，間有昭自道甘苦者。書成，於同治四年秋付梓，其子張拱辰校字，初刻本一册，現藏於國家圖書館。本叢書即采用此本影印。（徐鈺）

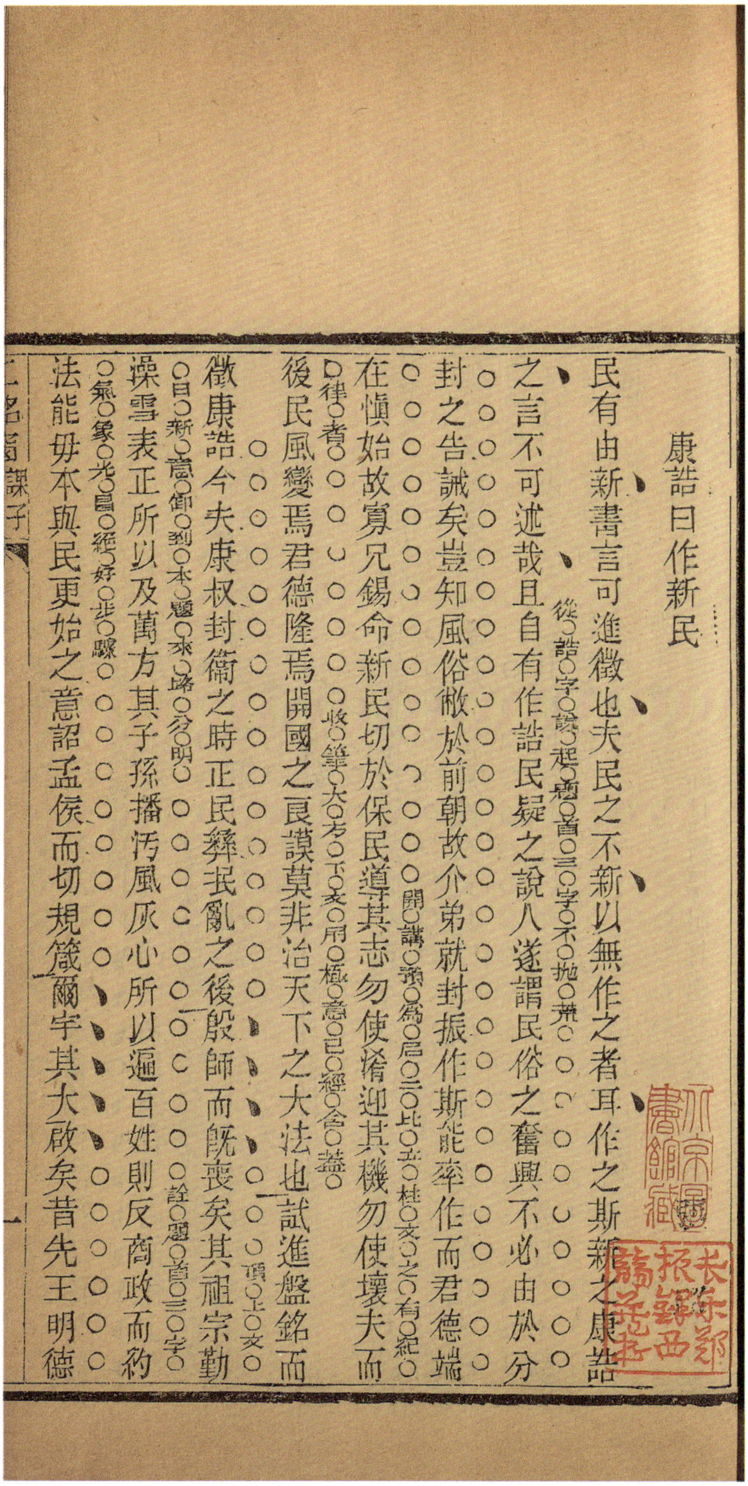
康誥曰作新民

民有由新書言可進徵也夫民之不新以無作之者耳作之斯新之康誥之言不可述哉且自有作誥民疑之說八遂謂民俗之奮興不必由於分封之告誡矣豈知風俗敝於前朝故介弟就封振作斯能率作而君德端在慎始故寡兄錫命新民切於保民導其志勿使狃迎其機勿使壞夫而後民風變焉君德隆焉開國之良謨莫非治天下之大法也試進盤銘而徵康誥今夫康叔封衛之時正民彝泯亂之後殷師而既喪矣其祖宗勤澡雪表正所以及萬方其子孫播汚風戾心所以遍百姓則反商政而約法能毋本與民更始之意詔孟侯而切規箴爾宇其大啟矣昔先王明德

息影山房詩鈔三卷

清黎兆祺撰。黎兆祺（一八二〇—一八八四），字叔吉，號介亭，貴州遵義人。府學附生。咸豐同治間，以軍功纍保候選知州加知府銜，賞戴花翎。同治元年，首倡筑禹門寨，閱五月而寨成，濠牆樓堞皆具，守禦之器皆備。於是里中次第成數十寨，皆受其指揮。『而以一鄉一寨枝柱十餘年，幾與全省兵事相終始，如吾鄉禹門寺者，蓋亦罕聞云。』爲知縣于鍾岳助濟軍食，從劉嶽昭征綏陽，隨蹇闇克湄潭，旋赴金陵依曾國藩，劉嶽昭復招入滇。忽不樂，曰：『我不慣趨侍貴人。』遂翛然歸。居貴陽，以賦詩終老。嘗從兄兆勳及鄭珍受詩法。

《息影山房詩鈔》三卷手抄本，抄者不詳，無序，其天頭多有評點，如『雖欠渾厚，而議論

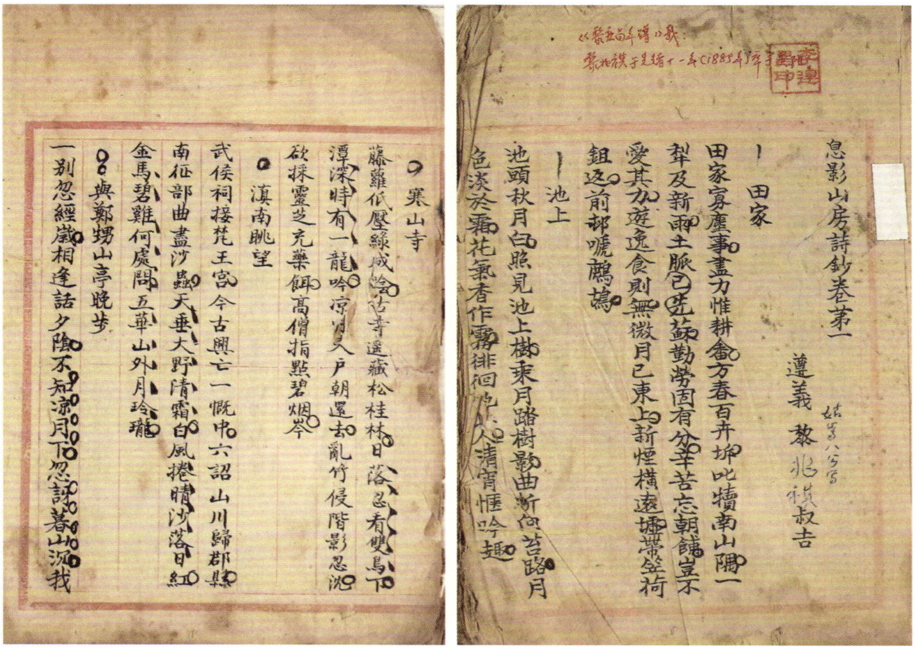
息影山房詩鈔卷第一
遵義 黎兆祺叔吉
田家
田家寡塵事，盡力惟耕畬。方春百卉坼，叱犢南山隅。一犁及新雨，土脈已芘蘇。勤勞固有分，辛苦忘朝餔。豈不愛其力，游逸食則無。微月已東上，新煙橫遠墟。帶笠荷鉏返，前部唬鵂鴣。
池上
池頭秋月白，照見池上樹。乘月踏樹影，曲折向荅路。月色淡於霜，花氣香作霧。徘徊入清宵，愜吟趣。
寒山寺
藤蘿低壓綠成陰，古寺還藏松桂林。日落忽看雙鳥下，潭深時有一龍吟。涼月入戶朝還去，亂竹侵階影忽沉。欲採靈芝充藥餌，高僧指點碧烟岑。
滇南眺望
武侯祠接梵王宮，今古興亡一慨中。六詔山川歸郡縣，南征部曲盡沙蟲。天垂大野清霜白，風捲晴沙落日紅。金馬碧雞何處問，五華山外月玲瓏。
與鄭甥山亭晚步
一別忽經歲，相逢話夕陰。不知涼月下，忽訝著山深。我

自可』、『沉着到十分』等。部分詩有圈有點。眉批作者，據刻本鄭珍序言云：『叔吉出所作詩屬爲點訂，因略以己意去取，得詩凡若干篇。』而第二十三葉有『一氣呵成，伯容兄與我無此佳境』語，及集中『數詩俱可存』、『不存爲是』等語，可知眉批者爲鄭珍。稿本現藏遵義市博物館。《息影山房詩鈔》四卷，光緒九年黎庶昌刻於日本使署。前有鄭珍序一篇，稱其『中年飽經世亂，顛沛流離，出入於戎馬之場，馳驅於鋒鏑之内，家庭多故，憂感百端，有觸於中，則伸紙疾書，不假思索，竟情抒寫，率多悲涼愁慘之詞』。『其音停響遏，沉鬱蒼茫，苦語酸情，縈腸拂胃，意不期於杜陵，而於杜陵自近。』貴州省圖書館有刻本。

本叢書據上述兩種底本影印。（黎鐸）

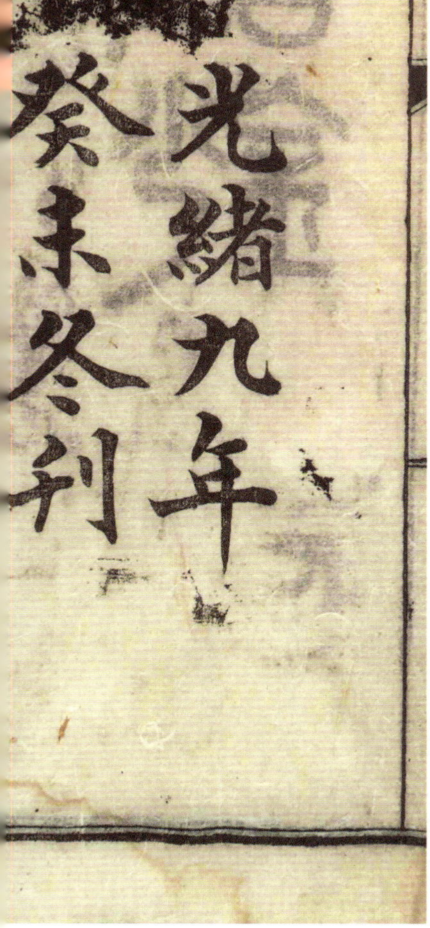

息影山房詩序

吾播古號山州自唐以來文章道德之士代不乏人獨無以詩賦名家與中州人士會盟角逐者我朝乾嘉之際海内晏然士大夫爭以文章風雅相衒鬻絃歌之澤涵濡浸衍度越古今吾舅氏黎雪樓先生以宏通淹雅之才遭逢其盛聰明早達作宦會稽公餘輒以歌詠自娛與諸名士相切劘彈琴詠風有宓子賤之餘韻焉迨中年解組後益以詩教倡導後學一時群從子弟爭自濯磨咸以不學詩無以言爲大辱珍以甥壻從游先生之門與先生冢嗣伯庸共鉛槧者殆十年頗能識其緒論復以先生之教轉授邑人風雅由兹浸盛

秦晉游草二卷

清蹇諤撰。蹇諤生平見史部《蹇氏忠勤録》提要。

《秦晉游草》一名《雙劍山房詩存》。牌記云『辛酉五月 鄭珍題』。卷前載序三篇：鄭珍《序》、蕭光遠《序》，另者未見署名（似脱葉）。咸豐四年，蹇諤由京出都，經山西、陝西、四川歸鄉，遂作是詩，計一百七十一首。多懷古思親之作，蕭光遠《序》云：『其眷戀庭闈，時有唐魏《陟岵》、《鴇羽》之孝思；而慷慨激昂，宛然與秦風《駟驖》、《小戎》、《無衣》諸篇相仿佛。』鄭珍則認爲『《草》中《山梨樹歌》最佳』。

此本爲清咸豐務本草堂刻本，藏國家圖書館，本叢書據此影印。（龍先緒）

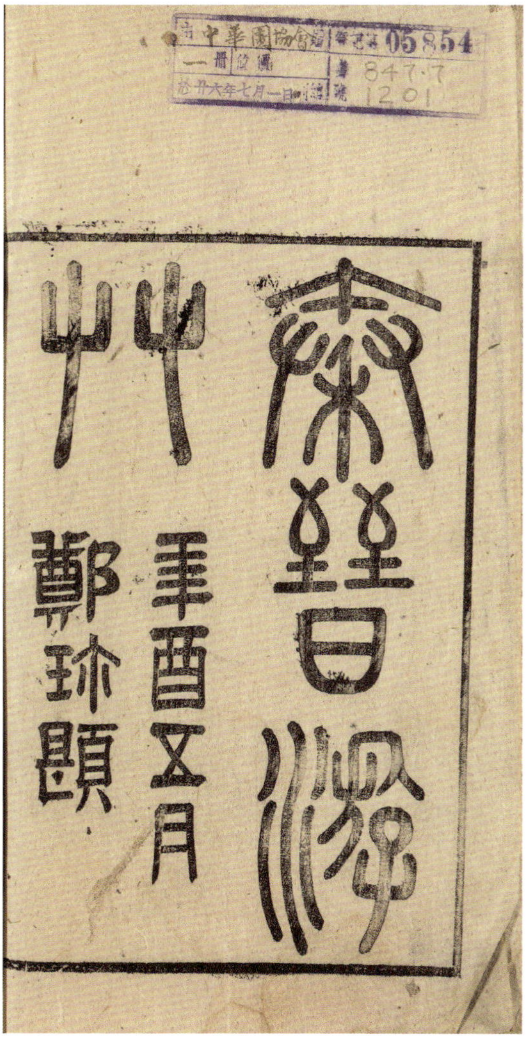

秦晉游草卷第一

遵義蹇諤一士

出都

驛路阻征驂歸途轉向西平陽尋古迹棧道歷層梯蹤跡隨鴻爪塵沙沒馬蹄壯遊男子志回首忽淒迷

長興店早發

雞聲遥接數聲鐘襆被登車睡味濃怪底夜來涼似水西山雪滿最高峰

宿北河

新甯諭蒙詩九章一卷

清 趙廷璜 撰。趙廷璜（一八二五—一九〇〇），字仲漁，號二山，别號慕青山孩，清遵義南鄉平水里（今團溪鎮）人。少年時代從學大儒鄭珍，攻習漢學與詩，娶鄭女淑昭；又從承齡習書法與詩詞。咸、同間貴州停鄉試，入川求職。同治六年隨援黔川軍返貴州，以軍功保薦知縣、同知。曾任四川大寧、富順知縣，有政績。光緒年間曾辦理鹽務。光緒二十六年，協助華國英購米運至遵義賑災，不久病卒於家。著有《慕青草堂集》、《新甯諭蒙詩九章》。

趙廷璜出任新甯知縣，發現該地『樸陋寡知識』，存在不少陋習，如賣妻買婦、蓄童養媳、兒孫不孝順雙親及祖父母等，特作『諭蒙詩』加以啓導勸勉。詩前小序云：『甲申開歲，以封篆餘閒，摘其有關風化者數端，綴爲詩歌，示吾士民，口誦而默移其情。事因華質，深淺異辭，以冀感發悔悟。庶亦國風遺義，非徒諷詠空談也已。』

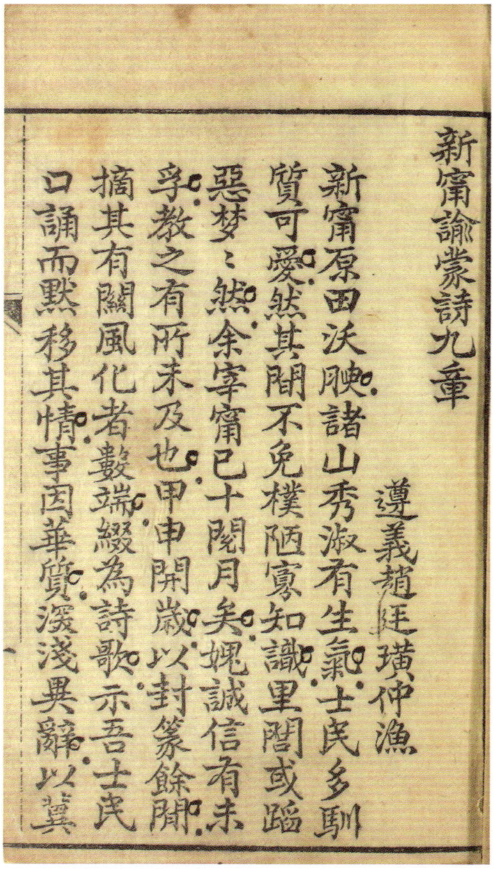
新甯諭蒙詩九章
遵義趙廷璜仲漁
新甯原田沃腴諸山秀淑有生氣士民多馴
質可愛然其間不免樸陋寡知識里閭或蹈
惡梦〻然余宰甯已十閱月矣愧誠信有未
孚教之有所未及也甲申開歲以封篆餘閒
摘其有關風化者數端綴為詩歌示吾士民
口誦而默移其情事因華質深淺異辭以冀

此組蒙詩，有勸勉，有諷諭，也有懲戒。每章有正題，也有副題。首章《振士氣　勉秀才勤業奮志也》，激勵文士奮發努力，『誦絃振庠序』。《崇樸學　勖諸生明經修行也》，要求諸生『要從真知獲實踐，騰趠各蜚忠孝聲』，做真正之儒士。《篤倫理　傷頑民蔑親殘愛也》，揭露『子不養』、『孫無供』、『弟兄訟』、『從堂争』之悖倫醜行。《美妝奩　警富室奢嫁敗俗也》，富家嫁女盛備妝奩以炫耀鄉里，諷諭富人節儉辦婚嫁之事。其他如《轉房婚》，指斥寡婦嫁同房兄弟之醜習，《生人婦》揭發買賣妻室之惡風，《童養媳》暴露虐待窮家少女之實情。

該組詩歌，或爲七言古風，或五七言相雜，詩句順暢，比喻精當，言淺意明，誦讀琅然上口，易吟易記，有警世諭理、移風易俗教化之功。

此清光緒刻本，現藏貴州省圖書館，本叢書據此影印。（黃萬機）

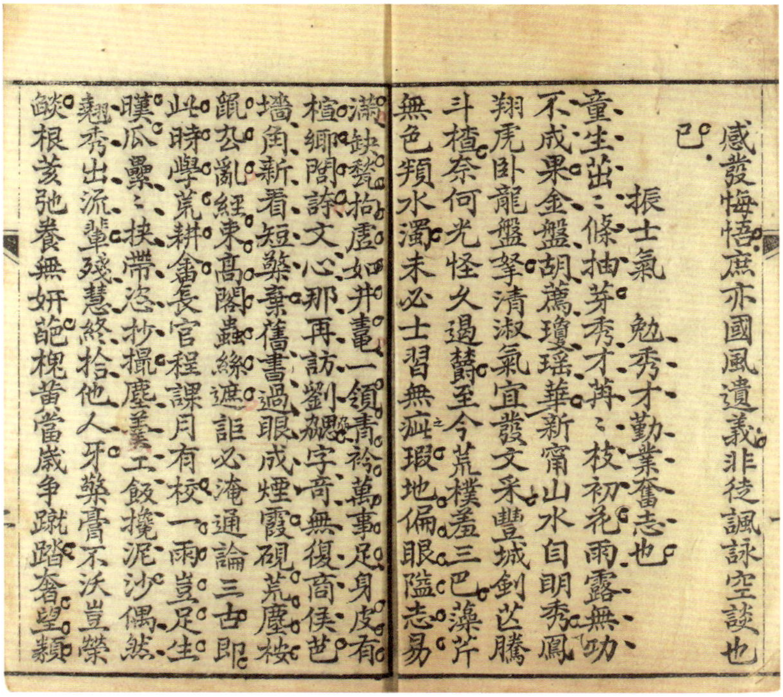
感發悔悟庶亦國風遺義非徒諷詠空談也
已
振士氣　勉秀才勤業奮志也
童生茁茁條抽芽秀才苒苒枝初花雨露無功
不成果金盤胡薦瓊瑤華新甯山水自明秀鳳
翔虎卧龍盤拏清淑氣宜發文采豐城劍氣騰
斗檣奈何光怪久遏鬱至今荒樸羞三巴藻芹
無色類水濁未必士習無疵瑕地偏眼隘志易
滿缺發拘虛如井鼃一領青衿萬事足身皮有
檀鄉閭詩文心那再訪劉勰字奇無復商侯芭
墻角新看短檠棄舊書過眼成煙霞硯荒塵樓
鼠忿亂經束高閣蟲絲遮詎必淹通論三古郎
此時學荒耕命長官程課月有校一兩豈足生
膜瓜纍纍扶帶恣抄撮塵羹土飯攙泥沙偶然
翹秀出流輩殘慧終拾他人牙藥膏不沃豈榮
餒根荄弛養無妍葩槐黃當歲争蹴踏奢望類

慕青草堂集不分卷

清趙廷璜撰。趙廷璜生平見集部《新甯諭蒙詩九章》提要。

作者早期詩稿於舟次落水，《慕青草堂集》所存多爲四十歲以後詩作。該書爲抄本，前有趙怡撰《授奉政大夫趙府君行述》，歷述趙廷璜生平事迹。所抄詩歌共計四十三首，以長篇古風爲多。《八月十三夜侍承尊生師望月懷莫莚升先生聯句》，爲承齡與廷璜師生二人之五言排律聯句，抒寫品茗賞月情趣。《丙寅太歲日陪鹿山先生游工部草堂同游者劉大令石渠唐蜀君公實兩公子》爲七古長篇，描述陪侍蕭吉堂先生游浣花溪情景。也有一些贈友之

作，如《送蔣雁南少尉之官嘉明鎮》、《平羌行贈蹇子和觀察》等。一些詩抒發旅次懷鄉愁思，如《發成都》、《萬縣舟中度歲》、《穀日夔府解纜甫入瞿塘峽阻風四日賦此解悶》。不少親情詩作，或抒夫妻相思之情，或寫殤孫之痛，感人至深。也有一些紀游之作，如《嘉定》、《巫峽又阻風爲賦長句》、《南廣口》等。

趙廷璜留意教育事業，有幾首詩歌吟詠作育才士之事，如《校士試院示諸生》、《過書院與諸生論學賦此勗之》、《示社學師》等。也有感懷書事之作，反映動亂時局，如《書事》、《杞憂行》等。後一詩反映『渝屬教案更疊出，漸釀土匪興兵戎』之社會危機。

趙廷璜受丈人鄭子尹濡染，詩學蘇、黃，詩風清雅沉厚。

此抄本一册藏於貴州省博物館，本叢書據此影印。

（黄萬機）

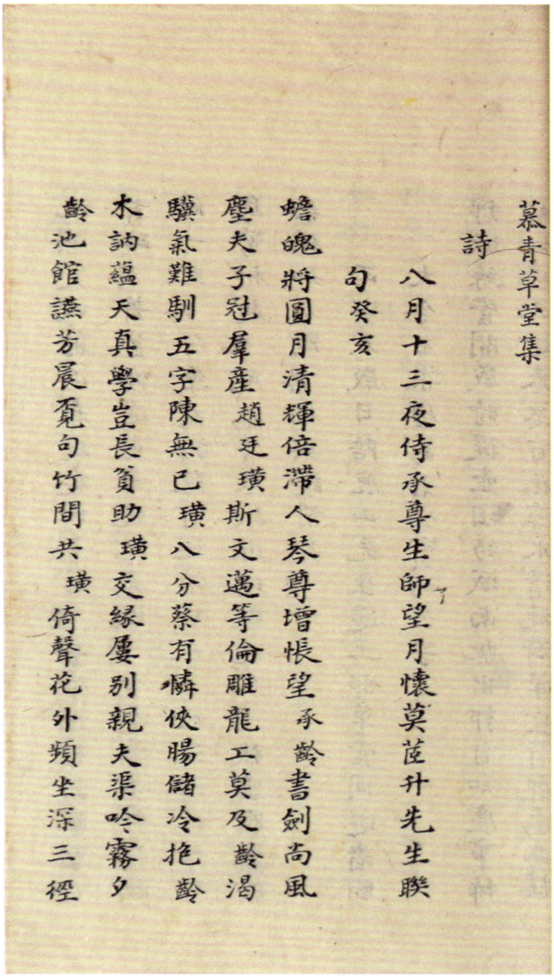
慕青草堂集

詩

八月十三夜侍承尊生師望月懷莫芷升先生聯句癸亥

蟾魄將圓月清輝倍滯人琴尊增悵望承齡書劍尚風塵夫子冠羣彥趙廷璜斯文邁等倫雕龍工莫及齡渴驥氣難馴五字陳無已璜八分蔡有鄰俠腸儲冷抱齡木訥蘊天真學豈長貧助璜交緣屢別親夫渠吟霧夕齡池館讌芳晨覓句竹間共璜倚聲花外頻坐深三徑

衡齋詩鈔一卷

清黎兆銓撰。黎兆銓（一八二六—一八九五），字季和，號衡齋，貴州遵義人。黎恂第四子，以才幹見稱。協助三兄兆祺辦團練，守寨堡，又爲楚軍運送糧秣，論功賞知縣。劉嶽昭任雲南巡撫，招兆銓入滇，以知縣補用，賞戴花翎加運銅銜。同治八年署理尋甸州知州。雲南亂，總督岑毓英創民兵徵集法，兆銓上書巡撫言徵兵之弊。提督馬如龍控於劉嶽昭，嶽昭曰：『此强項令，顧實心爲民，吾輩當優容之。』卒罷徵兵之命。同治十一年補姚州知州，保同知，知直隸州知州。仍留尋甸任事。時迤東回民亂平，總督岑毓英決以曲

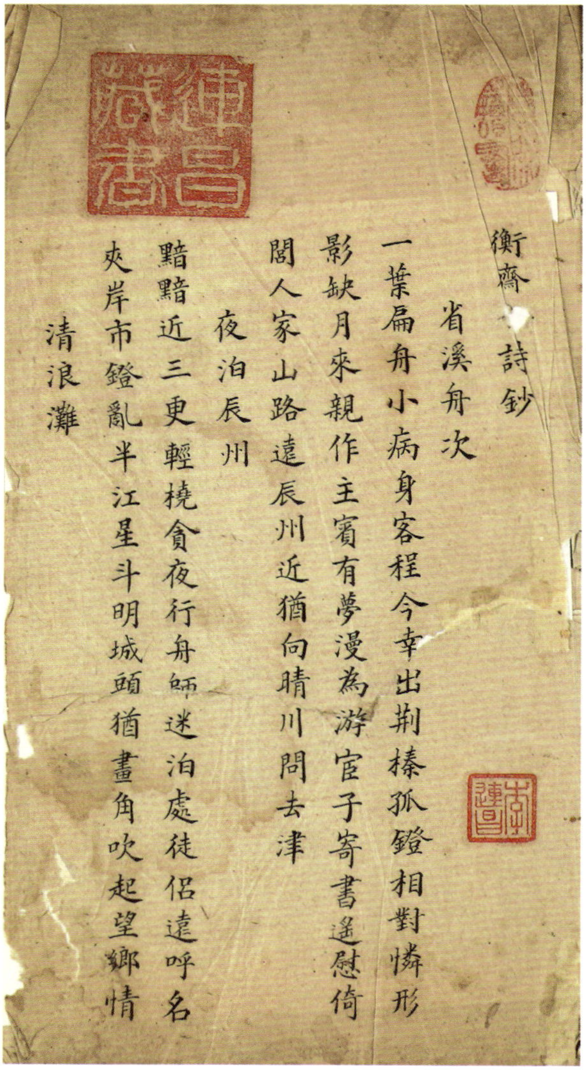
衡齋詩鈔

省溪舟次

一葉扁舟小病身客程今幸出荆榛孤鐙相對憐形影缺月來親作主賓有夢漫為游宦子寄書遥慰倚閭人家山路遠辰州近猶向晴川問去津

夜泊辰州

黯黯近三更輕橈貪夜行舟師迷泊處徒侶遠呼名夾岸市鐙亂半江星斗明城頭猶畫角吹起望鄉情

清浪灘

靖八屬回民徙尋甸，待迤東事定坑殺。兆銓知謀，憤然曰：『是十餘萬回民性命繫於我，寧坐視其死乎！』願以全家數十口性命保回民不反。先後陳説達三年之久，毓英終應允。尋甸任職五年，安寧、昆明、鎮雄等州縣任職各一年，兩次主持讞局（審判罪案衙門），平反冤獄數十起。清光緒五年因違背上司意圖被議，光緒六年回黔，寓居貴陽。

《衡齋詩鈔》分兩部分，《到貴筑寓自遣》前之詩，爲宦游之作，多滇、黔風景及羈旅之思。《出門》後，則爲赴四川灌縣省墓途程之作。《發重慶將赴灌縣留別蒓齋》後詩，題下多標有月日。

該書爲手稿，首葉署『衡齋詩鈔』，無署名。稿本現藏遵義市博物館，本叢書據此影印。（黎鐸）

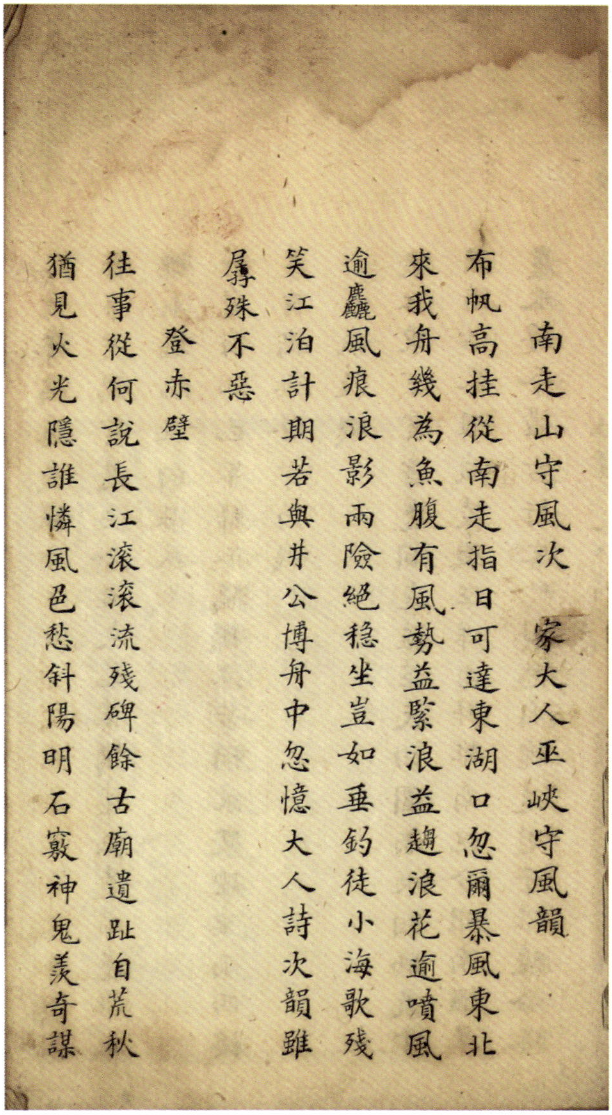
南走山守風次　家大人巫峽守風韻
布帆高挂從南走指日可達東北來我舟幾為魚腹有風勢益緊浪益趨浪花逾噴風逾麤風痕浪影雨險絕穩坐豈如垂釣徒小海歌殘笑江泊計期若與井公博舟中忽憶大人詩次韻雖孱殊不惡
登赤壁
往事從何説長江滾滾流殘碑餘古廟遺趾自荒秋猶見火光隱誰憐風邑愁斜陽明石竅神鬼羨奇謀

樹蕙背遺詩一卷

清鄭淑昭撰。淑昭（一八二六—一八七七），字班班，貴州遵義人。趙廷璜夫人。其父鄭珍爲『西南巨儒』，其弟鄭知同亦學者、詩人。自小受家學耳濡目染。道光二十八年二十三歲時嫁與趙廷璜，爲夫婦二十九年，育有三子一女。夫君長期游幕四川，家庭重擔全由淑昭支撑。侍奉翁姑，操持家務。教育子女，親課子女學業，勉勵子女勵行力學。長子趙怡成進士，次子趙懿、三子趙恒均爲舉人。曾去四川大寧知府署丈夫任所探親，見署後多桑樹，遂率女媳僕婦采桑養蠶，并提倡養蠶，鼓勵百姓亦農亦副，發展生産，改善生活境况。

『樹蕙背』爲其住所之名。《樹蕙背遺詩》主要爲淑昭之情感生活及日常勞作之真實寫照，表達長期與丈夫離居之相思、親人間之相互關愛、對子女之殷切期望、亂世人生之悲涼，内容豐富。詩風古樸典雅，頗見功力，有乃父遺風。形式上以五七言近體詩爲主，

呼斯其所以爲賢乎宜人三子長怡光緒己丑舉人次懿光緒丙子舉人今四川名山知縣次恆庠生皆有文行宜人既卒怡懿述宜人遺訓泣而筆之以問於余余曰宜人吾黎氏所自出自少至壯聞於吾姑吾母者審矣子述之以貽後之子孫是則是效趙氏其將益大乎

光緒庚寅閏二月黎汝謙序

三

樹蕙背遺詩

遵義鄭淑昭班班

春曉曲 以下辛未

別院銅魚曉箭稀輕寒陣陣入羅帷海棠墜露無聲膩燕子瞋簾人未知金烏飛上西隣樹繡幕沈沈半遮護何處流鶯乍一聲金閨夢斷無尋處

春暖曲

桃花溪紅柳溪綠池塘水淺鴨新浴日暖閒庭曬午雞花陰移上闌干曲簾影衣香滿院溪流鶯語語入人心

一

間有五七言古詩及少量雜言詩。

本叢書影印有二：一爲國家圖書館藏清光緒二十年京師刻本，一爲遵義市圖書館藏民國貴陽刻《黔南叢書》本。（岑玲）

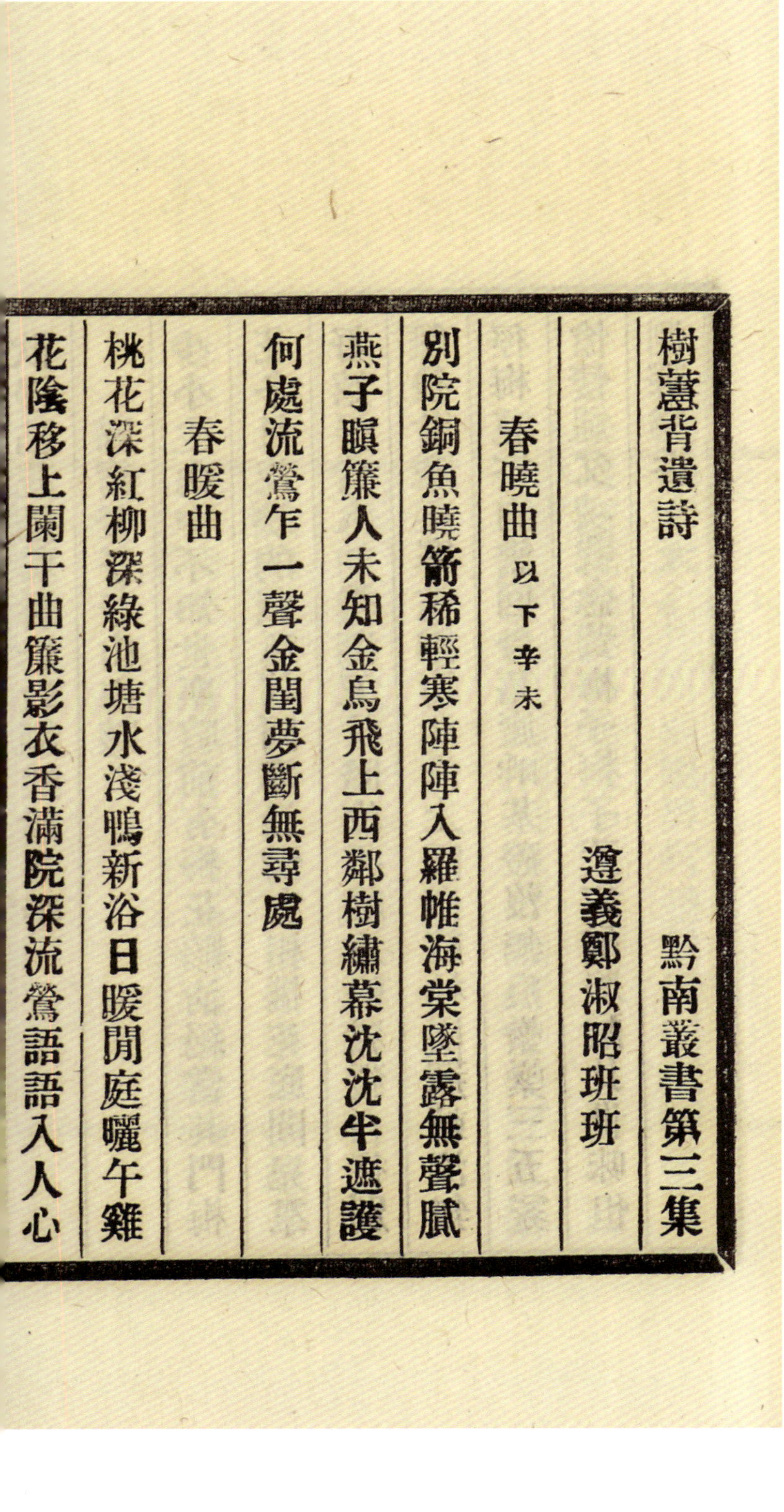
樹蕙背遺詩　黔南叢書第三集

遵義鄭淑昭班班

春曉曲 以下辛未

別院銅魚曉箭稀輕寒陣陣入羅帷海棠墜露無聲膩

燕子瞋簾人未知金烏飛上西鄰樹繡幕沈沈半遮護

何處流鶯乍一聲金閨夢斷無尋處

春暖曲

桃花深紅柳深綠池塘水淺鴨新浴日暖閒庭曬午雞

花陰移上闌干曲簾影衣香滿院深流鶯語語入人心

欲漫拈花插鴉髻恐教蝴蝶趁華簪

歸甯登子午山梅咳

少小生山中不知世塵喧前有梅花咳清絕當其門梅花冬月茂皪的藏孤邨阿耶過憐女相攜花底閒兒羣好嬉弄背人如飛翻五月暗偷果緣木輕猱猨自從別離後廿載經寒暄歸甯北堂上重登故林園荊棘深無徑梅花空自繁回身舊廬畔基礎沒無痕纍纍三五冢愴悽祖父魂我念黃梅子梅子黃愈酸將酸比世味怛惻聲爲吞

貴陽文通書局代印

依硯齋詩鈔四卷

清黎庶燾撰。庶燾（一八二七—一八六五），字魯新，别號筱庭，貴州遵義人。咸豐元年舉人。年十六父卒，能率諸弟如成人。比長，而督責益峻，窮年磨厲，期於有成。鄉舉後，得反胃疾，不能前進。歸而大困，遂絶意進取。從莫友芝、鄭珍、黎兆勳受詩法。『病凡十四年，中間遭亂離者十年，困卧顛沛之中，未嘗一日去書誦讀。』（黎庶昌《先兄魯新墓誌銘》）迭主湘川、育才、培英書院，培養劉漢英、莫彝孫、宦懋庸等英才。

清同治二年，門人劉漢英刊刻黎庶燾道光二十八年迄咸豐六年間詩作，題《依硯齋詩鈔》，凡四卷，録詩三百二十二首（含新樂府十四章）。卷前載黎庶燾《序》，可知刊刻之因由；此爲初刻本。光緒十四年，由二弟庶蕃删定，四弟庶昌覆審，輯入《黎氏家集》，於日本使署重刊。此爲重刻本，題《慕耕草堂詩鈔》，亦四卷，録詩三百五十三首，較初刻本爲多。卷前有黎庶昌《先兄魯新墓誌銘》，鄭珍、黎兆勳、莫友芝題語，莫友芝致庶燾《書》，楊彝珍《致黎魯新孝廉尺牘》，楊彝珍《黔中三君子哀詞》及黎庶燾《自序》二篇，鄭知同序一篇。庶燾『性情真摯，而才調稍弱』（黎兆勳《題語》），用力勤苦，其詩多幽憂愁疾之思，善寫景。詩風略近孟郊、范成大。鄭珍題語評其詩曰：『吾弟作詩，天資於宋人近，於唐人不近。即極力學唐，適成就一個好宋派。』又曰：『吾弟學勝於才，不得之静悟，即得之苦吟。静悟則易增魔障，苦吟則易傷氣格。』莫友芝以其詩以洗練堅緊見長。詩後附《琴洲詞》二卷，前有黎庶燾《原序》。原存百闋，經其弟庶蕃删定爲七十七闋。民國時貴陽文通書局收《琴洲詞》入《黔南叢書》第四輯第七册。

本叢書收録遵義市博物館藏清同治刻本《依硯齋詩鈔》及遵義市圖書館藏《黎氏家集》本《慕耕草堂詩鈔》、《琴洲词》，一併影印。

（黎鐸）

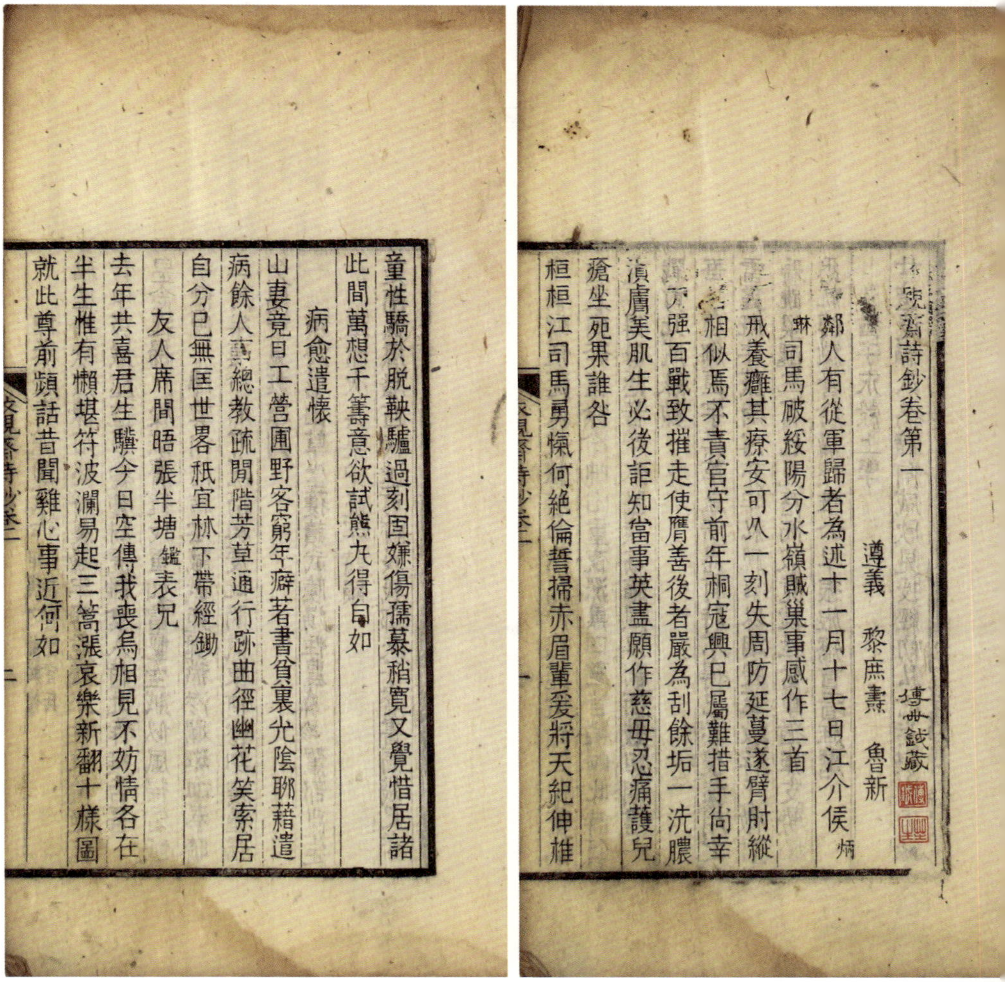

依硯齋詩鈔卷第一　傳世鈔藏

遵義　黎庶燾　魯新

鄰人有從軍歸者為述十一月十七日江介侯炳琳司馬戰殁陽分水嶺賊巢事感作三首

飛養癰其瘵安可久一刻失周防延蔓遂臂肘縱相似馬不責官守前年桐寇興已屬難措手尚幸頑民强百戰致摧走使膺善後者嚴為刮餘垢一洗膿瀆膚美肌生必後詎知當事英晝願作慈母忍痛護兒瘡坐死果誰咎

桓桓江司馬勇慨何絶倫誓掃赤眉輩爰將天紀伸椎

童性驕於脱鞅驢過刻固嫌傷孫慕稍寬又覺惜居諸此間萬想千籌意欲試熊丸得自如

病愈遣懷

山妻竟日工營團野客窮年癖著書貧裏光陰聊藉遣病餘人事總教疏閒階芳草通行跡曲徑幽花笑索居自分已無匡世畧秖宜林下帶經鋤

友人席間晤張半塘鑑表兄

去年共喜君生驥今日空傳我喪烏相見不妨情各在半生惟有懶堪符波瀾易起三篙漲哀樂新翻十樣圖就此尊前頻話昔聞雞心事近何如

依硯齋詩鈔卷二　二

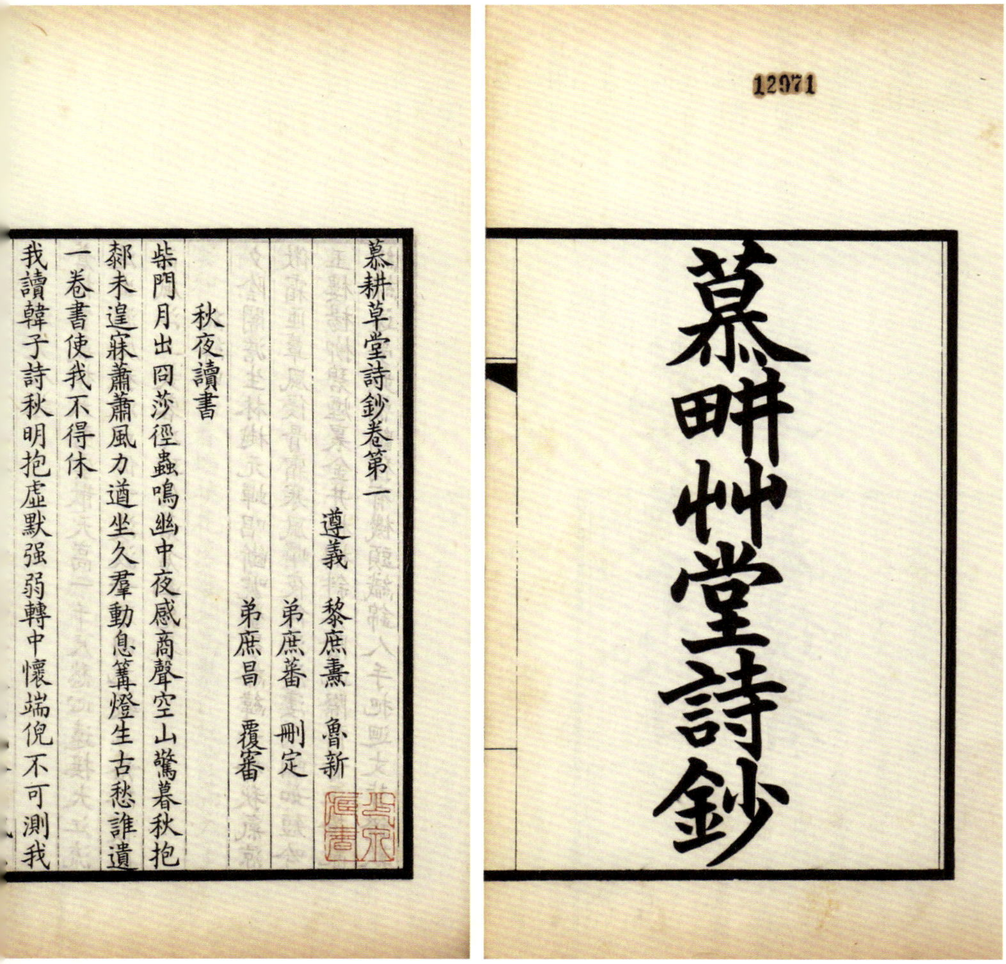
12971
慕畊艸堂詩鈔
慕耕草堂詩鈔卷第一
遵義 黎庶燾 魯新
弟庶蕃 刪定
弟庶昌 覆審
秋夜讀書
柴門月出岡莎徑蟲鳴幽中夜感商聲空山驚暮秋抱
郄未遑寐蕭蕭風力遒坐久羣動息篝燈生古愁誰遺
一卷書使我不得休
我讀韓子詩秋明抱虛默强弱轉中懷端倪不可測我

琴洲詞卷第一

遵義 黎庶燾 魯新

弟庶蕃 刪定

鷓鴣天

春陰

黯黯沈沈罩遠空滯人天氣宋牆東鶯兒坐柳圍生綠燕子穿花膩冷紅 天澹沱夢惺忪遥山一角壓眉峰雲情雨意無消息祇釀春愁一片濃

浣谿紗

暄影遲遲度碧苔綠紗親喚侍兒開放將風絮入簾來

琴洲詞卷第二

遵義 黎庶燾 魯新

弟庶蕃 刪定

雨淋鈴

東風無主悵桃蹊下亂落紅雨芳心一點難寄卻嫌愁殺秋千兒女賸有蒼苔滿徑膩飛墮香絮聽簾外雙燕多情併作傷春奈何語 新陰暗綠閒庭戶更幾時又值梅炎序斜陽一片嬌影空照着綺魂歸路碧認萍蹤付與江波荏苒流去漫說道十丈游絲尚把春牽住

西子妝

娱志堂詩鈔四卷附雪鷗詞鈔

清黎庶蕃撰。黎庶蕃（一八二九—一八八六），字晉甫，别號椒園。黎愷次子。清咸豐二年舉人。少從鄭珍游，受其濡染頗深。弱冠受知貴州提學使翁同書，翁以異日能詩相許。黔亂作，與從兄兆祺結寨禹門，練團固守。事解，論功保擢候選知州。光緒六年，改官兩淮鹽大使，寓居揚州。著有《娱志堂詩鈔附雪鷗詞》、《椒園詩鈔附雪鴻詞鈔》。

娱志堂，黎庶蕃書齋名。《娱志堂詩鈔》爲椒園同治四年三十五歲前之詩作，凡四卷，二百二十一首。題材較廣，田園風光、日常生活、友朋唱和、離別懷人、亂世民生等，無不見於筆下。卷前載長兄黎庶燾《序》，叙其弟科舉仕宦之艱難，爲其詩作序之因由，又評其詩云：

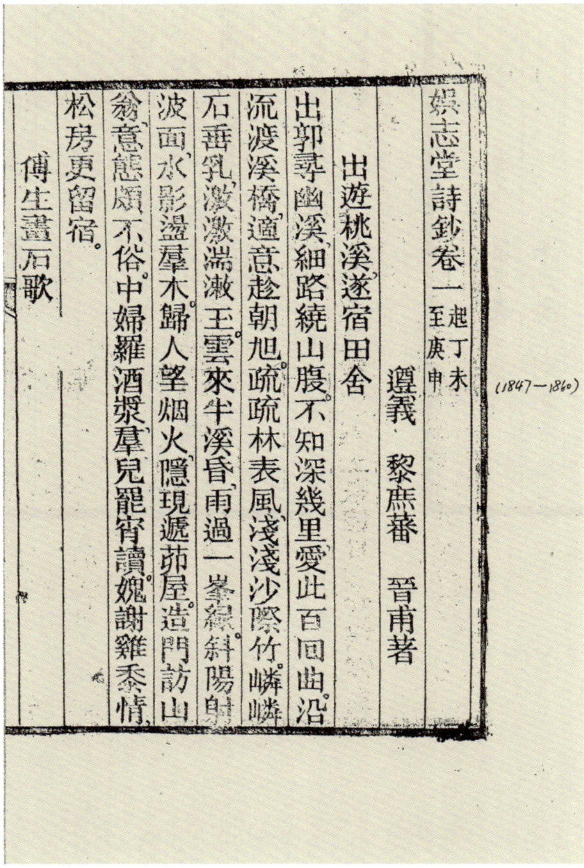
娱志堂詩鈔卷一 起丁未至庚申 (1847—1860)

遵義 黎庶蕃 晉甫著

出遊桃溪遂宿田舍

出郭尋幽溪細路繞山腹不知深幾里愛此百回曲沿流渡溪橋適意趁朝旭疏疏林表風淺淺沙際竹嶙嶙石垂乳潋潋湍漱玉雲來半溪昏雨過一峯緑斜陽射波面水影盪羣木歸人望烟火隱現遞茆屋造門訪山翁意態頗不俗中婦羅酒漿羣兒罷宵讀媿謝雜黍情松房更留宿

傳生畫石歌

『人或謂弟詩明秀似大復，俊蒨似青丘，馳騁似東坡。予姑無論其詩之何似，第有詩亦可補其不逮矣。』卷四《黔南新樂府二十三章并序》仿樂天體例，更見其傷時憂民之感喟，爲咸、同間黔中喪亂之實録，頗具史料價值。

詩後附《雪鷗詞鈔》，不分卷。凡二十五闋。

該書爲刻本，現藏遵義市博物館，原缺卷一，由仁懷龍先緒補足，本叢書據此影印。（張嘉林）

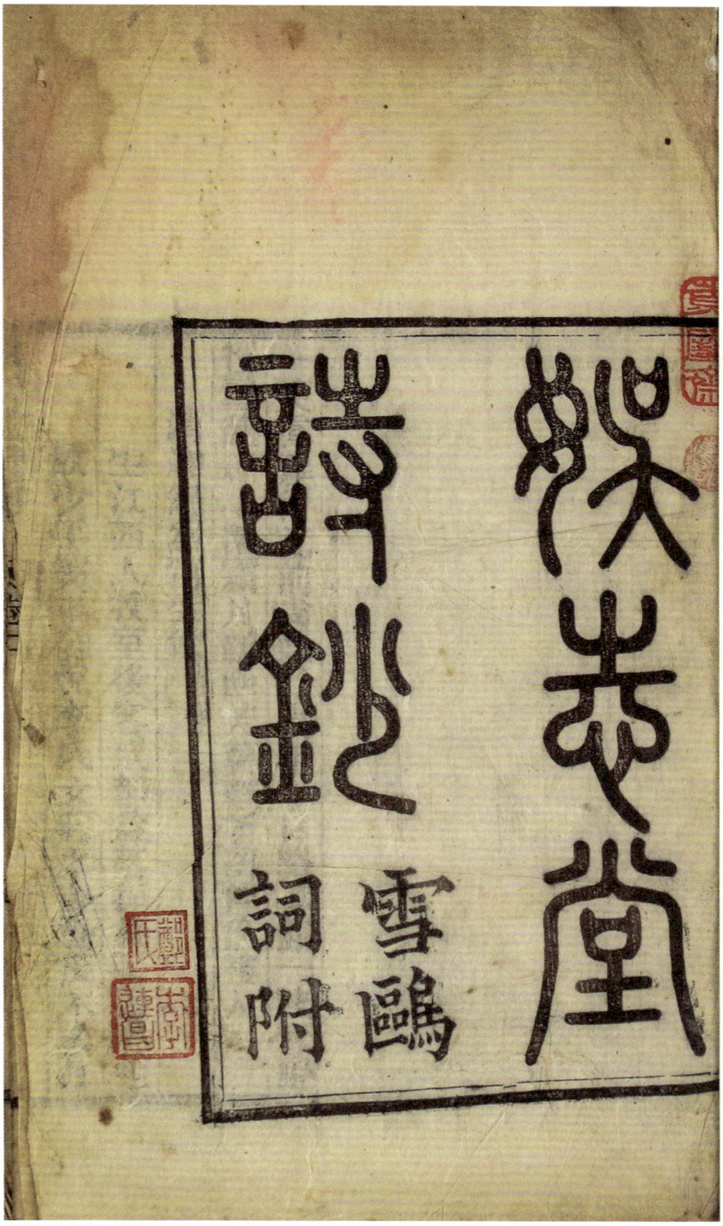

椒園詩鈔七卷附雪鴻詞二卷

清黎庶蕃撰。黎庶蕃生平見集部《娱志堂詩鈔》提要。

椒園之詩，以清同治四年爲界，可分爲前後兩期。前期有《娱志堂詩鈔》，後期有《椒園詩鈔》。此本《椒園詩鈔》凡七卷。牌記題『光緒己丑春日刊於日本使署』。卷前載遵義黎庶昌《仲兄椒園墓誌銘》、黎庶蕃《自序》、定遠方濬頤《序》、獨山莫祥芝《序》。《自序》云：同治六年秋，『携家從舍弟蒓齋遠游，出三峽，泛

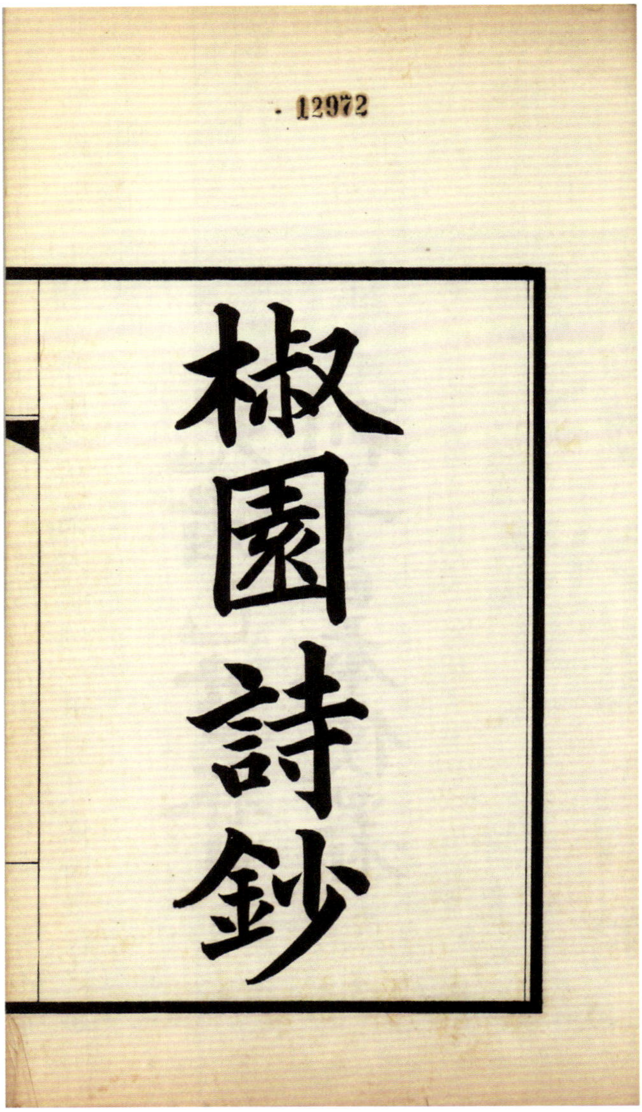

吴楚，東之齊魯，觀河嶽之勝，北游燕京，窮津門，航海還吴』，『其間登臨吊古，飲餞懷人，凡情有不能已於言者，輒復寄以楮墨，顧隨作隨棄，不自收拾，今之所録，特十之五六耳』。椒園之詩，受鄭珍影響，『於詩不主辭而主意，不尚陳迹而尚興象』（《自序》）。詩風較前期更趨成熟，《續遵義府志》本傳評曰：『詩益豪，浸浸自變氣格。所爲近體，圜轉流美，於放翁、遺山爲近。』

詩後附《雪鴻詞》二卷，録詞一百零八闋。爲椒園三十歲後所作。卷前載獨山莫祥芝《雪鴻詞序》，新建勒方錡《序》及黎庶蕃《自識》。勒方錡稱其詞『情文相生，才氣奮發』，詞風豪氣舒張，意境清靈開豁。

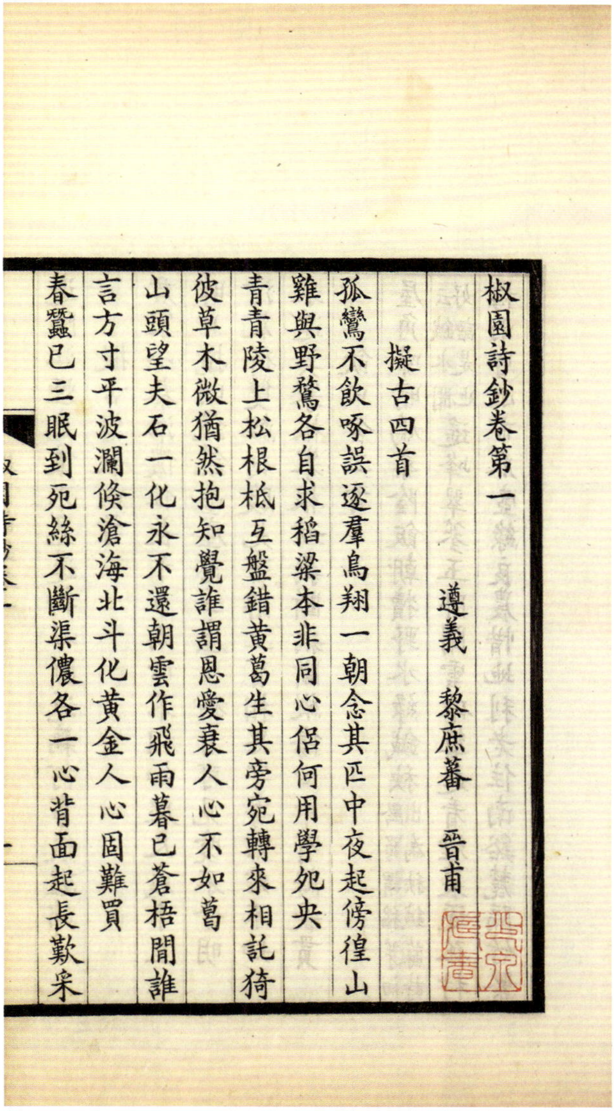
椒園詩鈔卷第一

遵義 黎庶蕃 晉甫

擬古四首

孤鸞不飲啄誤逐羣鳥翔一朝念其匹中夜起傍徨山雞與野鶩各自求稻粱本非同心侶何用學宛央

青青陵上松根柢互盤錯黃葛生其旁宛轉來相託猗彼草木微猶然抱知覺誰謂恩愛衰人心不如葛

山頭望夫石一化永不還朝雲作飛雨暮已蒼梧閒誰言方寸平波瀾倏滄海北斗化黃金人心固難買

春蠶已三眠到死絲不斷渠儂各一心背面起長歎來

詞之成就，尤勝於詩。《全清詞鈔》選録其詞十三闋，嚴迪昌《近代詞選》録二十二闋。按：前述《娱志堂詩鈔》所附之《雪鷗詞》二十五闋，除《摸魚子》（武陵秋夕憶故山）、《前調》（春閨）、《歸朝歡》（鎖江橋感舊寄莫九）、《南歌子》（訪山僧不值）等四闋外，餘者均爲《雪鴻詞》所載。

《椒園詩鈔》係友人莫祥芝於椒園殁後之光緒三年所刻，光緒十五年黎庶昌輯入《黎氏家集》，爲日本使署刻本。民國二十五年貴陽文通書局輯入《黔南叢書》第四輯。貴州省圖書館、遵義市圖書館有《黎氏家集》藏本。本叢書據遵義市圖書館藏本影印。（張嘉林）

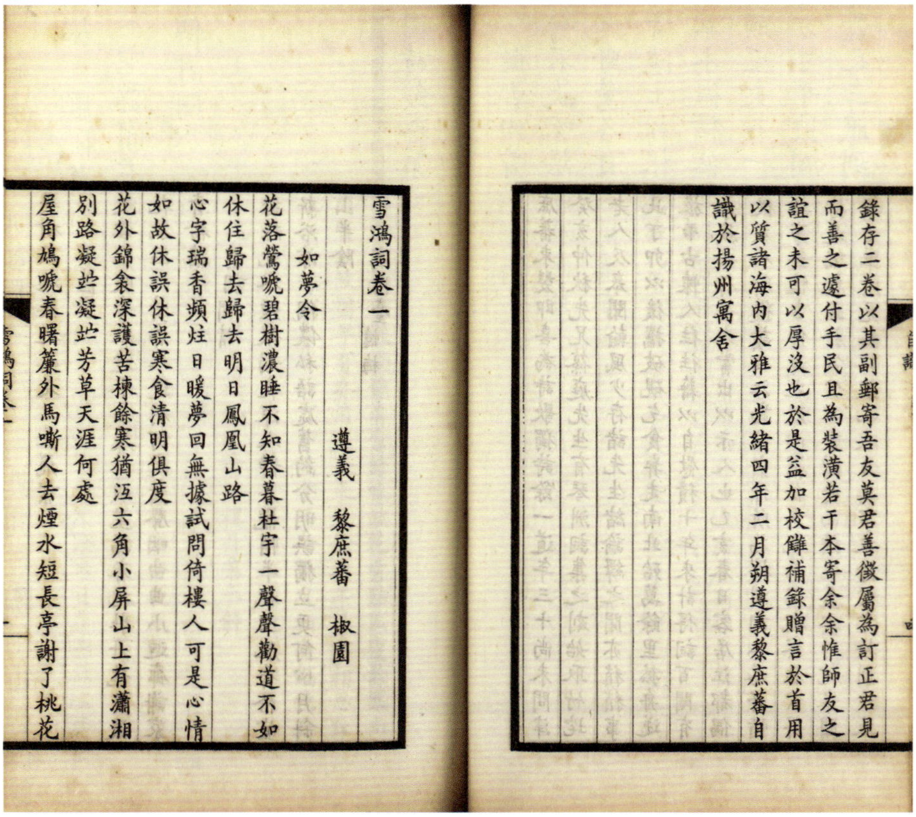
錄存二卷以其副郵寄吾友莫君善徵屬為訂正君見
而善之遽付手民且為裝潢若干本寄余余惟師友之
誼之未可以厚沒也於是益加校讎補錄贈言於首用
以質諸海内大雅云光緒四年二月朔遵義黎庶蕃自
識於揚州寓舍

雪鴻詞卷一
遵義　黎庶蕃　椒園
如夢令
花落鶯嗁碧樹濃睡不知春暮杜宇一聲聲勸道不如
休住歸去歸去明日鳳凰山路
心字瑞香頻炷日暖夢回無據試問倚樓人可是心情
如故休誤休誤寒食清明俱度
花外錦衾深護苦揀餘寒猶沍六角小屏山上有瀟湘
別路凝竚凝竚芳草天涯何處
屋角鳩嗁春曙簾外馬嘶人去煙水短長亭謝了桃花

成山廬稿十卷

清唐炯撰。唐炯生平見史部《援黔録》提要。

該書凡四册，十卷。前三册八卷，録清咸豐二年至光緒三十三年凡五十六年間所作詩六百三十八首。卷前有江夏彭崧毓、監利王柏心、無錫薛福保三序。唐炯身歷患難，備嘗艱苦，其詩多生命易逝之感歎；仕四川爲牧民之官，故其詩多殺敵報國、建功立業之豪情壯志。王柏心序云：唐炯之詩，『決爲豪傑之詩，可一望而知也。此如虎步高岡，蒼隼皂雕，側目仰視霄漢；如

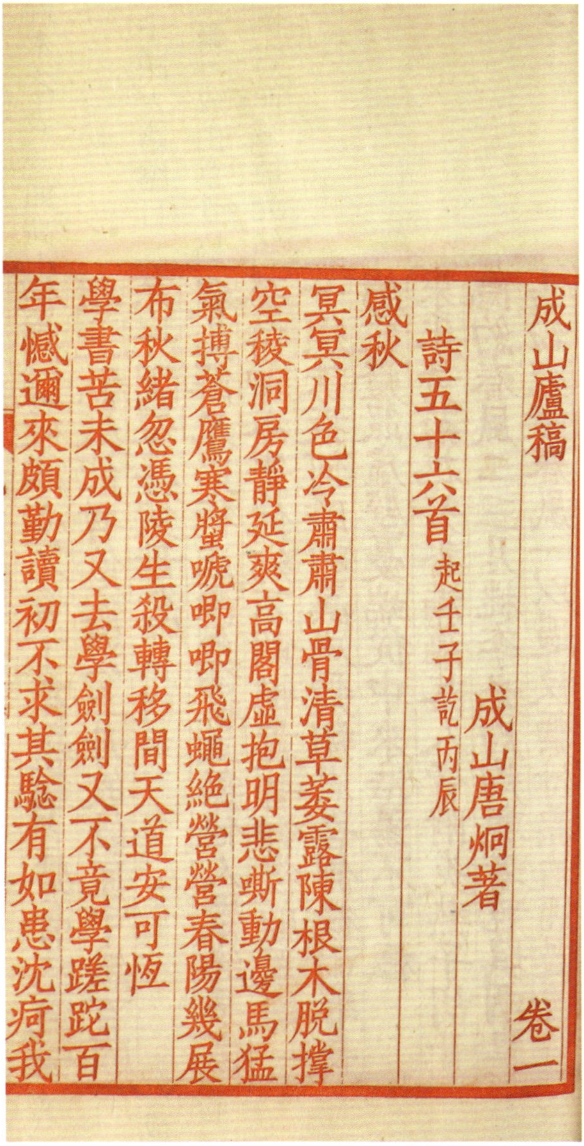
成山廬稿　卷一

成山唐炯著

詩五十六首　起壬子訖丙辰

感秋

冥冥川色冷肅肅山骨清草萎露陳根木脫撑空稜洞房靜延爽高閣虛抱明悲嘶動邊馬猛氣搏蒼鷹寒螿唬唧唧飛蠅絕營營春陽幾展布秋緒忽憑陵生殺轉移間天道安可恆

學書苦未成乃又去學劍劍又不竟學蹉跎百年憾邇來頗勤讀初不求其驗有如患沈痾我

長松勁柏，傑然拔出群木之表；如高山大川，巍巍蕩蕩』。後一册二卷，録文三十三篇，爲書、記、贊、序、墓表等。

該書之版本，據《中國古籍總目》，美國哈佛大學哈佛燕京圖書館藏有稿本兩種，一爲《成山廬稿》七卷二册，一爲《成山草堂稿》四卷一册。北京大學圖書館藏抄本《成山廬稿》八卷。

本叢書據遵義市圖書館藏清光緒刻朱文印本影印。（張嘉林）

成山廬稿總目

成山雜感詩一卷

清唐炯撰。唐炯生平見史部《援黔録》提要。

是詩爲抄本，卷首題『雜感三十首』，下鈐『唐子』及『鄂老近作』印。各首均無題，多爲五言古風。詩謂之『雜感』，有遠離塵世、閑居天倫之逸情，亦有借古諷今、懷才不遇之感嘆，也有歷盡滄桑、人生無奈之悲涼。

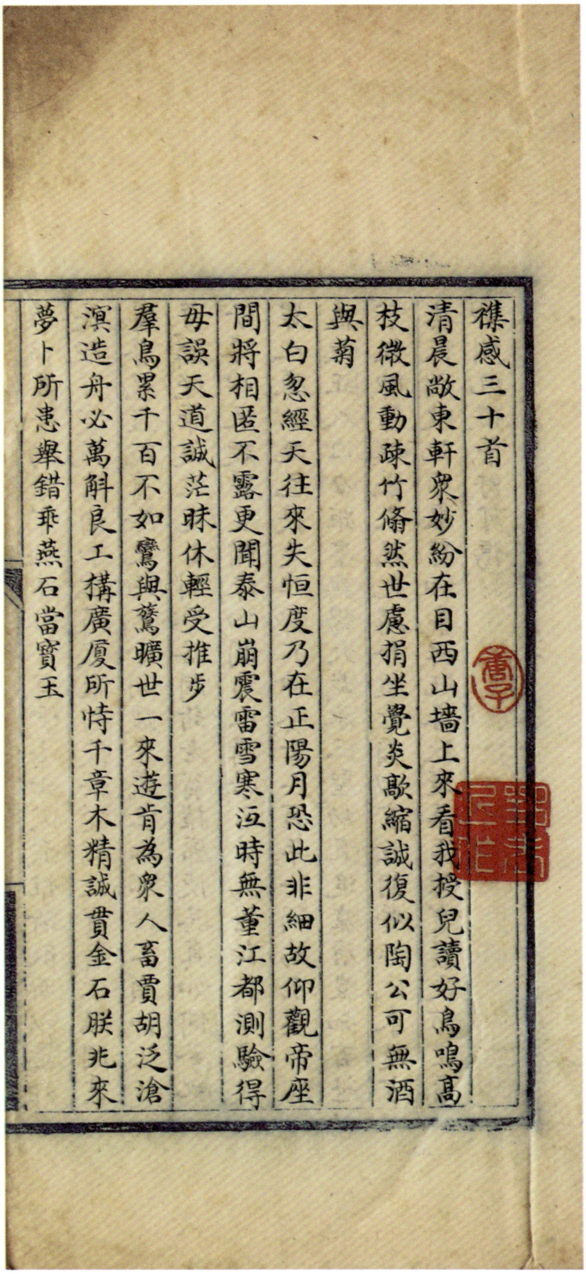
雜感三十首
清晨敞東軒衆妙紛在目西山墻上來看我授兒讀好鳥鳴高枝微風動疎竹脩然世慮捐坐覺炎歊縮誠復似陶公可無酒與菊
太白忽經天往來失恒度乃在正陽月恐此非細故仰觀帝座間將相匿不露更聞泰山崩震雷雪寒冱時無董江都測驗得毋誤天道誠茫昧休輕受推步
羣鳥累千百不如鸞與鷟曠世一來遊肯為衆人畜賈胡泛滄溟造舟必萬斛良工搆廣厦所恃千章木精誠貫金石朕兆來夢卜所患舉錯乖燕石當寶玉

詩後附録一文，名《記平黑窩盗》。四川彭縣之黑窩，地勢險峻，爲盗匪朱二九等盤踞十餘年，百姓苦之，疆吏無敢問。咸豐十一年，唐炯奉檄率部協同平盜。盜平，遂撰此文詳叙其經過。是文二千餘言，叙事清楚，結構整飭，頗具史料價值。

本叢書據貴州省博物館藏抄本影印。（張嘉林）

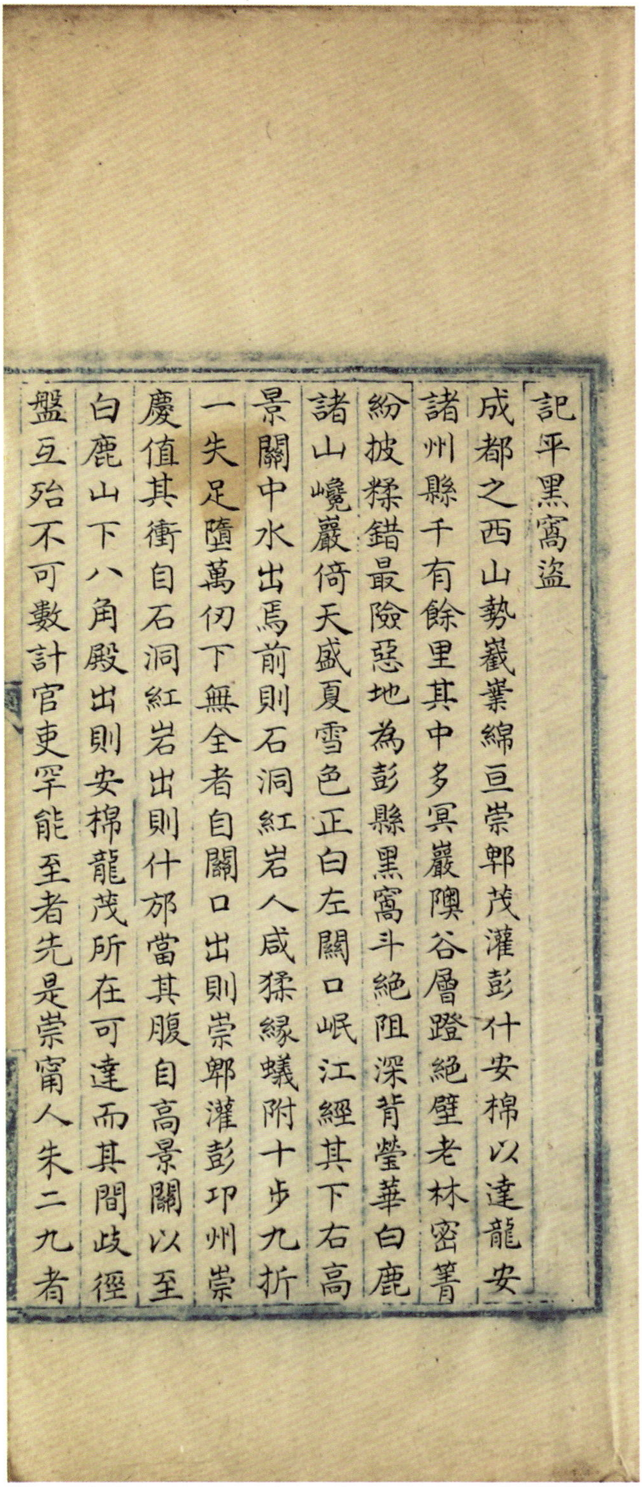

記平黑窩盜

成都之西山勢巑巆綿亘崇郫茂灌彭什安棉以達龍安諸州縣千有餘里其中多冥巖隩谷層蹬絕壁老林密箐紛披糅錯最險惡地為彭縣黑窩斗絕阻深背瑩華白鹿諸山巉巖倚天盛夏雪色正白左闕口岷江經其下右高景關中水出焉前則石洞紅岩人咸猱緣蟻附十步九折一失足墮萬仞下無全者自闕口出則崇郫灌彭邛州崇慶值其衝自石洞紅岩出則什邡當其腹自高景關以至白鹿山下八角殿出則安棉龍茂所在可達而其間歧徑盤亙殆不可數計官吏罕能至者先是崇甯人朱二九者

屈廬詩稿四卷

清鄭知同撰。鄭知同生平見經部《夏小正疏義校録》提要。

詩稿存古今體詩二百六十九首，乃鄭氏去世二十多年後，民國四年陳氏花近樓刊印《遵義鄭徵君遺著》時，作爲附録收入，鄭氏大部分詩則已散失。其詩無吟風弄月之辭、裁紅剪翠之句，多抑鬱不平之氣，勇於揭露黑暗現實，寫貧窶情狀，尤真切動人。楊恩元《跋》云：『經學詩學皆有根底，斐然著述，無慚名父之子。』『其詩得家學淵源，情真語摯，藹然敦本之人。』

本叢書影印鄭知同《屈廬詩稿》版本有二：一爲貴州省圖書館所藏民國四年花近樓刻《遵義鄭徵君遺著》本，一爲遵義市圖書館所藏民國鉛印《巢經巢全集》本。（龍先緒）

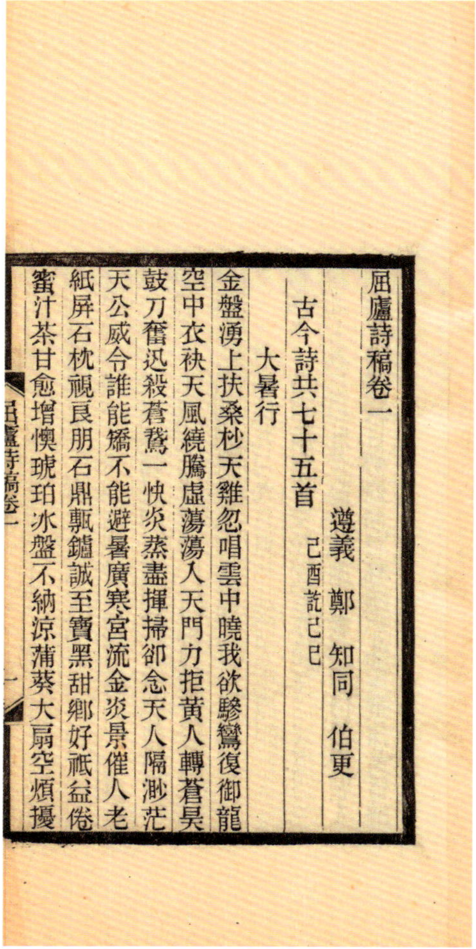
屈廬詩稿卷一

遵義 鄭 知同 伯更

古今詩共七十五首 己酉訖己巳

大暑行

金盤湧上扶桑杪天雞忽唱雲中曉我欲驂鸞復御龍空中衣袂天風繞騰虛蕩蕩入天門力拒黃人轉蒼昊鼓刀奮迅殺蒼鵞一快炎蒸盡揮掃卻念天人隔渺茫天公威令誰能矯不能避暑廣寒宮流金炎景催人老紙屏石枕覩良朋石鼎瓢鑪誠至寶黑甜鄉好祇益倦蜜汁茶甘愈增懊琥珀冰盤不納涼蒲葵大扇空煩擾

屈廬詩稿卷一

屈盧詩稿卷一

遵義　鄭知同　伯更

古今詩共七十五首 己酉訖己巳

大暑行

金盤湧上扶桑杪天雞忽唱雲中曉我欲驂鸞復御龍空中衣袂天風繞騰虛蕩蕩入天門力拒黃人轉蒼昊鼓刀奮迅殺蒼鵝一快炎蒸盡揮掃却念天人隔渺茫天公威令誰能矯不能避暑廣寒宮流金炎景催人老紙屏石枕視良朋石鼎甎鑪誠至寶黑甜鄉好祇益倦蜜汁茶甘愈增懊琥珀冰盤不納涼蒲葵大扇空煩擾汗流如雨不能揮日夜驅蚊復捕蚤披襟向陰陰亦炎赤脚覓泉泉已少土囊杜口不生風白日不動蒼天小安得驪龍頷下珠重淵酣睡當胸抱銀漢無波誰復知咸池水涸應難保蟠桃何日更開花若木難禁枯復槁卻羨六龍不畏曬同車宛轉奔黃道何當青海起伏龍掀駕雷公頃刻到快哉

貴州印刷所承印

漱芳齋詩草一卷

清鄭知同撰。鄭知同生平見經部《夏小正疏義校録》提要。

本書爲民國二十三年十月唐建德抄本，有古今體詩六十八首，附有黎汝謙、黎汝弼詩各一首。全詩均在作者《屈廬詩稿》内，衹是秩序雜亂。《在俊生館中聞有似〈會真記〉所傳始末不異者，且挾兩焉，俊生工作綺語，因倩余先賦之，亦限前韻，聊試效三十六體以寄諷，殊不似也》一首，《屈廬詩稿》未收。抄者事迹無考。其所抄詩或有總批、眉批、圈點，不知出於何人之手。按：抄本有鄭知同自題後記云：『竟將己詩説得天花亂墜，如從華嚴法界來，切不可使人閱之以爲笑柄。漢魏以降，迄乎國朝諸名大家，無法不備，豈特如鄙著所爲者。不過余詩俚近易解，持此如發蒙之《三字經》，未嘗不可耳！』可知點評者乃作者好友，抄者所本，應爲最早之稿本。點評當經作者過目，頗有價值。

本叢書據私人藏抄本影印。（龍先緒）

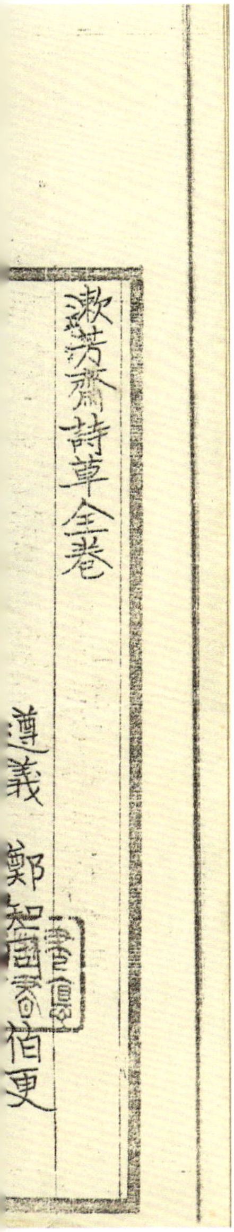

[illegible]詩行
冗亦不可用平調
數行最要斟酌
在不高不低之間
練句堅卓聲調響
亮在此等處

百花未綻已含孚芳林生意初盈眸山鳥新聲忽增聽
白鷗泛泛不驚遯相與忘機引幽興意女警我空疲奔（下半轉關在此上句已前寫）
（景已後言情所謂線索也）故見閒身作前證我生本自便山林竹籬茅舍久甘心
風月嘲吟嘗城富烟霞追逐桃源深一念高堂顧甘旨

自在遊行看去全
不會力却真力彌
滿心知手敏之作

此君沉着才也讀
此可見一班

錐刀競俗霜毛侵榛管誰念拾幽桂軒冕莫旨低華簪
人生得喪要有數力耕負米隨所遇强與造物爭權衡
屠門大嚼終懸慕不如影息還其素管領江山從去住
桔槔俯仰空隨人春月春花等閒度

坿功甫次韻

我本卑溪耕田翁心懷冷落如窮冬年來俗務苦羈絆
衝寒竟月馳青驄昨日歸來抱衾卧一覺窗日明曈曨
故書重理已塵污文字久甘居下風却笑髫齡故好勝
有如嫠婦思懷孕（趣語）下里空懷白雪音巴歈不入騷人聽
忽聞青鳥傳瑤章要道狂吟發清興如珀拾芥磁引鍼

鄭伯更先生文鈔一卷

清鄭知同撰。鄭知同生平見經部《夏小正疏義校録》提要。

該書卷首題『鄭伯更先生文鈔七篇』，下注云：『先生文稿曰《潄芳齋文鈔》，因散佚，未能搜輯，所抄止此，用著卷後。』七篇依次爲《犍爲舍人爾雅注稽存序》、《孔子廟庭從祀議》、《説鞀》、《武王母弟説》、《集韻正誤合鈔序》、《與黎功甫書》、《題何子貞四體書册》。文體有序、議、説、書等，多爲學術論文及討論治學門徑之書劄。黎汝謙《鄭伯更傳》論其詞云：『晦拙蹇滯而樸雅可喜。』（《夷牢溪廬文鈔》）

本叢書據遵義市圖書館所藏民國鉛印本影印。（龍先緒）

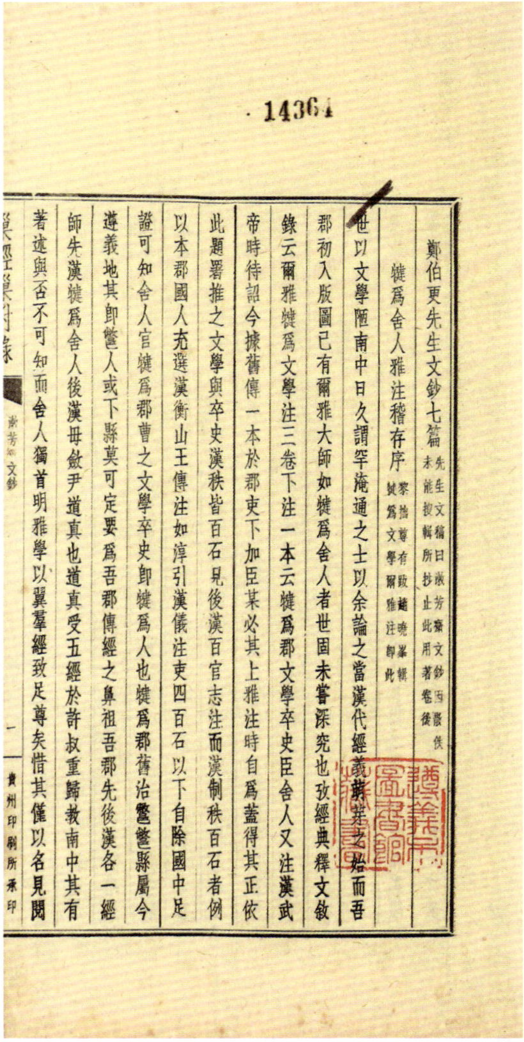

鄭伯更先生文鈔七篇 先生文稿曰潄芳齋文鈔因散佚未能搜輯所抄止此用著卷後

犍爲舍人雅注稽存序 黎拙尊有跋趙曉峯輯犍爲文學爾雅注即此

世以文學陋南中日久謂罕淹通之士以余論之當漢代經義萌芽之始而吾郡初入版圖已有爾雅大師如犍爲舍人者世固未嘗深究也攷經典釋文敘錄云爾雅犍爲文學注三卷下注一本云犍爲郡文學卒史臣舍人又注漢武帝時待詔今據舊傳一本於郡吏下加臣某必其上雅注時自爲蓋得其正依此題署推之文學與卒史漢秩皆百石見後漢百官志注而漢制秩百石者例以本郡國人充選漢衡山王傳注如淳引漢儀注吏四百石以下自除國中足證可知舍人官犍爲郡曹之文學卒史卽犍爲人也犍爲郡舊治鄨鄨縣屬今遵義地其卽鄨人或下縣莫可定要爲吾郡傳經之鼻祖吾郡先後漢各一經師先漢犍爲舍人後漢毋斂尹道真也道真受五經於許叔重歸教南中其有著述與否不可知而舍人獨首明雅學以翼羣經致足尊矣惜其僅以名見閲

巢經巢附録 潄芳齋文鈔 一 貴州印刷所承印

武王母弟說

武王母弟八人首管叔次周公次蔡叔次曹叔次成叔次霍叔次康叔終冄季史記管蔡世家之次也杜元凱注左氏據襄卄四年傳富辰數文昭之國管蔡郕霍魯衞毛聃郜雍曹滕畢原酆郇而認前八國爲武王母弟人數與長幼之次於定四年傳蔡叔康叔之兄也下云蔡叔周公兄（韋昭注晉語亦云管蔡周公兄）五叔無官下云五叔管叔鮮蔡叔度郕叔武霍叔處毛叔聃二說不同近毛西河全謝山主史記（說見經問及經史答問）閻百詩孔顨軒主富辰所數（說見四書釋地及經學卮言）而要無的證愚謂史公蓋據世本當以爲定富辰不過隨口臚列並無倫次如毛叔必非太姒嫡出左氏言五叔無官承上周公爲太宰康叔爲司寇聃季爲司空而言謂五叔非卿不爲王官也毛叔卽顧命之毛公繼聃季爲司空又居三公之一非無官者故王肅顧命注云畢公毛公皆文王庶子可知五叔中是曹叔非毛叔又下文數周公之亂云凡蔣邢茅胙祭而襄十一年傳則云邢凡蔣茅胙祭此

鄭伯更雜著二卷

清鄭知同撰。鄭知同生平見經部《夏小正疏義校録》提要。

該書封面及卷端均題『愈愚録』，收録具有考據性質之讀書劄記四十三則，考訂精審。《新婦》一則僅有標題，無内容。最後幾則談澮、川、洫、甽等内容，爲草稿，尚未命名。其後爲《説文逸字補遺》，共録二十五字，其中注釋十九字，餘者僅存字，未注釋，且多爲散葉。

本叢書據國家圖書館藏稿本影印。

（龍先緒）

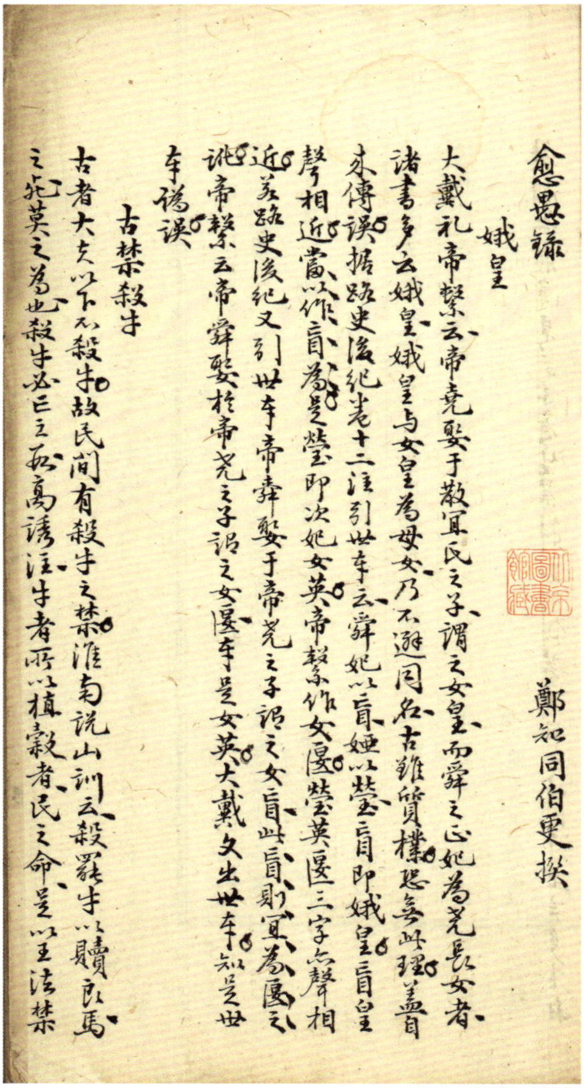
愈愚録

鄭知同伯更撰

娥皇

大戴礼帝繫云帝堯娶于散宜氏之子謂之女皇。而舜之正妃爲堯長女者，諸書多云娥皇。娥皇与女皇爲母女，乃不避同名，古雖質樸，恐無此理。蓋皆本傳誤。據路史後紀卷十二注引世本云舜妃以盲，娙以瑩。盲即娥皇，盲皇聲相近，當以作盲爲是。瑩即次妃女英。帝繫作女匽，瑩英匽三字亦聲相近。路史後紀又引世本帝舜娶于帝堯之子謂之女盲，此盲則宜爲匽之訛。帝繫云帝舜娶於帝堯之子謂之女匽，本是女英。大戴文出世本，知是世本譌誤。

古禁殺牛

古者大夫以下不殺牛，故民間有殺牛之禁。淮南説山訓云殺罷牛可以贖良馬之死，莫之爲也。殺牛必亡之數。高誘注牛者所以植穀者，民之命，是以王法禁

說文逸字補遺

古文亞[illegible]

古文酉象酒尊之形○說在述詳卷內

籀文[illegible]○一切經音義卷九云[illegible]籀文作[illegible]

按此書所稱籀文數十皆據說文為言獨此字

楚辭考辨不分卷

清鄭知同纂。鄭知同生平見經部《夏小正疏義校録》提要。

此書係鄭氏親筆抄寫《楚辭》原文，并用朱筆圈點，有眉批、旁批及塗改添注之處。并在書中需要注釋處注釋外，尚留空白處以待注釋。

該書首先彙集東漢至清《楚辭》注釋家著作十七部，其次爲黎庶昌爲該書作之《後識》，再次爲目次考，排序與清人胡濬源《楚辭新注求確》同，共二十五篇，附宋玉、景差等人擬作八篇；最後爲《屈原傳》注、唐沈亞之《屈原外傳》、漢王逸《離騷注》叙。作者鄭重考證各篇之作者及内容，并加以辨證。如屈賦篇目，歷代注家各異，《漢書・藝文志》爲二十五篇，爲後世所許，而篇目互有出入。或將《遠游》、《大招》、《招魂》列入，超二十五篇之數；或懷疑《九章》非屈氏作。作者辨

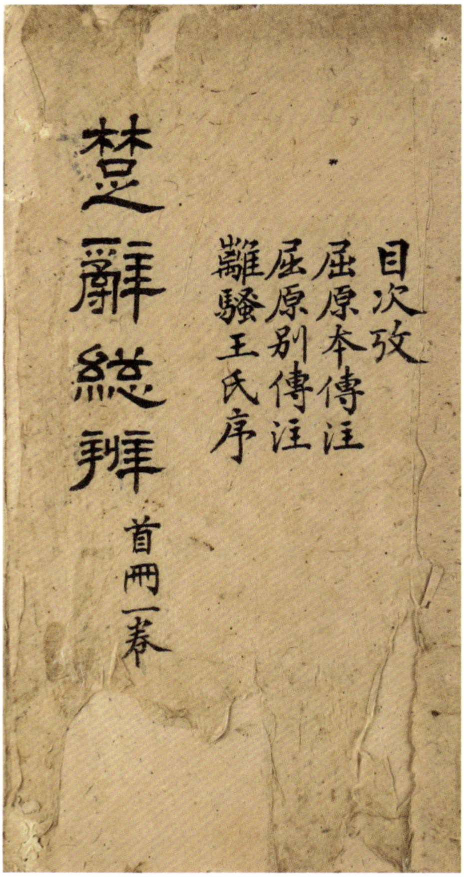

證屈氏之作爲《離騷》、《招魂》、《卜居》、《漁父》各一，對王逸、劉勰、朱熹、林雲銘等所訂篇目，一一予以駁斥，獨取胡濬源之説，將《招魂》一篇列入。

各册卷端所題書名不一致，或稱解詁通義、或稱集注通釋。著述方式爲題解、文句注，最後通釋。題解録自《楚辭章句》。三分之二以上未作注及通釋，屬未完稿本。《九歌》諸篇注解頗詳。通釋部分，闡述該篇主旨，剖析屈原思想之曲折演化與感情隱微，甚有精到之處。

本叢書據貴州省博物館藏稿本影印。（龍先緒）

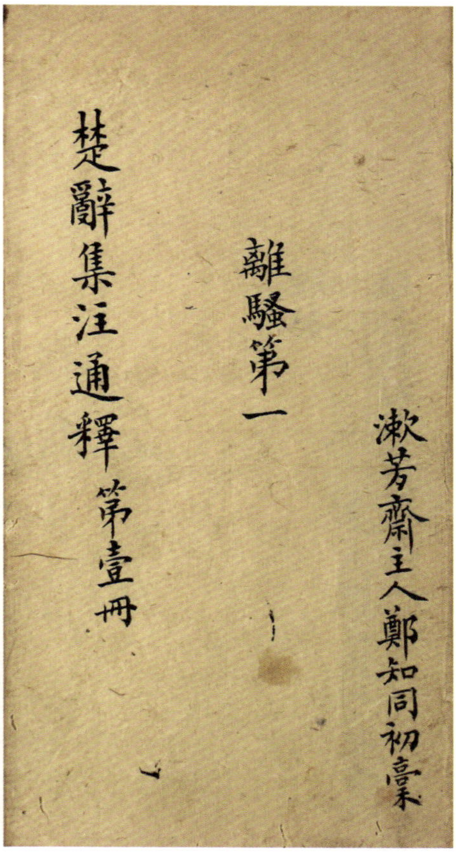
楚辭集注通釋　第壹册
離騷第一
漱芳齋主人鄭知同初稾

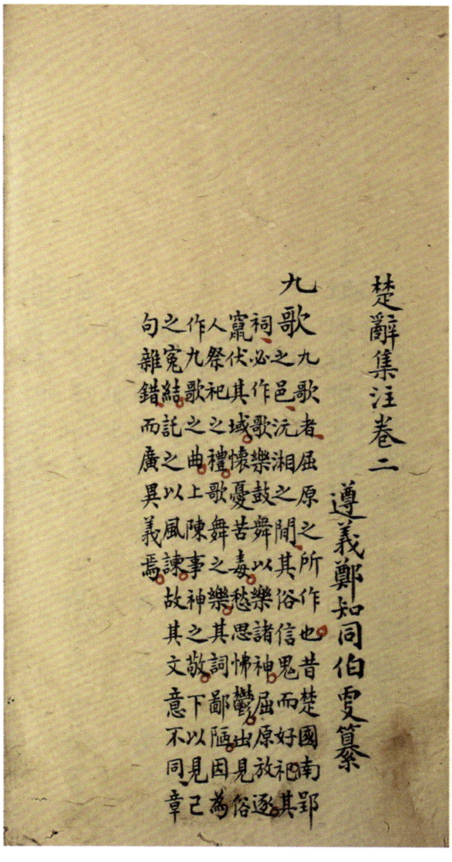
楚辭集注卷二
遵義鄭知同伯叟纂
九歌
九歌者屈原之所作也昔楚國南郢之邑沅湘之閒其俗信鬼而好祀其祠必作歌樂鼓舞以樂諸神屈原放逐竄伏其域懷憂苦毒愁思怫鬱出見俗人祭祀之禮歌舞之樂其詞鄙陋因為作九歌之曲上陳事神之敬下以見己之冤結託之以風諫故其文意不同章句離錯而廣異義焉

玩易山人詩鈔九卷

清趙彛憑撰。趙彛憑生平見經部《悟蒙篇詁訓》提要。

此書稿分裝三册，每册三卷。第一册爲工整小楷，一筆不苟，用十行箋紙，每行二十一字。一葉中間有騎縫。第二册字體略異，爲行楷書體。第三册字體帶行草，書寫隨意。

趙彛憑青壯年時曾親歷戰亂。當時白號軍首領朱明月兩次攻占桐梓，大敗貴州巡撫張亮基，兩軍多次鏖戰於桐梓一帶。戰後又遇荒年，趙氏之詩作多反映此一社會現實。如《中林三章》中，描繪饑民剥樹皮充饑，又蒸白泥（俗稱『觀音土』）作餅，食後『鯁其僵矣』，被丟

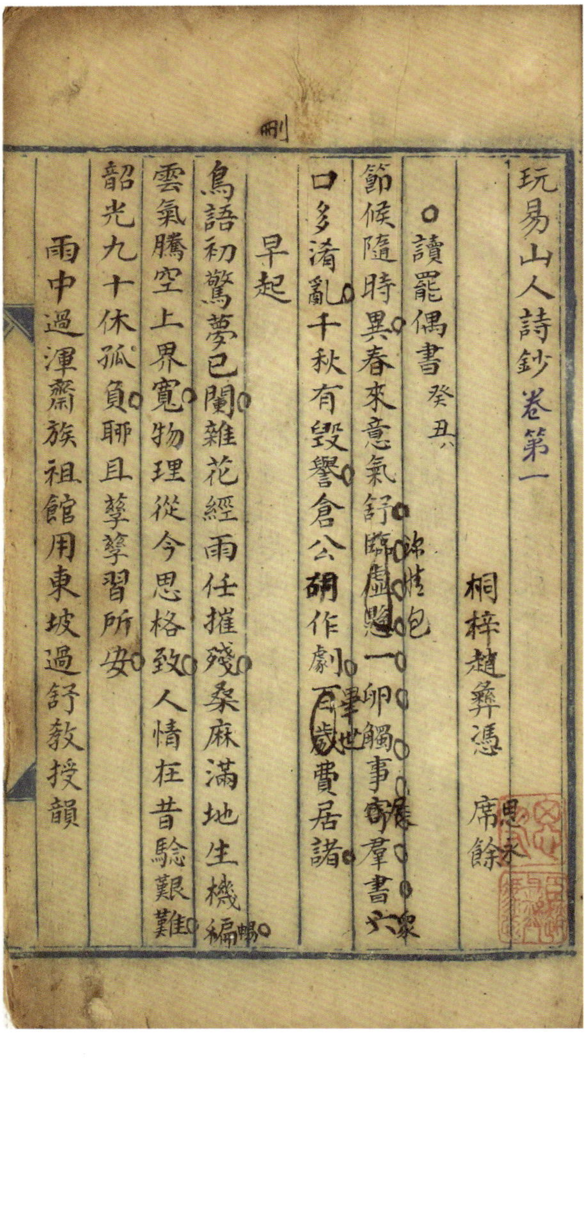
玩易山人詩鈔卷第一

桐梓趙彛憑 席餘

讀罷偶書 癸丑

節候隨時異春來意氣舒臨虛懸一卵觸事廢羣書口多淆亂千秋有毀譽倉公胡作劇百歲費居諸

早起

鳥語初驚夢已闌雜花經雨任摧殘桑麻滿地生機編雲氣騰空上界寬物理從今思格致人情在昔驗艱難韶光九十休孤負聊且孳孳習所安

雨中過渾齋族祖館用東坡過舒教授韻

棄路邊，而其他饑民剥其肉煮食。也有一些詩作描寫戰争場景，哀悼親友死難。反映社會亂象者，有《貴陽雜感》、《思歸》等。與親友唱和之作不少，如與鄭子尹、鄭知同父子步韻贈答諸詩。與唐炯、顏佐才等次韻之作尤多。描繪山川風物之作，如《婁山關》、《夜郎寺》、《珍州竹枝詞》、《魁山》、《山莊雜詠》等。亦頗多感懷之作，感歎時局與個人身世之作。也有不少吊古憑今之作。如《和友人美人十詠》，詠及『齊姜』、『西子』、『緑珠』、『二喬』、『玉環』諸人，多有獨特見解。

此三册書稿，未知寫成於何年。各卷均有塗改，或改數字，或塗抹全首詩作，或詩眉上批『删』字，或爲趙彝憑本人改易。七、八卷抄寫較潦草，或稿紙已腐壞，或字迹漶漫脱落，難以辨識。

此稿現藏貴州省博物館，本叢書據此影印。

（黄萬機）

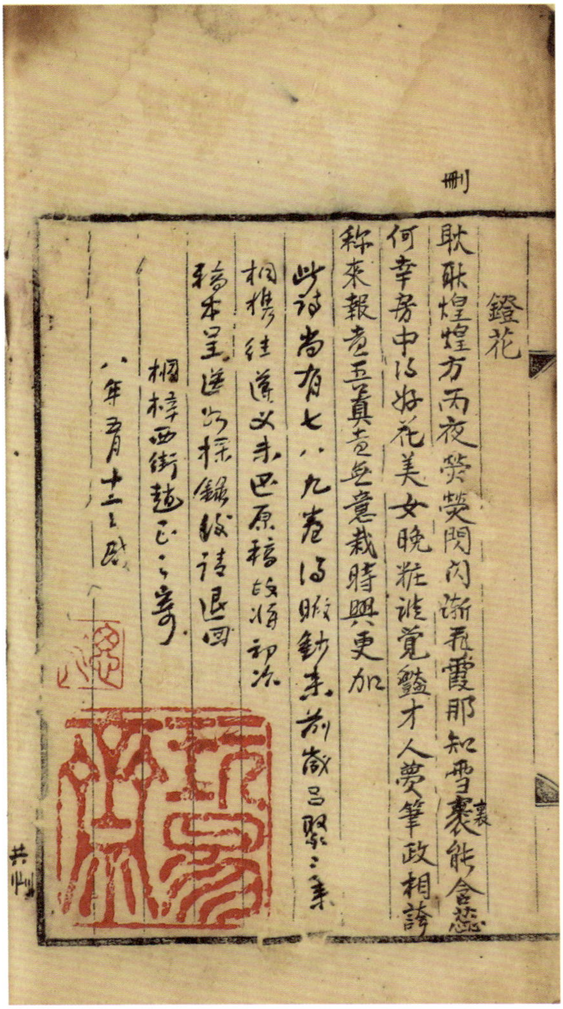

拙尊園詩一卷

清黎庶昌撰。

黎庶昌生平見經部《春秋左傳杜注校勘記》提要。

黎氏一生致力於散文創作，爲桐城派後期大家，詩作不多，未編成集。清宣統二年，嘿盦抄輯其遺詩爲《拙尊園詩》。其詩最早作於咸豐四年，時桐梓楊龍喜起義，圍遵義城，退走後，黎氏作有《亂定入郡城》；咸豐十年黎氏赴京應順天鄉試，取道重慶至北京，作有《灩澦堆》、《美人沱》、《登萬壽塔》、《漢鎮》、《東陽廟觀》、《荆州》、《海淀》、《長安》；其後則是出使日本及回國時

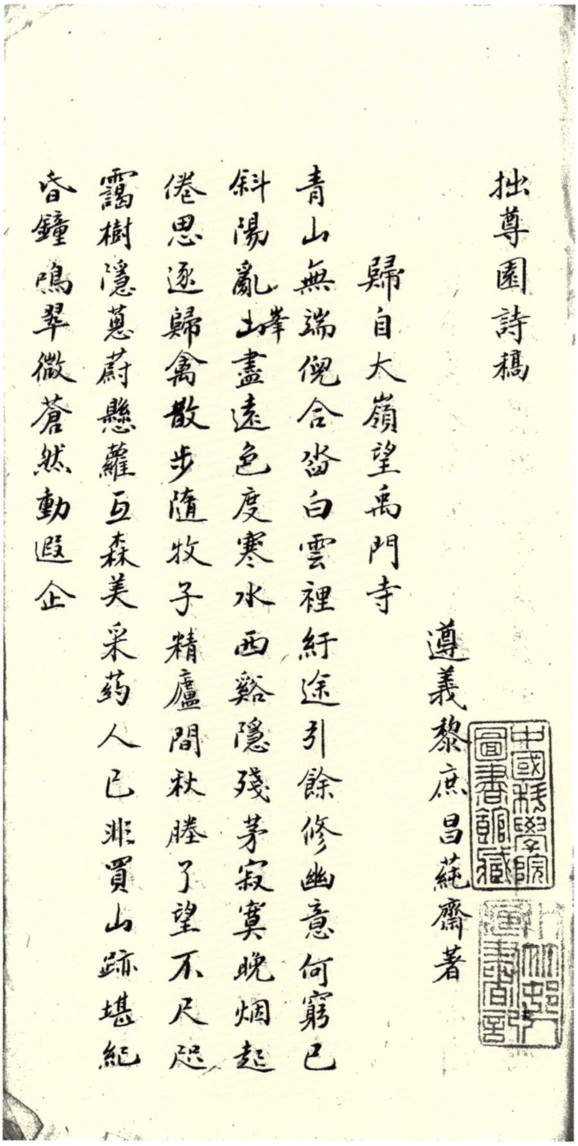
拙尊園詩稿

遵義黎庶昌蒓齋著

歸自大嶺望禹門寺

青山無端俛合沓白雲裡紆迷引餘修幽意何窮已斜陽亂山峰盡遠色度寒水西谿隱殘茅寂寞晚烟起倦思遂歸禽散步隨牧子精廬間秋縢了望不尺咫靄樹隱蒽蔚懸蘿亙森美采葯人已非買山跡堪紀昏鐘鳴翠微蒼然動遐企

與日本朋友唱酬之作，末一首爲黎氏歸國時，隨侍側室夫人趙曼娟先行而途中身亡，黎氏所作悼亡詩。

本叢書采用上海圖書館藏抄本及中國社會科學院藏抄本，後者題名《拙尊園詩稿》。（龍先緒）

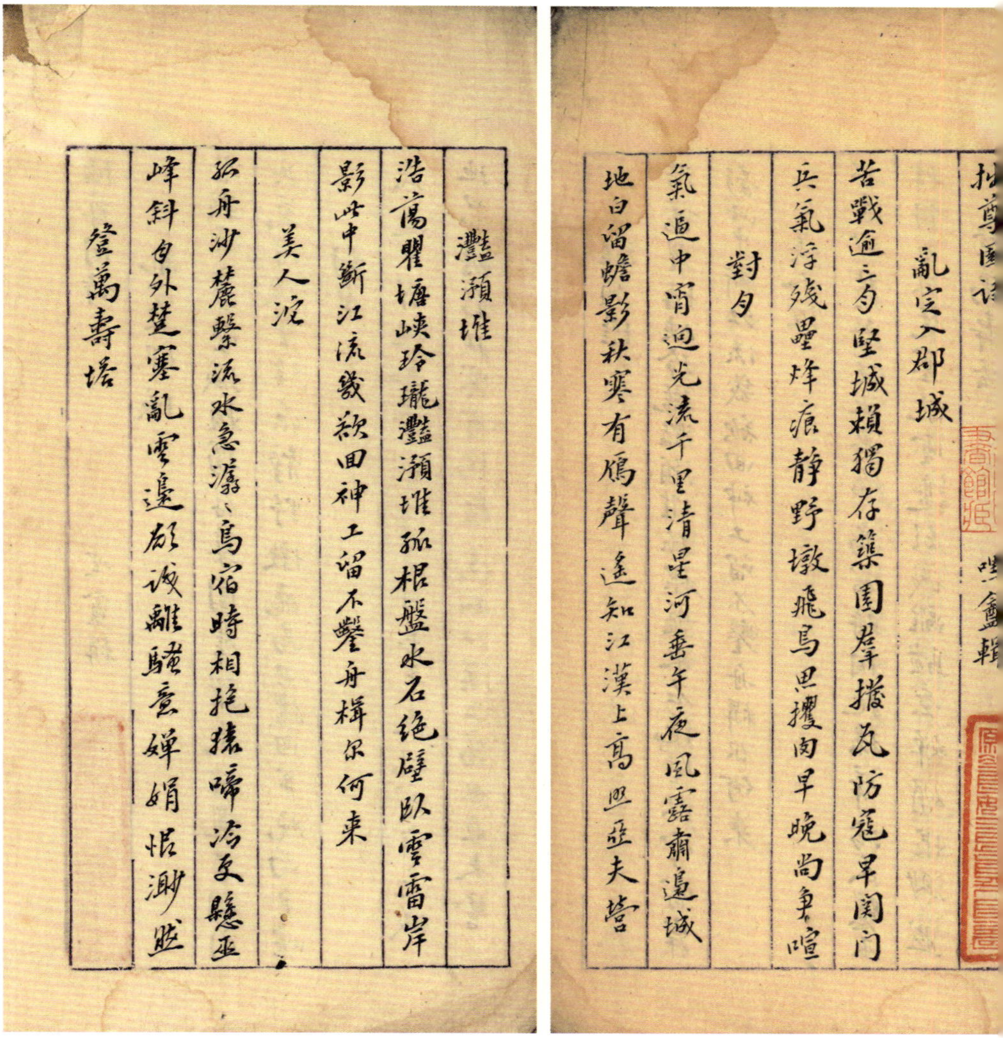
拙尊園詩

亂定入郡城

苦戰逾三旬，堅城賴獨存。築圍羣撥瓦，防寇早閑門。兵氣浮殘壘，烽痕靜野墩。飛鳥思攫肉，早晚尚争喧。

對月

氣逼中宵迥，光流千里清。星河垂午夜，風露肅邊城。地白留蟾影，秋寒有雁聲。遙知江漢上，高照亞夫營。

灩澦堆

浩蕩瞿塘峽，玲瓏灩澦堆。孤根盤水石，絕壁臥雲雷。岸影此中斷，江流幾欲回。神工留不鑿，舟楫爾何來。

美人沱

孤舟沙麓繫，流水急潺潺。鳥宿時相抱，猿啼冷更懸。巫峰斜日外，楚塞亂雲邊。欲識離騷意，嬋娟恨渺然。

登萬壽塔

拙尊園叢稿六卷

清黎庶昌撰。黎庶昌生平見經部《春秋左傳杜注校勘記》提要。

黎氏乃散文名家，與張裕釗、吴汝綸、薛福成同稱爲『曾（國藩）門四弟子』。其文體式多樣，有奏議、書劄、墓誌、别傳、序跋、考辨、書後、祭文、游記等。生前編爲《拙尊園叢稿》六卷，由薛福成作序，光緒十九年上海醉六堂石印首刊，共計一百二十一篇，而卷二中《誥授光禄大夫都察院左副都御史薛公墓表》、《趙宜人墓表》、《周楚白墓誌銘》、《誥授光禄大夫建威將軍長江水師提督黄公墓表》四篇，僅存目録。光緒二十一年，金陵狀元閣重刊，補入上缺之四篇，并對其中個别篇章修改補充。此次刊印，堪稱善本。其中卷五、卷六稱爲『餘編之内』、『餘編之外』之三十篇文章，爲黎氏在西歐任使館參贊時所撰，乃晚清時向國人描述西歐政治經濟、風俗民情之實録，吴汝綸評論爲黎氏造詣最高之散文。《拙尊園叢稿》刊印後，曾有贊云：『廉悍峭折似半山，風神逸宕，頗近廬陵。』黎氏去世後，光緒年間尚有南京李光明莊重刻本。清末民初榮縣趙熙有批校本，雙流劉咸炘有批點本，均存四川省圖書館。

本叢書影印之清光緒二十一年金陵狀元閣刻本，藏遵義市圖書館。（龍先緒）

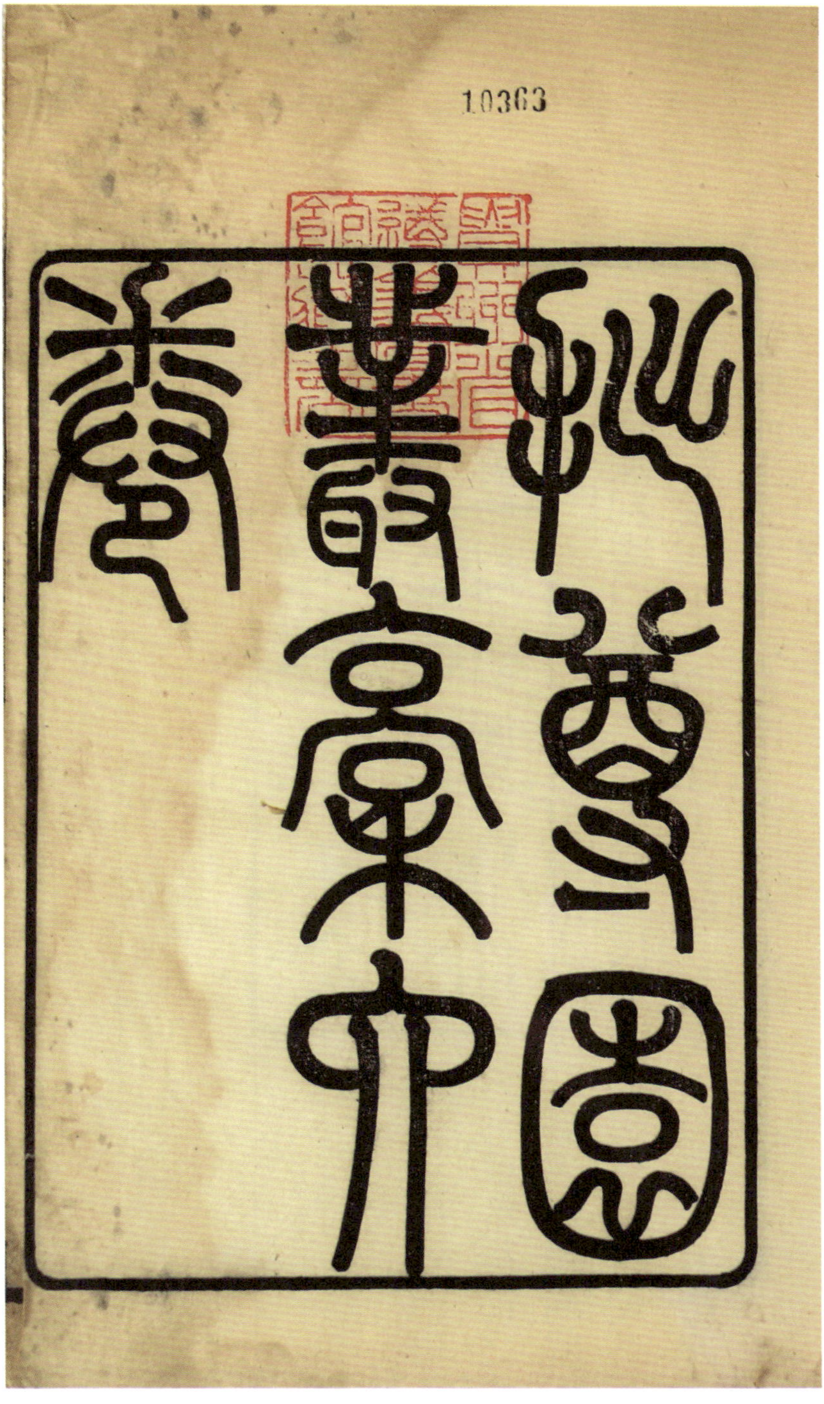

拙尊園叢稾卷

拙尊園叢稿卷一

遵義黎庶昌蒓齋

前編

上　穆宗毅皇帝書

廩貢生臣黎庶昌謹稽首頓首惶恐上言

皇帝陛下　臣愚伏讀七月二十八日星變　詔書勤求中外直言

特開忌諱冀聆幽隱遺闕仰見　皇上寅畏　天命勵精圖治之

至意　臣竊幸　詔書一下必有直臣烈士披瀝肝膽昌言儻論侃

侃諤諤指陳利害以聳動　天聽爲一代除積弊爲萬世開太平

爲國家固本根爲生人振氣節上以回　天變下以盡人事乃涉

月踰旬而王公宰相無有言者督撫大吏無有言者甚而至於臺

拙尊園叢稿卷二

遵義黎庶昌純齋

內編

周以來十一書應立學官議

昔周衰孔子自衛反魯憂道不行退而贊易敘書刪詩定禮樂修春秋垂範百王是爲六經尊盛與道無極樂經遭秦而闕僅存其五然而孔子沒門弟子各闡師說曾子述孝經游夏之徒譔論語左邱明公羊穀梁傳春秋至戰國而有孟子爾雅禮記浸尤晚出自是而七經九經十一經之名以立及至孟蜀刻石成都十三經遂著爲令其於孔子所刪定固已增益其七八矣唐雖以經升老子而不久卽廢南宋時朱子作集注始於戴記中摘出大學中庸

掇餘慶詩稿一卷

清劉慶汾撰。劉慶汾生平見史部《日本維新政治彙篇》提要。

是書爲稿本，一册，存古今體詩一百六十九首。其作多時事抒懷，詠物交游之作，皆有感而發，反映出作者憂國憂民之情懷。《桓駒表侄至吉林還京 共話東三省近事》云：『强鄰還壓境，舊都成危地』，『時復縱警兵，姦擄無顧忌。兇惡肆鞭笞，罔分民與吏。老幼畏如虎，苦乏桃源避』。此本所録時事、交游類，具有考史價值。

本叢書據仁懷龍先緒提供之藏本影印。

（龍先緒）

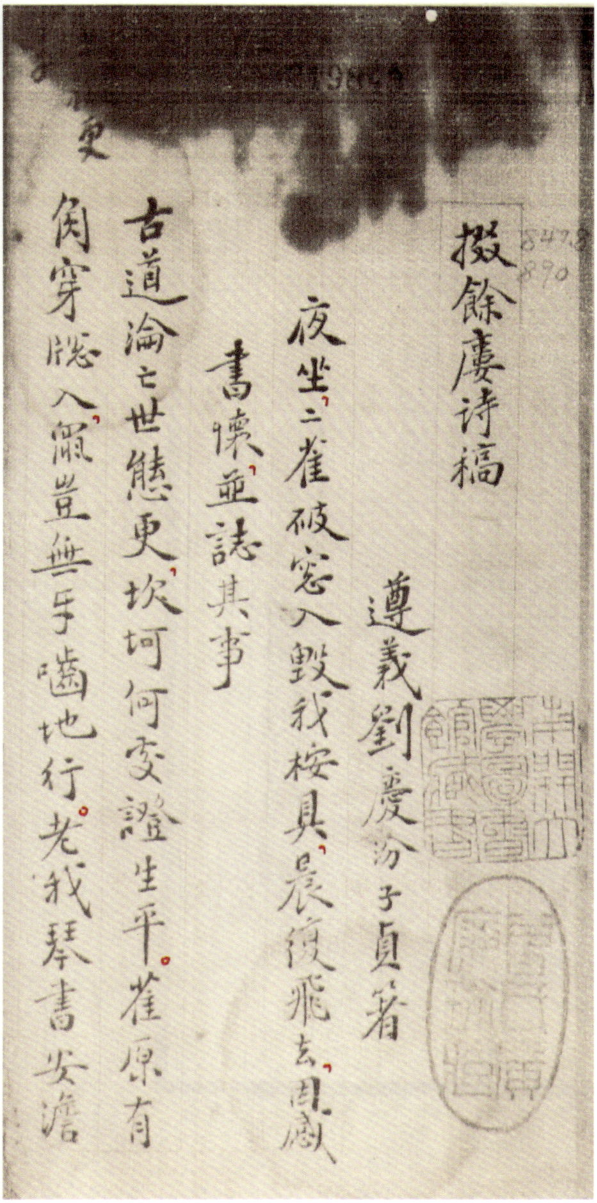
掇餘慶詩稿

遵義劉慶汾子貞著

夜坐坐雀破窗入毀我棲具晨復飛去因感

書懷並誌其事

古道淪亡世態更坎坷何受證生平雀原有

肉穿牖入寢豈無手鑿地行老我琴書安澹

晴碧二字擬
易形界二字
[illegible]板始
[illegible]事

觀夕照晚景

夕陽雲薄蔽現出海山圖幻景（境）奇難繪壓
衆景不殊樓臺晴縹渺天地碧模糊仙
望神俱往中如有瞰廬

晚步

鎮日閒無事出門將何往歸鳥啾啾鳴過

含光石室詩草不分卷

清趙崧撰。趙崧（一八四〇—一九〇〇），字筱庸（一作筱容），貴州遵義人，趙怡族兄。父趙廷銘，清道光進士，任江蘇句容知縣、徐州知府。趙崧隨父游歷江淮間，曾拜莫友芝、莫祥芝爲師，常居祥芝幕帷。一度受黎尹融之聘赴吉林爲幕賓。後返滬，客寓莫祁處。研治金石碑版之學，工詩，著《含光石室詩草》四卷，由陳夔龍出資刊行，有陳夔龍與馮煦二序。

陳《序》稱其『舉風土之殊異，疆輿之廣袤，聞見之恢奇，交游之俊偉，一一託之於詩』。馮《序》評其詩作特色云：『雅而醇，閎而不肆，不主一家，而聲應節赴，訢合於古，無一語及唐以下者。』詩風力追漢魏盛唐，馮氏『歎詫爲不可及』。

此稿本爲《含光石室詩草》中之《塞上集》，注明『遵義筱容趙崧録存』。所録有七古長篇《雞林行》、《吉林雜詩二十二首》、《憎蠅篇》、《漫興》等三十六首。

《雞林行》（有序），記述趙崧隨黎尹融赴吉林歷程：由上海乘海輪至遼寧營口起岸，車馬陸行。此地爲清王朝『龍興』之地，一向由皇家所派將軍守護，未招人屯墾。光緒初元，爲充實邊塞，改設行省、府、縣，派一批幹練官員赴邊。黎尹融被選任賓州知縣，從事『勞來安集』之大業。

《吉林雜詩二十二首》爲五言律詩，描繪北國風物，抒發思鄉情愫。『凍合江通馬，圈留笱有魴』，『清笳吹塞柳，虛牖落冰花』。尹融眉批云：『去歲北行，塞上嚴寒之景，一二首盡之矣。』又批云：『六、七、八、九、十數首，寫邊景如繪，旅人情狀，於此益可概見。』有反映邊防形勢者：『天險争甌脱，邊防壯卡倫』，『組練暉春塞，艨艟渤海濱。强俄初敗約，何日靖煙塵？』有揭露邊防政務之黑暗現象者；有反映中法戰争態勢

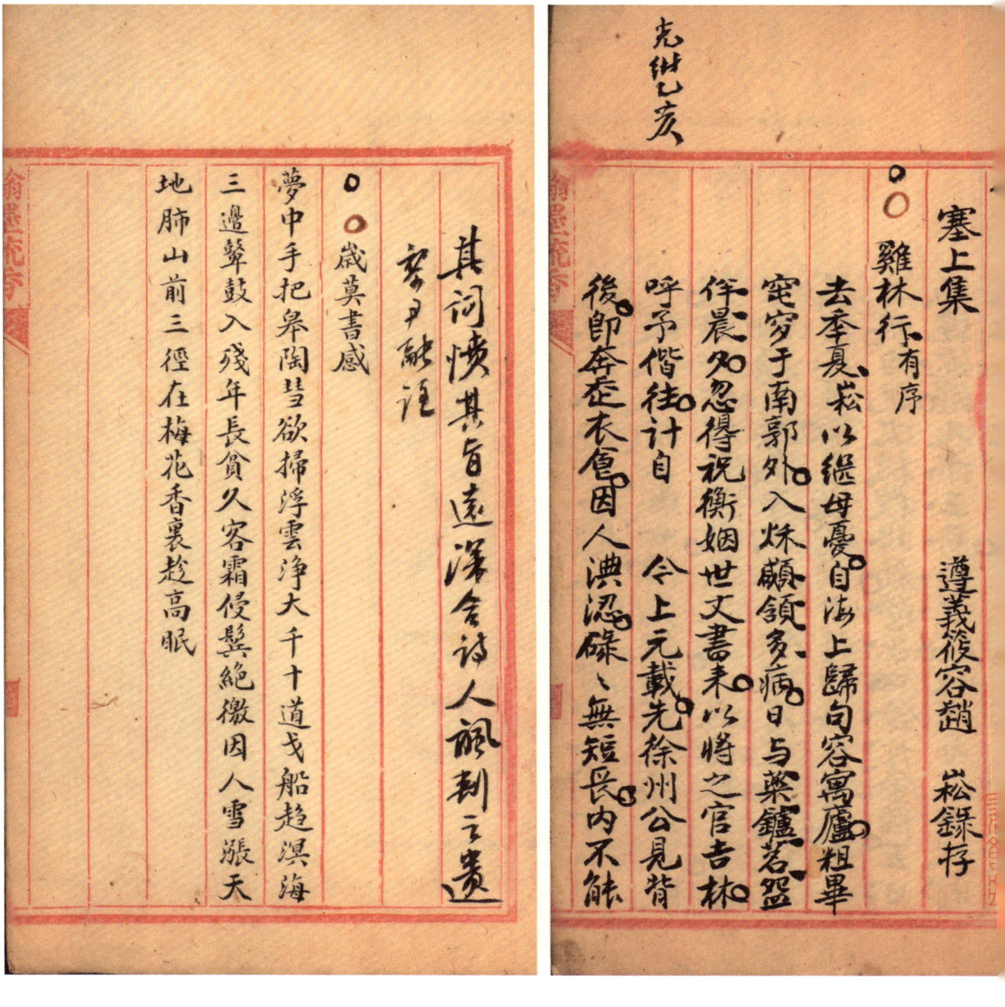
光緒乙亥

塞上集　遵義後容趙　崧錄存

雞林行有序

去年夏崧以繼母憂自海上歸句容寓廬粗畢窀穸于南郭外入秋顧領多病日与藥鐺茗盌伴晨夕忽得祝衡姻世丈書來以將之官吉林呼予偕往計自　令上元載先徐州公見背後即奔走衣食因人澒洞碌碌無短長内不能

其詞愴其旨遠深合詩人諷刺之遺　尹融注

歲莫書感

夢中手把皋陶彗欲掃浮雲淨大千十道戈船趨溟海三邊鼙鼓入殘年長貧久客霜侵鬢絕徼因人雪漲天地肺山前三徑在梅花香裏趁高眠

者；有憂國情懷者。尹融批云：『杞人之憂，有言奚補？』這組詩作，有『史詩』價值。黎尹融於詩末總批云：『《楚辭》幽怨，《小雅》哀音，情生於文，境與題稱，自是從杜公《秦州》、《出塞》諸作中簡練揣摩而得。至其言邊防政治、土物山川尤□，作此邦志乘觀可也。黎尹融拜注。』對其他詩作，黎氏均有眉批及總批。

上海圖書館另藏民國七年花近楼刻本。爲四卷，八十七葉，亦載有陳、馮二序，卷後有莫棠《跋》。本叢書據此二種底本影印。（黃萬機）

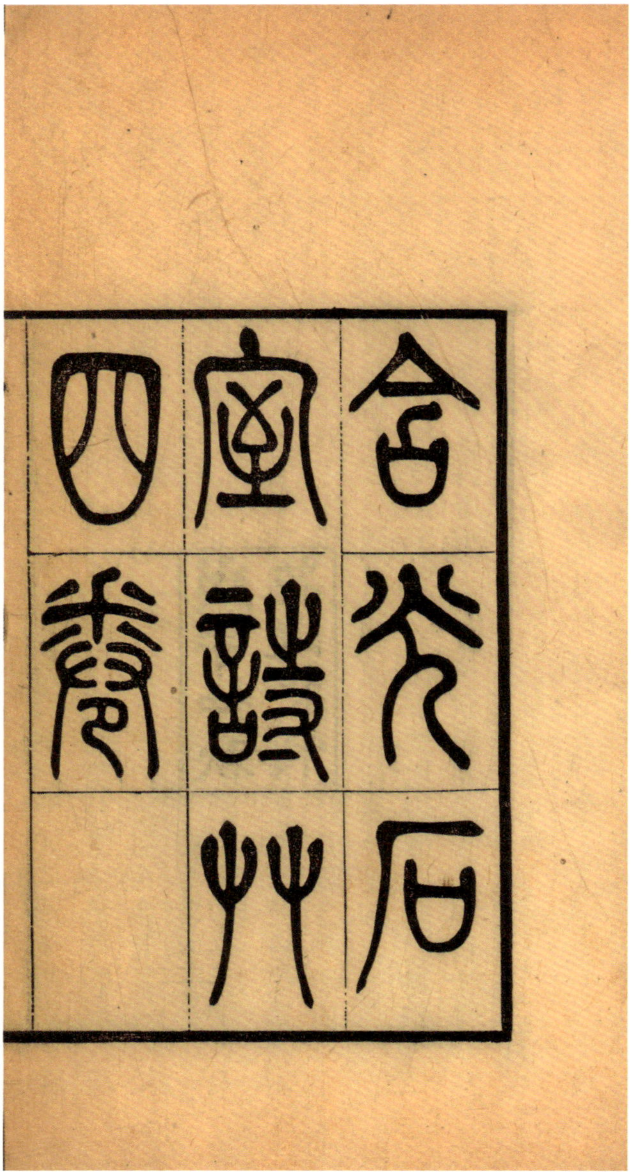

含光石室詩草卷一

遵義趙　崧筱容

訪張介夫金和

數日不相見閒來處士家柴門疏客屐茶鼎落槐花月旦添今雨風標若舉霞下帷緐露學應與論三車

過王氏廢園

舊題依約墨痕斜池館荒涼棲暮鴉猶記開尊臨水檻墻頭紅出紫荆花

感秋

江湖落拓已多年霄漢心常北斗懸鶖鶴先聲威海徼

夏軒詩稿二卷

清黎庶諴撰。黎庶諴（一八四一—一九〇五），字和民，號夏軒，晚號夷牢亭長，貴州遵義人。國子監太學生。

此《夏軒詩稿》爲稿本，兩册。卷一爲同治十三年及光緒元年、七年、八年、十二年、十三年、十五年、十六年詩。第一首詩殘，僅存五句；卷末《子午山》亦殘。卷二存光緒二十五年詩。部分詩有眉批，無署名。從所存黎汝林批注字迹，疑黎汝林所爲。眉批多爲詩評，如『承接有法，筆亦健舉』，『清氣往來』，『的真香山，侄無一句』，『似王孟』，『有國朝諸老風味』，『有唐音』等。

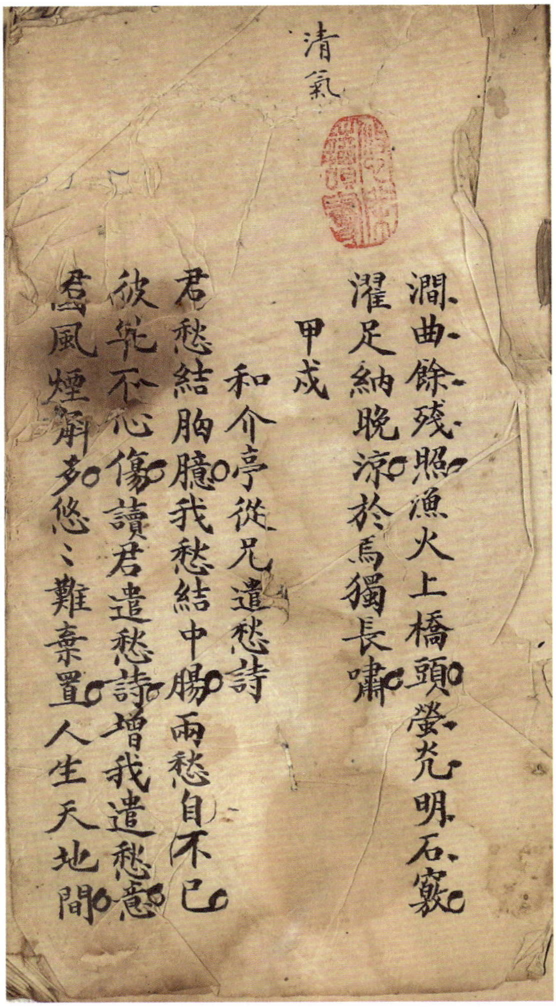

稿本現藏遵義市博物館，本叢書據此影印。（黎鐸）

夏軒詩稿卷二

遵義　黎庶誠　和民

己亥

〇正月四日偕班生盤新兩姪登拙
尊園重楼看春雪仍用村字原韻

昨夜風嚴冷到村滿山雪霽好開門尋
梅正喜過詩隝載酒何妨話拙尊南閣

莘齋詩鈔七卷詩餘一卷

清宦懋庸撰。宦懋庸生平見經部《論語稽》提要。

《莘齋詩鈔》七卷，載詩三百一十四首。詩作中對民生疾苦之關心，有鮮明體現，頗受沙灘作家關心民生疾苦傳統之影響。詩作内涵豐富。詩風沉鬱，蘊含作者憂國憂民之情懷及有志難伸之心緒。

《莘齋詩餘》一卷載詞十八題二十四闋。詞作詠物寫景、訴閨怨、叙別情，藉以抒發情懷。格調或近於婉約，或較爲豪放。

本叢書影印者爲清光緒二十年川東道署刻本，一册，存遵義市圖書館。（朱純潔）

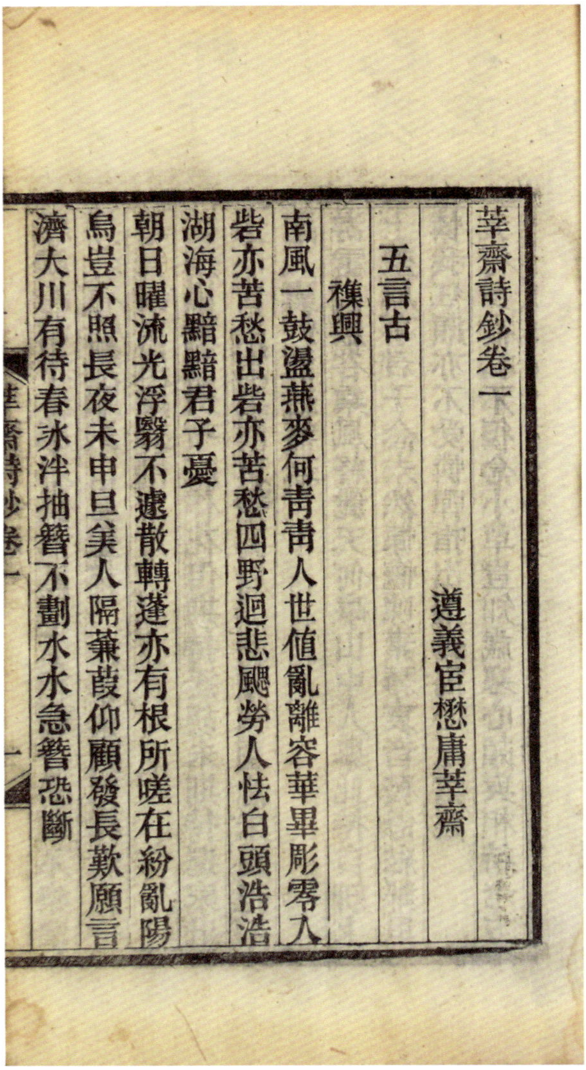
莘齋詩鈔卷一
遵義宦懋庸莘齋
五言古
襍興
南風一鼓盪燕麥何青青人世値亂離容華畢彫零入
砦亦苦愁出砦亦苦愁四野迴悲飈勞人怯白頭浩浩
湖海心黯黯君子憂
朝日曜流光浮翳不遽散轉蓬亦有根所嗟在紛亂陽
烏豈不照長夜未申旦美人隔蒹葭仰顧發長歎願言
濟大川有待春冰泮抽簪不劃水水急簪恐斷

賀新涼　銅江風雪圖

滿眼悲蓬梗況天涯一帆遠指迢迢路永曾憶清和三月過纔把歸裝疊併又轉眼朔風淒緊密雪幔天雲壓水盡五溪百里無人影蓬底坐酒聊飲　家園近臘多光景想蘭閨團圞無事消寒熨冷知否銅江江上客裘敝黃金又盡還應把翠眉顰損旅況年來嘗已慣戰孤衾夢與愁誰勝歌一曲寄孤另

莘齋文鈔四卷

清宦懋庸撰。宦懋庸生平見經部《論語稽》提要。

莘齋，宦懋庸之别號。其文鈔内容豐富，體裁多樣。卷一爲論説，卷二爲序，卷三爲書、傳、表、碑銘，卷四爲記、賦。值得一提者爲：作者雖多年在外，仍有不少篇章是以故鄉人與事爲題材，不僅保留衆多重要史實，且能高屋建瓴，予人啓迪。

本叢書據遵義市圖書館藏清光緒二十年川東道署刻本影印。（朱純潔）

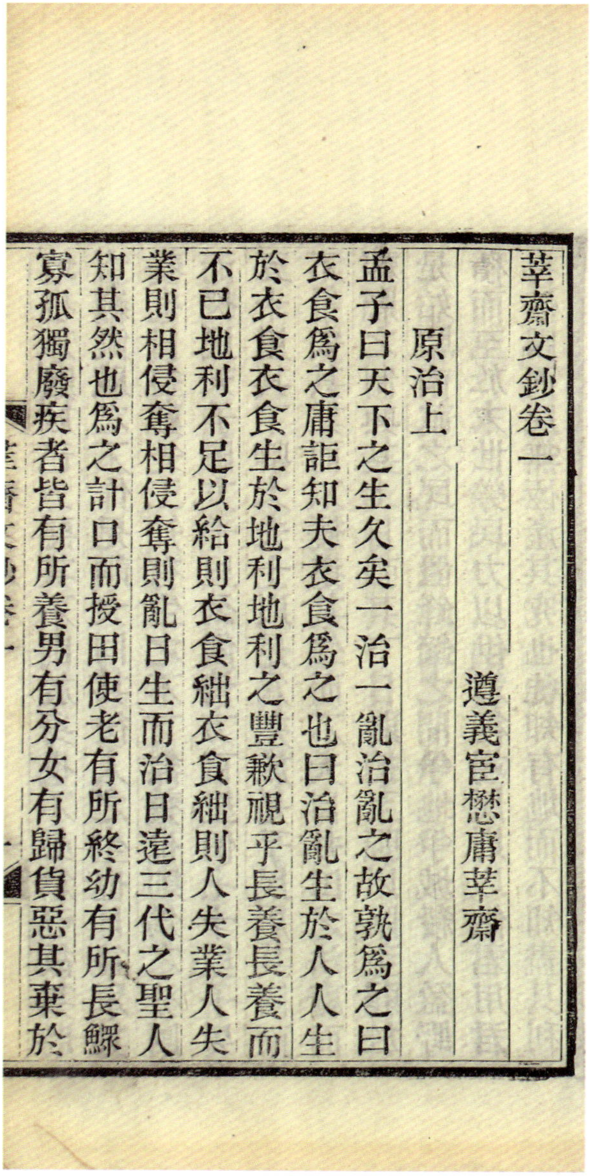

莘齋文鈔卷一

遵義宦懋庸莘齋

原治上

孟子曰天下之生久矣一治一亂治亂之故孰爲之曰衣食爲之庸詎知夫衣食爲之也曰治亂生於人人生於衣食衣食生於地利地利之豐歉視乎長養長養而不已地利不足以給則衣食絀衣食絀則人失業人失業則相侵奪相侵奪則亂日生而治日遠三代之聖人知其然也爲之計口而授田使老有所終幼有所長鰥寡孤獨廢疾者皆有所養男有分女有歸貨惡其棄於

猓玀 狸字錯
妹 誤从朱

無乇

刺蓺花賦

繫南方之草木勝北地之燕支既居貞於介石附嘉名於蒺藜當有茁之來格願相愛而莫離炎夏首途其華灼灼鱗塍交錯鳥籌盤礴騰芳山阿耀彩籬落粉傅停勻朱塗緯約緩紫酣蜂鈿黃躍爵夫其茁鬼方茂胖洞西連僰道南絕長沙豔奪五溪之秀種蕃六詔之多篚甫承於猺獠品爭奇於狸玀奢香通驛之路莊蹻維舟之河上下都丹之籌大小相見之坡椎髻相思之姝花裙跳月之哥蔫秧採茶之贈答蘆笙銅鼓之鳴歌爾其

枯桐閣詞稿一卷

清張鴻績撰。張鴻績，字退漁，又字蘭史，號箬（一作藥）農，貴州仁懷直隸廳（今赤水市）人。生年不詳，卒於一八七七年，生活於道光至光緒年間。出身鹽商之家。曾以陝西西安清軍同知調補佛坪廳，軍功保舉鹽運使銜，升任陝西潼商道過班道員，病逝於任上。著有《枯桐閣詞稿》一卷（有宣統年間刊本。後收入《黔南叢書》）、《詩集》二卷（已佚）。

《枯桐閣詞稿》一卷由其第四女手録，五女婿鄒瑞人於其辭世後刊行。有序三篇：其一爲其生前請好友宜賓汪香祖所撰，其二爲好友謝質卿在其殁後（光緒三年）撰於潼商道署雙清齋，其三爲生前好友臨桂鄧鴻荃於宣統二年刊印時所寫。序後附鄧鴻荃題詞《浣溪沙・樂府新詞錦織成》。《黔

南叢書》本（第四集第八册）卷末有一九三六年楊恩元跋。

鄧鴻荃《序》中稱《枯桐閣詞》『驚爲南宋人作』，認爲張之詞風與秦觀、柳永等婉約派詞人相近。貴州師範大學教授王燕玉《貴州明清文學家》一書評張詞云：『喜讀《枯桐閣詞》八十闋，無一闋無詞味，無一闋有敗筆，才力和功力都已達到純粹的地步。最難得的是韻調口吻，不落前人窠臼。』『張氏填以上詞調，全詞能否趕上那些名作是另一個問題，優處在於絶不類那些口腔味道，而乃自己的吐屬。這一整體上的特色，不但爲貴州詞家的第一，就在清代全國詞家裏面也應列入少數高超者的範圍。』

本叢書據遵義市圖書館藏民國鉛印《黔南叢書》本影印。

（朱純潔）

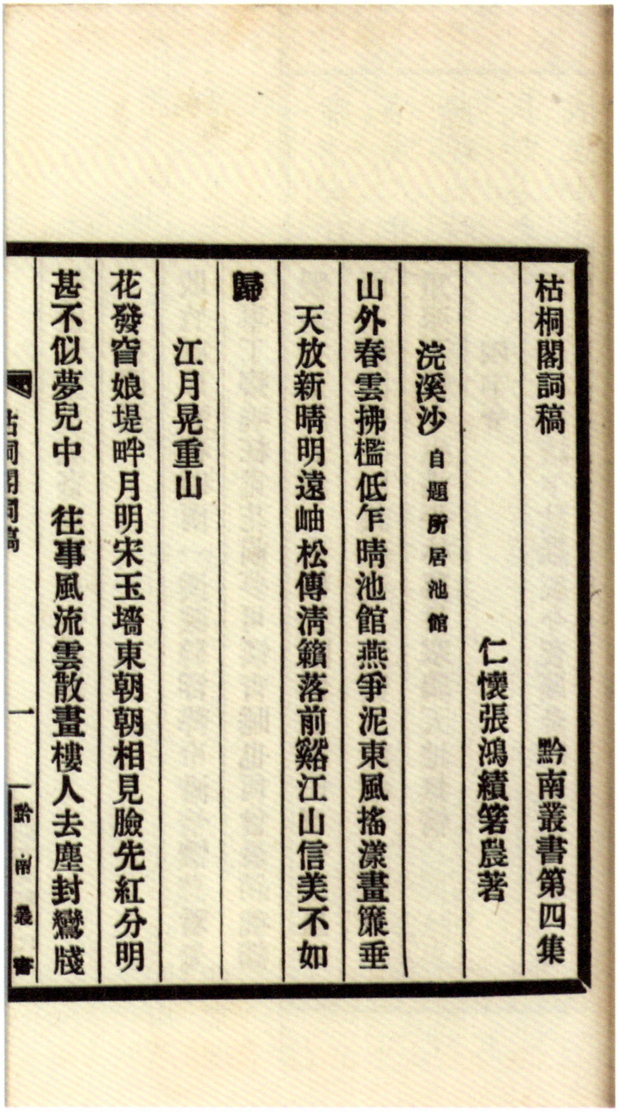

枯桐閣詞稿　　黔南叢書第四集

仁懷張鴻績箸農著

浣溪沙 自題所居池館

山外春雲拂檻低乍晴池館燕爭泥東風搖漾畫簾垂天放新晴明遠岫松傳清籟落前谿江山信美不如歸

江月晃重山

花發窅娘堤畔月明宋玉墻東朝朝相見臉先紅分明甚不似夢兒中　往事風流雲散畫樓人去塵封鸞牋

枯桐閣詞稿　一　黔南叢書

痛僕吟一卷

蹇念恒撰。蹇念恒，字仲常，貴州遵義人。光緒二十年舉人。光緒二十八年補四川越嶲知縣，旋遷知涪陵、松潘。辛亥革命時，松潘縣署被圍城各族起義者圍攻燒燬，仲常携家逃成都，并棄官歸里，引導子侄輩讀書，民國八年十二月，送三子先艾到北京求學，返鄉途中病逝於松坎。晚年隱居著述，有《歸田雜藥》、《仲常詩稿》、《仲常日記》、《痛僕吟》等。《痛僕吟》爲

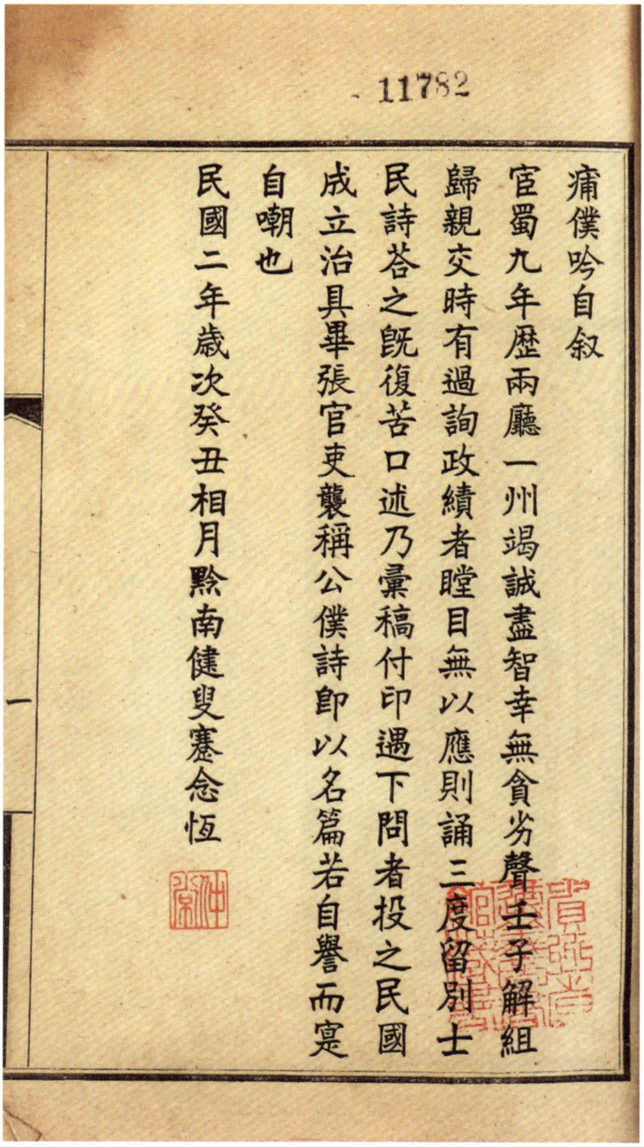
11782

痛僕吟自叙

官蜀九年歷兩廳一州竭誠盡智幸無貪劣聲壬子解組歸親交時有過詢政績者瞠目無以應則誦三度留別士民詩荅之既復苦口述乃彙稿付印遇下問者投之民國成立治具畢張官吏襲稱公僕詩即以名篇若自譽而寔自嘲也

民國二年歲次癸丑相月黔南健叟蹇念恒

作者詩集。前有作者一百零八字自叙，後有光緒三十二年九月『越嶲留別士民』六首、《宣統三年二月涪州留別士民》六首、《松潘任内睹變》一首、《移家安順關感賦》一首、《與小河楊氏諸紳話別兼呈湯文兩茂才次韋蘇州郡齋讌集諸文士原韻》一首、《自擬生銘》一闋。最後附友人唱和詩七首：胡薇元（詩舲）和詩三首，孫鏘（芋仙）和詩三首，鄧潛（華溪）和詩一首。

本叢書據遵義市圖書館藏民國二年石印本影印。

（劉一鳴）

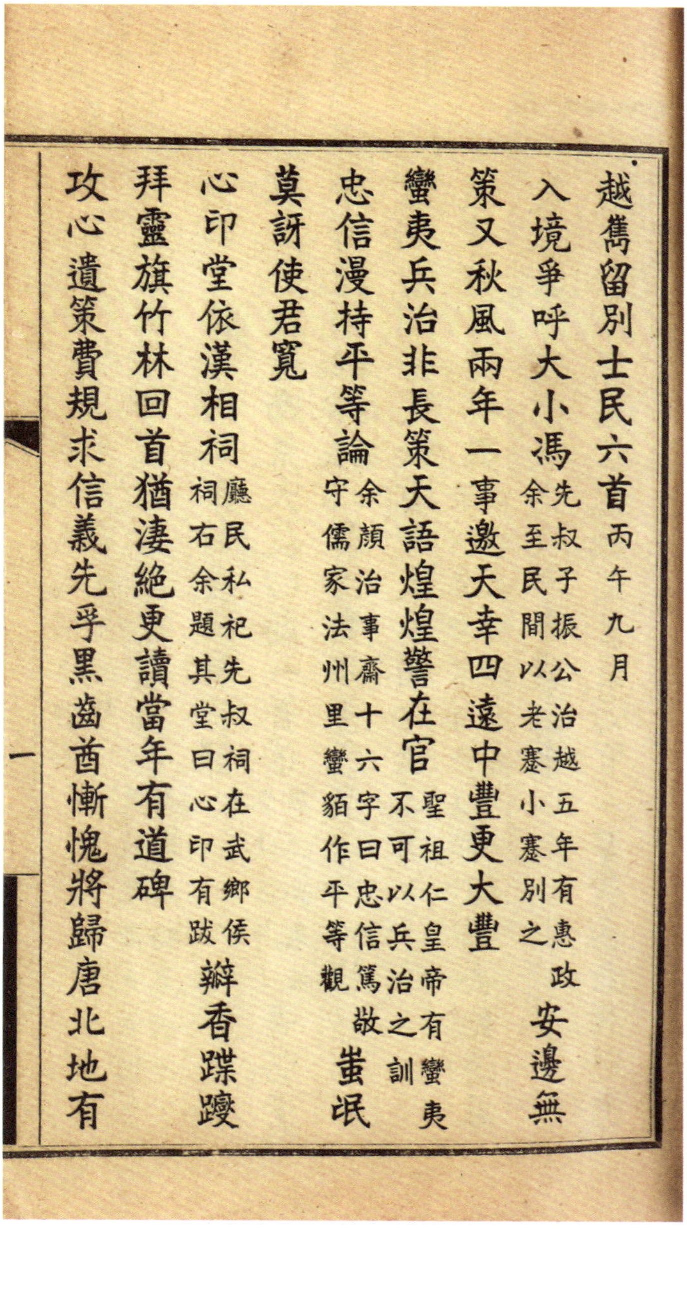
越嶲留別士民六首 丙午九月

入境爭呼大小馮先叔子振公治越五年有惠政余至民間以老寨小寨別之安邊無策又秋風兩年一事邀天幸四遠中豐更大豐

蠻夷兵治非長策天語煌煌警在官聖祖仁皇帝有蠻夷不可以兵治之訓蚩氓忠信漫持平等論余顏治事齋十六字曰忠信篤敬守儒家法州里蠻貊作平等觀莫訝使君寬

心印堂依漢相祠廳民私祀先叔祠在武鄉侯祠右余題其堂曰心印有跋瓣香蹀躞拜靈旗竹林回首猶淒絕更讀當年有道碑

攻心遺策費規求信義先孚黑齒酋慚愧將歸唐北地有

漢謦生詩前集八卷後集二卷

趙怡撰。趙怡生平見經部《文字述聞》提要。是書民國六年由其弟刊印於成都，是爲穆川堂初刻本。

幼漁詩集録詩八百二十八首，起於甲戌（清同治十三年），迄於甲寅（民國三年），凡四十年。詩集前有胡薇元《序》和趙怡《自序》。胡《序》評云：『淵叔意氣雄傑，才豐而氣盛，鋭挺猋興，不可遏阻。幼漁則根柢訓典。其才識沈毅，而發也騫以閎；其功力深刻，而出也慎以肆。』可見兄弟二人風韻各别。

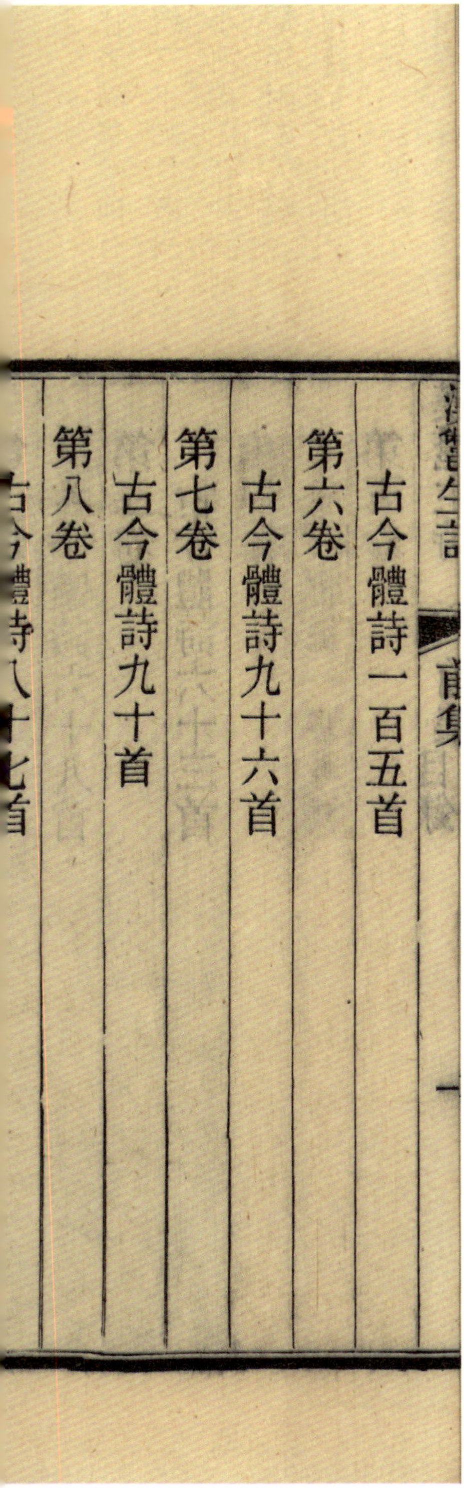

穆用堂初刻本

漢甓生詩卷一

遵義趙怡幼漁

感興甲戌

崇岡有巨柏鬱鬱繁衆枝高天下雨露豈誠別培滋南枝亦何秀北枝亦何衰涼秋氣蕭瑟颯颯風更吹慘葉不復青猶餘歲寒姿過者仰生歎一樹枯菀差物理胡爾然人事安可齊有生賦命定天地終無私

赤驥輕九州駑駘不挂眼燕雀笑鵬鴞欲校先自赧體大量自宏志意高巇嵯君子邃所蘊涵容亦何限達足貴自我於世泯益損榮辱猶外來毀譽況足辨汪汪千

此詩集作爲詩人大半生行程録，從早年《送舅氏鄭米樓（知同）先生游蜀幕》，至暮年《題鄒瑞人（鼎祺）司馬王圓照山水畫幅》，四十年間，除守孝之年，幾乎無年無詩。集中抒寫親情之作尤具特色，與仲弟少小同案苦讀，青壯之年或聚或離，相叙相思，友于情深，句句感人。北上應試，所過多爲外祖父數十年前留迹吟詠場所，揮筆賦詩，别饒深意。

幼漁曾多次赴仲弟名山任所，題詠山水風物之作尤多。黔蜀名勝，多有游歷之作；園林亭榭，常攝筆端。《紅崖山尋觀古刻》，溯古評今，獨申『三危古跡』之説。《登子午山展拜外祖徵君鄭子尹府君墓》七古長篇，首段寫登山所見景物及對鄭珍之贊譽，次段回顧幼年隨母來山中拜望外祖情景，再現望山堂園林昔日風采及人文盛況，有如『壺中日月』般仙境，末段寫戰亂後之滄桑巨變，一片瓦礫，遍地荆榛，撫今追昔，傷感倍增。

詩人關切國事，有《雜詩》等多首，抒寫國危時艱境況，充溢憂國之思。亦以象徵手法，影射八國聯軍入侵北京事變，發出『世變三千年，大運嗟誰謀』之浩歎。

此民國六年成都穆川堂初刻本現藏上海圖書館，本叢書據此影印。（黄萬機）

養真齋詩稿六卷

唐我圻撰。唐我圻生平見史部《成山老人自撰年譜》提要。

《養真齋詩稿》兩種，收唐我圻在民國十三年前所作古今體詩，均爲貴陽文通書局代印。民國六年刊行者爲六卷本，或稱一册本；民國九年刊行者爲八卷本，或稱二册本。兩種版本有所區別：一是八卷本有作者自題詩句（在封二有兩詩，其一曰：非韓非杜也非蘇，不陌不阡亦不粗。我自牢騷閒弄筆，此中敢謂識迷途。其二曰：文章佳惡寸心知，無用旁人姍笑之。禍棗災梨都不管，自家但愛自家詩），六卷本無。二是兩種版本一至六卷所收詩數量不等。六卷本計收詩四百三十二首，八卷本前六卷計收詩四百七十首，加上後二卷一百零二首，共五百七十二首。兩種版

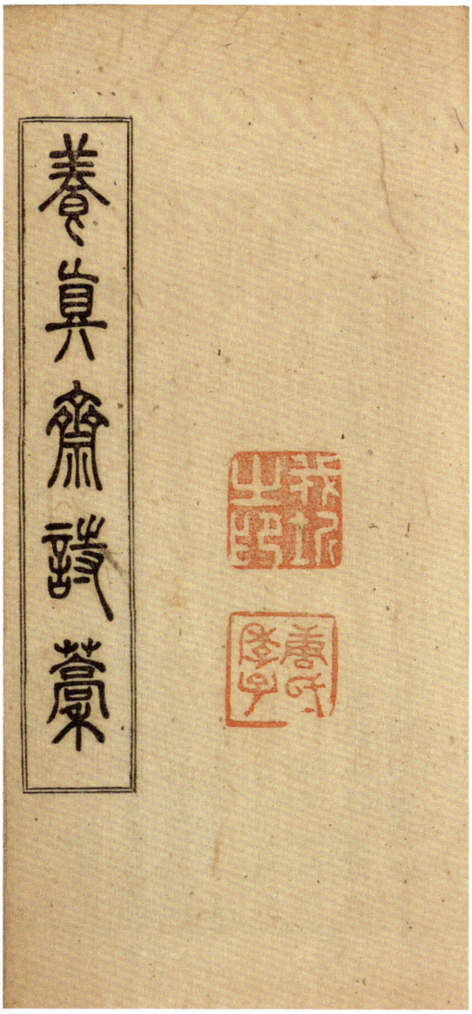

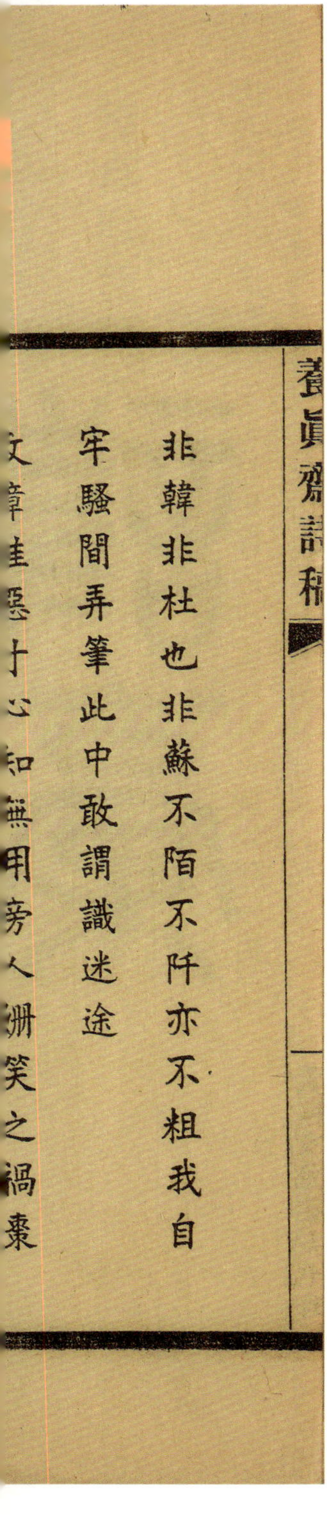

本詩之編排，差異較大。如卷一，六卷本多《示弟》、《請室》、《大風洞題壁》、《辰州舟中》、《夜雨不寐》、《泊龍陽夜聞寺鐘率成》、《泊人字口入夜風雪天明將不能解纜矣》、《月夜自新隄放船行五十里泊龍口》、《中秋玩月寄兩弟時均應鄉試》九題十首；又如，六卷本卷二後十首被析爲八卷本之卷三；有的詩如《寒夜篇并序》，六卷本在卷五，八卷本在卷四等等。八卷本在數量上多一百四十首。

《養真齋詩稿》所收詩多爲五言七言古、近體詩，其内容涉及廣泛，題材豐富，有抒懷感歎、詠史叙事、寫景詠物、憶舊懷親、題詩題畫等。是書卷二所收《浣溪吟并序》一組詩，共十四首，長達一千六百餘言，皆爲五言古詩。詩題中有用人、理財、武備、倉儲、捐輸、釐金、鑛務、宴會、賭博、營宅、勤王等，揭示出當時國家變亂之情景及成都官場社會之狀況，以上述諸事入詩可謂前無古人。其中《宴會》、《勤王》詩，可佐證八國聯軍進北京後慈禧太后出走西北事。

養眞齋詩稿　卷一

貴陽唐我圻著

秋江晚渡圖

雲山重疊水西東破屋斜撑竹樹中自是幽人甘冷落一航歸趁晚涼風

故山遥望有無中異地飄零似轉蓬我欲扁舟歸去也渡頭何處喚秋風

感遇

鬱鬱悲身世悠悠誰與談陰晴無定候色相渺難參刀俎人方快危疑我詎堪等閒同一夢消息默從探

觸手皆荆棘傷心事日非無言空自恨有淚向誰揮雪夜風

《養真齋詩續稿》一册，分四卷，無目録，前有作者自叙，叙編印續稿一事之經過。共收録古今詩二百零八首。續稿所收詩體同《養真齋詩稿》，内容均爲叙事、抒懷、詠物、寫景等，而多數均表達出作者人至老年後之心境。其中《七月既望敬謁成山隴上墓》、《赴小寨省墓留居成山草廬數日得詩六首》、《小寨晚眺》、《草堂》等詩中所涉處所，亦可佐證近年來學界辨明貴陽近郊烏當成山爲唐氏在貴陽主要居所無誤。

《養真齋詩稿》兩種版本，存世衹有貴陽文通書局代印本，後僅見收入柯愈春編《清人詩文集總目提要》一書，也未見整理重版。兩種版本，前均有民國三年江蘇丹徒趙維城序及目録，目録各卷前標明收『古近體詩若干首』。後即正文，按卷分排。是書中所有詩均無作者具體創作時間，故根據後之作者《養真齋詩續稿》自述，可得知作者四十歲左右，即光緒十七年前後開始作詩，直至逝世前。《養真齋詩續稿》存世也衹有貴陽文通書局代印本，時間在民國二十一年。

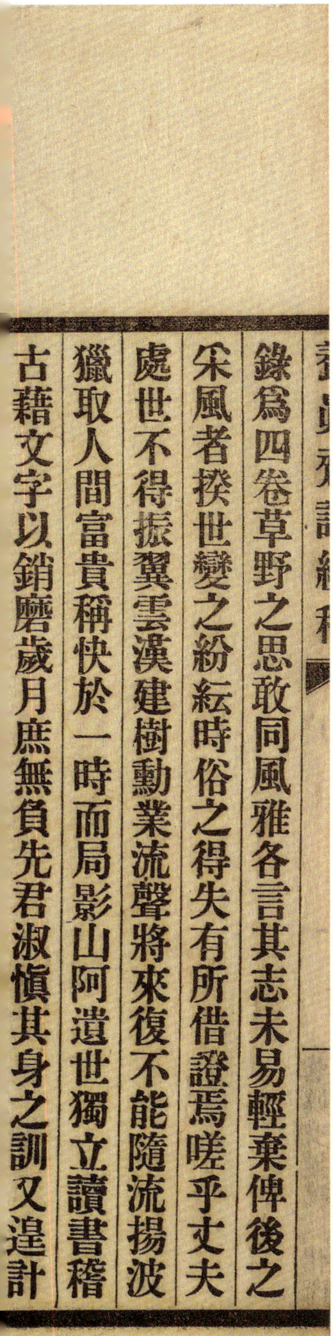
錄爲四卷草野之思敢同風雅各言其志未易輕棄俾後之
釆風者揆世變之紛紜時俗之得失有所借證焉嗟乎丈夫
處世不得振翼雲漢建樹動業流聲將來復不能隨流揚波
獵取人間富貴稱快於一時而局影山阿遺世獨立讀書稽
古藉文字以銷磨歲月庶無負先君淑慎其身之訓又遑計

養眞齋詩續稿　卷一

貴陽唐我圻著

甲子小園閒步

韶華留不住逐水去如何事業悲衰鬢兵戎獨浩歌夕陽明古樹急雨響枯荷羡彼雙飛鳥高高避網羅

秋日即事

兩足不出戶忽忽一月整秋色變園林我殊未之省黃葉辭故枝高下亂馳騁池荷飽清霜倒臥紛縮頸寒蟲無近遠唧唧聲悽冷乃知節序改頓使衰顏警賴有芙蓉花老眼時一逞最愛日初出絢爛水邊影朵之欲寄遠此意誰能領塵世等浮漚萬感於焉屏

貴陽文通書局代印

《養真齋詩稿》兩種及《養真齋詩續稿》一種，均爲民國年間版本，國内有國家圖書館、貴州省圖書館等單位收藏。本叢書據國家圖書館藏本影印。（王任索）

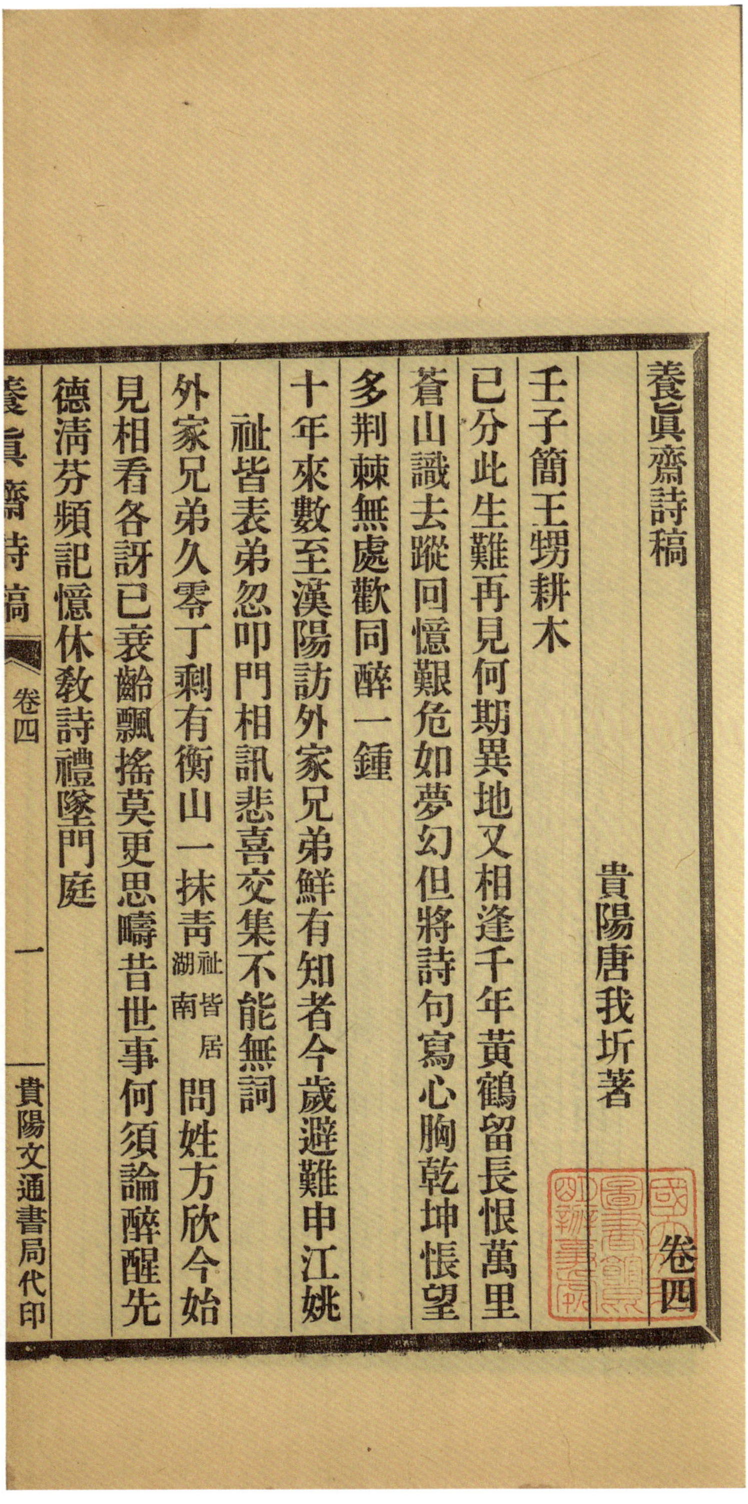
養眞齋詩稿　卷四

貴陽唐我圻著

壬子簡王甥耕木

已分此生難再見何期異地又相逢千年黃鶴留長恨萬里蒼山識去蹤回憶艱危如夢幻但將詩句寫心胸乾坤悵望多荆棘無處歡同醉一鍾

十年來數至漢陽訪外家兄弟鮮有知者今歲避難申江姚祉皆表弟忽叩門相訊悲喜交集不能無詞

外家兄弟久零丁剩有衡山一抹青（祉皆居湖南）問姓方欣今始見相看各訝已衰齡飄搖莫更思疇昔世事何須論醉醒先德淸芬頻記憶休教詩禮墜門庭

養眞齋詩稿　卷四　一　貴陽文通書局代印

祝衡詩稿一卷

清黎尹融撰。黎尹融（一八五九—一八九八），字祝衡，貴州遵義人。清光緒五年舉人，六年進士。八年殿試即用知縣，分發吉林。十一年丁憂回籍。再任吉林署彬州補農安縣實缺，升直隸州知州補缺，後以知府用。二十二年丁母憂回籍，光緒二十四年卒。

《祝衡詩稿》始於作者赴吉林任，迄於卒前。其詩作多山水游覽、友朋唱和之作。詩稿現存其曾孫黎國華處，惜僅存第二册，餘則不知所終。

《景梅閣悼亡詩》，抄本一册，存詩九十七首，爲悼亡妻蹇仙桃之作。按蹇仙

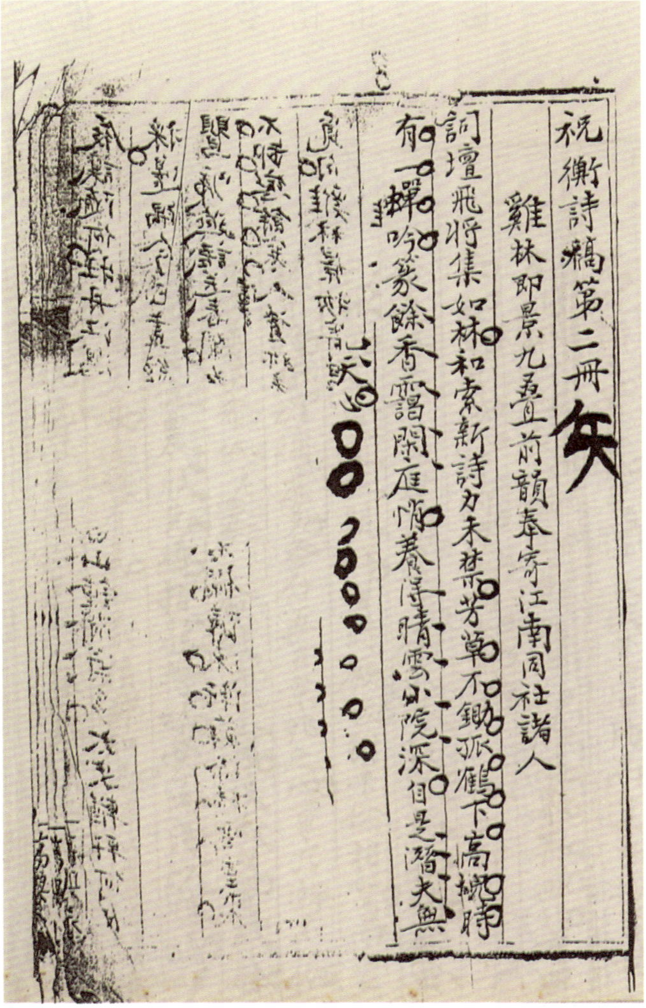
祝衡詩稿第二冊
雞林即景九疊前韻奉寄江南同社諸人

桃爲四川候補道蹇子和女，生二子淵、邁，客死吉林，年僅二十六歲。有文才，善作詩，著有《妃蘅樓詩》一卷，未刊。詩後附《夢悼詩稱仙桃爲仿昭。詩後附《夢嬴詞草》，存詞十七闋，爲閨情山水之作。抄本現藏遵義市圖書館。

本叢書據上述二種版本影印。（黎鐸）

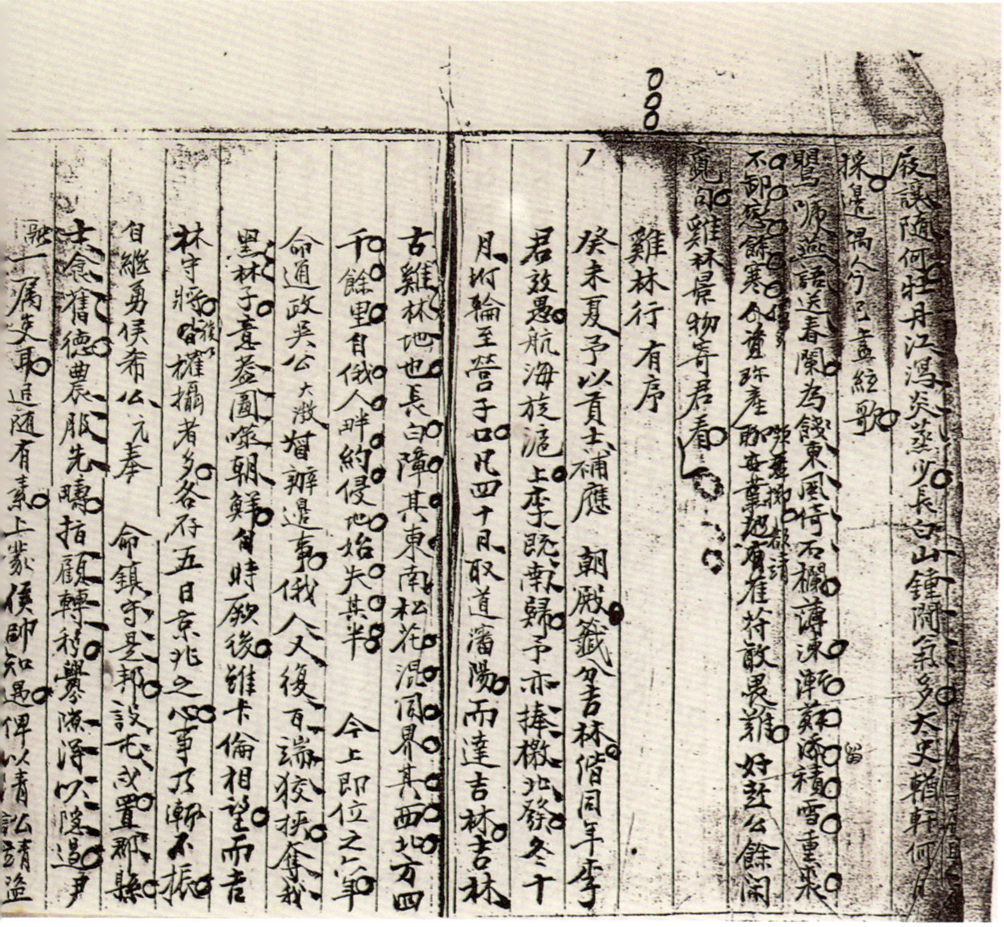
雞林行 有序

癸未夏予以貢士補應 朝殿試分吉林偕同年李君致愚航海旋沈上李既敕歸予亦捧檄北發冬十月初輪至營子口凡四十日取道瀋陽而達吉林吉林古雞林地也長白嶂其東南松花混同界其西北方四千餘里自俄人畔約侵地始失其半 今上即位之六年命通政吳公大澂督辦邊事俄人又復百端狡獪奪我黑林子甚签圖案朝歸督時厥後雖卡倫相望而吉林守將谷權攝者多各存五日京兆之心事乃漸不振自繼勇侯希公元奉 命鎮守是邦設官置郡縣士愈僃德曲辰服先聽指顧轉移謨陳淨火隱退尹馳一屬吏取進隨有素上發侯師知遇俾以清秘請益

景梅閣悼亡詩

遵義黎尹融　祝衡著

哭仿貽雜詩二十四首

憐卿九稔賦歸期，慚愧雞林決絕時。天自有情長不老，孤鐙和淚悼亡詩。

墮地曾聞說鳳皇，掌珠爭詡白眉良。桐華二月春風裏，肇錫嘉名畀蹇莊。以己未年二月初七日生，父母鍾愛特甚，命名曰莊。

奠雁當年說館甥，泮芹羹藻豔親迎。秋風桂(槐)子春風杏

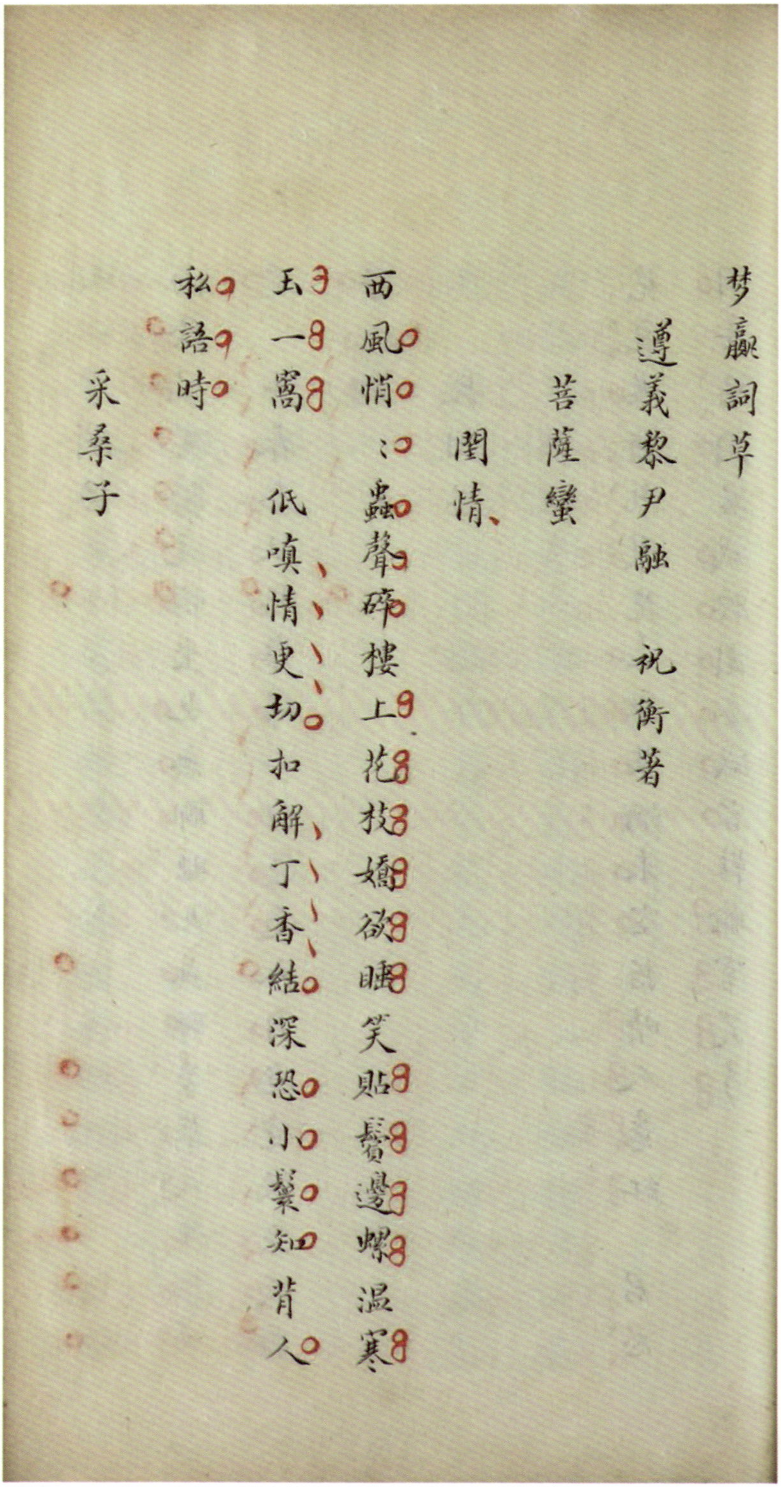

梦巖詞草

遵義黎尹融　祝衡著

菩薩蠻

閨情

西風悄悄蟲聲碎樓上花枝嬌欲睡笑貼鬢邊螺溫寒玉一窩低嗔情更切扣解丁香結深恐小鬟知背人私語時

采桑子

延江生詩集十三卷

清趙懿撰。趙懿（一八五四—一八九六），字淵叔，一字悔予，别號延江生，趙怡仲弟。清光緒二年舉人。任四川名山知縣，政聲頗佳。資質英敏，精力過人，於學無不深研。著述宏富，有《支易》二卷、《名山縣志》十五卷、《鶉居雜識》一卷、《榕軒茗談》一卷、《南農録》一卷、《蜀江灘石記》一卷、《江行日記》一卷、《觀海録》一卷、《北征日記》一卷；文學創作有《延江生詩集》十三卷、《文集》二卷、《夢悔樓詞》二卷、《詞徵》二卷。工書畫，書仿北魏，畫工人物，均極秀雅。惜英年早逝。《中國美術家人名辭典》録其行略。其弟趙恒於民國六年在成都刊印《延江生詩集》十三卷。詩分十集：劍谷集、入蜀集、北征集、巴僰集，觀海集、宕渠集、朐忍集、蒙山集、江干集、南湖集，共一千一百七十七首。起於清同治十三年甲戌，迄於清光緒二十二年丙申，堪稱生平行程録。内容廣博，涉及個人興懷、友情交往、山川風物、社會事變等。

趙懿承其外祖鄭珍遺風，詩思泉湧，隨所居止行歷，不擇地而出。如寓居城東雙劍山麓（自稱劍谷），三年間得詩四百餘首，選六十六首爲《劍谷集》。陪母親赴四川大寧縣父親任所，親歷巴中諸勝，得詩三十首，輯爲《入蜀集》。北上赴京應禮部試，往返途中得詩一百零五首，輯爲《北征集》。《巴僰集》録銅梁侍親及寓居永寧時期之作。《觀海集》

録二次上京，由荆揚轉渤海入都并返程之詩作。《宕渠集》録侍父任新寧知縣及遷居渝州之詩作。其他各集，均爲詩人行歷所至之作品，可稱『詩傳』。

詩人留意時局，於詩作中反映中法戰爭，流露出拳拳憂國之情。《天津絶句五首》，抒寫對庸儒朝官之憤慨，揭露北洋水師空有其表之實情。

趙懿心儀王漁洋，有其神韻遺風。其詩跌宕有奇氣，一些詩作意境幽深清麗，韻致忻快自適，如《山行》一詩情景交融，不少描繪黔蜀山川風物之作，極富詩情畫意，如《渡烏江》、《七陣溪》、《曉出巴峽》、《夔州懷古三首》等。也有少許抒寫親情之作，如《慰阿兄二首》、《哀鄭經巢》、《哀莫青田》等，情摯動人。一些詠古之作，頗有新意，如《伏生》、《董仲舒》、《賈長沙》、《司馬子長》等。詠物之作頗多，也很有味。

此民國六年刻本國家圖書館、遵義市圖書館有藏，本叢書據遵義市圖書館藏本影印，所缺之卷三至卷五、卷九至卷十一則據國家圖書館藏本影印補足。（黄萬機）

穆川堂初刻本

延江生詩集卷第一

遵義 趙懿 淵叔

劍谷集 甲戌乙亥丙子居劍谷山中詩錄六十六首

題子昂春山游騎圖 外王父鄭經巢故物賜家君者

長松偃蹇春陰高。蒼藤百丈纏松腰。森森下映古潭碧。潭上小桃花亂飄。溪路緣松出潭口。游人三五來過橋。金鞍玉勒壯肥馬。後者轉盼前呼招。千山萬山過潭去。一角半露青林梢。林梢古寺見簷角。懸流曲折分千條。前頭匹馬入微逕。陰森似覺風颼颼。山迴路轉不到處。遠勢欲辨痕將銷。春風沖融春日寥。挂之虛堂光動搖。

延江生詞一卷

清趙懿撰。趙懿生平見集部《延江生詩集》提要。

民國六年，趙恒爲其仲兄趙懿刊刻《延江生詩集》十三卷，扉葉有趙愷篆書『延江生詩集共十三卷』題字。同時附刊《延江生詞》一卷，即《夢悔樓詞》。是爲成都刻本。

題解其他内容，可參看《夢悔樓詞》貴陽文通書局鉛印本提要。

附識：趙恒，廷璜先生第三子，排行第五，家人均稱『五老爺』。光緒十九年恩科舉人，曾任四川鹽大使。著有《乙廬詩稿》。晚年寓居成都。出資刊印長兄趙怡《漢瞥生詩集》十卷，仲兄趙懿《延江生詩集》十三卷。

此刻本今藏遵義市圖書館，本叢書據以影印。（黄萬機）

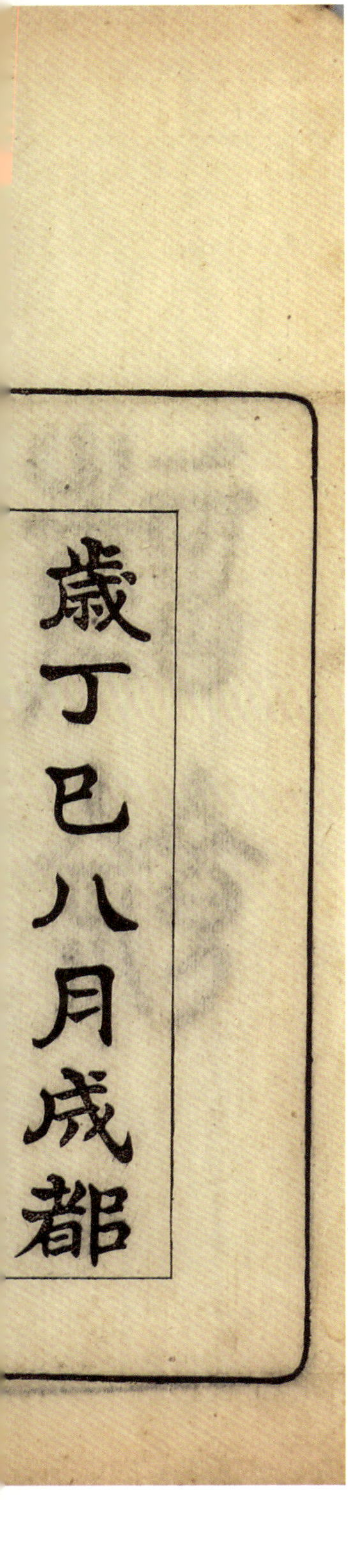

稑川堂
初刻本

延江生詞一卷

遵義　趙懿　淵叔

海山琴譜

按延江詞卷先兄舊錄，標分三類，意蓋仿朱竹垞曝書亭詞集例也。今撿存共六十餘闋，都爲一卷，標題仍舊云。弟恆謹注

百字令　泛海

海山蒼碧，正天風簸蕩，十洲仙闕。世界紅雲吹盡了，惟見一輪明月。漢畤何存，秦橋安在，只有空堆碣。長天萬里，波濤無處收歇。　歎此終古銷磨，人生何有，有虛精不滅。沆瀣鴻濛同一氣，來去乘風飄忽。羡逝非遥，安期待訪，我欲從茲發。騎鯨去也，波山煙霧衝突。

夢悔樓詞一卷

清趙懿撰。趙懿生平見集部《延江生詩集》提要。

《夢悔樓詞》録詞三十四闋，多爲詠物之作，也有朋輩唱和與行旅之作，所反映之生活面較窄，而對漁人與田家生活之描述頗精細，活潑多趣。

趙懿中舉後，三度赴京會試均落第。《洞仙歌・京華别故人》抒寫文士懷才不遇之憤懣。詞中有『樽前悲韻發，千古才人，流落江潭，禦魑魅』之感慨，從而産生『扁舟泛五湖』，浪迹天涯之念頭。雖正當青壯年時代，詞人却不時流露早隱心緒。《漁家傲・詠懷》有句云：『藥弩機關真叵測，虚名况又同雞肋。何不早歸尋故策。』

詞人生長於山鄉，對承平時期之田家生活十分嚮往。《漁家傲・田家》描繪出一幅山村美景圖。《漁歌子》十一闋，多側面描述漁人生活情景，或泛舟五湖煙水，或以玄鶴白鷗爲伴，穿行春江青峰間，或撒網以捕四腮鱸魚，或垂綸江畔以釣柳花

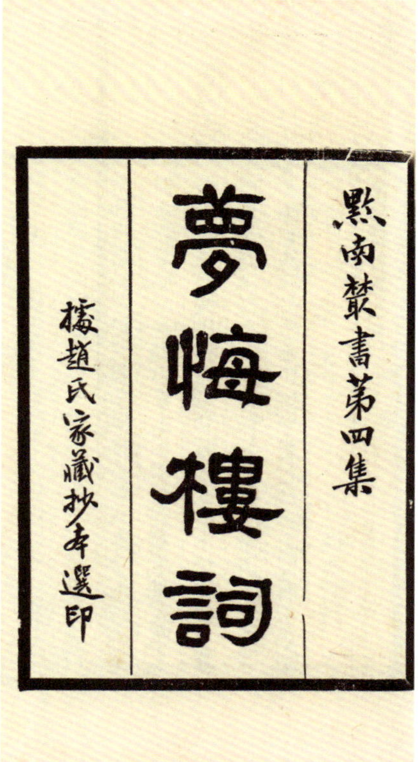

魚，或設窠追魚，或驅鸕鷀於武陵洞口。何等自如！著名詞家葉恭綽對趙詞頗爲欣賞，在《全清詞鈔》中，特選録《漁歌子》八闋，使趙氏躋身清代詞壇名家之林。

詞人之詠物詞，聯想豐富，以小顯大。《露華·白杜鵑花》、《減蘭·咫園中詠柑》、《天仙子·白芍藥和金鶴籌太守》、《東風第一枝·和金鶴籌太守大佛寺探梅》等，多引古證今，意象鮮活，各具特色。《消息·詠電綫和金太守》，吟詠當時新事物電話綫：『能通瞬息，千里信同覿面。』

就詞風而論，趙氏詞多婉約韻致，也有近蘇、辛豪放之什，如《百字令·泛海》、《東風第一枝·成都春感》等，均值得品讀。

此詞集輯入《黔南叢書》第四集《詞集》，據趙氏家藏抄本選印，由貴陽文通書局於民國年間鉛印發行。遵義市圖書館有藏，本叢書據此影印。

（黃萬機）

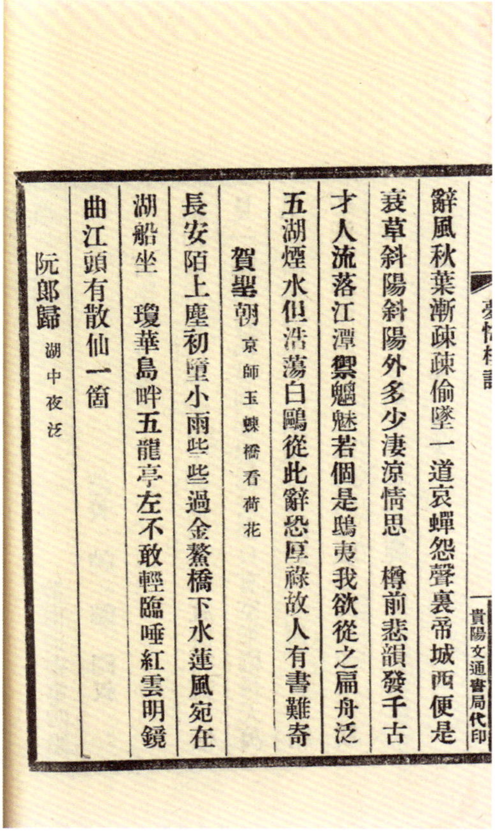
夢悔樓詞

辭風秋葉漸疎疎偷墜一道哀蟬怨聲裏帝城西便是衰草斜陽斜陽外多少淒涼情思　樽前悲韻發千古才人流落江潭魍魅若個是鴟夷我欲從之扁舟泛五湖煙水但浩蕩白鷗從此辭恐厚祿故人有書難寄

賀聖朝　京師玉蝀橋看荷花

長安陌上塵初墮小雨些些過金鰲橋下水蓮風宛在湖船坐　瓊華島畔五龍亭左不敢輕臨唾紅雲明鏡曲江頭有散仙一箇

阮郎歸　湖中夜泛

貴陽文通書局代印

悔予詩賦存稿一卷

清趙懿撰。趙懿生平見集部《延江生詩集》提要。

抄稿扉葉有趙愷（洒康）題字一幅：『此卷爲悔予三老人幼時學律賦律詩時作，後人等當寶存之，勿輕棄，作不孝人行爲也。己卯正月，洒康手寫。』己卯即民國二十八年。距趙懿離世已四十三年。

此爲抄稿，分三部分：第一部分爲賦，第二部分爲五言八韻試帖詩，第三部分仍爲賦。此爲作者少年時代習作。幾乎每篇有圈點，也有眉批和尾批。

第一部分多爲詠物小賦，如《試院煎茶賦》、《右軍題扇賦》、《集芙蓉以爲裳賦》、《櫻筍廚賦》、《蟋蟀聲中夜漸長賦》等，也有詠史迹之賦，如《韓昌黎平淮西碑賦》。多有批，如評《右軍題

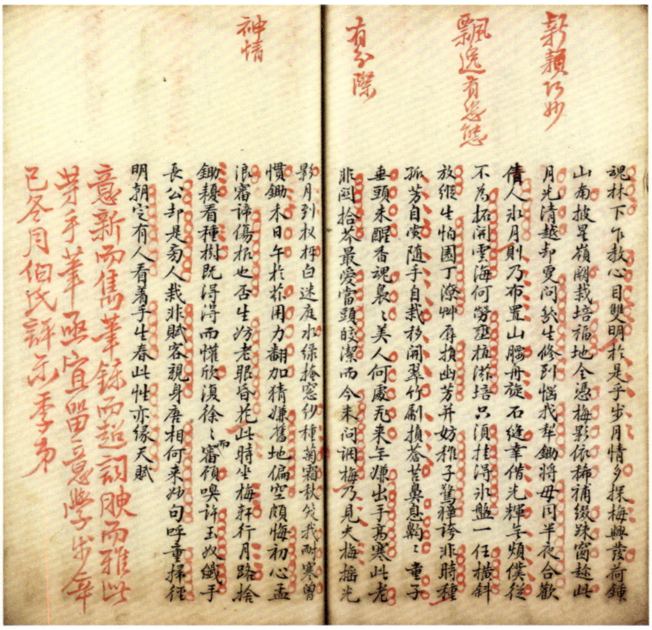

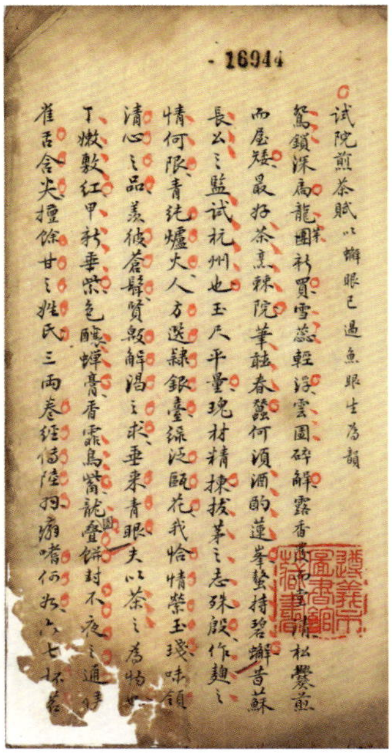

扇賦》云：『此篇全在開闔動盪處見精神，所以不落平庸蹊徑。』《櫻筍廚賦》篇末評云：『此篇衹是分層次處亦可一看。』亦有評語頗嚴厲，如《蟋蟀聲中夜漸長賦》尾批云：『此作無味，不看亦可。』從口氣推測，可能爲作者乃翁趙二山所批。

第二部分試帖詩，爲科場應試必作之詩體，多從古人詩句中選韻，常爲五言八韻（或六韻）。如《賦得柳暗花明又一村得花字》，即以『花』爲韻。此組詩共十四首，批語中佳者有《賦得竹林近水半邊緑得邊字》，全詩字字加圈，評云：『字字鮮妍似錦。』《賦得松竹草堂深得堂字》，評云：『字字精絶。』對差者則有『此首似略㨴硬』、『未大出色』，足見要求嚴苛。

第三部分賦作，凡二十一篇，有詠物者，有依詩句爲賦者，有詠史迹者。多爲數百言之小賦。批語字迹秀雅圓熟，字迹與前兩部分迥然有别，不知是誰所批。《紅杏尚書賦》尾批云：『點染烘托，此題類能，難在運典清圓，措詞華貴，是真作手。』《碧筒杯賦》尾批云：『筆意瀟灑出塵，刻畫處亦極雅切。』《城邊野池蓮欲紅賦》眉批云：『雅韻欲流。』《緑槐高處一蟬吟賦》眉批云：『吐囑不群。』尾批云：『洋洋灑灑，寄託情深。』《蟬聲驛路秋山裏賦》眉批云：『秀倩之至。』、『湊合天成』。對《鄭六卿郊餞韓宣賦》評價尤高，稱其『娓娓清言，不讓六朝神品』。

此稿現藏遵義市圖書館，本叢書據此影印。（黄萬機）

夷牢溪廬文鈔六卷

清黎汝謙撰。黎汝謙生平見史部《華盛頓全傳》提要。

此本全書六卷，收作者所作序、跋、題語、祭文、墓誌銘。汝謙處數千年未有之變局，兩度駐日，於中國國政之凌夷、風俗之澆薄、人民之固陋、君臣之昏庸驕蹇感受極深，深知不變法，危亡之禍，已在旦夕，遂撰《畏壘國遊記》，呼籲中國惕然自警，翻然變計。在戊戌變法前，曾兩度上書刑部侍郎李端棻及

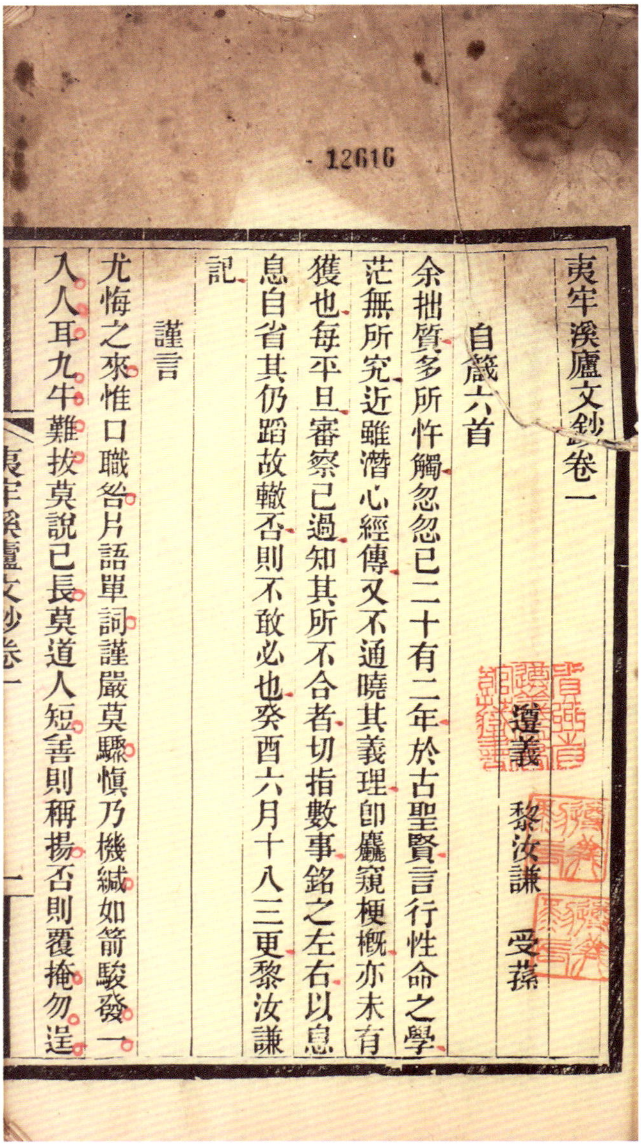
12616

夷牢溪廬文鈔卷一

遵義 黎汝謙 受蓀

自箴六首

余拙質多所忤觸忽忽已二十有二年於古聖賢言行性命之學茫無所究近雖潛心經傳又不通曉其義理即麤窺梗概亦未有獲也每平旦審察已過知其所不合者切指數事銘之左右以息息自省其仍蹈故轍否則不敢必也癸酉六月十八三更黎汝謙記

謹言

尤悔之來惟口職咎片語單詞謹嚴莫驟愼乃機緘如箭駿發一入人耳九牛難拔莫說已長莫道人短善則稱揚否則覆掩勿逞

夷牢溪廬文鈔卷一 一

兩江總督張之洞，力薦康有爲、梁啓超。撰《務本論送李鐵船觀察》、《贈李鐵船觀察序》，鼓勵大開農工商賈之利，以求自立，愛國憂民之情，溢於言表。《文鈔》所録之作，多記述家族及親友事迹，風格自然質樸。《誥授資政大夫出使大臣四川川東道黎公家傳》、《鄭伯更傳》、《莫芷升先生誄》、《鋤經堂記》等録存鄉邦掌故、名人傳記，爲研究貴州文化提供了重要資料。

是本光緒二十七年冬月刊於廣州，貴州省圖書館、遵義市圖書館有藏本，本叢書據遵義市圖書館藏本影印。（黎鐸）

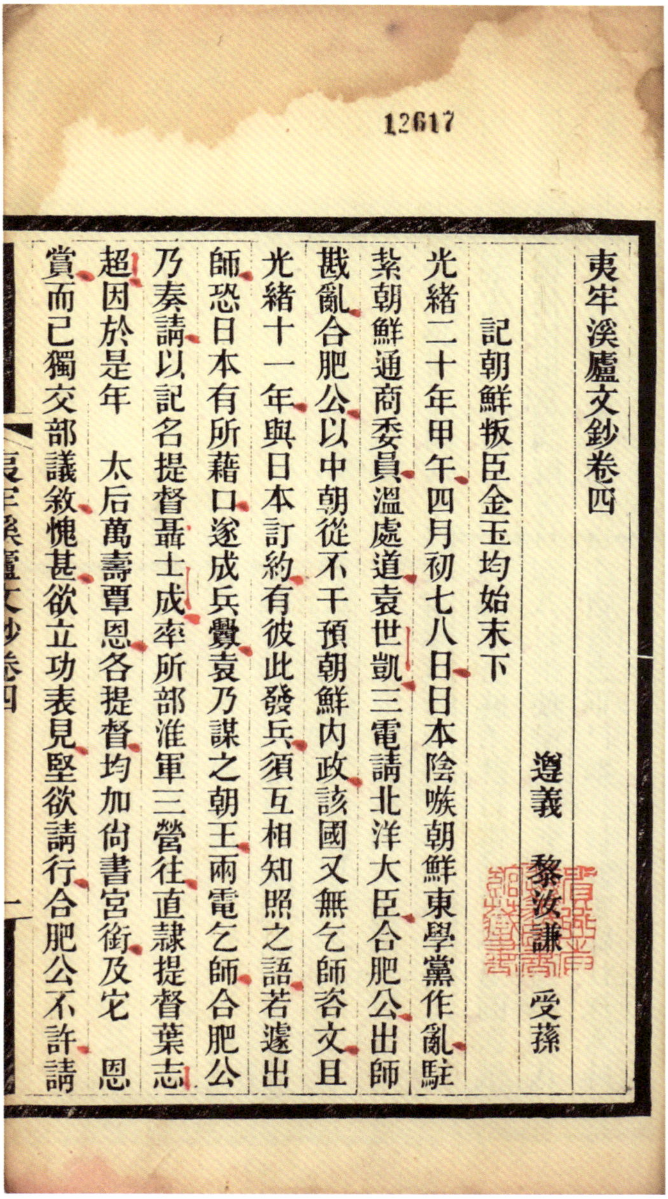
12617

夷牢溪廬文鈔卷四

遵義　黎汝謙　受蓀

記朝鮮叛臣金玉均始末下

光緒二十年甲午四月初七八日日本陰嗾朝鮮東學黨作亂駐紮朝鮮通商委員溫處道袁世凱三電請北洋大臣合肥公出師戡亂合肥公以中朝從不干預朝鮮內政該國又無乞師咨文且光緒十一年與日本訂約有彼此發兵須互相知照之語若遽出師恐日本有所藉口遂成兵釁袁乃謀之朝王兩電乞師合肥公乃奏請以記名提督聶士成率所部淮軍三營往直隸提督葉志超因於是年　太后萬壽覃恩各提督均加尚書宮銜及宅　恩賞而已獨交部議敘愧甚欲立功表見堅欲請行合肥公不許請

夷牢溪廬文鈔卷四　一

夷牢溪廬詩鈔七卷

清黎汝謙撰。黎汝謙生平見史部《華盛頓全傳》提要。

《夷牢溪廬詩鈔》收古今體詩四百八十八首，爲作者清同治十二年至光緒二十一年間所作，前有李受彤序。序云：『因盡索受生之詩而盡讀之，乃知受生於經史百家之書無不讀，於古今興衰無不悉，公車屨蹟。嘗隨其季父蒓齋先生使日本者五年，足迹踰地球過半，合身世、窮通、憂樂、閲歷之所得而一發之於詩，言人之所欲言，并能言人之所不能、不敢言，其詩格大有鶻鶚盤空，俯視凡禽之概。』如寫

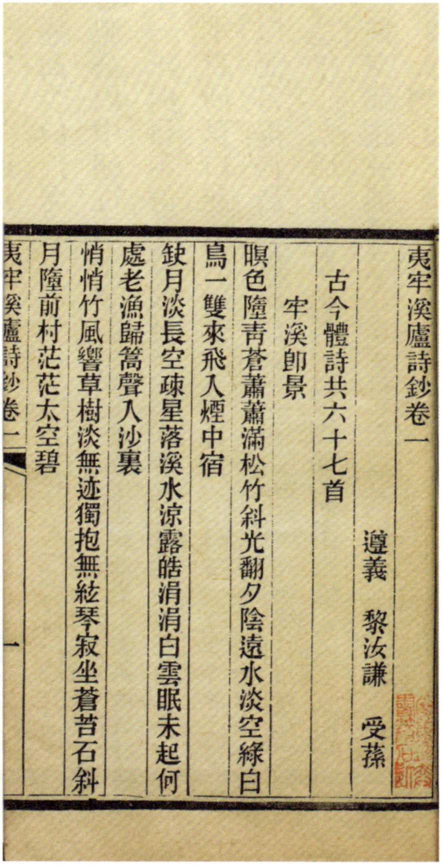
夷牢溪廬詩鈔卷一

古今體詩共六十七首　　遵義　黎汝謙　受蓀

牢溪即景

暝色墮青蒼蕭蕭滿松竹斜光翻夕陰遠水淡空綠白鳥一雙來飛入煙中宿

鈌月淡長空疎星落溪水涼露皓涓涓白雲眠未起何處老漁歸篙聲入沙裏

悄悄竹風響草樹淡無迹獨抱無絃琴寂坐蒼苔石斜月墮前村茫茫太空碧

夷牢溪廬詩鈔卷一　一

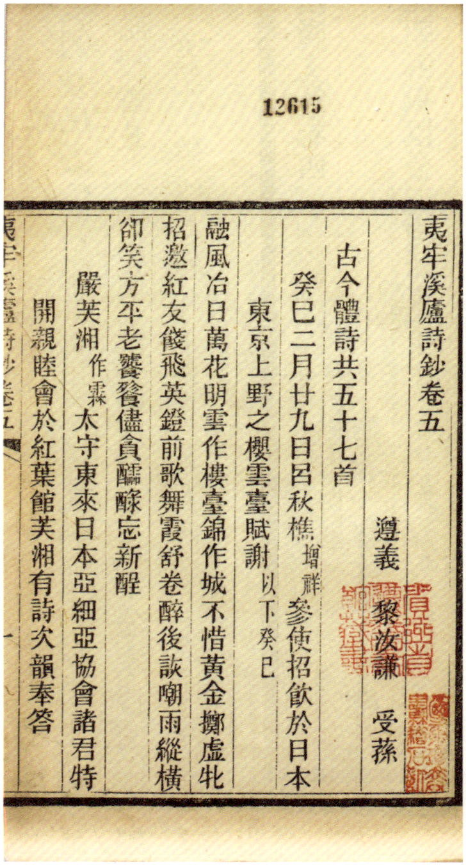
12615

夷牢溪廬詩鈔卷五

古今體詩共五十七首　　遵義　黎汝謙　受蓀

癸巳二月廿九日呂秋樵增祥參使招飲於日本東京上野之櫻雲臺賦謝以下癸巳

融風冶日萬花明雲作樓臺錦作城不惜黃金擲虛牝招邀紅友餞飛英鐙前歌舞霞舒卷醉後詼嘲雨縱橫卻笑方平老饕餮儘貪醽醁忘新醒

嚴芙湘作霖太守東來日本亞細亞協會諸君特開親睦會於紅葉館芙湘有詩次韻奉答

夷牢溪廬詩鈔卷五　一

於光緒二十年之《讀史》，對光緒年間賣官鬻爵、内府操柄直接揭露，呈現二十餘年之官場生涯、旅途艱辛、憂國之情。

遵義市圖書館現藏光緒二十五年五羊城刻本。又《牢溪生詩鈔》四卷手稿本，現存國家圖書館，應爲黎汝謙原始存稿，部分詩有眉批『删』，或『長愿二字用細字』、『名當用小字』等，部分天頭有浮簽，詩中從詩題、内容亦多有删改。

本叢書據上述兩種底本影印。

（黎鐸）

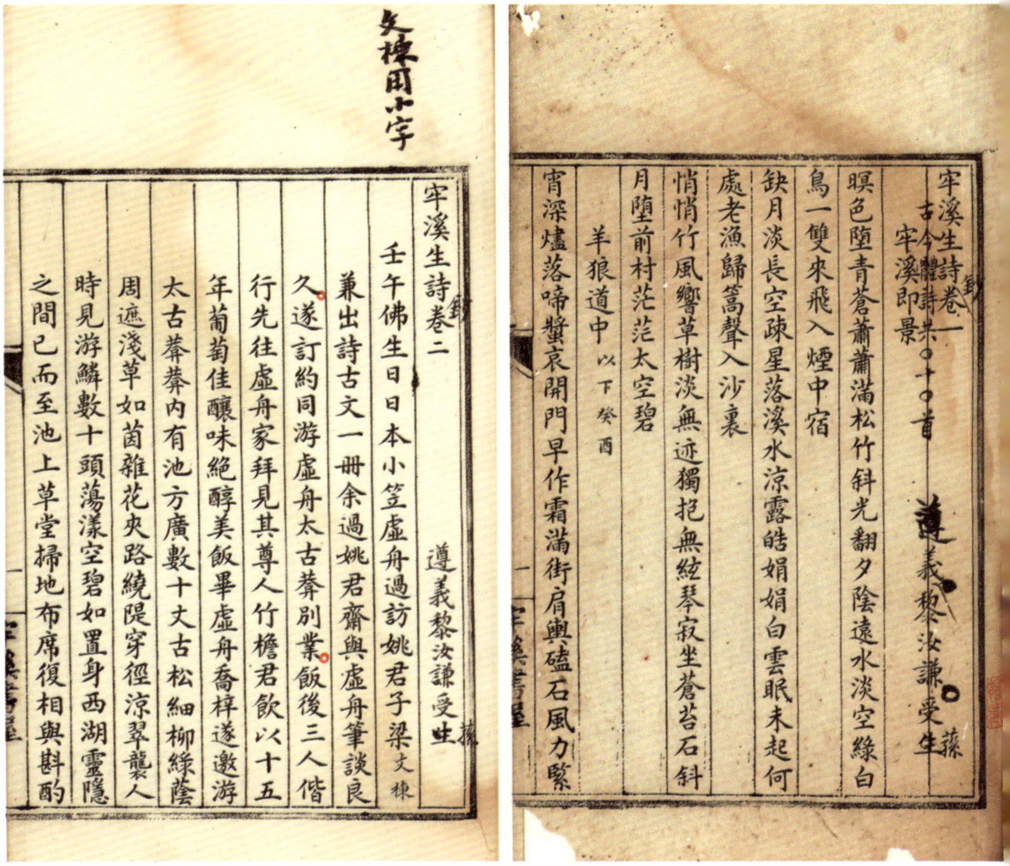
牢溪生詩卷一鈔
古今體詩共○十○首　遵義黎汝謙受生撰
牢溪即景
暝色墮青蒼蕭蕭滿松竹斜光翻夕陰遠水淡空綠白鳥一雙來飛入煙中宿
缺月淡長空疎星落溪水涼露皓娟娟白雲眠未起何處老漁歸篙聲入沙裏
悄悄竹風響草樹淡無迹獨抱無絃琴寂坐蒼苔石斜月墮前村茫茫太空碧
羊狼道中 以下癸酉
宵深爐落啼螿哀開門早作霜滿街肩輿磕石風力緊

文棟用小字
牢溪生詩卷二鈔
遵義黎汝謙受生撰
壬午佛生日日本小笠虛舟過訪姚君子梁文棟兼出詩古文一冊余過姚君齋與虛舟筆談良久遂訂約同游虛舟太古莽別業飯後三人偕行先往虛舟家拜見其尊人竹檐君飲以十五年葡萄佳釀味絕醇美飯畢虛舟喬梓遂邀游太古莽莽内有池方廣數十丈古松細柳綠蔭周遮淺草如茵雜花夾路繞隄穿徑涼翠襲人時見游鱗數十頭蕩漾空碧如置身西湖靈隱之間已而至池上草堂掃地布席復相與斟酌

祝生詩稿一卷

黎汝華撰。黎汝華（一八五七—一九五〇），字茂甫，號祝生，貴州遵義人。縣學庠生，一生團館授徒。

是稿爲其親筆，存古近體詩約三百首，多吟詠鄉村生活。其中有詞八首，《又是清明上冢時》賦一篇。從弟汝林有批語，或記有選、删字樣。

該詩稿由汝華曾孫培炎收藏，本叢書據此影印。

（龍先緒）

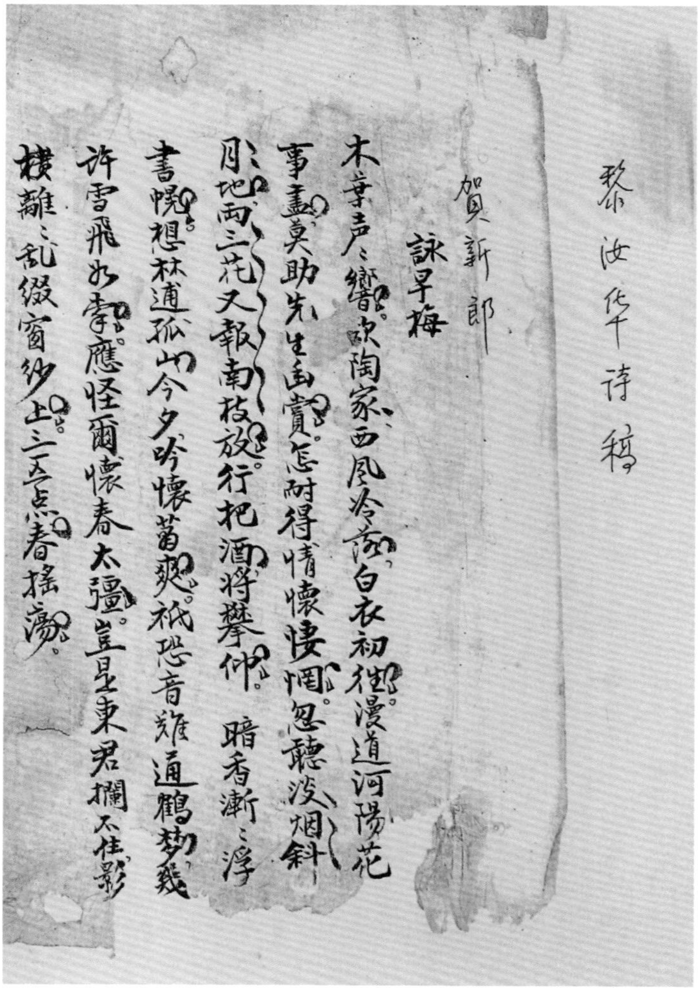

黎汝華詩稿

賀新郎

詠早梅

木葉聲聲響。吹陶家西風冷落。白衣初御。漫道河陽花事盡，莫助先生幽賞。怎耐得情懷悽惘。忽聽淡烟斜影地，兩三花又報南枝放。行把酒，將攀仰。　暗香漸漸浮書幌。想林逋孤山今夕，吟懷蕩爽。祇恐音難通鶴夢，幾許雪飛冰釀。應怪爾懷春太彊。豈是東君攔不住，影横離離亂綴窗紗上。三五點，春搖蕩。

眼前光景
寫来最妙
詞中新意
古今所未
多得

枕上

月到空山正五更流光移樹影上窗櫺小兒驚醒說天
明重衾內戕處與谿声　款枕夢魂清寐寥無一語
黯傷情西風何處冷瑤瓊相思恨都付與鸞笙

更漏子

寒窗夜雨

夜光遲鐙影暗獨坐小窗誰伴風颯颯雨飄飄寒聲
帶怒濤　門前路庭中樹響徹哀鴻雜南渡腸曲曲寰

漢上消閒社主詩餘一卷文鈔二卷外編四卷

宧應清撰。宧應清生平見子部《傷寒論新淺註》提要。

《詩餘》録作者清光緒十六年至光緒二十年間之詞作四十二首。其詞作清麗婉約，富於情趣。《文鈔》録作者光緒十六年至光緒二十八年間之文章十五篇。文後有宣統二年湖北黄岡王奠中跋，稱『（屏鳳莊舊主）主持漢上消閒社，廣徵詩文，冀存舊學，一時流傳殆遍，而所自爲古今詩體尤膾炙人口』，又表達其文學主張，『蓋於諸大家之文，各能規撫其所長，其是與當不待言，又寧可以家派限之耶？』『其文不

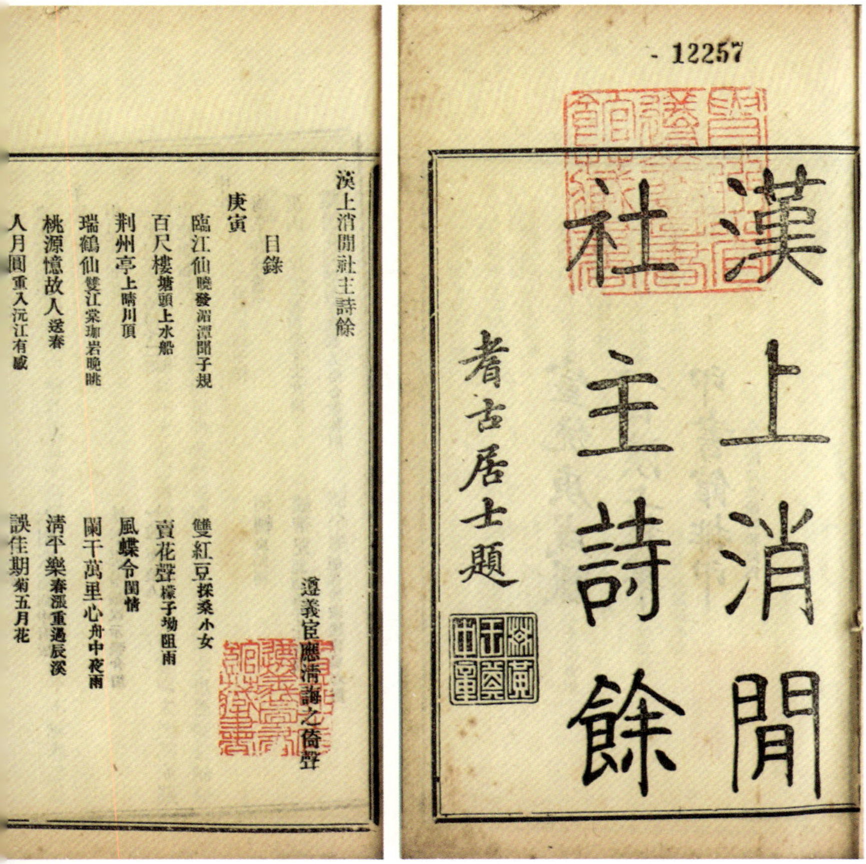

囿一隅，并使世之學者勿泥守家派之説，用相詬厲焉』。《外編》卷一《喪明録》爲悼念作者愛子宧銘卿（宧迹）英年早逝之文。有墓志銘一篇、消閒社友人悼文十二篇。卷二《滑稽録》收録散文、詞、曲、銘、書信、律詩、絶句等各類文體一批。卷三《虞初別志》收文九篇，述逸聞軼事，妙趣躍然。卷四《廋詞》收集謎語若干。

本叢書據遵義市圖書館藏清宣統二年漢上振華印書館鉛印本影印。（朱純潔）

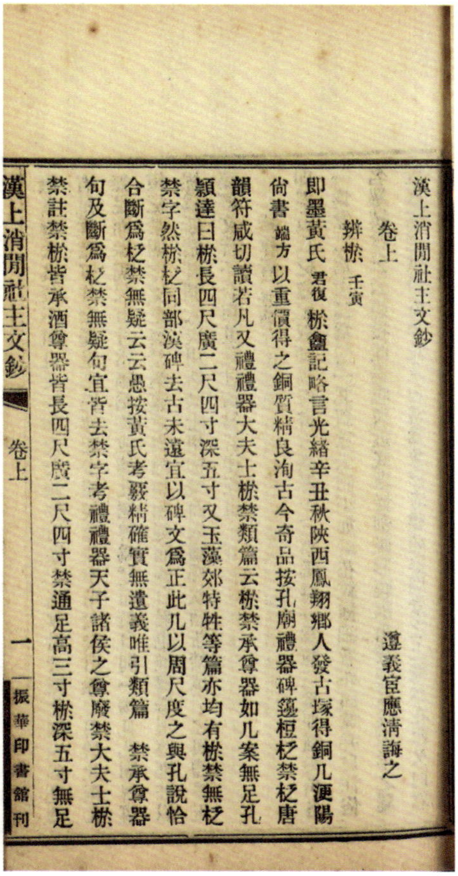
漢上消閒社主文鈔

卷上　　　遵義宦應清誨之

辨棜　壬寅

即墨黃氏 君復 棜盦記略言光緒辛丑秋陝西鳳翔鄉人發古塚得銅几汧陽尙書 端方 以重價得之銅質精良洵古今奇品按孔廟禮器碑籩梪柉禁柉唐韻符咸切讀若凡又禮器大夫士棜禁類篇云棜禁承尊器如几案無足孔穎達曰棜長四尺廣二尺四寸深五寸又玉藻郊特牲等篇亦均有棜禁無柉禁字然棜柉同部漢碑去古未遠宜以碑文爲正此几以周尺度之與孔說恰合斷爲柉禁無疑云云愚按黃氏考覈精確實無遺義唯引類篇　禁承尊器句及斷爲柉禁無疑句宜芟去禁字考禮器天子諸侯之尊廢禁大夫士棜禁註禁棜皆承酒尊器皆長四尺廣二尺四寸禁通足高三寸棜深五寸無足

漢上消閒社主文鈔　卷上　一　振華印書館刊

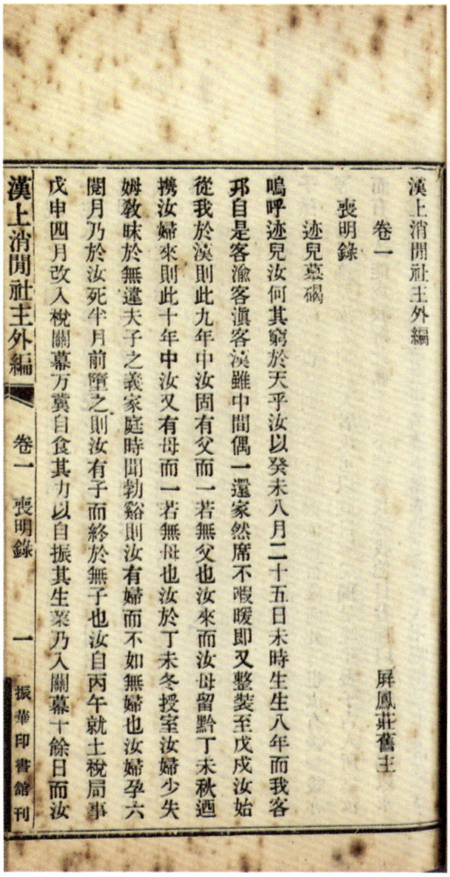
漢上消閒社主外編

卷一

喪明錄

迹兒墓碣　　　屏鳳莊舊主

嗚呼迹兒汝何其窮於天乎汝以癸未八月二十五日未時生生八年而我客邛自是客渝客滇客漢雖中間偶一還家然席不暇暖即又整裝至戊戌汝始從我於漢則此九年中汝固有父而一若無父也汝來而汝母留黔丁未秋迺攜汝婦來則此十年中汝又有母而一若無母也汝於丁未冬授室汝婦少失姆教昧於無違夫子之義家庭時聞勃谿則汝有婦而不如無婦也汝婦孕六閱月乃於汝死半月前墮之則汝有子而終於無子也汝自丙午就土稅局事戊申四月改入稅關幕方冀自食其力以自振其生業乃入關幕十餘日而汝

漢上消閒社主外編　卷一　喪明錄　一　振華印書館刊

漢上消閒社主詩鈔二卷

宦應清撰。宦應清生平見子部《傷寒論新淺註》提要。

該書封面題有『界凡珍藏』。界凡即喻界凡，詳參《碧峰隨筆》提要。牌記一云：『漢上消閒社主詩鈔 黃岡王葵中耆古居士』。牌記二云：『宣統庚戌臘八日漢上振華印書館排印』。卷末附《校勘記》。

上卷收清光緒四年至光緒二十六年間

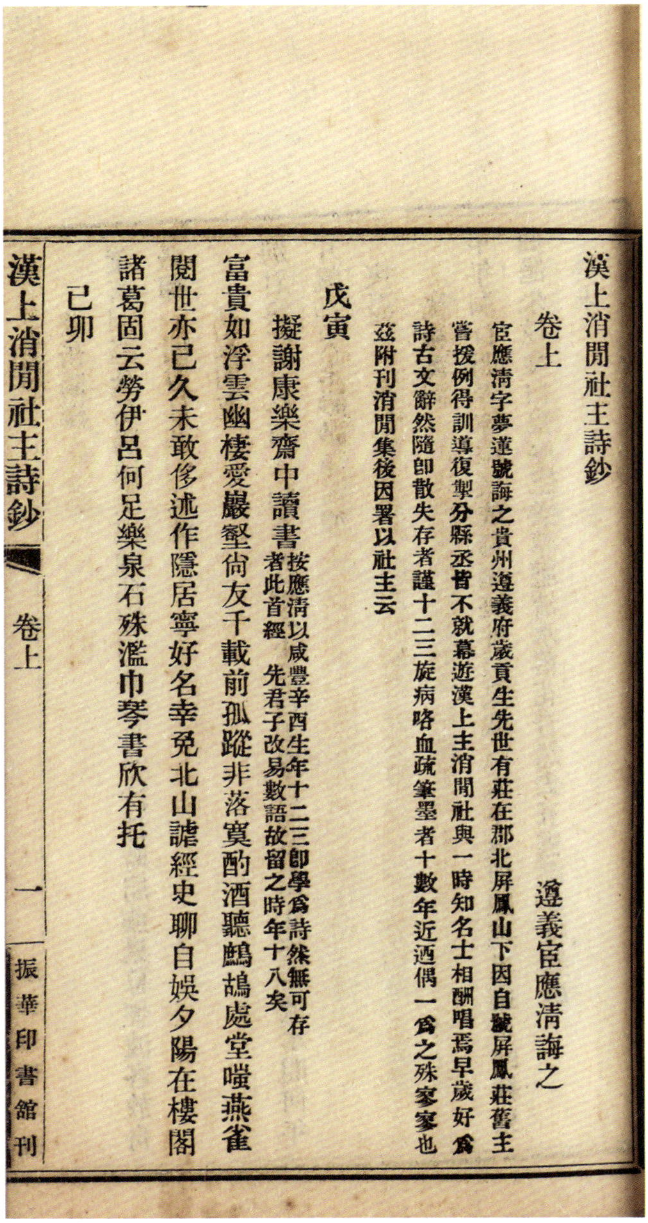

漢上消閒社主詩鈔

卷上　遵義宦應清誨之

宦應清字夢蓮號誨之貴州遵義府歲貢生先世有莊在郡北屏鳳山下因自號屏鳳莊舊主嘗援例得訓導復掣分縣丞皆不就幕遊漢上主消閒社與一時知名士相酬唱焉早歲好爲詩古文辭然隨即散失存者譏十二三旋病咯血疏筆墨者十數年近迺偶一爲之殊寥寥也茲附刊消閒集後因署以社主云

戊寅

擬謝康樂齋中讀書 按應清以咸豐辛酉生年十二三即學爲詩然無可存者此首經先君子改易數語故留之時年十八矣

富貴如浮雲幽棲愛巖壑尙友千載前孤蹤非落寞酌酒聽鷓鴣處堂嗤燕雀閱世亦已久未敢侈述作隱居寧好名幸免北山誚經史聊自娛夕陽在樓閣諸葛固云勞伊呂何足樂泉石殊濫巾琴書欣有托

己卯

漢上消閒社主詩鈔　卷上　一　振華印書館刊

詩作一百八十餘首。下卷收光緒二十七年至宣統二年間詩作一百二十餘首。卷前有清宣統二年包安保（字柚斧，江蘇丹徒人）序。包序稱『此吾友人屏鳳莊主之詩之所以難能而可貴歟。屏鳳與吾交近十稔矣，其爲人言慎而行不苟，庶幾所謂三代直者，故其所爲詩，無浮誕，無叫囂，無險怪，而亦無俚俗粗鄙之音』，對其詩風人品予以中肯評價。序末碧峰（即喻界凡）亦有題識，評曰：『章法謹嚴、氣勢雄厚、立意精深、取譬罕切，兼而有之。』

本叢書據遵義市圖書館藏清宣統二年漢上振華印書館鉛印本影印。（朱純潔）

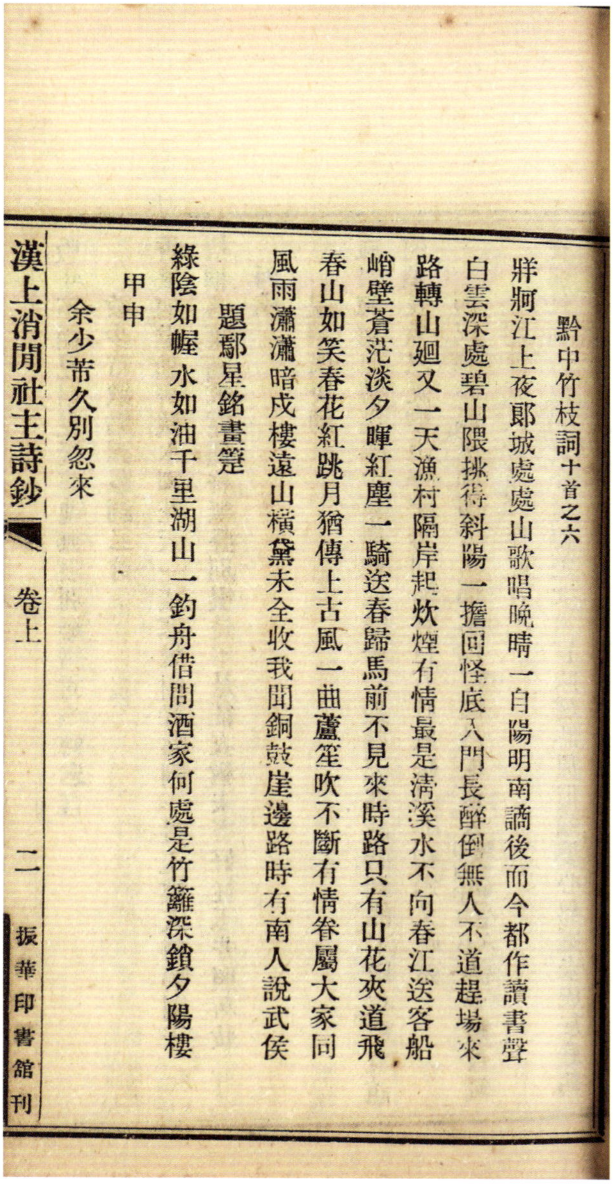
黔中竹枝詞十首之六

牂牁江上夜郎城處處山歌唱晚晴一自陽明南謫後而今都作讀書聲

白雲深處碧山隈挑得斜陽一擔回怪底入門長醉倒無人不道趕場來

路轉山廻又一天漁村隔岸起炊煙有情最是清溪水不向春江送客船

峭壁蒼茫淡夕暉紅塵一騎送春歸馬前不見來時路只有山花夾道飛

春山如笑春花紅跳月猶傳上古風一曲蘆笙吹不斷有情眷屬大家同

風雨瀟瀟暗戍樓遠山橫黛未全收我聞銅鼓崖邊路時有南人說武侯

題鄢星銘畫箑

綠陰如幄水如油千里湖山一釣舟借問酒家何處是竹籬深鎖夕陽樓

甲申

余少芾久別忽來

漢上消閒社主詩鈔 卷上 二 振華印書館刊

漢上消閒社主詩鈔續集五卷

宧應清撰。宧應清生平見子部《傷寒論新淺註》提要。

該書封面題『界凡珍藏』，牌記云『庚申秋季刊於漢上夢蓮寄廬』。卷前有作者自序。正文《湖海渡劫草》一卷，收詩三十五首。其中十九首爲作者歷武昌起義後由漢口往滬、浙避難期間，遊嘉興、杭州等地即景抒情之作。因其多在湖海之濱所作而題曰『湖海渡劫草』。其餘多爲紀事之作，述時局動亂中，作者與其友人、家人之經歷及感懷。另有二首爲友人酬和『湖海渡劫客』（作者自號）之作。

《荆楚新歲時草》二卷，收録作者民國元年至次年間因時感事之詩作一百九十餘首。因時爲新曆民國元年，作者又居武漢，故題爲『荆楚新歲時草』。

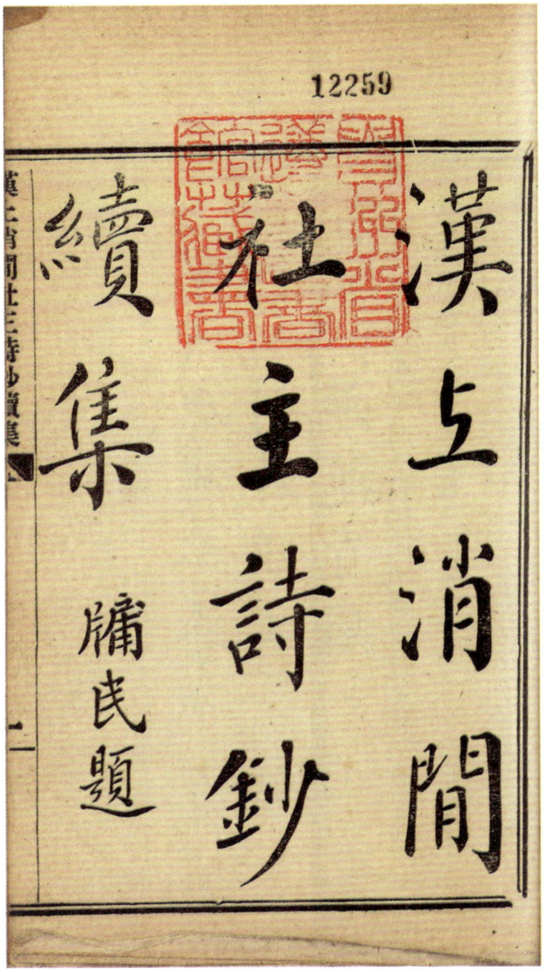

《長樂野老吟草》一卷，收詩四十五首，多爲感懷時事之作。詩後多附録、注解，可爲後人瞭解時政提供參考。作者以自身經歷三朝（清、民國、洪憲帝國），見四帝（咸豐、同治、光緒、宣統）二總統（黎、袁），而取五代『長樂老』馮道歷仕五朝十一帝之史事，自稱長樂野老，故集名『長樂野老吟草』。

《雞鶩争食草》一卷，取民國復活、黨争又起之意。收詩七十九首以及詩友唱和之詩若干，皆爲感事抒懷之作。

本叢書據遵義市圖書館藏民國九年漢上夢蓮寄廬鉛印本影印。（朱純潔）

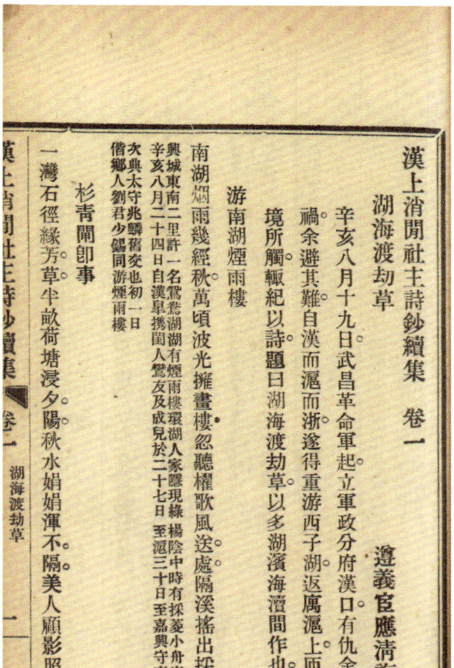
漢上消閒社主詩鈔續集　卷一

遵義官應清誨之

湖海渡刦草

辛亥八月十九日武昌革命軍起立軍政分府漢口有仇余者將爲余禍余避其難自漢而滬而浙遂得重游西子湖返厲滬上匝月乃歸心境所觸輒紀以詩題曰湖海渡刦草以多湖濱海澨間作也

游南湖煙雨樓

南湖烟雨幾經秋萬頃波光擁畫樓忽聽櫂歌風送處隔溪搖出採菱舟（南湖在嘉興城東南二里許一名鴛鴦湖湖有煙雨樓環湖人家隱現綠楊陰中時有採菱小舟出沒其間余於辛亥八月二十四日自漢臯攜閨人鶯友及成兒於二十七日至滬三十日至嘉興守嘉興者吾鄉楊次典太守兆麟舊交也初一日偕鄉人劉君少錫同游煙雨樓）

杉青閘即事

一灣石徑綠芳草半畝荷塘浸夕陽秋水娟娟渾不隔美人顧影照新妝（杉青閘在

漢上消閒社主詩鈔續集　卷一　湖海渡刦草　一

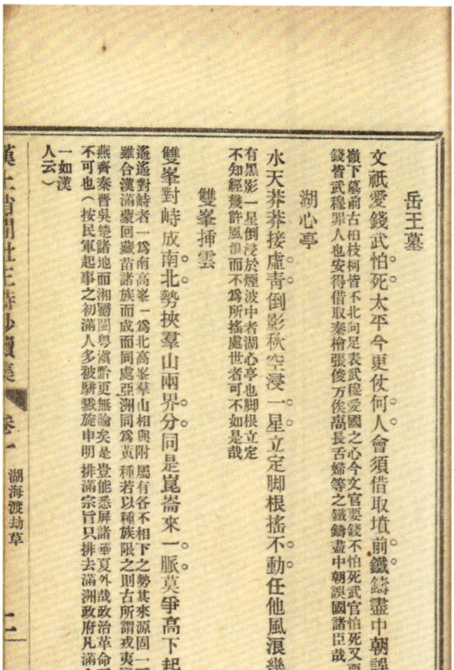
岳王墓

文祇愛錢武怕死太平今更仗何人會須借取墳前鐵鑄盡中朝誤國臣（岳墓在葛嶺下墓前古柏枝柯皆不北向足表武穆愛國之心今文官要錢不怕死武官怕死又要錢皆武穆罪人也安得借取秦檜張俊万俟卨長舌婦等之鐵鑄盡中朝誤國諸臣哉）

湖心亭

水天莽莽接虛青倒影秋空浸一星立定脚根搖不動任他風浪幾番經（水天一色有黑影一星倒浸於煙波中者湖心亭也脚根立定不知經幾許風浪而不爲所搖處世者可不如是哉）

雙峯插雲

雙峯對峙成南北勢挾羣山兩界分同是崑崙來一脈莫爭高下起風雲（湖上雙峯遙遙對峙者一爲南高峯一爲北高峯羣山相與附屬有各不相下之勢其來源固一脈也今之中國雖合漢滿蒙回藏苗諸族而成而同處亞洲同爲黃種若以種族限之則古所謂戎夷蠻狄者即在今燕齊秦晉吳楚諸地而湘蜀閩粵滇黔更無論矣是豈能悉屏諸華夏外哉政治革命可也種族革命不可也（按民軍起事之初滿人多被駢戮旋申明排滿宗旨只排去滿洲政府凡滿人既降者待之一如漢人云）

漢上消閒社主詩鈔續集　卷一　湖海渡刦草　二

吟香館詩鈔一卷

黎汝林撰。黎汝林（一八六六—一九三一），本名汝銘，字孔循，號盤星，貴州遵義人。府學庠生。大半生團館授徒，後考入師資訓練所，畢業後分雷皇廟學校教書。

《吟香館詩鈔》又名《盤星老人詩稿》。此爲稿本，已殘損。其作始光緒十一年，止十九年。即作者十九歲至二十七歲之作，計二百五十四首。部分詩作有鄭伯更、鄭知劬、黎淵、黎邁、黎梓等評注，并附鄭恒軒、黎班孫、

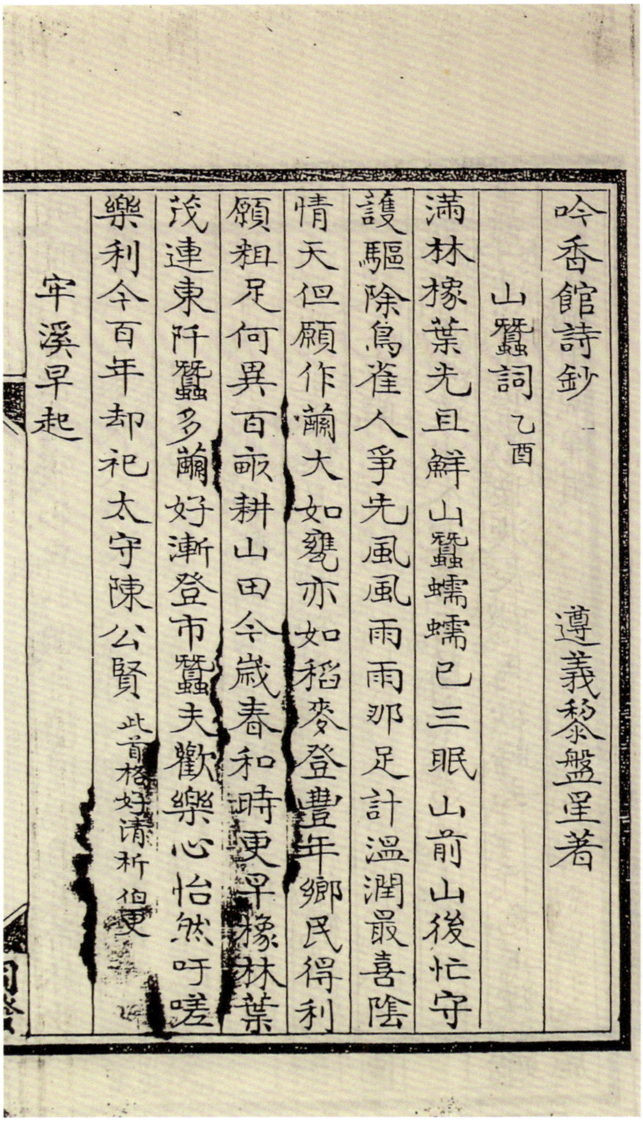
吟香館詩鈔　遵義黎盤星著

山蠶詞 乙酉

滿林橡葉先且鮮山蠶蠕蠕已三眠山前山後忙守護驅除烏雀人爭先風風雨雨那足計溫潤最喜陰情天但願作繭大如甕亦如稻麥登豊年鄉民得利願粗足何異百畝耕山田今歲春和時更早橡林葉茂連東阡蠶多繭好漸登市蠶夫歡樂心怡然吁嗟樂利今百年却祀太守陳公賢 此首格好清析伯更

牢溪早起

黎夏軒之唱和詩作。扉葉有鄭伯更及黎淵總評，卷册中存鄭知劬評。對其詩，鄭伯更曰：『合閲諸作，已多雋永之處，唯五字最爲渾成，所不取者可删去也。』鄭知劬曰：『頃讀君詩，始知君天資學力迥出尋常什伯輩也。吾輩中如斯才者，不多見矣。君之詩，我伯兄所謂騷壇後勁，誠不虚也。第以通體而論，才氣之英邁、字句之秀麗，非鈍根人所能及者。他日進到沉著神悟一境，别開生面，自樹一幟時，當必以集自鳴也。』所評頗恰。

稿本現藏遵義市博物館，本叢書據此影印。

（黎鐸）

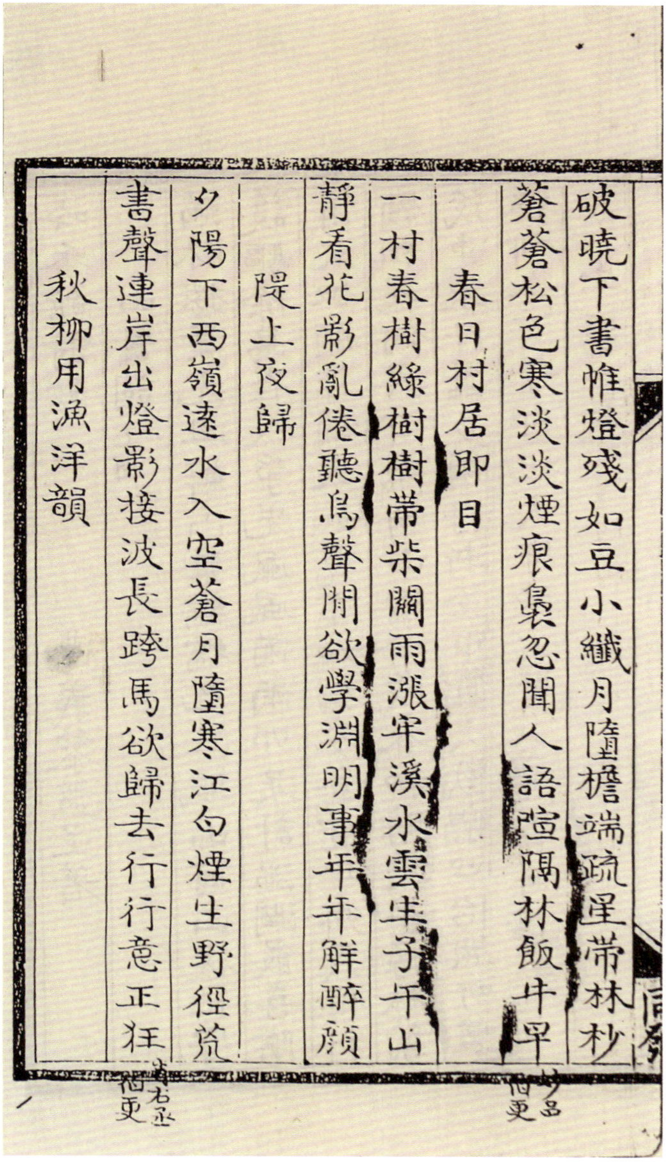
破曉下書帷燈殘如豆小纖月墮檐端疏星帶林杪
蒼蒼松色寒淡淡煙痕裊忽聞人語喧隔林飯牛早 妙品 伯更

春日村居即目

一村春樹緑樹樹帶柴關雨漲平溪水雲生子午山
静看花影亂倦聽鳥聲閒欲學淵明事年年解醉顔

隄上夜歸

夕陽下西嶺遠水入空蒼月墮寒江白煙生野徑荒
書聲連岸出燈影接波長跨馬欲歸去行行意正狂 大有右丞 伯更

秋柳用漁洋韻

雲英吟卷一卷

清唐貞撰。唐貞（一八六九—一九〇〇），字雲英，四川新都縣人。光緒十一年十六歲時嫁與趙廷璜爲妾，爲夫婦十六年。侍趙廷璜到綦江五年，到趙懿名山令之官所又三年，後又隨之到嘉定、重慶、敘州、萬縣、雲安之間又八年。光緒二十六年七月二十二日，趙廷璜在綦江寓所逝世，唐貞悲痛欲絶，服毒自盡殉夫。唐貞無子女，以族孫趙宗復爲嗣。

《雲英吟卷》存詩九十九首，主要描寫情感生活，特别是濃綿之夫婦深情。其詩風古樸典雅。形式上以五七言近體詩爲主，間有五七言古詩及少量雜言詩。其詩爲趙廷璜長子趙怡整理刊刻，存世爲《黔南叢書》刻本。

此書之清末鉛印本藏遵義市圖書館，本叢書據此影印。（岑玲）

雲英吟卷

新都唐貞

侍病

殘妝罷深宵侍病燈邊坐藥鑪並茶鐺細細添微火隔帳聽呼吸忐忑心若挫聲粗愁感深息短驚氣懦四更人靜時炷香禱靈課細步嚇鼠喧低聲呼婢臥時一聞醒呼捧椀就牀諸縠巾拭微汗銀盂接殘唾說夢喜漸清沈迷欣霽破窗寒雞亂號啟戶月初墮呼僮趄延醫且喜昨宵過

香草樓詩卷一卷

羅綿纖撰。羅綿纖（一八七六—一九一五），四川什邡羅村人。光緒十八年十七歲時嫁與趙怡（趙廷璜與鄭淑昭之長子）爲妾，此時趙怡妻鄭紈（鄭珍之孫女）已過世四年，但羅綿纖仰慕鄭紈之賢德與大家風範，故終以小妾之禮侍趙怡，隨趙怡至新津石泉任所及其他官所。清宣統三年，年僅十七歲之子宗祜病死於途中；次年女兒琚又病死於錦里（成都），年僅十五歲。民國四年七月二十五日，趙怡病逝。羅綿纖亦如趙怡之繼母

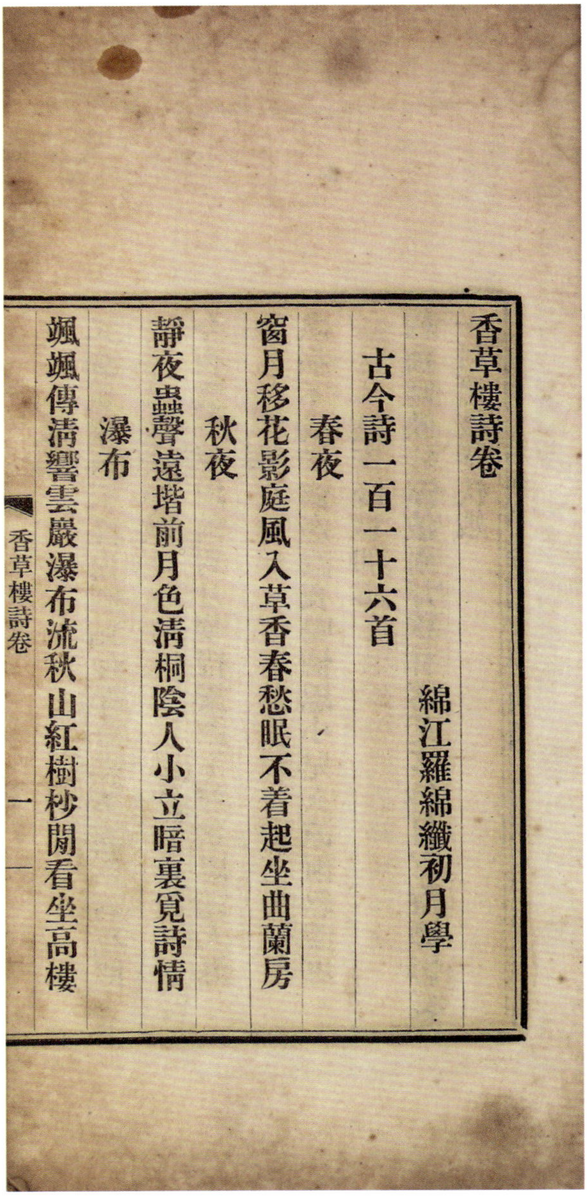
香草樓詩卷

綿江羅綿纖初月學

古今詩一百一十六首

春夜

窗月移花影庭風入草香春愁眠不着起坐曲蘭房

秋夜

靜夜蟲聲遠堦前月色淸桐陰人小立暗裏覓詩情

瀑布

颯颯傳淸響雲巖瀑布流秋山紅樹杪閒看坐高樓

香草樓詩卷 一

唐貞，服毒自盡以殉其夫，與趙怡爲夫婦二十二年。

《香草樓詩卷》存詩一百一十六首，內容主要表現細膩温婉之夫妻情，另有展示異鄉風土人情之作，顯示詩人走出山鄉後眼界及詩歌內容之拓展。如描繪羌族聚居山寨獨特景致之詩歌，展示羌族當地歷史文化，富有濃郁生活氣息。其詩歌風格形式上以五七言近體詩爲主，間有五七言古詩及少量雜言詩，其五七言近體詩頗見功力。

本叢書據貴州省博物館藏民國鉛印本影印。

（岑玲）

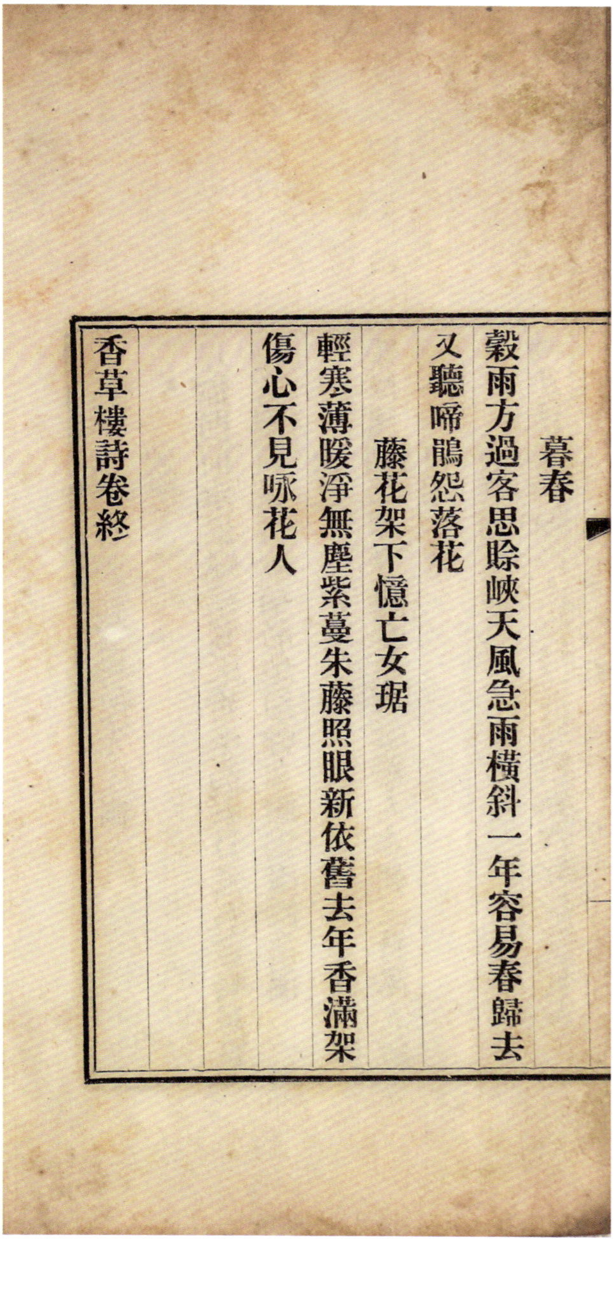
暮春
穀雨方過客思睽峽天風急雨橫斜一年容易春歸去
又聽啼鵑怨落花
藤花架下憶亡女琚
輕寒薄暖淨無塵紫蔓朱藤照眼新依舊去年香滿架
傷心不見咏花人
香草樓詩卷終

守拙齋文集一卷

楊兆麟撰。楊兆麟生平見子部《守拙齋遺訓》提要。

是書封題『楊次典先生文集』，卷端題『守拙齋文集』，收文一十三篇。其中多爲序跋、墓誌銘、壽序等。代皇帝草擬之册封文，作於任翰林院編修時，餘則爲留日至去世前作，尤以宣統三年以後爲多。

本叢書據貴州大學圖書館藏民國鉛印本影印。（龍先緒）

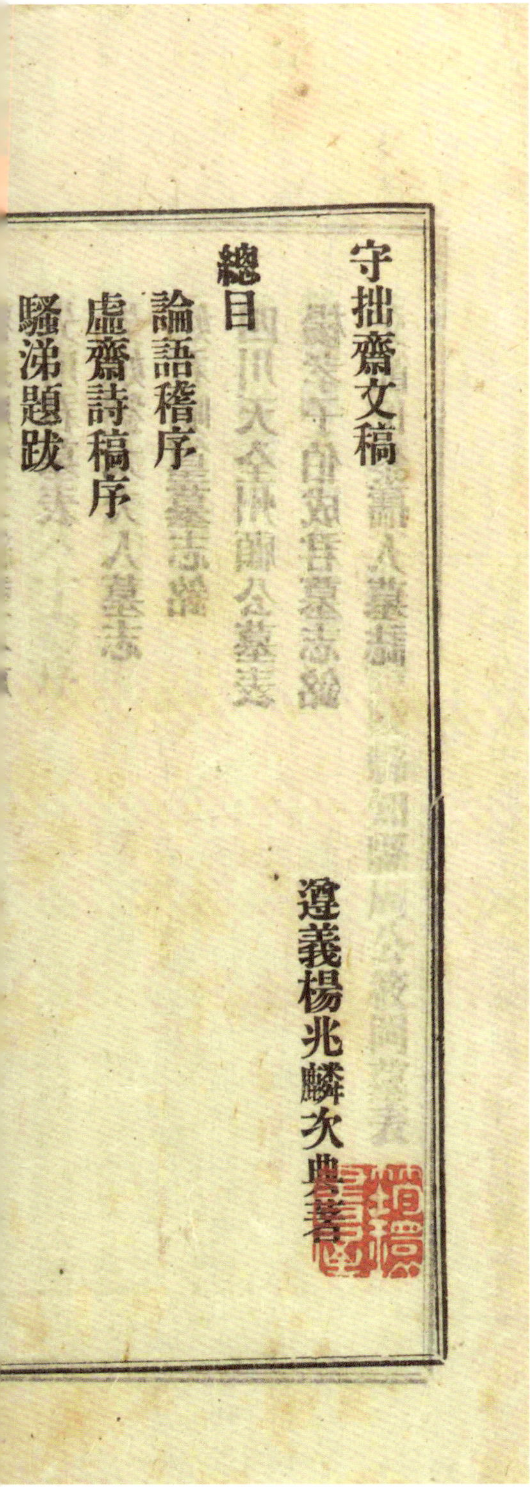

守拙齋文稿

遵義楊兆麟次典著

總目

論語稽序

盧齋詩稿序

騷涕題跋

守拙齋文集

遵義楊兆麟次典著

論語稽序

論語稽凡若干卷吾鄉宦莘齋先生所手著也其書以何解為經朱注為緯而輔以漢以後諸家之說又往往自出己意斷制精審足以羽翼聖經黎蒓齋觀察序中言之詳已吾鄉當道咸年間鄭子尹莫子偲兩徵君以樸學聞於時先生行輩後於鄭莫而與兩家為世姻又親受業於黎君筱亭之門筱亭伯庸先生之弟海內所稱鄭莫黎三傑伯庸其一也先生早歲既習聞三君子之緒論故所學具有根柢中年以後流寓大江南北所

守拙齋詩集一卷

楊兆麟撰。楊兆麟生平見子部《守拙齋遺訓》提要。

此書封題『楊次典先生詩集』，卷端題『守拙齋詩集』。收録古近體詩近百首，起光緒三十三年，迄民國八年。有唱和之作，有感事懷人之作，亦有游歷山水之作。

本叢書據貴州省圖書館藏民國十九年遵義廣文石印本影印。

（龍先緒）

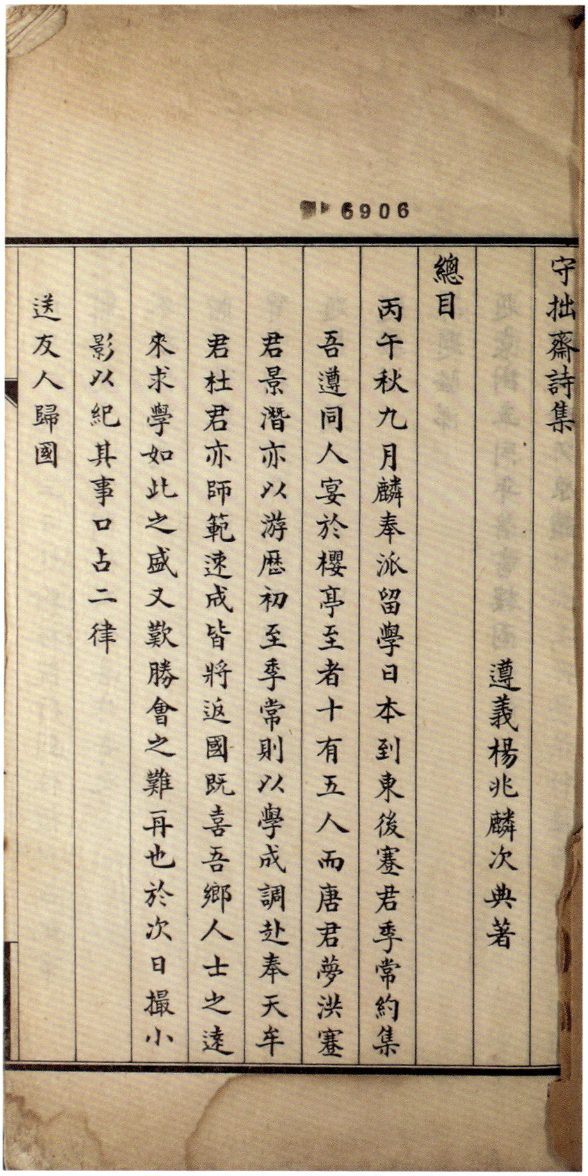

守拙齋詩集

遵義楊兆麟次典著

總目

丙午秋九月麟奉派留學日本到東後蹇君季常約集吾遵同人宴於櫻亭至者十有五人而唐君夢洪蹇君景潛亦以游歷初至季常則以學成調赴奉天季君杜君亦師範速成皆將返國既喜吾鄉人士之遠來求學如此之盛又歎勝會之難再也於次日撮小影以紀其事口占二律

送友人歸國

二九寒威昔已增懷中揷手共淩兢軸交地媪原周轉氣燴天公信勵能農事獨憂冬少雪人情翻笑水成冰太康卻憶兒時景白屋晶絛罨幾層

上氣奔騰眼復昏年來瘦骨那堪捫病同仇敵陰攻隙藥昧君臣苦配煩永夜狼嘷如叫怨誰家巫鼓又招魂擁衾默念陰陽理欲起南公與共論

情熱淵明影答形衛生勗我肆禽經人間那有常圓月天上空存主壽星造物摶成都傀儡閻羅認去是居停祝宗默禱常祈死為恐妻兒不忍聽

倦從河上訪仙翁世事惟當學啞聾七日豹藏緣畏霧三

六泉別墅筆記一卷

清歐陽曙撰。歐陽曙，生卒年不詳，貴州湄潭人，家居永興界溪之河村，周邊有水井六口，自號六泉居士。曾宗彥於本書《序言》中提及，光緒二十八年，歐陽曙七十歲，以此推斷歐陽曙生於道光十二年，歿於民國初期。清光緒元年，獲恩科舉人。任龍里縣教諭，後升鎮遠府訓導。清光緒二十四年，湄潭知縣吴宗周主持續修《湄潭縣志》，先後聘人編撰，未得結果，旋以纂修之任相聘。歐陽曙肩負續修之主纂重任，於清光緒二十五年如期纂成《湄潭縣志》。完稿後，歸永興界溪之河村家中。歐陽曙對西方列强不斷肆意踐踏中國領土甚是憤慨，於家中寫下《六泉別墅筆記》。

該書扉葉題『六泉別墅筆記五種』，卷前載歐陽曙

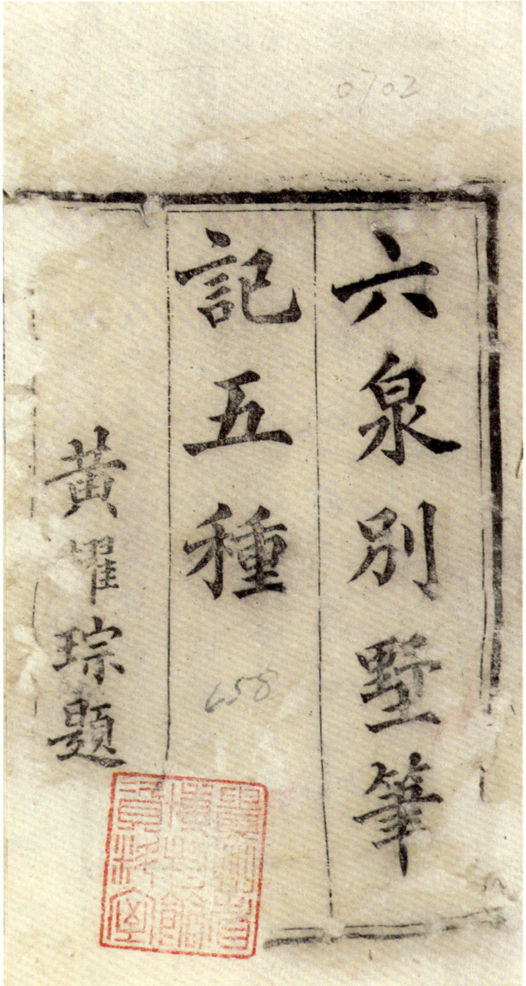

《自記》、曾宗彦《序言》、陳望林《序言》及歐陽曙《臆語自叙》。該書以勢測、數測、理測分析當時國内外形勢，期盼勵精圖治，力求自强。『以勢測者，聚必有散』，八國聯軍最終會分開，此形勢之必然；『以數測者，衰可轉盛』，我國地大物博，有四萬萬人口，祇要團結一心，必然强大；『以理測者，近能暨遠』，中華文化博大精深，影響及於外，必將被世界采納。國家之遭難猶如人生病，作者以『醫喻』方式從十四個方面進行分析。然後以『擇醫、易醫、信醫』三個方面進行論證。光緒二十八年，福建閩縣人曾宗彦（光緒九年進士）調任貴州思南府知府，途經永興，與歐陽曙促膝談心，爲其愛國情懷所感動，與其商議將該書刻印出版，以激勵人們自强不息。

本叢書據貴州省博物館藏清光緒刻本影印。

（張憲忠）

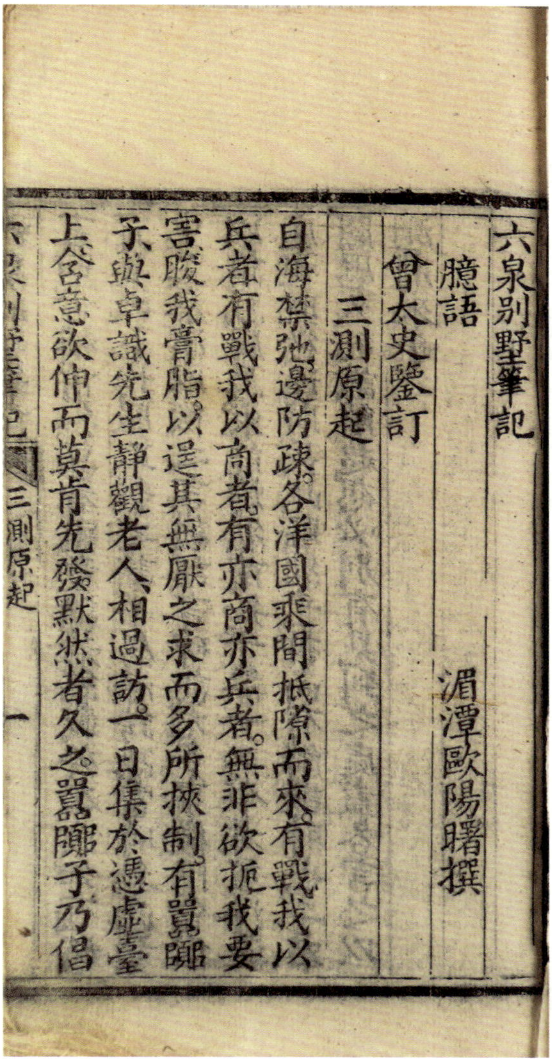
六泉別墅筆記

臆語

曾太史鑒訂　湄潭歐陽曙撰

三測原起

自海禁弛邊防踈各洋國乘間抵隙而來有戰我以兵者有戰我以商者有亦商亦兵者無非欲扼我要害朘我膏脂以逞其無厭之求而多所挾制有覺覸子與卓識先生靜觀老人相過訪一日集於憑虛臺上含意欲伸而莫肯先發默然者久之覺覸子乃倡

六泉別墅筆記　三測原起　一

紀事微言（存卷四）

清歐陽曙撰。歐陽曙生平見集部《六泉别墅筆記》提要。

《紀事微言》約刻印於清光緒二十五至二十九年之間。光緒二十四年，湄潭縣令吴宗周聘在鎮遠府任訓導之歐陽曙回鄉主纂《湄潭縣志》，歷時近兩年，縣志纂成，歐陽曙回到家鄉永興界溪，將自己平常所撰寫之逸聞趣事編撰成册，印刷出版。清光緒三十年三月，作者再一次進行校對，發現書中有八十餘字謬誤，因此親筆修改於書上。

歐陽曙於清光緒十九年調鎮遠府學任訓導後，將親歷親聞

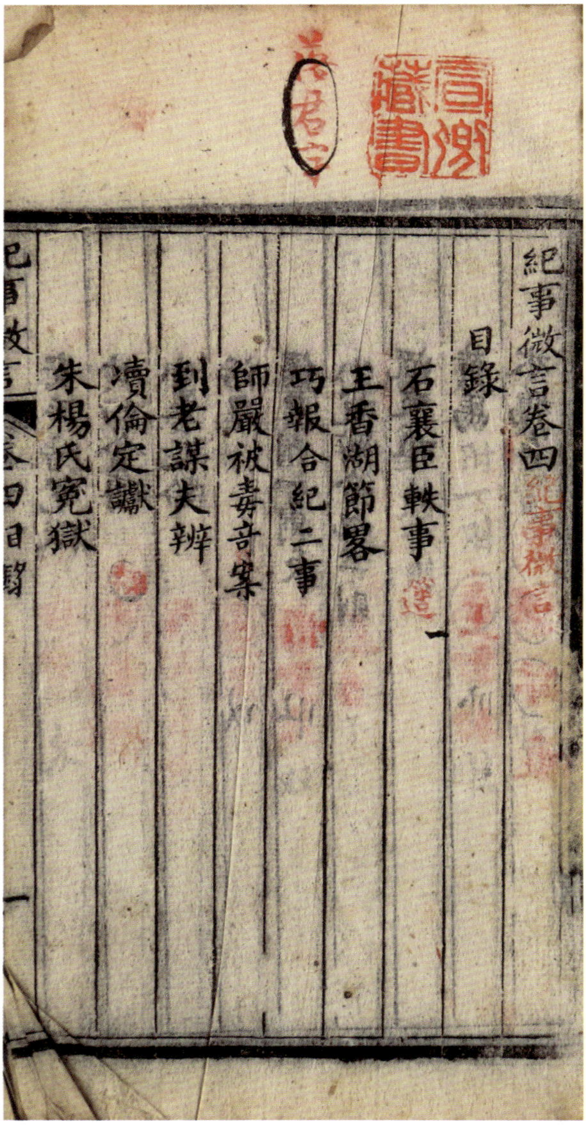
紀事微言卷四
目録
石襄臣軼事
王香湖節畧
巧報合紀二事
師嚴被毒音案
到老謀夫辨
瀆倫定讞
朱楊氏冤獄

之逸聞趣事撰寫爲三十個故事。每個故事皆對時間、地點、人物有具體交代，故事多以懲惡揚善爲主題，亦有忠君愛國不懼外敵之《石襄臣軼事》，不與邪惡之人計較之《打虎匠》故事。書中《朱楊氏冤獄》收録於清光緒《湄潭縣志・藝文志》。

該本藏貴州省博物館，僅存卷四。本叢書據此影印。（張憲忠）

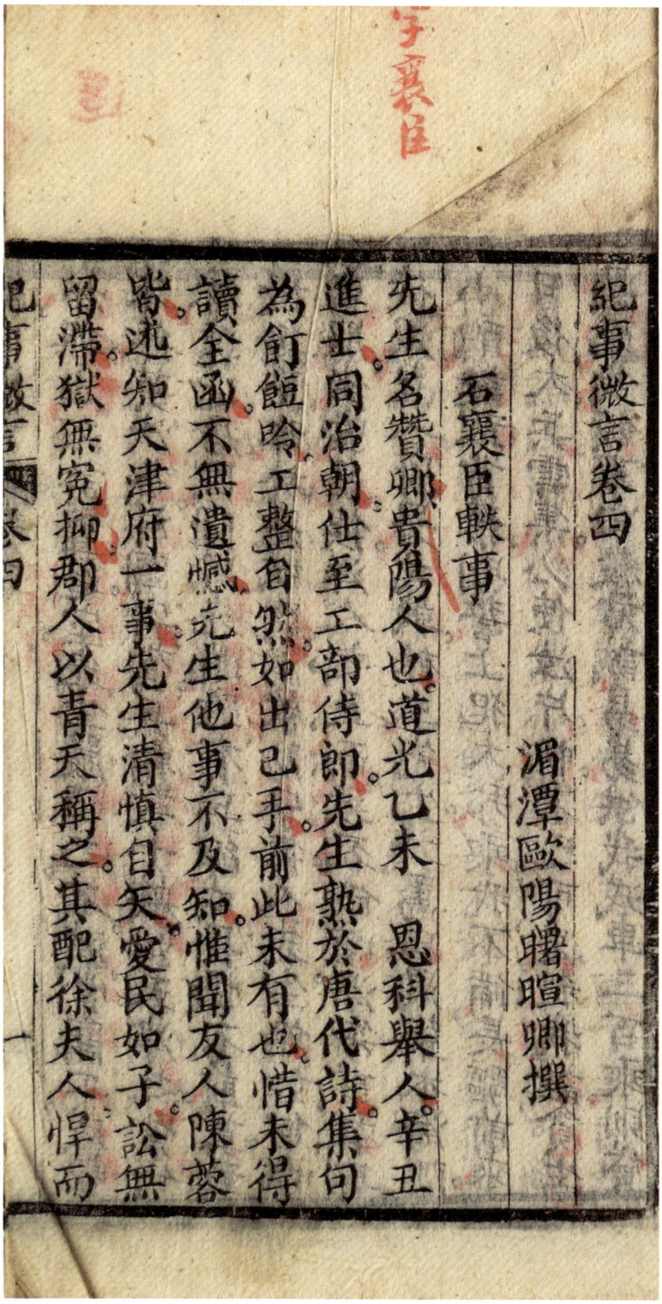
紀事微言卷四
湄潭歐陽曙暄卿撰
石襄臣軼事
先生名贊卿貴陽人也道光乙未恩科舉人辛丑進士同治朝仕至工部侍郎先生熟於唐代詩集句為飣餖吟工整自然如出己手前此未有也惜未得讀全函不無遺憾先生他事不及知惟聞友人陳蓉皆述知天津府一事先生清慎自矢愛民如子訟無留滯獄無冤抑郡人以青天稱之其配徐夫人悍而

夢覺覺未覺一卷

清歐陽曙撰。歐陽曙生平見集部《六泉別墅筆記》提要。

清光緒十五年，歐陽曙時任龍里縣教諭，因患病數月未能治癒，有人言吸食鴉片煙可治。聽其言，果然奏效。吸食一二日，有飄飄欲仙之感，成癮難棄。然現實生活并非夢幻，歐陽曙乃悟鴉片之危害，遂用七言古歌、七言律詩、駢體文、五言長排等體裁，將自己吸食鴉片之經歷以及在龍里之所見所聞，集成《夢覺覺未覺》一書，以警世人。宣統元年初，貴州提學使陳榮昌創辦貴陽府官立中學堂，聘請歐陽曙赴學堂任教，發現歐陽曙所撰此書稿，請其對原稿再一次校對後，於是年七月交提學使出版印刷。

本叢書據貴州省博物館藏清宣統刻本影印。（張憲忠）

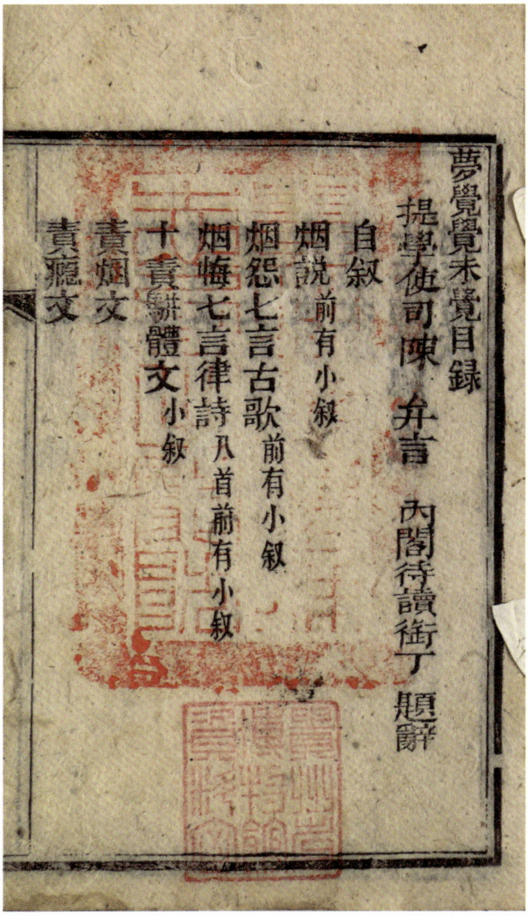
夢覺覺未覺目録
提學使司陳　弁言　内閣侍讀銜丁　題辭
自叙
烟説 前有小叙
烟怨七言古歌 前有小叙
烟悔七言律詩八首 前有小叙
十責駢體文 小叙
責烟文
責癮文

夢覺覺未覺

提學使司陳　鑒訂

湄潭暄卿甫歐陽曙著

烟說

大夢初醒、沉痾乍起、恥同蠖屈、願效鶯遷、揮慧劍以斬愛根、覓慈航而超孽海、八端五刼、不盡附會之條、短歎長吟、時懷沉淪之懼、趁我躬之尚在、即早回頭、慨逝者已如斯、敢再失足作烟說、

金粟齋詩存一卷

清王青蓮撰。王青蓮（一七七六—一八三八），字希白，號香湖，貴州省遵義縣東鄉樂安里龍坑（今新舟鎮龍淵村）人。金華知府王恒子。嘉慶七年進士。歷任崇明知縣、督糧同知、江寧知府、山西冀寧道、廣東按察使、山東布政使。王青蓮工古文辭，曾刊《金粟齋制藝》及館課詩賦。金粟齋，王青蓮書齋名。道光十七年，刻成《金粟齋古文存》、《詩存》兩集行世，至今僅有《金粟齋詩存》（以下簡稱《詩存》）一册存世。該本注明爲清末所刻，據其子王漳所言，應在道光十七年付梓。又據莫與儔云，王青蓮有『《文存》、《詩存》若干卷，先後板行』。

《詩存》一册，綫裝，共三十四葉，每葉二十行，行二十一字。收王青蓮詩

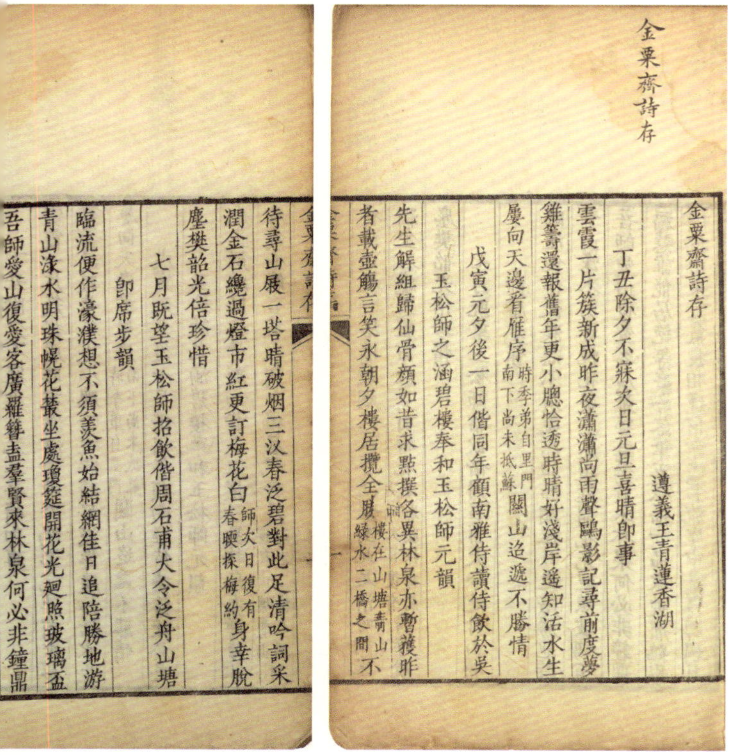
金粟齋詩存

金粟齋詩存　遵義王青蓮香湖

丁丑除夕不寐次日元旦喜晴卽事

雲霞一片簇新成昨夜瀟瀟尚雨聲鷗影記尋前度夢雞籌還報舊年更小聰恰透時晴好淺岸遥知活水生屢向天邊看雁序時季弟自里門南下尚未抵蘇關山迢遞不勝情

戊寅元夕後一日偕同年顧南雅侍讀侍飲於吳

玉松師之涵碧樓奉和玉松師元韻

先生解組歸仙骨頳如昔求點撰各異林泉亦暫獲昨者載壺觴言笑永朝夕樓居攬全勝樓在山塘壽山綠水二橋之間不待尋山屐一塔晴破烟三汊春泛碧對此足清吟詞采潤金石纔過燈市紅更訂梅花白師次日復有春暝探梅約身幸脫塵樊韶光倍珍惜

七月既望玉松師招飲偕周石甫大令泛舟山塘

卽席步韻

臨流便作濠濮想不須羨魚始結網佳日追陪勝地游青山淥水明珠幌花叢坐處瓊筵開花光廻照玻璃盃吾師愛山復愛客廣羅簪盍羣賢來林泉何必非鐘鼎

九十六首，其中七古二十七首，五古六首，七律四十八首，七絶十五首。第一首作於丁丑，即嘉慶二十二年，末首題道光十五年，可知所録詩之創作時間。

《詩存》以唱和詩最多，次爲題畫詩，再次爲紀事詩，再次爲寫景詩，最少者即爲詠物詩。唱和諸人，是其嘉慶七年同科進士陶澍、梁章鉅、朱善旂等。而王青蓮與陶澍、梁章鉅二人之關係，高於别人。該書九十六首詩中，與陶、梁有關者達到六十四首，占全部詩作三分之二。該書詩題最長者爲七首七絶，即《平湖爲先君子舊治，蓮甲子道經兹土，湖人士攀留旬日，頌述舊德，情見乎詞，越今壬午，又將廿年矣。兹以奉差讞獄來湖，風景依然，故交零落，而當時惠政，湖之人至今猶稱道弗衰。蓮景仰先澤，唯懼不克負荷，口占紀事，即以自勗》，記述其父子四十餘年間先後同在一地爲政愛民之佳話。

《詩存》最具特色者，是作者對詩中所涉及之事物所作注，全部詩作竟有六十四首有自注。自注多有較高史料價值。如上述平湖七首，從其自注中可瞭解其父王恒在平湖重修平湖書院，建平湖名人陸清獻祠堂，捐獻廉俸修復便民糧倉，去除民間積弊，編纂《平湖縣志》等政績。《道光十五年二月二十四日召見紀恩四首》詩自注，更是王青蓮因政績卓著、辦事公允得到道光皇帝格外恩寵之紀實。

《詩存》爲目前所知王青蓮存世之唯一著作，現藏貴州省圖書館，本叢書據此影印。

（王任索）

萃廷詩集一卷

張萃廷撰。張萃廷字發强，清末民初今道真仡佬族苗族自治縣玉溪鎮人。曾應聘至省内甕安等地教書。

詩集爲手寫本，一册。此本收録作者《便覺眼前生意滿》、《陽春有腳》、《雨打梨花深閉門》等詩作一百五十首。另附《春草賦》（以春泥百草生爲韻）一篇并有『聖賢稱呼式』、詩韻等内容。詩作均爲五言十二句式。多以山水民風爲題，抒發個人感受與情志。對研究境内仡佬族文學創作等方面均有一定價值。

該書楷體書寫，小葉八行，行二十字。綿紙，綫裝。内容完整。一九九九年道真自治縣民族宗教事務局冉文玉搜集於玉溪鎮巴漁村。今藏道真自治縣民族展覽館，本叢書據此影印。（冉文玉）

曉霜楓葉丹 限丹字

碧減秋山樹奇顏破曉看霜還爲露白葉却有楓丹
素質當晨降青痕自嶺殘紅添非菊圃霞染邑松巒
人去留橋跡車停坐徑观追逢飛落候煖酒畏何难

松竹草堂深 得深字

遠把草堂尋松兼竹最深近天雲尚護拔地霧猶侵
茂雜鴛鴦邑芭含翡翠陰逕边濤滾々窓外影森々
日照無從漏門藏昧所臨看茲茅舍暗馬鬣垃禽音

紫泉遊艸一卷

劉光麟撰。劉光麟，生卒年不詳，字少書，遵義縣西鄉（今三合鎮錦屏）人。同治六年舉人，署都匀府教授，兼清平（今凱里境内）、施秉訓導。光緒元年，以知縣分發，署果化州，有政聲。復署靈川縣，未到任病卒。著有《紫泉遊草》、《屏山詩草》、《北遊詩草》。《（民國）貴州通志・藝文志》所載書名作《紫泉詩草》。

此書爲作者於獨山參與解起義軍之圍時所著。獨山城有一紫泉，故以此爲書名。此書爲手抄本，前無封面，後已殘缺。存詩七十二首，古體詩十六首，其他爲律詩、絶句。按其内容，計挽詩七首，題贈詩二十一首，酬唱詩十二首，送别詩二十首，其他十二首。詩中多數涉及獨山被起義軍所圍時之人與事，有一定史料價值與藝術價值。

此抄本爲遵義市馮明家收藏，本叢書據此影印。（馮明家）

紫泉遊艸

哭親集李太白句

悲風鳴森柯雜恨滿滄波愁雲蒼慘寒氣多流光欺人忽蹉跎
高堂明鏡悲白髮豈知曉向雲間沒死留青冢使人嗟孤猿坐
啼墳上月家本隴西人翡翠錦屏中少年學劍術結交盡豪雄
豈知草動風塵起疇昔雄豪如夢裏累陳白骨亂如麻地摧山
崩壯士死而我竟何為未曾輒遷移世道且離別茫然使心悲
遠離別長相思懷恩未忍辭流淚空自知懷恩未得報長啼無
盡時先君懷聖德使我長歎息雞鳴遭亂離愁容變海色一呼
三軍皆披靡路遠西遙安可得作向艸間耿介死寧同萬死碎

蠶桑俗歌一卷

植桑俗歌一卷，養蠶俗歌一卷，清張世準撰；克齋詩草，倪應復撰；播州詩草一卷，張世準撰。張世準（一八二三—一八九一），字叔平，號二酉山人。祖籍沅陵縣城，出生於永綏。世準自幼好學，尤愛書畫，造詣頗深。清道光二十六年舉人，任刑部員外郎，仍常習書作畫，以山水、人物爲多。後棄官從藝，遍游川黔名山大川。清光緒七年回到沅陵，建舍於縣城北門，題名『鶴鳴山莊』。倪應復，字克齋，昆明人。道光二十年進士，知貴州遵義府。行草法米芾，頗清挺。

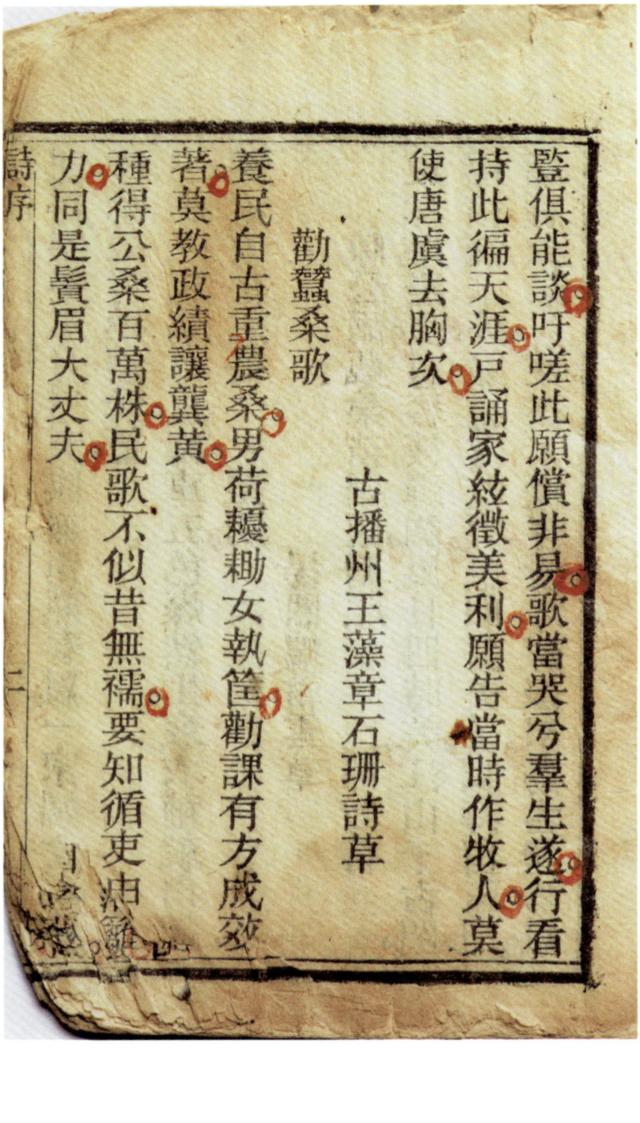
暨俱能談吁嗟此願償非易歌當哭兮羣生遂行看持此徧天涯戶誦家絃徵美利願告當時作牧人莫使唐虞去胸次

古播州王藻章石珊詩草

勸蠶桑歌

養民自古重農桑男荷耰耡女執筐勸課有方成效著莫教政績讓龔黃

種得公桑百萬株民歌不似昔無襦要知循吏由力同是鬚眉大丈夫

詩序 二

此書爲合刻，書葉有缺損。卷前録有倪應復《陳公祠觀張叔平新栽桑苗并觀新演采桑劇偶作》、王藻章《題張叔平蠶桑俗歌》、楊熙瑞《勸蠶桑歌》、劉澍《陳公祠觀桑苗歸題贈張叔平比部七首》等詩，以此爲序。其後又有張世準光緒四年序。《桑歌》、《蠶歌》各一卷，張世準所作，均爲五言，按生産程式，每一工序詠詩一首，共七十首，爲傳播蠶桑生産技術之作。《克齋詩草》、《播州詩草》爲倪、張二人酬唱之詩。

本叢書據遵義市圖書館藏清光緒四年刻本影印。

（朱純潔）

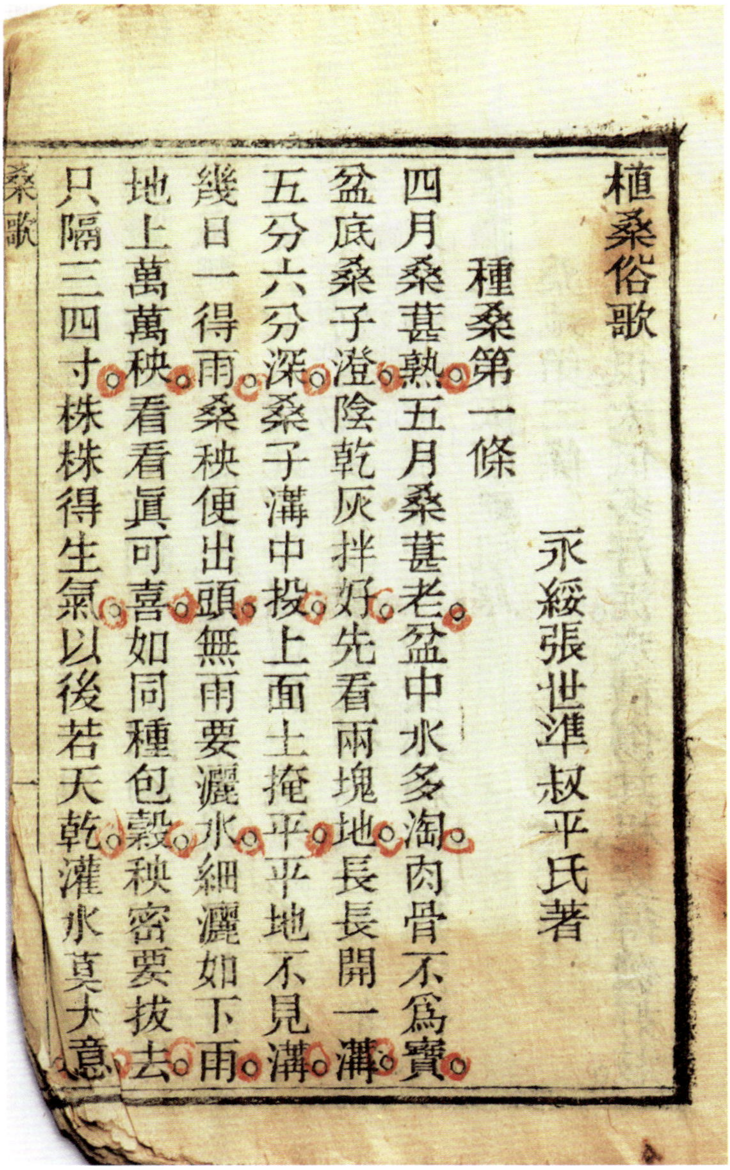
植桑俗歌

永綏張世準叔平氏著

種桑第一條

四月桑葚熟五月桑葚老盆中水多淘肉骨不爲實盆底桑子澄陰乾灰拌好先看兩塊地長長開一溝五分六分深桑子溝中投上面土掩平平地不見溝幾日一得雨桑秧便出頭無雨要灑水細灑如下雨地上萬萬秧看看眞可喜如同種包穀秧密要拔去只隔三四寸株株得生氣以後若天乾灌水莫大意

桑歌　一

趙敦彝詩稿一卷

趙敦彝撰。趙敦彝（一八九四—一九五五），字啓常，號鳳山樵子，貴州仁懷縣人。曾任仁懷縣高等學堂、小學、中學教師。專長文史地，善書畫，工詩文，頗有聲望。著有《課餘隨筆》，即此書。

詩稿共二册，一名《課餘隨筆》。詩前載趙敦彝《前言》、丁紹端《讀彝詩課餘隨筆瑣言》、王雲樵《讀彝詩課餘隨筆概述》。録古今體詩近二百首，寫於民國三十一年至三十八年間。此稿中寫景抒懷、感傷時事頗多，間有少量詞作。

此稿今存其裔孫處，本叢書據此影印。（龍先緒）

鵑啼

一聲未罷一聲呼，百花醒却醒我燕却，東風恨亦遲太何速，落英點點墜泥汙。

槐花落

風飄萬點疊蒼苔，幾度呼童掃不開，惜玉憐香誰個是，雖將艷色掩塵埃。

題贈杜春霖納齋松鶴圖

濩濩鶴髮襯淇華，洞傍松消學浣花，閑看清泉漾澄

傳家詩聯一卷

清劉玠撰。劉玠，字天錫，貴州仁懷縣小鹿鄉屯上人。據玠六世孫天心光緒十四年抄詩記，玠辛酉拔貢，兩會試不第，《序》稱玠退居林泉，好遊釣，因號樂漁翁。壯歲遊學四川古藺縣域。死後其子應時歸葬古藺大村攀金坡，後裔居習水縣民化鄉沙溪村石頭寨。

劉玠詩詞擅長掌故，隨事拈毫，即景題詩。現存詩一百三十九首，有自娱、抒情、懷古、花木、田園等類；聯一百二十二副，多爲勵志及鄉間應酬之作。

本叢書據仁懷穆升凡收藏之抄本影印。（穆升凡）

選進士樂漁翁自識

樂漁翁　劉諱玠天錫氏手輯

衣履皆常調，系竿一樣工。風來髯動處，乃不與人同。

漁翁叟

尊焉疑役賤，畀矣卻多齡。三字持相贈，無人不羨乎。

樂漁翁堡

祖畀田三畝，天賒水一壪。莫嫌基局窄，儘足適余歡。

樂漁翁宅

壁掛青絲網，簷垂白鐵鉤。扣門尋主者，高卧在樓頭。

樂漁翁溪

繡心錦口一卷

清錢登雲撰。錢登雲，字席珍，四川璧山縣人。出生於世代書香之家，在其父錢國仲時家道中落，後定居貴州綏陽，於螺水金承課童爲生二十餘年，在此期間有不少詩作。

本書有《詠春》七絶三首；《八月十五中秋咏月桂》七絶六首，七律一首；《館中無事聊作俚語以勉諸生》七絶十四首；《自歎》七絶六首；《和婁清溪文武兩考》七絶二首；《甲子年與萬鍾劉二表兄同鄉設館》二十首；《論世有感》七律五首；《贈李長興大老爺訓子》七絶十六首，七律四首；《八月内館中訓徒》七絶十四首；《余學館耽誤未得赴考而作》七絶七首，七律一首；《余有急事耽誤數天歸館而作以慰各東家之怒氣》七律四首；《深蒙陳師訓誨之恩，近今鄉村糊口，無由報達，聊作俚言以慰師衷》七律十首；《贈錢國長、錢國勳二先生俚言》七律二首，七絶一首；《余在梁家夜飲所作》四首；《書扇》七絶六首；《贈梁後崇先生父子》七律三首；《謝房東》七絶一首；《采樵歌》七絶一首。計百三十三首。作品主要反映作者對恩師無限感激之情，以及對弟子之希望與鼓勵；有些作品抒寫作者悲苦人生與世道滄桑之慨歎。

此稿爲綏陽王宗貴收藏，本叢書據此影印。（易道强）

斉枝頭代取列仙家　登雲

中秋皓月未當斜輝映斗牛槃攀花幸遇登蟾攀桂

客儂恩附尾作鄰家　登雲

秋風動桂影搖斜玉樹森森盡吐花但願乘槎今得

路蟾林折取献天家　登雲

丹桂經風映日斜枝枝槃爛露金花凌霄願借吳剛

斉拾得天香永作家　登雲

一輪秋月桂枝斜皎皎騰輝吐秀花素有登蟾攀折

黎樹詩稿一卷

黎樹撰。黎樹（一八六七—一九三五），字文圃，號嘯峰，貴州遵義人。貴陽府學庠生。畢生團館授徒。工篆籀書法、詩古文辭，著有《日本地理志》四卷、《廣州灣割地事記》一卷、《琴洲記》一卷。

此詩稿原爲二卷，卷二原稿已失。詩存一百二十餘首，内容爲作者游覽兩湖、兩廣、巴蜀、秦隴之作，反映出作者青年時代南北奔走，終無知遇之寂寞情懷。

本叢書據仁懷龍先緒提供之藏本影印。（龍先緒）

叱也須鼎食耀門閭。

東指扶桑西太濛，三年留學各爭雄。幾多經濟填懷抱，無限濤濤在眼中。故國書生誰我似，恒河沙數一時空。乾坤旋轉看能輩，果否蒼生起困窮。

覀門寺

金刹深潭里，瓊宮古木中。樓翻沈嶺日，窗度隔溪風。供佛勤僧侶，藏經想翁翁。巍然三百載，修葺世崇功。

寺為黎氏宗會之所，代有修葺。

次韻紅樓夢白海棠

鼎山詩鈔六卷（存卷二至卷六）

清令狐堃撰。令狐堃，字退之，號古珍州卧雲主人，貴州桐梓城南南溪口（今婁山關鎮）人。生於一八七二年，清光緒廩生。少聰穎，性嗜學，家貧不能購書，聞人有必索借，過目不忘。工詩文，學使傅雨農極賞之。光緒二十七年、二十九年兩次赴恩科不第，二十歲後即以教書爲業。歷設帳於黔西、遵義、桐梓等地，鬱鬱不得志以殁，時年未及四十。著《鼎山詩鈔》六卷，無力刊行。

詩鈔爲手稿，原六卷，惜佚卷一，存五册五卷。第二卷卷端題『古珍州卧雲主人未定稿 西州集令狐堃退之手著』，凡三百一十三葉，

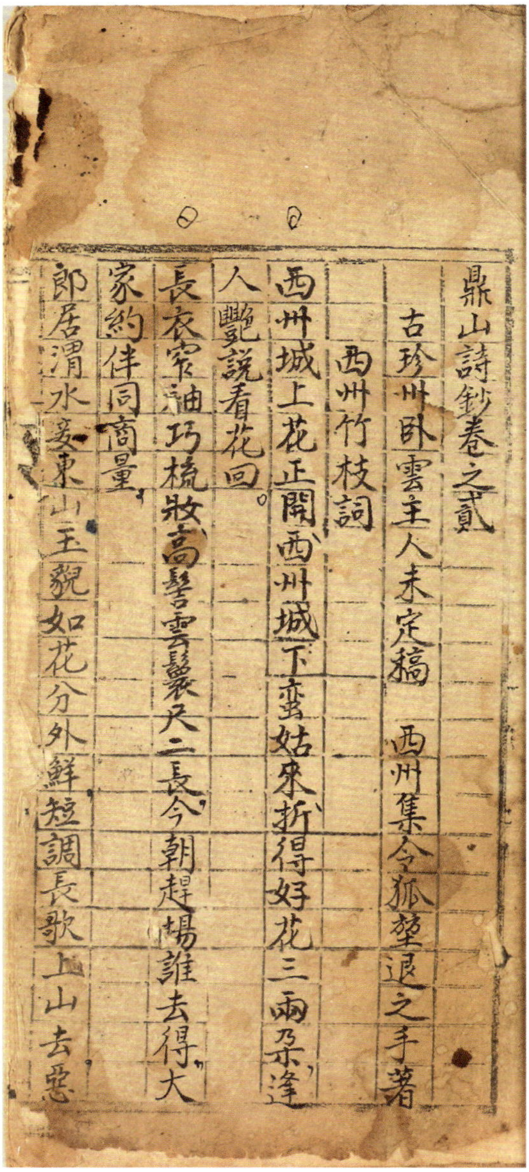
鼎山詩鈔卷之貳
古珍州卧雲主人未定稿　西州集令狐堃退之手著
西州竹枝詞
西州城上花正開西州城下蠻姑來折得好花三兩朵逢
人艷説看花回
長衣窄袖巧梳妝高髻雲鬟尺二長今朝趕場誰去得大
家約伴同商量
郎居渭水妾東山玉貌如花分外鮮短調長歌上山去惡

詩一千餘首。半葉八行，行二十二字。詩作題材豐富多樣。光緒間，外敵入侵，京師失陷，民族危難，退之雖一介寒士，仍關注時局，心繫家國，不少詩作凸顯『天下興亡，匹夫有責』之士人精神，其懷才不遇、報國無門之幽憤，宦游求仕之苦辛，往往令人動容。而宦游中生計之艱難、羈旅離別之愁思、孤客千里之鄉愁，於詩中歷歷可見。退之身處社會底層，對民生疾苦深有瞭解，其詩充滿深切同情。又數十首『竹枝詞』，描繪黔北、黔西等地風土民情，鞭撻地方官吏之腐敗荒淫，憂患深切。藝術形式上，五律、七律多善，尤工古體。或善於用典，或通俗曉暢，或詼諧辛辣，或具民歌風味。

此手稿五卷乃現存令狐堃著述之孤本，尤爲珍貴，存桐梓縣檔案局。本叢書即采用此藏本影印。（張嘉林）

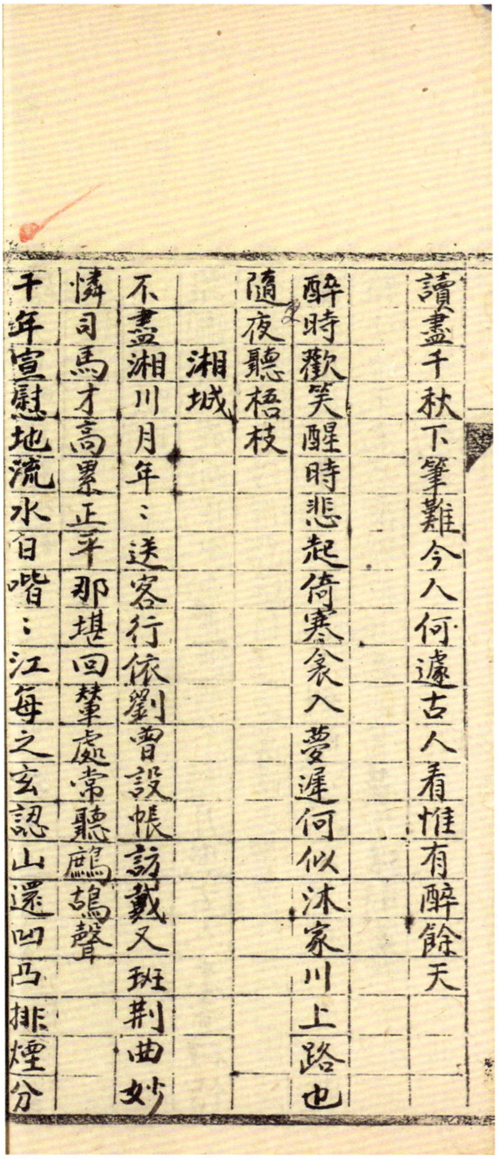
讀盡千秋下筆難令人何遽古人看惟有醉餘天
醉時歡笑醒時悲起倚寒衾入夢遲何似沐家川上路也
隨夜聽梧枝
湘城
不盡湘川月年年送客行依劉曾設帳訪戴又班荆曲妙
憐司馬才高累正平那堪回輦處常聽鷓鴣聲
千年宣慰地流水自喈喈江每之玄認山還凹凸排煙分

黎尹諧遺著一卷

黎尹諧撰。黎尹諧（一八九〇—一九三五），號胄生，貴州遵義沙灘人。其父庶誠、其子竹君，均能詩文。尹諧受家族詩友濡染，常與兄弟子侄耕讀吟詠。終生居於沙灘。

此遺著爲手稿本，裝訂爲一册。封面書黎尹諧名，無書名。内容雜蕪，主要爲其自作詩篇。前爲摘抄《幼學瓊林》。正文前題『雕蟲小技，胄生手書』，共存詩十六題二十首，描寫鄉居景物，也有感慨讀書無成之作。雖存詩作不多，然記述農耕生活及描寫家鄉美景之作語言清新，格律嚴謹，承續沙灘黎氏耕讀傳家之文風流韻。其《積雨空林煙火遲》五律云：『積雨山林暗，山家曉起遲。比鄰誰乞火，晌午未成炊。窮巷蓑披候，茅檐飯熟時。待看天色霽，婦子餉東菑。』其《秋山》云：『忽見秋山冷，空林影不遮。千崖黄葉下，一徑夕陽斜。暗谷藏陰氣，高峰映晚霞。丹青誰可畫，遠望勝三巴。』流露出愛鄉之情。稿本中雜有日常應用文十一篇，如《賀人生子啓》、《出遠求人推薦啓》、《蒲節約友人飲啓》等。

稿本現藏遵義市博物館，本叢書據此影印。（黎鐸）

從十三兄學自勵

無大攻書志更堅，朝朝辛苦課芸編。聖門雖說曾參魯，到底能將一貫傳。

自恨年來心太粗，直將學業付荒蕪。於今始得從兄教，豈敢須臾負月諸。

春中江上識卿時，忘反流連自覺痴。願結百年千歲好，不羞偏所定情詩。

三致嬌態之多羞，借作眉端一段愁。哀然歎聲聽不

明致堂詩稿不分卷

黎淵撰。黎淵（一八八〇—一九三五），字伯顔，貴州遵義人。清光緒二十二年，嚴修視學黔中，以古學第一取入泮。光緒二十六年以川東公費生留學日本早稲田大學法學系，獲法學博士學位，光緒三十一年歸國，三十三年獎給舉人。受命籌建天津北洋法政專門學堂，任首任監督。袁世凱爲總統後十分器重伯顔，欲引之入閣。伯顔以秉性散淡辭之。袁世凱屈尊而面之曰：『君家庶昌老人於我爲前輩。余駐戎漢城時，曾蒙遠道教授。與君家情誼，憂患所繫。閣下不欲爲官，入幕如何？當不會誤閣下清名，請思之。』（黎焕頤《我心中的伯顔大伯》，見《黎氏家集續編》）於是任袁世凱秘書，但散淡如常。嗣後相繼任參議院參政、上議院議員、國民政

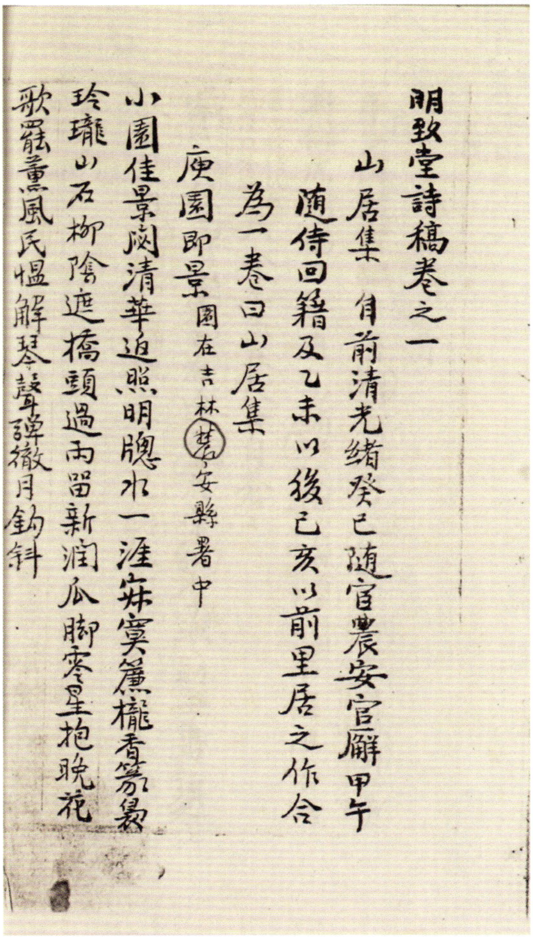
明致堂詩稿卷之一
山居集 自前清光緒癸巳隨宦農安官廨甲午隨侍回籍及乙未以後己亥以前里居之作合爲一卷曰山居集
庚園即景 園在吉林農安縣署中
小園佳景閲清華迫照明牕水一涯寐寞蕉櫳香篆裊玲瓏山石柳陰遮橋頭過雨留新潤瓜脚零星抱晚花歌罷薰風民慍解琴聲彈徹月鈎斜

府參政。晚年不得志，終老北京。

此詩爲八部分，第一爲《山居集》，係光緒十九至二十五年隨宦農安以前山居之作。第二、三爲《吴帆集》上、下，乃光緒二十五年離鄉經重慶，下三峽，歷漢口、上海，游蘇州，放洋至日本東京，途次所作。第四爲《留東集》，自光緒二十六年九月赴日本東京留學，至光緒三十一年十月歸國止。第五《栟翠軒吟稿》，民國四年八月，移居舊刑部街樂姓宅，因顔書室曰『栟翠軒』，爲民國四年、八年、十一年之作。第六《春蠶集》，集民國十七年前之詩。第七《鳩寄廬集》，民國十七年後之詩。第八《鷦巢集》，民國十九年四月後之作。

該書爲手稿，藏裔孫黎國華處，本叢書據此影印。（黎鐸）

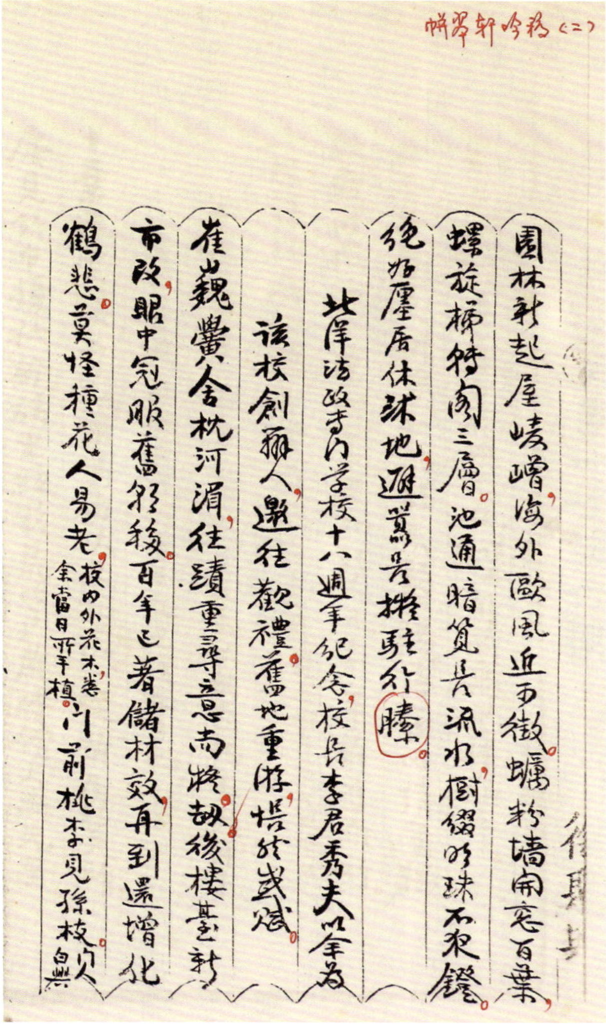

素園詩草一卷

侯樹濤撰。侯樹濤（一八六四—一九三三），字滄帆，號素園歸鶴，清末民初貴州桐梓縣城人。清末貢生。早年設館授徒，周西成、王家烈、侯之珪等皆出其門下。周西成主政貴州，委其任綏陽、赤水縣縣長。任内，『愛民治匪，辦團興學，諸善政，至今邑人稱頌』（貴筑聶延祜叙）。民國二十二年逝於赤水任所。存世著述，一爲詩集《素園詩草》，次爲與猶海龍、趙元雋等合纂之《（民國）桐梓縣志》。

《素園詩草》一册七十一葉。封面大字隸書題『素園詩草』，楷書『敬呈柴先生惠存』。書名葉題『民國十七年六月　素園詩草　周西成』，鈐『貴州省博物館資料室』印。次葉依次爲貴筑聶延祜、貴陽黄澤書、遵義牟琳、袁振麐所撰之叙，再次爲陳正猷、桂詩成、段家榕、聶樹楷、錢登熙、王延直之題識。葉左下書『貴陽文通書局代印』。正文

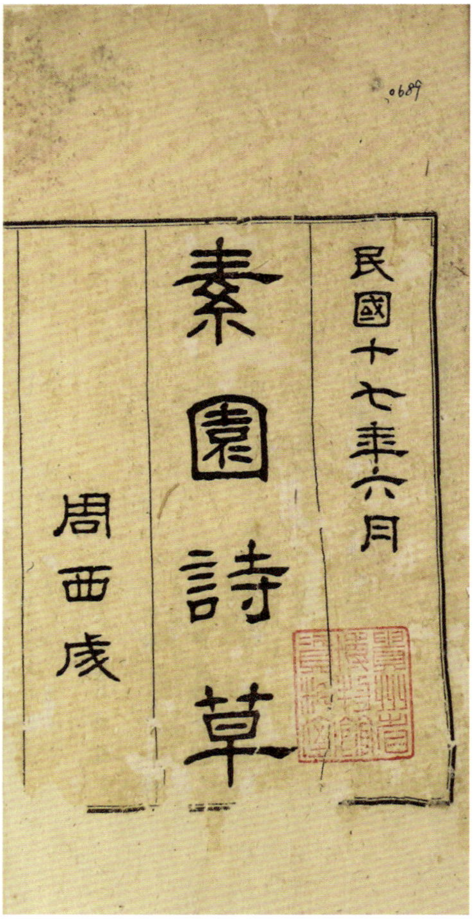

未見分卷字樣，然明顯分兩部分，其一爲二十四葉，其二爲三十葉。小葉八行，行二十字。詩凡一百二十五題一百五十首。天頭有編者讚語，卷末附民國十七年安順楊恩元《跋》。

《素園詩草》中山水記游、吊古抒懷、寫景紀實、酬唱應答等，皆不乏佳作。《碧霄洞》、《大雪吟》、《賞梅》諸篇，不假雕琢而真氣渾然；《拉肥豬》、《哀饑民》、《出走》等作針砭時弊，古直悲涼，有杜陵遺風。牟琳論云：『自子尹先生而後，黔北以詩鳴者，楊次典、趙友于外，殊少概見。滄帆能嗣其緒統，發揮而光大之，挽末世之頹風，爲後進之表率，庶幾好學之士，聞風興起，此固區區之所默禱也。』

該書爲民國貴陽文通書局印本，現藏貴州省博物館。本叢書據此影印。（張嘉林）

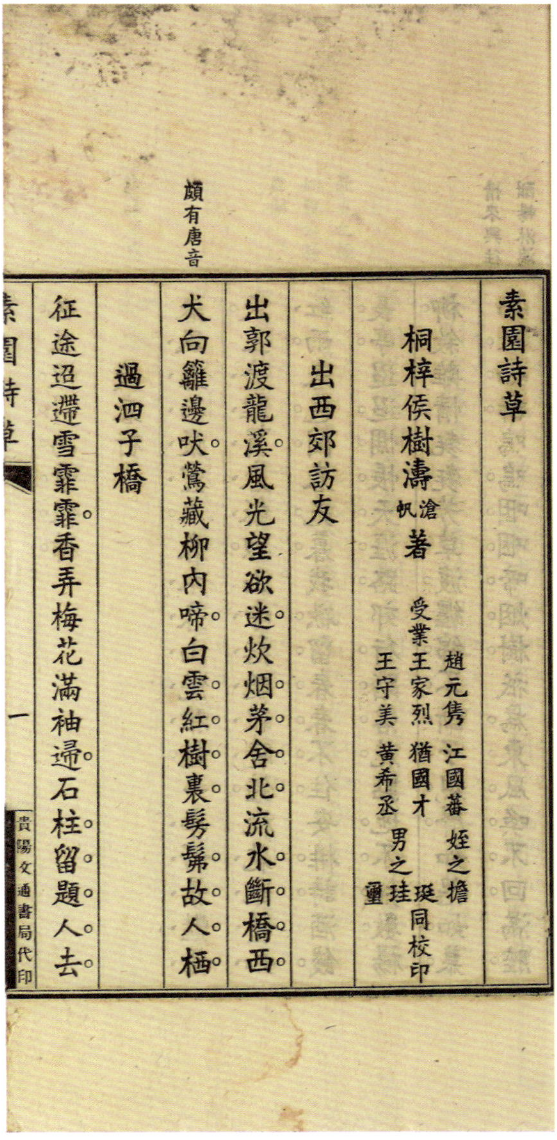
頗有唐音

素園詩草

桐梓侯樹濤滄帆著

趙元雋 江國藩 姪之擔
受業王家烈 猶國才 斑 同校印
王守美 黃希丞 男之珪 璽

出西郊訪友

出郭渡龍溪。風光望欲迷。炊烟茅舍北。流水斷橋西。犬向籬邊吠。鶯藏柳內啼。白雲紅樹裏。髣髴故人栖。

過泗子橋

征途迢遞雪霏霏。香弄梅花滿袖歸。石柱留題人去

素園詩草 一 貴陽文通書局代印

公篤草堂遺稿一卷

劉懋森撰。劉懋森（一八四八—一九二四），號瑞唐，又字絜滏（《桐梓縣志》作瑞堂），四川大足人。工吟詠，業岐黄。清同治（《公篤草堂遺稿》序中作『道光』，誤）五年隨兄芳坪宦游至貴州桐梓，遂定居於此。住城北吕家巷（原公篤路，現婁山關鎮民主路）。光緒十五年恩科舉人，光緒二十四年大挑二等，署施秉教諭，授平遠學正，前後在桐城鄉及貴陽、北京各顯宦處教學，出其門者半多偉器。民國初選省議會特别議員。歸里辦地方教育、實業事務，曾任兩級女校校長。有子七人，兵、農、政、法各擅所長。民國十三年冬，其子輯《公篤草堂遺稿》，録其存詩百餘首付印。另著有《古今民情摭述》二十卷，《公篤遺書》二十卷，未付梓。

此印本收録劉懋森詩作百餘首。卷前有鄭緯、周西成、平剛、劉尚衡、陳煉金、蘇學海等六人序文。周西成所撰《公篤草堂詩序》稱其詩『質而文，簡而賅』，『將偕子尹、淳（蓴）

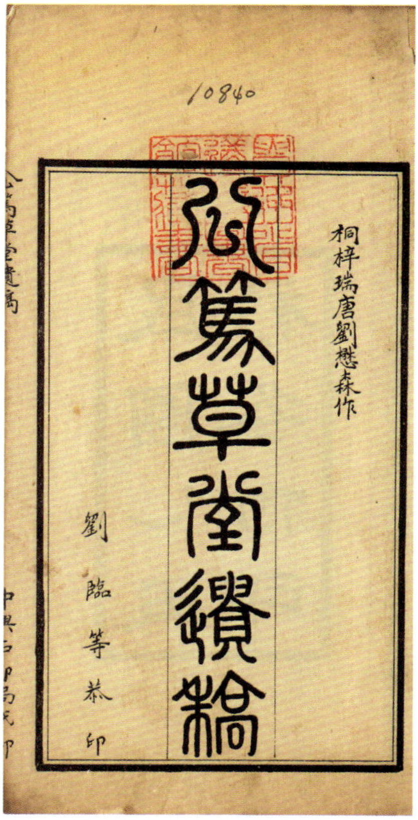

齋諸前輩之遺編，傳之無窮，嚮遺後學』。

卷前有作者遺像。書口印『重慶中興石印局代印』。牌記一『桐梓瑞唐劉懋森作　公篤草堂遺稿　劉臨等恭印』，牌記二『民國乙丑初冬付印』。

遵義市圖書館藏二册。一封面題『謹呈少貞先生惠存』；另一封面題『謹呈界凡先生惠存』。封面下部落款均爲懋森先生諸子名。其中喻界凡所藏卷前有喻氏題記一則，云：『此爲劉公篤先生遺稿，白描淡寫，一片性靈。其憂時感世之思猶深且切，玉偶對之巧、聲律之細亦可傳也。丙寅季冬其喆嗣禹東君自渝郵寄惠贈。書此誌其年月。碧峰居士界凡謹記』，并鈐朱文印『界凡』、白文印『聖域之印』。

本叢書據遵義市圖書館藏民國十四年石印本影印。（朱純潔）

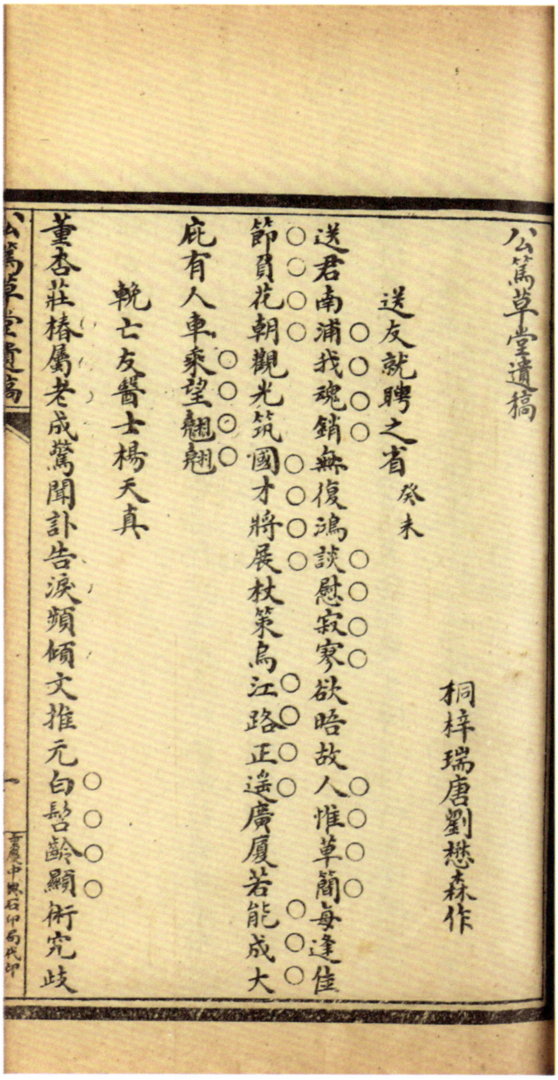
公篤草堂遺稿

桐梓瑞唐劉懋森作

送友就聘之省　癸未

送君南浦我魂銷無復鴻談慰寂寥欲晤故人惟草簡每逢佳節負花朝觀光筑國才將展杖策烏江路正遥廣廈若能成大庇有人車乘望翹翹

輓亡友醫士楊天真

董杏莊椿屬老成驚聞訃告淚頻傾文推元白髫齡顯術究岐

公篤草堂遺稿　一　重慶中興石印局代印

海棠軒隨筆一卷

黎邁撰。黎邁生平見史部《蜀游紀程》提要。

此爲稿本，封面及内葉題名『海棠軒隨筆』，下署『遵義黎邁著』，鈐『紫江朱氏存素堂所藏圖書』及『北京圖書館臧』印。内容多爲抄録李慈銘《越縵堂日記》，天頭常有評語，則疑爲黎邁所作。如記游極樂寺，天頭評語曰：『此種紀游短品，與其獨惜韶光，心情似與我輩相去不遠。』《送武昌李奕階進士士塏出宰天台》詩，天頭評曰：『一起有何異人處，即李自贊，亦不過直起直落而已。』『三句音節尚佳，然亦非名貴高超之作。』

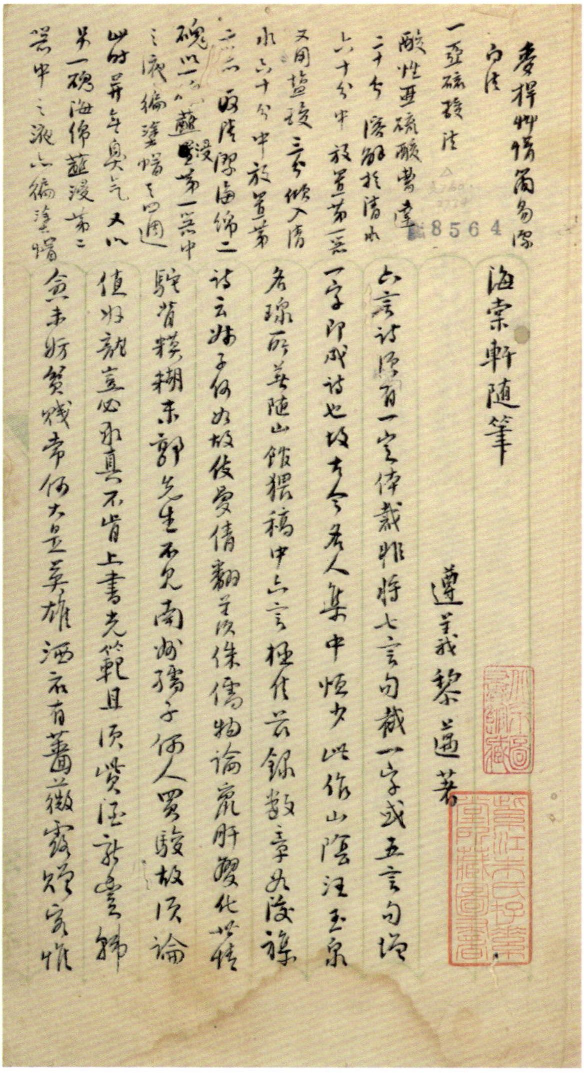
海棠軒隨筆

遵義黎邁著

且詩中既有朱筆圈點，也時雜評語，篇末則直言『李生太吹牛矣』。《軒翠舫記》後，應爲黎邁所記，内容較雜，有詩、人名及地址、砂田先生説育兒法、時事等。

稿本現存貴州省圖書館，本叢書據此影印。（黎鐸）

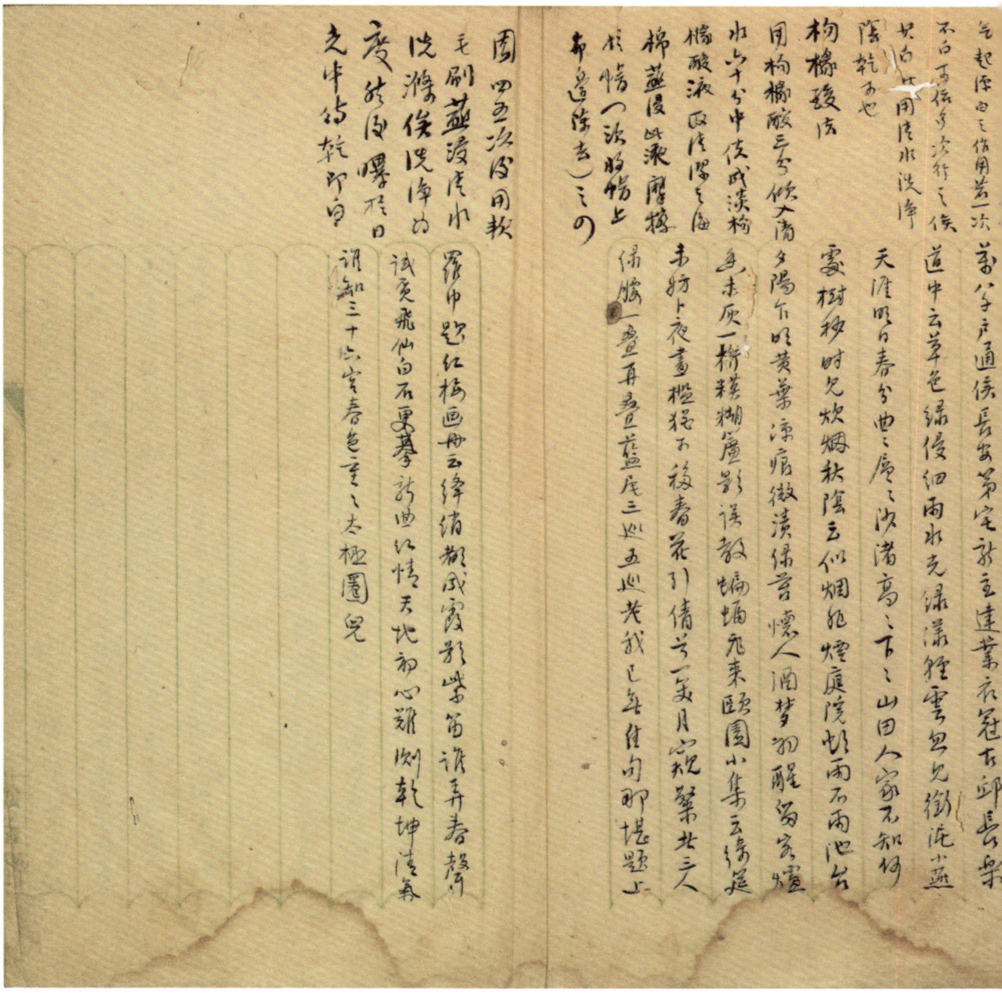

海棠軒稿一卷

黎邁撰。黎邁生平見史部《蜀游紀程》提要。

是書爲抄本，一册，封面署『十鼓硯齋詩稿』，卷端題『海棠軒稿』，鈐『紫江朱氏存素堂所藏圖書』及『北京圖書館藏』印。無作者名。存詩僅二十八首，然民生憂患、寫景抒懷、酬唱應答等，於詩中均有表現。

是本現存貴州省圖書館，本叢書據此影印。（黎鐸）

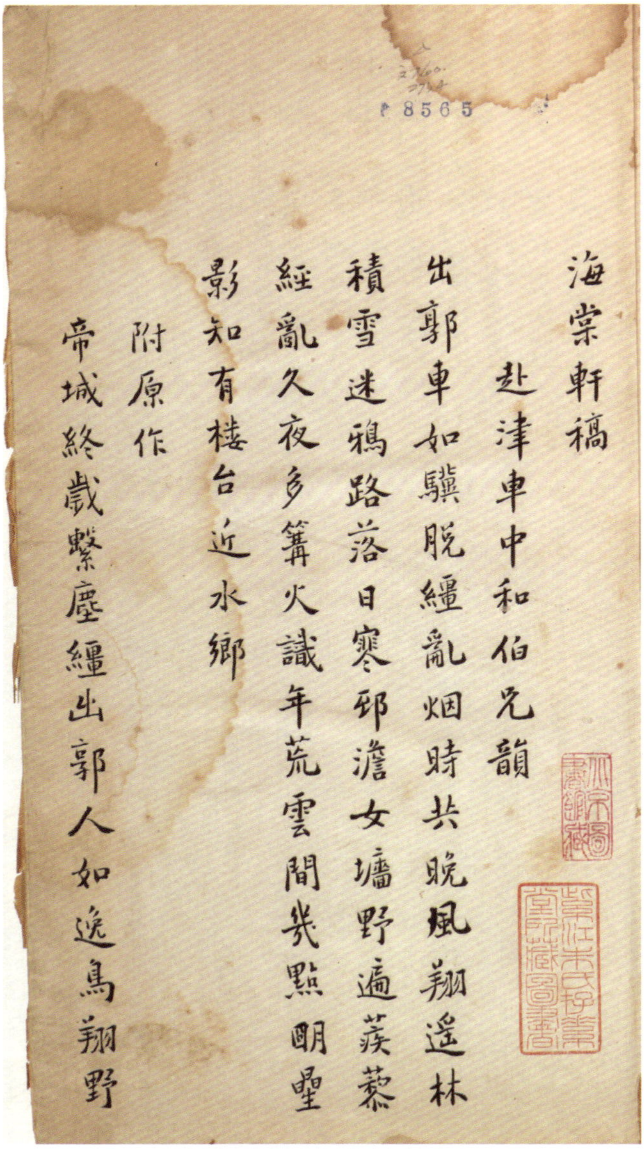
海棠軒稿

赴津車中和伯兄韻

出郭車如驥脱繮亂烟時共晚風翔遥林積雪迷鴉路落日寒邨澹女墻野遍蒹葭經亂久夜多篝火識年荒雲間幾點明壘影知有樓台近水鄉

附原作

帝城終歲繫塵繮出郭人如逸鳥翔野

祇宜長作海棠顛

　　追憶兒時鄉居新歲之樂和伯兄

總角逢年每跂望團圞爭進壽親觴登堂輩小先辭歲飲社風醽尚著鄉鞨鼓千家催到曉龍燈兩部爍成行歡游人日連元日夕少城南踏翠岡

　　京師上元燈詞

眼中蘦落米家燈（京師米燈盛行於咸同以前）不見鼇山百仞

十石鼓硯齋詩稿一卷

黎邁撰。黎邁生平見史部《蜀游紀程》提要。

是書一册，封面署『十石鼓硯齋詩稿雜鈔』，卷端題『十石鼓硯齋詩稿』，下署『遵義黎邁著』，卷端與卷末鈐『北京圖書館藏』印。此本僅存詩十首，附有路朝鑾、陳韜和其《老槐歌》詩二首。該本後附《雙棗書屋倚聲》，題『古播州黎邁填』，存詞九闋。

是書爲抄本，現存貴州省圖書館，本叢書據此影印。（黎鐸）

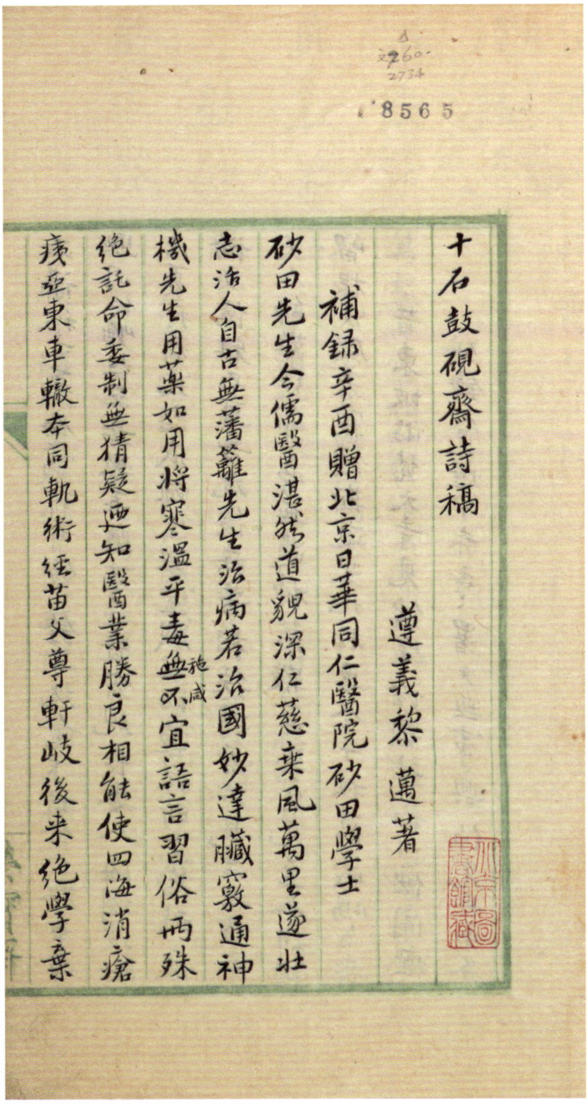

十石鼓硯齋詩稿
遵義黎邁著
補録辛酉贈北京日華同仁醫院砂田學士
砂田先生今儒醫湛然道貌深仁慈乘風萬里遂壯
志活人自古無藩籬先生治病若治國妙達臟竅通神
機先生用藥如用將寒溫平毒無施減不宜語言習俗兩殊
絶託命委制無猜疑迺知醫業勝良相能使四海消瘡
痍亞東車轍本同軌術經苗父尊軒岐後来絶學棄

雙棗書屋倚聲

古播州黎邁填

駐馬聽

詠觱篥

迤邐輕柔銷魂處尊前不是涼州蠟烟暈
蠹銀屏篆龍霧長圖疊翠成愁意難休顫
雲鬟鳳落釵頭一曲淋鈴九重淒怨孤調宜秋
漫說野狐禪後雅樂誰修誤舊時明月来

助歸草堂詩鈔五卷

黎梓撰。黎梓（一八八六—一九五四），字君衛，號丹臒，貴州遵義人。民國六年入陝，在陝西高等法院任書記官。時周沆任陝西漢中道尹，力邀丹臒任褒城縣知縣。不一年，陝西兵變，困於漢口，丹臒以教書爲業，厭惡官場，決意返鄉。適遇黔軍在漢口，且將入川。爲返鄉計，入黔軍任編修職。抵重慶，因土匪横行，乃買舟東下，轉赴北京。在京六年，困頓不得志，民國十七年秋，始得友人及黔省旅京同鄉資助返鄉。返鄉後，決心終老田園，爲感激友人相助歸里，榜其書齋曰『助歸草堂』。此後終生從事教育，學規極嚴，誨人不倦，從學者不下百人，弟子遍及黔中。

此《詩鈔》五卷，前有周沆、盧應錦序，後爲從兄黎淵及盧應錦題詩。其平生游歷、艱難困苦一寄於詩，『雍容淡雅，確有法度』，『樸而不野，清而能腴』（周沆《序》）。堪與黎氏家集中上乘作品媲美。『扣其所學，蓋歌行詩導源坡公，今體詩師法放翁，近中諸律尤肆力於隨園與諸家集。每丹黄數過，能扶其奥而洞其微，取其精而掊其秀，遺其殻而吸其髓。』貴州師大王燕玉教授評其詩曰：『禹門秀氣紙間收，一世吟哦踞上游。健筆凌雲翔老鳳，輕音蕩水泛雛鷗。神融查淡情尤摯，性發袁靈質更優。遺得助歸詩幾卷，名山待刻廣温柔。』

稿本藏侄曾孫黎鐸處，本叢書據此影印。（黎鐸）

刪

助歸草堂詩鈔卷一

遵義黎　梓丹䕶著

答人問拙尊園

此園結構幾多春短短牆遮花木陳門榜榮題欽使第樓高遥見樂溪濱鑿池引水清如活叠石爲山假似真二十年前信幽絕祗今荒廢漸荆榛

喜大兄生子

報到添丁喜不支吾兄况近艾年時王渾從此誇爲叔

藺濱吟草一卷

母重光撰。母重光生平見子部《寒山表稿》提要。

是書爲稿本，存詩共二十五首。作者自注云：『時民國十二年癸亥三月困於古藺，藉以遣懷，不過寫一時之愁而已，他安所計耶！』

是稿爲母重光後裔母先炯收藏，本叢書據此影印。（龍先緒）

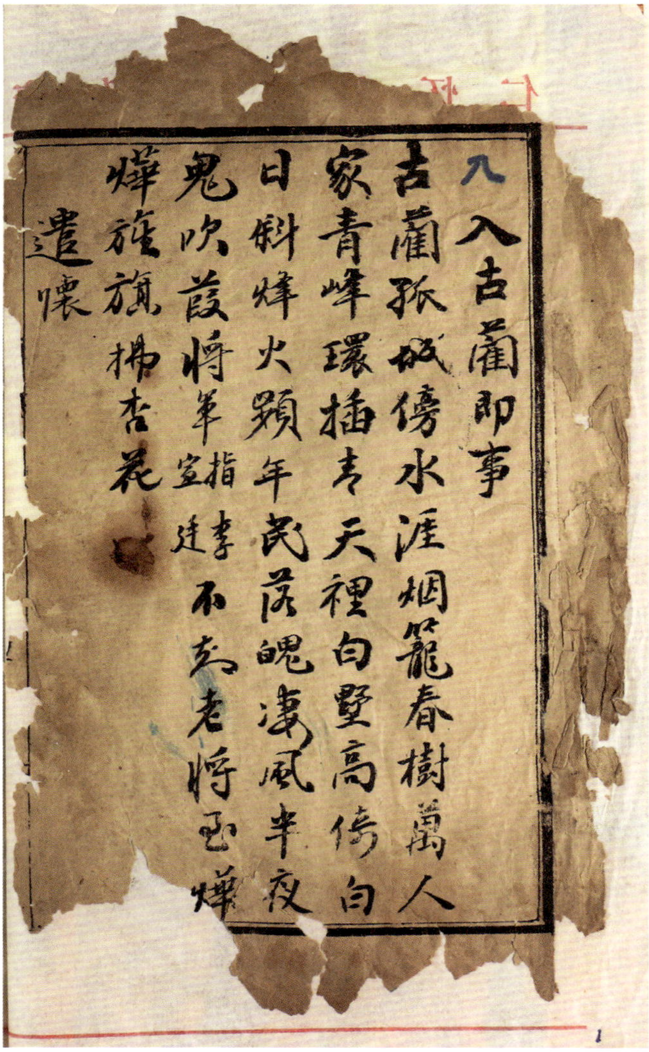
入古藺即事
古藺孤城傍水涯烟籠春樹萬人家青峰環插青天裡白壁高傍白日斜烽火頻年民落魄凄風半夜鬼吹葭將軍指李室廷不惑老將亞烽烽旗旗拂杏花
遺懷

風〻雨〻了莫尋天惆悵花殘又一
年無定萍蹤悲蜀道羽化蓬萊肯墜
湘川鸛鴒青斷雲邊雁蝴蝶魂銷
月下鵑叩佛燒香徧庵寺逢僧肯
捨誦經錢
桂苑傳書佛數天時有判某〻縣向紙集文延至山家夜拔以行焉
修臺短女戲階前撒寒也
弼居石桂
香坪剔苑

2

鳳樓閑談二編

陳鳴鏘撰。陳鳴鏘（一八七六—一九五二），初名紹虞，後名鳴鏘，號鳳樓，又號鳳于，別號吟（唫）公、朵唫子、鹿溪主人、鹿溪居士，遵義綏陽人。清光緒二十九年舉人，歷任綏陽洋川書院主講、雲南鹽務大使、雲南警務公所總務科副科長、貴州警察廳行政科長、四川警察廳總務科長、四川陸軍師部書記處長、四川講武學校編修處長、安縣徵收局長、遵義縣署總務科長等職。民國二十年辭去公職，歸居縣城經商。陳鳳樓熱心公益，積極捐産勵學，於民國二十六年設『鳳樓獎學金』，使縣内不少貧困中學生得其資助而完成學業。并與吴劍平合資置産，專款資助獎勵

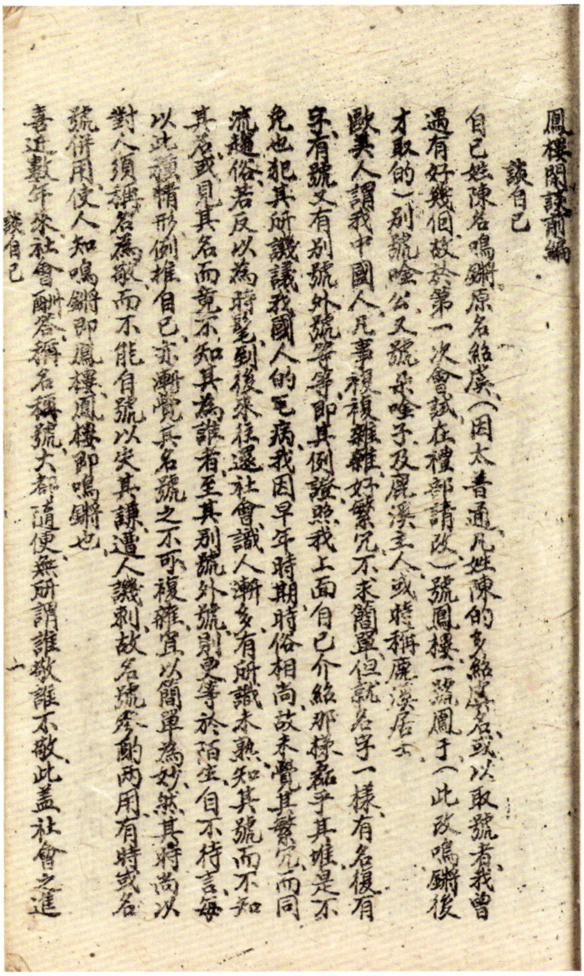

鳳樓閑談前編

談自己

自己姓陳名鳴鏘，原名紹虞（因太音通，凡姓陳的多紹虞名，或以取號者，我曾遇有好幾個，故於第一次會試在禮部請改）號鳳樓，一號鳳于（此改鳴鏘後才取的）別號唫公，又號朵唫子及鹿溪主人，或特稱鹿溪居士。

歐美人謂我中國人凡事複複雜雜，好繁冗，不求簡單，但就名字一樣，有名復有字，有號，又有別號、外號等等，即其例證。照我上面自己介紹那樣，㝃乎其難，是不免也犯其所譏議我國人的毛病。我因早年時期時俗相尚，故未覺其繁冗，而同流趨俗，若反以為時髦，到後來往還社會，識人漸多，有所識未熟，知其號而不知其名，或見其名而竟不知其為誰者，至其別號、外號，則更等於陌生，自不待言。每以此種情形，例推自己，亦漸覺其名號之不可複雜，宜以簡單為妙。然其時尚以對人須稱名為敬，而不能自號以突其謙，遺人譏刺，故名號參酌兩用，有時或名號併用，使人知鳴鏘即鳳樓，鳳樓即鳴鏘也。

最近數年來，社會酬答稱名稱號，大都隨便，無所謂誰敬誰不敬，此蓋社會之進

談自己 一

綏陽在外就讀之大學生。晚年著有《鳳樓閑談》，編有《鳳樓手稿彙編》，即《鳳樓叢稿》二十四卷，未梓。

該書用白話文，以隨筆形式記述作者聽聞或經歷之趣聞軼事，自言『不拘文言語體』，『不問體裁，不計工拙，有思及之，隨筆直下』（《後叙》），語言通俗、生動、詼諧，富有生活氣息。卷前有民國三十年、三十六年作者自序、後序。作者言：意在『於無法消遣之中進求一消遣之法，乃將素來的閒談編此一部』，『一聽閱者之品評』。民國三十至三十六年編輯而成，『計凡二百三十餘條，共九萬七千餘言，分爲前後編以付印刷』。

本叢書據遵義市圖書館藏民國三十六年石印本影印。

（朱純潔）

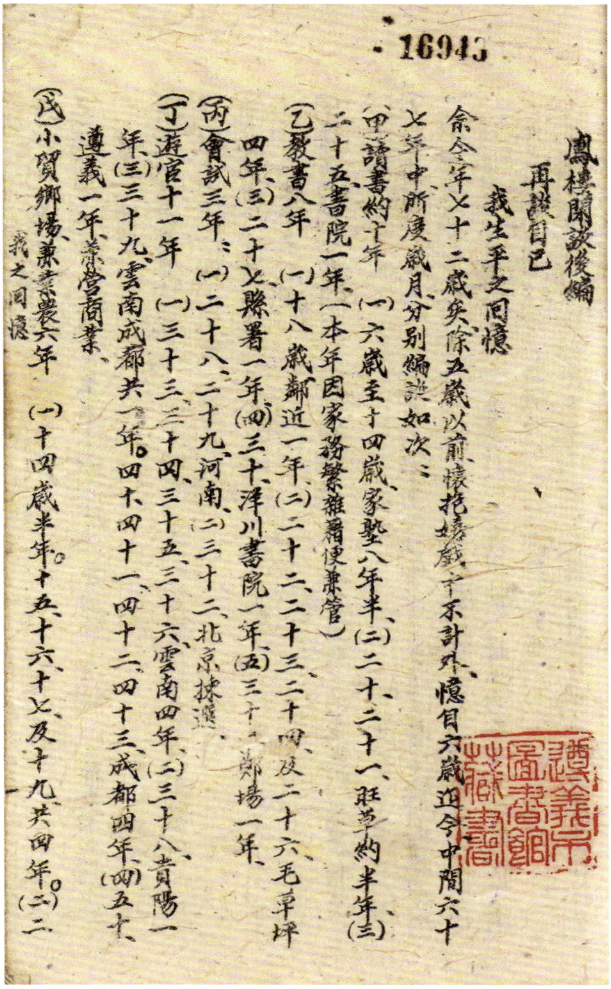
16943

鳳樓閒談後編

再談自己

我生平之回憶

余今年七十二歲矣除五歲以前懷抱嬉戲，可不計外，憶自六歲迄今中間六十七年中所度歲月分別編誌如次：

(甲)讀書約廿年　(一)六歲至十四歲家塾八年半(二)二十二十一旺草約半年(三)二十五書院一年(一本年因家務繁雜間便兼管)

(乙)教書八年　(一)十八歲鄉近一年(二)二十二、二十三、二十四及二十六毛草坪四年(三)二十七縣署一年(四)三十洋川書院一年(五)三十一鄭場一年

(丙)會試三年：(一)二十八、二十九河南(二)三十二北京揀選

(丁)遊宦十一年　(一)三十三、三十四、三十五、三十六雲南四年(二)三十八貴陽一年(三)三十九雲南成都共一年，四十四十一、四十二、四十三成都四年(四)五十遵義一年，兼營商業

(戊)小貿鄉場兼業農六年　(一)十四歲半年，十五、十六、十七及十九共四年(二)二

我之回憶

鳳樓叢稿公牘八卷

陳鳴鏘撰輯。陳鳴鏘生平見集部《鳳樓閑談》提要。

該集按作者所擔任職務分類，收録公文四百一十八篇。其中，卷一，雲南警務公所統計科員兼辦外屬公文差内存稿八十六篇；卷二，雲南警務公所總務副科長差内存稿六十篇；卷三，雲南商埠巡警總區區長任内存稿三十五篇；卷四，貴州警察廳行政科長差内存稿九十九篇；卷五，四川安縣徵收局長任内存稿五十八篇；卷六，四川陸軍第三師部書記處長差内存稿二十六篇；卷七，四川講武學校書記處長差内存稿三十四篇；卷八，四川警察廳總務科長差内存稿二十篇。卷前有民國十二年李饒白序，言：『余於其公牘見政治之精深，非庸吏所能望及項背。於其尺牘，見情意之真摯，非尋常應酬之官樣書札所可方擬。於其雜著，見學識之雄厚，非浮華之文辭所得等倫。且其所爲諸稿，皆不取富麗之工，而唯以盡言爲能。理明詞達，雅俗共喻，洵堪付剞劂以公諸世。爲末俗專尚典飾或偏於俚語者風範。』民國十三年黄紹武撰《前言》曰：『昆明多知先生之爲人及其平日所有之文，皆至性至情，可坊可表。』戴厚基序云：『先生之於公牘，理求其當，情求其愜，意求其盡，長短恒就其事以爲斷，而敬慎寅畏之精神繫焉。其批判也，有湘鄉之體制，寓奬懲之意特深，無樊山之滑稽，示准駁之旨不苟』，『先生之於尺牘，與其公牘同其理當、情愜、意盡之趣，高風亮節流露行間』，『無茹不吐，有懷皆白，是先生爲性情人也』。

本叢書據遵義市圖書館藏民國十二年抄本影印。（朱純潔）

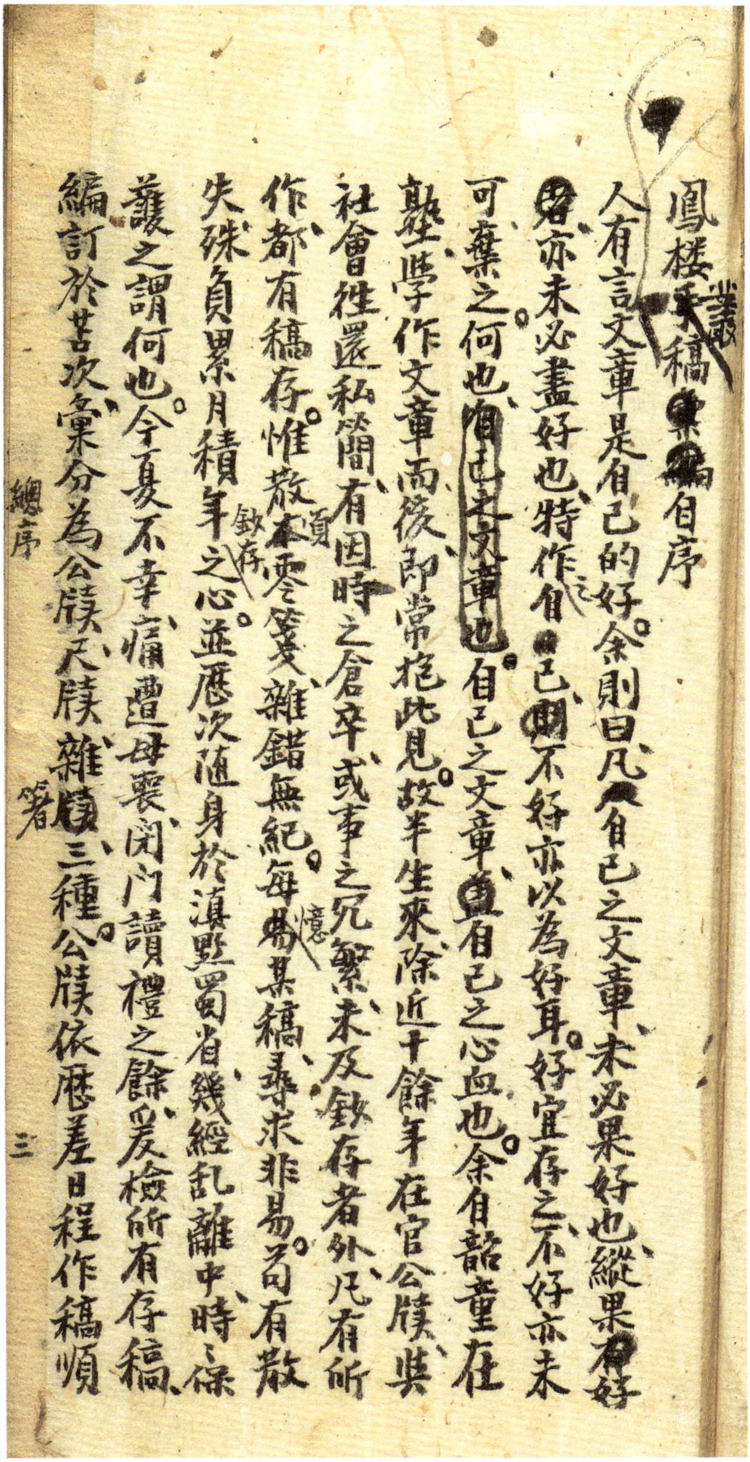
鳳樓叢稿彙編自序

人有言文章是自己的好。余則曰凡自己之文章未必果好也，縱果有好者亦未必盡好也。特作自己固不好亦以為好耳。好宜存之，不好亦未可棄之何也。自己之文章也。自己之文章，自己之心血也。余自髫童在塾學作文章，而後即常抱此見。故半生來除近十餘年在官公牘與社會往還私簡有因時之倉卒或事之冗繁未及鈔存者外，凡有所作都有稿存。惟散失零篇雜錯無紀，每欲彙其稿，尋求非易，苟有散失殊負累月積年之心。並歷次隨身於滇黔蜀省，幾經亂離中時保護之謂何也。今夏不幸痛遭母喪，閉門讀禮之餘，爰檢所有存稿，編訂於昔，次彙分為公牘、尺牘、雜著三種。公牘依歷差日程作稿順

總序　三

鳳樓叢稿尺牘九卷

陳鳴鏘撰輯。陳鳴鏘生平見集部《鳳樓閑談》提要。

此集乃作者居母喪期間爲『消喪中之歲月』（見作者自序）而輯，按信件往復時間收録作者歷年書信存稿五百六十一件。其中，卷一，清光緒三十三年存稿六十五件；卷二，光緒三十四年存稿五十八件；卷三，宣統元年存稿四十九件；卷四，宣統二年至三年存稿九十八件；卷五，民國元年至二年存稿六十件；卷六，民國三年存稿七十一件；卷七，民國四年存稿五十四件；卷八，民國五年至六年存稿四十四件；卷九，民國七年至十二年存稿六十二件。信件内容對清末民初政治、經濟、社會、文化多有涉及，史料價值較强。

卷前有民國十四年陳錬金序，述其輯《鳳樓手稿彙編》（即《鳳樓叢稿》）之旨：『意固謂藉可保存，留以示子孫，非欲以問世也。』評曰：『其尺牘之門徑，别開生面也。』

本叢書收録遵義市圖書館藏民國十二年抄本。（朱純潔）

岡

鳳樓手稿叢編卷一尺牘　[illegible]陽鳳樓陳昌[illegible]

第三類　尺牘

卷第一編　清光緒壬寅至丁未所有之存稿

上遵義太守王蘭筌夫子　壬寅五月教讀縣署。按太守山東人名聯璧中遵最久為鄉遊泮年戊戌府試受知師

昔年涖邀知遇黍列門牆。仰慈雲之遠護駕侍殷心撫令序之欣逢煌私增戀慕。際榴花照眼萱草舒眉。恭維夫子大人望隆泰岱福蔭湘川。愛集三槐昼晋華封之三祝歌興五袴益觧薰愠於五絃。九重賜紬葛香羅鸞書叠拜萬姓頌岡陵松柏彩繡徵祥。引企丹陛成陰桃李。鳴鄉洋川下士邊邑寒儒。素訓蒙以餬口本上進之無心。不期客秋郡試感友人之著鞭勉附驥尾隨行入闈場而鏖戰競告雲提於萬一獲登雲路天三千。然院偉功名實撫躬而滋疚光雲泥

鳳樓叢稿雜著三卷續編雜著三卷

陳鳴鏘撰。陳鳴鏘生平見集部《鳳樓閑談》提要。

該稿本卷前有作者民國十二年自序，言其『并所有序、記、跋、誌銘、祭文、詩、聯諸稿，合編爲一卷，備供閱覽』。其《鳳樓叢稿・公牘》自序云：『雜著以時文論義等，雖爲少時獵取科名之作，稿本頗多，而今爲明日黄花也。略録數篇，以與他作彙爲一卷，備一格而已。』正文卷一論義，收文八篇；卷二序、記、跋、誌、祭文、事略，收文十七篇；卷三詩九首、聯十三副。

本叢書據遵義市圖書館藏民國十二年稿本影印。（朱純潔）

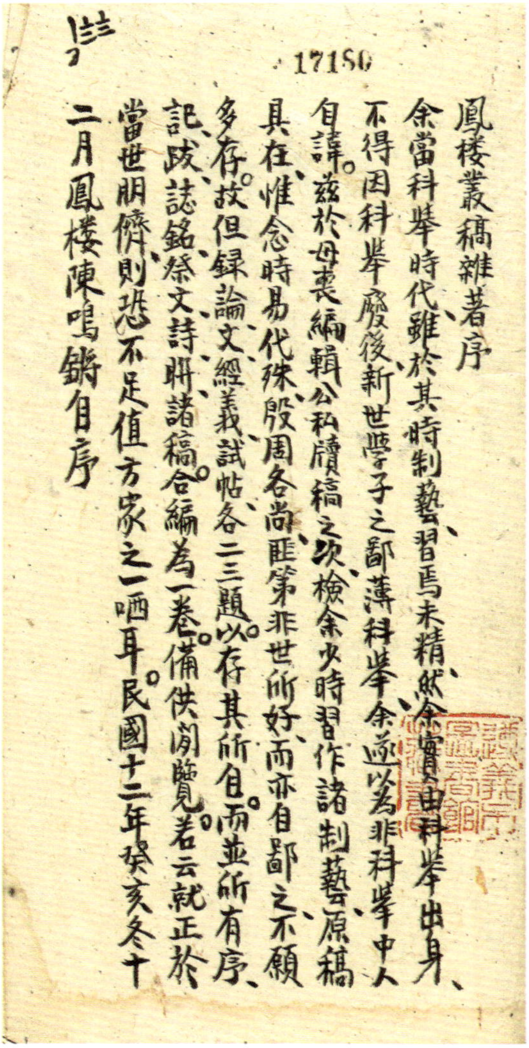

鳳樓叢稿雜著序

余當科舉時代，雖於其時制藝習焉未精，然余實由科舉出身，不得因科舉廢後新世學子之鄙薄科舉，余遂以為非科舉中人自諱。兹於母喪編輯公私牘稿之次，檢余少時習作諸制藝原稿具在，惟念時易代殊，殷周各尚，匪第非世所好，而亦自鄙之不願多存。故但録論文、經義、試帖各二三題，以存其所自。而並所有序、記、跋、誌銘、祭文、詩聯諸稿，合編為一卷，備供閱覽。若云就正於當世朋儕，則恐不足值方家之一哂耳。民國十二年癸亥冬十二月鳳樓陳鳴鏘自序

鳳樓叢稿雜著

第一編 論・史・義

周禮大司徒以鄉三物教萬民而賓興之論課藝

自古得人之盛，惟學校爲最；取人之法，惟選舉爲公。明乎此，可以論周官大司徒之職。考周時有国學、有郊學、有鄉遂之學。而其學中條教若六德、六行、六藝之三物者，無論何學皆備舉焉。而以大司徒之職統掌其邦之教。鄉大夫之職各掌其鄉之教。正月之吉，鄉大夫受法於司徒，退而頒之於其鄉吏，使各以教其所治之民。所謂大司徒以鄉三物教萬民是也。既而考其德行，察其道藝，及三年大比而興賢者、能者，以禮賓之，獻賢能之書於王，所謂賓興之是也。蓋嘗綜而論之，大司徒

鳳樓叢稿續編公牘二卷

陳鳴鏘撰。陳鳴鏘生平見集部《鳳樓閑談》提要。

卷前有民國三十年作者自序，述作者手稿幾番欲付梓，然終究未達成之種種原委。該集收録作者所擬公文七十二篇。其中，卷一爲遵義縣幕存稿（民國十四年）五十九篇，卷二爲其他存稿十三篇。

本叢書據遵義市圖書館藏民國三十八年抄本影印。（朱純潔）

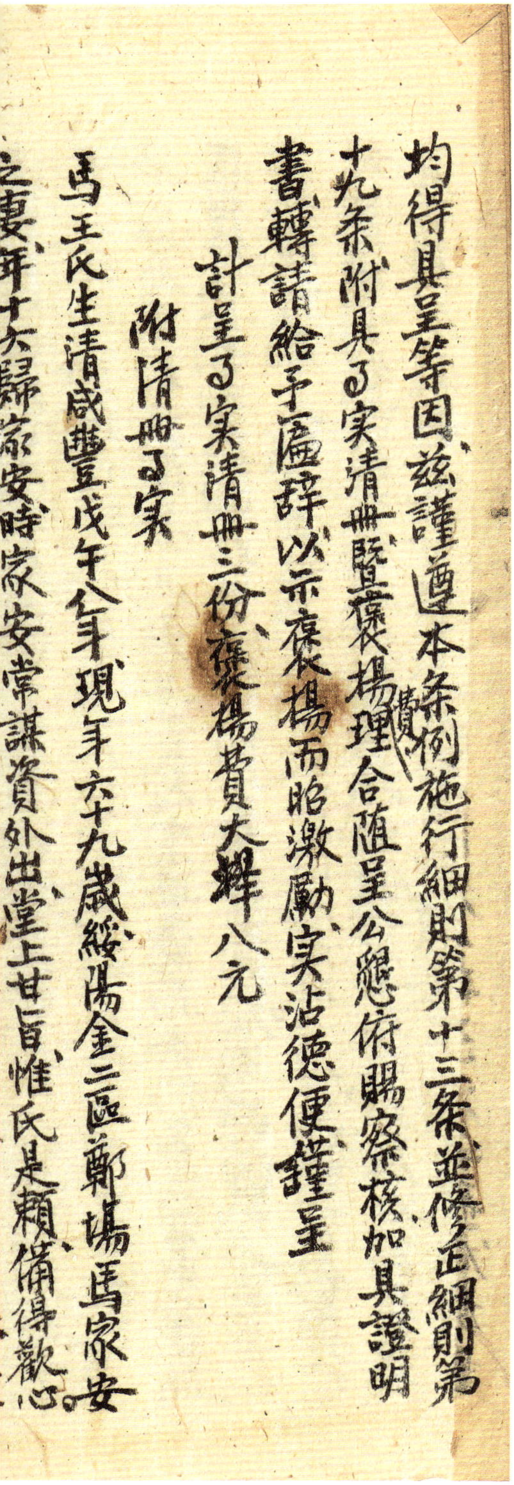
均得具呈等因茲謹遵本条例施行細則第十三条並修正細則第
十九条附具事実清冊暨褒揚理合賫呈公懇俯賜察核加具證明
書轉請給予匾辞以示褒揚而昭激勵実沾德便謹呈
計呈事実清冊三份褒揚費大洋八元
附清冊事実
馬王氏生清咸豐戊午年現年六十九歲綏陽金二區鄭場馬家安
之妻年十六歸家安時家安常謀資外出堂上甘旨惟氏是賴備得歡心

書庭方言區畢業任區本區區長戒民國十二三年間地方匪患賴

捍衛力獨多。興榮從戎於護國之役，積功官至中校。興猷修業講

武実施學校，亦于定縣之役隨著微勞。此皆氏義方之教所致。氏今

雖老，猶日習勤勞，守儉樸，於家常食用白米紅鹽等細務不忘

檢點經營。舉其節行，可實洵足風世，須至清冊者、

鳳樓叢稿續編尺牘二卷

陳鳴鏘撰。陳鳴鏘生平見集部《鳳樓閑談》提要。

卷前有民國三十年作者自序。該集收録作者書信存稿四十七篇，其中卷一爲民國十三年至三十年存稿三十一篇，卷二爲其他存稿十六篇。

本叢書據遵義市圖書館藏民國三十年抄本影印。

（朱純潔）

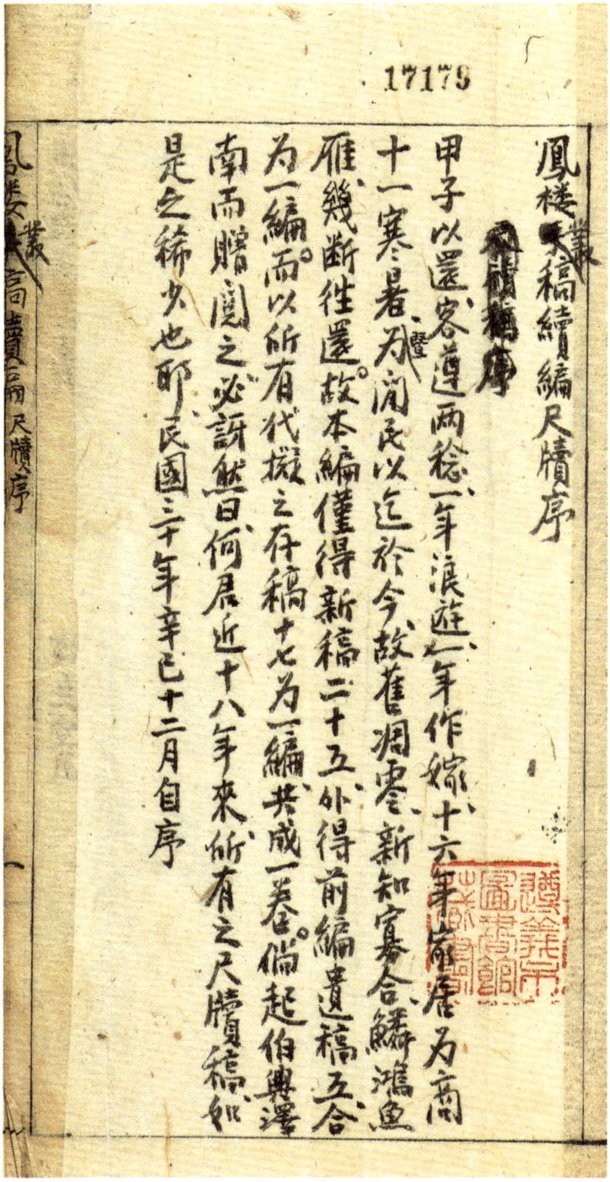

17179

鳳樓叢稿續編尺牘序

甲子以還，客遵兩稔，一年浪遊，一年作幕，十六年寓居爲商，十一寒暑，[illegible]閑居以迄於今，故舊凋零，新知寡合，鱗鴻魚雁，幾斷往還。故本編僅得新稿二十五，外得前編遺稿五，合爲一編，而以所有代擬之存稿十七爲一編，共成一卷。倘起伯與譯南而贈閲之，必詫然曰：何居近十八年來所有之尺牘稿，如是之稀少也耶。民國三十年辛巳十二月自序

鳳樓叢稿續編尺牘序

鳳樓叢稿續編卷一尺牘

無錫高鳳樓賡鳴甫

卷一編　民國甲子至辛巳所有往復之存稿

答崔龍泉　民十三年甲子四月旅蓮

頃由舍間轉到上月初手書、欣悉令正吾喀城之變、尊府清吉無恙、並吾姪婚事已完、極為驩忭。府上丁口單弱、此舉不惟大慰令堂老人之心、即令先君在天之靈、當亦欣然色喜。人子莫要于順親心、而宜從權、此類吾足非僅能守經者、足以語此。甚善甚善、奚罪之云。令堂年近六旬、眼昏齒搖、乃老人自然之理。風鑑家每謂人老須見老景、始為福壽之徵。君年既加長、而容顏尤猶帶嫩稚、五官無一衰減、縱非貧賤苦力輩、亦係富貴多

白崖詩存不分卷

周浩撰。周浩（一八八一—一九三九），字少衡，晚號白崖居士，貴州遵義縣茅栗底水窩人。未弱冠，即中晚清末科秀才，因肇事遠走京師，後東渡日本，入東京早稻田大學就讀，光緒三十一年加入孫中山同盟會。三十三年於哈爾濱創辦《東陲報》，被捕入獄，得上海報業工會營救脱險，旋至上海任《天鐸》、《民立》兩報撰述。辛亥革命時，以參贊任職於黄興軍司令部。民國十一年，應邀任四川涪陵縣知事。十六年，出任江寧縣縣長，三年後請辭，賦閑蘇州古寺。二十五年回貴陽寓居。二十八年初，回遵義團溪，十月病逝。

《白崖詩存》一册綫裝，一卷。首葉載遺像一幅，頂端有胡楚源題『周少衡先生像』。次爲作者手書遺墨《先妣尹母羅太夫人墓表》，團溪尹昭撰《周少衡先生傳》，遵義趙愷《序》、張

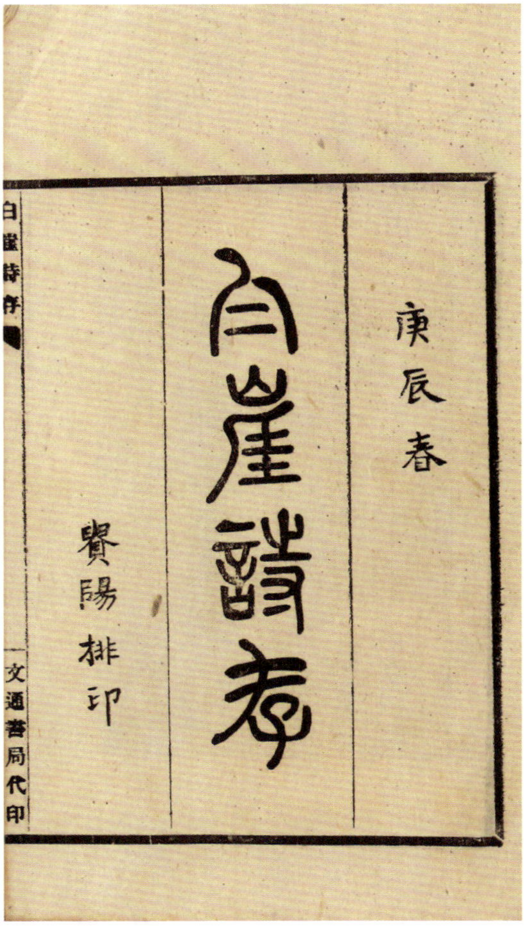

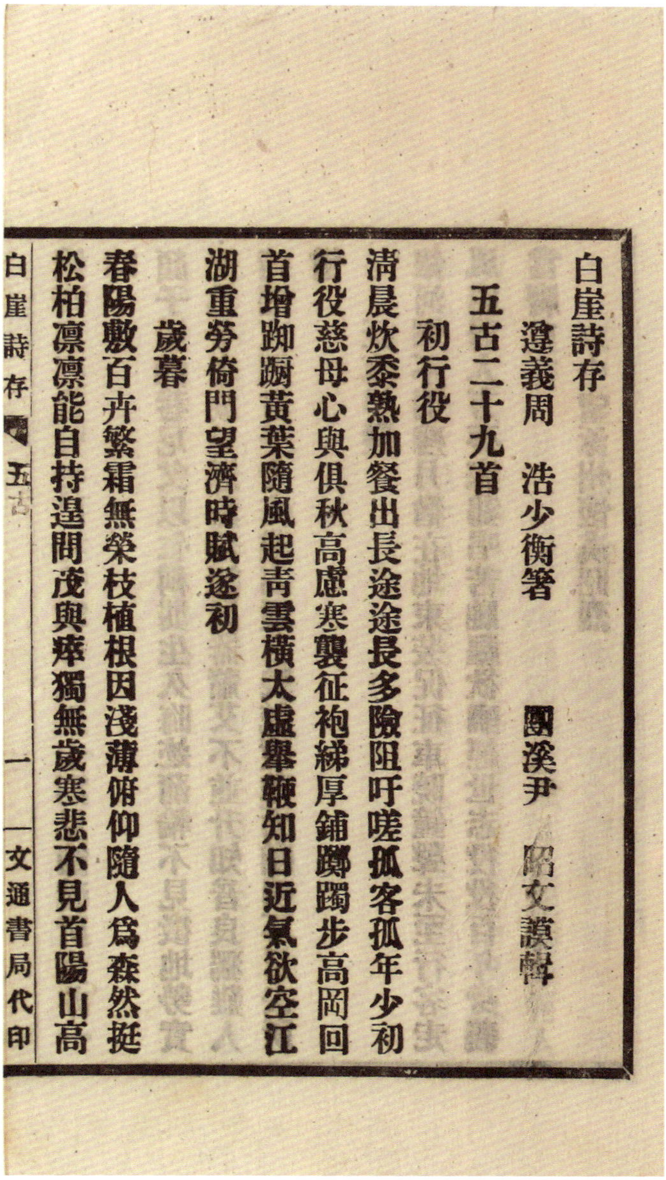
白崖詩存

遵義周　浩少衡箸　圝溪尹　昭文讀輯

五古二十九首

初行役

淸晨炊黍熟加餐出長途途長多險阻吁嗟孤客孤年少初行役慈母心與俱秋高慮寒襲征袍綈厚鋪躑躅步高岡回首增踟躕黃葉隨風起靑雲橫太虛舉鞭知日近氣欲空江湖重勞倚門望濟時賦遂初

歲暮

春陽敷百卉繁霜無榮枝植根因淺薄俯仰隨人爲森然挺松柏凜凜能自持退間茂與瘁獨無歲寒悲不見首陽山高

白崖詩存　五古　一　文通書局代印

湘《序》。《詩存》原名《飛埃集》，原集散亂，未經作者手定，尹昭整理後乃更其名曰《白崖詩存》。正文載詩計五古二十九首、七古四十九首、五律六十九首、七律一百六十首、五絕三十首、七絕三百四十九首，凡六百八十六首。少衡性率真，恃才傲物，一生仕途失意，羈旅漂泊，故山川景物、懷古送別、民生疾苦，乃是其詩作之常見題材。其詩或豪放悲壯，或婉轉含蓄，如趙愷所言：『多似唐初、盛之間，於四傑氣味相近。』

本叢書采用貴州省博物館所藏之民國二十九年貴陽文通書局印本影印。

（張嘉林）

鄭亞伯詩稿一卷

鄭蘭撰。鄭蘭（一八八一—一九三六），名洪亮，字亞伯，號國香，又號十犬老人，四川璧山人。清末考入四川存古學堂，卒業獲詞科學士學位，任四川國學院總校董、詞章文史教授、川省議會秘書等職。在國學院時與劉師培、宋育仁、吴伯朅等名宿游，於經史、訓詁、考據、辭章多有所得。著有《通德傳信廣文先生詩存》。中年以後僑寓貴州仁懷。

此稿爲其親筆，原存徐世珩處。共計五言古詩二十七首，全爲詠寫古代婦女之作，從傳説中之黄帝元妃西陵氏，至漢高后吕雉，共三十三人。

本叢書據仁懷龍先緒提供之稿本影印。（龍先緒）

娥皇女英 堯之二女舜二妃也

乾坤位天地。男女自平權。男既可繼體。女何獨不然。
自來談治道。並稱堯舜賢。子以傲失愛。女以弱見
憐。貳室開甥館。九男並不傳。相堯廿八載。考妣喪
三年。居宮儼其子。日月竟雙懸。娥皇煊上古。何
奇武則天。此義若還昌明早。宋明可無議禮衍愆。那
有呂秦牛晉變亂血族於其閒。制男統女地從
女貞不字。勢使然。

日月竟雙懸下挩試觀南巡狩有鰥在馬前兩句

亞伯

聱園詩鐘選一卷

聶樹楷編撰。聶樹楷生平見史部《劉統之先生年譜》提要。

該書爲作者及詩鐘社同仁之詩鐘彙編。詩鐘乃中國古代漢族文人限時吟詩之一種文字游戲，限一炷香時間吟成一聯或多聯，香盡鳴鐘，故云詩鐘。詩鐘吟成，再以核心聯句各補綴成一首律詩，游戲始結束。本書所集詩鐘内容廣泛，舉凡天文地理、歷史文化皆有涉及。一千四百六十餘聯詩鐘雖源於詩鐘社同仁詩酒酬唱，然内中却頗多可供欣賞玩味之佳句，顯示出作者深厚之學問功底及文化品味。

該書爲民國二十年四月貴陽凌氏筍香室鉛印本，現藏貴州省圖書館。本叢書據此本影印。（王明析）

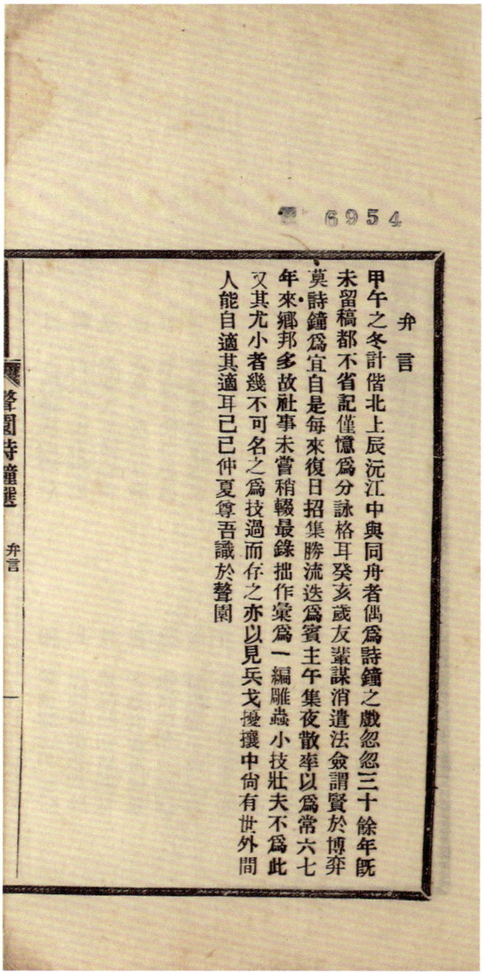

弁言

甲午之冬計偕北上辰沅江中與同舟者偶爲詩鐘之戲忽忽三十餘年既未留稿都不省記僅憶爲分詠格耳癸亥歲友輩謀消遣法僉謂賢於博弈莫詩鐘爲宜自是每來復日招集勝流迭爲賓主午集夜散率以爲常六七年來鄉邦多故社事未嘗稍輟最錄拙作彙爲一編雕蟲小技壯夫不爲此又其尤小者幾不可名之爲技過而存之亦以見兵戈擾攘中尚有世外間人能自適其適耳己巳仲夏尊吾識於聱園

聱園詩鐘選 弁言 一

聱園詩鐘選

癸川聶樹楷尊吾

一唱

野　野煙隔岸猶含雨
華　華月當窗乍吐雲
板　板輿奉母春常駐
年　年矢催人歲欲闌
半　半豹學慚班史富
呼　呼鷹名仰鄴臺高
水　水緲一池鷗浴後
珠　珠穿九曲蟻行時
背　背嶺一村寒積雪
遙　遙山數點淡浮煙

遭　遭我並驅從兩牡
一　一人首出服羣雄
晚　晚節不終名士恥
刊　刊章直捕黨人寃
珠　珠娘嬌小鬟飛鳳
水　水母浮沈目恃蝦
膽　膽瓶插處花開紫
魚　魚袋頒時服賜緋
巖　巖野硯餘亡國淚
朗　朗陵集載弔王篇

聲園詩賸一卷

聶樹楷撰。聶樹楷生平見史部《劉統之先生年譜》提要。據卷前弁言云，作者半生浪游南北，人至暮年，不忍其心血再有散佚，始自編《聲園詩賸》。本書收録作者各類詩作計三百六十餘首，多鄉關之思，傷時感事。

本叢書影印之民國抄本，藏貴州省博物館。（王明析）

聲園詩賸弁言
余自童幼即喜為詩及壯浪游南北足跡所至輒有吟詠計所存稿不下五六百首辛亥昆明之變概付刼灰回黔後鞅掌簿書刻無甯晷丁巳以還分纂省志重理篇籍閒事謳吟而蜉蝣身世鞞鼓鄉關交集百端抑鬱誰語偶然命筆亦穴籬之病蟀抱柳之寒蟬耳雖善鳴誰樂聽之然暮年心血不忍其再散佚因復存之署曰聲園詩賸以示子孫不敢禍棗災梨也己巳仲冬尊吾聶樹楷識

聲園詩賸弁言 一

筍香室製

聲園詩賸

婺川　聶樹楷　尊吾

題播州楊氏女崑崙策馬圖 有序 丁巳

宋黃宗道有播州楊氏女棄崑崙圖藏元魯國大長公主家袁桷有題圖詩並跋見清容居士集楊氏女事史及省郡志均不載貴陽陳衡山矩分纂省志據袁詩采入列女並命其長女清補圖徵詩

君不見松桃楊蓮之年方十六嘗其詩蓮之楊果勇侯芳姪孫女侯六十時蓮之年十六集聖教序成五七律各五十首為壽又不見黃平楊宜娘嘗以

雜著稿鈔一卷

此爲手抄本，抄者不詳。據抄本所用之『續修貴州通志稿』箋及某些文句看，抄本問世時間大約在二十世紀三十年代。

該抄本近似札記。內容爲楹聯與舊體詩兩部分組成。楹聯約占四分之一，內容涉及婚喪嫁娶，無歸類，隨意性强。舊體詩多爲雅士同仁酬唱應和之作，其中有近體，有古風。聶樹楷曾經參與編修《貴州通志》，手抄者又多次轉抄署名聶樹楷字樣之詩與楹聯；而其餘詩之

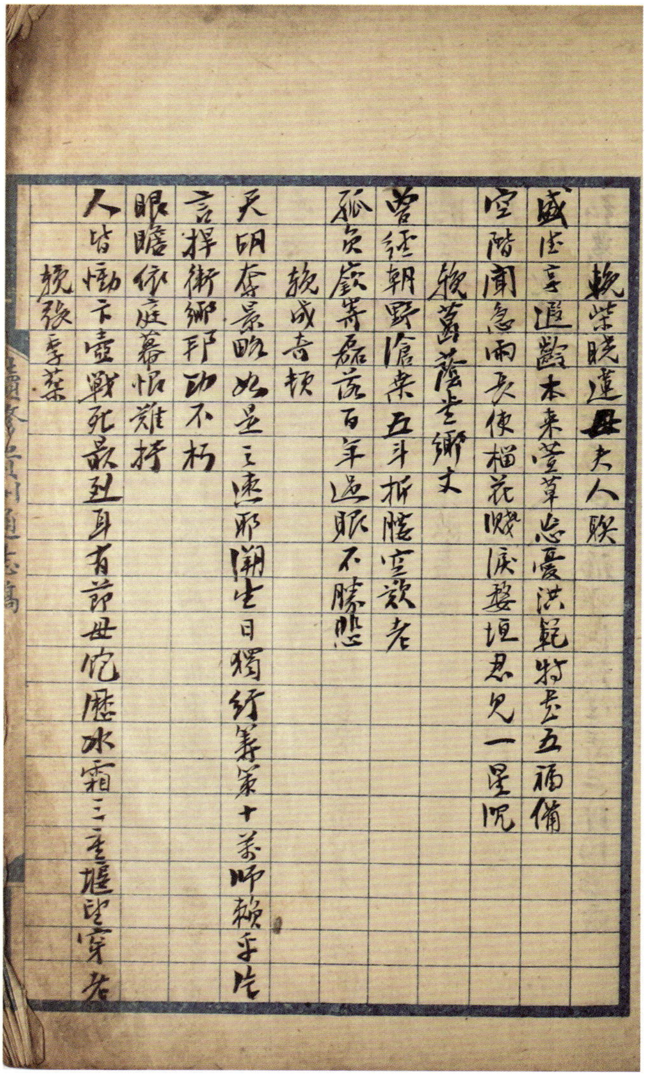

署名者，從《聲園詩賸》中可知也多是聶樹楷詩社同仁。據此推測，此抄本應爲聶樹楷同事或後學記録其平時文字之集成。

此抄本藏貴州省圖書館，本叢書據之影印。（王明析）

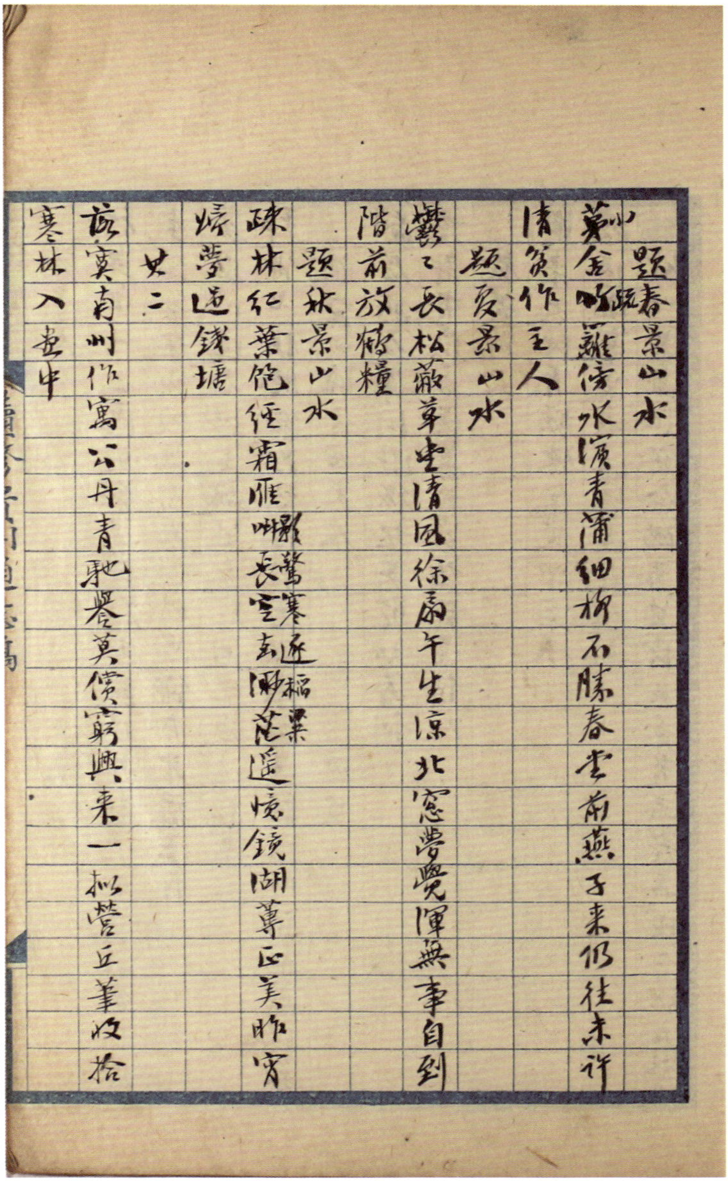
小題春景山水
萬金晴疏籬傍水演青蒲細柳石勝春雲前燕子來仍往來許
清貧作主人
題夏景山水
鬱鬱長松蔽草堂清風徐扇午生涼北窗夢覺渾無事自到
階前放犢糧
題秋景山水
疎林紅葉飽經霜雁唳鷲寒遊稻粱長空去渺茫遥憶鏡湖尊正美昨宵
歸夢遶錢塘
其二
旅寓南州作寓公丹青馳譽莫償窮興來一枝營丘筆收拾
寒林入畫中

碧峰隨筆一卷

喻聖域撰。喻聖域（一八九三—一九四七），字界凡，號碧峰居士，貴州遵義新城人。清宣統三年，與雷長卿、楊干之、熊逸清末秀才。成年從商，經營有方，爲人正直，頗孚衆望，兩任遵義縣商會會長。清宣統三年，與雷長卿、楊干之、熊逸濱等於貴陽發起成立政學崇實會。武昌起義，黔人響應。界凡隨即返遵，與遵義自治社成員共謀遵義革命事。入民國，界凡再任商會會長，設官秤，保證公平交易，按行業制定貨物規格，舉辦夜校，開商業人員學習新商業知識之先，培養商業人才二百餘人。時滇軍駐遵，濫徵税款，界凡挺身維護地方利益，受時人稱頌。民國

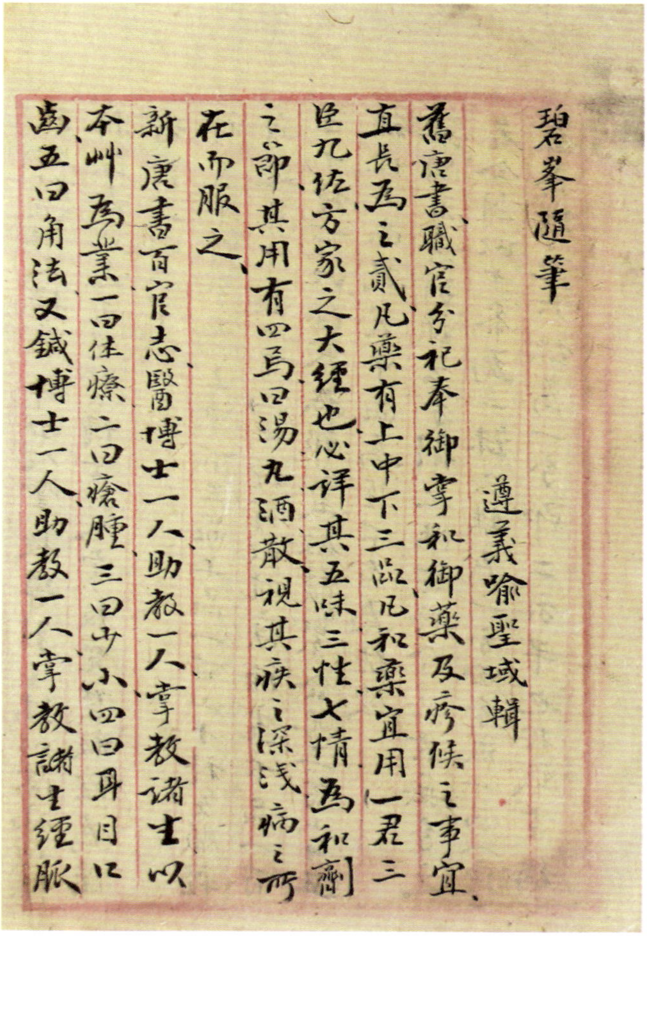
碧峯隨筆

遵義喻聖域輯

舊唐書職官分祀奉御掌和御藥及診候之事宜直長爲之貳凡藥有上中下三品凡和藥宜用一君三臣九佐方家之大經也必詳其五味三性七情爲和劑之節其用有四焉曰湯丸酒散視其疾之深淺病之所在而服之

新唐書百官志醫博士一人助教一人掌教諸生以本草爲業一曰體療二曰瘡腫三曰少小四曰耳目口齒五曰角法又鍼博士一人助教一人掌教諸生經脈

二十九年，浙大遷遵，界凡鼎力相助，尋找校舍。民國三十六年病逝。

該書爲手抄本。朱欄。封面題『碧峰隨筆　喻聖域輯』。《碧峰隨筆》實爲作者讀書筆記。卷前爲《碧峰居士自傳》，述其生平主要經歷及心性歷程。其後爲作者題識，述其輯録此集原委：二十歲以來『擇其有關世道、裨益學問者之言，隨筆抄録，以備遺亡。積久頗成巨册』，而後『凡遇有心得之處，每每用紙條隨筆抄録，隨抄隨佚，幾盡散亡』。民國二十八年『始將抄獲之條黏於壁間，年終彙集成束，懸諸座右』。民國三十四年，又『因友人慫恿，代雇書傭抄理成册，名之曰碧峰隨筆』。

碧峰居士言：『隨筆之用意不在賅博，而在致用。故其所抄之件，自他人視之以爲平凡，而在碧峰固儼然如對明師益友也。』

本叢書據遵義市圖書館藏民國三十四年抄本影印。（朱純潔）

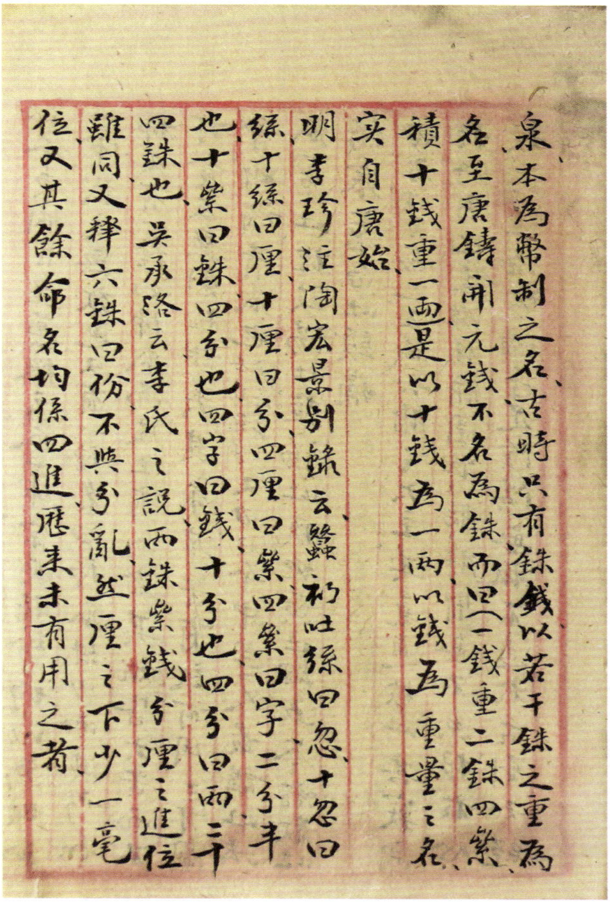
泉本爲幣制之名古時只有銖錢以若干銖之重爲
名至唐鑄開元錢不名爲銖而曰一錢重二銖四絫
積十錢重一兩是以十錢爲一兩以錢爲重量之名
实自唐始
明書珍注陶宏景别錄云蠶初吐絲曰忽十忽曰
絲十絲曰厘十厘曰分四厘曰絫四絫曰字二分半
也十絫曰銖四分也四字曰錢十分也四分曰兩二十
四銖也吴承洛云李氏之說兩銖絫錢分厘之進位
雖同又釋六銖曰份不與分亂並厘之下少一毫
位又其餘命名均係四進殊未有用之者

天風海雨樓吟稿一卷

芶中一撰。芶中一（一八九九—一九七二），字世瑚，貴州省湄潭縣官堰人。少時就讀於家鄉私塾，後考入湄潭高等學堂、貴州政法專門學校。一九二二年，以貴州高等文官考試第一名入省政府政務廳任科員。一九二三年受薦任靖國聯軍第二軍胡若愚部秘書。次年回省政府供職。一九二五年任下江縣縣長。一九二六年任國民革命軍第九軍主任秘書兼團長，隨軍北伐。一九二七年八月，第九軍軍長彭漢章遇害，芶中一率

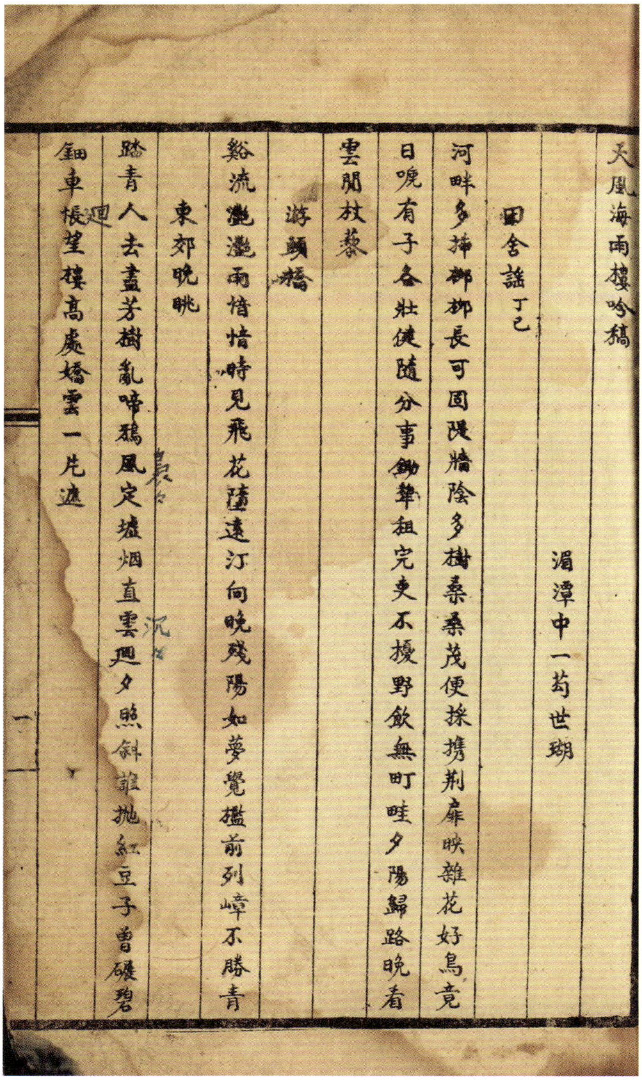
天風海雨樓吟稿
湄潭中一芶世瑚
田舍謠丁巳
河畔多插椰椰長可圍踐牆陰多樹桑桑茂便採攜荊扉映雜花好鳥競日嘵有子各壯健隨分事鋤犁租完吏不擾野飲無町畦夕陽歸路晚看雲閒杖藜
游覇橋
谿流灔灔雨愔愔時見飛花墮遠汀向晚殘陽如夢覺檻前列嶂不勝青
東郊晚眺
踏青人去盡芳樹亂啼鴉風定墟烟直雲迴夕照斜誰拋紅豆子曾礙碧鈿車悵望樓高處嬌雲一片遮

部投四十三軍軍長李曉炎，任軍部秘書，參贊軍事。後受聘爲新編第十師秘書。一九三〇年任教於南京秣陵中學。一九三六年任雲貴監察區主任秘書，次年辭職。一九三七年全面抗戰爆發後，第九戰區司令兼湖南省省主席薛岳邀其協助政務，任湖南省幹訓團訓導處處長，授少將銜。一九四〇年任湖南新寧縣縣長。一九四二年回薛岳部供職。抗戰勝利後，不願卷入内戰，薛岳推薦給貴州省主席楊森，任命爲甕安縣縣長。任職期間，曾主講《論語》、《詩經》，宣導民衆吃齋念佛。一九四八年獲准回鄉養老。一九五一年元月被判刑十二年，一九六三年刑滿獲釋。返鄉後研究《易經》，祭拜神靈，打草鞋謀生。一九七二年病逝。有《天風海雨樓吟稿》、《角聽樓拾遺稿》存世。

《天風海雨樓吟稿》

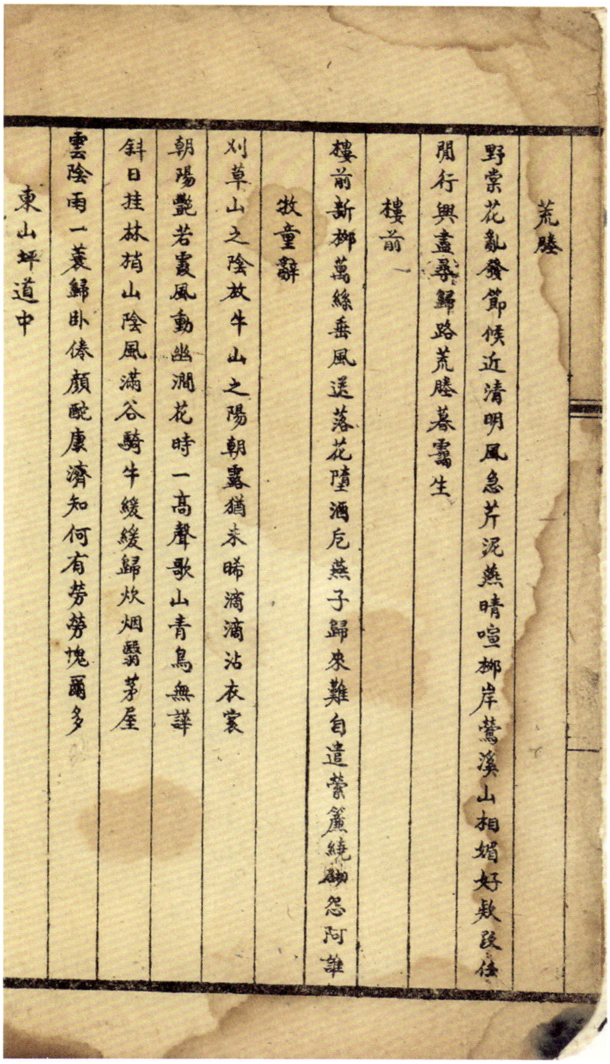

荒陵

野棠花亂發節候近清明風急芹泥燕晴喧柳岸鶯溪山相媚好歟段段佳

閒行興盡尋歸路荒陵暮靄生

樓前

樓前新柳萬絲垂風送落花墮酒卮燕子歸來難自遣縈簾繞砌怨阿誰

牧童辭

刈草山之陰放牛山之陽朝露猶未晞滴滴沾衣裳

朝陽艷若霞風動幽澗花時一高聲歌山青鳥無譁

斜日掛林梢山陰風滿谷騎牛緩緩歸炊烟翳茅屋

雲陰雨一蓑歸卧倚顏酡康濟知何有勞勞愧爾多

東山坪道中

（以下簡稱《吟稿》）分爲兩集。一集收入一九一七至一九二九年之詩作二百五十五首，次集收入一九三〇至一九四一年之詩作二百四十三首。兩集皆編次於一九四一年任湖南新寧縣縣長期間。一集爲石印本，二集爲稿本。時任國民政府監察院院長之于右任讀其和詩云：『中一之詩，天下之詩也。我得中一，得天下士也。』并邀苟中一任其秘書。周培藝在爲該書所

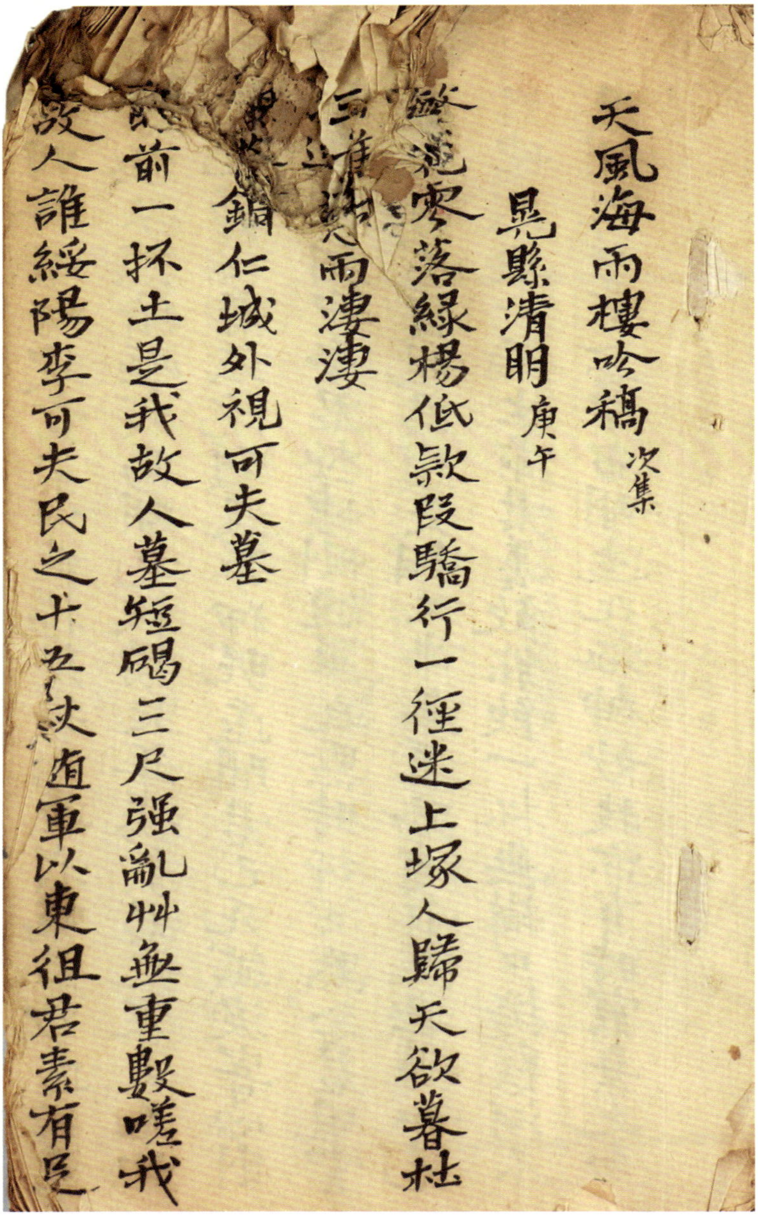
天風海雨樓吟稿 次集
晃縣清明 庚午
零落綠楊低款段驕行一徑迷上塚人歸天欲暮杜
雨淒淒
仁城外視可夫墓
前一抔土是我故人墓短碣三尺強亂艸無重數嗟我
故人誰綏陽李可夫民之十五

撰之跋中亦曰：『中一之詩，寢饋於六朝，出入於四唐，故竟卷不作一宋人語。』周培藝即解放初任貴州省人民政府副主席之周素園先生。

兩集皆爲芶中一之子芶德良收藏，本叢書即據此影印。（張憲忠）

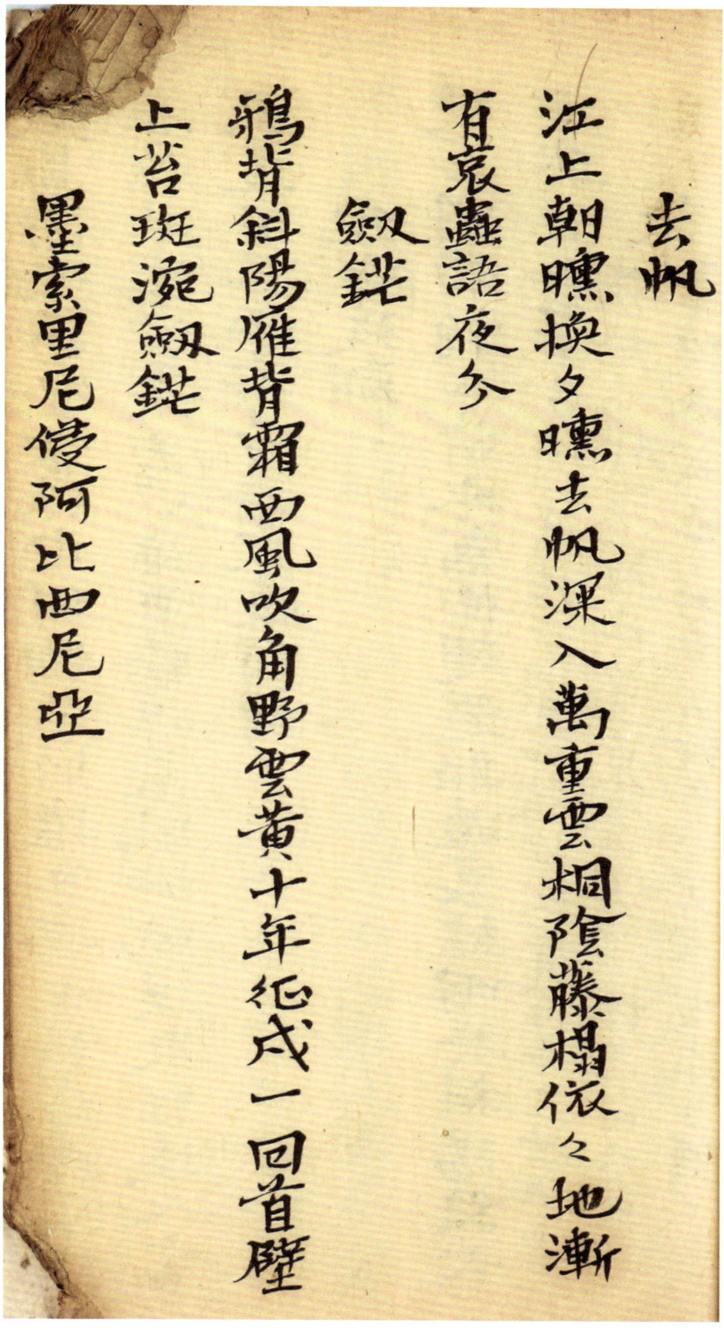

去帆

江上朝曛換夕曛去帆深入萬重雲桐陰藤榻依々地漸有哀蟲語夜分

斂鋩

鵶背斜陽雁背霜西風吹角野雲黃十年征戍一回首壁上苔斑澀斂鋩

墨索里尼侵阿比西尼亞

角聽樓拾遺稿一卷

茍中一撰。茍中一生平見集部《天風海雨樓吟稿》提要。

《角聽樓拾遺稿》計詩一百三十四首，詞四闋，含未録入《天風海雨樓吟稿》之詩稿及一九四九年回鄉後所抒寫之見聞，或回憶往事之詩詞。回鄉後之詩作，具有濃郁鄉土氣息。

詩稿爲茍中一之子茍德良收藏，本叢書即據此影印。

（張憲忠）

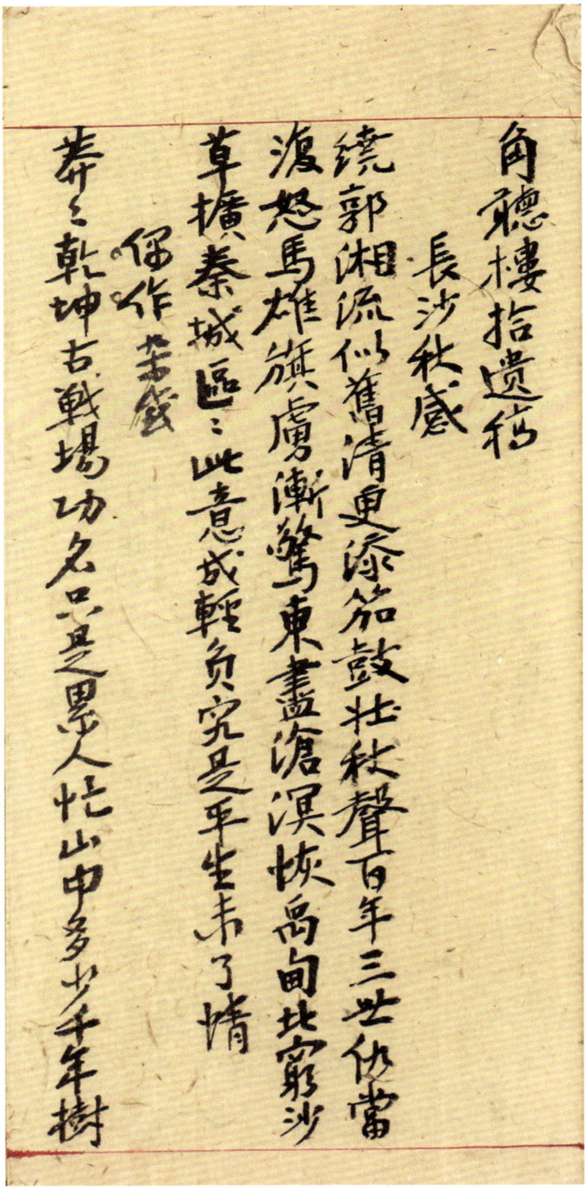
角聽樓拾遺稿

長沙秋感

繞郭湘流似舊清，更添笳鼓壯秋聲。百年三世仍當渡，怒馬雄旗虜漸驚。東盡滄溟俠骨向，北窮沙草横秦城。區區此意成輕負，究是平生未了情。

偶作茶餞

莽莽乾坤古戰場，功名只是累人忙。山中多少千年樹

記閱向槐根蟻垤邊

青山

一見青山意便開青山招手早归来滔滔天下将谁易
望古凭今枉费才

高卧 冬日偶作

理亂兴亡迴不知閉门高卧最相宜北风捲地欲飛雪
忽報梅花已满枝

符陽詩文聯語全集一卷

王彝久撰。王彝久（一八七五—一九五一），字鍾靈，號靈靈子，別號符陽道叟，貴州仁懷小灣黃泥田人。貴州法政專門學堂畢業，獲政治科舉人資格。辛亥後，任貴州高等檢察官、紅十字會會長等職，居黔省政壇十餘年。部分詩能關心民瘼。曾參與《續遵義府志》編纂，後沉溺道學，潛心丹房。

《符陽詩文聯語全集》有作者自叙、像贊自偈詩各一，詩四百餘首，詞五闋，文數篇，

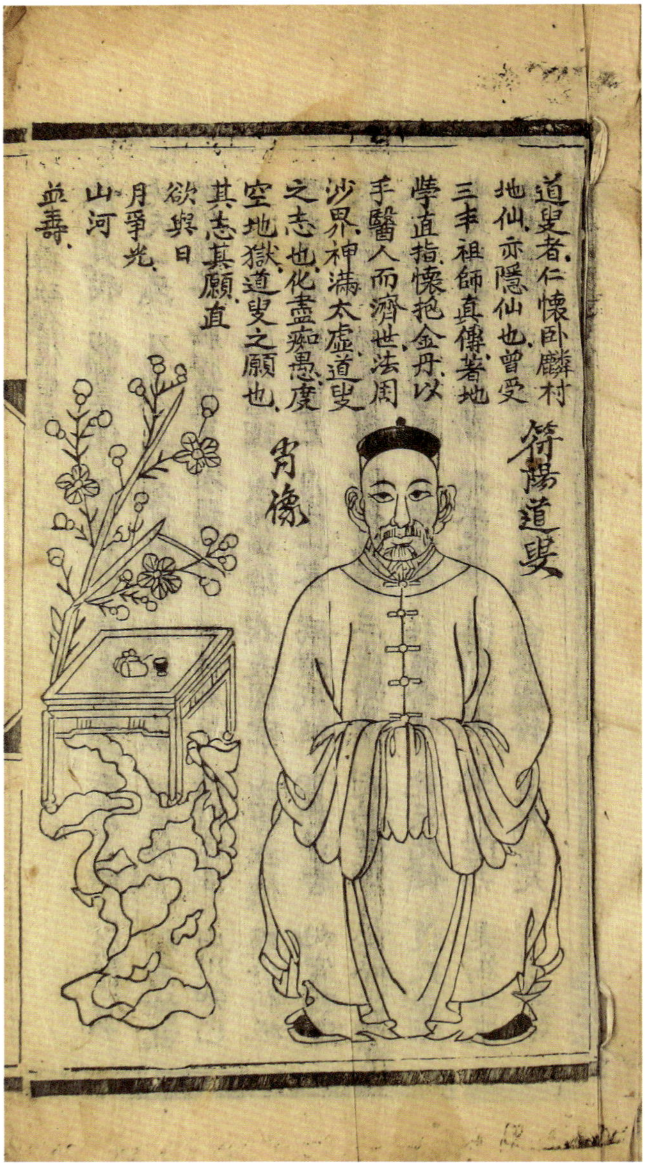

政論時評一篇，對聯一百零六副。其詩三分之二寫修道煉丹感悟體會，另有部分感時紀事詩。詞五闋較平庸，唯寫筑城十景、仁城十景、鱗村十景四言詩共四十四首，寫景抒情頗壯闊。此集於民國二十八年彝久自行鏤版刊印，後流行民間。該書對研究民國時期地方政治、經濟、宗教文化之歷史有參考價值。彝久另著有《符陽地學》，是研究堪輿術之作品。

本叢書據仁懷劉一鳴提供之民國二十八年刻本影印。

（劉一鳴）

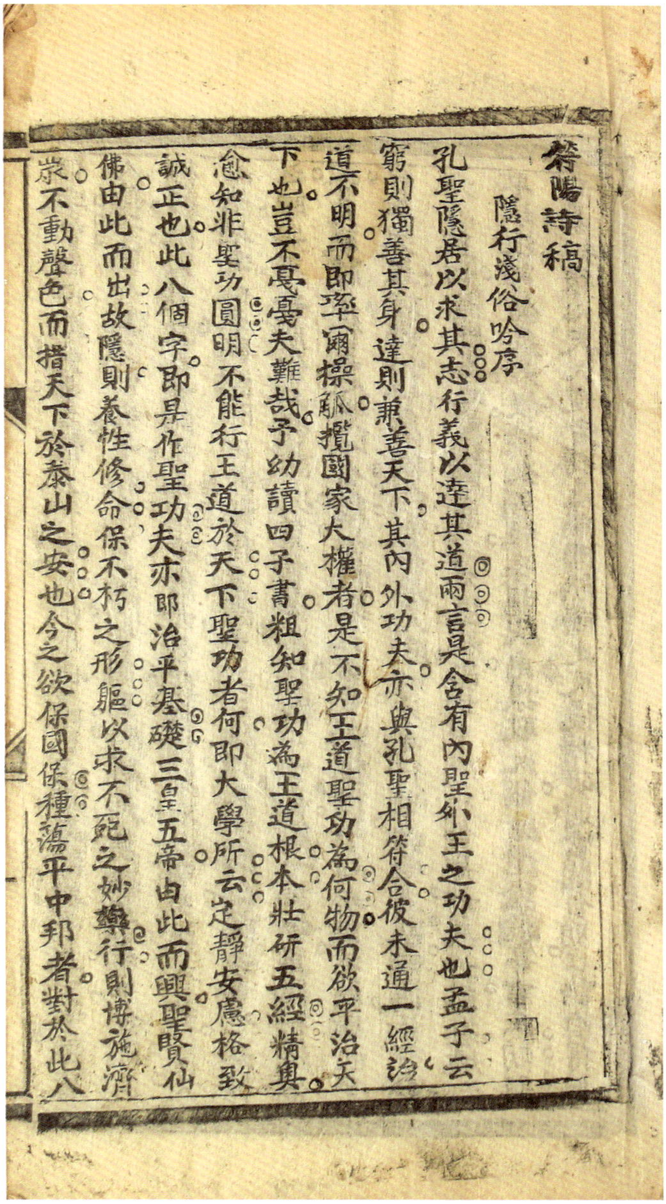
符陽詩稿

隱行淺俗吟序

孔聖隱居以求其志行義以達其道兩言是含有内聖外王之功夫也孟子云窮則獨善其身達則兼善天下其内外功夫亦與孔聖相符合彼未通一經治道不明而即率爾操觚攬國家大權者是不知王道聖功為何物而欲平治天下也豈不憂憂夫難哉予幼讀四子書粗知聖功為王道根本壯研五經精奧愈知非聖功圓明不能行王道於天下聖功者何即大學所云定靜安慮格致誠正也此八個字即是作聖功夫亦即治平基礎三皇五帝由此而興聖賢仙佛由此而出故隱則養性修命保不朽之形軀以求不死之妙藥行則博施濟衆不動聲色而措天下於泰山之安也今之欲保國保種蕩平中邦者對於此八

蝶夢庵詩文集□□卷（存十五卷）

羅健生撰。羅健生（一九〇二—一九五一），亦書『劍僧』，字永策，號病蝶，别署蝶夢盦（庵、菴）主人，四川合江人。生於光緒二十八年，僑居赤水縣城。一生於川南黔北之間從軍、從教、從政，以從教時間爲長。有著作多種。

此集爲手稿，共十七册，所存篇章名有：元幾録、七門師教言録、春雲集、秋雲微漾録、斷雲集、卷雲集、彤雲集、憶寧集、既濟續集，可見其中多有散失。《元幾録》爲占卜及道教齋醮儀式上寫給天神之奏章表文。《七門師教言録》乃作者編輯其師之書信，其中談人生哲理、文字之學甚詳，頗有精到之處。《春雲集》爲作者部分編年之詩文集。其餘之文集，按時間順序有日記、書信、詩文、雜著等，内容龐雜，反映出作者之生活經歷及思想感情。

此手稿由羅健生後裔保存，本叢書據此影印。（龍先緒）

此序可首總之序之錄之設友之首是非謹習運

（十一）

蝶夢庵弟子錄上

此目另页首

昔者，孟獻子有友五人，樂正裘、牧仲，其三人，孟子忘之。孔子則云：作者七人。為古哲，為友為師，為及門，不可知也。黃帝行襄城之野，七聖皆迷。莊生述之。典午之初，稽阮諸賢放浪竹林，以酒精沉醉性命；以養生者，其以詩章亂姿，不容於世；阮生途窮，哭之廣武而慨豎子；子期思舊，聞村笛而長嘆。七之時義，又大於五矣。今余竄亂渝南，一者頭童豈豁，雖或風雲開闔，晰夕百變，於聲詠者固亦無興也。清搦管記余之七人。

七人者，曰鄒天賦，曰賈直，曰王世槐，曰何佐莘，曰羅澤潤，曰馮國隆，曰杜伯羽。

羅健生詩文選鈔一卷

羅健生撰。羅健生生平見集部《蝶夢庵詩文集》提要。

是稿爲民國三十八年徐世珩選抄本，多爲人物傳記及古近體詩，現存羅氏詩文遺稿中均未收。

本叢書據仁懷龍先緒提供之抄本影印。（龍先緒）

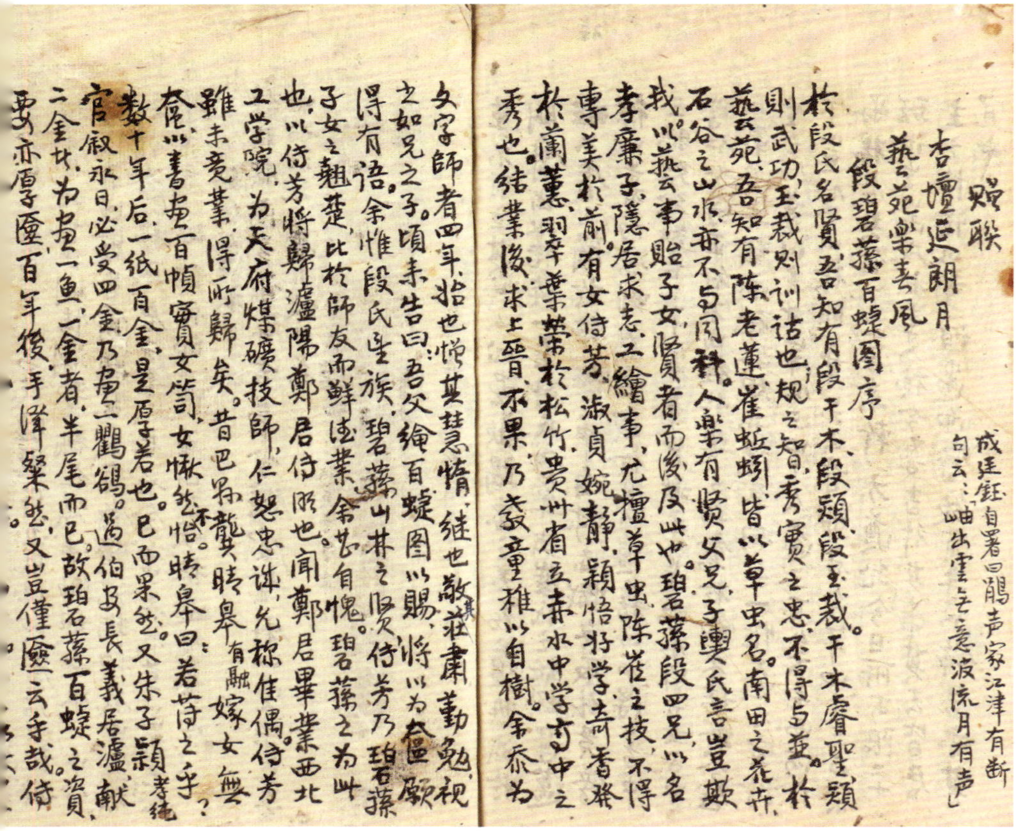
贈聯

杏壇近朗月

藝苑樂春風

成廷鈺自署曰鵑声，家江津，有斷句云：「岫出雲無意，波流月有声」

段碧藻百蝶圖序

於段氏名賢，吾知有段干木、段熲、段玉裁。干木睿聖，熲則武功，玉裁則訓詁也。規之智秀實之忠，不得与並。於藝苑，吾知有陳老蓮、崔蚯蚓，皆以草虫名。南田之花卉，石谷之山水，亦不与同科。人樂有賢女兒，子輿氏言豈欺我？以藝事貽子女，賢者而後及此也。碧藻段四兄以名孝廉子，隱居求志，工繪事，尤擅草虫，陳崔之技，不得專美於前。有女侍芳，淑貞婉靜，穎悟好學，奇香發於蘭蕙，羽翠蘂榮於松竹。貴州省立赤水中學高中之秀也。结業後求上晉，不果，乃教童稚以自樹。余忝為文字師者四年，皆也惜其慧，繼也敬其莊肅勤勉，視之如兒之子。頃来告曰：吾父繪百蝶圖以賜，將以為奩，願得有語。余惟段氏望族，碧藻山林之賢，侍芳乃碧藻之子女之翹楚，比於師友而鮮述業，余甚自愧。碧藻之為此也，以侍芳將歸瀘陽鄭君侍彤也。聞鄭君畢業西北工學院，為天府煤礦技師，仁恕忠誠，允稱佳偶。侍芳雖未竟業，得所歸矣。昔巴界龔晴皋（有融）嫁女無奩，以書畫百幀資女筍。女愀然不怡。晴皋曰：若荀之手？數十年后，一紙百金，是厚子若也。已而果然。又朱子穎（孝純）官叙永日，必受四金乃畫一鸜鵒。過伯安長義居瀘，獻二金求為畫一魚，一金者半尾而已。故碧藻百蝶之資，要亦厚矣。百年後，手澤槃然，又豈僅奩一云乎哉。侍

去水姝 己卯四月十三 共四首缺第一首未錄

萬佛低頭絶可憐魔高未許去朝天去陽豔冷游燐火金鉢羹殘托瞑煙積雪乍銷去事晚盤鷗倦撲野花鮮前因收果應難論多病維摩已悟禪

賓縒鎮日醉醺醺幾見春波皺縠紋錦字蕣言纏故里閒情一賦亂新軍敲冰幻擬陶家穀拄杖難忘鄧氏墳棘下蘆中留絶唱蘭橈桂櫂吊湘君

綠草郊原剪不齊鷓聲催我出姝西採茶峒女眉浮翠叱犢村農脛沒泥寶劍匣邊千慊白也玉書橫吐怨麟兮歸裳尚帶坐壽邊味吩咐山猿莫亂啼

賀謝戡華四十生辰及謝取賀祖任世先■結昏日 丁丑六月

綺席送薰風馭鳥蓬矢懸時騁道驊騮嘶芻椰彩雲依皓月難得荷花生日戲水鴛鴦拜壽星。

惜字破迷歌一卷

楊蕃亮撰。楊蕃亮（一八六八—一九四〇），號緒侯，貴州直隸仁懷廳河西里三甲大田嘴（今赤水市大同鎮四洞村）人。祖上於清初由江西九江移民四川遵義府城，乾隆六年再遷仁懷廳（今赤水），到與古藺、敘永之邊沿結合部貧瘠山區，定基立業，以少量耕地維持生活。四代傳至楊蕃亮，家貧，僅讀幾年私塾，但祖上留下不少書籍，靠發奮自學，到中年時，掌握星象、命理及堪輿知識，逐漸成爲當地有名文化人。晚年在家設私塾，教授當地鄰居兒童發蒙讀書。楊蕃亮還曾有兩部關於風水地理方面

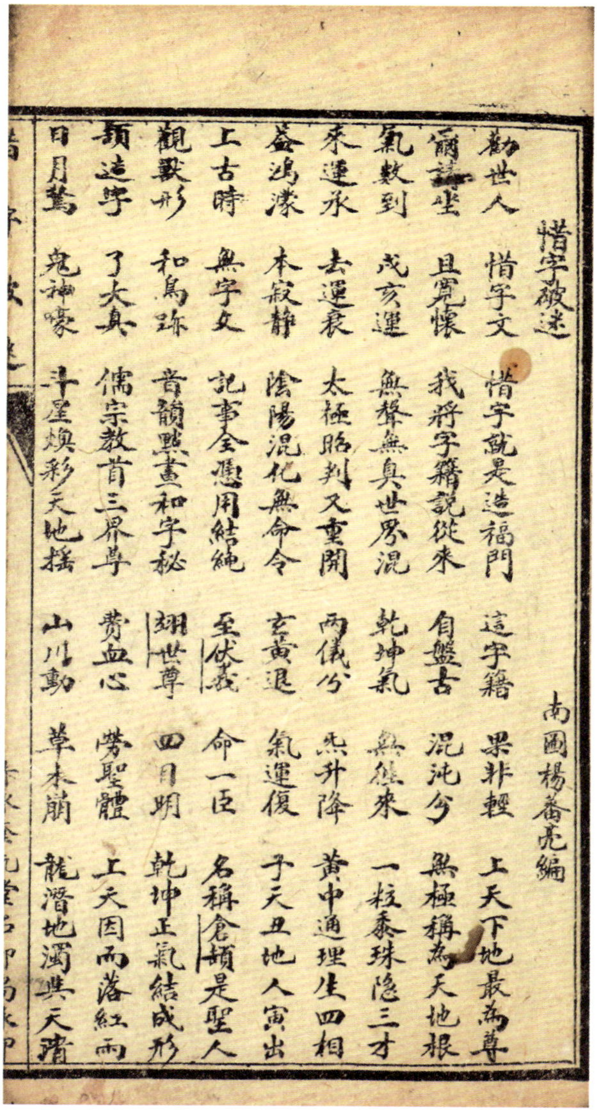
惜字破迷　南國楊蕃亮編
勸世人　惜字文　惜字就是造福門　這字籍　眾非輕　上天下地最爲尊
爾請坐　且寬懷　我將字籍說從來　自盤古　混沌兮　無極稱爲天地根
氣數到　戌亥運　無聲無臭世界混　乾坤氣　無能來　一粒黍珠隱三才
來運永　去運衰　太極貽判又重開　兩儀分　杰升降　黃中通理生四相
益鴻濛　本寂靜　陰陽混化無命令　玄黃退　氣運復　子天丑地人寅出
上古時　無字文　記事全憑用結繩　至伏羲　命一臣　名稱倉頡是聖人
觀獸形　和鳥跡　音韻點畫和字秘　翊世尊　四目明　乾坤正氣結成形
頡造字　了大真　儒宗教首三界尊　費血心　勞聖體　上天因而落紅雨
日月驚　鬼神嚎　斗星煥彩天地搖　山川動　草木崩　龍潛地濁其天踏

之著述，惜已不存。

《惜字破迷歌》爲其晚年所著勸誡性通俗韻文。以三、三、七字句式，兩句押韻，上口易記。如『勸世人，惜字文，惜字就是造福門』。語言文字通俗曉暢而内容豐富，涉及多方面知識。詠文字之起源，由上古時期結繩記事到倉頡造字；詠從獸形鳥迹之象形，到逐步定形、定音；從甲骨文、金文到秦漢以後之篆、隸、行、草書等發展軌迹。書中提到中華漢字，雖經秦始皇焚書坑儒，但歷朝歷代從朝廷到民間，無論治國安邦、日常生産生活，均不離文字，因此應該珍惜應用。作者針對當時社會所見所聞之各種踐踏文字現象，提出勸誡，寫成此書。於民國二十七年將書稿交族中一晚輩楊子富籌資刻板。晚輩不負所托，於民國二十九年刻印成書。惜此時作者已謝世。

本叢書據楊蕃亮後裔家藏本影印。（楊群一）

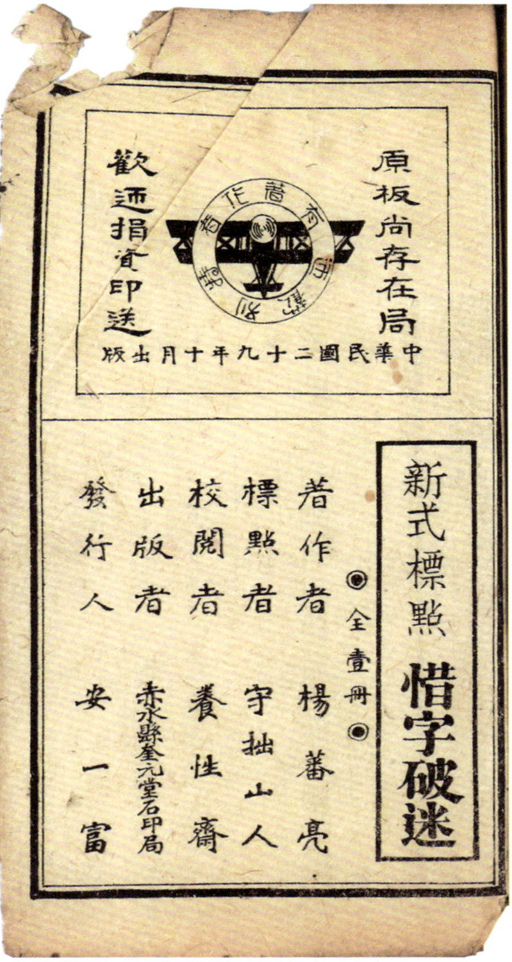

貴州鄉試同懷硃卷一卷

清蹇念典、蹇念猷撰。蹇念典（一八四一—一八九一），字伯常，貴州遵義人。清光緒舉人，大挑授婺川縣學訓導，十八年進士，簽分浙江任知縣。蹇念猷，字宣甫，念典二弟，官至山東濟寧州知州。

硃卷前列蹇氏前七世祖妣及作者之弟兄子女、受業師、受知師名諱功名。硃卷正文題『貴州鄉試同懷硃卷同治八年補行咸豐己未恩科、辛酉正科、同治壬戌恩科』，首列同考官、大主考名銜，本房、衡鑒堂對蹇念典、蹇念猷三場試卷之評語。最後分别爲蹇念典、蹇念猷三場試卷之内容。蹇念典中二十六名，蹇念猷中三十九名。

此爲清同治刻本，本叢書據仁懷龍先緒提供之藏本影印。（龍先緒）

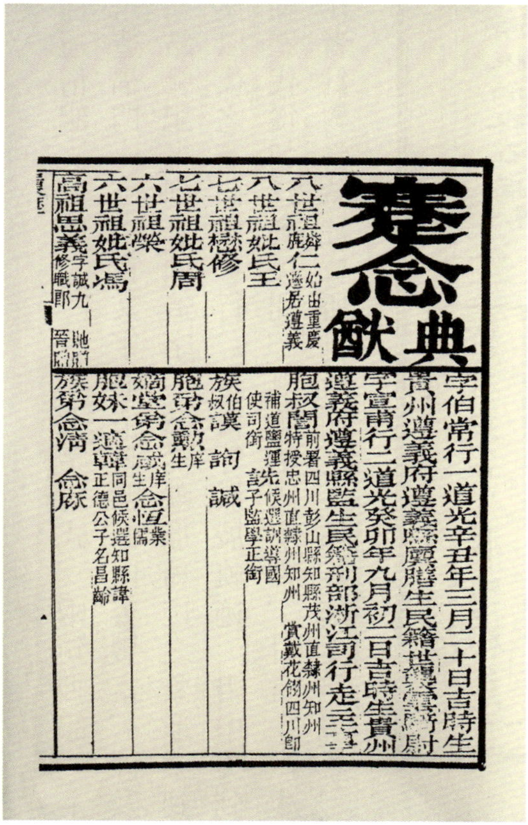
蹇念典
念猷
八世祖舜仁始由重慶遷居遵義
八世祖妣氏王
七世祖懋修
七世祖妣氏周
六世祖榮
六世祖妣氏馮
高祖恩義字誠九修職郎 [illegible]
字伯常行一道光辛丑年三月二十日吉時生
貴州遵義府遵義縣廩膳生民籍 [illegible]
字宣甫行二道光癸卯年九月初二日吉時生貴州
遵義府遵義縣監生民籍刑部浙江司行走 [illegible]
胞叔闇前署四川彭山縣知縣茂州直隸州知州特授忠州直隸州知州賞戴花翎四川即補道鹽運使司銜 [illegible]
族伯謨 詢 誠
胞弟念勳 [illegible]
嫡堂弟念 [illegible] 念恒 [illegible]
胞妹一適韓 [illegible] 同邑候選知縣諱正德公子名昌齡
族弟念濟 念 [illegible]

○○○○晋者偃也聞諸夫子曰君子學道則愛人小人學道則易使

也子曰二三子偃之言是也　　蹇念典

述所聞以明所用啟聖人廣教之思焉夫學道之訓偃用之而偃

言之二三子未必盡喻之也乃夫子嘉其是非欲廣其教乎且聖

與賢經世爲心其殷殷然議道自已而求當其可者豈徒托諸空

言哉道與時爲變化涵濡久而上下胥動以天眞道賴人以維持

激厲深而出處俱關乎聖教師訓也而官箴凛之獨喻也而共信

參之夫乃歎賢者之佩服維殷聖人之期許益切已聞絃歌而有

牛刀之喻維時二三子在側不幾疑偃之治爲非是耶夫偃也亦

直省鄉墨選一卷

清張行翥輯録。張行翥，生卒年不詳，字體翔，號清泉，貴州正安州（今正安縣）人。是書輯於清嘉慶十五年，内收清順天、江南、江西、浙江、福建、湖北、山東、山西、陝西、廣東、廣西、貴州十二省普善等十九人二十三篇鄉試中式文稿。其中韓之顯，字昭文，生活於清雍正乾隆年間。仡佬族，今貴州省道真仡佬族苗族自治縣玉溪鎮境人。乾隆十八年獲貴州鄉試解元。學政、撫臺分別題額『學壓南方』、『開泰真州』。文集録其三篇應試文稿，分別題爲《非禮勿聽，非禮勿言》、《以武王爲子》、《民非水火不生活足矣》。文前有『中式第一名舉人韓之顯，遵義府正安州民籍，廩膳生，習《易經》』及同考試官平越府平越縣知縣徐閱薦等説明，大主考翰林院考試官掌福建道監察御史李批『雅健清新』，大主考翰林院司經局掌局洗馬史批『端穆凝静』，本房批『思深力厚，辭暢理明，直合熊劉爲一家者。二三場典重蒼古，真足領袖群英』等評語。《非禮勿聽 非禮勿言》共七百十二字，

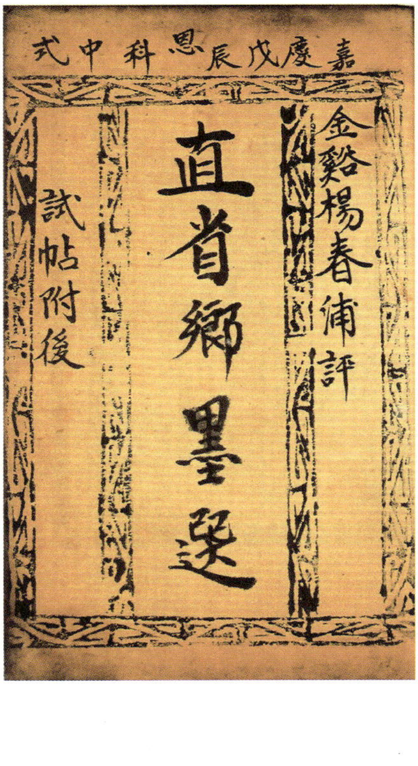

史批『理明辭湛，筆有神機』，李批『舉止安祥，渾然元度』，本房批『細酌理而運以渺思，輔以幽情，風格超超，真堪遺世獨立』。《以武王爲子》共七百二十三字，大主考史批『融注精神，聲光并茂』，李批『取材宏富，氣骨堅蒼』，本房批『獨擘巨眼，造思孤雋；列子御風，王橋拂靈。俯視九州皆塵霧矣！』《民非水火不生活足矣》共五百八十五字，史批『古致歷落，不矜不凌』，李批『局法渾成，大家風範』，本房評『以逸氣寫遠神，沉鬱頓挫，俯仰揖讓，穆然歐陽子之遺矣！』是書對認識、研究科舉考試及仡佬族文人之著述教育、狀況有一定價值。

是書爲抄本，楷體。半葉九行，行二十四字。綿紙，綫裝。目録前書名葉有『嘉慶戊辰恩科中式金溪楊春浦評』、『試帖附後』字樣。封底已脱，但内容完整。

該本今藏道真自治縣民族展覽館。本叢書據此影印。（冉文玉）

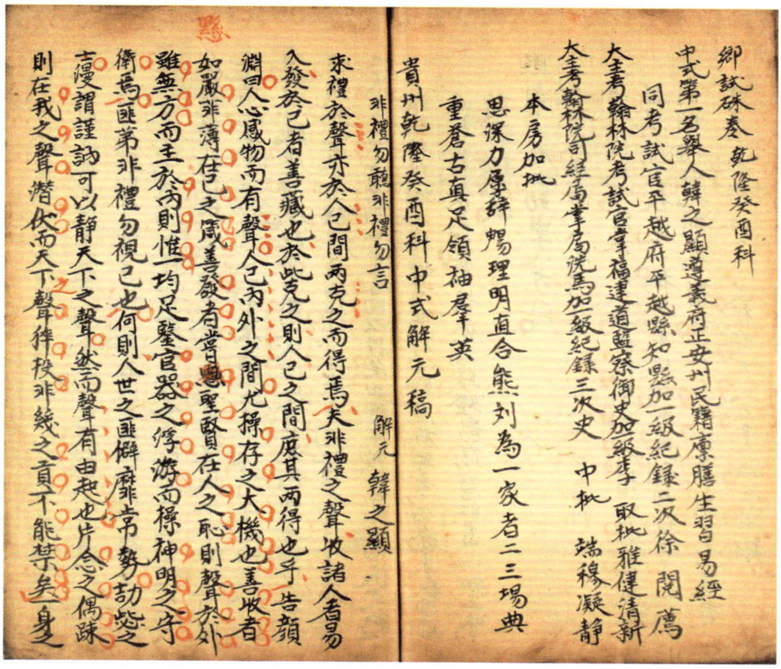
鄉試硃卷 乾隆癸酉科
中式第一名舉人韓之顯 遵義府正安州民籍廩膳生習易經
同考試官平越府平越縣知縣加一級紀錄二次徐 閱薦
大主考翰林院考試官掌福建道監察御史加一級李 取批 雅健清新
大主考翰林院司經局洗馬加一級紀錄三次史 中批 端穆凝靜
本房加批
思深力厚辭暢理明直合熊刘為一家者二三場典
重蒼古真足領袖群英
貴州乾隆癸酉科中式解元稿
非禮勿聽非禮勿言 解元 韓之顯
求禮於聲亦於人己間兩克之而得焉夫非禮之聲收諸人耆易
入發於己者善藏也於此克之則人己之間庶其兩得也乎告顏
淵曰人心感物而有聲人己內外之間尤操存之大機也善收者
如嚴非薄在己之箴善發者普聖賢在人之恥則聲於外
雖無方而主於內則惟一均足鑿官器之浮游而操神明之守
衛焉匪第非禮勿視已也何則人世之匪僻靡非常勢勃然之
言漫謂謹訥可以靜天下之聲然而聲有由起也片念之偶疏
則在我之聲潛伏而天下聲律役非幾之貢不能禁矣身之

千家詩注二卷

清黎恂選注。黎恂生平見史部《回黔紀程》提要。

黎恂於道光元年丁父憂歸里，絶意仕進，遍讀經史子集十四年。閑暇以詩學啓迪後進，有鑒於『俗本《千家詩》，傳布已久，邨塾童子，罔不記誦』，『以此啓迪童蒙甚便』，故作此書。但作者姓字、注釋，亦多舛誤，事實亦未注明。乃『就原詩鈔録，備載作者名字、里居、官爵，洎平生出處大概，欲使初學誦其詩而知其人。詩中人物、地名，非注不明者，及其詩經前賢評論，足以長人識見、啓人悟機者，并

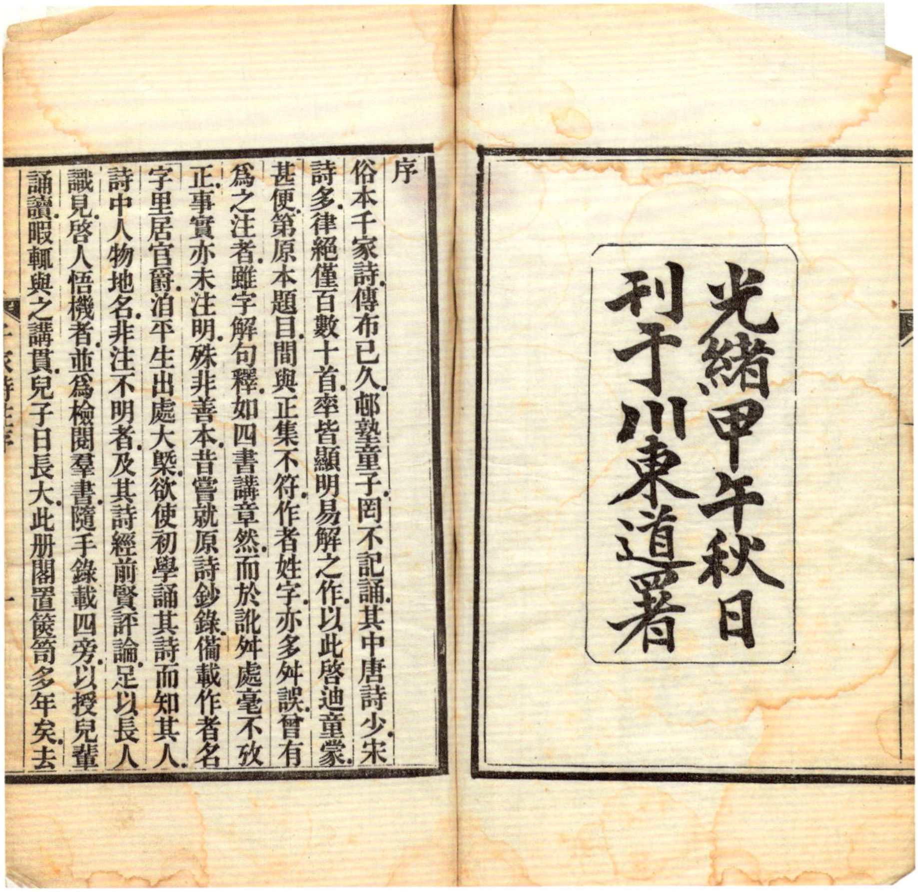
光緒甲午秋日
刊于川東道署

序

俗本千家詩傳布已久邨塾童子罔不記誦其中唐詩少宋詩多律絶僅百數十首率皆顯明易解之作以此啓迪童蒙甚便第原本題目間與正集不符作者姓字亦多舛誤曾有爲之注者雖字解句釋如四書講章然而於訛舛處毫不改正事實亦未注明殊非善本昔嘗就原詩鈔錄備載作者名字里居官爵洎平生出處大槩欲使初學誦其詩而知其人詩中人物地名非注不明者及其詩經前賢評論足以長人識見啓人悟機者並爲檢閱羣書隨手錄載四旁以授兒輩誦讀暇輒與之講貫兒子日長大此册閣置篋笥多年矣去

爲檢閲群書，隨手録載四旁，以授兒輩誦讀』。即鄭珍所評使學習者能『識一古人，曉一古事，知一托興攄懷之所在』。『引其靈悟而鼓舞其幼志』，『誘之入於高明宏達之途』（鄭珍序）。書成，置之篋笥多年。咸豐元年，自滇辭官歸里，自云：『復取而讎校，增輯各條，重録以教諸孫，定爲家塾課本。』鄭珍見之，以爲可以并教鄉里子弟，乃爲刊刻。前有黎恂自序及鄭珍序，叙其撰寫刊刻原由、意義價值。

此書初刻於咸豐二年，光緒二十年黎庶昌復刻於川東道署。現存有川東道署本，藏國家圖書館。本叢書據此影印。

（黎鐸）

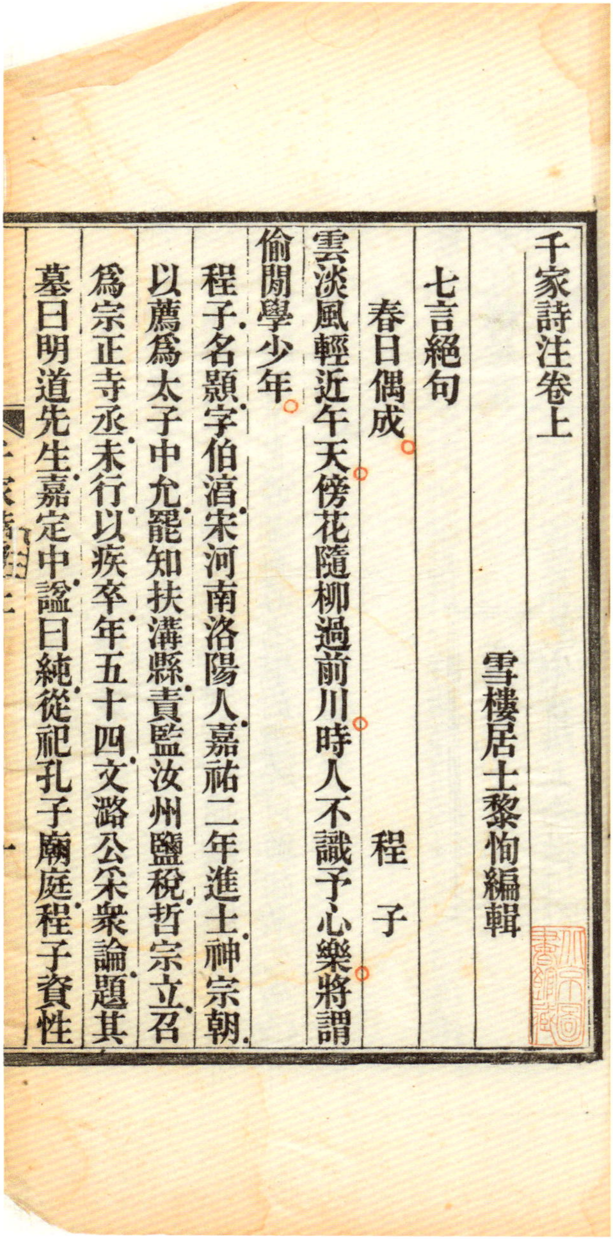
千家詩注卷上

雪樓居士黎恂編輯

七言絶句

春日偶成　程子

雲淡風輕近午天傍花隨柳過前川時人不識予心樂將謂偷閒學少年

程子名顥字伯淳宋河南洛陽人嘉祐二年進士神宗朝以薦爲太子中允罷知扶溝縣責監汝州鹽稅哲宗立召爲宗正寺丞未行以疾卒年五十四文潞公采衆論題其墓曰明道先生嘉定中謚曰純從祀孔子廟庭程子資性

播雅二十四卷

清鄭珍輯。鄭珍生平見經部《輪輿私箋》提要。

《播雅》原名《遵義詩鈔》，由鄭珍搜集編選，擇要選録起自明萬曆二十九年遵義府建立，迄於清咸豐二年，凡二百五十二年間遵義地域已故詩人詩作，得二百二十人，詩二千三百三十八首，分編二十四卷。其編選原則，略仿金代詩家元好問（裕之）輯《中州集》之遺意，或因詩存人，或因人存詩；或因一傳而附見數人，或因一詩而附載他文、按及他事。要據前抄，略備一方掌故。

經過二十多年之搜求，終於完稿，得唐樹義（子方）資助，於咸豐三年刊刻印行，

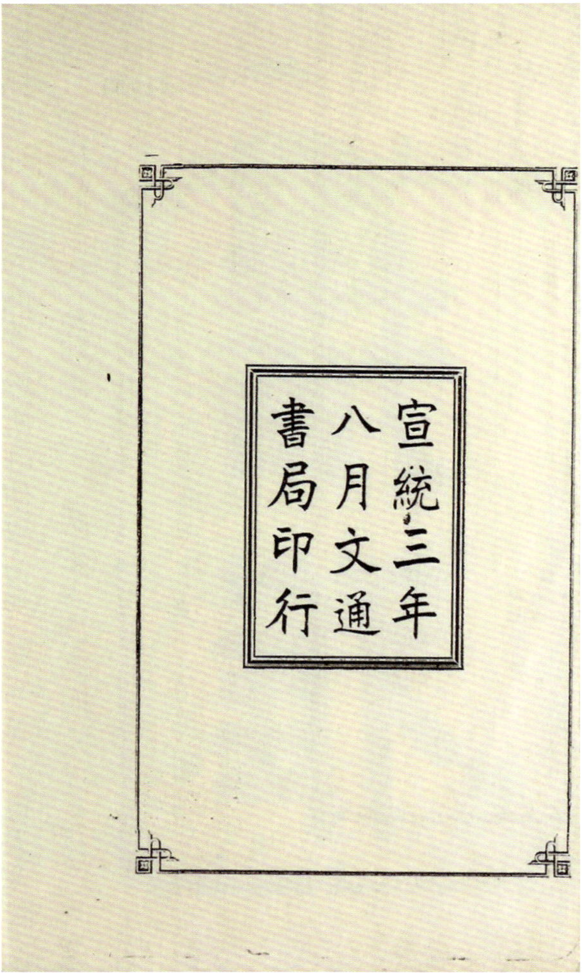

是爲望山堂刻本。此本有唐樹義《序》、鄭珍《播雅引》及莫友芝《序》。唐《序》云：『預是選者，人繫以傳，傳緯以事。凡賢哲出處、政治、學術、議論、著録，與夫山川、疆域、要害、名勝、風俗、物産，莫不博證旁見，耆舊掌故，略賅備焉，匪直以詩而已。』莫《序》中概述自西漢鄨縣建立以來文教發展之歷程，論及文獻徵集之困難與編選之精審。『一展卷而曩昔若存若亡之文獻，燦然表暴於後人之耳目。』

清宣統元年，儒商華之鴻創辦貴陽文通書局，派人赴日學習印刷技術，購買先進印刷機器。三年，書局正式開工。首印『西南巨儒』鄭珍編纂之《播雅》，用活字排版，機器印刷，裝幀精美。凡二十四卷，分八册裝訂。牌記有『宣統三年八月文通書局印行』字樣。

此書印本被多家圖書館收藏。本叢書據遵義市圖書館藏本影印。（黄萬機）

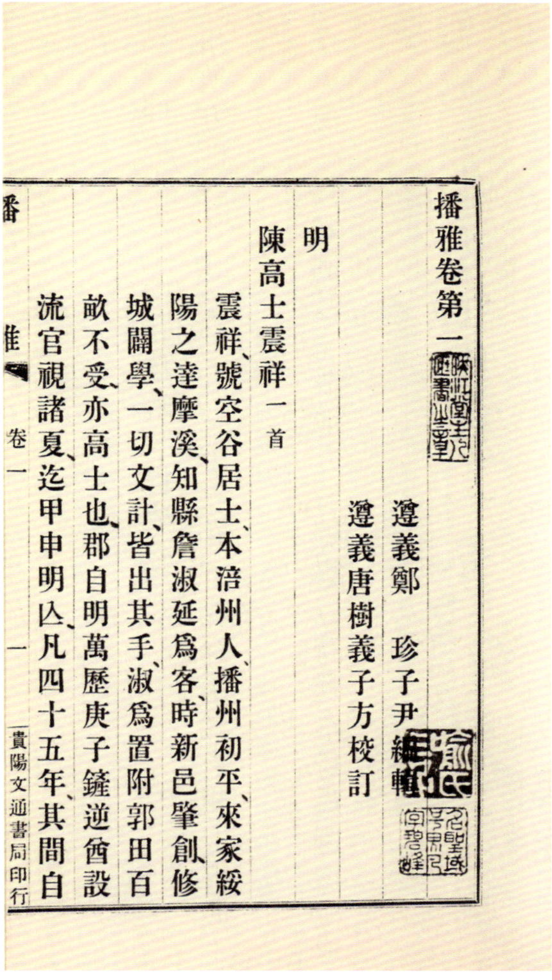
播雅卷第一

遵義鄭　珍子尹編輯

遵義唐樹義子方校訂

明

陳高士震祥一首

震祥號空谷居士本涪州人播州初平來家綏陽之達摩溪知縣詹淑延爲客時新邑肇創修城闢學一切文計皆出其手淑爲置附郭田百畝不受亦高士也郡自明萬歷庚子鏟逆酋設流官視諸夏迄甲申明亾凡四十五年其間自

播雅　卷一　一　貴陽文通書局印行

黔詩紀略三十三卷（存二十三卷）

清莫友芝編纂。莫友芝生平見經部《十先生中庸集解》提要。

《黔詩紀略》爲一部明代貴州地方性詩歌總集，計三十三卷，收録明代貴州二百四十餘位詩人二千四百多首詩作。

《黔詩紀略》問世以來，頗受重視。其體例較一般地方詩總集以詩歌本身爲選擇標準有所不同，對人物『傳證』往往重於『采詩』。莫繩孫《題記》將之概括爲：『其書因詩存人，亦因人存詩，旁徵事實，各繫以傳，而大要以年爲次；無詩而事實可傳、文字有關暨山川可考者，相因附見，按以考證；國朝人文字足備掌故者，間附録焉。』可以

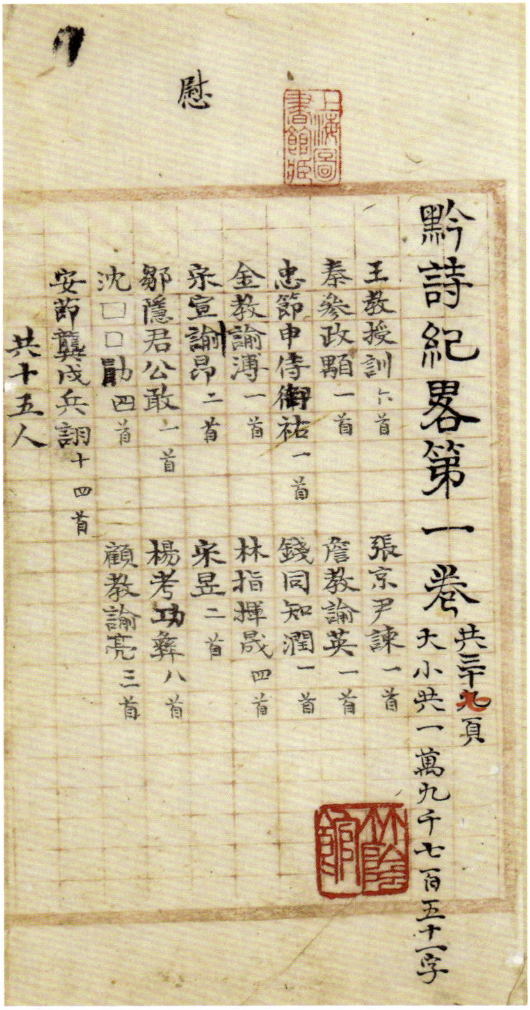

看出『因詩存人』及『相因附見』之因素要高於『因人存詩』。所謂『因詩存人』，指通過詩歌留存人物事迹，既包括作者本人事迹，亦包括詩中提到之人物事迹。正所謂因詩存人，因人徵事，故能對貴州山川故實、風土人情，考索淵源，縱横鉤連，諸多珍貴史料得以保存。對研究貴州地方文化、貴州詩文發展史、貴州地理風貌以及貴州地方典型等，具有重要學術價值與意義。貴州立省以來，戰亂頻仍，文獻毁失嚴重，自有此書，貴州文獻始燦然可述。

《黔詩紀略》署名方式爲：『遵義唐樹義子方審例，遵義黎兆勳伯庸采詩，獨山莫友芝子偲傳證。』實際

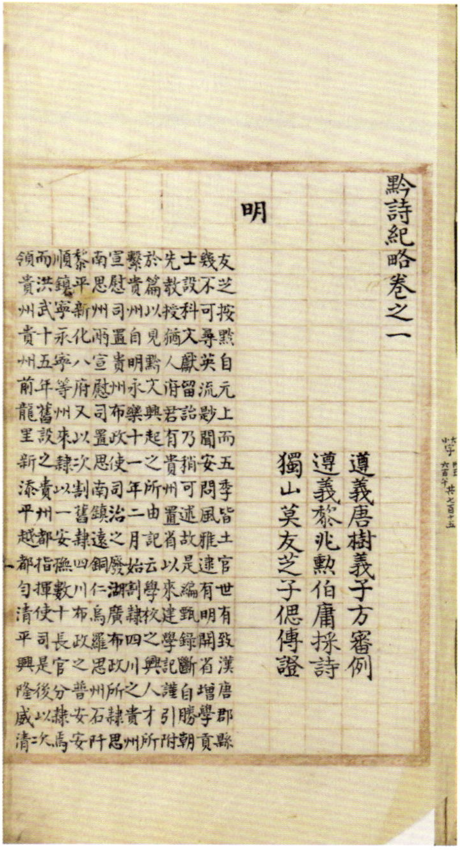

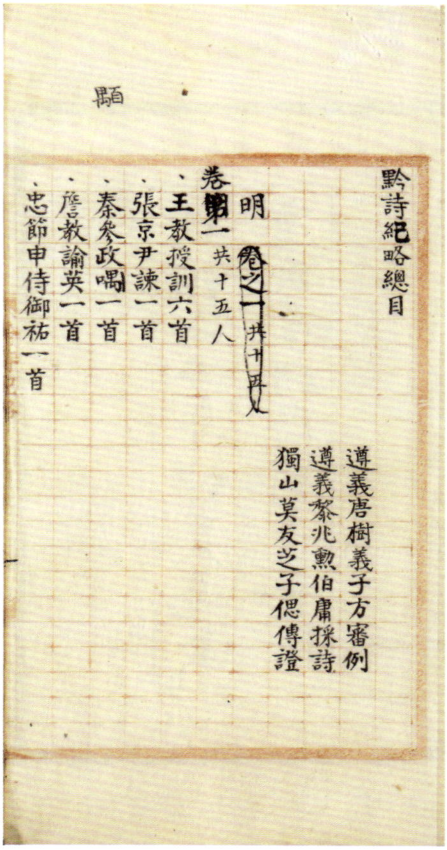

上莫友芝一身兼任審例、采詩、傳證三事，唐、黎二人并未參與今本《黔詩紀略》之核心編纂。咸豐二年二月，莫、黎、唐三人曾共商是舉，由莫輯明代而黎輯清代，後黎因故中輟，唐兵敗身亡，唯莫友芝編成明代，如此署名，正是爲紀念兩位老友及此一段因緣。莫友芝之子莫繩孫於清同治十二年十月刻成於金陵。民國三十五年，揚州書商陳履恒彙聚莫與儔與莫友芝著述七種六十六卷爲《獨山莫氏郘亭叢書》，其中《黔詩紀略》列於卷首，不過目録葉將書名改爲『貴州詩紀傳證三十三卷』，下注『簡稱黔詩紀』，

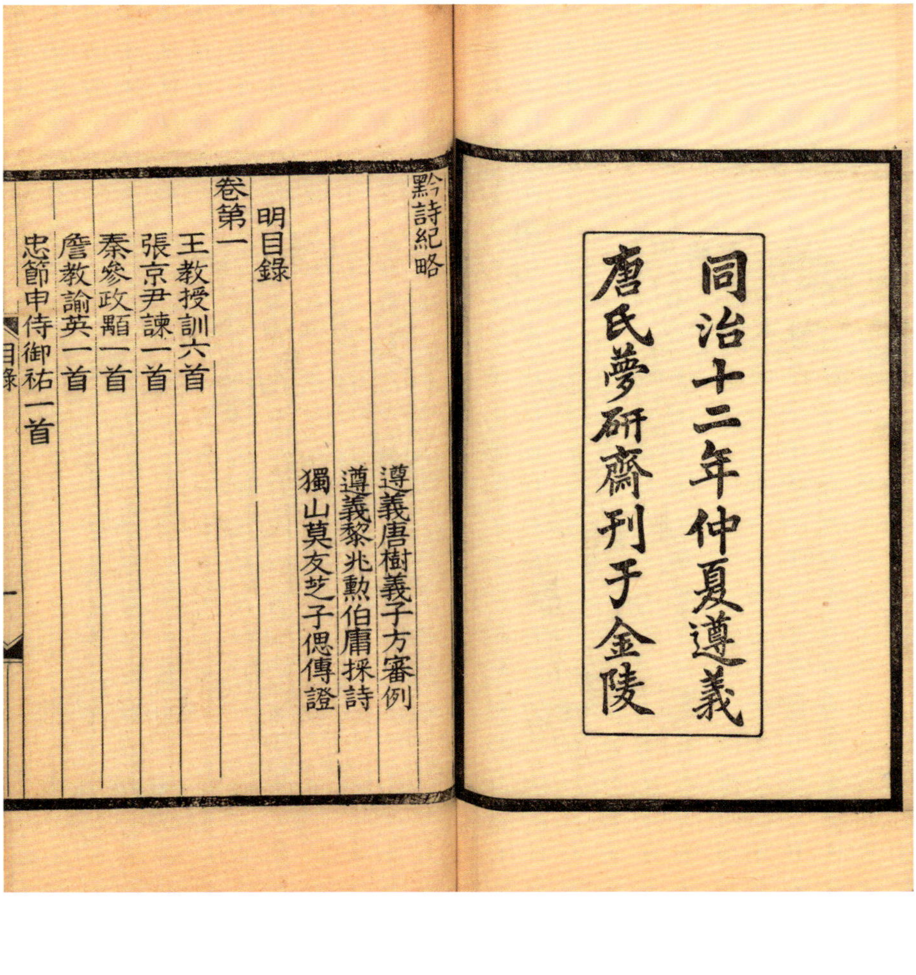

正文書名仍作『黔詩紀略』。印本之外，《黔詩紀略》尚有稿本傳世，今存上海圖書館，已殘，存卷一、卷五至卷二十六，可與印本互相參照。

本叢書影印兩種版本之《黔詩紀略》，一爲殘稿本，存上海圖書館；一爲同治十二年刻本，存國家圖書館。（張劍）

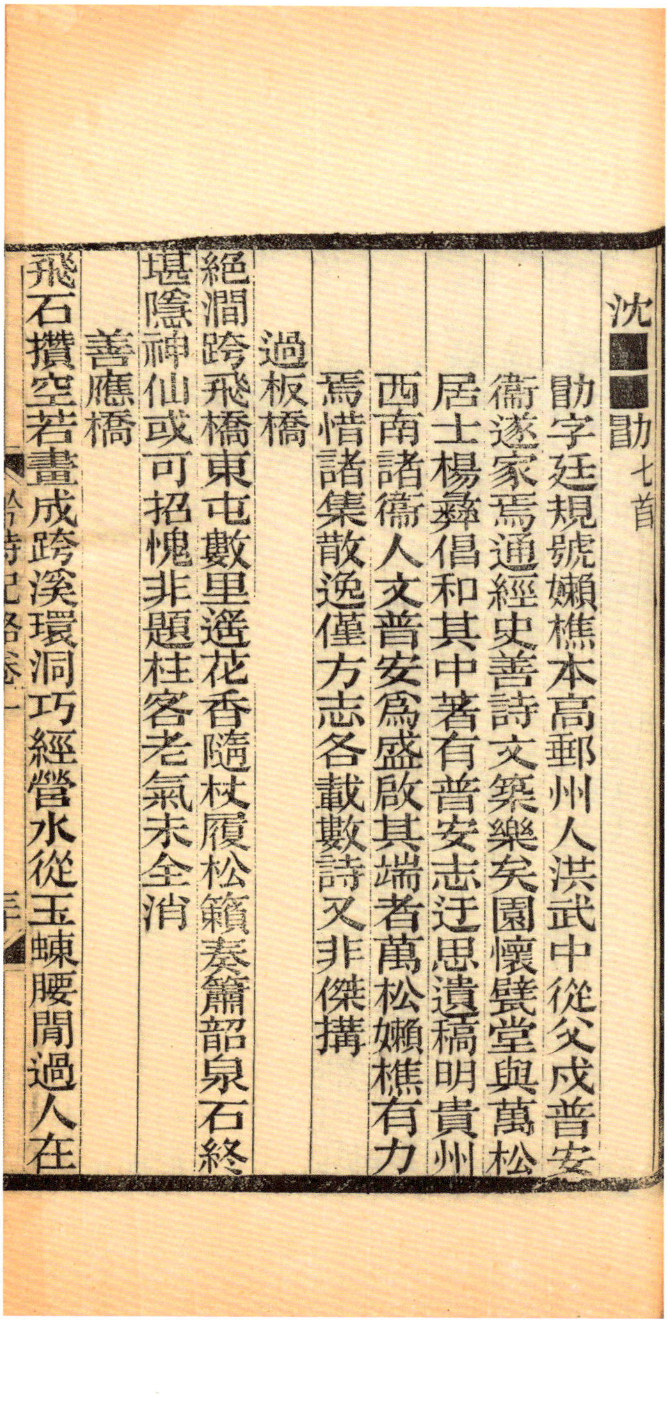
沈[redacted]勖七首

勖字廷規號嬾樵本高郵州人洪武中從父戍普安衛遂家焉通經史善詩文築樂矣園懷鬟堂與萬松居士楊彝倡和其中著有普安志迂思遺稿明貴州西南諸衛人文普安爲盛啟其端者萬松嬾樵有力焉惜諸集散逸僅方志各載數詩又非傑搆

過板橋

絕澗跨飛橋東屯數里遥花香隨杖履松籟奏簫韶泉石終堪隱神仙或可招愧非題柱客老氣未全消

善應橋

飛石攢空若畫成跨溪環洞巧經營水從玉蝀腰間過人在

黔詩紀略卷一

黔詩紀略後編不分卷

清莫庭芝、黎汝謙編輯，陳田訂補。莫庭芝生平見集部《青田山廬詩鈔》提要，黎汝謙生平見史部《華盛頓全傳》提要。陳田，字松山，貴州貴筑人。光緒十二年進士，光緒三十二年任吏部給事中，上書痛陳奕劻、袁世凱『攬權納賄』、『陰謀篡竊』，直聲震朝野。清亡後以遺老身份寓居北京，除《黔詩紀略後編》外，尚有《明詩紀事》、《陳給諫遺詩》、《遺文》等傳世。

莫友芝采輯《黔詩紀略》，總貴州明一代之詩，而黎兆勳所采輯之貴州清代之詩因故未成，稿幾無存，莫友芝六弟莫庭芝毅然繼之。清光緒初，莫庭芝受聘貴陽學古書院山長，延黎汝謙佐之，至光緒六年，已粗編就。其後黎汝

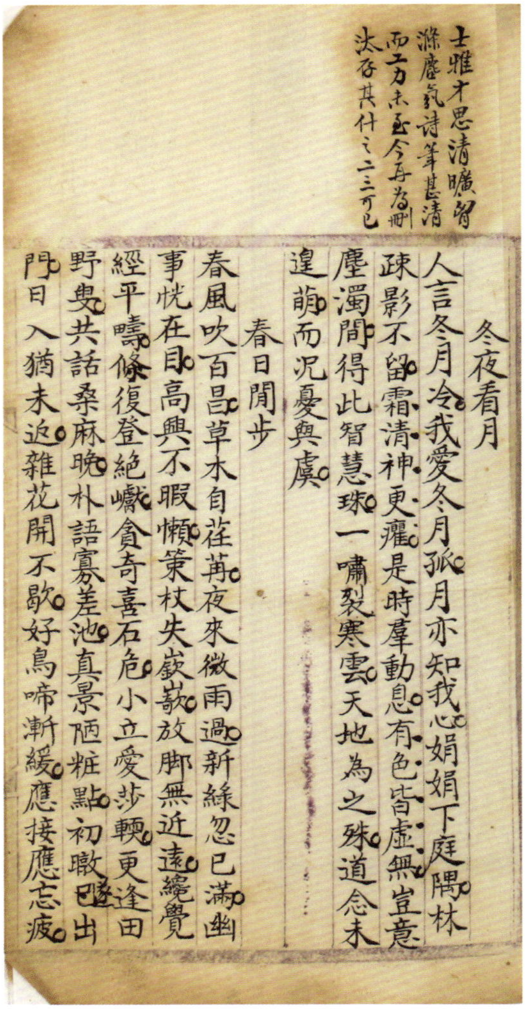
士雅才思清曠，習染塵氛，詩筆甚清而工力未至，今存為删汰，存其什之二三可也

冬夜看月

人言冬月冷，我愛冬月孤。月亦知我心，娟娟下庭隅。林踈影不留，霜清神更癯。是時羣動息，有色皆虛無。豈意塵濁間，得此智慧珠。一嘯裂寒雲，天地為之殊。道念未違萌，而況憂與虞。

春日閒步

春風吹百昌，草木自萑萬。夜來微雨過，新綠忽已滿。幽事忧在目，高興不暇懶。策杖失嶔嶔，放脚無近遠。纔覺經平疇，倏復登絕巘。貪奇喜石危，小立愛步輭。更逢田野叟，共話桑麻晚。朴語寡差池，真景陋粧點。初暾已出門，日入猶未返。雜花開不歇，好鳥啼漸緩。應接應忘疲。

謙出使日本，莫庭芝年老力衰，此事又暫中輟。光緒十二年，陳田舉進士，選翰林，莫庭芝力邀陳田參與其事，陳田『覓寫官録副，庸者汰之，佚者補之，搜輯考訂，竭數月之力，始克脱稿』（《黔詩紀略補·莫庭芝傳》）。《黔詩紀略後編》計三十卷，收清代貴州詩家四百二十四人，詩作二千二百八十二首。後陳田又獨力編《黔詩紀略補》，分上中下三卷，卷上卷中專收明代詩歌，卷下專收清代詩歌，計收録一百位詩人三百二十四首詩作，其中明代五十五位，一百八十六首；清代四十五位，詩歌一百三十八首。清宣統三年，陳田得陳夔龍資助，刻《黔詩紀略後編》三十卷於京師，署名爲『獨山莫庭芝芷升、遵義黎汝謙受生采詩，貴陽陳田松山傳證』。《黔詩紀略補》則附刻其後。至此明清兩代貴州詩人及詩歌燦然大備。

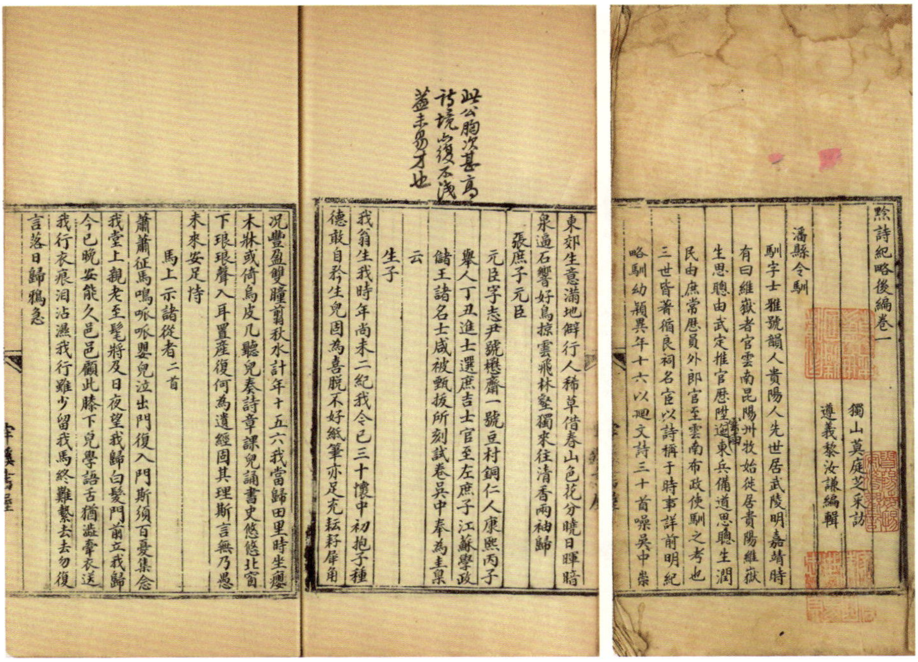
黔詩紀略後編卷一
獨山莫庭芝采訪
遵義黎汝謙編輯
潘縣令馴
馴字士雅號韻人貴陽人先世居武陵明嘉靖時
有曰維嶽者官雲南昆陽州牧始徙居貴陽維嶽
生思聰由武定推官歷陞遼東兵備道思聰生潤
民由庶常歷員外郎官至雲南布政使馴之考也
三世皆著循良祠名宦以詩稱于時事詳前明紀
略馴幼穎異年十六以廻文詩三十首噪吳中崇

此公胸次甚高詩境尚復不淺蓋未易才也

東郊生意滿地鮮行人稀草借春山色花分曉日暉晴
泉遍石響好鳥掠雲飛林壑獨來往清香兩袖歸
張庶子元臣
元臣字志尹號懋齋一號豆村銅仁人康熙丙子
舉人丁丑進士選庶吉士官至左庶子江蘇學政
儲王諸名士咸被甄拔所刻試卷吳中奉為圭臬
云
生子
我翁生我時年尚未二紀我今已三十懷中初抱子種
德敢自矜生兒固為喜脫不好紙筆亦足充耘耔犀角

況豐盈雙瞳翦秋水計年十五六我當歸田里時坐瘦
木牀或倚烏皮几聽兒奏詩章課兒誦書史悠悠北窗
下琅琅聲入耳置產復何為遺經固其理斯言無乃愚
未來安足恃
馬上示諸從者二首
蕭蕭征馬鳴呱呱嬰兒泣出門復入門斯須百憂集念
我堂上親老至髦將及日夜望我歸白髮門前立我歸
今已晚安能久邑邑顧此膝下兒學語舌猶澁牽衣送
我行衣痕泪沾濕我行雖少留我馬終難縶去去勿復
言落日歸鴉急

本叢書所收《黔詩紀略後編》版本計三種。一種係藏於上海圖書館之稿本，原二十一册，今存十八册，未分卷數，第一册封面題『獨山莫庭芝、遵義黎汝謙同編輯』，全書文字塗抹較多，亦有直接裁貼印本《黔風演》中詩歌者；葉眉屢見黎汝謙批點，如『可删』、『可去』、『此詩頗穩』、『悟境語』等；亦偶有黎庶昌批語，爲初選未定之稿本。

一種係藏於貴州省博物館之謄清稿本，計二十二册，前五册均有卷數，如第一册首葉首行題作『黔詩紀略後編卷一』，下署『獨山莫庭芝采訪，遵義黎汝謙編輯』，鈐有『貴陽凌惕安獲觀記』朱文印、『家傳清白，世篤忠貞』白文印；

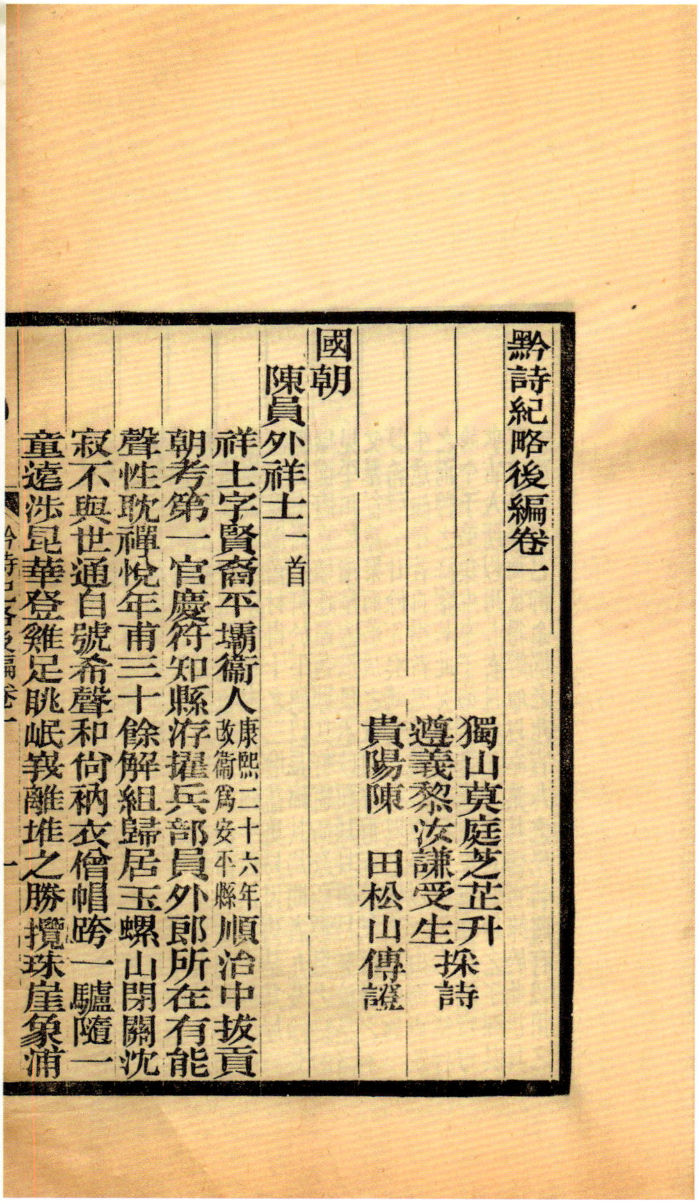
黔詩紀略後編卷一
獨山莫庭芝芷升採詩
遵義黎汝謙受生
貴陽陳田松山傳證
國朝
陳員外祥士一首
祥士字賢裔平壩衛人康熙二十六年改衛爲安平縣順治中拔貢
朝考第一官慶符知縣洊擢兵部員外郎所在有能
聲性耽禪悅年甫三十餘解組歸居玉螺山閉關沈
寂不與世通自號希聲和尚衲衣僧帽跨一驢隨一
童遠涉昆華登雞足眺岷峩離堆之勝攬珠崖象浦
黔詩紀略後編卷一 一

自第六册起，首葉首行僅題『黔詩紀略後編』，不再顯示卷數，署名方式未變。葉眉亦有黎汝謙批點，然較稿本爲少，筆迹亦較工致。此蓋在上海圖書館藏稿本基礎上再選之本，然猶非定本。

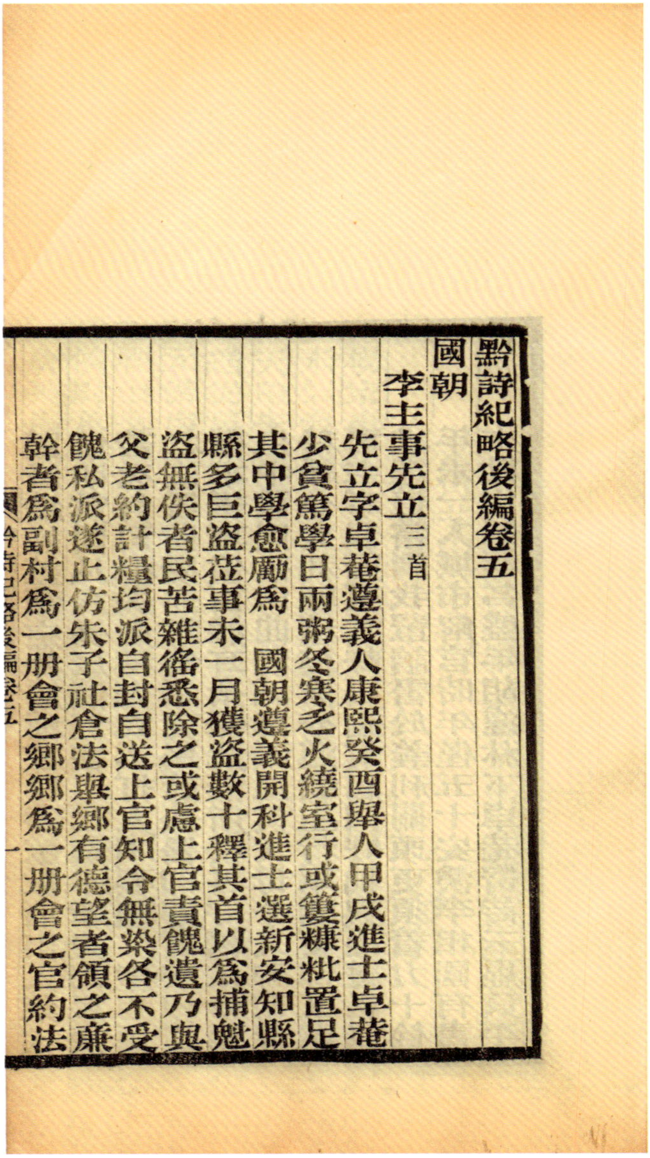

一種係藏於國家圖書館之宣統三年陳夔龍序京師刻本，署名方式爲『獨山莫庭芝芷升、遵義黎汝謙受生采詩，貴陽陳田松山傳證』，即今日通行之本。該本與前兩種稿本從選人到選詩都有較多不同，乃陳田重新編輯加工所成之定本，陳田雖僅署名『傳證』，然亦有選編之功。（張劍）

播川詩鈔五卷

清趙旭撰。趙旭生平見經部《犍爲文學爾雅注稽存》提要。

趙旭生性耿介孤高，不隨流俗，勇於正視社會現實，揭露黑暗，反映民間疾苦。如《流民哀》、《納糧叟》、《行路難》、《猛虎行》、《哀猩猩》等，皆諷諭現實、抨擊醜惡之佳作。有些詩歌揭露官府『練勇』欺壓百姓，『指民爲寇任取携』之罪行（《練勇四首》）。

趙旭生長在大婁山間，受其靈氣感發，創作不少與大山相稱之作品，如《白石至南溪口》、《九盤子》、《三坡》、《魁岩歌贈子群》、《楠木洞》、《九壩》等。

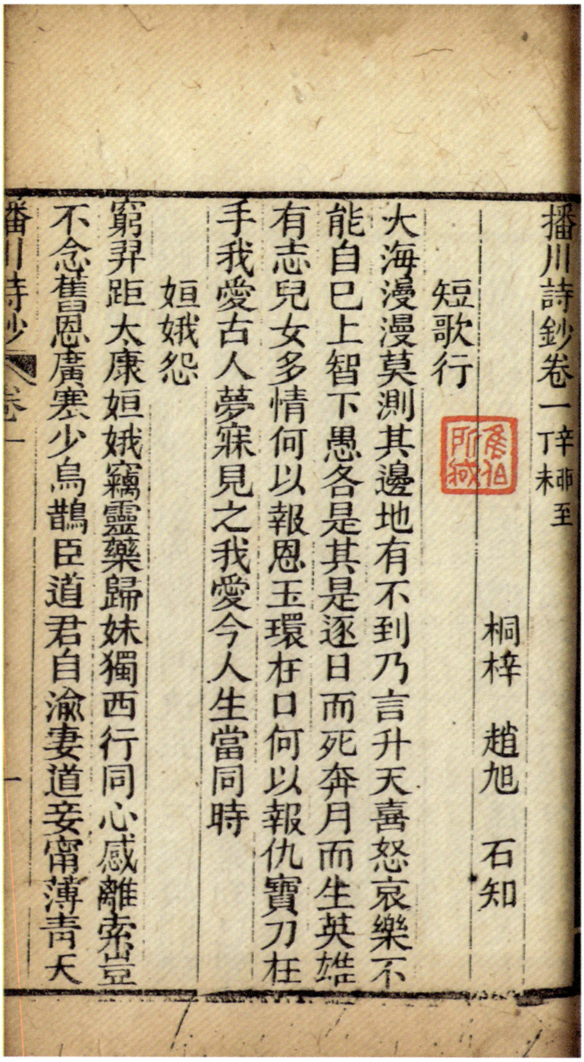
播川詩鈔卷一 辛酉至丁未

桐梓 趙旭 石知

短歌行

大海漫漫莫測其邊地有不到乃言升天喜怒哀樂不能自已上智下愚各是其是逐日而死奔月而生英雄有志兒女多情何以報恩玉環在口何以報仇寶刀在手我愛古人夢寐見之我愛今人生當同時

姮娥怨

窮羿距太康姮娥竊靈藥歸妹獨西行同心感離索豈不念舊恩廣寒少烏鵲臣道君自渝妾道妾甯薄青天

播川詩鈔 卷一 一

也有不少抒寫友朋交誼之作品，如《送子尹還遵義》等。還有不少詠古之作，有獨到之見。

莫友芝《播川詩鈔序》提出『骨』與『韻』兩個美學範疇。『詩卷所以長留天地間者，骨與韻而已。非是，雖工弗貴。風泠雲上，讀之悠然穆然，深遠無際，而不知情之何以移者，韻勝也；冰棱鐵矯，讀之眉宇軒昂，投袂欲起，而不知神之何以王者，骨深也。』他判定：『吾友趙君曉峰之詩，其庶幾以骨勝者乎！』由於個性率傲，『故其爲詩不屑作經人道語。當其得意，如萬山之巔，一峰孤起，四無憑藉，神眩目驚，自謂登仙羽化無此樂也』。

《播川詩鈔》五卷，由其子彝憑刊刻印行。遵義市圖書館有藏，本叢書據此同治刻本影印。（黄萬機）

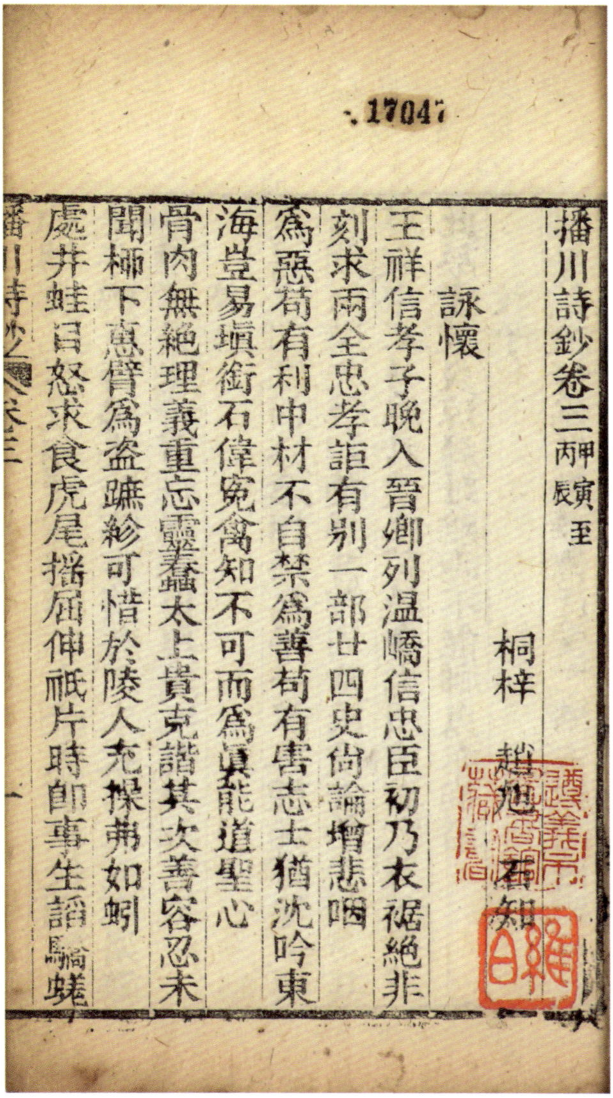

播川詩鈔卷三 甲寅至丙辰

桐梓 趙旭 石知

詠懷

王祥信孝子晚入晉卿列温嶠信忠臣初乃衣裾絶非刻求兩全忠孝詎有别一部廿四史倘論增悲咽為惡苟有利中材不自禁爲善苟有害志士猶沈吟東海豈易填銜石偉冤禽知不可而爲眞能道聖心骨肉無絶理義重忘靈蠢太上貴克諧其次善容忍未聞㮇下惠臂爲盜蹠紾可惜於陵人充操弗如蚓處井蛙目怒求食虎尾摇屈伸祇片時卽專生諂驕蟯

播川詩鈔卷三 一

桐梓耆舊詩八卷

清趙旭、趙彝憑輯。趙旭生平見經部《犍爲文學爾雅注稽存》提要，趙彝憑生平見集部《玩易山人詩鈔》提要。

《耆舊詩》，亦作《桐梓耆舊詩》，清代趙旭、趙彝憑父子輯録，彝憑作傳證。分八卷，所輯者爲桐梓縣明清兩代詩人之作。前集四卷爲趙旭所輯，後集四卷爲趙彝憑補輯。

此書總目後，趙彝憑有題識一篇，談及其緣起：『道光辛丑（元年）修纂府志，鄭柴翁輯郡人詩爲《遵義詩鈔》，先子則專輯本縣。及後柴翁刊作《播雅》，桐梓之詩悉照先子所録。隨又有所得，亦寄莫郘翁編入《黔詩紀略》。』在咸、同之際遭兵火，輯稿無存。五十年之後，彝憑搜求原詩編爲前集，加以詩人小傳；又將新搜得者編爲後集。計前集四十二人，得詩二百零六

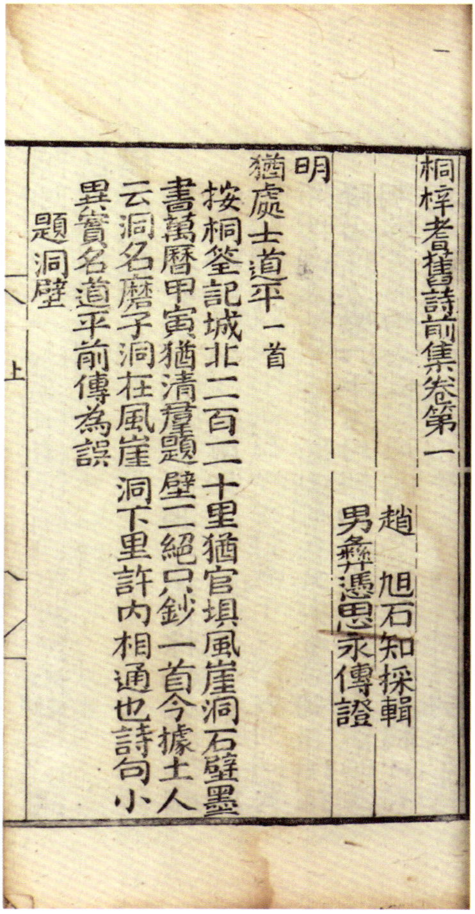
桐梓耆舊詩前集卷第一
趙　旭石知採輯
男彝憑思永傳證
明
猶處士道平 一首
按桐鋻記城北二百二十里猶官壩風崖洞石壁墨書萬曆甲寅猶清癯題壁二絶只鈔一首今據土人云洞名磨子洞在風崖洞下里許内相通也詩句小異賓名道平前傳為誤
題洞壁

首；後集四十二人，得詩二百六十首。兩集輯成於光緒十八年，民國六年刻板印行。

刻本封面題『耆舊詩　民國丁巳冬　劉汲之署』，内葉仍刻『桐梓耆舊詩』。前集四卷，每卷之首注明『趙旭石知采輯　男彝憑思永傳證』，每卷終，分別署『熊兆之義舉刻』、『黄道彬之義舉刻』、『侯樹濤之義舉刻』、『張鴻鑫之義舉刻』。後集五至八卷，每卷之首注明『趙彝憑思永輯傳』，五卷之末標記『令狐道遠、余大猷、王家輔』三人之『義舉』，六卷末標記『金如亮、傅承衛、劉西漢』三人『義舉金刻』。七、八卷未標名，卷終注明『趙從檠寫字，民國丁巳年刻』。由此可知，此詩集由桐梓鄉紳集資，與趙氏後人聯合刻印。此書編選體例，一如《播雅》與《黔詩紀略》：以人存詩，因詩存人，爲保存桐梓明清數百年文史風習及軼事掌故之重要文獻。

刻本現存遵義市圖書館，本叢書據此影印。（黄萬機）

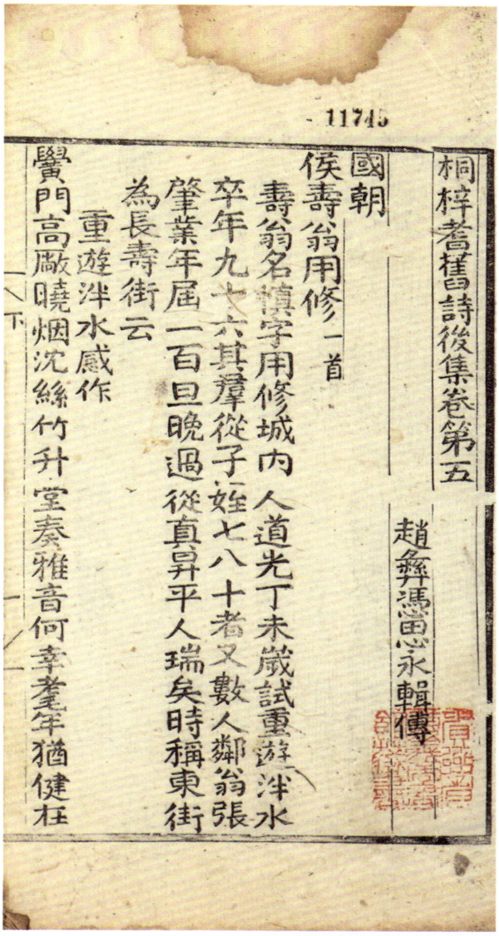

桐梓耆舊詩後集卷第五　趙彝憑思永輯傳
國朝
侯壽翁用修一首
壽翁名楨字用修城内人道光丁未歲試重遊泮水卒年九十六其犀從子姪七八十者又數人鄰翁張肇業年屆一百旦晚過從真昇平人瑞矣時稱東街為長壽街云
重遊泮水感作
黌門高敞曉烟沈絲竹升堂奏雅音何幸耄年猶健在

黎星使讌集合編不分卷

清黎庶昌等撰，孫點編次。黎庶昌生平見經部《春秋左傳杜注校勘記》提要。孫點，字君異，安徽來安人，清駐日使館隨員。

黎庶昌曾於光緒七年十二月二十六日至光緒十年八月十七日、光緒十三年十一月十九日至光緒十七年正月二日兩次出任日本公使。黎氏出使日本期間，以詩文唱酬廣交日本友人，團結、聯絡更多日本人士及國際友人。黎庶昌舉辦之詩會，先固定爲每年之重九節，後又增加春季之修禊會，一年兩度，成爲定例。光緒十六年，黎庶昌即將任滿歸國，增加告別之讌集。他舉辦之詩會，參加人數逐年增多，最後一年增至近百人，除中日兩國外，并有朝鮮人士及駐歐美各使館以及國內之詩家亦熱情寄函和作。孫點輯之《黎星使讌集合編》，計有：《癸未重九讌集編》、《戊子

重九讌集編》、《庚寅讌集三編》及孫點編撰之《嚶鳴館春風疊唱集》。《癸未重九讌集編》，爲光緒九年九月九日黎氏在日本永田町中國公使館設宴時，中日唱酬詩作，與會者二十一人，詩五十二首。卷首孫點云：『是編早經鏤板，惟詩文次序不免紊亂，且有忘未列名者，今既合編，乃重爲釐定，補印以存之。』合編刊印時間爲光緒十六年。《戊子重九讌集編》，爲黎氏第二次出使日本，光緒十五年九月九日在使署張宴時唱和詩作，參加者主賓共三十二人。又附《枕流館讌集編》，乃本年重陽前九日，日本同人招集，張宴於中州枕流館，賀黎氏再任，共有二十餘人。《庚寅讌集三編》，由《修褉集》、《登高集》、《題襟集》組成，《修褉集》爲三月三日黎氏招集日本都下名士，開宴於紅葉館時唱酬詩集；《登高集》爲九月九日黎氏於芝山紅葉館修登高之約，兼爲留別之會時唱酬詩集；《題襟集》爲是年九月至十一月日本文士爲黎氏餞行，以及黎氏舉行告別宴會時之詩集。

本叢書據貴州省圖書館藏清光緒鉛印本影印。（龍先緒）

癸未重九集兩國文人作萸酒之會於使署西樓
賦此起興　黎庶昌
小樓一角露孱顏灑落霜風夕照間近寺微紅日支社
遠天依白富婁（富士或作富姿）山可堪酩酊酬佳節暫把茱萸
得少閒文字盍簪無異地姓名同在列仙班
即席再賦呈諸公
皛皛浮雲白日光天教放與作重陽（昨宵風雨殊甚今日大晴）西京
公子萸爲佩南國佳人菊有芳詩律未應輸鞏軾（東坡九日
次王鞏韻有詩律輸君一百籌之句）軒車原不數山王清歌激起商飇館
癸未重九讌集編　八　詩一

黎星使讌集合編補遺不分卷

清黎庶昌等撰，孫點編次。黎庶昌生平見經部《春秋左傳杜注校勘記》提要；孫點簡介見集部《黎星使讌集合編》提要。

此集原名《已丑讌集續編》，爲光緒十五年之三次唱酬詩集，由卷上《枕流館集》、《紅葉館修禊編》，卷下《紅葉館登高集》組成。本年聚珍版印行。《枕流館集》爲二月十八日日本人士在中州枕流館款待黎庶昌等清國使館人員之唱酬詩集，共十二人。《紅葉館修禊編》爲三月二十三日黎氏在芝山西南紅葉館舉辦春季親睦會，與日本文人宴集唱和之詩作，到會者凡三十餘人。黎氏首賦『三』、『南』詩韻。該編附録『凡前未曾入座而賡和者』

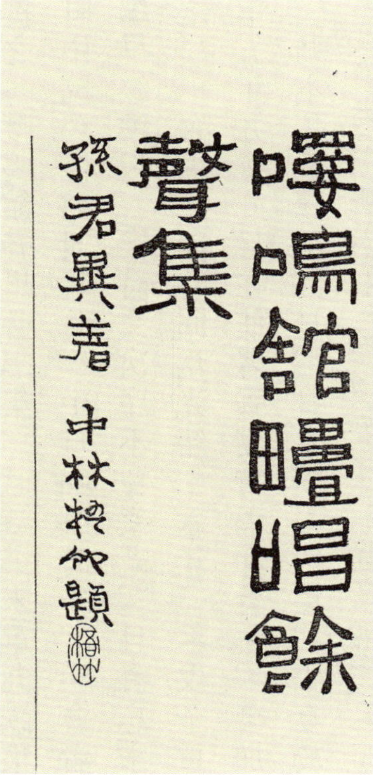

之詩作。《紅葉館登高集》爲九月九日聚會時之唱和詩集，共四十人，期而未至者八人。該編附録交稿較遲之兩首律詩及詞二闋，『未能依次，附於卷末』。

本叢書據仁懷龍先緒提供之清光緒刻本影印。（龍先緒）

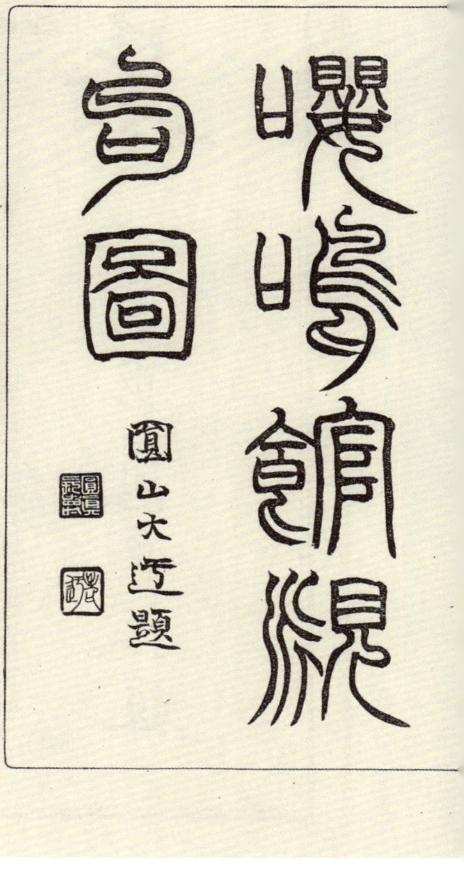

漢上消閒集十六卷

宦應清輯。宦應清生平見子部《傷寒論新淺註》提要。

該書封面題『界凡三哥惠存　澤民弟游贈』（宦游：宦應清第四子，號澤民）。内封題『中華民國十一年舊曆冬月初十日　宦澤民兄惠贈　共計一十本　碧峰居士界凡氏珍藏』，牌記『宣統辛亥仲夏屏鳳莊舊主刊於漢上』，書口題『振華印書館刊　附公館報館内』。

該集收録三百餘人之詩文聯語、

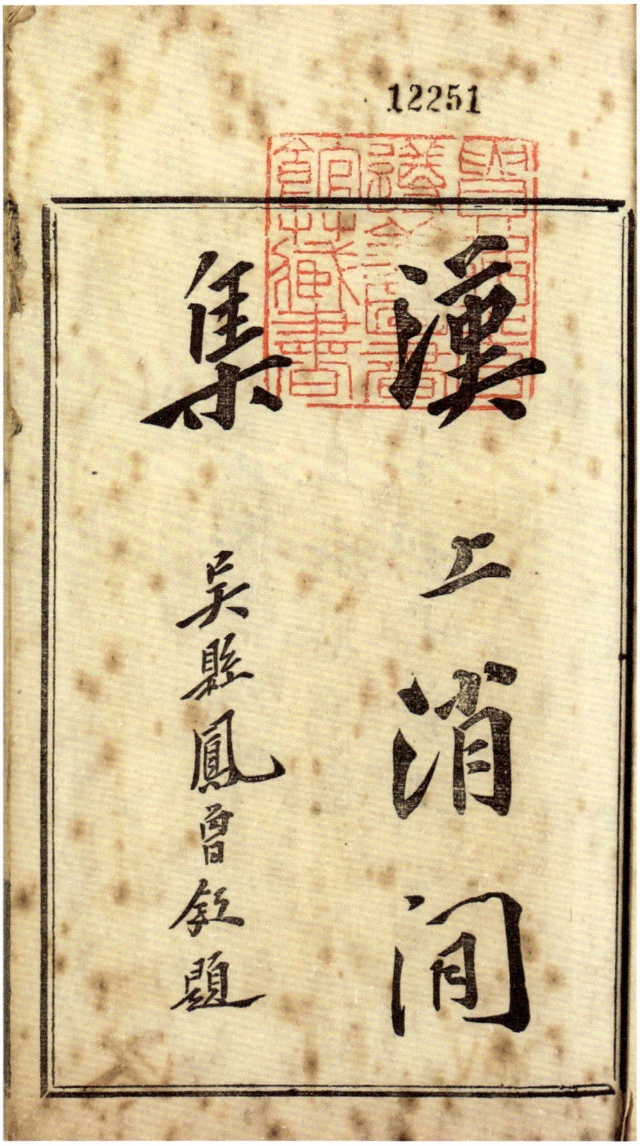

詞曲以及宧應清本人作品近三千首（篇）。作品内容廣泛，關涉借物抒懷、即景生情、讀史感懷等，作者包括名卿大夫、日本友人、方外、閨秀等。大部分作者附有小傳，對瞭解作品、作者具有一定參考價值。卷前有吴績凝（緗芸）序、陳辛湄（湋）《議刊漢上消閒詩選小引》，并多人題詞。

本叢書據遵義市圖書館藏清宣統三年振華印書館鉛印本影印。（朱純潔）

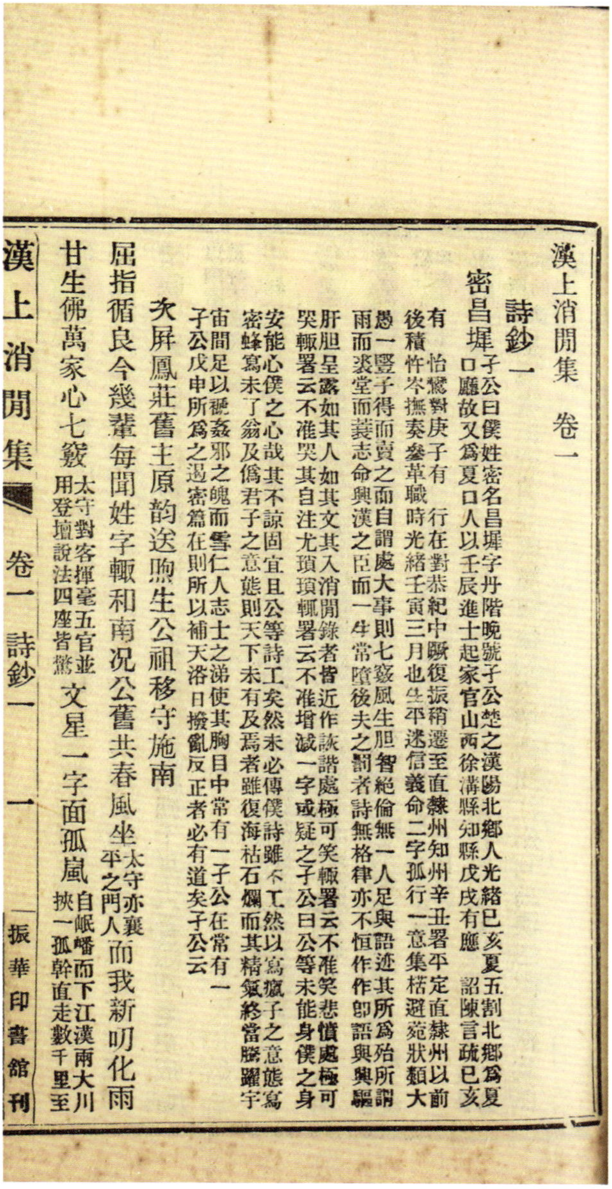
漢上消閒集　卷一

詩鈔一

密昌墀子公曰僕姓密名昌墀字丹階晚號子公楚之漢陽北鄉人光緒己亥夏五割北鄉爲夏口廳故又爲夏口人以壬辰進士起家官山西徐溝縣知縣戊戌有應詔陳言疏己亥有怡觽對庚子有行在對恭紀中興復振稍遷至直隸州知州辛丑署平定直隸州以前後積忤岑撫奏參革職時光緒壬寅三月也生平迷信義命二字孤行一意集梏避菀狀類大愚一豎子得而賣之而自謂處大事則七竅風生胆智絶倫無一人足與語迹其所爲殆所謂雨而裘堂而蓑志命與漢之臣而一生常墮後夫之罰者詩無格律亦不恒作作卽語與輿驅肝胆呈露如其人如其文其入消閒錄者皆近作詼諧處極可笑輒署云不准笑悲憤處極可哭輒署云不准哭其自注尤瑣瑣輒署云不准增減一字或疑之子公曰公等未能身僕之身安能心僕之心哉其不諒固宜且公等詩工矣然未必傳僕詩雖不工然以寫瘋子之意態寫密蜂寫未了翁及僞君子之意態則天下未有及焉者雖復海枯石爛而其精氣終當騰躍宇宙間足以褫姦邪之魄而雪仁人志士之涕使其胸目中常有一子公在常有一子公戊申所爲之遏密篇在則所以補天浴日撥亂反正者必有道矣子公云

次屛鳳莊舊主原韵送煦生公祖移守施南

屈指循良今幾輩每聞姓字輒和南况公舊共春風坐太守亦襄平之門人而我新叨化雨甘生佛萬家心七竅太守對客揮毫五官並用登壇說法四座皆驚文星一字面孤嵐自岷嶓而下江漢兩大川挾一孤幹直走數千里至

漢上消閒集　卷一　詩鈔一　一　振華印書館刊

屏鳳山莊箕裘集二十二卷

宦應清編。宦應清生平見子部《傷寒論新淺註》提要。

該集爲宦氏家刻本，意在收輯族人遺文，垂諸後世。録宦氏子孫六代之著述，内容龐雜。卷一、卷二《屏鳳遺文》、卷三《屏鳳遺詩》，宦儒章著。卷四《墨泉遺文》文一篇，卷五《任天吟草》詩一首，宦大猷著。卷六、卷七《敬思堂文稿》，卷八《敬思堂詩稿》，卷九《敬思堂試帖》，宦廷銓著。卷十《簡堂遺詩》，宦廷臣著。卷十一《子蕃遺文》，卷十二《江南游詩鈔》，宦必濟著。卷十三《蔞藪室主人試帖》，宦懋庸著。卷十四、卷十五《漢上消閒社主文鈔續集》，卷十六《漢上消閒社主詩鈔别集》，卷十七《漢上消閒社主試帖》，卷十八《家乘》，卷十九《氏族續考》，卷二十《吾家童子暫行教育法》，卷二十一、卷二十二《屏鳳莊舊主自述》，宦應清著。卷前有宦應銓序。

宦氏自其先祖宦定益清初遷居遵義始，住遵義縣北鄉北隅里屏鳳山莊（今遵義市匯川區董公寺境内），爲遵義有名之文化世家，代表人物有宦儒章、宦懋庸、宦應清。宦儒章（一七一五—一七七七），字含光，號憲庵，别號屏鳳山人，宦奇遇之第五子。清乾隆十七年進士，四十二年卒於湖南永州知府任上。宦大猷（一七四四—一七九五），字墨泉，號允升，儒章子，工詩。廩生，以長子宦廷銓官贈教諭。宦廷銓（一七六四—

一八二二），字持平，號衡園，長於詩畫。舉人，印江縣教諭，薦河南輝縣知縣，因病未赴任。宦廷臣（一七六八—一八三五），字仲良，一字簡堂，宦大猷次子，精研岐黃術有心得。宦必濟（一八〇六—一八五六），字子蕃，宦廷臣次子，善詩書畫，精醫術。宦懋庸（一八四二—一八九二），字伯銘，號莘齋，別號碧山野史，攻許、鄭之學，兼詩古文辭，著述宏富。宦應清，懋庸

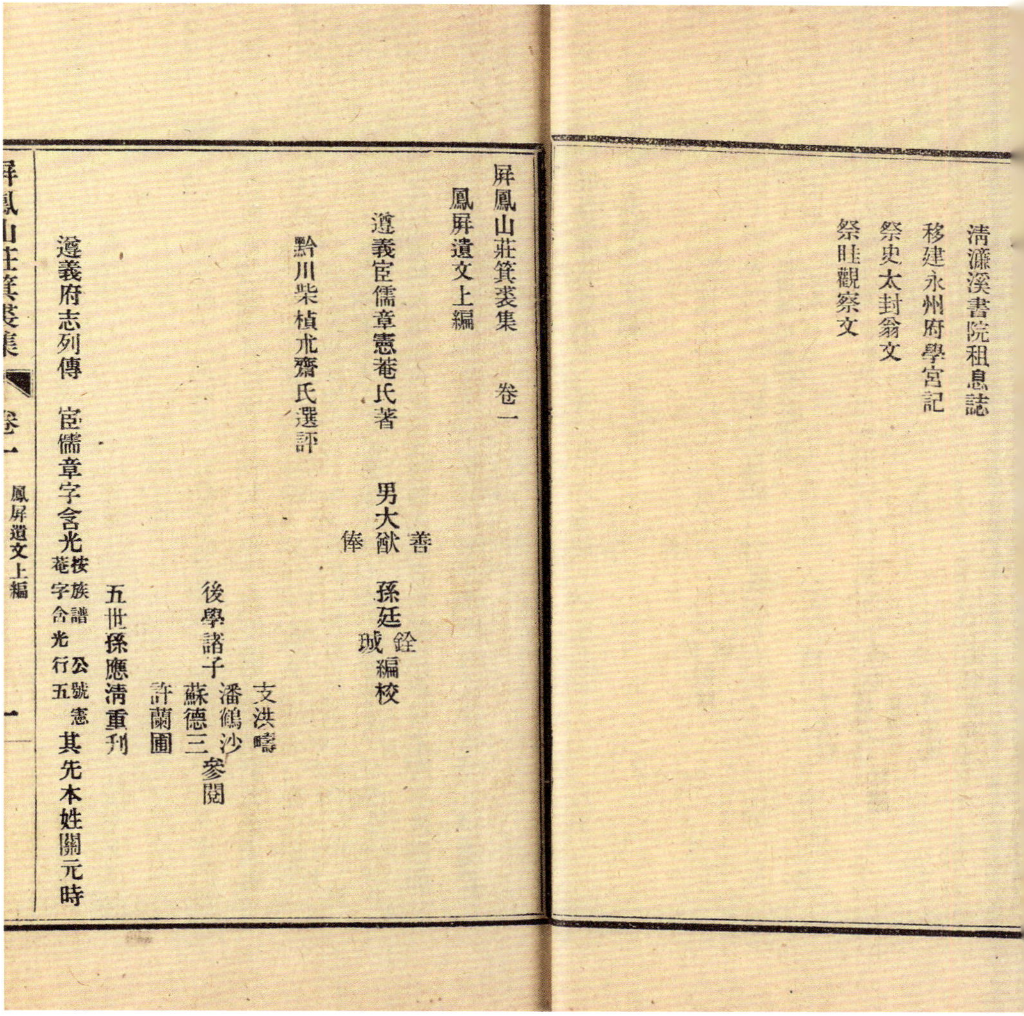
清濂溪書院租息誌
移建永州府學宮記
祭史太封翁文
祭畦觀察文

屏鳳山莊箕裘集　卷一
鳳屏遺文上編
遵義宦儒章憲菴氏著　男大猷 耆 倖　孫廷銓 琙 編校
黔川柴楨尤齋氏選評　支洪疇　後學諸子 潘鶴沙 蘇德三 許蘭圃 參閱
五世孫應清重刊
遵義府志列傳　宦儒章字含光按族譜公號憲菴字含光行五其先本姓關元時

屏鳳山莊箕裘集　卷一　鳳屏遺文上編　一

長子，爲宦氏入遵之第八代。

本叢書據遵義市圖書館藏民國六年鉛印本影印。（朱純潔）

祭法道主於豐似粗糲不與焉而茲則受之以恒恒則故可必也膏腴之與淡泊又相懸矣祭先與祭神義主於萃似淡泊非禮也而茲則不厭其損損則更可必也是故聖人之食羹不因疏菜始祭雖疏食菜羹必祭也夫然聖人之不忘其始者見矣以欲始者必不以義終雖食居人之左羹居人之右見欲不見義也惟聖人一制之以義使夫水濡火化之闢自先民者昭然爲舉世之所不敢廢而饔飧之道乃治夫然而聖人之不忽於微者見矣能飽身者未必能飽德雖主食者必輔羹和羹者不勝食養身通乎養德焉而聖人一歸之於德使夫筐筥蘋蘩之昭乎忠信者由然於日用之中而莫之知而嗜慾之心乃淡再觀之祭必齋如聖人於終食之頃固未嘗不敬矣

局度渾成有捫虱而談旁若無人之概（錢質夫先生批）

山梁雌雉

卽物之不爽於地者、而會心不遠矣、夫聖人之與物俱化也、豈必有物之見存、而會心之不遠、則不妨於山梁雌雉見之矣、且天生一物必有一地焉以載之而使之各見其天故不離乎地而空濛寂歷之鄉所爲生息蕃衍以相遊於無窮者吾正不知其有幾也而今乃恍然於山梁雌雉蓋嘗曠觀宇宙之大而放之乎海隅日出以極所謂廣莫荒寒之區則浩浩者何有于蕞爾之山梁卽俯察品類未有雌雄之先一山梁而已然地能載物固不必與雌雄期而有包荒翕受之量焉自其變者而觀之既有雌雄之際猶然一山梁焉耳然物自處地若遂與山梁謀而有應地無疆之妙焉吾不知覧德輝而下者之適從何來而已覺此地之爲樂土吾不知擇一枝而棲者之於彼奚適而已覺此地之足淹留而況造物之無盡藏也即此一山梁焉已任其予取而莫之禁而猶得以蹁躚不寧者爲山梁咎乎而且世之網蓋愈密矣即此一雌雄焉已避於矰繳而不敢縱而安得不以見微無形者爲雌雄幸哉時哉時哉

清空一氣意在筆先悠然當以神遇（誠之師）

指東説西一卷

王輔君輯。王輔君（一八七六—一九二〇），名廷德，字輔卿，以號行，貴州仁懷縣喜頭臺天子廟人。獲縣學生員，游學綦江、桐梓等地，曾設館課教於遵義芝麻坪等處。與仁懷教讀李芳芝、遵義禹門向平康、思南庠生羅炯、桐梓增生姚敬周、綦江庠生朱厚村等相交甚密，多有詩詞唱和。

此書含四目：其一無題名，收録王輔君及思南羅炯等人所作詩詞，内容多寫景狀物，感歎生活之艱與百姓之苦，不乏自娱之作。

其二爲清賴雲九撰《仁懷七里地名山水序》。賴雲九，字錫恩，仁懷縣茅臺人。仁懷縣原轄仁懷、土城、河西、安羅、李博、二郎、丁山、小溪、吼灘、赤水等十個里。清乾隆三年，劃縣屬仁懷里、土城里、河西里，在仁懷舊城（今赤水市城區）設遵義分府。後爲仁懷廳、仁懷直隸廳、赤水廳、赤水縣。三里析出後，仁懷縣轄安羅、李博、二郎、丁山、小溪、吼灘、赤水等七里。本目所涉地名皆此七里範圍。通體駢文，易於傳誦。

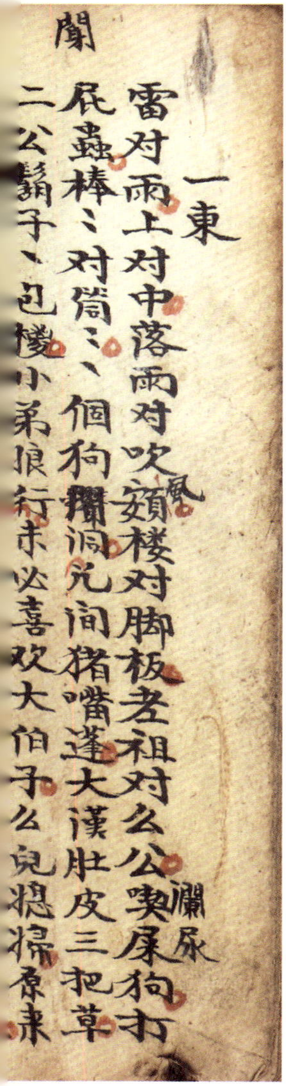

其三爲賴雲九撰《竹枝詞五十首》。記寫清同治三年六月號軍攻克仁懷縣城史實。當知縣馬鈞被彈劾罷免、新任知縣劉汝祜到來尚未接任時，號軍來攻，馬鈞、劉汝祜與汛把總艾定國、典史潘騰芳分門守禦。因互不協調，致城防鬆弛。練目安邦元暗通號軍，約爲内應。初八日凌晨，張泗、聶石辜統號軍數十人，得安邦元暗助，攻入西門。劉汝祜、艾定國、

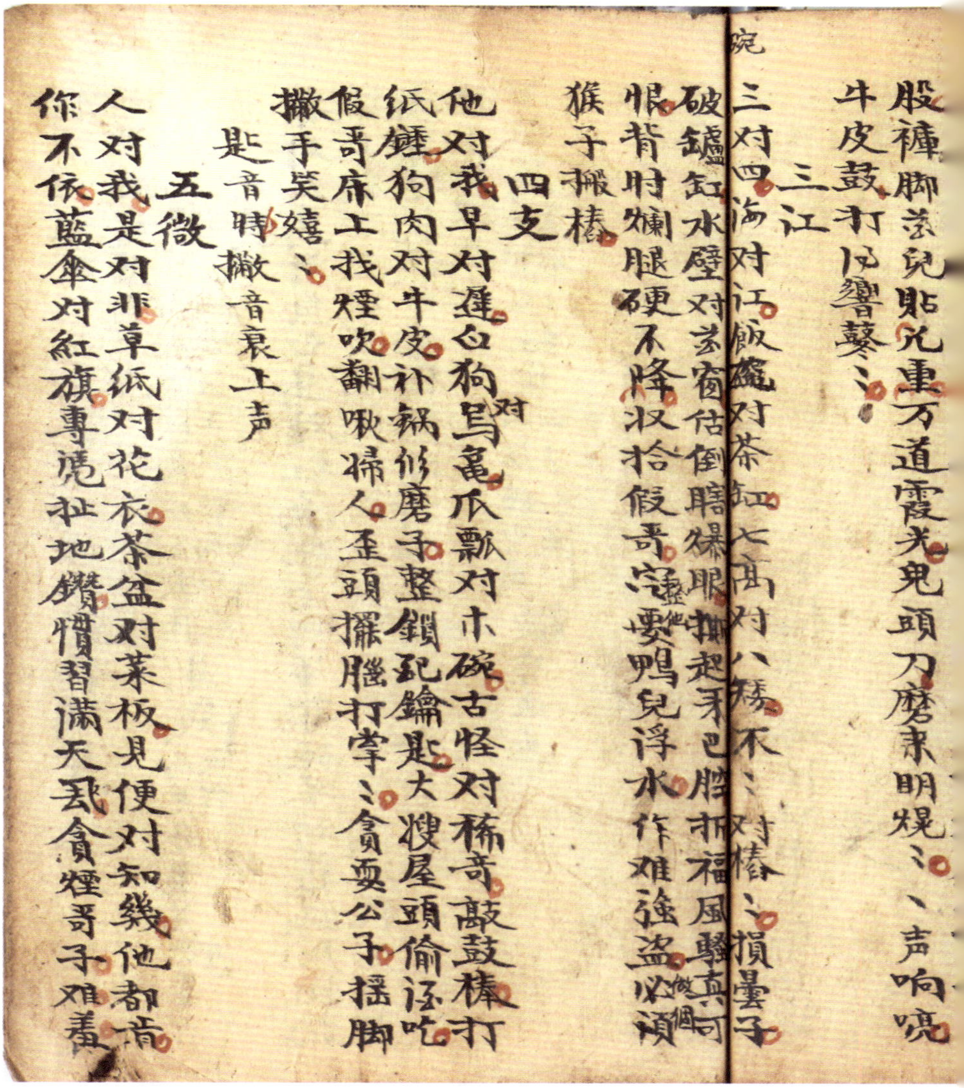

潘騰芳及兵練争相棄城而逃，馬鈞未及逃出而被殺。是日，號軍大隊入城。其餘號軍分駐縣境各處。賴雲九適遇其間，窺其官府及兵練間之嫌隙，睹其百姓顛沛之苦楚，以《竹枝詞五十首》志其始末。

其四爲清何茂花撰《竹枝詞三十首》。何茂花，四川人，曾游學仁懷。寄寓仁懷期間，適遇陳玉川反洋教攻取仁懷縣城事，即以《竹枝詞三十首》志其始末。清光緒二十五年，火石崗石滚頭農民陳玉川發動反洋教起義，八月十九日，率數百人攻打二郎壩天主教堂，搗毁教堂，驅趕教民二十六户，殺死教徒二人。九月十二日，攻取縣城。四更時分，進抵城下，知縣林庚堯、汛把總蘇榮發及城中兵練慌忙逃遁。義軍入城，周知居民各安生業，對居民秋毫無犯。砸開監獄，救出何八等，旋撤離，退往放牛坪設險據守。貴州省府即派省營務處觀察張勝嚴率兵進剿，義軍退走雞公山、層岩溝、河溝場等處。後陳玉川父子四人和吴廷剛等骨幹十人被俘，解省遇害。

該書抄本爲仁懷穆升凡收藏，本叢書據此影印。（穆升凡）

畢沛然和原韻　予只記得二首其二首則予忘之矣

歸途地闊與天長莫弄詩才莫艳粧怕訪天兵今似又黃蜂白
蝶一皆狂

北斗橫天夜月闌題詩壁上五更殘休誇衛國多才女雄〻世
池豹筆詠

松竹梅蘭共成一絕

淡〻青山號古翁清〻直幹引薰風和羹本是多珍重王者豈
如卉草全

題螃蟹一絕

諸君莫笑我橫行此事吾能君不能鱗甲養成波浪狀隨湖過
海出龍庭

詞清而雅筆秀而圓果然二意双關之妙

雙魚罍齋録莫友芝集聯一卷

清莫友芝集。莫友芝生平見經部《十先生中庸集解》提要。

《古今集聯》原爲清雙魚罍主人同治十三年春所輯録刊印之書法工具書，板藏北京琉璃廠，輯録内容爲何紹基、莫友芝等人所集之碑帖字聯及詩文集句聯。

其中所收『雙魚罍齋録莫子偲友芝集聯』，包括集漢碑聯、集《易林》聯、集漢魏六朝五言聯、集李太白五言聯、集杜工部五言聯、集杜工部七言聯、集唐七言聯、集東坡七言聯、集蘇黄七言聯、集山谷七言聯、集宋人七言聯等，共計一千三百五十聯。

晚清名家，確有受書商所托，爲之集聯編印工具書者。然觀莫友芝日記、書信，未見有

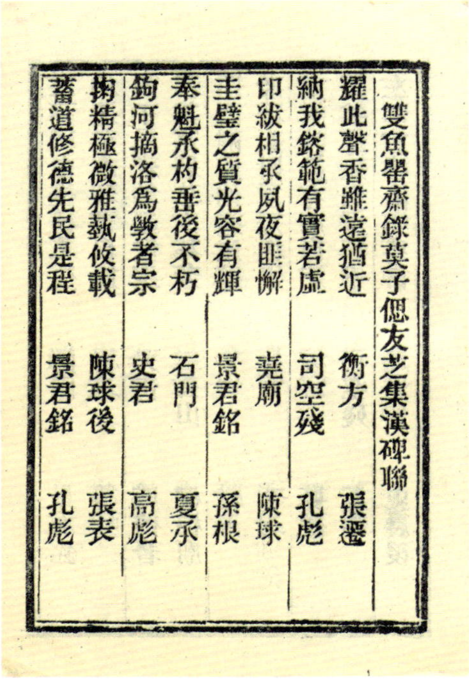

雙魚罍齋録莫子偲友芝集漢碑聯

耀此聲香雖遠猶近 衡方 張遷
納我鎔範有實若虛 司空殘 孔彪

印紱相承夙夜匪懈 堯廟 陳球
圭璧之質光容有輝 景君銘 孫根

奉魁承杓垂後不朽 石門 夏承
鉤河擿洛爲教者宗 史君 高彪

搦精極微雅藝攸載 陳球後 張表
蓄道修德先民是程 景君銘 孔彪

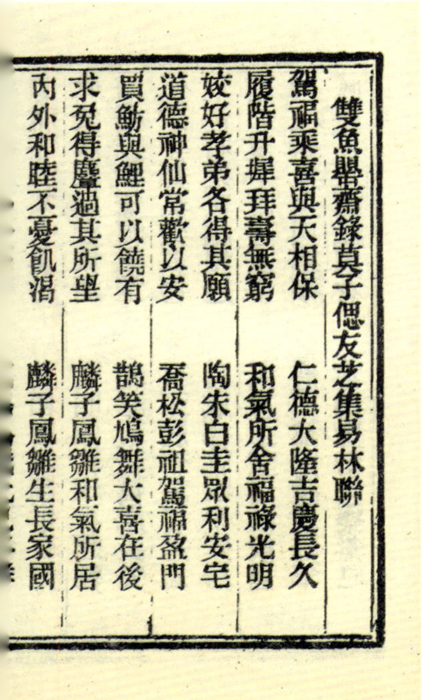

雙魚罍齋録莫子偲友芝集易林聯

駕福乘喜與天相保 仁德大隆吉慶長久
履階升墀拜壽無窮 和氣所舍福祿光明

姣好孝弟各得其願 陶朱白圭眾利安宅
道德神仙常歡以安 喬松彭祖駕福盈門

買魴與鯉可以饒有 鵲笑鳩舞大喜在後
求兔得麞過其所望 麟子鳳雛和氣所居

内外和睦不憂飢渴 麟子鳳雛生長家國

此事之記載。

本叢書據清同治十三年刻本重刊本影印。（張劍）

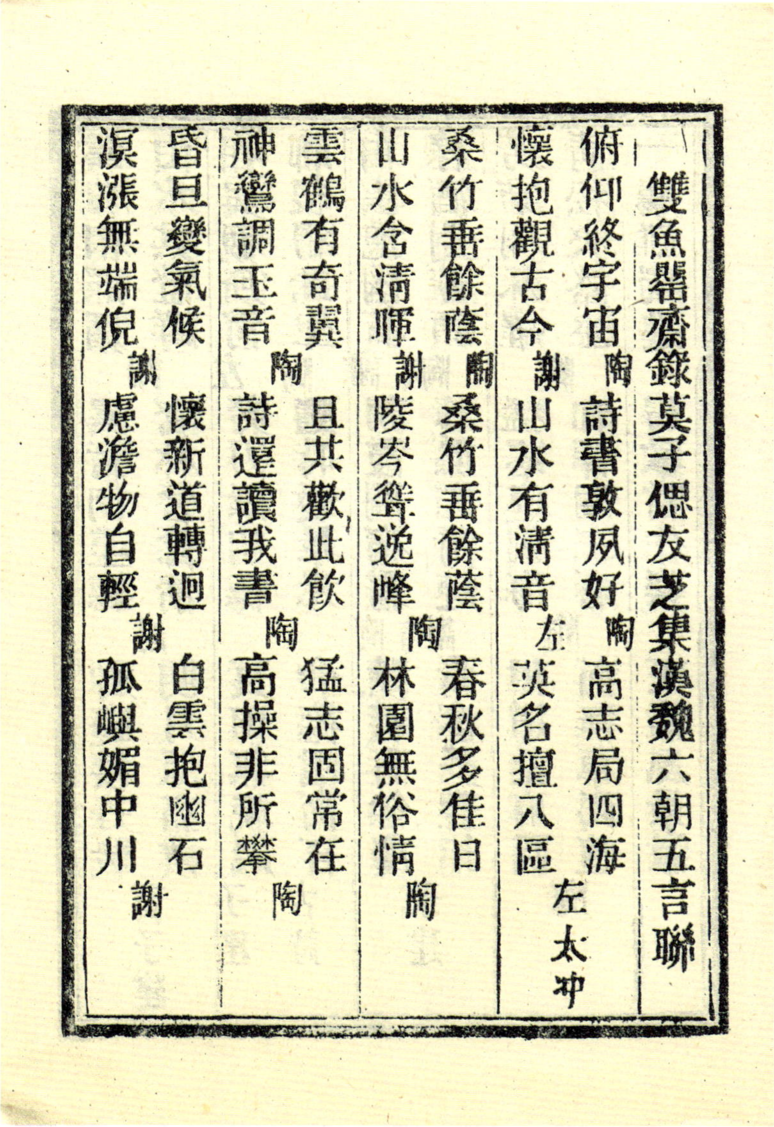
雙魚罌齋錄莫子偲友芝集漢魏六朝五言聯

俯仰終宇宙 陶 詩書敦夙好 陶 高志局四海 左太冲

懷抱觀古今 謝 山水有清音 左 英名擅八區

桑竹垂餘蔭 陶 桑竹垂餘蔭 春秋多佳日

山水含清暉 謝 陵岑聳逸峰 陶 林園無俗情 陶

雲鶴有奇翼 陶 且共歡此飲 陶 猛志固常在 陶

神鸞調玉音 陶 詩還讀我書 陶 高操非所攀 陶

昏旦變氣候 懷新道轉迴 白雲抱幽石 謝

溟漲無端倪 謝 慮澹物自輕 謝 孤嶼媚中川 謝

楹聯詩文集一卷

原無題，輯者不詳。

該集爲手寫本，一册，四十二葉。此集輯入晚清迄民國年間楊育之、李舉臯、韓昭翔等人作品，主要爲地方文士或流官楹聯詩文彙集，亦附録有貴州、四川、雲南等地部分名勝聯及人物信函等。共收聯語詩文等七十五篇（首），并以楹聯爲主（有婚聯、壽聯、挽聯、廟聯、樓聯等）。其中，又以貴州法政學堂畢業生、今道真自治縣忠信鎮人楊育之所撰爲多。尤其多副關乎教育與抗日戰争，殊爲珍貴。對研究地方教育、文化、風習、文藝創作及抗戰等均有一定價值。

本書楷體抄寫。半葉八行，行二十字。綿紙。綫裝。内容完整。

該集爲道真潘言敏收藏。本叢書據此影印。（冉文玉）

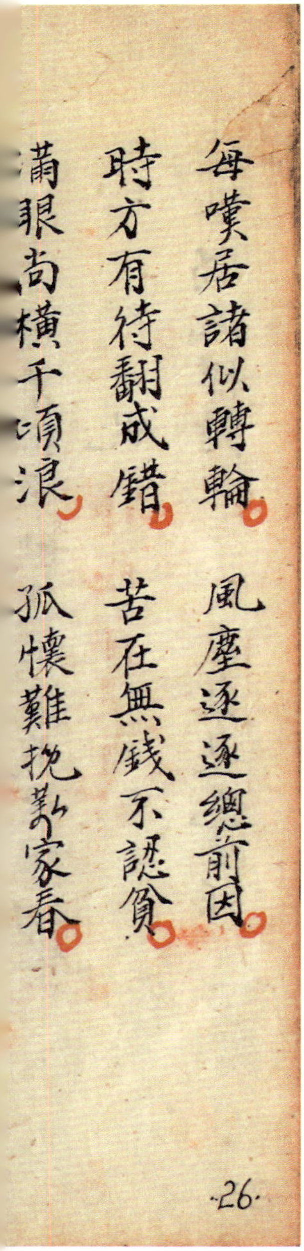
每嘆居諸似轉輪　風塵逐逐總前因
時方有待翻成錯　苦在無錢不認貧
滿眼尚橫千頃浪　孤懷難挽萬家春
·26·

同學憶昔年同乘朋簪渾如昨
照顔疑落月文章歌哭冷於秋

末舘姪婿楊世維輓韓應文聯語

盟耗倐傳驚別夢
楫槳還奠賦招魂

此楊耆先生作

永歷桂王朱由榔遺吳三桂書

將軍新朝之勳臣舊朝之重鎮也世膺爵秩藩封外疆列皇帝之於將軍可謂甚厚詎意國遭不造闖賊肆惡突入我京城殄滅我社稷逼死我先帝殺戮我人民將軍志興楚國飲泣秦庭縞素誓師提兵問罪當日之本衷原未泯也奈何憑藉大國狐假虎威外

·27·

存目

白雲詩集十卷文集不分卷

清李專撰。李專（一六五六—？），字知山（或作知三、芝山），號白雲居士，生於清順治十三年，歷康熙、雍正，直至乾隆初年，年近九十而卒。生於貴州黄平州署，成年後寓居遵義。康熙二十五年拔貢，後選任教官，不就。一生大半在外飄零，足涉半個中國。有才氣，工詩文，善楷、隸書。所到之處，達官多邀其作幕僚，常與當地名流豪歌痛飲。以其不慕求虚名、不看權勢眼色、不以錢財爲意，頗受時人敬重。著作甚豐，佳作迭出，在當時即頗受歡迎。康熙中輯有《知山集》，晚年輯有《白雲詩集》。

晚年刊行之《白雲詩集》十卷，常安爲其作序。常安係滿洲人，雍正十年至十一年十二月任貴州布政使。詩作内容豐富，大體可歸爲宦海生涯、旅途感懷、家居逸情三類。鄭珍編輯《播雅》，以六、七兩卷存其詩二百三十三首，言『其詩豪宕不羈，盡去雕飾，獨抒性情，如白雲在空，自舒自卷，飄忽幻化，毫不任力』。

雍正年間任雲貴總督之鄂爾泰，聘李專儀助軍政，繼而監修《貴州通志》，張廣泗接任後，仍繼續予以委任，查郎阿修《四川通志》，亦聘其參與纂輯。李專之文章，亦爲時人所重。《中國古籍總目》載《白雲詩集》十卷《文集》不分卷，抄本，存四川省圖書館。因逢館舍搬遷新址，未能借出作影印底本，故此存目。（曾祥銑）

遊子吟一卷

清唐惟安撰。唐惟安（一七〇八—？），字汝止，號敬亭，貴州遵義人。清雍正四年中舉時，年僅十八歲。先後任安徽涇縣、歙縣知縣。祖唐廉，官至山西陽曲知縣，儲畫山《山西通志》列爲清代循吏第一；父唐羲伯，官至廣東陽江知縣，亦勤懇爲官。唐惟安謹守祖、父開啓之家風，重視文化，爲官清廉。年方四十，即以奉養父母爲由，辭官返家。著有《敬亭詩文集》、《敬亭詩餘》、《遊子吟》。前二種，鄭珍咸豐年間編輯《播雅》時即未得見。《遊子吟》一卷，其詩皆作於歙縣任職期間。題材多爲紀游、贈答、題畫，格調平和中略顯憂鬱，抒發鄉愁之篇什約占全稿三分之一。《播雅》録存其詩五十五首。因未獲底本，故此存目。（曾祥銑）

鹿山詩文稿七卷

清蕭光遠撰。光遠生平見經部《周易屬辭》提要。

此文稿實係蕭光遠《鹿山詩鈔》四卷、《鹿山雜著》二卷、《鹿山雜著續編》一卷之合集，爲清同治三年刻本。遵義市圖書館有藏本。本叢書已於集部著録并撰提要。（劉海濤）

鄭珍批注施顧注東坡先生詩四十二卷續補遺二卷

清鄭珍據康熙刻本批注。鄭珍生平見經部《輪輿私箋》提要。

按：南宋嘉泰年間刊有《施顧注東坡先生詩》，爲施元之父子與顧禧合編之編年注本，何焯校。清康熙三十八年商丘宋犖宛委堂有刻本，成書四十二卷，續補遺二卷。鄭珍素重宋詩，尤重蘇軾（東坡）其人其詩。其心得體會，在蘇詩刻本上之批注多有體現。

據《中國古籍總目》載，此鄭批注本收藏於四川省圖書館。因逢館舍搬遷新址，未能借出作影印底本，故此存目。（謝尊修）

鄭珍批注查慎行補注東坡先生編年詩五十卷年表一卷

清鄭珍據乾隆刻本批注。鄭珍生平見經部《輪輿私箋》提要。

《東坡先生編年詩補注》爲清查慎行撰，紀昀校。乾隆二十六年香雨齋刻本，計五十卷、年表一卷。查慎行爲清初提倡宋詩者，至道光、咸豐之際，程恩澤、鄭珍將宋詩運動推向高潮。宋詩派宗法宋代蘇軾（東坡）、黄庭堅諸家，主張以文爲詩，以學問爲詩，語言奇奧。諸多宗宋詩家之中，鄭珍成就特卓，被推爲『同光體之宗祖』。其在《東坡先生編年詩補注》一書上之批注，反映其閲讀蘇軾詩歌之心得體會，體現其對蘇軾詩歌閲讀研究用功之深，對研究鄭珍及清代宋詩流派有參考價值。

據《中國古籍總目》載，此本收藏於四川省圖書館。因逢館舍搬遷新址，未能借出作影印底本，故此存目。（謝尊修）

巢經巢未刊詩稿一卷

清鄭珍撰。鄭珍生平見經部《輪輿私箋》提要。

此爲清抄本，莫友芝批校。抄本用皮紙藍格本楷體書寫，書口上端印有『黔詩紀略後編』字樣。書中有莫友芝手批文字。所録詩作已刊印於《巢經巢詩鈔後集》之内。此抄本封面題『未刻詩稿』，可能即爲提供刊刻《巢經巢詩鈔後集》之底本。

據《中國古籍總目》及《貴州古舊文獻提要目録》載，此抄本收藏於貴州省博物館。本叢書編纂期間未獲底本，因作存目備查。（謝尊修）

莫友芝雜稿不分卷

署爲莫友芝雜稿。莫友芝生平見經部《十先生中庸集解》提要。

此爲清光緒抄本，共三册。原題『莫友芝詩文雜稿』，實際稿内無詩文，多爲陰陽五行、相宅相墓以及占候之類雜著。

據《中國古籍總目》及《貴州省古籍聯合目録》載，此抄本收藏於貴州省圖書館。本叢書編纂期間未獲底本，因作存目備查。（謝尊修）

續古文辭類纂三編

清黎庶昌編。黎庶昌生平見經部《春秋左傳杜注校勘記》提要。

本書爲補姚鼐編《古文辭類纂》所未備者。前有黎庶昌清光緒十五年叙。分三編，選文四百三十五篇，按時代順序排列。上編經部、子部，文八十七篇，實則爲先秦時期文辭；中編史部，文一百零一篇，收録《史記》、《漢書》、《三國志》、《五代史》、《資治通鑑》五部史書，實則爲自漢迄宋時期文辭；下編『方、劉前後之文』，二百四十七篇，選録清人文辭。又按類編排，分論辨、序跋、奏議、書説、詔令、傳狀、雜記、箴銘、頌贊、辭賦、哀祭、叙記、典志、贈序、碑誌十五類，類目兼采姚選及曾國藩《經史百家雜鈔》之長。選文標準嚴格，『凡神理氣味，格律聲色，有一不備者，文雖佳不入』。同時黎氏勇於采用近世分段圈點之法，因時適變，打破選文不録生者之陳規，選録當代人物如曾國藩、鄭珍、莫友芝等人之作品。全書輯成於光緒十五年，刻於光緒十六年十二月，共八册。遵義市圖書館、國家圖書館等處有藏。遵義市圖書館尚藏稿本一種，大開本，封面題『黎選古文稿本』，四册，不分卷、編。分古文十一類，爲詔令類、奏議類、書牘類、哀祭類、傳志類、叙記類、典志類、雜記類、論著類、辭賦類、序跋類。共輯録古文一百五十六篇，内容涵蓋經、史、子、集四部，如先秦之《詩》、《書》、《禮》、《易》、《孟》、《莊》、《左傳》，以及屈原、宋玉諸人作品，秦漢收録李斯、司馬相如、揚雄、賈誼等人文章，以及《史記》、《漢書》章節，其後則以韓、柳、曾、歐、蘇、王等唐宋八大家文章收録較多，清代僅叙記類録有曾國藩《金陵軍營官紳昭忠祠記》一篇。有黎氏親手批注上千條，以眉批、眉注爲最多。依據本叢書收録原則，特此存目。（黎鐸）

黎蒓齋試帖詩不分卷

清黎庶昌撰。黎庶昌生平見經部《春秋左傳杜注校勘記》提要。

此試帖詩稿不分卷，爲清末黎氏抄本。據《中國古籍總目》載，此本爲四川省圖書館收藏。因逢館舍搬遷新址，未能借出作影印底本，故此存目。（謝尊修）

黎蒓齋信稿不分卷

清黎庶昌撰。黎庶昌生平見經部《春秋左傳杜注校勘記》提要。

此書爲民國十六年成都鉛印本，不分卷。黎庶昌（蒓齋）爲文，與薛福成同時有『南黎北薛』之譽，曾國藩評論黎庶昌之文『有堅强之氣』。其思緒情韻、意境風格，亦常表現於書信寫作之中。故信稿亦可作美文閱讀欣賞，并有存史研究價值。

據《中國古籍總目》載，此本爲四川省圖書館收藏。因逢館舍搬遷新址，未能借出作影印底本，故此存目。（謝尊修）

叢書部

鹿山先生全集三十八卷

清蕭光遠撰，楊兆麟編印。蕭光遠生平見經部《周易屬辭》提要。楊兆麟生平見子部《守拙齋遺訓》提要。

楊兆麟一生從事編修書籍工作。因感慨蕭光遠安貧樂道，志節皎然，爲學堅苦卓絶，當可與黔中三傑（鄭子尹、莫子偲、黎伯庸）相提并論，但伏處窮鄉，無大力者爲之標榜，其著述雖有鏤板，而未行世，故致光遠聲名不彰，遂於民國七年，搜集光遠諸書已繡梓者八百餘板，計《周易屬辭》十二卷、《周易通例》五卷、《周易通説》二卷、《易字便蒙韻語》一卷、《禹貢揀注》二卷、《毛詩異同》四卷附《鄭氏改字》一卷、《漢書彙鈔》二卷、《鹿山雜著》二卷、《鹿山雜著續編》一卷、《鹿山詩鈔》四卷，并附李寶堂《格致編》二卷，合而編爲《鹿山先生全集》（以下稱《全集》），印行數十部，以期百年之後能有賞識者。

楊兆麟刊印之《全集》本，藏貴州省圖書館。所收上述各種，本叢書已分别影印，此處特將《全集》存目。遵義市圖書館亦藏有《全集》，爲清同治三年刻本。遵義市圖書館另藏《鹿山詩文稿》，爲蕭光遠《鹿山詩鈔》四卷、《鹿山雜著》二卷、《鹿山雜著續編》

一卷之合集，爲同治三年刻本，一併存目。（劉海濤）

巢經巢全集九十三卷

清鄭珍撰。鄭珍生平見經部《輪輿私箋》提要。

被稱爲『西南大儒』之鄭珍，一生著述宏富，但刊印出版之單行本不多。二十世紀三十年代，著名學者章士釗寫《訪鄭篇》長詩一首寄予時任貴州省主席吴鼎昌，對鄭珍之著作給予高度評價。吴鼎昌即決定由省政府出資，編印《巢經巢全集》，特聘遵義學者趙愷爲總纂。趙愷認真搜集，得鄭珍著作十五種，於一九四〇年由貴陽文通書局鉛印成書。多家公共圖書館有收藏。

《巢經巢全集》卷首録吴鼎昌、劉千俊、陳夔龍三序，儒林傳、墓表、行述、頌、誄、請祀鄉賢呈文及趙愷所編製之鄭珍年譜、書目。全集所收書爲：巢經巢經説、儀禮私箋、輪輿私箋、鳧氏圖説、説文逸字、説文新附考、汗簡箋正、鄭學録、巢經巢文鈔、巢經巢詩鈔前集後集、親屬記、母教録、樗繭譜、播雅，共八十九卷（附鄭知同著作四種八卷）。巢經巢在當時已成爲鄭珍著作集大成之宏著。但鄭珍與莫友芝合纂之《（道光）遵義府志》因卷帙浩繁未能收入。而且在趙愷編輯此全集時，距鄭珍身後已七十餘年，鄭珍尚有十餘種書稿已經散佚，未能收録。

本叢書實際收録鄭珍各類著作達五十種（包括手稿及不同版本），已囊括民國版《巢經巢全集》所列著作，分列於經史子集四部之中。故此存目。（謝尊修）

遵義鄭徵君遺著二十五卷

清鄭珍撰。鄭珍生平見經部《輪輿私箋》提要。

遺著有文集六卷，詩集九卷，後集四卷，遺詩附録各一卷，附《屈盧詩集》四卷，共二十五卷。有陳夔龍《遵義鄭徵君遺著序》對鄭珍學術文章作全面評價。文集前有黎庶昌《巢經巢文集序》及高培穀另一序。文集首卷爲《巢經巢經説》，卷二至卷五依資州高氏《巢經巢文集》刻本重刊，裝成三册。

《巢經巢詩集》九卷，依咸豐二年鄭氏家刻本重刊，分裝兩册。卷九之末有楊自明《重刻鄭子尹先生〈巢經巢詩集〉書後》一文。此文取自黎汝謙羊城所刻《巢經巢詩集》（世稱粤本）。另一文爲趙懿跋，記述《巢經巢遺詩》校刊情况，追述鄭子尹晚年行蹤。

《巢經巢詩後集》四卷，依資州高氏刊本重雕，裝成一册。

《巢經巢遺詩》一卷，遺詩凡六十四首，由趙怡從子午山字簏中搜得，後交給莫棠，付花近樓刊板，裝成一册。後有昆明陳榮昌《跋》及獨山莫棠《跋》各一篇。

『附録』一卷，計有《國史儒林傳》，黎庶昌撰《揀發江蘇知縣鄭子尹行狀》、《鄭徵君墓表》，陳田《黔詩紀略後編·鄭徵君傳證》，鄭知同《敕授文林郎徵君顯考子尹府君行述》，蕭光遠《鄭子尹徵君誄》。附華陽王秉恩編後記一文，記述《遵義鄭徵君遺著》全書編輯校刊情況。文中一節云：『甲寅春，庸庵尚書屬秉恩校刊，乙卯十月蕆工。《文集》據高氏資州刻本，無《經説》。今據家刻本伯更手識，謂當編冠文集者。餘文分類，按年編次，序類次第與高刻微異，以原稿斠正，又補文三。《詩集》依家刻本，起道光丙戌，訖咸豐辛亥。《後集》以手稿校高刻及黔人粤刻兩本，起咸豐壬子，訖咸豐辛酉。《遺集》，獨山莫楚生姻兄棠鈔自蜀中，大都同治初及病中作也。《屈廬詩稿》在秉恩許，竊商諸尚書，汰其冗率及未完者，釐爲四卷附焉。』

全書附録鄭知同《屈廬詩集》四卷，裝成一册。

此書爲陳氏花近樓甲寅刻本，國家圖書館有藏，因《遺著》所收作品已分别收録於經部、集部，故此存目。（黄萬機）

古逸叢書二百卷

清黎庶昌輯刊。黎庶昌生平見經部《春秋左傳杜注校勘記》提要。

光緒七年，黎庶昌任清廷駐日公使。在隨員楊守敬協助下，經多方訪求，搜得國内早已絶迹之唐宋珍貴古籍二十六種，彙輯刻印。所輯書目爲：影宋蜀大字本《爾雅》三卷，影宋紹熙本《穀梁傳》十二卷，覆正平本《論語集解》十卷，覆元至正本《易程傳》六卷、《繫辭精義》二卷，覆舊抄卷子本唐開元御注《孝經》一卷，集唐字《老子注》二卷，影宋台州本《荀子》二十卷，影宋本《莊子注疏》十卷，覆元本《楚辭集注》八卷、《辯證》二卷、《後語》六卷，影宋蜀大字本《尚書釋音》一卷，影舊抄卷子本原本《玉篇》零本三卷半，覆宋本重修《廣韻》五卷，覆元泰定本《廣韻》五卷，覆舊抄卷子本《玉燭寶典》十一卷，影舊抄卷子本《文館詞林》十三卷半，影舊抄卷子本《琱玉集》二卷，影北宋本《姓解》三卷，覆永禄本《韻鏡》一卷，影舊抄卷子本《日本見在書目》一卷，影宋本《史略》六卷，影唐寫本《漢書·食貨志》一卷，仿唐石經寫本《急就篇》一卷，覆麻沙本《草堂詩箋》四十卷、《外集》一卷、《補遺》十卷、《傳序碑銘》一卷、《目録》二卷、《年譜》二卷、《詩話》二卷，影舊抄卷子本《碣石調幽蘭》一卷，影舊抄卷子本《天台山記》一卷，影宋本《太平寰宇記補闕》五卷半。其中，除《日本見在書目》爲日本人藤原佐世所輯，《尚書釋音》爲武昌張裕釗所藏外，其餘均爲國内亡佚而復見於日本之古籍。黎氏作有《刻古逸叢書序》，闡述其刻書原因及目的，并分别爲每種書撰寫題解，述版本源流，後附楊守敬跋。

叢書始刻於光緒八年，告成於光緒十年，楊守敬任校刻，刊刻經費全由黎氏從薪俸中開支。由日本一流刻工木村嘉平精心鐫刻，選用最上品之美濃紙印製，『墨必頂煙』。刻印之精，超越前古，一時海内震動，被收藏家視爲至寶。黎庶昌歸國，將書版交金陵書局摹印發行。民國十年江蘇曹允源再次重印，一九六〇年中華書局影印出版，二〇〇三年貴州人民出版社按原版式印刷出版精品版。

貴州省博物館藏有日本原刻本，本叢書據此存目。（黎鐸）

黎氏家集四十九卷

清黎庶昌編選刊刻。黎庶昌生平見經部《春秋左傳杜注校勘記》提要。

光緒十三年，黎庶昌第二次任駐日本欽差大臣，公餘之暇，即進行《黎氏家集》之刊刻，首次將黎氏家族從黎安理始之著作系統出版。計有：黎安理《夢餘筆談》一卷，《長山公自書年譜》一卷；黎恂《蛉石齋詩鈔》四卷，《千家詩注》二卷；黎愷《石頭山人遺稿》一卷；黎兆勳《侍雪堂詩鈔》六卷，《葑煙亭詞》四卷；黎庶燾《慕耕草堂詩鈔》四卷，《琴洲詞》二卷；黎庶蕃《椒園詩鈔》七卷，《雪鴻詞》二卷；黎庶昌《丁亥入都紀程》二卷。附刊莫庭芝《青田山廬詩鈔》二卷，詞一卷；鄭珏《悦坳遺詩》一卷，章永康《瑟廬遺詩》一卷，丈雪通醉《丈雪和尚語録》一卷。刊刻時間從光緒十四年首刊黎庶燾《慕耕草堂詩鈔》四卷、《琴洲詞》二卷始，至光緒十五年刻竣。除《丁亥入都紀程》及《丈雪和尚語録》爲活字版外，其刻版多出東京著名刻工木村嘉平、田野村錦四郎之手，紙爲日本最佳之美濃紙，堪稱善本。前有《黎氏家集總目》，列自黎安理始，至黎尹融妻蹇氏作品目録，可爲了解黎氏家族創作狀況提供幫助。第一册牌記爲『光緒戊子己丑刊于日本使署』，其後所有著作均有單本刊刻牌記。現藏遵義市圖書館。

此集内各種著作，已分别影印於本叢書史、子、集各部，故此存目。（黎鐸）

雷氏遺書三册

清雷廷珍撰。雷廷珍生平見經部《詩義旁通》提要。

《雷氏遺書》含《時學正衡》、《經義正衡叙録》二種，卷端分署『井書堂正衡之一』、『井書堂正衡之二』。《經義正衡叙録》二册，分上下兩篇，爲雷氏研究儒學之重要著述，而時人『目爲迂闊』，雷氏因作《時學正衡》以辨之。《時學正衡》一册，成於光緒二十四年。其論治學之道，分八綱十目，見解自有其獨到之處。

是書刊行於清光緒二十八年，時雷氏已卒，故以『遺書』名之。爲貴陽刻本，計三册，現藏于遵義市圖書館。本叢書已將《時學正衡》影印於子部，《經義正衡叙録》影印於經部，故《雷氏遺書》列入叢書部存目。（張嘉林）

附录

附録目録

前言

遵義位於貴州省北部，爲貴州省第二大城市，是國家歷史文化名城、全國文明城市，因中國工農紅軍長征途中之『遵義會議』而彪炳史册，以生産茅臺酒而馳名中外，有世界自然遺産赤水丹霞、世界文化遺産海龍囤土司遺址。遵義市南連貴陽，北接重慶，航空、鐵路、公路、水運體系配套，便捷高效。全市總面積三萬零七百六十二平方千米，二〇一七年年末户籍人口近八百萬人。遵義處於雲貴高原向湖南丘陵與四川盆地過渡之斜坡地帶，屬長江水系。山川秀麗，物産豐富，夏無酷暑，冬無嚴寒，已探明礦産有六十餘種，全市森林覆蓋率達百分之五十七。二〇一七年地區生産總值二千七百四十九億元，人均四萬四千零六十元。

遵義歷史悠久，人文薈萃。遠古時期即有人類『桐梓人』棲息繁衍。先秦時先後分屬巴、蜀、牂牁、夜郎、鱉、鰼等邦國。西漢置犍爲郡、牂柯郡。自唐代建播州，歷經宋、元、明，播州之名存在近千年。唐貞觀十六年（六四二）以播州州治所在之羅蒙縣改名遵義縣，取義《尚書・洪範》『無偏無陂，遵王之義』。明萬曆年間，以播州地域分建遵義軍民府、平越軍民府，分屬四川、貴州。後去除『軍民』二字。雍正年間，遵義府由四川劃歸貴州，始稱黔北。民國年間，建行政督察區。一九四九年後稱遵義專區、遵義地區。一九九七年撤地設市，爲地級市。領轄三區（紅花崗區、匯川區、播州區），七縣（桐梓縣、綏陽縣、正安縣、鳳岡縣、湄潭縣、餘慶縣、習水縣），二自治縣（道真仡佬族苗族自治縣、務川仡佬族苗族自治縣），二代管市（赤水市、仁懷市）及新蒲新區、南部新區。

遵義文化，底藴豐厚，源遠流長，歷代著述，豐富多彩。漢代即出現文化先驅『漢三賢』：舍人、盛覽、尹珍。犍爲文學卒史舍人之《爾雅注》，被稱爲『漢儒釋經之始』。曾就教於司馬相如之牂柯名士盛覽，撰有《列錦賦》、《合組歌》。師從許慎之尹珍，爲牂柯傳播經學之先師。唐代有《珍州榮德縣丞梁君墓誌銘》、《羅氏譜序》、《羅氏忠愛堂譜序》三文留存；李白長流夜郎，『劉（禹錫）柳（宗元）易播』等史事佳話及相關作品，影響深遠。宋代趙高峰《青蓮院詩集》，元代楊漢英《明哲要覽》、《桃溪内外集》，元末明初鄒公敢《保全集》、《知命集》，明代何敏樹《滄浪童子集》等著作，文獻有明載，惜早已亡佚，僅有若干單篇作品留存。明末清初，有流官、移民及不願降清之遺民、高僧，紛紛入境安居，本土文化、中原文化與東南文化相融匯，呈現新特色，展開新局面。作者除外籍之陳啓相、錢邦芑、丈雪通醉等名家，也有成長於本籍之羅兆甡、李先立、李專、李晉等英才。清中葉起，文化發展進入繁榮期。繁榮之標志，爲『沙灘文化』現象之出現。方圓不足十里之沙灘村，清代中後期百餘年間，湧現出以鄭珍、莫友芝、黎庶昌爲傑出代表之學者文士數十人，『鄭莫黎三家，衡宇相望，流風餘韻，沾溉百年』，『沙灘不特爲播東名勝，有清中葉曾爲一全國知名之文化區』（浙江大學史地研究所編《遵義新志》）。沙灘學者文士群著述達一百六十餘種，廣涉經學、文字學、音韻學、金石學、版本目録學、史學、地理學、農學、醫學及文學、藝術等諸多領域。梁啓超《中國近三百年學術史》中論及『方志學』時，言鄭珍、莫友芝纂輯之清道光《遵義府志》『或謂爲府志中第一』。清代四川著名詩人趙熙平生不輕許人，然對鄭珍著作給予高度評價，其《南望》一詩云：『絶代經巢第一流，鄉人往往諱蠻陬。君看縹緲綦江路，萬馬如龍出貴州。』（按，鄭珍書齋名『巢經巢』，此處以『經巢』代指鄭珍。）鄭、莫、黎三氏之外，遵義唐、宦、趙、蹇等三十餘家較爲知名之文化世家及其他學者文士亦有大量著述。據民國《貴州通志·藝文志》及各府州縣地方志所載，遵義歷代各類著述不下千種。但由於時光流轉，遵義古籍不少早已亡佚，仍存者，散見於各藏館或私家之手，查閱、研究，多有不便。

爲加强文化遺産保護傳承與創新發展，利於優秀傳統文化思想價值之挖掘與闡發，堅定文化自信，推動社會主義文化繁榮興盛，中共遵義市委、遵義市人民政府將加强歷史文化典籍整理與出版工作列爲建設優秀傳統文化傳承體系、實施中華優秀傳統文化傳承發展工程之重要工作内容。經過認真調查，反復論證，遂决定編集出版《遵義叢書》。

《遵義叢書》編纂工作，由遵義市政協牽頭，市政協文史與學習委員會組織實施。在叢書編委會之下組建編輯部。編纂工作於二〇一五年三月啓動，首先根據國家關於古籍整理原則要求，擬定編纂出版方案，一律以影印方式出版，以保持典籍原貌。選定上海古籍出版社與國家圖書館出版社聯合出版。其次廣尋博收圖書信息。此項工作得到國家圖書館、上海圖書館、部分大專院校圖書館、貴州省文化廳及各有關省市縣（市、區）公共圖書館、博物館、縣（市、區）政協文史部門、黨政部門檔案館支持，尤其得到貴州省圖書館、貴州省博物館、上海古籍出版社、國家圖書館出版社之大力支持。書籍版本收録，以公共圖書館及高校圖書館館藏爲主，并向民間徵集。在此基礎上，按經、史、子、集、叢書五大部類編定總書目，商借底本進行複製。同時，約請省内外專家對每種著作撰寫書目提要。

此次編入本叢書之書籍，合計四百零四種。其中經部五十二種，史部一百三十四種，子部五十四種，集部一百六十四種。另附存目四十八種，其中經部三種，史部二十四種，子部四種，集部十一種，叢書部六種。

經部收録有多位遵義籍經學名家之著述。如蕭光遠精於易學，所收其易學研究專著《周易屬辭》、《周易屬辭通例》、《周易屬辭通説》多有新見，頗受學人矚目。《鼂氏被稱爲『經學大家』、『西南巨儒』之鄭珍，精於三禮，所收《輪輿私箋》、《鳧氏爲鍾圖説》、《儀禮私箋》、《巢經巢經説》等，均爲經學力作。小學亦爲遵義學者之强項。所收《爾雅犍爲文學注》乃漢代舍人研究《爾雅》之專著，早已亡佚，由清人輯佚而成，吉光片羽，彌足珍貴。所收《説文》研究專著，有鄭珍文字學三部力作：《説文新附考》、《説文逸字》、《汗簡箋正》。并有鄭知同《説文本經答問》、《述許》等。莫友芝《唐寫本説文解字木部箋異》，學界認爲有勘正前人舛誤、解決千古疑案之功，所收其稿本、謄抄本與刻本，实爲初、二、三稿，可見作者不斷修改、精益求精之治學過程，甚爲難得。

史部收録有關地方歷史之文獻頗爲全面。所收府、州、縣各級地方志書，如道光《遵義府志》，民國《續遵義府志》、《遵義新志》，康熙、光緒《湄潭縣志》，康熙《龍泉縣志草》，康熙、光緒、民國《餘慶縣志》，乾隆《綏陽志》，嘉慶《仁懷縣草志》、道光《仁懷直隸廳志》，嘉慶、咸豐、光緒《正安州志》，光緒、民國《桐梓縣志》，民國《婺川縣備志》等，數量之多，荷載地情、人事、風俗之豐贍，均居貴州省前列。

尚有多位遵義籍人士擔任外地省、府、州、縣地方志主修或編纂，如王恒主修乾隆《平湖縣志》，唐烱等纂修光緒《續雲南通志稿》等，在本叢書作存目記載。專題史著作有《平播碑》、《平播全書》、《蠻司合志》、《牂柯故事》等。名人年譜、日記也不少，如《長山公自書年譜》、《曾文正公年譜》、《丁文成公年譜》、《成山老人自撰年譜》、《唐樹義日記》、《郘亭日記》、《蘭亭居士日記》、《蹇念恒日記》等，多爲稿本或抄本，十分稀見，頗具史料價值。史部還收録有遵義先賢走出中土看世界之記録以及翻譯介紹海外政治、歷史、人物之著作。如晚清外交家黎庶昌《奉使英倫記》、《西洋雜志》、《海行録》，戊戌變法參與者劉慶汾《日本維新政治彙篇》，主張維新變法之黎汝謙與蔡國昭合譯之國内首部《華盛頓傳》等。另外，遵義學者在版本目録及金石碑刻領域也取得很大成就。莫友芝与邵懿辰二人同爲我國古籍版本目録學奠基人，莫氏《郘亭知見傳本書目》、《宋元舊本書經眼録》之稿本、抄本、刻本及鉛印本，均已收録。

子部收録有豐富之名家書法藝術作品、教育學及農學著作、高僧著述等。如莫友芝爲晚清書壇書藝革新名家，其書風自標一格，古趣盎然，在吴越間頗負盛名，故收録其《莫郘亭先生墨跡》等。鄭珍《柴翁書畫集錦》，亦爲傳世書法藝術佳作。黎愷《教餘教子録》、鄭珍《母教録》，涉及立身處世、讀書治學、勤儉持家諸多方面，諄諄誨人。《橡繭詩》、《樗繭譜》、《山蠶圖説》、《山蠶講習所講義》等適應當地民生、指導實業發展之農林業著作，曾爲地方經濟社會發展産生重要作用。子部尚有《丈雪通醉禪師語録》、《錦江禪燈》、《語嵩和尚語録》等高僧著作及涉及民俗信仰方面著作，可以窺見特定人群之正心揚善觀念及社會相關情况。

集部收録有明清數百年間遵義籍作者七十餘人詩文著述一百六十餘種，遵義『沙灘文化』數代人之著述尤爲宏富。其中，鄭珍、莫友芝被稱爲晚清宋詩派代表作家。對鄭、莫二人多種著作，包括文集、遺文、詩抄、遺詩、集外詩等，廣羅稿本、抄本、刻本、鉛印本等多種版本，爲鄭莫二氏之詩文創作、學術思想、藝術造詣以及版本變遷，提供對比研究之可靠資料。其中原稿本并可欣賞先賢手跡。『沙灘文化』另一代表人物、晚清外交家黎庶昌，不僅有載録邦交文化活動盛况之《黎星使讌集合編》，其本人散文創作，在當時即有『南黎（庶昌）北薛（福成）』之稱，《拙尊園叢稿》堪爲代表。此外，亦有遵義首位辦報人宦應清個人之詩文集及所編集之《漢上消閒集》等，展示出遵義人面對時代變革大潮湧動，積極應對及接受新事物之風貌。集部并收録有女詩人鄭淑昭、羅綿纖、唐貞詩集，得見巾幗文化風韻。總集除收録黎恂《千家詩注》等著作外，鄭珍搜求編集之《播雅》，保存遵義府屬自明末改土歸流以來二百五十年間二百二十人之詩作二千餘首；莫友芝、黎兆勳、莫庭芝、黎汝謙先後合力纂輯之《黔詩紀略》、《黔詩紀略後編》，收録明清兩代貴州六百七十人之詩作四千六百餘首，均爲難得之鄉邦文獻。集部諸多詩文著作，多有顯著個性特色，洋溢愛國愛鄉之濃情，展示關心民瘼之胸懷，可見前人道德文章、學術創見堪稱一流。

入叢書類存目者，有名重學界之二百卷巨帙《古逸叢書》，有已拆分納入經史子集各部之個人專集《鹿山先生全集》、《巢經巢全集》、《雷氏遺書》、《遵義鄭徵君遺著》以及《黎氏家集》等，可見遵義豐富多彩之文化成果。

《遵義叢書》集遵義歷代著述之大成，爲遵義歷史上規模最宏大、最系統、最全面之文獻整理出版之文化工程。《遵義叢書》之出版，具有多方面重要價值。

本叢書具有重要之歷史文化價值與學術價值。此次編輯出版，乃傳承中華文明，存續一方文脉之舉。本叢書品種豐富多樣，不乏珍貴刻本、稿本、抄本、批校本。

本叢書具有重要思想價值。能展現前人氣韻風骨，爲後人提供精神滋養。衆多著作中，隨處可見中華民族自强不息之精神追求及歷久彌新之精神氣質。著作中充盈之人文精神，映照出作者道德品質、家國情懷，以及歌頌真善美、鞭撻假惡醜之凛然正氣。

本叢書具有重要社會價值。叢書保存衆多傳世佳作，可窺見前人對中華文化傳承之勤勉、思辨之精深；尤可於其中汲取精華能量，增强文化自信。不少著作，可作鄉土教材，服務地方，提升人文素質，堅定文化自覺，增强變革、創造之社會擔當。

遵義歷代著作，爲地方重要文化財富，也爲浩瀚之中華文化寶庫重要組成部分，倍當珍惜。然任何著作，均受時代局限，當辯證對待。本次收録編印，基於各種原因，尚有個別著述未能納入本叢書。而辛亥（一九一一）至今，又已百餘年，遵義一地，思想文化之新風、各類著作之多彩，更爲别開生面，收録保存，則有待後續之努力。

《遵義叢書》之出版，對於彰顯遵義地方文化特色，傳承及弘揚中華優秀傳統文化，建成文化强市，必將産生重要而深遠之影響。

《遵義叢書》編委會

二〇一八年八月

凡例

一、《遵義叢書》爲彙集今貴州省遵義市政區内歷代著作爲一體之大型圖書。

二、本叢書采用影印出版方式，以保存各種著作之原貌。

三、本叢書所選録圖書，主要依據《中國古籍總目》、《民國時期總書目》、《貴州省古籍聯合目録》、《貴州通志·藝文志》及相關府州縣地方志所載録之書目，以公共圖書館、博物館、大專院校圖書館所收藏之現存與今遵義市地域有關之各類著作爲基礎，并徵集私家收藏之相關圖書刊本、手稿或抄本。

四、本次編録爲《遵義叢書》初編。收録範圍主要爲民國以前遵義籍作者之著作及外籍作者與遵義相關之著作。包括刊本及未刊書稿或抄本。同一著作不同版本，則首選善本全本，或視情況保留數種版本，以供研究。個别民國期間著作，如地方志、詩文集等，爲方便對某些史事及人物之研究，本次也適當收入。

五、書目排序，按經、史、子、集四部及叢書部，分爲五大部類。部類之下，參照《中國古籍總目》子類順序排列；相同子類之著作，按作者生活時代及生年先後排序。

六、每種著作均撰寫書目提要。提要主要介紹作者生平簡歷、本書特點與文化價值、版本情況、收藏處所，以及本叢書影印所據版本。同一種著作不同版本者，視具體情况，或分寫，或共撰一篇提要。

七、爲儘量提供本地域文脉信息，於本叢書末尾附録存目圖書提要。『存目』包括三種情況：有收藏記載，而由於各種原因未能收到之著作；本籍作者所編纂，而内容與本地無直接關係之大型著作；相關單種著作已分别收録於經史子集各部之叢書。

八、全書設總目録，置於首册。另編《遵義叢書·提要圖録》，後附本叢書書名及著者索引。

總目

第四册

第五册

第一一册

第一二册

第一三册

第一四册

第二五册

第二六册

第二七册

第三二册

第三三册

第三四册

第三五册

第三六册

第三七册

第三八册

第三九册

第四〇册

第四一册

第四二册

第四三册

第四四册

（道光）遵義府志四十八卷（卷二十三至卷二十八）〔清〕平翰 等修 鄭珍 莫友芝 纂 清道光刻本 一

第四九册

（道光）遵義府志四十八卷（卷二十九至卷三十四）〔清〕平翰 等修 鄭珍 莫友芝 纂 清道光刻本 一

第五〇册

（道光）遵義府志四十八卷（卷三十五至卷四十一）〔清〕平翰 等修 鄭珍 莫友芝 纂 清道光刻本 一

第五一册

（道光）遵義府志四十八卷（卷四十二至卷四十八）〔清〕平翰 等修 鄭珍 莫友芝 纂 清道光刻本 一

第五二册

（民國）續遵義府志三十五卷（卷一至卷五上）周恭壽 修 趙愷 楊恩元 纂 民國刻本 一

第六六册

（嘉慶）仁懷縣草志不分卷 〔清〕禹坡 纂輯 清嘉慶抄本複製油印本 一

（道光）仁懷直隸廳志二十卷（卷一至卷四） 〔清〕陳熙晉 纂輯 清道光刻本 一五五

第六七册

（道光）仁懷直隸廳志二十卷（卷五至卷十五） 〔清〕陳熙晉 纂輯 清道光刻本 一

第六八册

（道光）仁懷直隸廳志二十卷（卷十六至卷二十） 〔清〕陳熙晉 纂輯 清道光刻本 一

第六九册

（光緒）增修仁懷廳志八卷首一卷（卷一至卷四） 〔清〕崇俊 修 王椿 纂 王培森 校補 清光緒刻本 一

第七〇册

（光緒）增修仁懷廳志八卷首一卷（卷五至卷八） 〔清〕崇俊 修 王椿 纂 王培森 校補 清光緒刻本 一

清光緒刻本 一

（光緒）桐梓縣志三十卷存二十七卷（卷一至卷三）〔清〕何宗輪 修 趙彝憑 纂

抄本 四三九

第七四册

（光緒）桐梓縣志三十卷存二十七卷（卷四至卷十五）〔清〕何宗輪 修

趙彝憑 纂 抄本 一

第七五册

（光緒）桐梓縣志三十卷存二十七卷（卷十六至卷二十七）〔清〕何宗輪 修

趙彝憑 纂 抄本 一

第七六册

（光緒）桐梓縣志三十卷存二十七卷（卷二十八至卷三十）〔清〕何宗輪 修

趙彝憑 纂 抄本 一

（民國）桐梓縣志四十九卷（卷一至卷七） 李世祚 修 猶海龍 侯樹濤 等纂

民國鉛印本 二〇九

油印本 一

第八二册

（道光）思南府續志十二卷（卷五至卷八）〔清〕夏修恕 等修 蕭琯 何廷熙 纂

油印本 一

第八三册

（道光）思南府續志十二卷（卷九至卷十二）〔清〕夏修恕 等修

蕭琯 何廷熙 纂 油印本 一

（光緒）都濡備乘二卷 〔清〕楊宗瀛 纂輯 民國鉛印本 五二五

第八四册

（民國）婺川縣備志存十一卷 〔民國〕婺川修志局 彙輯 油印本 一

（民國）婺川縣備志存一卷 〔民國〕婺川修志局 彙輯 抄本 一五三

（同治）上江兩縣志二十九卷（卷一至卷三）〔清〕莫祥芝 甘紹盤 合纂

清同治刻本 一八一

第八五册

（同治）上江兩縣志二十九卷（卷四至卷十三）〔清〕莫祥芝 甘紹盤 合纂

清同治刻本 一

第八六册

（同治）上江兩縣志二十九卷（卷十四至卷十九上）〔清〕莫祥芝 甘紹盤 合纂

清同治刻本 一

第八七册

（同治）上江兩縣志二十九卷（卷十九中至卷二十四上）〔清〕莫祥芝 甘紹盤

合纂 清同治刻本 一

第八八册

（同治）上江兩縣志二十九卷（卷二十四中至卷二十九）〔清〕莫祥芝 甘紹盤

合纂 清同治刻本 一

（光緒）名山縣志十五卷（卷一至卷三）〔清〕周振瓊等 督修 趙怡 趙懿

纂輯 清光緒刻本 四二三

第八九册

（光緒）名山縣志十五卷（卷四至卷十五）〔清〕周振瓊等 督修 趙怡 趙懿 纂輯 清光緒刻本 一

第九〇册

（光緒）平遠州續志八卷卷首一卷 〔清〕黄紹先 修 申雲根 諶顯模 纂 清光緒刻本 一

第九一册

（光緒）浪穹縣志略十三卷 周沆 纂輯 清光緒刻本 一

第九二册

全黔國故頌二十卷（卷一至卷五）〔清〕黎庶昌 編纂 稿本 一

第九三册

全黔國故頌二十卷（卷六至卷十一）〔清〕黎庶昌 編纂 稿本 一

第九四册

全黔國故頌二十卷（卷十二至卷十六）〔清〕黎庶昌 編纂 稿本 一

第九五册

第一〇〇册

第一〇一册

第一〇二册

第一〇三册

第一〇四册

第一〇五册

子部

第一一一册

第一二一册

第一二二册

第一二三册

第一二四册

第一二五册

天律皇經註解十卷（卷二至卷六） 王寅亮 編 清宣統刻本 一

第一二六册

天律皇經註解十卷（卷七至卷十） 王寅亮 編 清宣統刻本 一

第一二七册

三教太極真宗秘旨陽齋十二卷（卷一至卷五）〔清〕韓明善 編 清光緒刻本 一

第一二八册

三教太極真宗秘旨陽齋十二卷（卷六至卷十一）〔清〕韓明善 編 清光緒刻本 一

第一二九册

三教太極真宗秘旨陽齋十二卷（卷十二）〔清〕韓明善 編 清光緒刻本 一

三教太極真宗秘旨陽醮十八卷（卷一至卷五）〔清〕韓明善 編 清光緒刻本 九九

第一三〇册

三教太極真宗秘旨陽醮十八卷（卷六至卷十）〔清〕韓明善 編 清光緒刻本 一

第一三一册

集　部

第一四一册

第一六三册

第一六四册

第一六五册

第一七一册

第一七二册

黔詩紀略三十三卷（存二十三卷）（卷七至卷十七）〔清〕莫友芝 編纂 稿本 一

第一八七册

黔詩紀略三十三卷（存二十三卷）（卷十八至卷二十六）〔清〕莫友芝 編纂 稿本 一

第一八八册

黔詩紀略三十三卷（卷一至卷十一）〔清〕莫友芝 黎兆勳 輯 清同治刻本 一

第一八九册

黔詩紀略三十三卷（卷十二至卷二十二）〔清〕莫友芝 黎兆勳 輯 清同治刻本 一

第一九〇册

黔詩紀略三十三卷（卷二十三至卷三十三）〔清〕莫友芝 黎兆勳 輯 清同治刻本 一

黔詩紀略後編不分卷（一）〔清〕莫庭芝 黎汝謙 編輯 稿本 四八三

第一九一册

黔詩紀略後編不分卷（二）〔清〕莫庭芝 黎汝謙 編輯 稿本 一

第一九二册

黔詩紀略後編不分卷（三）〔清〕莫庭芝 黎汝謙 編輯 稿本 一

黔詩紀略後編不分卷（三）　〔清〕莫庭芝　黎汝謙　編輯　謄清稿本　一

第二〇〇册

黔詩紀略後編不分卷（四）　〔清〕莫庭芝　黎汝謙　編輯　謄清稿本　一

第二〇一册

黔詩紀略後編不分卷（五）　〔清〕莫庭芝　黎汝謙　編輯　謄清稿本　一

第二〇二册

黔詩紀略後編不分卷（六）　〔清〕莫庭芝　黎汝謙　編輯　謄清稿本　一

第二〇三册

黔詩紀略後編不分卷（七）　〔清〕莫庭芝　黎汝謙　編輯　謄清稿本　一

黔詩紀略後編三十卷紀略補三卷（卷一至卷八）　〔清〕莫庭芝　黎汝謙　編輯

清宣統刻本　三〇七

第二〇四册

黔詩紀略後編三十卷紀略補三卷（卷九至卷二十）

〔清〕莫庭芝　黎汝謙　編輯　清宣統刻本　一

書名拼音索引

D

E

F

M

Q

R

S

T

Y

Z

著者拼音索引

H

J

K

L

M

Y

Z

後記

盛世修典，澤被後人。二〇一二年遵義市政協提出『關於收集地方古籍文獻影印出版《遵義叢書》的建議』。二〇一四年八月，市政協黨組向市委提出編纂出版《遵義叢書》的建議；十一月，中共遵義市委、市人民政府批復同意，決定由市政協牽頭組織實施編纂工作。二〇一五年三月《遵義叢書》編纂工作正式啓動，歷時近四年，全面完成編纂工作。

組建工作機構、成立編纂工作委員會後，市政府安排專項工作經費，市政协考察確定出版單位。抽專人組成編輯部，制定工作方案及辦公制度，擬定凡例。市委辦、市政府辦、市財政局等單位鼎力解決相關問題，爲編纂工作提供扎實而有力保障。在編纂過程中牢固樹立質量第一之精品意識；在策劃、編輯、出版工作中倒排工期、每周調度、協調溝通；在經費使用上嚴格把控，規範操作。

《遵義叢書》具體編纂過程大體可分爲五個階段：

第一，采集書目。編輯部以《中國古籍總目》、《貴州通志·藝文志》、《貴州古舊文獻提要目録》、《民國時期總書目》、《重慶市三十三家收藏單位古籍普查登記目録》等書爲綫索查找相關書目。同時，公開徵集書籍及書目信息。此過程中，摸底書目近六百種，經過核查、篩選，初定書目約五百種。

第二，複製古籍。首先對本市館藏及徵集到之書籍進行集中拍攝，對貴州省圖書館、貴州省博物館所藏書籍則前往該地拍攝，其他收藏單位約請相關方面予以拍攝。其次對拍攝件逐册、逐頁進行校閲，漏、錯或模糊不清者，皆予以補拍或重拍。總計複製古籍四百七十六種。

第三，歸類排序。初定書目後，歸類排序工作與集中拍攝同時進行，期間多次對歸類及排序進行調整，集中拍攝之後方定基本目録。目録順序以《中國古籍總目》爲據。

第四，撰寫提要。基本目録確定後，分别在遵義、貴陽舉行專家座談會，聽取意見，約定撰稿人。提要大多爲省内外相關專家撰寫，亦有書籍提供者、知情者之稿件。編輯部三審三校定稿後交出版社再審。總計撰寫、審校提要三百九十五篇。

第五，彙總分輯。此次叢書之出版事宜委托兩家出版社進行，按經、史、子、集分類編排古籍四百五十二種，成書二百一十册，約十四萬頁；另《遵義叢書·提要 圖録》兩册。

本叢書得以出版，凝結近百名專家學者、業務骨幹之心血汗水。上海古籍出版社、國家圖書館出版社及貴州省文化廳、教育廳等在古籍查找、複製、編輯、排印等環節給予大力支持。一些單位、個人亦慷慨提供珍貴藏書。在此，對關心、指導及支持《遵義叢書》編纂工作之各級領導、相關單位及人士表示由衷謝意！

懷古以勵志，掩卷當奮發。《遵義叢書》首次系統、全面而完整地再現傳世的遵義民國以前古籍文獻原貌，且使珍貴古籍化身千百，集其大成，爲學術研究提供第一手資料，在遵義文化發展史上具有里程碑意義，爲一項功在當代、利及千秋之文化工程。

歷史滄桑，古籍毀佚嚴重，存者亦散在四方，搜覓爲艱，加之此叢書之編纂在遵義尚屬首次，缺乏經驗，有缺漏之處，在所難免，敬希讀者指正。

《遵義叢書》編委會

二〇一八年八月

鳴謝

單位

國家圖書館　上海圖書館　貴州省圖書館　貴州省博物館　遵義市圖書館　首都圖書館
北京師範大學圖書館　中國社會科學院文學所　清華大學圖書館　遵義市博物館　天津圖書館
浙江圖書館　浙江大學圖書館　四川省圖書館　貴州大學圖書館　南京圖書館　南京大學圖書館
遼寧省圖書館　中共浙江省金華市委宣傳部　貴州省綏陽縣博雅苑　貴州省道真自治縣民族展覽館

個人

李保民　黄靈庚
（以下以姓氏筆畫爲序）
丁有弘　王　宏　王　歡　王正義　王昌群　王剛蓮　田曉華　申琳琳　付　强　代　驪　令狐旭輝
毋先炯　安　君　朱良津　牟玉珍　李　利　李素華　肖悦春　吴喜文　邱　洪　苟德良　周德强
馬一良　袁佳能　袁雲超　袁衛民　徐凌峰　高安强　唐　斌　唐　輝　陳　紅　陳亞男　陳月平
陳世奎　陳麗艷　孫　岩　孫建芳　黄　琴　崔　麗　許　瑾　庹　展　張　平　張　寧　張　鸝
張開祥　葛鎮亞　舒全章　舒林峰　曾　潔　曾建蓉　鄒利華　馮　燕　馮明家　游平偉　楊占春
楊定剛　楊應道　雷　毅　趙　寬　蔡廷忠　蔡亮强　蔡思夫　鄭希有　劉永書　劉光紅　潘紀文
蕭　勇　龍先緒　穆世華　戴　錦　鍾海珍　謝金權　謝啓義　簡小婭　羅永賦